·추·천·사·

우리 목회자에게 부여된 설교의 특권은 어떤 것과도 비교할 수 없는 영광이며 또한 어깨를 누르는 부담이기도 합니다. 어떤 이들은 진리보다도 설교를 멋지게 하려고 하기도 하고 본인의 성숙의 무게보다 더한 말들을 하려고도 합니다.

이런 때에 찰스 스윈돌 목사님의 신약 인사이트 시리즈가 나오게 된 것은 모든 목회자들을 위한 축복이라고 생각합니다. 그는 50년 가까이 사역을 하면서 단 한 번의 소란스러운 소문도 내지 않고 모든 교인에게 존경을 받은 목회자입니다. 탁월한 삶의 안목으로 진리를 발견하고, 가장 풍성한 언어로 본문의 강해를 전하는 목회자입니다. 그런가 하면 그는 가장 말씀을 잘 교육하는 달라스 신학교를 맡아 후학들을 교육하여 미국에서 가장 영향력 있는 신학교로 발전시켜나갔습니다.

이 책은 그의 50년 말씀 강해 사역의 결산입니다. 어렵고 난해한 설명이 아니라 진리에 대한 분명한 이해와 전 생애를 통해 입증한 진리의 말씀을 그만이 할 수 있는 언어의 연금술사적 표현으로 이 강해를 완성했습니다. 이 시리즈는 가볍고 빈약한 말씀으로 얼룩진 한국 교회의 강단에 풍성한 말씀의 은혜를 가져다줄 것입니다. 성경 본문을 다시 보게 만들고, 진리의 깊은 뜻에 목회자 자신이 먼저 은혜를 받게 하며, 전해야 할 메시지를 분명하게 정리해 주는 가이드가 될 것입니다. 한국 강단에 말씀이 흥왕되기를 간절히 바라며 젊은 목회자뿐만 아니라, 말씀 앞에 오늘도 씨름하며 간절히 사모하는 모든 설교자에게 진심으로 이 책을 권합니다.

홍정길 목사_남서울은혜교회 원로 목사

찰스 스윈돌은 우리 시대 하나님의 선물입니다. 그는 가장 신실한 강해 설교의 모본을 보이신 분입니다. 그는 학자는 아니지만 언제나 본문에 성실한 설교자입니다.

그는 주석/ 석의의 기본을 중시하면서 본문을 강해하는 분입니다. 그러면서 탁월한 적용으로 우리를 삶의 마당으로 안내합니다. 이번에 도서출판 디모데가 『찰스 스윈돌의 신약 인사이트』 시리즈를 펴낸 것에 대해 한국 교회와 더불어 축하하며 기뻐하고 싶습니다.

그만큼 한국 교회 강단이 풍성해질 것을 기대하기 때문입니다. 설교자들은 옷을 팔아서라도 이 시리즈를 비치하고, 모든 성경 연구자는 새로운 재산 목록으로 이 시리즈를 추가하십시오. 이 시리즈가 오늘의 허약한 강단을 부요하게 하고, 위기에 처한 한국 교회를 살리는 보약이 될 것을 예감합니다. 진지하게 말씀을 묵상하는 모든 이에게 이 책은 우리 시대의 동의보감이 될 것입니다. 찰스 스윈돌이 이미 끼친 영향력보다 더 오래, 그리고 더 깊게 이 시리즈는 말씀을 연구하는 모든 사람의 길잡이가 될 것입니다.

함께 귀한 보화를 나누는 기쁨으로 이 책을 추천합니다.

이동원 목사_지구촌교회 원로 목사

찰스 스윈돌 목사님은 저 개인의 판단으로는 현재 생존하고 있는 설교자 가운데 최고의 설교자라고 늘 생각해왔습니다. 제가 미국에 거주했던 오랜 시간 동안 기회가 있을 때마다 스윈돌 목사님의 설교를 들으면서 하나님의 말씀이 얼마나 귀하고 위대한 진리인지를 강하게 느끼곤 했습니다. 특히 설교를 전달하는 그분의 능력은 누구와도 비교가 되지 않습니다. 사실 이러한 판단은 저만의 느낌이 아니고 그분의 설교를 들어본 전 세계 수많은 기독교인들이 같은 판단을 하고 있다고 생각합니다. 스윈돌 목사님의 설교는 거의 강해식 설교인데 성경 말씀의 현실적 가치를 남김없이 드러내줍니다. 설교자들이 본받아야 할 모델임에 틀림없습니다. 달라스 신학대학원 총장을 은퇴한 스윈돌 목사님은 달라스에 교회를 개척하신 후 오늘까지도 설교를 하고 계십니다. 그 설교 시리즈를 〈인사이트 포 리빙〉(Insight for Living)이라 부릅니다. 이번에 디모데에서 출판한 『찰스 스윈돌의 신약 인사이트』 시리즈는 그분의 설교를 주석 형태로 정리하여 출판한 것으로서, 비록 활자화된 책이 그분의 현장 설교를 그대로 반영할 수는 없겠지만, 그래도 그분의 탁월한 말씀 선포를 최대한 반영한 것이라 할 수 있습니다. 한국의 모든 목회자와 신학생과 한국 교회에 이 시리즈가 소중한 자료로 사용되어지고, 독자들에게 큰 은혜를 끼치게 될 것을 기대해마지 않습니다.

김상복 목사_세계복음주의연맹(WEA) 회장, 할렐루야교회 원로 목사

포스트모던 시대에 살고 있는 현대 크리스천들과 목회자들과 선교사들에게 있어서 가장 큰 취약점은 날이 갈수록 성경 말씀이 그들로부터 멀게 느껴진다는 사실이다. 찰스 스윈돌 목사님의 설교와 성경 강해는 이런 추세를 돌이키고도 남음이 있음을 지난 47여 년 동안 그의 설교를 듣고 하나님의 말씀이 주는 감동을 다시 찾은 미국 교회 회중들에 의해 충분히 입증된 바 있다. 이 『찰스 스윈돌의 신약 인사이트』 시리즈도 현대 한국 크리스천들과 목회자들과 선교사들로 하여금 말씀에 대한 이해와 적용을 할 수 있도록 도움으로써 다시 한 번 성경의 원저자가 의도했던 감동을 주기에 충분할 것이다.

성경 말씀이 처음 선포되었을 때 이를 들은 회중에게 일어났던 임팩트가 재현되기 위해서는 최소한 다음 두 가지 여건이 재조성되지 않으면 안 된다. 첫째, 하나님이 원래 의도하셨던 대로 그 의미(meaning)가 정확하게 전달되어야 한다. 둘째, 듣는 이들의 마음속에 말씀이 들어가서 하나님이 그 말씀을 통해 의도하셨던 일이 선명하게 드러나야 한다. 이럴 때 비로소 우리는 전해진 말씀이 자신들과 연관성(relevance)이 있다는 사실을 피부로 느끼게 될 것이다. 이를 다시 한국 상황에 맞게 정리하면 성경에 대한 이해와 아울러 이 말씀을 듣는 회중, 즉 한국 사람들의 미음에 대한 이해가 깊지 않으면 안 된다는 말이다. 이에 한 가지 중요한 요소를 더 보탠다면 이 둘 사이에 다리를 놓는 것, 즉 커뮤니케이션이 잘 되어야 한다는 것이다.

이 시리즈는 이 세 가지 모두를 탁월하게 이해한 이 시대의 가장 저명한 강해자 가운데 한 사람이 그의 전 생애를 건 결실이기도 하다. 이를 사용하는 한국 크리스천들과 목회자들과 선교사들에게도 다시 한 번 하나님의 발씀이 가슴속 깊이 파고들어가 원저자이신 성령이 의도하신 대로의 메시지에 따라 삶이 변화되며, 급기야 그 가치관과 세계관이 성경적이 되어 더 이상 얄팍한 크리스천이라는 비난을 받지 않게 되기를 간절히 기원하며 이 시리즈를 모든 사람에게 추천한다.

이태웅 목사_한국글로벌리더십연구원 원장

찰스 스윈돌 목사님은 우리 시대 최고의 목회자요 설교자로서 이미 수많은 저서를 통해 우리에게 잘 알려진 존경받는 저술가이기도 하다. 『찰스 스윈돌의 신약 인사이트』 시리즈는 목회자에게 유익을 주는 또 하나의 저서이다. 이 책은 목회자들의 설교나 성경 공부 준비에 아주 요긴한 좋은 지식을 제공하고 있어 대단히 유익하다.

김경원 목사_서현교회

"나는 성경 말씀을 고찰하고 선포하는 일에 중독되었다고 서슴없이 말할 수 있습니다." 이것은 찰스 스윈돌 목사님이 서문에서 고백한 내용이다. 그는 설교자로서 하나님의 말씀을 정확하고, 명료하고, 현실적이고, 통찰력 있게 전달하고자 애썼으며 이 일에 자신의 전 생애를 헌신했다. 이 책은 지난 50여 년 동안 설교하고 가르치면서 하나님의 진리를 이해하고 설명하고 적용한 귀한 책이다.

김병삼 목사_만나교회

찰스 스윈돌 목사님은 본문 주해와 적용에 탁월한 강해 설교자이다. 그에게는 원어로 말씀을 분석하는 지력과 말씀을 삶에 실제적으로 적용하는 통찰력이 있다. 그에게는 하나님의 말씀인 로고스(Logos), 그 말씀을 자신 있게 전하는 설교자의 에토스(Ethos), 그리고 열정과 헌신으로 가득한 설교자의 파토스(Pathos)가 있기에 이 시리즈가 말씀을 사랑하는 평신도와 목회자에게 큰 유익이 되리라 확신한다.

노창수 목사_워싱턴 중앙장로교회

찰스 스윈돌은 모든 사역자에게 존경을 받는 분입니다. 그분의 분명한 성경 강해와 실천적인 적용의 원리는 모든 곳, 모든 사람에게 깊은 영향력을 끼치고 있습니다. 이번에 디모데에서 출간된 『찰스 스윈돌의 신약 인사이트』 시리즈는 설교를 준비하는 신학생으로부터 담임목사에 이르기까지 매 주일 말씀을 선포하는 사역자들의 목마름을 해갈시켜줄 좋은 도움서입니다. 모든 분들의 일독을 적극 추천합니다.

박은조 목사_샘물교회

지난 반세기를 말씀을 전하는 일에 헌신해온 찰스 스윈돌 목사님은 과연 이 시대 가장 탁월한 설교자답게 모든 설교자를 위하여 대단히 귀한 선물을 준비했다. 설교자 치고 자료의 중요성을 모르는 사람이 어디 있을까? 이번에 그가 펴낸 이 새로운 시리즈는 어렵고 난해한 주석들과 너무도 평범한 설교집들 사이에서 방황하던 설교자들에게 마침표를 찍어줄 것이다.

박정근 목사_부산영안침례교회

내가 처음 강해 설교를 배운 후 연습을 위해 참고한 것이 찰스 스윈돌의 성경 공부였다. 그가 말씀을 묵상한 내용은 깊이도 있지만 적용의 포인트가 아주 신선했다. 무엇보다도 의사소통에 천재적인 능력을 보여주었다. 그는 자신이 강조하는 것처럼 성경 신학자는 아니다. 그럼에도 불구하고, 아니 그렇기 때문에 그의 성경 해석은 모든 사람에게 쉽게 전달이 된다. 이 시리즈는 성경을 공부하는 사람들에게 부담을 주지 않으면서도 실제적으로 많은 도움을 줄 것이다.

방선기 목사_직장사역연구소 소장

신약의 성경들과 관련된 주석들을 많이 읽어보았지만 찰스 스윈돌 목사님의 시리즈만큼 인사이트풀한 책은 없었습니다. 방대한 자료를 제시하며 깊이 있게, 여러 가지 관점으로 볼 수 있도록 인도하는 『찰스 스윈돌의 신약 인사이트』 시리즈는 신기할 정도로 한결같이 친절하고 생생한 언어를 사용해 성경의 원저자들을 만난 것 같은 기분을 느끼게 합니다. 가르치는 사람이라면 꼭 읽고 공부하시기를 권합니다. 다만, 이 책을 펼치시기 전에 조심해야 할 일이 있습니다. 이 책을 읽는 사람이라면 누구나 이 시리즈의 전도사가 될 것이기 때문입니다.

서정인 목사_한국컴패션 대표

명료하면서도 풍성한 표현, 정확하면서도 깊은 이해, 어렵지 않으면서도 부족함이 없는 성경 해석서가 있기를 바라왔는데 주님은 그런 축복을 찰스 스윈돌 목사님을 통해 우리에게 주셨습니다. 훌륭한 목회자로, 탁월한 설교자로서 그의 47년 목회 사역의 귀중한 자료들을 망라한 이 책을 말씀에 대한 갈증을 느끼는 모든 목회자, 특별히 설교를 준비하는 모든 설교자에게 진심으로 권합니다.

이찬수 목사_분당우리교회

오늘날 교계의 가장 빼어난 지도자 가운데 한 분으로 나는 주저 없이 찰스 스윈돌 목사님을 꼽는다. 그는 탁월한 지도력을 갖춘 목회자이고, 건강한 신학적 안목을 지닌 성경 강해자이며, 선명한 복음을 선포하는 설교자이다. 그러나 내가 그를 존경하는 진짜 이유는 말과 행실이 일치하는 그의 성숙한 신앙 인격 때문이다. 평생 스캔들 한 번 없이 수많은 사람들에게 거룩한 영향력을 미친 그의 47년 사역의 결정체가 책자로 출간되었다니 말할 수 없이 기쁘고 감사하다. 전통적 주석과 달리 성경을 통합적으로 꿰어내는 통찰력이 그의 라디오 사역인 〈인사이트 포 리빙〉(Insight for Living)을 연상시킨다. 이 보석 같은 책자를 모든 성도와 신학도와 설교자에게 자신 있게 추천한다.

정민영 선교사_WBT 부총재

찰스 스윈돌 목사님은 우리에게 잘 알려져 있는 목사님이다. 그가 가진 성경 공부와 강해 설교에 대한 탁월한 은사는 우리로 하여금 성경을 전체적으로 그리고 세밀하게 바라볼 수 있도록 도와준다. 그리고 그가 저술한 여러 책들은 누구나 성경을 바로 이해할 수 있도록 도와줄 뿐만 아니라 말씀을 삶에 적용하고 실천하는 데 대단히 훌륭한 가이드가 된다. 이번에 디모데에서 출판한 『찰스 스윈돌의 신약 인사이트』 시리즈는 목회자들의 설교 사역에 대단히 큰 도움을 줄 것이라고 확신한다.

정주채 목사_향상교회

드디어 기다리던 작품이 나오게 되어 기쁘다. 찰스 스윈돌, 그는 실천적 성경 해석가요 본문을 살아나게 하는 설교자이다. 그는 '그때 거기서' 주어졌던 말씀을 '지금 여기에서도' 적용되도록 실용적 인사이트를 준다. 특히 그는 어느 본문에서도 예수 그리스도가 나타나도록 설교의 절정을 이루는 원리와 비법을 자연스럽게 제시해준다. 그래서 말씀을 듣는 사람들을 부활의 능력으로 소생시켜준다. 이것이 그가 만들어내는 인사이트 주석의 핵심이다.

조봉희 목사_지구촌교회(서울)

본문에 대한 세밀한 통찰력과 시대를 읽어내는 예리한 지성이 청중을 사로잡는 수사학과 버무려진 책이다. 본문을 통하여 하나님의 음성을 읽어내는 영성과 그 음성을 청중의 삶에 적용하기 위한 찰스 스윈들의 열정과 사랑이 집대성되었다. 이 책에는 천상의 소리를 지상의 소리로 만드는 비법이 고스란히 담겨 있다.

최명덕 목사_건국대학교 교수

『칠스 스윈돌의 신약 인사이트』 시리즈를 통해 찰스 스윈돌 목사님을 우리 개인의 서재로 초대하고, 그분과 함께 목회 동역자로 일할 수 있는 길이 가능해졌다. 성경에 대한 그분의 애정과 깊은 영성은 모든 목회자에게 엄선된 자료, 탁월한 분석과 요약, 놀라운 통찰력, 감동과 도전을 준다. 우리는 더 이상 성경 본문 속에서 방황할 필요가 없다. 왜냐하면 이제 성경의 핵심으로 바로 뛰어들어갈 수 있기 때문이다.

홍인종 목사_장로회신학대학원 교수

찰스 스윈돌의 신약 인사이트

마태복음

Swindoll's Living Insights NT Commentary: Matthew 1-15

© 2020 by Charles R. Swindoll
Originally published in English under the title *Swindoll's Living Insights NT Commentary: Matthew 1-15* by Tyndale House Publishers, Inc., Carol Stream, IL, USA.

Swindoll's Living Insights NT Commentary: Matthew 16-28

© 2020 by Charles R. Swindoll
Originally published in English under the title *Swindoll's Living Insights NT Commentary: Matthew 16-28* by Tyndale House Publishers, Inc., Carol Stream, IL, USA.

찰스 스윈돌
신약 인사이트 시리즈

김희수 옮김

SWINDOLL'S NEW TESTAMENT INSIGHTS

MATTHEW

마태복음

디모데

차례

마태복음 후반부(16-28장)

■ 지도·도표·사진과 보충설명 목록

머리말

60년이 넘도록 나는 성경을 애독해왔습니다. 성경을 향한 그 사랑에 내가 해병대 복무 중에 받은 복음 사역으로의 부르심이 더해져 나는 달라스 신학교에 입학하게 되었습니다. 그 4년 동안 나는 하나님의 말씀을 사랑하는 훌륭한 하나님의 사람들 밑에서 수학하는 특권을 누렸습니다. 그분들은 무오한 하나님의 말씀을 추앙하고, 신중하게 가르치며, 열정적으로 설교하고, 행동으로 실천하는 모범을 보여주었습니다. 나는 내 것이라고 선포된 위대한 유업에 대해 하나님께 감사하지 않고 보낸 주가 한 주도 없었습니다! 하나님의 진리를 이해하고 설명하고 적용하는 일에 이토록 헌신하도록 나를 키워준 그 훌륭한 신학자들과 멘토들에게 나는 영원한 빚을 지고 있습니다.

45년 이상을 나는 이 일에 정진해왔습니다. 그리고 얼마나 이 일을 사랑하는지 모릅니다! 고백하건대 나는 성경 말씀을 고찰하고 선포하는 일에 중독되었다고 서슴없이 말할 수 있습니다. 그렇기 때문에 이 시리즈–특히 하나님이 기록하신 말씀 속에 담겨진 진리를 설명하고 이해를 돕는–는 내 삶에서 매우 중요한 의미를 가집니다. 오랜 세월 힘을 다해 성경을 성실하게 연구하면서 발견한 소중한 서적들을 모아 널찍한 서재를 만들었습니다. 생의 마지막 날까지 내 인생의 가장 중요한 목표는 하나님의 말씀을 정확하고, 명료하며, 현실적이고, 통찰력 있게 전달하는 것입니다. 찾아볼 수 있는 많은 정보가 담겨진 신뢰할 만한 서적들이 없었다면 나의 작업은 몇 십 년 전에 '고갈'되어버렸을 것입니다.

내가 가장 많이 그리고 즐겨 사용한 책들은 성경의 본문을 더 잘 이해하는 데 유용한 책들입니다. 대부분의 주석가들이 그렇듯이 나는 끊임없이 나의 재능을 연마하고 더 날카롭게 해줄 문헌들을 찾고 있습니다. 다시 말해서, 복잡한 것을 단순하고 이해하기 쉽게 만들어주고, 내가 살고 있는 21세기 세상의 관점에서 신성한 진리와의 관련성을 볼 수 있게 해주는 통찰력 있는 해설과 눈으로 보는 듯한 생생한 서술을 제공하며, 그 진리들을 내가 쉽게 잊지 못하도록 마음속 깊이 새겨주는 자료들을 찾는다는 뜻입니다. 그런 책을 발견하면 나는 그것을 손에서 놓지 않고 탐독한 후에 나중에 다시 찾아보기 위해 내 서재에 보관합니다. 그리고 정말로, 나는 자주 그 책들을 찾아봅니다. 신선한 통찰이 부족하거나 적합한 이야기나 예화가 필요할 때, 또는 본문 해석이 잘 풀리지 않아 빠져나올 방법을 찾을 수 없을 때 찾아볼 수 있는 자료들이 있다는 게 얼마나 다행인지 모릅니다. 열정적인 주석가들에게 서재는 반드시 있어야 합니다. 나의 멘토 중 한 분이 이런 말을 한 적이 있습니다. "도대체 다른 어디에서 자네 손바닥에 만 명의 교수들을 올려놓을 수 있겠나?"

최근에 나는 내가 방금 설명한 것과 같은 충분한 자료들이 턱없이 부족하다는 사실을 알게 되었습니다. 그리고 문제를 한탄하기보다는 내가 그 해답의 일부가 되자는 생각을 품게 되었습니다. 그러나 그 해답은 큰 임무를 떠맡는 것이 될 터였습니다. 신약의 모든 책과 편지들을 망라하는 저술 작업은 너무나 벅차고 두렵게 느껴졌습니다. 그러나 내가 지난 50년이 넘도록 신약 성경의 대부분을 가르치고 설교했다는 사실을 깨달았을 때 안도감이 밀려왔습니다. 내 자료 파일들은 이 시대의 필요에 부응하는 새로운 의미가 보태어져 세상에 나가 주님의 신선한 말씀을 갈망하는 사람들의 삶에 적용되기를 기다리며 숨어 있던 메시지들에 대한 주석들로 가득했습니다. 이거면 됐다! 나는 그 모든 파일을 바탕으로 신약 주석을 집필하기로 계획을 세웠습니다.

직접 편집을 해준 마크 게이더(Mark Gaither)와 마이크 스비겔(Mike Svigel)의 지칠 줄 모르는 노고에 감사의 마음을 전합니다. 그들은 신약 성경 27권의 각 장과 구절들을 모두 섭렵하는 작업을 멋지게 해냈습니다. 그들은 원고를 성경 본문에 충실하고 흥미롭고 독창적이면서도 읽기 편한 문체로 다듬고 자연스럽게 내 목소리가 드러나게 해주었습니다. 그 과정을 지켜보는 것은 또 다른 즐거움이었습니다.

내가 50년이 넘도록 섬겨온 미국 여러 지역의 교인들에게도 깊은 감사를 드립니다. 매년 하나님의 메시지를 지키고 전달하는 소명을 수행하면서 그분들의 사랑, 지원, 인내 그리고 수많은 격려의 말을 들을 수 있었던 것은 행운이었습니다. 나는 목자로서 그 양 떼들을 이루 말할 수 없이 사랑했습니다. 또한 내가 지금 기쁨으로 섬기고 있는 텍사스 주 프리스코에 있는 스톤브라이어 교회(Stonebriar Community Church)의 양 떼들은 더더욱 그렇습니다.

마지막으로, 공부와 설교와 글쓰기에 중독된 나를 이해해준 아내 신시아(Cynthia)에게 감사합니다. 아내는 내가 이 일을 하는 것을 한 번도 반대한 적이 없습니다. 언제나 내가 최선을 다하도록 격려해주었습니다. 그녀의 애정 어린 지원과 더불어 35년이 넘도록 인사이트 포 리빙(Insight for Living)을 훌륭히 이끌어온 그녀의 헌신에 힘입어 "때를 얻든지 못 얻든지" 나의 소명에 충실할 수 있었습니다. 평생을 함께 사역하면서 형성된 동역자로서의 관계는 그렇다 치더라도, 나에 대한 그녀의 헌신이 없었다면 이 시리즈는 결코 시작되지 못했을 것입니다.

이 책에 당신의 손길이 닿을 수 있어서 그리고 궁극적으로 당신의 서가에 놓일 수 있게 되어서 정말 기쁩니다. 나의 끊임없는 기도와 바람은 이 책들이 당신이 성경을 공부하고 적용하는 데 유용하게 쓰이는 것입니다. 내가 오랜 세월에 걸쳐 깨달았듯이 당신 또한 하나님의 말씀은 시대를 초월하는 진리라는 사실을 깨닫는 데 이 책이 도움이 되기를 기도합니다.

"풀은 마르고 꽃은 시드나
우리 하나님의 말씀은 영원히 서리라"(사 40:8).

찰스 스윈돌(Charles Swindoll)
텍사스주 프리스코

스트롱 번호 체계

찰스 스윈돌의 신약 인사이트 주석은 스트롱의 단어 연구 번호 체계를 사용하여 초보자와 경험자를 막론하고 성경 학도들이 성구사전, 사전, 신학사전 등 유익한 원어 자료를 더 신속하고 간편하게 찾아볼 수 있도록 했다. *Strong's Exhaustive Concordance of the Bible*을 통해 보편화된 스트롱 번호 체계는 대다수 성경 헬라어 및 히브리어 참고문헌에 쓰이고 있다. 고대 히브리어, 아람어, 헬라어 철자에 익숙하지 않은 이들도 해당 번호만 찾아보면 각 단어에 대한 정보를 바로 얻을 수 있다. 애매한 활용과 어형 변화의 사전적 형태를 신속히 찾아볼 수 있어 성경 원어를 아는 이들에게도 도움이 된다. (로고스 역간『개역개정 · 개역한글 비교성구사전 스트롱 원어코드』를 참고하라. –역주)

본문에 헬라어 단어를 언급할 때마다 괄호 안에 스트롱 번호를 병기했다. 예컨대 '사랑'을 뜻하는 헬라어 단어 *agapē*(26)의 경우 스트롱 번호 체계와 연계된 모든 헬라어 자료에 같은 번호 26이 쓰인다.

간혹 본문에 히브리어 단어가 언급될 때도 있는데 스트롱 히브리어 번호는 헬라어 번호와는 완전히 별개로 앞에 H가 붙는다. 예컨대 '속죄소'를 뜻하는 히브리어 단어 *kapporet*(H3727)는 '속량하다, 선물로 호의를 얻다'는 뜻의 *kopher*(H3722)에서 파생했다.

마태복음 전반부(1-15장)

하나님은 우리가 마땅히 그래야 한다고 생각하거나 기대하는 방식으로는 아니어도 분명히 자신을 나타내신다. 마태의 복음서는 예수님이 이스라엘 백성이 고대하던 메시아 왕이실 뿐 아니라 우리의 임마누엘, 즉 부활해서 승천하셨지만 지금도 우리와 함께하시며 세상 끝날까지 함께하실 '우리와 함께 계시는 하나님'이심을 일깨워준다.

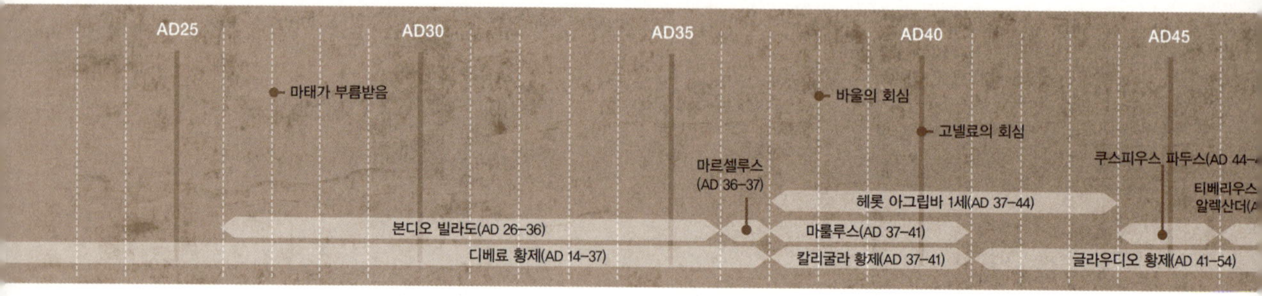

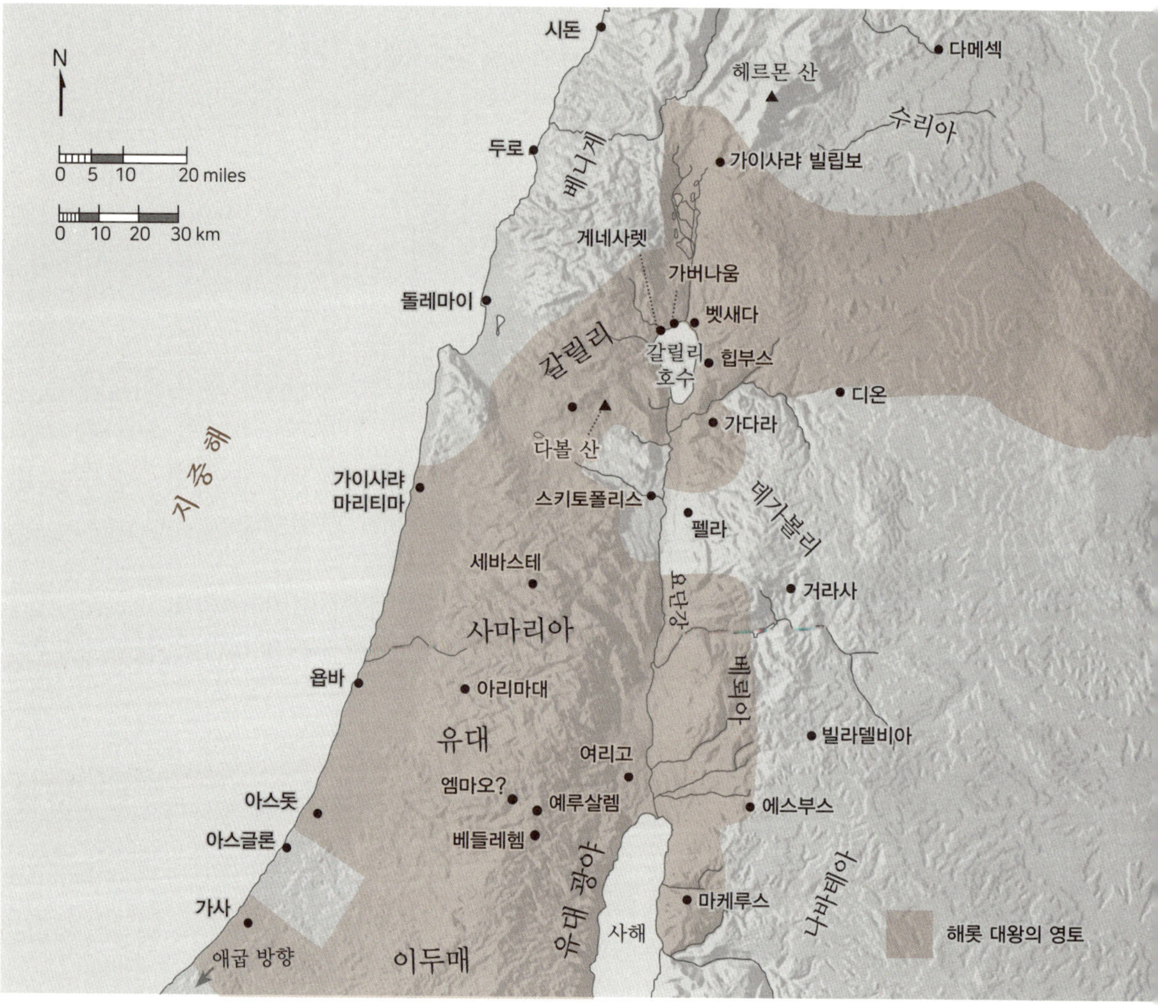

지도로 보는 예수님의 삶과 사역. 마태의 이야기는 베들레헴에서 예수님이 탄생하신 시점부터 시작해 갈릴리 일대에서 펼쳐진 예수님의 사역을 따라간다. 예수님은 갈릴리에서 유대에 이르기까지 곳곳에서 사역하신 뒤 예루살렘에서 거부당하시고 결국 죽음에 이르셨다.

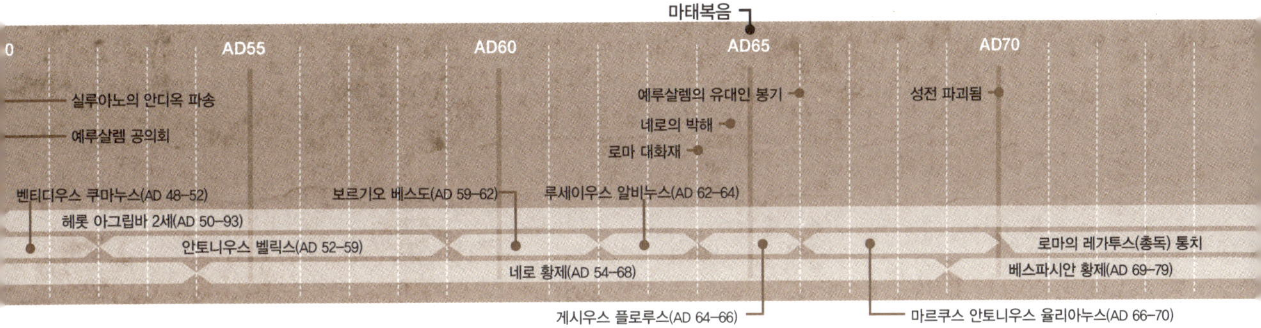

마태복음 전반부(1-15장)

서론

사복음서 저자들의 배경을 연구해보면 사뭇 대조적이고 흥미로운 사실이 드러난다. 요한 마가는 제자들을 따라다니던 십대였을 것이다. 예수님이 체포되시던 현장에서 당혹스러운 행색으로 도망쳤던 청년이 그였을 수 있다(막 14:51-52).[1] 그후 바울과 자기 사촌인 바나바와 사역을 시작할 때만 해도 위태위태하던 그였지만(행 12:25-13:13, 15:36-41, 참조. 골 4:10), 나중에는 베드로의 충실한 조수가 되어(벧전 5:13) 베드로가 직접 증언한 것을 토대로, 사복음서 중 가장 먼저 기록된 복음서를 썼다.

반면에 누가는 의사였다(골 4:14). 헬라어에 능통한 교양 있는 이방인인 누가는 그리스도의 삶을 차근차근 꼼꼼히 기록하기 위해 치밀하고 비판적인 사고를 바탕으로 정보를 수집하고 검증하고 정리했다(눅 1:1-4). 그 후 그는 교회 초기 수십 년간의 기록을 속편으로 남겼는데, 그 중 일부는 자신이 직접 참여했던 사역을 근거로 했다(행 1:1-2).

"예수께서 사랑하시던…제자"(요 20:2)인 요한은 처음에는 얽힌 어망을 던져버리고 기꺼이 사람을 낚는 어부가 되고 싶어 하던 젊은 어부였다(마 4:18-22). 그가 복음서를 쓰던 AD 97년경이면 다른 세 편의 복음서를 이미 읽었을 테고, 예수님이 누구시며 그분이 행하신 일들이 진정 어떤 의미였는지에 대한 깊은 신학적 진리를 평생 반추한 뒤였을 것이다.

한눈에 보는 마태복음

단락	왕의 출현과 공표	왕의 선포와 영접
주제	예수님의 자격	예수님의 말씀
	탄생 세례 유혹	기적 강론 비유
핵심 용어	세례받다 그리스도 선포	의 권위 복이 있나니 비유
본문	1:1–4:25	5:1–15:39

왕을 반대하고 거부함	왕의 수난과 승리
예수님의 고난	예수님의 승리
반대 거부 재림	유월절과 체포 고난과 죽음 부활 승천
환난 화 있을진저 넘어지다	넘겨주다 고난받다
16:1–25:46	26:1–28:20

마태복음이 기록된 배경

누가 기록했는가? 알패오의 아들 마태(레위라고도 불림).

언제 기록했는가? AD 65년경.

어디서 기록했는가? 안디옥으로 추정됨.

왜 기록했는가? 예수님이 이스라엘 백성이 그토록 고대하던 메시아 왕이심을 유대인 독자에게 입증하기 위해서.

이제 마태에 대해 생각해보자. 요한처럼 육체 노동자도 아니고 누가처럼 교양 있는 전문직 의사도 아니다. 마가처럼 젊은 추종자도 아니다. 마태는 세리였다.

세리라니!

1세기 유대인 청중에게 그것이 어떤 의미였는지 우리는 상상하기 어렵다. 납세자들의 탈세를 방지하기 위해 맡은 바 소임을 다하는 말끔하게 차려입은 세무서 직원이나 면세 한도를 초과하지 않았는지 물품을 검사하는 세관 공무원의 이미지일랑 머릿속에서 지우라. 마태는 지방 관료들에게 고용되어 수금하는 시급제 회계원이 아니었다. '세리'로 번역된 헬라어 *telōnēs*(5057)는 신약성경에서 종종 '죄인'이나 '매춘부' 같은 용어와 함께 지극히 부정적인 의미로 쓰였다.[2] 국민을 압제하는 정부를 위해 돈을 걷는 일을 하는 세리들은 매국노로 간주되었고, 사익을 위해 금전을 갈취하는 사람들로 알려졌다.[3] 지역 카르텔을 위해 근면하고 정직한 시민을 착취하는 저질 폭력배쯤으로 생각하면 제일 정확할 것이다. 마이클 그린(Michael Green)의 설명에 따르면 라틴어로 *publicani*로 알려진 세리는 "사회에서 버림받은 자들로서 혐오의 대상이었고, 유대인들은 그들을 살인자와 같은 부류로 취급했다. 그들은 회당에서도 받아주지 않았다."[4]

하나님 외에 과연 누가 미움받는 탐욕스러운 세리를 예수님의 열두 제자의 일원으로 삼고 신약성경의 첫 번째 경전이 될 책을 쓰게 하겠는가? 이야말로 하나님의 자비와 은혜를 보여주는 놀라운 예가 아닌가! 아마도 부정직했을 레위(마태)라는 이 세리는 주 예수님을 만나고, 그분이 고대하던 이스라엘의 왕이심을 알게 되었을 때 모든 것이 변했다. 이제 그는 일생을 동족 유대인에게 자신의 생생한 간증과 글로 그 메시아를 선포하는 일에 바칠 것이다. 누군가 마태를 가리켜 이렇게 표현한 문장을 나는 참 좋아한다. "마태가 관세를 징수하는 사무실에 앉아 있을 때 예수님이 부르시자 마태는 자리에서 일어나 모든 것을 뒤에 남겨둔 채 펜 한 자루만 가지고 그분을 따라나섰다."[5]

사복음서 중 하나인 마태복음

하나님은 예수 그리스도의 삶, 사역, 가르침, 죽음, 부활을 네 편의 기사—마태복음, 마가복음, 누가복음, 요한복음—로 써서 알리기로 결정하셨다. 복음서는 왜 네 권일까? 왜 한 권이 아닐까? 왜 일곱 권이 아닐까? 왜냐하면 하나님이 자신을 나타내시는 데 이 방식이 적합하다고 보셨기 때문이다. 하나님의 영이 신인(God-man)이신 예수님에 대한 중요한 이야기를 서로 다르면서 보완적인 관점을 가진 독특한 네 작가의 시선을 통해 들려주셨다. 아래의 표는 네 복음서를 요약하면서 각 저자가 기여한 바를 보여준다.

사복음서 비교				
	마태	마가	누가	요한
예수님의 묘사	약속된 왕	고난받는 종	완전한 인간	하나님의 아들
독자 대상	유대인	로마인	헬라인	온 세상
저자	세리, 열두 제자 중 하나	제자들과 친분이 있는 자로 조수 역할을 함.	이방인 의사, 초기 개종자	어부, 열두 제자 중 하나
주제	메시아이신 왕이 와서 구약의 약속을 성취하셨다.	하나님의 아들이 잃어버린 자들을 찾고, 섬기고, 구원하기 위해 오셨다.	인자는 모든 인류를 구속하기 위해 오셨다.	영원한 하나님의 아들이 성육신하셨다.
반응	그분을 경배하라!	그분을 따르라!	그분을 본받으라!	그분을 믿으라!

네 복음서 모두 초림하신 예수 그리스도의 인격과 사역에 관한 좋은 소식을 균형 있게 기술하고 있지만, 그 중 마태복음, 마가복음, 누가복음은 서로 독특한 방식으로 연결되어 있다. 이 세 복음서는 '공관'(synoptic) 복음이라고 불리는데, synoptic에 해당하는 헬라어는 '함께 보다'는 뜻이다. 이 첫 세 복음서는 많은 부분이 비슷하며, 또한 다르면서 서로 보완이 되는 설명을 제공해주기 때문에 어떤 사건들은 '함께 보았을' 때 예수님의 말과 행동에 대한 더 온전한 그림을 얻을 수 있다. 반면에 공관복음보다 수십 년 뒤에 쓰인 사도 요한의 기록은 이전 복음서들이 다루지 않은, 저자 자신이 직접 목격한 상세한 내용을 담고 있다.

공관복음이 모두 그리스도의 삶을 비슷한 방식으로 제시하기는 하지만, 마태가 쓴 복음서가 가장 유대인적 특성이 두드러진다. 마태가 예수님의 계보를 전형적인 유대인의 방식으로 추적하는 이야기의 서두부터 이 점은 뚜렷하다. 마태복음 전반에 걸쳐 유대인에게 중요한 의미가 있는 내용—율법, 유대인의 관습, 절기, 예수님이 성취하신 구약의 예언들—이 많이 나오는 것도 마태의 기사에 담긴 이러한 독특한 속성 때문이다. 마태는 마가, 누가, 요한보다 월등히 많이 구약성경 구절을 직접 인용하거나, 암시하거나, 풀어쓴다. 어느 정도 어림잡아 마가와 누가는 각각 구약성경을 30차례, 요한은 고작 15차례 정도 언급한 것에 비해 마태는 65차례 이상 언급한다. 분명 마태는 동족인 유대인 독자에게 예수님이 그들이 고대하던 메시아이시며, 그분은 율법이나 예언을 폐하러 오신 것이 아니라 성취하러 오셨다는 것을 확실히 알리고 싶어 했다(5:17).

마태복음 개요

마태는 유대인 독자들에게 예수님이 이스라엘이 고대하던 메시아 왕이심을 증명하기 위해 예수님의 탄생, 삶, 가르침, 죽음, 부활, 승천에 대한 이야기를 기록했다. 이 책의 첫 문장이 그 의도를 분명히 보여준다. "아브라함과 다윗의 자손 예수 그리스도의 계보라"(1:1). 마태복음의 모든 장은 어떤 식으로든 이 핵심 주제에 이바지한다.

마태는 아람어로 복음서를 썼을까?

사도 요한의 제자로, 원사도들이 배출한 1세대 제자들을 많이 알았던 2세기의 목사 히에라폴리스의 파피아스(Papias)에 따르면, "마태는 하나님의 말씀을 히브리어로 썼고, 사람들은 각기 능력껏 그것을 해석했다."[6] 2세기 초에 나온 이 증언은 훗날 요한의 제자였던 서머나의 폴리캅(Polycarp)의 제자인 리용의 이레네우스(Irenaeus)가 확인해준다. 이레네우스는 이렇게 썼다. "마태도 히브리인을 대상으로 그들의 방언으로 쓴 복음서를 펴냈다."[7] 대부분의 초기 교부들은 마태가 원래 유대 아람어로 복음서를 썼고, 그것이 나중에 헬라어로 번역되었다고 믿었다.[8]

그러나 많은 현대 학자들은 이 초기의 증언을 의심한다. 마태가 마태복음보다 더 먼저 기록되고 분량이 상대적으로 적은 마가복음을 참고해서 유대인 독자의 마음을 사로잡을 수 있는 방법으로 기사를 확충했을 가능성이 높다는 것이 많은 학자의 생각이다. 현재까지 히브리어나 아람어로 쓰인 마태복음이 발견되지 않았고, 또한 설령 그것이 존재했다 해도 성령이 신약성경의 정경으로 보존해주신 것은 헬라어판 마태복음이다.

그러나 마태는 거기서 그치지 않고 예수님이 메시아이심을 이미 확신하고 있는 1세기의 유대인 독자를 유독 괴롭혔을 한 가지 질문인 "예수님이 우리의 왕이시라면 약속된 나라는 어디 있는가?"를 더 깊이 파고든다. 마태복음에는 예수님이 실제로 이스라엘 백성에게 그 나라를 제시하셨지만, 이스라엘의 거의 모든 정치, 종교 지도자들과 대다수의 백성이 그것을 거부했다는 내용이 담겨 있다(4:17, 16:13–28, 21:42–43). 그러면서 마태는 이스라엘이 예수님을 거부함으로써 모든 나라에 세례받은 제자들의 교회가 세워질 것이라는 의외의 반전을 제시한다(8:10–12, 28:19–20). 그럼에도 이스라엘에게 주어진 최초의 나라를 그리스도가 성취하신다는 약속은 그분이 재림하실 때 이루어질 것이라는 사실에는 변함이 없다(19:28, 참조. 25:31).

마태는 두 부분으로 나누어 내용을 전개한다. 1장부터 15장은 왕의 정체성을 다룬다. 16장부터 28장은 왕의 운명과 승리를 이야기한다. 15장에서 16장으로 넘어가면서 예수님이 가르치시는 군중의 범위도 큰 무리에서 열두 사도로 초점이 좁아진다. 복음서의 전반부에서는 대중 사이에서 예수님의 인기가 높아지지만, 후반부에서는 예수님에 대한 적개심이 커진다. 지리적으로 전반부는 갈릴리에서 행하신 예수님의 사역에 초점을 맞추고, 후반부는 유대와 특히 예루살렘에서 행하신 사역에 집중한다.

마태복음의 절반 가량이 되는 전반부는 다시 두 부분으로 나뉜다.

왕의 출현과 공표(1:1–4:25). 이 서두는 고대하던 메시아로서 예수님의 자격과 적격성을 제시한다. 그분의 정체성은 그분의 메시아 계보(1:1–17), 탄생과 어린 시절과 관련된 구약성경의 예언과 예표의 성취(1:18–2:23), 세례받으시고 위임받으심(3:1–17), 사탄의 유혹을 물리치심(4:1–11), 제자들을 부르심(4:12–22), 공적인 사역의 시작(4:23–25)으로 입증된다.

왕의 선포와 영접(5:1–15:39). 마태복음 5–15장은 메시아가 다스리시는 나라의 시작과 기대에 대한 예수님의 가르침, 설교, 기적들을 나열한다. 또 유명한 '산상수훈'(5:1–7:29), 여러 기적(8:1–9:38), 점점 논란이 커지는 실제적, 도덕적, 영적 주제에 대한 많은 강론(10:1–12:50), 비유를 통한 하나님 나라의 설명(13:1–58), 예수님의 가르침에 대해 더 거센 저항을 불러일으킨 그 외의 기적들이 나온다(14:1–15:39).

마태복음의 후반부 곧 왕이 반대에 부딪히고 거부당한 연대기(16:1–25:46)와 왕의 수난과 승리(26:1–28:20)가 담긴 16장에서 28장은 이 책의 후반부에서 논의될 것이다. 후반부에서 예수님에 대해 점점 커져가는 반대와 거부, 십자가 처형, 부활을 검토하기 전에 전반부에서 다룰 내용이 많다는 것을 우선 말해주고 싶다.

신약성경의 첫 페이지를 여는 얼마나 심오하고 강력한 메시지인가! 오실 메시아를 암시하는 단서를 얻기 위해 하나님의 백성이 구약성경의 글을 샅샅이 뒤지던 400년에 이르는 예언의 침묵기를 거치면서 많은 사람은 혹 하나님이 약속을 잊으시고 자기들을 버리신 것은 아닌지 의심했을 것이다. 때때로 하나님이 침묵하시는 것 같을 때 그렇게 느껴질 수 있다. 그런데 세례 요한이 오실 메시아를 대비해 회개하라는 외침으로 그 침묵을 깼다. 그리고 예수님이 친히 오셔서 그분의 나라를 제시하셨다. 그 나라에 들어가는 데 필요한 조건은 단 하나, 믿음이었다. 많은 사람의 기대에 어긋난 메시아에 대한 믿음이었다. 전쟁보다는 평화를 통해 발전하는 나라에 대한 믿음이었다. 자기 백성 이스라엘뿐 아니라 전 세계를 품으신 하나님에 대한 믿음이었다.

하나님이 자기 백성을 잊으셨다고 느끼는 사람들을 향해 마태는 침묵 속에서 큰 소리로 말한다. 하나님은 결코 자기 백성을 버리지 않으시며 약속을 어기지 않으신다. 하나님은 우리가 마땅히 그래야 한다고 생각하거나 기대하는 방식으로는 아니어도 분명히 자신을 나타내신다. 마태의 복음서는 예수님이 이스라엘 백성이 고대하던 메시아 왕이실 뿐 아니라 우리의 임마누엘, 즉 부활해서 승천하셨지만 지금도 우리와 함께하시며 세상 끝날까지 함께하실 "우리와 함께 계시는 하나님"이심을 일깨워준다(참조. 28:20).

왕을 맞이할 준비를 하라!

주

1. 『찰스 스윈돌의 신약 인사이트: 마가복음』(디모데 역간) 412–413쪽 주석 참조.
2. 마태복음 5:46, 9:10–11, 11:19, 18:17, 21:31–32, 마가복음 2:15–16, 누가복음 3:12, 5:29–30, 7:29, 34, 15:1, 18:9–14 참조.
3. R. T. France, *Matthew*, Tyndale New Testament Commentaries, Leon Morris 편집(Grand Rapids: Eerdmans, 1985), 167.
4. Michael Green, *The Message of Matthew: The Kingdom of Heaven*, The Bible Speaks Today(Downers Grove, IL: InterVarsity Press, 2000), 25.
5. William Barclay, *The Gospel of Matthew: The Kingdom of Heaven*, the Bible Speaks Today

(Downers Grove, IL: InterVarsity Press, 2000), 25. 『마태복음: 바클레이 성경주석 1』(기독교문사 역간).

6. 유세비우스가 인용한 파피아스의 글, *Church History* 3.39, 출전: Philip Schaff 편집, *A Select Library of Nicene and Post-Nicene Fathers of the Christian Church*, 두 번째 시리즈, 제1권, *Eusebius: Church History, Life of Constantine the Great, and Oration in Praise of Constantine*(New York: The Christian Literature Publishing Company, 1890), 173.

7. Irenaeus, *Against Heresies* 3.1.1, 출전: Alexander Roberts, James Donaldson, and A. Cleveland Coxe 편집, *The Ante-Nicene Fathers*, 제1권, *The Apostolic Fathers with Justin Martyr and Irenaeus*, 미국판(New York: The Christian Literature Publishing Company, 1885), 414.

8. John Peter Lange, *Commentary on the Holy Scriptures: Critical, Doctrinal and Homiletical*, 제8권, *Matthew-Luke*, Phillip Schaff 번역, 신판(Grand Rapids: Zondervan, 1976), 41–42 참조.

왕의 출현과 공표

마태복음 1:1-4:25

사복음서는 모두 다르게 시작한다. 아마도 가장 먼저 쓰였을 마가의 복음서는 천국이 다가오고 있다는 세례 요한의 선포에 뒤이어 예수님의 세례, 시험, 갈릴리에서 시작하신 복음 전파 등, 역동적인 사건들이 전개되고 있는 이야기의 한복판에 우리를 불쑥 떨어뜨린다(막 1:1-15). 치밀하고 신중한 의사 누가는 그 기사가 짜임새 있게 쓰였다는 것을 확실히 보여주려고 데오빌로라는 특정 인물에게 격식을 갖춰 말하는 서론으로 시작한다. 그런 다음 세례 요한의 출생을 간략하게 설명하고 역사적 사건들을 상세히 곁들여 예수님의 탄생과 어린 시절의 이야기를 전한다(눅 1:1-2:52). 한편 요한복음은 신인(God-man)과 성육신의 기적을 숭앙하고 육신이 되신 영원한 말씀을 향한 벅차오르는 신학적 찬송으로 시작한다(요 1:1-18).

마태복음은 마가의 즉각적인 행동, 누가의 역사적 상황, 요한의 영광의 찬송가가 아니라 족장 아브라함까지 거슬러 올라가 다윗 왕까지 이어지는 예수님의 법적 조상을 추적하는 족보로 시작한다(마 1:1-17). 마태는 예수님의 공생애가 시작된 것을 이야기하기 전에 다른 기록에서는 찾아볼 수 없는 예수님의 탄생과 유년기에 대한 이야기-요셉을 찾아온 천사(1:18-25), 동방 박사 또는 '현자'의 방문과 그들이 선물로 가져온 금, 유향, 몰약(2:1-12), 애굽으로의 도피와 베들레헴의 아기들이 살해당함(2:13-23)-에 두 장을 할애한다.

마태복음만 유독 이런 이야기를 상세히 기술한 목적은 우리에게 왕이 오셨음을 알려주기 위해서다(1:1-4:25). 이 서두를 다 읽고 나면 나사렛 예수의 참 정체를 헷갈려 하는 독자는 없을 것이다. 그분은 이스라엘이 고대하던 메시아 왕이시다.

핵심 용어

βαπτίζω[*baptizō*, 밮티조](907) '목욕하다', '씻다', '담그다'

Baptize(세례받다)라는 영어 단어는 무언가를 씻기 위해 물에 담그는 행위를 나타내는 헬라어 동사 *baptizō*의 번역이라기보다는 음역이다. 고대 세계에서는 유대인과 이방 종교 집단 모두 물에 담그는 행위를 정결 의식-성스러운 공동체에 입회, 특정 소명의 성별, 예배 전에 죄나 죄의식을 씻어내는 상징-으로 사용하였다. '세례를 받음으로' 한 공동체의 일원이 되는 것은 그 집단 전체와 뜻을 같이하고, 혜택과 책임을 공유한다는 뜻이었다.

χριστός[*christos*, 크리스토스](5547) '메시아', '기름 부음 받은 자'

히브리어 성경의 헬라어 번역본인 칠십인역은 *christos*를 히브리어로 '기름 부음 받은 자'라는 뜻의 *mashiach*(H4899)로 번역했고, 여기서 영어 단어 messiah가 나왔다. 구약성경에서는 실제로 감람유를 부어 선지자(왕상 19:16), 제사장(출 28:41), 왕(삼상 10:1)을 성별했다. 이스라엘에는 역사적으로 수많은 기름 부음 받은 선지자, 제사장, 왕이 있었지만, 이들은 모두 궁극적인 선지자, 제사장, 왕이신 메시아 또는 '그리스도'에 대한 예표로 여겨졌다.

κηρύσσω[*kēryssō*, 케뤼쏘](2784) '전파하다', '선포하다', '알리다'

1세기에 이 동사는 일반적으로 전령이 왕의 포고문을 외치는 것 같은 공식적인 선포를 의미했다.[1] 신약성경에서도 같은 의미로 회개와 믿음을 촉구하며 하나님의 나라를 선포하는 데 주로 쓰였다(예. 3:1, 4:17). 그리스도가 죽으셨다가 부활하신 뒤 복음의 선포는 도래할 하나님 나라의 왕이실 뿐 아니라 죽었다가 살아나신 하나님의 아들 예수 그리스도께 특히 초점이 맞춰졌다(행 9:20, 28:30-31, 고전 1:22-24, 15:12).

예수님의 계보(마태복음 1:1-17)

1아브라함과 다윗의 자손 예수 그리스도의 계보라

2아브라함이 이삭을 낳고 이삭은 야곱을 낳고 야곱은 유다와 그의 형제들을 낳고 3유다는 다말에게
서 베레스와 세라를 낳고 베레스는 헤스론을 낳고 헤스론은 람을 낳고 4람은 아미나답을 낳고 아미나답
은 나손을 낳고 나손은 살몬을 낳고 5살몬은 라합에게서 보아스를 낳고 보아스는 룻에게서 오벳을 낳고
오벳은 이새를 낳고 6이새는 다윗 왕을 낳으니라

다윗은 우리아의 아내에게서 솔로몬을 낳고 7솔로몬은 르호보암을 낳고 르호보암은 아비야를 낳고
아비야는 아사를 낳고 8아사는 여호사밧을 낳고 여호사밧은 요람을 낳고 요람은 웃시야를 낳고 9웃시
야는 요담을 낳고 요담은 아하스를 낳고 아하스는 히스기야를 낳고 10히스기야는 므낫세를 낳고 므낫세
는 아몬을 낳고 아몬은 요시야를 낳고 11바벨론으로 사로잡혀 갈 때에 요시야는 여고냐와 그의 형제들
을 낳으니라

12바벨론으로 사로잡혀 간 후에 여고냐는 스알디엘을 낳고 스알디엘은 스룹바벨을 낳고 13스룹바벨
은 아비훗을 낳고 아비훗은 엘리아김을 낳고 엘리아김은 아소르를 낳고 14아소르는 사독을 낳고 사독은
아킴을 낳고 아킴은 엘리웃을 낳고 15엘리웃은 엘르아살을 낳고 엘르아살은 맛단을 낳고 맛단은 야곱을

낳고 16야곱은 마리아의 남편 요셉을 낳았으니 마리아에게서 그리스도라 칭하는 예수가 나시니라
17그런즉 모든 대 수가 아브라함부터 다윗까지 열네 대요 다윗부터 바벨론으로 사로잡혀 갈 때까지
열네 대요 바벨론으로 사로잡혀 간 후부터 그리스도까지 열네 대더라

당신은 증조부모님의 성함을 아는가? 고조부모님은? 아무리 족보에 관심이 많은 사람이라도 몇 세대 이전의 조상들까지 명확히 알기는 힘들 것이다. 많은 시간을 들여 인터넷 검색과 유전자 검사를 하면 한두 세대 이전의 가족사는 밝혀낼 수 있을 것이다. 하지만 40대 이전까지 거슬러 올라갈 수 있는 사람이 있을지는 의문이다. 사실 그러고 싶어 하는 사람이 있을지조차 의문이다!

당신이 왕족이라면 몰라도 말이다.

현대의 영국 왕족은 수많은 조지, 에드워드, 윌리엄, 프레드릭, 찰스(내가 제일 좋아하는 이름이다), 제임스, 헨리, 존이 등장하는 35대 전까지 혈통을 추적할 수 있다. 왕족에게 족보만큼 중요한 것은 없다. 군주제에서는 투표나 정복으로 권력을 얻는 것이 아니라 출생으로 계승되기 때문이다.

그래서 마태복음의 서두에는 족보가 나온다. 마태가 그리스도의 삶을 기록한 주된 목적이 예수님이 바로 이스라엘이 고대하던 메시아 왕이심을 입증하기 위해서라는 사실을 기억하라. 그렇다면 마태가 예수님이 다윗의 왕통을 잇는 법적 계승자일뿐 아니라 아브라함이 약속받은 축복의 계승자임을 입증하는 증거로 시작하는 것은 지극히 당연하다.

처음으로 신약성경을 차례대로 통독하려고 결심한 사람은 이내 만만찮은 도전에 부딪힌다. 성경을 펼치자마자 독자는 기나긴 명단을 하나하나 읽어야 한다. 게다가 대부분의 이름이 생소할 뿐 아니라 어떤 이름은 발음하기조차 어렵다! 성경에 나오는 족보의 가치와 목적에 대한 이해가 없는 사람은 처음에 이런 생각을 하게 된다. 도대체 신약성경의 첫 번째 책은 왜 이렇게 시작할까?

그러나 우리는 아무 관심도 없을 뿐더러 솔직히 다소 지루해 보이는 정보가 정작 유대인 독자에게는 가장 기본적인 출발점이다. 어떤 사람이 유대인 청중에게 자기가 메시아라고 주장하더라도 그가 왕가의 혈통이 아니면 그것으로 끝이다. 한 주석가는 이렇게 적었다. "족보를 읽는 것이 시간 낭비라고 생각하지 않는 게 중요하다. 고대와 현대의 많은 문

화권에서 그리고 마태 시대의 유대인 세계에서는 더더욱 이 족보가 둥둥 울리는 북소리, 트럼펫의 팡파르, 포고를 외치는 전령과 같은 것이었다. 1세기 유대인이라면 누구나 이 족보가 인상적이고 설득력 있다는 것을 알 것이다."[2]

이 서두의 구절들을 읽으면서 당신이 의심의 눈초리로 팔짱을 끼고 있는 1세기의 유대인 회의론자라고 생각해보라. 당신은 이 나사렛 예수라는 작자가 메시아 후보자로 고려할 가치가 있는지 직접 보고 싶다. 당신은 문서로 된 증거를 원한다.

—1:1—

마태복음의 첫 구절은 문자 그대로 "예수 그리스도의 계보"다. 고대하던 메시아 또는 기름부음 받은 왕의 자격을 갖추려면 아브라함에게 약속된 자손이자 다윗 왕의 법적 후손이어야 했다. 나사렛 예수가 다른 종족– 예컨대 로마인–이거나 유다 지파와 다윗 가문이 아니었다면 그는 자동으로 실격되었을 것이다.

창세기 12장 7절에서 하나님은 아브람에게 "내가 이 땅을 네 자손[또는 후손]에게 주리라"고 말씀하셨다. 따라서 아브라함의 후손만 이스라엘 왕국의 궁극적 수혜자가 될 수 있었다. 그리고 수백 년 뒤 하나님은 다윗과 언약을 세우시고 맹세하셨다. "네 집과 네 나라가 내 앞에서 영원히 보전되고 네 왕위가 영원히 견고하리라"(삼하 7:16). 그러므로 다윗 가문의 후계자만이 구원의 왕으로 다스릴 자격이 있다.

그래서 마태는 동족인 유대인 독자를 위해 간단명료하지만, 지극히 중요한 진술로 복음서의 기사를 시작한다. "아브라함과 다윗의 자손 예수 그리스도의 계보라"(마 1:1). 그 뒤에 나오는 명단이 증거 1호, 곧 예수님이 정말로 고대하던 메시아가 될 수 있는 혈통의 소유자라는 증거가 된다.

마태가 기록한 족보의 가치를 깨달았다면 이제 마태가 정보를 정리한 특유의 방식을 살펴볼 수 있다. 마태는 공공 기록 보관소의 지하실에서 찾을 수 있을 법한 연대순으로 정리된 명부를 제시한 것이 아니었다. 그보다는 아브라함부터 예수님까지의 역사를 세 그룹, 곧 아브라함부터 다윗(1:2–6상), 다윗부터 바벨론 유수(1:6하–11), 바벨론 유수부터 예수님(1:12–16)으로 나누었다. 마태는 이 세 그룹에 각각 들어갈 14명의 명단을 고르면서 덜 알려진 몇 사람을 의도적으로 빼고 의외로 몇몇 특정 여인을 명단에 포함했다.

이 족보는 예수님의 혈통을 하나도 빠짐없이 정확하게 '있는 그대로' 제시하기 위한 것은 아니다. 마태는 예수님에게 다윗의 왕좌에 오를 수 있는 법적 권리가 있는지 의심하는 자들을 충분히 만족시킬 만큼 예수님의 조상을 간추려 알려주면서, 유대인 독자들이 특히 솔깃해할 자료를 제시하는 방법으로 예수님에 대한 몇 가지 사실을 가르치는 데 오히려 더 관심이 있었던 것 같다.

마태의 족보에 나오는 이름을 일일이 다 검토하는 대신 각 그룹의 몇몇 독특한 인물을 집중적으로 살펴보기로 하자.

—1:2-6상—

14대로 이루어진 첫 번째 그룹은 아브라함부터 다윗까지의 시대로 우리를 데려간다. 대략 BC 2000년에서 BC 1000년에 이르는 이 시대에는 족장 아브라함, 이삭, 야곱, 역대 이스라엘 왕을 배출하게 될 유다가 포함되어 있다(참조. 창 49:10). 이 시기에는 애굽에서의 노예 생활, 모세가 이끈 출애굽, 율법의 언약, 성막과 제사의 제정, 약속의 땅을 정복한 사건이 있었다.

그러나 마태는 이런 사건에 초점을 맞추지 않는다. 모세나 율법은 아예 언급도 안 한다. 마태는 아버지에서 아들로 쭉 이어지는 족보를 그대로 옮겨 적지 않고, 의도적으로 유다가 다말에게서 베레스와 세라를 낳고(마 1:3), 살몬이 라합에게서 보아스를 낳고(1:5), 보아스가 룻과의 사이에서 오벳을 낳고(1:5), 두 번째 명부 첫머리에서는 다윗이 밧세바에게서 솔로몬을 낳은 것(1:6)을 언급한다.

마태복음 1장 3-6절에 나오는 예수님의 족보에서 마태가 네 여인을 언급한 것은 그가 여인을 존중한다는 것을 증명하려고 족보에 끼워 넣은 것이 아니다. 마태는 아마도 모두 이방 종족, 다시 말해 유대인이 아니었을 여인들을 부각시켰다.[3] 이 여인들은 모두 그다지 바람직하지 않은 방법으로 메시아의 계보에 들어갔다. 다말은 시아버지와 동침하기 위해 창녀로 가장했다. 라합은 이스라엘 공동체에 편입되기 전에 창녀였다. 룻은 이스라엘과 잦은 마찰을 일으켰던 모압 출신이었다. 또 밧세바는 다윗과 불륜을 저지른 뒤 다윗이 일을 꾸며 그녀의 남편을 죽음으로 내몬 다음 다윗의 아내가 되었다. 이 여인들은 모두 경건한 유대인 독자들의 눈에 어떤 식으로든 '타락했거나' '부정하게' 보였을 것이다. 이러한 배경을 아는 것이 왜 중요할까? 마태는 무엇을 보여주고 싶었던 것일까? 한 주석가가 이것을 잘 설명했다. "왕의 혈통에 포함된 이 네 사람의 존재는 은혜의 계보를 강조한다."[4] 고귀하기는커녕 비천한 출신이었던 이 여인들은 모두 메시아의 가문에 어울리지 않는다. 하지만 생각해보면 우리 모두 그렇다.

—1:6하–11—

마태가 선별한 두 번째 그룹의 14대 안에는 예루살렘 성전을 건축한 솔로몬, 재임시에 왕국이 북왕국(이스라엘)과 남왕국(유다)으로 갈라진 르호보암, 웃시야, 히스기야 같은 주요 인물이 포함되어 있다. 마태는 첫 번째 그룹(1:2–6상)에서 이방인임에도 예수님의 가계도에 '접목된' 네 여인의 이름을 추가했다. 이 두 번째 14세대에서는 구약의 계보에서 더 정확하고 상세하게 나오는 네 사람, 곧 아하시야, 요아스, 아마샤, 여호야김의 이름을 의도적으로 누락했다. 마태가 이 네 명의 이름을 삭제한 것은 그들이 별로 중요하지 않거나 악명이 높았기 때문일 수 있다.[5] 어떤 경우든 족보가 개인의 법적 혈통을 보여주기 위해 모든 조상을 다 포함할 필요는 없었다. 당시의 관행으로는 세대를 건너뛰는 족보가 허용되었다.[6] 마태의 입장에서는 각 그룹이 '14세대'를 유지하는 것이 중요했기 때문에 일부러 누락한 것 같다.

각 시대를 주제로 마태가 지은 율동적인 교향곡의 첫 악장(1:2–6상)은 아브라함에서 시작된 긴 이야기가 다윗이라는 인물에서 최고조에 달하는 것처럼 보일 수 있다. 그러나 다윗에서 바벨론 유수에 이르는 두 번째 악장(1:6하–11)에서는 고조된 선율이 마치 음이 맞지 않는 악기로 마구 쾅쾅 쳐대는 불협화음으로 변질되면서 엉터리 밴드가 자기들 마음대로 연주하거나 아니면 중간에 그만둔 것처럼 보인다. 바벨론 유수에 이르기까지 이스라엘의 역사는 쇠퇴, 타락, 배도, 우상숭배를 거쳐 결국에는 패배, 파괴, 추방으로 끝난다.

그러나 하나님은 자기 백성을 포기하지도, 약속을 깨뜨리지도 않으셨다.

—1:12-16—

이스라엘을 바벨론 유수로 몰고간 세대에서 모든 것이 무너진 뒤 하나님 백성의 역사는 잊혔다. 우리는 이 세 번째 족보에 나오는 사람들에 대해 거의 아는 바가 없다. 예루살렘으로 돌아와 성전 재건을 주도했던 스룹바벨에 대해서는 성경에서 읽을 수 있지만(참조. 스 5:1-2, 느 12:1), 나머지는 이름밖에 모른다.

1세기에 광야에서 세례 요한의 외침이 들릴 때까지 4백 년간 이어진 예언의 침묵기를 상상하면 메시아를 학수고대하며 이스라엘 땅에 살고 있는 조용하고 경건한 유대인들이 떠오른다. 바벨론에서 페르시아, 그리스, 로마로 이어지는 압제 국가들의 감시 아래서 대대로 왕통이 이어졌기 때문에 메시아를 바라는 희망의 촛불은 그 불꽃으로 메시아의 횃불을 밝힐 때까지 꺼지지 않고 계속 깜박일 수 있었다.

마태는 예수님을 다윗 왕통의 법적 후계자이면서 요셉의 육체적 후손이 아닌 동정녀 마리아에게서 태어난 자녀로 그분의 신분을 설명하는 독특한 방식으로 마지막 세대를 언급한다. 말 그대로 마태복음 1장 16절은 이렇게 말한다. "야곱은 마리아의 남편 요셉을 낳았으니 마리아에게서 그리스도라 칭하는 예수가 나시니라." 마태가 이 관계를 표현하는 방식에 몇 가지 주목할 점이 있다. 이전의 족보는 첫 번째 사람이 말 그대로 두 번째 사람을 "낳았다"는 뜻인 헬라어 동사 *gennaō*(1080)를 사용해서 아브라함과 이삭 또는 이새와 다윗을 연결했다. 족보에 여자들이 거명될 때도 정상적인 출산에서는 남자가 선조가 된다는 점을 분명히 한다. 예컨대, "보아스는 룻에게서 오벳을 낳[았다]"(1:5)는 식이다. 그런데 마태는 예수님의 혈통을 설명하면서 예수님의 물리적 세대를 요셉에게서 끊어내어 마리아에게 연결한다. 마태는 1장 16절에서 요셉이 마리아의 남편이며, 마리아에게서 예수님이 태어나셨다고 말할 때에도 *gennaō*라는 단어를 사용한다. "그녀에게서"(한글 성경은 "마리아에게서"라고 번역되어 있으나, 여기서는 원문대로 "그녀에게서"라는 표현을 사용한다-역주)라는 짧은 헬라어구 *ek hēs*(1537+3739)는 여성 단수 관계대명사를 사용해서 마리아를 예수님의 유일한 육체적 기원으로 만든다. 하지만 요셉을 마리아의 *anēr*(435, 남편)로 칭함으로써 예수님은 요셉의 법적(육체적으로는 아니지만) 아들이 되시고, 따라서 다윗 왕권의 계승자가 되신다!

—1:17—

마태는 자신이 의도적으로 세 악장을 모두 14세대로 제한했다는 간략한 말로 아브라함부터 시작된 메시아의 계보를 주제로 한 연주를 마친다. 가장 엄밀한 의미에서 "대"로 번역된 헬라어[*genea*(1074)]는 실제로 한 사람에게서 다른 사람으로의 물리적 세습-아버지에게서 아들로 이어지는 세대-을 의미할 수 있다. 하지만 이 말은 "우리 부모님 세대에는 세상이 더 단순했다"라고 말할 때처럼 '한 시대'를 가리킬 수도 있다.[7] 마태가 1장 17절에서 아브라함에서 다윗, 다윗에서 바벨론 유수, 바벨론 유수에서 메시아까지 14대가 지났다고 말할 때는 이런 뜻으로 사용한 것 같다. 마태는 각 시대마다 '14대'라는 숫자를 채우기 위해 중요한 다윗의 치세를 첫 번째 시대의 끝과 두 번째 시대의 시작에 다 포함한 것으로 보인다.[8]

이 세 그룹을 14 '세대'나 '시대'로 나눈 것은 마태가 임의로 한 것이다. 이것은 구약성경에도 나오지 않으며, 족보라는 것이 원래 그런 식으로 분류하는 데 적합하지도 않다. 그런데 마태는 왜 굳이 예수님의 법적 조상을 14대로 이루어진 세 그룹으로 묶어서 제시하려고 했을까? 그것은 유대인 독자의 마음을 살 수 있는 방식으로 족보를 제시하려는 마태의 노력이었다. 스탠 투생(Stan Toussaint)은 한 가지 설득력 있는 가설을 제시한다. "이것은 랍비들이 흔히 사용하던 장치였다. 마태는 아마 14라는 숫자를 다윗이라는 이름의 히브리어 철자에서 도출했을 것이다. 히브리어의 알파벳 글자들에는 숫자 값이 있다…다윗의 이름을 구성하는 세 개의 히브리어 문자의 숫자 값은 각각 4, 6, 4로, 다 합치면 14가 된다."[9]

히브리어 '다윗'	דוד
음역	D V D
숫자 값	4+6+4=14

마태의 교묘한 장치 뒤에 숨어 있는 메시지는 무엇일까? 그건 바로 예수님이 "두 번째 다윗", 즉 첫 번째 다윗에게 약속된 권세, 영광, 왕국을 회복할 대망의 메시아시라는 것이다.

마태는 예수님의 족보를 배열하면서 단순히 역사적 사실만 제시하지 않고 동족 유대인들이 눈치챘을 수사적 장치를 사용해서 중요한 신학적 진리를 심어놓았다. 이는 마치 마태가 그의 글 속에 유대인들이 시간을 들여 주의 깊게 보고 곰곰이 생각하면 찾을 수 있는 '부활절 달걀'을 숨겨놓은 것과 같다. 우리는 이 책에서 마태가 독자들이 구약에서 반복되는 현상들과 예언을 살펴봄으로써 예수님이 누구신지 생각해보고, 마침내 예수님이 바로 이

마태복음 계보의 극적인 세 악장		
1악장 점점 세게 아브라함부터 다윗까지	2악장 불협화음 다윗부터 바벨론 유수까지	3악장 클라이맥스 바벨론 유수부터 메시아까지
아브라함은 이삭을 낳음	다윗이 밧세바에게서 솔로몬을 낳음	여고냐는 스알디엘을 낳음
이삭은 야곱을 낳음	솔로몬은 르호보암을 낳음	스알디엘은 스룹바벨을 낳음
야곱은 유다와 그의 형제들을 낳음	르호보암은 아비야를 낳음	스룹바벨은 아비훗을 낳음
유다는 다말에게서 베레스와 세라를 낳음	아비야는 아사를 낳음	아비훗은 엘리아김을 낳음
베레스는 헤스론을 낳음	아사는 여호사밧을 낳음	엘리아김은 아소르를 낳음
헤스론을 람을 낳음	여호사밧은 요람을 낳음	아소르는 사독을 낳음
람은 아미나답을 낳음	요람은 웃시야를 낳음	사독은 아킴을 낳음
아미나답은 나손을 낳음	웃시야는 요담을 낳음(아하시야, 요하스, 아마샤 건너뜀)	아킴은 엘리웃을 낳은
나손은 살몬을 낳음	요담은 아하스를 낳음	엘리웃은 엘르아살을 낳음
살몬은 라합에게서 보아스를 낳음	아하스는 히스기야를 낳음	엘르아살은 맛단을 낳음
보아스는 룻에게서 오벳을 낳음	히스기야는 므낫세를 낳음	맛단은 야곱을 낳음
오벳은 이새를 낳음	므낫세는 아몬을 낳음	야곱은 요셉을 낳음
이새는 다윗 왕을 낳음	아몬은 요시야를 낳음	요셉의 족보, 마리아에게서 메시아 예수 나심?
다윗이 왕으로 다스림	바벨론으로 잡혀갈 때 요시야는 여고냐와 그의 형제들을 낳음	

스라엘 백성이 고대하던 메시아 왕이시라는 진리를 알 수 있도록 내러티브의 이면으로 계속 불러들이는 것을 볼 수 있다.

적용: 마태복음 1:1-17
은혜의 계보

언뜻 보면 마태의 계보는 발음하기조차 힘든 이름의 지루한 나열처럼 보인다. 이 구절은 매일 성경 읽기표에서 건너뛰는 절이고, 주일 아침에 설교할 수 있는 구절도 당연히 아니다! 그러나 더 찬찬히 들여다보면 메시아의 조상이 나열된 명단이라는 직물 속에 짜인 중요하고 유용한 진리가 보인다.

예수님만 제외하고, 여기 나열된 사람은 모두 연약하고 어리석은 죄인이었다. 유명한 사람부터 세상에 알려진 바 없는 사람에 이르기까지 각 사람은 죄와 죄의식으로 얼룩진 삶을 살았다. 그들의 죄를 일일이 다 언급할 수는 없지만, 우리는 아브라함의 기만을 안다. 유다가 형제들과 요셉을 해칠 음모를 꾸민 것을 안다. 그리고 다말의 유혹, 라합의 매춘, 다윗의 간음, 므낫세의 사악함, 유다 왕들의 이랬다저랬다 하는 미지근한 믿음과 불순종을 안다.

그렇다면 이 명단은 우리에게 무엇을 말해주는가? 하나님의 은혜는 아무도 배제하지 않는다는 것이다. 이 남자와 여자들이 하나님의 과거 이야기에 포함될 수 있다면, 당신과 나 같은 죄인들도 그분이 쓰시는 현재 이야기에 포함될 수 있다. 인간적으로 말하면 그리스도의 법적, 물리적 가계도에서 한 자리를 차지할 수 있는 사람은 아무도 없다. 마찬가지로 우리 중 아무도 그분의 영적 가계도 속의 한 줄기가 될 자격이 없다! 마태의 계보는 우리에게 놀라운 하나님의 은혜를 일깨워준다.

요셉의 입장에서 보기(마태복음 1:18-25)

[18]예수 그리스도의 나심은 이러하니라 그의 어머니 마리아가 요셉과 약혼하고 동거하기 전에 성령으로
잉태된 것이 나타났더니 [19]그의 남편 요셉은 의로운 사람이라 그를 드러내지 아니하고 가만히 끊고자
하여 [20]이 일을 생각할 때에 주의 사자가 현몽하여 이르되 다윗의 자손 요셉아 네 아내 마리아 데려오기

를 무서워하지 말라 그에게 잉태된 자는 성령으로 된 것이라 [21]아들을 낳으리니 이름을 예수라 하라 이
는 그가 자기 백성을 그들의 죄에서 구원할 자이심이라 하니라 [22]이 모든 일이 된 것은 주께서 선지자로
하신 말씀을 이루려 하심이니 이르시되 [23]보라 처녀가 잉태하여 아들을 낳을 것이요 그의 이름은 임마
누엘이라 하리라 하셨으니 이를 번역한즉 하나님이 우리와 함께 계시다 함이라 [24]요셉이 잠에서 깨어
일어나 주의 사자의 분부대로 행하여 그의 아내를 데려왔으나 [25]아들을 낳기까지 동침하지 아니하더니
낳으매 이름을 예수라 하니라

성경에는 놀랍고, 예상치 못한, 심지어 기적이라고 할 만한 몇몇 임신과 출산이 기록되어 있다. 아브라함의 '씨'에 관한 약속은 90세의 어머니 사라에게서 이삭이 태어났을 때 길었던 기다림의 시간이 끝나고 마침내 성취되었다(창 21:2). 아이를 잉태하지 못했던 엘가나의 아내 한나는 위대한 선지자 사무엘을 자녀로 얻는 축복을 받았다(삼상 1:19-20). 또 사가랴 제사장의 아내 엘리사벳은 늘그막에 요한을 낳았다(눅 1:36).

그러나 이 이야기 중에서 동정녀 마리아의 자궁에서 예수님이 탄생하신 이야기에 필적할 것은 없다. 매년 크리스마스가 다가오면 전 세계 사람은 누구나 알지만 여전히 놀라운 구세주의 탄생 이야기를 반복한다. 우리는 시시콜콜한 부분까지 다 알고 있지만, 그 이야기에서 아주 중요한 한 사람을 자주 간과한다. 바로 "마리아의 남편" 요셉이라는 남자다(마 1:16). 마리아는 천사가 찾아와 기적적인 잉태 소식을 알려주었지만(참조. 눅 1:26-38), 요셉은 믿기 힘든 마리아의 임신 소식에 아무 대비가 되어 있지 않았다.

그 아기가 생물학적으로 자기 아이가 아니라는 것이 요셉이 아는 전부였다. 그는 마리아와 관계를 갖지 않았다. 그렇다면 그것은 그녀가 다른 누군가와 관계를 가졌다는 의미였다. 그것만이 논리적이고 자연스러운 설명이었다. 초자연적인 어떤 일이 일어난 것이 아니라면 말이다. (요셉은 그런 일은 성경-우리가 구약이라고 부르는-에서만 일어난다고 생각했다.)

요셉의 입장에서 생각해보라. 자연적인 임신과 초자연적인 임신 중 어느 쪽이 더 믿기 쉽겠는가?

—1:18-19—

1장 1-17절까지 이어진 예수님의 족보는 18절에서 "예수 그리스도의 나심은 이러하니라"

(1:18)는 말과 함께 갑자기 달라진다. 이 구절은 요셉을 "마리아의 남편 요셉…마리아에게서 그리스도라 칭하는 예수가 나시니라"고 설명한 1장 16절과 연결된다. 마태가 복음서를 쓰던 AD 60년대에는 이미 예수님의 동정녀 잉태 교리가 기독교 교회 안에 확고하게 뿌리를 내려서 초기의 신경과 세례 고해에 포함되어 있었다. 그러나 동시에 예수님이 성적 방종이나 폭행으로 잉태되었다는 소문이 불신으로 배태되고 비방 속에서 태어나 퍼지기 시작했다.[10] 마태는 이러한 악의적인 험담을 잠재우려고 예수님의 기적적인 잉태에 관한 진실을 상세히 기록한다.

마태는 예수님의 탄생에 관해 이야기하면서 요셉의 관점을 정확히 볼 수 있는 자리로 우리를 데려간다. 기억하라. 족보를 보면 요셉은 다윗 왕권을 계승할 수 있는 서열 안에 들어 있었다. 그래서 유대인들은 특히 요셉의 관점에서 본 예수님의 탄생 이야기에 관심이 있었을 것이다. 그러나 독자인 우리가 요셉의 입장에 서 보면 불편한 상황이 바로 감지된다. 요셉과 마리아가 1년여의 약혼 기간을 보내던 중 어느 시점에선가 "마리아가…잉태된 것이 나타났[다]"(1:18). 마태는 이 예기치 못한 임신이 "성령으로"라고 분명히 밝히지만, 이야기를 보면 요셉은 이 사실을 몰랐던 것이 분명하다.

약혼이 성사된 후인 이때는 누가복음 1장 26-56절에 기록된 사건들이 이미 일어난 뒤였다. 가브리엘 천사가 마리아에게 알렸다. "보라 네가 잉태하여 아들을 낳으리니 그 이름을 예수라 하라…성령이 네게 임하시고 지극히 높으신 이의 능력이 너를 덮으시리니 이러므로 나실 바 거룩한 이는 하나님의 아들이라 일컬어지리라"(눅 1:31, 35). 그 후 마리아는 나사렛에서 유대에 사는 친척 엘리사벳-세례 요한의 어머니-을 만나러 가서 그녀가 요한을 낳을 무렵까지 석 달을 함께 지냈다. 아마 마리아가 없는 이 기간 동안 요셉은 임신한 약혼녀가 처하게 될 수치스러운 상황을 어떻게 해결해야 할지 고민했을 것이다.

내 느낌에는 누가복음에 기록된 천사 가브리엘의 방문을 마리아가 요셉에게 말했을 것 같다. 그랬다면 마태가 "마리아가…성령으로 잉태된 것이 나타났더니"(마 1:18)라고 쓴 이유가 설명된다. 하지만 마리아의 임신에 대한 그런 설명은 요셉에게 억지로밖에 여겨지지 않았을 것이다.

마음이 쓰리고 수치스럽기는 해도 다른 가능성이 분명 더 합리적이었을 것이다. 마리아가 정절을 지키지 않았거나 폭행당했을 가능성이다. 만약 후자라면 어째서 마리아는 요셉에게 사실대로 말하고, 가해자의 신원을 밝히고, 신명기 22장 25-27절에 의거해 항변하지 않았을까? 율법은 아무도 도와줄 수 없는 상황에서 이용당한 여인들을 법적으로 보호했다. 그러나 만약 그녀가 자발적으로 불륜을 저질렀다면, 세상에 어떤 여자가 불륜의 죄에다 그로 인해 생긴 자식이 사실은 하나님의 아들이라는 신성모독적인 주장까지 더하겠는가?

이 중 어느 것도 앞뒤가 맞지 않아 보였다. 요셉은 마리아와 그녀의 가족을 수년 동안 알고 지냈을 가능성이 크다. 그래서 마리아가 부정을 저지르거나 거짓말을 할 성품의 사람이 아님을 알았을 것이다. 설마 그녀가 미친 것일까?

우리는 요셉의 고뇌를 상상할 수 있다.

요셉의 입장에서 이 딜레마를 해결할 수 있는 세 가지 방안이 있었다. 첫째, 요셉은 마리아를 뻔뻔한 거짓말쟁이로 치부하고 그냥 결혼할 수 있었다. 하지만 그렇게 하면 하나님이 정죄하신 범죄를 눈감아주는 것이 된다. 둘째, 요셉은 마리아를 간음한 여인으로 고발하고 공개적으로 단죄할 수 있었다. 그러면 마리아는 율법에 따라 돌에 맞아 죽을 것이다(신 22:23-24). 셋째, 요셉은 조용히 개인적으로 마리아와 파혼하고 난처한 상황에서 주의를 다른 데로 돌릴 방도를 찾을 수 있었다. 요셉은 마리아가 엘리사벳의 집에 오래 머물고 있을 때가 "가만히 끊[을]"(마 1:19) 수 있는 절호의 기회라고 생각했을 것이다. 그는 마리아에게 나사렛으로 돌아오지 말고 유대에 계속 머물라는 전갈을 보낼 수 있었다. 혹은 요셉이 아예 마을을 떠나 베들레헴에 있는 선조들의 땅으로 이사할 수도 있었다. 오래지 않아 사람들은 그가 마리아와 약혼했었다는 사실을 잊어버릴 것이다. 또는 마리아가 혼외자를 낳았다는 걸 사람들이 알게 될 때쯤이면 이 문제에 대해 아무도 아랑곳하지 않을 것이다… 아마도. 그러나 자신의 의로움을 지키면서 그녀가 공개적으로 망신당하지 않게 해주려는 이 전략도 위험했다. 나사렛과 같은 작은 마을에서 진실이 드러나지 않는 것은 현실적으로 불가능했다.

—1:20-21—

요셉은 분명 어려운 딜레마에 직면해 있었다. 말 그대로 "이 일을 생각할 때에"라는 1장

20절의 첫마디를 그냥 지나치면 안 된다. 여기에 쓰인 "생각하다"라는 헬라어 *enthymeomai*(1760)는 '신중히 생각하면서 정보를 처리하다'는 뜻이다.[13] 그러니까 요셉은 결정을 '반추'하거나 '숙고'했다는 말이다. 그 생각은 밤에는 잠을 깨우고 낮에는 정신을 흩뜨렸다. 마리아와 조용히 파혼하겠다는 계획을 세운 뒤에도 뭔가 걸리는 게 있었다. 그는 그녀를 알았다. 다른 사람도 아닌 마리아였다! 그녀는 그런 짓을 하고, 거기다가 천사에 대한 이야기까지 꾸며낼 사람이 아니었다! 하지만 벌어지고 있는 일에 대해 달리 무슨 설명이 가능했을까? 그리고 왜 이런 일이 그에게 일어났을까?

그의 머릿속을 어지럽히는 양립할 수 없는 사실들 외에도 요셉은 마음 깊은 곳에서 끓어오르는 고통스러운 감정을 다스려야 했다. 그는 마리아를 사랑했다. 그래서 그녀가 부정한 짓을 저질렀을지도 모른다는 생각에 가슴이 찢어졌다. 만약 마리아가 미쳤다고 생각한다면, 요셉은 그녀의 광기에 망연자실하게 된 것이다. 그러나 그는 주님을 사랑했기에 그의 작업장에서 나온 나무 부스러기처럼 진실을 깔개 밑으로 쓸어버릴 수 없었다! 이렇게

1세기의 약혼(마태복음 1:18)

우리는 일부 전통 사회, 특히 동양에서 행해지는 중매결혼을 알고 있지만, 대다수의 서구인은 남녀가 만나 데이트하고, 관계가 깊어지고, 그런 다음 결혼을 결심했음을 알리는 약혼을 하는 관행에 훨씬 익숙하다. 약혼한 커플은 날을 잡고, 계획을 세우고, 결혼식을 올린다. 이 과정은 보통 수개월에서 수년까지 지속될 수 있다. 그리고 커플의 종교적, 도덕적 신념에 따라 약혼 기간 동안 함께 살거나 떨어져 살 수 있다. 요즘처럼 도덕적 기준이 느슨해지고 헌신이 해이해진 세상에서는 동거가 꼭 결혼과 동일시되지도 않으며, 약혼이 반드시 결혼을 의미하지도 않는다.

어쨌든 연애와 결혼에 대한 현대 서구인들의 태도는 1세기 유대인들의 사고방식으로는 이상해 보였을 것이다. 일정 기간 연애를 한 뒤 약혼하는 과정을 거치는 대신 1세기의 남녀는 정혼이라는 개념으로 결혼을 진행했다. 유대인의 혼인 절차는 세 단계로 나뉜다.[11] 첫째, 대개의 경우 아버지들이 남녀의 짝을 맺었다. 그런 다음 그 남녀와 가족은 서로를 알아가고 혼인을 승인하는 시간을 가진 뒤 여자의 가정에서 남자의 가정으로 전달되는 지참금이나 혼수 교환에 관한 공식 혼약을 맺었다. 일단 혼약이 체결되고 확정되면 비로소 정혼이라는 두 번째 단계로 접어든다. 정혼은 기본적으로 우리가 약혼이라고 부르는, 결혼을 기다리는 기간과 비슷하다. 하지만 혼약이 이미 체결되어서 현대의 결혼과 비슷한 의미를 가진다는 점에서 정혼에는 최종적인 의미가 담긴다.

기다림의 시간이 지나고 신랑의 새 처소로 신부를 맞이할 준비가 되면 세 번째 단계인 결혼식이 거행되었다. 결혼식에서는 가족과 친구들 앞에서 신랑 신부를 공개적으로 소개하고, 그들이 하나 되었음을 확인하며, 성대한 축하연을 벌였다.[12]

정혼을 파기하는 것은 본질적으로 계약의 파기였으므로, 이는 유대 문화에서 큰 문제로 여겼을 것이다!

요동치는 감정을 다스리려고 애쓰다 요셉은 기진맥진했을 것이다.

그리고 어느 날 그가 잠이 들었을 때 그 일이 일어났다.

주님의 천사가 요셉의 꿈에 나타났다. 요셉이 아무리 심사숙고하고 치밀한 전략을 짜도 해결할 수 없었던 문제를 하나님은 하늘에서 전령을 보내 말끔히 정리하셨다. 주님의 말씀은 단순명료했다. 그것은 요셉의 어지러운 마음을 안정시키고 두근거리는 가슴을 진정시켰다. "네 아내 마리아 데려오기를 무서워하지 말라." 이 말은 그의 감정을 바로잡아 주었다. "그에게 잉태된 자는 성령으로 된 것이라." 이 말은 그의 물음에 답을 주었다(1:20). 그런 다음 요셉은 이제 막 배태된 구원의 복음을 받았다. "아들을 낳으리니 이름을 예수라 하라 이는 그가 자기 백성을 그들의 죄에서 구원할 자이심이라"(1:21). 지체 없이 순종한 요셉의 반응(1:24)은 그가 천사의 메시지를 믿었을 뿐 아니라 두려움에 맞서서 그 아기에 대한 놀라운 메시지를 믿고 행동으로 옮겼다는 사실을 보여준다.

—1:22–23—

이 극적인 내러티브의 이 지점에서 마태는 일시 정지 버튼을 누르고 그가 겨냥한 유대인 청중, 특히 눈을 부라리며 "뭐라고? 성령으로 잉태되었다고? 동정녀 탄생? 그런 말은 난생 처음인데?"라고 말할 유대인 청중을 위해 설명을 덧붙인다. 마태는 그 미심쩍어하는 청중에 대해 잘 알았다. 그는 그들의 반대를 미연에 방지하기 위해 메시아의 동정녀 잉태가 실은 구약의 이사야서에 나오는 예언과 일치한다고 주장했다.

메시아와 관련된 구약의 본문 중에는 직설적이고 명확한 예언이라고 할 만한 것이 더러 있다. 이 범주 안에 드는 예언이 직설적으로 가리키는 단 하나의 대상은 미래의 메시아다. 예를 들어 이사야 9장 6–7절 같은 구절을 보면 다윗의 왕좌에서 다스리기 위해 태어날 아기는 다름아닌 예수님이다. 또 이사야 52장 13절–53장 12절은 고난받고 죽었다가 살아날 의로운 종을 언급하는데, 이 예언은 예수님의 죽음과 부활로 분명하게 성취된다.

다른 구약성경 구절들은 직접적이지만 감추어진 예언이라고 할 수 있다. 왜냐하면 그 대상은 메시아이지만 원래의 청중은 추가적인 계시가 없으면 이것을 분명히 보지 못했을 수도 있기 때문이다. 창세기 12장 7절의 씨("자손")에 관한 언급이 그렇듯 창세기 3장 15절의 여자의 후손에 관한 언급이 이 범주에 속한다. 바울은 이 구절이 감추어져 있으나 예수님에 대한 직접적인 언급이라고 말한다(갈 3:16).

간접적이고 가려진 예언이라고 부를 수 있는 메시아에 관한 또 다른 범주의 구약성경 구절들이 있다. 이것은 예컨대 유월절 양, 제사 제도 그리고 비교나 대조로 메시아를 예시하는 특정 인물들(모세나 다윗 같은)처럼 그리스도와 유사점이 있는 구약성경의 예표를 포함한다. 그 외에도 원래 예언이 선포되던 당시에 거의 또는 부분적으로 성취되었지만, 장차 메시아가 오실 때 더 온전히 성취될 것을 가리키는 것들도 있다.

마태가 이사야 7장 14절을 언급하면서 예수님의 동정녀 잉태에 적용한 것이 이 세 번째 범주에 딱 들어맞는다.[14] 마태가 이 구절을 어떻게 이해했는지 파악하려면 이 구절이 유다의 아하스 왕 시대의 청중에게 어떤 의미였는지 알아보아야 한다. 당시 아하스는 자신의 왕국-그리고 사실상 다윗의 혈통 모두-이 적국인 북왕국 이스라엘과 이웃 수리아의 동맹군에게 멸망하게 될 것을 두려워했다(사 7:1-9). 하나님은 아하스에게 용기를 북돋워주시려고 표적을 구하라고 하셨지만, 그는 거부했다. 이에 하나님이 친히 적들의 위협에 대해 그분의 변치 않는 신실하심을 보여주는 표적을 주셨다. 하나님은 아하스에게 당시에 한 처녀가 잉태하여 아이를 낳을 것이며, 그 아이의 이름은 "하나님이 우리와 함께 계시다"라는 뜻인 "임마누엘"이라고 말씀하셨다(사 7:14). 또 그 아이가 선악을 분별할 나이가 되기 전에 다윗의 후손을 위협하는 적들은 패망할 것이라고 하셨다(사 7:15-25).

이사야는 유다의 적들에게 패망이 가까웠다는 표적을 일린 뒤 그 표적의 성취를 암시한다. "내가 내 아내를 가까이 하매 그가 임신하여 아들을 낳은지라 여호와께서 내게 이르시되 그의 이름을 마헬살랄하스바스라 하라 이는 이 아이가 내 아빠, 내 엄마라 부를 줄 알기 전에 다메섹의 재물과 사마리아의 노략물이 앗수르 왕 앞에 옮겨질 것임이라 하시니라" (사 8:3-4). 이사야와 그의 아내 사이에서 태어난 아이는 이사야 8장 8절에서 "임마누엘"이라고도 불린다. 이는 다윗의 혈통을 파괴하려는 모든 적과 관련하여 하나님의 백성에게 그분의 임재와 보호를 상기해주는 증표다. 마지막으로 이사야 8장 10절에서 이사야 선지자는 "너희는 함께 계획하라 그러나 끝내 이루지 못하리라 말을 해 보아라 끝내 시행되지 못하리라 이는 하나님이 우리와 함께 계심이니라"는 말로 유다의 적들을 조롱한다.

그렇게 그 표적은 이사야 7장에서 발표되고("처녀가 아이를 잉태하여 아들을 낳을 것이다")

8장에서 실현된다. 처녀는 "임마누엘"을 낳고, 이스라엘의 적들은 그 아이가 성인이 되기 전에 꺾인다. 그러나 이사야는 아이의 탄생, "하나님이 우리와 함께 계시다", 다윗 왕좌의 보존이라는 중대한 주제를 더 전개한다. 바로 다음 장에서 이사야는 장차 오실 메시아에게서 언젠가 성취될 메시지에 이 주제들을 담는다.

> 이는 한 아기가 우리에게 났고 한 아들을 우리에게 주신 바 되었는데 그의 어깨에는 정사를 메었고 그의 이름은 기묘자라, 모사라, 전능하신 하나님이라, 영존하시는 아버지라, 평강의 왕이라 할 것임이라 그 정사와 평강의 더함이 무궁하며 또 다윗의 왕좌와 그의 나라에 군림하여 그 나라를 굳게 세우고 지금 이후로 영원히 정의와 공의로 그것을 보존하실 것이라 만군의 여호와의 열심이 이를 이루시리라(사 9:6-7).

스탠 투생은 마태가 성령이 주시는 영감으로 이사야의 '동정녀 탄생' 예언의 이중 성취를 이해하는 방식을 요약했다.

> 처음에 이사야 7장 14절의 처녀는 결혼하고, 임신하고, 아이를 낳을 이사야 시대의 처녀였다…몇 년 안에 예견된 일들이 일어나면서 그 징표는 사실로 입증되었다. 그러나 그 임마누엘 예언은 메시아에게서 궁극적으로 성취된다. 다시 말해, 이사야 7장 14절의 예언은 가까운 미래와 먼 미래에 두 번 성취되는데, 먼 미래에는 동정녀 마리아와 예수 그리스도의 동정녀 탄생으로 궁극적 성취를 이룬다.[15]

이사야 시대에 첫 번째(가까운 미래) 예언은 그 여인이 자연적인 방법으로 아들을 출산함으로써 성취되었다(사 8:3-4). 그리고 그 아들은 하나님이 그들과 함께 계심을 일깨우기 위해서 상징적으로 "임마누엘"이라고 불렸다(사 8:8, 10). 그런데 마태가 성령의 계시로 이사야 9장에 기록된 메시아의 렌즈를 통해 이사야 7장과 8장을 보자 궁극적(먼 미래)인 예언이 성취될 때는 이사야 7장 14절이 말 그대로 동정녀(마리아) 탄생을 가리키며, 실제로 하나님의 아들, 예수 그리스도, 신인(God-man)이 성육신하심으로 "하나님이 우리와 함께 하심"을 드러낸다는 것을 알게 되었다.

마태가 염두에 둔 유대인 독자들은 구약의 예언을 이런 식으로 설명하는 것을 이해했을 것이고, 이는 그들에게 깊은 울림을 주었을 것이다. 그들은 이사야 8장의 가까운 예언과 9장의 먼 예언에 대한 설명을 보면서 이사야 7장의 이중적 함의를 쉽게 파악했을 것이다. 그리고 그것이 메시아에게 적용될 때는 더 심화되어 성취되기를 기대했을 것이다. 마태복음의 나머지 부분에서 우리는 예수님이 구약의 예언들을 성취하신 방법– 직접적이든 간접적이든, 명확하든 가려져 있든 모두–에 대해 이와 비슷하게 깊이 있는 통찰을 보게 될 것이다.

이사야 7장 14절의 성취

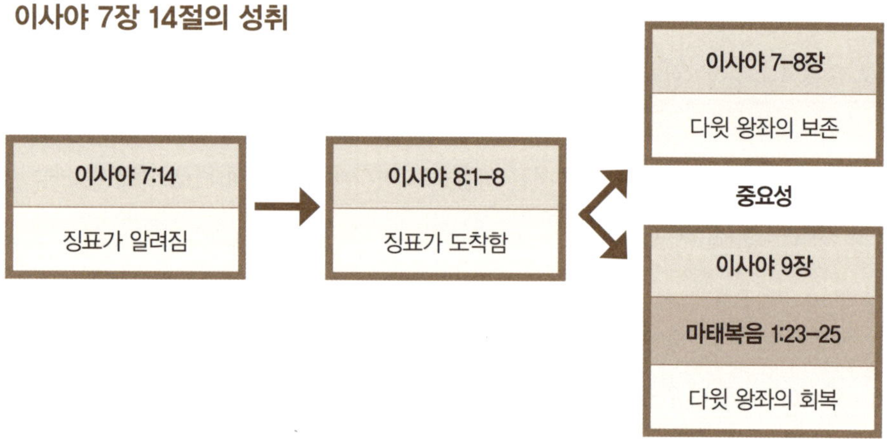

—1:24–25—

요셉은 꿈에서 천사를 만나고 삶이 변화되었다. 꿈에서 깬 요셉은 자기가 무엇을 해야 하는지 정확히 알았다. 마음이 정해졌고, 두려움은 사라졌으며, 하나님께 복종하겠다는 결심이 섰다. 하지만 그렇다고 해서 그의 앞길이 더 쉬워지는 것은 아니었다. 일부 눈치 빠른 이웃과 친척들은 마리아와 요셉의 혼인과 예수님의 출생에 대해 이미 '알 만큼 알았을 것'이다. 마리아의 혼전 불륜 또는 혼인 예식을 올릴 때까지 순결을 지키지 못한 요셉을 조롱하고 비난하는 소문이 퍼졌을 것이다. 그래서 마태는 요셉이 마리아가 "아들을 낳기까지"(1:25) 마리아와 동침하지 않았다고 굳이 언급한다. 그렇게 메시아가 탄생할 때까지 마리아의 순결을 지켜준 요셉은 고결하고 의로운 사람이었다.

요셉은 마리아를 충실히 보호했을 뿐 아니라 그녀를 옹호해주기도 했다. 그는 하나님이 그들의 삶에 어떻게 역사하고 계시며 자신이 맡아야 할 역할이 무엇인지를 깨닫고 나서 삶의 방향을 완전히 새롭게 조정했다. 마리아와 요셉은 친구, 가족, 특히 적들의 수근대는 소문, 등 뒤에서 들리는 험담, 추악한 비난을 함께 견뎌냈을 것이다. 그러나 요셉은 진실을 알았고, 그 진실을 바탕으로 삶을 바꾸는 힘든 결정을 내렸다. 그는 의로운 사람이었기에 희생을 감수하고 옳은 일을 행했다.

적용: 마태복음 1:18–25

그럼에도 불구하고, 옳은 일을 하라

다윗의 후손인 요셉에게는 왕족의 피가 흐르고 있었다. 그러나 그는 혈통의 순수성이 아니라 의로운 행위로 그가 참으로 고귀한 사람임을 보여주었다. 그는 천사가 전해준 말을 믿고 행동으로 옮겨 마리아를 아내로 맞이해 그녀의 옹호자가 되기로 했다. 그리고 하늘의 계시를 받는 특혜를 얻지 못한 자들의 조롱에 맞서기로 결심했다. 그 싸움은 몇 주, 몇 달, 몇 년이 걸릴 수도 있었다.

요셉의 용기 있는 행동을 보면서 우리 스스로 그의 입장이 되어 다음 세 가지 질문을 생각해보았으면 한다. 이 질문들에 서둘러 답하지 말고 신중하게 생각해보라. 그런 다음 더 이상 주저하지 말고 편한 일이 아니라 옳은 일을 하기로 결단하라.

첫째, 당신은 지금 인생이 바뀔 수 있는 힘든 결정을 내려야 하는가? 주님께 순종하기 위해 희생을 치러야 하는 결정인가? 그 결정은 큰 희생을 요구하는 것일 수도 있다. 나는 이렇게 조언하고 싶다. 그것이 하나님께 순종하는 문제라면 실행하라! 치러야 할 대가를 따져보고 하나님의 조언을 구할 수 있지만, 그것이 하나님이 당신에게 원하시는 일임이 분명해지면 요셉을 본받으라. 어려운 일을 하라. 나는 이제까지 사역하는 동안 옳은 일은 쉬운 일이 아니라는 것을 알게 되었다. 내 삶을 돌이켜보면 내가 지금까지 내린 최고의 결정 중 몇 개는 가장 어려운 것이었다. 당신도 그런 결정을 앞두고 있을 수 있다.(당신이 처한 인생이 바뀔 수 있는 상황이 어떤 것이든 이 원칙을 적용할 수 있도록 구체적인 예를 들지 않겠다). 두려워하지 말라.

둘째, 당신은 지금 옳은 일을 하겠다는 결심 때문에 사람들에게 비난받고 있는가? 당신은 어려운 결정을 내렸고, 그것 때문에 사람들은 당신을 보며 혀를 차고 고개를 내젓고 있을지도 모른다. 어쩌면 당신은 많은 사람이 어리석은 일이라고 생각하는 것을 추구하기 위해 수익성 좋은 유망한 직업을 포기하는 선택을 했을 수 있다. 어쩌면 당신은 그 관계에서 벗어날 수 있었는데도 당신의 배우자에게 충실했을 수 있다. 어쩌면 당신은 중독에서 벗어날 수 없는 자신의 모습을 인정하고 회복을 위해 용기 있는 발걸음을 내디뎠고, 당신의 옛 '친구들'은 그것을 조롱하고 있을 수 있다. 그게 무엇이든 당신에게 주는 내 조언은 그것을 지키라는 것이다! 당신은 옳은 일을 했다. 당신을 놓아주지 않거나, 어려운 일을 하려는 당신을 좋게 보지 않는 사람도 분명 있을 것이다. 그러나 계속하라. 도망치지 말라. 포기하지 말라.

셋째, 당신이 아는 사람 중 어려운 시기를 헤쳐나올 수 있도록 지지해줄 옹호자가 필요한 사람이 있는가? 어쩌면 당신의 자녀가 곤경에 처해 있을 수 있다. 어쩌면 시련을 겪는 배우자 곁을 지켜주어야 할 수도 있다. 어쩌면 당신 교회의 지도자들에게 좀 더 많은 동역자와 격려자가 필요할 수도 있다. 그곳에 가라! 쉽지는 않다. 희생과 불편이 따를 것이다. 그들의 문제는 당신의 문제가 될 것이다. 그들의 적이 당신을 공격할 수도 있다. 그러나 옹호자가 되는 것은 옳은 일이다. 그곳으로 가라.

지혜로운 자와 악한 자(마태복음 2:1-12)

1헤롯 왕 때에 예수께서 유대 베들레헴에서 나시매 동방으로부터 박사들이 예루살렘에 이르러 말하되 2
유대인의 왕으로 나신 이가 어디 계시냐 우리가 동방에서 그의 별을 보고 그에게 경배하러 왔노라 하니
3헤롯 왕과 온 예루살렘이 듣고 소동한지라 4왕이 모든 대제사장과 백성의 서기관들을 모아 그리스도
가 어디서 나겠느냐 물으니 5이르되 유대 베들레헴이오니 이는 선지자로 이렇게 기록된 바

6또 유대 땅 베들레헴아
너는 유대 고을 중에서 가장 작지 아니하도다
네게서 한 다스리는 자가 나와서
내 백성 이스라엘의 목자가 되리라
하였음이니이다

[7]이에 헤롯이 가만히 박사들을 불러 별이 나타난 때를 자세히 묻고 [8]베들레헴으로 보내며 이르되
가서 아기에 대하여 자세히 알아보고 찾거든 내게 고하여 나도 가서 그에게 경배하게 하라 [9]박사들이
왕의 말을 듣고 갈새 동방에서 보던 그 별이 문득 앞서 인도하여 가다가 아기 있는 곳 위에 머물러 서 있
는지라 [10]그들이 별을 보고 매우 크게 기뻐하고 기뻐하더라 [11]집에 들어가 아기와 그의 어머니 마리아가
함께 있는 것을 보고 엎드려 아기께 경배하고 보배합을 열어 황금과 유향과 몰약을 예물로 드리니라 [12]
그들은 꿈에 헤롯에게로 돌아가지 말라 지시하심을 받아 다른 길로 고국에 돌아가니라

성경을 믿는 그리스도인들과 대다수 사람은 예수님의 탄생에 대한 '정보'를 성경이 아니라 싸구려 크리스마스 카드, 즐거운 크리스마스 연극, 전통적인 크리마스 캐롤, 낭만적인 장식품 같은 것에서 얻는다. 고급 올리브나무로 만든 것부터 싸구려 플라스틱에 이르기까지 전형적인 성탄 장식품에는 다음과 같은 공통적인 요소가 있다. 당나귀와 양을 비롯해 여러 가축이 빙 둘러선 가운데 마리아와 요셉이 나무 구유에 누인 갓난아기를 사랑스러운 눈길로 보고 있다. 그들 뒤에는 양치기 몇 명이 깜짝 놀란 모습으로 지팡이에 기대어 있다. 천사들은 초가지붕 위에 있거나 줄에 매달려 있다. 물론, 화려한 옷을 입고 왕관을 쓴 세 현자도 아기 예수 앞에 무릎을 꿇고 귀한 선물을 바치고 있다.

우리는 노래에 나오듯이 이 현자들이 동방에서 온 왕들이라고 알고 있다. 그들은 연하장에 그려져 있는 것처럼 한밤중에 낙타 세 마리를 타고 왔다. 그들은 잘 지어진 마구간에 도착해 구유에서 빛나고 있는 아기의 신성한 후광을 목격했다. 나는 이 모든 것을 그림에서 보았다. 그리고 그들은 각각 아라비아, 페르시아, 인도에서 왔고, 이름은 발타사르, 멜키오르, 가스파르다. 이것은 교회 전통으로 전해진다. 그리고 전승에 따르면 그들은 독일 쾰른에 묻혔다. (이유는 모른다.)

또는 그렇게 믿게 되었다.

그러나 성령의 감화로 쓰인 마태의 기사를 읽어보면(2:1-12) 성경은 이런 이야기를 가르치고 있지 않음을 알게 된다. 실제로 이런 시시콜콜한 이야기는 동방 박사들의 이야기에 담긴 진짜 요지를 흐린다. 이 이야기의 진실은, 겹겹이 덧씌워져 동방 박사들이 등장하는 극적인 드라마를 가려버린 전설보다 훨씬 심오하고 실제적인 의미가 있다.

—2:1-3—

성경에서 분명하게 밝히는 내용에만 충실하면 오늘날 사용되는 성탄 장식품은 많이 바뀌어야 한다. 장소가 유대 베들레헴(2:1)인 것은 맞다. 날짜도 우리가 아는 대로 BC 37년부터 사망에 이른 BC 4년까지 헤롯이 왕으로 통치했던 시대다. [이상하게 들리겠지만, 예수님은 BC, 그러니까 예수님이 오시기 몇 년 전(Before Chrsit)에 태어나셨다. 가장 유력한 시기는 헤롯의 통치가 끝나기 2년 전인 BC 6년경이다.]

그런데 바로 이 지점부터 친숙한 사실이 무수한 전설로 바뀌기 시작한다. 우리는 '동방의 세 왕'이 와서 세 가지 선물을 바쳤다고 믿게 되었지만, 성경에는 그런 기록이 없다. 마태는 동쪽에서 몇 사람이 왔는지 말하지 않는다. 복수로 그들을 언급해서 최소한 두 명 이상이었음은 알 수 있다. 그러나 네댓 명 또는 그 이상이 함께 길을 나섰을 수도 있다. 이것은 크게 신경 쓸 세부사항이 아니다. 그러니 성탄 장식품에서 세 현인 중 하나를 떨어뜨려 산산조각이 나도 숫자를 맞추려고 가게로 달려갈 필요는 없다.

더 중요한 사실은 마태는 그 방문객이 동방에서 온 왕이라고 밝히지 않는다는 점이다. 이 정보는 순전히 추측이며, 역사적으로 추론해보아도 사실 성립이 안 된다. 생각해보라. 동쪽의 어떤 세 나라가 BC 1세기에 군주가 예루살렘에 가느라 나라를 비웠는데도 무탈했겠는가? 정말로 아르메니아, 파르티아, 아라비아, 스키타이, 심지어 인도의 왕이 유대를 여행했다면 그들이 대동한 수많은 경비병, 하인, 관리, 수행원 무리는 마치 약속의 땅으로 행군하는 침략군처럼 보였을 것이다.

동쪽에서 온 여행자들은 왕이 아니라 '박사'로 확인된다. 헬라어 *magos*(3097)는 '점성술, 해몽, 다양한 비술에 능한 현자와 제사장'을 일컫는다.[16] 그러나 동방 박사를 마술사나 마법사로 생각하면 안 된다. 그보다는 철학자—꿈을 해석하고, 천체에서 징후를 찾으며, 민속과 혼합된 다른 형태의 원시 과학을 실행하는 현인이나 점성가—쯤으로 생각하면 된다.[17] 그런 그들이 이사야서나 다니엘서 같은 유대인의 경전을 접하면서 구약성경의 메시아 예언도 잘 알고 있었을 가능성이 있다. 이러한 예언서들은 아라비아, 페르시아, 바벨론에 퍼져 있는 유대인 사회에 알려져 있었을 것이다(사도행전 2장 9-11절에 기록된 동부 지역 참조).[18]

이 점성가들은 왕은 아니었지만, 아마 왕궁에서 섬기는 상류층 사람들이었을 것이다.

헤롯대왕(마태복음 2:1)

헤롯대왕은 예수님이 탄생하실 당시 유대를 통치했지만, "유대인의 왕"이라는 칭호를 가질 정당한 권리가 없었다. 헤롯은 다윗 왕조의 혈통이기는커녕 유대교로 개종한 이두매인의 후손이었다. 그의 아버지 안티파테르는 로마의 정치적 연줄을 이용해 유대의 고위 관료로 임명된 부유한 이두매인이었다.[19] 이두매인은 장자권을 야곱-"이스라엘"로도 불린-에게 빼앗긴 에서의 후예였다(창 25:33-34, 32:28). 그런데 아이러니하게도 헤롯이 "유대인의 왕"이 되면서 과거 야곱과 에서의 운명이 역전되어 선천적 장자가 우월한 위치를 차지한 것처럼 보였다. 로마의 정치적 지원과 유대 왕족과의 정략 결혼으로 헤롯은 BC 40년경 왕관을 썼고, 피비린내 나는 음모로 30년 넘게 왕권을 유지했다.[20]

헤롯은 "유대인의 왕"이라는 호칭이 미심쩍은 자신의 입지를 지키는 데 혈안이 되어서 자기 가족까지도 처형한 것으로 알려졌다. 헤롯의 무자비한 광기는 가히 전설적이었다. 5세기 역사학자 매크로비우스는 이렇게 썼다. "(가이사르 아우구스투스)는 유대인의 왕인 헤롯이 수리아에 있는 두 살 이하의 사내아이들을 죽이라는 명령을 내렸는데, 죽은 아이 중 헤롯의 아들도 있었다는 말을 듣고 '나는 헤롯의 아들이 되느니 차라리 그의 돼지가 되겠다!'고 말했다."[21] 헤롯은 잔혹함으로 악명이 높았지만 건축가로도 유명했다. 그의 웅장한 건축 사업은 당대의 대중에게 깊은 인상을 심어주었다. 지금도 이스라엘에는 다수의 건축물이 온전히 남아 있으며, 그 중 하나가 예루살렘에 있는 성전산의 옹벽이다. 헤롯은 그 위에 성전을 완벽히 재건하고 성전과 주변 구조물들을 아름답게 꾸몄다. 그는 또 예루살렘의 안토니아, 사해 인근의 마사다, 베들레헴 근처의 헤로디움 같은 요새를 지었다.[22] 대중의 갈채를 받고 환심을 사려는 이러한 영웅적인 시도에도 불구하고 유대 백성에게 저지른 대학살과 파괴로 그는 역사상 가장 잔인한 왕이라는 불명예를 얻었다.

고고학자들이 베들레헴 인근 헤로디움에 복원한 헤롯의 무덤.

그렇지 않다면 그들이 어떻게 그렇게 긴 여행을 하고 값비싼 선물을 가져올 수 있었겠는가? 또 그들이 부유했다면 적어도 소수의 수행원이 동행했을 것이고, 그 때문에 그들이 갑자기 유대에 나타난 것이 눈에 띄었을 것이다.

동방 박사들은 예루살렘에 당도하자마자 즉시 일을 시작했다. 그들은 아마 최근에 왕가에서 태어난 어린아이–"유대인의 왕으로 나신 이가 어디 계시냐?"(마 2:2)–를 보게 될 거라고 예상했을 것이다. 그들을 심문해보니 그들이 "그의 별"이라고 밝힌 하늘의 빛이 동쪽에서 거기까지 그들을 인도했다는 것이 밝혀졌다. 그들은 "그를 경배하기를" 간절히 원했다. 당연히 헤롯 왕은 그런 말을 듣고 "몹시 근심했다"(2:3, 현대인의 성경). 헤롯은 유대에서 단 한 사람, 곧 자기 자신만이 "유대인의 왕"이고, 숭배받을 자격이 있다고 생각했다. 그리고 마태가 분명히 밝혔듯이 헤롯이 행복하지 않으면 아무도 행복하지 않았다.

—2:4–8—

동방 박사들이 도착한 것을 알게 된 헤롯은 광적인 위기관리에 나선 것처럼 보였다. 그는 수하의 지략가들인 "대제사장과 서기관들"(2:4)을 불러 모아 메시아의 예언학 개론 특강을 들었다. 그는 가장 기본적인 질문으로 시작했다. 메시아는 어디서 태어나기로 되어 있는가? 헤롯의 행동은 겉으로는 마치 동방 박사들의 질문에 답을 찾아주거나 직접 그 문제의 진실을 알고 싶어서 그러는 것처럼 진실해 보였다. 그러나 헤롯이 원한 것은, 설령 그것이 어린아이들을 죽이는 일일지라도, 자신의 권력에 대한 잠재적 위협을 미연에 방지하는 것뿐이었다.

한 주석가는 헤롯의 성품을 이렇게 묘사한다. "그는 믿기 힘들 정도로 질투와 의심이 많고, 자신의 지위와 권력이 위협받는 것을 두려워했다. 잠재적 위협이 두려워 그는 자기 아내 마리암네의 남자 형제인 대제사장 아리스토블루스를 익사시켰다. 그런 다음 그는 마리암네를 살해하고 자기 어머니와 두 아들을 죽였다. 그는 죽기 5일 전…셋째 아들을 처형했다."[23] 헤롯이 새로운 왕의 탄생 축하연을 열려고 메시아의 탄생지를 찾는 것이 아님은 분명했다. 그는 살기가 등등했다!

제사장들과 서기관들은 헤롯의 물음에 미가서 5장 2절을 짚었다. 거기에는 보잘것없어 보이는 유대 땅 베들레헴에서 "한 다스리는 자가 나와서 내 백성 이스라엘의 목자가 되리라"는 분명한 예언이 있었다. 흥미롭게도 그들은 헤롯에게 미가서의 구절을 곧이곧대로 전하지 않고 단순하게 바꿔서 말했던 것 같고, 장차 올 메시아를 신으로 추앙한 중요한 구절도 빠트렸다. 미가서 5장 2절의 메시아에 관한 예언은 이렇게 끝난다. "그의 근본은 상고에, 영원에 있느니라."

헤롯은 메시아가 태어난 곳을 알고 나자 다음에는 시간을 알고 싶어 했다. 그는 은밀히 동방 박사들을 면담했고, 그들은 순순히 기적의 별이 하늘에 처음 나타나 메시아의 탄생을 선포한 때를 알려주었다(마 2:7). 시간과 장소를 다 알아낸 헤롯은 자기의 악의에 이용하기 위해 이 선의의 현자들을 진상 조사단으로 파견했다. 그 아이를 찾아 자기에게 보고하게 했다. 그는 악한 속내를 숨기고 경건한 척했다. "가서 아기에 대하여 자세히 알아보고 찾거든 내게 고하여 나도 가서 그에게 경배하게 하라"(2:8).

—2:9-12—

동방 박사들은 예수님을 쉽게 찾았을 것이다. 떠도는 별 같은 형태의 초자연적인 빛이 "앞서 인도하여 가다가" 정확히 예수님이 계신 집 위에 머물렀기 때문이다(2:9-10). 이때 예수님은 더 이상 포대기에 싸여 구유에 누워 있는 아기가 아니라 돌이 갓 지난 아이였을 것이다. 헤롯은 "박사들에게 자세히 알아본 그 때를 기준하여"(2:16) 그 아이가 두 살 미만일 거라고 추정했다. 그 무렵 마리아, 요셉, 예수님은 베들레헴에 있는, 아마도 친척-다윗의 후손-소유의 집이었을, 좀 더 영구적인 거처에 정착했을 것이다. 본래 베들레헴은 그 가족의 옛 고향이었다.

요셉과 마리아는 그날 방문객들이 찾아와 문을 두드릴 것이라고 전혀 예상하지 못했을 것이다. 화려한 옷으로 치장한 부유한 외국인들은 경의를 표하는 선물을 가져왔을 뿐 아니라 더 놀라운 행동, 곧 "엎드려 아기께 경배"(2:11)도 했다! "경배하다"로 번역된 *proskyneō*(4352)는 인간 통치자에게 공경이나 존경을 표하는 것보다 훨씬 더 큰 의미를 지닌 행위를 가리킨다. 한 사전은 이렇게 설명한다. "페르시아인들은 신격화된 왕 앞에서 이 행위를 했으며…이 행위로 인해 (경배의 대상)은 초인간적 영역에 속하는 존재로 인식되었다."[24]

동방 박사들은 왕에게 바칠 만한 예물뿐 아니라 하나님을 경배하는 데 적합한 예물을 가져왔다. 금은 공경의 표시나 공물로 왕에게 바치는 대표적 보물이었다. 당시에 금은 가장 귀중한 금속이었다. 그러나 금 외에도 그들은 예수님께 동방의 향신료인 유향과 몰약을 드렸다. 존 피터 랭(John Peter Lange)은 이 향신료에 대해 이렇게 설명한다. "유향은 맛은 쓰지만 향기가 나는 송진으로 주로 성전의 제사나 예배에 쓰였다…비슷한 종류의 방향제인 몰약은…훈증 소독이나 포도주의 맛을 좋게 만드는 데 사용되었지만, 특히 아주 귀중한 연고의 성분으로 쓰였다."[25] 예로부터 많은 주석가가 유향은 그리스도의 신성 또는 그분의 제사장 역할을 가리키며, 시신의 매장과 관련된 몰약(요 19:38–42)은 그리스도의 고난과 죽음을 예시하는 역할을 한다고 주장했다(참조. 막 15:23).

Sputnikcccp/English language Wikipedia

동방 박사들이 예수님께 드린 선물인 금, 유향, 몰약.

동방에서 온 이 현자들이 보인 반응은 예루살렘에 있는 사악한 왕의 반응과 지극히 대조적이다. 헤롯은 그 아이를 죽이려고 했다. 동방 박사들은 그분을 경배하려고 했다.

동방 박사들이 베들레헴을 떠나려고 할 때 주님이 꿈에 나타나 헤롯의 진짜 속내를 알려주셨다. 그래서 동방 박사들은 예루살렘으로 돌아가 보고하지 않고 은밀히 자기 나라로 돌아갔다.

적용: 마태복음 2:1–12

메시아에 대한 반응

우리는 동방의 세 왕이 구유에 있는 아기 예수님을 방문했다고 믿도록 계속 오도되었다. 마태의 복음서에서 몇 개의 짤막한 구절을 보고 나면 그 동화를 머리에서 지울 수 있다. 실제로 이 열두 구절에는 단 두 명의 왕이 등장한다. 하나는 왕위에 오를 정당한 권리가 전무하지만 왕이 되고 싶어 하는 사악한 헤롯대왕이고, 다른 하나는 진짜 메시아, 다윗의 자손이자 하나님의 아들이신 예수님이다. 괴물 헤롯은 자기의 권력에 위협이 되는 것을 '탐지해서 파괴하기' 위해 조작하고, 거짓말하고, 책략을 꾸몄다. 그러나 이 구절에서 진정한 관심의 대상은, 그것이 무관심이든, 적대감이든, 경배든 간에 젊은 메시아였다. 이 구절에 기록된 예수님에 대한 각각의 반응을 잠시 생각해보자. 그러면 그들의 반응이 지금 사람들이 예수님께 보이는 반응과 비슷하다는 것을 알게 될 것이다.

첫째, 무관심. 헤롯이 대제사장과 서기관들을 불러 모았을 때 이 종교 교사들과 성경 학자들은 메시아의 출현을 둘러싼 사실들을 바로 알아보았다. 그들은 성경 퀴즈 대회에 나가면 우승할 사람들이었다. 아마 그들은 왕이 성경에 대해 물을 때 그렇게 쉽게 대답할 수 있었던 자기들의 모습을 흡족하게 생각했을 것이다. 그러나 그들은 헤롯이 묻는 이유를 알면서도 직접 그것을 확인하는 데는 관심이 없었던 것 같다. 그들은 책으로 쌓은 지식은 있었지만 열정은 없었다. 성경의 진리는 그들의 머리에서 가슴으로 이어지지 않았고, 물론 손과 발로도 가지 않았다.

둘째, 적대감. 거짓 경건과 호기심으로 본심을 가리기는 했지만, 헤롯은 그 아이가 자기의 통치에 위협이 되기 전에 죽이려고 했다. 지금 사람들도 마찬가지로 그리스도가 주권자시라는 주장에 위협을 느낀다. 구유에 있는 작은 아기나 도덕 교사나 냉소적인 현자, 종교 철학자들에게 위협을 느끼는 사람은 없다. 그들은 존경받을 수도 있고 무시당할 수도 있는 일개 인간에 불과하다. 하지만 전적인 순종과 복종을 받아 마땅한 하늘과 땅의 권세를 가진 신인(God-man)이신 그 왕은 어떤가? 권력의 영역에서 모든 것을 잃을 수 있는 불신자들은 헤롯대왕처럼 그런 메시아에게 앙심을 품고 격렬히 싸울 것이다.

마지막으로, 경배. 오늘날 지혜로운 사람들은 하나님의 영이 인도하시는 빛을 따라가 하나님이며 왕이신 예수 그리스도께 엎드려 경배하고 추앙하는 쪽을 택했다. 옛날 동방 박사들처럼 그들은 그분이 경배, 존중, 신뢰, 순종, 전적인 충성을 받기에 합당한 분임을 인정한다. 그리고 그들은 여간해서는 이 세상 왕의 환심을 사서 얻는 잠깐의 이익을 위해 자기들의 참되신 왕을 배신하지 않는다.

지금 우리 각자는 메시아께 어떻게- 현인처럼 또는 악인처럼-반응할 것인지 선택해야 한다.

하나님이 우리를 인도하시는 방법(마태복음 2:13-23)

13그들이 떠난 후에 주의 사자가 요셉에게 현몽하여 이르되 헤롯이 아기를 찾아 죽이려 하니 일어나 아
기와 그의 어머니를 데리고 애굽으로 피하여 내가 네게 이르기까지 거기 있으라 하시니
14요셉이 일어나서 밤에 아기와 그의 어머니를 데리고 애굽으로 떠나가 15헤롯이 죽기까지 거기 있었
으니 이는 주께서 선지자를 통하여 말씀하신 바 애굽으로부터 내 아들을 불렀다 함을 이루려 하심이라
16이에 헤롯이 박사들에게 속은 줄 알고 심히 노하여 사람을 보내어 베들레헴과 그 모든 지경 안에
있는 사내아이를 박사들에게 자세히 알아본 그 때를 기준하여 두 살부터 그 아래로 다 죽이니 17이에 선
지자 예레미야를 통하여 말씀하신 바
18라마에서 슬퍼하며
크게 통곡하는 소리가 들리니
라헬이 그 자식을 위하여 애곡하는 것이라
그가 자식이 없으므로
위로 받기를 거절하였도다
함이 이루어졌느니라
19헤롯이 죽은 후에 주의 사자가 애굽에서 요셉에게 현몽하여 이르되 20일어나 아기와 그의 어머니를 데
리고 이스라엘 땅으로 가라 아기의 목숨을 찾던 자들이 죽었느니라 하시니 21요셉이 일어나 아기와 그의
어머니를 데리고 이스라엘 땅으로 들어가니라 22그러나 아켈라오가 그의 아버지 헤롯을 이어 유대의 임
금 됨을 듣고 거기로 가기를 무서워하더니 꿈에 지시하심을 받아 갈릴리 지방으로 떠나가 23나사렛이란
동네에 가서 사니 이는 선지자로 하신 말씀에 나사렛 사람이라 칭하리라 하심을 이루려 함이러라

주님의 뜻을 분별해야 할 때 사람들은 종종 이상한 행동을 한다. 자기 삶을 향한 하나님의 뜻을 찾고 있던 워싱톤 DC에 사는 한 남자의 이야기를 읽은 적이 있다. 그는 자기 차가 필리핀 대사관 앞에서 시동이 꺼지자 그것을 하나님이 필리핀 선교사로 부르신다는 신호로 받아들였다.

이스라엘로 여행을 가야 할지 확신이 서지 않던 한 여인은 어느 날 저녁 잠자리에 들기 전에 여행 안내 책자를 읽었다. 그녀는 뉴욕에서 텔아비브로 가는 비행기가 747기라는 데 주목했다. 그녀는 책자를 접고 기도했다. "주님, 제가 가야 할지 말아야 할지 분명히 알려 주십시오". 다음 날 아침 잠에서 깨었을 때 디지털 시계에 '7:47'이라는 숫자가 떠 있었다. 그녀는 그것을 747기를 타고 이스라엘로 가라는 의미로 받아들였다.

나는 모두 실화지만 믿기 힘든 이와 비슷한 이야기를 열 개도 더 말할 수 있다. 하나님이 이렇게 미신 아니면 거의 주술에 가까운 방법으로 인도하신다고 믿는 그리스도인이 많다는 것이 놀랍다. 하나님은 밤하늘의 별이나 한낮에 하늘에 떠가는 구름의 형상으로 자기 자녀들을 인도하시지 않는다. 하나님은 별자리 운세, 별점, 성경을 펼치고 손가락으로 짚어서 찾은 무작위 성경 구절로 당신의 뜻을 나타내시지 않는다.

네비게이토 선교회를 설립한 도슨 트로트맨(Dawson Trotman)은 이렇게 말하곤 했다. "주님은 당신의 안내자로 당신에게 머리를 주셨다." 하나님이 우리에게 뇌를 주셨을 때는 결정을 내려야 할 때 뇌의 스위치를 끄라는 뜻이 아니다. 하나님의 뜻을 찾기 위해 우리의 이성을 중립 상태로 만들면 안 된다. 하나님은 그분이 우리에게 주신 정보와 자원을 바탕으로 한 명확한 사고를 통해 우리의 행로를 인도하신다.

그런데 마태복음 2장 13-23절을 보면 하나님이 당신의 백성을 놀라우리만치 분명하고 직접적인 방법으로 인도하셨던 때가 있다. 우리는 꿈과 목소리와 천사들-하나님의 특별한 뜻을 크고 분명하게 알리는 초자연적인 경험-에 대해서 읽는다. 하나님은 성경의 66권 모두에 영감을 주시고 오순절에 그분의 영을 보내셔서 신자들 안에 거하게 하시기(행 2장) 전에 종종 당신의 뜻을 독특하고 초자연적인 방법으로 계시하셨다. 우리는 메시아가 탄생하신 때와 유년기에 그런 방법 중 하나인 꿈이 사용된 것을 여러 차례 본다.

우리는 하나님이 자신의 뜻을 우리에게 계시하시는 일반적인 방법으로 꿈과 환상을 사용하실 것을 기대하지 않지만, 하나님이 자신의 뜻을 분명히 계시하실 때 요셉과 마리아가 보인 반응에서 많은 것을 배울 수 있다. 부디 우리도 그들처럼 계시된 하나님의 뜻에 망설이지 않고 오롯이 순종할 수 있기를.

—2:13-15—

예수님의 탄생을 둘러싼 극적인 사건 중 마태의 기사에 나오는 다음 장면은 동방 박사들이 꿈에 나타난 하나님의 경고를 듣고 은밀히 자기 나라로 떠난 직후에 벌어졌다(2:12). 그리고 마태의 복음서에서 하나님이 꿈으로 그분의 특별한 뜻을 나타내신 것은 그게 처음이 아니었다. 기억하는가? 요셉은 이미 꿈에서 마리아의 기적적인 임신에 대한 계시를 받았다(1:19-

21). 하나님은 이후로도 같은 방법으로 세 차례나 그의 가족을 인도하신다(2:13, 19, 22).

주님은 분명히 메시아의 어린 시절 가운데 중요한 시기에 일어나는 사건들을 주관하시면서 요셉과 마리아가 어린 자녀를 보호할 수 있도록 인도하셨다. 특히 흥미로운 것은 타이밍과 사건의 순서다. 2장 13절의 헬라어 본문은 동방 박사들의 출발과 천사의 출현 사이에 매우 밀접한 관련이 있음을 보여준다. 사실 우리는 이 본문을 이렇게 표현할 수 있다. "박사들이 떠나자마자 주님의 천사가 나타났다." 상상해보라. 요셉과 마리아가 동방 박사들이 바친 값진 선물을 꾸려놓고 잠이 들자마자 천사가 나타나 가족을 데리고 애굽으로 가서 헤롯의 광기에서 안전해질 때까지 그곳에 머물라고 요셉을 재촉했다.

가진 것이 별로 없는 젊은 부부로서는 한밤중에 갑자기 애굽으로 도망가야 한다는 생각만 해도 암담했을 것이다. 동방 박사들이 그 가족에게 금과 유향과 몰약을 가득 실어주지 않았다면 말이다! 격언에 있듯이 "주님이 이끄시는 곳에서 주님이 공급하신다!" 그래서 요셉은 천사의 지시대로 즉시 간소한 소지품과 보물들을 꾸렸다. 마태는 2장 14절에서 그들이 "밤에" 떠났다고 말한다. 요셉은 천사의 말의 진위 여부를 분별하기 위해 가족 회의를 소집하지 않았고, 일주일 동안 계획을 세우고 짐을 꾸리지 않았으며, 애굽에 가족을 위한 적절한 거처를 찾으려고 먼저 떠나지 않았다. 천사가 헤롯이 곧 아이를 죽이려고 찾아 나설 것이라고 경고했기 때문에 요셉은 즉시 도망쳤다(2:13). 추격당할 위험이 있었기 때문에 요셉 가족은 동방 박사들처럼 아무에게도 말하지 않고 조용히 베들레헴을 떠났다. 그들은 쥐도 새도 모르게 사라졌다.

동방 박사들이 제공한 보물 덕에 2-3년 뒤 헤롯이 죽고 사태가 진정될 때까지 요셉 가족은 애굽에 체류할 수 있었을 것이다. 그들이 애굽에 머물던 시기에 대해서는 아무것도 알려진 것이 없다. 많은 사람이 알렉산드리아의 대도시에 머물렀을 거라고 믿지만, 그들이 어느 도시에 거주했는지조차 알 수 없다. 구체적인 장소는 중요하지 않다. 중요한 것은 요셉이 이전에 애굽에 가본 적이 없었을 것이므로 하나님이 계속 인도하시고 필요를 채워주실 것이라고 믿고 무조건 순종하며 미지의 세계로 들어갔다는 것이다.

마태는 애굽으로 도피한 이 짧은 장면을 예수님이 애굽에 머무르셨던 일과 출애굽 전에 이스라엘 백성이 애굽에 거류했던 역사 사이의 흥미로운 유사점을 보여주면서 마무리한다. 마태가 2장 15절에서 인용한 호세아 11장 1절의 원문은 성육하신 하나님의 아들을

묵상의 서재

하나님의 인도하심을 분별하는 다섯 가지 원칙(마태복음 2:13)

나는 지금까지 살면서 숱한 결정과 기회 앞에서 하나님의 뜻을 찾아야 했던 시절을 거쳐왔다. 하나님은 마태복음 2장에서처럼 천사를 보내시거나, 꿈에서 말씀하시거나, 별을 보내셔서 나를 인도하신 적이 없다. 하지만 나는 성경을 공부하고 하나님이 지난 세월 동안 나를 어떻게 인도하셨는지를 돌이켜보며 하나님의 뜻을 분별하는 몇 가지 원칙을 깨우쳤다.

첫째, 하나님은 그분을 따르기로 결단한 자들을 인도하신다. 하나님의 인도를 받고 싶다면 그리스도인이 되어야 한다. 로마서 8장 14절은 이렇게 말한다. "무릇 하나님의 영으로 인도함을 받는 사람은 곧 하나님의 아들이라." 그리스도인들은 그들 안에 거하시는 성령을 통해 그리스도와 개인적 관계를 누린다. 비그리스도인들에게는 없고 신자들에게는 있는 큰 혜택 중 하나가 성령의 인도하심을 받는 특권이다.

둘째, 하나님은 그분의 기록된 말씀을 통해 인도하신다. 신중하고 지적이며 성실한 성경 공부는 도덕적, 실제적 문제들에 대한 하나님의 생각을 배우는 데 도움이 되고, 기독교 세계관을 알려주며, 하나님의 마음에 합하는 지혜와 미덕을 알려준다. 시편 119편 105절 말씀이다. "주의 말씀은 내 발에 등이요 내 길에 빛이니이다." 성경은 "두 직장 중 어느 쪽을 택해야 하는가?" 같은 구체적인 질문을 직접 다루지는 않지만, 하나님의 말씀을 깊이 묵상함으로 그분의 가치와 우선순위에 당신의 마음을 맞추게 되면 위와 같은 중립적으로 보이는 결정에 포함된 가치와 우선순위를 더 깐깐하게 분별할 수 있다.

셋째, 하나님은 성령의 내적 속삭임을 통해 인도하신다. 들뜨고, 설레며, 따뜻한 느낌을 말하는 것이 아니다. 나는 말로 표현할 수 없고, 신비하기까지 한 무언가를 말하는 것이다. 하나님의 영은 은유가 아니라 정말로 우리 안에 살아 계신다. 성령님은 당신이 그릇되게 행할 때 그것을 깨닫게 하시고, 당신이 옳은 일을 할 때 확신과 위안을 주신다. 성령님은 성경의 진리를 밝히시고, 당신이 전에는 보지 못했던 것들을 볼 수 있도록 눈을 열어주신다. 당신이 지혜와 통찰력을 달라고 기도하면 주실 것이다(약 1:5). 당신이 진심으로 겸허히 그분을 찾으면 성령님은 하나님의 영감을 받은 말씀 안에서, 말씀과 함께, 말씀을 통해 당신 안에서, 당신과 함께, 당신을 통해 일하신다.

넷째, 하나님은 당신을 사랑하고 보살피는 지혜롭고, 성숙하며, 신뢰할 수 있는, 자격이 있는 그리스도인의 권고를 통해 인도하신다(참조. 잠 11:14). 여기에 적힌 모든 형용사가 중요하다. 당신이 아는 아무한테나 그들의 관점과 식견을 말해달라고 요청하지 말라. 그리스도를 닮은 성품을 보이고, 수년 동안 하나님과 동행한 경험이 있으며, 당신을 잘 알고, 당신에게 최선의 이익이 무엇인지를 생각하는 사람을 찾으라. 당신에게 필요한 상담자는 객관적이고, 당신이 내린 결정의 결과로 사적인 이익을 취하지 않으며, 어려운 질문을 던지고 당신이 나약한 대답으로 도망가게 놔두지 않을 사람이다.

다섯째, 하나님은 불안과 두려움 대신 확신과 평온을 주심으로써 인도하신다. 하나님은 우리에게 내적 평화를 주신다. 골로새서 3장 15절은 말한다. "그리스도의 평강이 너희 마음을 주장하게 하라." 물론, 어떤 결정에 대해 느끼는 평안이 다른 네 가지 원칙과 어긋나면 안 된다. 나는 성경에 분명히 드러나 있는 하나님의 뜻을 거스르면서 자기들의 악한 결정에 대해 마음이 평안하다고 주장하는 사람들을 보았다. 그러나 당신이 하나님의 뜻을 분별하는 과정에서 얻은 몇 가지 대안이 모두 동일하게 선하고 실행 가능하다면 그 중에서 마음이 불안하지 않고 편하게 해주는 쪽으로 겸손히 발걸음을 내디디면 된다.

직접적인 예언으로 언급하거나 사악한 왕을 피해 숨었다가 애굽을 떠나는 가족에 대해 말하지 않는다. 그보다는 하나님의 특별한 백성으로 선택받고, 애굽에 속박당하며, 출애굽 때 애굽에서 불려 나온 이스라엘 민족 전체를 하나님의 "아들"에 비유했다. "이스라엘이 어렸을 때에 내가 사랑하여 내 아들을 애굽에서 불러냈거늘"(호 11:1). 본문은 이어서 우상을 섬기고 이방 신들에게 제사를 지낸 이스라엘이 그렇게 배도한 응보로 받은 징벌을 묘사한다(호 11:2-11). 호세아 11장 1절의 비유는 명백한 의인화다. 또 하나는 다수를 대표하는 집단 연대의 개념도 들어 있다(여기서는 국가가 "내 아들"로 표현되었다).

그러면 예수님이 애굽으로 도피했다 돌아오신 것이 어떤 식으로 이 구절을 성취하는가?

마태는 메시아가 가장 넓은 의미에서 진정한 이스라엘-이스라엘이 원래 되어야 했던 모든 것의 전형 또는 정점-이심을 창의적인 방법으로 전달하고 있다. 이런 맥락에서 예수님은 비유적으로 쓰인 "아들"의 성취다. 이스라엘은 하나님의 양자였지만 계속 반항했던 탓에 징계를 받았고, 그들의 땅에서 추방되기도 했다. 말 그대로 진짜 아들이신 예수님은 영적으로 그 민족을 대표해서 그들의 불순종을 그분의 순종으로 만회하셨다. 마태는 호세아 11장 1절을 인용해서 출애굽의 주제도 끌어오고, 구약의 "아들"과 신약의 아들의 차이를 뚜렷이 보여준다.

—2:16-18—

편집성 과대망상증을 가진 헤롯이 "박사들에게 속은 [것]"(2:16)을 깨닫는 데는 오래 걸리지 않았다. 그는 군인들을 보내 베들레헴과 그 주변 지역에 있는 두 살 아래의 사내아이들을 모조리 학살했다. 그는 그렇게 해서 동방 박사들이 "유대인의 왕"(2:2)이라고 칭했던 아이를 제거할 수 있기를 바랐다. 하지만 그는 요셉과 마리아와 예수님이 이미, 어쩌면 바로 몇 시간 전에 도망쳤다는 사실을 몰랐다.

지금 우리가 보아도 극악무도한, 베들레헴의 무고한 아이들에게 퍼부은 헤롯의 분노를 목격한 많은 사람은 몸서리를 쳤을 것이다. 그런 잔혹성은 그 괴물에게는 예사로운 일이었다. 마이클 그린(Michael Green)은 헤롯에 대해 이렇게 말했다. 헤롯은 "그보다 앞서 대제사장과 왕을 겸임해서 통치하던 하스모니안 왕조의 마지막 남은 자들까지 다 죽였다. 그는 산헤드린 구성원의 반 이상을 처형했고, 300명에 이르는 궁정 관리를 무참히 살해했다. 또 헤스모니안 혈통의 자기 아내 마리암네, 장모 알렉산드라, 친아들 아리스토불루스, 알렉산더, 안티파테르도 처형했다. 마지막으로 죽어가면서도 그는 예루살렘의 유명 인사들을 경기장 안에 모아놓고 자기의 죽음이 선포되는 순간 모두 살해당하도록 일을 꾸몄다."[26]

그 무고한 생명들의 죽음을 세속적인 역사가 한 사람의 기록으로 남기기에는 충분하지 않았기에, 성령님은 마태를 감동시켜 한 미치광이의 손에 자기들의 자부심과 기쁨인 아이들을 잃은 부모의 고통과 고뇌를 적게 하셨다. 마태는 예레미야 31장 15절을 인용해 베들레헴에서 들려오는 애절한 통곡 소리를 자식을 잃고 유배지로 끌려가는 라마의 어머니들이 내뱉는 애끓는 한탄에 빗대어 보여준다(마 2:18).

이것은 마태가 구약의 구절이 신약성경의 사건으로 완성되고 있음을 보여주는 '성취' 공식을 사용한 세 번째 사례다. 두 구절 사이의 유사점은 자녀를 잃은 비극을 겪고 슬퍼하며 통곡하는 소리다. 다른 점은 사건이 발생한 장소다. 예레미야서에 언급된 라마는 베들레헴 인근에 없다. 또 구약성경에서는 '라헬'로 비유된 한 인물이 자녀들로 인해 통곡했지만, 신약성경에서는 많은 어머니가 자녀들 때문에 슬퍼했다. 신약성경의 기사에서는 애도의 원인이 아들의 죽음이었지만, 구약성경에서는 유배되면서 잃어버린 아이들이었다.

그러나 우리가 1세기 유대인 독자들이 마태복음을 어떻게 읽었을지 상상해보려면 2장 18절에 나란히 놓인 두 사건에 대해 더 깊이 생각해보아야 한다. 예레미야 31장 15절의 원래 문맥에서는 하나님이 약속의 말씀-재회, 재건, 남은 자들의 귀환 그리고 기쁨(렘 31:1-12)-으로 백성을 위로하셨다. 하나님은 언젠가 "그들의 슬픔을 돌려서 즐겁게" 하실 것이다(렘 31:13). 그리고 그분의 백성은 그분의 선하심에 만족할 것이다(렘 31:14). 주 하나님은 훗날 마태가 인용할, "라마에서 슬퍼하며 통곡하는 소리가 들리니"(렘 31:15)로 시작되는 말씀을 선포하시면서 장차 맛볼 이 기쁨과 이전의 절망스러운 상황을 대조하셨다. 이 구절 바로 다음에 이 말이 나온다. "네 울음 소리와 네 눈물을 멈추어라 네 일에 삯을 받을 것인즉 그들이 그의 대적의 땅에서 돌아오리라 여호와의 말씀이니라 너의 장래에 소망이 있을 것이라 너의 자녀가 자기들의 지경으로 돌아오리라 여호와의 말씀이니라"(렘 31:16-17). 그런 다음 하나님은 이 약속을 자세히 설명하시고(렘 31:18-25), 이어서 새 약속을 말씀하신다. 새 약속은 우리가 신약성경을 통해 알고 있듯이, 그리스도가 직접 성취하신다

(렘 31:27-34, 참조. 마 26:26-28). 마태는 이러한 광범위한 메시아에 관한 새 언약의 맥락을 이해하고 이 구절을 인용한 것이다.

마태는 예레미야 31장 15절이 베들레헴의 사내아이들이 죽임당할 것을 분명하고 직접적으로 예언한 것이라고 말하지 않았다. 그보다는 비슷한 두 개의 사건을 발판 삼아 새 언약에 따른 위로, 구속, 미래의 기쁨을 담은 큰 그림을 그린다. 역사 속의 예표가 메시아의 원형으로 성취되었다. 마태의 유대인 독자들은 그가 더 심오한 진리를 가리키는, 문학적, 신학적으로 상응하는 예시를 사용했음을 이해하고 분별했을 것이다.

마태복음에 나오는 "이루다"의 의미(마태복음 2:15, 17, 23)

마태복음에서 *plēroō*(4137)와 접두사가 붙은 *anaplēroō*(378)라는 말-둘 다 "이루다"로 번역되었다-은 여러 형태의 성취를 나타내는 문구에서 11차례 사용되었다. "(이 일은 구약성경에) 쓰인 것을 이루었다."[27] 한 대표적인 헬라어 사전은 *plēroō*에 담긴 6가지 뉘앙스를 제공한다. 1) 가득 채우다. 2) 일정 기간을 채우다. 3) 이미 시작된 일을 끝내다. 4) 예언, 의무, 약속, 법, 요청을 이행하다. 5) 완료 또는 종료하다. 6) 숫자를 채우다.[28] 따라서 이 용어는 일반적으로 부족한 것을 채운다는 뜻이다.

마태도 *plēroō*라는 단어가 여러 의미로 쓰인다는 것을 알고 있었다. 그는 예수님이 "모든 의를 이루는" 데 필요하기 때문에 요한의 세례를 순종으로 받으셨다고 한 3장 15절에서 이 단어를 사용한다. 여기서 "(채워져야 할) 부족한 것"은 예수님의 세례를 뜻했다. 5장 17절에서 예수님은 율법을 폐하러 오시지 않고 "완전하게 하러" 오셨다고 선언하시는데, 이는 그분이 계명의 요구 사항을 충족시키러 오셨다는 뜻이다. 여기서 "(채워져야 할) 부족한 것"은 율법의 요구에 순종하는 것이다. 이 단어가 매우 흥미롭게 사용된 곳은 23장 32절로, 여기서 예수님은 이스라엘 백성에게 그들의 조상에게서 시작된 악행의 분량을 "채우라"고 말씀하신다. 다시 말해, 그들의 악한 정도가 그들의 조상과 똑같다는 뜻이다. 여기서 "(채워져야 할) 부족한 것"은 사악함이었다! 마태는 분명 이 용어의 주요 의미와 다양한 뉘앙스를 이해하고 있었다.

그렇다면 마태가 그리스도의 삶에서 일어난 어떤 사건이나 상황이 구약성경을 "이루었다"고 한 것은 무슨 뜻이었을까? 넓은 의미에서 신약성경의 사건으로 "성취되는" 구약성경 본문의 "(채워져야 할) 부족한 것"은 무엇보다도 예수 그리스도를 통해 더 온전히 채워지는 계시다. 그리스도에 대한 어떤 예표는 그리스도의 삶에서 원형이 없을 수도 있다. 대상이 없는 예시가 있을 수 있다. 이루어지지 않는 예언이 있을 수 있다. 성취되지 않는 약속이 있을 수 있다. 일련의 사건들이 궁극의 정점이 없을 수 있다. 신약성경의 저자들은 예수 그리스도의 인격과 사역에서 하나님의 궁극적 계시를 보았다(예. 눅 24:27, 요 5:39, 히 1:1-2). 다시 말해, 구약성경에 기록된 계시 본문에는 흡사 불완전한 답을 가진 질문처럼 그리스도를 통해 성취되는 더 많은 계시가 빠져 있었다.

구약성경에서 사용된 패턴, 예표, 예시, 기대를 통해 구약성경이 신약성경에서 "이루어진다"는 이런 개념은 마태가 염두에 두고 있는 유대인 독자들에게 친숙했을 것이다. 이런 접근 방식은 독자가 성경 구절을 깊이 숙고하게 만들고, 마태가 각각의 '성취' 구절을 어떤 의미로 사용하고 있는지 더 주의 깊게 생각하게 한다.

—2:19–23—

하나님은 이스라엘 민족을 애굽에서 데리고 나오신 것처럼 그분의 아들 예수님도 적시에 애굽에서 불러내셨다. 또 다른 꿈에서 천사가 요셉에게 나타나 헤롯이 죽었으니 마리아와 예수님을 데리고 이스라엘 땅으로 돌아가라고 일렀다(2:19–20). 요셉은 즉시 순종했다(2:21). 요셉은 처음에 그가 떠나온 유대의 베들레헴 집으로 돌아가고 싶어 했던 것 같다. 그러나 베들레헴에 가까이 갔을 때 예루살렘의 새 통치자인 헤롯의 아들 아르켈라오스에 대한 소문을 들었다. F. F. 브루스(F. F. Bruce)는 말한다. “아르켈라오스는 자기 아버지와 같은 행정적, 외교적 능력은 없으면서 그의 인격적 결함은 죄다 가지고 있었다.”[29] 그러니 요셉이 “거기로 가기를 무서워”(2:22)할 만했다.

그러나 요셉은 하나님의 분명한 인도에 의문을 제기하면 안 된다는 교훈을 이미 얻었다. 그는 하나님이 늘 그러셨듯 그와 그의 가족을 지켜주실 것을 확신하며 유대의 산지로 향했다. 그런데 그때 주님이 꿈에 다시 나타나 다른 방향, 곧 갈릴리 쪽에 있는 작은 마을 나사렛으로 이끄셨다(2:22–23). 나사렛은 원래 마리아가 임신해서 베들레헴으로 여행하기 전에 요셉과 마리아가 살았던 도시였다(눅 1:26–27, 2:4). 그 당시 갈릴리 지역은 헤롯의 다른 아들 안디바가 통치하고 있었는데, 그는 “헤롯의 아들 중 가장 유능한” 인물이었기에 40여 년 동안 그의 영토에서 상대적으로 평화와 질서를 유지할 수 있었다.[30]

마태는 구약성경과 그리스도가 사셨던 환경 사이의 마지막 유사점 하나를 언급하며 하나님의 인도를 받은 마리아와 요셉과 예수님의 대장정을 마무리한다. 마태는 예수님이 유년 시절 대부분을 나사렛에 거주하시며 “나사렛 사람이라 칭하리라”(마 2:23)는 예언을 성취하셨다고 말한다.

구약성경에는 이 예언이 기록된 구절이 없기 때문에 이 말은 겉보기에는 문제가 있어 보인다. 그러나 마태가 특정 선지자, 아니 심지어 단 한 명의 선지자도 언급하지 않는다는 점에 유의해야 한다. 오히려 그는 다수의 선지자들이 메시아를 “나사렛 사람”으로 묘사했다고 말한다. 선지자들은 구약성경에 기록되지 않은 많은 것을 말했기 때문에 이 또한 그 중 하나일 수 있다. 그러나 일부 주석가는 마태가 구약성경이 메시아가 비천하고 멸시받는 출신일 것–나사렛 출신에게 딱 들어맞는 표현이다–임을 암시한 사실을 지적하는 것이라고 주장한다. 예를 들어, R. T. 프란스(R. T. France)는 시편 22편, 이사야 53장, 스가랴 11장 4–14절에 나타난 바와 같이 "마태는 궁벽한 나사렛에서 구약의 겸손하고 거부당하는 메시아의 징표가 성취되는 것을 보았다"고 주장한다.[31]

예수님 생애 초년에 일어난 이런 일련의 격변을 통해 우리는 하나님이 메시아의 가족에게 놀라운 방법으로 제공하신 섭리와 보호의 손길을 분명히 목도한다. 하나님은 가장 필

헤롯대왕이 통치하던 지역은 BC 4년에 그가 죽은 뒤 그의 아들들에게 분할되었다.

요한 순간에 초자연적인 지침을 주셨다. 그러나 더 중요한 것은 요셉과 그의 가족의 갈팡질팡하고 역행하는 듯이 보이는 움직임이 결단코 악의 세력보다 한 발짝 앞서기 위한 하나님의 필사적인 노력이 아니었음을 마태가 계속 지적한다는 점이다. 그보다 마태는 그리스도의 삶에서 일어난 사건들이 어떻게 구약성경의 예표, 대구, 예언들을 멋지게 성취했는지 보여준다.

베들레헴에서 애굽과 나사렛에 이르기까지 요셉은 하나님이 인도하시는 음성을 들었고, 그분의 인도를 신뢰했으며, 그분의 말씀에 순종했다.

적용: 마태복음 2:13-23

하나님의 뜻을 분별하는 세 가지 훈련

우리는 지금까지 여러 가지 일을 겪으며 요셉과 마리아와 예수님이 지나오신 먼 여정을 추적했다. 우리는 하나님이 그들을 위험에서 벗어나 뜻밖의 장소로 데려가시고 또 '집'이라고 불리는 새로운 장소로 인도하시는 것을 지켜보았다. 지형이 바뀌었고, 문화가 바뀌었고, 언어까지도 바뀌었다. 그리고 의심의 여지없이, 그들은 이동할 때마다 하나님을 신뢰하고 순종하는 것이 무슨 뜻인지 새롭게 깨달았다. 주님이 이 작은 가족을 왜 그런 식으로 인도하셨는지 살펴보면 하나님의 뜻을 따르는 것과 관련하여 그리스도인의 삶에 적용해야 할 세 가지 구체적인 원칙이 생각난다.

첫째, 우리는 신뢰를 훈련해야 한다. 기억하라. 요셉은 "일어나 가라"는 분명한 지시를 받았다(2:13). 요셉은 그때 위험이 얼마나 가까이 있는지 전혀 알지 못했다. 그가 우물쭈물했거나 지체했거나 대안을 따져보았다면 가족을 위험에 빠트렸을 것이다. 때때로 하나님의 분명한 뜻은 갑자기 찾아와 즉각적인 반응을 요구한다. 그에 대한 응답은 그분께 즉시 그리고 온전히 순종할 수 있을 만큼 그분을 신뢰하는 것이다. 우리는 하나님이 최선을 아시고, 그분의 타이밍이 옳으며, 아마도 훗날 왜 그분이 우리를 위해 그 길을 택하셨는지 알 수 있으리라는 것을 믿어야 한다.

둘째, 우리는 기다림을 훈련해야 한다. 주님은 요셉과 그의 가족이 낯선 환경에 익숙해졌을 무렵에 애굽을 떠나라고 말씀하셨다(2:19-20). 그리고 그들은 헤롯대왕 못지않게 무시

무시한 왕이 유대를 점령했다는 사실을 알게 되었다! 하나님의 뜻은 놀랍고 혼란스러울 수 있다. 요셉이 보기에 이번에는 하나님이 그의 가족을 위험한 길로 인도하시는 것으로 보였을 것이다. 그러나 하나님이 그 위험을 어떻게 해결하실지 정확히 알지 못한 채 그것에 직접 부딪치는 것이 분명한 하나님의 뜻이었다. 요셉은 혼란 가운데서 주님의 개입을 기다리는 법을 배웠다. 요셉의 임무는 그냥 하나님의 뜻을 행하는 것이었고, 세부적인 일은 그분이 그분의 때에 하시도록 하면 되었다.

셋째, 우리는 겸손을 훈련해야 한다. 기억하라. 하나님은 이 보잘것없는 가족을 약속의 땅으로 다시 데려가실 때 예루살렘에서 엎어지면 코가 닿을 거리에 있는 다윗의 도시인 베들레헴을 선택하지 않으셨다. 대신 하나님은 그 가족을 예루살렘에서 100킬로미터 이상 떨어진, 잘 알려지지 않은 갈릴리의 외딴 마을로 보내셨다. 하나님은 때때로 여정의 다음 단계를 위해 우리를 준비시키시는 동안–어쩌면 수년 동안–우리가 모호하고, 무의미하며, 평범한 상태를 받아들이기를 요구하신다.

신뢰, 기다림, 겸손. 요셉과 마리아와 예수님이 지나오신 이 여정은 우리에게 이 세 가지 성품을 엿보게 해준다. 이 세 가지는 우리가 하나님의 뜻을 알았을 때 그분을 신뢰하고 순종하는 데 필요하다.

이상한 설교자, 강력한 선포(마태복음 3:1–17)

1그 때에 세례 요한이 이르러 유대 광야에서 전파하여 말하되 2회개하라 천국이 가까이 왔느니라 하였
으니 3그는 선지자 이사야를 통하여 말씀하신 자라 일렀으되

광야에 외치는 자의 소리가 있어 이르되
너희는 주의 길을 준비하라
그가 오실 길을 곧게 하라 하였느니라

4이 요한은 낙타털 옷을 입고 허리에 가죽 띠를 띠고 음식은 메뚜기와 석청이었더라 5이 때에 예루살렘
과 온 유대와 요단 강 사방에서 다 그에게 나아와 6자기들의 죄를 자복하고 요단 강에서 그에게 세례를
받더니

7요한이 많은 바리새인들과 사두개인들이 세례 베푸는 데로 오는 것을 보고 이르되 독사의 자식들
아 누가 너희를 가르쳐 임박한 진노를 피하라 하더냐 8그러므로 회개에 합당한 열매를 맺고 9속으로 아

브라함이 우리 조상이라고 생각하지 말라 내가 너희에게 이르노니 하나님이 능히 이 돌들로도 아브라
함의 자손이 되게 하시리라 10이미 도끼가 나무 뿌리에 놓였으니 좋은 열매를 맺지 아니하는 나무마다
찍혀 불에 던져지리라
11나는 너희로 회개하게 하기 위하여 물로 세례를 베풀거니와 내 뒤에 오시는 이는 나보다 능력이
많으시니 나는 그의 신을 들기도 감당하지 못하겠노라 그는 성령과 불로 너희에게 세례를 베푸실 것이
요 12손에 키를 들고 자기의 타작 마당을 정하게 하사 알곡은 모아 곳간에 들이고 쭉정이는 꺼지지 않는
불에 태우시리라
13이 때에 예수께서 갈릴리로부터 요단 강에 이르러 요한에게 세례를 받으려 하시니 14요한이 말려
이르되 내가 당신에게서 세례를 받아야 할 터인데 당신이 내게로 오시나이까 15예수께서 대답하여 이르
시되 이제 허락하라 우리가 이와 같이 하여 모든 의를 이루는 것이 합당하니라 하시니 이에 요한이 허
락하는지라 16예수께서 세례를 받으시고 곧 물에서 올라오실새 하늘이 열리고 하나님의 성령이 비둘기
같이 내려 자기 위에 임하심을 보시더니 17하늘로부터 소리가 있어 말씀하시되 이는 내 사랑하는 아들
이요 내 기뻐하는 자라 하시니라

지금까지 강력한 메시지를 전달한 몇몇 독특한 설교자들이 있었다. 성경 시대에 살았던 사람들을 생각해보자. 노아는 한 세기가 넘도록 다가올 심판의 메시지를 선포하면서 거대한 배를 만들었다. 그의 청중은 무관심했다. 사실 그들이 마음에 품고 있는 생각은 "항상 악할 뿐"이었다(창 6:5). 이 악한 불신자들의 입장에서 보면 노아의 설교는 홍수가 닥치기 전까지는 이상하게 들렸을 것이 뻔하다.

모세는 여든 살이 되어서야 선지자의 사역을 시작했다. 그리고 그 후 40여 년 동안 잃어버린 시간을 벌충했다. 그는 애굽의 가짜 신들의 능력에 도전하고, 히브리인들을 바로의 속박에서 해방시키며, 강력한 표적으로 열국을 아연실색하게 했다. 그러나 그는 백성에게 직접 메시지를 전하지 않고 대부분 형 아론을 통해 전했다(참조. 출 4:28-30).

엘리야는 난데없이 나타나서 주로 그 담대함으로 이스라엘 역사상 가장 존경받는 선지자가 되었다. 그럼에도 그는 나약해진 순간에 도망쳤고, 이세벨이 그를 죽이겠다고 위협하자 하나님께 자기를 죽여달라고 요청하기도 했다(왕상 19:1-4). 가장 강력한 설교자들도 절망의 구렁텅이에 빠질 수 있다!

구약성경을 보면 하나님은 불완전하고, 약하며, 변변찮고, 심지어 이상한 사람들을 사용하셔서 강력한 메시지를 선포하게 하기를 기뻐하시는 것 같다. 구약 시대가 끝나고 신약

시대가 동터올 때도 마찬가지였다. 구약의 회개를 설파한 마지막 위대한 설교자 세례 요한도 강력한 메시지를 선포한 이상한 설교자의 조건에 꼭 들어맞는다.

—3:1-4—

세례 요한은 그야말로 '곧이곧대로인' 사람이었다. 그는 꾸밈없고, 진실하며, 진짜였다. 그는 자신을 치장하거나, 치렁치렁한 흰 예복을 입거나, 구도자들에게 거슬리지 않게 설교를 다듬지 않았다. 그는 죄, 회개, 심지어 심판과 불 같은 말을 회피하지 않았다! 그는 사람들이 자기를 어떻게 생각하든, 무엇을 입든, 무엇을 먹든 신경쓰지 않았다(3:4). 그는 청중 가운데 영향력이 있거나 부유한 사람들의 입맛에 메시지를 맞추려고 하지 않았다. 그의 사명은 단 하나, 하나님이 그에게 명령하신 메시지를 전파하는 것이었다.

그 메시지는 무엇이었을까? 마태는 그것을 이렇게 요약했다. "회개하라 천국이 가까이 왔느니라"(3:2). "회개"로 번역된 헬라어 *metanoeō*(3340)는 '마음을 바꾸다'는 뜻으로 충성의 대상, 생활양식, 궤도의 변화를 낳는다.[32] 이는 '방식을 바꾸라'는 뜻이 아니다. 진정한 회개는 외적인 행동이나 단순히 행동을 수정하는 것으로 시작되는 것이 아니다. 우리는 겉으로는 고분고분한 아이들이 속으로는 반항심을 품은 채 행동거지를 반듯하게 하는 것을 본 적이 있다. 요한이 설파한 회개란 생활양식의 변화가 수반되는 마음의 변화였다.

"회개하라"는 요한의 외침이 절박했던 것은 천국이 가까웠기 때문이었다. 마태의 유대인 독자들과 마찬가지로 요한의 유대인 청중도 장차 도래할 하나님의 나라를 다니엘 2장 44절에 묘사된 메시아의 나라로 이해했을 것이다. "이 여러 왕들의 시대에 하늘의 하나님이 한 나라를 세우시리니 이것은 영원히 망하지도 아니할 것이요 그 국권이 다른 백성에게로 돌아가지도 아니할 것이요 도리어 이 모든 나라를 쳐서 멸망시키고 영원히 설 것이라." 다니엘의 극적인 환상은 이사야 9장 7절 같은 또 다른 메시아에 대한 예언을 떠올리게 한다. "그 정사와 평강의 더함이 무궁하며 또 다윗의 왕좌와 그의 나라에 군림하여 그 나라를 굳게 세우고 지금 이후로 영원히 정의와 공의로 그것을 보존하실 것이라 만군의 여호와의 열심이 이를 이루시리라."

그러므로 마태가 "천국"으로 표현한 "하나님의 나라"(참조. 막 1:15)는 메시아와 함께 임할 대망의 나라다. 그 나라는 하나님의 백성에게 공의, 평화, 정의, 구원, 축복을 가져올 것이다. 그 나라가 도래하면 불신자들, 악인들 그리고 하나님과 그분이 보내신 메시아를 거부한 사람들에게 심판과 진노가 임할 것이다. 그것이 회개해야 할 이유였다. "요한의 메시지는…그들이 하나님의 나라에 들어갈 자격을 갖추려면 생각과 마음의 변화(*metanoeite*, '회개')가 선행되어야 한다는 것이었다. 그들은 선지자들이 규정한 하나님의 율법과 요건에서 자기들이 얼마나 멀어졌는지 깨닫지 못했다"(예. 말 3:7-12).[33]

마태는 요한의 출신 배경에 대해 아무것도 알려주지 않는다. 그러나 누가복음은 요한이 제사장 사가랴의 아들이며, 그의 어머니는 예수님의 어머니인 마리아의 친척이었다고 말한다(눅 1:5-25, 39-45, 57-80). 따라서 요한과 예수님은 유년기에 아주 친하지는 않았더라도 서로 알았을 가능성이 높다. 어쨌든 마태는 요한의 가족과 배경을 간과하는 대신 메시아의 출현을 예고하는 설교 사역으로 그를 소개한다. 마태는 요한의 메시지를 이사야 40장 3절의 성취로 제시한다. "너희는 광야에서 여호와의 길을 예비하라 사막에서 우리 하나님의 대로를 평탄하게 하라." 마태의 관점에서 요한의 설교가 메시아 예수님의 길을 예비하는 것이었고, 그 사역이 주 하나님의 길을 예비하는 음성에 대한 이사야의 말을 성취했다면, 어떤 면에서 예수님이 오신 것은 하나님이 오신 것이었다! R. T. 프란스는 이 점을 지적한다. "이것은 하나님이 오실 것을 언급한 구약의 구절들이 예수님에게서 성취된 것으로 보는 마태복음(그리고 신약 전체)의 여러 구절 중 하나다."[34]

—3:5-12—

유대인들은 도래할 하나님의 나라와 회개에 대한 요한의 설교에 어떻게 반응했는가? 마태는 이 이상한 설교자와 그의 단호한 선포에 관한 소문이 예루살렘, 유대, 요단강 전역에 퍼졌다고 말한다. 각계각층의 사람들이 이 유명한 선지자가 무슨 말을 하는지 직접 보고 듣고 싶어 했다. 그리고 그에 대한 응답으로 그들은 "자기들의 죄를 자복하고"(3:6) 요단강에서 세례를 받았다.

물에 몸을 담그는 이 행위는 1세기 유대인에게 특별한 의미가 있었다. 구약의 정화 의식(예. 출 29:4, 왕하 5:14)을 바탕으로, 유대교는 단 한 번의 의례적인 정화 행위를 유대교로 개종한 이방인들의 입교 의례로 차용했던 것 같다. 심사를 통과한 남자들은 할례를 받았고, 모든 개종자는 물에 몸을 담갔다. 세례는 유대인의 언약 공동체에 들어가기 전에 저지른 죄를 단번에 씻어내는 상징이 되었다. "세례를 받고" 유대교인이 되는 것은 태생적 유대인들과 함께 "언약의 아들"이 되는 것이었다.[35]

세례 요한은 침례 의식을 시작하면서 "입교와 정화를 상징하는 그 의식에 이전에는 없던 윤리적 특성을 불어넣었다. 그의 세례는 개인의 의를 추구하면서 참회하는 영혼이 도덕적 공동체로 편입되는 관문이었다. 또 그는 세례를 영혼의 상태를 완전히 변화시키는 데 반드시 필요한 것으로 보았다."[36] 또는 한 주석가가 말했듯이, "요한에게 세례는 회개의 상징, 즉 죄를 깨끗이 씻어내고 옛 삶에서 새 삶으로 돌이키는 것을 상징했다."[37] 따라서 개종 세례처럼 요한의 세례도 하나님에 대한 내적 헌신, 그분의 뜻에 대한 복종, 하나님의 진정한 백성이라는 정체성의 외적 상징이었다. 또 단순히 죄를 회개하는 데서 그치지 않고 하나님과 성결을 사랑하고 섬기기로 삶을 봉헌하는 것이기도 했다. 그러나 요한의 연설을 듣는 청중은 도덕적, 영적으로 '더러운' 이방인이 아니라 유대인이었다는 점에 유의하라! 그는 사실상 이렇게 말한 것이었다. "너희의 죄 때문에 너희는 하나님과 아브라함이 맺은 언약에서 벗어나 있다. 부정한 자들아! 너희는 이방인처럼 회개하고 마치 처음인 것처럼 하나님께 나아가야 한다."

상한 심령으로 나아와 회개하고 세례를 받으라는 요한의 외침에 모두가 다 반응한 것은 아니었다. 요한은 세례를 받으러 온 일부 바리새인과 사두개인들에게서 위선을 보았다. 그는 그들을 "독사의 자식들"이라고 부르며 그들이 회개했다고 주장하지만, 실제 삶은 그들의 주장과 다르다고 호통을 쳤다(마 3:7-8). 그는 아브라함의 자녀로서 그들이 누리는 특권적 지위에 대한 자만심을 지적하면서 겉으로 아무리 경건해 보여도 진정한 회개로 화답하지 않은 자들에게는 심판과 진노가 임할 거라고 몰아붙였다(3:9-10).

요한의 설교는 다가올 심판을 경고하는 말과 이미지로 가득 차 있었다. 그는 청중에게 "임박한 진노를 피하라"(3:7)고 경고했다. 그는 회개하지 않은 아브라함의 자손들이 나무처럼 잘려 "불에 던져질"(3:10) 위험에 처해 있다면서 그들을 윽박질렀다. 그리고 그는 "성령과 불로"(3:11) 세례를 주실, 장차 올 메시아를 가리켰다. 아마 이 불의 이미지는 말라기 3장 1-3절에서 볼 수 있듯이 다가올 심판과 관련이 있을 것이다.

만군의 여호와가 이르노라 보라 내가 내 사자를 보내리니 그가 내 앞에서 길을 준비할 것이요 또 너희가 구하는 바 주가 갑자기 그의 성전에 임하시리니 곧 너희가 사모하는 바 언약의 사자가 임하실 것이라 그가 임하시는 날을 누가 능히 당하며 그가 나타나는 때에 누가 능히 서리요 그는 금을 연단하는 자의 불과 표백하는 자의 잿물과 같을 것이라 그가 은을 연단하여 깨끗하게 하는 자 같이 앉아서 레위 자손을 깨끗하게 하되 금, 은 같이 그들을 연단하리니 그들이 공의로운 제물을 나 여호와께 바칠 것이라.

오실 메시아는 성령의 능력으로 의인과 악인을 분별하기 위해 정련하는 불을 사용하실

바리새인과 사두개인(마태복음 3:7)

A. T. 로벗슨(A. T. Robertson)은 "바리새인과 사두개인에 대한 충분한 지식 없이는 당대 팔레스타인의 신학적 배경을 제대로 이해할 수 없다"고 지적했다.[38] 21세기의 기독교에도 보수파와 진보파가 존재하듯이 1세기의 유대교에도 우익(바리새인)과 좌익(사두개인)이 있었다. 바리새인들은 교리와 실천이 더 전통적이고 보수적이었다. 그들은 훨씬 더 큰 집단이었고, 신학적인 문제에 있어서는 그들과 대체로 견해가 일치하는 일반 대중의 존경과 지지를 받았다. 반면에 사두개인들의 교리는 훨씬 더 세속으로 기울어 있었지만, 전반적으로 사도직을 장악하고 있었고, 유력한 정치 세력과 긴밀한 관계를 맺고 있었다.

'바리새인'은 '분리된 자'라는 뜻일 것이다.[39] 많은 역사가는 이 엄격한 유대교 분파의 기원을 다니엘과 그의 세 친구 같은 인물들로 대표되는, 바벨론 유수 때 살아남은 엄격한 정통파 유대인들로 본다(참소. 단 1:8-20). 유배 생활을 하던 이 유대인들은 스스로를 세상과 유리해 엄격하고 철저하게 전통을 지키면서 자기들의 문화, 종교, 언어, 정체성을 보존해야 했다.[40] 그러나 몇 세기를 거치면서 신앙과 관행의 순수성을 보존하기 위해 사용되던 방법이 율법적이고, 비판적이며, 위선적인 태도로 변질되었다. 뿐만 아니라 이 집단은 율법을 연구하는 과정에서 자기들이 발전시킨 전통적인 가르침과 관습을 모세의 율법만큼 권위 있는 것으로 믿게 되면서, 사실상 이 '구전 율법'이 구전 전통을 통해 모세에게서 랍비들에게 전승되었다고 주장하는 사람이 많아졌다.[41]

한편 사두개인들은 신학적 스펙트럼의 정반대쪽에 있었다. 그들은 모세가 쓴 다섯 권의 정경(모세오경)에 나오지 않는 구전되는 가르침이나 전통을 일체 거부했다. 이런 식으로 그들은 '정경 안에서 정경을' 찾는 성경비평의 초기 형태를 보이면서, 이러한 합리주의적 접근법에 기초해 유대교를 개혁하려고 했다. 그 밖에도 바리새인들은 많은 문제에 관해 하나님의 주권과 예정론을 믿었지만, 사두개인들은 인간의 자유 의지를 강력히 지지하며 예정론을 전면적으로 거부했다.[42] 사두개인들은 또 천사, 영혼, 사후의 삶을 부인하고 대신 언약, 특히 제사 제도를 충실히 준행함으로 현생에서 받는 축복을 강조했다. 그들은 어떤 면에서는 초자연적이고 운명론적인 것을 일체 믿지 않았던 18세기의 진보적 이신론자들과 비슷했다.[43]

것이다. 불은 금이나 은 같은 귀금속을 정제할 뿐 아니라 불순물을 태운다. 마가복음이 메시아를 예비하는 세례 요한의 사역과 관련해서 말라기의 이 구절을 가리킨 것은 당연한 일이다(막 1:2).[44] 요한은 주님 앞에서 길을 준비하기 위해 파송된 전령이었다.

요한은 메시아가 재판관으로 오셔서 구원받은 의인들과 구원받지 못한 악인들을 타작마당에서 키질하는 사람처럼 가려낼 거라고 설교했다(마 3:12). 이 이미지는 추수 때 키질을 해서 알곡과 껍질을 분리하는 일꾼을 나타낸다. 일꾼들이 곡식의 이삭을 공중에 던지면 무거운 알곡은 땅에 떨어지고 쭉정이는 바람에 날아갔다.

키질. 쭉정이와 알곡을 분리하기 위해 까부르는 작업.

—3:13-17—

나는 세례 요한이 한참 설교를 하다가 고개를 들어 세례를 받으려고 줄에 서 계신 구세주 예수님을 보고 무슨 감정을 느꼈을지 가늠이 안 된다(3:13). 예수님은 갈릴리의 나사렛에서 내려오셔서 유대의 요단 골짜기를 지나 물속에서 당신의 차례를 기다리며 서 계셨다. 복음서를 읽었거나 이 장면이 나오는 영화를 보았거나 요단강에서 예수님이 세례받으신 것에 대한 설교를 들은 사람들은 아마 이 순간의 경이로움에 무뎌졌을 것이다. 하지만 요한은 어땠을까? 그는 자기 눈을 의심했다.

생각해보라. 요한은 메시아와 함께 천국도 오고 있다고 설교하고 있었다. 심판이 가까웠다. 요한의 물세례는 오랫동안 기다리던 분, 의인과 악인을 나눌 정제하는 불을 가지고 오실 분의 길을 준비하기 위한 회개의 상징에 불과했다. 요한은 자기가 설파한 마지막 때에 메시아가 세례를 받으려고 줄을 서 계시리라고는 미처 예상하지 못했던 것 같다!

요한의 말과 행동에서 그가 얼마나 당황하고 어쩔 줄 몰라 했는지 알 수 있다. 재판관이며 왕이신 분, 하나님의 아들이며 다윗의 아들이신 분, 요한은 그분의 신발을 벗길 자격도 없는(3:11) 분이 어찌 요한으로 하여금 자기를 물에 담그게 하시는가? 요한의 세례는 회개한 죄인들의 헌신을 나타내는 행위였다. 마태는 요한이 "말[렸다]"(3:14)고 말한다. 나는 예수님이 물속에 발을 내디디실 때 요한이 손을 내밀었는지 아니면 그 일에 관여하지 않겠다는 뜻으로 뒤로 물러섰는지 알지 못한다. 다만 그의 말로 짐작했을 때 그가 겸손한 태도를 보였음을 알 수 있다. 다시 말해서, 세례 요한처럼 위대한 선지자도 오직 메시아만 주실 수 있는 성령의 세례가 필요했다. 그리고 위대한 신인(God–man)이신 예수님은 회개의 세례를 받으실 필요가 없었다!

여기서 예수님은 입을 여시고 마태복음에 기록된 그분의 첫 번째 말씀을 하셨다. "이제 허락하라 우리가 이와 같이 하여 모든 의를 이루는 것이 합당하니라"(3:15). 하늘에서 오신 하나님의 아들이 다른 사람들과 똑같이 세례를 받으심으로써 자신을 인류와 완전히 동일시하고 있었다. 예수님은 자신의 행위를 "모든 의"를 이루는 것이라고 말씀하심으로써 세례 의식에 더 심대한 의미를 더하셨다. 또한 예수님이 요한의 세례에 순종하셨다는 것은 그분이 그 의식을 승인하셨고, 그분의 제자들도 그 관행을 받아들여 예수님의 가르침에 응답한 사람들에게 계속 실행할 거라는 뜻이기도 했다(요 4:1–3).

더 나아가 예수님은 세례에 더 깊은 신학적 의미를 부여하시려고 친히 세례를 받으셨다. 그 단순한 정결과 성별의 의식으로 하늘은 삼위일체 하나님–성부, 성자, 성령–의 역사를 드러내셨다. 예수님이 세례를 받으시고 물에서 올라오시자 하늘이 열리고 하나님의 영이 비둘기가 나뭇가지에 내려앉듯이 그분에게 내려왔다(마 3:16). 동시에 하늘에서 음성이 들려왔다. "이는 내 사랑하는 아들이요 내 기뻐하는 자라"(3:17). 이 두 구절에 상응하는 다른 구절(막 1:10-11, 눅 3:22)에서는 예수님이 세례받으실 때 삼위일체의 세 위격이 모두 나온다. 성부는 하늘에서 말씀하셨고, 성령은 비둘기처럼 내려오셨으며, 성자는 아버지의 승인과 성령의 징표를 받으셨다.

마태는 이 구절에서 삼위일체의 교리를 펼치지 않는다. 그보다는 세례의 관행과 관련된 세 위격-성부, 성자, 성령-을 엿보게 해준다. 성경에는 이 교리에 대한 8개의 간명한 진술이 나온다.[45]

- 하나님은 한 분뿐이다(신 6:4).
- 성부는 하나님이시다(요 6:27).
- 성자는 하나님이시다(요 1:1).
- 성령은 하나님이시다(행 5:3-4).
- 성자는 성부가 아니시다(요 20:17).
- 성자는 성령이 아니시다(요 14:26).
- 성령은 성부가 아니시다(요 14:26).
- 하나님은 셋이 아니라 한 분이시다(고전 8:6).

하늘에서 들려온 아버지의 음성과 성령의 하강을 동반한 예수님의 세례는 세 위격을 명확히 구분한다. 그분들은 구원 계획에 함께 역사하시지만, 동일한 인격의 세 가지 다른 이름이 아니다. 성부, 성자, 성령의 삼위일체는 우리의 유한한 생각으로는 이해하기 어려울 수 있지만, 우리는 하나님의 계시의 말씀에 대한 믿음으로 그것을 믿는다. B. B. 워필드(B. B. Warfield)는 이 놀라운 삼위일체의 신비를 다음과 같이 멋지게 요약했는데, 표현도 간결해서 암기할 가치가 있다. "참 하나님은 한 분뿐이며, 단일체인 하나님은 본질은 같으나 실재(實在)는 다른, 동등한 세 위격으로 영원히 공존하신다."[46]

적용: 마태복음 3:1–17

강력한 선포에 대한 반응

세례 요한의 설교가 원하는 반응은 간단했다. **회개하라! 즉 당신과 하나님과의 관계에 대해 마음을 바꾸라!** 유대인을 구원해줄 종교적 유산에 의지해서 기계적인 삶을 살고 있는 자들에게 이것이 의미하는 바는 자기의 죄를 진심으로 깨닫고, 하나님의 자비를 신뢰하며, 의에 대해 더 깊고 더 높은 기준을 가지고 살라는 것이었다. 언약에 충실하지 못했던 사람들에게 이는 죄로 가득 찬 생활에서 돌이켜 하나님 나라의 우선순위를 중심에 두고 믿음과 순종으로 하나님을 섬기며 사는 삶을 의미한다. 불신이나 반항심을 품지 않았고, 원죄나 개인적 죄로 오염되지도 않았던 예수님에게 세례는 하나의 징표였다. 즉, 하나님을 섬기겠다는 전적인 헌신과 아버지와 성령과의 유대를 나타내는 것이었다.

지금 이 글을 읽는 우리도 각자 이 선포에 응답해야 한다. 오늘의 우리는 세례의 중요성을 더 잘 이해하겠지만, 기본적인 메시지는 여전히 같다. 세례는 하나님과 함께하는 삶 그리고 그분과 성도, 즉 '따로 구별된 자들'의 공동체와 친밀한 교제를 나누는 초대다.

그렇다면 지금 당신은 어느 쪽에 속해 있는가?

당신은 바리새인이나 사두개인처럼 부모나 조부모에게서 물려받은 종교적 전통은 이어가고 있지만, 성령의 능력으로 예수 그리스도를 통해 개인적으로 하나님과 진실한 관계는 맺지 못하고 있는가? 종교 활동을 하고, 종교적인 말을 하며, 종교적인 장소에 가지만, 이 모든 것을 뜻있게 만들어주는 관계는 결여되어 있는가? 하나님은 마음을 돌이켜 그리스도와의 진정한 관계 속으로 들어오라고 당신을 부르고 계신다. 당신은 당신의 종교가 피상적이고 헛되다는 것을 시인하고 그분께 진정한 관계를 요청하기만 하면 된다.

아니면 당신은 이미 믿음을 떠나버려 불신과 죄악을 씻어내야 하는 방황하는 유대인과 같은가? 당신은 지금 그렇게 할 수 있다! 하나님은 당신과 영원한 관계를 맺기 전에 당신이 저지른 모든 죄와 당신이 말한 모든 불경한 말을 스스로 깨끗이 씻어내라고 요구하지 않으신다. 하나님은 당신을 용서하시고, 그리스도의 피로 당신을 깨끗케 하시며, 그분의 성령으로 당신을 인치실 것이다. 그분이 믿음의 삶으로 그리고 그 믿음에 부합하는 의로운 삶으로 당신을 부르실 때는 성령의 내적 역사가 따라올 것이며, 그로 인해 당신은 이 새로운 삶을 살 준비가 될 것이다.

그것도 아니면 마지막으로 당신은 하나님의 풍성한 은혜와 용서를 경험했지만, 아직 그분이 인도하시는 곳으로 가겠다는 결단을 하지 못한 신자인가? 예수님은 나사렛에서 온 목수의 아들로 물속에 발을 내디디셨지만, 물에서 나오실 때는 하늘 아버지의 인정하심과 성령의 능력으로 자신의 사명을 행하실 준비가 되셨다. 당신은 삶의 방향을 바꾸어야 하는가? 당신은 교회, 선교지, 당신의 가정 또는 일터에서 섬기라는 그분의 부르심-오직 그분만을 섬기겠다는 개인적 헌신과 서약의 결단으로-에 아직 답하지 않았는가?

당신이 어떤 상황에 처해 있든 지금 앞으로 나아가라. 복음의 강력한 선포에 응답하라.

마귀의 시험을 물리치다(마태복음 4:1-11)

1그 때에 예수께서 성령에게 이끌리어 마귀에게 시험을 받으러 광야로 가사 2사십 일을 밤낮으로 금식
하신 후에 주리신지라 3시험하는 자가 예수께 나아와서 이르되 네가 만일 하나님의 아들이어든 명하여
이 돌들로 떡덩이가 되게 하라 4예수께서 대답하여 이르시되 기록되었으되 사람이 떡으로만 살 것이 아
니요 하나님의 입으로부터 나오는 모든 말씀으로 살 것이라 하였느니라 하시니
5이에 마귀가 예수를 거룩한 성으로 데려다가 성전 꼭대기에 세우고 6이르되 네가 만일 하나님의
아들이어든 뛰어내리라 기록되었으되

그가 너를 위하여 그의 사자들을 명하시리니
그들이 손으로 너를 받들어
발이 돌에 부딪치지 않게 하리로다
하였느니라

7예수께서 이르시되 또 기록되었으되 주 너의 하나님을 시험하지 말라 하였느니라 하시니
8마귀가 또 그를 데리고 지극히 높은 산으로 가서 천하 만국과 그 영광을 보여 9이르되 만일 내게
엎드려 경배하면 이 모든 것을 네게 주리라 10이에 예수께서 말씀하시되 사탄아 물러가라 기록되었으되
주 너의 하나님께 경배하고 다만 그를 섬기라 하였느니라 11이에 마귀는 예수를 떠나고 천사들이 나아
와서 수종드니라

메시아로서 예수님의 정체성은 세례를 받으실 때 확인되었다. 그때-특히 "이는 내 사랑하는 아들이요 내 기뻐하는 자라"(3:17)는 확인의 말을 들었을 때-가 예수님의 생애에서 감정적으로 가장 고무된 때였을 것이다. 그러나 잠시 후 보게 되듯이 세례 요한의 사역을 엿

들던 다른 존재도 나사렛 예수가 하나님의 아들이라는 놀라운 선포를 들었다. 그리고 그는 그 신학을 검증하고 싶었다!

그 장엄한 장면 바로 다음에 예수님은 홀로 광야에 계셨다. 마가복음은 이 일화를 아주 간략하게 기록했다. "성령이 곧 예수를 광야로 몰아내신지라 광야에서 사십 일을 계시면서 사탄에게 시험을 받으시며 들짐승과 함께 계시니 천사들이 수종들더라"(막 1:12-13). 마가는 예수님이 어떤 유혹을 당하셨는지 상세히 설명하지 않지만, 마태와 누가는 흥미진진한 서술로 그 공백을 메꾼다.

이때 예수님은 40일 동안 금식하셨기 때문에 당연히 무척 시장하셨다. 예수님이 홀로 육체적으로 고갈되어 있는 아주 취약한 상태이실 때 하나님 백성의 원수인 사탄이 그곳에 나타났다. 하나님의 아들 앞에 세 가지 강력한 유혹의 덫을 놓으려는 사악한 계획을 품고서 말이다. 마귀의 계획은 그의 영력으로 교묘하게 구슬려 예수님의 사역이 아예 시작되기도 전에 그분을 끌어내는 것이었다.

얼마나 위태위태했을지 생각해보라. 그리스도가 유혹에 굴복하셨다면 세상의 죄를 씻는 완전무결한 희생 제물로서의 자격이 박탈될 뿐 아니라 마귀가 자신을 승리자로 선포함으로써 인류와 세상에 대한 완전한 지배권을 당당히 주장하는 것을 그냥 둘 수밖에 없었을 것이다. 그러나 예수님은 시험을 잘 이겨내 모든 피조물의 통치자로서 자신의 정당한 지위를 지키시고, 또 우리가 시험당할 때 따를 수 있는 모본을 남겨주셨다.

—4:1-2—

믿음과 순종에 대한 시험은 그리스도인의 삶에서 성장의 과정이다. 히브리서 11장 17절은 이렇게 말한다. "아브라함은 시험을 받을 때에 믿음으로 이삭을 드렸으니." 우리는 아브라함이 몰랐던 것, 즉 하나님은 늘 이삭을 대체할 제물을 준비하고 계셨다는 것을 안다. 그러나 하나님은 자기를 섬기는 종은 이해가 안 될 때에도 순종할 수 있다는 것을 증명하기 위해 아브라함을 시험하셨다. 야고보서 1장 2-3절 말씀이다. "내 형제들아 너희가 여러 가지 시험을 당하거든 온전히 기쁘게 여기라 이는 너희 믿음의 시련이 인내를 만들어 내는 줄 너희가 앎이라." 하나님이 우리 삶에 허용하시는 시련은 우리의 파멸이 아니라 유익을 위한 것이다.

하나님이 우리의 믿음과 순종을 강하게 하시려고 시험하실 때 우리는 사랑하는 아버지의 손안에 있다는 것을 확신해도 된다. 시험은 우리만을 위해 특별히 설계되었고, 우리를 무너뜨리려는 것이 아니라 세우기 위해 특별히 준비되었다. 어떤 시험이든 하나님의 바람은 똑같다. 하나님은 우리가 통과하기를 원하신다. 하나님은 절대 우리가 실패하기를 내심 바라며 우리를 시험하지 않으신다. 그래서 시험은 우리를 완전히 무너뜨리거나 파괴하도록 설계되지 않는다. 하나님은 또 우리가 시험을 통과할 수 있도록 준비시키신다. 그러나 우리가 실패해도 그분은 우리를 일으켜 세워 먼지를 털어주신다. 그리고 실패를 통해 우리를 강하게 해주신다. 은혜의 하나님이신 그분은 늘 우리의 최선을 생각하신다.

마귀는 그렇지 않다. 마귀는 우리가 가는 길에 시련과 유혹의 덫을 놓는다. 그의 시험은 항상 우리를 실패로 몰고, 믿음을 약화시키며, 불순종으로 인도하고, 절망의 구렁텅이에 빠트리도록 고안된다. 그의 가장 큰 바람은 우리가 그의 유혹에 굴복하는 것이다. 우리가 그의 유혹을 물리치고 시험을 통과하면 그는 기회가 있을 때마다 우리가 가는 길목에 또 다른 시험을 던져놓을 준비가 되어 있다. 사탄은 우리를 혐오하며, 결단코 우리가 잘되

Barry Beitzel

유대 광야

기를 바라지 않는다.

이런 상황에서 예수님은 하나님의 영에게 이끌려 곧장 "마귀에게 시험을 받으러 광야로 가[셨다]"(마 4:1). 실제로 예수님은 황량한 곳에 홀로 계셨다. 유대 광야는 상상을 초월할 정도로 척박하다. 해가 지면 춥고 해가 뜨면 덥다. 먹고 마실 것도 거의 없다. 사람은 없고 야생 동물들만 있는 이 황량한 곳에서 예수님은 40일 밤낮을 금식하셨다(4:2). 설령 예수님이 아주 소량의 음식물을 섭취하셨다 해도 이곳에서 얻을 수 있는 것은 빈약한 식용 식물이나 하늘에서 거의 내리지 않았을 아주 소량의 물이 전부였을 것이다.

금식이 끝날 무렵 예수님은 거의 아사 상태에 이를 정도로 굶주리셨을 것이다.

많은 경우 이런 종류의 침묵, 고독 그리고 육신의 훈련은 하나님을 더 깊이 경험하게 할 수 있다. 그리스도인들은 금식할 때 일반적으로 기도와 명상에 중점을 둔다. 그러나 금식은 결국 육신을 쇠약하게 하고, 정신을 약화시키며, 의지를 허물 수 있다. 사탄이 찾아왔을 때 예수님의 상태가 그러셨을 것이다. 마귀는 40일의 금식이 끝나고 극도의 굶주림이 시작된 뒤에야 현장에 나타났다.

뼛속까지 사악하기는 해도 마귀는 바보가 아니다. 그는 희생자들을 솜씨 좋게 낚아서 죄로 끌고 갈 수 있는 가장 좋은 기회는 그들의 마음과 감정과 의지가 약해졌을 때라는 것을 안다. 우리가 홀로 약해져 있을 때는 사탄이 우리를 부추겨 악한 욕망을 정당화하도록 하기가 더 쉽다. 그리고 그는 멸망으로 가는 길이 영광으로 가는 길처럼 보이도록 유혹할 수 있다. 그의 유혹은 합리적일 뿐 아니라 지극히 선하고 옳은 것처럼 보이기도 한다.

—4:3–4—

마태는 사탄의 세 가지 유혹과 예수님의 반응을 전한다. 각각의 유혹은 다각도로 예수님을 계속 노리면서 영적 갑옷에서 허술한 부위를 찾으려고 했다. 첫 번째 유혹은 인간이신 그리스도의 육체적 욕구와 관련이 있었다. 사탄은 예수님이 하늘 아버지가 섭리 가운데 보살피시는 것을 불신하게 하려고 했다. 사탄이 예수님의 정체성에 도전한 것을 주목하라. "네가 만일 하나님의 아들이어든…"(4:3). 마귀는 어디에서 예수님이 "하나님의 아들"일 수도 있다는 생각을 얻었을까? 불과 41일 전 예수님이 요단강에서 요한에게 세례받으실 때 한 음성이 선포했다. "이는 내 사랑하는 아들이요 내 기뻐하는 자라"(3:17). 그렇다면 사탄이 요한에게 세례를 받으러 오는 유대인 무리 속에서 대망의 메시아가 나타나기를 매일 기다리고 있었던 것은 아닌지 의심스럽다. 그리고 하늘에서 들려온 선포를 듣고 이른바 이 "하나님의 아들"을 시험해보려고 생각하지 않았을까 싶다.

마귀가 예수님을 유혹하는 특성을 보면 그는 하나님의 아들에게 엄청난 잠재력이 있다고 생각했음을 알 수 있다. 나는 지금까지 살면서 아무리 배가 고파도 돌을 떡으로 바꾸려는 유혹을 받은 적은 없다. 그러나 마귀는 예수님이 하늘에서 들려온 음성이 말한 대로 정말 하나님의 아들이라면 그런 묘기쯤이야 식은 죽 먹기라는 것을 알고 있었다. 거기에다가 예수님이 굶주리신 것을 생각하면 하나님 아버지도 그 정도의 초자연적 능력을 드러내는 것을 허락하시지 않겠는가? 마귀의 유혹은 예수님의 최대 관심사를 염두에 둔 듯하다. "네가 만일 하나님의 아들이어든 명하여 이 돌들로 떡덩이가 되게 하라"(4:3). 사탄의 교묘한 제안은 성자로 하여금 하늘 아버지가 정말 자기를 사랑하시며 육신의 안녕에 관심이 있으신지 의심하게 하려는 것이었다. 성자는 자기의 신성한 권능을 사용해서 사는 데 필요한 기본적인 필요를 충족할 전적인 권리가 있지 않은가?

예수님은 즉시 신명기의 말씀으로 응수하셨다. "너를 낮추시며 너를 주리게 하시며 또 너도 알지 못하며 네 조상들도 알지 못하던 만나를 네게 먹이신 것은 사람이 떡으로만 사는 것이 아니요 여호와의 입에서 나오는 모든 말씀으로 사는 줄을 네가 알게 하려 하심이니라"(신 8:3, 참조. 마 4:4). 무죄하고 완전한 이스라엘의 구원자이신 예수님은 이스라엘 민족이 실패했던 광야에서 성공하셨다. 그분은 자기의 생존을 하나님께 의존하기를 절대 포기하지 않으셨다. 그분은 하나님이 그분의 때에 필요를 채워주실 것을 아셨다.

첫 번째 유혹을 이겨내신 예수님은 두 가지 시험을 더 받으셨다.

—4:5–7—

두 번째 유혹은 성부의 사랑과 능력을 시험했다. 여기서 사탄은 전혀 다른 전략을 썼다. 이번에는 예수님의 육체적 필요를 채우는 것이 아니라 군중을 끌어모아 순식간에 명성을 떨치고 하나님의 아들로서 당연히 받아야 할 관심과 경배를 받는 것이었다. 이를 위해 사탄

Barry Beitzel

예수님 시대에는 성전의 남서쪽 모퉁이에서 아래의 번화가들이 내려다보였다.

은 예수님을 예루살렘으로 데려가 성전에서 예배하는 군중 가운데 정체를 감추고 서 계시게 했다. 그런 다음 예수님을 성전 "꼭대기"로 올라가시게 했는데(4:5), 아마 거대한 성전산 단지를 받치고 있는 남서쪽 모퉁이의 우뚝 솟은 옹벽 위였을 것이다. 그 위의 돌출부에 서면 가장 번화한 도로와 남쪽과 서쪽의 성전 입구가 한눈에 내려다보였다.

그곳에서 사탄은 예수님을 부추겼다. "네가 만일 하나님의 아들이어든 뛰어내리라"(4:6). 예수님이 정말로 메시아라면 하나님은 아래서 지켜보는 군중 앞에서 그분이 다치지 않게 보호하실 것이 분명하다. 사탄은 유혹을 더 그럴듯하게 만들기 위해 예수님이 첫 번째 유혹을 물리칠 때 하셨던 것처럼 성경까지 인용했다. 사탄은 시편 91편 11절의 첫 두 줄 중 첫 줄("그가 너를 위하여 그의 천사들을 명령하사")과 시편 91편 12절("그들이 그들의 손으로 너를 붙들어 발이 돌에 부딪히지 아니하게 하리로다")을 인용했다. 마귀는 제멋대로 중요한 가운데 부분인 "네 모든 길에서 너를 지키게 하심이라"를 빠뜨렸다. 이렇듯 본문을 보면 하나님의 보호의 약속은, 사람들의 이목을 끌기 위해 의도적으로 자기 자신을 위험에 빠트리는 행위가 아닌, 정상적인 활동 과정에서 발생할 수 있는 사고에 적용된다는 사실을 알 수 있다.

만약 예수님이 그렇게 하셨다면 꽤나 장관이었겠지만, 그것은 하나님의 계획에 상반되고 성경이 의도한 보호의 약속에서 벗어난 일이었다. 그것은 하나님을 시험대에 올리는 것이었다. 그래서 예수님은 다시 하나님의 말씀으로 사탄에게 응답하셨다. “주 너의 하나님을 시험하지 말라”(마 4:7, 신 6:16을 인용함). 이 인용문은 모세가 이스라엘 민족에게 한 고별 연설에서 주 하나님의 인내와 섭리의 보살핌을 시험하는 그들의 습관에 대해 경고한 것이었다. 하지만 나는 예수님의 말씀이 일종의 중의적 표현이었을 수도 있다고 생각한다. 어쩌면 예수님은 신명기 6장 16절을 인용해 사탄을 강하게 질타하시면서 마귀가 예수님을 유혹하는 것은 곧 주 하나님을 시험하는 것임을 에둘러 말씀하신 것인지도 모른다.

—4:8-11—

세 번째 유혹에서 마귀는 자기에게 경배하면 엄청나지만 일시적인 상급을 주겠다고 예수님을 꼬드겼다. 그러나 그것은 어차피 언젠가 메시아의 소유가 될 것, 즉 세상 열국 위

예수님은 죄를 지으실 수 있었을까?(마태복음 4:1-11)

마태복음 4장에 나오는, 사탄이 예수님을 시험한 일화에서 우리는 한 가지 가상의 질문을 제기해볼 수 있다. 신학교 교수들은 종종 이 질문을 이용해 학생들이 교리적 신념에 대해 되짚어보게 한다. “예수님은 광야에서 죄를 지으실 수 있었을까?” 대부분 이런 두 가지 반응이 나온다. “네, 예수님은 온전한 인간이시므로 죄를 지으실 수 있었습니다. 만약 승리가 보장되어 있었다면 그 유혹은 진짜일 수 없습니다.” 또는 “아니요, 예수님은 온전한 하나님이시므로 죄를 지으실 수 없었습니다. 하나님은 죄를 지으실 수 없기 때문입니다.”

이 질문의 답은 그 사람이 얼마나 건전한 그리스도론-그리스도에 대한 교리-을 지니고 있는지 드러낸다. 성경은 예수님이 단순한 사람이 아니라 성자 하나님이시라고 가르친다. 반면에, 그분은 그냥 하나님이 아니라 완전한 인간이시기도 하다. 그분은 한 인격이시면서 완전한 하나님이자 완전한 인간이신 신인(God-man)이시다(요 1:1, 14, 빌 2:5-11). 따라서 기독교 교회는 예수님이 한 인격 안에 “두 개의 완전한 본성-인간이자 하나님-을 가지고 계시며, 그 두 본성의 합일은 혼동되거나, 변화되거나, 분열되거나, 분리되지 않는다”고 분명히 가르쳐왔다.[47]

그래서 예수님이 죄를 지으실 수 있었느냐는 물음은 신인(God-man)으로 성육하신 그분의 본질을 이해하면 해결된다. 예수님은 완전한 인간이셨기 때문에 사탄의 유혹을 받고 그 유혹의 위력을 고스란히 다 느끼실 수 있었다. 그러나 동시에 예수님은 완전한 하나님이셨기 때문에 죄를 지으실 수 없었고, 유혹을 이겨내실 수 있었다. 그렇다고 유혹의 현실성이 떨어지는 것은 아니다. 30센티미터 두께의 강철 벽을 온 힘을 다해 커다란 망치로 아무리 내려쳐도 강철 벽은 그 특성상 끄떡하지 않을 것이다. 마찬가지로 사탄도 신인(God-man)이신 분을 열심히 공격했지만, 그분의 본성상 유혹을 받으실 수는 있었어도 죄를 지으실 수는 없었다.

에 우뚝 설 영광스러운 자리로 가는 지름길에 불과했다. 이 시점부터 사탄은 더는 교묘하게 말을 돌리거나 꾀를 쓰거나 본심을 감추려고 하지 않았다. 사탄은 "내게 엎드려 경배하[라]!" 그러면 그 대가로 "천하 만국과 그 영광"을 주겠다고 했다(4:8–9).

그러나 사탄은 자기 능력으로 줄 수 없는 것을 제안하고 있었다. 우리는 하나님 한 분만이 만방을 다스릴 주권을 가지고 계시며, 어떤 지배자나 어떤 나라도 그분의 뜻을 벗어나 통치할 수 없음을 안다(시 103:19, 단 2:37). 그뿐만 아니라 언젠가 하나님은 세상의 악한 나라 대신 메시아가 통치하시는 그분의 나라를 세우실 것이다(단 2:44). 한편 세상 열국은 메시아의 나라가 임할 때까지 악한 자의 지배 아래 있게 될 것이다(요일 5:19). 그 유혹에 함축된 의미는 사탄이 예수님께 제시한 나라는 당대의 부패하고, 부정하며, 반항적인 속세의 제국이었고, 예수님은 이사야 53장에 예견된 고난과 죽음을 겪지 않고도 이 열국을 가지실 수 있다는 것이었다!

그러나 예수님은 바보가 아니시다. 예수님은 악마가 건넨 '최고의 제안'에 사탄이 누구를 상대하고 있는 것인지 분명히 밝히시며 날카롭게 응수하셨다. 예수님은 죽을 수밖에 없는 인간이 아니셨다. 그분은 가격만 맞으면 자기 영혼도 팔 수 있는 타락하고 부패한 인간이 아니셨다. 그분은 마귀가 타락할 때 그를 따랐던 천상의 무리와 같은 천사가 아니셨다. 그리고 그분은 그리스–로마 신화에 나오는 조종당하고, 속고, 범죄할 수 있는 '신들의 아들' 같은 존재가 아니셨다. 실로 예수님은 신인(God-man), 즉 온전한 인간이시며 온전한 하나님, 인성 때문에 유혹을 받으실 수는 있지만, 신성 때문에 항상 유혹을 이길 수 있는 능력을 가지신 분이다.

예수님은 "사탄아 물러가라"(마 4:10)고 명령하셨다. 예수님은 앞서 유혹에 응수하셨던 것처럼 다른 성경 구절을 풀어서 말씀하셨는데, 이번에는 신명기 6장 13절이었다. "주 너의 하나님께 경배하고 다만 그를 섬기라." 마태는 예수님이 세 번째로 성경의 진리를 제시하시자 "마귀는 예수를 떠[났다]"(마 4:11)고 말한다. 마귀가 달리 무엇을 할 수 있었겠는가? 하나님이자 인간이신 분은 시험을 통과하셨고, 메시아로서의 진정한 정체성과 성육하신 하나님으로서의 능력을 보여주셨다.

사탄이 떠난 뒤 하나님은 쇠약해진 예수님에게 쉼의 은총을 베푸셨다. 마태는 간단히 이렇게 말한다. "천사들이 나아와서 수종드니라"(4:11). 어떤 식으로 수종을 들었는지 모르지만, 천사들이 예수님께 음식과 음료를 가져와 심신과 영혼의 힘을 북돋워드리는 것을 상상할 수 있다. 예수님은 이 시험을 통과하심으로써 당신 앞에 놓인 과업을 너끈히 수행할 만한 상태가 아니셨음에도 스스로 메시아–세상의 구원자가 될 자격이 있는 신인(God-man)–로서 자격이 있음을 입증하셨다.

적용: 마태복음 4:1–11

마귀가 유혹의 덫을 놓을 때

우리의 믿음과 순종을 시험하는 사탄의 전략과 목표를 고찰할 때 몇 가지 명심해야 할 중요한 원칙– 사탄에 관한 것, 성경에 관한 것, 구세주에 관한 것, 죄에 관한 것–이 있다. 이러한 알림과 경고는 복잡하지 않다. 암기할 수 있을 만큼 간단하다. 나는 암기할 것을 권한다.

첫째, 사탄에 대해서는, 그가 패배한 적이라는 사실을 기억하라. 그러니 그가 유혹할 때 두려워하거나 겁먹지 말라. 성경은 이렇게 말한다. "너희 안에 계신 이가 세상에 있는 자보다 크심이라"(요일 4:4). 그리스도가 사탄을 물리치셨다. 그리고 당신 안에 거하시는 성령은 전능하신 하나님이다. 승산이 반반인 싸움에서 맞붙어 싸우는 막상막하의 적수가 아니다. 사탄의 운명은 확실하다. 역사의 체스판 위에서 말이 움직일 때마다 사탄과 그의 악귀들은 예비된 불못에 더 가까워진다(마 25:41, 계 20:10). 예수 그리스도의 제자인 당신은 자신의 힘이나 능력으로가 아니라 하나님의 영이 붙드셔서 승리의 편에 서 있다. 사탄은 패배한 적이기 때문에 당신은 승리할 수 있다.

둘째, 성경에 관해서는, 성경은 살아 있고 강력하다는 것을 기억하라. 그러니 주저하지 말고 말씀을 의지해 나아가라. 히브리서 4장 12절은 이렇게 말씀한다. "하나님의 말씀은 살아 있고 활력이 있어 좌우에 날선 어떤 검보다도 예리하여." 우리는 말씀에 의지해도 된다. 말씀을 읽고, 공부하고, 암송하라. 시련과 유혹이 닥칠 때 말씀을 사용하라. 책상 옆에 말씀을 붙여놓으라. 아침마다 볼 수 있게 거울에 붙이라. 하루 종일 말씀을 눈앞에 두라. 그렇다고 성경책을 악령을 물리치는 행운의 부적처럼 생각하는 미신적인 태도를 가지면 안 된다. 그런 것이 아니라 하나님의 말씀이 온종일 당신의 생각과 마음에 들어오게 해서 그 변치 않는 진리와 능력을 계속 상기하라. 유혹이 덤비면 성경을 휘두르라.

셋째, 구세주에 관해서는, 그분은 우리의 방패시고 우리를 지탱해주시는 분이다. 그러므로 자신의 힘을 의지하지 말라. 시편 18편 2절은 이렇게 말한다. "여호와는 나의 반석이시요 나의 요새시요 나를 건지시는 이시요 나의 하나님이시요 내가 그 안에 피할 나의 바위시요 나의 방패시요 나의 구원의 뿔이시요 나의 산성이시로다." 예수님은 어쩌다 시험을 통과해서 능력을 입증한 위인이 아니신 것을 잊지 말라. 그분은 자신의 신적 능력으로 우리를 대신해서 시험을 통과하셨고, 우리가 그분의 승리를 공유할 수 있도록 동일한 신적 능력을 우리에게 주시는 신인(God-man)이시다. 그분이 우리의 연약함을 나누어 지신 것처럼 우리도 그분의 승리를 나누어 누릴 수 있다. 우리가 유혹에 빠질 때마다 그분은 몇 번이고 우리를 해방해주실 것이다. 그분께 은혜와 자비와 능력을 베풀어주셔서 유혹을 이겨낼 수 있게 도와달라고 간청하라. 그분은 결코 당신을 저버리지 않으실 것이다. 그분은 당신의 방패시고 당신을 붙잡아주시는 분이다.

넷째, 죄에 관해서는, 당신이 유혹에 굴복할 필요가 없다는 사실을 기억하라. 그리고 유혹의 손짓을 거부하라. 성경은 말씀한다. "그런즉 너희는 하나님께 복종할지어다 마귀를 대적하라 그리하면 너희를 피하리라"(약 4:7). 당신은 하나님께 복종하기로 선택할 수 있다. 이 말은, 당신은 옆으로 물러나고 그분이 유혹과 죄와 맞서 영적 전쟁을 싸우시게 하라는 뜻이다. 그분의 이름을 부르고, 그분의 능력의 말씀을 인용하며, 그분의 승리를 주장하라. 불행하게도 타락하고 연약한 인간인 우리는 걸핏하면 이것을 잊어버리고 저항은커녕 도리어 죄에 빠진다. 그러다 보면 어느새 죄와 유혹에 점점 더 깊이 발을 들여놓게 된다. 그럴 때 용서받고 깨끗하게 되어 죄에서 빠져나올 수 있다는 사실을 기억하라. "만일 우리가 우리 죄를 자백하면 그는 미쁘시고 의로우사 우리 죄를 사하시며 우리를 모든 불의에서 깨끗하게 하실 것이요"(요일 1:9). 천국을 소망하고 죄의 속박에서 벗어날 때 결국 승리할 것을 알기에, 우리는 일으켜 세워지고, 정결케 되며, 굳게 세워져 죄와 계속 싸울 수 있다!

예수님의 사역은 어디서 어떻게 시작되었나?(마태복음 4:12–25)

[12]예수께서 요한이 잡혔음을 들으시고 갈릴리로 물러가셨다가 [13]나사렛을 떠나 스불론과 납달리 지경
해변에 있는 가버나움에 가서 사시니 [14]이는 선지자 이사야를 통하여 하신 말씀을 이루려 하심이라 일
렀으되

15스불론 땅과 납달리 땅과
요단 강 저편 해변 길과 이방의 갈릴리여
16흑암에 앉은 백성이 큰 빛을 보았고
사망의 땅과 그늘에 앉은 자들에게
빛이 비치었도다
하였느니라
17이 때부터 예수께서 비로소 전파하여 이르시되 회개하라 천국이 가까이 왔느니라 하시더라
18갈릴리 해변에 다니시다가 두 형제 곧 베드로라 하는 시몬과 그의 형제 안드레가 바다에 그물 던지
는 것을 보시니 그들은 어부라 19말씀하시되 나를 따라오라 내가 너희를 사람을 낚는 어부가 되게 하
리라 하시니 20그들이 곧 그물을 버려 두고 예수를 따르니라 21거기서 더 가시다가 다른 두 형제 곧 세
베대의 아들 야고보와 그의 형제 요한이 그의 아버지 세베대와 함께 배에서 그물 깁는 것을 보시고 부
르시니 22그들이 곧 배와 아버지를 버려 두고 예수를 따르니라
23예수께서 온 갈릴리에 두루 다니사 그들의 회당에서 가르치시며 천국 복음을 전파하시며 백성 중
의 모든 병과 모든 약한 것을 고치시니
24그의 소문이 온 수리아에 퍼진지라 사람들이 모든 앓는 자 곧 각종 병에 걸려서 고통 당하는 자,
귀신 들린 자, 간질하는 자, 중풍병자들을 데려오니 그들을 고치시더라 25갈릴리와 데가볼리와 예루살
렘과 유대와 요단 강 건너편에서 수많은 무리가 따르니라

예수님이 지상에서 보내신 첫 30년 동안 있었던 많은 일은 추측으로만 남아 있다. 예수님의 가정생활이 어떠셨는지는 알려진 바가 없다. 우리는 어머니 마리아나 요셉과 예수님과의 관계에 대해 자세히 모른다. 또 마리아와 요셉이 한 번도 부모의 말을 거역하지 않은 맏아들과 함께 다른 아이들을 어떻게 키웠는지 모른다. 예수님은 나사렛에 사는 다른 아이들과 어떻게 어울리셨을까? 다른 어른들과는? 예수님은 나사렛의 집을 떠나 사역을 시작하실 때가 되었다는 것을 어떻게 아셨을까? 예수님은 어머니와 형제들에게 앞으로 무슨 일이 일어날지 설명하셨을까?

예수님이 성숙한 성인으로 성장하시기까지 보내신 30년은 베일에 가려 있다. 그러나 우리는 하나님이 예수님에게 사역을 시작하라는 신호를 주셨을 때 그분이 어디로 가셨는지는 안다. 예수님은 요단강에서 세례를 받으시고, 이어 광야에서 마귀의 시험을 완벽하게 물리치시고 곧바로 여러 지역과 도시와 마을을 다니시며 메시지를 전하셨다. 그분은 예외 없이 놀라운 말과 행동으로 많은 군중을 끌어모으셨다. 많은 사람이 그분과 그분의 메시지

를 믿었다. 또 예수님 주위를 기웃대거나 구경하는 사람들도 있었다. 그런 이들은 무리 안에 남아 있고 싶어 하면서도 완전히 헌신할 마음은 없었다.

예수님은 메시지를 들은 사람 중에서 개인적으로 많은 시간을 함께할 소수의 사람을 선발하셨다. 그 부름은 헌신과 개인적 희생을 요구할 것이다. 이 선별된 그룹은 자기 직업을 버리고 제자로서 예수님이 명하시는 사역을 수행하기 위해 훈련받아야 할 것이다. 예수님은 그들이 청중, 신자, 추종자보다 더 깊은 어떤 존재가 되기를 요구하셨다. 예수님은 그들이 일편단심으로 자기들의 구세주를 섬기는 일에 혼신을 다하는 제자가 되기를 요구하셨다.

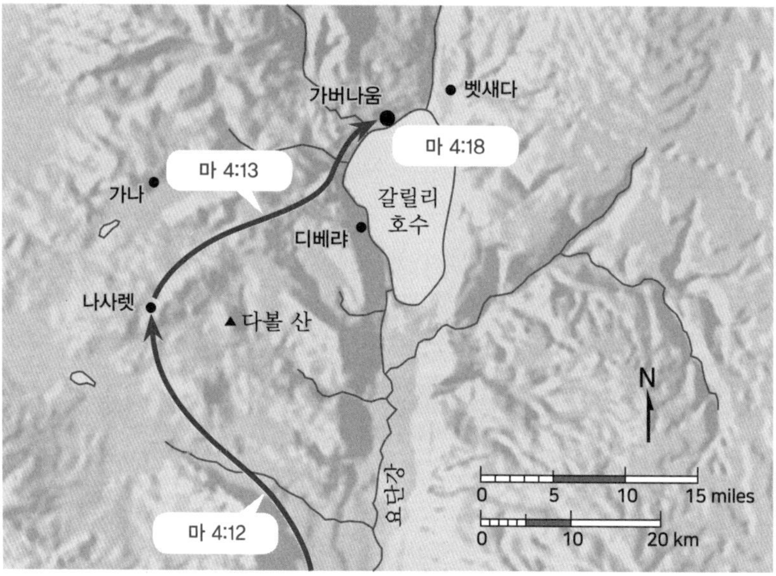

예수님은 여리고 근방의 요단강 골짜기를 떠나신 뒤 나사렛으로 잠시 돌아오셨다가 갈릴리 호수 주변에서 사역하시면서 가버나움에 거점을 마련하셨다. 예수님은 해안 지역을 다니시던 중 첫 제자들을 부르셨다.

—4:12-17—

예수님은 40일 동안 금식하시고 광야에서 시험당하신 직후 유대 사막에서 나와 세례 요한이 사역하고 있는 여리고 인근 요단강 주변 지역으로 다시 가셨다. 마태가 4장 11절에서

12절 사이에 건너뛴 이 시기의 사건은 요한복음 1장 19절부터 4장 3절에 자세히 기록되어 있다. 대략 1년 정도 되는 그 기간 동안 세례 요한은 계속 예수님을 가리켜 "세상 죄를 지고 가는 하나님의 어린 양"(요 1:30)이라고 했고, 또 "그는 흥하여야 하겠고 나는 쇠하여야 하리라"(요 3:30)고 말했다.

누가복음은 세례 요한의 설교가 갈릴리의 통치자 헤롯 안디바와의 사이에 문제를 일으켰다고 알려준다. "분봉 왕 헤롯은 그의 동생의 아내 헤로디아의 일과 또 자기가 행한 모든 악한 일로 말미암아 요한에게 책망을 받고 그 위에 한 가지 악을 더하여 요한을 옥에 가두니"(눅 3:19-20). 헤롯 안디바는 나바테아의 공주와 결혼한 지 20년이 되었는데 자기의 조카이면서 처제인 헤로디아와 사랑에 빠졌다. 헤로디아는 헤롯의 이복형제의 딸이자 또 다른 이복형제(헤로디아의 삼촌)의 부인이었다! 안디바는 나바테아인 부인이 낙심해서 친정으로 돌아가자 그녀의 부재를 틈타 헤로디아를 데려와 아내로 삼았다.[48] 이 파렴치한 불륜과 부도덕을 목격한 요한은 헤롯에게 반대하는 목소리를 높였고, 그러자 헤롯은 요한을 체포했다(마 4:12).

요한이 체포되자 예수님은 사역의 거점을 가버나움으로 옮기셨다. 예수님은 이미 갈릴리, 요단강 골짜기 그리고 예루살렘에서도 활동하셨지만(참조. 요 1-4장) 마태는 요한의 체포가 그분의 대중 사역을 공식적으로 시작하는 출발점이 되었다고 알려준다. 예수님은 갈릴리 호수 북쪽 연안의 번화한 대도시 가버나움에 자리를 잡으셨고, 이로써 이사야 9장 1-2절이 성취되었다(마 4:14-16). 이 예언은 "이방의 갈릴리"의 어둠 속에서 큰 빛이 비칠 것을 예견했다. 이 빛은 다름 아닌 예수님이셨다. 그분은 "다윗의 왕좌"에서 다스리실 "기

가버나움(마태복음 4:13)

예수님은 공생애를 시작하시려고 궁벽한 나사렛을 떠나 번화한 호반 도시 가버나움으로 가셨다. 가버나움은 어업이 번성한 통상의 요충지였고 현지의 농산물 집산지로, 남쪽의 이집트에서 시리아를 거쳐 북쪽의 메소포타미아까지 이어지는 국제 무역로 위에 있었다.[49]

가버나움은 작은 어촌이나 농촌이 아니었다. 그곳에는 고위 관료의 사저, 세무서, 심지어 지금도 기초가 남아 있는 큰 회당도 있었다.[50] 예수님이 가버나움을 사역의 전초 기지로 삼으신 것은 실용적이고 전략적인 조치였다. 이곳

에서 예수님은

- 베드로, 안드레, 야고보, 요한을 부르셨다.
- 세리 마태를 부르셨다.
- 회당에서 가르치셨다.
- 베드로의 장모를 고치셨다.
- 백부장의 종을 고치셨다.
- 지붕을 뚫고 내려온 중풍병자를 고치셨다.
- 죽은 야이로의 딸을 살리셨다.
- 12년간 혈루병을 앓던 여인을 고치셨다.
- 두 명의 시각 장애인과 말 못하게 하는 귀신 들린 자를 고치셨다.

예수님은 가버나움에서 자신의 능력과 신성을 분명히 보여주시는 수많은 기적을 행하셨지만, 회개하라는 그분의 부르심을 거부했던 탓에 그 지역의 다른 도시들과 함께 가버나움도 심판을 받았다(11:23). 가버나움이 1,500년 동안 폐허로 남아 있다는 사실에서 우리는 그 심판의 결과를 볼 수 있다. 예수님이 갈릴리에서 펼치신 사역의 중심지로, 한때 번화했던 이 도시가 지금은 인상적인 고고학적 유적지–한때 위풍당당했던 도시의 흔적을 엿보고 싶어 하는 관광객들만 찾는–로만 남아 있다.

©Barry Beitzel

4세기 건물인 이 가버나움 회당의 잔해는 검은 현무암으로 쌓은 1세기 회당의 기초 위에 놓여 있다. 이 1세기 회당에서 예수님이 가르치셨다.

묘자라, 모사라, 전능하신 하나님이라, 영존하시는 아버지라, 평강의 왕"(사 9:6-7)이시다.

이 시점부터 예수님은 세례 요한이 줄곧 외치던 메시지를 이어받아 직접 외치기 시작하셨다. "회개하라 천국이 가까이 왔느니라"(마 4:17, 3장 2절 해설 참조). 사람들은 그런 예수님의 설교를 난생처음 들었다. 그들은 이제까지 대개 회당에 앉아서 장로들이 이 성경말씀이 무슨 뜻인지 또는 그 랍비의 말이 무슨 뜻인지를 놓고 토론하고, 논쟁하고, 대화하면서 상대의 견해와 해석을 겨루는 단조로운 강론을 마냥 들어왔다. 그런데 예수님이 회당에 들어와 입을 여셨을 때 그분의 말씀에는 권능이 있었다. 그분의 설교는 "권위 있는 자와 같고 그들의 서기관들과 같지 [않았다]"(7:29). 예수님의 권위 있고 능력 있는 설교와 장로들의 사변적이고 지루한 토론의 차이는 어떤 목사의 지혜로운 말을 생각나게 한다. "설교란 가능성을 제시하는 게 아니라 확실한 것을 선포하는 것이다."[51]

—4:18-22—

여러 곳을 다니시며 하나님의 나라가 가까이 왔으니 회개하라고 설교하시던 예수님은 돌 많고 바람 많은 갈릴리 호수 유역을 걸어가시다가 영원한 동반자 몇 사람을 공식적으로 부르셨다. 예수님은 제일 먼저 시몬(베드로)과 안드레 형제를 찾아 그들의 그물을 호수에 던지셨다(4:18). 때때로 우리는 마태나 마가의 이야기를 읽으면서 이런 인상을 받는다. 생면부지의 예수님이 어느 날 그 어부들의 삶에 들어와 지석처럼 사람을 끄는 인품으로 그들의 마음을 사로잡으신다. 그러자 그들은 생업을 팽개치고 기적적으로 이 이상한 순회 선지자를 따르게 된다.

그러나 이들이 예수님을 만난 것은 여기가 처음이 아니었다. 얼마 전 세례 요한이 투옥되기 전까지 안드레와 요한(아마도)은 요단강 골짜기에서 온 메뚜기를 먹는 이 선지자를 따라다녔었다(요 1:35-40). 그 세례자가 예수님을 가리켜 "하나님의 어린 양"(요 1:36)이라고 하자 그들은 이 신비로운 인물의 뒤를 밟아 거처까지 따라갔다(요 1:39). 그 후 안드레는 자기 형제 시몬에게 예수님을 "메시아"로 소개했고, 이때 예수님은 시몬에게 베드로라는 별명을 붙여주셨다(요 1:41-42). 그리고 다음 날에는 빌립과 나다나엘이 요한, 안드레, 베드로와 함께 예수님을 따라 갈릴리로 갔다.

이 무렵 예수님과 그분의 추종자 몇 명이 나사렛에서 조금 떨어진 가나에서 열린 결혼식에 참석했다. 거기서 예수님은 물을 포도주로 바꾸셨고, "제자들이 그를 믿[었다]"(요 2:11). 거기에서 예수님은 제자들을 데리고 가버나움으로 가셨고(요 2:12), 이후 예루살렘에서 얼마간 시간을 보내셨다(요 2:13-3:21). 예수님과 몇 명의 제자는 세례 요한이 여전히 설교하면서 세례를 베풀고 있을 때 유대에서 세례를 주기 시작했다(요 3:22-36). 그러다가 그 지역 바리새인들의 관심을 너무 끌지 않으려고 다시 갈릴리로 물러났다(요 4:1-3).

이어 세례 요한이 체포되는 사건을 계기로 요한의 준비 사역은 예수님이 본격적으로 시작하신 공개적인 공적 선포와 완전히, 깨끗하게 단절되었다. 이런 상황에서 예수님은 전에 당신을 따랐던 네 사람을 찾아내 새로운 사명을 보여주신 것이었다. 이 일이 있기 전에 그들은 몇 달 동안 예수님을 따라다녔지만, 그날 그들이 갈릴리 호수에서 열심히 고기를 잡고 있었던 것으로 보아 그들이 예수님을 전적으로 따르는 일을 영원한 소명으로 생각하지 않았다는 것을 알 수 있다. 그런데 예수님의 말씀이 그들을 영원히 변화시켰다. "나를 따라오라 내가 너희를 사람을 낚는 어부가 되게 하리라"(마 4:19).

아마 안드레와 베드로는 언젠가 메시아가 그들을 부르실 날이 올 것을 예상했기 때문에 의논하거나 생각해볼 겨를도 없이 말 그대로, 하던 일을 내팽개치고 즉각 예수님을 따라갔을 것이다(4:20). 세 사람은 해안가를 따라 조금 더 내려가서 야고보와 요한과 그들의 아버지 세베대 그리고 일꾼들이 함께 있는 것을 보았다. 마태는 그들이 "배에서 그물 깁[고]"(4:21) 있었다고 말한다. 보통 어부들은 하루 동안 물속에 그물을 친 뒤 배를 기슭에 대고 그물을 씻고 널어서 말린 후 수선하곤 했다(참조. 눅 5:2). 이들이 아직 배에서 그물을 고치고 있었다는 것은 그물이 찢어질 정도로 고기를 많이 잡았다는 뜻이다. 그래서 그들은 최대한 빨리 다시 그물을 치기 위해 배 위에서 재빨리 그물을 수선하고 있었을 것이다. 그렇다면 사업이 번창하고 있었다고 보아도 무방하다!

그러나 정신없이 그물을 수선하고 있던 야고보와 요한은 즉각 "배와 아버지를 버려 두고 예수를 따[랐다]"(마 4:22). 그렇다고 야고보와 요한을 제일 도움이 필요할 때 아버지를 버리고 떠난 불효자로 생각하면 안 된다. 또 열정적인 두 아들이 떠돌이 랍비를 따라 나섰을 때 찢어진 그물을 손에 들고 홀로 배에 앉아 있는 세베대의 모습을 상상하면 안 된다. 마가의 복음서는 세베대가 "품꾼들과 함께 배에"(막 1:20) 있었다고 분명히 밝힌다.

묵상의 서재

나를 부르신 하나님(마태복음 4:18–22)

안드레, 베드로, 야고보, 요한이 부름받은 이야기를 읽다 보면 내가 전임 사역자로 사명을 받았던 때가 생각난다. 해병대에 입대해 고향과 가족에게서 13만 킬로미터 떨어져 있었던 나는 밥 뉴커크(Bob Newkirk)라는 네비게이토 사역자 밑에서 사역을 도우면서 그분의 지도로 처음으로 기독교 사역을 제대로 경험했다.

밥은 복음을 전하는 동안 내가 찬양을 인도할 수 있도록 나를 평평한 트럭 뒤에 태웠다. 다음 집회 때 그는 나에게 설교를 시키고 자기가 찬양을 했다. 돌이켜보면 밥의 설교가 더 좋았다는 걸 인정하지 않을 수 없다. 단연코 밥이 더 훌륭한 설교자였다. 하지만 그는 교사이자 멘토였고, 내가 배우려면 어떤 경험이 필요한지 알았다. 집회가 끝난 뒤 내가 설교하는 걸 좋아한다고 생각했던 것이 기억난다. 나는 밥에게 내 소망을 말했고, 밥은 이렇게 말했다. "척, 자네는 설교자로 부름받을지도 모르겠군."

나는 처음에 전임 사역자로 부름받았다는 생각에 저항했다. '가끔 하는 단기 사역? 그건 좋지. 하지만 평생을 설교자로 사는 건? 척, 주제 파악을 해.' 그러나 시간이 흐르면서 성령님은 다른 사람들의 경험과 격려 그리고 내면의 인도와 확신을 통해 나에게 역사하셨다. 마침내 나는 하나님이 나를 설교자로 부르신다는 것을 알게 되었다.

나는 아내에게 이런 편지를 썼다. "당신은 믿지 않겠지만, 나는 해병대에서 제대하면 설교자가 되기 위한 교육을 받기 위해 달라스 신학교에 갈 방법을 찾고 싶어." 놀랍게도, 아내는 단 한 번도 "절대 안 돼!"라거나 "봉급이 얼마야?"라서나 "수당이 있어?", "어디로 갈 건데?", "퇴직 연금은 얼마나 줘?" 같은 질문을 하지 않았다. 단 한 번도. 그 대신 아내는 이렇게 말했다. "그러자!"

그래서 해병대를 제대한 뒤 우리는 짐을 꾸려 통장에 있는 75달러를 가지고 달라스 신학교의 교내 아파트 9호로 이사했다. 물론 5성급 호텔같지는 않았다. 학생들은 그 아파트에서는 언제 찬물과 뜨거운 물 세례를 받을지 알 수 없고, 안장을 얹을 수 있을 만큼 거대한 바퀴벌레가 나온다는 농담을 하곤 했다! 학교 측이 아파트를 부수고 그 자리에 새 도서관을 지었을 때도 아무도 아쉬워하지 않았다. 하지만 그곳에서 우리는 사역자의 삶을 준비하면서 4년을 살았다. 우리는 한 번도 집이 너무 작다고 불평하지 않았다. 왜냐하면 나는 부르심을 받았기 때문이다. 베드로, 안드레, 야고보, 요한처럼 나는 그런 일을 할 자격이 없었다. 그러나 하나님은 나에 대해 내가 상상도 하지 못했던 계획을 가지고 계셨다.

세베대의 두 아들이 친아버지를 궁지에 빠트리지는 않았을지 몰라도 수익성이 꽤 좋아 상당한 이익을 배당받았을 가족 사업을 버린 것은 맞다. 예수님은 봉급도, 수당도, 연금도 주지 않으셨다. 랍비 대학 같은 곳에 다닌 적도 없는 30대의 젊은 랍비를 따르는 것은 경력에 보탬이 되지도 않았다. 이 네 사람-안드레, 베드로, 야고보, 요한-은 사역 수련생으로 고용된 것이 아니라 그리스도를 섬기는 삶으로 부름받았다. 그리고 그들은 그 부르심에 즉각 응했다.

—4:23-25—

마태복음 4장 23절은 예수님의 사역을 개괄하는 요약문 역할을 한다. 사복음서에서 우리는 예수님이 공적으로 사역하신 세 가지 영역-가르침, 설교, 치유-각각에 대한 구체적인 예를 본다. 예수님은 회당에서 가르치시고 복음을 선포하셨다. 마태가 가르침과 설교를 구별하는 것에 유의하라. 가르침은 주로 정보를 전달하면서 듣는 사람의 생각에 초점을 맞춘다. 가르침은 하나님의 말씀에서 나온 사실, 깨달음, 진리를 제공한다. 설교 또는 선포는 하나님 말씀의 진리를 취해 의지와 결단과 반응에 초점을 맞춘다. 예수님은 둘 다 하셨다.

예수님은 갈릴리를 기반으로 사역을 펼치셨지만, 그분의 명성은 주변 지역으로 퍼졌다.

예수님은 가르침과 설교로 복음의 핵심을 전달하실 수 있었는데 왜 아프고 병든 자들을 치유하셨을까? 첫째, 예수님이 행하신 기적은 그분의 가르침과 설교에 신적 권위가 있음을 입증했다. 그분의 메시지를 거부하는 것은 곧 하나님을 거절하는 것이었다. 둘째, 기적은 하나님이 긍휼이 많은 분임을 보여주었다. 하나님은 영적 필요뿐 아니라 육체적 필요도 돌보신다. 셋째, 기적은 예수님이 예언된 메시아이심을 증명한다. 그리고 그 메시아의 사명에는 아픔, 병, 고통, 죽음을 물리친 나라의 도래를 알리는 것도 포함되어 있었다. 마지막으로, 아픔, 질병, 마귀의 세력을 주관하시는 분이 죄를 뉘우치고 그분을 메시아로 받아들인 사람들에게 하나님의 나라를 제시하면 그들이 진지하게 받아들일 수 있었을 것이다. 따라서 예수님의 기적은 이스라엘 민족에게 제시하신 그분의 나라가 명실공히 진짜임을 입증했다.

그리스도의 가르침과 설교, 치유 사역으로 인해 큰 무리가 수리아, 갈릴리, 데가볼리, 예루살렘, 유대 그리고 요단강 동쪽 지역에서 그분을 보려고 왔다(4:24-25). 분명 많은 사람이 그분의 가르침에 매료되고 그분의 설교로 죄를 깨달았다. 몸이 병들고 영이 억눌려 신음하고 있던 수많은 사람이 삶을 변화시키는 구원을 경험하고 평생 그분의 제자가 되었다. 그러나 확신하건대 군중 가운데는 헌신할 마음은 없으면서 순전히 궁금해서 온 사람들도 많았다. 그들은 감명은 받았지만 확신은 없었다.

하지만 예수님이 요한에게 세례를 받으시고 요단강에서 걸어 나오신 이후로 상황이 얼마나 달라졌는가! 무명인에서 유명인으로…작은 마을 나사렛 사람에서 지역 명사로! 마태복음 4장 말미로 가면 예수님의 사역이 이미 시작되었고, 그분에게도 세상에도 모든 것이 결코 예전과 같지 않으리라는 것이 분명해진다.

적용: 마태복음 4:12-25

부르심에 응답하기

제자로 당신을 따르라는 예수님의 부르심은 그분의 공생애가 시작된 첫 몇 주 동안에만 있었던 것이 아니다. 예수님은 지금도 여전히 당신을 믿고 따르라고 사람들을 부르신다. 어떤 사람들은 지역 교회에서 더 깊이 봉사하라는 부름을 받는다. 또 다른 이들은 자기 교회 울타리를 벗어나 전임 사역을 하라는 부름을 받는다.

이 글을 읽는 사람은 모두 제자로 부름받았다. 그 부르심에 응답하는 첫 단계는 그리스도를 그리고 그리스도만을 당신의 구세주로 믿는 것이다. 구원은 오직 그리스도의 인격과 사역을 믿음으로써 오직 은혜로 온다. 구원으로 인도하시는 그 첫 부르심에 응하지 않으면 그리스도를 위해 자기를 희생하는 섬김으로의 더 깊은 부르심은 있을 수 없다.

구원으로의 부르심 외에 제자로의 부르심은 당신의 삶을 향한 그리스도의 뜻에 순종하고, 그분이 이끄시는 곳이면 어디라도 기꺼이 그분을 따라갈 것을 요구한다. 때로 그것은 그냥 당신 앞에 펼쳐진 기회 속으로 발을 내딛는 것–망설이는 군중에게서 벗어나, 관중에서 팀원으로, 청중에서 참여자로 바뀌는 것–일 수도 있다. 때로는 "그물을 내려놓고" 이전의 당신의 삶과 생업에서 완전히 벗어나는 것까지 포함할 수도 있다.

나는 엔지니어로서 높은 직책을 버리고 전임 사역자로 사역을 시작해 주변의 많은 사람을 놀라게 한 사람을 안다. 그가 사역자가 되면서 급여는 이전의 4분의 1로 줄었다. 하지만 부르심을 받으면 돈은 중요하지 않다. 하나님이 공급하신다. 당신이 그분의 부르심에 응답하면 사람들이 무슨 생각을 하든, 무슨 말을 하든 상관없다. 중요한 것은 하나님이 복음을 선포하는 사역에서 당신에게 부여하신 역할을 충실히 수행하는 것이다.

하나님이 우리를 부르실 때 "저는 훈련이 안 돼 있습니다"라거나 "저는 이미 하는 일이 있습니다"라거나 "가족이 있습니다"라고 말하면 안 된다. 예수님의 제자들도 마찬가지였다. 하나님이 부르실 때 우리는 응답해야 한다. 그분이 우리 가족을 부양하실 것이다. 그분은 우리가 부름받은 임무를 수행하는 데 필요한 경험과 훈련을 반드시 제공하신다. 그리고 그분이 맡기신 일을 수행하는 데 필요한 은혜를 우리에게 주신다.

주

1. Walter Bauer 외, *A Greek-English Lexicon of the New Testament and Other Early Christian Literature* 개정판, Frederick William Danker 편집(Chicago: University of Chicago Press, 2000), 543.
2. N. T. Wright, *Matthew for Everyone, Part 1: Chapters 1-15*(Louisville: Westminster John Knox Press, 2004), 2. (『모든 사람을 위한 마태복음 1』 IVP 역간)
3. France, *Matthew*, 74 참조.
4. Myron S. Augsburger, *The Communicator's Commentary*, 제1권, *Matthew*, Lloyd J. Ogilvie 편집(Waco, TX: Word, 1982), 26.
5. Stanley D. Toussaint, *Behold the King: A Study of Matthew*(Grand Rapids: Kregel, 1980), 40. Lange의 *Matthew-Luke*, 48-49에서 몇 가지 가능한 설명을 볼 수 있다.
6. Toussaint, *Behold the King*, 40.
7. Bauer외, *Greek-English Lexicon*, 191-92.
8. Alexander Balmain Bruce, "The Synoptic Gospels", 출전: *The Expositor's Greek Testament*, W. Robertson Nicoll 편집(Grand Rapids: Eerdmans, 1951), 1:65 참조.
9. Toussaint, *Behold the King*, 41.

10. 2세기와 3세기까지도 교부들은 이 문제를 계속 연구했다. 오리겐(Origen)의 *Against Celsus* 1.32-35에서 알렉산드리아의 오리겐은 기독교를 맹렬히 비난하는 켈수스(Celsus)라는 사람이 날조한 추문을 해명한다. 켈수스는 예수님이 마리아와 판데라(Panthera)라는 로마 군인과의 혼외정사로 태어났다고 주장했다.
11. Douglas Sean O'Donnell, *Matthew: All Authority in Heaven and on Earth*, Preaching the Word, R. Kent Hughes 편집(Wheaton: Crossway, 2013), 40-41 참조.
12. "Marriage, Marriage Customs", 출전: *Baker Encyclopedia of the Bible*, Walter A. Elwell 편집(Grand Rapids, MI:Baker,1988), 1408-9.
13. Bauer 외, *Greek-English Lexicon*, 336.
14. Gerard Van Groningen, *Messianic Revelation in the Old Testament*(Grand Rapids: Baker,1990), 1:536.
15. Toussaint, *Behold the King*, 45-46.
16. Bauer 외, *Greek-English Lexicon*, 608-9.
17. Lange, *Matthew-Luke*, 56 참조.
18. William Hendriksen, *New Testament Commentary: Expositioin of the Gospel According to Matthew*(Grand Rapids: Baker, 1973), 150-51. (『헨드릭슨 성경주석: 마태복음』(아가페 출판사 역간), 150-51.
19. Josephus, *The Jewish War* i. 6. 2[123]; cf. *Antiquities of the Jews* xiv. 1.3[9]. 『유대 전쟁사』(생명의말씀사 역간).
20. F. F. Bruce, *New Testament History*(New York: Doubleday, 1969), 13-14.
21. Macrobius, *The Saturnalia*, Percival Vaughan Davies 번역(New York: Columbia University Press, 1969), 171.
22. F. F. Bruce, *New Testament History*, 20-21.
23. John MacArthur, *Matthew* 1-7, The MacArthur New Testament Commentary(Chicago: Moody, 1985), 26.
24. Bauer 외, *Greek-English Lexicon*, 882.
25. Lange, *Matthew-Luke*, 59.
26. Green, *The Message of Matthew*, 71.
27. Matt. 1:22; 2:15, 17, 23; 4:14; 8:17; 12:17; 13:14, 35; 21:4; 27:9.
28. Bauer 외, *Greek-English Lexicon*, 827-29.
29. F. F. Bruce, *New Testament History*, 24.
30. 같은 책, 27.
31. France, *Matthew*, 89.
32. Bauer 외, *Greek-English Lexicon*, 640.
33. Louis A. Barbieri, Jr., "Matthew", 출전: *The Bible Knowledge Commentary: New Testament Edition*, John F. Walvoord and Roy B. Zuck 편집(Wheaton: Victor, 1983), 24.
34. France, *Matthew*, 91.
35. '입교자 세례'를 묘사한 랍비들의 자료가 훗날 그리스도 이후에 발전된 것인지, 예수님 시대와 교회

설립 시기에 행해지고 있던 관행을 반영한 것인지에 대해서는 역사가들 사이에 약간의 논쟁이 있다. 이 문제에 대한 논의는 Everett Ferguson, *Baptism in the Early Church: History, Theology, and Liturgy in the First Five Centuries*(Grand Rapids: Eerdmans, 2009), 76–82를 보라.

36. Clarence B. Bass, "Baptism", 출전: *The New International Dictionary of the Bible*, J. D. Douglas and Merrill C. Tenney 편집(Grand Rapids: Zondervan, 1987), 123.

37. Augsburger, *Matthew*, 42.

38. A. T. Robertson, *Word Pictures in the New Testament*, 제1권, *The Gospel according to Matthew; The Gospel according to Mark*(Nashville: Broadman, 1930), 26.

39. Bauer 외, *Greek-English Lexicon*, 1049.

40. F. F. Bruce, *New Testament History*, 72.

41. 같은 책, 73.

42. 요세푸스, *Antiquities* 13.5.9.

43. Merrill C. Tenney, *New Testament Times*(Grand Rapids: Eerdmans, 1965), 94–95 참조.

44. 마가는 말라기에 쓰인 이 인용구가 이사야의 예언 중 일부임을 알고 있다. 마가가 성경을 잘못 인용하고 있다고 추정하기보다는 말라기의 이 구절을 바로 뒤에 나오는 이사야의 예언에 대한 일종의 서문으로 보는 것이 합당하다.

45. J. Scott Horrell, Nathan D. Holsteen, and Michael J. Svigel, "God in Three Persons: Father, Son and Holy Spirit", 출전: *Exploring Christian Theology*, 제1권, *Revelation, Scripture, and the Triune God*, Nathan D. Holsteen and Michael J. Svigel 편집(Minneapolis, MN: Bethany House, 2014), 130–31에 이 목록이 나온다.

46. Benjamin B. Warfield, "Trinity", 출전: *The International Standard Bible Encyclopedia*, James Orr 편집(Grand Rapids: Eerdmans, 1930), 5:3012.

47. Horrell, Holsteen, and Svigel, "God in Three Persons", 176, 칼케돈 공의회(ad 451)의 고전어를 인용함.

48. F. F. Bruce, *New Testament History*, 28 참조.

49. LaMoine F. DeVries, *Cities of the Biblical World: An Introduction to the Archaeology, Geography, and History of Biblical Sites*(Peabody, MA: Hendrickson, 1997), 269.

50. Steven Barabas, "Capernaum", 출전: *New International Dictionary of the Bible*, 192.

51. MacArthur, *Matthew* 1–7, 108.

왕의 선포와 영접

마태복음 5:1-15:39

여러 면에서 마태복음의 첫 네 장은 프롤로그, 서문 그리고 이 책의 나머지 부분을 위한 준비로 볼 수 있다. 그렇다고 이 부분이 중요하지 않다는 말이 아니다. 이 네 장은 예수님의 계보로 중요한 기초를 쌓고, 그분이 메시아로서 적합한 자격의 소유자임을 보여준다(1:1-17). 또한 예수님이 탄생하시고 유년기를 지나시면서 구약 성경의 희망과 기대와 갈망을 성취하셨음을 입증하는 토대를 구축한다(1:18-2:23). 그리고 사역을 위해 성별되시고(3:1-17), 사역을 위해 시험받으시며(4:1-11), 공적 사역을 시작하시는 것(4:12-25)으로 끝난다.

마태는 이 튼튼한 기초 위에 예수님이 바로 이스라엘이 오랫동안 기다려온 메시아 왕이라는 주장을 계속 쌓는다. 내가 '왕의 선포와 영접'(5:1-15:39)이라고 제목을 붙인 이 두 번째 단락에서 우리는 가르치고, 설교하며, 기적을 행하시고, 당신을 주님으로 믿도록 청중을 부르시는 예수님을 따라갈 것이다. 우리는 예수님이 당신을 따르는 이들을 다른 종교에서는 들어보지 못한 깊은 차원의 공의로 부르시는 유명한 산상수훈을 들을 것이다(5:1-7:29). 아무도 본 적이 없는 놀라운 기적을 목도할 것이다(8:1-9:38). "권위 있는 자"(10:1-12:50, 참조. 7:29)가 가르치는 신학적, 실용적 진리에 매료될 것이다. 논란과 반대가 커지면서 예수님이 한 가지 사역-기적의 징표로 자기의 가르침을 확증하시면서 하나님의 나라에 대해 가르치시고 설교하시는 것-에만 계속 집중하시는 것을 보게 될 것이다(13:1-15:39).

제자의 수가 늘어날수록 주 예수님을 비난하는 사람도 늘어날 것이다. 그분이 설교하면 그들은 이를 간다. 그분이 병자를 고치시면 그들은 계략을 꾸민다. 그분이 공개적으로 자신이 메시아이심을 나타내시면 그들은 은밀히 그분의 죽음을 모의할 것이다. 이러한 복음의 적들은 대부분 어둠 속에서 활동할 것이다. 한편, 우리는 밝은 빛 가운데서 그분을 그들의 왕, 이스라엘이 고대하던 메시아로 기쁘게 받아들이면서 구세주께 몰려오는 남자와 여자와 아이들을 보게 될 것이다.

핵심 용어

δικαιοσύνη[*dikaiosynē*, 디카이오쉬네](1343) '의', '정의', '공평'

*Dikaiosynē*라는 용어는 신약에서 여러 가지 뉘앙스로 쓰였다. 어근의 뜻은 '강직함' 또는 '정직'이다. 마태복음에서 "의"라는 용어는 한 사람의 태도와 행동에 반영된 올곧은 성향이나 도덕적 강직함이 가시적으로 발현되는 것을 강조하는 데 쓰였다(5:6, 10, 6:1). 마태복음 전반에 걸쳐 바리새인들의 피상적이고 인간적으로 불가능한 의는 하나님의 의와 대비되며(6:33), 우리는 그 하나님의 의에 "주리고 목[말라야]" 한다(5:6). 사도 바울은 이 용어를 더 법률적인 의미-의롭다 함을 받음으로 하나님 앞에 당당히 서는 것(롬 1:17, 3:22, 참조. 롬 5:1-21)-로 사용했다. 그런 의는 "믿음으로 하나님께로부터 난[다]"(빌 3:8-11).

ἐξουσία[*exousia*, 엑수시아](1849) '권위', '주권', '관할권', '통제'

예수님의 가르침을 들은 사람들은 그 가르침이 "권위 있는 자와 같고 그들의 서기관들과 같지 아니함"(7:29)에 경탄했다. *Exousia*를 가진 사람은 자기 재량에 따라 행동하는 데 제한이 없다. 이 권위는 거의 항상 자기 뜻을 집행할 수 있는 권력, 즉 상급 기관에서 위임받거나 자신의 권리로 소유하고 있는 권력을 의미한다. 마태복음에서 예수님은 기존의 종교적, 정치적 권위에 도전하시면서, 자신이 삶의 모든 영역을 주장하실 뿐 아니라(참조. 9:6) 다른 이들에게 위임할 수도 있는 권위(10:1)를 가지고 계시다고 말과 행동으로 주장하셨기 때문에 '누구에게 권위가 있는가?'라는 질문은 중요하다.

μακάριος[*makarios*, 마카리오스](3107) '축복받은', '행복한', '특권을 가진'

시편의 헬라어 번역본의 첫 단어가 *makarios*다. "복 있는(*makarios*) 사람은 악인들의 꾀를 따르지 아니하며"(시 1:1). 모든 시가서가 축복에 관한 주제를 다루는데, 신실한 삶이 주는 긍정적 혜택을 나타내는 이 단어는 시편만 해도 25번 나온다. 헬라어 원뜻은 "세상의 고통과 수고 너머에 있는 신들의 행복한 땅"이었는데, 나중에는 사람이 경험한 긍정적인 상태를 의미하게 되었다.[1] *Makarios*의 라틴어 번역 *beatus*에서 'Beatitudes'라는 단어가 파생했고, 예수님이 산상수훈에서 이 형용사를 반복해서 사용하셨다(마 5:1-12). 여기서는 세상의 재물에 의지하지 않고, 일시적인 고난 앞에서 흔들리지 않는 초월적 행복을 나타낸다. '복있는' 사람은 진정한 기쁨을 지니고 있다.

παραβολή[*parabolē*, 파라볼레](3850) '비유', '상징', '예시 비교'

*Parabolē*라는 단어의 기본 의미는 '나란히 놓다'이며, 두 가지 개념, 이야기, 아이디어를 나란히 놓고 비교한다는 의미가 포함되어 있다.[2] 비유로 가르칠 때는 대부분 청중에게 친숙한 일상생활의 이미지와 시나리오를 사용하며, 그 취지는 영적 또는 도덕적 진리를 큰 그림으로 설명하기 위한 것이다. 따라서 부수적인 세부 사항은 이야기를 흥미진진하게 만들려는 의도이지 숨겨진 세밀한 진리를 전달하려는 것이 아니다. 예수님은 추종자들에게는 진리를 밝히시고 영적으로 눈먼 자들에게는 그것을 감추기 위해 비유를 사용하셨다(13:10-17).

영원히 번지는 기쁨의 요소(마태복음 5:1–16)

1예수께서 무리를 보시고 산에 올라가 앉으시니 제자들이 나아온지라 2입을 열어 가르쳐 이르시되
3심령이 가난한 자는 복이 있나니 천국이 그들의 것임이요
4애통하는 자는 복이 있나니 그들이 위로를 받을 것임이요
5온유한 자는 복이 있나니 그들이 땅을 기업으로 받을 것임이요
6의에 주리고 목마른 자는 복이 있나니 그들이 배부를 것임이요
7긍휼히 여기는 자는 복이 있나니 그들이 긍휼히 여김을 받을 것임이요
8마음이 청결한 자는 복이 있나니 그들이 하나님을 볼 것임이요
9화평하게 하는 자는 복이 있나니 그들이 하나님의 아들이라 일컬음을 받을 것임이요
10의를 위하여 박해를 받은 자는 복이 있나니 천국이 그들의 것임이라
11나로 말미암아 너희를 욕하고 박해하고 거짓으로 너희를 거슬러 모든 악한 말을 할 때에는 너희에
게 복이 있나니 12기뻐하고 즐거워하라 하늘에서 너희의 상이 큼이라 너희 전에 있던 선지자들도 이같
이 박해하였느니라
13너희는 세상의 소금이니 소금이 만일 그 맛을 잃으면 무엇으로 짜게 하리요 후에는 아무 쓸 데 없
어 다만 밖에 버려져 사람에게 밟힐 뿐이니라
14너희는 세상의 빛이라 산 위에 있는 동네가 숨겨지지 못할 것이요 15사람이 등불을 켜서 말 아래에
두지 아니하고 등경 위에 두나니 이러므로 집 안 모든 사람에게 비치느니라 16이같이 너희 빛이 사람 앞
에 비치게 하여 그들로 너희 착한 행실을 보고 하늘에 계신 너희 아버지께 영광을 돌리게 하라

수 세기에 걸쳐 전파된 수백만 개의 설교 중에서 예수님이 사역을 시작하신 직후에 하신 설교만큼 유명하고, 죄를 일깨우며, 불변의 가치를 지닌 설교는 없다. 우리는 그것을 산상수훈이라고 부른다. 예수님이 1세기 초에 하신 이 설교는 시대를 초월해 21세기에도 여전히 유효하고 실제적이다.

예수님은 이 말씀 속에서 예리한 통찰력으로 당대에 그리고 이 시대에 만연한 온갖 독선의 빈약한 허식을 드러내셨다. 그분은 마음 깊이 자리한 기쁨으로 인도하는 참된 의의 본질을 설명하셨다. 이 다윗 왕권의 계승자는 진리의 의복 곳곳에 구약에서 뽑아낸 실을 짜 넣어 그분 나라의 신하들이 절대 간과해서는 안 될 원칙들을 제시하셨다. 그러나 예수님의 말씀을 진심으로 받아들이는 사람은 거의 없었다!

우리는 이 말씀을 관찰하고, 개괄하고, 분석하고, 해석하고, 감탄하고, 인용하고, 심지

어 액자에 넣고, 기념하는 교회를 세울 수도 있다! 하지만 여간해서는 그 말씀을 성실히 실천하지도 않고, 진지하게 순종하지도 않는다. 그 때문에 우리는 요점을 완전히 놓친다. 예수님은 영원히 삶을 변화시키기 위해서 이 설교를 하셨다. 그분의 관심사는 예나 지금이나 우리가 세상 체계와 완전히 반대로 사는 것이었다. 그분은 당신의 추종자들이 뼛속까지 당신을 닮아 세상과 다르게 사는 신성한 소수자가 되기를 바라신다.

아마도 마태복음 5–7장에 기록된 이 메시지에서 가장 잘 알려진 부분은 팔복으로 알려진 서두일 것이다(5:1–12).

—5:1–2—

예수님의 기적은 갈릴리, 수리아, 데가볼리, 예루살렘, 유대, 심지어 요단강 너머의 모든 지역 사람들까지 끌어모았다(4:23–25). 이렇게 큰 무리라면 배경과 신앙이 다양할 뿐 아니라 삶의 경험도 다르고, 겪은 어려움도 다르며, 영적인 것에 대한 헌신의 정도도 달랐을 것이다. 지역적 차이 말고도 예수님의 청중은 남녀노소, 가난한 자와 부유한 자, 종교적인 사람, 반항적인 사람을 가리지 않았다. 그렇게 다양한 사람들에게 예수님은 무엇을 설교하실 수 있었을까? 그들 모두에게 그리고 그들 각자에게 개별적으로 도움이 될 어떤 교훈을 가르치실 수 있었을까? 바로 삶의 근본 법칙이다. 이러한 본질적인 원리는 언어, 문화, 성별, 나이, 계급을 초월할 수 있다.

마태는 예수님이 그분을 따르는 큰 무리를 산으로 이끌고 가셨다고 말한다. 산으로 번역된 헬라어 *oros*(3735)는 '언덕'으로도 번역될 수 있어서 그들이 높이 올라가지는 않았을 수도 있다. 예수님이 산을 오르신 이유는 수백 또는 수천 명의 청중에게 더 잘 들리도록 높은 곳에서 설교를 하시기 위해서였다. 지금 이스라엘에 가면 가버나움에서 그리 멀지 않은 갈릴리 호수 북쪽 해안에 위치한, 전통적으로 팔복산으로 일컬어지는 장소를 가볼 수 있다. 그곳에서 당신은 호수에서 불어오는 산들바람을 느끼고, 활짝 핀 꽃향기를 맡으며, 예수님이 산등성이의 돌출된 곳에 앉아 운집한 군중을 마주하셨던 그날의 광경을 그려볼 수 있을 것이다. 그 산과 산등성이의 경사면은 천혜의 극장이 되어 청중의 귀와 가슴에 그리스도의 목소리를 전달했다.

그분의 메시지를 들으려고 찾아온 "제자들"(5:1)로는 예수님의 최측근인 베드로, 야고보, 요한, 안드레와 선택된 다른 제자들 외에 더 많은 사람이 있었다. 이는 설교 말미에 마태가 "예수께서 이 말씀을 마치시매 무리들이 그의 가르치심에 놀라니"(7:28)라고 한 말에서 확인된다.

예수님의 가르침에 나오는 첫 부분은 전통적으로 팔복(Beatitudes)으로 불렸는데, 이는 '축복받은'이라는 뜻의 라틴어 *beatus*에서 나왔다. '축복받은'으로 번역되는 헬라어 *makarios*(3107)는 정확하지는 않지만, 대략 '운 좋은', '만족한', '행복에 넘친', '특권을 가진', '평화로운', '고요한', '기쁜', '행복한', '축복받은' 등으로 번역되며, '외부 환경에 영향받지 않는 내면의 만족감이나 지속적인 기쁨'으로 정의될 수 있다. 팔복은 가능성이 아니라 선포다. 시내산에서 받아 적은 모세의 율법 같은 명령이 아니라 경배의 시편이나 지혜문학 같은 찬미의 말이다.

그러나 한 주석가가 지적했듯이 "수동적이거나 온유한 것과는 거리가 먼 팔복은 세상이 인정한 기준 앞에 던져진 도전장이다."[3] 팔복의 윤리적 기반은 본질적으로 미래의 그리

Fallaner/Wikimedia

산상수훈이 선포된 곳으로 전통적으로 알려진 장소는 수천 명의 사람이 산등성이에서 전하는 메시지를 들을 수 있을 만큼 공간이 넉넉했다.

스도의 나라에 속한다. 그러나 과도기인 작금의 교회 시대에는 그분의 백성이 그것을 지키며 산다. 그리스도가 다시 오시기 전에 우리가 다가올 나라의 가치와 미덕을 실천하며 살면 세상은 그 다름에 놀라고 궁금해서 안달할 것이다. 그것은 그들을 깜짝 놀라게 할 것이다! 그리스도인들이 타락한 세상에 살면서 그리스도의 나라를 섬길 때 성령으로 변화된 믿음의 죄인들을 통해 그리스도의 성품이 드러날 것이다.

이제 팔복을 하나씩 간략히 살펴보고(5:3–12) 그것이 지금 우리에게 어떻게 적용되는지 알아보자. 그러고 나면 우리가 팔복을 받아들였을 때 이러한 그리스도를 닮은 천국의 삶이 우리의 주변 세상에 미치는 영향을 비로소 알게 된다(5:13–16).

—5:3–12—

"심령이 가난한 자는 복이 있나니 천국이 그들의 것임이요"(마 5:3). 첫 번째 복은 재정적으로 가난한 자가 아니라 "마음이 가난한 자", 즉 자신이 지극히 무력하며 영적 공로가 전혀 없음을 깨달은 사람을 가리킨다. 그러한 깨달음에 대한 유일한 반응은 영적 부요함을 얻기 위해 주 하나님께 전적으로 의지하는 것이다. 교만, 오만, 거만은 참된 행복, 만족, 기쁨의 삶에서 추방된다. 그것이 바로 어거스터스 톱레이디(Augustus Toplady)가 지은 위대한 찬송가 "만세 반석 열리니"에 표현된 모습이다.

빈손 들고 앞에 가
십자가를 붙드네
의가 없는 자라도
도와주심 바라고
생명샘에 나가니
나를 씻어주소서.[4]

이 지상에 우리 자신의 무가치한 나라를 세우겠다는 어리석은 계획을 포기함으로써 우리는 정당하게 그리스도의 나라를 건설하는 계획에 참여한다. 우리는 주권자이신 그분의 통치 아래서 섬기면서 그분이 마땅히 받으셔야 할 영광을 받으시고 우리의 발걸음을 인도하시게 한다.

"애통하는 자는 복이 있나니 그들이 위로를 받을 것임이요"(마 5:4). "애통하다"라는 헬라어 *pentheō*(3996)는 죽음 같은 슬픈 일이나 상태로 인해 느끼는 깊은 애도나 고뇌를 일컫는다(참조. 막 16:10).[5] 하나님과의 관계가 건강한 신자들은 세상의 악행을 한탄하고 죄의 파괴력을 슬퍼한다(참조. 롬 7:24). 그렇다고 해도 우리가 계속 우울해 있거나 한탄만 하는 것은 하나님의 뜻이 아니다. 전도서가 이것을 지혜롭게 확인해준다. "범사에 기한이 있고… 울 때가 있고 웃을 때가 있으며 슬퍼할 때가 있고 춤출 때가 있으며"(전 3:1, 4). 예수님이 말씀하시는 요지는 우리가 이 세상의 불행과 그릇됨을 슬퍼할 때 언젠가는 그 그릇됨이 바로잡히고, 죽음이 치명타를 입으며, 하나님이 우리 눈에 흐르는 모든 눈물을 닦아주실 것이라는 사실로 인해 지금 여기서 위로받을 수 있다는 것이다(계 21:4).

"온유한 자는 복이 있나니 그들이 땅을 기업으로 받을 것임이요"(마 5:5). 세상은 온유하고 유순한 사람을 썩 좋게 말하지 않는다. 소심하고, 자존심이 없으며, 대가 약하고, 줏대가 없으며, 나약하고, 겁이 많으며, 만만한 사람으로 표현한다. 그러나 이 구절에 쓰인 *praus*(4239)라는 용어는 "자기 자신이 소중하고, 온화하며, 겸손하고, 사려 깊다는 것을 지나치게 의식하지 않는다"는 뜻이다.[6] 이 용어는 구약의 헬라어 번역본에서 모세를 묘사하는 데 쓰였다(민 12:3). 온유는 주변 사람들에게 끊임없이 추앙받는 사람에게서는 상상하기 힘든 모습이다. 온유는 나약함이 아니라 통제된 힘을 의미한다. 분노를 억제하고, 자기의 힘을 과시하거나 끊임없이 권리를 주장하지 않으며, 다른 사람들의 이익을 자신의 이익보다 우선시하는 사람들, 이런 사람들은 "땅을 기업으로 받을 것"(마 5:5)이다. 장차 그들은 천국에서 그리스도와 함께 공동 상속자가 되어 그분과 함께 나라를 다스릴 것이다(롬 8:16-17, 딤후 2:12). 그러나 하나님은 그런 사람들이 진실하고 겸손하게 권위를 행사할 수 있다는 것을 아시므로 지금 그들을 영향력 있는 위치에 두실 수도 있다.

"의에 주리고 목마른 자는 복이 있나니 그들이 배부를 것임이요"(마 5:6). 참된 그리스도의 제자들은 영적 진리와 성결한 삶에 대해 끊임없는 갈증을 느낀다. 여기서 말하는 "의"란 위치적 '의'-믿음을 통해 은혜로 얻은 하나님과의 올바른 관계-와 실제적 '의'-하나님과 다른 사람들을 향한 사랑의 행동으로 그 바른 관계를 실천하며 사는 것-를 모두 의미한다.

예수님은 주님을 알고 그분과 친밀히 동행하고자 하는 열망을 말씀하고 계신다. 우리에게 이런 욕망이 있다면 우리는 아무리 그분의 말씀을 많이 먹고, 소화하고, 실천해도 계속 허기를 느낄 것이다. 아무리 진리의 샘물을 마셔 우리 안에 흐르게 하고, 우리를 통해 흘려보내 다른 사람들의 삶을 새롭게 해도 계속 갈증을 느낄 것이다. 의에 대한 그런 욕구는 그 의의 열매, 곧 깨끗한 양심, 하나님과 다른 사람들에 대한 깊은 사랑, 두려움, 후회, 수치심이 없는 삶 자체가 보상이 된다.

"긍휼히 여기는 자는 복이 있나니 그들이 긍휼히 여김을 받을 것임이요"(마 5:7). "긍휼히 여기는 자"는 도움이 필요한 자들을 보고 마음이 움직여 그들의 고통을 덜어주고 싶어 나서는 자들이다. 이런 종류의 자비는 단순히 사람을 불쌍히 여기거나 연민이나 동정심을 느끼는 것 이상이다. 그런 감정에서 시작할 수는 있지만, 거기서 끝나지 않는다. 긍휼히 여기는 사람은 고통받고 있는 사람에게 공감하고 실제로 도움이 될 일을 한다. 야고보서 2장 15-16절은 이렇게 말한다. "만일 형제나 자매가 헐벗고 일용할 양식이 없는데 너희 중에 누구든지 그에게 이르되 평안히 가라, 덥게 하라, 배부르게 하라 하며 그 몸에 쓸 것을 주지 아니하면 무슨 유익이 있으리요." 마찬가지로 요한일서 3장 17절도 이렇게 권고한다. "누가 이 세상의 재물을 가지고 형제의 궁핍함을 보고도 도와 줄 마음을 닫으면 하나님의 사랑이 어찌 그 속에 거하겠느냐." 자비를 베푸는 생활방식은 미래(천국)와 현재(세상)에 다 영향을 미친다. 하나님이 우리에게 자비를 베푸셨고, 앞으로도 그리스도를 통해 자비를 보여주실 거라는 사실에 의거해 우리는 다른 사람들에게 자비를 베풀라는 명령을 받았다(유 1:21). 또 우리가 성심껏 자비를 베풀면 다른 사람들도 우리에게 자비를 베풀게 마련이다.

"마음이 청결한 자는 복이 있나니 그들이 하나님을 볼 것임이요"(마 5:8). "마음이 청결한 것"은 아마도 깨끗한 양심이나 진실한 마음을 갖는 것을 의미할 것이다(참조. 딤후 2:22, 딛 1:15, 히 10:22). 그런 사람들은 정직하고, 신뢰할 수 있으며, 신실하고, 충성스럽다. 거짓말과 기만은 그들과 거리가 멀다. 그들은 거짓말을 들키지 않으려고 사소한 하얀 거짓말을 계속 기억할 필요가 없으며, 아무도 보지 않을 때에도 행동이 한결같이 진실하다. 마음이 청결한 자는 하나님을 볼 것이다. 다시 말하지만, 다른 팔복과 마찬가지로 이것은 미래와 현재에 다 해당된다. 그리스도를 통해 구원을 받아야만 가질 수 있는 진정으로 청결한 마음은 하나님의 존전에 있는 천국의 자리를 보장받는다. 또 마음이 청결한 자는 현재의 시련과 유혹 속에서도 하나님의 임재를 느끼며 지금 여기 역사하시는 하나님을 목도할 것이다.

"화평하게 하는 자는 복이 있나니 그들이 하나님의 아들이라 일컫음을 받을 것임이요"(마 5:9). 화평하게 하는 자들은 긴장을 완화하고 논란의 불씨에 부채질을 하지 않는다. 화평하게 하는 자는 토론과 언쟁을 해결할 방안을 모색한다. 화평하게 하는 자는 죄가 관계를 훼손하지 못하도록 힘쓴다. 화평하게 하는 자의 말은 빛을 발하되 열은 발생시키지 않는다. 잠언 15장 1절은 말한다. "유순한 대답은 분노를 쉬게 하여도 과격한 말은 노를 격동하느니라." 그러나 화평하게 하는 자는 사람이 아무리 밟아도 무조건 가만히 있는 수동적인 사람이 아니라는 점에 유의하라. 여기서 말하는 화평하게 하는 자는 수동적이지 않고 능동적이다. 화평하게 하는 자는 화해와 회복의 사역에 참여하며 혼란을 잠재우기 위해 그 속에 뛰어든다. 이와 같이 그들은 들을 마음이 있는 자들에게 평화와 화해를 설파하러 오신 하나님의 아들 예수님의 사역을 이 세상에서 그대로 본받아 행한다.

"의를 위하여 박해를 받은 자는 복이 있나니 천국이 그들의 것임이라 나로 말미암아 너희를 욕하고 박해하고 거짓으로 너희를 거슬러 모든 악한 말을 할 때에는 너희에게 복이 있나니 기뻐하고 즐거워하라 하늘에서 너희의 상이 큼이라 너희 전에 있던 선지자들도 이같이 박해하였느니라"(마 5:10-12). 5장 10-11절을 여덟 번째와 아홉 번째 복으로 보는 주석가들도 있으나, 나는 5장 11-12절을 5장 10절의 박해에 관한 축복의 부연으로 본다. 이 진술은 이전의 일곱 가지 복에 대한 놀라운 결론을 제공하는데, 핍박과 기쁨의 관계는 언뜻 보면 이해하기 힘들다. 그래서 예수님은 간단한 원칙 이상의 설명을 부연하신 것이다.

5장 10절에서 예수님은 하나님의 윤리 기준에 따라 살면서 이러한 도덕적 진리를 고양하는 가르침과 설교를 한다는 이유로 핍박받는 자들을 언급하신다. 비록 세상 나라들은 의에 넌더리를 내면서 편협하고, 구식이며, 완고하고, 심지어 가증스러운 것이라는 꼬리표를 붙이려고 하지만, 그리스도는 천국은 의로운 자들의 것이라고 단언하신다.

그런 다음 5장 11-12절에서 예수님은 단순히 그리스도인이라는 이유만으로 신자들이 받는 핍박에 초점을 맞추신다. 다른 종교적 신념을 가진 사람들은 때때로 기독교에 적대적일 수 있다. 1세기에도 그런 경우가 있었고, 지금도 여전히 그렇다. 사람들은 그리스도인들이 잘못을 저질러서가 아니라 그리스도인이라는 이유만으로 모욕하고 중상하고 박해할 수 있다. 지금도 세계의 일부 지역에서 그리스도인들, 특히 그리스도의 복음을 외부에 선포하는 자들에 대한 정부 차원의 공적인 박해 소식을 듣는다. 여기에 많은 비기독교와 포스트 기독교 문화권에서 발생하는 비공식적인 사회적, 종교적 핍박까지 더하면 상황은 걷잡을 수 없어 보인다.

그러나 예수님은 그런 핍박을 견디는 사람들에게 "기뻐하고 즐거워하라"(5:12)고 격려하신다. 왜일까? 자고로 박해를 받은 사람들은 고귀한 집단에 속하기 때문이다. 옛 선지자들도 악인들의 박해를 받았다. 또 궁극적으로 현세에서 핍박을 견딘 자들에게 천국에서 큰 상이 기다리고 있기 때문이다.

—5:13-16—

예수 그리스도의 제자들이 반문화적인 놀라운 팔복의 원칙을 지키며 살면 세상 사람들의 이목이 쏠릴 것이다. 마음이 가난한 자는 오직 그리스도만 주실 수 있는 은혜의 필요성을 사람들에게 보여줄 것이다. 비탄에 빠져 있을 때 성령의 위로를 받는 자들은 절망 가운데서 애통해하는 자들의 관심을 끌 것이다(참조. 살전 4:13). 긍휼히 여기는 자는 도움이 필요한 사람들에게 보여준 자비로운 행동으로 사람들을 끌어들여 그들에게 자비의 하나님을 가리켜줄 것이다. 화평하게 하는 자들은 끊임없는 분쟁에 지친 자들의 추종을 받을 것이다. 그리고 다른 수많은 방법으로 팔복에 묘사된 천국의 삶을 살고 있는 그리스도인들은 다른 사람들의 생각에 영향을 미치고, 결정을 촉구하며, 긍정적인 방향으로 행동하도록 독려할 것이다. 이런 종류의 영향력은 강압이나 힘 또는 명령에서 나오지 않는다. 그것은 본을 보여줄 때 생긴다. 우리의 영향력은 우리가 주변 세상과 같기 때문이 아니라 다르기 때문에 생긴다.

마태복음 5장 13-16절에서 예수님은 두 가지 상징을 사용해서 그리스도인이 팔복의 원칙대로 살 때 세상에서 어떤 역할을 하는지 설명하신다. 그 상징은 소금(5:13)과 빛(5:14-16)이다. 하필 왜 소금과 빛을 사용하셨을까? 첫째, 예수님이 소금을 상징으로 사용하신 까닭은 소금의 특성과 유용성이 그리스도인의 역할을 아주 잘 나타내기 때문이다. 소금은 음식에 풍미를 더하고 육류의 부패를 방지하는 방부제 역할도 한다. 또 사람들이 소금을 섭취하면 목이 마르게 된다. 마지막으로, 소금은 물건을 깨끗하게 만드는 일종의 세제 역할도 한다. 나는 그리스도가 천국의 삶을 사는 신자들을 "세상의 소금"(5:13)으로 묘사하실 때 이 모든 특성을 염두에 두셨을 거라고 생각한다. 우리가 싱거워지고, 맛을 잃고, 밍밍하고, 주변 세상과 같아진다면 우리는 간증을 잃을 것이고, 따라서 사람들의 삶에 의미를 더해줄 수 있는 능력도 잃어버릴 것이다. 우리는 가족과 공동체 안에서 도덕적 쇠퇴를 늦추고, 영적인 가치에 대한 갈증을 일으키며, 그리스도 안에서 새 삶을 시작하려고 하는 사람들을 위한 세정제 역할을 제대로 하지 못하게 될 것이다.

둘째, 예수님이 빛을 상징으로 사용하신 이유는 세상이 어둠으로 가득 차 있기 때문이다. 부도덕, 불신, 부패, 폭력, 고통, 죽음이 우리를 삼킨다. 하지만 신자들이 팔복에 묘사된 천국의 삶을 보여줄 때 그들의 빛이 어둠을 몰아낸다. 그들은 언덕 위에 세워진 도시의 빛과 같다. 그 빛은 멀리 어둠 속에 살고 있는 사람들에게 어느 쪽으로 가야 할지 알려주는 희망의 등불이 되어줄 것이다(5:14). 그리스도인의 삶의 빛이라는 본연의 소임을 다하면 그 빛은 감춰지거나 꺼질 수 없다. 대신 그것은 우뚝 서고, 밝게 빛나며, 다른 사람들에게 공유된다(5:15).

예수님은 다음과 같은 권고로 이 비유를 마치신다. "이같이 너희 빛이 사람 앞에 비치게 하[라]"(5:16). 우리의 삶이 하나님과 장차 올 그분 나라의 영광을 그대로 드러내면 어둠 속에 있는 우리 주변 사람들이 우리의 선한 행실을 보고 하나님 아버지를 영화롭게 하고, 어쩌면 회심해서 그리스도께 그들의 삶을 바치기까지 할 것이다. 그들은 우리가 압박과 시련에 어떻게 반응하는지 지켜보고 우리처럼 꿋꿋하게 이겨내기로 결심할 것이다. 그들은 우리가 다른 사람들을 어떻게 사랑하고, 존귀히 여기며, 존중하는지 보고 그렇게 할 수 있는 힘을 갖기 원할 것이다. 그들은 우리 삶에서 드러나는 자비와 화해의 모습을 보고 가장 강퍅한 마음을 가진 자들에게도 자비를 보이실 수 있는 평화의 왕자에게 어느덧 이끌리게 될 것이다.

적용: 마태복음 5:1-16

복 있는 자가 되기

우리는 짠맛을 잃은 소금 같은 사람이 되면 안 된다. 여기서 말하는 짠맛이란 하나님 나라를 위해 주변 사람들에게 긍정적인 영향을 미치는 능력이다. 또한 우리가 누릴 천국의 삶을 세상이 보지 못하게 숨겨서 빛을 흐리거나 증거를 소멸시키면 안 된다. 하지만 "재가 당신보다 더 거룩하다"는 식의 태도로 소금을 마구 뿌려대거나 눈이 시릴 정도로 강한 빛을 발해서 사람들을 복음의 따뜻한 빛으로 초대하기는커녕 진리에 대해 눈을 멀게 하는 극단으로 치닫지 않도록 조심하며 소금을 뿌리고 빛을 비추어야 한다.

그렇다면 어떻게 팔복이 일상생활에 스며들게 할 수 있을까? 은혜로 구원받은 죄인인 우리가 도대체 어떻게 이 도전적인 팔복에 묘사된 고결한 소명에 부응하는 삶을 살 수 있을까? 우리가 팔복의 주인공이 '될' 수 있는 두 가지 방법을 알려주고 싶다.

첫째, 매일 팔복 중 하나를 적용하라. 한 걸음씩, 조금씩 나아가라. 한꺼번에 모든 팔복을 실천하려고 하지 마라. 매일 하나씩 묵상하라. 월요일에는 "마음이 가난한 것"–하나님께 전적으로 의지하는 것–이 무슨 뜻인지 집중해서 묵상하라. 화요일에는 죄로 가득 찬 당신의 상태를 애도하며 그리스도의 대속에 감사드리라. 수요일에는 당신의 모든 관계 속에서 어떻게 온유함을 유지할 수 있을지 생각해보라. 적어도 한 달 동안 일주일의 매 요일마다 이렇게 팔복을 실천하라. 한 달 뒤 매일 그리스도와 동행하는 것과 다른 사람들에게 증거하는 일에 그것이 어떤 영향을 미치는지 보라. 그리고 계속 매진하라.

둘째, 세상 체제와 그리스도의 가르침에 어떤 차이가 있는지 더 주의를 기울이라. 텔레비전을 시청하거나 인터넷이나 소셜 미디어를 검색하거나 뉴스를 볼 때 촉각을 곤두세우라. 세상에 만연한 팔복에 반하는 소리를 잘 들어보라. 모든 사람이 팔복과 정반대의 방식으로 산다면 어떻게 될지 생각해보라. 그런 다음 당신은 어떤 세상에서 살고 싶은지 매일 결정하라. 도래할 천국을 기대하며 천국의 이상에 맞춰 빛과 소금의 삶을 사는 세상인가? 아니면 희망의 빛이라고는 찾아볼 수 없는 황혼의 어스름 속에서 빠르게 쇠락하는 단조로운 삶을 사는 세상인가?

당신이 바꿀 수 있다. 그 기회를 놓치지 말라.

참된 의(마태복음 5:17-48)

17내가 율법이나 선지자를 폐하러 온 줄로 생각하지 말라 폐하러 온 것이 아니요 완전하게 하려 함이라
18진실로 너희에게 이르노니 천지가 없어지기 전에는 율법의 일점 일획도 결코 없어지지 아니하고 다
이루리라 19그러므로 누구든지 이 계명 중의 지극히 작은 것 하나라도 버리고 또 그같이 사람을 가르치
는 자는 천국에서 지극히 작다 일컬음을 받을 것이요 누구든지 이를 행하며 가르치는 자는 천국에서 크
다 일컬음을 받으리라

20내가 너희에게 이르노니 너희 의가 서기관과 바리새인보다 더 낫지 못하면 결코 천국에 들어가지
못하리라

21옛 사람에게 말한 바 살인하지 말라 누구든지 살인하면 심판을 받게 되리라 하였다는 것을 너희
가 들었으나 22나는 너희에게 이르노니 형제에게 노하는 자마다 심판을 받게 되고 형제를 대하여 라가
라 하는 자는 공회에 잡혀가게 되고 미련한 놈이라 하는 자는 지옥 불에 들어가게 되리라 23그러므로 예
물을 제단에 드리려다가 거기서 네 형제에게 원망들을 만한 일이 있는 것이 생각나거든 24예물을 제단
앞에 두고 먼저 가서 형제와 화목하고 그 후에 와서 예물을 드리라 25너를 고발하는 자와 함께 길에 있
을 때에 급히 사화하라 그 고발하는 자가 너를 재판관에게 내어 주고 재판관이 옥리에게 내어 주어 옥
에 가둘까 염려하라 26진실로 네게 이르노니 네가 한 푼이라도 남김이 없이 다 갚기 전에는 결코 거기서
나오지 못하리라

27또 간음하지 말라 하였다는 것을 너희가 들었으나 28나는 너희에게 이르노니 음욕을 품고 여자를
보는 자마다 마음에 이미 간음하였느니라 29만일 네 오른 눈이 너로 실족하게 하거든 빼어 내버리라 네
백체 중 하나가 없어지고 온 몸이 지옥에 던져지지 않는 것이 유익하며 30또한 만일 네 오른손이 너로
실족하게 하거든 찍어 내버리라 네 백체 중 하나가 없어지고 온 몸이 지옥에 던져지지 않는 것이 유익
하니라

31또 일렀으되 누구든지 아내를 버리려거든 이혼 증서를 줄 것이라 하였으나 32나는 너희에게 이르
노니 누구든지 음행한 이유 없이 아내를 버리면 이는 그로 간음하게 함이요 또 누구든지 버림받은 여자
에게 장가드는 자도 간음함이니라

33또 옛 사람에게 말한 바 헛 맹세를 하지 말고 네 맹세한 것을 주께 지키라 하였다는 것을 너희가
들었으나 34나는 너희에게 이르노니 도무지 맹세하지 말지니 하늘로도 하지 말라 이는 하나님의 보좌
임이요 35땅으로도 하지 말라 이는 하나님의 발등상임이요 예루살렘으로도 하지 말라 이는 큰 임금의
성임이요 36네 머리로도 하지 말라 이는 네가 한 터럭도 희고 검게 할 수 없음이라 37오직 너희 말은 옳
다 옳다, 아니라 아니라 하라 이에서 지나는 것은 악으로부터 나느니라

38또 눈은 눈으로, 이는 이로 갚으라 하였다는 것을 너희가 들었으나 39나는 너희에게 이르노니 악
한 자를 대적하지 말라 누구든지 네 오른편 뺨을 치거든 왼편도 돌려 대며 40또 너를 고발하여 속옷을

가지고자 하는 자에게 겉옷까지도 가지게 하며 41또 누구든지 너로 억지로 오 리를 가게 하거든 그 사람
과 십 리를 동행하고 42네게 구하는 자에게 주며 네게 꾸고자 하는 자에게 거절하지 말라
43또 네 이웃을 사랑하고 네 원수를 미워하라 하였다는 것을 너희가 들었으나 44나는 너희에게 이르
노니 너희 원수를 사랑하며 너희를 박해하는 자를 위하여 기도하라 45이같이 한즉 하늘에 계신 너희 아
버지의 아들이 되리니 이는 하나님이 그 해를 악인과 선인에게 비추시며 비를 의로운 자와 불의한 자에
게 내려주심이라 46너희가 너희를 사랑하는 자를 사랑하면 무슨 상이 있으리요 세리도 이같이 아니하
느냐 47또 너희가 너희 형제에게만 문안하면 남보다 더하는 것이 무엇이냐 이방인들도 이같이 아니하느
냐 48그러므로 하늘에 계신 너희 아버지의 온전하심과 같이 너희도 온전하라

예수님처럼 명확하게 말하는 사람은 없었다. 그분처럼 자기의 지혜를 과시하지 않고 자기의 역할을 내세우지 않으면서, 묵묵히 인류의 대열 속으로 들어와 자신 있게 진리를 설명한 사람은 이전에도 없었고, 이후에도 없을 것이다. 인간의 전통을 하나님의 진리로 내세우는 종교 문화 속에서 얼마나 용감한 행동인가!

오랜 세월 종교 제도 안에서 스스로 귀족이 된 이들은 잘못된 지식을 가르쳤다. 이 종교 지도자들은 절대적인 권위를 내세워 성경의 의미를 왜곡하고, 명백히 잘못된 해석을 전하며, 사실상 불가능한 실천을 요구했다. 그들은 하나님의 말씀만으로 만족하지 않고 하나님의 계명에 자기들이 만든 규칙을 더해 그것에 무조건 복종할 것을 요구했다. 예수님이 산 위에 앉아서 그 유명한 설교를 하셨을 때 전혀 다른 해석을 전혀 다른 방식으로 전하시는 것을 들은 청중은 입이 다물어지지 않았을 것이다.

예수님은 누구나 의미를 이해할 수 있는 방식으로 핵심 진리를 담대하고 명확하게 설명하셨다. 그분의 가르침은 통찰력과 설득력이 있었고, 청중이 평생 배워온 전통적인 종교적 가르침과 확연히 달랐다. 그리고 이 진리는 예수님의 청중에게 영향을 미쳤듯이 지금 우리에게도 엄청난 영향을 미친다.

—5:17-20—

1세기에 회당에서 하나님의 말씀을 낭독하고, 해석하고, 적용하는 자들은 종교 엘리트 지도자들인 서기관과 바리새인들이었다. 유대인들은 회당에서 양육받고, 성전 예배에 참여

하고, 전통 종교에 푹 빠져 있는 교사와 학자들에게 구약의 율법을 배웠다. 일반 평신도의 역할은 그냥 공인된 교사들이 가르치는 것을 믿고 따르는 것이 전부였다. 그들에게는 교사들의 견해에 의문을 제기하거나, 의심하거나, 도전할 기회나 권위가 주어지지 않았다.

그런데 예수님이 나타나 오류를 바로잡기 시작하셨다. 그분은 율법과 선지자들을 내치려고 오시지 않았다! 어쨌든 구약 성경이 글로 쓰인 하나님의 말씀—영감으로 쓰인 무오하고 진실한—임에는 틀림이 없었다. 문제는 율법과 선지자들이 아니라 그릇된 해석과 적용에 있었다.

비평가들은 예수님의 담대하고 권위 있는 가르침에 위협을 느꼈다. 자기들의 높은 사회적 지위가 공격을 받았기 때문에 그들은 경멸의 시선으로 예수님을 바라보았다. 예수님의 성경 해석은 그들의 해석과 달랐다. 그들은 자기들의 해석이 옳다고 생각했다. 그래서 예수님의 말씀을 성경과 대립시키고, 성경에 충실하지 않다며 예수님을 고발하려고 했다. 그들은 그분을 이단으로 낙인찍으려고 했다!

예수님은 자기가 "율법이나 선지자를 폐하러"(5:17) 온 것이 아님을 분명히 밝히셨다. 실제로 예수님은 그분이 성경을 소홀히 여긴다고 생각하는 사람이 있을까 봐 율법의 "일점일획"도 결코 없어지지 않을 것이라고 확언하셨다. 5장 18절에 쓰인 용어는 영감으로 기록된 말씀의 정확성과 완전성을 강조한다. 말 그대로 "단 하나의 *iota*(ι)나 *horn*"도라는 의미다. "점"[*iota*(ι)]은 가장 작은 헬라어 모음으로 다른 문자 아래 쓰이기도 했다. "획"(*horn*)은 아마도 히브리 문자 *yod*(י) 와 *waw*(ו) 또는 *daleth*(ד), *resh*(ר)처럼 글자와 글자를 구별하는 갈고리나 꼬리 같은 작은 기호를 지칭할 것이다.[7] 또 예수님은 음이 비슷한 말을 사용하셔서 계명 중에서 "가장 작은 것" 하나라도 폐하는 교사는 하나님 나라에서 "가장 작은 자"가 될 것이라고 경고하셨다. 반대로 계명을 "행하며 가르치는 자"는 "크다" 일컬음을 받을 것이라고 하셨다(5:19). 따라서 아무도 예수님이 성경의 영감설, 무오성, 정확성을 경시한다고 비난할 수 없었다!

그러므로 예수님은 하나님의 말씀을 배제하거나, 거부하거나, 다른 것으로 대체하는 것이 아니라 "완전하게" 하고 "이루[려]" 오셨다(5:17-18). 예수님은 하나님 말씀의 교리와 윤리와 예언을 직접 성취하실 것이다. 그분은 말씀의 율법대로 살고, 하나님이 원래 의도하신 대로 말씀을 해석하실 것이다. 그리고 예고된 대로 성경의 예언과 약속을 다 이루실 것이다.

오랫동안 고대했던 이스라엘의 왕이신 예수님은 당연히 하나님 나라에서 가장 큰 분이셨다. 따라서 그분은 계명을 순결하고 완벽하게 지키고 가르치실 것이다. 그러나 그분은 바리새인들이 만든 규율을 따르거나 서기관들의 그릇된 해석에 영합하지 않으실 것이다. 그분의 의는 당대의 서기관과 바리새인들이 내세우는 피상적인 가짜 의와 달리 진짜일 것이다. 그 차이는 무엇일까? 존 스토트(John Stott)는 이렇게 설명한다. "그리스도인의 의는 바리새인의 의보다 위대하다. 그리스도인의 의는 더 깊고, 마음에서 우러난 것이기 때문이다…바리새인들은 율법을 곧이곧대로 엄격하게 지키는 피상적이고 형식적인 순종에 만족했다…그리스도인은 마음과 동기가 의로운 내적인 의를 기뻐한다."[8]

마태복음 5장의 나머지 부분에서 마태는 주님을 정말로 알고, 진실한 마음으로 사랑하며 순종하는 자들에게 예수님이 기대하시는 '더 깊은 의'의 여섯 가지 예를 언급한다. 이것은 예수님 시대에 종종 논란을 일으켰던 주제들이기도 하다.

- 살인(5:21–26)
- 간음(5:27–30)
- 이혼(5:31–32)
- 맹세(5:33–37)
- 복수(5:38–42)
- 사랑(5:43–48)

이 여섯 가지 주제에 대해 예수님은 동일한 형식을 반복해서 사용하셨다. "너희가 들었으나"(예수님의 청중에게 친숙한 랍비들의 가르침)…"나는 너희에게 이르노니"(성경의 진리에 대한 바른 해석과 적용). 이렇게 운율을 맞춘 수사적 장치로 예수님은 당대의 종교 당국자들이 가르친 인간이 만든 허식의 중심을 치셨다. 그러면서 가시적인 외적 복종에서 내적 변화로 초점을 옮기셨다.

—5:21–26—

살인. 겉으로 드러난 행동은 간단하다. 부당하게 타인의 생명을 빼앗는 행위다. 예수님이 마태복음 5장 21절에서 인용하신 살인은 십계명에서 정죄하는 행위 중 하나다(출 20:13). 예수님은 여기에 "공의로 백성을 재판"(신 16:18)하기 위해 이스라엘에 세워진 법정이 요구하는 정의를 덧붙여 언급하셨다. 예수님의 청중 가운데 살인 혐의로 재판을 받기 위해 마을 법정에 끌려간 사람은 없었을 것이다. 그래서 그들은 자기가 꽤 괜찮은 사람이라고 생각하고 있었을 것이다.

그런데 바로 그때 메시아가 "나는 너희에게 이르노니"(마 5:22)라는 말로 그들의 허를 찌르셨다. 그분은 초점을 그들 중 아무도 저지르지 않은 외적 행동에서 더 깊은 내적 태도– 사람으로 하여금 살인을 저지르게 하는 태도, 생각, 감정, 행동의 연쇄 반응을 일으키는 진정한 원인–로 옮기셨다. 네 형제에게 화를 낸 적이 있는가? 너희는 판사 앞에서는 무죄일지 몰라도 하나님의 법정에서는 유죄다. 네 형제를 쓸모없다고 하거나 바보라고 부른 적이 있는가? 너희는 하나님의 완전한 공의의 법정에서는 유죄이며 영원한 불의 형벌을 받아야 한다! 너희는 마음속으로 그 사람을 살해했거나 혀로 그 사람을 죽였다. 육체적인 상처는 안 보여도 말은 마음과 감정에 흔적을 남긴다.

예수님은 관계를 손상시키고 증오, 폭력, 결국에는 살인으로까지 이어질 수 있는 들끓는 분노와 독설에 대한 해독제를 제시하신다. 그것은 바로 화해다. 우리가 주님을 섬기는 일에 몸담고 있다면 그 기회를 빌어 다른 사람들과의 관계를 되돌아보아야 한다. 또 다른 사람에게 쓰라린 감정을 품고 있거나, 누군가와 사이가 틀어졌거나, 다툼이 있었던 것이 생각나면 즉시 화해를 모색해야 한다(5:23–24).

이쯤 해서 예수님의 말씀을 듣고 있는 사람들은 마음이 다소 불편해졌을 것이다. 육신의 형제든 영적 형제든 껄끄러운 관계가 전혀 없는 사람이 누가 있겠는가? 그런데도 예수님의 말씀은 지당하셨다. 확신하건대 잠시 후 예수님의 청중은 가장 가까운 동료들과의 관계를 어떻게 개선할 것인지 곰곰이 생각하며 머리를 끄덕였을 것이다. 그런데 그때 예수님은 형제와 화해하는 일에서 적과 화해하는 문제로 한 단계 더 깊이 들어가셨다! 이번에는 예배하러 가는 것이 아니라 어떤 사람이 빚이나 소송을 해결하기 위해 법정에 간 상황을 예로 드셨다(5:25). 예수님은 청중에게 법적으로 분쟁이 벌어졌을 때에도 화해의 자세를 잃지 말 것을 강조하셨다. 그들은 해결을 간절히 원하는 화평하게 하는 자들이 되어야 했다. 사실 법원의 결정이 항상 당신의 뜻대로 되지는 않는다. 소송에서 질 수도 있다. 그러면 적개심을 품게 되고, 복수하고 싶은 마음 때문에 결국에는 모든 것을 잃을 수도 있다!(5:26)

여기서 예수님은 아주 구체적인 상황에 팔복의 원칙-특히 긍휼과 화평하게 하는 원칙-을 적용하신다. 증오를 품고 복수를 모색하는 것도 살인에 포함된다는 예수님의 심오한 메시지에 담긴 기본 진리는 단순하다. 그것은 우리가 다른 사람들과 바른 관계에 있지 않으면 하나님과 바른 관계에 있을 수 없다는 것이다. 또는 반대로 우리와 다른 사람들과의 관계가 우리와 하나님과의 관계에 영향을 미친다.

—5:27-30—

간음. 예수님은 다시 청중에게 그 유명한 "하지 말라"(참조. 5:27)는 계명 중 하나를 던지셨다. 오늘날 그리스도인 가정에서 자란 많은 사람처럼 1세기의 유대인들도 "간음하지 말라"(출 20:14)는 말을 귀가 닳도록 들었다. 살인보다 더 흔하기는 해도, 마태복음 5장을 읽는 많은 사람이 자기들의 죄 목록에서 지울 수 있다고 믿는 큰 범죄 중 하나가 간음이다. 예수님이 "나는 너희에게 이르노니"(5:28)라고 하실 때까지는 말이다. 이 명령의 의미를 깊이 성찰하신 예수님은 자기 배우자가 아닌 사람을 정욕을 품고 보는 것은 마음으로 간음하는 것과 같다고 말씀하셨다. 예수님은 우리가 이 문제를 진지하게 받아들여야 한다는 것을 강조하시기 위해 과장법-청중을 감동시키고 그들의 마음과 생각에 원칙을 깊이 심어주기 위한 명백히 과장된 표현-을 사용하셨다. 예수님은 음탕한 시선을 통제할 수 없으면 눈을 빼어 버리고, 손을 제어할 수 없다면 잘라버리라고 말씀하셨다. 이생에서 불구가 되는 것이 내세에서 죄인으로 끌려가는 것보다 낫다고도 하셨다(5:29-30).

여기서 예수님의 가르침에 관해 몇 가지 분명히 짚어야 할 것이 있다. 첫째, 예수님은 결혼 안에서 남녀가 갖는 자연스러운 성관계가 하나님이 주신 적절한 행위가 아니라는 뜻을 일절 내비치지 않으셨다. 예수님은 남편과 아내의 성관계가 아니라 결혼하지 않은 두 사람 사이의 불법적인 육체관계에 대해 말씀하신 것이다.

둘째, 그분의 가르침은 더 높은 차원의 원칙을 설명하기 위해 사용하신 구체적인 예뿐만 아니라 모든 형태의 성적 부도덕을 망라한다. 요컨대, 예수님은 욕정에 찬 눈으로 여인을 바라보는 남자를 언급하셨지만, 다른 예를 사용하실 수도 있었다.

셋째, 예수님은 성욕의 해결책으로 자기의 신체를 절단하는 행위를 옹호하지 않으셨다. 다만 과장된 표현으로 엄격하고 타협하지 않는 도덕적 자기 절제와 자기 부인을 나타내신 것이었다. 정욕은 눈을 통해 들어와 상상력이 둥지를 틀고 있는 마음에 메시지를 보낸다. 따라서 외설적인 이미지 같은 위험한 것을 보아서는 안 되며, 사람을 단순한 육체적 매력의 대상으로 바라보면 안 된다. 예수님의 비유적 표현을 해석하자면, 우리는 그들에 대해 "눈먼 자"가 되어야 한다! 마찬가지로 만지는 행위를 통해 정욕은 자극된다. 당신의 손이 가서는 안 될 곳으로 간다면 당신은 상상력에 불을 붙이고 그 불에 기름을 부은 것이다. 손을 조심하라.

결혼, 이혼, 재혼에 관한 성경 구절

창세기 2:18-25

신명기 24:1-4

말라기 2:13-16

마태복음 5:27-32

마태복음 19:3-12

고린도전서 7:1-16

에베소서 5:22-33

베드로전서 3:1-7

—5:31-32—

이혼. 마태복음 5장의 이 두 구절에 나오는 이혼에 관한 짤막한 진술만큼 사람들이 많이 논의하고, 논평하고, 해석하고, 재해석하고, 자세히 조사하고, 슬퍼하고, 논쟁을 벌인 구절은 없을 것이다. 신명기 24장 1-4절에는 남편이 아내에게서 "수치되는 일"을 발견했을 때 이혼하는 일정한 원칙과 절차가 나온다(신 24:1). 그러나 예수님 시대에는 율법이 의미하는 "수치되는 일"에 대한 견해가 양극단으로 갈렸다. 랍비 샴마이를 추종하는 보수적인 학파는 이 말의 의미를 증인들에 의해 입증된 성적 부도덕을 뜻하는 것으로 제한했다. 그러나 더 자유주의적인 랍비인 힐렐 학파는 "수치되는 일"에 저녁 식사를 태우는 등의 남편을 불쾌하게 하는 모든 일이 포함된다고 생각했다.[9] 1세기 유대인 역사가 요세푸스는 당시의 이 일반적인 자유주의적 견해를 이렇게 요약했다. "어떤 이유로든(그리고 남자들에게는 그런 사유가 많이 발생한다) 이혼을 원하는 사람은 서면으로 그가 더는 그 여인을 아내로 사용하지 않을 것임을 보증하게 하라."[10]

예수님은 이렇게 이혼을 부당하게 마음대로 허용하는 것과는 입장을 완전히 달리하셨다. "음행한 이유 없이", 즉 간음 외의 다른 이유로 이혼한 사람들은 불법적으로 이혼한 것이므로 만약 다른 사람과 결혼하면 간음의 죄를 범하는 것이 된다. 예수님은 부부간의 정절에 대한 확고한 신념이 있으셨고, 하나님이 싫어하시는 이혼을 경솔하고 가볍게 대하는 태도에 반대하셨다(말 2:16). 하나님은 결코 이혼을 허락하지 않으셨지만(하나님은 언제나 화해를 선호하신다), 율법적으로 특정 상황에서 이혼이 허용된 것은 하나님이 양보하신 것이었다. 예수님은 이 구절에서는 여러 상황이나 예외 사항을 다루지 않으셨다. (이 주제는 마태복음 19장 1-12절에서 본격적으로 깊이 다룰 것이다).[11]

—5:33-37—

맹세. 예수님 시대에 랍비들이 이혼에 대해 그렇게 느슨하고 자유주의적이었다면 자기들의 말의 진정성을 보증하는 서약에 대해서는 얼마나 관대했을지 상상해보라. 맹세는 그야말로 약속이었다. 맹세는 "잠시 후에 시장에서 만나죠" 같은 단순한 약속이 아니었다. 맹세는 구체적이고, 의도적이며, 명확하고, 엄숙한 약속이었다. 예컨대 "당신이 구입한 양 세 마리를 여섯 시에 시장으로 배달할 것을 약속합니다" 같은 것이었다. 예수님은 서약을 지키는 것이 중요하다고 강조하셨다. 예수님은 우선 레위기 19장 12절을 풀어서 설명하신 뒤 복잡한 형태를 취하는 1세기의 맹세 관행을 타파하셨다.

사람들은 약속을 신뢰하지 못했고, 약속을 실제로 이행하는 것에 대해 무감각해져 있었다. 자기들의 약속을 진지하게 받아들이도록 하려면 사람들은 미신적인 방법으로 하늘, 땅, 예루살렘, 또는 자기들의 목숨을 걸고 맹세해야 할 지경이었다(마 5:34-36). 그러나 이런 맹세에도 함정이 있었다. 아무도 하나님의 이름은 들먹이지 않았다. 따라서 어떤 사람들은 이런 맹세를 약간의 융통성을 허용하는 것으로 해석했다. 어떤 사람이 "예루살렘"을 걸고 한 맹세를 어겼다면 모욕을 당한 것은 예루살렘이지 하나님이 아니다. 스탠 투생이 이 점을 잘 설명했다. "맹세에 대한 유대인의 개념은 '너희는 내 이름으로 거짓 맹세함으로 네 하나님의 이름을 욕되게 하지 말라'는 레위기 19장 12절을 잘못 해석한 데서 비롯되었다. 그래서 그들은 하나님의 이름을 포함하지 않은 맹세는 구속력이 없다고 생각했다. 때때로 이런 맹세는 사기의 수단으로 쓰이기도 했다."[12]

이렇게 교활하게 속이는 문화에 대한 예수님의 대답은 간단했다. "오직 너희 말은 옳다 옳다, 아니라 아니라 하라 이에서 지나는 것은 악으로부터 나느니라"(마 5:37). 한 마디면 충분하다. 빚을 갚기로 합의할 때 30장에 달하는 계약서에 서명할 필요가 없다. 그냥 갚으면 된다. 배우자에게 충실하겠다고 맹세할 때 "맹세합니다"라는 한 마디로 우리의 정절은 영원히 봉인된다. 우리가 5시에 누구를 만나기로 했으면 불가항력적인 상황이 아닌 한 약속을 지켜야 한다. 진실과 언약을 소중히 여기는 신자의 말을 뒷받침해주기 위한 복잡한 '맹세' 따위는 필요 없다. 그냥 진실을 말하고 약속을 지키라!

—5:38-42—

복수. 예수님의 가르침을 듣던 모든 청중은 구약에 제시된 보복의 법칙을 알고 있었다.

> 사람을 쳐죽인 자는 반드시 죽일 것이요 짐승을 쳐죽인 자는 짐승으로 짐승을 갚을 것이며 사람이 만일 그의 이웃에게 상해를 입혔으면 그가 행한 대로 그에게 행할 것이니 상처에는 상처로, 눈에는 눈으로, 이에는 이로 갚을지라 남에게 상해를 입힌 그대로 그에게 그렇게 할 것이며 짐승을 죽인 자는 그것을 물어 줄 것이요 사람을 죽인 자는 죽일지니(레 24:17-21).

정의의 바퀴는 받은 만큼 돌려준다는 원칙을 중심으로 돌아갔다. 그러나 하나님은 민형사상의 정의를 다스리기 위해 이 지침을 주셨다. 이 지침은 판사와 법원이 사람들을 과도하게 처벌하는 것을 막아주었을 뿐 아니라 자기가 다른 사람들에게 한 행위가 동일한 방법으로 자기에게 돌아올 것을 분명히 알았기 때문에 범죄를 억제하는 역할도 했다.

이 보복법은 가족, 친구, 이웃 간의 개인적이고 일상적인 관계를 다스리기 위한 것이 아니었다. 그러나 많은 사람이 이 원칙을 눈에는 눈, 이에는 이 식으로 '정의'를 철저히 실현하는 데 적용하고 있었다. 그런 해석은 은혜와 자비, 용서와 관용의 여지를 남기지 않았다. 예수님은 인간의 본성을 아셨다. 그분은 모든 사람이 모든 사소한 잘못에 대해 보복하는 것이 법적 의무라고 느낀다면 공격성이 커져서 결국에는 사회가 붕괴될 것을 아셨다.

그래서 예수님은 청중에게 개인의 허물을 은혜와 자비로 되갚으라고 권고하셨다. 악한 사람이 당신을 모욕하면 그 모욕을 받으라. 그들이 한 걸음 더 나아가 당신의 뺨을 때려도 보복하지 말라(마 5:39). 누군가가 당신에게서 부당하게 무언가를 빼앗으려고 하거나 무언가를 해달라고 강요하면 자발적으로 개인의 존엄과 존중에 대한 권리를 포기하고 상대가 원하는 대로 해주라(5:40–42). 예수님은 악행에 대한 그런 놀랍고 예기치 못한 반응이 종종 사람들의 각박한 마음을 녹이고 부끄럽게 만들어 악과 폭력을 악화시키지 않고 회개와 화해로 이끈다는 것을 아셨다.

그러나 예수님의 말씀은 전체적인 맥락을 보고 이해해야 한다. 성경 어느 곳에서도 육체적, 언어적, 성적 학대, 강간, 테러, 살인, 또 진짜 해를 입을 수 있는 여러 위협을 순순히 당하라고 가르치지 않는다. 어떤 남자가 계산대 줄에서 당신을 모욕할 때 입술을 깨물며 참고, 난폭한 운전자가 막히는 길에서 앞으로 끼어들 때 경적을 울리지 않으며, 통제 불능인 아이를 당신이 혼냈을 때 아이 엄마가 화를 내며 당신에게 덤빌 때 뒤로 물러나는 것은 훌륭하다. 그러나 불량배가 스스로 방어할 힘이 없는 희생자를 해칠 때 수수방관하거나, 납치범이 당신 아이들을 끌고 가려고 할 때 아이들을 지키려고 하지 않거나, 테러리스트 군대가 당신 나라의 국경을 넘어올 때 항복의 깃발을 들어 올리는 것은 개탄스러운 일이다. 존 스토트가 예수님이 하신 이 말씀의 의미를 제대로 해석했다. "그리스도가 제시하신 예시를 파렴치한 폭군, 악당, 거지, 폭력배들을 비호하는 법으로 받아들이면 안 된다. 그분의 목적은 복수를 금지하는 것이지 불의, 부정직, 악을 부추기는 것이 아니었다…진정한 사랑은 개인과 사회를 모두 돌보며 악을 막고 선을 도모하기 위해 행동한다."[13]

—5:43–48—

사랑. 예수님은 산상수훈을 원수 사랑의 원칙으로 요약하신다. 예수님의 청중은 회당에서 "네 이웃을 사랑하고 네 원수를 미워하라"(5:43)고 들으면서 자랐다. 사랑하라는 명령은 레위기 19장 18절에 나오지만, 미워하라는 명령은 성경 어디에도 없다. 죄로 얼룩진 인간의 이성이, 이웃을 사랑해야 한다면 마땅히 미워해야 할 이웃이 아닌 사람들, 이른바 원수들도 분명히 있을 거라는 논리적 비약을 만들어낸 것이다. 그러나 예수님의 대답은 그런 추론을 무너뜨렸다. "너희 원수를 사랑하며 너희를 박해하는 자를 위하여 기도하라"(마 5:44). 여기서 사용된 "사랑하라"는 단어는 사랑스러운 감정이 아니라 자비와 은혜에서 흘러나오는 일방적이고 조건 없는 사랑을 나타내는 *agapē*(아가페, 26)의 동사형인 *agapaō*(아가파오, 25)다. 실제로 아가페 사랑을 받을 자격이 있는 사람은 아무도 없다. 그러나 우리가 그리스도를 본받고 하나님의 능력을 힘입으면 외부인과 적들에게도 이런 사랑을 보여줄 수 있다.

예수님의 청중은 이 말이 특별히 그들의 이교도 압제자인 로마인들을 가리키는 것이라고 이해했을 것이다. 예수님이 당신을 따르는 이들에게 원수들의 생활방식, 믿음, 계획과 동기, 자기들을 대하는 방식을 좋아하라고 말씀하시지 않은 것에 유의하라. 예수님의 말씀은 원수를 위해 기도하고(5:44), 하나님이 그러시듯이 보편적인 은혜와 자비를 베풀며(5:45), 성의 있고 다정하게 문안하고(5:47), 사랑해야 한다는 뜻이다.

자기 가족이나 종족만 사랑하는 것은 당연하다. 악한 불신자도 그것은 한다(5:46–47). 예수님은 청중을 더 위대한 사랑, 초자연적인 사랑으로 부르셨다. 그런 사랑을 하려면 우리 마음속에 성령이 역사하셔서 자기 편만 사랑하는 인간의 보편적인 성향을 초월해야 한다. 이러한 아가페의 초월적 속성 때문에 예수님은 그런 사랑을 하는 자들은 하늘 아버지의 자녀와 같으며(5:45), 실제로 하나님이 온전하시듯이 그들도 "온전"해야 한다고 말씀하셨다. 이 온전함은 죄가 없는 온전함이 아니다. 한 주석가는 "온전하다"로 번역된 단어의 참뜻을 이렇게 설명한다. "*teleios*라는 이 헬라어는 정점, 성숙, 기능상의 성취라는 의미를 담고 있다…이것은 행동을 나타내는 단어로, 문맥상 하나님의 사랑이 모두를 아우르듯이 우리의 사랑도 모두를 아울러야 한다는 뜻이다."[14]

적용: 마태복음 5:17–48

다만, 완전하라!

마태복음 5장 48절에 나오는 예수님의 요약문은 현대의 독자에게 그렇듯이 원청중에게도 충격적이었을 것이다. “그러므로 하늘에 계신 너희 아버지의 온전하심과 같이 너희도 온전하라.” 당신이 나와 같다면 이 말은 영적으로 잠들어 있는 당신을 화들짝 깨웠을 것이다. 그렇지 않은가? 최선을 다하고, 열심히 노력하며, 서툰 발걸음을 내딛고…이런 말이라면 우리도 공감할 수 있다. 하지만 “온전하라”고? 하나님 아버지처럼? 그게 다인가?

여기서 “온전하다”로 번역된 *teleios*(5046)는 ‘하나님 같다’는 뜻이 아니다. 이 말은 우리가 창조된 목적대로 사는 것을 의미한다. 장성한 남자는 더는 어린 소년이 아닌 *teleios*다. 어떤 주제에 대해 충분한 지식을 습득한 학생은 유치원생과 달리 이제는 *teleios*다. 관련 명사인 *teleios*(5056)는 무언가가 창조된 목적, 목표, 취지를 나타낸다. 우리가 창조된 본연의 목적–하나님의 형상을 전하고, 세상에 그분의 사랑, 정의, 은혜, 자비를 나타내는 것–을 성취할 때 우리는 *teleios*다. 예수님의 말씀은 우리가 하늘에 계신 아버지처럼 완전해야 한다는 것이 아니라 인간으로서 우리 본연의 목적에 따라 우리의 행동이 완벽하고, 온전하며, 성숙해야 한다는 뜻이다. 이는 하나님 아버지가 그분의 신성에 따라 그 행동이 완벽하고, 온전하며, 성숙하신 것과 마찬가지다.

그렇다면 “온전하라”는 예수님의 요구에 대해 사람들이 보이는 전형적인 반응은 무엇일까? 세 가지를 생각할 수 있다.

섣부른 반응은 “어렵지 않지!”다. 예수님이 우리에게 현세에서 산상수훈의 말씀대로 살아야 한다고 말씀하셨다면, 그것은 분명 누구나 그렇게 할 수 있다는 뜻이다. 그분이 우리에게 불가능한 일을 하라고 하실 리가 없지 않은가? 이렇게 지나치세 낙관적인 반응은 우리의 타락, 연약함, 죄를 망각한 것이다. 예수님이 정하신 의의 기준은 우리의 타락한 상태에 맞춰져 있지 않다. 타락한 세상에서도 하나님이 세우신 의로운 삶의 기준은 상대적으로 조정되지 않는다. 하나님은 상대 평가를 하지 않으신다. 산상수훈의 원칙은 실행하기 어렵지 않고, 우리가 이생에서 죄를 짓지 않는 완벽한 상태에 도달해야 한다고 생각하는 사람들은 바리새인들처럼 죄의 개념을 다시 규정해야 할 것이다. 그러지 않으면 그들은 끊임없이 낙심하고 실망할 것이다.

두 번째 반응은 이렇다. “예수님의 요구는 너무나 어려워서 정말 최선을 다해 노력해야겠군. 결국 노력밖에는 길이 없어.” 이런 접근법 또한 산상수훈의 원칙을 성취할 수 있지만, 엄청난 자기 훈련과 끊임없는 노력을 통해서만 가능하다는 사고방식이다. 이런 사람들은 천천히 조금씩 더 거룩해지고, 하나님의 기준에 더 가까워지면서 하나님의 칭찬과 보상을 받을 수 있게 된다고 생각한다. 이 경우도 여전히 방점은 우리의 노력에 찍혀 있다. 과거의 바리새인들처럼 우리는 우리 힘으로 완전해지려고 노력한다.

세 번째, 올바른 반응은 "이것은 불가능하다"이다. 그렇다. 우리 힘으로는 산상수훈에서 예수님이 말씀하신 진실성, 사랑, 의, 분별, 성결의 깊이에 도달할 수 없다. 그러나 놀라운 사실은 그리스도인이 되면 홀로 남겨지지 않는다는 것이다. 이제 우리 안에 거하시는 성령님이 믿지 않는 자들에게는 불가능한 차원의 의를 바라고 실행하도록 우리를 도우신다(빌 2:12–13). 주 예수님은 우리가 미워하기보다 사랑하고, 약속을 이행하며, 신의를 지키고, 복수하고 싶은 마음을 억누르며, 화해를 위해 자기의 권리를 포기하고, 악과 맞서야 할 때와 더 좋은 결과를 위해 내버려두어야 할 때를 지혜롭게 분별할 수 있게 해주시면서 우리를 통해 그분의 능력을 드러내신다. 우리 스스로는 이런 일들을 할 수 없다. 그리고 그럴 필요도 없다! 히브리서 저자가 이 진리를 완벽하게 요약했다. "양들의 큰 목자이신 우리 주 예수를 영원한 언약의 피로 죽은 자 가운데서 이끌어 내신 평강의 하나님이 모든 선한 일에 너희를 온전하게 하사 자기 뜻을 행하게 하시고 그 앞에 즐거운 것을 예수 그리스도로 말미암아 우리 가운데서 이루시기를 원하노라 영광이 그에게 세세무궁토록 있을지어다 아멘"(히 13:20–21, 밑줄 나의 강조).

허식 없는 경건과 기도(마태복음 6:1–18)

1사람에게 보이려고 그들 앞에서 너희 의를 행하지 않도록 주의하라 그리하지 아니하면 하늘에 계신 너희 아버지께 상을 받지 못하느니라

2그러므로 구제할 때에 외식하는 자가 사람에게서 영광을 받으려고 회당과 거리에서 하는 것 같이
너희 앞에 나팔을 불지 말라 진실로 너희에게 이르노니 그들은 자기 상을 이미 받았느니라 3너는 구제
할 때에 오른손이 하는 것을 왼손이 모르게 하여 4네 구제함을 은밀하게 하라 은밀한 중에 보시는 너의
아버지께서 갚으시리라

5또 너희는 기도할 때에 외식하는 자와 같이 하지 말라 그들은 사람에게 보이려고 회당과 큰 거리
어귀에 서서 기도하기를 좋아하느니라 내가 진실로 너희에게 이르노니 그들은 자기 상을 이미 받았느
니라 6너는 기도할 때에 네 골방에 들어가 문을 닫고 은밀한 중에 계신 네 아버지께 기도하라 은밀한 중
에 보시는 네 아버지께서 갚으시리라

7또 기도할 때에 이방인과 같이 중언부언하지 말라 그들은 말을 많이 하여야 들으실 줄 생각하느니
라 8그러므로 그들을 본받지 말라 구하기 전에 너희에게 있어야 할 것을 하나님 너희 아버지께서 아시
느니라

9그러므로 너희는 이렇게 기도하라
하늘에 계신 우리 아버지여
이름이 거룩히 여김을 받으시오며
10나라가 임하시오며 뜻이 하늘에서 이루어진 것 같이 땅에서도 이루어지이다
11오늘 우리에게 일용할 양식을 주시옵고
12우리가 우리에게 죄 지은 자를 사하여 준 것 같이
우리 죄를 사하여 주시옵고
13우리를 시험에 들게 하지 마시옵고
다만 악에서 구하시옵소서 (나라와 권세와 영광이 아버지께 영원히 있사옵나이다 아멘)

14너희가 사람의 잘못을 용서하면 너희 하늘 아버지께서도 너희 잘못을 용서하시려니와 15너희가 사람
의 잘못을 용서하지 아니하면 너희 아버지께서도 너희 잘못을 용서하지 아니하시리라

16금식할 때에 너희는 외식하는 자들과 같이 슬픈 기색을 보이지 말라 그들은 금식하는 것을 사람에
게 보이려고 얼굴을 흉하게 하느니라 내가 진실로 너희에게 이르노니 그들은 자기 상을 이미 받았느니
라 17너는 금식할 때에 머리에 기름을 바르고 얼굴을 씻으라 18이는 금식하는 자로 사람에게 보이지 않고
오직 은밀한 중에 계신 네 아버지께 보이게 하려 함이라 은밀한 중에 보시는 네 아버지께서 갚으시리라

과시적인 종교만큼 예수님이 넌더리를 내신 것은 없었다. 주님은 다른 사람들에세 깊은 인상을 심어주려고 즐겨 경건을 과시하는 종교 위선자들을 특히 신랄하게 비난하셨다. 예수님은 온갖 무의미한 겉발림의 이면을 드러내는 데 능하셨다. 그리고 당신을 따르는 이들에게 온전히 정직하고 진실하며 단순해지라고 자주 강조하셨다.

다시 산상수훈으로 돌아가, 우리는 예수님이 세 가지 훈련을 언급하시는 것을 본다. 이것은 추종자들이 나중에 정기적으로 실행해야 할 구제(6:2-4), 기도(6:5-15), 금식(6:16-18)의 훈련이다. 예수님은 사제나 교사라기보다는 선지자의 입장에서 이것들을 하나하나 다루셨다. 교사는 정보를 전달한다. 예수님은 변화를 요구하셨다. 사제는 고통받는 자들을 위로한다. 예수님은 편안한 자들을 불편하게 만드셨다. 선지자들은 진리를 말할 뿐 아니라 오류에 과감히 대항했다. 선지자로서 예수님은 참된 믿음, 진실한 사랑 그리고 요란하게

경건을 연기하는 자들을 맥빠지게 하는 의로운 삶에 대한 메시지를 전파하셨다. 이러한 당대의 사이비 종교 엘리트들을 겨냥한 예수님의 설교가 그들의 심기를 건드린 것은 당연했다. 시대를 초월하는 그분의 말씀은 1세기 때와 마찬가지로 오늘날 횡행하는 위선과 종교성에도 적용된다.

—6:1—

예수님은 고전적인 예언 형식으로 강력한 경고를 시작하셨다. "주의하라!" 안일한 청중이 갑자기 주의를 집중하는 모습을 상상해보라. 조심하라! 정신 차리라! 경고한다! 예수님은 선의를 품은 사람들이 위험에 빠지기 쉬운 삶의 한 단면, 즉 주목을 받으려는 목적으로 의를 행하는 것에 대해 말씀하실 참이었다(6:1). 만일 우리가 그렇게 한다면, 우리는 이미 다른 사람들의 존경과 갈채로 보상을 받은 것이라고 예수님은 말씀하셨다. 그러나 하늘에 계신 아버지는? 감동하지 않으신다.

우리는 어떤 영역에서 과시하고 싶은 유혹을 느끼는가? 예나 지금이나 본질은 같다. 베풀 때(6:2), 기도할 때(6:5), 금식할 때(6:16)다. 과시하고, 과장하며, 심지어 꾸며내기 쉬운 이런 외부 활동을 보실 때 하나님은 마음을 꿰뚫어 보신다. 히브리서 4장 13절은 우리에게 이렇게 일깨운다. "지으신 것이 하나도 그 앞에 나타나지 않음이 없고 우리의 결산을 받으실 이의 눈 앞에 만물이 벌거벗은 것 같이 드러나느니라." 그러므로 우리는 "겸손하게" 우리의 하나님과 함께 행해야 한다(미 6:8). 그리고 우리가 "빛"과 "소금"의 역할을 해야 할 때(마 5:13-14) 우리의 경건을 떠들썩하게 과시해서는 안 된다. 빛과 소금은 모두 조용한 의의 발현을 상징한다는 점에 유의하라. 우리가 이 역할을 올바르게 수행하면 사람들은 하나님을 주목하고 그분께 영광을 돌릴 것이다. 그러나 다른 사람들에게 주목받으려고 이런 일을 하면 우리가 하나님의 영광을 가로채게 된다.

—6:2-4—

우리가 경건을 과시하고 싶은 유혹을 느낄 수 있는 첫 번째 영역은 구제다. 예수님은 구제에 대한 그릇된 태도(6:2)와 올바른 태도(6:3-4)를 대조하셨다. 예수님은 어떻게 구제하면 안 되는지를 먼저 말씀하신다. 바리새인들은 눈에 띄는 방식으로 구호금을 주곤 했다. 그들은 사람들의 이목을 끌기 위해서라면 나팔이라도 불었을 것이다. 이런 식으로 관심을 끄는 것은 1세기만의 일은 아니다. 어렸을 때 나는 사람들이 헌금함의 바닥을 툭 쳐서 자기들이 그 안에 뭔가를 넣었음을 다른 사람들에게 알리는 것을 보았다. 고액의 지폐를 헌금함에 넣기 전에 다른 사람들이 볼 수 있을 만큼 높이 흔들어대는 것도 보았다. 그런 자들은 "사람의 영광을 하나님의 영광보다 더 사랑하였[다]"(참조. 요 12:43).

이상적으로 우리는 기쁘게, 후히 베풀어야 할 뿐 아니라 태도와 동기도 올발라야 한다. 그러면 구제는 은밀히-우리 자신에게 이목을 집중시키는 것이 아니라 우리가 하나님께 집중하는 방식으로-이루어질 수밖에 없다. 우리가 어떻게 구제해야 하는지 설명하실 때 예수님이 지향하셨던 바가 바로 이것이다. 궁핍한 사람들을 구제할 때 왼손이 하는 일을 오른손이 모르게 해야 한다(마 6:3). 이 관용구는 아마도 마술사가 동전이나 손수건을 사라지게 하는 것과 비슷한 '손 기술'을 일컫는 말이었을 것이다. 은유적으로 이것은 은밀히, 어떻게든 자기 자신에게 주의를 끌지 않으면서 그냥 베푸는 것을 의미한다. 사실상 이목을 끌지 않기 위해 비상한 노력을 하라는 뜻이다.

이런 자세로 베풀 때 개인적이고 은밀한 베풂의 순간이 하나님과 함께 기뻐하는 예배의 행위가 된다. 하나님은 우리가 하고 있는 일을 아시며, 우리의 관대함에 대해 보상하실 것이다(6:4). 그렇다면 우리는 어떻게 보상을 받는가? 우선, 자비롭고 진실된 마음으로 베푸는 자는 필요가 채워졌다는 사실-헐벗은 자가 옷을 입고, 병든 자가 치유되며, 약한 자가 힘을 얻고, 잃어버린 자가 구원받으며, 잊힌 자가 발견되고, 엇나갔던 자가 다시 돌아왔다는-로 보상을 받는다. 그러한 자비로운 사랑의 행위 자체가 그들에게 개인적이고 영적인 보상을 준다. 구제를 예배의 행위로 여기는 자비로운 영혼만이 이러한 만족을 누리고 이런 종류의 보상을 받을 수 있다.

—6:5-15—

사람들이 경건을 과시하고 싶어 하는 두 번째 영역은 기도다. 이 경고는 구제에 대한 경고와 구조가 비슷하지만, 여기서 예수님은 더 깊고 상세히 들어가신다. 1세기에 바리새인들이 했던 기도는 형식적이고, 반복적이며, 정형화되어 있고, 국지적이며, 길고, 과장되며, 과시적이었다. 예수님은 청중에게 어떻게 기도해서는 안 되는지에 대한 몇 가지 말씀으로 그들의 기도를 반박하셨다.

첫째, 눈에 띌 수밖에 없는 공공장소에서 기도하기를 좋아하는 "외식하는 자와 같이"(6:5) 기도하지 말아야 한다. 그들이 바란 것은 보여지는 것 이상이었다. 그들은 박수를 받고 싶어 했다. 그리고 그냥 구경꾼들에게 알리고 싶은 것이 아니었다. 그들은 자기들을 지켜보는 사람들에게 깊은 인상을 심어주고 싶어 했다. 위선자들이 좋아하는 것은 하나님도, 기도도 아니다. 그들은 보여지는 것을 좋아한다. 그들이 추구하는 것-대중의 인정-을 얻는 것이 그들에게는 보상이다. 오늘날에도 골을 넣은 뒤 골대 앞에서, 보행자들이 볼 수 있는 분주한 길 모퉁이에서, 식당에서 큰 소리로 기도하면서 모든 '이교도' 손님에게 그들의 깊은 신심을 보여주는 사람들이 있다. 기도를 자신을 과시하는 수단으로 삼아서는 안 된다.

둘째, 끊임없는 반복, 횡설수설, 중얼거리는 기도를 하지 말아야 한다(6:7). 기도의 실제 의미를 생각하지 않으면서 기도서나 형식적인 기도문을 반복하거나, 말하는 사람이나 듣는 사람들 모두 무슨 말인지 모르는 말을 황홀경 속에서 중얼거리거나, 심지어 교회에서 회중이 같은 가사를 몇 번이고 반복해서 부르는 합창이 생각난다. 하나님은 많은 말에 감동하지 않으신다. 사실 하나님은 우리가 요청하기 전에 이미 우리에게 무엇이 필요한지 알고 계신다(6:8). 내 경험상 기도는 단순하고, 간결하며, 진실되고, 자기 말로 하는 것이 좋다.

바람직하지 않은 기도 자세에 대해 말씀하신 예수님은 어떻게 기도해야 하는지도 알려주셨다. 첫째, 문을 닫고 "골방"에서 은밀히 기도해야 한다(6:6). 이는 사람들에게 보이려고 거리와 회당에서 공개적으로 큰 소리로 기도하는 사람들과는 정반대의 모습이다. 예수님은 교회에서 하는 공동기도를 금지하신 것이 아니라 사람들이 보는 데서 기도하며 과시하기 좋아하는 사람들은 하나님만 보실 수 있는 집에서는 기도하지 않을 거라고 꼬집으신 것이다. 즉, 그들은 하나님과 개인적이고 친밀한 관계가 아니라 거짓으로 꾸민 신앙심을 가지고 있다. 그리고 하나님은 남몰래 베푸는 자들에게 상을 주시듯이(6:4), 은밀히 기도하는 자들에게 풍성한 교제로 보상하실 것이다(6:6).

둘째, 두서없이 무의미한 말을 장황하게 늘어놓는 위선자들의 기도와 대조적으로 예

묵상의 서재

현장을 목격하다(마태복음 6:6)

오래전 어느 날 밤, 나는 나의 멘토 밥 뉴커크의 어떤 모습을 목격했다. 그는 그 사실을 꿈에도 몰랐고, 나도 계속 모른 척했다. 하지만 내가 그때 우연히 목격한 그의 모습은 그날 이후로 내 삶에 큰 영향을 미쳤다.

나는 일본 오키나와에 주둔 중인 해병대에 복무하고 있었는데, 정서적으로나 영적으로 많이 피폐해 있었다. 어느 비 오는 밤에 나는 오키나와의 네비게이토 대표인 밥을 만나러 갔다. 그의 집 대문을 두드리자 그의 아내 노마가 문을 열었다.

"밥을 만나러 왔는데요." 내가 말했다.

"미안해요, 남편이 집에 없어요. 아마 사무실에 있을 것 같은데…."

"아, 방해하고 싶지는 않은데요." 나는 말했다. (밥의 사무실은 버스를 타고 가야 했다.)

"네, 남편은 머리가 너무 복잡해서 잠시 거기 가야 할 것 같다고 했어요. 그러니까…."

나는 인사를 하고 잠시 생각했다. 몇 분만이라도 밥을 꼭 봐야겠다는 생각이 들었다. 그래서 그 지방에서 운행 중인 지트니 버스를 타고 그에게 갔다. 나는 몇 개의 진흙탕을 첨벙첨벙 건너 그의 작은 사무실에 도착했다. 그곳은 대나무로 지어져 줄기 사이로 미세한 틈새가 있었다. 가까이 다가가자 그 틈 사이로 촛불의 희미한 빛이 새어 나왔고, 안에서 밥의 노랫소리가 들렸다.

> 복의 근원 강림하사 찬송하게 하소서
> 한량없이 자비하심 측량할 길 없도다[15]

코에서 빗물이 뚝뚝 떨어져 주위에 웅덩이를 만들고 있었지만, 나는 계속 그의 찬양을 들었다.

> 우리 맘은 연약하여 범죄하기 쉬우니…

바로 그때 나는 그가 주님과 홀로 내밀한 교제를 나누며 울고 있다는 것을 눈치챘다. 그것은 그 남자의 인생에서 가장 신성한 순간이었고, 나는 그의 찬양과 기도의 현장을 보는 특권을 누렸다. 그 일은 그 남자에 대한 내 생각을 완전히 바꾸어놓았다. 그에게는 내가 한 번도 본 적이 없는 하나님에 대한 깊이와 친밀감이 있었다. 그가 드러내지도, 과시하지도 않은 마음이 있었다. 그리고 그때 나는 내가 신앙이 성숙했을 때 어떤 사람이 되고 싶은지 깨달았다.

수님은 제자들이 따를 수 있는 본보기 기도를 주시면서 기도하는 방법을 가르치셨다(6:9-13). 우리는 이 기도를 '주기도문'으로 알고 있는데, 이것은 그 기도가 주님에게서 나왔음을 뜻한다. 더 정확히 말하자면, 예수님이 청중에게 적절한 방식으로 기도하는 방법을 가르치시려고 이 기도를 사용하셨으니 '제자들의 기도'라고 불러도 될 것이다. 이 기도를 암송하는 것은 아무 문제가 없다. 어쨌든 이 기도는 하나님의 영감으로 쓰인 무오한 하나님의 말씀, 곧 성경이다. 그러나 예수님이 본보기 기도를 주신 것은 추종자들이 아무 생각 없이 글자 그대로 그것을 반복하라는 의도가 아니었다. 그렇게 하면 예수님이 말씀하신 요지를 놓치게 된다. 그보다 이것은 본이 되는 기도다. 즉, 우리가 우리의 말로 하나님 아버지께 기도하는 법을 배울 때 따라야 할 개요 또는 일반적인 본보기인 것이다.

이 기도에 대해 주목해야 할 중요한 몇 가지가 있다. 첫째, 이 기도는 주님께 초점이 맞춰져 있다. 그분의 이름, 그분의 나라, 그분의 뜻이 요체다. 기도가 우리 자신, 우리의 문제, 우리의 필요, 우리의 욕망, 우리의 소망과 꿈에만 집중되어 있다면 무언가 잘못된 것이다. 우리의 기도는 하나님 아버지, 그분의 성품과 나라와 목적에 초점을 맞추어야 한다.

이 패턴에 따라 우리는 하나님 아버지께 기도드린다(6:9). 예수님이나 성령님을 찬양하는 노래를 부르는 것이 교리적으로 잘못된 것은 아니지만, 신약에서 기도의 정상적인 관행은 성령의 능력을 힘입어 성자의 이름으로 성부께 드리는 것이다. 우리는 아버지가 아이의 말을 듣는 것처럼 우리의 기도를 들으시는 우리의 하늘 아버지께 말한다. 하늘 아버지와 우리가 맺고 있는 관계에는 자유, 솔직함, 사랑, 수용, 긍휼, 이해가 있다. 그러나 우리는 또한 하나님을 거룩한, 혹은 '신성한' 존재로 인정한다. 기도할 때 우리는 하나님이 전능하시며 우리의 진실된 기도를 들으시려고 몸을 굽히실 때에도 변함없이 거룩하시다는 사실을 결코 잊어서는 안 된다.

또 우리는 우리의 나라가 아닌 하나님의 나라가 임하기를 기도해야 한다는 점에 유의하라(6:10). 우리는 우리 자신의 계획과 우선순위가 아니라 하나님의 계획과 목적이 하늘과 땅에서 이루어지기를 바라야 한다. 기도할 때 우리는 그분의 뜻이 우리의 뜻에 맞춰지는 것이 아니라 우리의 뜻을 그분의 뜻에 맞추도록 노력해야 한다. 그럼으로써 우리는 은연중에 그분의 능력과 지혜와 선하심을 고백한다. 그분의 뜻과 그분 나라의 목적은 언제나 우리의 어리석은 생각-우리에게 좋다고 생각하는 것-보다 뛰어나다. 이 기도의 원래 맥락에서 하나님 나라가 임하시기를 구하는 요청에는 메시아가 원수를 제압하시고 그분의 나라로 인도해달라는 호소가 들어 있는 것으로 이해되었을 것이다. 그리고 우리는 여전히 이것을 갈망한다. 그렇지만 우리의 마음과 삶을 다스려달라고 그리스도를 초대하면 지금도 천국의 원칙과 우선순위에 따라 살면서 우리 가족과 교회가 하나님 나라의 통치 모델이 되게 할 수 있다.

예수님은 경배와 겸손에 대한 이야기에서 육체적, 영적, 사회적인 일상의 필요를 청원하는 주제로 넘어가셨다. 우리는 아버지께 일용할 양식-매일 진수성찬이 아닌 기본적인 필요-을 달라고 부탁할 수 있다(6:11). 또한 하나님께 용서와 같은 깊은 영적 필요를 채워달라고 요청할 수 있다(6:12). 거저 주시는 은혜의 선물로 죄책감에서 벗어나게 해주시는 우리의 하늘 아버지가 아니었다면 우리는 내면의 정화에 대해 무지했을 것이다. 하나님과의 수직적 관계에서 이런 종류의 용서를 경험하면 다른 사람들과의 수평적 관계를 치유하는 힘이 생긴다.

우리는 또한 우리에게 닥치는 유혹에서 벗어날 수 있는 힘을 주셔서(6:13) 악한 자 사탄에게서 구해달라고 기도할 수 있다. 우리는 하나님의 은혜와 자비를 떠나면 악마의 책략에 희생되고, 우리의 악한 본성을 제어하지 못할 것을 안다. 그러나 성령의 능력으로 우리는 승리하고 성결의 성숙을 경험할 수 있다.

예수님은 진실된 기도의 예에서 금식의 문제로 넘어가시기 전에 6장 12절에서 용서에 관해 간략히 부연하셨다("우리가 우리에게 죄 지은 자를 사하여 준 것 같이 우리 죄를 사하여 주시옵고"). 예수님은 다른 사람을 용서하는 자세의 중요성을 강조하셨는데, 이는 기도 속에서 전능하신 하나님과 거리낌 없는 개인적 친밀감을 누리는 데 반드시 필요한 요소다(6:14-15). 우리가 수평적 관계에 있는 사람들에게 용서, 은혜, 자비를 베풀기를 미적거리면, 하나님은 우리와 그분과의 수직적 관계에서도 똑같이 하실 것이다. 이는 영원한 구원과 천국 법정에서 하나님 앞에 당당히 서는 것과는 관계가 없다. 이것은 우리가 하나님과 나누는 일상의 교제와 교감을 나타낸다. 스탠 투생이 이것을 잘 표현했다. "여기서 말하는 용서는 사법적인 용서가 아니라(행 10:43) 교제다(요 1:5-9). 마음속에 악의를 품고서 하나님과 교제하는 것은 불가능하다."[16]

—6:16-18—

우리가 경건을 과시하고 싶은 유혹을 느낄 수 있는 마지막 영역은 금식이다. 예수님이 "금식할 때에"(6:16)라고 말씀하신 것은 금식을 개인의 영적인 삶에서 예사로운 부분으로 생각하셨기 때문이다. 그리고 모름지기 그래야 한다! 금식이 과거의 유물 또는 '고교회파'에서 특정 휴일에 규정해놓은 엄격한 의식처럼 느껴진다는 것을 안다. 그러나 예수님이 여기서 비난하신 율법주의적 금식이 올바른 금식의 가치를 퇴색시키지 않는다.

금식하는 사람들은 자기들에게 이목을 집중시키지 않아야 한다. 뭐든 과시하기를 좋아하는 위선자들은 기력이 약해지고 축 처진 상태를 과장하고, 몸단장을 소홀히 하며, 자기들이 얼마나 헌신적인지 보여주기 위해 잔뜩 찌푸린 표정으로 경건한 척할 것이다. 관심을 받는 것이 목표라면 그들은 충분한 보상을 받았다.

금식의 일곱 가지 유익

- 금식은 기도가 필요한 문제에 집중하게 해준다.
- 금식은 정말 중요한 것에 집중할 수 있도록 우선순위를 조정해준다.
- 금식은 우리의 삶을 돌아보고 동기를 살피게 해준다.
- 금식은 주님의 뜻을 찾을 때 도움이 된다.
- 금식은 자기 통제와 훈련을 강화한다.
- 금식은 우리를 초심으로 돌아가게 하고 삶을 단순하게 만들어준다.
- 금식은 슬픔을 이겨내고 불행을 견딜 수 있게 준비시켜준다.

그러나 예수님은 추레한 모습으로 돌아다니는 것은 영적인 것과 아무 관련이 없다고 말씀하셨다! 금식을 제대로 하려면 매무새를 정갈히 하고 청결을 유지해야 한다(6:17). 원래 면도를 하던 사람은 면도를 하라. 평상시에 화장을 하는 사람은 화장을 하라. 다시 말해, 외모로 주의를 끌지 않도록 조심하라. 명심하라. 당신은 주변 사람들을 위해서가 아니라 신중하고 진지한 영적 훈련을 보상하시는 하늘 아버지를 위해 금식하고 기도하는 것이다(6:18). 우리가 금식하는 동기를 제대로 검증하는 방법은 금식하면서 아무에게도 그 사실을 말하지 않는 것이다. 그렇게 홀로 하는 영적 훈련은 당신과 주님 사이의 일이다.

적용: 마태복음 6:1-18
종교 행위를 조심하라

우리가 구제하고, 기도하고, 금식할 때 자칫 '보여주기 모드'에 빠지기 쉽다. 우리는 가장 집중해야 할 대상이 주변 사람들이 아니라 하늘 아버지라는 사실을 망각한다. 그리고 우리의 주요 플랫폼이 공공장소가 아니라 은밀한 공간이라는 사실을 깜박한다. 우리는 하나님과 교제하고 그분만을 기쁘시게 해드리는 것보다 오히려 수평적 관계-주변 사람들이 우리의 신앙심에 대해 생각하는 것-로 동기부여가 더 잘 된다. 마지막으로 종교 행위를 과시하고 싶은 유혹에 맞서 마태복음 6장 1-18절의 원칙을 적용하는 데 도움이 될 세 가지 경고가 있다.

첫째, 우리의 헌신이 보여주기 위한 행위가 될 때 우리는 위선에 빠진다. 이 일은 누구에게나, 특히 사역자나 지도자들에게 일어날 수 있다. 우리는 하나님에 대한 경외심을 잃어버릴 수 있다. 그리고 그런 가벼운 친밀감은 하나님을 쉽게 보게 한다. 전능자와 깊고 친밀한 관계를 키우는 대신 그런 시늉만 하게 된다. 주변 사람들이 우리의 청중이 된다. 그들이 실제보다 우리를 더 거룩하고 영적인 존재로 생각하게 만들려는 동기로 행동한다.

둘째, 구제할 때 자신을 드러내면 보람이 없다. 우리는 물질적인 축복이나 황금 왕관에 박힌 천상의 보석 때문에 교회나 사역이나 궁핍한 사람들에게 기부하는 것이 아니다. 하나님은 우리를 재정적으로 축복하셔서 우리가 다른 사람들에게 복을 나누어주게 하실 수 있다. 천국에서 받을 상도 있지만, 하나님이 기뻐하시는 온당하고 은밀한 구제는 그 자체로도 보상이 된다. 그것은 우리가 있다가 사라질 것이 아니라 영원한 것에 투자하고 있음을 아는 데서 얻는 평화와 기쁨이다. 그렇게 자신을 드러내지 않는 은밀한 베풂으로 얻는 영적 만족감은 말로 다 형언할 수 없다.

셋째, 사람들에게 대단해 보이려고 기도하고 금식하면 하나님을 기쁘시게 하지 못한다. 그분은 우리의 마음을 아신다. 그분은 우리의 진정한 동기를 잘 알고 계신다. 우리는 그분을 속일 수 없다. 우리가 기도하면서 긴 독백을 늘어놓거나 금식하면서 어두운 얼굴로 거룩한 척하면 단순하고 진실한 것을 원하시는 성령을 슬프시게 하는 것이다. 명심하라. 하나님 아버지는 신령과 진정으로 예배하는 자들을 찾으신다(요 4:23).

우리를 괴롭히는 세상 보물의 유혹(마태복음 6:19-34)

19너희를 위하여 보물을 땅에 쌓아 두지 말라 거기는 좀과 동록이 해하며 도둑이 구멍을 뚫고 도둑질하
느니라 20오직 너희를 위하여 보물을 하늘에 쌓아 두라 거기는 좀이나 동록이 해하지 못하며 도둑이 구
멍을 뚫지도 못하고 도둑질도 못하느니라 21네 보물 있는 그 곳에는 네 마음도 있느니라

22눈은 몸의 등불이니 그러므로 네 눈이 성하면 온 몸이 밝을 것이요 23눈이 나쁘면 온 몸이 어두울
것이니 그러므로 네게 있는 빛이 어두우면 그 어둠이 얼마나 더하겠느냐

24한 사람이 두 주인을 섬기지 못할 것이니 혹 이를 미워하고 저를 사랑하거나 혹 이를 중히 여기고
저를 경히 여김이라 너희가 하나님과 재물을 겸하여 섬기지 못하느니라

25그러므로 내가 너희에게 이르노니 목숨을 위하여 무엇을 먹을까 무엇을 마실까 몸을 위하여 무엇
을 입을까 염려하지 말라 목숨이 음식보다 중하지 아니하며 몸이 의복보다 중하지 아니하냐 26공중의
새를 보라 심지도 않고 거두지도 않고 창고에 모아들이지도 아니하되 너희 하늘 아버지께서 기르시나
니 너희는 이것들보다 귀하지 아니하냐 27너희 중에 누가 염려함으로 그 키를 한 자라도 더할 수 있겠느
냐 28또 너희가 어찌 의복을 위하여 염려하느냐 들의 백합화가 어떻게 자라는가 생각하여 보라 수고도
아니하고 길쌈도 아니하느니라 29그러나 내가 너희에게 말하노니 솔로몬의 모든 영광으로도 입은 것이
이 꽃 하나만 같지 못하였느니라 30오늘 있다가 내일 아궁이에 던져지는 들풀도 하나님이 이렇게 입히
시거든 하물며 너희일까보냐 믿음이 작은 자들아 31그러므로 염려하여 이르기를 무엇을 먹을까 무엇을
마실까 무엇을 입을까 하지 말라 32이는 다 이방인들이 구하는 것이라 너희 하늘 아버지께서 이 모든 것
이 너희에게 있어야 할 줄을 아시느니라 33그런즉 너희는 먼저 그의 나라와 그의 의를 구하라 그리하면
이 모든 것을 너희에게 더하시리라

34그러므로 내일 일을 위하여 염려하지 말라 내일 일은 내일이 염려할 것이요 한 날의 괴로움은 그
날로 족하니라

기독교의 길에는 길 잃은 성도들이 어지러이 흩어져 있다. 충성심이 모자라 현혹된 이런 사람들은 우리를 놀라게 한다. 충격을 줄 수도 있다. 우리는 대체로 그것이 다가오는 것을 알아채지 못한다. 세상적인 것을 열심히 추구하다 보면 그리스도를 추구하는 열정은 차츰차츰 좀먹힌다.

이런 식의 부식은 인류의 토양 속 깊은 곳에서 기인한다. 그가 젊은이건, 장년이건, 수십 년 동안 주님과 동행해온 사람이건 간에 아무도 면역이 되지 않는다. 한때 영적 열정과 신실한 믿음의 본보기였던 사람이 그리스도와의 친밀한 관계에서 떨어져 나가 돈에 대한

탐욕과 더 많은 것을 바라는 욕망에 물들어 괴로워한다. 우리는 거룩한 모습을 보여주다가도 한순간에 뻔뻔하고 거짓된 삶을 살 수 있다!

아이러니하게도 돈, 재산, 보물, 장난감에 지나지 않는 물건 같은 재산이 축적될수록 우리는 거의 예외 없이 시름이 깊어진다. 대체로 많이 가질수록 많이 걱정한다.

예수님은 산상수훈에서 이러한 현실적인 문제들을 다루시면서 우리를 타락하게 하는 재물의 영향을 꼭 집어 섬세하고 강력한 탐욕의 촉수와 걱정의 무익함에 대해 경고하신다.

—6:19-21—

예수님은 재물에 관한 대조로 이 단락을 시작하셨다. "너희를 위하여 보물을 땅에 쌓아 두지 말라…오직 너희를 위하여 보물을 하늘에 쌓아 두라"(6:19-20). 예수님은 세상적이고 물질적인 것에 시간, 에너지, 자원을 과도하게 투자하는 어리석은 선택을 차근차근 설명하시고 영원한 것에 투자하는 지혜를 지적하시면서 그 차이를 설명하셨다.

여기서 중요하게 짚고 넘어가야 할 것이 있다. 예수님은 소유 자체를 금하지 않으셨다. 성경 어디에도 재산의 소유권을 부인하거나 재화의 소유를 금지하지 않는다. 부와 명예는 하나님이 주시는 것이므로 하나님이 자비롭게 물질적인 축복을 주시면 감사해야 한다(대상 29:12-13). 예수님의 경고는 미래의 계획을 반대하는 것이 아니었다. 이 구절을 가지고 보험을 들거나 은퇴를 대비해 투자하는 것은 믿음이 부족한 행위라고 가르치는 사람들은 주님의 의도를 잘못 이해한 것이다. 성경은 특히 가족을 부양하기 위해서 지혜롭게 계획을 세우라고 권고한다(딤전 5:8, 약 4:13-15). 주님은 그분이 우리에게 주신 선물을 누리지 말라고 말씀하시지도 않았다(참조. 딤전 6:17).

그보다 예수님은 재물을 더 많이 쌓으려고 혈안이 된 삶을 질타하시면서 이기심과 사치스러운 생활방식에 대해 경고하신 것이었다. 예수님은 의도적으로 "보물"로 번역된 *thēsauros*(2344)라는 용어를 사용하셨는데, 이 헬라어는 동방 박사들이 예수님께 드린 황금, 유향, 몰약(마 2:11)과 모세가 버린 "애굽의 보화"(히 11:26)를 일컫는 데 쓰였다. 예수님은 이 세상에 재물과 부를 축적하면서 마음과 생각이 이런 것들에 사로잡혀 있는 것을 책망하셨다. 성경은 "자기의 재물을 의지하고 부유함을 자랑하는 자"는 악하다고 분명히 말한다(시 49:6).

하늘에서 받을 영적인 상에 투자하기보다 땅에서 물질적 부를 쌓는 데 몰두하는 것이 어째서 그렇게 어리석은 일일까? 이 세상의 것들은 썩고, 낡고, 안타깝게 상실될 수 있지만, 천국의 창고에 쌓아놓은 모든 것은 영원히 안전하기 때문이다(마 6:19-20). 바보가 아닌 다음에야 누가 물질적 소유처럼 신뢰할 수 없고, 결국에는 실망만 안겨주는 것에 믿음과 소망과 사랑을 두겠는가?

예수님은 6장 21절로 메시지를 요약하셨다. "네 보물 있는 그 곳에는 네 마음도 있느니라." 이 말씀은 우리를 깊은 자기 성찰로 인도한다. 몇 가지를 자문해보라. 나는 이타적으로 살고 있는가? 나는 다른 사람들에게 아량을 베풀고 남을 배려하는 마음을 보여주고 있는가? 아니면 궁핍한 사람들을 돕는 데 인색하고 마지못해서 하는가? 내가 가질 만큼 가졌다는 것을 아는가? 아니면 점점 더 많은 것을 움켜쥐기 위해 끝없는 경주에서 헤어 나오지 못하고 있는가? 물질이 나를 물질적인 생활방식으로 유혹하게 내버려두는가? 나는 탐욕스러운가? 아니면 하나님이 내게 주신 것과 나의 필요를 채워주시는 것으로 만족하는가?

재물을 주인으로 섬기면 우리는 점점 더 맹목적으로 그것에 충성하게 될 것이다. 그것은 우리를 변화시킬 것이다. 우리는 탐욕스럽고, 경쟁적이며, 질투심이 많아질 것이다. 그러나 우리가 왕께 충성을 맹세하고 그분의 영원한 나라의 우선순위를 따르면, 우리의 세상 재물은 그분을 섬기는 일에 쓰일 것이다.

6:22-24

이 주제를 논하는 두 번째 단락에서 예수님은 우리의 초점을 어디에 두어야 하는지에 대해 말씀하셨다. 물론 맥락을 보지 않으면 예수님의 이 말씀은 이해하기 어렵다. 그러나 예수님이 주제를 바꾸지 않으셨다는 사실을 기억해야 한다. 예수님은 여전히 재물의 거짓된 꼬임에 대해 말씀하고 계셨다. 6장 24절의 지극히 명확한 진술이 이를 뒷받침한다. "한 사람이 두 주인을 섬기지 못할 것이니…너희가 하나님과 재물을 겸하여 섬기지 못하느니라." 주제는 변하지 않았다. 예수님이 눈을 "몸의 등불"(6:22)이라고 말씀하실 때에도 여전히 우리가 이 세상의 재물을 어떻게 다루어야 하는지 그리고 우리의 마음과 우선순위를 어디에 두어야 하는지에 대해 말씀하고 계셨다.

이 단락에서 예수님은 본질적으로 한마음을 품는 것이 필요하다는 이야기를 하셨다. 우리는 시력이 어떻게 작동하는지 안다. 물체에서 반사된 빛이 눈에 들어오면 형상이 머릿속으로 전달된다. 의인의 목표는 눈에 들어오는 빛이 '밝은' 것이다. "밝다"로 번역된 *haplous*(573)는 '정정당당하고, 한결같고, 속이지 않고, 신실되고, 솔직하기 위해서 단일한 목적으로 동기가 부여된'이라는 뜻이다.[17]

다시 말해, 우리는 이중적인 시각이나 이중적인 마음이 아니라 명확한 초점을 지녀야 한다. 한 주석가가 이것을 잘 설명했다. "예수님은 이 언어를 은유적으로 사용하셔서 어떤 사람이 영적 감각이 건강하고 하늘의 보화를 향한 애정이 있다면, 그 사람의 전인격은 흠이 없을 것이나, 그 영적 감각이 그릇된 가치관이나 탐욕, 또는 마지못해 베푸는 인색한 마음에 병들면 그는 순식간에 표리부동해질 거라고 단언하신다."[18]

이러한 관점에서 이 땅의 것에 사로잡혀 흐릿하게 보지 말고 하늘의 것에만 오롯이 집중해야 하는 이유는 6장 24절에서 예수님이 내리신 명확한 결론을 보면 바로 알게 된다. "너희가 하나님과 재물을 겸하여 섬기지 못하느니라." 많은 그리스도인이 그리스도를 열렬히 좇는 것과 부를 열심히 좇는 것 사이에서 균형을 잡을 수 있으며, 아니면 이 둘에 똑같이 시간을 할애할 수 있다고 생각한다. 그러나 예수님 한 분만을 주님으로 섬기는 그리스도인의 삶에는 다른 대상에게 충성하느라 경쟁할 여지가 없다. 모름지기 우리의 재물과 목표는 그리스도의 계획과 우선순위에 따라야 하며, 그 반대가 되면 안 된다.

—6:25-34—

예수님은 "그러므로…"라는 말로 염려에 대한 유명한 강론을 시작하셨다. 즉 이 세상에 보물을 쌓는 어리석음(6:19-21)과 하나님과 재물을 동시에 섬기는 것(6:22-24)에 대해 지금까지 가르치신 것을 바탕으로 주님은 지상의 재물과 그것에 수반되는 염려에 관해 지극히 실용적인 원칙을 몇 가지 제시하셨다.

염려. 우리가 가장 애호하는 죄 중 하나다. 불안, 걱정, 조바심은 오늘날 그리스도인들이 길들여 품고 사는 악덕이다. 말하자면 우리는 그것들을 가족으로 받아들였다. 우리는 그리스도 안에 있는 형제자매들이 과도히 걱정하는 것을 꾸짖거나 고쳐주었다는 말을 거의 들어보지 못했다. 아마 우리도 대부분 정도만 다를 뿐 같은 죄를 짓고 있기 때문일 것이다. 그러나 그리스도는 마태복음 6장 25-34절에서 염려가 우리 삶에 극도로 해로울 수 있다고 분명히 말씀하신다. 염려의 본질은 하나님의 약속과 섭리에 대한 불신이기 때문이다.

그리스도의 명령은 간단하다. "목숨을 위하여…염려하지 말라"(6:25). 이것은 제안이 아니다. 마음이 내키면 하고 싫으면 안 해도 되는 조언이 아니다. 이것은 명령이다. 마음의 평화를 좀먹는 자학적인 걱정을 멈추라. 두려움에 사로잡히지 말라.

이어 예수님은 특정한 염려를 일으키는 삶의 영역, 즉 일용할 양식의 공급과 의복의 필요에 대해 구체적으로 말씀하셨다(6:25, 31). 여기서 예수님은 작은 것으로 큰 것을 논증하는 유대인의 전형적인 논쟁 방식을 사용하셨다. 첫째, 예수님은 염려하는 청중에게 씨를 뿌리지도 않고, 거두지도 않고, 쌓아 놓지도 않는 공중의 새들이 살아가고 번성하는 데 필요한 모든 것을 하나님이 공급하신다는 사실을 생각해보라고 권고하셨다. 요지는 이렇다. 하나님이 새들을 돌보신다면 자기 형상대로 창조하신 자녀들은 얼마나 더 잘 돌보시겠는가?(6:26)

그런 다음 예수님은 화려하게 피었다가 사라지는 들판의 야생화로 사람들의 시선을 돌리셨다. 아무것도 안 하는 들꽃도 하나님은 섭리의 손길로 왕이 부럽지 않을 만큼 아름답게 치장해주신다(6:28-30). 하나님이 들판의 풀을 그렇게 화려하고 아름답게 입히실 수 있다면, 하나님이 사랑하시는 자들을 당연히 돌보시지 않겠는가.

이 밖에도 예수님은 그런 걱정으로 이룰 수 있는 것은 아무것도 없음을 지적하셨다. 그것은 우리 생명을 단 한 시간도 연장해줄 수 없다(6:27). 사실 스트레스와 염려는 우리의 수명을 단축시키는 온갖 정신적, 정서적, 육체적 질병으로 이어진다는 것은 알려진 사실이다. 그게 아니면 적어도 이생에서 우리에게 주어진 며칠을 불행하게 만들 수 있다! 걱정은 에너지를 낭비하게 하고, 만족감을 고갈시키며, 감사하는 마음에 찬물을 끼얹을 뿐 아니라 우리의 공급자이신 하나님의 성품에 대한 믿음이 부족함을 의미하기도 한다. 예수님이 걱정하는 사람들을 "믿음이 작은 자들"(6:30)이라며 통렬히 꾸짖으신 것도 이런 이유에서다(6:30). 변덕스럽고 미덥지 않은 신들을 섬기는 이방인들이 주로 이런 일들로 안달했다. 반대로 하늘에 계신 우리 아버지는 우리가 요청하기 전부터 우리에게 무엇이 필요한지 아신다(6:8, 32).

물론, 서구 문화의 동력은 먹을 것과 입을 것에 대한 걱정과 내일에 대한 염려에서 비롯된 불만족에서 나온다(6:34). 마케팅 담당자들은 우리가 갖고 있지 않은 것이 정말 필요한 것이며, 우리가 가진 것이 실은 그다지 좋지 않다고 우리를 설득하려 한다. 잡지를 들춰보거나 텔레비전에서 나오는 광고들을 보라. 음식, 음료, 의류 광고들이 줄줄이 이어질 것이다. 언론 매체들은 종종 세상이 통제 불능 상태라고 믿도록 겁을 주면서 시청률을 높인다. 그리고 많은 정치인은 우리의 두려움을 이용해서 자기들이 발의한 어설픈 안건을 무작정 받아들이게 만든다.

하지만 성경은 대안을 제시한다. "아무 것도 염려하지 말고 다만 모든 일에 기도와 간구로, 너희 구할 것을 감사함으로 하나님께 아뢰라 그리하면 모든 지각에 뛰어난 하나님의 평강이 그리스도 예수 안에서 너희 마음과 생각을 지키시리라"(빌 4:6–7). 기도할 때 우리는 어떤 상황에서도 하나님의 돌보심을 신뢰하는 데서 오는 진정한 만족감을 누릴 수 있다. 바울은 이것을 배웠다. "내가 궁핍하므로 말하는 것이 아니니라 어떠한 형편에든지 나는 자족하기를 배웠노니 나는 비천에 처할 줄도 알고 풍부에 처할 줄도 알아 모든 일 곧 배부름과 배고픔과 풍부와 궁핍에도 처할 줄 아는 일체의 비결을 배웠노라 내게 능력 주시는 자 안에서 내가 모든 것을 할 수 있느니라"(빌 4:11–13).

그리스도는 마태복음 6장 33절에서 걱정병에 대해 예방 접종을 해주셨다. 우리 모두 이 구절을 암송해서 하나님이 우리의 필요를 공급해주실지 걱정이 들 때마다 이것을 떠올리면 좋을 것이다. "그런즉 너희는 먼저 그의 나라와 그의 의를 구하라 그리하면 이 모든 것을 너희에게 더하시리라." 우리가 추구해야 할, 삶의 중심이 되는 의는 무엇인가? 그것은 산상수훈에 이미 묘사된 천국의 삶이다(5:1–6:24). 그리고 하나님은 그분 나라의 우선순위를 추구하는 자들에게 무엇을 공급하시는가? 먹을 것, 마실 것, 입을 것을 포함해 우리에게 필요한 모든 것이다. 빌립보 사람들이 받은 약속은 여전히 교회를 세우는 일에 몸담고 있는 모든 사람에게 유효하다. "나의 하나님이 그리스도 예수 안에서 영광 가운데 그 풍성한 대로 너희 모든 쓸 것을 채우시리라"(빌 4:19).

적용: 마태복음 6:19-34
중요한 것부터 먼저 하라

이 세상은 걱정으로 가득 차 있다. 사람들의 밤잠을 설치게 하는 일들, 소셜 미디어에서 유행하는 주제들, 뉴스 매체에서 떠벌리는 이야기들을 생각해보라. 경기 침체의 위협 아니면 세계 전역에 퍼진 테러에 관한 두려움으로 가득하다. 우리는 전체주의 정권에 대항해 일어난 전쟁에 대해 불안해하지 않으면 기후 변화와 허리케인에 대한 보도에 안절부절못한다. 우리는 자녀, 배우자, 교회, 친구, 건강, 투자, 직업의 안정성을 걱정한다. 걱정할 무언가는 항상 있다!

우리는 어떻게 이 걱정의 순환 고리에서 벗어날 수 있을까? 예수님은 세상의 것보다 천국의 것에 우리의 초점을 맞추는 문제를 계속 다루시던 중 그 정점에서 이것을 분명히 밝히셨다. 우리는 걱정에 대한 그분의 치료법을 우선순위와 단순성이라는 두 단어로 요약할 수 있다.

첫째, 중요한 것을 앞에 놓아야 한다(6:33). 이것은 올바른 우선순위를 정하는 문제와 관련이 있다. 우리는 그리스도의 나라를 최우선 순위에 두고 그분을 신뢰해야 한다. 그분은 전능한 왕이신 까닭이다. 또 우리는 의로운 삶을 살아야 한다. 그분은 그럴 가치가 있는 주님이신 까닭이다. 걱정은 천국과 영원에 속한 것들을 우리 삶의 첫 번째 자리에 놓는 것과 양립할 수 없다. 이렇게 우선순위를 두고 사는 삶은 실제로 어떤 모습일까? 그것은 하나님의 말씀 안에서 시간을 보내고, 그것을 읽으며, 이해하고, 적용하는 것을 의미한다. 또한 혼자 노심초사하거나 다른 사람들에게 불평하기보다는 기도를 우선순위에 두고, 당신의 염려와 걱정, 필요를 하나님께 가져가는 것을 뜻한다(빌 4:6-7). 제일 중요한 것을 제일 앞에 놓으라.

둘째, 우리는 한 번에 하루씩만 살아야 한다(마 6:34). 예수님은 우리가 매일 충분한 괴로움을 겪고 있다고 말씀하신다. 우리에게는 떠맡아야 할 책임과 의무가 있다. 우리가 이것들을 제대로 감당하지 못하면 어떻게 될까? 다음 날로 넘어가서 스트레스가 증가된다. 여기서 예수님의 말씀을 미래를 대비해 지혜로운 계획을 세우는 것을 반대하는 경고로 받아들이면 안 된다. 실은 그 반대다. 몇 주 안에 끝내야 할 큰 프로젝트가 예정되어 있다면, 우리는 매일 한 번에 조금씩 진행할 계획을 세우고 매일의 목표에 충실해야 한다. 곧 일어날 수도 있고, 아닐 수도 있는 불확실한 문제들에 집착하기보다는 매일의 작은 염려를 조금씩 덜어내면 마음이 훨씬 가벼워진다. 일상의 활동을 게을리하고 대신 미래에 대해 조바심을 내면 두려움에 마비되어 미적거리게 된다.

제일 중요한 것을 제일 앞에 두고 한 번에 하루씩 사는 것이 하찮아 보일 수도 있다. 그러나 주님은 올바른 우선순위를 세우고 단순하게 사는 생활방식을 높이 사겠다고 약속하셨다. 그 혜택이 신문의 지면을 장식할 만큼은 아닐지 몰라도 당신은 심은 대로 거둘 것이다. 그것은 모든 이해를 초월하는 만족과 평화뿐 아니라 하나님의 섭리와 공급에 대한 확신이다.

황금률의 강력한 원칙(마태복음 7:1-12)

1비판을 받지 아니하려거든 비판하지 말라 2너희가 비판하는 그 비판으로 너희가 비판을 받을 것이요
너희가 헤아리는 그 헤아림으로 너희가 헤아림을 받을 것이니라 3어찌하여 형제의 눈 속에 있는 티는
보고 네 눈 속에 있는 들보는 깨닫지 못하느냐 4보라 네 눈 속에 들보가 있는데 어찌하여 형제에게 말하
기를 나로 네 눈 속에 있는 티를 빼게 하라 하겠느냐 5외식하는 자여 먼저 네 눈 속에서 들보를 빼어라
그 후에야 밝히 보고 형제의 눈 속에서 티를 빼리라

6거룩한 것을 개에게 주지 말며 너희 진주를 돼지 앞에 던지지 말라 그들이 그것을 발로 밟고 돌이
켜 너희를 찢어 상하게 할까 염려하라

7구하라 그리하면 너희에게 주실 것이요 찾으라 그리하면 찾아낼 것이요 문을 두드리라 그리하면
너희에게 열릴 것이니 8구하는 이마다 받을 것이요 찾는 이는 찾아낼 것이요 두드리는 이에게는 열릴
것이니라 9너희 중에 누가 아들이 떡을 달라 하는데 돌을 주며 10생선을 달라 하는데 뱀을 줄 사람이 있
겠느냐 11너희가 악한 자라도 좋은 것으로 자식에게 줄 줄 알거든 하물며 하늘에 계신 너희 아버지께서
구하는 자에게 좋은 것으로 주시지 않겠느냐

12그러므로 무엇이든지 남에게 대접을 받고자 하는 대로 너희도 남을 대접하라 이것이 율법이요 선
지자니라

우리는 부지중에 산상수훈을 자주 인용한다. 우리는 연설할 때 산상수훈에 나오는 많은 말로 요점을 강조한다. 산상수훈은 실제로 우리가 좌우명으로 삼을 정도로 친숙하다. 대부분의 내용이 벤자민 프랭클린의 재치와 지혜, 마크 트웨인의 기발한 격언, 셰익스피어의 명대사보다 더 많이 알려져 있다. 물론 예수님의 말씀은 훨씬 더 각 사람의 마음을 깊이 파고든다.

- 너희의 빛을 비추라.
- 일점 일획.
- 다른 뺨도 돌려 대라.
- 네 보물 있는 그 곳에는 네 마음도 있느니라.
- 너희가 하나님과 재물을 겸하여 섬기지 못하느니라.
- 믿음이 적은 자들아!
- 비판을 받지 아니하려거든 비판하지 말라.
- 너희 진주를 돼지 앞에 던지지 말라.
- 찾으라 그리하면 찾아낼 것이요.

성경을 펼쳐본 적도 없는 불신자들도 이런 말씀들은 귀에 익을 것이다. 의심의 여지없이 예수님은 가장 위대한 언어의 연금술사이셨다. 그분의 단어 선택, 완급 조절, 기억에 남는 비유는 가히 독보적이다.

예수님이 마태복음 7장 1-12절에서 속사포처럼 쏟아내신 강력한 원칙은 오늘날 우리가 황금률이라고 알고 있는 말씀에서 절정을 이룬다. "남에게 대접을 받고자 하는 대로 너희도 남을 대접하라"(7:12). 이 잊을 수 없는, 마음을 찌르는 말씀은 2천 년 전 갈릴리 바닷가에 위치한 산에서 이 말씀을 들은 청중의 삶에 영향을 미쳤듯이, 오늘 우리의 삶에도 동일한 영향을 미친다. 그리고 이 말씀은 동일한 왕의 동일한 권위로 우리를 찾아온다.

—7:1-5—

예수님이 자세히 설명하신 첫 번째 원칙은 다른 사람들을 판단하는 문제였다. 모름지기 권고는 위선적인 교만이 아닌 사랑과 겸손의 자세에서 나와야 한다. 하지만 내가 '딱지 붙이기'라고 부르고 '판사놀이'라고도 불리는 게임을 좋아하는 그리스도인이 너무 많다. 게임 방식은 지극히 간단하다. 어떤 사람에 대해 자기가 싫어하거나 동의하지 않는 부분을 대개 그 사람의 외형적 자질을 대충 보고 찾아낸다. 그런 다음 성급히 그 사람에 대해 부정적이고 비판적인 생각을 갖는다. 이러한 자칭 판사들은 어떤 사람에 대해 시간을 들여 깊이 숙고하거나 사실을 파악해서 공정한 결론을 내리는 법이 없다. 대신 그들은 그 사람에게 딱지를 붙여 마구 비난하고 그 사람의 모든 언행에 그 딱지를 붙여서 해석한다. 마지막으로-이게 핵심이다-그들은 자기들의 부정확한 관찰과 결론을 공개적으로 거침없이 다른 사람들과 나눈다.

그리스도인이 살면서 가장 애호하는 죄가 걱정이라면, 판단은 제일 좋아하는 취미일 것이다. 걱정은 하나님에 대한 믿음과 신뢰가 부족함을 나타낸다. 판단은 다른 사람들에 대한 사랑과 수용이 부족함에서 비롯된다. 예수님은 다른 사람들을 판단하는 것을 단호히 반대하셨는데도 불구하고 우리는 이 악하고 파괴적인 게임을 계속하고 있다. "비판하지 말라"(7:1)는 예수님의 말씀보다 더 분명한 것이 있을까?

다른 사람들을 판단하는 것이 왜 잘못일까? 첫째, 우리는 어떤 사람에 대해서 모든 것을 알 수 없고, 그들의 동기를 알아내려고 마음을 들여다볼 수 없다. 그것은 하나님만 가능하시다. 사무엘상 16장 7절은 이렇게 말한다. "내가 보는 것은 사람과 같지 아니하니 사람은 외모를 보거니와 나 여호와는 중심을 보느니라." 둘째, 타락했고, 연약하며, 유한한 우리는 편견을 가질 수밖에 없다. 다시 말해 우리는 절대 완전히 객관적일 수 없다. 우리는 제한된 관점과 지극히 적은 정보로 예단한다. 셋째, 다른 사람들을 판단할 때 우리는 자격이 안 되는 위치에 서게 된다. 하나님은 모든 것을 아시는 공정한 재판관이시다. 우리가 하나님의 역할을 대신하는 것은 분에 넘치는 일이다.

이러한 점을 염두에 두고 예수님이 마태복음 7장 1절에서 "비판하지 말라"고 하신 말씀의 정확한 뜻을 알아볼 필요가 있다. 예수님의 이 말씀은 우리가 물정 모르고 분별력이 없는 사람이 되라는 뜻이 아니었다. 실제로 주님은 바로 이어서 "거짓 선지자들을 삼가라"(7:15)고 경고하셨는데, 이는 분별력이 있어야 가능하다. 마찬가지로 요한일서 4장 1절은 신자들에게 "영들이 하나님께 속하였나 분별하라"고 말한다. 그러려면 관찰하고, 사실을 따져보고, 결론을 도출하는 능력이 있어야 한다. 위선의 탈을 쓰고 다른 사람들을 판단하지 말라는 예수님의 경고는 우리가 거짓 교사들을 맹목적으로 지지하거나 새빨간 거짓이나 부도덕한 일을 보았을 때 외쳐야 할 책임을 방기해도 된다는 뜻이 아니다. 실제로 지역교회는 그리스도의 이름을 내세우면서 회개하지 않은 죄를 계속 짓는 이른바 형제자매들을 "판단할" 의무가 있다(고전 5:11-13). 지역교회가 공동으로 차분하고 신중하게 행하는 징치(懲治)는 개인들 사이에서 벌어지는 위선적인 교만으로 촉발된 딱지 붙이기나 비판과는 다르다.

산상수훈에서 예수님이 비난하시는 것은 의심스러운 눈초리로 다른 사람들을 평가하는 비판적이고 부정적이며 거만한 태도다. 그런 태도를 가진 사람들은 늘 다른 사람들의 잘못이나 실수, 결함을 찾는다. 그리고 찾아낸다! 들추어낼 수 있는 사소한 결함이나 실패는 늘 있게 마련이다. 그들의 판단은 우월감, 추정, 편견, 자만심에서 나온다. 그 결과는 파괴적이고 비난하는 태도 그리고 자기 잘못을 보지 못하는 것이다. 예수님이 여기서 강조하시는 것이 바로 이런 뻔뻔한 위선이다.

남을 판단할 때 부당하고 성급하게 꼬리표를 붙이게 되는데 이는 비난받는 사람에게만 해로운 것이 아니다. 예수님은 그것이 재판관 역할을 하는 당사자에게도 해롭다는 점을 분명히 밝히셨다! 첫째, 우리가 보여주는 태도와 똑같이 다른 사람들도 우리를 대할 것이다(마 7:1-2). 우리는 준 만큼 받을 것이다. "뿌린 대로 거둔다"는 말을 들어보았을 것이다. 예수님은 이 속담으로 업보의 개념이 아닌 기본적인 진리를 주장하셨다. 실제로 우리가 위선적이고 비판적인 태도를 보이면 그것이 다시 우리를 공격할 것이다. 우리가 다른 사람들에게 은혜를 베풀지 않으면 막상 우리가 필요할 때 다른 사람들이 우리에게 은혜를 베푸는 것은 더 어려울 것이다. 우리가 다른 사람들을 손가락질하면 비판적인 사람들의 이목이 우리에게로 향할 것이다. 우리가 다른 사람들에게 부당한 기준을 적용한다면 다른 사람들이 우리에게 부당한 기준을 적용할 때 놀라지 말아야 한다.

둘째, 위선적이고 비판적인 태도는 하나님 앞에서 심판을 받는다. 우리는 가차 없이 냉혹하게 심판할 자격이 있는 양 행동하면서 스스로 도덕적으로 우월한 위치에 선다. 사도 바울은 이렇게 말한다. "그러므로 남을 판단하는 사람아, 누구를 막론하고 네가 핑계하지 못할 것은 남을 판단하는 것으로 네가 너를 정죄함이니 판단하는 네가 같은 일을 행함이니라"(롬 2:1). '딱지 붙이기' 놀이를 하는 사람들은 자기들이 흠을 들춰낸 사람들과 똑같이 하나님 앞에서 죄인이다. "모든 사람이 죄를 범하였으매 하나님의 영광에 이르지 못하[기]" 때문이다(롬 3:23).

예수님은 이런 비열하고, 근시안적이며, 자기 파괴적인 비난의 어리석음을 재치 있고 재미있는 예로 설명하셨다(마 7:3-5). 예수님은 어떤 사람이 다른 사람의 눈에 티끌이 있다고 말해주는 장면을 상상해보라고 하셨다. "티"로 번역된 단어는 따끔거리는 작은 마른 나무조각 같은 것을 가리킨다.[19] 그러나 그 사람은 자기 형제의 허물을 지적하면서 자기 눈 속의 "들보"는 보지 못한다. 예수님은 여기서 일부러 비현실적인 과장법을 사용하셔서 '도움이 되고자' 작은 티끌을 가진 사람의 약점을 지적하는 형제의 우스꽝스러움을 알아채게 하셨다. "들보"로 번역된 단어는 건물의 벽과 지붕을 받쳐주는 서까래나 들보를 지칭한다.[20]

자기 눈에 기둥만 한 들보를 가진 사람이 어떻게 다른 사람을 괴롭히는 결점의 원인을 제거하도록 도울 수 있을 만큼 선명하게 볼 수 있을까? 그럴 수 없다! 해결책은 우리를 눈멀게 하는(우리 눈의 "들보") 우리 자신의 성품 문제와 결함을 돌아보는 것이다. 그러면 다른 사람들이 그들의 문제(눈의 "티끌")를 해결하도록 도울 수 있을 만큼 더 객관적이고 명확하게 볼 수 있게 된다. 이것을 제대로 하지 못하면 위선적이 될 수밖에 없으며, 정작 아무도 돕지 못한다.

예수님의 말씀은 다른 사람이 자기 삶에서 보지 못하는 부분이 보여도 관여하지 말라는 뜻이 아니다. 예수님은 "남 상관 말고 너나 잘 살아라"거나 "내가 무슨 자격으로 남을 판단하는가?"라고 말씀하지 않으셨다. 오히려 형제자매가 어려움을 이겨내도록 돕고 싶어 하는 것이 맞다고 하셨다. 우리는 그리스도인으로서 이렇게 서로 사랑하고 책임지도록 부름받았다. 예수님은 우리가 신중하고 진실하며 사랑하는 마음으로 다른 사람을 도울 준비가 잘 되어 있기를 바라신다.

—7:6—

7장 1-12절에 나오는 두 번째 원칙은 말을 하는 것 그리고 참는 것과 관련이 있다. 우리는 복음을 선포할 때 잘 분별해야 한다. 7장 1-5절에 나오는 판단하는 유형은 그런 대우를 받을 이유가 없는 상대를 지나치게 가혹하고 부당하게 비난한다. 그런 사람들은 더 참아야 할 때 너무 성급히 말한다. 더 너그러워야 할 때 무자비하게 콕콕 찌른다. 그러나 7장 6절에서 예수님은 그와는 정반대로 치우친 사람들에 대해 말씀하신다. 그들은 자신이 가진 소중하고 값진 것을 준비되지 않고 원치 않는 자들에게 헛되이 마구 준다. 여기서 예수님은 신자들에게 거룩한 것을 함부로 나누지 말라고 주의를 주셨다.

논점을 분명히 하기 위해 예수님은 "거룩한" 것–아마도 성별된 음식–을 개에게 주는 사람과 값진 "진주"를 돼지에게 던지는 예화를 사용하셨다. 야생의 부정한 동물들을 거룩한 음식으로 축복하거나 고운 진주로 꾸미지 않는 것과 마찬가지로 우리는 영적인 축복을 베푸는 사람들에 대해 현명하고 신중해야 한다. R. T. 프란스는 이것을 다음과 같이 표현했다. "거룩하고 귀중한 것(아마도 주로 가르침일 것이다)은 그것을 알아볼 능력이 있는 자들에게만 주어야 한다…하나님의 선물이 무방비로 남용되거나 그분의 진리가 조롱받아서는 안 된다. 1–2절에 언급된 비판적인 판단과 올바른 분별력은 다르다."[21]

—7:7–11—

마태복음 7장 1–12절의 세 번째 원칙은 기도와 응답에 관한 것이다. 그리스도인의 기도는 끈기가 특징이다. 예수님은 세 가지 명령으로 시작하신다(7:7). 각 명령은 헬라어의 현재 시제 명령형 동사를 취하며, 이는 지속적인 활동을 지시하는 명령으로 해석될 수 있다. 계속 요청하라…계속 찾으라…계속 두드리라.[22] 맥락을 보면 예수님은 지속적이고 끈기 있는 기도에 대해 말씀하셨다. 우리가 진정으로 주님의 뜻을 구하고, 그분이 우리 대신 개입해주시기를 간절히 구하면 우리는 요청한 것을 받고, 찾고 있는 것을 찾으며, 가고 싶은 곳에 접근할 수 있다. 그러나 우리는 끝까지 버티고, 계속 노력하며, 밀고 나가야 한다. 상황이 악화되면 더 열심히 기도해야 한다. 우리의 필요가 지속되면 우리는 다시 무릎을 꿇고

개와 돼지(마태복음 7:6)

지금은 개가 소중한 애완동물이고, 돼지는 '살이 흰 또 다른 고기'에 불과하다. 그러나 구약과 신약 시대의 유대인들은 일반적으로 개와 돼지 모두를 불결하고 비루하게 여겼다.

1세기에는 오늘날 많은 제3세계 국가들에서 볼 수 있듯이, 개들은 보통 무리를 지어 다녔고, 대체로 사납고 위험했다.[23] 개들은 거리를 배회하는 청소부로 여겨졌다. 그들은 확실히 불결했다. "개"라는 용어는 때때로 악인들–신앙 공동체 밖의 사람들(계 22:15)–에 대한 은유로 사용되었다(사 56:10–11).

돼지 역시 부정한 것으로 간주되었고 종종 훼방거리가 되었다. 돼지들은 재산을 훼손했고, 공격적이며, 위험할 때도 많았다. 1세기의 돼지는 지금의 집돼지가 아니라 멧돼지에 더 가까웠다. 유대인들은 돼지를 너무 싫어해서 많은 사람이 아예 이름도 입에 올리지 않고 그냥 "혐오스러운 것"이라고 불렀다.[24]

더욱 간절히 하나님께 탄원해야 한다.

그렇다면 하나님은 우리가 무엇을 구하든 다 주시고, 우리가 찾는 것은 무엇이든 다 찾을 것이며, 우리가 원하면 어떤 문이라도 다 열어주신다는 뜻인가? 그런 것은 아니다. 사도 요한은 이렇게 썼다. "그를 향하여 우리가 가진 바 담대함이 이것이니 그의 뜻대로 무엇을 구하면 들으심이라"(요일 5:14, 밑줄 나의 강조). 간절히 기도하라는 예수님의 격려를 하나님이 우리가 원하기만 하면 다 주시는 천상의 자동판매기라는 뜻으로 받아들이면 안 된다. 그리스도는 기도를 통해 우리가 하늘 아버지와 맺는 온전한 관계에 중점을 두셨다(마 7:9-11). 예수님은 논지를 입증하시기 위해 작은 것을 논거로 더 큰 것을 논증하는 유대인의 보편적인 논쟁 관행을 사용하셨다. 타락한 죄인인 세상 아버지도 우리가 요청하면 빵과 생선을 줄 만큼 우리를 사랑한다. 그들도 우리에게 돌이나 뱀 같은 해로운 것을 주지 않는다.

예수님이 우리가 사는 데 필요한 것, 즉 일용할 양식을 구하는 것을 언급하셨다는 점에 유의하라. 그것은 우리를 향한 분명한 하나님의 뜻이다. 우리가 이런 것들을 "그의 뜻대로"(요일 5:14) 구하면 그분은 들으실 것이다. 그리고 그분은 지상의 아버지들보다 우리를 무한히 더 사랑하시기 때문에 "구하는 자에게 좋은 것으로 주[실]"(마 7:11) 것이다. 이것이 정말 중요하다. 선하시고 선만 행하시는 하나님이 우리에게 정말 필요한 것을 안 주실 리가 없다. 그리고 해가 될 것으로 우리를 심술궂게 괴롭히실 리가 만무하다. 우리 기도에 응답하심으로 그분이 우리에게 행하시는 것은 모두 우리의 유익을 위한 것이다(참조. 롬 8:28).

—7:12—

마태복음 7장 1-12절의 네 번째이자 마지막 원칙은 앞의 내용을 망라해서 요약한다. 우리가 전하는 메시지에는 본이 따라야 한다. 여기서 예수님은 황금률로 알려진 원칙을 청중에게 제시하셨다. 윌리엄 바클레이(William Barclay)는 마태복음 7장 12절에 대해 이렇게 말한다. "아마 이 구절이 예수님이 하신 말씀 중에서 가장 널리 알려졌을 것이다. 이 계명과 함께 산상수훈은 정점에 도달한다…이것은 사회 윤리의 최고봉이며, 모든 윤리적 가르침의 에베레스트다."[25] 이런 윤리의 원칙은 새로운 것이 아니었다. 공자, 헬라의 철학자들, 유대인 랍비들도 비슷한 것을 가르쳤다.[26] 이것은 또 외경 토비트서에도 부정문의 형태로 나온다. "다른 사람이 너희에게 행한 싫은 일을 다른 사람들에게 하지 말라"(토비트 4:15).[27] 그러나 예수님은 이 원칙을 뒤집어서 긍정문으로 표현하셨다. 예수님의 말씀은 본질적으로 이런 뜻이다. "너희가 좋아하는 것을 다른 사람들에게 행하라." 그러므로 이 고귀한 윤리의 핵심은 타인 중심적이고, 무조건적인 사랑의 정신이다.

이 황금률은 이전의 세 가지 원칙을 적절히 요약하는 역할을 한다. 내가 대접받고 싶은 방식으로 사람들을 대접하는 것은 다른 사람들을 부당하게 비판하지 않는 것을 의미한다. 우리가 다른 사람을 비판하는 대로 우리도 비판받을 것이기 때문이다(마 7:1-5). 우리가 대접받고 싶은 대로 남을 대접하는 것은 또한 하나님이 예비하시지 않은 자들에게 우리의 메시지를 함부로 선포하지 않는 것을 뜻한다. 그렇게 하면 그들이 진리에 거부감을 갖게 되거나 하나님의 일을 무조건 경멸하게 만들 수 있다(7:6). 또 내가 대접받고 싶은 대로 다른 사람들을 대접하는 것은 풍성하고 사랑이 넘치는 하나님 아버지가 우리에게 쏟아부으신 자비를 다른 사람들에게 본으로 보여준다는 뜻이다(7:7-11). 다시 말해서, 하나님이 우리에게 베푸시는 형언할 길 없는 무조건적인 은혜 때문에 우리도 다른 사람들에게 이와 같은 무조건적인 은혜를 베풀어야 한다.

이렇게 이타적이고 타인 중심적인 삶의 방식은 "율법이요 선지자"(7:12)-즉 구약성경의 마음과 정신-를 성취하는 것이다. 우리가 이렇게 살 때 우리는 세상이 볼 수 있도록 은혜의 메시지를 본으로 보이면서 그리스도를 닮은 모습을 전파하게 된다.

적용: 마태복음 7:1-12

이타적인 삶

마태복음 7장 1-12절에 나오는 예수님의 가르침에서 우리는 왕을 섬기는 제자의 여정을 도와줄 삶을 변화시키는 네 가지 원칙을 얻는다. 하나하나 다시 살펴보면서 그것을 어떻게 우리 삶에 접목시킬 수 있을지 생각해보자.

첫째, 권고는 위선적인 교만이 아니라 사랑과 겸손의 자세에서 나와야 한다(7:1-5). 다른 사람들의 행동을 지적하는 말이 튀어나오려고 할 때마다 자기 자신을 먼저 돌아보아야 한다. 그러면 우리 자신의 허물, 약점, 실패를 인정하고, 우리가 현재 처한 영적, 도덕적 위치를 확인할 수 있다. 그럼으로써 우리는 한 사람이 벌이고 있는 고투를 이해하고, 성급하고 가혹하지 않게 겸손하고 온유한 자세로 대할 수 있게 된다. 그리고 교정의 목표는 근신과 정죄가 아니라 회복과 복귀임을 늘 기억해야 한다.

둘째, 우리는 복음을 선포할 때 잘 분별해야 한다(7:6). 이 구절에 예수님의 두 번째 원칙을 적용하면 다른 사람들에게 복음을 나눌 때 조심스럽고, 민감하며, 잘 분별해야 한다는 것이다. 관심이 없거나 적대감이나 경멸을 감지하면 물러나라. 이 원칙은 다른 사람들과 물질적인 축복을 나눌 때도 적용된다. 재정적으로 어려운 사람을 돕기 위해 할 수 있는 가장 좋은 방법은 돈을 주는 것이라고 생각할 수 있다. 사실일 수도 있지만, 꼭 그렇지만은 않다. 어리석은 사람이나 악한 사람, 중독자에게 돈을 주면 도움이 되기보다 해가 될 수도 있다. 우리는 우리의 삶, 자원, 시간, 메시지를 지혜롭고 신중하게 나눠야 한다.

셋째, 끈기 있게 기도해야 한다(7:7-11). 우리는 끊임없이 기도하고, 주님 앞에 우리의 진정한 필요를 올려드리며, 그분의 지혜, 선하심 그리고 우리가 기도한 것을 주실 수 있는 능력을 신뢰해야 한다. 동시에 우리는 그분이 우리에게 바라시는 바를 찾아야 하고, 겸허히 우리의 뜻을 그분의 뜻에 순복해야 한다. 우리가 방탕한 자녀, 만성적인 질병, 냉담한 가족, 죽어가는 교회 등을 위해 며칠, 몇 주, 몇 달, 심지어 몇 년에 걸쳐 간절히 기도할 때 하나님은 때때로 시간의 흐름과 기도의 간절함을 사용해서 우리를 변화시키실 것이다. 어느새 마음이 움직이고, 뜻이 꺾이며, 삶 전체가 그분의 뜻을 준행하고 있는 우리의 모습을 보게 될지도 모른다. 그 과정 속에서 우리는 하나님이 얼마나 선하시고, 지혜로우시며, 전능하신지 알게 된다.

넷째, 우리가 전하는 메시지에는 본이 따라야 한다(7:12) 우리는 몇 가지 중요한 질문을 통해 다른 사람들을 대하는 우리의 행동을 계속 평가하는 습관을 가짐으로써 황금률의 원칙을 적용할 수 있다. 첫째, 사랑의 하늘 아버지가 내게 보여주신 은혜, 자비, 사랑을 나타낼 수 있는 행동은 무엇인가? 다시 말해, 하나님이 내게 행하신 일을 다른 사람들에게 어떻게 실천할 수 있는가? 둘째, 어떤 행동이 그리스도가 이 세상에서 행하신 자비로운 역사를 가장 잘 나타내는가? 즉, 그리스도가 나를 통해 하기 원하시는 일을 어떻게 다른 사람들에게 실행할 수 있는가? 셋째, 내가 같은 상황에 처해 있다면 다른 사람이 나에게 어떻게 해주면 좋겠는가? 즉, 다른 사람이 내게 해주기를 바라는 것을 남들에게 어떻게 해줄 수 있을까? 더 많은 사람이 이 윤리를 바탕으로 서로 교류한다면 당신의 사생활, 가족생활, 공동체와 교회 생활, 심지어 세상이 어떻게 변화될지 생각해보라! 그러나 그리스도의 사랑과 성령의 능력을 진짜로 경험하지 못하면 그런 혁명적인 윤리는 실현될 수 없다. 감사하게도, 사람에게는 불가능한 것이 하나님에게는 가능하다(눅 18:27).

흔들리지 않는 삶의 비결(마태복음 7:13-29)

13좁은 문으로 들어가라 멸망으로 인도하는 문은 크고 그 길이 넓어 그리로 들어가는 자가 많고 14생명
으로 인도하는 문은 좁고 길이 협착하여 찾는 자가 적음이라
15거짓 선지자들을 삼가라 양의 옷을 입고 너희에게 나아오나 속에는 노략질하는 이리라 16그들의
열매로 그들을 알지니 가시나무에서 포도를, 또는 엉겅퀴에서 무화과를 따겠느냐 17이와 같이 좋은 나
무마다 아름다운 열매를 맺고 못된 나무가 나쁜 열매를 맺나니 18좋은 나무가 나쁜 열매를 맺을 수 없고
못된 나무가 아름다운 열매를 맺을 수 없느니라 19아름다운 열매를 맺지 아니하는 나무마다 찍혀 불에
던져지느니라 20이러므로 그들의 열매로 그들을 알리라
21나더러 주여 주여 하는 자마다 다 천국에 들어갈 것이 아니요 다만 하늘에 계신 내 아버지의 뜻대
로 행하는 자라야 들어가리라 22그 날에 많은 사람이 나더러 이르되 주여 주여 우리가 주의 이름으로 선
지자 노릇 하며 주의 이름으로 귀신을 쫓아 내며 주의 이름으로 많은 권능을 행하지 아니하였나이까 하
리니 23그 때에 내가 그들에게 밝히 말하되 내가 너희를 도무지 알지 못하니 불법을 행하는 자들아 내게
서 떠나가라 하리라
24그러므로 누구든지 나의 이 말을 듣고 행하는 자는 그 집을 반석 위에 지은 지혜로운 사람 같으리니
25비가 내리고 창수가 나고 바람이 불어 그 집에 부딪치되 무너지지 아니하나니 이는 주추를 반석 위에 놓
은 까닭이요 26나의 이 말을 듣고 행하지 아니하는 자는 그 집을 모래 위에 지은 어리석은 사람 같으리니
27비가 내리고 창수가 나고 바람이 불어 그 집에 부딪치매 무너져 그 무너짐이 심하니라
28예수께서 이 말씀을 마치시매 무리들이 그의 가르치심에 놀라니 29이는 그 가르치시는 것이 권위
있는 자와 같고 그들의 서기관들과 같지 아니함일러라

나는 예수님이 침을 묻힌 손가락을 공중에 들어 올려 여론의 바람이 부는 방향을 가늠하신 뒤 메시지를 만드시는 모습이 상상이 안 된다. 예수님은 당대의 존경받는 랍비들의 가르침에 당신의 가르침을 맞추시려고 바리새인들의 말을 듣고 서기관들의 주석을 읽지 않으셨다. 그분은 정부의 승인을 요구하시거나 회중의 확인을 구하지도 않으셨다. 그분은 진리

를 말씀하셨다. 분명하고, 알기 쉽고, 직설적으로. 그분의 메시지는 통찰력이 있으면서 마음을 사로잡았고, 시간을 초월하면서 시의적절했으며, 마음을 찌르고, 담대하며, 설득력이 있었다. "위선을 버리라!"(5:1-48)…"외식하지 말라!"(6:1-34)…"포용하라!"(7:1-5)…"헌신하라!"(7:6-12)

산상수훈을 분석해보면 예수님이 가장 강렬한 말씀을 마지막까지 남겨놓으셨음을 알 수 있다. 마태복음 7장 13-27절은 이 설교에서 가장 격렬한 감정을 표출한다. 여기가 적용 부분이다. 예수님이 지금까지 설교하신 모든 것을 고려해볼 때 말씀의 요지는 이것이다. "이제 이 모든 것을 들은 너희는 어떻게 해야 하는가?" 예수님은 청중이 이 말씀을 적용할 수 있는 네 가지 대안을 제시하셨다.

- 두 개의 문: 생명으로 인도하는 좁은 문과 멸망으로 인도하는 넓은 문(7:13-14).
- 두 개의 나무: 좋은 열매를 맺는 좋은 나무와 나쁜 열매를 맺는 나쁜 나무(7:15-20).
- 두 개의 반응: 하나님의 뜻을 행하는 진정한 제자와 하나님의 말씀을 듣고 입에 발린 말만 하는 위선적인 방관자(7:21-23).
- 두 개의 기초: 반석 위에 지은 집과 모래 위에 지은 집(7:24-27).

메시지를 듣고 결단을 내리라는 예수님의 요구는 사실상 불신자들에게는 믿음으로, 신자들에게는 제자의 삶으로 초청하는 부르심이다. 회개하고, 오랫동안 기다려온 메시아 왕이자 유일하게 합법적인 주님을 믿고 순종하라는 부르심이다.

—7:13-14—

두 개의 문. 첫 번째 대안에서 예수님은 요즘 인기 있는 다원주의를 배제하셨다. 다원주의는 "모든 종교에는 어느 정도 진리가 포함되어 있으며, 하나님께 가는 길은 여러 가지가 있다. 그리스도인은 기독교의 길을 따라가고, 불교도들은 불도를 닦으며, 이슬람교도들은 이슬람교에 충실함으로써 구원받는다는 견해"[28]로 정의할 수 있다. 예수님은 이 관점과는 반대로 많은 사람이 좋아하는 넓은 문은 "멸망으로 인도"한다고 지적하셨다(7:13).

20세기의 위대한 기독교 사상가이자 작가인 C. S. 루이스는 젊은 날 자기가 걸었던 넓은 길을 이렇게 묘사한다. "나는 얼마 지나지 않아 (유명한 말로 하자면) '나는 믿는다'를 '사람은 느낀다'로 바꾸고 있었다. 아, 그 안도감이라니!…나는 대낮처럼 밝은 계시의 빛에서 더 차원 높은 사상의 서늘한 황혼 속으로 들어갔다. 거기에는 위안을 주거나 흥미진진한 것만 있을 뿐 순종할 것도, 믿어야 할 것도 없었다."[29] 생각해보라. 만약 어떤 사람이 '개방적인 사고방식'을 가지고 자기처럼 '똑똑한' 궤변가들과 어울린다면 그들은 학식 있고, 학문적 업적이나 학위가 있으며, 생각이 깊고, 세련된 말을 하는 자들의 의견에만 귀를 기울일 것이다. 그런 사람에게 극소수만 찾는 좁은 길로 인도하는 좁은 문에 대한 이야기는 지극히 단순 무식한 소리로 들렸을 것이다.

그러나 생명으로 인도하는 좁은 길에 관한 예수님의 가르침(7:14)은 하나님의 다른 계시와 완벽하게 어우러진다. 잠언 14장 12절은 이렇게 말한다. "어떤 길은 사람이 보기에 바르나 필경은 사망의 길이니라." 구원받고 하나님과 함께 영원한 삶으로 들어갈 수 있는, 하나님이 제공하신 단 하나의 올바른 방법은 예수님이 직접 말씀하셨듯이 아들을 통해서다. "내가 곧 길이요 진리요 생명이니 나로 말미암지 않고는 아버지께로 올 자가 없느니라"(요 14:6). 몇 년 후, 바울도 그의 조수 디모데에게 이것을 상기시켰다. "하나님은 한 분이시요 또 하나님과 사람 사이에 중보자도 한 분이시니 곧 사람이신 그리스도 예수라"(딤전 2:5).

—7:15-20—

두 개의 나무. 두 번째 대안으로 예수님은 거짓 교사들의 문제를 다루셨다. 넓은 문으로 들어가는 넓은 길을 따라가는 대부분의 사람은 일부 교사, 작가, 설교자, 지도자들의 거짓말에 현혹되어 참된 길에서 벗어났기 때문에 교사들의 가르침의 진위를 비교해보면 거짓 교사들을 가려낼 수 있다.

예수님은 깜짝 놀랄 경고로 시작하셨다. "거짓 선지자들을 삼가라"(7:15). 거짓 선지자들은 겉으로는 부드럽고 온화한 양처럼 보이지만, 본성은 굶주린 늑대 같다. 그들은 마음을 편하게 해주는 미소와 달콤한 말, 다정한 태도로 등장한다. 그들은 다가가기 쉽고, 사려 깊으며, 흥미롭고, 매력적이며, 상냥하고, 재치 있다. 카리스마 있고, 매력적이며, 대단해 보이는 교육과 경력의 이력서를 들고 다니는 이 "양들"은 딱 양털 두께만큼의 자질을 가지고 있다! 가짜로 치장한 껍질을 벗겨내면 당신을 집어삼키려고 하는 포악한 괴물을 보게 될 것이다! 사도 바울도 고린도후서 11장 13-15절에서 이 주제를 자세히 설명한다. "그런 사람들은 거짓 사도요 속이는 일꾼이니 자기를 그리스도의 사도로 가장하는 자들이니라 이것은 이상한 일이 아니니라 사탄도 자기를 광명의 천사로 가장하나니 그러므로 사탄의 일꾼들도 자기를 의의 일꾼으로 가장하는 것이 또한 대단한 일이 아니니라 그들의 마지막은 그 행위대로 되리라."

거짓 교사들은 우리가 보았을 때 즉시 알아채기 힘들다. 그러나 그들의 "열매"를 잘 보면 가면 뒤의 모습을 볼 수 있다. "그들의 열매로 그들을 알리라"(마 7:16, 20). 가시 덤불은 포도를 맺지 않으며 엉겅퀴는 무화과를 생산하지 않는다. 예수님은 식물이 "각기 종류대로"(창 1:12) 열매를 생산하는 자연의 자명한 이치에 호소하셨다. 좋은 열매는 좋은 나무에

두 개의 길(마태복음 7:13-14)

예수님은 두 가지 다른 '길' 또는 '경로'로 인도하는 두 개의 문에 대해 가르치실 때, 1세기에 '두 가지 길'이라고 불렸던 잘 알려진 교수법을 차용하셨다. 이 교수법은 생명, 빛, 진리, 지혜, 의의 길과 죽음, 어둠, 거짓, 어리석음, 악의 길을 대조했다. 이 두 가지 길을 논한 초기 유대교와 기독교의 여러 문헌을 보면 '생명의 길'은 하나님의 사람들에게 기대되는 고결한 생활방식을 설명했다. 반대로 '죽음의 길'은 불신자들의 악하고 파괴적인 생활방식을 설명했다. 아마도 하나님의 영감으로 쓰인 신약성경 외에 가장 오래된 기독교 문헌일 1세기에 쓰인 디다케(Didache)는 다음과 같이 시작한다. "두 개의 길이 있다. 생명의 길과 사망의 길. 이 둘 사이에는 큰 차이가 있다"(디다케 1.1).

초대교회가 사용했던 이 두 개의 길 교수법은 기독교가 발생하기 전 성경과 랍비들의 가르침에 그 뿌리를 두고 있다. 이 두 개의 길 패턴은 히브리어 성경(참조. 신 30:15, 시 1:6, 139:24, 잠 2:8-22, 렘 21:8), 사해사본 문헌,[30] 다른 초기 유대인 문헌에서 찾아볼 수 있다.

예수님은 자신을 "길"(요 14:6)로 표현하셨는데, 이는 모든 생명, 빛, 진리, 지혜, 의는 궁극적으로 그분과의 관계에서 찾을 수 있다는 뜻이다. 신자들이 생명의 길로 나아가는 여정은 그리스도를 믿는 믿음으로 시작해 마지막 영광의 목적지인 천국에 도착할 때까지 계속된다. 존 번연(John Bunyan)의 역작 『천로역정』(*The Pilgrim's Progress*)에 생생하게 묘사된 바와 같이 이 길은 고난, 투쟁, 고통으로 가득 차 있다. 그러나 이 길은 늘 기뻐하며 확신에 찬 승리한 성도들과 함께 갈 수 있다. 그 길에 핍박하는 자들, 유혹하는 자들, 훼방꾼들이 아무리 들끓어도 주 예수 그리스도가 그 길을 가는 자들의 짐을 대신 지시고 성령을 보내셔서 우리의 발걸음에 활력을 불어넣어 주신다. 유대 기독교 사상에서 생명의 길은 좁고 고달프지만, 그 여정을 마치고 도달할 목적지는 어떠한 위험, 난관, 좌절에 부딪히더라도 갈 만한 가치가 있다.

서만 나오고, 나쁜 나무는 나쁜 열매를 맺는 법이다. 그리고 나쁜 열매는 쓸모가 없어 버려지고 폐기된다(마 7:17-19).

—7:21-23—

두 개의 반응. 세 번째 대안으로 예수님은 그분의 가르침에 대한 두 가지 다른 반응을 설명하시면서 건전하지 않은 교사(7:15-20)에서 건전하지 않은 청중(7:21-23)으로 넘어가셨다. 이 구절들은 아주 자세히 읽고 신중하게 생각하지 않으면 자칫 오해하기 쉽다. 여기에서 우리는 실제로는 알맹이가 없으면서 말로만 하는 신앙 고백의 위험성을 본다. 어떤 사람들은 전부 거짓으로 신자들이 하는 말을 하고 신자들이 하는 행동을 할 수도 있다.

그런 사람들은 예수님을 "주여, 주여"(7:21)라고 부르면서 신경을 외우고 기도할 수 있을지는 몰라도, 왕의 이름을 내세운다고 해서 무조건 그들이 하나님 나라의 일원이라는 뜻은 아니다. 우리가 오직 믿음으로 오직 은혜로 구원받았다는 사실을 잊으면 안 된다. 그러나 구원의 믿음만 있는 것이 아니다. 우리를 구원하신 그 은혜로 하나님은 우리 안에 새로운 탄생의 열매를 맺으신다. 우리는 정말로 주님을 친밀한 친구로 알 뿐 아니라 무법이 아닌 의를 행한다(약 2:14-26).

그러나 여기서 주의해야 한다. 거짓 선지자와 거짓 믿음을 고백하는 자들은 그럴싸한 성과를 보여줄 수 있다. 그들은 바른 말을 하고 입이 떡 벌어질 위업을 달성할 수도 있다. 그들은 정통 교리를 암송하고, 행동에서 열정과 열의를 보여준다. 또 예언하고, 귀신을 내쫓으며, 여러 기적을 행하는 등의 분명히 초자연적인 것으로 보이는 놀라운 경험을 내세운다(마 7:22). 예수님은 그들이 실제로 이런 일들을 정직한 방식으로 할 수 있다고 한 번도 말씀하시지 않았다는 점에 유의하라. 거짓 추종자들은 이런 일들을 했다고 주장할 뿐이다. 하지만 이 모든 일은 거짓으로 꾸밀 수 있다. 또 그들이 거짓 주장을 할 수도 있다. 나는 오랜 세월 사역을 하면서 망상에 빠진 설교자들이 초자연적인 일을 했다고 거짓말하거나 과장하는 것을 보았다.

예수님은 이 허울을 꿰뚫어 보실 수 있다. 그분은 가짜들에게 냉정하게 대답하실 것이다. "내가 너희를 도무지 알지 못하니 불법을 행하는 자들아 내게서 떠나가라"(7:23). 이 가짜들은 예수님을 진정으로 알고 아버지의 뜻을 행하는 예수님의 참된 추종자들과 대조된다(7:21). 거짓 신자들은 사람들-교인들까지도-을 속일 수 있지만, 하나님은 결코 속지 않으신다.

—7:24-29—

두 개의 기초. 네 번째 대안에서 예수님은 사람들이 그 위에 삶을 세우는 두 가지 전혀 다른 기초를 묘사하셨다. 예수님은 산상수훈의 마지막 단락을 "그러므로"(7:24)라는 말로 시작하시면서 지금까지 군중에게 가르치신 것이 모두 이 마지막 진술로 귀결됨을 시사하셨다. 그리고 논점을 이해시키기 위해 극적인 이미지를 남겨주셨다.

예수님은 청중의 마음속에 두 개의 집을 나란히 지으셨다. 예수님이 묘사하신 첫 번째 집은 견고하고 흔들리지 않는 반석 위에 지어졌다(7:24). 이 집에 큰 폭풍과 비와 홍수가 닥쳐도 "무너지지 아니하나니 이는 주추를 반석 위에 놓은 까닭이[었다]"(7:25). 반면에 두 번째 집은 모래 위에 지어졌다(7:26). 같은 폭풍이 이 집에 몰아치자 "무너져 그 무너짐이 심하니라"(7:27). 이미지는 더할 나위 없이 단순하다. 대비는 선명하다. 그러나 예수님은 애초에 건축 기술에는 관심이 없으셨다. 그분의 관심은 우리 삶의 질에 있었다.

반석 위에 지은 집은 예수님의 말씀에 따르면 "나의 이 말을 듣고 행하는 자"(7:24)를 상징한다. 그것은 무슨 말인가? 예수님이 산상수훈에서 시종 가르치신 말씀이다. 그에 반해 어리석게 모래 위에 지은 집은 "나의 이 말을 듣고 행하지 아니하는 자"(7:26)를 나타낸다. 인생에서 피할 수 없는 고난이 닥칠 때 그리스도의 가르침을 따라 살아온 사람들은 충격을 견딜 수 있을 것이다. 그분의 원칙과 모본을 따르지 않은 자들은 큰 타격을 입을 것이다.

인생과 폭풍은 불가분의 관계다. 트라우마, 긴장, 고뇌에서 완전히 벗어날 수 있는 곳은 지구상에는 없다. 욥의 말이 아주 정확하다. "여인에게서 태어난 사람은 생애가 짧고 걱정이 가득하며"(욥 14:1). 인생의 모든 격랑을 피하겠다는 생각은 환상일 뿐이다. 그러므로 우리는 침몰하지 않고 버티며, 무너지지 않고 굳세게 버티는 비결을 배워야 한다. 강력하고 실제적인 산상수훈을 마치시며 예수님은 두 개의 집과 두 개의 기초라는 생생한 이미지로 청중의 행동을 촉구하셨다.

예수님의 말씀은 군중에게 큰 영향을 미쳤다. 사실 사람들은 말문이 막혔다. 그들은 "그의 가르치심에 놀[랐다]"(마 7:28). 그리고 정말 그랬다! 그분의 말씀은 구문의 문법적 뉘앙스를 파악하는 데만 매달리는 서기관들의 말이나 이런저런 율법이 옳다고 동료 학자들을 설득하기 위해 장황한 설명을 늘어놓는 바리새인들의 추론과 달랐다. 예수님은 성육하신 진리로서 진리를 가르치셨다. 그분은 시내산에서 율법을 전달하신 분으로서 율법을 가르치셨다. 즉 그분의 가르침은 서기관들과 달리 그분의 신적 권위에서 나왔다(7:29).

적용: 마태복음 7:13-29

어느 쪽을 택할 것인가?

예수님이 가르치신 산상수훈의 결론은 청중의 결단을 촉구하기 위한 말이었다. 우리에게도 메시지는 동일하다. 그리고 1세기 때와 마찬가지로 그것은 지금도 시급한 일이다. 그 문제에 대해 당신이 어떤 입장을 취할지는 당신만 정할 수 있다.

두 개의 문. 각 사람은 두 개의 문과 두 개의 길 앞에 서 있다. 문 하나는 작고 좁은 길로 인도하며 찾는 사람이 거의 없지만, 생명으로 인도한다. 다른 문은 크고 넓은 길로 인도하며 많은 사람이 찾지만, 멸망으로 인도한다. 당신은 어떤 문으로 들어가 어떤 길을 걸을지 선택했는가? 기억하라. 예수님은 길이요 진리요 생명이시다. 그분을 통하지 않고는 아무도 아버지께로 갈 수 없다(요 14:6).

두 개의 나무. 두 개의 나무에 관한 예수님의 가르침은 우리가 누군가의 가르침을 따를 때 조심해야 한다는 것을 강조한다. 그러면 나쁜 나무임을 알려주는 열매는 어떤 것인가? 교사와 지도자들이 하나님의 말씀을 어떻게 다루는지 주의 깊게 살펴야 한다. 온전한 믿음과 순종의 자세로 말씀 아래 서 있는가? 아니면 말씀 위에 서서, 말씀을 판단하고, 고치고, 무시하는가? 그리스도의 인격을 신인(God-man)으로 추앙하는가? 그리스도가 십자가에서 죄인들을 대속하신 사역에 헌신하고 있는가? 예수님의 초자연적인 육체의 부활에 대한 확신이 확고한가? 삼위일체의 교리-세 위격(성부, 성자, 성령)인 한 분 하나님-를 수용하는가? 기독교 신앙의 기본 교리 위에 확고히 서 있는가?

이러한 교리적인 문제 외에도 그들의 생활방식을 살펴보라. 이 교사들은 그리스도를 높이는가, 자기를 높이는가? 예수님과 자기들 중 누구에게 헌신하라고 추종자들을 독려하는가? 그들은 추종자들에게 연합, 은혜, 자비와 함께 경건한 생활방식을 장려하는가? 그들의 가르침은 악, 분열, 율법주의, 상처를 낳는가?

마지막으로 스스로에게 물어보라. 특정한 교사의 영향을 받고 그리스도와 더 돈독히 동행하고 있는가? 하나님의 가족 안에서 다른 사람들과 더 친밀하게 잘 어울리고 있는가? 믿음, 사랑, 소망 그리고 주님의 은혜와 지식 안에서 성장하고 있는가? 약간 '어긋난' 듯이 보이는 설교자나 교사들의 열매를 신중히 살필 때 반드시 이런 부분을 고려해야 한다.

두 개의 반응. 누구든지 예수님을 "주여 주여"(참조. 마 7:21)라고 부를 수 있다. 누구든지 '죄인의 기도'를 떠벌리거나 신경을 암송할 수 있다. 그러나 하나님과의 진정한 관계는 공식 이상이다. 주님을 알고 주님이 아는 자들은 그분의 뜻을 행하고 무법한 생활방식을 거부함으로써 그 관계를 보여줄 것이다. 스스로에게 물어보라. 나는 그냥 시늉만 하고 있는가? 그저 맞는 말을 흉내 내고 행동을 따라하고 있는가? 아니면 주목을 받든 못 받든 주님의 뜻을 행하고 있는가?

두 개의 기초. 우리는 매일 집을 짓고 있다. 그리스도를 신뢰하고 산상수훈의 말씀에 순종하면 우리는 닥쳐올 인생의 폭풍을 견뎌내는 데 필요한 영적 자원을 갖게 될 것이다. 이런 폭풍은 반드시 오고, 피할 수 없으며, 많은 경우 꽤 거세다. 그러나 당신이 그리스도 위에 집을 지었고 그분의 가르침을 따르려고 애썼다면 두려울 것이 없다. 스스로에게 물어볼 질문이 몇 가지 더 있다. 나는 예수님의 명령을 준행하는가? 아니면 여전히 그분의 말씀을 이해하지 못하고 떠나버렸는가? 나는 자신감을 가지고 삶의 시련과 고난을 마주하는가? 아니면 두려움 속에서 마주하는가? 나는 그리스도와 그분의 말씀 위에 내 삶을 하루하루 쌓고 있는가? 아니면 세상의 지혜, 어리석은 교사들의 조언, 혹은 흔들리는 감정 같은 것들에 의존하고 있는가?

우리는 매일 선택할 수 있다. 그리스도는 더 이상 망설이지 말고 믿고 순종하는 삶을 살 때 누릴 수 있는 자유를 택하라고 우리를 부르신다.

도처에서 드러난 메시아의 권능(마태복음 8:1–17)

1예수께서 산에서 내려 오시니 수많은 무리가 따르니라 2한 나병환자가 나아와 절하며 이르되 주여 원
하시면 저를 깨끗하게 하실 수 있나이다 하거늘 3예수께서 손을 내밀어 그에게 대시며 이르시되 내가
원하노니 깨끗함을 받으라 하시니 즉시 그의 나병이 깨끗하여진지라 4예수께서 이르시되 삼가 아무에
게도 이르지 말고 다만 가서 제사장에게 네 몸을 보이고 모세가 명한 예물을 드려 그들에게 입증하라
하시니라

5예수께서 가버나움에 들어가시니 한 백부장이 나아와 간구하여 6이르되 주여 내 하인이 중풍병으
로 집에 누워 몹시 괴로워하나이다 7이르시되 내가 가서 고쳐 주리라 8백부장이 대답하여 이르되 주여
내 집에 들어오심을 나는 감당하지 못하겠사오니 다만 말씀으로만 하옵소서 그러면 내 하인이 낫겠사
옵나이다 9나도 남의 수하에 있는 사람이요 내 아래에도 군사가 있으니 이더러 가라 하면 가고 저더러
오라 하면 오고 내 종더러 이것을 하라 하면 하나이다 10예수께서 들으시고 놀랍게 여겨 따르는 자들에
게 이르시되 내가 진실로 너희에게 이르노니 이스라엘 중 아무에게서도 이만한 믿음을 보지 못하였노
라 11또 너희에게 이르노니 동 서로부터 많은 사람이 이르러 아브라함과 이삭과 야곱과 함께 천국에 앉
으려니와 12그 나라의 본 자손들은 바깥 어두운 데 쫓겨나 거기서 울며 이를 갈게 되리라 13예수께서 백
부장에게 이르시되 가라 네 믿은 대로 될지어다 하시니 그 즉시 하인이 나으니라

14예수께서 베드로의 집에 들어가사 그의 장모가 열병으로 앓아 누운 것을 보시고 15그의 손을 만지시
니 열병이 떠나가고 여인이 일어나서 예수께 수종들더라 16저물매 사람들이 귀신 들린 자를 많이 데리고
예수께 오거늘 예수께서 말씀으로 귀신들을 쫓아 내시고 병든 자들을 다 고치시니 17이는 선지자 이사야
를 통하여 하신 말씀에 우리의 연약한 것을 친히 담당하시고 병을 짊어지셨도다 함을 이루려 하심이더라

예수님의 삶과 사역에 관한 복음서의 기사는 장편 영화처럼 이야기가 쭉 이어지지 않는다. 오히려 구세주 주변에 서 있던 사람들이 찍은 짤막한 2–3분짜리 동영상 같은 주기적인 일화를 기록한 것이다. 다른 방식으로 다른 각도에서 다른 이유로 순간을 담아낸 이야기들이 모여 예수님이 누구시며 무엇을 하셨는지 말해준다.

산상수훈(마 5:1–7:29)의 메시지를 마치실 즈음엔 군중이 이미 그분의 말씀에 넋이 나가 있었다. 예수님의 말씀은 소위 말하는 율법 전문가들의 애매한 횡설수설과 달리 담대한 권위가 있었기 때문에 그들은 "그의 가르치심에 놀[랐다]"(7:28–29). 그러니 이 많은 무리가 더 많은 이야기를 들으려고 예수님을 따라 언덕 아래로 내려갔다는 것은 놀랍지 않다(8:1). 그러나 그들이 얻은 것은 또 다른 설교가 아니라 놀라운 신적 능력의 실증이었다. 곧 예수

님은 손으로 만지셔서 나병을 깨끗케 하시고(8:2-4), 멀리서 중풍병자를 고치시며(8:5-13), 베드로의 장모를 치유하시고(8:14-15), 귀신 들림과 질병으로 고통당하고 있는 많은 사람을 구제해주셨다. 이 모든 것이 오실 메시아에 대한 구약의 기대를 충족했다(8:16-17).

그날 군중은 하나님의 말씀을 들었을 뿐만 아니라 육신이 되신 말씀-대망의 메시아, 이스라엘의 왕으로 세상에 오신 성자 하나님-의 능력을 경험했다.

—8:1-4—

산상수훈(5:1-7:29)을 전하시기 직전에 예수님은 갈릴리 일대를 다니시면서 가르치시고, 설교하시며, "백성 중의 모든 병과 모든 약한 것을 고치[셨다]"(4:23). 인간의 고통을 덜어주는 그분의 놀라운 권능에 대한 소문이 이미 갈릴리 전역과 주변 지역으로 퍼져 많은 사람이 몰려들었던 터라 분명 그들 중 많은 사람이 산상수훈을 들었을 것이다(4:24-25). 그 직전에도 그러셨듯이, 그 설교를 하신 후에도 예수님은 휴식을 취하시거나 낮잠을 주무시거나, 잠깐 쉬기 위해 잔잔한 개울 옆 한적한 곳으로 빠져나갈 시간도 없으셨다.

예수님이 그 감동적인 설교를 마치시고 산에서 내려오시자마자 군중이 다시 몰려들었다. 사람들이 필사적으로 병을 고쳐달라고 호소하며 그분을 향해 밀고 들어올 때 한 사람이 눈에 띄었다. 사회에서 버림받은 나병환자였다.

주변 사람들을 감염시킬 수도 있고 율법적으로 부정하게 만들 것이 뻔한, 몸이 뒤틀린 상처투성이의 나병환자가 가운데로 파고들자 군중이 홍해처럼 갈라지는 모습이 눈에 선하다. 그러나 그 가난하고, 비루하고, 위축되고, 주눅 들고, 절망적인 나병환자는 예수님이 유일한 희망이시라는 바른 믿음을 가지고 있었다. 나사렛에서 온 그 남자에게 다가간 이름 모를 나병환자는 땅에 엎드려 예수님께 경배했다. 엎드린 그의 입에서 나온 말에 모든 것이 담겨 있었다. "주여 원하시면 저를 깨끗하게 하실 수 있나이다"(8:2).

믿음과 소망, 존경과 경의로 가득 찬 얼마나 공손하고 겸손한 요청인가. 자기를 전혀 내세우지 않는 그 나병환자의 행동에는 요구하는 기미는 눈곱만큼도 찾아볼 수 없었고, 확신에 찬 기대만 있었다. 그는 예수님이 자기를 깨끗하게 해주실 능력이 있음을 믿었지만, 그분이 그럴 의사가 있으신지는 확신하지 못했다. 아마 이 나병환자는 자기가 그 군중 가

묵상의 서재

경외로우신 단 한 분(마태복음 8:2-3)

몇 년 전 나는 삼위일체의 하나님-성부, 성자, 성령-께만 '경외롭다'는 말을 사용하기로 다짐했다. 자동차는 경외롭지 않다. 영화는 경외롭지 않다. 스포츠 스타들은 경외롭지 않다. 햄버거는 경외롭지 않다. 불꽃놀이는 경외롭지 않다. 그리고 설교자들은 경외롭지 않다. 이 모든 것은 강력하고, 재미있고, 멋지고, 맛있고, 흥미롭고, 영감을 줄 수 있다. 그러나 창세기의 천지창조나 출애굽기의 홍해가 갈리지는 이야기나, 마태복음에 나오는 예수님이 행하신 기적에서 우리는 경외로움을 본다. 그렇다. 하나님은 경외로우시다.

예수님의 능력에 대해 말할 때 우리는 바로 그 경외롭고 신적인 능력을 생각한다. 예수님은 성부와 성령이 가지신 모든 속성을 가지고 계신다. 완전한 하나님이신 예수님은 전능하시다. 그분의 신적 능력은 그분의 성품에 합치되는 일이라면 무엇이나 그분의 뜻대로 하실 수 있는 능력이다. 참으로 경외롭지 않은가!

이 경외로운 능력은 지난 몇 년 동안 내게 헤아릴 수 없는 위로를 주었다. 극복할 수 없는 장애물도 없고, 불가능한 상황도 없으며, 접근할 수 없는 상황도 없고, 변하지 않는 사람도 없으며, 해결할 수 없는 문제도 없다. 하나님의 뜻이라면 하나님은 어떤 병도 고치실 수 있고, 중독을 끊으실 수 있으며, 어떤 육체적, 정신적, 정서적 고통도 누그러뜨리실 수 있다. 그렇게 하지 않으실 때는 하나님의 능력이 부족해서가 아니라 그것이 하나님의 뜻이 아니기 때문이다. 이는 그분이 무지하고 어리석으며 변덕스러운 분이 아니라, 전지하시고 지혜로우시며 선하시다는 사실을 나타낸다. 그분이 이루고자 하시는 일을 그분이 원하시는 때에 성취하시는 것을 막을 수 있는 힘은 없다. 어떤 적도 위협이 되지 못하며, 인간이든 악마든 어떤 존재도 그분의 주권적 지배에 저항하거나 그분의 뜻을 바꿀 수 없다. 참으로 경외롭지 않은가!

예수님의 능력은 무한하고, 독립적이며, 절대적이고, 권위적이다. 많은 경우 눈에 보이지는 않아도 언제나 천하무적이다. 때로는 자연적 사건으로 보이는 일에 보이지 않는 섭리로 그분의 주권적 뜻을 행사하시기도 하고, 또 어떤 때에는 초자연적 기적을 통해 행하신다. 어느 경우든 그분의 때는 우리의 시계나 달력과 무관하며, 그분의 계획은 우리의 논리에 의거하지 않는다. 대개의 경우 그분이 이런저런 방식으로 일하시는 이유를 우리는 알 수 없다. 그분의 힘은 무궁무진하고, 그분의 방식은 불가해하며, 그분의 비할 데 없는 위대함의 폭은 가늠할 수 없다. 참으로 경외롭지 않은가!

이렇게 엄연한 그분의 신적인 특성 외에도 예수님은 진짜로 완전한 인간이시며 언제나 그러실 것이다. 그분은 언제나 긍휼하시며 늘 우리의 약점을 걱정하신다. 그분은 우리에게 자비를 베푸시고, 은혜로 우리를 대하시며, 우리를 용서할 준비가 되어 있으시다. 그분은 우리의 유한성을 아시지만, 그것에 제한받지 않으신다. 그분은 우리의 약한 면을 아시지만, 그것 때문에 패배하지 않으신다. 그분은 우리의 타락을 아시지만, 그것에서 우리를 구해주신다. 그분은 우리와 일체가 되셔서 우리의 고통을 똑같이 나누신다. 그로써 우리는 그분과 일체가 되어 그분의 영광을 함께 누릴 수 있다. 참으로 경외롭지 않은가!

그분의 능력을 묘사하는 이러한(미약한) 시도의 일환으로 나는 우리 모두가 하나님을 위해 그리고 하나님만을 위해 적어도 한 단어 정도는 따로 구별해놓기를 권한다. 왜냐하면 하나님만 홀로 경외로우시기 때문이다!

운데서 가장 쓸모없고 무가치한 사람이라고 느꼈을 것이다. 그는 어떤 권리도 주장하지 않았고, 뻔뻔한 기색이라고는 조금도 없었으며, 자기의 운명이 전적으로 예수님의 자비에 달려 있다는 것을 알았다. A. B. 브루스(A. B. Bruce)가 이 장면에 멋진 설명을 달았다. "사람들은 기적적인 사랑보다 기적적인 힘을 더 잘 믿는다."[31]

병을 낫게 해달라는 그 남자의 간청에 대해 예수님이 보이신 반응에서 우리는 그분의 성품에 대해 중요한 것을 배울 수 있다. 이 장면에서 우리는 예수님의 신적 능력과 권위를 분명히 확인할 뿐만 아니라 그분의 긍휼, 은혜, 자비, 사랑을 목격한다. 흉측한 나병을 두려워하는 평범한 사람과 달리 예수님은 우발적인 접촉을 피하려고 뒤로 물러나지 않으셨다. 오히려 그 남자의 비참한 상태를 배려해서 손을 내밀어 그를 만지셨다. 예수님이 그를 만지셨다! 나는 군중이 헉하고 놀라는 모습이 상상이 된다. 아마 그 순간에 주님은 그렇게 밑바닥까지 내려갈 수 있는 사람을 따라다니는 것이 넌더리가 난 추종자 몇 사람을 잃으셨을지도 모른다.

예수님은 자비로운 행동과 함께 구세주의 능력의 말씀을 선포하셨다. "내가 원하노니 깨끗함을 받으라"(8:3). 하나님의 말씀대로 빛이 생겨났듯이(창 1:3), 그 사람의 나병은 예수님의 말씀대로 즉시 그를 떠났다.

군중이 놀라서 소리를 지르는 가운데 예수님은 몸을 기울여 레위기 14장에 나오는 나

나병(마태복음 8:2–4)

구약에 '나병'으로 번역된 말은 *tsaraath*(차라아트, H6883)이다. 이 용어는 다양한 만성 또는 악성 감염 피부병을 가리킨다(참조. 레 13–14장). 히브리어 성경의 헬라어 번역본과 신약은 모두 '딱지투성이' 또는 '옴에 걸린'이라는 뜻을 가진 *lepros*(레프로스, 3015)라는 용어를 사용한다.[32] *Lepros*는 *tsaraath*처럼 여러 피부 감염증을 묘사하는 데 쓰인다. 오늘날 나병으로 불리는 병이 이런 질병 중 하나였을 수 있다. 나병의 증상은 변색된 반점, 피부 궤양, 그로 인한 조직의 상실과 기형이다.[33]

'나병'이라고 불리는 많은 피부병(다는 아니지만)이 사람을 쇠약하게 했고, 전염성이 강했기 때문에 나병환자들은 대중의 건강을 위협한다고 간주되었다. 그래서 피부병이 낳기 전에는 그들은 일반 대중에게서 격리되었다. 어떤 종류는 치료가 불가능했고, 결국 실명, 마비, 청각장애, 출혈, 다른 명백한 질환 등으로 악화되었다.[34] 나병환자들은 의식적으로 부정하다고 간주되었고, 사실상 불치병으로 여겨졌다(참조. 왕하 5:7).[35] 은밀히 퍼지는 이 병의 특성 때문에 병이 깨끗이 나았다고 생각되는 사람들은 제사장에게서 공식적인 확인을 받아야 일반인 사이로 다시 돌아갈 수 있었다(레 14장).

병에 관한 율법의 필수 의례를 따르라고 나병환자였던 자에게 지시하셨다. 깨끗해진 나병환자는 모든 사람에게 자신에게 일어난 기적에 대해 말하는 대신 제사장 앞에서 요구 사항을 수행하고 규정된 제물을 바쳐야 했다(마 8:4). 마태는 나병환자였던 자에게 무슨 일이 일어났는지 자세히 말하지 않지만, 우리는 그 남자를 조사한 제사장이 예수님이 그 사람을 즉시 고쳐주시면서 그분의 신성한 능력뿐 아니라 선한 신성까지 보여주셨다는 말을 듣고 얼마나 놀랐을지 상상이 된다. 나사렛에서 온 이 남자는 오랫동안 기다려온 메시아, 이스라엘의 왕임이 분명했다. 그러나 또한 그 이상이었다!

—8:5-13—

다음 이야기로 넘어가면서 장면도 바뀐다. 예수님과 제자들은 물론이고 따르는 무리도 가버나움 성읍으로 향했다. 언덕 바로 아래 호숫가에 있는 가버나움까지는 걸어서 한 시간도 채 걸리지 않았을 것이다. 예수님이 마을에 들어가 회당 가까이 가셨을 때 한 로마 백부장이 다가왔다. 산 위에서 만났던 나병환자가 그를 피하려는 군중을 홍해처럼 갈랐다면, 이 로마 사령관은 무리를 멈춰 세웠다. 군인의 위용을 한껏 과시한 차림새를 한 그가 다가오는 모습은 사람들의 이목을 끌었을 것이다. 윌리엄 바클레이는 1세기 백부장의 역할을 간결하게 설명한다.

> 백부장은 로마군의 중추였다. 로마군의 일개 군단에는 6,000명의 군사가 있었다. 이 군단은 100명의 군사를 거느린 60개의 100인대로 나뉘었고, 이 100인대의 지휘관이 백부장이었다. 이 백부장은 로마 군대에서 장기간 복무하는 정규병이었다. 그들은 연대의 규율을 책임졌고, 군대를 하나로 결속해주는 시멘트였다…백부장들은 로마 군대에서 가장 우수한 인재였다.[36]

예수님이 행하신 기적과 놀라운 능력에 대한 소문은 이방인들의 귀에 들어가고, 로마 군대의 장교들에게까지 전해졌을 것이다. 사지가 마비되어 고통받고 있는 종의 생명이 염려되었던 그 백부장은 예수님께 종의 상태를 설명했다(8:5-6). 흥미롭게도 마태의 기사는 그 백부장이 실제로 예수님께 뭐라도 해주시기를 부탁하거나 요청했는지 기록하지 않는다. 그는 그냥 종의 위중한 상태를 알렸다. 이 태도가 경의와 존경을 보여준다. 명령하는 데 익숙한 사람이 감정을 억누르고 에둘러 자비를 호소한 것이 놀랍다. 그는 주님 앞에서 자기의 분수를 잘 아는 인격자였다.

예수님은 백부장의 집에 가서 종을 치료하겠다고 하셨지만(8:7), 그는 예수님을 집에 오시게 할 자격이 없다며 겸손히 만류했다. 그는 예수님의 능력에 대한 놀라운 믿음을 이렇게 고백했다. "다만 말씀으로만 하옵소서 그러면 내 하인이 낫겠사옵나이다"(8:8). 그리고 자신의 지휘권을 예로 들면서 예수님이 원하시는 대로 하실 수 있는 권세를 가지고 계시다는 절대적인 확신을 표현했다(8:9).

주님이 백부장의 깊은 신심을 칭찬하신 것은 당연하다. "이스라엘 중 아무에게서도 이만한 믿음을 보지 못하였노라"(8:10). 백부장은 예수님은 멀리서도 요란 떨지 않고, 주문을 외우거나 약초나 연고, 해독제 같은 것도 전혀 사용하지 않으며, 말 한마디로 병을 낫게 하실 수 있다는 것을 조금도 의심하지 않았다. 그런 것은 당시의 많은 마법사나 의사들이 사용하던 방법이었다. 그 백부장은 사실상 예수님이 피조 세계를 다스리는 신적 능력을 가지고 계심을 암묵적으로 인정한 것이었다.

예수님은 이 놀라운 믿음—그것도 이방인이 보여준—을 하나님의 구원 계획에는 이스라엘의 신자들뿐 아니라 이방인들도 포함된다는 증거로 사용하셨다. 그들이 천국에서 아브라함과 이삭과 야곱의 식탁에 참여할 때 정작 그 나라의 "본 자손들", 곧 유대인이 계속 불신 가운데 있다면 그들은 멀리 쫓겨날 것이다(8:11-12).

그 백부장의 위대한 믿음은 구원의 복음이 예루살렘에서 유대와 사마리아와 땅끝까지 전파될 때 열국 사이에서 발견될 구원의 믿음을 예시했다(행 1:8). 그 남자의 믿음을 보신 예수님은 간단히 확인하셨다. "가라 네 믿은 대로 될지어다"(마 8:13). 바로 그 순간 종의 병이 완치되었다.

—8:14-17—

이전 장면에서는 예수님이 종교적으로도 동떨어지고 물리적으로도 먼 거리에서 그분의 신적 권위를 보여주셨다면, 이번에는 사적으로 가까운 사람-베드로의 가족-을 치유하시는 장면이 나온다. 예수님이 베드로의 집에 들어가셨을 때 열병으로 누워 있는 베드로의 장모가 제일 먼저 눈에 들어왔다(8:14). 예수님은 요청받지 않으셨는데도 바로 여인의 손을 잡으셨다. 여인은 그 즉시 열이 내리면서 회복되었다(8:15). 실제로 그 여인은 지친 손님들을 시중들 만큼 힘이 넘쳤다!

마태의 기록을 보면 예수님과 제자들이 실제로 저녁을 먹을 수 있었음을 짐작할 수 있다. 그러나 그들 중 누구라도 평화로운 식사 후에 편히 쉴 수 있는 저녁 시간을 기대하고 있었다면 오산이었다. 예수님이 가버나움에 있는 베드로의 집에 머물고 계신다는 소문이 퍼지자 군중이 꾸역꾸역 몰려들기 시작했다. 많은 사람이 영적, 육체적 고통에서 해방되었다. 귀신이 들렸으면 예수님은 말 한마디로 귀신을 쫓으셨다. 병이 들었으면 그 자리에서 치유하셨다(8:16). 예수님이 악한 세력에게 명령하시자 그들이 즉각 순종했다는 사실이 그분의 놀라운 신적 능력을 입증했다. 예수님이 그냥 평범한 인간이었다면-설령 천사 같은 존재였어도-사람들을 억압하고 있는 악한 영들에 대해 그런 권위를 가지실 수 없었을 것이다. 오직 경외로우신 하나님만 그런 종류의 권세를 가지고 계셨다.

Fallaner/Wikimedia

가버나움에 있는 베드로의 집터 위에 세워진 비잔틴 교회 유적.

마태는 예수님이 가까운 곳과 먼 곳에서 능력을 보여주신 현장을 담은 단편 시리즈를 이사야 53장 4절을 언급하며 끝맺는다. "이는 선지자 이사야를 통하여 하신 말씀에 우리의 연약한 것을 친히 담당하시고 병을 짊어지셨도다 함을 이루려 하심이더라"(마 8:17). 이 인용문은 예수님의 인격과 사역을 이사야 53장에 나오는 고난받는 종과 동일시할 뿐 아니라 능력과 사랑과 자비가 넘치는 구세주이신 그분의 성품을 보여준다. 그분은 우리의 영적, 육체적 필요를 채워주실 수 있으며, 기꺼이 그렇게 하신다.

적용: 마태복음 8:1-17

당신에게 무엇이 필요하든 예수님은 하실 수 있다

우리는 모두 우리가 변화시킬 수 없는 절망적인 상황에 직면했던 적이 있다. 당신은 그 느낌-인간의 힘으로는 당신이 원하는 변화를 만들어낼 수 없다는 것-을 안다. 할 수 있다면 했겠지만, 당신에게는 초자연적인 능력이 없다. 아마 당신은 스스로를 돕기 위해서 또는 당신이 깊이 사랑하는 누군가를 돕기 위해서 할 수 있는 모든 것을 해보았을 것이다. 관심을 쏟고, 손을 내밀고, 많은 노력을 기울였지만, 인간의 개입을 허용하지 않는 상황이 더러 있다. 해결 방안이 전혀 없다. 당신은 그것을 풀 수 없다. 너무나 복잡하다.

당신은 마태복음 8장 1-17절에 기록된 절박한 필요를 가진 사람 중 한 명에게서 당신의 모습을 볼 수도 있다. 의사가 당신이 불치병에 걸렸다고 말했을지도 모른다. 기억하라. 예수님의 능력은 무한하시다. 혹은 깊은 감정의 상처를 안고 매일매일 힘겹게 버티고 있을 수도 있다. 기억하라. 예수님의 권위는 헤아릴 수 없다. 또는 과거를 돌이켜보며 당신이 그것을 바꿀 수 없다는 것을 깨달았을 때 떠오르는 수치심의 문제일 수 있다. 기억하라. 예수님의 자비는 측량할 수 없다.

이 구절에 담긴 도움이 절실한 세 사람의 모습은 당신이 주 예수님을 의지하고 그분께 매달리는 데 도움이 될 수 있다. 하지만 하나님이 여기 이 세상에서 즉시 당신을 구해주실지, 아니면 궁극적으로 천국에서 하실지, 그리고 부드러운 손길을 통해서 하실지, 멀리서 말로 하실지 우리는 모른다. 어쩌면 당신은 그 나병환자(8:1-4) 또는 깊은 영적 억압이나 육체적 고통에 시달리고 있는 사람들(8:16)과 같은 처지일 수도 있다. 사면초가의 상태에서 아무 희망이 없다고 생각하는가? 기억하라. 예수님의 능력은 경외롭다. 당신의 필요가 그분께 너무 과도하다고 생각하지 말라. 그분은 "우리의 연약한 것을 친히 담당하시고 병을 짊어지셨도다"(8:17). 그분이 조만간 이생에서 당신의 고통을 덜어주시기로 결정하시든, 영광스러운 초자연적 부활 때 하시든, 그분의 뜻은 결국에는 당신을 구원하시는 것이다. 그분을 의지하라.

혹 당신은 백부장과 같은 상황에 있을 수도 있다. 당신 자신은 문제가 없지만, 위기에 처한 사람을 돌보고 있다. 당신은 지쳤고, 절박하다. 그들에 대해 끊임없이 생각하고, 기도하고, 해결책과 회복과 해답을 기대한다. 그 위기란 깨어진 관계일 수도 있고, 다시 다리를 연결할 수 없는 것일 수도 있다. 혹은 영적으로 멀어졌을 수도 있다. 친구나 가족이 주님을 필요로 하거나 올바른 길에서 벗어났을 수도 있다. 그리고 당신은 그들을 데려오기 위한 어떤 말이나 행동도 할 수 없을 것 같다. 이런 필요도 주님께 가져가라. 거리가 멀든 가깝든 그 사람 또는 그 상황을 주님께 의탁하라. 그 백부장처럼 문제를 주님께 맡기라. 주님이 한마디만 하시면 변화가 일어날 수 있다는 것을 알라. 내려놓으라. 그분께 맡기라.

끝으로, 어쩌면 당신은 베드로의 장모와 같은 처지일 수도 있다. 그녀가 얼마나 오랫동안 고열로 병상에 있었는지 누가 알겠는가? 어쩌면 당신 역시 고뇌 속에서 속을 끓이며, 어둠 속에서 영적으로, 감정적으로, 육체적으로 야위어가고 있는지도 모른다. 외롭고, 우울하고, 적막하고, 세상과 단절되고, 갇혀 있는 당신은 주님의 손길이 필요하다. 하지만 그 일은 아직 일어나지 않았다. 주님께 지상에 계신 그리스도의 몸-그분의 손발이 되어주고, 그들의 형제자매들에게 위로와 사랑과 친절을 베풀어주는 역할을 위임받은-을 통해 손을 내밀어달라고 요청하기를 두려워하지 말라. 그리고 그분의 방식으로, 그분의 때에, 그분이 원하시는 대로 당신을 보살피실 그분을 믿으라. 요청하기를 두려워 말라.

우리는 주님이 우리의 적이 아니라 우리 편이시라는 약속을 의지하여 살아야 한다. 주님은 긍휼과 이해가 풍성하시다. 주님은 멀리서 얼굴을 찡그리고 우리를 심판하는 신이 아니다. 주님은 우리 삶의 구석구석-추하게 일그러진 나병환자, 이름 모를 이교도 종, 신자의 가족, 그리고 영적, 육체적으로 고통받는 모든 사람-에 깊은 관심을 가지고 계신다. 주님은 그들을 돌보신다. 그리고 당신도 돌보신다. 주님은 무엇이 됐든 우리가 겪고 있는 어려움을 능히 해결하실 수 있다. 예수님의 사랑과 능력은 당신이 듣도 보도 못한 것이다. 그것은 무궁무진하다. 그리고 그분은 우리가 부르짖을 때 들을 준비가 되어 있으시다. 우울, 낙심, 의심, 부정의 장막 뒤에서 살지 말고 장막을 열어라. 예수 그리스도의 능력에 초점을 맞추라. 그리고 무슨 일이 일어나든 당신이 매일 아침 일어나 그 날을 맞이할 힘을 그 능력으로부터 공급받으라.

예수님을 따르지 않는 방법(마태복음 8:18–27)

18예수께서 무리가 자기를 에워싸는 것을 보시고 건너편으로 가기를 명하시니라 19한 서기관이 나아와
예수께 아뢰되 선생님이여 어디로 가시든지 저는 따르리이다 20예수께서 이르시되 여우도 굴이 있고
공중의 새도 거처가 있으되 인자는 머리 둘 곳이 없다 하시더라 21제자 중에 또 한 사람이 이르되 주여
내가 먼저 가서 내 아버지를 장사하게 허락하옵소서 22예수께서 이르시되 죽은 자들이 그들의 죽은 자
들을 장사하게 하고 너는 나를 따르라 하시니라

23배에 오르시매 제자들이 따랐더니 24바다에 큰 놀이 일어나 배가 물결에 덮이게 되었으되 예수께
서는 주무시는지라 25그 제자들이 나아와 깨우며 이르되 주여 구원하소서 우리가 죽겠나이다 26예수께
서 이르시되 어찌하여 무서워하느냐 믿음이 작은 자들아 하시고 곧 일어나사 바람과 바다를 꾸짖으시
니 아주 잔잔하게 되거늘 27그 사람들이 놀랍게 여겨 이르되 이이가 어떠한 사람이기에 바람과 바다도
순종하는가 하더라

말은 쉽다. 장황하게 말을 늘어놓을 수 있는 사람은 많지만, 막상 알맹이는 없는 경우가 많다. 그런 사람들은 말을 많이 할지는 몰라도 말이 표리부동하거나 아니면 진짜 속내는 드러내지 않는다. 이런 경우를 속된 말로 '말만 번드르르하다'고 한다. 지나치게 말이 많은 것은 고백하기 너무 고통스러운 진실을 감추거나, 비현실적일 정도로 훌륭한 인상을 남기려는 은폐 공작일 수 있다.

옳게 들리는 말이 꼭 마음에서 우러나오는 솔직한 감정을 나타내지는 않는다. 말하는 것–또는 말하지 않는 것–의 핵심을 파악하려면 상당한 통찰력과 분별력이 있어야 한다. 우리는 이것을 사람을 '꿰뚫어 본다'거나 말의 '행간을 읽는다'고 표현한다. 예수님은 이것을 아주 잘하셨다. 그분은 다른 사람들과 똑같은 말을 들으셔도 다른 사람들에게 분명히 드러나지 않은 것을 들을 수 있는 신성한 능력이 있으셨다. 그분은 행간을 읽을 수 있었기 때문에 바로 가짜를 알아볼 뿐 아니라 말 뒤에 숨겨진 동기도 감지하실 수 있었다.

예수님은 그러한 초자연적인 분별력 때문에 종종 언뜻 이상해 보이는 방식으로 사람들에게 반응하셨다. 마태가 기록한 예수님의 지상 사역의 이 부분을 예수님과 함께 여행하면 그분이 네 개의 다른 상황에서 사람들에게 어떻게 반응하셨는지 볼 수 있을 것이다. 그 과정을 잘 살펴보면 예수님을 따르지 않는 방법을 알아낼 수 있다.

—8:18—

제일 먼저 예수님 주위로 모여든 군중을 생각해보자. 우리는 마태복음 4장 23절에서 기적을 행한다는 예수님의 명성 때문에 군중이 그분 주위에 몰려들고 있는 것을 보았다. 그들은 그분의 새롭고, 독특하고, 놀라운 가르침에 경외심을 느꼈다(7:28-29). 군중은 신념보다는 호기심이 더 많았다. 그들은 예수님이 다음에 무슨 일을 하실지, 또는 무슨 말을 하실지 보려고 따라다녔다. 군중은 밤을 지내고 아침까지, 그리고 아마도 며칠 동안 그분 곁을 떠나지 않았을 것이다.

내 경험에 따르면 군중은 일종의 자생력이 있다. 충분히 커져서 임계량에 도달하면 그들은 스스로 인력(引力)을 만들어낸다. 사람들은 처음에는 인물이나 사건 주변에 모이지만, 그다음에는 그냥 사람들이 모여 있기 때문에 모여든다. 때로는 그냥 그 행위에 참여해 흥분을 경험하고 싶어 한다. 그럴 때는 명분에 대한 확신이 필요 없다.

예수님은 많은 군중을 끌어들이거나 유명인사가 되는 일에 관심이 없으셨다. 깨끗하게 나은 나병환자에게 “삼가 아무에게도 이르지 말[라]”(8:4)라고 말씀하신 것만 보아도 애초에 대중적인 기반을 구축할 생각이 없으셨다는 것을 알 수 있다. 그분은 자기 이익을 위해 따라다니는 추종자가 아니라 하나님 나라를 위해 일할 제자를 키우는 일에 관심이 있으셨다. 예수님은 군중의 심리를 간파하셨다. 그분은 그들 대다수가 헌신되고 충성스러운 추종자들이 아니라 얄팍한 감정에 들떠 있는 팬이라는 것을 아셨다. 예수님은 군중에게 설교할 또 다른 높은 자리를 물색하거나 군중의 규모를 더 키우기 위해 체계화하는 방법을 찾지 않으셨다. 대신 현대인의 사고방식으로는 상상도 못할 행동을 하셨다. “예수께서…건너편으로 가기를 명하시니라”(8:18). 예수님은 그들을 떠나셨다!

예수님의 이동은 기발했다. 그분 주변에 모인 무리를 떠나 예수님이 직접 뽑으신 제자들과 함께 갈릴리 호수를 건너가심으로써 굳이 거기까지 그분을 따를 마음이 없는 사람들을 걸러내실 수 있었다. 이제는 그분을 보고 그분의 말씀을 들으려면 실제로 행동을 취해야 해야 했다.

원칙은 간단하다. 군중이 많다는 이유로 예수님을 따르지 말라. 교회나 사역, 유명한 설교자나 교사를 따라다니는 '극성팬'이 되지 않도록 조심하라.

—8:19-20—

둘째, 숭고하게 들리는 말을 한 서기관을 보자. 당시의 서기관은 기본적으로 성경학자이자 교사였다. 이를테면 일종의 '학자'로 보면 된다. F. F. 브루스(F. F. Bruce)는 이렇게 설명한다. "'서기관'은…에스라 시대부터 쭉 인정받는 토라 교사이자 해설자였다."[37] 이런 일을 하려면 지성과 실력 그리고 연구에 필요한 제대로 된 도서관과 조용한 장소가 필요했을 것이다. 서기관이 랍비를 따라간다는 것은 자진해서 그 스승의 지도를 받고, 존경받는 그 교사의 제자로서 스승의 명성을 함께 나눈다는 의미였다. 랍비의 명성이 높아지면 그의 문하생들도 출세했다. 그래서 한 서기관이 예수님께 와서 "선생님이여 어디로 가시든지 저는 따르리이다"(8:19)라고 했을 때 그가 생각한 제자도는 예수님의 생각과 달랐다.

이 구절에는 처음 나오는 것이 두 개 있다. 그렇게 높은 사회적 지위와 영향력을 가진 사람–이 경우에는 서기관–이 예수님을 전적으로 따르겠다는 의사를 표명한 것이 처음이었다. 그리고 마태복음에서 예수님이 당신 자신을 "인자"(8:20)라고 칭하신 것도 처음이었다.

이 장면을 상상해보라. 종교적으로 정통한 존경받는 학자가 예수 학파의 학생으로 등록하고 싶어 했다. 하층민 계급의 꾀죄죄한 어부들로 이루어진 예수님의 제자들에 비하면 진짜 학자이고 사상가인 그가 들어오면 예수님은 그분에게 '필요한' 유대인 지도자들의 신뢰를 얻으실 수 있었다.

그러나 예수님은 그 남자가 무조건 당신을 따르겠다는 의지가 없는 것을 간파하시고 따끔한 일격을 가하셨다. 예수님이 자신을 인자라고 칭하신 것은 다니엘 7장 13-14절에 나오는 고귀한 메시아적 인물을 은근슬쩍 돌려서 언급하신 것일 수도 있다. 성경에 조예가 깊은 서기관은 분명 이 구절을 알아챘을 것이다.

> 내가 또 밤 환상 중에 보니 인자 같은 이가 하늘 구름을 타고 와서 옛적부터 항상 계신 이에게 나아가 그 앞으로 인도되매 그에게 권세와 영광과 나라를 주고 모든 백성과 나라들과 다른 언어를 말하는 모든 자들이 그를 섬기게 하였으니 그의 권세는 소멸되지 아니하는 영원한 권세요 그의 나라는 멸망하지 아니할 것이니라.

궁극적인 천국의 영광과 능력이 자신에게 있음을 주장하시던 예수님이 갑자기 자기는 이 세상에서는 집도 없고 가난하다고 말씀하셨다! 그분은 여우나 새들도 쉴 곳이 있는데 "인자는 머리 둘 곳이 없다"(마 8:20)고 하셨다. 당연히 그 서기관의 입장에서는 그런 식으로 정처 없이 떠도는 생활방식은 성경을 학문적으로 깊이 연구하는 데 도움이 되지 않았다. 예수님이 마음에 품고 계신 제자도는 투박한 어부들의 기질과 잘 맞았다. 한 작가는 이 만남을 이렇게 묘사했다. "갑판도 없는 배에서 밤새 일하는 어부에게 노숙은 그럭저럭 견딜 만했다. 그러나 두루마리 책과 집이 익숙한 서기관에게 노숙은 가혹한 요구였다. 예수님이 생각하고 계신 것은 분명 더 깊은 의미의 노숙이었다. 그 서기관은 그의 전통 속에서 '안전'했다."[38]

예수님은 그 서기관의 허세에 엄포를 놓으신 것이었다. 그는 말만 많고 행동은 하지 않았다. 여기서 도출할 수 있는 원칙 역시 간단하다. 자만심으로 예수님을 따르지 말라. 말은 많고 겸양은 부족한 사람이 되지 말라. 서부 텍사스의 경험 많은 목장주들 사이에서는 말은 많고 야심은 큰데 상처도 경험도 없는 젊은이를 보면 하는 말이 있다. "저 녀석은 입만 살았어." 그 서기관이 그랬다. 책에 빠져 살았지만 지혜는 없었다. 지식은 많았지만 용기는 없었다.

—8:21-22—

셋째, 핑곗거리가 있는 추종자에 대해 생각해보자. 이런 사람은 '제2의 제자'(다른 종류의 제자)로 일컬어진다. 즉, 예수님의 추종자다. "제자"로 번역된 헬라어 *mathētēs*(3101)는 꼭 열두 사도의 일원이나 진실되고 헌신된 제자만 가리키지 않는다. 일반적인 의미에서 이 용어는 단순히 '다른 사람에게 가르침을 받고 있는 사람'을 뜻한다.[39] 여기서는 8장 21-22절에 언급된 남자가 한동안 예수님을 따라다니면서 많은 놀라운 일을 보고 들었음을 시사하는 의미로 쓰였다. 그는 '안에 들어오고' 싶어 했지만, 자기 방식대로 하기를 원했다.

그 남자는 집에 연로한 아버지가 계셨다. 분명한 것은 그는 집안의 장남이었고, 따라서 언젠가 닥칠 아버지의 장례를 주관해야 한다는 사실이다. 많은 독자가 추측하는 것과 달리 그 아버지는 아직 살아 있었다. 그 남자의 아버지가 이미 죽어서 장례를 기다리고 있었다면 그 아들이 밖에 나와서 예수님을 추종하는 무리에 섞여 있었을 가능성은 매우 희박하다. 그 당시는 보통 사망한 당일에 매장을 했기 때문이다. 따라서 "장사하게"(8:21)라는 표현은 그의 부모님이 살아계시는 동안 집에 머물면서 가족에게 남겨진 유산을 정리할 수 있게 해달라는 뜻인 것 같다. 그 남자는 자기 부친이 돌아가시고 유산을 받을 때까지 예수님의 측근 제자로 합류하는 것을 무기한 미룰 수 있기를 바랐다. 아마 그때가 되면 가족의 재산에서 충분한 자금이 조달되어 자급자족하면서 폼나게 예수님을 섬길 수 있을 것이다.

가족을 돌보는 일은 분명 훌륭한 명분이다. 그러나 예수님은 연막 너머의 진짜 문제, 안락과 안전에 대한 욕구를 보셨다. 예수님은 명답을 하셨다. "죽은 자들이 그들의 죽은 자들을 장사하게 하고 너는 나를 따르라"(8:22). 나는 "죽은 자"란 영적으로 죽은 자를 가리킨다고 본다. 아마도 예수님을 믿고 따르고자 하는 갈망이 없는, 집에 있는 가족을 의미할 것이다. 이 "죽은 자" 중 한 사람이 장례를 치룰 수 있을 것이다. 그 남자가 제자가 되는 것을 다음 기회로 미룬 유일한 이유는 집에 돌아가 자기 몫의 유산을 받고 싶었기 때문이다!

예수님의 말씀은 거침이 없었다. 그분을 따르려면 몇 달, 몇 년을 기다릴 시간이 없다. 당신이 들어가고 싶다면 지금 들어가야 한다. 원칙은 분명하다. 조건을 걸거나 숨겨진 의도를 가지고 예수님을 따르지 말라. 피조물로서의 안락과 재정적인 안전이 더 높은 우선순위여서 예수님을 따르는 것이 주저된다면 당신은 제자도의 핵심을 놓치고 있는 것이다. 예수님을 따르라는 부름은 긴급한 부름이다.

—8:23-27—

마지막으로 자기들이 죽을 거라고 생각했던 제자들에 대해 생각해보자. 이들은 예수님과 가장 가까웠던 제자들이다. 우리는 대다수의 군중(8:18)이나, 그 서기관(8:19-20)이나, 집에 계신 아버지에게 가고 싶어 했던 남자(8:21-22)에게 무슨 일이 일어났는지 모른다. 아마도 이것저것 따져보고 돌아섰거나, 왔다갔다하는 마음을 다잡고 정식 제자로 헌신해서 70명(눅 10:1) 또는 500명(고전 15:6) 중에 들어갔을 것이다. 우리는 모른다. 그러나 예수님과 함께 배에 올랐던 제자들(마 8:23)은 진짜 제자였다. 그들은 예수님에게 소중한 제자들이었다.

이 장면은 얼마 동안 주님을 알아온 우리에게는 아주 친숙하다. 예수님과 최측근 제자들-베드로, 야고보, 요한, 안드레 그리고 나머지 제자들-은 배에 올라 무리를 떠났다. 그들은 갈릴리 호수를 가로질러 건너편에 있는 "가다라 지방"을 향해 남동쪽으로 항해했다(8:28). 가버나움에서 오는 뱃길은 16킬로미터 남짓이어서 두어 시간이면 건널 수 있었다. 그동안 예수님은 절실히 필요했던 휴식을 취할 기회를 잡으셨다(8:24). 지난 며칠간 너무 많은 일이 정신없이 몰아쳤던 터라 기진맥진하실 만했다.

그런데 갑자기 거센 폭풍이 몰아쳤다. 지금도 이것은 갈릴리 호수에서 아주 전형적으로 일어나는 현상이다. 맑고 화창하고 잔잔하던 호수의 날씨가 갑자기 어두워지며 거센 바람과 격랑을 동반한 폭풍이 발생한다. 나도 갈릴리 호수에 갔을 때 이렇게 갑자기 폭풍이 몰아치는 상황을 경험했다. 주변을 에워싸고 있는 구릉들이 일종의 거대한 깔대기를 형성해서 예수님과 제자들이 호수를 건널 때 탔던 것과 비슷한 중형 어선쯤은 가볍게 전복시킬 수 있는 무시무시한 바람을 일으킨다.

완전히 공포에 질린 제자들은 예수님을 잠에서 깨웠다. 인간의 입장에서는 충분히 이해할 만하다. 이 사건에서 내가 가장 놀란 점은 폭풍우가 너무 갑작스럽고 거세게 몰아쳐 배에 물이 가득 찬 것이 아니라 예수님이 그 와중에도 계속 주무셨다는 사실이다. 이로써 두 가지를 알 수 있다. 첫째, 완전한 인간이신 예수님의 육신이 너무 지쳐서 어떤 상황에서도 주무실 수 있었다. 둘째, 완전한 하나님이신 예수님은 거센 폭풍이 몰아쳐도 눈 하나 깜짝하지 않으셨다. 완전한 인간이시고 하나님이신 분이 배에 계신 한 어떤 재앙도 일어나지 않을 것이다.

그런데도 제자들은 모두 공포가 극에 달해 있었다. 그들은 소리쳤다. "주여 구원하소서 우리가 죽겠나이다"(8:25). 첫마디는 큰 믿음의 고백이었다. 그들은 실제로 예수님이 이 폭풍의 주인이시므로 그들을 구원하실 수 있다고 믿었다. 그러나 두 번째 말은 공포와 의심을 드러낸다. "우린 무사하지 못할 거야! 물에 빠질 거야!" 그들은 공포 속에서 예수님을 깨웠다. 그런데 영광의 주님은 무엇을 하셨는가? 바로 벌떡 일어나 폭풍을 꾸짖으시는가? 아니다. 그분은 제자들을 책망하시고 그들의 노골적인 두려움에서 드러난 "믿음이 작은"(8:26) 것을 꾸짖으셨다. 그러고 나서야 그분은 한 마디로 문제를 해결하셨다. "곧 일어나사 바람과 바다를 꾸짖으시니 아주 잔잔하게 되거늘."

헬라어 본문은 폭풍이 몰아치던 상태와 예수님이 꾸짖으신 직후의 상태를 지극히 대조적으로 묘사한다. 8장 24절에서 마태는 폭풍을 "큰 놀"[*seismos megas*(4578+3173)]로 묘사했고, 8장 26절에서는 "아주 잔잔해"[*galēnē megalē*(1055+3173)]졌다고 표현한다. 물에 흠뻑 젖은 제자들이 깜짝 놀라 서 있는 건 당연했다. 그들은 그제서야 두려움에서 눈을 돌려 올바른 것, 즉 경이로운 신인(God-man)의 신적 능력에 초점을 맞추었다. 그들은 말했다. "어떠한 사람이기에 바람과 바다도 순종하는가"?(8:27) 마침내 그들은 그 의미를 이해하기 시작했다.

여기서 도출하는 원칙은 마음에 찔린다. 생명의 주인이신 분보다 생명을 위협하는 폭풍을 더 두려워한다면 예수님을 따르지 말라. 부침을 거듭하는 상황 속에서 우리가 주님을 부르기보다 넘어지고 무너진다면 우리의 신학을 바로 세울 필요가 있다. 그분 한 분만이 우리의 생명을 앗아갈 수 있는 모든 것을 다스리시는 신성한 인자시다. 바람과 바다가 그분께 순종한다면, 자연적이든 초자연적이든, 그분이 감당하실 수 없는 상황은 없다.

적용: 마태복음 8:18-27
당신은 어떤 추종자인가?

이 단락에서 우리는 예수님을 따르는 것에 대해 사람들이 보이는 네 가지 다른 반응을 살펴보았다. 첫째, 우리는 예수님이 군중에게 둘러싸여 계실 때 멀리서 지켜보았다(8:18). 그 자리에 모인 사람 대다수가 헌신된 추종자가 아니라 그냥 호기심에서 왔다는 것을 주님은 아셨다. 둘째, 우리는 세속을 초탈한 것처럼 들리는 말을 했지만, 진정한 겸손이 없는 서기관의 말을 들었다(8:19-20). 예수님은 그가 '말만 번드르르한' 사람임을 알아채셨다. 셋째, 하나님 나라보다 자기 집에서 맡은 일을 우선순위에 두고 마지못해 찾아온 사람을 보았다(8:21-22). 예수님은 그가 오롯이 헌신하기 전에 안락과 안전을 원한다는 것을 아셨다. 마지막으로 폭풍이 일어나 잔잔하던 바다가 위험해질 때 우리는 배 안에 있었다(8:23-27). 예수님은 제자들을 불신과 의심에 빠트린 공포를 분명히 알아보셨다.

당신은 예수님의 추종자 중에서 어떤 부류에 속하는가? 이 물음은 오로지 당신만 답할 수 있다. 자신을 속이지 말라. 당신은 그냥 '팬'인가? 군중 속 한 사람인가? 실제로는 예수님과 멀찌감치 떨어져서 마지못해 군중의 행동과 말을 따라하고 있는가? 기독교 신앙과 가치에 대한 반감이 점점 커지고 있는 세상 속에서 그리스도인이 받는 압박은 점점 커지고 있다. 그냥 몰려다니는 무리가 아니라 진짜 추종자만이 그것을 견뎌낼 수 있다.

아니면 당신은 말만 많고 소신은 부족한 그 서기관과 같은가? 당신이 이룬 것, 잡다한 성경 지식, 암송 구절, 읽은 책, 참석한 집회, 취득한 학위 같은 것들로 스스로 우쭐해 있는가? 당신은 당신이 바라는 예수님이 아니라 있는 그대로의 예수님을 따르고 사랑하라고 초대받았다. 진짜 예수님은 당신을 놀라게 할 것이다. 당신이 비현실적인 기대를 가지고 있다면 그분은 당신을 실망시킬 수도 있다. 그분은 당신이 원치 않는 곳에 가고, 원치 않는 일을 하라고 하실 것이다. 그러나 그분은 겸손하고 성실하게 따를 만한 가치가 있다.

혹 당신은 죽은 사람을 장사지내야 했던 사람과 같은가? 자기가 받을 유산을 포함한 집안일을 해결해야 했던 사람 말이다. 당신은 조건을 걸고 따라가고 있는가? 당신은 제자로 섬기는 삶에 헌신하기 전에 제대로 보살핌을 받고 있다는 것을 확인해야 하는가? 당신은 긴급함을 느끼지 못하는가? 당신은 끝까지 번듯하고, 편안하며, 위험성이 낮은 곳으로 불러주시기를 기다리고 있는가? 아니면 언제 어디서든 무엇이든 기꺼이 할 마음이 있는가?

마지막으로 당신은 배에 탄 제자들처럼 맑은 날에는 예수님께 딱 붙어 있으려고 하지만, 폭풍이 몰아치면 무서워 어쩔 줄 모르는가? 위험한 상황에 처하면 그분의 주권을 의심하게 되는가? 재난이 닥치면 그분의 선하심과 지혜에 의구심을 갖는가? 미래에 대한 걱정이 당신을 짓누르는가? 아니면 만사를 전능하시고, 선하시며, 사랑이 풍성한 그분 손에 맡기는가?

예수님은 이 세상에서 우리에게 남겨진 일을 계속 감당할 진실되고, 헌신적이며, 담대한 제자들을 원하신다. 당신은 그런 사람인가?

귀신을 다스리시다(마태복음 8:28-34)

28 또 예수께서 건너편 가다라 지방에 가시매 귀신 들린 자 둘이 무덤 사이에서 나와 예수를 만나니 그
들은 몹시 사나워 아무도 그 길로 지나갈 수 없을 지경이더라 29 이에 그들이 소리 질러 이르되 하나님의
아들이여 우리가 당신과 무슨 상관이 있나이까 때가 이르기 전에 우리를 괴롭게 하려고 여기 오셨나이
까 하더니 30 마침 멀리서 많은 돼지 떼가 먹고 있는지라 31 귀신들이 예수께 간구하여 이르되 만일 우리
를 쫓아 내시려면 돼지 떼에 들여 보내 주소서 하니 32 그들에게 가라 하시니 귀신들이 나와서 돼지에게
로 들어가는지라 온 떼가 비탈로 내리달아 바다에 들어가서 물에서 몰사하거늘 33 치던 자들이 달아나
시내에 들어가 이 모든 일과 귀신 들린 자의 일을 고하니 34 온 시내가 예수를 만나려고 나가서 보고 그
지방에서 떠나시기를 간구하더라

성경은 숨이 턱 막힐 정도로 놀라운 장면과 이야기로 가득하다. 우리가 그 현장에서 그 놀라운 일들을 직접 눈으로 다 보면서 일이 어떻게 진행될지 궁금해하고 있다고 상상해보자. 예수님이 지상 사역을 하시는 내내 제자들은 맨 앞자리에 있었다. 그들은 도대체 얼마나 자주 그들이 보고 들은 것을 놀란 눈으로-입을 떡 벌리고 이루 말할 수 없는 충격 속에서-바라보았을까!

이 대목은 제자들이 예수님이 말 한마디로 파도를 잠잠케 하시고, 사나운 바람을 잠재우시며, 폭풍을 멈추게 하시는 것을 보았던 앞 이야기의 마지막 부분이다. 섬뜩한 침묵, 깊은 물의 표면에 퍼져나가는 반짝이는 빛 가운데서 그들은 놀라서 외쳤다. "이이가 어떠한 사람이기에 바람과 바다도 순종하는가?"(8:27) 서서히 그러나 분명히, 차근차근 일이 일어날 때마다 이 남자의 남다른 실체가 그들에게 드러나기 시작했다.

그런데 배가 잔잔한 바다 표면을 가르며 조용히 미끄러지는 동안 또 다른 충격적인 일이 그들을 기다리고 있었다. 그들의 배가 뭍으로 올라오자마자 일어난 일이었다. 그들은 육신에 깃들어 있는 적나라한 악-그들이 물으면 무엇을 답해야 하는지 훤히 꿰뚫고 있는-을 마주칠 줄은 꿈에도 몰랐다.

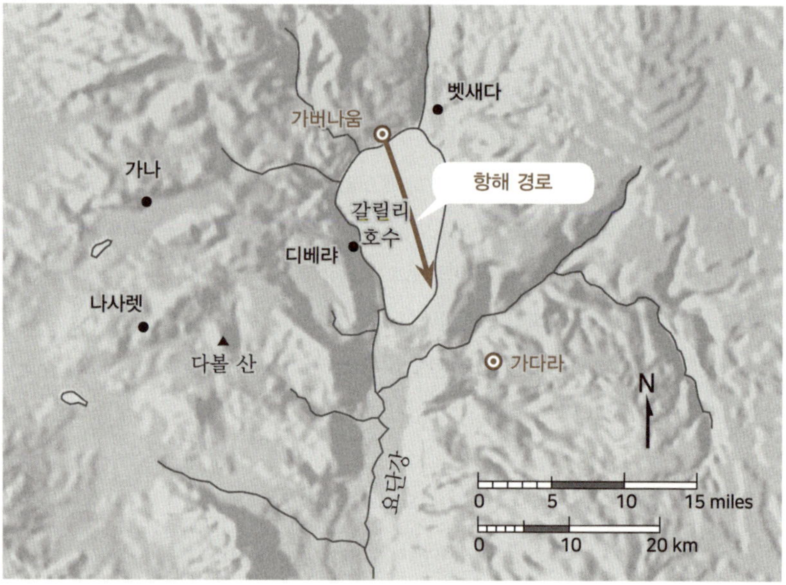

가버나움을 출발한 예수님과 제자들은 호수를 가로질러 항해하던 중 거센 폭풍을 만났고 남동쪽 해안에 상륙했다. 가다라는 내륙으로 약 10킬로미터 들어간 곳에 있었다.

—8:28—

제자들이 가버나움 맞은편 갈릴리 해안에 배를 댄 곳(8:28)은 거라사라고도 불리는 가다라 지역 끄트머리였다(막 5:1, 눅 8:26). 데가볼리('10개의 도시') 중 하나로 가다라와 인접해 있는 이 지역은 갈릴리 호수의 남동쪽을 차지하고 있었다. 제자들이 어디에 배를 댔는지 정확히 알 수는 없지만, 호수의 남동쪽 가장자리에 해안선이 가파른 두 지역이 마태복음 8장 32절에 묘사된 모습과 일치한다.[40]

예수님과 제자들은 배에서 내리자마자 귀신 들린 두 사람과 마주쳤다. 그들의 상태를 나타내는 헬라어 *daimonizomai*(1139)는 문자 그대로 '귀신 들린'으로 번역되었다. 이 말은 완전히 악마의 지배 아래 있어서 자신을 스스로 통제할 수 없는 사람을 나타낸다. 그런 사람들은 자해를 일삼고 초자연적인 힘과 능력을 과시한다. 로버트 라이트너(Robert Lightner)는 다음과 같이 정의한다. "귀신(또는 마귀)이 사람의 몸에 거하면 귀신에게 사로잡혀서 정신착란이 생기고 귀신의 지배에서 스스로 벗어날 수 없게 된다…귀신 들림은 마귀가 영향을 미치는 것에서 그치지 않고 실제로 희생자들 안에 거할 때 일어난다."[41]

같은 사건을 기록한 마가복음과 누가복음의 기사는 좀 더 자세하다. 세 가지 기사 모두 그 귀신 들린 남자들이 무덤에 살고 있었다고 밝힌다. 마가와 누가는 마태복음에 언급된 두 사람 중 아마 더 두드러졌을 한 사람에게 초점을 맞춘다. 그 사람은 놀라운 만큼 힘이 세서 사람들이 그를 쇠사슬로 묶으려고 했지만 도저히 제압할 수 없었다(막 5:3-4). 마가는 또 그 귀신 들린 사람이 괴로워하며 밤낮으로 소리를 지르고 날카로운 돌로 자기 몸을 베었다고 말한다(막 5:5). 누가는 그가 오랫동안 벌거벗은 채 들짐승처럼 무덤에서 살고 있었다고 상세히 기록했다(눅 8:27). 이 귀신 들린 사람과 그 동료는 너무 난폭해서 사람들이 도시로 가는 길을 지나다니지 못했다(마 8:28). 사람들은 굶주린 들개를 피하듯이 그들을 피했다.

얼마나 슬프고 참혹한 광경인가! 분명히 그 남자와 동료를 사로잡은 마귀들은 그들의 기본적인 인간성을 파괴하려 하고 있었다. 하나님의 형상을 지닌 사람들의 존엄성을 빼앗는 것이 목표인 악령들이 좋아서 어쩔 줄 몰라 할 지경에 이르기까지 두 사람은 여러 해에 걸쳐 하나님의 형상을 점점 잃어버렸다.

그러나 이제 그들은 타락한 아담의 자손들을 하나님의 형상으로 창조된 존재에게 합당한 위치로 끌어올리는 사명을 가지신 분과 맞닥뜨렸다.

—8:29-32—

마태는 두 귀신 들린 사람이 예수님과 제자들을 호숫가에서 만났다고 말하지만, 마가와 누가는 둘 중 하나-아마도 더 크고 강력했을-가 예수님과 마주쳤다고 전한다. 마태는 그의 말을 기록했다. "우리가 당신과 무슨 상관이 있나이까 때가 이르기 전에 우리를 괴롭게 하려고 여기 오셨나이까?"(8:29) 마가와 누가는 그 대화에 더 상세한 내용을 덧붙였다. 대화 중에 예수님이 물으셨다. "네 이름이 무엇이냐?" 그 귀신 들린 자가 대답했다. "내 이름은 군대니 우리가 많음이니이다"(막 5:9).

우리는 예수님과 이 귀신 들린 사람의 짧지만 극적인 만남에서 몇 가지 중요한 사실을 관찰할 수 있다. 첫째, 마귀들은 예수님의 정체성과 능력을 정확히 알고 있었다. 그들 앞에서 계신 분은 "지극히 높으신 하나님의 아들 예수", 그들을 다스릴 전적인 권세를 가지신 분이었다(막 5:7, 눅 8:28). 독선적인 종교 지도자들은 예수님이 메시아이신 것을 의심했지만, 악한 영들은 그들이 누구를 상대하는지 알았다. 그분은 신인(God-man)이었다.

둘째, 마귀들은 자기들이 처할 궁극적 운명을 알고 있었다. 그들은 예수님이 "때가 이르기 전에"(마 8:29) 그들을 괴롭힐 것인지 궁금해했다. 나중에 예수님은 제자들에게 "마귀와 그 사자들을 위하여 예비된 영원한 불"(25:41)에 대해 가르치셨다. 마귀들은 언젠가는 이 땅을 돌아다니며 사람들을 유혹하고, 괴롭히며, 억압하고, 소유하는 그들의 능력이 없어질 것을 알았다. 심판이 다가오고 있었다. 예수님이 재판관이실 것이다. 그들에 대한 심

귀신학 개론(마태복음 8:28)

통속적으로 사탄과 악마는 귀엽고 우스꽝스러운 모습부터 무시무시하고 소름 끼치는 모습에 이르기까지 다양하게 묘사된다. 당신은 작은 빨간 악마 봉제 인형을 사거나 이교 종교의 의식을 따라 그들에게 경배할 수도 있다. 또는 그들의 존재를 거부하거나 그들의 영향력이 두려워 도망칠 수도 있다. 하지만 내 말을 명심하라. 악마는 재미있지도 않고 허상도 아니다. 그들은 실재하며, 그들이 어떤 존재이고 어떤 존재가 아닌지, 그리고 그들이 할 수 있는 것과 할 수 없는 것이 무엇인지 알아야 성경적인 방식으로 악마를 다룰 수 있다.

사람들은 종종 악마에 대해서 극단으로 치우친다. 어떤 사람들은 그들의 존재를 완전히 부정한다. 인격신과 천사의 존재를 믿는 사람들조차도 다른 차원의 초자연적 세계, 특히 사탄과 마귀를 거부하는 경우가 종종 있다. 또 어떤 사람들은 사악한 영에 대해 우스갯소리를 하거나 무해한 도락을 하듯이 비술, 마술, 주술로 게임을 하면서 마귀를 가볍게 생각한다. 또 어떤 사람들은 모든 불행한 사건, 유혹, 모든 죄와 질병 뒤에 사탄과 그의 하수인들이 있다고 생각하면서 악마라는 대상에게 지나치게 집착한다. 이러한 왜곡된 관점은 그리스도인의 삶을 해칠 수 있다. 존재 자체를 부인하면 결국 악마의 공격에 대비할 수 없다. 진지함이 부족하면 영적으로 사악한 일에 무심코 말려들게 된다. 그리고 그것에 집착하면 자기 자신의 연약함과 죄에 대해서까지 마귀 탓으로 돌린다.

성경은 마귀의 실체와 그들이 할 수 있는 것과 할 수 없는 것을 명확히 보여준다. 마귀는 눈에 보이지 않으며 사탄을 섬기는 천사 같은 존재다(마 25:41, 계 12:9). 그들은 끊임없는 속임수로 악한 목적에 적극 종사하고 있다(마 4:1-11, 고전 10:20, 고후 11:13-15, 살후 2:8-10, 계 16:13-14). 마귀는 분명히 초자연적인 능력을 가지고 있지만 유한한 피조물이기 때문에 전지전능하지 않으며, 동시에 모든 곳에 존재할 수 없다. 그들은 하나님의 주권 아래 있으며 그분의 계획과 목적에 종속된다(욥 1:12, 단 10:12-13, 계 12:7-9). 그들은 예배와 숭배받기를 몹시 좋아해서 사원에 거주하고 우상과 한패다. 그런 이교도 예배에 참여하면 악마의 세력과 교통하게 될 수 있다(고전 10:14, 19-21). 그뿐만 아니라 마귀는 때때로 인간이든 동물이든 생명체 안에 거하며 숙주의 육신을 지배할 뿐 아니라 육체적, 정신적, 정서적, 특히 영적 안녕을 무참히 파괴할 수 있다(창 3:1, 마 8:16, 28).

'마귀학'을 짧게 요약한 다음의 글이 바른 관점을 갖는 데 도움이 될 것이다. "하나님의 선한 천사들은 하나님의 백성을 위해 봉사하는 반면(히 1:14), 악한 영들은 하나님 나라와 그분의 백성이 구원받는 것을 망치려고 한다. 하나님이 그분의 목적과 계획 가운데 악령들이 계속 이 세상에서 활동하도록 허용하시지만, 언젠가는 그들을 완전히 궤멸시켜 다시는 그분의 창조 세계에 악한 영향을 끼치지 못하게 하실 것이다(계 20:10)." [42]

판이 이미 시작된 것일까?

셋째, 그 남자에게 들려 있는 귀신은 수가 많았다. 예수님께 말을 건 남자는 귀신의 "군대"(legion)가 있다고 말했다. "군대"란 대략 6천 명의 군인으로 이루어진 로마 군대를 지칭하는 용어였다.[43] 물론 마귀들이 자기들의 수를 과장했을 수도 있지만, 요지는 분명하다. 이 사람들은 그냥 귀신이 들린 것이 아니라 귀신의 소굴이 되어 있었다! 그 수가 너무 많아서 귀신들은 근처에 있는 2천 마리의 돼지 떼에게로 쫓아달라고 간청했다(8:30-31, 참조. 막 5:13).

넷째, 예수님은 말 한마디로 귀신 들린 사람들에게서 귀신들을 내쫓으셨다. "그들에게 가라 하시니 귀신들이 나와서 돼지에게로 들어가는지라"(마 8:32). 싸움도 언쟁도 없었고, 성수를 뿌리거나 마술을 하거나, 퇴마 의식 주문을 읽지도 않았다. 예수님의 권위는 절대적이었다. 예수님이 인간의 몸 안에 거하는 천사 같은 일개 피조물에 불과했다면, 훗날 일부 거짓 교사들이 믿었던 것처럼 동등한 영적 힘을 가진 수천에 이르는 악령을 상대하실 수 없었을 것이다. 그러나 가장 높으신 이의 아들은 피조물이 아니셨다. 그분은 모든 피조물-생물이건 무생물이건-을 다스리는 신적 능력과 권세를 지니셨다. 그분이 바로 창조주 하나님이시기 때문이다.

이 일화를 읽을 때마다 나는 마르틴 루터의 위대한 종교개혁 찬송가 "내 주는 강한 성이요"가 떠오른다.

> 이 땅에 마귀 들끓어 우리를 삼키려 하나
> 겁내지 말고 섰거라 진리로 이기리로다
> 친척과 재물과 명예와 생명을 다 빼앗긴대도
> 진리는 살아서 그 나라 영원하리라.[44]

예수님은 말 한마디로 수천의 마귀를 쓰러뜨리고 돼지에게 던지셨다. 이로 보건대 마귀들은 보이지 않는 영적 세계에 육신이 없는 상태로 있는 것보다는 지구상의 다른 생명체에 거하기를 더 좋아하는 것 같다. 그러나 새로운 몸에 들어간 기쁨은 오래가지 못했다. 먹을 것을 찾아 그 지역을 배회하던 이 부정한 짐승들은 마귀들이 침입하자 바로 미쳐버렸다. 그들은 가파른 강둑을 내달려 갈릴리 호수에 뛰어들어 익사했다. 결국 마귀들도 섬멸되었고, 모세의 율법에서 식용을 금지한 2천 마리의 짐승도 함께 사라졌다!

—8:33-34—

근처에 있던 돼지치기는 돼지를 잃었으니 좋았을 리가 없다. 인근 마을 주민들은 예수님의 권위와 귀신 들린 사람들이 회복된 모습에 놀라기는커녕 예수님께 그 지역을 떠나달라고 사정했다(8:33-34). 예수님이 하신 일은 사업에는 좋지 않았다. 폴 레버토프(Paul Levertoff)의 말이 이 상황을 잘 요약한다. "자고로 이 세상은 돼지가 더 좋아서 예수님을 거부해왔다."[45]

마태는 마귀들에 대한 예수님의 권위와 인간들의 적대적인 반응을 명확히 보여주면서 내러티브를 끝냈지만, 마가복음은 귀신 들린 사람들 중 최소한 한 명에 대한 결말을 알려준다. 마을 사람들은 무슨 일이 일어났는지 보러 와서 그 귀신 들린 사람이 "옷을 입고 정신이 온전하여 앉은 것"(막 5:15)을 보았다. 예수님과 제자들이 집으로 돌아가려고 배에 오를 때 그 남자가 함께 가고 싶어 했던 것은 이해가 된다(막 5:18). 그러나 예수님은 그에게 "집으로 돌아가 주께서 네게 어떻게 큰 일을 행하사 너를 불쌍히 여기신 것을 네 가족에게 알리라"(막 5:19)고 하셨다. 한때 영적 어둠에 매여 있었지만, 이제는 빛으로 가득 찬 이 사람은 실제로 데가볼리 전역에 "예수께서 자기에게 어떻게 큰 일 행하셨는지를"(막 5:20) 알리기 시작했다.

적용: 마태복음 8:28-34
마귀의 권세에 맞서기

마귀의 본성이나 그들의 능력에 대한 기본적인 지식을 갖는 것도 중요하기는 하지만, 실제적으로는 우리 삶 속에 역사하시는 하나님, 그분의 성품, 그분의 능력에 초점을 맞추는 것이 가장 좋다. 결국 우리는 그분을 통해서 악의 세력을 이긴다. 성령의 능력으로 그리스도를 통해 우리가 받는 하나님의 보호를 이해하기 위해 영적 전쟁에 관한 성경의 가르침을 살펴보자. 그 주요 구절인 에베소서 6장 10-18절은 네 가지 중요한 원칙을 알려준다.

첫째, 보이지 않는 세력과의 싸움에 대비하라. 에베소서 6장 10-12절은 이렇게 말한다. "끝으로 너희가 주 안에서와 그 힘의 능력으로 강건하여지고…우리의 씨름은 혈과 육을 상대하는 것이 아니요 통치자들과 권세들과 이 어둠의 세상 주관자들과 하늘에 있는 악의 영들을 상대함이라." 우리가 사는 오감의 세계 너머에는 보이지 않는 세계가 존재한다. 그곳에서 악한 영들은 사탄의 지휘 아래 전략을 짜고 있다. 하나님의 자녀이며 그리스도의 종인 우리는 알든 모르든 악과의 전쟁에 참여하고 있다. 우리의 주적은 우리가 만지고, 보고, 들을 수 있는 영역에 있지 않다는 사실을 아는 것이 중요하다. 그들은 유혹, 속임수, 박해, 부도덕, 불의의 세력 뒤에 숨어 있다.

둘째, 하나님의 전신 갑주를 입고 굳게 서라. 에베소서 6장 11-13절은 이렇게 말한다. "마귀의 간계를 능히 대적하기 위하여 하나님의 전신 갑주를 입으라…그러므로 하나님의 전신 갑주를 취하라 이는 악한 날에 너희가 능히 대적하고 모든 일을 행한 후에 서기 위함이라." 당당하게 하나님이 당신에게 주신 장비를 착용하라. 당신이 가진 힘과 자원만으로는 마귀와 그들의 책략에 맞서 싸울 수 없다는 사실을 인정하라. 하나님의 섭리가 없으면 당신은 패배할 것이다. 하나님의 갑옷은 진리, 의, 평화의 복된 소식, 믿음, 구원의 선물, 하나님의 말씀으로 이루어져 있다(엡 6:14-17).

셋째, 믿음의 방패를 들고 성령 안에서 기도하라. 에베소서 6장 16-18절 말씀이다. "모든 것 위에 믿음의 방패를 가지고 이로써 능히 악한 자의 모든 불화살을 소멸하고…모든 기도와 간구를 하되 항상 성령 안에서 기도하고." 사탄이 큰 유혹, 속임수, 고통으로 당신을 공격한다고 느낄 때 믿음 안에 굳게 서서 기도하라. 주 하나님이 그 상황을 주관하셔서 한 마디 말씀으로 악의 세력을 물리쳐달라고 요청하라.

넷째, 당신이 승자의 편에 있음을 잊지 말라. 결국에는 하나님이 승리하실 것이다. 요한계시록 20장 10절은 암기할 가치가 있다. "또 그들을 미혹하는 마귀가 불과 유황 못에 던져지니 거기는 그 짐승과 거짓 선지자도 있어 세세토록 밤낮 괴로움을 받으리라." 그때까지 우리는 요한일서 4장 4절의 "자녀들아 너희는 하나님께 속하였고 또 그들을 이기었나니 이는 너희 안에 계신 이가 세상에 있는 자보다 크심이라"는 말씀처럼 우리 안에 성령이 계시기에 악령과 마귀의 책략을 이길 수 있다는 사실을 기억하라.

따라다니는 감시자들(마태복음 9:1-17)

1예수께서 배에 오르사 건너가 본 동네에 이르시니
2침상에 누운 중풍병자를 사람들이 데리고 오거늘 예수께서 그들의 믿음을 보시고 중풍병자에게
이르시되 작은 자야 안심하라 네 죄 사함을 받았느니라 3어떤 서기관들이 속으로 이르되 이 사람이 신
성을 모독하도다 4예수께서 그 생각을 아시고 이르시되 너희가 어찌하여 마음에 악한 생각을 하느냐 5
네 죄 사함을 받았느니라 하는 말과 일어나 걸어가라 하는 말 중에 어느 것이 쉽겠느냐 6그러나 인자가
세상에서 죄를 사하는 권능이 있는 줄을 너희로 알게 하려 하노라 하시고 중풍병자에게 말씀하시되 일
어나 네 침상을 가지고 집으로 가라 하시니 7그가 일어나 집으로 돌아가거늘 8무리가 보고 두려워하며
이런 권능을 사람에게 주신 하나님께 영광을 돌리니라
9예수께서 그 곳을 떠나 지나가시다가 마태라 하는 사람이 세관에 앉아 있는 것을 보시고 이르시되
나를 따르라 하시니 일어나 따르니라
10예수께서 마태의 집에서 앉아 음식을 잡수실 때에 많은 세리와 죄인들이 와서 예수와 그의 제자
들과 함께 앉았더니 11바리새인들이 보고 그의 제자들에게 이르되 어찌하여 너희 선생은 세리와 죄인들
과 함께 잡수시느냐 12예수께서 들으시고 이르시되 건강한 자에게는 의사가 쓸 데 없고 병든 자에게라
야 쓸 데 있느니라 13너희는 가서 내가 긍휼을 원하고 제사를 원하지 아니하노라 하신 뜻이 무엇인지 배
우라 나는 의인을 부르러 온 것이 아니요 죄인을 부르러 왔노라 하시니라
14그 때에 요한의 제자들이 예수께 나아와 이르되 우리와 바리새인들은 금식하는데 어찌하여 당신
의 제자들은 금식하지 아니하나이까 15예수께서 그들에게 이르시되 혼인집 손님들이 신랑과 함께 있을
동안에 슬퍼할 수 있느냐 그러나 신랑을 빼앗길 날이 이르리니 그 때에는 금식할 것이니라 16생베 조각
을 낡은 옷에 붙이는 자가 없나니 이는 기운 것이 그 옷을 당기어 해어짐이 더하게 됨이요 17새 포도주
를 낡은 가죽 부대에 넣지 아니하나니 그렇게 하면 부대가 터져 포도주도 쏟아지고 부대도 버리게 됨이
라 새 포도주는 새 부대에 넣어야 둘이 다 보전되느니라

마태복음은 설렁설렁 읽어도 예수님 바로 옆에서 걷는 느낌을 받는다. 예수님이 다시 갈릴리 호수를 건너기 위해 배에 오르시면(9:1), 나는 호수에서 반사되는 햇살의 반짝임을 볼 수 있고, 얼굴에 차가운 물방울이 튀는 것을 느낄 수 있다. 해변에 도착하면 몇 시간 동안 배 위에서 앞뒤로 흔들린 후 땅 위를 다시 걸을 때 휘청거리는 다리의 감각이 느껴진다. 가버나움에 모여 있는 군중을 헤치고 나아가는 제자들을 따라가다 보면 웅얼거림과 속삭임, 싱싱한 생선 냄새, 고된 노동의 냄새를 느낀다. 나는 예수님이 다음에는 무엇을 하실지, 무엇을 말씀하실지 궁금해하는 기대에 찬 얼굴들을 본다.

이 단락을 공부할 때 우리는 호수 건너편에 있는 가다라의 돼지치기들이 나타낸 반응에서 이미 조짐이 보였던 이상한 현상을 목격하게 된다. 예수님의 초자연적인 능력에 대해 일부 사람은 부정적으로 반응했다. 그들은 예수님이 평범하고 '정상적'인 그들의 일상을 방해하는 것이 싫었다. 그들은 우리 삶에 침입하는 주 하나님의 권세에 굴복하는 것보다 현상 유지가 더 좋았다.

예수님과 함께 호수의 반대편으로 다시 돌아가면 마찬가지로 화가 끓고 있는 당대의 권력자들을 본다. 예수님이 기적적인 치유를 계속 행하시고, 영적으로 회복시키시며, 부당한 삶에서 구제해주실 때 어떤 사람들은 구세주 안에서 기뻐하지만, 어떤 사람들은 질시하며 비난을 퍼붓는다. 감히 의와 영성에 대한 독점권을 가지고 있다고 생각하는 서기관들과 바리새인들은 자기들이 사람들의 마음과 생각에 주입한 불법적인 주장을 예수님이 위협하고 있다는 생각에 서서히 예수님을 등지기 시작한다. 동시에 바리새인들의 종교적 전통을 엄격히 지키는 세례 요한을 따르는 일단의 제자들도 예수님의 제자들이 전통을 따르지 않는다고 비난한다.

이 세 개의 일화, 곧 중풍병자의 치유, 세리를 부르심, 금식에 대한 논쟁을 보면서 다음 질문에 답해보라. 나는 어느 부류에 속하는가? 나는 의로운 사람이기에 예수님이 필요 없다고 생각하는가? 아니면 주님이 절대적으로 필요한 죄인임을 아는가?

—9:1–8—

그날 예수님과 제자들은 두 번째로 배에 올랐다. 원래 제자들은 호수의 남동쪽에 있는 가다라로 갔다가 데가볼리의 다른 내륙 도시들로 갈 예정이었던 것 같다. 그러나 지역 주민들의 거부로 다시 배에 올라 갈릴리 호수를 건너 돌아오게 되었다. 그들은 예수님의 '본거지'인 가버나움에 상륙했다(9:1).

9장 1절 이후에 나오는 사건들은 그들이 돌아온 뒤 며칠 사이에 일어났을 가능성이 크다. 마태는 이 사건들이 언제 일어났는지 정확히 알 수 있는 상세한 정보를 주지 않지만, 마가복음 2장 1–12절에 기록된 내용 덕분에 발생한 장소는 알 수 있다. 예수님은 집 안–아마도 베드로의 집이었을 것이다–에 모인 많은 사람을 가르치고 계셨다(막 2:2). 네 사람이 들것에 중풍병자를 싣고 예수님께 가려고 했지만, 집 안에 사람이 너무 많았다. 그들은 절박한 마음에 예수님이 한창 가르치고 계실 때 지붕의 일부를 뜯어내고 남자를 내려 예수님이 그를 치료하실 수 있게 했다. 믿음이 있었기에 가능한 행동이었다(막 2:3-4).

마태는 예수님이 "그들의 믿음을 보[셨다]"(마 9:2)는 말로 그들이 환자를 주님께 데려오기 위해 얼마나 애썼는지를 표현했다. 그들이 전심으로 열렬히 예수님을 믿지 않았다면 굳이 그 남자를 끌고 와서 평평한 지붕 위로 올라가 구멍을 통해 조심스럽게 그를 끌어내리는 수고를 하지 않았을 것이다. 그것은 예수님이 정말 그 병자에게 무언가를 해주실 수 있다는 절대적인 확신이 없으면 할 수 없는 대담하고 위험한 행동이었다.

그 남자를 보신 예수님은 대담한 선포를 하셨다. "아들아, 용기를 내어라! 네 죄는 용서받았다." 하지만 그들이 등장했던 모습은 이 말과는 거리가 멀었다. 그렇지 않은가? 어떤 이들은 이 말을 모든 질병과 아픈 것은 특정한 죄에 대한 벌이라는 뜻으로 받아들였다. 실제로 예수님 시대의 많은 사람은 선행은 현생에서 건강과 부로 보상을 받으며, 죄는 질병과 가난으로 벌을 받는다는 일종의 업보사상을 믿었다. 그러나 그것은 명백한 거짓이다. 예수님은 이런 생각을 거부하셨다(요 9:1-3). 그렇다. 고통과 고난은 죄가 초래한 자연스러운 결과이기도 하지만, 하나님이 자녀들을 훈육하시는 행위이기도 하다(참조. 히 12:4-11, 약 5:14-15, 요일 5:16-17). 그러나 모든 질병을 다 그런 관점에서 보면 안 된다.

그렇다 하더라도, 예수님이 하신 용서의 말씀은 그의 병이 꼭 어떤 저주의 결과가 아니며, 설사 그렇더라도 친구들이 그를 올바른 장소로 데려왔다는 확신을 주었을 것이다! 예수님께는 육신의 병뿐만 아니라 영혼의 질병을 다스리는 권세도 있었다. 여기서 그리스도가 어디에 중점을 두시는지 잘 보라. 그분은 단순히 그 남자의 겉으로 드러난 일시적인 상태뿐 아니라 그 남자의 영혼이 처한 영원한 영적인 상태에 관심을 두셨다.

그 방 안에 있던 사람들이 다 수긍한 것은 아니었다. 우리는 앞서 예수님과 가까워졌지만, 특정한 조건 아래서만 제자로 합류하려고 했던 서기관—율법에 정통한 학자—을 보았다(마 8:19-20 해설 참조). 지금은 이 작은 무리의 학자들이 예수님이 용서를 선포하시자 정색을 했다. "이 사람이 신성을 모독하도다"(9:3). 예수님이 그들이 믿던 대로 일개 인간이었다면 그들이 옳았다. 스스로 죄를 사할 권세가 있다고 주장하는 것은 신성모독이었다. 마가복음은 서기관들의 논리를 부연한다. "오직 하나님 한 분 외에는 누가 능히 죄를 사하겠느냐"(막 2:7). 설령 그들의 신학적 추론은 틀리지 않았다고 해도 전제가 틀렸다. 예수님은 단순한 인간이 아니셨다. 신인(God-man)이신 그분에게는 죄를 용서할 권세가 있었다. 그러나 그 방 안에 있는 누군들 그 용서의 선포가 단순한 말 이상이라는 걸 알았겠는가?

예수님은 서기관들의 웅성거림이 그 작은 무리를 벗어나 그날 그분이 신성모독을 했다는 근거 없는 비난으로 그분을 추종하는 이들의 마음을 오염시키게 놔두지 않으셨다. 예수님은 그들의 생각을 전지적 능력으로 인지하시고 이렇게 말씀하셨다. "너희가 어찌하여 마음에 악한 생각을 하느냐 네 죄 사함을 받았느니라 하는 말과 일어나 걸어가라 하는 말 중에 어느 것이 쉽겠느냐"(마 9:4-5). 어쩌면 예수님은 질문이 충분히 이해되도록 잠시 멈추셨을지도 모른다. 헛된 주장을 하는 것이라면 즉석에서 치유를 명령하는 것보다 죄의 용서를 선포하는 것이 더 쉬울 것이다. 사람의 영적 상태는 하나님 외에는 아무도 볼 수 없기 때문에 전자는 증명이 안 된다. 그러나 어떤 사람이 중풍병자에게 일어나 걸으라고 말했는데 그 사람이 하지 못했다면, 그 말을 한 사람은 거짓 선지자이거나 사기꾼임이 드러날 것이다.

다음에 일어난 일은 틀림없이 군중에게 충격을 주었을 것이다. 모두 들을 수 있도록 크고 또렷하게 예수님이 말씀하셨다. "그러나 인자가 세상에서 죄를 사하는 권능이 있는 줄을 너희로 알게 하려 하노라"(9:6). 이 긴장된 순간은 예수님께는 불명예를, 비웃는 서기관들에게는 명예를 안기고 끝났을 수도 있다. 간이 침상 위의 그 남자가 끙끙거리는 신음 소리만 냈다면 예수님은 가짜임이 탄로났을 것이다. 그러나 그런 일은 일어나지 않았다. 그 남자는 몸도 낫고 자기 죄가 용서받았다는 확신도 가지고 "일어나 집으로 돌아[갔다]"(9:7).

군중의 반응은 지극히 정상이었다. 사람들은 "두려워하며…하나님께 영광을 돌[렸다]"(9:8). 나는 사람들이 손뼉 치고, 웃고, 노래하고, 춤추는 모습이 눈에 선하다. 그들 가운데 몸과 영혼을 모두 치유할 권세를 가진 특별한 사람이 있었다. 구석에 숨어 미심쩍게 지켜보던 비평가들은 뒷문으로 슬그머니 빠져나갔다. 자기들의 권력을 지키려고 예수님을 불신하게 만들려는 시도가 매번 어그러지고 있다는 불안감이 그들 안에서 점점 커지고 있었다.

—9:9-10—

그날 예수님이 종교 당국자들의 심기를 건드린 것이 또 있었다. 예수님이 그 집을 나오셨을 때 마태라는 이름의 남자와 마주치셨다. 그렇다. 바로 이 복음서의 저자이며 "알패오의 아들 레위"라고도 불린 그 마태였다(막 2:14, 참조. 눅 5:27). 나는 예수님의 다른 측근들이 마태를 비웃거나 아니면 그에게서 멀리 떨어지는 모습이 그려진다. 왜냐하면 그는 마을에서 가장 미움받는 사람 중 하나였기 때문이다. 마태는 "세관에 앉아 있[었다]"(마 9:9). 착하게도 누가 세금을 내는 것을 돕고 있었던 것이 아니라 그가 바로 무서운 세리였기 때문이다. 다시 말해서, 로마 정부의 앞잡이로 일하는 유대인인 그는 자기 민족의 배신자였다. 그는 아마 회당 출입이 금지되고, 동포들에게 외면당하며, 친구로서 신뢰받지 못하고, 강도나 살인자와 같은 취급을 받았을 것이다. 아무도 마태와 얽히고 싶어 하지 않았다. 예수님만 제외하고.

예수님이 그 세리의 세관을 향해 돌아서자 많은 제자가 뒤로 물러나는 모습이 머릿속에 그려진다. "어, 어디 가세요 주님?" 상상이 되는가? 어쩌면 예수님이 탁자 뒤의 그 남자에게 다가가실 때 그분의 제자 중 어떤 이들은 의의 설교자이신 예수님이 그에게 호통치시는 소리를 듣고 싶은 마음에 몇 발짝 다가섰을지도 모른다. '마태, 그 불한당은 그래도 싸지!' 그러나 그들이 몸을 기울여 예수님의 말씀을 듣는 순간 눈은 휘둥그레지고 입은 떡 벌어졌을 것이다. "나를 따르라!"

세리(마태복음 9:9)

신약 시대의 모든 직업 중에서 세리는 세간의 인정을 받는 직업 목록에서 맨 끝에 있었다. 로마 제국의 관료 제도에는 사실상 두 종류의 세리가 있었다. 키 작은 삭개오 같은 '세리장'(눅 19:2)과 일반 납세자들과 대면해서 길거리에서 수금하는 일반 세리 또는 '징세원'이 있었다.[46] 마태는 후자였다. 그런 만큼 그는 아마 감독 당국이 책정한 금액보다 더 많은 세금을 청구해서 여분의 돈을 챙기는 것으로 악명이 높았을 것이다. 그것은 불법이었지만 익히 알려진 관행이었고, 제국의 규율이 다소 느슨하게 시행되는 유대 같은 외딴 지방에서 큰 불만을 야기했다.[47]

로마인들은 피지배인들에게 두 종류의 세금을 부과했다. 첫 번째는 오늘날의 소득세나 판매세와 비슷해서 소득이나 구매한 상품 가격에 대해 고정 요율이 부과되었다. 세무 공무원들이 이 고정 비율에 재량을 발휘하기는 쉽지 않았다. 그들이 세율을 부풀리거나 숫자를 조작하면 대번에 알 수 있었다.

그러나 두 번째 유형의 세금은 관세, 수입, 수출과 관련되어 있었다. 이 분야에는 부패한 관리들이 큰돈을 벌 수 있는 기회가 얼마든지 있었다. 마이클 그린(Michael Green)은 마태가 어떤 식으로 세금을 많이 끌어모았는지 설명한다. "징세원이 그토록 혐오의 대상으로 전락하게 된 뇌물 수수와 갈취의 기회는 무궁무진했다. 마태는 다메섹과 애굽을 연결하는 대로 연변에 위치한 가버나움에 세무서를 소유하고 있었다. 이 대로는 사마리아와 갈릴리를 관통했다. 그는 헤롯 안디바의 직속이었고, 헤롯 안디바는 로마에 막대한 세금을 납부해야 했다. 그곳은 수입이 아주 짭짤한 일자리였다."[48]

무리가 마태의 반응을 기다리던 순간은 바늘 떨어지는 소리도 들릴 정도로 고요했을 것이다. 그러나 기다림은 길지 않았다. 마태도 이렇게 기록했다. “일어나 따르니라”(9:9). 그 미움받던 세리는 한 치의 망설임도 없이 만사를 제쳐두고 예수님을 따라 갔다. 마태는 예수님의 언행에 대한 이야기를 들었던 것이 분명하다. 또 성령이 이미 그의 양심을 들쑤시고 계셨을 것이다. 그래도 그는 여전히 주님의 부르심이 필요했다. 그리고 그 부르심을 듣는 순간 자리를 박차고 일어나 그분을 따라갔다.

예수님의 부르심에 대한 마태의 반응은 세리들을 ‘재수 없는 인간’ 집단으로 생각하고 있던 가버나움의 많은 경건하고 독선적인 사람들을 깜짝 놀라게 했다. 마태는 그날 저녁 예수님과 제자들과 식사하기 위해 “많은 세리와 죄인들”(9:10)이 모였다고 밝힌다. 마가는 더 상세히 “그러한 사람들이 많이 있어서 예수를 따름이러라”(막 2:15)고 덧붙인다. 누가는 그 만찬이 예수님을 위한 “큰 잔치”(눅 5:29)였음을 언급한다. 마태가 느닷없이 사기꾼에서 제자로 전향하자 그의 영향을 직접 받는 측근들 사이에 큰 반향이 일어났을 것이다. 이렇게 버림받은 자들, 탐탁지 않은 사람들, 사회 부적응자들이 한데 모여 예수님과 함께 식탁에 앉아 있었다!

—9:11-13—

그때 그들이 나타났다. 몇 시간 전 예수님이 중풍병자의 죄 사함을 선포하셨을 때 투덜대던 서기관들처럼 이 종교 지도자들 역시 그날 밤 예수님의 행동에 문제를 제기했다. 마가는 이 무리를 “바리새인의 서기관들”(막 2:16)이라고 밝혀 이 특정 학자들이 종교적으로 지극히 독실한 바리새파였음을 알려준다. 어쩌면 그들은 옆 창문으로 엿보거나 손님들이 떠날 때 출구 조사를 하고 있었을지도 모른다. 어쨌든 시시콜콜 트집만 잡는 이 위선자들은 율법-달리 말해, 모세의 율법을 자기들 마음대로 해석하고 적용한-을 조금이라도 어기는 낌새가 있는지 살피고 있었다.

독선적이고, 끊임없이 판단하고, 은혜를 말살하는 이 엘리트주의자들은 눈앞에서 생명이 구속되는 일이 벌어지고 있음을 보지 못했다. 그 대신 그들은 예수님의 제자들에게 불만을 토로했다. “어찌하여 너희 선생은 세리와 죄인들과 함께 잡수시느냐”(마 9:11). 예수님의 급작스러운 인기와 대중에 대한 자신들의 영향력 상실로 질투심에 빠진 그들은 제자들 사이에 의심과 불화의 작은 씨앗을 심으려고 했던 것 같다. 그들은 예수님의 추종자들이 이 '가버나움의 쓰레기들'과 가까이 지내는 것이 부끄러워 예수님께 등을 돌리기를 바랐을 것이다.

그러나 예수님은 또다시 그들보다 한 발 앞서 계셨다. 그분은 남의 흠만 찾는 바리새인들을 정면으로 겨냥해서 세 가지를 따끔하게 꼬집으셨다. 첫째, 의사들은 건강한 사람이 아니라 아픈 사람들을 상대한다고 지적하셨다(9:12). 치료제를 가진 그분이 세리와 죄인들을 피한다면 어떻게 그들이 필요한 영적 치료를 받을 수 있겠는가? 이 말씀의 숨은 뜻은 꼭 율법 전문가가 아니어도 알 수 있었다. 예수님은 자신을 치료제를 가지고 병든 자들을 찾아 나서는 참된 의사로 자칭하셨다. 반면에 이기적이고 독선적인 바리새인들은 영적 도움이 절실한 사람들을 회피했다!

둘째, 예수님은 영적 우선순위에 있어서 하나님이 요구하시는 바는 제사보다 은혜, 자비, 사랑을 통해 긍휼을 베푸는 것이라고 항변하셨다. 여기서 말하는 "제사"란 특히 바리새인들의 (과시적인) 공중 정결례처럼 인간이 만든 제도를 뜻한다. 예수님은 호세아 6장 6절로 저명한 율법교사인 바리새인들을 맞받아치고 숙제를 주어 보내셨다. "너희는 가서 내가 긍휼을 원하고 제사를 원하지 아니하노라 하신 뜻이 무엇인지 배우라"(마 9:13). 모두가 보는 앞에서 예수님은 성경의 기초를 가르치셨다! 한낱 평범한 목수처럼 보이는 예수님께 과제를 받은 바리새인들은 얼마나 굴욕감과 모욕감을 느꼈겠는가?

마지막으로 예수님은 그분의 사명은 바리새인들의 행동과 정반대임을 보여주셨다. 예수님의 임무는 '신성파'의 일원인 소위 의로운 자들의 환심을 사시는 것이 아니라 죄인들에게 손을 내밀어 회개하도록 부르시는 것이다. 예수님의 마음은 수치와 치욕의 구렁텅이 속에서 살고 있는 소외된 자들을 향하셨다. 그분은 그들이 믿음과 의의 새 길에서 다시 시작할 수 있도록 용서와 은혜를 베풀기 위해 그들의 삶 속으로 들어가셨다.

—9:14–17—

나는 예수님의 제자들이 바리새인들의 경박한 위선을 단 1초도 용납하지 않았을 거라고 확신한다. 적어도 진짜 제자들은 그랬을 것이다. 그들은 자기들이 보고 들은 것만으로도 따라야 할 모본은 예수님 방식의 은혜와 자비, 사랑과 긍휼, 진리와 선임을 믿어 의심치 않았다. 설령 그들이 예수님이 말씀하시고 행하신 것을 다 이해하지 못했다 해도, 그들은 예수님을 알았다. 그리고 그분이 하신 모든 말씀이 진실이고 그분이 행하신 모든 일이 옳다는 것을 알았다.

그러나 예수님이 자신의 신성한 사명을 수행하시느라 분주하던 이때 또 다른 무리, 곧 이번에는 서기관과 바리새인들이 아니라 일단의 세례 요한의 제자들이 꼬치꼬치 따지기 시작했다. 우리는 예수님이 사역을 시작하셨을 때 헤롯이 요한을 감옥에 가두었기 때문에 요한의 제자들은 마음을 바꾸어 그가 하나님의 어린양으로 지목했던 예수님을 충성의 대상으로 삼았을 것이라는 인상을 받는다. 그렇지 않다. 어떤 이유에서건, 일부 제자는 예수님께로 돌아설 마음이 없거나 준비가 되어 있지 않아서 여전히 요한에게 충성했다. 실제로 그런 집단은 사도 교회 때까지 계속 남아 있었던 것으로 보인다(행 18:24-19:7).

바리새인들과 아주 친밀하지는 않았지만, 세례 요한의 제자들도 바리새인들이 수백 년에 걸쳐 구전으로 전승해온 주 1회 금식하는 전통을 공유했다. 그들은 지난 며칠간 멀리서 예수님의 사역을 지켜보면서 그분과 제자들이 사람이 만든 이런 규칙을 따르지 않는다는 것을 알게 되었을 것이다. 자기들끼리 웅얼거리며 예수님을 따르는 자들 사이에 악의적인 소문을 퍼뜨리려고 했던 바리새인들과는 달리 예수님께 직접 가서 이유를 물은 요한의 제자들은 칭찬받을 만하다. 최소한 그들은 당사자에게 가서 "우리와 바리새인들은 금식하는데 어찌하여 당신의 제자들은 금식하지 아니하나이까?"(마 9:14)라고 물을 정도의 진실성이 있었다.

예수님의 대답은 비밀스러운 계시일 뿐 아니라 심오한 이미지로 가득했다. 제자들이 예수님과 함께 있는 기쁨과 금식은 양립할 수 없었다. 결혼식 하객들이 신랑과 함께 있을 때처럼 메시아와 함께하는 이때에는 침울한 애도나 엄숙한 추모가 아니라 축하를 해야 했다. 신랑을 빼앗기는 날(예수님의 죽음에 대한 간접적인 언급) 결혼식 하객들은 비로소 애도할 것이다(9:15).

그런 다음 예수님은 두 가지 비유를 더 말씀하셨다. 생베를 낡은 옷에 대어서 옷이 다시 찢어지게 하는 것과 새 포도주를 낡은 가죽부대에 넣어서 부대가 터지게 하는 비유다(9:16-17).

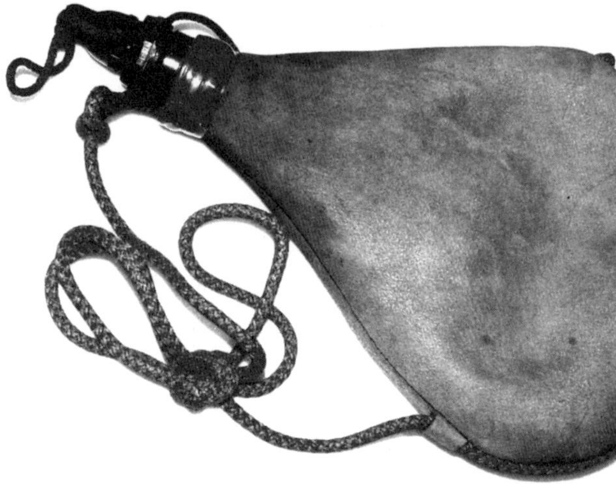
Ardo Beltz/Wikimedia

천연 가죽으로 만든 포도주용 가죽부대.

포도주는 동물의 가죽을 꿰매어 만든 신축성 있는 용기에 보관한다. 아직 완전히 발효되지 않은 새 포도주는 반드시 신축성이 좋아서 발효 과정에서 발생한 기체로 인한 팽창을 감당할 수 있는 낡지 않은 새 가죽부대에 넣어야 했다. 낡은 포도주 부대는 압력을 받으면 터질 수 있었다.[49]

이 비유가 어떻게 세례 요한의 제자들이 묻는 질문에 답이 될까? R. T. 프란스는 이렇게 설명한다. "예수님은 새로운 것을 가져오셨고, 유대교의 공식 의례와 전통은 그것을 담을 수 없다. 새 시대의 폭발적인 활력은…율법주의와 금욕주의의 울타리를 벗어나야 한다."[50] 다시 말해, 제자들이 왕의 존전에서 금식-침울하고 엄숙한 회개와 애도의 표시-하는 것은 부적절했다. 뿐만 아니라 바리새인들이 만든 금식과 관련된 의식은 다가올 시대에 성령이 열어가실 역동적인 새 역사에 들어설 자리가 없었다.

스탠 투생은 세례 요한의 제자들에게 하신 예수님의 말씀에 담긴 수사적 힘을 이렇게 요약한다. "요한은 옛 시대에 속했고, 예수님은 새로운 제도의 시대를 열고 계셨다. 따라서 그들은 선구자를 떠나 왕과 함께해야 했다. 그렇지 않으면 예수님이 여실 새 시대에 참여할 수 없었다."[51]

적용: 마태복음 9:1-17

예수님께 꼭 붙어 있기

용서와 치유가 절실했던 중풍병자(9:1-8)와 구속과 회복이 필요했던 부정직한 세리처럼 (9:9-13) 예수님을 진정으로 따른 사람들은 자기들이 죄와 죄의식에 회복 불능일 정도로 감염되어 있어서 그 위대한 의사가 아니면 치유받을 길이 없다는 것을 알았다. 그러나 바리새인들과 서기관들은 자기들은 아무 문제가 없다는 엄청난 착각에 빠져 있었다. 그나마 인간이 만든 전통으로 종교에 접근하는 방식을 고수하고 있던 세례 요한의 제자들이 조금 나았다.

당신이 다음 두 집 중 한 곳의 식탁에 앉아 있다고 상상해보라. 예수님이 그분의 권위로 죄를 용서함으로써 신학적 규정을 어겼다고 주장하는 집 또는 예전에는 폭리를 취했지만 지금은 예수님을 따르는 것이 무엇을 의미하는지 알고 싶어 하는 무리가 에워싸고 있는 세리 마태의 집. 당신이라면 예수님이 구현하신 급진적인 은혜와 자비의 불편함을 받아들이겠는가, 아니면 그 열띤 논쟁에서 벗어나 정기적인 금식이나 다른 익숙한 전통 같은 냉랭하고 더 편안한 교리와 관행을 선택하겠는가?

오늘날은 어떤가? 그리스도인들이 당신이 속한 민족, 문화, 인종, 세대의 안전한 울타리 밖으로 나가고 싶어 할 때 당신은 구석으로 물러나서 비판하는가, 아니면 고통스러워도 소매를 걷어붙이고 긍휼을 베푸는 불편을 감수하는가? 특별한 도움이 필요하거나 쇠약하거나 육체적, 정신적, 정서적으로 어려움을 겪고 있는 사람들이 나타나면 당신은 그들을 판단하는가, 아니면 당신의 안락을 희생하면서까지 나서서 돕는가? 우리 모두가 구세주가 필요한 타락하고 비열한 죄인임을 인정하며 삶과 사역을 마주할 때만이 독선적인 바리새주의라는 질병을 예방하고 위대한 의사가 내미시는 치유의 손길을 받을 수 있다.

쉴 새 없이 이어지는 기적들(마태복음 9:18-38)

18예수께서 이 말씀을 하실 때에 한 관리가 와서 절하며 이르되 내 딸이 방금 죽었사오나 오셔서 그 몸에
손을 얹어 주소서 그러면 살아나겠나이다 하니 19예수께서 일어나 따라가시매 제자들도 가더니
20열두 해 동안이나 혈루증으로 앓는 여자가 예수의 뒤로 와서 그 겉옷 가를 만지니 21이는 제 마음

에 그 겉옷만 만져도 구원을 받겠다 함이라 [22]예수께서 돌이켜 그를 보시며 이르시되 딸아 안심하라 네
믿음이 너를 구원하였다 하시니 여자가 그 즉시 구원을 받으니라

[23]예수께서 그 관리의 집에 가사 피리 부는 자들과 떠드는 무리를 보시고 [24]이르시되 물러가라 이
소녀가 죽은 것이 아니라 잔다 하시니 그들이 비웃더라 [25]무리를 내보낸 후에 예수께서 들어가사 소녀
의 손을 잡으시매 일어나는지라 [26]그 소문이 그 온 땅에 퍼지더라

[27]예수께서 거기에서 떠나가실새 두 맹인이 따라오며 소리 질러 이르되 다윗의 자손이여 우리를 불
쌍히 여기소서 하더니 [28]예수께서 집에 들어가시매 맹인들이 그에게 나아오거늘 예수께서 이르시되 내
가 능히 이 일 할 줄을 믿느냐 대답하되 주여 그러하오이다 하니 [29]이에 예수께서 그들의 눈을 만지시며
이르시되 너희 믿음대로 되라 하시니 [30]그 눈들이 밝아진지라 예수께서 엄히 경고하시되 삼가 아무에
게도 알리지 말라 하셨으나 [31]그들이 나가서 예수의 소문을 그 온 땅에 퍼뜨리니라

[32]그들이 나갈 때에 귀신 들려 말 못하는 사람을 예수께 데려오니 [33]귀신이 쫓겨나고 말 못하는 사
람이 말하거늘 무리가 놀랍게 여겨 이르되 이스라엘 가운데서 이런 일을 본 적이 없다 하되 [34]바리새인
들은 이르되 그가 귀신의 왕을 의지하여 귀신을 쫓아낸다 하더라

[35]예수께서 모든 도시와 마을에 두루 다니사 그들의 회당에서 가르치시며 천국 복음을 전파하시며
모든 병과 모든 약한 것을 고치시니라

[36]무리를 보시고 불쌍히 여기시니 이는 그들이 목자 없는 양과 같이 고생하며 기진함이라 [37]이에 제
자들에게 이르시되 추수할 것은 많되 일꾼이 적으니 [38]그러므로 추수하는 주인에게 청하여 추수할 일
꾼들을 보내 주소서 하라 하시니라

당신이 가장 바빴던 날을 생각해보라. 그날은 결혼식이나 자녀의 출생, 졸업, 명절, 휴가, 장례식 날일 수 있다. 혹은 직장에서 특히 스트레스를 많이 받은 날이나 심신을 지치게 만든 가족에게 닥친 위기나 응급 상황이 있었을 수도 있다. 숨 쉴 틈 없이 일이 몰아쳐 초주검이 된 날이었을 수도 있다. 그 기분을 아는가? 멍한 상태로 침대에 쓰러져 업어 가도 모를 정도로 깊이 자게 만드는 그런 날 말이다.

당신도 그런 날들이 있었을 것이다. 그런 때 우리는 "급한 불을 끈다"는 표현을 사용한다. 중요한, 어쩌면 인생이 변화될 수도 있는 사건이나 심각한 문제가 발생해서 당신은 혼신을 다해 그 일을 수습했다. 그리고 그 불을 끄는 동안 또 다른 곳에 불꽃이 인다. 첫 번째 불이 다 꺼지지 않았는데 또 다른 일들이 연달아 터진다. 때로는 그날의 불꽃이 다음 날로 번지고 위기가 일주일 넘게 지속되기도 한다.

예수님이 갈릴리에서 사역하실 때 이렇게 바쁘셨다. 불우한 사람들의 줄이 끝없이 이어

지고, 간곡히 도움을 청하는 소리가 끊이지 않으며, 악마의 공격과 자비를 구하는 외침이 그치지 않을 것 같았다. 그분은 전적으로 다른 사람들을 위해 살면서 '일만 하는 것'이 어떤 것인지 아셨다. 그러나 우리가 보낸 가장 바쁜 날들과 예수님이 지내신 바쁜 날들 사이에는 다른 점이 있다. 그분이 다루셔야 할 상황에는 늘 불가능한 요소가 포함되어 있다는 것이다. 그들이 예수님께 가져갔던 문제들을 나에게 가져오는 사람은 아무도 없었다. 그런 어려움을 그 자리에서 바로 해결할 수 있는 사람은 유사 이래로 단 한 사람밖에 없었다.

예수님은 메시지를 전파하시고 사람들을 끌어들이기 위해 하신 일 외에도 주변에서 그분의 언행을 트집 잡으며 비웃고 조롱하는 종교 엘리트들과 부딪히셨다. 이들은 단순한 오해로 엇나간 사람들이 아니었다. 그들은 점점 그분의 적으로 입장을 굳히고 있었다. 즉, 그들은 잘못을 찾아내고 비난하며 동기를 의심하는 등 순전히 악한 목적을 위해서 거기 있었다. 예수님이 정말로 이스라엘이 고대하던 메시아시라는 절대 부인할 수 없는 증거가 쌓이자 메시아를 간절히 기다리던 많은 사람이 예수님이 마귀의 하수인이라는 주장을 펴기 시작했다!

—9:18-22—

9장 18절에서 우리는 액션의 현장 속으로 돌입한다. 잠시 숨 돌릴 틈도 없이 가버나움 회당의 지도자가 예수님께 다가왔다. 그 남사는 예수님께 머리를 조아리고 자기 집에 와서 방금 세상을 떠난 딸에게 손을 얹어 살려달라고 간청했다. 예수님을 비난하는 사람들이 절박한 상황에 처한 동료가 자기들을 배신하고 예수님께 호소하는 것을 보고 무슨 생각을 했을지 상상해보라. 그는 예수님과 대화를 나누었다는 것만으로도 대가를 치를 판이었다. 그러나 그 순간 그것은 중요하지 않았다. 그는 절대적인 겸손과 경외심을 품고 납작 엎드렸다. 예수님은 우리의 예상대로 반응하셨다. 그분은 그 관원의 집으로 가기 위해 길을 나서셨다(9:19).

군중을 헤치고 가시는 중에 12년 동안 혈루병을 앓던 여인이 예수님을 막아섰다(9:20). 마가복음은 그 여인이 "많은 의사에게 많은 괴로움을 받았고 가진 것도 다 허비하였으되 아무 효험이 없고 도리어 더 중하여졌던 차"(막 5:26)라고 부연한다. 예수님의 능력에 대한 소문을 들은 그 여인은 그분의 옷자락을 만지기만 해도 자기 병이 나을 거라고 생각했다(마 9:21).

많은 사람이 그 여인의 행동이 무례하다고 생각했을 것이다. 유대인의 정결례에 따르면 그 여자는 계속 부정(不淨)했다. 레위기 15장 25-27절은 출혈이 있는 여인은 의식적으로 부정한 상태이며 "그의 유출이 있는 모든 날 동안에 그가 눕는 침상은 그에게 불결한 때의 침상과 같고 그가 앉는 모든 자리도 부정함이 불결한 때의 부정과 같으니 그것들을 만지는 자는 다 부정한즉 그의 옷을 빨고 물로 몸을 씻을 것이며 저녁까지 부정할 것"이라고 말한다. 그래서 여인은 회당의 관리가 자기 딸을 위해 요청했던 것처럼 자기를 만져서 낫게 해달라고 할 수는 없다고 생각했을 것이다.

마태의 기사는 그 여인이 실제로 "그 겉옷 가"(마 9:20)를 만졌다고 구체적으로 명시한다. 당시의 독실한 유대인들은 민수기 15장 37-40절과 신명기 22장 12절에 나오는 주님의 명령에 따라 옷자락에 *tsitsiyōt*[단수 *tsitsit*(H6734)]라고 불리는 네 개의 술이 달린 긴 겉옷을 입었다. 손을 뻗어서 예수님의 몸에 느슨히 걸쳐진 겉옷 자락에 달린 술만 몰래 만지면 그분이 의식적으로 부정해지는 것을 막을 수 있을 것이다.

과민하고 율법적인 바리새인들은 예수님이 손을 뻗어 그 부정한 여인을 만지든 그 여인이 예수님의 겉옷 자락을 만지든 마찬가지라고 생각했을 것이 뻔하다. 특히나 그들은 이미 그분이 율법을 어긴다고 비난할 근거를 찾고 있었다. 그러나 율법을 글자 그대로 해석하고 적용하면 예수님은 의식적으로 여전히 정결하다는 것이 증명되었을 것이다. 예수님의 옷자락을 만진 여인의 행동은 예수님에 대한 진실한 믿음을 보여주었을 뿐 아니라 예수님과 하나님의 율법에 대한 깊은 존경심을 보여주었다.

마가는 여인이 예수님의 옷을 만졌을 때 "능력이 자기에게서 나간 줄을"(막 5:30) 예수님이 감지하셨다고 상술한다. 기적을 일으킨 이 접촉의 역설을 놓치면 안 된다. 서기관들은 여인이 조심해서 예수님의 옷을 만졌어도 예수님이 의식적으로 부정해졌다고 생각했을 테지만 사실은 그 반대였다. 그 접촉을 통해 예수님의 정결케 하시는 능력이 여인에게로 흘러갔다! 이 일화를 그냥 신기한 일로 치부해서는 안 된다. 하나님은 그 여인의 미신을 묵인하지 않으셨다. 예수님은 여인에게로 몸을 돌려 말씀하셨다. "딸아 안심하라 네 믿음이 너를 구원하였다"(마 9:22).

예수님이 중풍병자를 "아들"(9:2, 영어 성경의 표현-역주)이라고 부르셨던 것처럼 이 여인

Yair Aronshtam/Wikimedia

지금도 전통을 고수하는 유대인들은 제일 겉에 입는 옷에 *tsitsiyōt*를 단다.

에게 "딸"이라는 친근한 호칭을 사용하신 것에 유의하라. 또 중풍병자에게 그러셨듯 "용기를 내어라"[헬라어로 *tharseō*(2293), 현대인의 성경]고 하시며 여인을 다독이셨다. 예수님은 병을 고쳐주신 것뿐 아니라 사람들과 직접 관계를 맺으시고, 그들의 감정을 다독이시며, 영적으로 회복시키시는 일에 관심이 있으셨음을 잊지 말라. 그분은 그들의 전 존재에 관심이 있으셨다.

—9:23–26—

예수님이 가버나움 거리를 가득 메운 인파를 뚫고 마침내 그 관원의 집에 도착하셨을 때 그곳은 난장판이었다. 열두 살 소녀의 죽음 앞에서 흐느끼고 통곡하는 소리를 상상해보라(참조. 눅 8:42, 52). 예수님은 베드로, 야고보, 요한 그리고 소녀의 부모와 함께 집에 들어가서(참조. 눅 8:51) 곡하는 자들에게 "물러가라 이 소녀가 죽은 것이 아니라 잔다"(마 9:24)고 하셨다. 장례 음악에 맞춰 전문적으로 곡하는 사람들이 벌써 와 있었던 것으로 보아 모두가 그 소녀가 정말로 죽었다는 것을 알고 있었다. 여기서 예수님을 비웃은 자들이 소녀의 가족이었다고 생각하면 안 된다. 그들은 가족이 아니라 돈을 받고 곡하는 자들이었다(참조. 렘 9:17).[52]

예수님은 소녀가 죽은 것을 아셨지만, 그냥 자는 거라고 말하시며 소녀의 상태가 일시적임을 담대히 주장하셨다. 한순간에 그분은 소녀를 죽음에서 깨어나게 하실 수 있었다. 소란스러운 무리가 떠나고 조용해지자 예수님은 소녀의 손을 잡고 침대에서 일으켜 다시 살리셨다(마 9:25). 그 방 안에 아무도 없었는데도 기적의 소문은 사방으로 퍼졌다(9:26).

—9:27–31—

마태복음 9장의 여정을 돌이켜보면 예수님과 제자들이 기진맥진한 모습이 상상이 된다.

- 침상에 누워 있는 중풍병자를 고치심(9:2–8).
- 세리 마태를 구속하심(9:9–13).
- 불치의 혈루병을 앓던 여인을 치료하심(9:20–22).
- 죽은 딸을 다시 살리심(9:23–26).

한숨 돌려야 할 사람을 하나 꼽으라면 예수님이셨다. 그러나 예수님이 숙소–아마 베드로의 집이었을–로 가실 때 두 명의 시각 장애인이 따라오며 외쳤다. "다윗의 자손이여 우리를 불쌍히 여기소서"(9:27).

무슨 이유에서인지 예수님은 기적을 목격한 사람이 많지 않기를 바라셨다. 그래서 치유하시기 전에 사람들을 모으시거나 높은 연단에 서서 자신에게 이목이 집중되도록 하지 않으셨다. 오히려 몇 사람만 있을 때 은밀히 치유하시곤 했다. 예수님이 묵고 계시던 집에 들어가서 그 시각 장애인들의 외침에 응하신 것도 그런 이유에서였다. 예수님이 안으로 들어가시자 그들은 노크도 하지 않고 바로 따라 들어왔다. 마태가 기록한 대화는 아주 짧다. 그들이 그토록 절실히 원하는 것을 주시기 위해 예수님께 필요한 것은 예수님이 그들을 치료하실 수 있다는 믿음을 확인하는 것이었다. 그것이 전부였다. 예수님이 그들의 눈을 만지자마자 그들은 볼 수 있게 되었다(9:28–30). 그리고 암흑뿐이던 그들의 눈에 빛이 들어왔을 때 그들이 제일 먼저 본 것은 예수님의 얼굴이었다!

이번에도 예수님은 이 기적적인 치유에 대해 함구하기를 바라셨지만, 그들은 참지 못하고 예수님에 대한 소문을 그 지역에 두루 퍼뜨렸다(9:31). 예수님은 대문 밖에 '치유자 근무 중'이라는 팻말을 걸어놓으시거나, 길에서 "다음 분!"을 외치는 접수원을 세워놓으셔야 될 판이었다.

—9:32–38—

다음은 악령에 시달려 말을 못 하게 된 사람의 이야기가 나온다(9:32). 그 사람의 문제가 육체적인 것이 아니라 영적인 것임을 인지하신 예수님은 악령을 쫓아내셔서 다시 말을 할 수 있게 해주셨다(9:33). 이 일 또한 그분이 정말로 고대하던 메시아이심을 입증해주는 예수님

역사 속 기적들…그리고 지금(마태복음 9:35)

기적이 매일 일어나지 않는다는 것은 분명하다. 내 동료가 이런 말을 했다. "기적이 매일 일어난다면 우리는 그것을 '예사'라고 부를 것이다." 성경에는 기적이 흔해 보일지 몰라도 자세히 살펴보면 실제로는 매우 드물다는 것을 알게 된다. 하나님은 새로운 계시를 불쑥 드러내시거나 자기 백성과 교감하시는 방식이 획기적으로 변하는 시기에 집중적으로 기적을 일으키시는 것 같다. 특별히 놀라운 기적이 집중적으로 일어났던 비교적 짧고 특기할 만한 시기가 세 번 있었다.

1. 출애굽, 광야 생활, 이스라엘 정복. 400년의 침묵기 후에 하나님은 자신과 언약을 맺은 백성을 애굽의 노예 생활에서 해방하시고, 광야로 이끄신 뒤 약속의 땅에 정착시키시는 과정에서 잇단 기적을 일으키셔서 애굽인들 그리고 히브리인들까지 놀라게 하셨다.
2. 엘리야와 엘리사의 예언 사역. 이스라엘 왕정 시대에 수십 년에 걸쳐 경고를 반복하셨던 하나님은 백성을 우상숭배에서 돌이키시려고 이 두 선지자를 보내셨다. 하나님은 기적을 사용하셔서 그들의 메시지가 하나님에게서 온 것임을 입증하셨다.
3. 예수 그리스도와 사도들의 기초 사역. 400년을 다시 침묵하신 하나님은 구약의 기적을 능가하는 초자연적인 위업을 이루실 능력을 가진 당신의 아들을 보내셨다. 그런 다음 하나님의 아들 예수 그리스도에 대한 사도들의 메시지를 입증하시려고 사도들을 통해 기적을 일으키셨다.

하나님이 행하시는 기적은 희소하며 역사를 통틀어 매우 드물게 발생했다. 기적의 목적은 대개 세상을 향한 하나님의 역사에 대중의 관심을 모으거나, 하나님의 특별한 선지자나 사도들의 말과 활동을 인증하는 것이었다.

의 신적 권위를 보여주었다. 그리고 당연히 기적의 치유자가 가버나움에 머무르고 있다는 소식을 떠벌리고 싶어 안달이 난 입이 또 하나 늘어났다!

얼떨떨한 기적들이 연이어 일어나면서 그 소문이 진앙지로부터 꼬리에 꼬리를 물고 들려왔다. 이런저런 소문이 저잣거리나 안방, 대로와 회당 가릴 것 없이 퍼졌다. 도시와 지역 전체가 온통 그 이야기로 시끄러웠다. "이스라엘 가운데서 이런 일을 본 적이 없다"(9:33).

예수님은 "목자 없는 양과 같이 고생하며 기진[한]"(9:36) 사람들을 참으로 불쌍히 여기셨을 뿐 아니라 사명은 너무 중한데 일꾼들이 모자랐기 때문에(9:37-38) 최초의 복음 전도 운동이라고 할 수 있을 사역을 시작하셨다. 마태는 예수님이 "모든 도시와 마을에 두루 다니사 그들의 회당에서 가르치시며 천국 복음을 전파하시며 모든 병과 모든 약한 것을 고치[셨다]"(9:35)고 말한다.

그러나 모두 다 그런 것은 아니었다. 어떤 이들은 예수님의 사역과 메시지에 부정적인 반응을 보였다. 삯을 받고 피리를 불고 곡을 하던 사람들의 조소는 그나마 이해할 수 있었다. 어쨌든 그 소녀는 죽었는데 그냥 잔다고 했으니 터무니없게 들렸을 만도 하다(참조. 9:24). 그러나 마음이 강퍅한 바리새인들의 냉소적인 결론과 과격한 반응은 변명의 여지가 없었다. 오직 하나님만 행하실 수 있는, 사랑과 긍휼에서 우러나온 명백히 기적적인 능력 앞에서 바리새인들은 "그가 귀신의 왕을 의지하여 귀신을 쫓아낸다"(9:34)고 우겼다. 더 이상 그분의 초자연적 능력을 의심할 수 없었던 그들이 그분의 권위에 머리를 조아리고 자기들이 고대하던 메시아 왕으로 그분을 받아들이지 않기 위해 할 수 있는 것이라곤 그분의 능력이 어디서 오는지에 의혹을 제기하는 것밖에 없었다. 그들은 참담하고 놀랍게도 그 신인(God-man)의 능력이 사탄에게서 왔다고 우겼다!

적용: 마태복음 9:18-38

주님은 거짓말쟁이인가, 미치광이인가?

기적이 연달아 일어나던 날 당신이 가버나움의 구경꾼 무리 속에 있었다면 의지적 결단이 필요한 지적 딜레마에 부딪쳤을 것이다. 무엇이 됐든 그날 당신이 내린 선택은 당신의 인생에 지속적인 영향을 미쳤을 것이다. C. S. 루이스가 주님의 말씀과 사역을 직접 목도한

1세기의 증인들이 마주했던 선택을 '트릴레마'(trilemma, 3중 딜레마-역주)로 요약한 것은 고전이 되었다. 에릭 메택시스는(Eric Metaxas)는 그것을 이렇게 표현했다.

> 예수 그리스도가 누구신지 결정할 때 사실상 우리가 선택할 수 있는 여지는 세 가지 중 하나밖에 없다고 한 C. S. 루이스의 말은 유명하다. 첫째, 우리는 그분이 거짓말쟁이라고 말할 수 있다. 그분이 하신 말은 모조리 그냥 거짓이라는 말이다. 둘째, 그분은 거짓말쟁이가 아니라 미친 사람이라고 말할 수 있다. 그러므로 그분은 자기가 한 말에 책임을 질 수 없었다는 뜻이다. 그리고 셋째, 그분은 직접 말씀하신 바대로 정말 천지의 주재자이셨다고 말할 수 있다.[53]

그날 예수님 주변에 서 있던 사람들 중에서 사리 분별이 되는 사람이라면 누구나 합리적인 결론에 도달할 수 있었을 것이다. 예수님은 미친 사람이거나 사기꾼일 수 없었다. 어떻게 미치광이나 사람을 미혹시키는 자가 그런 기적을 행할 수 있단 말인가? 그 기적들은 단순한 손기술 마술이나 재미로 하는 속임수 마술이 아니었다. 예수님은 어린아이의 귀에서 동전을 꺼내시거나 손수건을 사라지게 하신 것이 아니었다. 그분은 중풍병자를 고치시고, 보지 못하는 자를 보게 하시며, 의사들이 더 악화시키기만 한 장애를 회복시키시고, 죽은 자를 살리셨다! 그러면서 그분은 자기에게 죄를 용서할 권세가 있다고 주장하셨고, 사람들의 생각과 마음을 볼 수 있는 능력을 보여주셨으며, '다윗의 자손'과 '하나님의 아들'이라는 메시아의 호칭에 부응하셨다.

그러나 이런 사실들도 기적을 행하시는 예수님의 능력이 사탄에게서 온 것이라는 강퍅한 바리새인들의 고집스런 주장을 막지 못했다. 그건 지적인 문제가 아니라 영적인 문제였다. 그리고 지금도 사람들이 여전히 매여 있는 문제다. 아무리 증거가 있어도 사람들은 하나님의 존재를 부정한다. 그리고 그리스도의 설득력 있는 주장에도 불구하고, 그들은 예수님을 구세주와 주님으로 받아들이기를 한사코 거부했다. 그렇다고 증거를 제시하는 또 다른 책을 들이대거나 말로 위협해서 사람들을 하나님 나라로 끌고 오려고 논쟁을 벌인들 이렇게 영적으로 보지 못하는 문제를 해결하지 못한다. 마음을 누그러뜨리고 의지를 꺾을 수 있는 존재는 성령밖에 없다.

당신은 믿음을 비웃는 잃어버린 자들을 만난 적이 있는가? 성령님이 그들의 어리석음을 제거해주시고 눈을 뜨게 해주셔서 자기들의 심각한 상태와 그리스도의 인격과 사역이 구세주로서 부족함이 없음을 보게 해달라고 기도하라. 당신은 예수님이 주님이시라는 진리만 쏙 빼고 예수님을 거짓말쟁이, 미치광이, 또는 전설이라고 부르면서 그것에 대해서라면 가능한 모든 설명을 생각해내는 바리새인을 대하고 있는가? 그들의 이름을 하나님께 가져가라. 오직 하나님만 불신의 어둠 속에 그분의 빛을 비추어 거짓의 안개를 말끔히 걷어내실 수 있다.

열두 제자를 보내심(마태복음 10:1-15)

1예수께서 그의 열두 제자를 부르사 더러운 귀신을 쫓아내며 모든 병과 모든 약한 것을 고치는 권능을
주시니라

2열두 사도의 이름은 이러하니 베드로라 하는 시몬을 비롯하여 그의 형제 안드레와 세베대의 아들
야고보와 그의 형제 요한, 3빌립과 바돌로매, 도마와 세리 마태, 알패오의 아들 야고보와 다대오, 4가나
나인 시몬 및 가룟 유다 곧 예수를 판 자라

5예수께서 이 열둘을 내보내시며 명하여 이르시되 이방인의 길로도 가지 말고 사마리아인의 고을
에도 들어가지 말고 6오히려 이스라엘 집의 잃어버린 양에게로 가라 7가면서 전파하여 말하되 천국이
가까이 왔다 하고 8병든 자를 고치며 죽은 자를 살리며 나병환자를 깨끗하게 하며 귀신을 쫓아내되 너
희가 거저 받았으니 거저 주라 9너희 전대에 금이나 은이나 동을 가지지 말고 10여행을 위하여 배낭이나
두 벌 옷이나 신이나 지팡이를 가지지 말라 이는 일꾼이 자기의 먹을 것 받는 것이 마땅함이라 11어떤 성
이나 마을에 들어가든지 그 중에 합당한 자를 찾아내어 너희가 떠나기까지 거기서 머물라 12또 그 집에
들어가면서 평안하기를 빌라 13그 집이 이에 합당하면 너희 빈 평안이 거기 임할 것이요 만일 합당하지
아니하면 그 평안이 너희에게 돌아올 것이니라 14누구든지 너희를 영접하지도 아니하고 너희 말을 듣지
도 아니하거든 그 집이나 성에서 나가 너희 발의 먼지를 떨어 버리라 15내가 진실로 너희에게 이르노니
심판 날에 소돔과 고모라 땅이 그 성보다 견디기 쉬우리라

예수님이 강력한 기적과 심오한 메시지로 사역하시는 모습이 눈앞에 펼쳐지면 우리는 자칫 그분이 지상에 계시는 동안 가장 중요하게 여기셨던 사역-열두 사도의 훈련-을 잊을 수 있다. 하지만 그분은 곧 떠나실 것이며, 그분이 시작하신 일을 그들의 손에 맡기실 것이다.

또 열두 사도가 대부분 주님과 가까이 있었다는 사실을 깜박하기 쉬운데, 이는 마태의 내러티브에서 이들의 존재가 늘 명백히 나타나지 않았던 탓도 일부 있다. 그들은 예수님의 지상 사역 내내 곁에서 항상 지켜보고, 많이 배우고, 때때로 반응했다. 그들의 훈련은, 예수님이 그것에 대해 자주 주의를 환기시키지는 않았어도, 줄곧 예수님이 최우선으로 삼으신 과제였다. 때때로 예수님은 잠시 멈추시고 그들에게 이야기하셨고, 그분이 떠나신 뒤 그들이 기억하고 실행하기를 바라시는 것을 구체적으로 전하셨다.

이제는 제자들이 일어나 현실 세계로 나가 예수님이 맞닥뜨리셨던 것과 똑같은 상황에 부딪치고, 스승이 했던 것과 비슷한 사역에 종사할 때가 되었다. 새끼 새들이 둥지 밖으로 나가야 하듯이 열두 사도가 날개를 펴고 자신들의 사역에 매진해야 할 때였다. 지금부터 우리는 예수님이 권세를 위임하시고 직접 뽑으신 사역 팀에 권능을 주시는 것을 보게 될 것이다(10:1-4). 그들을 보내시기 전에 꼭 알아야 할 지식으로 준비시키시고, 그들이 기대할 수 있는 것과 임무를 수행하는 방법에 대해 구체적인 지침을 주실 것이다(10:5-15). 열두 사도의 권위와 구체적인 임무는 고유했다. 비록 21세기를 살아가는 우리의 사명과는 달랐어도, 그들을 통해 여전히 지금 우리의 소명과 사명에 대입해야 할 중요한 원칙과 통찰력을 얻을 수 있다.

—10:1-4—

마태는 예수님이 열두 사도를 파송하시던 때 "모든 도시와 마을에 두루 다니사 그들의 회당에서 가르치시며 천국 복음을 전파하시며 모든 병과 모든 약한 것을 고치[셨다]"(9:35)고 기록했다. 지금까지 본 바와 같이 예수님이 수많은 사람을 불쌍히 여겨 그들의 고통을 덜어주기 위해 개입하시면서 사역은 급속히 확장되고 있었다. 그러니 쉴 틈 없는 사역으로 예수님이 얼마나 지치셨을지 가히 짐작할 수 있다(9:36).

예수님은 "목자 없는 양"(9:36) 같은 사람들을 바라보시며 제자들에게 말씀하셨다. "이에 제자들에게 이르시되 추수할 것은 많되 일꾼이 적으니 그러므로 추수하는 주인에게 청하여 추수할 일꾼들을 보내 주소서 하라"(9:37-38). 그리고 종종 그렇듯, 기도하는 사람들이 스스로 그 기도의 응답이 된다! 그때까지 열두 사도는 예수님의 사역을 관찰하는 사람들이었다. 그런데 어느새 그들은 사역에 마음과 힘을 다할 준비가 되어 있었다.

예수님은 자기 사람들을 모으시고, 당신의 신적 권위를 그들에게로 확장하시며, 부정한 영들을 내쫓고, 아프고 병든 자들을 치료하는 능력을 주셨다. 즉, 그들이 오직 예수님만 가지실 수 있다고 생각했던 기적을 행하는 능력을 주신 것이다(10:1). 그러나 제자들이 이러한 능력을 가질 수 있었던 것은 주님이 주셨기 때문에 가능했다는 사실을 기억해야 한다. 그것은 당연히 그분의 능력이었지만, 제자들을 사역으로 부르시고 보내시면서 그들 역시 초자연적인 능력으로 무장시키셨다.

열두 사도			
마태복음 10:2-4	마가복음 3:16-19	누가복음 6:14-16	사도행전 1:13
시몬(베드로)	시몬(베드로)	시몬(베드로)	베드로
안드레 야고보(세베대의 아들) 요한	야고보(세베대의 아들) 요한 안드레	안드레 야고보(세베대의 아들) 요한	요한 야고보(세베대의 아들) 안드레
빌립	빌립	빌립	빌립
바돌로매 도마 마태	바돌로매 마태 도마	바돌로매 마태 도마	도마 바돌로매 마태
야고보(알패오의 아들)	야고보(알패오의 아들)	야고보(알패오의 아들)	야고보(알패오의 아들)
다대오 시몬(셀롯) 가룟 유다	다대오 시몬(셀롯) 가룟 유다	시몬(셀롯) 유다(야고보의 아들) 가룟 유다	시몬(셀롯) 유다(야고보의 아들) -

이들이 맡은 사명을 수행하기 위해 초자연적 권세를 부여받은 정상적이고 평범한 사람들이라는 사실을 강조하려는 듯 마태는 10장 2-4절에서 열두 사도의 이름을 나열한다. 거기에는 헤라클레스나 아폴로, 이아손이나 아킬레스, 오디세우스나 페르세우스 같은 인물은 한 사람도 없다. 그 무리에는 반신(半神), 유명인, 신화적인 헬라의 영웅도 없다. 오히려 시몬과 안드레, 야고보와 요한, 빌립과 바돌로매 같은 육체 노동자들이 있다. 그리고 하고

많은 사람 중에 하필이면 회의적인 도마와 비열한 세리 마태도 있다. 그 외에 사실상 알려진 것이 거의 없는 알패오의 아들 야고보와 다대오가 있다. 마지막으로 급진적인 성향을 가진 또 다른 시몬과 악명 높은 배신자 가룟 유다가 있다.

놀라운 것은 미래의 지도자 역할을 할 교육생들이 하나같이 평범한 인물이라는 점이다. 나는 이 점에 대해 로버트 콜먼(Robert Coleman)이 한 말을 좋아한다.

> 그들 중에서 회당의 요직에 있거나 레위 계통의 사제직에 속한 사람은 없었다. 그들 대부분이 평범한 노동자로, 생업에 필요한 기초 지식 이상의 전문 교육을 받지 못했을 것이다…그들 중에는 부자라고 할 수 있는 사람도 없었다. 당대의 예술이나 철학 관련 학위를 가진 사람도 없었다…그때나 지금이나 세련된 문화의 어떤 기준에서 보더라도 그들은 별 볼 일 없는 사람들의 집단으로 여겨졌을 것이 분명하다.[54]

마태와 야고보는 형제였을까?(마태복음 10:3)

마태와 야고보(요한의 형제가 아닌)는 둘 다 "알패오의 아들"(10:3, 막 2:14)이라고 나온다. 그래서 일부 주석가는 마태와 야고보가 형제라고 주장했다. 예를 들어 마이클 그린은 이렇게 썼다.

> 알패오의 아들 야고보는 셀롯들이 표방하는 과격한 민족주의적 애국심을 가졌을 가능성이 있다. 그 당시 이스라엘의 평범한 사람들 대부분이 그랬다. 그러나 야고보의 형제 마태 또는 레위는 완전히 달랐다. 그는 헤롯 안디바를 위해 세금을 징수했다. 그의 형제가 유혈 혁명으로 전복시키려고 했던 점령 세력과 손을 잡은 셈이다. 매국노와 독립군이 형제였던 것이다![55]

그러나 이 관계는 확실하지 않다. 정치적 스펙트럼의 양극단에 있는 이 두 사람의 아버지들이 공교롭게도 동명이인이었을 수도 있다. 그러나 그리스도를 따르면 깨어진 관계를 회복할 수 있다는 것을 보여주시려고 예수님이 사이가 소원했던 두 형제, 레위와 야고보를 택하셨을 수도 있다. 이 상황을 우리 시대에 대입해 상상해보자. 한 형제는 반정부 성향의 급진적 우익이고, 다른 형제는 국세청에서 일하는 자유주의 성향의 급진적 좌익이다! 그러던 어느 날, 그들 모두 예수 그리스도의 은혜를 체험하고, 자기들의 세속적인 우선순위를 버린 뒤 나란히 주님을 섬기게 된다.

마태와 야고보가 정말로 친형제인지 아니면 그리스도 안에 있는 순수한 영적 형제인지는 하나님만 아신다. 그러나 한 가지는 확실하다. 마태와 야고보 같은 사람들의 마음을 변화시켜 나란히 사역의 길로 부르실 수 있는 분은 예수님밖에 없다.

이 비천한 열두 명이 한낱 인간이었다는 사실을 잊지 말자. 그들은 우리네 삶의 특징인 인간적 허물과 결점을 가진 인간이었다. 그들이 뽑힌 것은 그들의 현재 모습 때문이 아니라 능력을 주시는 하나님의 은혜로 변하게 될 모습 때문이었다. 우리는 예수님의 제자들을 마음속에 그릴 때 현실적으로 보아야 한다. 그들은 우리와 다르지 않았다. 그러므로 우리 모두 누구나 소매를 걷어붙이고 예수님이 추수를 위해 보내시는 일꾼이 될 수 있다.

—10:5-10—

마태는 10장 5절에서 10장 끝(10:42)까지 예수님이 제자들을 보내시기 전에 주신 지침을 열거한다. 여기에는 긍정적인 명령("하라!")과 부정적인 명령("하지 말라!")이 다 들어 있다.

첫째, 예수님은 그들이 가야 할 곳과 가지 말아야 할 곳을 말씀하셨다(10:5-6). 그들은 이방인이나 사마리아인이 아니라 "이스라엘 집의 잃어버린 양"인 유대인들에게만 가야 했다. 최초의 선교 활동은 그들이 가장 잘 아는 사람들, 즉 그들과 피를 나눈 동족을 중심으로 이루어졌다. 제자들은 그들의 언어와 종교와 문화를 알았다. 예수님은 이 최초의 선교 시도를 단순하게 하셨다.

둘째, 예수님은 그들에게 해야 할 말을 일러주셨다(10:7). 그러므로 그들이 선포하는 메시지의 핵심은 당연히 예수님이 하신 말씀과 같았다. "천국이 가까이 왔다." 이 메시지는 도래할 메시아의 시대에 대비해 물세례를 받으라는 명령을 포함해서 예수님이 훨씬 더 자세하게 가르치셨던 긴 메시지를 약술한 것이다(참조. 요 3:22, 4:1). 제자들은 자기들의 메시지가 아니라 예수님의 메시지를 그대로 전하면서 예수님의 설교 사역을 충실하게 확장해야 했다.

셋째, 예수님은 도움이 절실한 사람들을 돕도록 제자들을 준비시키셨다(마 10:8). 예수님은 자신의 신적 권위로 그때까지 그분이 행하셨던 기적을 행할 수 있는 능력을 그들에게 주셨다. 그들은 초자연적인 자비의 행위에 대한 대가를 받을 생각을 하지 말고 거저 병든 자를 고치고, 죽은 자를 살리며, 나병을 깨끗하게 하고, 귀신을 쫓아내야 했다. 이러한 기사와 표적들은 그들의 메시지가 사실이라는, 다시 말해 메시아의 나라가 임박했다는 증표가 될 것이었다.

넷째, 예수님은 하나님의 공급에 의지해서 행장을 가볍게 하라고 지시하셨다(10:9-10). 그들은 그 임무를 위해 계획하고, 전략을 세우며, 준비하고, 자금을 조달하는 데 몇 날 또는 몇 주를 쓸 수 있었다. 그러면 절박감이 수그러들면서 제자들을 무기력하게 만들었을 것이다. 제자들은 돈을 소지하거나 여분의 물자를 무겁게 지고 다니는 대신 다른 사람들의 후의를 통해 하나님이 공급하시는 것으로 그들의 필요를 공급받을 것이다.

이제 진도를 더 나가기 전에 분명히 해야 할 것이 있다. 마태복음 10장에 나오는 예수님의 지침에서 지금 우리의 소명과 사역에 적용할 수 있는 중요한 몇 가지 원칙을 찾아보기로 하자. 그러나 예수님이 제자들에게 하신 말씀이 전부 우리에게 적용되는 것은 아니다. 제자들이 살았던 1세기의 상황과 우리가 처한 21세기의 상황은 두 가지가 크게 다르다.

첫째, 원제자들은 고유의 사도적 권위를 가지고 있었다(10:1). 예수님은 그들에게 부정한 영을 다스릴 특별한 힘과 병을 치유하고, 죽은 자를 살리며, 나병을 깨끗하게 하는 능력을 주셨다(10:8). 누가복음은 예수님이 동시에 같은 종류의 권위를 70명의 다른 제자들에게도 주셨다고 말한다(눅 10:1-20). 사도 바울은 "표적과 기사와 능력"(고후 12:12)을 행할 특별한 권세를 받은 사도들 중에 자기가 "가장 작은 자"(고전 15:8-9)라고 말했다.

둘째, 원제자들의 사명에는 고유의 범위가 있었다. 그들은 사마리아인이나 이방인이 아니라 특별히 유대인만을 대상으로 한 일시적인 순회 사역의 임무를 받았다(마 10:5-6). 순회 사역의 특성과 제한된 범위 때문에 지금 우리에게는 극단적으로 보이는 요소들이 있다. 그들은 아무런 계획이나 준비도 하지 않았고, 생필품이나 돈도 소지하지 않았다(10:9-10). 그러나 예수님이 돌아가셨다가 부활하신 뒤에는 제사들의 사명의 범위가 바뀌었다. 예수님은 승천하시기 직전에 이렇게 말씀하셨다. "오직 성령이 너희에게 임하시면 너희가 권능을 받고 예루살렘과 온 유대와 사마리아와 땅 끝까지 이르러 내 증인이 되리라"(행 1:8).

예수님이 원제자들에게 주신 지침에서 몇 가지 원칙은 얻을 수 있지만, 예수님이 우리에게 직접 말씀하신 것이 아님을 인식해야 한다. 우리는 21세기의 상황에서 이 구절의 함의와 적용을 신중히 생각해야 한다.

—10:11-15—

열두 사도를 뽑으신(10:2-4) 예수님은 그들에게 긴급한 메시지를 주시고(10:7), 초자연적인 표적과 기사를 행할 고유한 권세를 주신 다음(10:1, 8), 빈손으로 그들을 파송하셨다(10:9-10). 제자들의 순회 설교 사역을 위한 다음의 지침을 살펴보면 예수님이 항구적인 사역 방법이 아닌 하나님의 공급을 신뢰하는 것에 대해 중요한 교훈을 가르치고 계심을 알 수 있다.

하나님은 제자들이 그들이 섬기는 사람들에게서 지원을 받게 하셨다(10:10). 마찬가지로 그분은 그들이 들어가는 마을이나 도시에서 머물 곳을 마련해주실 것이다. 그러나 숙소 문제에 있어서는 그들의 분별력도 필요했다. 그들은 "합당한 자"(10:11)를 물색해야 했다. R. T. 프란스는 이 점을 주목한다. "제자들은 그들을 들일 수 있는 공간과 의향이 있는 사람을 찾아야 했다. 그런 사람은 그들의 대의에 아직 헌신하지는 않았어도 보통 그들의 메시지에 마음이 열려 있는 사람이었을 것이다."[56] 임무를 수행하고 있는 제자들이 외딴 도시와 마을에서 그런 '합당한' 숙소를 찾아낼 수 있었던 것은 하나님이 그들보다 앞서 가셔서 사람들의 마음과 생각을 준비시키셨음을 시사한다. 그들은 그저 주님을 신뢰하고 그분의 말씀을 따르면 되었다.

때때로 제자들은 시험을 받았다. 모든 사람이 한결같지는 않았다. 제자들과 함께하며 그들의 축복을 받을 만한 사람들이 있는가 하면(10:12-13), 메시지를 받을 자격이 없는 사람들도 있었다. 그런 사람들은 제자들을 배신하거나 거짓으로 충성하는 척하는 자들이었다. 제자들을 거부한 사람들은 사실상 제자들이 위임받은 메시지를 거부하는 것이었다. 그런 경우 제자들은 그 집이나 마을이나 도시에 대한 거부의 표시로 발의 "먼지를 떨[어야]" 했다(10:14). 한 주석가가 이 행위에 담긴 의미를 이렇게 설명했다. "냉대하는 곳을 떠날 때 발의 먼지를 터는 행위는 그 유대인의 도시가 먼지조차도 묻히기 싫은 경멸받는 이방인의 도시처럼 싫다는 의미였다."[57]

제자들이 전하는 메시지는 도래할 천국에 관한 것이었기 때문에 예수님은 그것을 거부할 때 일어날 심각한 결과를 경고하시고 준비와 회개의 필요성을 말씀하셨다. "심판 날에 소돔과 고모라 땅이 그 성보다 견디기 쉬우리라"(10:15).

적용: 마태복음 10:1–15

사도가 아니어도 파송된 자들

헬라어 *apostolos*(652)는 문자적으로 '파송된 자'를 뜻한다. 오늘날에는 예수님의 원제자들처럼 특정한 사명과 특별하고 기적적인 능력을 가진 '사도'로 직접 임명받았다고 주장할 수 있는 사람은 없지만, 우리 각 사람은 예수 그리스도의 복음의 메시지를 세상에 전하기 위해 파송되었다. 마태복음 10장에 나오는 이 특별한 파송을 21세기의 상황에 어떻게 적용할 수 있을까?

첫째, 동기와 방법은 비슷하다는 사실을 기억하라. 예수님과 제자들처럼 우리도 잃어버린 자들을 긍휼히 여기는 마음으로 거두시는 주님께 기도해야 한다(9:36–38). 동시에 제자들처럼 우리가 그 기도의 응답이 될 수 있음을 인식해야 한다. 우리가 이를 깨달으면 밖으로 나가 다른 사람들에게 손을 내밀 수 있게 된다.

둘째, 알곡을 거둬들이는 일은 모두 신자들의 몫임을 기억하라. 들판에 '나가는 자들'로 부름받거나 '베푸는 자들'로 부름받은 자들이 있다. 나가는 자들은 베푸는 자들이 필요하다. 당신이 현장에서 전임으로 기독교 사역을 하는 일꾼으로 부름받지 않았다면, 제자들의 사역을 도왔던 무명의 후원자들처럼 당신이 가진 자원을 베풀면 된다(10:9–12).

셋째, 우리가 본받아야 할 그리스도의 성품과 헌신을 기억하라. 우리는 그분의 진정성, 단순성, 고결성을 그대로 보여주어야 한다. 우리는 가짜가 아닌 진짜–즉 위선이 없고, 고난받을 때 불평하지 않으며, 순수한 동기로 섬기는–가 되어야 한다. 그것이 바로 진정성이다. 또 우리는 단순한 삶을 살아야 한다. 돈이나 명성, 자만심 때문에 사역해서는 안 된다. 우리는 어젠다를 추구해서는 안 된다. 마지막으로 우리가 나아가서 섬길 때 고결한 인품을 갖춘 사람이 되어야 한다. 신뢰, 이타심, 도덕, 윤리, 이런 것들이 고결함의 요소다.

바라건대 우리가 긍휼한 마음에 이끌려 주님께 추수할 사람들을 보내달라고 기도할 수 있기를. 바라건대 우리가 이 프로젝트에 어떻게 참여하기 원하시는지–파송된 자로 아니면 베푸는 자로–끊임없이 그분의 뜻을 찾기를. 또 바라건대 그분의 나라가 이루어지도록 우리가 하는 모든 일에서 항상 주님을 본받아 진실하고 단순하며 고결할 수 있기를.

늑대 가운데 있는 양(마태복음 10:16-31)

16보라 내가 너희를 보냄이 양을 이리 가운데로 보냄과 같도다 그러므로 너희는 뱀 같이 지혜롭고 비둘
기 같이 순결하라 17사람들을 삼가라 그들이 너희를 공회에 넘겨 주겠고 그들의 회당에서 채찍질하리라
18또 너희가 나로 말미암아 총독들과 임금들 앞에 끌려 가리니 이는 그들과 이방인들에게 증거가 되게
하려 하심이라 19너희를 넘겨 줄 때에 어떻게 또는 무엇을 말할까 염려하지 말라 그 때에 너희에게 할 말
을 주시리니 20말하는 이는 너희가 아니라 너희 속에서 말씀하시는 이 곧 너희 아버지의 성령이시니라

21장차 형제가 형제를, 아버지가 자식을 죽는 데에 내주며 자식들이 부모를 대적하여 죽게 하리라
22또 너희가 내 이름으로 말미암아 모든 사람에게 미움을 받을 것이나 끝까지 견디는 자는 구원을 얻으
리라

23이 동네에서 너희를 박해하거든 저 동네로 피하라 내가 진실로 너희에게 이르노니 이스라엘의 모
든 동네를 다 다니지 못하여서 인자가 오리라

24제자가 그 선생보다, 또는 종이 그 상전보다 높지 못하나니 25제자가 그 선생 같고 종이 그 상전
같으면 족하도다 집 주인을 바알세불이라 하였거든 하물며 그 집 사람들이랴

26그런즉 그들을 두려워하지 말라 감추인 것이 드러나지 않을 것이 없고 숨은 것이 알려지지 않을
것이 없느니라 27내가 너희에게 어두운 데서 이르는 것을 광명한 데서 말하며 너희가 귓속말로 듣는 것
을 집 위에서 전파하라 28몸은 죽여도 영혼은 능히 죽이지 못하는 자들을 두려워하지 말고 오직 몸과 영
혼을 능히 지옥에 멸하실 수 있는 이를 두려워하라 29참새 두 마리가 한 앗사리온에 팔리지 않느냐 그러
나 너희 아버지께서 허락하지 아니하시면 그 하나도 땅에 떨어지지 아니하리라 30너희에게는 머리털까
지 다 세신 바 되었나니 31두려워하지 말라 너희는 많은 참새보다 귀하니라

마태복음 10장에 기록된 단기 임무를 수행하기 위해 '파송되기' 전까지 10장 2-4절에 열거된 열두 사도는 대부분 막후에 있었다. 그들은 안전하게 멀찌감치 떨어져서 주님을 지켜보았다. 그들은 주님의 사랑으로 가득한 관심과 돌보심으로 영적 해악과 물리적 재앙에서 보호받았다. 그분이 가르치실 때 그들은 안전하게 귀를 기울였다. 그분이 비판에 대처하실 때 그들은 위협을 느끼지 않았다. 그분이 병자를 치유하시고, 귀신을 쫓아내시며, 죽은 자를 살리실 때 만물을 다스리시는 그분의 의심할 여지없는 권위에 대한 확신은 그들에게 위안과 자신감을 주었다.

그러나 이제부터는 달라졌다.

그들이 현실 세계로 나아가 예수님이 겪으셨던 것과 비슷한 상황을 마주할 때가 되었

다. 그들의 첫 임무는 오래 지속되지 못하겠지만, 더 이상 관찰자나 추종자로서가 아니라 행동하고 이끄는 자로서 현실 세계에서 사역하는 첫맛을 보게 되었다. 예수님은 곧 일어날 일뿐 아니라 당신이 떠난 뒤 일어날 일과 그들에게 맡기신 사명을 현실적으로 이해할 수 있도록 그들이 맞닥뜨리게 될 장애물을 미리 간추려 설명해주셨다.

예수님은 그들 앞에 무엇이 있는지 설명하실 때 주저하지 않으셨다. 있는 그대로 솔직하게 제자들을 보내는 것이 "양을 이리 가운데로 보냄과 같도다"(10:16)라고 말씀하셨다. 이어 그들의 미래에 대해 더 구체적인 내용을 생생하게 표현하셨다. 이 정보는 특별히 열두 사도와 동시에 파송된 70명에 대한 것이었지만, 오늘날 '파송된' 자들인 우리 모두에게도 중요한 실제적인 진리를 전해준다.

—10:16—

예수님은 제자들을 지극히 아끼셨다. 이제 곧 세상을 마주할 자녀를 사랑하는 부모처럼 예수님은 열두 사도를 공정하고 정직하게 대하셨다. 예수님은 그들이 모르는 것을 알고 계셨다. 예수님은 그들의 열망과 열정과 흥분을 보셨지만, 잠재된 어수룩함, 경솔함, 무모함도 보셨다. 목자의 눈에 제자들은 울타리 밖에 숨어 있는 위험을 알지 못하고 해결하는 방법도 훈련받지 못한 채 안전한 우리 안에서 춤추는 어린 양 같았다.

나는 예수님이 엄중히 경고하실 때 시작하는 말을 좋아한다. "보라!"(10:16) 이 말은 "잘 들으라!"나 "주목하라!"와 같은 뜻이다. 예수님은 심각하고 정신이 번쩍 들게 하는 경고에 그들을 집중시키셔야 했다. "내가 너희를 보냄이 양을 이리 가운데로 보냄과 같도다." 보통 목자들은 늑대가 양 우리에 침입해서 양을 공격하는 것을 걱정했다. 임무에 임하시는 예수님의 태도는 정반대였다. 그분은 양을 우리에서 꺼내어 늑대들이 판치는 세상으로 보내셨다. 양들은 대체로 공격당하기 쉽고, 자기 방어 능력이 없으며, 툭하면 겁먹고, 우둔하다는 것을 그분은 아셨다. 한편 늑대는 사납고, 악랄하며, 교활하고, 겁이 없으며, 탐욕스럽다. 그것은 위험한 임무였다! 그러나 제자들이 늑대들 가운데 있는 양 같을지라도 예수님은 그들을 지키시는 분이었다. 그들 힘으로는 늑대 떼는 고사하고 단 한 마리의 늑대도 잡을 수 없었을 것이다. 그러나 그리스도는 그들이 받은 사명을 수행하도록 늘 그들 곁에서 도우시며 당신의 힘과 권세를 그들에게도 주셨다.

그리고 예수님은 그들이 임무를 수행할 때 지녀야 할 품행과 자세에 대해 조언하셨다. 그들은 "뱀 같이 지혜롭고 비둘기 같이 순결"해야 했다. "지혜롭다"로 번역된 헬라어 *phronimos*(5429)는 '분별 있고, 사려 깊고, 신중하고, 현명한'이라는 뜻이다.[58] 성경에서 뱀은 주로 악과 결부되지만, 이 맥락에서는 포식자를 슬쩍 피하고, 눈에 띄지 않게 숨으며, 들키지 않고 슬며시 도망치는 뱀의 능력을 긍정적인 특성으로 묘사했다. 한편으로 예수님은 이 뱀의 이미지를 주로 평화와 순결을 상징하는 순하고 순진한 비둘기의 이미지로 균형을 맞추셨다. A. T. 로벗슨은 이렇게 설명한다. "뱀은 지혜나 약삭빠름, 지적 예리함(창 3:1, 시 58:5), 비둘기는 단순함의 상징이었다(호 7:11). 속담에 이 조합이 나오기는 하지만 실현되기는 어려웠다. 둘 중 하나만 있으면 파렴치하거나 어리석어서 좋지 않다."[59]

이 둘이 균형을 이루어야 제자들이 파송된, 적으로 가득한 선교지에서 보호받을 수 있다. 신랄하고, 거칠고, 보복적이고, 경솔하고, 공격적이고, 퉁명스러운 것은 용감하지도 지혜롭지도 않다. 언어폭력은 엄연한 학대다. 신자들은 침을 흘리는 늑대들 속에서도 온화한 말투와 유순한 태도, 사람을 끄는 매력으로 적개심을 녹여야 한다. 예수님이 말씀하신 요지는 양이 눈 깜짝할 사이에 갈갈이 찢기지 않으려면 가장 중요한 가치인 내면의 성품이 늑대들 사이에 있을 때에도 나타나야 한다는 것이다.

뱀같이 지혜로움	비둘기같이 순결함
기민한	온화한
예리한 사고	순결한
요령 있는	정직한
신중한	매력 있는
분별 있는	평온한

열두 사도가 세상 사람들이 두 팔 벌려 그들을 기다리고 있을 거라고 생각하기가 얼마나 쉬웠을까? 예수님은 마태복음 10장 17-31절에서 그들이 사역-단기로 파송된 선교 사

역과 평생 하게 될 사역 모두—을 하면서 맞닥뜨리게 될 "늑대들"에 대해 상세히 설명하시면서 그 이상주의로 부풀려진 풍선을 터트리셨다. 예수님이 간추리신 세 종류의 저항은 우리가 요즘 직면하고 있는 것과 같다. 종교적 박해(10:17), 정부의 박해(10:18-20), 가정의 박해 또는 문화적 박해(10:21-31)다.

—10:17—

첫째, 예수님은 제자들에게 닥칠 종교적 박해를 설명하셨다. 그들이 제일 먼저 반대에 부딪힐 장소는 예배와 종교 교육을 하는 장소인 회당이었다. 예수님이 말씀하신 "공회"란 당시의 세속 정부 기관이 아닌 회당과 연계된 유대인의 지방 법정을 의미했다. 존 피터 랭은 이렇게 설명한다. "공회 또는 산헤드린은 그 나라의 회당과 연계된 영적 사법 기관으로, 그곳에서 이단자들에게 태형이 집행되었다."[60] 로마 제국 관할 아래서도 유대인들은 그들만의 문제, 특히 종교적 사안에 대해서는 제한적인 통제권을 가지고 있었다.

열두 사도가 동족 유대인 사이에서 예수님의 이름으로 설교하고 사역했기 때문에(참조. 10:6) 그들은 당연히 그들의 동족이 기적의 징표와 다가오는 메시아 나라에 대한 메시지를 받아들일 거라고 예상했을 것이다. 그러나 예수님은 대부분 그 반대의 일이 일어날 거라고 경고하셨다. 책임자들은 그들을 체포하고, 종교 법정으로 그들을 끌고 가서 이단과 신성모독죄로 재판하고 엄벌에 처할 것이다.

열두 사도는 신약 시대 내내 이런 식의 종교적 박해를 받았고, 역사상 그리스도인들도 같은 종류의 박해—소위 말하는 그리스도인이 빈번히 자행한—에 부딪혔다. 바울은 에베소의 장로들에게 경고했다. "내가 떠난 후에 사나운 이리가 여러분에게 들어와서 그 양 떼를 아끼지 아니하며 또한 여러분 중에서도 제자들을 끌어 자기를 따르게 하려고 어그러진 말을 하는 사람들이 일어날 줄을 내가 아노라"(행 20:29-30). '교회'는 종종 하나님의 말씀을 내세워 악과 위선, 거짓 가르침을 지적한 개혁가들에 대한 박해를 교사했다. 많은 사람이 그런 메시지를 외치다 죽임을 당하기도 했다. 윌리엄 바클레이의 지적은 아주 적절하다. "하나님의 메시지를 받은 사람이 화석화된 정통 신앙이 가하는 증오와 적대감의 고통을 겪어야 했던 적이 왕왕 있었다."[61]

—10:18-20—

둘째, 예수님은 제자들이 견뎌야 할 정부의 박해를 설명하셨다. 동료 유대인들뿐 아니라 "총독들과 임금들"(10:18)도 그들을 핍박할 것이다. 여기서 말하는 "총독"은 빌라도, 벨릭스, 베스도 같은 1세기 로마의 행정장관을 가리킨다(27:2, 행 23:24, 24:27). 후대에 그리고 현재 행정부의 수장을 지칭하는 이 용어는 치안 판사부터 시의원, 법관에 이르기까지 세속 정부를 대표해서 권력을 행사하고 정책을 집행하는 모든 정부 관료에게 적용될 수 있다.

"임금들"은 아그립바, 헤롯 안디바, 또는 황제 같은 고위 관료들을 지칭했을 것이다. 지금으로 치면 대통령이나 독재자, 대법원, 의회, 국회쯤 될 것이다. 법을 제정하고 집행하는 이런 기관들은 신자들에게 유익할 수도 있고 부담이 될 수도 있다.

핍박하는 이유에 주목하라. "나로 말미암아"(마 10:18). 즉 "나를 믿는다는 이유만으로"(메시지 성경)라는 뜻이다. 그리스도인들이 비열하고, 파괴적이며, 불온하고, 사악해서 핍박을 받으면 안 된다. 그리스도인들은 비둘기처럼 순결해야 한다(10:16). 세상은 그리스도인들이 사랑하고, 예배하며, 순종하는 주 예수 그리스도를 미워하기 때문에 그리스도인들을 미워할 것이다(요 15:18-21).

제자들이 신발 끈을 조이고 떨기 시작하자 예수님은 그 순간에 딱 맞는 격려의 말씀을 해주셨다. 주님은 그들을 그냥 보내시는 것이 아니라 그분의 권세 안에서 파송하신다는 약속을 강조하셨다. 그분은 늘 그들과 함께하실 것이다. 예수님은 제자들이 적대적인 정치 권력 앞에서 증언하기 위해 끌려갈 때에도 하나님이 그들이 해야 할 적절한 말을 알려주실 것임을 확신하게 해주셨다. 실제로 하나님의 영이 그들을 통해 그분의 말씀을 하실 것이다(마 10:19-20). 이 약속은 제자들에게 독특한 방식으로 적용되어, 제자들은 예언자와 사도의 독특한 권위-다른 시대에는 다시 없을-를 가지고 말했다. 그들이 입을 열면 하나님의 무오한 말씀이 흘러나와 담대히 그리스도에 대해 증언했다. 이 약속은 지금 우리에게도 적용된다. 지금도 성령은 영감으로 쓰인 성경에 기록된 예수 그리스도의 구원의 메시지를 효율적으로 담대하고 당당하게 전할 수 있는 능력을 우리에게 주신다.

—10:21-31—

셋째, 예수님은 제자들이 경험할 가정적, 문화적 박해에 대해 설명하셨다. 이미 이 경고가 가장 제자들을 낙심시켰을 것이다. 제자들이 속한 종교 공동체, 곧 회당의 지도자들이 그들과 그들의 메시지에 등을 돌릴 거라는 사실에 이미 실망했는데, 이 경고는 말 그대로 가슴을 찔렀다. 10장 21절에서 예수님은 제자들에게 그들의 가족이 그들에게 등을 돌릴 거라고 말씀하신다! 가까운 친척들이 그들을 조롱하고 비난하고 질책하는 것도 모자라 의절하거나 피할 것이다. 그들은 예수님을 믿는 형제, 자녀, 부모를 죽음에 이르게 할 만큼 격분할 것이다.

예수님은 이 모든 박해가 그들에게 닥치는 이유를 다시 말씀하셨다. 제자들이 속한 공동체-그리고 사회 자체-가 그들에게 등을 돌리고 미워하게 되는 이유는 그들이 예수님의 이름을 내세우기 때문이다. 이런 침울한 경고와 함께 예수님은 아무리 가혹하고 지독한 공격을 당하더라도 "끝까지 견디는 자는 구원을 얻으리라"(10:22)고 하시며 인내를 독려하셨다. 그들은 내세에서 충성을 보상받을 것이다. 이 말을 핍박을 견디지 못한 사람들은 영원히 구원을 잃게 된다는 뜻으로 잘못 받아들이는 사람이 있을지 모르나, 이 말은 경고가 아니라 격려하기 위한 것이었다. 예수님은 "너희가 끝까지 버티면 구원해주겠다"고 말씀하시지 않았다. 그보다는 "저들이 육신을 죽일지라도 너희의 영혼은 영원히 구원받았다는 것을 명심하고, 견딜 수 없을 것 같을 때에도 끝까지 인내하라!"는 뜻이다. 그러므로 이 말씀은 요한계시록 2장 10절에 나오는 예수님 말씀-"네가 죽도록 충성하라 그리하면 내가 생명의 관을 네게 주리라"-을 예시한다. 이는 희망을 주는 사실을 진술한 것이지 선행의 대가로 구원을 제공한다는 뜻이 아니다.

따라서 제자들은 일부러 박해를 자초하거나 적극적으로 추구해서는 안 된다. '순교자 콤플렉스'는 좋은 것이 아니다. 예수님은 열두 사도에게 한 도시에서 핍박을 받아 다른 도시로 도망칠 수 있다면 그렇게 해야 한다고 충고하셨다(마 10:23). 이 생각은 조금 전 예수님이 제자들을 거부하는 곳을 떠날 때 발의 먼지를 털라고 하셨던 지시를 보완한다(10:13-15).

10장 23절의 마지막 절은 장차 오실 인자를 기대한다. 주석가들은 예수님이 하신 이 말씀의 의미를 놓고 설왕설래했다. "이스라엘의 모든 동네를 다 다니지 못하여서 인자가 오리라." 여기서는 제자들이 받은 임무의 범위가 제한되어 있었던지라 유대의 도시를 다 돌아다니지 못했다. 또 오순절 이후에 초기 그리스도인들이 유대 전역에서 말씀을 전파하기 시작했을 때에도 그들은 박해를 피해 뿔뿔이 흩어졌다(행 8:1-4).

어쨌든 유대인들은 복음에 대해 지속적으로-재림 때까지-마음이 강퍅해지리라는 것이 예수님의 요지였다. 이것은 로마서에 명시된 바울의 가르침과 일치한다. "형제들아 너희가 스스로 지혜 있다 하면서 이 신비를 너희가 모르기를 내가 원하지 아니하노니 이 신비는 이방인의 충만한 수가 들어오기까지 이스라엘의 더러는 우둔하게 된 것이라"(롬 11:25). 그렇다면 예수님의 재림은 이스라엘의 마지막 회심과 관련이 있는 것 같다. 그때에는 강퍅했던 마음이 누그러지고 유대인들에 대한 사명이 끝내 이루어질 것이다(참조. 롬 11:15, 26-27). 그러나 이스라엘의 도시들이 끝까지 복음 전파에 맞서 계속 싸운다고 해서 그 사명을 포기해야 한다는 뜻은 아니다. 이 말씀은 그 사명은 언제나, 박해를 받는 중에도 유효하다는 뜻이다.

다음으로 예수님은 유대인의 전형적인 수사적 기법을 사용해서 큰 것으로 작은 것을 논증하셨다(마 10:24-25). 하인이나 제자는 그들의 주인이나 스승보다 "더 크지"(더 특권적 위치에 있지) 않기 때문에 예수님의 제자들은 예수님과 같은 대우를 받을 것이라 예상해야 한다. 제자들은 이미 예수님을 비방하는 자들이 "그가 귀신의 왕을 의지하여 귀신을 쫓아낸다"(9:34)고 우기며 비난하는 것을 목도했다. 예수님은 그 불경한 비난으로 돌아가 "집 주인을 바알세불이라 하였거든 하물며 그 집 사람들이랴"(10:25)고 추론하셨다. 본질적으로 예수님은 이렇게 말씀하신 것이었다. "복음을 위해 박해를 받는 것에 관해서라면 너희는 이제 나와 같은 처지가 된 거다!"

이 시점에서 자칫하면 제자들이 이탈할 수 있었을 것이다. 박해? 고통? 거부? 채찍질? 죽음? 어림없지! 믿음보다는 두려움 쪽으로 기우는 인간의 성향을 아셨던 예수님은 격려의 말로 제자들을 다독이셨다. 예수님은 세 차례나 그들에게 "두려워하지 말라"(10:26, 28, 31)고 말씀하셨다. 늑대들 가운데서 양이 되어야 하는 이 임무를 왜 두려워하지 말라고 하셨을까? 예수님은 크게 세 가지 이유를 밝히셨다. 첫째, 하나님은 당신의 메시지가 감춰지지 않고 드러나기를 원하신다(10:26-27). 따라서 하나님은 그들을 보호하시고 그분의 말씀이 선포되게 하실 것이다. 둘째, 복음의 적들이 그분의 증인들을 죽이는 데 성공하더라도 그들은 영원한 삶을 누릴 것이다(10:28). 하나님의 영원한 심판을 두려워해야 할 자들은 바로 박해자들이다! 셋째, 하나님은 큰 시련과 환난 가운데서도 자기 제자들을 사랑하고 보살피는 일을 멈추지 않으신다. 하나님은 주권자이시며 참새까지도 섭리로 돌보신다(10:29). 하나님은 전지하시며 사람의 머리카락 수까지도 헤아리고 계신다(10:30). 하나님은 전지전능하시고 자비로우시기 때문에 제자들은 그분이 자기 사람들을 내팽개치거나 버리지 않으실 것을 확신할 수 있었다(10:31).

적용: 마태복음 10:16-31

보냄받았으나 버림받지 않는다

때로 예수님이 우리를 낯선-심지어 적대적인-곳으로 보내시면서 우리에게 혼자 힘으로 꾸려가라고 하시는 것처럼 느껴질 때가 있다. 그러나 이런 느낌은 전혀 사실이 아니다. 그렇다. 우리는 모두 보냄받았지만 아무도 버림받지 않는다. 이 진리를 바탕으로 이 구절에서 어떤 실천적 원칙을 얻을 수 있을까? 두 가지 중요한 생각이 떠오른다.

첫째, 우리는 초기 제자들이 받았던 것과 비슷한 대우를 받을 것이다. 디모데후서 3장 11-12절에서 바울은 말한다. "어떠한 박해를 받은 것을 네가 과연 보고 알았거니와 주께서 이 모든 것 가운데서 나를 건지셨느니라 무릇 그리스도 예수 안에서 경건하게 살고자 하는 자는 박해를 받으리라." 핍박당할 때 놀라지 말라. 당신이 당하는 핍박은 가족이나 친구들의 거부나 이웃과 동료들의 조롱 같은 경미한 것일 수도 있고, 또는 지방 정부나 중앙 정부의 공식적인 탄압이나 박해 같은 심각한 것일 수도 있다. 어떤 경우든 걱정할 필요가 없다. 예수님은 모든 단계의 박해를 다 받으셨고, 그분을 초기에 따르던 이들도 그랬다. 그러니 세상이 우리를 다르게 대할 리가 만무하다. 냉대를 면할 때는 감사하라. 그러나 핍박이 와도 놀라지 말라.

둘째, 우리는 두려워할 필요가 없다. 우리는 보냄을 받았지 버려지지 않았다는 사실을 기억하라. 어디가 됐든 그리스도가 우리를 위해 마련하신 사역지로 가서 헌신하라는 명령을 받을 때 우리는 빈손으로 파송되지 않는다. 사실 필요한 모든 것이 주어진다. 예수님의 약속은 여전히 유효하다. "하늘과 땅의 모든 권세를 내게 주셨으니 그러므로 너희는 가서 모든 민족을 제자로 삼아 아버지와 아들과 성령의 이름으로 세례를 베풀고 내가 너희에게 분부한 모든 것을 가르쳐 지키게 하라 볼지어다 내가 세상 끝날까지 너희와 항상 함께 있으리라"(마 28:18-20). 히브리서 13장 5절에서 하나님은 이렇게 말씀하신다. "내가 결코 너희를 버리지 아니하고 너희를 떠나지 아니하리라." 우리가 "이리 가운데로"(마 10:16) 보냄받은 양 같을지라도 세상이 우리를 푸대접할 때 그리스도가 우리 곁에서 우리를 강하게 해주시고, 힘을 북돋워주시며, 상처를 싸매주신다는 사실이 버팀목이 되어준다.

제자들을 위한 체크리스트(마태복음 10:32-42)

32누구든지 사람 앞에서 나를 시인하면 나도 하늘에 계신 내 아버지 앞에서 그를 시인할 것이요 33누구
든지 사람 앞에서 나를 부인하면 나도 하늘에 계신 내 아버지 앞에서 그를 부인하리라
34내가 세상에 화평을 주러 온 줄로 생각하지 말라 화평이 아니요 검을 주러 왔노라 35내가 온 것은
사람이 그 아버지와, 딸이 어머니와, 며느리가 시어머니와 불화하게 하려 함이니 36사람의 원수가 자기
집안 식구리라
37아버지나 어머니를 나보다 더 사랑하는 자는 내게 합당하지 아니하고 아들이나 딸을 나보다 더
사랑하는 자도 내게 합당하지 아니하며 38또 자기 십자가를 지고 나를 따르지 않는 자도 내게 합당하지
아니하니라 39자기 목숨을 얻는 자는 잃을 것이요 나를 위하여 자기 목숨을 잃는 자는 얻으리라
40너희를 영접하는 자는 나를 영접하는 것이요 나를 영접하는 자는 나를 보내신 이를 영접하는 것
이니라 41선지자의 이름으로 선지자를 영접하는 자는 선지자의 상을 받을 것이요 의인의 이름으로 의인
을 영접하는 자는 의인의 상을 받을 것이요 42또 누구든지 제자의 이름으로 이 작은 자 중 하나에게 냉
수 한 그릇이라도 주는 자는 내가 진실로 너희에게 이르노니 그 사람이 결단코 상을 잃지 아니하리라
하시니라

우리는 평생 자동차 타이어를 교체하는 것과 같은 간단한 일부터 학위를 마치는 것처럼 어렵거나 아이를 키우는 것처럼 지극히 복잡한 도전에 이르기까지 다양한 수준의 문제와 맞닥뜨린다. 이 모든 문제 해결에 체크리스스크가 도움이 될 수 있다. 체크리스트는 우리의 기억이나 직관에 의지하지 않고 문제와 과제를 구체적인 단계로 나누어 해결하거나 완수할 수 있게 해준다. 또 체크리스트는 본질적인 것에 생각을 집중하고 목표를 주시하게 해준다. 그리고 성공 가능성을 높여준다. 그렇다고 꼭 원하는 결과를 보장해주지는 않지만, 확

실히 우리를 올바른 방향으로 나아가게 해줄 수 있다.

예수님은 당신이 동행하지 않으시는 첫 사역을 열두 사도에게 위임해서 보낼 준비를 하실 때 제자들이 여러 어려움에 직면할 것을 아셨다. 제자들은 제각각 녹녹했다. 지금까지 이런 일을 시도한 사람은 아무도 없었다. 일반 대중은 그들을 몰랐고 믿지도 않을 것이다. 그들은 경험도 없고 알려지지도 않았기 때문에 장애물을 만나고 박해를 받으면 의기소침해질 것이 뻔했다. 그래서 그들이 경험하게 될 '사역 충격'을 완화하기 위해 예수님은 일종의 체크리스트를 주셨다.

예수님이 주신 체크리스트는 이렇게 요약된다. 과도할 정도로 정직하라. 이 말을 듣는 사람은 누구나 우리를 지켜보는 세상 앞에서 주님을 대표하는 일의 중대성을 추호도 의심하지 않을 것이다. 그 일은 녹록하지 않을 것이다. 사실 혹독할 것이다. 우리가 이 체크리스트를 실천하며 사명을 수행할 때 잠시 멈추고 아이작 왓츠(Isaac Watts)가 쓴 찬송가의 질문을 자문하는 시간을 가지면 좋을 것이다.

> 십자가 군병 되어서
> 예수를 따를 때
> 무서워하는 맘으로
> 주 모른 체할까.[62]

예수님은 영적 전쟁을 위해 소대를 준비시키는 지휘관 같으셨다. 그들의 처지는 '위안받을 만한 것'이 조금도 없었다. 그들은 사역을 현실적으로 생각해야 했다. 제자들이 그럴 수 있도록 돕기 위해 예수님은 주님을 섬기는 일에 참여한 충성스러운 제자의 네 가지 중요한 자질을 말씀하셨다. 여기에 제시된 네 가지 원칙은 전장에서 승리를 쟁취하기 위해 반드시 필요하다.

—10:32-33—

첫 번째 체크리스트는 이것이다. **충성스러운 제자들은 세상 앞에서 그리스도를 공개적으로 인정한다.** 충직한 병사는 그리스도와 동일시되는 것을 부끄러워하지 않고, 주저함 없이 그분을 구주로 시인한다. 마태복음 10장 32절에 "시인하다"로 번역된 헬라어 *homologeō*(3670)는 '인정하다' 또는 '동의하다'는 뜻이다.[63] 어떤 사람들은 "시인하다"라는 말을 단순히 말로 무언가에 동의하는 것으로 잘못 정의하는데, 그리스도를 인정한다는 개념으로 여기에 사용된 말은 이보다 강력하다. 야고보서 2장 19절은 종잇장처럼 얇은 거짓된 고백을 하는 사람들에게 이렇게 말한다. "네가 하나님은 한 분이신 줄을 믿느냐 잘하는도다 귀신들도 믿고 떠느니라." 마귀는 하나님이 존재한다는 사실을 확실히 믿는다. 그러나 그분을 사랑하고 그분의 주권을 인정하는 대신 그저 두려워하며 떤다.

신약에서 그리스도를 시인하는 것은 그분을 믿어 구원에 이르는 것과 밀접한 관련이 있다. 로마서 10장 9-10절은 이렇게 말한다. "네가 만일 네 입으로 예수를 주로 시인하며 또 하나님께서 그를 죽은 자 가운데서 살리신 것을 네 마음에 믿으면 구원을 받으리라 사람이 마음으로 믿어 의에 이르고 입으로 시인하여 구원에 이르느니라." 그러므로 마태복음 10장 32-33절에서 그리스도를 시인하는 것은 그분이 존재한다는 사실을 객관적으로 시인하는 것 이상의 의미를 갖는다. 그리스도를 진정으로 시인한다는 것은 말과 행동-그리스도 한 분만을 진실로 믿음으로써 오직 은혜로 얻는 진정한 구원의 열매-으로 그분과 완전히 동일시되는 것을 뜻한다.

그래서 예수님은 첫 체크리스트에서 예수님을 대표하는 제자들이 다른 사람들 앞에서 그분을 인정하고 다른 사람들이 그분을 구세주로 인정하도록 설득하라고 촉구하셨다. 제자들은 그들의 입장에 대해 사람들의 마음속에 추호의 의심도 남겨놓아서는 안 되었다. 아무도 "마태(또는 베드로, 또는 요한)는 정말 그리스도를 따르는 사람인가?"라는 의구심을 품으면 안 되었다. 믿음과 그 믿음을 말과 행동으로 시인함에 있어서 일관성이 있어야 한다는 점을 강조하기 위해서 예수님은 권고를 경고로 급히 바꾸셨다. "누구든지 사람 앞에서 나를 부인하면 나도 하늘에 계신 내 아버지 앞에서 그를 부인하리라"(10:33). 사람들은 말(사람들 앞에서 그리스도를 거부함으로써)과 행동(예수님이 그들 인생의 주인이 아닌 것처럼 삶으로써), 또는 침묵(복음을 나눌 수 있을 때 말하지 않음으로써)으로 그리스도를 부인한다.

우리의 믿음을 알릴 때마다 우리는 전투에 돌입한다. 예수님의 시대에도 그랬고 우리 시대에도 그렇다. 사람들은 대개 우리의 믿음에 대해 아무것도 보지도 듣지도 않으려고 한다. 복음 전파는 정치적으로 올바르지 않고 문화적으로 부적절한 행위로 간주된다. 사실 우리는 공개적으로 기도한 뒤 "예수님의 이름으로 기도합니다"라고 말하는 것만으로도 맹렬한 반대에 부딪힐 수 있다. 실제로 반대가 있을 것을 예상했기 때문에 예수님은 우리가 말과 행동으로 일관되고 담대하게 그리스도를 시인할 때 일어나는 사회적 갈등, 가족 사이의 불화에 대한 논의로 급히 전환하신 것이었다.

—10:34-36—

이제 예수님의 두 번째 체크리스트가 나온다. **충성스러운 제자들은 가족들의 거부까지 포함해서 모든 거부를 기꺼이 감수한다.** 우리가 말과 행동으로 그리스도의 추종자임을 공개적으로 시인할 때(10:32-33) 사회적인 갈등이 일어나더라도 놀라지 말아야 한다. 그리스도가 다시 오셔서 만물을 평정하시면 전 세계에 평화가 편만할 것이다. 모든 나라가 예수님의 왕권을 인정할 것이다. 그러나 그때까지는 우리가 그리스도에 대한 헌신을 표방해도 평화와 화합을 증진시키지 못할 것이다. 오히려 분열과 불화, 오해 그리고 극심한 거부와 핍박을 불러 일으킬 것이다. 예수님은 초림 때 즉시 평화와 번영의 메시아 시대를 여시려고 하신 것이 아니다(10:34). 오히려 그분이 지상에 계시는 동안-그리고 그 뒤를 잇는 교회 시대에도-영적 전쟁은 하나님을 부정하는 문화와 가장 가까운 사람들과 갈등하는 모습으로 계속되었다.

그리스도인들은 일부러 가족과 충돌해서는 안 된다. 바울은 이렇게 말했다. "할 수 있거든 너희로서는 모든 사람과 더불어 화목하라"(롬 12:18). 그러나 이 말 자체가 그것이 항상 가능하지 않음을 시사한다. 우리는 가족이나 친구와 갈등이 생기면 기꺼이 감수해야 한다. 갈등은 일어나게 마련이다. 나는 종종 자식들이 그리스도께 깊이 헌신했다는 이유로 그들에게 등을 돌린 부모에 대한 이야기를 듣는다. 반대가 심하지 않은 경우도 있다. "믿고 싶은 것을 믿어라. 다만 광신자가 되지 말아라." 그런데 그들이 생각하는 '광신'이 대개 교회에 자주 가고, 성경을 읽고, 기도하고, 다른 사람들에게 그리스도를 전하는 것을 의미한다는 것이 문제다. 이런 일들은 평범한 그리스도인들이 당연히 해야 하는 것이다. 또 헌신적인 신자의 가족이 극도의 적대감을 보이는 경우도 있다. "이제 너는 우리에게는 죽은 사람이야!" 나는 부모가 자식과 의절하고, 연락을 끊고, 그들의 신앙에 대해 끊임없이 악의적이고 추악한 말을 하는 것을 들었다. 그리고 이 세상의 일부 지역에서는 기독교로 개종하는 것이 조국에 대한 반역 행위나 동족에 대한 최악의 배신으로 간주된다. 그런 경우에는 신체적 상해나 심지어 죽음에까지 이를 수 있다.

예수님은 제자의 삶을 달콤하게 치장하지 않으셨다. 그분은 앞으로 닥칠 일을 위해 추종자들을 준비시키고 계셨다. 예수 그리스도께 충성하다 보면 가족과 반목할 수 있다. 복음이 사악하거나 강압적이거나 악의적이거나 편협해서가 아니다. 사실, 그 반대다! 마태복음 10장 35–36절에서 예수님은 하나님께 등을 돌리고 그분의 예언자들을 배척한 세상의 사악함을 일반적으로 묘사한 미가서 7장 6절을 표현을 바꾸어 말씀하셨다(참조. 미 7:1–6). 진리와 의가 거짓되고 사악한 세상에 침입하면 충돌이 일어난다. 우리는 가능한 한 가족, 친구, 지역사회와 평화를 도모해야 하지만(예. 출 20:12, 엡 6:1–3, 히 12:14), 그리스도의 주권을 받아들이는 사람과 그렇지 않은 사람들은 갈릴 수밖에 없다.

그리스도를 구세주로 고백함으로써 관계가 어긋나고 깨어지는 이러한 안타까운 상황이 예수님의 다음 권고에서 이어진다.

—10:37–39—

그리스도의 세 번째 체크리스트는 다음과 같다. **충성스러운 제자들은 자기를 희생하며 가장 중요한 우선순위를 택한다.** 그리스도께 충성하는 것은 쉽지도 않고 인기도 없을 것이다. 마태복음 10장 37–39절을 보면 그리스도를 따르려면 세상의 우선순위, 열정, 관심사를 완전히 뒤집어야 한다는 것을 알 수 있다. 세상은 우리 자신, 우리의 삶, 우리의 이익, 정체성, 가족, 우리 자신의 평화와 안전, 우리의 소유에 대해 걱정하라고 말한다. 세상은 만족할 줄 모르는 자아라는 괴물에게 먹이를 공급한다. 그러나 그리스도의 부르심은 우리 삶의 왕좌에 예수님 한 분만 둔다.

그렇다고 해서 인생에서 다른 모든 것을 미워해야 한다는 뜻은 아니다. 예수님은 우리가 부모와 자녀를 사랑해서는 안 된다고 말씀하시는 것이 아니다. 그러나 우리는 그리스도를 사랑하는 것보다 그들을 더 사랑해서는 안 된다. 맥락을 볼 때 이 말씀은 믿지 않는 부모나 자녀들이 그리스도에 대한 우리의 믿음을 적대하면서 가족을 위해 믿음을 버리라고 요구하는 상황에 적용된다. 그렇게 슬픈 상황에서도 충성스러운 제자의 반응은 분명하다. 그리스도께 충성하려면 그분께 드린 헌신의 약속이 다른 모든 약속에 우선해야 한다.

예수님은 1세기 청중에게 지극히 친숙했을 생생한 이미지—십자가를 지는 것(10:38)—

당신의 십자가를 지라(마태복음 10:38)

십자가 처형은 1세기 이전부터 고대 근동에서 흔히 행해졌지만, 로마인들은 범죄, 특히 반란을 막기 위해 이 끔찍한 고문 같은 처형 방식 특유의 이점을 이용했다. 이를 위해 로마인들은 사형수들이 자기들의 고문 도구—공개 처형장에 상설되어 있는 수직 기둥[라틴어로 스티페스(stipes)]에 고정시킬 가로대[라틴어로 파티불룸(patibulum)]—를 직접 지고 인구가 밀집된 도심을 행진하게 해서 십자가 처형을 구경거리로 만들었다(참조. 27:32, 요 19:17).[64]

예수님은 제자들에게 훌륭한 추종자는 "자기 십자가를 지고 나를 따[라야]"(마 10:38) 한다고 말씀하심으로써 권력자들은 그분이 가져오고 있는 천국과 의를 이 세상 왕국에 유익한 것으로 생각하지 않을 것임을 분명히 밝히셨다. 한 주석가는 이 점을 지적한다. "로마인들이 예수님과 그분의 추종자들을 혁명가로 여겨 체포했다면 이런 종류의 죽음이 가능했다."[65] 폭력적인 열심당원으로 오해받고 관습적인 처벌을 받을 가능성이 있음에도 불구하고 그들은 반문화적 메시지를 바꾸지 않았다.

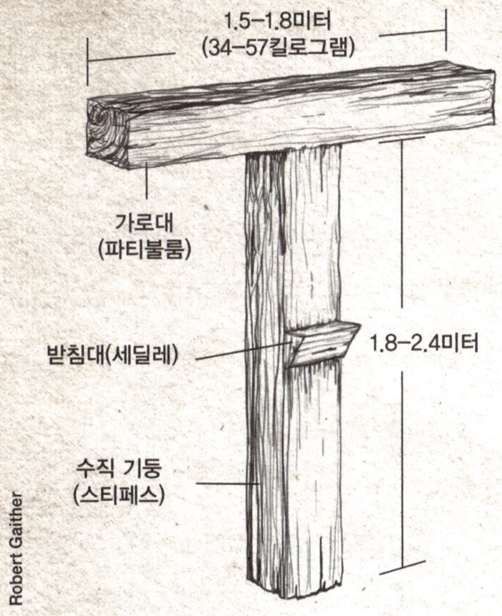

십자가 삽화. 피해자가 운반할 파티불룸(가로대)은 처형장에 있는 스티페스(수직 기둥)에 장부촉 이음 방식(목재의 옆면에 다른 목재의 장부촉을 끼워 맞추는 방식-역주)으로 끼워서 로마인들이 다음 피해자에게 사용할 수 있도록 십자가를 철거하기 쉽게 만들었다. 죽음을 늦추고 피해자의 고통을 연장하기 위해 간혹 집행인이 피해자의 다리 사이에 받침대인 세딜레를 달기도 했다.

제자들의 자기희생적인 섬김이 실제로 체포와 십자가 처형으로 귀결되지 않을지라도 예수님의 말씀은 그들이 십자가를 비롯한 '인생의 염려와 괴로움'에 부대끼는 부담을 기꺼이 감당해야 한다는 일반적인 의미를 전달했을 것이다.[66] 다시 말해, 이것은 더 큰 것으로 더 작은 것을 논증하는 예로 볼 수 있다. 즉, 그리스도를 위해 기꺼이 십자가를 지고자 한다면 그보다 작은 고난이나 불편을 감수해야 한다는 뜻이다.

를 그리셨다. 잊지 말라. 예수님이 이 말씀을 하셨을 때는 그분의 십자가 처형이 있기 2년 전쯤이었을 것이다. 예수님의 원제자들은 이 말씀을 어떻게 이해했을까? R. T. 프란스는 이렇게 설명한다. "십자가 처형은 로마 팔레스타인 지역에서 드물지 않게 볼 수 있었다. 그렇기에 예수님이 '십자가를 진다'는 말을 어떻게 말 그대로 보여주실 예정인지 제자들이 미처 깨닫지 못했어도, 그 의미는 명확하게 전달되었을 것이다."[67]

제자들은 그리스도가 세상의 죄를 대속하시기 위한 십자가 처형과 죽음이 다가오고 있다는 것은 몰랐지만, 예수님이 모든 것, 심지어 목숨까지도 기꺼이 포기할 것을 요구하고 계신다는 것은 알았다. 그 죽음이 심지어 그 시대에 가장 고통스럽고 굴욕적인 죽음일지라도 말이다. 존 피터 랭은 그것을 이렇게 자세히 설명한다. "십자가 처형은 당시에 알려진 최악의 형벌이었다. 따라서 자기 십자가를 지라는 이 구절은 이 세상에서 그리스도를 위해 자발적으로 극한의 고통을 겪을 준비를 하라는 뜻이다."[68]

그렇다고 예수님이 제자들에게 십자가를 지고 처형장으로 가게 될 거라는 전망만 남겨주신 것은 아니다. 하나님 나라를 위해 그들이 목숨을 잃으면 영원한 상을 받게 될 것도 상기시키셨다(10:39). A. B. 브루스는 이것을 이렇게 표현했다. "범죄자로 치욕적인 죽음을 당하는 십자가 처형은 참으로 끔직한 일이다. 그런데 그 끔찍한 것이 구원을 의미한다. 이 역설이 그리스도의 위대하고 심오하며, 여전히 진리인 말씀 중 하나다."[69]

자기 부정은 쉽게 도달할 수 없고, 다른 사람들에게 제대로 이해받지도 못하는 훈련이다. 당신이 그 길을 택하면 다른 사람들에게는 계속 패배자의 삶을 사는 것처럼 보일지도 모른다. 하지만 끝에 가서는 당신이 이긴다! 나는 더글러스 오도넬(Douglas O'Donnell)의 말을 참 좋아한다.

> 당신이 완벽한 배우자, 고소득을 올리는 직업, 큰 집, 좋은 연줄을 얻기 위해 전력을 다하고 있다고 치자. 결론은 무엇일까? 당신은 패배자다. 가장 많이 얻은 자가 가장 많이 잃는다. 그러나 당신이 왕이신 예수께 나아가 그분께 목숨을 바칠 용의가 있다면…그러면(그리고 이것이 천국의 삶에서 드러나는 멋진 아이러니다) 당신은 생명, 곧 이 생에서의 진정한 생명과 내세에서의 진정한 생명(그리고 상급)을 얻을 것이다.[70]

—10:40-42—

이 구절에 그리스도의 마지막 체크리스트가 들어 있다. **충성스러운 제자들은 그리스도와 하나 되는 축복을 누린다.** 그리스도가 당신의 백성 안에 거하신다는 사실을 기억하는 것이 얼마나 귀한가! 그분은 자기 사람들을 선교에 투입하실 때 그들을 내버려두지 않으신다. 그들과 함께하시고, 그들 가운데 계시며, 그들 안에 계신다. 실제로 어떤 사람이 제자를 영접하거나 그들의 메시지를 받아들이면 그는 그리스도-그리고 그분과 하나이신 하나님 아버지-를 영접하는 것이다(10:40).

제자들이 외딴 마을에 들어갔을 때 그들을 영접하고, 예수님의 의에 대한 예언적 메시지에 대해 호의와 선의를 보인 사람들은 메시지를 전한 자들과 비슷한 축복을 받을 것이다(10:41-42). 히브리서 6장 10절에도 같은 가르침이 나온다. "하나님은 불의하지 아니하사 너희 행위와 그의 이름을 위하여 나타낸 사랑으로 이미 성도를 섬긴 것과 이제도 섬기고 있는 것을 잊어버리지 아니하시느니라."

이 마지막 말씀은 제자들이 여러 도시와 마을에 들어갈 때 받게 될(또는 받지 못할) 환대에 대해 예수님이 하신 말씀과 연결된다(마 10:11-15). 앞 구절에서 예수님은 제자들을 냉대한 사람들을 기다리는 심판에 대해 구체적으로 언급하셨던 반면에, 여기서는 그분의 전령들을 영접한 자들을 위한 보상을 생각하셨다.

적용: 마태복음 10:32-42

당신을 기다리는 상이 있다!

예수님은 제자들에게 중요한 체크리스트를 주시면서 꽤 어려운 영역을 다루셨지만, 절대 빼앗길 수 없는 상에 대한 영광스러운 약속도 두 차례 암시하셨다(10:32, 40-42). 치열한 영적 전쟁을 치르고 있는 사람들에게 얼마나 멋진 소식인가!

예수님을 공개적으로 시인하는 당신의 용기는 보상받을 것이다(10:32-33). 가족의 거부까지도 감내하겠다는 당신의 의지는 보상받을 것이다(10:34-36). 당신의 자기 부정과 자기희생적 삶은, 그것이 비록 고난과 죽음을 의미할지라도 보상받을 것이다(10:37-39). 그리고 그리스도의 전령들에게 베푸는 당신의 친절과 호의, 자비는 보상을 받을 것이다(10:40-42). 하나님의 은혜로, 그리스도의 제자로 기꺼이 충성을 다한 우리에게 상이 기다리고 있다.

이 말에 담긴 함의와 적용은 분명하다. 밀고 나아가라! 낯선 사람, 친구와 가족의 거부를 극복하라. 당신은 보상받을 것이다. 당신의 열정, 우선순위, 꿈을 내려놓으라. 당신은 보상받을 것이다! 당신이 속한 사회에서 고통받고, 억압받고, 짓밟히고, 방치된 "가장 작은 자"를 위해 시간을 내라. 당신은 상을 받을 것이다! 영원한 보상이 어떤 것일지 정확히 알지는 못하지만, 한 가지는 확신할 수 있다. 그것은 로마서 8장 18절에서 바울이 말한 대로 우리가 이번 생에서 견뎌내는 모든 것을 가치 있게 만들 것이다. "생각하건대 현재의 고난은 장차 우리에게 나타날 영광과 비교할 수 없도다."

예수님과 요한의 비교(마태복음 11:1-19)

1예수께서 열두 제자에게 명하기를 마치시고 이에 그들의 여러 동네에서 가르치시며 전도하시려고 거
기를 떠나 가시니라

2요한이 옥에서 그리스도께서 하신 일을 듣고 제자들을 보내어 3예수께 여짜오되 오실 그이가 당신
이오니이까 우리가 다른 이를 기다리오리이까 4예수께서 대답하여 이르시되 너희가 가서 듣고 보는 것
을 요한에게 알리되 5맹인이 보며 못 걷는 사람이 걸으며 나병환자가 깨끗함을 받으며 못 듣는 자가 들
으며 죽은 자가 살아나며 가난한 자에게 복음이 전파된다 하라 6누구든지 나로 말미암아 실족하지 아니
하는 자는 복이 있도다 하시니라

7그들이 떠나매 예수께서 무리에게 요한에 대하여 말씀하시되 너희가 무엇을 보려고 광야에 나갔
더냐 바람에 흔들리는 갈대냐 8그러면 너희가 무엇을 보려고 나갔더냐 부드러운 옷 입은 사람이냐 부드
러운 옷을 입은 사람들은 왕궁에 있느니라 9그러면 너희가 어찌하여 나갔더냐 선지자를 보기 위함이었
더냐 옳다 내가 너희에게 이르노니 선지자보다 더 나은 자니라 10기록된 바

보라 내가 내 사자를 네 앞에 보내노니
그가 네 길을 네 앞에 준비하리라
하신 것이 이 사람에 대한 말씀이니라

11내가 진실로 너희에게 말하노니 여자가 낳은 자 중에 세례 요한보다 큰 이가 일어남이 없도다 그러나
천국에서는 극히 작은 자라도 그보다 크니라 12세례 요한의 때부터 지금까지 천국은 침노를 당하나니
침노하는 자는 빼앗느니라 13모든 선지자와 율법이 예언한 것은 요한까지니 14만일 너희가 즐겨 받을진

대 오리라 한 엘리야가 곧 이 사람이니라 [15]귀 있는 자는 들을지어다
[16]이 세대를 무엇으로 비유할까 비유하건대 아이들이 장터에 앉아 제 동무를 불러 [17]이르되 우리가 너희를 향하여 피리를 불어도 너희가 춤추지 않고 우리가 슬피 울어도 너희가 가슴을 치지 아니하였다 함과 같도다 [18]요한이 와서 먹지도 않고 마시지도 아니하매 그들이 말하기를 귀신이 들렸다 하더니 [19]인자는 와서 먹고 마시매 말하기를 보라 먹기를 탐하고 포도주를 즐기는 사람이요 세리와 죄인의 친구로다 하니 지혜는 그 행한 일로 인하여 옳다 함을 얻느니라

우리의 기대를 독살하고 실망과 의심을 불러일으키는 너무나 친숙한 증후군이 있다. 그 증상은 이렇다. 우리는 간절히 원하고 반드시 이루어질 거라고 생각하는 어떤 것에 정성을 다한다. 어쩌면 우리는 무언가를 하고, 무언가가 되고, 무언가를 말할 어떤 사람을 믿을지도 모른다. 그것을 곰곰이 생각하면서 우리가 바라는 대로 이루어지는 것을 마음으로 본다. 예상은 확신에 찬 기대로 부푼다. 결국 그 일이 이루어질 거라는 확신이 커져서 아무것도 우리를 말릴 수 없게 된다. 상상의 시나리오가 실현되는 것은 시간문제다.

그러나 곧 그것이 취약점이 된다. 생각에 브레이크를 걸고 다시 따져보기는커녕 오히려 감정의 고삐를 풀어놓고 더 큰 기대를 부채질한다. 마침내 현실이 상상력을 밀어내면 우리가 한때 생각 속에 쌓아 올렸던 기대대로 되는 적은 거의 없다. 그런 높은 기대는 대개 허물어지기 마련이어서 우리에게 실망의 먹구름만 드리운다. 그리고 그 실망의 먹구름이 우리에게 오랫동안 어둠을 드리우면 환멸이 찾아오고, 환멸은 의심에게 문을 열어준다. 모두 한 번쯤은 겪어보았을 것이다. 그렇지 않은가?

예수님의 제자들이 파송되어 복음을 전파하고, 기적을 행하며, 다가올 하나님 나라를 선포하자 오실 왕의 명성이 널리 퍼졌다. 그러나 하나님 나라가 확장되는 방식–수용하는 사람만큼 거부하는 사람도 많은–을 보며 가장 확고했던 일부 초기 지지자들은 예수님이 그들이 정말로 고대하던 메시아인지 의심했다. 자기들의 권력에 위협이 되는 인물을 싫어할 이유가 충분했던 지배 계층의 엘리트들 사이에서 그런 실망과 의심이 생기는 것은 당연했다.

—11:1–3—

성경은 영웅과 영적 지도자들의 참 모습–그다지 명예롭지 못한 모습을 포함해서–을 말해

준다. 이것이 타당한 이유는 육신과 씨름하지 않고 지상에서 천국으로 가는 사람은 없기 때문이다. 또 전혀 의심하지 않고 믿음의 삶을 받아들이는 사람은 아무도 없다.

의심은 갑자기 들이닥치지 않는다. 그보다는 일련의 상황을 겪으며 우리가 안다고 생각했던 것들과 이유들에 대해 의문을 품게 된다. 예수님의 사역이 시작되었을 때 세례 요한과 제자들에게도 이런 일이 일어났다.

상황을 다시 생각해보라. 예수님은 방금 이스라엘 백성에게 "천국이 가까이 왔다"(10:7)는 메시지를 전하러 제자들을 파송하시기 전에 엄중한 지시를 내리셨다. 예수님은 제자들에게 당신을 대신해서(10:1, 8) 악령을 다스릴 권세, 병을 치유할 수 있는 능력, 죽은 자를 다시 살릴 수 있는 권세까지 주셨다. 이제 "예수께서 열두 제자에게 명하기를 마치시고 이에 그들의 여러 동네에서 가르치시며 전도하시려고 거기를 떠나 가시니라"는 마태복음 11장 1절의 말씀처럼 예수님과 제자들은 잠시 헤어졌다. 마가복음 6장 30절은 그들이 나중에 다시 모였고 제자들은 "자기들이 행한 것과 가르친 것을 낱낱이" 보고했다고 기록한다. 그러나 그들이 선교 활동을 하는 동안 예수님은 "그들의 여러 동네"–아마도 제자들 대부분이 자란 지역인 가버나움의 도시들–를 다니셨다.

이 일이 진행되는 동안 세례 요한은 계속 감옥에 있었다. 메시아의 선구자로서 요한의 활동은 갑자기 끝났다. 요한이 부당하게 투옥된, 그 발단이 된 사건을 돌이켜보자. 헤롯 안디바는 첫 아내와 이혼한 뒤 자기 동생의 아내를 유혹해서 결혼했다. 이 부도덕한 행동 때문에 세례 요한은 공개적으로 헤롯을 질책했다. 이에 헤롯은 요한을 붙잡아 지하 감옥에 가두었다(마 4:12, 참조. 14:1-5). 세례 요한은 감옥에서 메시아가 마침내 사악한 헤롯뿐만 아니라 하나님을 믿지 않는 이 세상 열국을 전복시키셨다는 소식에 잠에서 깨기를 날마다 기대하며 기다렸다. 요한은 한 가지를 확실히 알고 있었다. 대망하던 메시아의 나라가 임하면 감옥 문이 활짝 열리고 억압받는 자들이 풀려날 것이다!

음습한 감옥에 있는 요한에게 그의 제자들이 예수님에 대해 보고 들은 것들을 보고했다(11:2). 정보가 간접적이었기 때문에 요한은 개략적인 그림만 그렸을 것이다. 그렇다. 그는 기적, 치유, 구마, 설교, 가르침에 대해 들었다. 하지만 예수님의 사역을 방해했던 논란, 갈등, 거부에 대해서도 들었을 것이다. 그러니 요한이 들은 보고는 뒤죽박죽이었을 것이다.

요한의 사역은 메시아의 도래를 위한 준비의 일환이었다. 예수님이 그들이 고대하던 이스라엘의 메시아 왕이라면 어째서 하나님 나라가 시작되지 않은 것처럼 보일까? 어째서 예수님과 제자들의 사역이 세례 요한의 준비 사역과 비슷해 보일까? R. V. G. 태스커(R. V. G. Tasker)가 요한의 생각을 잘 표현했다. "그는 조급해져서 예수님이 왜 자기가 메시아인을 더 강력하고 공개적으로 주장하지 않는지 의아해하기 시작했다. 어쩌면 그는 예수님이 메시아라면 그분이 자기를 감옥에서 풀려나게 해주실 거라는 기대도 하고 있었을 것이다."[71]

요한은 홀로 앉아 생각에 잠겨 자기가 메시아에 대해 했던 설교-불로 세례를 주고, 그릇된 것을 바로잡으며, 세상을 바르게 세우실 것이다-를 떠올렸다. 그러나 조금도 나아지지 않은 그의 상황은 다른 이야기를 들려주었다. 그리고 그는 궁금해졌다. 예수님은 나처럼 다른 선구자에 지나지 않는가? 예수님의 사역은 "광야에서 외치는 자의 소리"의 연장일 뿐인가? 이런 생각이 머릿속에서 맴돌자 요한은 제자들을 예수님께 보내 물었다. "오실 그 이가 당신이오니이까 우리가 다른 이를 기다리오리이까?"(11:3)

상상 속에서 쌓였던 기대가 무너지기 시작하자 요한은 환멸과 의심 속으로 빠져들었다.

—11:4-11—

세례 요한의 마음에서 일어난 의심은 예수님과 그분의 사역에 대한 경멸이나 그분이 메시아라는 주장에 대한 매몰찬 거부에서 비롯된 것이 아니었다. 그의 의심이 싹트기 시작한 것은 예수님에 대한 순전한 믿음과 메시아이신 예수님에 대한 그의 기대가 어긋났을 때였다. 그 의심의 싹은 믿음의 줄기에서 싹텄기 때문에 예수님은 부드럽게 응답하셨다. 그분의 대답은 두 부분으로 나뉜다. 하나는 요한의 제자들을 향한 것이고, 하나는 군중을 향한 것이었다.

첫째, 예수님은 요한의 물음에 증거로 답하셨다(11:4-6). 누가복음은 예수님이 세례 요한의 제자들이 요한의 질문을 듣고 그분을 찾아온 "그 때에" 놀라운 기적을 행하셨다고 분명히 밝힌다(눅 7:21). 예수님은 당신의 주장을 입증하고 계셨다. 누구라도 자기가 어떤 존재라고 우길 수 있다. 사기꾼이나 미치광이가 "나는 메시아다"라고 말하기는 얼마나 쉬운가. 실제로 1세기와 2세기에 자기가 메시아라고 주장한 사람이 몇 명 있었다. 그러나 예수님은 그 주장을 메시아다운 사역으로 뒷받침하셨다. 그분은 요한의 제자들에게 지하 감옥으로 돌아가 그들이 직접 보고 들은 것을 보고하라고 이르셨다. "맹인이 보며 못 걷는 사람이 걸으며 나병환자가 깨끗함을 받으며 못 듣는 자가 들으며 죽은 자가 살아나며 가난한 자에게 복음이 전파된다"(마 11:5).

그렇다. 예수님은 요한이 예상한 메시아의 나라가 완전히 임하는 때에 대한 기대에 부응하지 못하셨다. 그러나 예수님은 요한이 알지 못하는 것을 알고 계셨다. 그분은 자신이 곧 대속의 죽음을 맞으셨다가 기적적으로 부활하실 것을 알고 계셨다. 그분은 사도들에게 사명을 위임하시고 승천해서 아버지 우편에 앉으실 것을 아셨다. 그분은 오순절에 성령이 오실 것과 교회의 설립 그리고 교회 시대에 계속 복음이 전파될 것을 아셨다. 그분은 이방인에 대한 선교와 앞으로 수 세기 동안 이어질 신자들의 회심-당신과 나를 포함한-에 대해 아셨다. 그분은 세례 요한과 1세기의 모든 유대인이 바라던 완전한 하나님 나라가 이루어질 그분의 재림의 때를 아셨다. 요한이 그리던 메시아 시대의 모습은 틀리지 않았다. 다만 그 일이 이루어지는 시기를 잘못 알았을 뿐이다.

예수님이 요한의 의심에 어떻게 반응하셨는지 잘 보라. 그분은 요한이 의심하는 것을 탓하거나 못마땅해하지 않으셨다. 요한이 우려를 표명하고 질문한 것을 책망하지 않으셨다. 젠체하는 말투로 강의하거나, "말이 되는 소리를 해라"는 식의 태도를 취하거나, 시기를 정하는 것이 누구인지 일깨우지 않으셨다. 오히려 그분은 전령들을 돌려보내셔서 그들이 보고 들은 것을 보고하게 하셨다.

예수님은 또 요한에게 '추가 팔복'을 주셨다. 나는 이것을 "꿋꿋한 자는 복이 있나니"라고 표현한다(참조. 11:6). 여기에는 부당한 고통을 감내할 수 있고, 질문에 답을 얻지 못해도 계속 나아갈 수 있으며, 하나님이 인간이 만든 시간표에 따라 움직이지 않으실 때에도 인내할 수 있는 사람들이 포함된다. 예수님이 보시기에 그런 것들에 꺾이지 않는 사람들은 복이 있다. 예수님은 우리의 비현실적인 기대에 따라 살지 않으신다. 그분은 하늘 아버지의 영원한 계획에 따라 사신다. 그것이 고통과 죽음을 의미할지라도 요한이 계속 그리스도를 붙잡고 신뢰한다면 그는 축복을 받을 것이다!

예수님의 반응에 담긴 두 번째 갈래는 군중을 향한 것으로, 요한의 고귀한 성품을 확인하는 것이었다(11:7-11). 분명 군중 가운데 일부는 세례 요한의 제자들이 예수님의 정체성에 대해 걱정스러운 질문을 하는 것을 들었을 것이다. 어쩌면 그들 마음속에서 요한에 대한 존경심이 사라지기 시작했을지도 모른다. 예수님은 요한의 괴팍함에 눈을 부라리거나 믿음이 흔들렸다고 힐난하는 대신 웅변적이고 고상한 말로 요한을 극찬하셨다. 요한은 고민하고, 의심하며, 의문을 품었지만, 예수님은 요한을 일으켜 세우시고, 높이시며, 존중하셨다. 그리고 예수님은 세례자의 제자들 앞에서만 요한을 치켜세우신 것이 아니라 많은 구경꾼 앞에서 요한을 인정하셨다.

예수님은 요한을 신념이 강한 사람이라고 하셨다. 요한은 자신이 믿는 바를 알고 있었고, 주저하거나 두려워하지 않고 그 믿음을 알렸다. 어느 시대나 그런 장점을 가진 사람은 쓰임을 받는다. 요한은 또 진정으로 자기를 부인한 사람이었다. 그는 사람들에게 잘 보이거나 좋은 평판을 받는 것에 아랑곳하지 않았다(11:8). 오로지 자신의 소명을 충실히 실행하는 데만 집중했다. 그는 사람들에게 메시아를 가리켜주는 사명을 가진 선구자였다(11:9–

예언의 원근법(마태복음 11:4–11)

지상에 메시아의 나라가 즉시 임할 거라고 기대한 것은 세례 요한만이 아니었다. 그의 관점은 하나님의 완전한 계획에 대한 명확한 그림을 갖지 못했던 구약의 선지자들과 비슷했다. 선지자들은 말하자면, 두 개의 산봉우리를 보았다. 우리는 지금 그 봉우리를 골고다 산과 감람산으로 부를 수 있다. 골고다에서 메시아는 굴욕과 치욕 속에서 죽으실 것이다(참조. 막 15:22–25). 감람산에서는 영광과 권세 가운데 다시 오실 것이다(슥 14:4). 그들은 이 봉우리들을 보았지만, 그들이 바라본 지점에서는 두 산 사이에 펼쳐진 거대한 골짜기가 보이지 않았다. 이 골짜기가 현재의 교회 시대를 나타낸다.

구약의 성도들은 지금 우리가 가진 성령의 영원한 내주하심이 없었기 때문에 불리한 입장에 있었다. 하나님의 영이 선지자들을 통해 말씀하시고, 그들의 메시지에 불을 붙이셨지만, 그들은 그리스도의 몸에 참여하는 영적 세례는 경험하지 못했다(고전 12:12–13, 엡 3:4–6). 오늘날 성령은 다른 시대와 달리 믿음과 희망으로 우리에게 힘을 실어주신다. 우리는 십자가를 뒤에 두고 영광의 왕관을 앞에 두고 계속 나아갈 용기를 얻는다.

구약의 관점

신약의 관점

10). 생각해보라. 예수님의 정체성을 의심하는 요한의 질문은 그가 감옥에서도 자기의 사명에 골몰하고 있었음을 보여준다. 예수님이 그분이 아니라면 요한은 "다른 이를 기다[릴]" 것이다(11:3).

이따금 의심을 한다고 해서 그 사람이 훌륭하지 않은 것은 아니다. 요한은 메시아의 선구자로서 지구상에 존재했던 어떤 사람보다도 큰 자리를 차지했다(11:11). 그러나 예수님은 요한의 사역이 아무리 위대했어도 다가올 시대의 독보적인 위대함에 비하면 열등하게 여겨질 것이라고 말씀하셨다. 예수님의 십자가와 부활 전 옛 율법 시대에 속한 이 세례자의 위대함은 오순절 이후 모든 신자에게 부여될 높은 지위에 비하면 색이 바랜다(행 2장). 그리스도 안에 있는 우리는 지극히 영광스러운 지위에 있다. 바울은 에베소서 2장 4-7절에서 이것을 설명한다.

> 긍휼이 풍성하신 하나님이 우리를 사랑하신 그 큰 사랑을 인하여 허물로 죽은 우리를 그리스도와 함께 살리셨고 (너희는 은혜로 구원을 받은 것이라) 또 함께 일으키사 그리스도 예수 안에서 함께 하늘에 앉히시니.

—11:12-19—

예수님은 세례 요한의 의심에 관대하셨지만, 다른 사람들과는 정면으로 대결하셨다. 그 차이는 요한은 믿고 싶었지만 이해가 불가한 외부 상황 때문에 흔들렸던 것이고, 반면에 예수님의 적과 비판자들은 믿고 싶은 마음이 없으면서 그분을 상대로 수많은 공허한 논쟁을 벌인 데 있었다.

예수님은 자신의 사역뿐 아니라 복음 전파를 위해 파송한 사람들에게 맞닥친 불신, 거부, 영적 갈등에 대해 말씀하셨다. 그분은 자기가 정말로 기적의 역사를 통해 임할 메시아의 모든 징표를 가지고 있기는 해도 아직은 메시아 나라의 완전한 실현을 기대하며 나아가고 있는 시대에 살고 있음을 분명히 밝히셨다. 예수님이 지상에 오시면서 이 새 시대가 선포되고 출범했지만 아직 완성된 것은 아니다. 예수님과 제자들이 도시에서 도시로 다니면서 천국을 제시하신 것은 폭력적인 쿠데타가 아니라 이에 화답해 회개하고 믿게 하려는 의도였다. 회개하고 믿으라는 그분의 메시지는 원래 세례 요한이 설파한 메시지와 똑같았다. 그러나 사악한 유대인 지도자들은 그 메시지에 아무 관심이 없었다. 도리어 그들은 그것을 신랄하게 공격했고, 그보다 세속적인 방식인 무력으로 취할 수 있는 나라를 원했다(11:12).[72]

세속적인 우선순위, 자만심, 완고한 불신에 따라 움직이는 의심하는 자들에게 예수님은 몇 가지 공격적인 표현을 골라 쓰셨다. 여기서 예수님은 그분을 메시아로 받아들이지 않고 그분의 역사를 회의적인 시선으로 바라보는 사람들의 반응을 폭로하셨다(11:12-19). 첫째, 그분은 요한이 회개와 구원의 메시지를 선포하기 시작했던 때로 시선을 돌리셨다. 그때 적대자들은 사납고 악랄하게 공격했었다(11:12). 이것은 처음 있는 일이 아니었다. 도래할 하나님의 나라에 대해 예언했던 요한 이전의 선지자들 역시 격렬한 저항에 부딪혔다(11:13, 참조. 23:37). 이러한 과거의 폭력은 진리를 전파하고 진리대로 사는 자들에게 필연적으로 닥칠 폭력을 경고한다.

예수님은 또 의심하고 비웃는 자들이 그분을 대망의 메시아, 오실 이스라엘의 왕이라는 사실을 받아들인다면-"만일 너희가 즐겨 받을진대"(11:14)-엘리야의 영과 권능을 가지고 올 선지자에 대한 기대가 세례 요한의 출현으로 성취되었을 것이라고 말씀하셨다.[73] 스탠 투생은 이렇게 설명한다. "이때에 이스라엘에 하나님 나라가 임하고 있었음을 이보다 더 확실하게 보여주는 구절은 성경에 없다. 그 나라의 도래는 이 하나에 달려 있었다. 이스라엘 백성이 진정한 회개로 그것을 받아들이는 것…요한은 그 나라에 오실 왕의 선구자다. 이스라엘이 올바르게 응답한다면 그는 엘리야일 수 있다."[74] 이스라엘에 하나님 나라가 진정으로 임하려면 조건이 충족되야 한다는 것과 하나님의 계획과 목적 안에서 그 나라는 거부당할 것이라는 이 가르침은 우리가 이해하기 어려운 개념이다. 아마 그래서 예수님도 이렇게 말씀하셨던 것 같다. "귀 있는 자는 들을지어다"(11:15).

이어 예수님은 "이 세대"(11:16)를 매섭게 질책하셨다. 이 세대란 요한의 설교를 거부하고 예수님과 제자들의 설교를 거부하기 시작한 유대인 세대를 가리킨다. 그분은 그들을 놀이할 때 늘 자기 고집대로만 하려고 하는-"결혼 놀이 하자! 장례식 놀이 하자"(참조. 11:17)- 심술궂고 까다로운 아이들에 비유하셨다. 달리 말해, 유대인 지도자들은 요한과 예수님이 자기들의 기대를 충족시키고, 자기들의 장단에 맞춰 춤을 추며, 자기들의 북소리에 발을 맞춰 행진하기를 바랐다. 그러나 그것은 어린아이가 부모의 머리 꼭대기에 앉아 있는 꼴이다. 요한은 위대한 선지자였다. 예수님은 왕이시다! 안무를 짜거나 음악을 연주해야 할 사람이 있다면 그것은 그 선구자와 메시아이실 것이다!

아이들이 자기들 마음대로 규칙을 정하는 게임을 지켜본 적이 있다면 마태복음 11장 18–19절을 이해할 것이다. 상대방이 계속 규칙을 바꾸는 게임을 하면 당신은 절대 이기지 못한다! 당신이 규칙에 맞게 하면 그들은 그것을 반칙으로 만드는 규칙을 생각해낸다. 예수님은 요한이 메뚜기와 꿀을 먹고 누더기를 걸치며 금욕적인 생활양식을 보여주었을 때, 그를 비웃는 반대자들이 그에게 "귀신이 들렸다"(11:18)고 말한 것을 지적하셨다. 그러나 예수님이 보통 사람들처럼 먹고 마시고 사교 모임과 만찬에 참석하시자 그들은 그분이 세리와 죄인들과 어울리는 "먹기를 탐하고 포도주를 즐기는 사람"(11:19)이라고 했다.

예수님과 제자들이 행하던 표적과 기사는 그처럼 얼토당토않은 의심을 품은 자들에게는 아무 영향도 미치지 못했다. 그들은 그냥 믿고 싶지 않았다. 기적도 메시지도 그들의 강퍅한 마음을 뚫을 수 없었다. 그들을 설득할 수 있는 것은 성령의 내적 역사밖에 없었다.

이 단락을 마무리하는 "지혜는 그 행한 일로 인하여 옳다 함을 얻느니라"(11:19)는 격언은, 요한과 예수님이 많은 사람에게 거부당할 것이지만, 그들의 행위는 결국 의롭다 함을 받을 것이라는 뜻이다. 이 두 현명한 하나님의 전령은 세상의 비평가와 냉소주의자들에게 굳이 대답할 필요가 없었다. 그들은 하나님께 직접 사명을 받았다. 마찬가지로 세례 요한과 예수님의 메시지를 받아들이는 지혜가 옳았음이 결국에는 밝혀질 것이다. 시간이 지나 고대와 현대의 세계관과 종교 분쟁이 일으킨 먼지가 가라앉으면 누가 올바르게 믿고 살았는지 드러날 것이다.

적용: 마태복음 11:1–19

합리적인 (그리고 비합리적인) 의심

1세기에 세례 요한의 강고한 믿음이 의심의 물결에 이리저리 흔들릴 수 있었다면, 21세기의 신자들도 방향을 잃고 어느 결에 의심에 빠질 수 있다. 또 1세기에 예수님의 기적을 목격한 사람들이 냉철한 의심의 심연에 저항의 닻을 내릴 수 있었다면, 우리가 진리의 항구에서 피난처를 찾지 못하고 날카로운 오류의 암초에 삶이 좌초된 그리스도의 적들과 마주치는 것은 당연하다. 예수님의 초림과 재림 사이의 시대를 사는 우리가 눈으로 보지 못해도 믿음으로 걸으라는 부르심을 받을 때 그 도상에서 필연적으로 맞닥뜨릴 의심에 대해 알아보자.

첫째, 우리는 인간이기 때문에 의심이 생길 수밖에 없다. 우리는 유한하기 때문에 자연히 주변 사물에 관심이 쏠리고 큰 그림에 대한 이해는 제한적일 수밖에 없다. 우리와 우리 주변의 세상은 타락했고 유혹에 약하기 때문에 이상주의적이고 비현실적인 기대는 환멸과 실망 그리고 종국에는 의심으로 이어지며 도미노처럼 무너지기 쉽다. 우리는 삶의 어느 순간 그 길로 가고 있는 자신의 모습을 여러 번 보게 될 것이다.

둘째, 의심은 일시적으로 주님과의 관계를 방해할 수 있지만, 영구적으로 파괴하지는 않는다. 예수님은 요한이 의심을 표명했을 때 비난하거나 책망하지 않으셨다. 요한이 발끈해서 믿음을 완전히 버렸다고 단정짓지 않으셨다. 예수님은 오히려 온유하고 분명한 태도로 대응하셨고, 그런 모습은 요한에게 확신을 주었을 것이다. 우리가 의심의 시기를 지날 때에도 이와 같은 확신을 얻을 것을 기대해도 된다. 그리고 그로 인해 우리의 믿음은 강건해질 것이다.

셋째, 우리는 주기적인 의심을 빛에 노출시켜 몰아낼 수 있다. 우리가 의심에 빠져 있을 때에는 의심을 과학적인 표현으로 바꾸어 말하고, 그리스도에 대한 믿음을 끊임없이 조롱하는 사람들과 가까워질 수 있다. 그러나 그런 의심–우리든 다른 사람들이든–이 꼭 우리를 실족시키는 것은 아니다. 어둠 속에서 의심을 키우지 말고 그 의심에 하나님의 말씀으로 빛을 비추고, 기도로 하나님께 가져가며, 다른 신자들과 그것에 대해 이야기하라. 그렇게 하면 냉소주의를 몰아내고 하나님과의 관계에서 나오는 평화와 기쁨을 회복하는 새로운 차원의 축복을 경험하게 될 것이다.

악한 자들에게는 화가 되고, 수고한 자들에게는 복이 되는 은혜 (마태복음 11:20-30)

20예수께서 권능을 가장 많이 행하신 고을들이 회개하지 아니하므로 그 때에 책망하시되 21화 있을
진저 고라신아 화 있을진저 벳새다야 너희에게 행한 모든 권능을 두로와 시돈에서 행하였더라면 그들
이 벌써 베옷을 입고 재에 앉아 회개하였으리라 22내가 너희에게 이르노니 심판 날에 두로와 시돈이 너

희보다 견디기 쉬우리라 23가버나움아 네가 하늘에까지 높아지겠느냐 음부에까지 낮아지리라 네게 행한 모든 권능을 소돔에서 행하였더라면 그 성이 오늘까지 있었으리라 24내가 너희에게 이르노니 심판 날에 소돔 땅이 너보다 견디기 쉬우리라 하시니라

25그 때에 예수께서 대답하여 이르시되 천지의 주재이신 아버지여 이것을 지혜롭고 슬기 있는 자들에게는 숨기시고 어린 아이들에게는 나타내심을 감사하나이다 26옳소이다 이렇게 된 것이 아버지의 뜻이니이다 27내 아버지께서 모든 것을 내게 주셨으니 아버지 외에는 아들을 아는 자가 없고 아들과 또 아들의 소원대로 계시를 받는 자 외에는 아버지를 아는 자가 없느니라

28수고하고 무거운 짐 진 자들아 다 내게로 오라 내가 너희를 쉬게 하리라 29나는 마음이 온유하고 겸손하니 나의 멍에를 메고 내게 배우라 그리하면 너희 마음이 쉼을 얻으리니 30이는 내 멍에는 쉽고 내 짐은 가벼움이라 하시니라

예수님의 메시지를 들은 사람들은 선택할 수 있다. 그것을 받아들여서 삶을 변화시키거나 대다수의 사람처럼 전적으로 거부할 수 있다. 거부에는 두 가지가 있다. 능동적 저항과 수동적 무관심. 적극적으로 저항하는 사람들은 때때로 격렬히 저항한다. 나머지는 아무 관심도 없이 예수님의 메시지를 아예 무시한다. 이 두 가지 반응은 예수님이 도래할 하나님 나라를 설파하셨던 1세기에 분명히 나타났었고 지금도 여전하다.

사람들은 예수님의 말씀과 사역을 직접 보고 들었다. 진리를 말하고, 그다음에 그것이 하나님에게서 왔음을 입증하는 행위로 메시지를 강조하는 것이 예수님의 일반적인 사역 방식이었다. 여기에는 그분이 실제로 약속된 메시아, 이스라엘의 왕이심을 확신시키기 위해 계획된 기적들이 포함되어 있었다. 그러나 그때에도 그분의 말씀을 듣고 기사와 표적을 행하시는 것을 본 대부분의 사람은 적극적으로 저항하거나 수동적인 무관심을 보였다.

이따금 예수님은 말씀을 멈추시고 그분을 거부하는 사람들을 향해 연설하셨다. 때로는 부드럽고 온화하게 꾸짖기도 하셨다. 그러나 거부와 조롱이 심해지면 무분별한 비평가들을 몰아세우고 그들을 위선자라고 부르셨다. 이런 경우 예수님은 다가올 심판에 대한 그분의 메시지를 거부하는 자들에게 묵시적인 이미지를 사용해서 경고하셨다. 어찌 됐든 예수님은 불로 세례를 주려고 오셨다(3:11). 곧 사람들의 믿음이 진실한지를 검증하시고 이 세상에서 악과 반역을 쓸어버리기 위해 오셨다. 마태복음 11장 20–30절에서는 예수님이 자기들의 메시아를 외면한 사람들에게 뭐라고 말씀하셨는지 그리고 모든 것을 버리고 그분

을 따랐던 신실한 남은 자들을 어떻게 위로하셨는지 살펴볼 것이다.

—11:20-24—

예수님은 당신의 설교와 기적을 거부한 비평가들의 불경스럽고 무분별한 조롱을 언급하신 뒤(11:16-19) 이제는 메시아의 말씀과 사역을 가장 많이 접했지만 소극적인 태도를 보인 지역을 성토하기로 하셨다. 그들은 변명의 여지가 없었다. 예수님이 분명하게 거론하신 세 도시는 고라신, 벳새다 그리고 예수님의 사역의 본거지인 가버나움이었다. 언급된 첫 두 도시에서 펼쳐진 예수님의 사역에 대해서는 자세히 알려진 바가 없지만, 예수님이 가버나움을 떠나 설교하신 도시들 중에 이들이 포함되어 있었음을 짐작할 수 있다(11:1). 제자들이 복음을 전파하는 임무를 수행하면서 점점 더 멀리 가는 동안 예수님은 그분의 본거지에 가까이 계셨을 것이다. 이 도시들이 그분의 메시지를 미온적으로 또는 지극히 냉담하게 받아들였던 것은 분명하다(11:20).

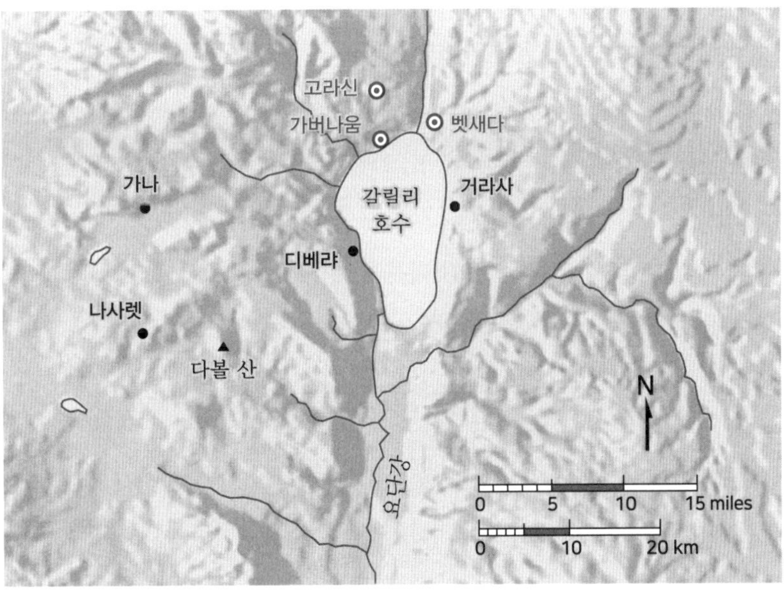

고라신, 벳새다, 가버나움, 이 세 도시는 예수님이 행하신 기적을 많이 목격했음에도 불구하고 그분을 믿지 않았기 때문에 예수님께 질책을 받았다.

예수님은 먼저 고라신과 벳새다를 향해 슬픔을 토로하셨다. 1세기에 "화 있을진저!"라는 표현은 비탄에 잠긴 고뇌의 강렬한 표현이었다. 예수님은 이 도시들이 드러낸 완고한 불신을 비난하는 것을 좋아하지 않으셨다. 그분은 그들에게 임할 심판을 예언하는 것에서 조금도 기쁨을 느끼지 않으셨다. 오히려 마음 아파하셨다. 그분은 특별히 이 도시들에서 놀라운 기적을 많이 일으키셨지만, 그들은 여전히 회개하기를 거부했다. 예수님은 그들을 두로와 시돈에 비유하시면서 책망하셨다(11:21). 이스라엘의 북쪽 국경에 인접한 이 고대 항구 도시들은 이교도와 이방인의 전형적인 타락상을 보여주었고, 부도덕하고 불경한 행위로 악명이 높았다.[75] 다시 말해, 예수님은 청중을 악한 이방인 도시들과 비교하심으로써 그들을 부끄럽게 하셨다. 예수님이 두로와 시돈에서 같은 종류의 표적과 기사를 행하셨다면 그곳 사람들은 베옷을 입고 재에 앉아 회개했을 것이다. 더구나 그들은 유대인이 아니라 이방인이었다! 고라신과 벳새다는 직접 눈과 귀로 보고 들었기 때문에 심판날에 그들은 더 엄중한 잣대로 판단받을 것이다(11:22).

이어 예수님은 그분의 임시 거주지가 되는 혜택을 누린 가버나움도 마찬가지로 비난하셨다. 다른 어떤 도시보다도 가버나움에서 일어난 예수님의 기적이 제일 많이 기록되어 있다. 그런데 그곳 사람들도 그리스도를 거부했다. 그렇기 때문에 기고만장하던 가버나움은 심판의 날에 음부로 떨어질 것이다(11:23). 예수님은 가버나움을, 청중이 두로와 시돈보다 훨씬 더 악하다고 생각하는 소돔에 비유하셨다. 예수님이 이 비유로 무엇을 말씀하시고 있는지 머리를 긁적이며 궁금해하는 사람은 아무도 없었을 것이다. 예수님의 말씀과 사역에 대해 가버나움이 보인 수동적인 거부는 너무나 심각해서 그들은 최악의 도시보다 더 나쁜 상태가 되었다. 예수님이 가버나움에서 행하신 기적을 보았다면 소돔도 회개했을 것이다(11:23-24).

—11:25-27—

예수님 앞에 서 있던 가버나움, 고라신, 벳새다에서 온 군중은 자기들과 이웃 도시들에 대해 예수님이 개탄을 금치 못하시는 것을 보고 충격을 받았을 것이다. 물론 일부 사람은 "알아들었지만" 나는 대부분의 사람은 전혀 이해하지 못했고, 관심도 없었을 거라고 생각한다. 이어 예수님은 느닷없이 하늘을 향해 고개를 드시고, 두 팔 벌려 가슴을 활짝 펴신 다음, 모두가 들을 수 있을 만큼 큰 소리로 기도하기 시작하셨다.

예수님의 기도는 신학적으로 심오하면서 실제적으로 당혹스럽다. 예수님은 하나님이 그분 나라의 진리를 지혜롭고 지적인 사람들에게는 감추시고 "어린 아이들"에게 드러내신 것을 찬양하셨다. 실제로 그것은 하나님이 "기뻐하시는" 계획이었다(11:25-26, 현대인의 성경). 참으로 뜻밖의 기도 아닌가! 우리 생각에는 오히려 예수님이 아버지께 영적으로 보지 못하는 모든 사람의 눈을 뜨게 해주셔서 믿음을 갖게 해달라고 부탁해야 할 것 같지 않은가? 하나님이 더 큰 계획 가운데 불신하고 반항하는 사람들을 그대로 내버려두실 수 있다는 생각을 이해하기는 쉽지 않다. 그러나 예수님은 이사야 29장 13-14절의 예언을 그대로 말씀하고 계셨다.

> 주께서 이르시되 이 백성이 입으로는 나를 가까이 하며 입술로는 나를 공경하나 그들의 마음은 내게서 멀리 떠났나니 그들이 나를 경외함은 사람의 계명으로 가르침을 받았을 뿐이라 그러므로 내가 이 백성 중에 기이한 일 곧 기이하고 가장 기이한 일을 다시 행하리니 그들 중에서 지혜자의 지혜가 없어지고 명철자의 총명이 가려지리라 자기의 계획을 여호와께 깊이 숨기려 하는 자들은 화 있을진저 그들의 일을 어두운 데에서 행하며 이르기를 누가 우리를 보랴 누가 우리를 알랴 하니.

바울도 이 예언을 이해하고 이렇게 썼다. "십자가의 도가 멸망하는 자들에게는 미련한 것이요 구원을 받는 우리에게는 하나님의 능력이라 기록된 바 내가 지혜 있는 자들의 지혜를 멸하고 총명한 자들의 총명을 폐하리라 하였으니"(고전 1:18-19).

R. T. 프란스는 이 구절에서 설명한 하나님의 주권적 은혜에 관한 중요한 교리를 다른 관점에서 바라본다. "영적 이해는 인간의 지식이나 지위에 좌우되지 않는다. 그것은 하나님의 선물이며, 그렇기에 그분이 기뻐하시는 자들에게 주어진다…그것은 만유의 주님이 품으신 주권적인 목적에 달려 있으며, 그분은 세상이 절대 예상하지 못하는 사람들을 택하신다."[76] 사도 바울도 고린도인들에게 이 점을 강조했다.

> 형제들아 너희를 부르심을 보라 육체를 따라 지혜로운 자가 많지 아니하며 능한

> 자가 많지 아니하며 문벌 좋은 자가 많지 아니하도다 그러나 하나님께서 세상의 미련한 것들을 택하사 지혜 있는 자들을 부끄럽게 하려 하시고 세상의 약한 것들을 택하사 강한 것들을 부끄럽게 하려 하시며 하나님께서 세상의 천한 것들과 멸시 받는 것들과 없는 것들을 택하사 있는 것들을 폐하려 하시나니 이는 아무 육체도 하나님 앞에서 자랑하지 못하게 하려 하심이라(고전 1:26–29).

요컨대 구원은 전적으로 주님 소관이다(엡 2:8–9). 그리고 아들을 통하지 않고 하나님께 갈 수 있는 다른 길은 없다. 마태복음 11장 27절에서 예수님이 직접 이 점을 분명히 밝히셨다. 하나님 아버지가 모든 권위를 아들에게 넘겨주셨다. 아들과 아버지는 밀접하게 연결되어 있다. 아무도 그들이 서로를 아는 것처럼 아버지나 아들을 알지 못한다. (여기서 우리는 장막 사이로 비치는 아버지와 아들의 영원한 관계를 어렴풋이 엿볼 수 있다.) 누구든지 구원받는 관계 속에서 하나님을 제대로 알려면 아들을 통해 그러한 관계로 초대되어야 한다.
아버지와 아들의 이러한 내밀한 삶은 요한복음에 더 많이 나온다.

- 아버지께서 아무도 심판하지 아니하시고 심판을 다 아들에게 맡기셨으니(요 5:22).
- 이는 모든 사람으로 아버지를 공경하는 것 같이 아들을 공경하게 하려 하심이라 아들을 공경하지 아니하는 자는 그를 보내신 아버지도 공경하지 아니하느니라(요 5:23).
- 아버지께서 자기 속에 생명이 있음 같이 아들에게도 생명을 주어 그 속에 있게 하셨고(요 5:26).
- 아버지께서 나를 아시고 내가 아버지를 아는 것 같으니 나는 양을 위하여 목숨을 버리노라(요 10:15).

마태복음보다 30년 뒤에 쓰인 요한복음은 마태복음보다 아버지와 특별한 관계를 가진 영원한 하나님의 아들이신 예수님에 대해 훨씬 '높은' 견해를 가지고 있다고 때때로 언급되어왔다. 실제로 그것을 잘못 이해한 일부 학자들이 공관복음(마태복음, 마가복음, 누가복음)은 예수님을 단순히 고귀한 인간으로 표현하고 있다고 주장한다. 마태복음 11장 27절에 나오는 예수님의 말씀은 그 잘못된 생각을 향해 발사된 어뢰 같다. 예수님은 당신이 메시아이고, 다윗의 아들이며, 하나님의 아들이심을 알고 계셨다. 또 하나님 아버지와 영원하고 신성하며 특별한 관계에 있다는 것을 아셨다. 그것을 과시하지는 않으셨지만, 누구든지 성령의 역사에 마음이 열려 있는 사람이라면 예수님이 실제로 누구신지 알 수 있는 충분한 단서를 주셨다.

—11:28-30—

이 구절은 예수님이 지상에서 사역하시며 하신 말씀 중에서 가장 사랑받는 말씀 중 하나다. 많은 그리스도인은 아마 마태복음 11장의 이 마지막 세 구절을 암송할 수 있을 것이다. 우리는 예수님이 어떤 때에 이 말씀을 하신 것인지 문맥을 모른 채 이 구절들을 배우고 다른 사람들에게 인용하기까지 한다. 우리는 대부분 이 친숙하고 많은 사랑을 받는 예수님의 말씀이 이미 그분을 믿고 그분이 제공하신 구원을 받아들인, 헌신된 추종자들에게 주신 것이었다고 추측할 것이다. 하지만 알고 보면 이 말씀은 무거운 죄짐과 그 응보에 짓눌려 사느라 지쳐버린 모든 사람을 향한 그분의 위대한 부르심의 결정판이다.

솔로몬이 썼듯이 "선한 지혜는 은혜를 베푸나 사악한 자의 길은 험하[다]"(잠 13:15). 예수님은 자신에 대한 죄책감과 수치심에 짓눌린 사람들-고라신, 벳새다, 가버나움에서 온 강퍅한 불신자들까지도-을 보시면서 당신에게 와서 반항을 순종으로, 무거운 짐을 믿음으로, 죄와 죄책감의 무거운 멍에를 평화와 기쁨의 가벼운 멍에로 바꾸라고 촉구하셨다. 예수님은 믿지 않는 유대인들에 대한 신랄한 비난을 당신에게 오라는 공개적인 조대로 마지셨다!

이 말씀은 은혜를 아예 모르고 하나님이 예비하신 구원 안에서 쉬는 것을 모른 채 자기 방식으로 노력해서 구원을 얻으려는 군중에게 보내는 예수님의 메시지다. 나는 여기서 예수님이 사용하신 단어가 다섯 가지 범주로 분류될 수 있다는 사실을 알게 되었다. 그것은 초대하는 말, 드러내는 말, 설명하는 말, 약속하는 말, 위로하는 말이다.

첫 번째는 초대하는 말이다. "오라", "메라", "배우라"(11:28-29). "오라"고 하시는 예수님의 첫 번째 초대를 복잡하게 생각하지 말라. 나는 예수님이 그분의 영원한 포옹을 받아들이려고 앞으로 나온 모든 사람을 두 팔 벌려 환영하시는 모습이 눈에 선하다. 우리는 신조,

멍에(마태복음 11:29)

말 그대로 멍에는 "두 마리 동물, 보통 황소 두 마리를 하나로 묶어서 들판에서 일할 수 있게 만든 나무 막대"였다.[77] 목수였던 예수님이 멍에를 만드셨는지는 확실히 알 수 없지만, 멍에를 만드는 방법은 잘 아셨을 것이다. 그리고 예수님의 청중은 멍에 이야기를 바로 이해했을 것이다. 한 쌍의 황소가 하나의 멍에로 연결되듯이 예수님도 그 멍에를 맨 사람과 하나로 묶이신다.

Anna from Eagle, WI, USA/Wikimedia

함께 멍에를 맨 황소 한 쌍.

문자적인 의미 외에도 당시의 랍비들은 율법과 그 계명을 긍정적인 의미로 "멍에"라고 일컬었다.[78] 그러나 바리새인들은 모세 율법의 단순한 계명 위에 수많은 율법적 요구와 전통을 쌓아서 사실상 일반인이 지킬 수 없는 온갖 규칙과 규정, '하라'와 '하지 마라', 관례와 의식을 만들었다. 바리새인들이 가르친 율법은 기쁨이자 보호가 아니라 부담스러운 멍에, 심지어 사기를 꺾는 고역이 되어버렸다.

예수님 시대에 잘 알려진 유대인 외경인 시라크(Sirach, '집회서'로도 알려진)는 멍에의 개념에 또 다른 배경을 제공한다. 시라크는 교육을 받지 못한 사람들에게 가르침을 받아 지혜를 얻으라고 권유한다. "배우지 못한 자들아 내게로 와서 가르침의 집에 거하라…거저 지혜를 얻으라. (지혜의) 멍에에 목을 메고 그대들의 영혼이 가르침을 얻게 하라"(시라크, 51:23-26).[79] 시라크는 잠언의 정서를 그대로 반영해서 지혜의 지도 아래로 스스로 들어간 사람들은 평화와 기쁨을 누릴 것이라고 말한다.

멍에의 이미지가 사용된 역사를 볼 때 예수님이 랍비들의 무수한 전통과 숨 막히는 규제와 함께 점점 복잡해지고 어려워지는 가르침과 의도적으로 지혜의 말씀을 겨루셨다는 것을 알 수 있다. 예수님의 가르침이라는 멍에를 지면 바리새인들이 만든 율법주의의 속박에서 해방되고 주님의 동반자가 되어 율법의 참 정신을 성취할 수 있었다.

교회, 사제, 목사에게 가는 것이 아니다. 우리는 예수님께 간다. 그리고 우리는 오직 믿음을 통해 오직 은혜로 그분을 믿고, 신뢰하며, 받아들임으로써 간다.

두 번째 초대는 예수님의 "멍에"를 지고 그분에게서 배우는 것이다. 윌리엄 바클레이는 이 점을 지적한다. "유대인들은 굴복한다는 뜻으로 멍에라는 말을 사용했다."[80] "멍에"라는 말은 고대의 교육 제도를 설명할 때도 쓰였다. 흔히 학생이 선생의 "멍에 아래" 있다는 표현을 썼기 때문에 예수님은 "나의 멍에를 메고"와 "내게 배우라"를 연결하셨다. 지나치게 부담스럽고 불가능할 정도로 복잡한 바리새인들이 만든 율법주의의 멍에와는 달리 예수님의 가르침은 사람들을 자유롭게 해주었다. 예수님께 와서 그분이 특별히 주문 제작하신 멍에를 메라는 초대를 받아들이는 것은 평생 그분의 가르침을 받고 그분과 친밀한 제자의 관계를 맺어 함께 성장한다는 뜻이다.

두 번째는 드러내는 말이다. "수고하고 무거운 짐 진 자들"(11:28). 예수님의 가르침이 주는 큰 혜택 중 하나는 우리 자신의 실제를 직시할 수 있다는 것이다. 우리는 자주 "수고하고 무거운 짐"을 진다. 이것은 서기관들과 바리새인들이 가르친 율법주의적 요구에 짜부라질 정도로 부담을 느끼는 사람들에 대한 완벽한 묘사였다. 그것은 얼마나 큰 짐이었을까! 그들은 끊임없이 하나님을 기쁘시게 하려고 노력해야 했다. 사람들에게 잘 보이려고 애써야 했다. 계속 늘어나는 계명을 준수하고 점점 더 확대되는 전통을 지키려고 노력해야 했다. 예수님 시대의 사람들은 그들을 기진맥진하게 만드는 의무, 죄책감, 수치심, 요구에 과부하되어 있었다!

세 번째는 설명하는 말이다. 예수님은 "마음이 온유하고 겸손하[시다]"(11:29). 결혼 같은 영구적인 관계에 들어가기 전에 당신이 헌신하려고 하는 대상을 알아야 한다. 당신이 삶의 방향과 속도를 누군가와 함께 "멍에를 지고" 나누려 한다면, 그 사람의 성품, 신념, 성격, 열정을 알아야 한다. 그렇기 때문에 예수님은 자기가 "마음이 온유하고 겸손"하다고 설명하신다. "온유하다"로 번역된 헬라어 *praus*(4239)는 마태복음 5장 5절의 팔복에도 사용되었다. "온유한 자는 복이 있나니 그들이 땅을 기업으로 받을 것임이요." 이 말은 '겸손한' 또는 '사려 깊은'이라는 뜻을 가지고 있다.[81] 온유한 사람을 소심하고 나약하고, 이리저리 밀리고 괴롭히기 쉬운 사람으로 생각하면 안 된다. 오히려 공정하고, 신중하고, 용의주도하고, 사려 깊고, 젠체하지 않는 인물을 생각해야 한다. 사람들이 예수님께 오면 그분은 상냥하고 자비롭고 인내심이 많고 친절하셨다. 그분은 거칠거나 성마르거나 걸핏하면 화를 내지 않으셨다.

겸손을 뜻하는 이 용어는 예수님이 자신의 필요보다 다른 사람의 필요를 우선시하셨음을 암시한다. 만유의 주님이신 그분은 모든 피조물에게 절대적이고 즉각적인 복종을 요구하실 권리가 있었지만, 그보다는 초대, 가르침, 훈련, 변화를 통한 통치를 선택하셨다. 그리스도께 나아와 그분의 멍에를 지고 그분과 인생의 여정을 함께하면 그 길에서 진정한 온유와 겸손을 배우게 된다.

네 번째는 약속하는 말이다. "내가 너희를 쉬게 하리라." "너희 마음이 쉼을 얻으리[라]" (11:28–29). 첫 번째 문장의 동사 *anapauō*(373)는 '누군가를 노고에서 벗어나게 해주다'는 뜻이다.[82] 이 용어는 "주 안에서" 죽어서 지상의 노동을 "쉬는" 자들을 일컬을 때에도 쓰였다(계 14:13). 현생에서 제자의 삶을 살면서 이러한 쉼을 누릴 때 우리는 새로이 원기를 회복한다. 마태복음 11장 29절에서 사용된 명사형 *anapausis*(372)는 '고단한 일을 중단함'을 뜻한다.[83] 여기서 예수님은 예레미야 6장 16절을 인용하셨다. "너희는 길에 서서 보며 옛적 길 곧 선한 길이 어디인지 알아보고 그리로 가라 너희 심령이 평강을 얻으리라." 예수님께 나아간 제자들은 하나님과의 관계에서 얻을 수 있는 자유와 아름다움을 가리고 있던 인간의 전통이라는 쓰레기 더미를 헤치고 나올 수 있었다. 그리스도의 설교와 가르침은 진정한 의미에서 그 관계를 되찾고 개혁하는 것이었다.

마지막은 위로하는 말이다. "내 멍에는 쉽고 내 짐은 가벼움이라"(마 11:30). 처음에는 이 말이 모순처럼 들릴 수 있다. 짐을 운반하거나 밭을 가는 노역을 위해 황소 두 마리를 함께 묶는 멍에가 어찌 '쉽고 가벼울 수' 있는가? 그러나 바리새인들이 주장하는 의로운 행위와 정반대로 그리스도의 멍에가 제시한 것은 가히 혁명적이었다! 바로 은혜였다. 바리새인들은 개인과 하나님 그리고 개인과 이스라엘 언약 공동체와의 관계는 전적으로 개인의 노력에 달려 있다고 말했다. 그러나 십자가 그리고 기적적인 부활과 승천으로 완성된 그리스도의 역사로 인해 더 이상 죄와 죄책감에 빚지지 않고, 영원한 저주라는 위협도 없으며, 하나님을 충분히 기쁘게 해드렸는지 노심초사할 필요도 없어졌다. 하나님과 우리의 수직적 관계의 회복은 오직 그리스도 안에서 오직 믿음을 통해 오직 은혜로 인해 성취되었다. 그리고 우리와 다른 사람들과의 수평적 관계 또한 성령이 하나로 묶으시고 지속적인 은혜로 그

묵상의 서재

천천히 하라(마태복음 11:28)

몇 년 전 나는 큰아들을 데리고 동네 선물 가게를 둘러보고 있었다. 대형 포스터들이 액자에 끼워져 한 줄로 쌓여 있는 것이 눈에 들어왔다. 우리는 그 중에서 재치 있는 것을 보며 웃기도 하고 진지한 내용을 보면 고개를 끄덕거리기도 하다가 어느 하나를 보고는 생각에 잠겼다. 큰아들 커트는 처음에 그것을 봤을 때는 아무 말도 하지 않았다. 그리고 잠시 후 나직이 속삭였다. "와, 아빠, 저거 좋네요!"

잔잔한 호수 위로 안개가 자욱히 깔린 아침 풍경을 찍은 사진이었다. 작은 배 위에서 아버지와 아들이 낚싯줄 끝에 떠 있는 두 개의 코르크를 바라보고 있었다. 먼 산 위로 태양이 고개를 내밀고 있었다. 평화, 싱그러움, 느긋한 담소가 담긴 광경이었다. 사진 아래에는 우리 모두가 들어야 할 관조적인 메시지가 한 문장으로 잘 요약되어 있었다.

천천히 하라.

내가 젊었다면 그 메시지가 거슬렸을 것이다. 출세를 위해 한창 준비할 것이 많은 젊은이처럼 나도 시속 130킬로미터로 파도를 헤치며 질주하는 쾌속정의 이미지를 더 좋아했을 것이다. 아마 이런 표제가 더 마음에 와 닿았을 것이다.

시간을 아끼라!

마찬가지로 얼핏 이해가 불가능해 보이는 윌리엄 롱스태프(William Longstaff)의 유명한 옛 찬송가 가사도 성가신 잔소리로 들렸을 것이다.

> 너 성결키 위해 늘 기도하며…
> 너 성결키 위해 네 머리 숙여
> 저 은밀히 계신 네 주께 빌라.[84]

이제 수십 년의 세월이 흘러 아들과 딸, 손자와 증손자들을 거느리고, 숱한 실수를 뒤로한 채 긴 여정을 걸어온 지금에서야 롱스태프의 이 말이 큰 울림으로 다가온다. 제멋대로 인생을 전력 질주하며 아둥바둥하던 세월을 지나오면서 나는 시편 46편 10절에 나오는 주님의 나직한 꾸짖음을 이해하기 시작했다. "너희는 가만히 있어 내가 하나님 됨을 알지어다." 마찬가지로 마태복음 11장 28절에 나오는 예수님의 조언도 나와 함께 멍에를 메고 계신 분을 앞지르려고 발버둥쳐 본 뒤에야 그 의미를 알게 되었다.

것을 가능하게 해주심으로써 변화된다. 우리는 한순간도 그 짐을 홀로 떠맡도록 방치되지 않는다. 사실 모든 것을 그리스도가 이루시고 우리는 그냥 그분과 그분의 놀라운 힘에 닿아 있기만 하면 된다. 그것은 마치 아버지가 어린 자녀에게 무거운 짐을 나르는 것을 '돕게' 할 때와 같다. 모든 일은 아빠가 하지만 아이는 그 일에 참여하며, 그 과정 속에서 아버지와의 관계가 더 친밀해진다.

적용: 마태복음 11:20-30
수고한 자들을 위한 쉼

예수님은 군중에게 수고에서 벗어나 진정한 쉼을, 죄의식과 수치심에서의 해방을 제시하셨다. 하지만 고라신, 벳새다, 가버나움 사람들은 바리새인들이 만든 율법주의 아래서 자기들의 죄를 지고 노력하는 것을 더 좋아했다. 왜일까? 교만 때문이다. 예수님의 진정한 정체성과 능력 그리고 그분이 제안하신 구원과 안식의 타당성을 확인해주는 명확하고 초자연적인 징표에도 불구하고 그들은 그분의 주권을 인정하고 아무것도 내어주려 하지 않았다. 그렇게 하는 것은 그들 자신 외의 누군가가 그들의 삶을 통제하고 있다는 뜻이었다.

그러나 진리에 눈을 뜬 사람들에게 그 초대는 유효하다. 당신이 부단히 하고 있는 무익한 활동을 그리스도가 당신의 삶에서 하시려는 일로 바꾸라. 그분께 나아가 그분의 멍에를 지고, 그분에게서 배우며, 그분의 약속을 받아들이고, 그분이 주시는 평화를 누리라. 깨어지고, 상처받고, 짓밟히고, 억압당하고, 실패하고, 넘어지고, 수치당하고, 거부당하고, 비인간적인 대우를 받고, 괴롭힘을 당한 자들에게 예수님의 초대는 물에 빠진 사람에게 숨 쉴 수 있는 공기와도 같다.

통제권을 포기함으로써 우리는 아무것도 잃지 않고 모든 것을 얻는다. 그리고 매일 우리가 그분의 멍에를 지고 있음을 우리 자신에게 일깨우면 우리는 그분의 보호, 그분의 공급, 그분의 완벽한 때, 그분의 지속적인 인도하심 안에서 안식할 수 있다. 그분께 묶여 있으면 우리는 어떤 위험에 처했을지라도 그분보다 앞서지도 뒤서지도 않고 있음을 확신할 수 있다. 우리는 그분이 우리를 통해 성취하시려는 일을 우리가 이루고 있음을 확신할 수 있다. 그리고 우리가 그 일을 능히 성취할 수 있는 능력이 어디서 올지 걱정할 필요가 없다. 그분이 다 제공하신다.

이 모든 것이 어떻게 가능한가? 우리 자신을 기도로 그분께 바치면 된다. 그분의 말씀을 통해 그분의 가르침을 받으면 된다. 교회에서 동료 제자들의 공동체를 통해 그분의 사역과 방법을 배우면 된다. 그분이 우리에게 맡기신 일을 성취하기 위해 오직 그분의 힘 외에는 아무것도 의지하지 않고 그분이 우리에게 맡기신 일을 열심히 수행하면 된다. 그리고 이 모든 일에는 은혜로 우리에게 주어지는 믿음이 필요하다. 이 모든 것을 가능케 하시는 예수 그리스도의 은혜를 생각하면 그분의 쉬운 멍에를 메고 쉬고, 그분의 가벼운 짐을 진다는 의미를 오롯이 이해할 수 있다.

율법주의자들 대 안식일의 주인(마태복음 12:1-14)

1그 때에 예수께서 안식일에 밀밭 사이로 가실새 제자들이 시장하여 이삭을 잘라 먹으니 2바리새인
들이 보고 예수께 말하되 보시오 당신의 제자들이 안식일에 하지 못할 일을 하나이다 3예수께서 이
르시되 다윗이 자기와 그 함께 한 자들이 시장할 때에 한 일을 읽지 못하였느냐 4그가 하나님의 전
에 들어가서 제사장 외에는 자기나 그 함께 한 자들이 먹어서는 안 되는 진설병을 먹지 아니하였느냐
5또 안식일에 제사장들이 성전 안에서 안식을 범하여도 죄가 없음을 너희가 율법에서 읽지 못하였느냐
6내가 너희에게 이르노니 성전보다 더 큰 이가 여기 있느니라 7나는 자비를 원하고 제사를 원하지 아니
하노라 하신 뜻을 너희가 알았더라면 무죄한 자를 정죄하지 아니하였으리라

8인자는 안식일의 주인이니라 하시니라

9거기에서 떠나 그들의 회당에 들어가시니 10한쪽 손 마른 사람이 있는지라 사람들이 예수를 고발
하려 하여 물어 이르되 안식일에 병 고치는 것이 옳으니이까 11예수께서 이르시되 너희 중에 어떤 사람
이 양 한 마리가 있어 안식일에 구덩이에 빠졌으면 끌어내지 않겠느냐 12사람이 양보다 얼마나 더 귀하
냐 그러므로 안식일에 선을 행하는 것이 옳으니라 하시고 13이에 그 사람에게 이르시되 손을 내밀라 하
시니 그가 내밀매 다른 손과 같이 회복되어 성하더라 14바리새인들이 나가서 어떻게 하여 예수를 죽일
까 의논하거늘

화평케 하는 자들은 축복받고 “하나님의 아들”(5:9)이라고 불리는 것이 예수님의 원칙이지만, 할 수만 있다면 모든 사람과 화목하라는 바울의 권고(롬 12:18)를 무시하는 것은 아니지만, 싸우는 것이 옳을 때도 있다. 예수님은 나서서 논쟁을 벌이시지는 않았지만, 중대한 원칙이 걸려 있을 때에는 회피하지 않으셨다. 그릇된 생각이 진리를 덮으려고 할 때는 못 본

척 외면하지 않으셨다. 오히려 한 발짝도 물러서지 않고 오해를 바로잡으셨다.

마태복음 12장에는 예수님의 공생애 때 있었던 그런 순간들이 몇 가지 나온다. 예수님과 당시의 초정통 종교 지도자인 바리새인들 사이에서 일련의 충돌이 있었다. 이 결정적인 순간들은 예수님을 향한 종교 지도자들의 반응이 달라지는 전환점이 되기도 했다. 더 이상 예수님과 논쟁만 하는 것에 만족하지 못하고 그들은 그분을 완전히 제거해야 해결이 될 것이라는 공식적인 결정을 내렸다. 이러한 적개심은 12장 14절에서 분명히 전달된다. "바리새인들이 나가서 어떻게 하여 예수를 죽일까 의논하거늘." 오해하지 말라. 그들이 논쟁을 계속한 것은 의견의 일치를 보지 못해서가 아니었다. 이 시점부터 살인 음모가 싹트고 있었다.

—12:1-8—

예수님이 일관되게, 반복적으로 그리고 의도적으로 여러 번 실패하신 일이 서기관들과 바리새인들의 율법주의적 기대에 부응하시는 것이었다. 율법주의는 하나님의 율법을 충실히 준수하거나 하나님이 명시적으로 금지하신 것을 피하는 것과 다르다. 우리가 진실된 마음과 겸손한 자세로 하나님께 순종하며 그분을 기쁘시게 해드리고 싶다면 그분의 말씀을 자유롭게 지키면 된다. 그것은 우리와 다른 사람들 모두에게 유익하다. 그렇다면 율법주의란 무엇인가? 찰스 라이리(Charles Ryrie)는 그것을 "자신을 높이려는 목적으로 규율을 준수하는 육신적인 태도"[85]라고 정의한다. 규율은 인간이 만든 것으로 보통 여러 세대를 거슬러 올라가는 전통적인 관행 시스템의 일부다.

인간이 만든 이러한 전통을 모두 지키고 바리새인들의 기대를 충족시키는 것에 대해 예수님은 그 당시 종교적 불한당들의 기대를 완전히 저버리셨다. 그분은 의로운 유대인의 모습으로 규정 지어진 틀을 깨셨다. 바리새인들은 예수님을 괘씸하게 생각했고, 심지어 역겹게 여겼다. 단순한 의심이 조사로 이어졌다가 노골적인 적개심을 불러 일으켰고, 종국에는 예수님을 아예 없애버리자는 결의로 이어졌다! 실제로 바리새인들을 더 이상 참지 못하게 만든 것은 그들이 만든 안식일에 관한 규칙과 규정을 예수님이 전혀 존중하지 않으신 것이었다.

원래 시내산에서 주어졌고(출 19-24장), 약속의 땅에 들어가기 전날 거듭 전달되었던

(신명기 참조) 모세의 율법은 단순히 안식일에 아무 일도 하지 말 것을 요구했다. 십계명 가운데 하나는 이렇다. "안식일을 기억하여 거룩하게 지키라 엿새 동안은 힘써 네 모든 일을 행할 것이나 일곱째 날은 네 하나님 여호와의 안식일인즉 너나 네 아들이나 네 딸이나 네 남종이나 네 여종이나 네 가축이나 네 문안에 머무는 객이라도 아무 일도 하지 말라"(출 20:8-10). 그러나 유대인의 역사가 전개되면서 안식일을 규정하는 율법과 전통은 점점 복잡해졌다. 한 학자의 설명이다.

> 에스라 시대와 기독교 시대 사이에 활동한 서기관들은 율법에 따라 살기 위한 무수한 규제를 만들어냈다. 탈무드는 안식일을 지키는 데 필요한 세부사항에만 두 편의 논문을 할애한다. 그 중 하나인 〈사바스〉(*Shabbath*)에는 대표적인 금지 사항 39가지가 열거되어 있다. 바느질, 밭 가는 일, 농작물을 거두어들이는 일, 곡식단 묶는 일, 타작, 곡식 등을 까부는 일, 곡식이나 거두어들인 것 가운데서 좋은 것과 버릴 것을 고르는 일, 곡식 등을 가는 일, 체질, 반죽, 빵 굽는 일, 양털 깎는 일, 그것을 빠는 일, 그것을 두드리는 일, 그것에 물들이는 일, 실을 잣는 일, (실 따위를) 엮는 일, 두 개의 고리를 만드는 일, 두 개의 실을 엮는 일, 두 개의 실을 푸는 일, 묶는 일, 푸는 일, 두 조각을 꿰매는 일, 두 조각을 꿰매기 위해 찢는 일, 사슴을 덫으로 잡는 일, 그것을 도살하는 일, 사슴의 가죽을 벗기는 일, 그것에 소금을 치는 일, 그 가죽을 가공하는 일, 그것을 반반하게 만드는 일, 그것을 자르는 일, 두 글자를 쓰는 일, 두 글자를 쓰기 위해 두 글자를 지우는 일, (건물을) 세우는 일, 그것을 부수는 일, 불을 끄는 일, 불을 켜는 일, 망치질, 물건을 한 곳에서 다른 곳으로 옮기는 일. 이 주요 조항들은 각각 더 자세히 논의되고 정교해져서 실제로는 양심적이고 율법을 준수하는 유대인들이 안식일에 할 수 없는 일이 수백 가지에 이르렀다.[86]

인간이 만든 이 모든 규칙은 하나님의 영감으로 쓰인 말씀에 추가된 일종의 '구전 율법'이나 '판례법' 역할을 했다. 그 결과 안식일은 더 이상 쉬는 시간이 아니었다. 오히려 신실한 유대인들은 너무 멀리 걷지 않았는지, 너무 많이 짐을 나르지 않았는지, '노동'으로 간주되어 율법의 저주를 받을 만큼 힘을 쓴 것은 아닌지 전전긍긍하게 되었다. 설상가상으로 그들은 사람들이 만든 전통뿐만 아니라 종교적인 사안을 시시콜콜 트집 잡는 것이 주업인 사람들이 매섭게 감시하는 눈초리 아래서 살았다. 그들은 늘 자기들이 만든 과장되고 비성경적인 안식일 규칙을 위반하는 것을 보는 순간 즉각 물고 늘어질 준비가 되어 있었다.

예수님과 제자들도 어느 안식일에 바로 그런 상황에 맞닥뜨렸다. 제자들이 밭을 지나다가 배가 고파서 무심결에 곡식 줄기를 주먹으로 훑었다. 그렇게 손으로 줄기의 위쪽을 훑으면 곡식 알갱이 몇 알이 손바닥에 모이곤 했다. 그러면 양손으로 비벼 껍질을 제거하고 부드러운 속 알맹이를 입에 털어 넣으면 그런대로 요기가 되었다(마 12:1, 눅 6:1).

언뜻 보면 제자들이 곡식을 훔친 것처럼 보일 수 있다. 그러나 신명기 23장 25절에 이런 말씀이 있다. "네 이웃의 곡식밭에 들어갈 때에는 네가 손으로 그 이삭을 따도 되느니라 그러나 네 이웃의 곡식밭에 낫을 대지는 말지니라." 다시 말해, 들판을 지나면서 약간의 요깃거리를 취하는 것은 도둑질로 간주되지 않았지만, 실제로 곡물을 거둘 수는 없었다.

문제는 곡식을 뜯어 먹은 데 있지 않았다. 바리새인들에게는 안식일에 그렇게 한 것이 문제였다. 기억하라. 랍비들의 구전 전통에 따르면 곡물을 "거두는 것"은 안식일을 범하는 것이다. 제자들이 낫을 들고 곡물을 수확한 뒤 낟가리를 날라 처리했다면 안식일을 범한 것뿐만 아니라 절도죄까지 범하는 것이 되었을 것이다. 그러나 율법은 실제로 곡식을 수확하는 것과 요깃거리를 취하는 것을 명확히 구분했다. 하나는 노동이고 하나는 휴식이었다!

그런데 이 기사에서 가장 이상한 점은 바리새인들이 지켜보고 있었다는 점이다. 그 작은 알곡이 제자들의 손에서 입으로 가는 것이 보일 정도면 그들이 얼마나 가까이 있었을지 생각해보라. 그들은 자기들이 만든 율법을 예수님이 조금이라도 위반하는 순간을 포착하려고 염탐하고 있었다! 그들은 제자들이 알곡을 입에 넣는 것을 보자마자 득달같이 덤벼들었다. "보시오 당신의 제자들이 안식일에 하지 못할 일을 하나이다"(마 12:2). 이 구절이 헬라어로 표현된 방식을 보면 그들이 거기 서 있다가 바로 그 순간에 제자들의 행위를 지적하는 것 같은 인상을 준다. 참으로 기이하지 않은가! 참으로 율법주의자답지 않은가!

제자들이 곡식을 먹을 때 전혀 망설이지 않았다는 것이 흥미롭다. 그들은 예수님의 허락을 구하지 않았고, 예수님도 예민한 바리새인들의 심기를 건드리지 않게 제자들이 간식을 삼갔으면 하는 눈치를 주지 않으셨다. 제자들은 모세의 율법과 인간들이 만든 전통의 차이를 구별할 수 있을 만큼 예수님 곁에 오래 있었고, 충분한 가르침도 들었다. 제자들은 자기들의 행위가 안식일을 범하는 것이 아님을 알고 있었다. 그러나 바리새인들의 철저한 율법 해석에 따르면 곡식을 뽑는 것은 수확하는 것과 같았고, 손으로 낟알을 비비는 것은 타작하는 것과 같았다.[87] 참으로 황당무계하지 않은가! 참으로 율법주의자답지 않은가!

간단히 말해서, 하나님의 영감으로 쓰인 말씀의 일반적이고 포괄적인 원칙에 따라 안식일을 이해한다면 제자들의 행위에는 아무 문제가 없었다. 그러나 율법주의적인 바리새인들이 만든 깐깐한 규율과 규칙을 바탕으로 안식일을 이해한다면 제자들은 십계명을 범했고, 예수님은 그들을 막지 않고 방관하셨다!

사실 예수님은 제자들을 만류하시기는커녕 오히려 성경말씀으로 그들을 옹호하셨다. 예수님은 유대인의 역사 속에서 다윗과 그의 부하들이 분노한 사울 왕을 피해 도망치다가 굶주림을 면하고자 했던 행위를 바리새인들에게 상기시키셨다. 다윗과 그의 병사들은 배를 채우려고 성막에서 성스러운 떡을 먹었는데, 율법에 따르면 이 떡은 사제들만 먹도록 되어 있었다(12:3-4). 다윗은 율법을 범했다고 간주되지 않았다. 그의 부하들이 굶주렸고, 다른 음식이 없었던 특별한 상황이 제사에 관한 율법에 우선했기 때문이다.

예수님은 바리새인들이 안식일을 절대 어겨서는 안 되는 신성불가침한 것으로 만들었지만, 실제로는 그렇지 않다는 사실도 지적하셨다. 그들이 한 줌의 곡식을 뜯은 것을 트집 잡으며 그것이 수확에 해당한다고 우기는 동안에도 성전의 사제들은 안식일이라는 이유로 제물을 바치는 임무를 중단하지 않았다(12:5). 이렇게 하나님도 안식일을 정하실 때 처음부터 예외 조항을 두셨다.

이어 예수님은 작은 것으로 큰 것을 논증하셨다. 그분이 지상에 임재하시는 것이 성전과 거기서 행해지고 있는 사역보다 더 컸다(12:6). 따라서 예수님이 안식일에 하신 사역은 성전에서 일어난 어떤 일보다 우선했다. 스탠 투생은 이 점에 주목한다. "성전 사역이 안식일의 규칙보다 우선했다면 메시아의 사역은 안식일보다 얼마나 더 우선하겠는가!"[88]

결국 예수님은 제자들이 안식일에 일하고 있다는 율법주의적 바리새인들의 전제를 인정하지 않으셨다. 오히려 바리새인들이 호세아 6장 6절-"나는 자비를 원하고 제사를 원하지 아니하노라"(마 12:7)-의 중요한 원칙을 마음에 새기지 않았기 때문에 "무죄한 자를 정죄"한다고 말씀하셨다. 성경에 근거가 없는 율법주의적인 '하라'와 '하지 마라'가 인간이 만든 전통대로 살지 못하는 무고한 사람들을 향한 독선적인 비난으로 귀결된다면 무언가 단단히 잘못된 것이다. 죄인은 제자들이 아니라 바리새인들이었다.

물론 바리새인들은 당당하고 거만한 태도로 이렇게 주장할 수 있었다. "우리가 율법 전문가다. 뭐가 수확이고 타작인지는 우리가 결정한다. 그리고 안식일 준수에 예외가 되는 특정 상황은 우리가 결정한다." 예수님은 그들의 생각을 예상하셨다는 듯이 당신이 안식일 율법을 제대로 해석하고 적용할 수 있는 우월한 권위를 가지셨다고 주장하셨다. "인자는 안식일의 주인이니라"(12:8). 12장 6절과 12장 8절에 나오는 예수님의 말씀을 들은 바리새인들은 크게 두 방 얻어맞은 느낌이었을 것이다. 예수님의 사역이 성전의 사역보다 우월하다니. 아얏! 그리고 바리새인이나 랍비들의 오랜 전통이 아니라 예수님이 안식일의 주인이라니. 헉!

—12:9-13—

곡물 밭에서 대립한 직후에 벌어진 다음 일화에서는 바리새인들이 모든 사람-동료 바리새인들, 회당의 장로들, 그 외의 참석자들-앞에서 예수님을 정죄할 근거를 찾으려고 의도적으로 예수님을 자극했던 것 같다. 그러나 이 일화가 일단락될 때에는 예수님이 안식의 날에 대한 그들의 율법주의적 생각이 얼마나 얼토당토않은지 생각해보게 만드실 것이다.

예수님과 제자들은 밀밭을 떠나 회당에 들어가 있었다(12:9). 지금 그들은 바리새인들의 본거지에 있는 것이다. 그날 거기 참석했던 한 손 마른 사람에게 느닷없이 이목이 집중되었다. 바리새인들이 눈살을 찌푸리며 그 남자 곁으로 가서 예수님께 물었다. "안식일에 병 고치는 것이 옳으니이까?"(12:10) 그들은 진심으로 답을 찾고 싶어서 이 질문을 한 것이 아니었다. 자기들이 해석한 안식일 율법에 어긋난 가르침을 하는 예수님을 잡으려고 물은 것이었다. 그들은 예수님이 '그렇다'고 대답하기만 하면 되는 것이었다. 그러면 예수님은 그들이 엉터리로 해석한 율법에 따라 유죄가 될 것이었다. 아람어로 *heh*라는 딱 한 마디면 목적이 달성되었을 것이다.

그러나 예수님은 그들이 파놓은 함정에 빠지지 않으셨다. 오히려 그들에게 덫을 놓으셨다. '네', '아니오'로만 답할 수 있는 그들의 질문에 예수님은 실생활 속에서 사람들의 반응을 알아보는 여론 조사 같은 질문으로 답하셨다. "너희 중에 어떤 사람이 양 한 마리가

묵상의 서재

율법주의에 맞서기(마태복음 12:1–7)

1976년에 나는 아내와 함께 워싱턴 D. C.로 미합중국 200주년 기념 여행을 갔다. 다른 참석자들과 함께 우리는 장엄한 토머스 제퍼슨 기념관의 주요 장소들을 둘러보았다. 숨이 턱 막힐 정도로 감동적이었다. 그러나 그의 기념관보다 더 감동적인 것은 제퍼슨이 1787년에 윌리엄 S. 스미스(William S. Smith)에게 보낸 편지였다. “자유의 나무는 때때로 애국자와 폭군의 피를 먹고 자란다.”[89] 다시 말해, 우리 나라에서 우리가 계속 자유를 누리려면 때때로 분명한 입장을 표명하고, 자신의 안락과 만족을 기꺼이 희생해야 한다는 뜻이다.

율법주의자들의 횡포에서 우리의 영적 자유를 지키는 것도 마찬가지다. 기독교의 자유라는 나무는 폭력과 피 흘림이 아니라 영적인 전쟁 무기로 당당히 맞섬으로써 지키고 보호해야 한다. “우리의 씨름은 혈과 육을 상대하는 것이 아니요 통치자들과 권세들과 이 어둠의 세상 주관자들과 하늘에 있는 악의 영들을 상대함이라”(엡 6:12). 명심하라. 율법주의와 벌이는 싸움은 영적인 싸움이다.

성경을 믿는 교인 대다수는 싸울 가치가 있는 것들에 대한 현실 감각을 잃어버렸다. 그렇다고 우리가 싸움 실력을 잃었다는 말이 아니다. 우리 안에는 싸움이 얼마든지 있다! 다만 우리는 노력할 가치가 없는 것들을 놓고 잔소리하고, 트집 잡고, 언쟁하면서 막상 단호히 맞서야 할 것들에는 굴복한다는 말이다. 우리가 맞서야 할 것 중 하나는 예수님이 지상에서 사역하실 때 자주 충돌하셨던 것이기도 하다. 그것은 성경에 아무 근거가 없는 율법주의적 ‘하라’와 ‘하지 마라’라는 종교다.

있어 안식일에 구덩이에 빠졌으면 끌어내지 않겠느냐?"(12:11) 과연 한 사람이라도 답을 했을까? 그들은 그것이 수사적 질문임을 알았다. 그 가엾은 양이 밤새 그리고 온종일 구조를 기다리며 울게 내버려둘 사람은 없었다. 양에 대한 연민과 그 생명의 가치를 따져볼 때 그들은 행동을 취하지 않을 수 없었을 것이다. 위험에서 양을 구하는 것은 이윤을 얻기 위한 노동이 아니라 생명을 구하는 행위로 간주되었을 것이다. 그 행위로 안식일을 범했다고 할 수는 없지 않은가?

확실한 결론을 내리지 못한 사람들은 시시콜콜 트집을 잡는 바리새인들에게 오랫동안 괴롭힘을 당해온지라 그 종교 전문가들이 뭐라고 대답하는지 보려고 눈을 돌렸을 것이다. 당연히 그들의 교사들은 묵묵부답이었다. 그래서 예수님은 계속해서 작은 것으로 큰 것을 논증하셨다. "사람이 양보다 얼마나 더 귀하냐 그러므로 안식일에 선을 행하는 것이 옳으니라"(12:12). 그 논리는 흠잡을 데가 없었다. 안식일에 곤경에 처한 양을 구하는 것이 허용된다면, 불행한 상황 속에서 인간다운 삶을 빼앗긴 사람을, 할 수 있다면 구제하는 것이 허용되어야 마땅할 것이다. 실제로 조막손을 고쳐줄 능력을 가진 사람이 안식일에 손 마른 사람과 마주쳤다면 아무리 안식일이어도 그날 그 사람에게 선을 행하는 것이 율법에 맞지 않겠는가?

바리새인들은 율법의 올바른 해석에 대한 그들 나름의 견해를 가지고 있었다. 예수님도 그분 자신의 견해를 가지고 계셨다. 바리새인들은 자기들이 교육받은 율법 전문가로서 더 높은 권위를 가지고 있다고 주장했다. 예수님은 자신이 안식일의 주인이라고 주장하셨다. 양쪽이 다 옳을 수는 없었다. 그들은 그 회당에서 대치한 채 한 치도 물러나지 않고 서 있었다. 예수님이 이론을 바꾸시기 전까지는 말이다. 예수님은 손 마른 사람을 돌아보며 말씀하셨다. "손을 내밀라!" 그 순간 그 남자의 손이 회복되었다(12:13).

생각해보라. 이 한 마디로 예수님은 논쟁에서 이기셨다. 안식일의 주인이신 그분이 그리고 오직 그분만이 교리와 실천의 모든 문제에 대해 최종 권위를 가지고 계심을 입증하자 대대로 이어져온 안식일에 관한 율법주의의 궤변은 쓰레기 더미에 던져졌다. 랍비들은 자기들의 의견에 동의하지 않는 사람은 누구라도 정죄할 근거를 생각해낼 수 있었고, 하나님의 율법을 집행하고 있다고 주장할 수 있었지만, 성경의 저자가 직접 역사 속으로 들어와 그들의 그릇된 해석을 바로잡으시자 모든 논쟁은 막을 내렸다.

—12:14—

예수님이 그 사람을 치유하셔서 당신의 신석 권위를 입증하셨던 그때 바리새인들은 항복의 백기를 들었어야 했다. 그들이 판단하는 데는 2초도 걸리지 않았을 것이다. 예수님이 즉시 치유하실 수 있다면 그분은 신적 권위를 가지고 계신 것이다. 그분이 신적 권위를 가지셨다면 그분의 가르침에는 신적 권위가 있으며, 안식일의 율법을 해석하는 방법을 우리보다 더 잘 아실 것이다.

하지만 그들은 그러지 않았다. 오히려 화가 나서 부들부들 떨었다. 예수님은 그들이 만든 규칙의 어리석음을 공공연히 폭로하고 망신을 준 것만으로도 모자라 그 손 마른 사람-분명히 그 회당 사람들이 잘 알았을-을 고쳐주시면서 그것을 강조하셨다. 예수님이 초자연적인 능력, 바리새인 중 어느 누구와도 비교할 수 없는 능력을 가지셨다는 것은 숨길 수 없는 사실이었다.

당혹스러운 상황에 대처하기 위해 바리새인들은 황망히 회당을 나와 머리를 맞대고 해결책을 찾았다. "예수를 죽일까"(12:14). 그렇게 예수님을 제거하려는 음모가 시작되었다. 얼마나 강퍅한 마음인가! 여기서 우리는 회개하지 않는 율법주의의 슬픈 진면목을 목격한다. 바리새인들은 너무나 교만해서 명백한 증거 앞에서 자기들이 틀렸다는 것을 인정하느니 자신들의 어이없는 오류를 바로잡은 사람을 파멸시키려고 했다. 얼마나 소름 끼치는 일인가! 참으로 율법주의자답지 않은가!

예수님은 어떻게 반응하셨을까? 예수님은 그들이 음모와 책략을 꾸미게 내버려둔 채 회당을 떠나셨고, 당연히 이전보다 더 많은 추종자를 얻으셨다(참조. 12:15). 예수님은 아직 체포될 때가 아님을 아셨다. 그분은 제자들이 걸어야 할 사역의 길을 준비시키기 위해 그들을 가르치시며 함께 하셔야 할 일이 아직 많았다.

적용: 마태복음 12:1-14

율법주의가 아닌 주님께 충성하기

성경에서 극히 중요한 이 부분을 적용할 수 있도록 나는 네 가지 질문을 하고 싶다. 이 질문들은 당신을 당혹스럽게 할 수 있다. 깊이 생각하라. 정직하게 대답하라. 이 질문들을 가지고 그리스도의 주권과 인간이 만든 율법주의에 대한 당신의 태도를 검토해보라.

첫째, 당신은 율법주의자들이 당신을 통제하는 것을 허용하는가? 많은 사람이 갈등을 피하려는 궁여지책으로 율법주의자들이 제멋대로 하도록 내버려둔다. 하지만 이것은 결코 좋은 방침이 아니다. 이런 태도는 당신과 당신 교회, 심지어 율법주의자들에게도 좋지 않다. 사실 당신은 절대 율법주의자를 만족시킬 수 없다. 오래된 속담처럼, 그들은 봉당을 빌려주면 안방까지 달라고 한다. 그리고 율법주의자들이 자기들 마음대로 하는 데 익숙해지면 그들은 문화의 모든 영역을 인간이 만든 규율과 규칙의 틀 안에 가둘 것이다.

둘째, 율법주의가 당신의 영적 성숙을 가로막았고, 당신도 같은 방법으로 다른 사람들의 성장을 억누르고 있는가? 당신이 율법주의적 가정에서 자랐거나 율법주의적 교회에서 성장했다면 당신 마음을 이해한다. 내가 이야기를 나누었던 우리 세대의 많은 사람은 성경이나 진정한 기독교 도덕과는 아무 상관이 없는 규칙과 요구 사항들로 가득 찬 집에서 자랐다. 부모나 교회는 이렇게 만들어진 규칙을, 그것이 마치 시내산에서 내려온 것인 양 강요했다. 부모들과 기독교 지도자들은 종종 모든 상황에 대한 규칙을 만들면 자기 자녀들과 교회 신도들이 잘못된 길로 가는 것을 막아줄 거라고 생각했다. 그러나 그런 방법은 자제력, 지혜 그리고 성령 안에서 행하는 법을 가르쳐주지 못한다. 율법주의는 사실 진정한 영적 성장을 방해한다. 영적 성숙의 징표 중 하나는 '회색' 쟁점을 잘 풀어내는 것이다. 그리고 당신이 무언가에 도가 지나칠 때 그것을 아는 것이 중요하다. 당신이 주 안에서 성장하면 당신은 다른 권위 있는 인물의 말을 듣지 않아도, 하나님의 영감을 받지 않은 '하라'와 '하지 마라'의 목록을 찾아보지 않아도, 무엇이 최선인지를 아는 감각이 생긴다.

셋째, 하나님의 지시와 다른 사람들의 기대를 구별할 수 있는가? 기독교 신앙에도 명령과 의무가 없는 것은 아니다. 예수님은 제자들에게 명령하셨고, 성경은 받아들여야 할 것과 피해야 할 것들의 목록으로 가득하다. 그런 목록은 하나님의 영감에 의한 것이므로 따를 가치가 있다! 그러나 하나님 말씀의 원칙에 억지로 갖다붙인 사람들의 취향, 의견, 개인의 경험에서 나온 지침들도 있다. 주 안에서 성장하면서 그 차이를 구별할 수 있어야 한다. 그렇게 할 때 당신은 율법주의의 세속적인 제약에서 해방되어 주님의 영적 원칙에 따라 살 수 있다. "너희가 내 말에 거하면 참으로 내 제자가 되고 진리를 알지니 진리가 너희를 자유롭게 하리라"(요 8:31-32).

마지막으로 당신은 은혜의 대리인이 되고 있는가? 하나님의 지혜와 의에 따라 살도록 하나님의 은혜로 자유롭게 된 참 제자로서 당신은 할 수 있는 한 자주 말과 행동으로 은혜의 메시지를 널리 전해야 한다. 당신이 은혜의 대리인인지 알 수 있는 방법이 있다. 당신은 다른 사람을 통제하려는 성향에 저항하고 있는가? 당신에게 자녀가 있다면 큰아이들부터 시작하라. 아직도 그들을 통제하려고 하는가? 아니면 그들을 풀어주는가? 그들은 이제 독립했다. 당신은 다양한 형태의 보호 관찰에서 다른 사람들을 풀어주고 있는가? 아니면 사람들이 행동으로 스스로의 능력을 입증할 때까지 일정 기간 그들을 제어하는가? 당신은 다른 사람들을 인정할 기회를 찾는가? 적어도 매일 한 사람은 격려하는가? 당신은 수치심을 느끼게 하고 비난하는 습관을 깨고 있는가? 그렇다면 당신은 은혜의 대리인이다.

율법주의자들에게 괴롭힘을 당했거나 스스로 율법주의자가 된 많은 신자는 충성의 대상을 재정립해야 한다. 그들은 너무 오랫동안 율법주의자들에게 내둘렸다. 그 불경한 전통을 다음 세대로 물려주지 말고 율법주의에서 벗어나 그리스도의 주권에 복종해야 한다.

하나님의 종인가, 사탄의 하수인인가?(마태복음 12:15-30)

15예수께서 아시고 거기를 떠나가시니 많은 사람이 따르는지라 예수께서 그들의 병을 다 고치시고 16자
기를 나타내지 말라 경고하셨으니 17이는 선지자 이사야를 통하여 말씀하신 바
18보라 내가 택한 종
곧 내 마음에 기뻐하는 바 내가 사랑하는 자로다
내가 내 영을 그에게 줄 터이니
그가 심판을 이방에 알게 하리라
19그는 다투지도 아니하며 들레지도 아니하리니
아무도 길에서 그 소리를 듣지 못하리라
20상한 갈대를 꺾지 아니하며
꺼져가는 심지를 끄지 아니하기를
심판하여 이길 때까지 하리니
21또한 이방들이 그의 이름을 바라리라 함을 이루려 하심이니라
22그 때에 귀신 들려 눈 멀고 말 못하는 사람을 데리고 왔거늘 예수께서 고쳐 주시매 그 말 못하는

사람이 말하며 보게 된지라 [23]무리가 다 놀라 이르되 이는 다윗의 자손이 아니냐 하니 [24]바리새인들은
듣고 이르되 이가 귀신의 왕 바알세불을 힘입지 않고는 귀신을 쫓아내지 못하느니라 하거늘

[25]예수께서 그들의 생각을 아시고 이르시되 스스로 분쟁하는 나라마다 황폐하여질 것이요 스스로
분쟁하는 동네나 집마다 서지 못하리라 [26]만일 사탄이 사탄을 쫓아내면 스스로 분쟁하는 것이니 그리
하고야 어떻게 그의 나라가 서겠느냐 [27]또 내가 바알세불을 힘입어 귀신을 쫓아내면 너희의 아들들은
누구를 힘입어 쫓아내느냐 그러므로 그들이 너희의 재판관이 되리라 [28]그러나 내가 하나님의 성령을
힘입어 귀신을 쫓아내는 것이면 하나님의 나라가 이미 너희에게 임하였느니라 [29]사람이 먼저 강한 자
를 결박하지 않고서야 어떻게 그 강한 자의 집에 들어가 그 세간을 강탈하겠느냐 결박한 후에야 그 집
을 강탈하리라

[30]나와 함께 아니하는 자는 나를 반대하는 자요 나와 함께 모으지 아니하는 자는 헤치는 자니라

사람들이 당신에게 반대하고 있다는 것을 알았을 때 당신은 어떻게 반응하는가? 대부분의 사람과 다르지 않다면 당신은 그들을 저지하고 그들이 당신을 치기 전에 그들을 칠 방법을 모색할 것이다! 아니면 더 강하게 반격해서 그들이 당신에게 다시 덤벼들 엄두를 내지 못하게 만들 것이다. 선제적 행동, 앙갚음, 복수, 이런 것들이 인간의 본성에서 나오는 가장 흔한 반응이다.

압도적인 힘으로 반격할 명분을 가진 사람이 있다면 바로 예수님이었다. 바리새인들이 그분의 삶을 매일, 매순간 얼마나 힘들게 만들었는지 생각해보라. 그들은 깊은 의심을 품고 그분을 따라다니기 시작했고, 거짓 혐의를 조작하기 시작했다. 그분을 멈추게 하지도 못하고 믿을 마음도 없었던 그들은 그분을 죽일 음모를 꾸미기 시작했다!(12:14)

그러나 예수님은 바리새인들의 잔인한 음모에 눈 하나 깜짝하지 않으셨다. 오히려 그들의 주장을 입증하라고 요구하셨고, 그들이 얼마나 심각하게 틀렸는지 공개적으로 보여주셨다(12:9-13). 그들이 점점 더 필사적으로 그분을 침묵시키려고 하고, 심지어 그분의 물리적 죽음을 모의하기 시작했을 때에도 놀라지 않으셨다. 바리새인들이 계속 음모를 꾸미고 덫을 놓고 있는 것을 아시면서도 평소와 다름없이 설교하시고, 가르치시고, 치유하시고, 선포하셨다.

예수님이 적들에게 어떻게 반응하셨는지를 관찰하면 우리가 만나게 될 그리스도의 비판자들과 십자가의 적들에게 반응하는 법을 배울 수 있다.

—12:15-21—

바리새인들이 꾸미는 음모와 책략을 아셨던 예수님은 몇 가지 놀라운 일을 하셨다. 첫째, 한 마디 말도 없이, 심지어 귓속말을 하거나, 주먹을 휘두르거나, 안다는 듯이 빙긋 웃거나, 혀를 차거나 하지 않으시고 조용히 빠져나가셨다(12:15). 예수님은 그곳을 떠나 야산으로 가시거나 동굴에 은신하지 않으셨다. 도리어 바리새인들의 질투와 분노를 불러일으켰던 그 일, 즉 추종자를 모으고 대중을 치유하시면서 자신의 사명에 계속 집중하셨다.

예수님은 또 메시아이신 자신의 정체성을 부각하지 않으려고 애쓰셨다(12:16). 왜 그러셨을까? 생각해보라. 자격을 갖춘 서기관들과 헌신적인 바리새인들보다 예수님의 추종자들이 훨씬 많았다. 예수님은 많은 군중이 전투태세를 갖춘 잘못된 메시아의 이미지를 마음속에 품고 있음을 아셨다. 그래서 잘못된 방법이나 잘못된 시기에 자신의 정통 왕권에 대한 말이 많아지면 군중이 힘을 합쳐 기득권 세력에 대항하거나 반란을 일으킬 수도 있다는 것을 아셨다.

예수님이 어느 날 벌떡 일어나 "저 바리새인들이 나를 죽이려고 모의하고 있다! 뭔가 대책을 세워야 한다!"고 소리치셨다면 어떻게 됐을까? 그러면 군수 시설에 수류탄을 던진 것처럼 참극이 벌어졌을 것이다. 자기에게 오라고 사람들을 부르는 그분의 사역은 끝장이 났을 것이다. 세상과 구별되는 하나님 나라의 참 본질은 무력으로 권력을 쟁취하고 유지하는 세상적인 방법으로 왜곡되었을 것이다. 사랑, 평화, 은혜, 자비에 대한 그분의 가르침은 실현되지 못했을 것이다. 그리고 제자들의 훈련은 갑자기 중단되었을 것이다. 예수님은 하나님이 역사하시게 함으로써 이와 같은 상황에 대처하는 방법을 추종자들에게 본으로 보여주려고 하셨다.

마태는 예수님의 사명을 다시 설명하고 그분의 방법을 분명히 보여주기 위해 약 7세기 전에 기록된 이사야 42장 1-4절의 메시아에 관한 예언을 인용한다. 이 구절이 마태복음에 나오는 구약의 인용문 중 가장 길다. 그 예언대로 하나님의 영을 받으시고 하나님이 기뻐하시는 선택받은 종(마 12:18)이신 그 예수님이 메시아로서 담당하실 임무에는 이스라엘 백성에게 그분의 왕권을 선포하시는 것뿐만 아니라, 그분의 이름에 희망을 걸 이방인들에게 정의를 선포하시는 것도 포함되어 있었다(12:18, 21).

이사야의 예언 그리고 그것을 인용한 마태복음 구절은 메시아가 이스라엘을 넘어 만방에 의의 전파자가 되실 것이라고 분명히 말했다. 그러나 이 시점까지 예수님이 전파하시고 가르치신 사람들 대다수는 유대인이었다. 실제로 예수님은 당신의 이름으로 설교하고 기적을 행하라고 열두 사도(그리고 70명)를 파송하실 때 이방인이나 사마리아인이 아닌 이스라엘 백성에게 보내셨다(10:5-6). 마태는 이 예언을 인용해서 예수님의 메시아로서의 사명이 이제 막 시작되었을 뿐임을 분명히 밝혔다. 곧바로 이스라엘 왕국을 세우려고 서두르셨다면 이방인들을 향한 사명을 이루지 못하셨을 것이다.

마태가 인용한 구절은 예수님의 사역 방법도 설명한다. 예수님은 적들과 칼로 겨루는 대신 말로 싸우셨다. 그분의 말씀은 신중히 선택되었고 짧고 간결했다. 이 역시 이사야 선지자가 메시아에 대해 예언한 것과 일치했다. 선택받은 종의 사명은 다음과 같았다.

- 하나님을 기쁘시게 함(12:18).
- 선포를 통한 성취(12:18).
- 다투거나 큰소리를 내지 않음(12:19).
- 소란이나 폭동을 일으키지 않음(12:19).
- 약하고 상처받기 쉬운 자들을 배려함(12:20).
- 정의라는 목표에 집중함(12:20).[90]

마태복음에 나오는 이사야 42장의 인용문에 담긴 마지막 함의를 언급할 필요가 있다. 이는 이미 마태복음의 배경에서 구현되고 있는 주제로, 이제 막 핵심 주제로 떠오르고 있는 참이다. 그것은 바로 이스라엘이 그들의 메시아를 거절한다는 것이다. 이방인들에 대한 메시아의 사명이 이중으로 언급된 것에 주목하라. 예수님은 "심판을 이방에 알게"(마 12:18) 하실 뿐 아니라 그들도 그분의 이름에 희망을 걸 것이다(12:21). 이스라엘의 지도자들이 예수님을 메시아로 받아들이지 않았다는 것은 마태가 이 복음서를 썼던 AD 60년대에는 널리 알려진 사실이었다. 대부분의 종교 지도자 역시 그 후로 이어진 사도들의 포교를 거부했던 반면에, 많은 이방인이 예수님을 구세주로 믿고 있었다. 다음 몇 장면에서 마태는 유대인 지도자들이 왕이신 예수님께 굴복하기를 거부함으로써 사실상 복음이 이방인들에게 전해질 수 있게 된 경위를 밝힌다. 역설적이게도 메시아의 사명을 궤멸시키려던 바리새인들이 사실상 그것을 홍보하고 있었다!

—12:22-24—

마태는 바리새인들이 어떻게 예수님에 대한 대중의 비방과 조직적인 중상모략을 계속 키웠는지 구체적인 예로 보여준다. 발단은 귀신이 들려 보지도 못하고, 말하지도 못하게 된 사람을 예수님이 구원하신 사건이었다(12:22). 놀랍고 초자연적인 위업이었지만, 예수님이 사역하시던 이 시점에서 그런 치유는 이미 흔한 일이 되어 있었다. 마태는 이 사건을 하나의 사실로 그냥 제시한다. 그런데 바리새인들의 반응 때문에 이 이야기는 묘한 방향으로 흐른다.

군중은 경탄했고, 예수님이 과연 그들이 고대하던 다윗의 아들, 이스라엘의 왕이신가에 대해 왈가왈부했다(12:23). 결국 그렇다는 것이 가장 분명한 결론이었다. 그러나 마태가 사람들의 질문을 표현한 방식에서 군중이 그것이 사실이기를 원하면서도 어떤 이유에서인지 예수님을 메시아로 완전히 받아들이기를 꺼리고 의심했음을 짐작할 수 있다.[91] 이는 아마도 예수님이 당신의 진정한 정체성을 알리기를 주저하셨던 탓도 일부 있었을 것이다.

그러나 군중이 예수님을 메시아로 완전히 받아들일 수 없었던 또 다른 이유는 바리새인들의 압력 때문이었다. 이 종교 지도자들은 항상 현장에 있으면서 군중을 선동하고, 의심의 씨앗을 심고, 사람들의 마음을 돌려놓았다. 이 경우도 다르지 않았다. 귀신 들린 사람을 그 자리에서 치유하는 명백한 능력을 눈앞에서 보면서도 바리새인들은 얼토당토않은 설명을 가지고 끼어들었다. "이가 귀신의 왕 바알세불을 힘입지 않고는 귀신을 쫓아내지 못하느니라"(12:24). 바알세불이라는 이름은 '파리 대왕'으로 번역될 수 있는 블레셋의 신 바알세붑의 또 다른 이름일 가능성이 높다.[92] 바알이라는 말은 단순히 '지배자'를 의미했지만, 고대 가나안의 종교에서 바알은 많은 신 위에 군림하는 주신(主神)을 나타내는 고유의 이름이 되었다. 유대인들에게 이 용어는 귀신의 두목인 사탄을 가리키는 일종의 속어로 쓰였다.

바리새인들은 예수님이 초자연적인 능력을 마음대로 쓰실 수 있다는 것을 부인할 수 없었다. 그러나 그들은 변호사들의 '대안 변론' 전략을 사용할 수 있었다. 예수님이 할 수도 없는 일을 한다고 우기는 돌팔이나 사기꾼이라고 주장하지 못하게 된 그들은 예수님이 초자연적인 기사를 행하신다는 것을 인정했다. 그러나 하나님이 그분을 통해 일하신다는 것을 인정하는 대신(그러면 그분을 메시아로 받아들이는 것이나 다를 바 없었을 것이다), 귀신을 쫓아내는 초자연적인 능력이 귀신의 왕인 사탄에게서 나온다고 주장했다.

그들은 뻔한 사실을 외면하려고 이토록 필사적으로 발버둥쳤다! 하지만 그들이 달리 무슨 말을 할 수 있었겠는가? 예수님을 반대하는 입장을 고수하기 위해 바리새인들은 전능하신 하나님의 역사를 귀신의 역사로 돌리는 수밖에 없었다! 그런 신성모독은 터무니없었을 뿐 아니라 용서받을 수 없었다.

—12:25-30—

예수님은 그분의 신적 능력이 사실은 사탄에게서 왔다고 수군대는 바리새인들의 비난을 일일이 상대하며 시간을 낭비하지 않으셨다. 그런 비난을 바리새인들에게서 직접 듣지는 않으셨지만, 예수님은 그들의 생각을 아시고 적절히 대응하셨다(12:25). 그분은 논거를 준비하거나 증거를 모으는 데 많은 시간이 필요하지 않으셨다. 그분은 그들의 심한 비난을 정면으로 다루셨다. 그들의 신성모독은 예수님의 신적 권위, 하나님의 영이 일으키시는 기적의 역사에 대한 공격이었고, 따라서 신적 본성 자체를 공격하는 것이었다! 예수님은 자신이 사탄의 능력을 힘입어 활동할 수 없다는 것을 설명하시려고 세 가지 결정적인 논거를 제시하셨다.

첫째, 예수님이 사탄의 힘으로 귀신을 쫓는다면 사탄은 자신과 싸우고 있는 것이다(12:26). 사탄이 어째서 자기의 지배를 받고 있는 사람들을 예수님이 해방시키는 것을 허용하겠는가? 어떻게 이런 사례의 결과가 그렇게 긍정적일 수 있는가? 보지 못하는 자가 보게 되었다. 듣지 못하는 자가 듣게 되었다. 말하지 못하는 자가 말하게 되었다. 걷지 못하는 자가 걸었다. 귀신 들린 자들이 정상으로 돌아왔다. 자해를 일삼던 자들이 평안을 얻었다. 악인이 의롭게 되었다. 사탄의 마지막 승부수가 죽음과 파괴라면 어째서 그분은 매일 생명과 회복을 가져왔을까? 군대가 서로 반목하는 나라는 오래 지속될 수 없다.

둘째, 예수님이 바알세불의 힘으로 귀신을 내쫓으신다면 바리새인 퇴마사들은 어떻게 볼 것인가?(12:27) 어떤 힘과 권위로 그들은 귀신을 내쫓았는가? 여기서 예수님이 제시하신 논기의 위력을 충분히 실감하려면 마귀의 힘에 대한 예수님의 권위가 질적으로 다른 유명한 유대인 퇴마사들보다 훨씬 더 뛰어났다는 것을 알아야 한다(참조. 행 19:13-16). 유대인 역사학자 요세푸스는 솔로몬이 "인간의 병을 고치는 유용한" 퇴마술을 전해주었다는 전설을 언급한다.[93] 그리고 1세기 유대인들에게 익히 알려진 외경서 중 한 권에는 물고기의 간과 심장을 불에 그을려 그 독한 악취로 귀신을 쫓아낸 토비아라는 사람의 이야기가 나온다(토비트 8:2-3). 이렇듯 1세기에 귀신 들림에 대한 유대인들의 치료법은 "신의 능력을 힘입어 한 것이 아니라 마술에 더 가까웠다"는 것을 역사적 자료를 통해 알 수 있다.[94]

바리새인들이 자기들의 퇴마술이 인간이나 마귀의 능력이 아니라 하나님의 능력으로 행해졌다고 대답한다면, 다음 질문은 "그렇다면 왜 그것이 예수님의 퇴마술보다 귀신들에게 효과가 더 적은가?"일 것이다. 만약 바리새인들이 계속해서 예수님이 귀신의 왕의 힘으로 귀신들을 내쫓는다고 주장한다면 그 주장은 엉뚱한 방향으로 흐르게 된다. 즉, 유대인 퇴마사들은 바알세불보다 약한 귀신의 능력이나 자연적인 인간의 마술 같은 것으로 일하

하나님 대 사탄?(마태복음 12:29)

사람들은 흔히 사탄이 하나님의 맞수라고 생각한다. 사탄이 하나님의 영원한 적이며 선과 악의 세력이 영겁의 시간 동안 싸워왔다고 생각한다. 그러나 이 그림은 하나님과 사탄에 대한 성경의 관점에서 볼 때 정확하지 않다.

고대 페르시아의 주요 종교인 조로아스터교는 하나님에 대해 이원론적 개념을 가지고 있다. 즉 능력이 동등한 신이 둘 있는데, 하나는 선하고 하나는 악해서 서로 대립하고 있다는 것이다. 동양의 음양, 빛과 어둠, 양극의 개념과 비슷한 이 두 신은 인간을 지배하기 위해 영원한 전투를 벌이고 있다.[95]

영적 영역에 대한 이 고대의 이원론적 개념은 많은 이교에 영향을 미쳤고, 대중 예술과 문화 속에도 침투했다. 고대의 여러 이단은 신을 선과 악의 균형을 이루는 힘으로 나누는 이원론적 관점을 발전시켰다. 중세 시대에는 미신에 빠진 많은 그리스도인이 하나님과 사탄이 각각 세상에 동등한 영향력-선과 악-을 행사하고 있다고 보았다. 오늘날에는 특정 영화들이 선과 악의 명암이 균형을 이룬 모종의 '힘'의 개념을 보급했다.[96]

그러나 성경은 사탄이 하나님의 통제나 허락 없이는 아무것도 할 수 없는(참조. 욥 1:6-12, 눅 22:31) 존재라고 가르친다(참조. 겔 28:12-16). 사탄은 하나님과 '동일하지만 정반대'인 하나님의 맞수가 아니라, 오히려 천사장 미가엘의 맞상대다(유 1:9, 계 12:7). 그는 또한 인간의 적이자 고발자이기도 하다(슥 3:1-2, 벧전 5:8). 사탄이 우리를 공격하고 유혹에 빠뜨릴 힘이 있다는 사실을 부인해서도 안 되지만(엡 4:27, 6:11, 딤전 3:7), 동시에 사탄에게 실제 그가 가진 것보다 더 많은 능력을 부여하는 것도 경계해야 한다.

고 있었다는 것이다. 분명히 사실을 덜 왜곡하는 최선의 설명은 가장 간단한 설명일 것이다. 즉, 예수님은 다른 악령의 힘이 아니라 하나님의 영의 능력으로 귀신을 쫓으신다. 그렇다면 예수님은 정말로 하나님 나라의 대표자, 즉 메시아시다(마 12:28).

셋째, 귀신을 쫓아내심으로 예수님은 마귀보다 강하시다는 것을 입증하셨다(12:29). 그분은 "강한 자의 집"(귀신이 들끓는 영역)에 들어가 "그의 세간[귀신 들린 사람들]을 강탈[할]" 수 있었다. 그러려면 그 강한 자가 먼저 결박당해야 했다. 강한 자(사탄)가 자기의 영지를 약탈한다는 것은 설득력이 없다. 또 사탄보다 약한 마귀가 사탄의 영역을 점유하는 것도 불가능하다. 오직 하나님만 사탄의 왕국을 침탈해서 노예가 된 희생자들을 풀어줄 수 있는 힘을 가지고 계신다.

앞서 바리새인들의 터무니없는 비난을 들은 군중은 그들의 반론을 들으려고 예수님에게서 노회한 랍비들에게로 시선을 돌렸을 것이다 그러나 그들은 대담한 반박, 합리적 이의 제기, 또는 탐색하는 질문은커녕 아무 말도 없었다. 말 그대로 묵묵부답이었다. 바리새인들의 침묵은 많은 것을 말해주었다. 당신이 그 자리에 있었다면 그들의 붉어진 얼굴에 땀방울이 맺히면서 심장이 뛰는 소리를 들을 수 있었을 것이다. 그때 군중은 다시 "나와 함께 아니하는 자는 나를 반대하는 자요 나와 함께 모으지 아니하는 자는 헤치는 자니라"(12:30)고 선포하시는 예수님께로 다시 시선을 돌렸을 것이다.

이 말씀은 그분을 반대하는 바리새인들을 강력하게 질책하시는 것이었다. 그러나 예수님과 그들과의 갈등은 아직 끝나지 않았다.

적용: 마태복음 12:15–30
함께하는가, 반대하는가?

"나와 함께 아니하는 자는 나를 반대하는 자"(12:30)라는 예수님의 말씀에 담긴 의미에 대해서는 의문의 여지가 없었을 것이다. 그날 예수님은 분명한 한계를 정하시고 갈팡질팡하는 군중에게 사실상 이렇게 말씀하셨다. "이제 선택할 때가 되었다. 너희는 기적을 보았다. 너희는 바리새인들의 변명을 들었다. 너희는 내 가르침을 들었다. 너희는 그들의 얼토당토않은 설명을 들었다. 중간은 없다. 너희는 나와 함께하든지, 아니면 반대하든지 둘 중 하나다."

우리도 같은 질문을 받는다. 우리는 처음에 그리스도를 구주와 주님으로 받아들이고 그리스도를 따르기로 결정할 때 처음이자 마지막으로 이 질문을 받는다. 당신은 그분 편인가, 아니면 적인가? 우리는 그분의 정체성과 업적을 사실 그대로 받아들여야 한다. 그분은 우리 죄를 위해 죽으셨다가 살아나신 신인(God-man)이시다. 그분은 이스라엘의 메시아 왕이시다. 그분은 오랫동안 기다려온 구세주이시고 주님이시다.

그러나 우리는 그 첫 결정 이후에도 날마다 이 질문에 답해야 한다. 우리는 그분과 함께 "모을" 것인지, 아니면 그분의 적으로 "흩어 버릴" 것인지 망설이며 갈팡질팡하면 안 된다.

예수님을 가까이 따라다니던 군중은 놀라운 일을 보고 들었다. 그런데도 그들은 흔들렸다. 그들의 머릿속에 무슨 생각이 오갔을지 생각해보라. '흠. 그분은 분명 메시아처럼 보여. 그렇지만 얼굴을 찡그리고 입을 삐죽거리는 저 바리새인들 때문에 제대로 생각을 할 수가 없으니 정말 난감하군. 분명한 것을 받아들이고 경건한 척 내숭 떠는 저들에게 시달려? 아니면 그냥 증거를 죄다 무시하고 갈등을 피해? 정말 힘든 결정이군!'

아니, 어렵지 않다! 논거와 증거는 변한 적이 없다. 그리스도의 주장은 회의론자, 조롱하는 자, 의심하는 자, 사기꾼, 반대자, 배교자, 비평가, 이단자, 정설을 뒤집는 폭로자들을 2천 년 동안 견뎌냈다. 예수 그리스도의 진리는 이 모든 것을 이겨냈다. 이것은 어려운 결정이 아니다. 그러나 결정이다. 하나님의 나라와 사탄의 나라가 벌이는 영적인 전투다. 양자택일의 문제다. 중간 지대는 없다. 그분 편에 서든지 반대편에 서든지 둘 중 하나다.

모든 사람에게 주는 엄중한 경고(마태복음 12:31–37)

31그러므로 내가 너희에게 이르노니 사람에 대한 모든 죄와 모독은 사하심을 얻되 성령을 모독하는 것
은 사하심을 얻지 못하겠고 32또 누구든지 말로 인자를 거역하면 사하심을 얻되 누구든지 말로 성령을
거역하면 이 세상과 오는 세상에서도 사하심을 얻지 못하리라

33나무도 좋고 열매도 좋다 하든지 나무도 좋지 않고 열매도 좋지 않다 하든지 하라 그 열매로 나무
를 아느니라 34독사의 자식들아 너희는 악하니 어떻게 선한 말을 할 수 있느냐 이는 마음에 가득한 것을
입으로 말함이라 35선한 사람은 그 쌓은 선에서 선한 것을 내고 악한 사람은 그 쌓은 악에서 악한 것을
내느니라 36내가 너희에게 이르노니 사람이 무슨 무익한 말을 하든지 심판 날에 이에 대하여 심문을 받
으리니 37네 말로 의롭다 함을 받고 네 말로 정죄함을 받으리라라

예수님의 지상 사역 중 이 단계의 상황을 한 마디로 표현하면 커지는 적개심이다. 예수님의 추종자들이 계속 늘어나고 있다는 소식을 처음 들은 종교 당국자들, 곧 바리새인과 서기관들은 단순한 호기심에서 예수님에 대해 알아보기 시작했을 것이다. 그런데 그들이 예수님을 볼 때마다 그분은 그들의 위선을 담대히 폭로하셨고, 부인할 수 없는 놀라운 기적을 행하셨다. 이런 일들이 일어나자 그들의 호기심은 의혹으로 바뀌었다.

그때부터 그들은 예수님을 몰래 추적하고, 비판하고, 그분의 동기에 의문을 제기하고, 그분의 말씀과 사역을 모두 논박할 기회를 찾기 시작했다. 그때 그들은 이미 예수님을 철천지원수로 생각하고 있던 터라 그분을 신뢰할 수 없는 사람으로 보이게 만든 다음, 존중할 가치가 없는 사기꾼–사실상 사탄의 대리인–이라며 비난하기로 마음먹고 있었다. 그런데 막상 그들 힘으로는 예수님의 입을 다물게 할 수도, 그분이 위험한 지도자임을 입증할 수도 없다는 것을 깨닫자 반감이 격노로 바뀌면서 그분을 죽일 음모를 꾸미게 되었다. 그들의 음모를 다 아셨던 예수님은 가르침과 경고–바리새인들을 향한 경고였지만, 동시에 메시아에게 마음을 열지 않을 다른 사람들에 대한 경고이기도 했다–를 강화하셨다.

—12:31–32—

마태복음 12장에서 펼쳐지고 있는 장면으로 다시 들어가 보면, 바리새인들은 그들이 미처 예상하지 못해서 대비하지 못한 예수님의 또 다른 면을 보기 시작했다. A. T. 로벗슨은 그 분위기를 다음과 같이 설명한다. "그들은 이제 예수님이 얼마나 강력한 적수인지 알게 된다. 비유로, 풍자로, 수사적 질문으로, 냉철한 논리로 예수님은 그들의 허울뿐인 위선과 무의미한 쟁론을 까발리신다."[97] 이렇게 예수님이 귀신의 왕의 힘을 빌려 귀신을 내쫓았다는 밑도 끝도 없고, 말도 안 되는 그들의 비난에 그분이 응수하시면서 새 국면이 시작되었다(12:25–29).

예수님은 제자로 살겠다는 결단을 촉구하는 최후통첩도 하셨다. "나와 함께 아니하는 자는 나를 반대하는 자요 나와 함께 모으지 아니하는 자는 헤치는 자니라"(12:30). 이 말로 예수님은 도전장을 던지셨다. 그분은 불친절한 것이 아니라 타협하지 않으신 것이었다. 로벗슨은 다시 상황을 생생하게 묘사한다. "그리스도는 시대의 자석이다. 그분은 끌어당기거나 밀어내신다."[98] 군중은 가부간 결정을 해야 했다. 예수님은 기권, 선택, 보류, 결정을 지연시키기 위한 필리버스터를 허락하지 않으셨다.

예수님의 공생애 중 이 시점부터 양 진영이 형성되었고, 군중이 분열되었으며, 그분을 비방하는 자들의 실체가 드러나기 시작했다. 그리스도에게서 점점 멀어지고 있는 사람들은 충격적인 행동을 하기 시작했다. 하나님의 영이 역사하시는 것을 사탄("바알세불", 12:24)의 역사로 돌렸다. 그들은 사실상 영원하시고 신성하신 하나님의 아들을 악마의 도구라고 부른 것이었다!

나는 예수님이 이 말씀을 선포하시면서 자기를 고발하는 자들의 얼굴을 똑바로 바라보시는 모습을 즐겨 그려본다. "그러므로 내가 너희에게 이르노니 사람에 대한 모든 죄와 모독은 사하심을 얻되 성령을 모독하는 것은 사하심을 얻지 못하겠고"(12:31). 예수님은 이어 12장 32절에서 이 보편적인 선포의 뜻을 명확히 밝히셨다. 사람이 인자를 거역하는 말을 하는 것은 용서받을 수 있다. 그리스도의 주장을 거절하는 것만으로는 용서받을 수 없는 죄를 저지른다고 할 수 없다. 생각해보라. 가장 놀라운 증언들이 한때 의심하고 회의하고, 조롱하고 비난하고, 핍박하고 신성모독을 했던 사람들에게서 나온다. 과거에 광적으로 랍비의 학문에 심취했었다고 말한 사도 바울만 보아도 그렇다. "내가 전에는 비방자요 박해자요 폭행자였으나 도리어 긍휼을 입은 것은 내가 믿지 아니할 때에 알지 못하고 행하였음이라"(딤전 1:13). 바울이 그리스도의 신성을 모독한 죄를 용서받을 수 있다면 누구나 용서받을 수 있다.

그러나 예수님은 다른 범주의 신성모독 죄-그분을 반대하는 바리새인들이 이미 도를 넘지 않았다면 거의 위험선에 도달하고 있는-를 말씀하셨다. "누구든지 말로 성령을 거역하면 이 세상과 오는 세상에서도 사하심을 얻지 못하리라"(마 12:32). 성령을 거스른다는 것이 정확히 무슨 뜻일까? 그리고 누가 그런 죄를 짓는가? 이 글을 읽고 있는 사람 중에도 이미 이 선을 넘은 사람이 있을 수 있는가?

이 진술의 전후 맥락에서 우리는 예수님이 용서받을 수 없는 죄로 묘사하신 뿌리 깊고, 용서할 수 없으며, 냉정하고, 악의에 찬 행위를 본다. 바리새인들은 하나님의 영의 능력으로만 성취할 수 있는 일을 사탄의 역사로 돌리고 있었다. 이것이 그리스도의 정체성과 성령의 능력에 대한 반박할 수 없는 증거와 의도적인 거부의 조합이라는 점에 유의하라. 바리새인들은 하나님이 존재하신다는 것을 인정했지만, 그리스도를 통해 나타난 성령의 기적의 역사에 대한 명확하고 설득력 있는 증거 앞에서 그 일을 사탄의 역사로 돌리고 하나님의 메시아이신 예수님을 사탄의 전령으로 매도했다.

이와는 대조적으로 바울의 불신은 "무지"의 결과였다(딤전 1:13). 그는 기적을 보지 못했고, 메시지를 듣지 못했으며, 예수님의 삶과 사역 속에 역사하신 성령의 일을 직접 목도하지 못했다. 그러나 예수님이 다메섹 도상에서 그를 만나셨을 때 그는 "썩 물러가라 이 마귀야!"라고 하지 않고 바로 "주여 누구시니이까?"(행 9:5)라고 물었다. 그리고 그 기적적인 만남과 다메섹의 아나니아가 해준 말을 통해 예수님의 진정한 정체성을 알게 된(행 9:17) 바울은 "일어나 세례를 받[았다]"(행 9:18). 하루가 멀다 하고 놀라운 기적을 목격했건만, 예수님께 분노와 증오, 격한 거부감을 나타낸 바리새인들과 얼마나 대조적인 반응인가!

그러므로 회개할 기회가 없는 이 용서받지 못할 죄는 예수님의 기적과 메시지를 목격한 자들–알면서도 계속 완강히 거부한 사람들–에게만 해당되었다. 그렇게 좁은 의미에서 본다면, 성령에 대한 그런 신성모독은 예수님의 지상 사역이 끝났기 때문에 더 이상 불가능하다. 그러나 더 일반적인 의미에서 본다면, 오늘날 희망이 없는 죄는 그리스도를 끝까지 거부하고 그런 상태로 죽는 것이다. 성경은 사후에 두 번째 기회가 있다는 개념을 지지하지 않는다. 하지만 죽기 전까지는 누구나 믿고 구원받을 수 있다.

따라서 당연히 성령이 내주하시는 신자들은 이 용서받지 못하는 죄를 지을 수 없다. 신자는 "그리스도 예수 안에" 있다(참조. 고전 1:30). 한번 주 예수님께 마음을 바치면 그 관계는 영원히 지속된다. 그러나 그리스도를 거부하기로 선택하고 계속 강퍅하고 매몰차게 거부하는 사람은 하나님의 진노를 자초한 바로와 같다. 사람들은 내게 이렇게 묻곤 한다. "내가 용서받지 못할 죄를 지을 수 있나요?" 나는 이렇게 답한다. "당신이 그것을 걱정하는 한은 없습니다." 다시 말해, 당신이 걱정한다는 사실 자체가 당신이 그 죄를 짓지 않았다는 증거라는 말이다. 성령을 거스르는 죄를 지은 이 바리새인들은 자기들이 예수님을 거절한 것을 기뻐했다.

그래서 예수님은 당신의 정체성에 대해 중립적인 입장을 취할 수 없다는 말씀에 뒤이어(마 12:30) 우리가 그분과 그분 안에서 일하시는 성령을 거부하는 지경까지 갈 수 없을 거라는 생각은 틀렸다는 엄중한 경고를 하셨다(12:31–32). 바리새인들이 그랬었다. 그리고

묵상의 서재

양복 입은 독사(마태복음 12:34)

내가 소장하고 있는 가장 흥미로운 책 중 하나가 『직장으로 간 사이코패스』(*Snake in Suit*)라는 책인데 표지 그림이 오싹하다. 날카로운 외모의 남자가 빳빳하게 다림질된 하얀 셔츠에 업무용 맞춤 정장을 입고 있는데, 목에 넥타이 대신 뱀이 감겨 있다. 두 심리학 박사가 쓴 이 책은 직장 내 사이코패스의 세계를 탐구한다.

저자들은 사이코패스를 이렇게 묘사한다. "이 집단은…거짓말, 교묘한 조작, 속임수, 자기중심, 냉혹함, 그 외의 잠재적 파괴성에 뿌리를 둔 성격 장애를 보여준다."[99] 사이코패스는 정치계, 직장, 가정, 심지어 교회와 사역 세계에 이르기까지 삶의 모든 영역에서 발견된다. 나는 심리학자는 아니지만 이 책을 읽고 나서 내가 만난 몇몇 사역자가 이 범주에 딱 들어맞는다고 확신할 수 있었다.

그런 사람들은 양심이 작동하는 흔적이 없다. 그들은 자기 자신 외에는 아무에게도 충성하지 않는다. 대중의 이목을 받기 좋아하고 배후에서 사람들을 조종하는 데 명수다. 구제불능이며 언제나 자기들이 옳다고 믿는다. 잘못을 지적하거나 바로 고쳐주려고 하면 따돌림, 격렬한 비난, 협박으로 대응한다. 그들은 결국 자멸할 뿐 아니라 거의 항상 자신들이 속해 있는 교회나 사역도 파괴한다.

예수님은 지상에서 사역하시는 동안 그런 사람들을 상대하셨다. 양복 대신 종교적인 예복을 입은 독사인 그들은 서기관과 바리새인이었다. 그리고 수백 년에 걸쳐 의복은 변했지만, 예나 지금이나 다를 바 없는 뱀 같은 사이코패스들이 교회 안으로 슬그머니 들어왔다. 눈을 감으면 지금까지 나의 삶과 사역에서 마주쳤던 그런 사람들이 주마등처럼 스친다. 처음에 그들은 무해해 보인다. 첫 면접에서 그들을 만났을 때는 오랫동안 기다렸던, 사역에 주어진 선물처럼 보일 수도 있다. 그러나 곧이어 그들은 조직을 휘어잡고, 창의성을 질식시키며, 표현을 억누르고, 반대를 진압하기 시작한다. 하나님 나라의 일에 그런 위협이 있을 수 있음을 인지하는 것만으로도 나는 동역자들을 모집하고 훈련할 때 신중할 수 있었다. 그런데도 그들은 여전히 속임수와 책략으로 우리 안에 들어올 방법을 찾을 수 있다. 그러니 조심하라! 그런 자들이 공격 태세에 돌입하는 것을 보면 당신의 교회나 기관이 질식하기 전에 즉각 처리하라.

죽을 때까지 반복적으로, 점점 심하게, 의도적으로 그리스도를 거부하는 사람은 누구나 똑같이 희망이 없는 상태에 있다.

—12:33-37—

지금까지 예수님은 눈에 보이지 않는 타락의 근원이 아니라 깊은 타락의 가시적 발현을 이야기하셨다. 예수님은 그 근원이 아니라 결과를, 이유가 아니라 행동을 지적하셨다. 그러나 성령을 거스르는 죄에 대해 강력히 경고하신 뒤에는 더 깊은 문제의 핵심까지 파고 드셨다. 문제의 근원을 이해하면 어떤 해결책이 필요한지 더 잘 알 수 있는 법이다.

예수님은 여전히 바리새인들을 향해 말씀하시면서 이번에는 그들의 사악함의 근원에 초점을 맞추셨다. 이것은 지금까지 그들이 저질렀던 쉽게 바꿀 수 있는 피상적인 과오가 아니었다. 그들은 실수나 실언을 한 것이 아니었다. 순간적으로 화가 나서 잠시 발끈한 것이 아니었다. 그들의 문제는 뿌리가 깊었다.

열매를 보면 나무를 알듯이 그들의 행태는 그들의 영원한 영혼의 상태에서 나왔다. 열매가 부실하면 나무가 병에 걸렸다는 뜻이다. 나무가 건강하면 건강한 열매가 맺힌다. "그 열매로 나무를 아느니라"(12:33).

바리새인들은 겉으로 드러난 언행으로 그들의 진짜 속내를 드러냈다. 그들은 마음이 악하기 때문에 악한 말밖에 나올 수 없는 "독사의 자식들"이었다(12:34-35). 그들이 맺는 삶의 열매는 그들의 영혼이 내적으로 어떤 상태인지를 보여주는 확실한 지표였다. 반대로 "선한 사람"은 그 마음의 보고(寶庫)에서 선한 것이 나온다. 바로 다음 구절에서는 예수님이 자신과 바리새인을 직접 대조하신다. 그분의 말씀과 사역은 오직 선한 것-치유, 악에서의 구원, 회개, 선행, 의-만 도모하고 낳았다. 그러나 사람들이 바리새인들의 지시를 따른다면 그 결과는 사악함, 억압, 분열, 불화 그리고 심지어 무고한 사람에 대한 살인 모의다!

마음은 우리 마음 깊은 곳에 있는 가치관, 우선순위, 생각, 태도를 길어내는 우물과도 같다. 혀는 그 우물에서 물을 긷는 물통이다. 사람들이 실제로 보이지 않는 그 우물에서 물을 마시기 전까지는 그 물이 좋은지 나쁜지, 생명을 살리는 것인지 독이 들어 있는 것인지 알 수 없다. 바리새인들의 사악함이 숨겨진 우물은 그들의 신성모독적인 말로 실체가 드러났다. 예수님은 그들을 향해 엄중히 경고하셨다. "사람이 무슨 무익한 말을 하든지 심판 날에 이에 대하여 심문을 받으리니"(12:36).

우리의 말과 행동에는 결과가 따른다. 진실함과 믿음에서 길어 올린 바른 말로 의롭다 함을 받는 사람들이 있는가 하면, 어떤 사람들은 죄로 가득 찬 회개하지 않는 마음을 드러내는 사악한 말로 정죄받을 것이다(12:37). 바울도 이렇게 말했다. "네가 만일 네 입으로 예수를 주로 시인하며 또 하나님께서 그를 죽은 자 가운데서 살리신 것을 네 마음에 믿으면 구원을 받으리라 사람이 마음으로 믿어 의에 이르고 입으로 시인하여 구원에 이르느니라"(롬 10:9-10).

분명히 바리새인들은 예수님이 주님이심을 마음으로 믿지도 않았고 입으로 시인하지도 않았다. 오히려 그들은 예수님이 거짓말쟁이나 미치광이보다 못하다고 믿었고, 그 생각을 입으로 고백했다. 그들 말에 따르면 예수님은 마귀였다! 그리고 이제 그들은 끔찍한 진실에 직면해야 했다. 하나님의 역사를 귀신의 힘으로 돌리고 무사한 사람은 아무도 없다. 첫 번째 엄중한 경고-그분과 "함께"하든 "반대"하든 잘못된 결정을 하지 말라는(마 12:30)-에 귀 기울이지 않았던 그들은, 그다음 두 번째 엄중한 경고-알면서도 악의적으로 매몰차게 그분을 거부하지 말라는-도 귀담아 듣지 않았다(12:31-32). 끝으로, 그들은 마지막 경고-언젠가 돌아와 그들을 정죄할 말로 운명을 영원히 봉인하지 말라-에도 주의를 기울이지 않았다(12:33-37).

적용: 마태복음 12:31-37
당신의 위선을 직시하라

우리는 바리새인이 아니다. 우리는 1세기에 살지 않았다. 우리 중에 성령의 능력으로 행하신 예수님의 기적을 목격한 사람은 없다. 그러나 우리 중 누구라도 21세기의 현 상황 속에서도 강퍅한 마음을 가진 위선자가 될 수 있다. 우리는 성령을 모독하지 않을지 몰라도 성령을 슬프시게 하거나(엡 4:30), 성령을 소멸시킬 수 있다(살전 5:19). 그러므로 우리는 이따금 우리가 영적으로 어느 지점에 있는지 냉정히 평가해볼 필요가 있다.

첫째, 당신은 그리스도에 대해 결단하지 않는 것이 안전하다고 믿으며 중립을 지키고 있는 사람들에게서 자신의 모습을 보는가? 당신은 울타리 위에서 어느 쪽으로 뛰어내릴지 망설이고 있는가? 불가능한 일, 곧 예수님이 당신과 함께하거나 반대편에 서거나 둘 중 하나를 선택하라고 말씀하셨는데도 중립을 지키려고 시도하고 있는가?(마 12:30) 교회에서 자란 많은 사람이 그리스도에 대해 '네' 또는 '아니오' 사이를 왔다갔다하는 시도를 해왔다. 그들은 그분이 누구시며 무엇을 하셨는지 안다. 그들은 평생 복음을 들었지만, 계속 같은 말을 반복한다. "예수님에 대한 문제는 다음에 결정해야지." 오늘이 그날이다. 중간 지대는 없다. 전부를 걸든지 완전히 빠지든지 둘 중 하나다.

둘째, 당신은 영적인 문제에 냉담해졌다는 것을 인정할 수밖에 없는가? 과다한 노출로 성령의 자극에 둔감해졌는가? 설교자가 말씀으로 권고할 때 꾸벅꾸벅 조는가? 성경을 읽거나 기도할 때 잠이 드는가? 바라건대, 성령을 슬프게 하거나 소멸시키거나 일부러 진실을 외면할 정도로 멀리 가지 않았기를. 오늘이 바로 한 발짝 물러서서 당신에게 그리스도가 얼마나 필요한지 그리고 당신이 성령께 얼마나 순종하고 있는지 생각하기 딱 좋은 때다. 냉소를 그치고 그분의 품 안에 안기라.

셋째, 당신은 당신의 말이 부주의할 뿐 아니라 독을 품은, 회개하지 않은 마음을 그대로 보여준다는 것을 깨달았는가? 마음에 있어서는 안 될 것들을 당신의 마음속 깊은 곳에 들여보낸 탓에 지금 그것들이 당신의 혀를 통해 나오면서 해악을 끼치고 있는가? 오늘 당신의 마음을 정결케 해주시고, 당신이 그 습관을 깰 수 있게 해달라고 간구하라. 당신의 생각을 오염시키고, 마음을 더럽히며, 영혼을 독살시키는 것들을 당신의 삶에서 깨끗이 치우라. 오직 그분께 의지해서 그분의 영으로 그 불순물들을 씻어내라.

기사와 악령과 놀라운 진술(마태복음 12:38–50)

38그 때에 서기관과 바리새인 중 몇 사람이 말하되 선생님이여 우리에게 표적 보여주시기를 원하나이
다 39예수께서 대답하여 이르시되 악하고 음란한 세대가 표적을 구하나 선지자 요나의 표적 밖에는 보
일 표적이 없느니라 40요나가 밤낮 사흘 동안 큰 물고기 뱃속에 있었던 것 같이 인자도 밤낮 사흘 동안
땅 속에 있으리라 41심판 때에 니느웨 사람들이 일어나 이 세대 사람을 정죄하리니 이는 그들이 요나의
전도를 듣고 회개하였음이거니와 요나보다 더 큰 이가 여기 있으며 42심판 때에 남방 여왕이 일어나 이
세대 사람을 정죄하리니 이는 그가 솔로몬의 지혜로운 말을 들으려고 땅 끝에서 왔음이거니와 솔로몬

보다 더 큰 이가 여기 있느니라
43더러운 귀신이 사람에게서 나갔을 때에 물 없는 곳으로 다니며 쉬기를 구하되 쉴 곳을 얻지 못하
고 44이에 이르되 내가 나온 내 집으로 돌아가리라 하고 와 보니 그 집이 비고 청소되고 수리되었거늘
45이에 가서 저보다 더 악한 귀신 일곱을 데리고 들어가서 거하니 그 사람의 나중 형편이 전보다 더욱
심하게 되느니라 이 악한 세대가 또한 이렇게 되리라
46예수께서 무리에게 말씀하실 때에 그의 어머니와 동생들이 예수께 말하려고 밖에 섰더니 47한 사
람이 예수께 여짜오되 보소서 당신의 어머니와 동생들이 당신께 말하려고 밖에 서 있나이다 하니 48말
하던 사람에게 대답하여 이르시되 누가 내 어머니이며 내 동생들이냐 하시고 49손을 내밀어 제자들을
가리켜 이르시되 나의 어머니와 나의 동생들을 보라 50누구든지 하늘에 계신 내 아버지의 뜻대로 하는
자가 내 형제요 자매요 어머니이니라 하시더라

복음서의 내러티브를 읽을 때 자칫 이것이 실제로 있었던 사람들, 장소, 사건에 대한 기록이라는 사실을 잊기 쉽다. 성경의 이야기는 단순히 잠자리에 든 아이들에게 좋은 도덕성을 심어주려고 들려주는 허구의 인물에 대한 이야기가 아니다. 그리고 그곳에 있었을 수도 있고 없었을 수도 있는 먼 친척들의 희미한 기억에서 끌어낸 신화나 전설도 아니다. 이것은 목격자 진술–목격자(마태와 요한)가 직접 쓰거나 수많은 목격자를 만날 수 있었던 사람들(마가와 누가)이 쓴–에 근거한 내러티브다.

예수님의 말씀과 행적에 대한 마태의 이야기는 현실 세계에서 일어난 일을 기록한 것이기 때문에 읽으면서 실제 현장을 상상해보아야 한다. 물론 이것은 1세기의 언어, 문화, 지리를 연구한 역사가들에게도 쉽지 않은 일이다. 성경의 내러티브를 따라가면 우리가 살고 있는 21세기 세상과는 전혀 다른 1세기의 중동 문화 속에 살았던 낯선 사람들을 만나고 생소한 장소들을 지나가게 된다.

요약된 설명보다 더 상세한 내용이 담긴 짤막한 대화의 단편들을 읽을 때는 종종 그 사건의 주변 상황과 세계에 대한 지식으로 공백을 메워야 한다. 마태복음 12장 38-50절에 기록된 예수님과 바리새인 그리고 예수님과 예수님의 가족이 주고받은 대화 역시 복음서의 중요한 줄거리와 어떻게 어우러지는지 신중히 생각해볼 필요가 있다. 우리가 이 대화를 녹음했고, 당시의 통속어였을 아람어를 알아들을 수 있다면 당연히 대화의 의미를 더 잘 이해하는 데 도움이 되는 사람들의 어투를 들을 것이다. 지금부터 예수님의 놀라운

말씀을 듣기 위해 모인 구경꾼 무리 속에 있다고 생각하며 약간의 '거룩한 상상력'을 발휘해보자.

—12:38–42—

이 대목의 첫 번째 대화에는 서기관들과 바리새인들의 이상한 요청이 들어 있다. "선생님이여 우리에게 표적 보여주시기를 원하나이다"(12:38). 내가 이 말을 이상하게 여기는 까닭은 그 말을 한 사람들이 방금 예수님을 사탄의 밀사라고 비난했던 서기관들과 바리새인들이었기 때문이다(12:24). 위선으로 가득 찬 그 종교 지도자들은 군중 앞에서 예수님을 존경하는 척하고 있었다. 그들은 언뜻 경의를 표하는 것처럼 예수님을 "선생님"–아람어로 랍비였을 것이다–이라고 부르면서 계략을 철저히 숨겼다. 그러나 A. B. 브루스가 지적했듯이 독자는 실제로 무슨 일이 벌어지고 있는지 알아야 한다. 표적을 보여달라는 그들의 요구는 "무례하고, 위선적이고, 모욕적이었다."[100]

그렇다면 그들은 왜 표적을 요구했을까? 어쩌면 바리새인들은 자기들이 가짜라고 생각하는 예수님이 '표적'을 행하는 것을 많이 보면 그분이 실제로 어떻게 했는지 알아낼 수 있을 거라고 생각했는지도 모른다. 마치 마술사의 손 기술을 폭로하려고 마술사에게 "다시 해봐요…다시…또다시 해봐요"라고 말하는 것처럼 말이다. 어쨌든 예수님의 반대자들은 더 많은 사람이 예수님을 믿게 만들려고–필연적으로 그렇게 되겠지만–그분을 회유하는 것이 아니었다. 그들은 기적적인 치유의 은택에는 관심이 없었다. 어쨌거나 안식일에 사람을 치유하는 것을 허용할 정도로 그들은 사람들을 아랑곳하지 않았다. 그만큼 서기관들과 바리새인들은 예수님을 사기꾼으로 만들고 싶었다. 그들은 이미 예수님을 악마의 도구로 단정지었다. 이제 그들은 그분을 보내버릴 그분의 '표적'이 무엇인지 정확히 보기 원했다.

그들의 위선을 아시는 예수님은 호락호락 넘어가지 않으셨다. 그분은 표적을 찾는 자들을 "악하고 음란한 세대"(12:39)라고 부르셨다. 바울도 훗날 하나님의 말씀을 믿기 위해 끊임없이 "표적"을 구하는 유대인들을 호되게 나무랐다(고전 1:22). 예수님은 사역을 시작하신 이래로 이제까지 놀라운 표적과 기사와 기적을 행하셨기 때문에 그분이 이렇게 질책하신 것은 의외의 일이다. 그분은 심지어 서기관과 바리새인들의 눈앞에서 놀라운 표적을 많이 행하셨다. 그런데 그분은 왜 그들의 요구대로 그냥 기적을 하나 더 행하지 않으셨을까? 그분은 그들의 동기와 강퍅한 마음 그리고 그분이 그들의 변덕에 장단을 맞추면 그로 인해 그들이 점점 더 사악해질 것을 아셨기 때문이다. 예수님은 기적이 그분을 반대하는 자들에게 아무런 도움이 되지 않는다는 것을 그들보다 더 잘 알고 계셨다. 실제로 기적은 그분의 정체성에 대한 명확하고 설득력 있는 증거만 늘어나게 할 뿐이기 때문에 거부할 증거가 많아질수록 바리새인들은 하나님 앞에서 더 많은 죄를 짓게 되었다.

예수님은 그들이 얻을 표적은 "선지자 요나의 표적"(마 12:39) 하나밖에 없다고 말씀하셨다. 요나가 삼 일 밤낮을 물고기 뱃속에서 보내고 살아남았듯이 인자도 땅속 깊은 곳에서 삼일 밤낮을 지내고 다시 살아나실 것이다(12:40). 물론 바리새인들은 예수님이 자기의 죽음, 매장, 부활에 대해 말씀하고 계신다는 것은 까맣게 몰랐을 것이다.

그러나 미래를 아시는 예수님은 유대인 지도층과 이스라엘 민족 대부분이 부활의 기적을 보고서도 꿈쩍하지 않으리라는 것을 잘 알고 계셨다. 그것이 바로 요나가 물고기 뱃속에서 기적적으로 구출된 사건과 장차 있을 예수님의 기적적인 부활 사이의 유사점이다. 요나가 바닷속에서 죽음 같은 사흘을 보낸 뒤 니느웨에 나타나 산에 표백되어 창백해진 낯빛으로 비린내를 풍기며 설교했을 때 니느웨 백성은 회개했다(12:41). 하나님의 말씀과 역사에 응답한 니느웨 백성은 훗날 메시아를 거부한 "악하고 음란한 세대"(12:39)를 심판하는 위치에 있을 것이다. 분명 예수님은 "요나보다 더 큰 이"었다(12:41)

예수님은 그냥 위대한 선지자가 아니셨다. 그분은 가장 위대한 왕이기도 하셨다. 이처럼 예수님은 이스라엘의 가장 지혜로운 왕으로 여겨졌던 솔로몬보다도 위대하셨다. 솔로몬의 지혜는 소문이 자자해서 "스바의 여왕"도 그를 접견하고 "어려운 문제로 그를 시험"(왕상 10:1)하려고 멀리서 찾아왔다. 여왕은 솔로몬의 지혜와 위대함 그리고 그의 왕국의 위대함을 알아보고 이렇게 평했다. "이제 와서 친히 본즉 내게 말한 것은 절반도 못되니 당신의 지혜와 복이 내가 들은 소문보다 더하도다"(왕상 10:7). 그에 반해 "솔로몬보다 더 큰"(마 12:42)이 앞에 섰던 바리새인들은 그분의 지혜와 크심을 알아보기는커녕 그분을 바보 또는 사기꾼이라며 거부했다. 그러므로 말하자면, 스바의 여왕이 심판의 날에 그들을 단죄할 것이다.

예수님과 마음이 강퍅한 바리새인들과의 관계를 보면 진리를 접하고도 그것이 우리의 삶 속에 들어와 변화를 일으키는 것을 허용하지 않을 수 있음을 알 수 있다.

—12:43-45—

언뜻 보면 "더러운 귀신"에 대한 예수님의 이야기는 난데없다. 그 비유는 이렇다. 사람에게서 나온 귀신이 다른 거처를 찾으려고 한다. 이 말에는 숙주의 몸 안에 있는 동안 그 악령은, 아마도 퇴마 의식으로 괴롭힘을 당했고, 그래서 "휴식"이 필요하다는 뜻이 내포되어 있다(12:43). 그러나 더 살기 좋은 곳을 찾지 못한 그 귀신은 어쩌면 전에 자기를 불편하게 했던 요소가 사라졌을 거란 생각에 원래 숙주에게로 돌아가기로 결심한다. 귀신이 돌아와 보니 그 사람의 몸이 "비고 청소되고 수리되었[다]"(12:44). 이는 그 사람이 '심기일전'해서 삶

사흘 밤낮(마태복음 12:40)

마태복음에 기록된 예수님의 죽음, 매장, 부활의 기사를 보면 예수님은 금요일 오후 3시 이후에 절명하셨고(27:45), 해가 지고 안식일이 시작되기 직전인 6시쯤 매장되셨다(27:57-61, 참조. 막 15:42-47). 예수님의 시신은 안식일 내내 땅 속에 누워 계시다가 주일 새벽, 아마 6시 전에, 다시 살아나셨다(마 28:1). 예수님의 육신은 통틀어 36시간 정도 무덤에 계셨다. 그러므로 우리의 통상적인 시간으로 계산해보면 예수님은 하루 반 동안 땅에 묻혀 계셨다. 그런데 마태는 예수님이 "밤낮 사흘 동안 땅 속에 있으리라"(12:40)고 말씀하셨다고 기록한다. 이 명백한 모순을 어떻게 해결할 수 있을까?

일단은 마태가 고의든 우연이든 거짓 증언을 하고 있지 않다는 가정에서 시작할 수 있다. 예수님의 죽음, 매장, 부활이 일어난 시간은 많은 사람이 잘 알고 있었을 것이다. 그러므로 예수님의 말씀은 금요일 일몰 전에 매장되어 토요일 하루 종일 무덤에 누워 계시다가 주일 새벽 미명에 부활하셨다는 잘 알려진 사실을 기반으로 이해되어야 한다. 그렇다면 예수님의 말씀을 어떻게 이해해야 할까?

예수님의 말씀을 해석하려면 1세기의 유대인들이 예수님이 사용하신 표현을 어떤 식으로 이해했을지 알아야 한다. "밤낮 사흘"이라는 말은 문자적으로 24시간이라는 뜻이 아니라 당시의 비유적인 관용구였다.[101] 사무엘상 30장 12절에서도 애굽인 종이 "밤낮 사흘 동안 떡도 먹지 못하였고 물도 마시지 못하였음이니라"고 할 때 같은 표현이 나온다. 다음 구절에서 그 종은 자기가 "사흘 전"(삼상 30:13)에 병에 걸렸다고 말한다. 여기에 나오는 히브리어 표현 *hayōm shelōshah*(H3117+H7969)는 예수님이 무덤에 계셨던 시간과 정확히 같은 기간인 이틀 밤, 하루 종일 그리고 하루의 시작 부분과 또 다른 하루의 끝부분을 말한다.

그러므로 마태는 앞뒤가 안 맞는 말을 한 것이 아니며 우리도 예수님이 묻혀 계셨던 시간이(최소한 부분적으로) 사흘 낮과 이틀 밤(마태복음 27장의 설명대로)인지 아니면 사흘 밤낮(예수님이 마태복음 12장에서 요나와 비교하신 바와 같이)인지, 계속 궁금해할 필요가 없다. 1세기 유대인들이 관용적으로 사용한 "사흘 밤낮"이라는 말은 일반적으로 알려진 기간을 나타내는 비유적 표현이었다.

을 깨끗이 했다는 뜻이다. 하지만 그는 겉모습만 그렇게 했다. 결국 널찍하고 깨끗한 그릇을 찾은 그 귀신은 자기보다 더 나쁜 귀신 일곱을 더 데려와 그 사람을 차지한다. 그 결과 그 사람은 이전보다 상태가 더 나빠졌다(12:45).

이 비유가 강퍅한 서기관과 바리새인과 무슨 상관이 있을까? 이 비유는 교묘하면서도 명쾌하다. 바리새인은 종교적 규율의 엄격한 준수, 겉으로 보이는 법규의 제정과 시행 그리고 아마 당시에 흔했을 퇴마 의식과 관습으로 피상적인 개혁을 시도했었다. 그들은 율법을 준수했지만 회심은 하지 않았다. 그 결과 상태는 전보다 더 나빠졌다. 자기 힘으로 의로워질 수 있다는 생각에 자기들이 실제로 정결하고 거룩하다는 자기기만에 빠졌기 때문이다. 이런 거짓된 의는 자기기만을 낳았고, 심지어 더 악한 상태로 추락하는 통로가 되었다. 이렇게 그들은 용서받을 수 없는 죄- 메시아를 거절하고 성령을 모독한 죄-를 범하게 되었다.

사실 자기가 구원받아야 할 죄인임을 인정하지 않는 독선적인 도덕주의자보다 누가 보아도 죄인이고 자기도 그렇다는 것을 아는 사람을 상대하는 것이 훨씬 쉽다. 전자가 예수님 시대의 유대인 지도자들의 모습이었다. 그들은 비유에 나오는, 성령의 내주하심 없이 무턱대고 자기 개혁을 시도하다가 상태가 악화된 사람과 같았다. "이 악한 세대가 또한 이렇게 되리라"(12:45).

—12:46-50—

예수님과 바리새인들과의 관계가 점점 악화되고 있는 와중에 뜻밖의 사람들이 나타났다. "그의 어머니와 동생들이 예수께 말하려고 밖에 섰더니"(12:46). 그들의 용건이 무엇이었는지는 알려진 바가 없다. 예수님의 어머니와 형제들이 나타났다는 사실은 그들이 그냥 인사나 하려고 들른 것이 아님을 시사한다. 그들은 일부러 나사렛에서 가버나움까지 왔다. 상황으로 보아 무언가 간섭하기 위해 온 것 같다.

예수님의 지상의 아버지 요셉은 이때 이미 세상을 떠난 것으로 보인다. 예수님이 태어나신 뒤 마리아와 요셉은 네 명의 아들딸을 더 낳았다(13:55-56). 예수님이 지상에서 사역하실 때 "그 형제들까지도 예수를 믿지 [않았다]"(요 7:5)고 전해진다. 실제로 예수님의 고향 사람들 중에는 그리고 어쩌면 그분의 가족까지도 "그가 미쳤다"고 말하는 사람들도 있었다(막 3:20–21).

한 사람이 예수님이 가르치고 계시던 집에 들어와 예수님의 어머니와 형제들이 예수님과 대화하러 왔다고 전했다(마 12:47). 아마 그들은 예수님을 그분 자신에게서 '구출'하고 싶었을 것이다. A. T. 로벗슨의 설명이 타당해 보인다. "마리아는 예수님을 집으로 데려가 쉬게 하면서 원기를 회복시키고 싶어 했을 것이다."[102]

예수님의 대답은 모질게 들린다." 누가 내 어머니이며 내 동생들이냐?"(12:48) 얼마나 놀라운 대답인가! 예수님은 가족을 잊으셨는가? 정말로 정신이 나가셨는가? 이어 그분은 신성모독적인 비난과 위협적인 반대 속에서도 그분 곁을 지키고 있는 소중한 제자들에게 갑자기 손을 내미시며 말씀하셨다. "나의 어머니와 나의 동생들을 보라 누구든지 하늘에 계신 내 아버지의 뜻대로 하는 자가 내 형제요 자매요 어머니이니라"(12:49–50).

몇 가지 알아야 할 것이 있다. 예수님은 지상의 가족을 완전히 거부하신 것이 아니었다. 그분은 가족을 무시하거나 무례하게 대하지 않으셨다. 그보다는 당신이 설교하신 것을 실천하고 계셨다. 제자들에게 천국이 지상의 가족 관계보다 우선한다고 가르치셨듯이(10:37) 예수님은 영적인 눈으로 사물을 바라보셨고, 그분의 청중이 그리스도에 대한 믿음을 바탕으로 한 관계가 그 어떤 관계보다 깊다는 것을 알기 원하셨다. 어머니와 형제들도 그들의 구주와 주님으로서 그분과 그런 관계를 맺어야 했다. 존 피터 랭이 지적하듯이 "여기서 예수님은 혈육 관계보다 영적인 관계를 더 우위에 놓으신다. 적어도 그 순간에는 그분의 육친이 순종의 제자도를 따르지 않았기 때문에 제외된 것이다."[103]

AD 60년대에 마태복음을 읽은 최초의 독자들이 이 기사를 읽었을 때 이미 알고 있었던 사실–마리아와 예수님의 형제들은 결국 생각을 바꾸었다–을 알면 오해가 풀린다. 예수님의 부활과 오순절 성령 강림 사이 어느 시점에선가 예수님의 육신의 가족은 영원한 의미를 지닌 더 큰 영적 가족으로 편입되었다. 사도행전 1장 14절은 이렇게 말한다. "여자들과 예수의 어머니 마리아와 예수의 아우들과 더불어 마음을 같이하여 오로지 기도에 힘쓰더라." 예수님의 가족이 예루살렘 교회의 '창립 멤버'가 되다니 얼마나 멋진 일인가.

적용: 마태복음 12:38-50

세 가지 중요한 질문

예수님의 가르침을 둘러싼 논란이 점점 커지고 있음을 보여주는 이러한 일화들은 여러 영역에서 발생했다. 깊은 불신을 품고 음흉하게 표적을 요구한 일, 악령과 자력으로 하는 개혁의 위험성에 대한 비유, 예수님의 지상 가족과 영적 가족의 대비. 예수님의 사역에서 나타난 이런 일화는 우리가 생각해보아야 할 세 가지 중요한 질문을 던진다.

첫째는 바리새인들이 위선적으로 표적을 요구한 일과 관련된 질문이다. 나는 점점 냉소적으로 되어가고 있지 않은가? 냉소는 바리새주의의 대표적인 징후다. 당신이 이 질문을 스스로 해야 하는 이유를 말해주겠다. 매주, 매달 쳇바퀴 돌듯이 돌아오는 수업과 설교, 성경공부로 당신은 끊임없이 하나님의 말씀에 노출될 수 있다. 많은 사람이 이 시간을 통해 계속 변화된다. 그러나 어떤 사람들은 이 모든 것에 대해 둔감해지기 시작한다. 그들은 시냇물 속에 있는 바위와 같다. 물은 유구한 세월 그 주위를 흐르지만, 바위를 뚫고 들어가지 못한다. 스스로에게 물어보라. 나는 말씀 사역에 참석해서 작년에 변화된 것이 있는가? 인내심이 더 많아졌는가? 더 친절해졌는가? 더 온유하고 사랑이 많아졌는가? 더 많이 용서하는가? 아니면 마음이 너무 굳어진 나머지 성령이 주신 하나님의 말씀이 아닌 다른 무언가를 통해 하나님이 내게 더 현실적으로 다가오시기를 바라는가? 이것은 당신만 답할 수 있는 질문이다.

둘째는 자기를 깨끗하게 만든 귀신 들린 자의 예화에 나타난 바리새인들의 뿌리 깊은 도덕주의와 자기 개혁에 관련된 질문이다. 나는 속에서부터 내 마음과 생각을 변화시키기 위해 내 삶에 역사하시는 성령께 의지하고 있는가, 아니면 외적인 기준에 맞추기 위해 행동만 수정하고 있는가? 당신이 스스로를 꽤 좋은 사람이라고 생각하고, 부족한 것이 없으며, 죄를 많이 짓지 않고, 유혹을 거의 피한다면, 문제가 심각하다. 당신은 케케묵은 도덕주의에 빠져들 가능성이 크다. 당신은 구세주가 필요한 죄인임을 자인해야 한다. 당신은 그리스도인의 삶을 시작하고 심판을 면하기 위해서도 그분이 필요하지만, 평생 죄악으로 가득 찬 생활에서 구제받고 잘못된 길로 갔을 때 용서받기 위해서도 그분이 필요하다. 부디 하나님이 우리 모두를 형식적 신앙과 자조(자력 구제)에서 구해주시고, 우리는 완전하지 않기에 그분의 진리와 은혜가 필요하다는 것을 깊이 깨닫게 해주시기를!

셋째는 우리와 그리스도와의 관계를 최우선 순위에 놓는 것과 관련된 질문이다. 나는 내 인생에서, 심지어 가족보다도, 그리스도를 맨 앞에 놓는가? 그리스도가 지금 하고 계시는 일에서 그분의 나라를 위해 더 중추적이고 전략적인 일로 당신을 부르신다면, 설령 그 일이 당신 가족에게 약간의 고난을 의미하더라도, 당신은 가겠는가? 당신과 당신 가족은 부모, 조부모, 형제와 자매를 비롯해 일가친척과 멀리 떨어진 다른 지역 또는 다른 나라로 이주할 수 있는가? 아니면 인생의 모든 일과 사역에 관한 결정을 할 때 가족을 최우선으로 배려하는가? 내 말을 오해하지 말라. 나는 방치나 학대, 가족을 부양하지 않는 것에 대해 말하는 것이 아니다. 배우자나 자녀가 있는 사람들은 가정 사역도 중요하고 소중하다. 그러나 가족이 우리 삶의 왕좌를 차지하고 모든 결정과 행동을 좌우하도록 하는 것이 얼마나 쉬운가.

그리스도의 가르침과 모범에 비추어 우리는 냉소주의와 도덕주의를 피하고 그리스도에 대한 집중력을 잃지 않으면서 이 세 가지 중요한 질문에 더 긍정적인 답을 할 수 있다. 그러나 그분과의 올바른 관계를 통해서, 그리고 성령의 힘에 의지해야만 그렇게 할 수 있다.

들어도 듣지 못하는 자들을 위한 이야기(마태복음 13:1-23)

1그 날 예수께서 집에서 나가사 바닷가에 앉으시매 2큰 무리가 그에게로 모여 들거늘 예수께서 배에 올
라가 앉으시고 온 무리는 해변에 서 있더니
3예수께서 비유로 여러 가지를 그들에게 말씀하여 이르시되 씨를 뿌리는 자가 뿌리러 나가서 4뿌릴
새 더러는 길 가에 떨어지매 새들이 와서 먹어버렸고 5더러는 흙이 얕은 돌밭에 떨어지매 흙이 깊
지 아니하므로 곧 싹이 나오나 6해가 돋은 후에 타서 뿌리가 없으므로 말랐고 7더러는 가시떨기 위
에 떨어지매 가시가 자라서 기운을 막았고 8더러는 좋은 땅에 떨어지매 어떤 것은 백 배, 어떤 것
은 육십 배, 어떤 것은 삼십 배의 결실을 하였느니라 9귀 있는 자는 들으라 하시니라
10제자들이 예수께 나아와 이르되 어찌하여 그들에게 비유로 말씀하시나이까 11대답하여 이르시되
천국의 비밀을 아는 것이 너희에게는 허락되었으나 그들에게는 아니되었나니 12무릇 있는 자는 받아 넉
넉하게 되되 없는 자는 그 있는 것도 빼앗기리라 13그러므로 내가 그들에게 비유로 말하는 것은 그들이
보아도 보지 못하며 들어도 듣지 못하며 깨닫지 못함이니라 14이사야의 예언이 그들에게 이루어졌으니
일렀으되

너희가 듣기는 들어도 깨닫지 못할 것이요
보기는 보아도 알지 못하리라
15이 백성들의 마음이 완악하여져서
그 귀는 듣기에 둔하고 눈은 감았으니
이는 눈으로 보고
귀로 듣고
마음으로 깨달아 돌이켜
내게 고침을 받을까 두려워함이라
하였느니라

16그러나 너희 눈은 봄으로, 너희 귀는 들음으로 복이 있도다 17내가 진실로 너희에게 이르노니 많은 선
지자와 의인이 너희가 보는 것들을 보고자 하여도 보지 못하였고 너희가 듣는 것들을 듣고자 하여도
듣지 못하였느니라
18그런즉 씨 뿌리는 비유를 들으라 19아무나 천국 말씀을 듣고 깨닫지 못할 때는 악한 자가 와서 그
마음에 뿌려진 것을 빼앗나니 이는 곧 길 가에 뿌려진 자요 20돌밭에 뿌려졌다는 것은 말씀을 듣고 즉시
기쁨으로 받되 21그 속에 뿌리가 없어 잠시 견디다가 말씀으로 말미암아 환난이나 박해가 일어날 때에
는 곧 넘어지는 자요 22가시떨기에 뿌려졌다는 것은 말씀을 들으나 세상의 염려와 재물의 유혹에 말씀
이 막혀 결실하지 못하는 자요 23좋은 땅에 뿌려졌다는 것은 말씀을 듣고 깨닫는 자니 결실하여 어떤 것
은 백 배, 어떤 것은 육십 배, 어떤 것은 삼십 배가 되느니라 하시더라

마태복음을 읽는 사람은 누구나 12장에서 13장으로 넘어갈 때 변화를 감지한다. 이전에 예수님은 공개적으로 거침없이 말씀하셨다. 그분은 거침없이 자신을 바치셨고, 말과 행위로 그분이 정말로 대망의 메시아, 이스라엘의 왕이심을 보여주셨다. 잇따른 기적이 그분을 따르는 모든 사람의 관심을 사로잡았고, 그로 인해 그분은 하나님 나라와 참된 의에 대한 가르침을 명쾌하고 담대하게 전하실 수 있었다. 그분은 자기가 전대미문의 선지자이자 왕이라는 놀라운 증거를 제시하셨다. 실제로 그분은 죄와 질병과 사탄에 대한 신적 권위를 가진 '인자'이셨다.

그러나 모든 사람이 예수님의 메시지에 긍정적으로 반응하지는 않았다. 종교 지도자들의 초기 반응은 냉담한 호기심이었다. '듣도 보도 못한 나사렛 출신 방랑 설교자가 무슨 대단한 말을 할 수 있을까?' 그런데 그분은 가르치실 때마다 그들의 위선을 더 많이 드러내셨

다. 그 때문에 그들은 분개했고, 결국 그분을 죽이려는 음모를 꾸미게 되었다!

이때부터 예수님은 '잠행'을 하셨다. 대중과의 공개 토론에서 간접적인 소통 형태로 전략을 변경하셨다. 또 메시지를 의도적으로 감추어서 영적으로 깨어 있고 헌신된 사람들만 그 뜻을 '이해할 수' 있게 하셨고, 올바른 해석이 필요한 수수께끼 같은 비유를 사용하기 시작하셨다.

그래서 메시지를 들었다고 해서 모두가 알아들을 수 있는 것은 아니었다.

—13:1–2—

예수님은 기진맥진하셨을 것이다!

이전 안식일에 예수님은 제자들이 곡식을 수확했다고 트집을 잡는 바리새인들을 상대로 제자들을 변호하셨어야 했다(12:1–7). 같은 날, 이 율법주의자들은 예수님이 손 마른 사람을 고쳐주신 것을 비난했다(12:10). 예수님이 당신의 행위를 성경적으로 변호하시자 그분을 죽일 음모를 획책한 것도 같은 집단이었다(12:14). 그 계략을 아신 예수님은 도망치셨지만 군중은 계속 늘어났고, 그분은 아픈 자들을 계속 고쳐주셨다(12:15). 그 후 귀신 들려 보지도 못하고 말하지도 못하는 사람을 만나 귀신을 쫓아주셨다(12:22). 이 일에 대해 바리새인들은 예수님이 사탄의 힘으로 활동한다고 비난했다(12:24). 그분의 반대자들은 그분이 일으키신 기적에서 결점을 찾아내어 함정에 빠뜨리려고 더 강하게 밀어붙였다(12:38–45). 적들이 이렇게 호시탐탐 공격할 기회만 노리고 있는 와중에 예수님의 가족이, 아마도 예수님을 집으로 데려가려고 나사렛에서 왔다. 어쩌면 그들은 예수님이 제정신이 아니라고 생각했을 수도 있다(12:46–50).

나도 바쁘게 살았지만 마태복음 12장에 나오는, 극심한 스트레스를 주는 사건들은 도가 지나쳐 보인다. 그러니 13장이 이렇게 시작하는 것이 놀랍지 않다. "그 날 예수께서 집에서 나가사 바닷가에 앉으시매"(13:1). 예수님은 사람들에게서 벗어나 신선한 공기를 마시며 숨을 돌리셔야 했다. 눈을 감으면 들꽃의 향기, 새들이 지저귀는 소리, 해안에 철썩이는 파도 소리 그리고 그분이 다음에 무슨 일을 하시고 무슨 말씀을 하실지 보고 듣기 위해 모여드는 군중의 소리가 들렸을 것이다!(13:2) 예수님이 다시 사역을 시작하시기 전에 얼마나 오래 쉬셨는지 우리는 모른다. 이제 휴식은 끝났다.

우리는 예수님이 어디서 대중을 가르치셨는지 대충 짐작할 수 있다. 가장 유력한 지점은 갈릴리 호수에 인접한 가버나움에서 남서쪽으로 약 1.6킬로미터 정도 떨어진 곳에 있는 반원형의 작은 만이다. 그릇 모양의 지형이 소리의 울림을 증폭시켜 완만한 경사지에 모여 있는 많은 사람이 연사의 말을 들을 수 있게 해주었다.[104] 일종의 천연 극장인 셈이다. 그런데 해결이 불가능하지는 않지만 약간 불편한 문제가 있었다. 가르치는 교사나 설교자가 물속에서 해안을 바라보며 서 있어야 한다는 점이다! 목소리가 수면에서 굴절되어야 뭍에 있는 수천 명의 청중의 귀에 전달될 수 있기 때문이다. 그 때문에 예수님은 배를 타고 반원의 중앙에 자리를 잡으셨다. 그리고 앉아서 "비유로"(13:3) 가르치기 시작하셨다.

—13:3-9—

나는 예수님이 보통 사람도 이해할 수 있도록 비유로 가르치셨다는 말을 자주 듣는다. 일상에서 끌어온 이야기와 예화를 사용해서 복잡한 개념을 단순하게 만들고 어려운 진리를

Todd Bolen/BiblePlaces.com

예수님이 배 위에서 가르치신 장소로 추정되는 '씨 뿌리는 자의 만' 또는 "비유의 만."

받아들이기 쉽게 만드실 수 있었다는 것이다. 그럴듯하게 들리지만 이 말은 전혀 사실이 아니다. 이제부터 보게 되듯이 예수님은 사역에 대한 반감이 커지자 당신을 원하는 사람들에게는 진리를 밝히시면서 동시에 당신을 반대하는 자들에게 진리를 숨기시고자 비유로 가르치기 시작하셨다. 그렇기 때문에 각각의 비유에 담긴 주요 진리는 낮게 드리워진 나무 열매처럼 누구나 쉽고 분명하게 이해할 수 있는 것이 아니었다. 비유는 그것을 들을 마음이 있는 자들에게만 들렸다. 즉, 해석의 열쇠이신 예수님이 듣는 자의 생각과 마음을 열어 주셔야 했다.

이 바닷가에서 일어난 일련의 이야기 중 첫 번째는 이제는 상징이 되었지만, 예수님 시대에는 지극히 친숙했을 이미지를 소개한다. 앞 장에서 우리는 예수님이 곡식밭을 제자들과 걸으시는 장면을 보았다(12:1). 모두 그 곡물이 어떻게 거기서 자랐는지 알고 있었다. 농부, 곧 그 밭의 주인이나 관리인이 그 밭에 씨를 뿌렸을 것이다. 당시 농부들은 수확기를 사용하지 않았기 때문에 곡물을 줄을 맞춰 가지런히 심지 않았다. 먼저 땅을 뒤집어 엎고 쟁기나 손에 쥘 수 있는 다른 도구로 흙을 부드럽게 골랐다. 그런 다음 씨앗 보따리를 허리에 차고 손으로 씨를 흩뿌렸다.

밭은 대개 밭에서 나온 돌로 만든 담이나 포장된 길 같은 일종의 장애물로 둘러싸여 있었다. 더러 가시덤불을 자라게 해 농지의 경계선을 표시하기도 했다. 토양의 질은 밭마다 다를 수 있다. 어떤 부분은 깊고 비옥하고, 어떤 부분은 얕고 척박할 수 있다. 그래서 어떤 씨앗들은 어쩔 수 없이 제대로 자라지 못하는 곳에 떨어지게 된다.

이 익숙한 장면이 예수님의 씨 뿌리는 자, 땅, 씨앗에 관한 비유의 배경이었다. 예수님은 씨 뿌리는 자의 씨앗이 떨어지게 될 네 가지 유형의 땅을 말씀하셨다. 길 가(13:4), 흙이 얕은 돌밭(13:5-6), 가시떨기(13:7), 좋은 땅(13:8). 하나하나 차례로 살펴보자.

길 가(13:4). 길바닥은 쟁기질이 된 밭 가장자리를 따라 난 길이나 그 길 너머 사람의 발길에 다져진 길을 말한다.[105] 이런 곳은 농부들의 발길에 다져져서 대개 딱딱했고 포장도로처럼 단단한 경우도 있다. 사람들이 밟고 다녀 풀도 자라지 않는 잔디밭 가운데 난 길을 떠올려보라. 곡물의 씨앗이 이런 곳에 떨어지면 새들의 먹이가 될 수밖에 없다.

흙이 얕은 돌밭(13:5-6). 예수님은 이런 지역을 "돌밭"이라고 부르셨는데, 이런 곳은 표토의 깊이가 겨우 5센티미터밖에 안 될 수도 있다. 겉보기에는 파종하기 적합하고 비옥한

묵상의 서재

짧은 휴식(마태복음 13:1)

마태복음 12장에서 예수님이 정신없이 바쁜 사역 일정을 소화하시는 모습과 13장 1절에서 예수님이 집에서 나와 바닷가에 앉아 있고 싶어 하셨던 모습을 보면 나는 슬그머니 미소가 지어진다. 오래전 우리 아이들이 모두 어렸을 때 있었던 일이 떠오르기 때문이다. 나는 하루 이틀이 아니라 몇 달 동안 쉬지 않고 '항시' 사역 중인 시절을 보냈다. 온 가족이 오랫동안 그렇게 열심히 일한 끝에 나는 가족 모두에게 휴식이 필요하다는 생각이 들었다. 아내와 나는 우리가 제일 좋아하는 하와이 카우아이 섬으로 탈출할 계획을 세웠다. 그곳은 우리가 사역의 의무에서 가장 멀어질 수 있는 장소이기도 해서 잠시 쉬어가기에 더할 나위 없는 휴양지였다. 그곳에는 우리를 아는 사람이 없을 테니까.

어느 이른 아침 나는 아이들을 데리고 낚시를 하러 갔다. 우리는 동트기 훨씬 전에 북쪽 해안으로 갔다. 배를 타고 나가 물고기를 제법 많이 낚았다. 멋진 날이었다. 우리는 잡은 고기를 줄에 꿰어 달고 해안으로 돌아갔다. 양옆에 두 아들을 데리고 뭍으로 첨벙첨벙 걸어가다 고개를 들었을 때 한 무리의 사람이 우리를 향해 걸어오고 있는 것이 보였다. 아들아이가 숨죽여 말했다. "저 사람들이 아빠한테로 오고 있어요. 우리는 저쪽으로 갈게요."

"아냐, 아냐." 내가 말했다. "우리가 여기 있는지 아무도 몰라."

하지만 아이들은 가버렸다. 아이들은 내게 한 꾸러미의 물고기와 한 무리의 하와이 사람들을 남겨놓고 차로 향했다. 놀랍게도 그들은 성경을 가져와서 말했다. "스윈돌 형제님, 당신이 우리 섬에 왔다는 말을 들었답니다. 그래서 당신에게 가르침을 받으려고 왔어요." 마음 한편에서 기적을 보여주고 싶은 마음이 스멀스멀 올라왔다. "여러분이 눈을 감고 45까지 세면 제가 사라질 겁니다." 하지만 나는 그러지 않았다. 그건 그들에게 무례한 행위였으니까.

하지만 나는 그들을 가르치지도 않았다. 그건 우리 가족에게 무례한 행위였으니까. 나는 그들에게 우리 가족이 함께 평화롭고 조용한 시간을 보내고 있으며, 그건 우리에게 정말 필요한 일이라고 말하고 그들을 돌려보냈다.

예수님처럼 바쁘게 살 수 있는 사람은 내가 아는 한 없다. 분명한 것은 나는 그런 무한한 에너지가 없다는 것이다. 그러나 예수님은 우리가 "늘 일만 하고 있기를" 원하지 않으신다. 그것은 우리의 건강과 가정의 건강에 좋지 않고, 우리가 섬기는 사람들에게도 좋지 않다. 그런 의미에서 그런 군중에 속하는 사람들에게 한 가지 제안을 하겠다. 우리는 목사, 교수 그리고 기타 사역의 중책을 맡은 사람들의 필요에 민감해야 한다. 그런 사람들이 쉬는 것을 보면 쉬게 하라. 가족과 잠시 휴식 시간을 보내는 것을 보면 그들을 그냥 두라. 유명 인사가 가족이나 친구와 저녁 식사를 하고 있는 것을 보면 방해하지 말라. 우리 모두가 그렇듯 그들도 쉼이 필요하다.

토양처럼 보일지 몰라도 농부가 괭이질을 하면 이내 뚫을 수 없는 암석에 부딪히게 된다. 그 결과 심어진 씨앗은 발아하여 줄기가 자라지만 영양을 공급해줄 뿌리가 없기 때문에 곧 햇빛에 바싹 타버린다.

가시떨기(13:7). 이것은 밭 가장자리에서 볼 수 있는 큰 가시덤불 같은 땅을 가리킬 수 있다. 이 이미지를 해석하는 또 다른 방법은 밭에 잡초가 자라듯이 땅에 가시떨기의 씨앗이 떨어져 있지만, 농부는 그것을 모르는 상황을 상상하면 된다. 곡물이 발아하면서 가시떨기도 발아하고, 그것은 곡물보다 훨씬 빨리 자란다.[106] 어느 쪽이든 최종 결과는 같다. 가

비유(마태복음 13:3)

예수님이 즐겨 사용하신 학습 도구 중에서 비유만큼 심오한 영적 진리를 잘 전달하는 것은 없었다. 비유는 양날의 검이었다. 비유는 드러낼 수도 있었고, 또 숨길 수도 있었다. 예수님이 제자들과 비방하는 사람들이 혼재된 청중을 가르치실 때 비유를 사용하기를 더 좋아하신 것도 그런 이유에서였다. 실제로 비유는 기록된 예수님의 말씀 중에서 3분의 1 이상을 차지한다.[107] 이렇게 비유로 이야기하는 독특한 학습법은 두 가지 중요한 목표를 성취했다. 적대적인 회의론자들을 쫓아버리고 진지한 제자들을 준비시켰다.

"비유"라는 말은 원래 헬라어 *parabolē*(3850)의 음역이다. 이 단어는 '나란히 놓다'는 뜻을 내포한다. 즉, 교사가 전달하고자 하는 이야기와 교훈 또는 원칙 사이에서 교육적인 유사점을 끌어내는 것이다.[108] 예시라고 불리기도 하지만, 비유는 길건 짧건 항상 이야기 형태로 전달된다. 비유의 대상이 직접적이고 문자적인 우화와 달리 비유는 하나의 큰 개념에 초점을 맞추기 때문에 의도적으로 덜 정확하다. 그러므로 비유를 해석할 때 두 가지 오류, 즉 예시된 진리의 핵심을 놓치는 것과 온갖 소소한 요소들을 과잉 분석하는 것을 경계해야 한다. 첫 번째 오류는 비유를 마치 역사적 서술, 실제 사건의 기록인 양 받아들일 때 발생한다. 두 번째 오류는 이야기를 모든 소소한 부분이 실제적인 무언가와 직접적인 연관성을 가지는 우화처럼 취급할 때 발생한다.

교사는 비유 안에서 흔하고 일상적인 상황을 사용해서 생소하거나 심지어 초자연적인 의미를 전달한다. 비유는 단순하고 분명한 것을 전달하는 것처럼 보이지만, 청중이 전달된 진리를 제대로 이해하기 위해 더 깊이 생각하도록 유도한다. 듣는 자가 정확한 해석을 하는 데 필요한 요소가 두 개 있다.

첫째, 이해하려는 의지. 배울 마음이 없는 사람은 걸핏하면 비유를 헛소리로 매도하고 교사를 바보로 취급하며 배척한다. 예수님을 거부하는 사람들도 그분의 비유에서 그들이 생각하기에 그럴 만한 명분을 찾아냈다. 그들은 요령부득한 이야기를 두서없이 늘어놓거나 깊이 없는 서민적인 이야기를 꾸며내는 것처럼 보이는 비유를 마뜩잖아 하거나 갈피를 잡지 못했다.

둘째, 영적 분별력. 예수님의 비유는 현재의 자연계 너머에 존재하는 진리를 드러낸다. 그것은 천상의 진리일 수도 있고, 장차 일어날 예언적인 진리일 수도 있다. 그분의 가르침은 과학적 연구로 접근할 수 없다. 그것은 자연 세계를 초월해 초자연을 이해할 수 있는 누군가가 밝혀내야 한다. 그러므로 비유를 이해하려면 성령의 도우심과 해석의 열쇠가 있어야 한다. 다행히 주님은 기꺼이 배우고자 하는 사람, 곧 그분의 진정한 정체성을 받아들여 성령을 안내자로 받은 자들은 누구나 가르치시겠다고 약속하셨다.

시투성이 잡초가 자라면서 주변 식물들에게서 햇볕을 빼앗고, 땅에서 영양분을 훔쳐서 곡물을 질식시킨다.

좋은 땅(13:8). 좋은 땅은 잡초로 오염되지 않고, 가시떨기에 숨 막히지 않으며, 사람의 발에 밟히지 않고, 새의 공격을 받지도 않으며, 열에 타지 않고, 돌투성이가 아닌 깊고 비옥한 토양을 말한다. 그런 이상적인 토양은 풍성한 결실–때로는 30배, 60배, 100배의 결실–을 맺는다. 다시 말해, 크게 증식한다는 뜻이다.

이것으로 비유는 끝난다. 사람들은 이야기를 들었다. 이제 그 이야기의 진리를 "듣고자 하는" 사람들에게 필요한 것은 이 비유를 숙고하는 것이다(13:9). 물론 그날 갈릴리 호수의 작은 만 주위에 모인 모든 사람은 예수님이 하시는 말씀을 들을 수 있었다. 그러나 들을 귀가 있다고 해서 그들이 정말로 듣고 있다고 할 수는 없다. 청중이 모두 머리를 끄덕이며 '훌륭한 농예 수업이야. 잊지 말고 내년 봄에 씨를 심을 곳을 신중히 골라야지'라고 생각했다면 완전히 헛다리를 짚은 것이다. 진심으로 경청하는 사람들은 예수님이 이 이야기를 통해 더 깊고 영적인 의미를 전달하고 계시다는 것을 깨달았을 것이다.

—13:10–17—

예수님은 이전까지 이런 방식으로 가르치신 적이 없었다. 그래서 제자들이 개인적으로 예수님께 여쭈었다. "어찌하여 그들에게 비유로 말씀하시나이까?"(13:10) 예수님은 이 새로운 방법을 사용하시는 이유를 자세히 설명하셨다. 심오한 개념을 쉽게 설명하기 위해서가 아니었다. 군중의 관심을 끌기 위함도 아니었다. 그분의 교수 방식에 다양성을 더하려는 것도 아니었다. (성경 교사들이 이런 이유들을 든다고 들었다.) 예수님은 단순한 청중과 진정한 청중을 구분하기 위해서 비유를 사용하셨다.

13장 11–13절에서 예수님은 두 부류의 사람, 곧 제자들처럼 하나님이 "천국의 비밀을 아는 것"을 허락하신 자들과 바리새인과 다른 불신자들처럼 그런 지식이 "허락되지 아니한" 자들(13:11)을 묘사하셨다. "비밀"[*mystērion*(3466)]로 번역된 용어는 '은밀한 가르침', '하나님의 사적인 조언' 또는 '정상적인 이해를 초월하는' 어떤 것을 나타낸다.[109] 이 경우 예수님이 언급하신 비밀은 특별한 계시로만 알려질 수 있는 하나님의 일이다. 그런데 그 특별한 계시 자체도 성령이 뜻을 밝혀주셔야 이해할 수 있다.

이어 예수님은 그 지식을 이해하고 응답하는 몇몇 사람은 더 깊은 깨달음을 얻을 것이라고 말씀하셨다(13:12). 이는 예수님이 누구시며 무엇을 성취하러 오셨는지 다 이해하지는 못했어도 당신을 받아들이고, 신뢰하며, 하나님의 비밀에 대한 더 깊은 진리를 계속 배울 수 있을 만큼은 이해한 제자들을 에둘러 가리키신 말씀이다. 예수님을 받아들임으로써 그들은 비유를 이해할 수 있는 해석의 열쇠를 갖게 되었다.

이와는 반대로 믿음이 없고 마음이 강퍅한 사람들이 천국의 비밀에 응답하지 않으면 갖고 있던 작은 것마저도 잃게 될 것이다(13:12). 그토록 많은 진리에 노출되고도 받아들이지 않은 강퍅한 바리새인들(마태복음 12장 참조)은 이제 갈수록 더 많은 것을 부정하며 죄의식을 쌓고 있었다. 그들은 믿음으로 반응할 기회가 있었지만 도리어 반항했다.

예수님은 이렇게 자신의 비유에 대한 두 가지 다른 유형의 반응을 설명하셨다. 모든 사람이 그분이 행하시는 초자연적인 사역의 의미를 제대로 볼 수 있는 눈이나 그분의 가르침에 담긴 더 깊은 의미를 들을 수 있는 귀를 가진 것은 아니기에 예수님은 비유로 가르치기 시작하셨다. 다시 말해, 그들은 예수님이 누구신지 실제로 이해하지 못했다. 그리고 그들이 이 기본적인 진리를 이해하지 못한다면 다른 것도 다 이해하지 못할 것이다(13:13).

이처럼 가장 단순한 영적 진리에도 마음을 열지 않고 매몰차게 저항하는 유대인 지도자들은 7세기 전 이사야 선지자 시절의 선조들처럼 하나님의 말씀에 반응하고 있었다. 불행히도 수 세기가 흘렀어도 인간의 본성은 전혀 변하지 않았다. 예수님은 반대자들의 깊은 속내를 통찰할 수 있는 단서를 이사야 6장 9–10절에서 가져오셨다. 그들은 끊임없이 "듣고" "보고" 있었지만, 그들 앞에 놓인 현실을 "이해하지도" "인식하지도" 못했다(마 13:14). 왜일까? "이 백성들의 마음이 완악하여져서" 완강하게 눈을 감고 귀를 막았기 때문이다. 이처럼 그들은 진정한 회개 그리고 회개에 수반되는 진정한 치유와는 거리가 멀었다(13:15).

예수님 시대의 종교 지도자들은 이사야 시대에 반항하던 이스라엘 민족 같았다. 이스라엘 백성의 완고한 반항은 나라의 멸망과 백성의 유배로 이어졌다. 결국 문제는 그들의 눈과 귀와 생각에 있지 않았다. 그것은 마음의 문제, 곧 영적 문제였다.

예수님은 당신을 메시아로 받아들여 더 심오한 영적 진리를 풀 열쇠를 얻은 제자들에 대한 칭찬을 끝으로 영적으로 듣지 못하고 보지 못하는 자들을 향한 신랄한 비난을 그치셨다(13:16). 제자들은 이 지식을 자신의 힘이 아니라 하나님의 축복으로 갖게 되었다. 예수님의 제자들은 구약의 선지자들과 옛 의인들이 바라던 그것-이스라엘이 고대하던 메시아 왕의 출현-을 마음으로 깨닫고 알아볼 수 있었다(13:17).

—13:18-23—

제자들은 모든 진리의 중심이자 근원이신 예수님과 특별한 관계에 있었기 때문에 예수님은 그들과 씨 뿌리는 자, 땅, 씨앗에 관한 비유의 해석을 나누셨다(13:18). 이 비유의 주제는 냉철한 반대자들에게 딱 들어맞았다. 이 비유에서 땅의 상태는 진리의 수용을 결정하는 사람의 마음 상태를 보여준다. 군중을 이룬 모든 사람이 하나님 나라에 대한 메시지를 들을 수 있었지만, 그것을 이해하는 사람은 드물었다(13:19). 그런 사람들은 강퍅한 마음으로 가득 차 영적 진리를 보지 못했기 때문에 이해력이 부족했다(13:13-15). 그들은 진리를 받아들이기 위해 설명을 듣고 이해하려는 마음도 없었고, 아예 눈과 귀를 닫아버렸다.

따라서 비유의 설명을 보면 "길"은 완악한 마음을 나타낸다(13:19). 그런 마음을 품으면 생각이 막히고 그들의 눈은 진리를 보지 못한다. 그런 사람들은 그분이 말씀하시고 행하시는 것을 듣지도 않고 받아들이지도 않기 때문에 전혀 배우지 못한다. 그렇기 때문에 그들이 그나마 조금 이해한 것도 "악한 자"인 사탄에게 빼앗긴다. 이 씨앗, 곧 메시지는 그들에게 아무 도움이 되지 않는다.

"돌밭"은 깊이가 없어서 결국 진리에 강퍅해진 마음을 나타내지만, 그 경로가 다르다(13:20-21). 그런 사람들은 메시지를 듣고 감정이 복받치지만 깊이 생각하지 못한다. 그들은 새로운 유행을 재빨리 파악하고, 군중의 열광을 좇으며, 뛰어들어 참여하기도 한다. 그들은 성급하게 시작하지만, 참고 인내하며 완주하지 못한다. 그들은 끓어오르는 감정에 이끌리기 때문에 마음과 생각을 단단히 하고 굳게 헌신하지 못한다. 그들의 뿌리 없는 '믿음'은 박해는커녕 고난도 견뎌내지 못할 뿐더러 역경이나 갈등의 첫 조짐을 보면 바로 중단한다.

"가시"는 혼잡한 마음을 나타낸다(13:22). 이런 마음은 세상의 관심사, 꿈, 욕망, 목표로 가득 차 있어서 하늘의 것에 반응하지 못한다. 이러한 마음을 가진 사람은 세상의 걱정과 재물의 기만성에 중독되어 결국 헛된 삶을 살게 된다. 이런 것들이 진리의 씨앗을 밀어내고 싹이 틀 기회를 주지 않는다.

마지막으로 "좋은 땅"은 진리에 열려 있는 마음을 나타낸다(13:23). 이 마음은 성령이 겸손하게 준비시키셔서 가르침을 받을 수 있는 부드러운 상태다. 이런 마음을 가진 사람들이 메시지를 접하면 이해하고 받아들인다. 그들은 말씀을 듣고, 진리를 보며, 듣고, 이해한다. 그리고 그것은 믿음과 순종으로 전환되고, 마침내 그 삶으로 큰 결실을 맺는 삶을 낳는다.

이 시점에서 종종 드는 의문이 있다. 예수님의 비유에서 진짜로 구원받은 사람은 누구인가? 분명 마지막에 나오는 좋은 땅은 믿음으로 죄에서 구원받은 진정한 제자들을 나타낸다. 또 첫 번째 길가 땅은 하나님의 말씀에 반발해서 저항했기 때문에 구원받지 못한 사람들을 나타내는 것이 확실하다. 그런데 중간의 "돌밭"과 "가시밭"의 영원한 운명에 대해서는 수 세기 동안 신학자들의 의견이 분분했다.

이 두 가지 땅에 떨어진 최초의 믿음은 영원한 참 구원을 나타내는가? 식물이 쓰러지고 말라버린 것은 단순히 열매 맺지 못하는 삶을 말하는 것일까? 만약 그렇다면 고린도전서 3장 12-15절의 경고가 여기 적용될 수 있다. 즉, 이 사람들은 천국에서 영원한 삶을 살겠지만, 지상의 삶에서 보여줄 것이 없기 때문에 상은 못 받을 것이다("누구든지 그 공적이 불타면 해를 받으리니 그러나 자신은 구원을 받되 불 가운데서 받은 것 같으리라").

어떤 사람들은 두 번째와 세 번째 유형의 땅은 진심으로 믿었지만, 그 믿음이 일시적이어서 구원을 잃는 사람들을 나타낸다고 생각한다. 이 견해는 영원한 인치심의 개념을 부정한다. 나는 성경의 많은 구절이 이것을 분명히 가르쳤다고 본다(예. 롬 8:37-39, 유 1:24). 예수님도 이렇게 약속하셨다. "내 양은 내 음성을 들으며 나는 그들을 알며 그들은 나를 따르느니라 내가 그들에게 영생을 주노니 영원히 멸망하지 아니할 것이요 또 그들을 내 손에서 빼앗을 자가 없느니라"(요 10:27-28).

또 돌밭과 가시떨기의 '믿음'을 '꾸민 믿음' 또는 '가짜 믿음'으로 보는 사람들도 있다. 이 가짜 신자들은 겉으로는 진실해 보이지만 언젠가는 본색이 드러난다. 이 경우는 요한일서 2장 19절의 변절자들에 대한 설명이 적용될 수 있다. "그들이 우리에게서 나갔으나 우리에게 속하지 아니하였나니 만일 우리에게 속하였더라면 우리와 함께 거하였으려니와 그들이 나간 것은 다 우리에게 속하지 아니함을 나타내려 함이니라."

이 문제는 예수님이 아주 명쾌하게 밝히지 않으셨기 때문에 논란이 되었다. 그러나 이 비유의 요지는 영원한 구원의 신비를 다 푸는 것이 아니라 하나님 나라의 메시지를 어떻게 받아들이는지를 관찰할 수 있는 여러 반응을 보여주는 것이었다. 예수님은 "좋은 땅"만 칭찬하셨으니 우리도 그래야 한다. 우리는 "천국에 들어가는 데 필요한 최소한의 반응은 무엇인가?"가 아니라 "예수님은 내 삶에 전파된 말씀에 내가 어떻게 반응하기를 원하시는가?"를 물어야 한다.

적용: 마태복음 13:1-23
당신은 어떤 땅인가?

처음 세 가지 유형의 '땅'은 예수님이 찾으시던 하나님의 말씀에 대한 반응이 아니라는 것은 꽤 분명해 보인다. 주님은 마지막 반응-부드럽고 수용적인 "좋은 땅"-만 칭찬하신다. 그 땅의 식물들만 자라서 30배, 60배, 100배의 결실을 맺는다. 오직 그리스도만을 믿어 오직 은혜로 받는 구원의 복음에 대한 하나님의 말씀을 받은 신자들은 여전히 날마다 하나님의 말씀을 듣고, 받아들이고, 실천하며 살겠다는 결정을 마주한다. 따라서 씨 뿌리는 자, 땅, 씨앗에 관한 예수님의 비유는 지금 우리에게 적용할 수 있다. 잠시 시간을 내어 다음의 네 가지 질문을 통해 당신이 어떤 땅인지 판별해보라.

첫째, 당신은 신실하고 열매를 맺는가? 기도하고, 성경을 읽고 공부하고, 신자들의 공동체와 교제하면서 당신의 마음에 물을 잘 주고 있는가? 당신의 부족한 점에 대해 용서를 구해 하나님과의 관계에 응어리를 남기지 않고, 그리스도 안에 있는 형제자매들과 관계가 껄끄러울 때 화해해서 당신의 땅을 부드럽고 수용적인 상태로 유지하는가? 그렇다면 그리스도를 의지하고 성령께 순복하는 삶으로 하나님과 친밀한 관계를 유지하며 건강한 마음을 계속 키워가라.

둘째, 당신은 염려가 많고 세상적인가? 이 세상의 걱정-부와 물질을 쫓거나 안락, 사치, 특권적 지위의 보존-때문에 마음이 계속 뒤숭숭한가? 당신의 우선순위 목록에서 그리스도와 그분의 나라와 그분의 의를 추구하는 것은 얼마나 앞에 있는가? 당신은 일, 휴양, 개인적인 휴식을 위해서 교회 모임에 걸핏하면 빠지는가? 이런 상태는 신자에게 건강하지 않으며, 불신자들이 하나님의 말씀을 진심으로 받아들이는 데 걸림돌이 될 수 있다.

셋째, 당신은 믿음이 깊지 못하고 흔들리는가? 교회는 감정과 감상주의는 넘쳐나지만, 실체는 부실하고 헌신과 인내는 약한, 얄팍한 믿음을 가진 자들로 가득하다. 그런 뿌리 없는 종교는 보편적인 삶의 고난을 견디지 못하며, 기독교 신앙을 비판하는 자들의 직접적인 공격은 더더욱 견디지 못한다. 대중의 신념과 달리 "당신 마음 가는 대로 하라" 또는 "당신이 옳다고 느끼는 것을 하라"만으로는 충분하지 않다. 당신이 신자라면 말씀을 묵상하고 적용하고, 하나님의 백성과 교제하며, 피상적인 것들을 거부하고 하나님에 대한 지식을 더 깊이 쌓아야 한다.

넷째, 당신은 믿음이 없고 완고한가? 이 비유에서 이 땅만 유일하게 진리를 거부하고 그리스도와 구원의 관계를 맺지 않는 사람을 묘사한다. 이것이 당신의 모습이라면 "너희 묵은 땅을 갈고 가시덤불에 파종하지 말라"(렘 4:3). 그리스도의 인격과 사역에 관한 구원의 복음을 받아들이기에 아직 늦지 않았다. 그분은 당신을 위해 죽으셨다가 부활하셨다. 오직 믿음으로 당신은 영생을 얻고 성령의 인도하심을 받을 수 있다.

밀과 가라지와 겨자씨가 가득한 세상(마태복음 13:24-43)

24예수께서 그들 앞에 또 비유를 들어 이르시되 천국은 좋은 씨를 제 밭에 뿌린 사람과 같으니 25사람들
이 잘 때에 그 원수가 와서 곡식 가운데 가라지를 덧뿌리고 갔더니 26싹이 나고 결실할 때에 가라지도
보이거늘 27집 주인의 종들이 와서 말하되 주여 밭에 좋은 씨를 뿌리지 아니하였나이까 그런데 가라지
가 어디서 생겼나이까 28주인이 이르되 원수가 이렇게 하였구나 종들이 말하되 그러면 우리가 가서 이
것을 뽑기를 원하시나이까 29주인이 이르되 가만 두라 가라지를 뽑다가 곡식까지 뽑을까 염려하노라 30
둘 다 추수 때까지 함께 자라게 두라 추수 때에 내가 추수꾼들에게 말하기를 가라지는 먼저 거두어 불
사르게 단으로 묶고 곡식은 모아 내 곳간에 넣으라 하리라

31또 비유를 들어 이르시되 천국은 마치 사람이 자기 밭에 갖다 심은 겨자씨 한 알 같으니 32이는 모
든 씨보다 작은 것이로되 자란 후에는 풀보다 커서 나무가 되매 공중의 새들이 와서 그 가지에 깃들이
느니라

33또 비유로 말씀하시되 천국은 마치 여자가 가루 서 말 속에 갖다 넣어 전부 부풀게 한 누룩과 같
으니라

34예수께서 이 모든 것을 무리에게 비유로 말씀하시고 비유가 아니면 아무 것도 말씀하지 아니하셨

으니 [35]이는 선지자를 통하여 말씀하신 바

내가 입을 열어 비유로 말하고

창세부터 감추인 것들을 드러내리라 함을 이루려 하심이라

[36]이에 예수께서 무리를 떠나사 집에 들어가시니 제자들이 나아와 이르되 밭의 가라지의 비유를 우
리에게 설명하여 주소서 [37]대답하여 이르시되 좋은 씨를 뿌리는 이는 인자요 [38]밭은 세상이요 좋은 씨
는 천국의 아들들이요 가라지는 악한 자의 아들들이요 [39]가라지를 뿌린 원수는 마귀요 추수 때는 세상
끝이요 추수꾼은 천사들이니 [40]그런즉 가라지를 거두어 불에 사르는 것 같이 세상 끝에도 그러하리라
[41]인자가 그 천사들을 보내리니 그들이 그 나라에서 모든 넘어지게 하는 것과 또 불법을 행하는 자들을
거두어 내어 [42]풀무 불에 던져 넣으리니 거기서 울며 이를 갈게 되리라 [43]그 때에 의인들은 자기 아버지
나라에서 해와 같이 빛나리라 귀 있는 자는 들으라

하나님이 절실히 필요할 때 그분이 어디에 계시는지 궁금했던 적이 있는가? 무도한 자들에게 둘러싸여 정의가 멀리 있는 것처럼 보일 때 어째서 하나님은 개입해서 일을 해결하지 않으실까? 그분은 자기 백성에게 관심이 없으신가? 당신이 이런 질문을 깊이 생각해보지 않았다면, 장담하건대, 언젠가 하게 될 것이다. 이 타락한 세상에서 실망과 불화의 시기를 거치는 것은 자연스러운 일이다. 그리고 바로 그 시기에 우리는 궁금해한다. 하나님은 어디에 계시는가?

이런 때에 우리는 하나님이 어떤 분이신지 되돌아볼 필요가 있다. 우리는 하나님이 거룩하시고, 자애로우시며, 지혜로우시다는 것을 안다. 그래서 설령 하나님이 이 세상의 너무나 많은 악과 우리 삶의 고난 앞에서 참으시는 것처럼 보일지라도 그것은 그분이 악하고, 불공평하며, 무관심해서가 아니다. 물론 우리는 의로우신 주님이 개입하셔서 조만간 악을 처리해주시기를 간절히 원한다. 그때가 아니라 지금 원한다. 그러나 그분은 그러지 않으신다. 적어도 대개는 그렇다. 우리가 하나님이 죄악을 심판하시고 행악자들을 제거하시기를 오래 기다리는 경우가 드물지 않다. 대부분 우리는 기다리고 기다리고…그리고 좀 더 기다려야 한다.

그래서 우리는 거듭 묻게 된다. 어째서 하나님은 무언가를 하지 않으시는가? 기독교 지도자들, 성경 교사들 그리고 목사들이 다른 누구보다도 더 자주 그 질문을 할 것이다. 비극이 일어난다. 끔찍한 사고가 삶을 유린하고 가정을 파괴한다. 폭군이 장악한다. 불량배들

은 사람을 해치는 계획을 실행하고, 아무 제재도 없이 자기들 마음대로 다 하는 것 같다. 이러한 불공평한 시나리오가 매일 반복되는 듯하다.

이런 질문들이 마태복음 13장 24-43절의 비유에서 제일 먼저 떠오른다. 예수님은 여기서 다른 중요한 문제들도 다루시지만, 의인들 사이에 늘 존재하는 악인의 문제는 이 비유의 가르침에서 가장 많이 제기되는 쟁점이다. 이것은 하나님의 능력으로만 해결될 수 있는 장애물이다.

—13:24-30—

예수님은 아직 '비유의 만'에 있는 배 위에 앉아 계셨고, 여기서 우리가 흔히 밀과 가라지 비유라고 부르는 이야기를 들려주셨다. 그분은 앞에서 말한 씨 뿌리는 자, 땅, 씨의 비유(13:3-23)에 나오는 이미지를 다시 떠올리시는 것 같았다. 그 비유의 속편으로 생각할 수 있을 정도다. 이번에는 씨앗이 떨어지는 여러 종류의 밭이 아니라 밭에서 자라는 식물로 화제를 옮기셨다.

이 비유에서는 한 농부가 밭에 좋은 씨를 뿌렸다(13:24). 그런데 아무도 밭을 지켜보지 않는 밤에 농부의 원수가 와서 밀 씨 사이에 가라지 씨를 뿌렸다(13:25). 가라지가 뭘까? 한 저자는 가라지가 '독보리'라는 식물이라고 설명한다. "알곡이 여물기 전에는 재배하는 곡물과 야생 독보리를 구별하기가 어렵다. 수확철이 되면 알곡을 키로 까부르고 체로 친다. 더 작은 독보리 씨는 체를 통과하고 알곡은 남는다."[110] 밀과 가라지가 섞였을 때 가장 골치 아픈 문제는 추수 때 골라내는 품이 더 드는 것이 아니다. 문제는 독보리가 사람에게 유독한 곰팡이의 숙주여서 좋은 밀을 오염시켜 농작물을 완전히 망칠 수 있다는 데 있다. 이런 이유로 "밀 사이에 가라지를 뿌려 보복하는 행위는 로마법으로 처벌받을 수 있었다."[111] 비유에 나오는 농부의 원수가 한 행위는 악랄하고 잔인했다.

예상했던 대로 밀과 가라지는 함께 자라서 각각 다른 알곡이 열리기 시작했다(13:26). 농부는 이내 상황을 알아차렸다. 원수가 밀을 오염시켰다(13:27-28). 충성스러운 농부의 하인들이 밀밭에 가서 밀 사이에 있는 가라지를 뽑겠다고 했지만, 농부는 지혜롭게 그들을 말렸다. "가만 두라 가라지를 뽑다가 곡식까지 뽑을까 염려하노라"(13:29). 대신 농부는 일

Bluemoose/Wikimedia

밀

꾼들에게 추수 때까지 밀과 가라지가 함께 자라게 두라고 지시했다. 추수 때가 되면 밀과 가라지를 가리기가 더 쉬울 것이기 때문이다. 그들은 나쁜 곡식은 거두어 태우고 좋은 밀은 헛간에 저장할 수 있을 것이다(13:30).

이 비유에는 세 개의 기간이 나온다. 농부는 파종기에 좋은 씨앗을 심지만, 그의 원수가 몰래 밭에 들어와 모양이 비슷한 위험하고 독성이 있는 씨앗을 심는다. 농부는 기다리는 동안 일꾼들에게 나쁜 곡물이 좋은 곡물과 함께 자라게 두라고 이른다. 이 중간 시기에 일꾼들은 밀밭을 돌보고 보호할 책임이 있다. 그런 다음 추수철이 오면 농부의 추수꾼들-밀을 돌본 일꾼들이 아닌-이 사람을 속이는 해로운 잡초와 건강한 밀을 분리할 것이다.

—13:31-35—

이 이야기가 흥미로운 까닭은 예수님이 많은 요소를 명확히 밝히지 않으셨기 때문이다. 씨를 심은 사람은 누구인가? 추수꾼은 누구인가? 왜 세 때-파종, 기다림, 추수-로 나누셨는가? 그리고 가장 중요한 것은 왜 밀 사이에서 가라지가 자라는 것을 허용하시는가? 곡식이 자랄 때 가라지를 뽑지 않는 것은 무슨 이유인가? 왜 기다리는가?

군중이 밀과 가라지 비유를 곰곰이 생각하는 동안 예수님은 하나님 나라를 설명하는 짧은 비유 두 개를 들려주셨다. 먼저 천국을 "겨자씨"(13:31)에 비유하셨다. 나는 이 비유를 처음 들은 청중이 킥킥거리는 모습이 상상이 된다. 오만 것들 중에서 하필 그 작디작은 겨자씨라니! 예수님이 겨자씨를 "모든 씨보다 작은 것"(13:32)이라고 말씀하신 것은 식물학을 가르치거나 겨자씨를 지상의 다른 모든 씨앗과 비교하신 것이 아니라 청중에게 친숙한 갈릴리 지역에서 재배되는 '원예 식물'의 씨를 언급하신 것이었다. 또한 그렇게 작은 씨앗에서 자란 겨자 풀이 "나무가 된다"라고 말씀하신 것에서 분명히 알 수 있듯이 과장법을 사용하셨다. 예수님은 이 말씀을 에스겔 31장 6절과 다니엘 4장 12절, 20-22절에서 가져와 비유하신 것이 분명하다. 씨앗의 작은 크기에 비해 겨자는 꽤 크게-보통 사람 키보다 크게-자란다는 것이 그 말씀의 요지다. 스탠 투생은 겨자씨로 상징되는 놀라운 성장은 "하나님 나라가 세워지기 이전 시대에 하나님 나라의 메시지가 놀랍게 확산되고 성장하는 것" 그리고 "외견상 하나님 나라의 후계자가 될 사람의 수가 크게 늘어나는 것"이라고 설명한다.[112] 고기잡이 배에서 들려오는 예수님의 음성을 들을 수 있는 군중의 규모는 비교적 작았지만,

Shirjeel Imran Malik/Wikimedia

작은 겨자씨(왼쪽)는 땅에 심으면 크고 무성하게 자란다(오른쪽).

예수님을 따르는 사람들은 언젠가 이방 나라들까지 아우르는 세계적인 운동을 크게 일으킬 것이다!

겨자씨 비유는 그렇게 작게 시작한 천국의 빠르고 놀라운 성장의 긍정적인 측면을 다룬 반면, 다음에 나오는 반죽 덩어리 비유는 천국의 확장과 "누룩"(또는 효모)이 퍼지는 것 사이의 유사점을 보여준다(마 13:33). "가루 서 말"로 번역된 헬라어 표현은 100인분의 빵을 만들 수 있는 양이다.[113] 앞의 비유가 이 땅에서 천국이 급속도록 확산되는 것을 긍정적으로 언급했기 때문에 많은 주석가는 누룩의 비유도 같은 것을 말하고 있다고 이해했다. "이 비유들은 모든 위대한 것이 아주 작은 것에서부터 시작된다는 사실을 예수님이 얼마나 잘 알고 계셨는지를 보여준다."[114]

그럴듯한 해석이기는 하지만, 누룩은 종종 악과 관련되기 때문에(16:6, 11, 고전 5:6-8) 나를 포함한 다른 주석가들은 누룩의 확산을 소위 천국의 자녀들로 자처하는 사람들 사이에서 거짓 가르침과 악이 확산되는 것으로 본다.[115] 이 경우 누룩의 이미지는 이전에 나온 밀 사이에 있는 가라지와 비슷한 것-의인 사이에 두루 퍼져 있어 따로 골라낼 수 없는 악인의 존재-일 수 있다.

13장 34-35절에서 마태는 잠깐 이야기에서 빠져나와 논평을 덧붙인다. 그는 당신과 나를 포함해 독자들에게 예수님이 시편 78편 2절 말씀, 곧 "내가 입을 열어 비유로 말하며 예로부터 감추어졌던 것을 드러내려 하니"라는 말씀을 이루시기 위해 비유로 군중에게 말씀하시고 있다고 알려준다. 마태는 그 구절을 "내가 입을 열어 비유로 말하고 창세부터 감추인 것들을 드러내리라"고 옮겼는데, 이는 시편기자가 당시에 하고 있던 것과 예수님이 1세기에 하고 계시던 것을 비교하기 위해서였다. 스탠 투생은 마태가 이 구절을 인용한 것이 왜 중요한지 설명한다. "시편 78편은 이스라엘의 과거 역사에서 하나님이 하신 일을 되돌아본 것이다. 시편 작가인 아삽은 자기 시의 주제를 소개하면서 마태가 인용한 구절을 썼다. 그리스도는 비유를 사용하심으로써 이 구절의 의미를 '성취하신다.' 왜냐하면 그분은 이스라엘이 자기들의 왕을 거부한 것에 비추어 이스라엘과 관련된 하나님의 역사를 나타내시고 있기 때문이다."[116]

—13:36-43—

빵 반죽 전체에 누룩이 작용하는 것은 교회 전체에 악이 퍼지는 것이 허용된다는 사실을 나타낸다. 그리고 밀 옆에서 자라는 가라지도 같은 의미라면, 하나님은 왜 예수님의 초림과 재림 사이의 하나님 나라에 이런 일을 허용하셨을까? 하나님은 왜 "불법의 비밀"이 교회에 들어오게 내버려두시는가?(살후 2:7) 주인의 밭에서 일하는 성실한 일꾼들처럼(마 13:28) 우리가 모든 행악자를 발본색원하고, 모든 패역에 맞서며, 하나님의 일을 방해하고 괴롭히려는 모든 시도를 중단시키고 싶어 안달하는 것은 당연하다. 그러나 이 비유들은 그런 악과 거짓의 확산이 불가피하다는 것을 암시하는 듯 들린다.

예수님이 마침내 배에서 내려 군중 사이를 지나 가버나움의 처소로 돌아오셨을 때 제자들이 와서 말했다. "밭의 가라지의 비유를 우리에게 설명하여 주소서"(13:36). 여기서 제자들이 겨자씨나 누룩에 대해 묻지 않은 것에 주목하라. 그들은 하나님이 밀 가운데 자라는 해로운 가라지로 인한 결점과 불순을 용인하신다는 사실이 못마땅했다.

그러자 예수님은 13장 37-43절에서 가장 가까운 제자들에게만 비유의 의미를 설명하셨다. 예수님은 중요한 요점만 콕 찍어서 퍼즐을 풀어주셨다.

- 씨 뿌리는 자=인자, 예수님(13:37)
- 밭=세상(13:38)
- 좋은 씨=하나님 나라의 아들들(구원받은 의인들, 13:38)
- 가라지=악한 자의 아들들(구원받지 못한 악인들, 13:38)
- 원수=마귀(13:39)
- 추수=시대의 종말(13:39)
- 추수꾼=천사들(13:39)

말세에 그리스도가 사악한 세상을 몰아내시고 지상에 그분의 왕국을 온전히 세우시려고 다시 오시면 천사들을 보내어 마귀의 이 고약한 식물을 거두어 영원한 불 속에 던져 넣으실 것이다(13:40-42). 이로써 교회 역사 속에서 보아온 정의와 불의의 혼재는 종식될 것이다. 그때부터 쭉 하나님의 나라는 순결과 의의 기치 아래 설 것이고, 의인은 태양처럼 빛날 것이다(13:43).

결국 밀과 가라지를 분리하는 것, 즉 악인과 의인을 구분하는 것은 심판자이신 예수 그리스도의 소관이다. 그때가 올 때까지 우리는 불의에 맞서 적극적으로 싸워야 할 때 그리고 하나님이 친히 악한 자들을 상대하실 것을 알고 하나님이 우리에게 명하신 다른 일을 완수하기 위해 물러서 있어야 할 때를 아는 지혜와 무한한 인내가 필요하다. 우리가 성급히 죄인들을 모조리 몰아내고 모든 죄악과 맞서려 한다면 우리가 제시하는 터무니없이 높은 기준에 따라 살지 못하는 참 신자들을 뿌리째 뽑아버리게 된다. 그러나 우리가 예수님과 그분의 가르침만 바라본다면 씨를 뿌리고 거두시는 하나님의 영역을 침범하지 않으면서 순결을 추구하는 통찰력을 얻을 것이다.

적용: 마태복음 13:24-43
언제, 왜, 어떤 잡초를 뽑지 말아야 하는가?

적대 세력은 언제나 이 세상에서 활동하고 있다. 그들은 우리를 괴롭히고, 장벽을 만들며, 갈등을 유발하고, 혼란을 조장해서 우리를 넘어뜨리려고 한다. 무법한 행위를 일삼는 자들은 고의적으로 공공연히 선에 반하는 일을 한다. 의심할 여지없이 진리의 적들은 "악한 자"(요일 5:19)의 힘을 받아 세상에서 활동하고 있다. 이러한 현실을 감안할 때 우리는 예수님의 비유 속에서 세상에 존재하는 악과 관련해서 생각해보아야 할 중요하고 실제적인 몇 가지 논점을 찾아볼 수 있다.

첫째, 좋은 것과 나쁜 것, 곧 밀과 잡초를 구별하기가 쉽지 않다. 거짓 가르침은 교회의 담 너머 또는 우리가 속한 기독교의 안전지대의 장벽 너머 '저 멀리'에서 마주칠지도 모르는 어떤 것이 아니다. 그것은 때때로 우리 안에서, 교회 안에서 발생한다. 사도 바울은 에베소 교회 장로들에게 이렇게 경고했다. "내가 떠난 후에 사나운 이리가 여러분에게 들어와서 그 양 떼를 아끼지 아니하며"(행 20:29). 그리고 고린도후서 11장 13-15절에 나오는 바울의 말을 보면 우리는 정신을 바짝 차려야 한다. "그런 사람들은 거짓 사도요 속이는 일꾼이니 자기를 그리스도의 사도로 가장하는 자들이니라 이것은 이상한 일이 아니니라 사탄도 자기를 광명의 천사로 가장하나니 그러므로 사탄의 일꾼들도 자기를 의의 일꾼으로 가장하는 것이 또한 대단한 일이 아니니라 그들의 마지막은 그 행위대로 되리라." 오싹하지 않은가? 우리가 항상 좋은 것과 나쁜 것을 구별할 수 있는 것은 아니기 때문에 끊임없이 경계하고, 주의를 기울이며, 정신을 바짝 차려야 한다.

둘째, 우리는 잘못을 다룰 때 극단으로 치닫는 성향이 있다. 예수님이 말씀하신 가라지 비유에서 농부는 일꾼들이 경솔히 잡초를 뽑지 못하게 한다. 이 악하고 혼잡한 세상에서 살려면 인내심과 끈기가 있어야 한다. 간혹 정면 대결이 필요할 때도 있지만, 제한된 또는 거짓된 정보에 근거해 성급히 그릇된 결론을 내리면 안 된다. 그러한 경솔한 행동은 문제를 해결하기보다 더 악화시킬 수 있다. 밀 사이에 섞인 잡초의 행태를 보고 있다는 생각이 들 때 조심스럽게 진행하고 신중히 다루어야 한다. 다만 사안이 의심할 여지없이 분명한 경우는 예외다. 그러나 내가 경험한 바에 따르면 그런 경우는 극히 드물다. 우리가 다루는 문제들은 대부분 행동에 돌입할 때와 대응 방법을 결정하는 데 큰 지혜가 필요한 것들이다.

셋째, 하나님은 의로우시다. 그분은 악이 득세하고 있고, 사기꾼들이 우리의 교회를 훼손하려고 암약하고 있으며, 사탄이 자기 부하들을 시켜 그리스도의 몸된 교회를 무력하게 만들고 있다는 것을 아신다. 악한 일꾼들은 신봉자를 곧잘 얻기 때문에 잡초의 수는 증가한다. 이 악한 시대에는 어쩔 수 없다. 그러나 이 시대가 끝이 아니다. 왕이 오실 것이고, 그 왕이 오시면 심판하실 것이다. 그분은 밀과 잡초를 하나도 빠짐없이 정확하고 신속하게 분류하실 것이다. 우리는 그리스도가 나타나실 그날까지 그분이 자기 백성을 보호하시고 필요를 공급해주실 것을 믿어야 한다.

깨달은 자는 복이 있다(마태복음 13:44-58)

44천국은 마치 밭에 감추인 보화와 같으니 사람이 이를 발견한 후 숨겨 두고 기뻐하며 돌아가서 자기의
소유를 다 팔아 그 밭을 사느니라

45또 천국은 마치 좋은 진주를 구하는 장사와 같으니 46극히 값진 진주 하나를 발견하매 가서 자기
의 소유를 다 팔아 그 진주를 사느니라

47또 천국은 마치 바다에 치고 각종 물고기를 모는 그물과 같으니 48그물에 가득하매 물 가로 끌어
내고 앉아서 좋은 것은 그릇에 담고 못된 것은 내버리느니라 49세상 끝에도 이러하리라 천사들이 와서

의인 중에서 악인을 갈라 내어 50풀무 불에 던져 넣으리니 거기서 울며 이를 갈리라
51이 모든 것을 깨달았느냐 하시니 대답하되 그러하오이다 52예수께서 이르시되 그러므로 천국의
제자된 서기관마다 마치 새것과 옛것을 그 곳간에서 내오는 집주인과 같으니라
53예수께서 이 모든 비유를 마치신 후에 그 곳을 떠나서 54고향으로 돌아가사 그들의 회당에서 가
르치시니 그들이 놀라 이르되 이 사람의 이 지혜와 이런 능력이 어디서 났느냐 55이는 그 목수의 아들이
아니냐 그 어머니는 마리아, 그 형제들은 야고보, 요셉, 시몬, 유다라 하지 않느냐 56그 누이들은 다 우리
와 함께 있지 아니하냐 그런즉 이 사람의 이 모든 것이 어디서 났느냐 하고 57예수를 배척한지라 예수께
서 그들에게 말씀하시되 선지자가 자기 고향과 자기 집 외에서는 존경을 받지 않음이 없느니라 하시고
58그들이 믿지 않음으로 말미암아 거기서 많은 능력을 행하지 아니하시니라

숨은 뜻이 있는 이야기를 좋아하는 사람이라면 마태복음 13장을 좋아할 것이다. 여기서 예수님은 연달아 비유를 들려주셨다. 그분은 배에서 이야기를 시작해서 다양한 의도를 가진 많은 사람-그분을 믿는 사람들, 그분을 싫어하는 사람들-에게 말씀하셨다. 갈릴리 바닷가에서 그들은 그분이 들려주시는 비유를 들으면서 그 의미를 알아내려고 생각에 잠겼다.

그런 다음 예수님은 군중을 떠나 가버나움의 집으로 가셨는데(13:36), 아마도 베드로의 집이었을 것이다. 그곳에서 예수님은 훨씬 작은 무리인 제자들을 만나셨다. 청중은 바뀌었지만, 그분의 이야기는 계속되었다. 그분은 또한 가장 친밀한 제자들에게 비유를 해석해주시고 나머지를 푸는 데 필요한 열쇠도 주셨다. 제자들과 홀로 계시는 동안 그분은 짧은 비유를 몇 개 말씀하셨다(13:44, 45-46, 47-50). 하지만 전처럼 이 짧은 이야기들의 의미를 설명하시는 않으셨다. 흥미롭게도 그분은 설명하지 않은 비유를 다 말씀하시고는 제자들에게 "알아들었느냐?"고 물으셨다. 성령이 그들의 마음을 열어 예수님의 메시지를 듣고 깨닫게 해주셨기 때문에 그들은 뜻을 이해했다. 그러나 모두가 그런 것은 아니었다. 지금부터 마음이 열려 있는 제자들의 수용과 이해 그리고 마음이 닫혀 있어 깨닫지 못한 예수님의 고향 친구들과 친척들의 거부가 보여주는 놀랍도록 상반된 모습을 잠시 살펴보자.

—13:44-46—

마태복음 13장에서 예수님이 말씀하신 비유는 두 가지 범주로 나눌 수 있다. 예수님이 제

자들, 반대자들, 마음을 정하지 못한 사람들이 섞여 있는 군중에게 공개적으로 하신 것이 있고, 헌신된 제자들만 비공개로 가르치신 것이 있다. 첫 번째 범주에 속하는 것으로는 씨 뿌리는 자, 땅, 씨 비유(13:3-9), 밀과 가라지 비유(13:24-30), 겨자씨 비유(13:31-32), 누룩 비유(13:33)가 있다. 그리고 비공개로 제자들만 가르치실 때 밀과 가라지 비유(13:36-43) 외에도 여러 가지 비유의 의미를 설명해주셨다. 밭에 감추인 보화(13:44), 값진 진주(13:45-46), 그물(13:47-50), 집주인(13:52)의 비유가 그런 것들이다.

예수님은 씨 뿌리는 자의 비유만 제외하고 이 장에 나오는 모든 비유를 "천국은 마치 …"라는 말로 시작하셨다(참조. 13:24, 31, 33, 44-45, 47, 52). 천국에 관한 예수님의 가르침은 궁극적으로 메시아의 재림과 함께 도래할 나라를 가리키고 있었지만, 예수님은 이 비유들 속에서 메시아의 초림과 재림 사이에 임시로 존재할 나라에 대해 묵시적으로 설명하기 시작하셨다. 이 과도기에 예수님을 메시아로 영접하고 믿음을 통해 은혜로 중생을 경험한 사람들은 하나님의 나라가 지상에 완전히 임할 것을 기대하면서 다른 규범에 따라 살아야 한다. 이런 의미에서 비유는 하나님 나라의 한 측면, 즉 지금 예수 그리스도를 통해 하나님과 맺은 구원과 변화의 관계를 나타낸다. 그렇다면 하나님 나라에 관한 좋은 소식(또는 복음)은 예수 그리스도의 초림과 재림 때의 그분의 인격과 사역에 관한 것이다.

예수님이 밀과 가라지 비유를 설명하시고 나서 제자들에게 가르치신 처음 두 개의 비유는 이 세상이 제공하는 그 무엇과도 견줄 수 없는 하나님 나라의 독보적인 가치에 관한 것이다. "천국의 삶"에 들어가는 것은 많은 사람에게 밭에서 우연히 보물을 발견하는 것과 같다(13:44). 이 이야기 속의 남자는 보물을 찾고 있지 않았다. 그는 평범한 일용직 노동자였거나, 주인이 방치해놓고 거기 뭐가 있는지도 잘 모르는 밭을 지나가고 있었을 것이다. 어쨌든 그 사람이 보물을 발견한 것은 우연이었다. 그 보물이 너무나 귀해서 그 사람은 그것을 안전하게 확보할 수 있을 때까지 다시 파묻어놓았다. 그는 실제로 보물의 소유권을 주장하거나 값어치를 따져보지는 않았지만, 그것을 갖기 위해 무엇이든 다 포기할 수 있을 만큼 귀하다는 것을 한눈에 알 수 있었다. 그 가치를 깨달은 그는 보물이 묻혀 있는 그 땅을 사기 위해 모든 소유를 팔았다.

이 이야기에 한 가지 흥미로운 사실을 덧붙이자면, 그 밭을 남자에게 판 소유자가 누구든 자기가 엄청난 보물을 깔고 앉아 있다는 사실을 까맣게 몰랐다는 것인데, 이는 이 밭의 소유주나 상속인이 이 밭을 소홀히 생각하고 있었음을 시사한다. 이 시점에서 제자들은 이야기에 나오는 밭의 원주인의 무관심이 서기관들, 바리새인들 그리고 다른 이스라엘의 지도자들에게서 점점 더 많이 나타나고 있는 일종의 무관심을 상징하는 것이 아닌가 하는 궁금증이 일었을 수 있다. 이 종교 지도자들은 "하나님의 말씀을 맡았[지만]"(참조. 롬 3:2) 그리스도의 인격과 사역에 관한 복음이라는 숨겨진 보물을 알아보지 못하고 그것을 알아본 사람들에게 양도했다.

여기에 나오는 두 번째 비유도 천국의 비길 데 없는 가치에 대한 비슷한 그림을 제시한다. 이번에 예수님은 좋은 진주를 구하는 상인에 대해 이야기하셨다(마 13:45-46). 세부적인 내용은 밭 속에 감추인 보화에 관한 비유와 다른데, 특히 이 이야기 속 남자는 적극적으로 귀한 것을 찾고 있었다는 점이 그렇다. 그는 진주를 우연히 찾지 않았다. 특별히 품질이 우수한 진주를 찾으면 그는 그것을 사려고 가진 것을 다 판다. 그 점은 밭 속에 감추인 보화의 비유와 값진 진주의 비유가 같다.

예수님이 이 땅에서 사시고 사역하시는 동안 많은 사람이 최고의 진주를 찾는 그 상인처럼 그분의 도움-치유의 손길이나 변화를 일으키는 가르침-을 찾았다. 그들은 메시아가 오시기를 기다리고 있었기 때문에 예수님의 출현은 그들의 갈망을 헤아릴 수 없는 방법으로 채워주었다. 빌립이 바로 그런 사람의 좋은 예다. 그가 최초로 개종시킨 나다나엘에게 한 말에서 그것을 알 수 있다. "모세가 율법에 기록하였고 여러 선지자가 기록한 그이를 우리가 만났으니 요셉의 아들 나사렛 예수니라"(요 1:45). 그런 사람들은 복음을 뜨겁게 받아들이고 천국에 기꺼이 모든 것을 걸었다. 그러나 다른 사람들, 방치된 밭에서 보물을 발견한 사람과 같은 사람들은 예수님을 "우연히 만났다." 나다나엘이 딱 이런 경우다. 빌립이 예수님에 대해 말했을 때 그의 반응은 냉담했다. "나사렛에서 무슨 선한 것이 날 수 있느냐?"(요 1:46) 그러나 그는 이내 자기 앞에 있는 값진 보물을 알아보았다(요 1:49).

이 두 비유는 예수님의 제자들에게 큰 격려가 되었을 것이다. 그들은 종교 지도자들이 예수님을 거부하고 예수님과 그 추종자들에 대한 박해의 열기가 고조되고 있는 것을 보았다. 이 두 비유는 그들이 예수님의 참 정체성을 알아보았을 때 느꼈던 전율을 다시 생각나게 해주었을 것이다. 그리고 제자들이 천국을 위해 무엇을 포기했든 그럴 가치가 있다는 예수님의 주장에 힘을 실어주었을 것이다. 천국 복음은 이루 다 헤아릴 수 없을 만큼 귀하다.

19세기 스코틀랜드의 설교자 토머스 거스리(Thomas Guthrie)는 이런 글을 썼다. "복음은 우리의 성품과 상태를 전인적으로 변화시켜 무례한 사람을 온유하게, 거친 사람을 고상하게, 불순한 사람을 거룩하게, 이기적인 사람을 너그럽게 만든다. 그것은 중죄를 짓고 감옥에 갇혔던 사람이 궁정의 신하가 되거나, 범죄 소굴에서 자란 누더기를 걸친 소년이 떡 벌어진 가슴에 별을 달고 왕좌를 지키는 대열에 서 있는 것보다 더 큰 변화를 낳는다."[117] 의심의 여지없이 그리스도를 믿음으로써 하나님의 자녀가 되는 축복은 절대적으로 귀중하다. 오직 복음만이 썩지도 않고 더러워지지도 않는 유업을 보장한다(벧전 1:4). 거저 '찾았지만' 그것을 누리기 위해 모든 것을 포기할 만큼 복음은 귀중하다.

—13:47–50—

다음 비유는 하나님 나라를 다른 각도에서 제시하며, 그리스도의 초림과 재림 사이의 과도기인 현 시대에 나타나는 하나님 나라의 또 다른 측면을 조명한다. 예수님은 하나님 나라를 거대한 어망 또는 저인망에 비유하셨다. 어망이 물속을 훑으면 온갖 종류의 물고기가 그물에 걸려든다. 그러면 어떤 것은 "담고" 어떤 것은 "던져버린다"(13:47–48). 이것은 예수님의 제자들, 직업 어부가 아닌 이들에게도 친숙한 이미지였을 것이다. 특히 가버나움과 인근 마을에 어업이 성행했었기 때문에 이런 모습–그물과 물고기, 분류하고 다시 던지는 것–은 심지어 마태 같은 세리도 자주 보았을 것이다.

이 비유의 주제는 예수님이 앞서 밀과 가라지 비유에서 제시하신 것과 비슷하다. 의인은 하나님 나라에서 "해와 같이 빛[날 것이고]"(13:40–43) 천사들이 구원받지 못한 악인들을 모아 영원한 불에 넣을 "마지막 때"가 될 때까지 좋은 밀과 나쁜 가라지는 함께 자랄 것이다(13:40–43). 이 경우 초점은 거두는 과정에 있다. 예수님은 "사람을 낚는 어부"(4:19)가 되라고 제자들을 부르셨다. 지금은 그물을 넓게 치고 처음에 거둘 자들을 분류하는 것에 대해 조바심을 내지 말라고 다독이신다. 예수님은 "세상 끝에도…천사들이 와서 의인 중에서 악인을 갈라[낼] 것"이라고 말씀하셨다(13:49). 결국 하나님이 참과 거짓, 선과 악을 판단하실 것이다. 실제 구원의 믿음이 없는 이 작은 물고기들은 결국에는 추려질 것이다. 복음을 전파하는 자들은 복음에 반응한 개인의 신앙이 참인지 거짓인지를 가릴 책임이 없다. 그들은 그물을 던질 뿐이다.

묵상의 서재

새우잡이(마태복음 13:47-48)

많은 사람이 낚싯대, 릴, 낚싯바늘, 미끼를 가지고 낚시를 해본 적이 있을 것이다. 오랜 기다림 끝에 물고기 한 마리를 끌어올려 땅에 놓고 크기를 잰 다음, 다시 물에 던지거나 보관하는 것이 어떤 느낌인지 기억하거나, 아니면 최소한 상상할 수 있다. 그러나 갈릴리 호수의 어부들처럼 그물로 많은 양의 물고기를 모아서 한 번에 수십 마리 또는 수백 마리를 분류해본 사람은 많지 않다.

내가 어렸을 때 우리 가족은 멕시코만 연안에 있는 할아버지의 작은 별장에 자주 갔다. 우리는 오두막 근처의 작은 만에서 낚시를 하곤 했다. 그런데 뭐라도 잡으려면 살아 있는 미끼가 있어야 했다. 미끼로는 작은 새우가 최고였다. 미끼 가게에서 살 수도 있었는데 아버지는 우리가 직접 잡게 하셨다. 그래서 우리는 미끼를 얻으려고 그물을 쳤다.

우리는 약 20미터 정도 되는 긴 그물을 가지고 있었다. 그물의 양쪽 끝에는 빗자루 손잡이 같은 막대기가 달려 있었다. 커다란 두루마리인데 두 개의 봉 사이에 종이 대신 작은 물고기를 잡을 수 있는 그물이 있다고 생각하면 된다. 그물이 바닥에 딱 붙어 그물 밑으로 고기가 빠져나가지 못하도록 그물에는 납추가 달려 있었다. 우리는 각자 양쪽 봉을 하나씩 잡고 얕은 물에서 그물을 훑은 다음, 그 안에 잡힌 것을 물가로 가져왔다. 그때부터 분류가 시작되었다.

하지만 어린 나는 미끼 외의 모든 것에 관심이 있었다. 나는 상어 새끼나 게를 찾고 싶었다. 하지만 상어나 게를 가지고 낚시를 하지는 않는다. 낚시는 새우로 한다. 그래서 다른 것에 정신이 팔려 있는 나를 아버지는 계속 채근하시곤 했다. "새우를 골라내라. 우리는 미끼가 필요해. 새우를 찾거라. 다른 건 다 버려라. 우리가 원하는 건 미끼야."

나는 예수님이 들려주신 그물과 물고기를 분류하는 비유를 읽으면 그때가 생각난다. 하나님은 복음으로 모든 종류의 사람들을 부르시지만, 그들이 응답하는 방식은 각양각색이다. 그물은 개인 전도, 라디오, 텔레비전, 문학, 설교, 선포를 통해 넓게 드리워져 있다. 물론 그 메시지에 걸려든 사람들이 다 보존되는 것은 아니다. 그 안에는 상어도 있고 게도 있다. 나는 그 중 몇을 개인적으로 알고 있다! 그러나 하나님은 당신이 찾으시는 것을 알아보신다. 그리고 그분의 때에 그들을 분류하실 것이다.

—13:51-52—

이 일련의 비유를 끝내신 예수님은 여느 때처럼 마이크를 놓고 무대를 떠나지 않으시고 제자들이 그 가르침을 이해했는지 살피셨다. 실제로 마태복음 13장 51-52절은 이렇게 고쳐 쓸 수 있다. "이해했느냐?" "알아들었구나!" "잘했다!" 기억하는가? 예수님은 아직 제자들과 집 안에 계셨다. 그들은 밭의 보화, 귀한 진주, 고기잡이 그물에 대한 비유를 들었다. 그분은 그들이 "이 모든 것을 깨달았[는지]"(13:51) 확인하고 싶어 하셨다. 훌륭한 교사는 항상 학생들이 '제대로 이해했는지' 확인하기 위해 학생들에게서 피드백을 받는다. 그들은 알아들었다.

13장 52절에서 예수님은 제자들을, 바리새인들과 한통속이 되어버린 사기꾼들과 달리 진정한 학습자로서 제자가 된 "서기관"으로 상상하셨다. 이 천국의 충실한 추종자들은 자기 식솔의 양육, 영양, 건강을 책임지는 "집주인"에 비유되었다. 이 집주인은 이런 일을 어떻게 건사하는가? 그는 자기 곳간에서 "새것과 옛것"을 제공한다. 이게 무슨 뜻일까? R. V. G. 태스커가 이것을 잘 설명했다.

> 이 말은 천국의 진리…예수님이 가르치고 계시는 진리를 배운 제자들을 가리키는 것으로 보인다. '서기관'은 '그리스도의 율법' 교사로서 새것과 옛것으로 묘사될 수 있는 진리가 저장된 지식의 보고를 지니고 있다. 그 진리는 예수님의 출현과 더불어 비로소 밝혀졌다는 점에서 새것이다. 반면 이것은 하나님의 생각 속에 존재했지만, 세상의 기초가 놓일 때부터 비밀로 지켜져온 신비에 관한 것이기 때문에 옛것이다.[118]

—13:53-58—

헌신적인 제자들을 위해 남겨두셨던 비유를 다 들려주신 예수님은 가버나움을 떠나 나사렛으로 짧은 여행을 떠나기로 하셨다. 바로 얼마 전에 예수님의 모친과 형제들이 예수님이 머물고 계시던 가버나움 집에 와서 예수님과의 대화를 청했던 일을 기억할 것이다(12:46-50). 마태는 그 구절에서 예수님이 그들을 안으로 들이셨는지 아니면 밖으로 나가서 만나셨는지

나사렛(마태복음 13:54)

나사렛이라는 이름은 두 개의 히브리어 중 하나에서 유래했을 가능성이 높다. 히브리어 단어 *netser*(H5342)는 '가지' 또는 '새싹'을 뜻하며, 마태복음은 이 단어를 이사야 11장 1절과 재치 있게 연결했다(2:23). 그러나 이것만큼 유력한 어원이 '지켜보다'는 뜻을 가진 *natsar*(H5341)라는 동사다. 현대의 나사렛은 그릇 모양의 분지에 위치하고 있지만, 고대의 나사렛은 더 높은 언덕에 자리잡고 있었다. 그래서 나사렛은 약 300미터 아래의 광활한 이스르엘 골짜기를 감시하기에 최적의 장소였다. 이스르엘 골짜기는 아마겟돈으로도 알려진 므깃도 골짜기를 아우르는 에스드라엘론 평야를 품고 있었다.

나사렛 주민들에게 신선한 물을 공급해주는 샘이 하나밖에 없었기 때문에[119] 고대의 나사렛 인구는 그다지 많지 않았을 것이다. 아마 수천 명도 아닌 수백 명에 불과했을 것이다. 나사렛은 주요 대로나 통상로에 직접 접근할 수 없는 '인적이 드문 곳'에 있었기 때문에 주민들은 땅을 경작하고 가축을 치며 소박한 삶을 살았다. 실제로 이 마을은 너무 작고 보잘것없어서 구약성경, 외경, 신구약 중간기의 다른 유대인 문헌, 심지어 역사학자 요세푸스의 글에도 언급되지 않았다.[120] 그러므로 그곳 주민들은 '뒤처져' 있다는 다소 부정적인 평판을 얻었을 테고, 나사렛에 연고가 있다는 것은 요즘 말로 하면 '촌뜨기'라는 뜻이었을 것이다.

나사렛 사람들의 명성은 초라했다. 예수님이 나사렛에서 자랐다는 말을 들은 제자 지망생 나다나엘은 입을 실쭉하며 중얼거렸다. "나사렛에서 무슨 선한 것이 날 수 있느냐?"(요 1:46)

Barry Beitzel

나사렛 능선. 나사렛은 이스르엘 골짜기가 내려다 보이는 산맥 꼭대기에 자리잡고 있었다.

밝히지 않지만, 아무리 그들이 모종의 '개입'을 위해 그곳에 왔다고 해도 예수님이 가족의 요구를 거절하셨으리라고 생각되지는 않는다. 그랬다면 그분이 공경하는 모친을 욕되게 하고 그분을 우러러보았을 동생들에게 모욕감을 주었을 것이다. 그래서 나는 그분이 그날 가버나움에서 가족과 최소한 짧은 대화를 나누셨을 거라고 생각하지만, 증명할 길은 없다. 어찌 됐든 이때 예수님의 마음에 나사렛의 가족이 걸려 있었다는 것이 맞는 생각일 것이다.

예수님이 잠깐 집에 다녀오시려고 가르치는 사역을 중단할 시점을 찾으신 것도 납득할 만했다. 그분은 휴식이 필요했다! 바로 얼마 전에 그분은 제자들이 당신이 없이도 "제자된 서기관"의 일을 수행할 수 있을 만큼 비유의 의미와 그것의 중요성을 이해했는지 확인하셨다(13:51-52). 아마 예수님이 나사렛에 가실 때 제자들도 모두 함께 갔을 것이다. 어쩌면 소수만 동행했을 수도 있다. 어쩌면 일부 제자는 주님이 안 계실 때 천국에 대해 가르치는 선교 사역을 계속할 또 한 번의 기회를 가졌을 것이다.

여하튼 비유로 가르침을 마무리하신 예수님은 나사렛으로 떠나셨다(13:53). 나사렛으로 가시는 여정은 도보로 꼬박 이틀이 걸렸을 것이다. 예수님은 남서쪽으로 약 65킬로미터에 이르는 오르막길을 가셔야 했다! 잠깐 시장에 가거나 옆 마을로 마실 가는 것이 아니었다. 옛적에 자주 다니셨던 곳, 친숙한 장소들이 가까워지자 어린 시절, 청소년기, 청년기의 기억이 되살아났을 것이다. 예전에 올랐던 고목, 친구들과 뛰놀던 도랑 그리고 아버지의 손님들, 그분의 친구들, 나사렛에 아직도 살고 있는 형제자매들의 집을 걸어서 지나가셨다. 물론 어린 시절에 다녔던 회당도 지나가셨다.

마침내 친숙한 장소들이 친숙한 얼굴들로 바뀌었다. 하지만 모든 얼굴이 호의적이지는 않았다. 다음 안식일에, 아마도 가족과 며칠을 조용히 보내면서 그들의 신뢰를 얻은(또는 최소한 두려움을 진정시킨) 후에, 예수님은 회당에서 가르치기 시작하셨다(13:54). 사람들이 놀랐던 까닭은 그분의 가르침과 그것에 수반되는 기적 때문만이 아니라 그들이 이 남자를 알았기 때문이었다! 그들의 반응에서는 냉소주의나 심지어 조롱하는 기색이 엿보였다. 그들은 사실상 이렇게 말한 것이었다. "저 친구는 자기가 뭐라도 되는 줄 아나 봐?" 속담에도 있듯이 가까워지면 쉽게 대하게 된다. 나사렛 마을 사람들은 예수님을 알고, 마리아를 알고, 그분의 동생들인 야고보, 요셉, 시몬, 유다를 알고, 여동생들을 알았다. 그런데 예수님이 어디서 배우고 훈련받고 기적을 행할 수 있는 능력을 얻을 수 있었는지 도통 모를 일이

었다!(13:55–56)

이상하게도, 그들은 예수님의 배경을 빤히 알면서도 그분을 존중하지 않고 "배척[했다]"(13:57). 여기서 A. T. 로벗슨의 말을 되새길 필요가 있다. "나사렛 사람들이 이해할 수 없었던 것은 예수님처럼 이곳 나사렛에서 나고 자란 이가 어떻게 그런 지혜가 담긴 가르침을 할 수 있는가였다…예수님이 자기들처럼 평범하지 않은 것이 용서가 안 되었던 것이다."[121]

그들은 냉소적인 태도로 비웃고 조롱했을 뿐만 아니라 그분을 믿기를 한사코 거부했다. 예상했던 대로 예수님은 날카롭게 쏘아붙이셨다. "선지자가 자기 고향과 자기 집 외에서는 존경을 받지 않음이 없느니라"(13:57). 이 마지막 몇 마디에서 '고향의' 상황을 엿볼 수 있다. 격분한 이웃들은 예수님을 좋게 봐야 미치광이라며 거부했을 뿐만 아니라 가족도 그분을 실패자로 보았다. 그러니 사도 요한이 60년 뒤 이렇게 쓴 것은 놀랍지 않다. "[예수님이] 자기 땅에 오매 자기 백성이 영접하지 아니하였으나"(요 1:11).

그들이 불신한 결과로 예수님은 나사렛에서 기적을 거의 행하지 않으셨다. 한편 우리는 이것을 심판의 행위로 볼 수 있다. 즉, 그들이 거부함으로 그들 안의 병들고 억눌린 자들이 치유와 구제의 축복을 받지 못했다는 뜻이다. 또 한편으로는 기적을 자제하신 것을 고향 사람들에 대한 자비의 행위로 해석할 수 있다. 예수님의 힘과 위엄이 더 크게 드러날수록 대망의 메시아이신 예수님을 거부한 그들의 죄가 더 커질 것이기 때문이다.

얼마나 슬픈 일인가! 불과 십여 소절 앞에서 예수님은 천국을 전 재산을 바칠 만한 가치가 있는 보물 또는 진주라고 말씀하셨다. 그런데 고향 사람들은 그분을 공경할 대상이 아니라 불쾌한 존재라며 거부하고 있었다! 안타깝게도 나사렛 사람들은 그 비유를 깨닫지 못했다.

적용: 마태복음 13:44–58

광신일까, 열정일까?

이 글을 읽는 사람들 중에는 가족과 가까운 친구들이 당신의 믿음을 가장 납득하지 못하는 경우도 있을 것이다. 당신은 '밭에 감추인 보화'를 발견했고 '값진 진주'를 찾았다. 이제 당신은 '사람을 낚는 어부'가 되어 최선을 다해 그물을 치려고 애쓰고 있다. 그러나 안타깝게도, 당신과 가장 가까운 사람들은 당신의 열정을 고마워하지 않고, 당신 삶의 큰 변화에 눈길을 주지 않으며, 당신이 어떻게 '종교 따위에 시간을 낭비할 수 있는지' 이해하지 못한다. 어떤 부모들은 인신공격으로 받아들이기도 한다. "우리가 너를 제대로 키우지 못했다는 말이냐?" 불쾌해하는 사람들도 있다. "당신이 도대체 뭔데?" 여전히 '이전의 당신'으로 돌아와주기를 바라는 이들도 있다. 당신의 달라진 태도, 말, 행동이 그들에게는 낯설다. 그리고 양심이 찔린다!

이럴 때 당신은 어떻게 하는가? 가장 가까운 사람들에게 그리스도를 증거할 수 있는 두 가지 요긴한 접근법을 알려주겠다.

첫째, 열정을 잃지 말라. 물러나지 말라. 가족, 친지, 친한 친구들, 동료들의 비웃음과 냉소가 주님의 일을 하려는 당신의 열정을 식게 내버려두지 말라. 그들은 당신을 공격할 허점을 찾을 것이다. 그들은 당신을 자기들의 사고방식과 생활방식으로 끌고 가려고 할 것이다. 그래야 그들 마음이 편해지기 때문이다. 그러나 당신이 그리스도와 그분의 나라를 열정적으로 추구하고, 그분 안에서 행하며 증거하는 삶을 지속하고, 당신이 밭에서 보물 혹은 최상의 진주를 찾았을 때 느꼈던 기쁨을 계속 간직하고 있다면 결국에는 당신이 정말로 귀한 무언가를 찾았다는 것을 알아볼 사람들이 생길 것이다. 당신과 가장 가까운 사람들은 자기들에게 없는 기쁨, 남몰래 갈구하는 의미, 한 번도 가져본 적 없는 삶에 대한 열정을 보기 시작할지도 모른다. 물론 당신을 분별없는 광신자로 치부하는 사람들도 있을 것이다. 괜찮다. 다들 겪는 일이다. 열정을 잃지 말라.

둘째, 계속 성장하라. 믿지 않는 친구나 가족에게 둘러싸여 있다 보면 당신의 옛 모습에 더 가까운 방식, 곧 그들에게 익숙한 방식으로 행동하고 싶은 충동을 느낄 수 있다. 당신은 자신이 여전히 예전과 같은 사람이고, 그들이 걱정할 게 없으며, 당신을 이상한 사이비 종교에 '빼앗긴' 것이 아니라고 그들을 안심시키기 위해 그렇게 행동할 수도 있다. 그런 태도는 그들의 마음을 편안하게 하고 사람들과의 마찰을 줄일 수는 있지만, 자칫 잘못된 메시지를 줄 수 있다. 당신이 하나님 나라에 대한 복음–예수 그리스도의 인격과 사역에 대한 구원의 메시지–을 발견했을 때 당신은 변화될 수밖에 없었다. 그냥 새로운 이름을 받는 것에서 끝나지 않고 복음은 새로운 신분에 맞게 성장할 수 있는 여정으로 당신을 이끌었다. 그리스도 안에서 성장하는 당신의 빛을 흐리지 말고 빛을 더욱 밝히라. 가장 가까이 있는 사람들에게 당신이 그리스도를 알기 전에는 갖지 못했던 성령의 열매를 보여주라(참조. 갈 5:22–23). 우리의 빛을 다른 사람들 앞에 비추면 비로소 그들은 우리 안에 일어난 변화를 볼 것이고, 어떤 이들은 "하늘에 계신 너희 아버지께 영광을 돌리게"(마 5:16) 될 것이다.

세상에서 가장 기이한 선물(마태복음 14:1–13)

1그 때에 분봉 왕 헤롯이 예수의 소문을 듣고 2그 신하들에게 이르되 이는 세례 요한이라 그가 죽은 자
가운데서 살아났으니 그러므로 이런 능력이 그 속에서 역사하는도다 하더라

3전에 헤롯이 그 동생 빌립의 아내 헤로디아의 일로 요한을 잡아 결박하여 옥에 가두었으니 4이는
요한이 헤롯에게 말하되 당신이 그 여자를 차지한 것이 옳지 않다 하였음이라 5헤롯이 요한을 죽이려
하되 무리가 그를 선지자로 여기므로 그들을 두려워하더니

6마침 헤롯의 생일이 되어 헤로디아의 딸이 연석 가운데서 춤을 추어 헤롯을 기쁘게 하니 7헤롯이
맹세로 그에게 무엇이든지 달라는 대로 주겠다고 약속하거늘 8그가 제 어머니의 시킴을 듣고 이르되 세
례 요한의 머리를 소반에 얹어 여기서 내게 주소서 하니 9왕이 근심하나 자기가 맹세한 것과 그 함께 앉
은 사람들 때문에 주라 명하고 10사람을 보내어 옥에서 요한의 목을 베어 11그 머리를 소반에 얹어서 그
소녀에게 주니 그가 자기 어머니에게로 가져가니라 12요한의 제자들이 와서 시체를 가져다가 장사하고
가서 예수께 아뢰니라

13예수께서 들으시고 배를 타고 떠나사 따로 빈 들에 가시니 무리가 듣고 여러 고을로부터 걸어서
따라간지라

삶에서나 사역에서나 나는 때때로 머리를 흔들며 이런 말을 하곤 한다. "너는 이런 일을 해낼 수 없어." 사는 것이 무미건조하고 지루하게 느껴지는 사람이 있다면 그는 제대로 살고 있는 것이 아니다. 또 사역이 단조롭고 따분하다면 그런 사역자는 십중팔구 사역에서 마음이 떠난 것이다.

성경은 현실 세계를 비추는 아주 좋은 거울이다. 성경의 서사는 다채롭고 선명한 색채로 삶을 표현한다. 어떤 것은 멋지고 활기차고, 어떤 것은 어둡고 충격적이다. 어떤 것은 첨예하게 대립하고, 어떤 것은 미묘하게 조화를 이룬다. 성경의 이야기는 기쁨이나 재미를 위해서 만들어진 것이 아니라 실제 세상에 사는, 실제 사람들의, 실제 삶에 대한 기록이다.

솔직히 그리스도의 삶에 대한 몇몇 일화가 기괴한 것도 이 때문이다. 어떤 것은 너무

추잡하고, 너무 비틀리고, 너무 충격적이어서 이런 이야기를 꾸며냈을 가능성은 거의 없다는 결론을 내리게 된다. 마태복음 14장도 그런 이야기로 시작한다. 이 이야기는 예수님의 설교, 가르침, 비유의 말씀, 기적을 행하는 사역이 쭉 이어지고 있을 때 갑자기 예기치 않게 등장한다. 마태복음이 영화라면 화면 하단에 "한편 헤롯 안디바의 궁정에서는…"이라는 자막이 뜰 것이다. 그리고 이 특별한 장면 때문에 이 영화는 청소년 관람불가 등급을 받을 것이다. 이 이야기는 그만큼 노골적이고 사실적이다.

이야기는 생일 파티로 시작해서 도발적인 춤이 등장하고 가장 이상한 생일 선물로 화제가 흘렀다가, 음탕하고 추잡한 왕의 명령에 따라 경건한 선지자가 어처구니없이 참수형을 당하는 것으로 끝난다. 우리는 이 이야기에 나오는 주요 인물들에게서 어리석음과 죄악 그리고 그 참담한 결과에 대해 귀중한 교훈을 얻을 수 있다.

—14:1-2—

부정하고 음탕한 헤롯 안디바와 그의 가학적이고 가증스러운 아내 헤로디아는 신약의 보니와 클라이드로 충분히 불릴 만했다. 그들은 모든 면에서 악의 화신이었는데, 얼마나 심했는지는 마태복음 14장의 첫 부분에 드러나 있다. 한 해설자는 이렇게 설명한다.

> 이 실화는 가장 기괴한 막장 드라마보다 더 황당하다. 이것은 부정, 이혼, 재혼, 근친상간, 정치적 음모, 질투, 원한, 복수, 음란, 정욕, 냉혹, 잔인, 무자비, 폭력, 지독한 회한, 경건한 애도의 이야기다. 그러나 무엇보다도 그것은 하나님을 믿지 않는 자들의 두려움과 그런 두려움 속에 들어 있는 안절부절못하게 만들고, 속이며, 타락시키고, 파괴하며, 저주하는 힘에 관한 이야기다.[122]

얼마나 암울한 그림인가! 그러나 이것은 과장이 아니다. 마태복음 14장의 배경은 당대의 유대 마피아인 야비한 헤롯 가문의 내부 상황 속으로 우리를 데려간다. 그 가계도의 뿌리는 그 구성원들이 죽인 사람들의 피를 먹고 자랐다. 그 가문 최초의 '대부' 헤롯 대왕(55쪽 참조)은 '인간의 타락'이라는 말에 새로운 의미를 부여했다. 열 번 이상의 결혼 경력이 있는 헤롯은 매번 새로 결혼할 때마다 그의 삶에 기만, 잔인함, 범죄를 보탰다. 그는 몇몇 아내와 친아들들을 살해했다. 피에 굶주린 친아버지의 질투를 피한 운이 좋은 아들 중 하나가 헤롯 안디바였고, 그는 그리스도가 사역하실 때 갈릴리 호수 서쪽과 요단강과 사해 동쪽 지역을 통치했다.

마태복음 14장 1절에서 장면이 시작되면 우리는 헤롯이 자기 영토 인근에서 벌어지고 있는 예수님의 사역을 감시하고 있는 것을 보게 된다. 요한과 예수님이 전한 메시지의 유사성, 기적적인 표적에 대한 소문, 헤롯 자신의 미신과 죄책감으로 인해 그는 세례 요한이 다시 살아났다는 결론에 도달했다(14:2). 예수라는 사람이 어떻게 그토록 놀라운 능력을 가질 수 있었는지에 대해 헤롯이 생각해낼 수 있는 설명은 그것밖에 없었다.

하지만 잠깐! 세례 요한에 관한 마태의 마지막 언급은 그가 헤롯의 감옥에 있다는 것이었다. 세례 요한은 예수님의 사역 초기에 이미 체포되었다(4:12). 나중에 그는 예수님이 정말로 고대하던 메시아인지 묻기 위해 감옥에서 전령들을 보냈다(11:2–3). 요한은 어떻게 감옥에서 죽었는가? 이 지점에서 마태는 일시 정지 버튼을 누르고 요한이 헤롯 안디바에게 잡혀 있다가 목숨을 잃게 된 경위를 알려주는 회상 장면을 제공한다.

—14:3–5—

마태복음 4장 12절에 언급된 요한의 체포에 대한 해설에서 이미 보았듯이 세례자의 설교, 특히 헤롯 안디바와 헤로디아의 불법 결혼에 대한 비난이 그를 곤경에 빠트렸다. 요한은 공공연히 선포했다. "당신이 그 여자를 차지한 것이 옳지 않다"(14:4). 독자는 헤롯 안디바가 자기 조카이자 처제이며, 헤롯대왕의 손녀이면서 자기의 이복 동생 아리스토불루스의 딸이고 안디바의 형제 빌립(그는 또 헤로디아의 삼촌이었다)의 아내이기도 한 헤로디아와 사랑에 빠졌다는 걸 기억할 것이다! 처음에 말했듯이 이런 이야기는 지어낼 수 없다! 세례 요한이 왕의 패역을 지적하고 반대하는 소리를 높인 것은 당연했다!

마태는 헤롯이 요한을 처형하고 싶었지만, 요한을 선지자로 믿는 사람이 너무 많아서 대중의 거센 항의를 두려워했다고 말한다(14:5). 뿐만 아니라 헤롯 자신도 요한이 "의롭고 거룩한 사람"임을 알고 있었고, 그의 설교를 즐겨 듣곤 했다(막 6:20). 어쩌면 헤롯은 자기 죄

헤로디아의 뒤틀린 관계

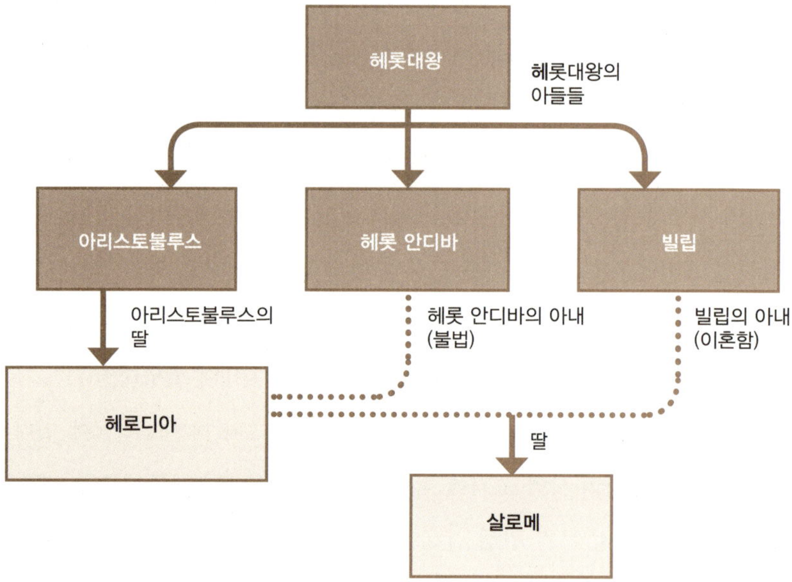

를 비난하는 요한의 설교가 옳다는 것을 속으로는 알고 있었을지도 모른다. 만약 그렇다면, 헤롯은 자기의 잘못을 알고 있었을 것이므로 요한의 처형은 불의와 악의 전형이 되었을 것이다. 그래서 헤롯 안디바는 요한을 안전하게 지킬 수 있는 감옥에 그냥 두기로 결심했다(막 6:20). 그러나 헤롯과 불법적인 결혼을 한 헤로디아는 그 문제를 그냥 좌시할 수 없었다. 그녀는 도덕성이라곤 눈곱만큼도 찾아볼 수 없었고, 일말의 죄의식도 없었던 것 같다. 요한에게 원한이 깊었던 그녀는 그를 죽이고 싶어 했다(막 6:19). 그렇게 사악하고 교활한 여자였으니 그녀가 요한에게 복수할 기회를 이제나저제나 노리고 있었던 건 불을 보듯 뻔했다.

헤롯은 요한에 대한 백성의 인기, 요한을 가둔 데 대한 양심의 가책 그리고 요한을 죽이고 싶어 하는 아내의 강한 욕망 사이에서 난처한 딜레마에 빠져 있었다. 헤롯은 자신이 빠져나올 수 없는 끈적끈적한 거미줄에 걸려들었다는 것을 깨달았다.

—14:6-13—

헤로디아가 세례 요한을 죽일 수 있는 기회는 뜻밖의 방법으로 찾아왔다. 헤롯은 자기 생일을 맞아 "대신들과 천부장들과 갈릴리의 귀인들"(막 6:21)을 위한 큰 연회를 열었다. 하객들은 정부의 거물들로, 헤롯은 그들을 감동시키기 위해서라면 무슨 짓이든 했을 것이다. 헤로디아는 헤롯의 유별난 자존심과 주체하지 못하는 정욕을 이용했다. 그녀는 딸 살로메를 시켜 생일잔치에서 헤롯과 손님들을 위해 춤을 추게 했다.[123]

살로메가 "연석 가운데서 춤을 추어 헤롯을 기쁘게"(마 14:6) 했다는 마태의 말에서 아빠와 아빠 친구들 앞에서 분홍 발레복을 입고 귀엽게 춤을 추는 어린 소녀를 상상하면 안 된다. 살로메의 춤은 발레 동작 몇 가지–두어 번의 플리에와 경쾌한 소떼 후에 능숙한 피루엣으로 끝내는–를 보여주는 것이 아니었다. 헤로디아가 빌립과의 첫 결혼에서 얻은 딸 살로메는 순진한 어린아이가 아니라 헤롯과 그의 손님들을 "기쁘게 해주는" 춤을 추는 꽃다운 사춘기였다. 그들이 살로메의 춤에 '10점 만점'을 주었다는 뜻이 아니다. 그들은 그 소녀를 향한 욕정에 사로잡혔다! A. T. 로벗슨은 그 장면을 이렇게 설명한다. "그것은 헤로디아가 요한을 죽이겠다는 일념을 이루기 위해 미리 준비한 음탕한 춤을 보여주는 부도덕한 공연이었다. 살로메는 수치를 무릅쓰고 무희나 일반 무용수처럼 춤을 추었다."[124]

그러자 의붓딸을 향한 욕정에 휩싸인 만취한 헤롯은 고위층 하객들 앞에서 살로메가 춤을 춘 대가로 원하는 것은 무엇이든 들어주겠다는 어리석은 약속과 함께 돌이킬 수 없는 맹세까지 해버렸다(마 14:7). 마가는 헤롯이 이 공약을 한 번이 아니라 두 번 했다고 언급하면서 자세한 이야기를 부연한다. "무엇이든지 네가 원하는 것을 내게 구하라 내가 주리라 하고 또 맹세하기를 무엇이든지 네가 내게 구하면 내 나라의 절반까지라도 주리라"(막 6:22-23). 이 말이 입 밖으로 나온 이상 그는 이 어리석은 맹세를 이행할 수밖에 없었다. 그 지역의 최고위 인사들이 모두 그 자리에서 살로메의 요청을 듣고 헤롯이 그것을 이행하는 것을 보려고 기다리고 있었다.

바로 헤로디아가 기다려온 순간이었다. 살로메가 어머니의 귀에 "내가 무엇을 구하리이까?"라고 속삭이자 헤로디아는 기다렸다는 듯이 말했다. "세례 요한의 머리를 구하라"(막 6:24). 살로메는 연회장에 있는 모든 사람에게 들릴 만큼 크고 또렷하게 고했다. "세례 요한의 머리를 소반에 얹어 여기서 내게 주소서"(마 14:8).

그 순간 헤롯은 "근심[했다]"(14:9). 어쩌면 그 요청에 충격을 받아 헤롯이 잠시 제정신으로 돌아와 헤로디아가 자신이 원하는 것을 얻기 위해 교활하게 그날 밤을 위한 춤을 구상했다는 것을 눈치챘을 수도 있다. 그러나 통치자, 군 지도자, 고위 관료들의 기대에 부푼 얼굴로 가득 찬 연회장을 둘러본 그는 약속을 지키는 수밖에 없었다. 그는 양심을 거스르며 의붓딸의 사악한 요구대로 세례 요한의 머리를 쟁반에 가져오라는 명령을 내렸다(14:10).

명령에 따라 사형 집행관이 요한의 머리를 쟁반에 담아 살로메에게 가져왔고, 살로메는 그것을 자기 어머니에게 주었다(14:11). 그 음모의 배후가 실제로 누구인지 잘 모르는 사람이 있었다면 그 행동으로 명확히 알게 되었을 것이다. 선악을 판단할 줄 아는 사람이라면 역겨워서 구역질이 났을 광경을 보고 헤로디아는 좋아서 싱긋 웃었다. 그녀는 지난 수 개월 동안 원하던 것, 곧 그 선지자의 머리를 얻었다. 그녀가 생각하기에 그는 줄곧 자기의 악행만 지적했다.

세례 요한이 처형되었다는 소식을 들은 그의 제자들은 즉시 시신을 수습해서 정식으로 장례를 치른 뒤 예수님께 그 일을 보고했다(14:12). 그 소식을 들으신 예수님은 "배를 타고 떠나사 따로 빈 들에 가[셨다]"(14:13). 우리는 예수님이 조용히 홀로 요한의 삶을 돌아보고 애도하기 위해 가셨을 거라고 짐작할 뿐이다. 예수님은 메시아의 도래를 선포했고, 모든 의를 성취하기 위해 그분께 세례를 주었으며, 모든 사람, 심지어 사악한 헤롯왕과 더 사악한 그의 아내 헤로디아에게까지 회개의 메시지를 충실하고 용감하게 선포했던 자를 잃으셨다.

이 일은 헤롯 안디바가 마태복음 14장 2절에 나오는 말을 하기 훨씬 전에 일어났을 것이다. 요한의 처형은 그 후로도 계속 헤롯을 괴롭혔다. 헤롯은 이 놀라운 선지자이며 교사인 나사렛 예수에 대해 들었을 때 세례 요한이 다시 살아났다고 생각했다. 14장 2절에 나오는 헤롯의 말은 상한 양심으로 인해 터무니없는 미신에 빠진 남자의 말이다. 나는 헤롯이 두려움을 떨치려고 아내 헤로디아에게 세례 요한의 머리를 가져오라고 해서 그가 정말로 죽었는지 확인하는 광경이 상상이 된다.

적용: 마태복음 14:1–13

죄에 관한 네 가지 교훈

성경의 어떤 구절은 고무적이고, 믿음, 소망, 사랑의 아름다운 본을 보여준다. 또 어떤 구절은 충격적이고, 사악함과 타락의 심연 그리고 죄의 결과를 잘 보여준다. 세례 요한의 참수에 대한 기록은 후자의 한 예다. 사실, 이 일화는 너무 잔혹해서 깊이 몰두해서 읽고 나면 몸을 씻고 싶은 생각이 들 수도 있다. 그러나 성경에서 가장 비열한 몇몇 사람에 대한 이러한 참혹한 이야기도 지금 우리에게 교훈이 된다.

첫째, 헤로디아는 원한을 품고 복수를 도모하는 것이 얼마나 위험하고 파괴적인지를 가르쳐준다. 그녀는 복수심 때문에 십대 딸을 스트립 댄서처럼 옷을 입히고 사람들 앞에서 남편을 조종해서 몇 달 동안 자기 속을 끓게 만든 한 무고한 사람의 부당한 살해를 요구하게 했다. 자기가 당한 공개적 망신을 복수하겠다는 집념이 그녀의 양심을 마비시켜 자신이 요구한 대로 세례 요한이 죽임을 당했을 때도 그녀는 눈 하나 깜짝하지 않았다. 원한과 적개심을 너무 오래 품고 있으면 그것을 품고 있는 사람의 영혼을 좀먹을 수 있다. 원한을 갚고 복수를 하기 위해서라면 사람은 못할 짓이 없다. 그런 원한은 생각과 감정과 의지를 집어삼키는 공격적인 암과 같다. 우리를 정당하게 꾸짖는 사람들을 매섭게 뿌리치지 말고 그 질책을 받아들여 그 길에서 돌이켜야 한다. 그리고 부당한 공격을 당해도 용서하고 잊어버리는 것이 좋다. 혹시 누군가에게 원한을 품고 있는가? 예전의 고용주나 동료인가? 부모인가? 배우자인가? 잊어버리라.

둘째, 헤롯 안디바는 동료 집단에게서 받는 압력의 위력에 대해 가르쳐준다. 헤롯이 왜 살로메에게 한 어리석은 맹세를 철회하지 않았는지 아는가? 그는 옳은 일을 하는 것보다 사람들이 자기를 어떻게 생각하는지가 더 중요했기 때문이다. 그는 하나님이나 공의에 대한 자신의 책임 또는 역사의 기록에 궁극적으로 남길 유업은 안중에 없었다. 그는 지금 그리고 여기-연회장에 있는 사람들이 자기를 어떻게 볼 것인지-에만 관심이 있었다. 그리고 아마 술에 취해서 무엇이 올바른 행동인지 명확하게 생각할 수 없었을 것이다. 자존심과 허세에 사로잡힌 그는 어리석은 자의 역사적인 본보기가 되었다. 당신은 동료 집단의 압력에 억눌리며 살고 있는가? 당신은 그리스도에 대한 믿음이나 도덕적 문제에 대한 신념을 학교나 직장 사람들의 생각과 말에 휘둘려 갈피를 잡지 못하는가? 당신은 천국의 일에 관심이 없는 동료 집단 앞에서 위축되는가? 내심 잘못임을 알면서도 그들에게 잘 보일 수 있는 방식으로 스스로를 과시하고 싶은가? 그럴 필요 없다. 대신 옳은 일을 할 방법을 모색하라.

셋째, 살로메는 기만적인 합리화에 대해 가르쳐준다. 살로메는 단순히 엄마의 조종을 따른 무고한 희생자가 아니었을 것이다. 그녀는 자발적으로 이 추악한 사건에 참여했을 가능성이 크다. 나는 그녀가 오랜 시간 생각을 왜곡하는 과정을 거쳐 반쯤 벌거벗고 헤롯과 그의 손님들을 앞에서 음란한 스트립쇼와 다를 바 없는 공연을 하는 것이 공주로서 아무 문제가 없다고 스스로를 구슬려 자신의 행동을 합리화했을 거라고 생각한다. 그리고 누군가가 그녀의 졸렬한 판단과 그로 인한 비극적인 결과를 지적한다면 살로메는 당당하게 이렇게 대답했을 것이다. "나는 명령에 따랐을 뿐이야." 악을 합리화하는 능력은 가히 충격적이다. 그렇게 하는 사람들은 어느새 자기들이 도달하리라고 예상하지 못했던 위치에 있게 되고, 절대 하지 못할 거라고 생각했던 일을 할 수 있게 된다. 당신은 잘못임을 아는 행동을 합리화하는가? "나는 시키는 대로 하는 것뿐이야"라며 궁색한 변명을 늘어놓는가? 아니면 어떤 상황은 "너무 중요하기" 때문에 옳고 그름을 따질 수 없다고 생각하는가? 아주 작은 것일지라도 악의 합리화를 멈추라. 그것은 재앙으로 끝날 것이다.

마지막으로, 이 이야기는 죄의 유혹과 중독성에 대해 가르친다. 헤롯대왕에서 그의 가족 모두에 이르기까지 죄가 관계를 독살했다. 정욕이 아니면 탐욕이요, 원한이 아니면 살인이요, 속임수가 아니면 신성모독이었다. 헤롯 가문은 죄, 죄, 죄를 키우고 전파함으로써 저주를 받았다. 중독이 대물림하듯이 갈수록 죄는 늘었고, 그 결과는 점점 더 비참해졌다. 나는 서재의 컴퓨터 앞에 짧은 경구를 써서 붙여놓았다. 나는 매일 그것을 보면서 그 지혜를 끊임없이 상기한다. "죄는 당신이 가고 싶은 것보다 더 멀리 당신을 데려간다. 죄는 당신이 머무르고 싶은 것보다 더 오래 당신을 붙든다. 죄는 당신이 지불하고 싶은 것보다 더 많은 대가를 요구한다." 이것을 볼 때마다 나는 기도한다. "주 하나님, 저의 정결을 지켜주소서. 원한을 품지 말라고 일깨워주소서. 제가 당신만 꼭 붙들고 당신의 이름에 그리고 저의 가족과 제가 섬기는 사람들에게 수치를 입히지 않도록 제가 얼마나 연약한 존재인지 계속 보여주소서." 당신도 이것을 깨닫고 기도할 수 있기를 바란다.

기적의 만찬(마태복음 14:14-21)

14예수께서 나오사 큰 무리를 보시고 불쌍히 여기사 그 중에 있는 병자를 고쳐 주시니라

15저녁이 되매 제자들이 나아와 이르되 이 곳은 빈 들이요 때도 이미 저물었으니 무리를 보내어 마
을에 들어가 먹을 것을 사 먹게 하소서 16예수께서 이르시되 갈 것 없다 너희가 먹을 것을 주라 17제자들
이 이르되 여기 우리에게 있는 것은 떡 다섯 개와 물고기 두 마리뿐이니이다 18이르시되 그것을 내게 가

져오라 하시고 [19]무리를 명하여 잔디 위에 앉히시고 떡 다섯 개와 물고기 두 마리를 가지사 하늘을 우러러 축사하시고 떡을 떼어 제자들에게 주시매 제자들이 무리에게 주니 [20]다 배불리 먹고 남은 조각을 열두 바구니에 차게 거두었으며 [21]먹은 사람은 여자와 어린이 외에 오천 명이나 되었더라

사복음서에 모두 기록된 예수님의 기적은 5천 명을 먹이신 기적이 유일하다. 이는 복음서 저자들뿐만 아니라 하나님의 생각에도 그 기적이 매우 중요하다는 사실을 나타낸다. 그러나 이 이야기는 우리에게 너무나 친숙해서 때때로 그 중요성을 놓치거나 축소하는 경향이 있다. 우리는 그것이 얼마나 굉장하고 불가사의한 사건이었는지 잊어버렸다.

실제로 예수님은 나중에 제자들이 5천 명을 먹이신 사건의 깊은 뜻을 이해하지 못했다고 꾸짖으셨다. "너희가 아직도 깨닫지 못하느냐 떡 다섯 개로 오천 명을 먹이고 주운 것이 몇 바구니며"(16:9). 우리가 그 기적을 단순히 배고픈 사람들을 초자연적인 방법으로 먹이신 사건–물론 그 자체도 사소한 사건은 아니다–으로만 본다면 그 표적의 영적 의미를 놓치게 된다. 오병이어의 기적은 말하자면 직접 먹을 수 있는 비유였다. 그 일은 배고픈 군중이 배를 불리는 즉각적이고 물리적인 결과도 낳았지만, 또 한편으로는 예수님에 대해, 하나님 나라에 대해 그리고 우리 자신에 대해 무언가를 전달하려는 영적인 목적도 있었다.

잘 아는 이야기라고 어깨를 으쓱하고 넘어가지 말고, 속도를 늦추고 그 깊은 뜻을 헤아려보아야 한다. 이 기적의 진가를 인정하고 우리의 하나님이 불가능을 가능케 하시는 하나님이심을 다시금 확인하자.

—14:14—

우리는 불가능–우리의 손을 완전히 벗어난 일, 우리가 바꿀 수 없는 상황, 우리가 해결할 수 없는 문제들–에 에워싸여 살고 있다. 그것은 우리의 쇠약해진 건강일 수도 있고, 깨어진 관계일 수도 있으며, 비극적인 상실일 수도 있다. 그것이 무엇이든 우리는 그것을 그저 '불가능'이라고 명명하고 그것을 붙들고 씨름한다. 예수님의 사역에 대해 마태가 들려주는 다음 사건은 수천 명의 배고픈 남자와 여자와 아이들을 다섯 조각의 떡과 두 마리의 작은 물고기로 상대하는 이야기다. 우리가 그날 그 자리에 있었다면 상황을 한번 살펴보고 대책이 없

다고 단언했을 것이다. 사람들에게 필요한 음식을 제공할 수 있는 방법은 아무것도 없었다.

하지만 그 기적을 살펴보기 전에 예수님이 당신의 사촌인 세례 요한을 잃은 것을 여전히 슬퍼하고 계셨음을 기억할 필요가 있다(14:12-13). 예수님은 혼자만의 시간을 보내시려고 배를 타고 멀리 나가셨다. 그러나 곧 그분이 떠나셨다는 말을 들은 예수님을 따르는 무리가 행선지를 수소문해서 원래 "빈 들"이어야 할 곳으로 찾아왔다(14:13). 그들은 세간에 회자되고 있는 그분을 보려고 도시에서 떼를 지어 몰려왔다.

예수님이 배에서 내리셨을 때 거기에는 2만 명에 달하는 사람들, 곧 남자 5천여 명과 수천 명의 여자와 아이들이 있었다(14:21). 마태는 처음에 그들을 "큰" 무리라고 부른다(14:14). 그 무리가 필요로 하는 것이 얼마나 많았을지 상상해보라. 병든 자, 쇠약한 자, 다친 자, 귀신 들린 자를 생각해보라! 그 사람들의 고난과 고통이 예수님을 짓눌렀다. 예수님은 혼자만의 조용한 시간을 방해받은 것에 대해 짜증이나 화를 내시기는커녕 바로 소매를 걷어붙이고 병자들을 치유하기 시작하셨다. 왜일까? 주님은 "큰 무리를 보시고 불쌍히 여기[셨기]"(14:14) 때문이다.

구름이 하늘을 가로질러 흐르고 태양이 동에서 서로 기우는 동안 예수님은 한 사람씩 차례차례 치유하며 무리를 헤치고 나아가셨다. 분명 그분의 제자들은 사람들이 질서를 유지하도록 돕고 있었을 것이다. 그러면서 군중은 늘어나기만 하는데 천천히 해가 넘어가고 있는 것을 곁눈으로 보았을 것이다. 그러나 마태의 기록에는 예수님이 잠시라도 속도를 늦추셨다는 언질이 없다.

—14:15-17—

이윽고 땅거미가 깔리자 제자들은 지칠 대로 지쳤다. 허기가 지면서 조바심이 났다. 우리는 그 느낌을 안다. 너무 오래 먹지 못하면 '배가 고파 짜증이 나기' 시작한다. 분명 제자들 대부분이 그런 상태였을 테고, 수천 명의 군중도 마찬가지였을 것이다. 거기에는 남자들뿐만 아니라 전 가족이 있었다는 사실을 잊지 말라. 어느 시대건 어린아이들은 온종일 굶으면 엄청 보챈다. 사람들이 먹을 것을 가져왔어도 그때쯤이면 다 없어졌을 것이다.

제자들은 예수님을 옆으로 모시고 가서 말했다. "이제 충분해요. 해가 지고 있고 여기는 외딴곳이에요. 이 사람들을 모두 보내어 마을에서 먹을 것을 얻게 하세요"(참조. 14:15). 제자들이 한 말은 어떻게 보아도 합리적이었다. 인간의 관점에서만 보면 지당했다. 전체적인 상황을 보면 "무리를 보내는" 것이 문제의 해결책이었다. 그 외에 무슨 다른 방법이 있었겠는가?

그러나 바로 그 불가능한 일을 예수님은 제자들에게 요구하셨다.

"갈 것 없다 너희가 먹을 것을 주라"(14:16). 이 말은 제자들이 예수님에게서 들은 말 중에서 가장 터무니없는 말-그들은 그런 말을 많이 들었다-중 하나였을 것이다. 예수님이 그들에게 지시하신 것은 불가능한 일이었다. 분명 제자들은 예수님의 지시를 존중하고 그들이 가진 대안을 하나하나 훑으면서 붉은 선을 굵게 그었을 것이다. 우선 그들은 먹을 것이 없었다. 그들은 그 점을 분명히 지적했다. "여기 우리에게 있는 것은 떡 다섯 개와 물고기 두 마리뿐이니이다"(14:17). 이 "떡"은 손바닥 크기의 크래커처럼 납작한 보리빵을 생각하면 된다. 또 "물고기"는 간식거리밖에 되지 않는, 말려서 저장한 정어리 같은 것을 생각하면 맞을 것이다. 이 기적에 대한 요한의 기록을 보면 이 보잘것없는 식량은 한 소년의 것이었다!(요 6:9) 어쨌거나 제자들은 음식이 없었다. 그게 첫 번째 문제였다.

둘째, 그들은 돈이 없었다. 예수님이 제자들에게 군중을 먹이라고 지시하셨다면 얼마가 됐든 그들이 가진 돈을 나누어주시고 인근 마을로 가서 가능한 한 많은 사람을 먹일 수 있는 음식을 가능한 한 많이 사왔어야 했을 것이다. 그러나 그날 저녁 모인 수천 명의 사람에게 기본적인 식사만 제공하는데도 큰돈이 들었을 것이다. 실제로 빌립은 재빨리 계산을 해보고 각 사람에게 소량의 간식만 주어도 "이백 데나리온"(요 6:7)이 들 거라고 제시했다. 200데나리온은 보통 사람의 8개월 치 임금에 해당했다.[125] 그들은 그만한 재원이 없었다.

셋째, 설령 돈이 있었어도 시간이 없었다! 예수님은 온종일 군중 사이를 다니시며 병든 자들을 고쳐주셨다. 해가 지고 있었다. 이제 곧 잠자리에 들 시간이었다. 제자들이 한 수레 가득 음식을 가지고 있었다 한들 질서정연하게 모든 사람에게 똑같이 음식을 나누어주려면 날이 밝을 때까지 해야 할 판이었다! 그때쯤이면 다시 아침 식사를 시작해야 할 것이다.

마지막으로 음식과 시간이 있었어도 그 일을 할 기력도 인력도 없었다. 제자들도 허기지고 지쳐 있었다.

순전히 인간의 관점에서 보았을 때 그들은 이 문제를 해결할 방도를 찾지 못했다. 예수님은 불가능한 일을 요구하고 계셨다. 이 기적에 대한 요한의 기사는 몇 가지 내부 정보를 알려준다. 예수님은 제자들을 시험하시기 위해 "친히 어떻게 하실지를 아시고"(요 6:6) 모두가 불가능하다고 여기는 일을 하라고 하신 것이었다.

제자들이 시험에 떨어진 건 분명하다. 그들은 자연의 압력에 꺾였고, 세상에 항복했으며, 이성에 굴복했다. 그러면서 자기들 앞에 서 계신 분이 성육하신 전능자이심을 까맣게 잊어버렸다. 그들은 "우리는 못합니다"라고 말하지 말고 예레미야 선지자가 하나님께 했던 대답을 했어야 했다. "슬프도소이다 주 여호와여 주께서 큰 능력과 펴신 팔로 천지를 지으셨사오니 주에게는 할 수 없는 일이 없으시니이다"(렘 32:17). 그러나 우리 생각이 인간의 관점에만 고정되어 있다면 우리의 이성은 인간적으로 가능한 것만 생각할 것이다. 우리는 하나님이 "나는 여호와요 모든 육체의 하나님이라 내게 할 수 없는 일이 있겠느냐?"(렘 32:27)고 말씀하시는 분, 불가능한 것을 가능케 하시는 하나님이심을 잊어버렸다.

—14:18-19—

예수님은 과시하지도 않고 요란한 발표나 대단한 선포도 없이 군중이 난생처음 보는 놀라운 기적을 행하셨다. 어떤 방법으로 하셨을까? 간단한 감사 기도로 하셨다. 첫째, 예수님은 작은 떡 다섯 덩이와 조그마한 물고기 두 마리를 가져오게 하셨다(14:18). 예수님은 정말로 그게 필요하셨을까? 아니다. 무에서 천지만물을 창조하신 그분은 모든 군중의 무릎에 성찬이 차려지게 하실 수 있었다. 그러나 그분은 곁에 있는 소년의 보잘것없어 보이는 제물을 가져다 그것을 증식시키는 방법을 선택하셨다. 그분은 모두 풀밭 위에 앉으라고 지시하셨다(14:19). 마가복음은 무리가 "떼로 백 명씩 또는 오십 명씩"(막 6:40) 앉았다고 부연한다. 그렇게 하면 사람들이 흥분해서 뛰어다니는 것보다 나눠주기가 한결 쉬웠다.

예수님은 하늘을 바라보시면서-당시 사람들의 일반적인 기도 자세였다-음식을 축사하시고 떡을 떼셨다. 유대인이 식사를 시작할 때 전형적으로 했던 축사를 요즘 말로 표현하면 이렇다. "세상의 왕이신 주 하나님, 땅에서 난 떡을 주신 주님을 찬양합니다."[126] 무리 중에서 예수님과 가장 가까이 있던 사람들은 예수님과 제자들이 자기들끼리 저녁을 먹으려는 줄 알았을 수도 있다.

처음 몇 초 동안은 그래 보였다. 예수님은 떡과 물고기를 떼신 뒤 그 조각을 제자들에게 나누어주셨다. 그들은 제일 가까이 있는 사람들에게 차례로 떡을 주었다(마 14:19). 그리고 가운데 계신 예수님에게서 나오는 많은 떡과 물고기가 물결이 연이어 밀려오듯 군중에게로 흘러갔다.

—14:20-21—

그날 저녁 모두가 떡과 물고기를 "배불리" 먹었다(14:20). 마태는 "오천 명"은 남자만 포함된 숫자임을 굳이 지적한다. 남자들 외에 여자와 아이들도 먹었다(14:21). 만약 그곳에 남자 수만큼 여자들도 있었다면 음식을 먹은 수가 만 명으로 늘어난다. 남자 한 명당 평균적으로 두 명의 아이가 있었다면 그 수는 2만 명으로 두 배가 된다. 어쨌든 온 가족이 오병이어의 기적이라는 축복을 받은 것은 분명하다.

코피노스는 이 사진에 나온 것과 같은 고리버들 바구니였을 것이다

그게 다가 아니다. 마태는 "다 배불리 먹고 남은 조각을 열두 바구니에 차게 거두었[다]"(14:20)고 말한다. 여기서 "바구니"로 번역된 *kophinos*(코피노스, 2894)는 한 사람이 거뜬히 들 수 있는 고리버들 바구니 같은 것이다. 예수님이 일으키신 증식의 기적은 필요한 것만 채운 것이 아니라—불과 몇 시간 전만 해도 불가능하다고 생각되었던 일— 남아돌 만큼 넉넉했다.

적용: 마태복음 14:14-21
불가능한 상황, 절호의 기회

예수님은 이 잊을 수 없는 교훈을 통해 중요한 진리를 가르치셨다. 그분이 온 세상의 주인이시고, 영적인 것과 물리적인 것, 가능과 불가능의 주님이심을 입증하셨다. 또한 그분은 충분히 주실 뿐 아니라 풍성히 주신다는 사실을 강조하셨다. 또 다른 경우에 예수님은 이렇게 선포하셨다. "내가 온 것은 양으로 생명을 얻게 하고 더 풍성히 얻게 하려는 것이라"(요 10:10). 그리고 그분은 "우리 가운데서 역사하시는 능력대로 우리가 구하거나 생각하는 모든 것에 더 넘치도록 능히 하실 이"시다(엡 3:20). 우리 가운데서 역사하시는 능력은 성령을 가리킨다.

지금 불가능해 보이는 상황이 다가오고 있는가? 지금이 바로 하나님이 불가능을 가능하게 하실 수 있는 기회다. 예수님과 온종일 함께 있었던 그 사람들은 먹을 것이 필요했고, 그래서 그분은 그것을 공급해주셨다. 제자들은 그 필요를 채우는 것이 불가능했지만, 주님은 가능하셨다. 우리가 수평적 관점-벗어날 수 없는 물리적 세계의 인과 법칙으로 이 세상의 한계에만 초점을 맞추는 것-으로만 우리의 삶을 운영하면 우리가 보게 될 것은 불가능뿐이다. 그 수평면에 갇혀 인간의 관점으로만 사물을 보면 우리는 계속 벽에 부딪히게 될 것이다. 그리고 우리의 삶은 부정적인 것, 즉 할 수 없는 것으로 점철될 것이다.

그렇다. 당신의 상황이 불가능하다는 것을 인정하라. 결혼생활의 문제? 불가능하다. 십대 자녀의 반항? 불가능하다. 구직? 불가능하다. 당신이 받은 병원 진단서? 불가능하다. 현재 재판 중인 법률 소송? 불가능하다. 재정적인 어려움? 불가능하다. 유혹과 죄악과의 싸움? 불가능하다. 정서적인 어려움? 불가능하다. 정치 상황? 불가능하다.

이제 멈추라. 그렇다. 위에 나열한 것들뿐만 아니라 더 많은 것이, 우리의 수평적 관점에서 보면 불가능한 상황들이다. 그러나 이제 고개를 들어 위를 보라. 주님께 감사의 기도를 드리고, 그분이 당신의 불가능한 상황을 "그리스도 예수 안에서 영광 가운데 그 풍성한 대로 너희 모든 쓸 것을 채우[실]"(빌 4:19) 절호의 기회로 바꾸라. 그분은 당신에게 무엇이 필요한지 아신다. 그리고 그분은 그것이 언제 필요한지도 아신다. 또 말씀으로 우주를 존재하게 하신 그분은 '이게 만약…그렇다면' 식의 물질주의적 관념에 얽매이지 않으신다.

우리의 제한된 관점으로는 하나님이 보시는 멋진 기회를 보지 못한다. 우리가 진심으로 하나님을 신뢰한다면 이 사실을 받아들여야 한다. 그분에게는 불가능이 없다. 당신이 처한 불가능한 상황 가운데 이 진리를 항상 적용할 수 있도록 잠시 시간을 내어 간단하지만 심오한 이 구절들을 외우라.

- 나는 여호와요 모든 육체의 하나님이라 내게 할 수 없는 일이 있겠느냐(렘 32:27).
- 슬프도소이다 주 여호와여 주께서 큰 능력과 펴신 팔로 천지를 지으셨사오니 주에게는 할 수 없는 일이 없으시니이다(렘 32:17).

무엇이 우리를 무릎 꿇게 하는가?(마태복음 14:22-36)

22 예수께서 즉시 제자들을 재촉하사 자기가 무리를 보내는 동안에 배를 타고 앞서 건너편으로 가게 하
시고 23 무리를 보내신 후에 기도하러 따로 산에 올라가시니라 저물매 거기 혼자 계시더니 24 배가 이미
육지에서 수 리나 떠나서 바람이 거스르므로 물결로 말미암아 고난을 당하더라 25 밤 사경에 예수께서
바다 위로 걸어서 제자들에게 오시니 26 제자들이 그가 바다 위로 걸어오심을 보고 놀라 유령이라 하며
무서워하여 소리 지르거늘 27 예수께서 즉시 이르시되 안심하라 나니 두려워하지 말라

28 베드로가 대답하여 이르되 주여 만일 주님이시거든 나를 명하사 물 위로 오라 하소서 하니 29 오라
하시니 베드로가 배에서 내려 물 위로 걸어서 예수께로 가되 30 바람을 보고 무서워 빠져 가는지라 소리
질러 이르되 주여 나를 구원하소서 하니 31 예수께서 즉시 손을 내밀어 그를 붙잡으시며 이르시되 믿음
이 작은 자여 왜 의심하였느냐 하시고 32 배에 함께 오르매 바람이 그치는지라 33 배에 있는 사람들이 예
수께 절하며 이르되 진실로 하나님의 아들이로소이다 하더라

34 그들이 건너가 게네사렛 땅에 이르니 35 그 곳 사람들이 예수이신 줄을 알고 그 근방에 두루 통지
하여 모든 병든 자를 예수께 데리고 와서 36 다만 예수의 옷자락에라도 손을 대게 하시기를 간구하니 손
을 대는 자는 다 나음을 얻으니라

나는 평생 사람들이 '예수님을 따르고 다시는 돌아서지 않겠다고 결심한' 뒤 '주님과 동행하는 것'에 대해 말하는 것을 들어왔다. 하지만 주 예수님이 우리를 사람들로 북적이는 어선에 태워 어둠 속에서 노를 젓게 하신다면 어떨까? 그 배가 바다 한가운데서 배를 전복시킬 정도로 거센 폭풍을 만난다면? 예수님이 우리에게 배에서 내려 저 아래 어두운 심연으

로 돌멩이처럼 곤두박질칠 수 있는 거친 물 위로 발을 내디디라고 손짓하신다면? 우리의 모든 날 동안 어디든지 그분이 이끄시는 곳으로 가고 그분을 따르겠다고 맹세한 것과 그분이 우리를 위험해 보이는 곳으로 보내실 때 순순히 따르는 것은 별개의 문제다.

마태가 예수님이 가시는 곳곳으로 그분과 동행하는 것이 어떤 것인지 하나씩 이야기할 때 우리는 제자도에 대해 곰곰이 생각하게 되는 몇 가지 잊을 수 없는 장면을 보게 된다. 우리가 상상력을 발휘해서 그들이 가신 곳을 가고, 보신 것을 보며, 느끼신 것을 느낀다면, 우리가 예수님을 따르고 그분이 보내시는 곳으로 가겠다는 헌신을 얼마나 진지하게 생각해야 하는지 절실히 깨달을 것이다.

늦은 저녁 수많은 남자, 여자, 어린아이를 먹인 직후에 이어진 장면은 진정한 제자의 삶이 어떤 모습인지 여실히 보여준다. 확신하건대 제자들은 바다에서 보낸 그날 밤을 절대 잊지 못했을 것이다. 아주 세세한 부분까지도 그들의 마음속에 영원히 새겨졌을 것이다. 그리고 그 일로 깨달은 믿음에 대한 교훈도 그들의 가슴에 영원히 각인되었을 것이다.

—14:22-23—

들쭉날쭉한 수평선 너머로 해가 넘어가자 갈릴리 호수 위로 구름이 몰려와 달빛과 별빛을 을씨년스럽게 흐렸다. 군중 가운데 일부는 흩어지기 시작했고, 남은 사람들은 부드러운 풀밭을 찾아 꾸벅꾸벅 졸기 시작했을 것이다. 무리 중 몇몇 사람은 자지 않고 예수님과 제자들이 다음에 무엇을 할지 계속 주시했다. 예수님은 어둠을 틈타 은빛으로 반짝이는 동쪽 해안으로 제자들을 데려가 북쪽 벳새다로 배를 태워 보내셨다(14:22, 막 6:45).

무리가 동요하며 예수님을 따라 벳새다로 갈 채비를 시작하자 예수님은 그들을 해산시켜 집으로 돌려보내셨다. 마침내 혼자 기도할 기회를 얻으신 예수님은 가까운 산에 오르셨다(마 14:22-23). 예수님이 의도적으로 무리를 '따돌리려고' 하셨다고 말씀하셔도 크게 틀린 말은 아닐 것이다. 요한은 오병이어의 기적을 서술한 기사 말미에 "그러므로 예수께서 그들이 와서 자기를 억지로 붙들어 임금으로 삼으려는 줄 아시고 다시 혼자 산으로 떠나 가[셨다]"고 알려준다(요 6:15).

이 특이한 장면에서 몇 가지 주목할 점이 있다. 첫째, 예수님은 평소처럼 배에 같이 타

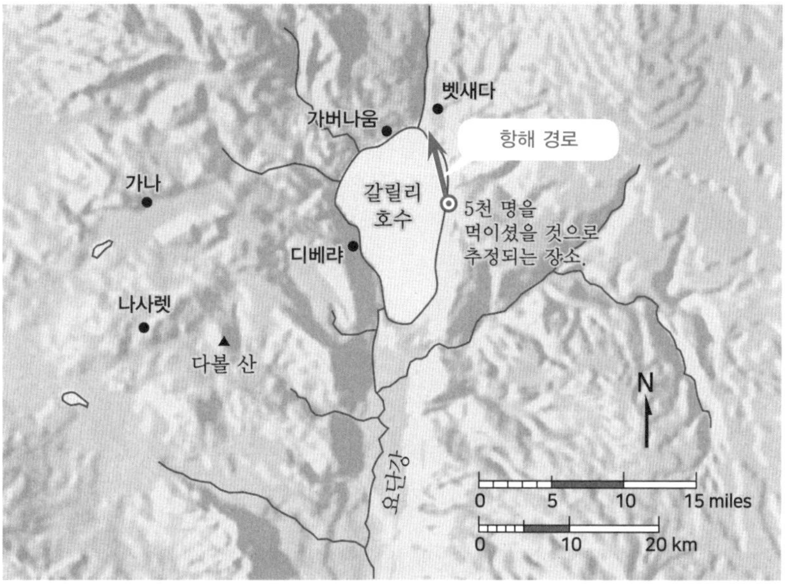

마가복음에 따르면 예수님은 5천 명을 먹이신 뒤 제자들을 배에 태워 벳새다로 보내셨다.

지 않으시고 제자들만 보내셨다. 한순간 제자들은 그분이 함께 배에 오르실 거라고 생각했을 수도 있다. 그러면 깜깜하고 거대한 바다를 가로질러야 하는 항해에 대한 두려움이 덜했을 것이다. 어찌 됐든 지난번 갈릴리 호수에서 폭풍이 제자들을 덮치는 참극이 벌어졌을 때 예수님은 말 한마디로 간단히 폭풍을 잠재우셨다(마 8:24-26). 그런데 이번에는 예수님이 배에 오르시지 않고 "너희는 먼저 가라. 나는 나중에 합류하겠다"고 말씀하셨다. 뱃머리가 시커먼 물살을 가르기 시작했을 때 공포의 물결이 밀려들었지만, 예수님이 손을 흔드시자 그들은 그분을 그냥 믿고 복종하는 수밖에 없었을 것이다.

둘째, 예수님은 그들을 어둠 속으로 보내셨다. 물론 이들 중 몇은 노련한 어부여서 온갖 상황 속에서 밤낮으로 갈릴리 호수를 항해하는 데 익숙했다. 그러나 그들은 대부분 해안과 고기를 잡는 해역-때로는 자기들이 선택한 시간과 장소-사이를 오갔을 것이다. 그런데 지금은 불빛 하나 없이 캄캄한 호수에서, 아마도 수용 인원을 거의 다 채웠을 배 안에 있었다. 게다가 그들은 먹고 남은 떡과 물고기가 든 바구니도 몇 개 실었을 것이다! 제자들은 그들이 완전히 익숙하지 않았을 일을 하라는 지시를 받았고, 예수님은 그저 "잘 다녀오라!"며 그들을 보내셨다.

셋째, 마침내 예수님은 그토록 갈망하던 조용한 시간을 홀로 보내고 계셨다. 제자들이 호수의 북동쪽을 가로질러 가고 군중이 흩어지자 예수님은 그곳을 빠져나와 인근에 있는 야산에 올라가실 수 있었다. 그분은 사람들이 떼지어 몰려들기 전에 원래 하시려고 했던 일-하늘 아버지와의 교제-을 하실 참이었다(참조. 14:13).

—14:24-26—

이 단락에서 예수님이 산에서 기도하고 계시는 모습에서 호수 북쪽으로 건너가려고 애쓰고 있는 제자들로 장면이 갑자기 바뀐다. 배는 말 그대로 땅에서 "수 리"(many stadia)나 떨어져 있었다. 그 당시 단위인 *stadion*(4712)은 약 200미터였으므로 배는 안전한 해안가에서 아주 멀리 떨어진 곳에서 위태한 상황에 처해 있었음을 알 수 있다. 설상가상으로 "바람이 휘몰아치므로 배가 파도에 시달리고 있었다"(14:24, 현대인의 성경). 마태는 파도가 치는 모습을 *basanizō*(928)라는 동사로 묘사하는데, 이 용어는 '극심한 고통, 고뇌, 괴롭힘을 당하다'는 뜻이다.[127] 제자들은 해안선에 붙어서 북쪽으로 항해하려고 했겠지만, 바람과 파도가 그들을 점점 더 호수 가운데로 밀어내는 바람에 목적지에서는 멀어지고 재앙이 코앞에 닥쳐오고 있었다. 새벽 3시가 지났지만 아직 동은 트지 않았다(14:25).[128] 한마디로 제자들은 곤경에 처해 있었고, 그들이 아는 한 거기에는 그들밖에 없었다.

기진맥진해서 자포자기 상태에 이르렀을 때 예수님이 물 위를 걸어 그들에게 오시는 것이 보였다. 제자들은 처음에는 예수님이신 것을 몰랐다. 너무나 느닷없고 놀라운 광경에 그들은 유령인 줄 알고 두려움에 떨기 시작했다(14:26). 인정할 건 인정하자. 당신이나 나라도 그랬을 거다. 도대체 누가 예수님이 물 위를 걸어와서 배에 타실 거라고 상상했겠는가? 제자들은 혼비백산했다. 14장 26절에 "무서워하여"로 번역된 헬라어는 *tarassō*(5015)의 한 형태로 '마음을 혼란스럽게 하다, 동요하다, 교란하다, 불안하게 하다, 혼란에 빠뜨리다'는 뜻이다.[129] 아무리 제자들이라도 그런 순간에는 자기들이 본 것을 육신, 영혼, 유령, 귀신에 대한 올바른 신학적 관점에 비추어 따져볼 겨를이 없었다. 재난이 닥치자 그들의 신학일랑 온데간데없이 사라졌다.

—14:27-33—

예수님은 제자들을 그릇된 신학에서도 구제해주셨다. 그분은 제자들의 느닷없는 귀신 타령에 즉시 답하셨다. "안심하라 나니 두려워하지 말라"(14:27). 그분의 대답은 두 부분–두 개의 상호 보완적인 명령과 하나의 직설법–으로 나뉜다. 예수님은 명령 부분에서 기본적으로 하나의 개념을 두 가지 형태–긍정형("안심하라")과 부정형("두려워하지 말라")–로 표현하셨다. "두려워하지 말라"는 부정적인 명령은 제자들이 위험한 상황 속에서 겁에 질려 어쩔 줄 모르는 상태를 보고 하신 말씀이다. 반면에 "안심하라"는 긍정형 명령은 그들이 스스로 더 이상 두려워하지 않겠다는 마음을 먹게 해주었을 것이다. "안심하라"로 번역된 헬라어 *tharseō*(2293)는 마태복음 9장 2절에서 예수님이 침상에 누워 있는 중풍병자에게 말씀하실 때도 쓰였다. "작은 자야 안심하라 네 죄 사함을 받았느니라." 또 9장 22절에서 12년간 혈루병을 앓던 여인을 치료하실 때도 쓰셨다. "딸아 안심하라 네 믿음이 너를 구원하였다." 이 용어는 '위험이나 역경 앞에서 흔들리지 않고 의연하다'는 뜻이다.[130]

예수님은 상호 보완적인 이 두 명령 사이에 제자들에게 자신감과 용기를 불어넣어 줄 의미심장한 말씀을 하셨다. "나니." 말 그대로 예수님의 말씀은 "나다"라는 뜻이었다. 이는 아마도 위대한 "스스로 있는 자"(출 3:14, 참조. 요 8:58)이신 그분의 불가해한 정체성에 대한 언급이었을 것이다. 그들이 항해하고 있는 바로 그 물을 창조하신 예수님이 이른 아침 그 물을 걸어서 건너기로 결정하셨다. 다행히 그분이 나타나 용기를 북돋아주는 말씀을 하시자 제자들의 마음은 진정되기 시작했을 것이다. 예수님이 누구시며, 그분이 사역하시면서 어떤 일들을 능히 행하셨는지를 떠올리자 아무리 바람이 불고 파도가 끊임없이 뱃전을 쳐도 두려움에 떨던 마음이 진정되기 시작했을 것이다.

베드로가 말 그대로 믿음의 도약을 할 용기를 내는 데는 이 몇 마디로 충분했다! 얼핏 충동적인 듯한 행동을 취하며 베드로는 말했다. "주여 만일 주님이시거든 나를 명하사 물 위로 오라 하소서"(마 14:28). 베드로가 예수님을 시험하는 것으로 보일 수도 있지만, 나는 그것을 담대한 믿음의 행위로 본다. 어찌 됐든, 예수님은 그를 불러내셨다. "오라"(14:29). 베드로는 한 치의 망설임도 없이 흔들리는 뱃전으로 올라가 물 위로 뛰어들었다. 물속으로가 아니라 물 위로. 그는 마치 눈 위를 걷는 것처럼 예수님을 향해 한 발 한 발 나아갔다.

베드로가 용감한 믿음의 참 근원이신 예수님을 계속 바라보고 있을 때에는 아무 문제가 없어 보였다. 그러나 몇 초만에 베드로는 폭풍의 주재자에게 더 이상 집중하지 못하고 폭풍을 보기 시작했다. "바람을 보고 무서워 빠져 가는지라 소리 질러 이르되"(14:30).

하지만 두려움이 엄습하는 순간에도 베드로는 진정한 믿음의 징표를 보여주었다. 그는 공포에 질려 비명을 지르지 않았다. 그는 "주여 나를 구원하소서"라고 소리쳤다. 그 단순한 기도로 충분했다. 예수님은 손을 내밀어 베드로를 잡아 물 밖으로 끌어내시면서 완곡하지만 단호하게 책망하셨다. "믿음이 작은 자여 왜 의심하였느냐?"(14:31) 여기에 나오는 "의심"이라는 헬라어 *distazō*(1365)는 아주 드물게 쓰이는 용어다. 이 말은 신약 전체에서 이 구절과 마태복음 28장 17절에만 나온다. "예수를 뵈옵고 경배하나 아직도 의심하는 사람들이 있더라." 두 곳 모두 실제로 예수님의 정체성과 능력을 믿으면서도 한편으로 의심을 품고 있는 사람들을 표현하는 데 쓰였다. 이런 의심은 불신자들의 완고한 불신과는 종류가 달랐다. 그것은 믿음이 돈독한 신자들도 하나님의 선하심과 자비를 의심하게 만드는 상황, 환경, 시련, 고난으로 가득 찬 세상에 살면서 품게 되는 의심이다.

마침내 베드로와 예수님이 배에 오르자 이내 바람이 잠잠해지고 파도가 잦아들었다. 모두가 안전하고 무사했다. 수면은 잔잔해졌다. 배는 여전히 폭풍의 여파로 흔들리고 있었지만, 바람과 격랑은 사라졌다. 사방이 고요했다. 호수는 갑자기 유리처럼 반들거렸다.

아마도 동쪽 능선 위로 여명의 첫 햇살이 드리우면서 제자들은 해안선의 경계를 분간할 수 있었을 것이다. 요한은 "배는 곧 그들이 가려던 땅에 이르렀더라"(요 6:21)고 기록했다. 이로써 제자들이 기적적으로 위험에서 구출되었을 뿐 아니라 배도 기적적으로 해안으로 인도되었음을 알 수 있다.

제자들이 받아들이기에 이 모든 일은 너무 벅찼다. 마태는 그들이 "예수께 절하며 이르되 진실로 하나님의 아들이로소이다"(마 14:33)라고 말했다고 전한다. 마가의 복음서는 이 이야기의 결말을 다른 관점에서 보여준다. "제자들이 마음에 심히 놀라니 이는 그들이 그 떡 떼시던 일을 깨닫지 못하고 도리어 그 마음이 둔하여졌음이러라"(막 6:51–52). 지난 24시간 동안 일어난 사건들로 얼떨떨한 가운데 예수님의 정체성을 보여주는 또 다른 징표를 마주한 제자들은 이 모든 일의 의미를 머리와 가슴으로 아직 다 추스르지 못했다. 그러나 제자들을 너무 탓하지 말기 바란다. 그들은 성육신을 제대로 이해하지 못했다. "하나님의 아들"이라는 말을 할 수는 있었지만, 성자가 인간이 되셨다는, 즉 한 사람 안에서 참 하나님과 참 인간이 완전한 단일체가 되셨다는 개념을 완전히 이해하지 못했다.

천천히 그러나 확실히 제자들은 다시 정신을 차리기 시작했다.

—14:34-36—

수천 명을 먹인 뒤 제자들은 북쪽의 벳새다 지역으로 가기 위해 호수의 북부 연안으로 향했다(막 6:45). 요한복음은 예수님과 제자들이 어디로 갔는지 모르는 군중이 다음 날 배를 타고 그들을 찾아나섰다고 말한다(요 6:22-24). 이로 보아 예수님과 제자들이 군중을 따돌리고 하루 동안 푹 쉴 수 있었음을 짐작할 수 있다.

그러나 예수님과 제자들이 북쪽 해안에서 게네사렛 인근 북서쪽 해안으로 건너간 뒤(마 14:34) 군중이 모여들기 시작했다. 게네사렛은 가버나움 남쪽 해안에 있었다. 요한은 온종일 예수님을 찾아 우왕좌왕하던 군중이 호수를 건너왔다고 말한다(요 6:24-25). 마태는 갈릴리 호수 북서쪽에서 예수님이 아프고 병든 자들을 계속 돌보신 이야기를 이어간다(마 14:35).

예수님의 기적은, 사람들이 그분의 망토 자락만 만져도 병이 나을 만큼 강력했다(14:36). 어쩌면 사람들이 12년 동안 앓던 혈루병을 고침받은 여자의 간증을 듣고 자기들도 그분의 옷자락을 만지게 해달라고 간청했을 수도 있다(참조. 9:20-22). 만약 그렇다면 이는 예수님의 놀라운 기적에 대한 소문이 군중에게 어떤 영향을 미쳤는지 보여주는 좋은 예다.

적용: 마태복음 14:22-36
우리를 무릎 꿇게 하는 것

예수님이 물 위를 걸으시고, 베드로를 불러 함께 걸으시며, 명령으로 폭풍을 진정시키신 이야기는 먼 세계나 아득한 과거의 이야기처럼 느껴질 수 있다. 그러나 사실 우리는 모두 어떤 의미에서 제자들과 같은 배에 타고 있다. 상상력을 발휘하면 우리는 그 장면 속으로 들어가 그들이 어떤 시험을 통과했는지 알 수 있다. 이 이야기가 시사하는 원리를 곰곰이 생각해보면 우리가 살면서 부딪히는 도전, 곧 우리로 무릎을 꿇고 그리스도를 의지하게 만드는 도전에 대해 다음과 같은 생각이 떠오른다.

첫째, 어두운 밤을 지날 때 우리는 때때로 혼자라고 느끼지만 사실은 그렇지 않다. 우리 삶 속에 영원히 거하시는 예수님이 계신다. 그분의 영은 우리에게 힘을 주시고, 그분의 임재를 상기시키시며, 무슨 일이 닥치든 그것을 견딜 수 있게 해주시려고 우리 안에 거하신다. 밤이 어둡고, 삶의 밑바닥이 아예 떨어져나간듯 끝 모를 심연만 보일 때에도 그분은 거기 계신다. 당신이 지금 그런 느낌일 수 있다. 소망이 자취를 감추고 밤이 다가오고 있다. 외로움이 당신을 짓누른다. 기억하라. 당신은 절대 혼자가 아니다. 그분이 거기 계신다.

둘째, 인생의 격랑은 영원히 지속될 것 같지만, 언젠가는 그친다. 그것은 못 견딜 만큼 길지 않다. 주 하나님이 알지 못하시고, 허락하지 않으시며, 지시하지 않으신 폭풍은 우리를 치지 못한다. 그분은 우리 삶에서 일어나는 어떤 일에도 놀라지 않으신다. 때때로 아내와 나는 당황스러운 일이 닥칠 때 혼란의 소용돌이 속에서 과연 이 일이 얼마나 오래 지속될 것인가를 생각한다. 그러면서 종종 서로에게 “이건 우연이 아니야”라고 말한다. 하나님이 벌어지고 있는 일을 알고 계신다는 사실을 기억하는 것이 중요하다. 그분은 자신이 무엇을 하고 계신지 아시며 그분의 통제에서 벗어난 일은 아무것도 없다. 삶의 폭풍은 정해진 만큼만 지속된다. 하나님은 각 시험의 깊이뿐 아니라 그 길이도 계획하신다. 폭풍이 멈출 때가 되면 그분은 순식간에 그것을 잠재우실 것이다.

셋째, 때때로 익사할 것 같은 두려운 순간이 올 때가 있지만 우리는 익사하지 않는다. 우리는 처음에는 고귀한 믿음의 발걸음을 내딛고 자신감이 고양되는 경험을 할지 몰라도 자주 주님을 보지 못하고 비틀거리다 넘어진다. 그러나 우리는 침몰해도 그분의 품 안으로 침몰한다. 압도적인 삶의 홍수 속에서 우리가 익사하고 있다는 느낌만큼 무서운 것은 없다. 그러나 공포와 의심에 빠지지 말고 그분께 나아가라. 그분의 손을 잡으라. 그분이 당신을 강하게 만들어주시고 힘을 북돋워주시게 하라.

어두운 밤, 거센 폭풍, 익사할 것 같은 순간과 같은 시험들은 우리를 파괴하려고 계획된 것이 아니라 우리로 무릎을 꿇고 기도하며 눈을 들어 주님을 예배하게 하려고 계획되었다. 이런 때에 우리는 보이지 않는 것을 보고, 믿음으로 행해야 한다. 그러다 보면 보이는 것보다 더 많은 일이 그 고난 가운데서 벌어지고 있음을 깨닫게 될 것이다. 하나님은 우리를 무릎 꿇게 하시고, 그분께로 데려가신다.

영적 사각지대(마태복음 15:1–20)

1그 때에 바리새인과 서기관들이 예루살렘으로부터 예수께 나아와 이르되 2당신의 제자들이 어찌하여
장로들의 전통을 범하나이까 떡 먹을 때에 손을 씻지 아니하나이다 3대답하여 이르시되 너희는 어찌하
여 너희의 전통으로 하나님의 계명을 범하느냐 4하나님이 이르셨으되 네 부모를 공경하라 하시고 또 아
버지나 어머니를 비방하는 자는 반드시 죽임을 당하리라 하셨거늘 5너희는 이르되 누구든지 아버지에
게나 어머니에게 말하기를 내가 드려 유익하게 할 것이 하나님께 드림이 되었다고 하기만 하면 6그 부
모를 공경할 것이 없다 하여 너희의 전통으로 하나님의 말씀을 폐하는도다 7외식하는 자들아 이사야가
너희에 관하여 잘 예언하였도다 일렀으되

8이 백성이 입술로는 나를 공경하되
마음은 내게서 멀도다
9사람의 계명으로 교훈을 삼아 가르치니
나를 헛되이 경배하는도다 하였느니라
하시고

10무리를 불러 이르시되 듣고 깨달으라 11입으로 들어가는 것이 사람을 더럽게 하는 것이 아니라 입
에서 나오는 그것이 사람을 더럽게 하는 것이니라

12이에 제자들이 나아와 이르되 바리새인들이 이 말씀을 듣고 걸림이 된 줄 아시나이까 13예수께서 대
답하여 이르시되 심은 것마다 내 하늘 아버지께서 심으시지 않은 것은 뽑힐 것이니 14그냥 두라 그들은
맹인이 되어 맹인을 인도하는 자로다 만일 맹인이 맹인을 인도하면 둘이 다 구덩이에 빠지리라 하시니

15베드로가 대답하여 이르되 이 비유를 우리에게 설명하여 주옵소서 16예수께서 이르시되 너
희도 아직까지 깨달음이 없느냐 17입으로 들어가는 모든 것은 배로 들어가서 뒤로 내버려지는 줄
알지 못하느냐 18입에서 나오는 것들은 마음에서 나오나니 이것이야말로 사람을 더럽게 하느니
라 19마음에서 나오는 것은 악한 생각과 살인과 간음과 음란과 도둑질과 거짓 증언과 비방이니
20이런 것들이 사람을 더럽게 하는 것이요 씻지 않은 손으로 먹는 것은 사람을 더럽게 하지 못하느니라

고린도후서 4장 3–4절에서 사도 바울은 이렇게 썼다. "만일 우리의 복음이 가리었으면 망하는 자들에게 가리어진 것이라 그 중에 이 세상의 신이 믿지 아니하는 자들의 마음을 혼미하게 하여 그리스도의 영광의 복음의 광채가 비치지 못하게 함이니 그리스도는 하나님의 형상이니라."

나는 몇 년 동안 시력 문제로 고생하면서 시력이라는 선물에 감사하는 마음이 커졌다. 평생 빛의 안내를 받는 데 익숙한 사람들에게 실명은 얼마나 큰 좌절과 무력감을 주겠는

가. 그러나 바울이 언급한 것 같은 영적 실명은 영원히 비참한 결과를 가져온다. 영적으로 눈이 먼 사람들은 이른바 이 세상의 신인 사탄의 속임수에 넘어가 불신으로 인해 사고가 마비된 자들이다. 그들은 영적 진리에 눈이 멀었기 때문에 예수 그리스도에 대한 좋은 소식의 빛을 보지 못한다. 그들에게는 예수님을 구원자로 이해하고 받아들이도록 영적 눈을 뜨게 해줄 성령의 치유하시는 손길이 필요하다.

영적 실명은 인간의 지성, 정서적 안정, 가족을 사랑하는 능력, 배우고 성장하는 역량과 아무 상관이 없다. 영적 실명은 천재와 범재(凡才), 부자와 가난한 자, 유명한 사람과 평범한 사람, 도덕적인 사람과 악한 사람 모두를 약하게 만들 수 있다. 영적으로 보지 못하는 자들과 '보는' 자들의 차이점은 그들이 예수 그리스도의 인격과 사역에 관한 삶을 변화시키는 복음에 반응하는 모습이다. 영적으로 눈먼 자들은 자기들의 죄나 구세주의 필요성을 보지 못한다. 신인(God–man)이신 예수님의 영광스러운 정체와 모든 사람의 주님으로서 그들의 죄를 위해 죽으셨다가 부활하신 그분의 사역이 그들의 마음에는 가려져 있다.

예수님은 지상에 계실 때 만난 종교 지도자들, 곧 바리새인과 서기관들을 "맹인이 되어 맹인을 인도하는 자"(마 15:14)라고 밝히셨다. 그들의 육안이 보이지 않는다는 말이 아니다. 그분이 세상의 빛이라는 명백한 사실을 볼 수 있는 능력이 그들에게는 없었다. 그 때문에 그들은 잘못된 질문을 하고 있었다. 그들의 영적 실명 때문에 예수님은 그들과 자주 충돌하셨고, 그 영적으로 눈먼 안내자들이 제자들을 그릇된 길로 인도하도록 두지 말라고 제자들에게 경고하셨다.

—15:1–9—

예수님은 제자들과 게네사렛 지역에 도착하시자마자 바로 군중 앞에서 놀라운 기적을 행하기 시작하셨다(14:34–36). 예수님이 자기의 정체성을 드러내시고 가르침의 신적 권위를 실증하는 이러한 강력한 표적을 행하고 계실 때 바리새인과 서기관들이 예루살렘에서 찾아왔다(15:1). 그들은 치유를 받으려고 왔을까? 예수님께 골치 아픈 신학적 문제를 해결해 달라고 부탁하려고 왔을까? 그분의 설교를 듣고 힘을 얻으려고 왔을까? 천만의 말씀이다. 그들은 완전히 잘못된 질문을 들고 왔다. "당신의 제자들이 어찌하여 장로들의 전통을 범하나이까 떡 먹을 때에 손을 씻지 아니하나이다"(15:2). 비유대인 독자들을 위해서 마가복음은 이 비난에 대해 약간의 배경 설명을 덧붙인다.

> 바리새인들과 모든 유대인들은 장로들의 전통을 지키어 손을 잘 씻지 않고서는 음식을 먹지 아니하며 또 시장에서 돌아와서도 물을 뿌리지 않고서는 먹지 아니하며 그 외에도 여러 가지를 지키어 오는 것이 있으니 잔과 주발과 놋그릇을 씻음이러라(막 7:3-4).

나는 군중이 놀라서 바리새인들을 말똥말똥 쳐다보는 것이 상상이 된다. "당신들은 이 사람이 하는 일이 보이지 않습니까? 그런데 고작 손 씻는 문제에 대해서 묻고 있는 겁니까?" 이것을 요즘 말로 표현해보겠다. 당신이 잃어버린 바 된, 영적으로 눈이 먼 어떤 사람에게 복음을 전하고 있다고 생각해보자. 예수님이 어떻게 당신의 삶을 완전히 변화시키셨는지, 예수님이 누구신지 그리고 그분이 당신을 위해서 무엇을 하셨는지를 믿게 되면서 모든 것이 어떻게 달라졌는지를 설명할 때 그 사람은 열심히 듣고 있는 것처럼 보인다. 그런데 잠시 말이 멈췄을 때 그 사람은 그리스도 앞에서 당신이 어떻게 살고 있는지 묻거나, 예수님의 죽음이 어떻게 죗값을 치를 수 있는지 설명해달라거나, 어떻게 그리스도를 영접할 수 있는지 묻지 않는다. 대신 당신은 이런 말을 듣는다. "예수님에게 아내가 있었나요?" "당신은 낙태를 찬성하나요, 반대하나요?" "진화론을 믿나요?" 이것은 영적으로 눈먼 자들이 논쟁에서 불리할 것 같은 위협을 느낄 때마다 던지는 미끼 같은 것이다. 그 미끼를 물지 말라!

그 종교 엘리트들은 예수님이 누구신지 그리고 그분이 어떻게 그런 기적적인 능력을 가지고 계신지에 대해서는 아랑곳하지 않았다. 그들은 어째서 예수님의 제자들의 위생 관례가 자기들의 시시콜콜한 기준에 미치지 못하는지를 알고 싶어 했다. 그들의 규칙과 요구 사항은 정확히 어떻게 씻어야 하는지, 언제 씻는지, 얼마나 자주 씻는지, 무엇을 씻는지, 씻지 않은 사람이 겪게 될 무서운 결과가 무엇인지를 규정했다. 그야말로 최고의 미끼 아닌가!

하지만 예수님은 미끼를 물지 않으셨다. 예수님은 사역을 시작하신 이래로 계속 이 비성경적이고 억지스러운 전통을 타파하셨다. 그분은 부정한 나병 환자를 만지시거나 아니면 시신을 손으로 잡아 일으켜 다시 살려내셨다. 또 쓰레기 같은 세리들과 친하게 지내셨고, 안식일에 사람들을 치유하실 만큼 담대하셨다! 그분은 자기가 전적으로 옳으시고 그들이 잘못되었다는 것을 아셨기 때문에 바리새인들의 질문에 그들의 위선을 드러내는 반문으로 답하셨다. 그분의 질문은 그들에게 구세주가 필요하다는 깨달음을 주었을 것이다.

이 구절에서 예수님의 어조는 거의 격노에 가깝다. 그분은 인간이 만든 규율과 규정을 다 아셨고, 그것들을 전혀 개의치 않으셨다. 그분은 그때까지 수 개월 동안 이 바리새인들의 허튼소리에 대응하셨고, 이번 경우는 사람들을 오도하는 영적으로 눈이 먼 안내자들과 지속적으로 겪어오신 갈등의 최신판일 뿐이었다. 그만하면 충분했다! 예수님은 그들과 정면으로 부딪치셨다.

예수님은 그들의 물음에 대한 답으로 서기관들과 바리새인들이 부모를 공경하라는 성경에 분명히 나오는 하나님의 계명을 어긴 것을 비난하셨다(마 15:3-4, 참조. 출 20:12, 21:17). 그들은 얼토당토않은 예외 조항-"누구든지 아버지에게나 어머니에게 말하기를 내가 드려 유익하게 할 것이 하나님께 드림이 되었다고 하기만 하면 그 부모를 공경할 것이 없다"(15:5-6)-을 만들어서 그렇게 하고 있었다. 이런 식으로, 소위 경건하다고 하는 자들이 "전통으로 하나님의 말씀을 폐[했다]." 예수님은 재치 있게 출애굽기 20장 12절과 21장 17절-하나님의 영감으로 쓰인 무오한 하나님의 말씀에서 나온 분명한 계명-을 직접 인용하셨다. 그리고 그분은 종교 지도자들이 자기들의 말로 가르치는 것은 사실상 하나님의 말씀을 폐기하는 것이고, 그들 또한 위선적인 율법 위반자가 된다는 사실을 능란하게 입증하셨다.

예수님 시대에 바리새인들은 연로한 부모에 대한 책임을 회피할 방법을 만들어냈다. 그들은 하나님께 모든 소유를 바치고 온전히 헌신한 사람들은 율법에 따라 자기 가족을 돌보는 등의 다른 개인적, 재정적 의무를 지지 않아도 된다고 주장했다. 이 관행의 전문 용어는 *Korban*(고르반, *Corban*으로도 표기됨, H7133)으로 '(하나님께) 드려졌다'는 뜻이다. 존 피터랭은 이렇게 덧붙인다. "어떤 사람이 자기 소유나 재산에 대해 '*Corban*'이라고 말하면 그것은 불가역적으로 성전에 헌납되었다. 이런 식으로 그것은 일종의 금령(禁令)이 되었다."[131]

그러나 예수님은 *Korban*을 내세우는 것이 율법 정신의 위반을 합리화하는 수단이 되어버렸다고 주장하셨다. R. T. 프란스는 이렇게 설명한다. "이 편리한 선언은, 사실상 이 서원을 한 사람이 계속 재산을 마음대로 사용하게 하면서 그 재산에 대한 부모의 권리를 박탈했던 것 같다…경건을 가장한 그런 속임수는 십계명의 다섯째 계명에 나오는 하나님의 뜻과 정면으로 배치된다."[132]

예수님은 서기관들과 바리새인들에게 그분의 수사적 질문에 답할 기회조차 주지 않으셨다. 자기 정당화를 위해 그들이 할 수 있는 말이란 모두 무의미하고 위선적인 말밖에 없었을 것이다. 예수님은 그들을 위선자라고 하시면서 이사야 29장 13절에 나오는 비난의 말씀으로 치명적인 한 방을 날리셨다(마 15:7-9). 이사야서에서 주 하나님은 이스라엘 백성이 마음은 그렇지 않으면서 입에 발린 말만 하는 것을 꾸짖으셨다. 내적 신념 없이 겉으로만 드리는 그런 예배가 인간의 전통을 하나님의 참된 가르침보다 앞세우는 예수님 시대의 종교 지도자들 사이에서 나타났다.

종교 지도자들의 침묵이 말해주고 있었다. 그들은 예수님의 폭로 앞에서 아무 말도 못했다. 팔짱을 끼고 얼굴을 붉힌 채 속은 부글부글 끓었지만, 말로는 자기들이 자초한 궁지에서 벗어날 수 없어 아무 말도 못하고 있는 그들의 모습이 떠오른다. 영적 감수성이 둔한 사람들이 으레 그렇듯 예수님의 입에서 나온 하나님의 지혜는 묵살되었다. 진리의 빛은 영적 시각 장애인들의 눈을 부시게 할 뿐이다.

—15:10-14—

예수님은 그분과 바리새인들 사이에 오가는 대화를 듣고 있던 사람들에게로 주의를 돌리셨다(15:10). 그분은 제자들이 랍비 기준에 따라 손을 씻지 않고 음식을 먹은 문제로 돌아가셨다. 그 기준을 따르는 사람들은 먹기 전에 철저히, 제대로 씻지 않은 사람은 '부정하다'고 믿었다. 예수님은 초점을 외적, 의식적 청결에서 내적, 도덕적 순결로 옮기셨다. "입으로 들어가는 것이 사람을 더럽게 하는 것이 아니라 입에서 나오는 그것이 사람을 더럽게 하는 것이니라"(15:11). 이 말씀을 끝으로 예수님은 자기들의 복잡한 정결 규정을 건방지게 무시하는 것 같은 예수님의 태도에 화를 부글부글 끓이고 있는 바리새인과 서기관들을 남겨놓은 채 군중을 떠나신 것 같다.

이 대목에서 예수님이 반대자들과 대립하실 때 그분의 어조에 제자들이 약간 긴장하는 것이 느껴진다. 그들은 대중의 시선에서 벗어나자 스승에게 와서 더럽히는 것은 부정한 음식이 아니라 부정한 말이라는 그분의 주장이 바리새인들의 비위를 거슬렀다고 알렸다(15:12). 그러자 예수님은 율법주의를 수호하는 예루살렘의 비밀경찰들에게 한 치도 양보할 생각이 없다고 분명히 밝히셨다. 그분은 이 종교 지도자들을 하늘 아버지가 심지 않으신, 그래서 뿌리째 뽑아 버려야 할 야생 잡초에 빗대셨다(15:13). 잡초는 정당한 식물들에게 필요한 흙의 영양소를 빼앗는다.

예수님은 그 기회를 빌어 제자들이 절대 잊지 말아야 할 것을 가르치셨다. 그분은 제자들에게 소위 성결의 최고 법원으로 자처하는 서기관과 바리새인들 같은 사람들에게 대응하는 방법을 말씀해주셨다. "그냥 두라"(15:14). 여기에 나오는 헬라어 동사 *aphiēmi*(863)는 유기, 포기, 심지어 이혼을 나타내는 데 쓰인다. 제자들은 그런 불량배들에게 복종하지 말고 그들을 무시하거나 거부해야 했다. 그들은 그런 자들에게 굴복하면 안 되었다. 왜냐하면 그들은 궁극적으로 파멸할 운명이기 때문이다. 눈먼 자가 다른 눈먼 자를 인도하면 결국 둘 다 구덩이에 빠지게 된다. 이 종교 지도자들은 영적으로 눈이 멀었기 때문에 똑같이 눈이 먼 자들만 그들을 따라갈 것이다. 그러면서 그들은 자기들이 옳다고 전심으로 믿을 것이다!

—15:15-20—

예수님은 제자들을 위해 '비유'를 설명하시면서 그런 실명이 어디에서 비롯되는지 밝히셨다(15:15-16). 영적 실명은 생각의 문제가 아니다. 그것은 마음의 문제다. 예수님은 바리새인들을 화나게 한 의식적 부정의 문제가 영적 성숙과 순결에는 중요하지 않다고 일축하셨다. 입으로 들어간 음식은 결국에는 빠져나간다(15:17). 이러한 인체의 자연적인 기능은 사람의 생각이나 마음의 순결과 아무 관계가 없으며, 하나님 앞에 있는 심령이나 영혼에 아무런 영향을 미치지 못한다. 어떻게 그럴 수 있을까? 몸은 스스로 불순물을 걸러내고, 좋은 것을 취하고 나쁜 것을 거부한다. 더 중요한 오염을 방관하면서 그런 일에 집착하는 것은 우스운 일이다.

영적으로 눈먼 자들은 우리 마음에서 나오는 것이 우리를 더럽힌다는 사실을 깨닫지 못한다(15:18). 손을 완벽히 깨끗하게 유지하는 것은 당신의 영혼에 아무 소용이 없다. 당

묵상의 서재

떠나야 할 때를 아는 것(마태복음 15:14)

오래전 신혼 때 우리 부부는 우리가 잘못된 교회에 다니고 있다는 것을 알게 되었다. 우리가 특정 교단에 속한 교회에 다닌 것은 오랜 관습이었다(관습은 '이름'에 인위적인 충성심을 만들어냈다). 그러나 그 교회에 오래 있을수록 모든 메시지가 율법주의로 가득 차 있다는 것을 점점 더 깨닫게 되었다. 그것도 노골적으로 자주 그랬다. 그리고 점점 더 심해지고 있었다.

사람들은 목사가 정한 규칙–성경적인 규칙도 아니고, 그리스도의 명령이나 새로운 삶을 살라고 부름받은 사람들에게 기대하는 바도 아닌–을 지키려고 쩔쩔맸다. 그것은 인간이 만든(하나님의 말씀과는 아무 상관없는 바보 같은 금기들로 이루어진) 율법적인 요구 사항이었다. "이렇게 하면 안 된다. 그런 일을 하면 안 된다. 그렇게 하면 그 일에 대해 책임져야 할 것이다." 공포를 조장하고, 수치심을 주며, 갑질이 횡행했다.

결국, 우리는 떠나기로 결정했다. 어려운 결정이었고, 성급히 함부로 해서는 안 될 결정이었다. 그러나 꼭 필요한 결정이었다. 나중에 보니 그것은 우리가 내린 최고의 결정 중 하나였다. 우리는 우리가 뿌리내렸던 곳을 떠나 아는 사람이 별로 없는 곳으로 갔다. 수년 동안 알았던 사람들을 떠나는 것이 가장 힘들었다. 그들 중 상당수는 계속 친구로 지냈지만, 은혜가 아니라 이름이나 목사에게 충성하던 다른 사람들은 안경 너머로 우리를 보며 '진리의 길'에서 멀어지고 있다고 판단했다.

예수님은 극단적인 율법주의자들에 대해 말씀하시면서 "그냥 두라"(15:14)고 하셨다. 당신이 율법주의자의 지배를 받고 있다면 그로 인해 고통당할 것이다. 당신은 수치심 속에서 살 것이다. 타당한 이유 없이 질책받을 것이다. 자유로운 행보를 한다는 이유로 외면당하고 거부당할 것이다. 아니면 인간이 만든 규칙과 성경의 원칙 사이에서 빚어지는 마찰을 해결하느라 쩔쩔 매다가 율법주의라는 병에 굴복하고 말 것이다.

신 몸에서 먼지를 털어낸다고 타락한 인간의 마음속 깊이 자리하고 있는 썩은 것을 씻어낼 수 없다. 예레미야 17장 9절은 "만물보다 거짓되고 심히 부패한 것은 마음이라 누가 능히 이를 알리요"라고 말한다. 답은 오직 하나님만 아신다.

우리 입에서 나오는 말은 우리 마음속에 들어 있는 것을 보여준다. 그리고 영적으로 병들고 타락하고 구원받지 못한 사람이라면 그 안에 선한 것은 아무것도 없다. 예수님은 악인의 마음속에서 흘러나오는 더러운 것들의 예를 몇 가지 드셨다. "악한 생각과 살인과 간음과 음란과 도둑질과 거짓 증언과 비방이니"(마 15:19). 사람을 더럽히는 것은 손톱 밑에 낀 때나 손목에 묻은 재의 얼룩이 아니라 이런 것들이다(15:20). 하수구의 오물도 그리스도의 피로 아직 씻기지 않은 인간의 마음속에 있는 오물보다는 깨끗하다.

적용: 마태복음 15:1-20

예수님과 바리새인 사이에서

군중은 다시 한번 자기들이 곤란한 입장에 처해 있다는 것을 깨달았다. 한쪽에는 서기관과 바리새인들이 자기들의 전통에 따라 정결 의식을 고집하며 서 있었다. 반대편에는 종교 지도자들의 전통을 당당히 거절하고 더 깊은 차원의 의와 영적 진실성을 주장하는 예수님과 제자들이 서 있었다. 바리새인들은 유대인들 사이에서 이론의 여지가 없는 권위를 가지고 있었을 뿐 아니라 여러 세대에 걸쳐 전수된 그들 나름의 가르침을 가지고 있었다. 예수님은 하나님의 말씀에 대한 자신 있는 해석과 기적적인 기사와 표적으로 증명된 신적 권위를 가지고 계셨다. 바리새인 편에 서면 권위자들을 따르면서 계속 그들의 환심을 살 수 있었다. 예수님을 따르면 그들은 당대의 '정통' 종교적 표준에 따라 버림받은 자, 반역자, 이단자로 몰릴 판이었다.

이제 개인적인 차원으로 넘어가보자. 당신은 당신 마음의 상태를 있는 그대로 알아야 한다. 당신은 어느 쪽에 서 있는가? 그것에 답할 수 있으려면 자기의 영혼을 들여다보아야 한다. 다음 질문들을 정직하게 생각해보라.

당신은 예수님과 제자들 편에 서 있는가? 인간이 만든 규칙을 지키기 위한 율법주의적인 행동에 용감히 맞설 의지가 있는가? 당신은 필요한 모든 수단을 동원해서 대중의 숨통을 계속 조이려고 하는 전통주의자들에게 항복하기를 거부하는가? 그들이 단순한 무지를 넘어 위선과 독설로 선을 넘을 때 당신은 단호히 그들을 무시하고 더 이상 충성하지 않을 수 있는가? 율법주의에 반대하는 입장을 취하면 그에 대한 대가를 치를 것이다. 그러나 그 보상은 그것을 상쇄하고도 남을 것이다.

당신은 이것을 하라, 저것은 하지 말라, 그런 말은 하지 말라고 말하는 율법주의 지도자들 때문에 위축된 삶을 살면서 어쩔 줄 모르는 군중 편에 서 있는가? 당신은 교회의 영향력 있는 신도들이 쏘아대는 비난의 눈초리에 무너지는가? 당신은 그냥 분란을 일으키기 싫어서 그릇된 일임을 알면서도 외면하는가?

아니면 당신은 영원한 의미가 있는 중대한 문제 앞에서 의례, 정책, 절차 등의 사소한 문제를 시시콜콜 트집 잡는 바리새인과 서기관들 편에 서 있는가? 당신은 비성경적인 믿음과 관행을, 유명한 선생이나 글 또는 전통이 그렇게 말했기 때문에 신뢰하고 있는가? 영적 부패는 마음의 상태 외에 중립적이고 외적인 삶의 문제들과는 아무 상관이 없다는 사실을 깨닫지 못하고 있는가?

지금 당신이 어느 편에 서 있든 올바른 결정을 내리기 위해 해야 할 일을 하라. 험난하고 좁은 제자의 길을 걷고 있다면 계속 예수님을 따라가라. 겁먹거나 위축되지 말라. 율법주의의 압력에 굴복해야 할지 확신이 서지 않아 미적거리고 있다면, 굴복하지 말라. 율법주의에 저항하라. 그리고 당신이 건강하지 않은 전통주의의 문제를 일으키고 있다면 회개하라. 당신의 속사람을 깨끗하게 해주실 수 있는 유일하신 그분을 믿으라.

다함없는 긍휼(마태복음 15:21-39)

[21]예수께서 거기서 나가사 두로와 시돈 지방으로 들어가시니 [22]가나안 여자 하나가 그 지경에서 나와서
소리 질러 이르되 주 다윗의 자손이여 나를 불쌍히 여기소서 내 딸이 흉악하게 귀신 들렸나이다 하되 [23]
예수는 한 말씀도 대답하지 아니하시니 제자들이 와서 청하여 말하되 그 여자가 우리 뒤에서 소리를 지
르오니 그를 보내소서 [24]예수께서 대답하여 이르시되 나는 이스라엘 집의 잃어버린 양 외에는 다른 데
로 보내심을 받지 아니하였노라 하시니 [25]여자가 와서 예수께 절하며 이르되 주여 저를 도우소서 [26]대
답하여 이르시되 자녀의 떡을 취하여 개들에게 던짐이 마땅하지 아니하니라 [27]여자가 이르되 주여 옳소
이다마는 개들도 제 주인의 상에서 떨어지는 부스러기를 먹나이다 하니 [28]이에 예수께서 대답하여 이

르시되 여자여 네 믿음이 크도다 네 소원대로 되리라 하시니 그 때로부터 그의 딸이 나으니라
[29]예수께서 거기서 떠나사 갈릴리 호숫가에 이르러 산에 올라가 거기 앉으시니 [30]큰 무리가 다리
저는 사람과 장애인과 맹인과 말 못하는 사람과 기타 여럿을 데리고 와서 예수의 발 앞에 앉히매 고쳐
주시니 [31]말 못하는 사람이 말하고 장애인이 온전하게 되고 다리 저는 사람이 걸으며 맹인이 보는 것을
무리가 보고 놀랍게 여겨 이스라엘의 하나님께 영광을 돌리니라
[32]예수께서 제자들을 불러 이르시되 내가 무리를 불쌍히 여기노라 그들이 나와 함께 있은 지 이미
사흘이매 먹을 것이 없도다 길에서 기진할까 하여 굶겨 보내지 못하겠노라 [33]제자들이 이르되 광야에
있어 우리가 어디서 이런 무리가 배부를 만큼 떡을 얻으리이까 [34]예수께서 이르시되 너희에게 떡이 몇
개나 있느냐 이르되 일곱 개와 작은 생선 두어 마리가 있나이다 하거늘 [35]예수께서 무리에게 명하사 땅
에 앉게 하시고 [36]떡 일곱 개와 그 생선을 가지사 축사하시고 떼어 제자들에게 주시니 제자들이 무리에
게 주매 [37]다 배불리 먹고 남은 조각을 일곱 광주리에 차게 거두었으며 [38]먹은 자는 여자와 어린이 외에
사천 명이었더라
[39]예수께서 무리를 흩어 보내시고 배에 오르사 마가단 지경으로 가시니라

타인에 대한 연민은 실제로 그 사람을 사랑하는 마음에서 비롯된다. 그것은 마음의 문제다. 애정 어린 연민의 렌즈를 통해 도움이 절실한 사람을 보면 가슴이 아프다. 그리고 이러한 가슴앓이는 우리의 상상력을 부채질한다. 우리는 실제로 그 사람을 도울 방도를 열심히 생각한다. 그리고 해결책을 생각해내면 슬픔에 잠긴 사람을 위로하고, 고통을 덜어주며, 필요를 채워주고, 그 사람의 문제를 해결하기 위해 적극적으로 나선다.

불신자들까지도 예수 그리스도라는 인물에 끌리게 만드는 한 가지가 그분의 무한한 동정심이다. 예수님은 생면부지의 사람들에게도 긍휼을 베푸셔서 그분의 무조건적이고 희생적인 긍휼의 본질을 보여주셨다. 궁극적으로 그분은 개인적인 이득을 위해서가 아니라 다른 사람들을 위해서 자기의 목숨을 바치셨다. 우리는 그분의 이타적이고 타인 중심적인 사랑의 태도와 행동을 본받아야 한다. 사도 요한은 요한일서 3장 17절에서 이것을 설명했다. “누가 이 세상의 재물을 가지고 형제의 궁핍함을 보고도 도와 줄 마음을 닫으면 하나님의 사랑이 어찌 그 속에 거하겠느냐.” 이것은 수사적 질문이다. “그럴 수 없느니라.” 이것이 그 답이다. 우리 마음에서 흘러나와 우리의 삶을 적시는 하나님의 사랑은 긍휼이 가득한 사랑이다.

이 대목에서 우리가 살펴볼 세 개의 일화는 그리스도의 깊은 긍휼을 다각도로 조명한

다. 그분이 이방인-하나님의 언약 백성과는 거리가 먼 가나안 여인-을 축복하실 때 우리는 정치적, 민족적 경계를 넘어선 긍휼을 보게 될 것이다. 그분이 고통받는 군중을 위해 '홀로 있는 시간'을 또다시 포기하실 때 개인의 경계를 허문 긍휼을 보게 될 것이다. 그리고 그분이 앞서 5천 명을 먹이셨을 때와 흡사한 신비한 방식으로 수천 명의 사람을 먹이실 때 숫자의 한계가 없는 긍휼을 보게 될 것이다.

이 모든 장면에서 우리는 예수 그리스도의 무한한 긍휼하심을 증명하는 증인이 된다. 그리고 그분을 따르는 각 사람은 그 긍휼을 받아들이고 본받아야 한다.

—15:21-28—

이때쯤엔 제자들이 예수님의 다음 행보에 대해 앓는 소리를 하거나 그분의 행동이 타당하신지를 두고 이의를 제기하지 않는 것이 낫다는 것을 파악했다. 그들은 최근에 놀라운 기적을 여러 차례 목격했던 터라 사역의 전성기에 있었다(14:13-36). 그리고 그들은 예수님의 천재성이 바리새인들과 그들의 율법주의적 가르침을 논파하는 것을 보았다(15:1-20). 그래서 예수님이 "베니게로 가자"라고 말씀하셨을 때 제자들은 그냥 따라갔다. 그래도 나는 약 65킬로미터에 걸친 산악 지대를 통과하면서 "도대체 왜 여기일까?"라고 투덜거리는 제자가 과연 하나도 없었을지 궁금하다.

마태는 예수님이 "두로와 시돈 지방으로 들어가[셨다]"(15:21)고 말한다. 예수님이 실제로 이 두 도시에 가셨다는 말은 없다. 그 지역은 당시에는 베니게라고 불렸다. 이 지역은 1세기 전에 로마의 속주인 수리아에 합병되었고, 항구 도시였던 두로와 시돈은 잘 알려져 있었을 것이다. 실제로 두로는 구약에서 강한 비난을 받았다(사 23장, 겔 26:1-28:19). 예수님

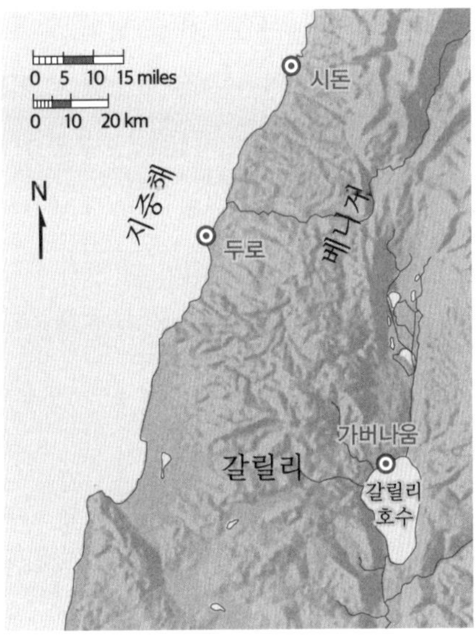

예수님은 갈릴리 지역을 떠나 두로와 시돈으로 가서 귀신 들린 이방 여인의 딸을 고쳐주셨다.

시대에 그 지역에는 이스라엘 백성이 그 땅에서 몰아내지 못해 남아 있었던 가나안 사람들의 후손이 주로 살고 있었다(삿 1-3장). 대부분의 유대인은 주로 이방인들이 거주하는, 순수한 인종과 종교의 중심지인 예루살렘에서 멀리 떨어진 이 지역을 피했을 것이다.

예수님은 거기서 무엇을 하셨을까? 마가복음은 예수님이 "한 집에 들어가 아무도 모르게 하시려 [했다]"(막 7:24)는 말로 단서를 제공한다. 예수님은 떠들썩했던 갈릴리 사역에서 잠시 벗어나 사가(私家)에서 조용히 쉬고 싶으셨던 것 같다. 지극히 당연한 일이었다. 분명 예수님과 제자들은 다시 사역에 뛰어들기 전에 한숨 돌리셨을 것이다. 하지만 유대인이 거의 가지 않는 이 외딴 지역에도 예수님의 명성은 이미 퍼져서 예수님은 사람들에게 들키셨다. 마가는 이어 "숨길 수 없더라"고 말한다.

한 가나안 여인이 나타나 예수님께 부르짖기 시작했다(마 15:22). 그녀가 유대인이 아니라는 건 누가 보아도 명백했다. 그녀는 "헬라인이요 수로보니게 족속"(막 7:26)이었다. 그 유명한 기적을 행하시는 예수님을 발견하자마자 그녀는 믿음과 희망을 가지고 매달렸다. 그리고 놓지 않았다. 그녀는 다짜고짜 소리쳤다. "나를 불쌍히 여기소서 내 딸이 흉악하게 귀신 들렸나이다"(마 15:22). 그 상황과 관련된 모든 것이 난처하고, 혼란스러우며, 수치스러운 문화 충돌의 소지를 가지고 있었다. 첫째, 그런 상황에서 여자가 이런 식으로 남자에게 말하는 것은 사회적으로 부적절했다. 둘째, 그 여인은 이방인이었지만 예수님을 "주님" 그리고 "다윗의 자손"으로 인정했다. 이는 예수님이 메시아이심을 믿는다는 놀라운 고백이며, 특히 유대인 지도자들이 그것을 인정하지 않았다는 사실에 비추어볼 때 특히 놀랍다. 셋째, 이때까지 예수님의 설교와 사역은 거의 전적으로 유대인, 즉 이스라엘 족속에게 회개를 촉구하는 데 집중되어 있었다.

여자가 외치자 예수님은 처음에는 사람들의 예상대로 행동하셨다. "한 말씀도 대답하지 아니하시니"(15:23). 이 첫 반응은 특히 그 여자가 보여준 슬픔과 절박함 그리고 예수님께 접근하려고 할 때 감수해야 했을 위험을 생각하면 야멸차게 들린다. 간절히 자비를 구하는 그녀에게 예수님은 왜 그렇게 무정하고 냉철해 보이는 태도를 취하셨을까? 거기에다 제자들은 그 여인을 도울 생각이 없으신 것이 분명해 보이는 예수님의 태도를 보고 한술 더 떠서 이렇게 말했다. "그 여자가 우리 뒤에서 소리를 지르오니 그를 보내소서." 그들은 짜증이 났다! 이 여자는 예수님과 제자들의 조용한 휴식을 방해하고 있었다. 그리고 그들은 예수님의 침묵을 짜증으로 읽었을 것이다. 우리는 곧 예수님이 그 여인에게 반응하지 않기로 하신 것은 관심이 없어서가 아니라 여자의 놀라운 믿음의 고백을 끌어내시고 제자들의 성급한 편견을 지적하시려는 것이었음을 알게 될 것이다.

예수님은 아마도 제자들의 속생각을 일부 말로 표현하시기도 하면서 그 상황을 설명하셨을 것이다. 그분은 가나안 사람들의 자손인 베니게인들이 아닌 “이스라엘 집의 잃어버린 양”(15:24)에게 임무를 받고 오신 것이었다. 더더구나 그들은 아니었다! 메시아는 유대인의 메시아였다. 이방인의 구세주가 아니었다! 그들은 그저 잃어버린 바 된, 하나님이 심판하시고 분노하시는 대상 아닌가? 분명 그들은 하나님이 은혜와 자비를 베푸시는 대상자들이 아니지 않은가?

그러나 예수님의 사명의 범위가 제한되어 있다는 이 설명 앞에서도 여자는 굴하지 않았다. 그녀는 절박했다. 그 여인의 딸은 귀신에게 괴롭힘과 위협을 당했다. 그녀는 악령의 변덕과 농간의 희생자였다. 굶주린 늑대의 입 안에 든 새끼 고양이처럼 그 소녀는 악령에게서 벗어날 수 없었다. 할 수 있는 것이 아무것도 없었던 그 엄마는 할 수 있는 유일한 일을 했다. 그녀는 완전한 항복과 예배의 표시로 예수님 앞에 엎드려 절하며 단순한 기도를 외쳤다. “주여 저를 도우소서”(15:25).

그러나 예수님은 그녀의 흔들리지 않는 믿음을 시험하시려고 다시 그 여인을 밀어내셨다. 그분은 여인에게 설명하셨다. “자녀의 떡을 취하여 개들에게 던짐이 마땅하지 아니하니라”(15:26). 예수님을 알기에 그리고 그분이 이 대화를 어디로 이끄시고 있는지, 어떻게 전개될지 알기에, 우리는 그분의 반짝이는 눈과 부드러운 어조를 상상할 수 있다. 그분이 말씀하신 모든 것은 사실이었지만, 그 말씀은 그녀의 정신을 짓밟으려는 것이 아니라 그녀를 자극해서 그녀의 끈기를 보여주려는 의도에서 하신 것이었다. 자식에게서 음식을 빼앗아 개에게 주는 부모는 훌륭하고 책임감 있는 부모가 될 수 없지만, 우리는 하나님의 놀라운 은혜를 기억하며 예수님의 말씀을 읽어야 한다.

또 예수님이 ‘작은 개’[133] 또는 ‘강아지’를 의미하는 *kynarion*(2952)이라는 단어를 사용하신 것에 주목해야 한다. 유대인들은 걸핏하면 이방인들을 ‘개’라고 불렀는데, 이는 먹이를 찾아 쓰레기를 뒤지고, 희생자를 공격하며, 거리를 배회하는 더럽고 사나운 개를 뜻한다. 예수님은 그렇게 일반적인 유대인의 편견을 가장하면서도 지소사를 사용해서 말을 부드럽게 만드셨다. 우리는 이미 예수님이 예상치 못한 방향-적어도 제자들은 예상하지 못한-으로 움직이고 계셨다는 증거를 본다. R .T. 프란스는 이렇게 말한다. "예수님은 그 여인의 반응을 보시려고 그녀가 유대인들에게서 들을 것이라 예상했을 말을 거의 농담조로 하셨을 것이다…그 어조는 유머를 담고 있고 무례하지 않았을 것이다."[134] 예수님이 말씀하시자 공은 다시 그녀에게로 넘어갔다.

그분의 발치에 겸손히 몸을 낮추고 있던 그녀는 한순간도 주저하지 않았다. 그녀는 부드럽게 그러나 자신 있게 예수님이 사용하신 예를 다시 농담조로 받았다. "주여 옳소이다마는 개들도 제 주인의 상에서 떨어지는 부스러기를 먹나이다"(15:27). 나는 제자들이 그녀

비밀(마태복음 15:21-28)

당시 제자들은 깨닫지 못했지만, 예수님이 두로와 시돈 지역으로 건너가 가나안 여인의 아이를 치유하신 것은 훗날 완전히 드러날 비밀을 잠깐 엿보게 해주었다. 그 비밀은 구원의 복음을 이방인들에게 전하고 유대인과 이방인이 하나의 몸, 곧 교회로 통합되는 것과 관련이 있었다.

에베소서 3장 4-6절에 사도 바울은 이렇게 썼다. "그것을 읽으면 내가 그리스도의 비밀을 깨달은 것을 너희가 알 수 있으리라 이제 그의 거룩한 사도들과 선지자들에게 성령으로 나타내신 것 같이 다른 세대에서는 사람의 아들들에게 알리지 아니하셨으니 이는 이방인들이 복음으로 말미암아 그리스도 예수 안에서 함께 상속자가 되고 함께 지체가 되고 함께 약속에 참여하는 자가 됨이라." 바울은 유대인과 이방인이 함께하는 이 새로운 현실을 "비밀"[헬라어 *mystērion*(3466)]이라고 말한다. 존 스토트(John Stott)는 이 용어의 의미를 다음과 같이 통찰한다.

> 영어와 헬라어 단어의 의미가 같지 않다는 걸 알아야 한다. 영어에서 'mystery'(신비)는 어둡고, 모호하고, 은밀하고, 알쏭달쏭한 것이다. 'Mysterious'(신비로운)는 설명이 불가하고 심지어 이해할 수 없다. 하지만 헬라어의 *mystērion*은 다르다. "비밀"이긴 해도 더 이상 엄중히 지키지 않고 개방되어 있다…기독교의 '비밀'은 인간이 발견할 수 없지만, 하나님이 계시하셨고, 이제는 전 교회가 공개적으로 공유하는 진리다.[135]

바울은 이 "그리스도의 비밀"(엡 3:4)에 대한 특별한 통찰력을 부여받았다. 사실 이 비밀의 계시는 신약의 사도들과 선지자들-그리스도가 교회의 첫 세대를 위해 성령의 능력으로 세우신 기초 사역에 참여한 자들(참조. 엡 2:20)-에게 알려지기 전에는 들어본 적이 없는 전혀 새로운 것이었다(엡 3:5). 이전 세대는 메시아가 올 것이라는 말을 들었지만, 오로지 유대인들을 위한 메시아일 것으로 추측했다. 그들은 다윗 왕을 통해 약속된 구원이 이스라엘의 경계를 넘어 이방인들에게도 제공될 것이라는 사실을 까맣게 몰랐다. 더 놀라운 것은 이 비밀에는 실제로 유대인과 이방인을 한 몸으로 합하여, 이방인을 "함께 상속자", "함께 지체가 된 자", "함께 약속에 참여하는 자"(엡 3:6)가 되는 것이 포함되어 있다.

의 뻔뻔함에 기막혀 하며 예수님을 돌아보았을 때 찌푸린 얼굴이 아니라 활짝 웃고 계시는 모습을 보는 광경을 즐겨 그려본다. 예수님은 그녀의 반응을 좋아하셨다! 사실 그 대답이 바로 그녀에게서 끌어내시려던 것이었다. 그 순간 그분은 그 여인에게 믿음을 입증할 완벽한 기회를 주셨을 뿐만 아니라 이방인을 개로 여기는 유대인들의 전형적인 편견의 문제점도 드러내셨다. 설령 그들이 그런 대접을 받아야 할 운명이라도 그들은 여전히 주님의 가족이었고, 따라서 넘치도록 풍성한 그분의 공급을 받을 자격이 있었다. 천지를 지으신 하나님이 이스라엘과 특별한 언약을 맺었다 해도 그분이 만인의 하나님이시라는 사실에는 변함이 없다. 이 이방인 어머니와 율법적이고 비판적인 바리새인과 서기관들은 얼마나 다른가!

여인을 시험하신 후에야 예수님은 진심을 보여주셨다. "여자여 네 믿음이 크도다 네 소원대로 되리라"(15:28). 그 즉시 여인의 딸은 치유되었다. 그녀는 예수님을 굳이 집으로 모셔 가거나 그분이 벌써 딸을 고치셨다는 어떤 징표도 요구하지 않았다. 그녀는 그분의 말을 신뢰했고, 그분이 멀리서도 의지만 있다면 고치실 수 있으며, 또 기꺼이 그렇게 해주실 것을 믿었다. 그녀는 그분의 능력과 인격을 신뢰했다. 마가복음 7장 30절은 이 장면에 다음과 같이 멋진 결말을 보여준다. "여자가 집에 돌아가 본즉 아이가 침상에 누웠고 귀신이 나갔더라."

—15:29-31—

마태는 베니게 지역에서 이 가나안 여인과 만난 일을 굳이 기록했다. 바로 다음 장면에서 예수님은 데가볼리 지역을 거쳐 갈릴리 호수로 돌아오신다(15:29, 참조. 막 7:31). 여기서 다시 예수님이 늘 따라다니는 군중에게서 벗어나 산에 오르시는 것을 볼 수 있다. 예수님은 무척 고단하셨을 것이다. 이제 막 험준한 지역을 걸어온 긴 여정을 마치신 터라 사람들의 끝없는 압박에서 벗어나 조용히 쉬실 시간이 필요했다.

하지만 다시 많은 사람이 한꺼번에 몰려왔다. 마태는 그들을 "큰 무리"(마 15:30)라고 묘사한다. 아마도 여러 도시와 지역에서 온 수많은 대규모 집단을 시사할 것이다. 그들은 "다리 저는 사람과 장애인과 맹인과 말 못하는 사람" 그리고 치유가 필요한 다른 많은 사람과 함께 예수님께로 모여들고 있었다. 예수님이 제자들을 언덕 중간으로 내려보내 그들이 올라오는 것을 막고 "주님은 지금 쉬고 계십니다. 아무도 만나지 않으실 것이니 돌아가십시오"라고 말하게 하기는 쉬운 일이었을 것이다. 그러나 예수님은 제자들에게 경호원이나 보디가드 같은 역할을 맡기지 않으셨고, 스스로도 대리인을 통해서만 접촉이 가능한 슈퍼스타처럼 행동하지 않으셨다.

오히려 예수님은 특정한 일정에 얽매이지 않으시고 긍휼을 베푸셨다. 무리가 그분이 앉아계신 곳으로 와서 도움이 필요한 사람들을 그분의 발치에 앉히면 그들을 치유하셨다. 얼마나 행복한 광경이었을까! 절름발이가 걸을 수 있게 되었다. 앞을 보지 못하던 사람들이 이제 분명히 보았다. 장애인이었던 사람들이 이제 기뻐서 춤을 추었다. 말을 못하던 사람들이 이제는 찬양을 부르고 있었다. 군중은 한목소리로 "이스라엘의 하나님께 영광을 돌[렸다]"(15:31). 하나님의 영광은 긍휼의 열매다.

—15:32-39—

타인의 필요를 돌보는 이 끝없는 사역은 얼마나 오래 지속되었을까? 무려 사흘 동안 계속되었다! 우리는 예수님이 제자들을 부르시고 "내가 무리를 불쌍히 여기노라 그들이 나와 함께 있은 지 이미 사흘이매 먹을 것이 없도다 길에서 기진할까 하여 굶겨 보내지 못하겠노라"(15:32)고 말씀하신 것에서 분명히 알 수 있다. 예수님은 제자들에게 그 문제를 매우 전략적으로 표현하셨다. 마치 티볼 코치가 티 위에 공을 올려놓고 아이가 배트를 잡는 것을 도와주면서 "스윙!"이라고 말하는 것과 거의 비슷했다. 그분은 제자들을 위해 최대한 쉽게 말씀하셨다. 제자들이 예수님의 음성에서 진정한 연민을 읽어내서 수천 명의 배고픈 사람들의 현황을 파악하고 지극히 합리적인 해결책을 자발적으로 제시하기가 그렇게 어려웠을까? "주님, 호수 저편에서 하셨던 것처럼 기적을 베푸셔서 이 군중을 먹이시면 어떨까요?"

그들이 마침내 그분의 의중을 파악했음을 입증할 수 있는 절호의 기회가 아닌가! 그런데 제자들의 반응은 어이가 없었다. "광야에 있어 우리가 어디서 이런 무리가 배부를 만큼 떡을 얻으리이까?"(15:33) 나는 그들이 이 말을 반어적 의미로 웃으면서 말하고 있으며, 예수님이 모든 사람을 먹이실 용의가 있고 능히 그러실 수 있음을 분명히 알고 있다는 투로 말하고 있었다고 온 마음을 다해 믿고 싶다. 그러나 마가가 알려주듯이, 제자들은 "그 떡 떼시던 일을 깨닫지 못하고 도리어 그 마음이 둔하여졌[다]"(막 6:52). 그다음에 일어난 일에서 예수님은 그분의 능력과 목적에 대한 제자들의 냉담한 건망증을 분명히 보여주셨다. 그리고 그분의 능력에 대한 진리를 다시 가르치시면서 그들의 마음을 녹이셨다. "여자와 어린이 외에 사천 명"(마 15:38)을 먹이신 이야기는 앞서 14장 13-21절에서 5천 명의 남자(여자와 아이들을 제외하고)를 먹이신 기적과 아주 비슷하다. 제자들은 필요를 다 채울 수 없다고 말했다(14:15-17, 15:33). 그리고 제자들은 손에 있는 소량의 음식을 가리켰다(14:17, 15:34). 그러자 예수님은 감사 기도를 드리시고, 떡을 떼시며, 제자들을 시켜 모든 사람에게 음식을 나누어주셨다(14:19, 15:36). 두 경우 모두 수천 명이 배부르게 먹을 수 있었고, 음식이 많이 남았다(14:20, 15:37).

이러한 유사점에도 불구하고 이 일은 같은 이야기를 회상하거나 반복하는 것이 아니다. 마태가 공교롭게 한 장 앞에서 이 이야기를 조금 다르게 말한 사실을 잊어버린 것 같지는 않다. 마태가 수천 명을 기적적으로 먹인 사건을 두 번 기록한 것은 비슷한 일이 별도로 두 번 일어났기 때문이다. 매우 유사한 두 개의 기사에서 다른 점이 있다는 사실에서 더 확신할 수 있다. 군중의 규모가 다르고, 원래 있던 떡과 물고기의 양이 다르며, 남은 음식의 양이 다르고, 심지어 '바구니'를 뜻하는 헬라어까지 다르다. 두 번째 사건에 쓰인 용어는 더 큰 용기를 나타낸다.

어찌된 일인지 정신없이 이어지는 사역, 심신의 피로, 잘 잊어버리는 인간의 특성으로 인해 예수님이 사람들의 필요를 기꺼이 채우실 수 있다는 사실을 제자들은 기억해내지 못했다. 그분의 능력은 무한하시고, 그분의 은혜는 다함이 없으시다. 혹은 예수님이 사람들의 필요를 돌보시는 모습을 사흘 동안 지켜본 뒤 제자들의 측은지심이 소진되었을 수도 있다. 그랬다면 또 한 번 사람들을 먹이신 기적으로 예수님이 보여주신 사랑이 제자들의 마음속에 그분의 다함없는 긍휼을 더 깊이 각인시켰을 것이다. 여하튼 또 다른 굶주린 무리가 배를 채우고 예수님을 떠났다.

군중을 보내신 뒤 예수님과 제자들은 배에 올라 마가단이라는 지역으로 향하셨는데(15:39), 이는 갈릴리 호수 서안에 있는 막달라의 다른 이름이었을 것으로 추정된다. 군중은 흩어졌지만, 그들은 육신과 심령이 충만했다. 보나마나 그들은 들어주는 사람만 있으면 주님이 행하신 일을 계속 말했을 것이다.

그러나 예수님의 '팬'이 늘어나고 그분의 친구들이 막달라에 다시 집결하자 적들도 움직이기 시작했다. 그들은 예수님을 처벌할 수 있는 범죄에 옭아 넣기 위해 음모와 계략을 꾸미고 덫을 놓았다. 갈릴리 호수 너머로 해가 기울고 막달라의 작은 마을에 긴 그림자가 드리울 때 예수님의 사역에 대한 적개심과 저항은 격렬한 분노의 소용돌이를 일으키려 하고 있었다. 이렇게 저항이 점점 거세지는 중에도 예수님은 계속 가르치시고, 설교하시며, 긍휼의 본을 보이시고, 볼 수 있는 눈과 들을 수 있는 귀를 가진 자들에게 그분이 진짜로 이스라엘이 오랫동안 기다려온 메시아 왕이심을 증명하셨다.

적용: 마태복음 15:21–39

긍휼의 본이 되기

이 구절을 읽는 많은 사람이 수년, 혹은 수십 년 동안 주님을 알아왔으면서도 그분이 얼마나 신실하고 강하신지, 얼마나 은혜롭고 자비로우신지, 얼마나 사랑과 긍휼이 많으신지 미처 깨닫지 못했을 수도 있다. 그분은 얼마나 자주 우리 삶에 개입해 우리의 필요를 채우셨는가? 그런데도 우리는 그분을 신뢰할 수 있다는 사실을 금방 잊어버린다. 그분이 우리에게 깊은 연민을 베푸신 적이 얼마나 많은가? 그런데 우리는 과연 그 긍휼을 다른 사람들에게 얼마나 베푸는가? 우리가 그분의 모본을 따라 살려면 그분의 무한한 긍휼에서 배워야 할 두 가지 교훈이 있다.

첫째, 우리가 필요로 하는 것 중 너무 커서 하나님이 채워주실 수 없는 것은 없다. 어쩌면 당신은 당신을 괴롭히고, 진을 빼고, 끊임없이 걱정에 빠트리는 결핍 속에서 살아왔을지도 모른다. 그것은 밤의 숙면과 낮의 기쁨을 빼앗을 수도 있다. 그것이 너무 크게 느껴져 당신은 하나님이 긍휼의 손길을 내미셔서 당신의 필요를 돌보시는 것을 상상조차 못한다. 거리가 얼마나 멀든지, 숫자가 얼마나 크든지 하나님께 중요하지 않다. 하나님의 긍휼은 무한하다. 사랑이 무한하신 하나님의 은혜는 다함이 없다. 하나님은 보험 약관처럼 '평생 혜택 한도액' 같은 것을 설정해놓지 않으셨다. "나의 하나님이 그리스도 예수 안에서 영광 가운데 그 풍성한 대로 너희 모든 쓸 것을 채우시리라"(빌 4:19). 그리고 그분은 "우리가 구하거나 생각하는 모든 것에 더 넘치도록 능히 하실 이"시다(엡 3:20). 당신의 필요가 아무리 커도 주저하지 말고 그분께 가져가라. 그분의 보좌 앞에 나아가 계속, 열정적으로, 자신 있게 외치라. 그리고 하나님의 무한한 긍휼을 묵상하면서 당신이 다른 사람들에게 베푸는 긍휼의 한계를 의식적으로 없애는 시간을 가지라. 성령의 능력 안에서 행하고 그리스도의 본을 따르면 실망스러운 거절보다 열정적인 긍정으로 사랑, 은혜, 자비, 긍휼을 보여줄 기회를 가질 수 있다. 당신의 필요에만 집중하고 그것에 짓눌려 다른 사람들을 위해 할 수 있는 일을 전혀 하지 않거나 하지 않아도 된다고 스스로를 설득하지 말라.

둘째, 주님이 당신의 기도를 응답하시는 때를 잊지 말라. 미국에서는 매년 추수감사절 연휴가 돌아온다. 추수감사절은 우리 삶에 역사하시는 하나님의 자비, 은혜, 축복을 감사드리며 하나님의 신실하심을 기억하기 위해 따로 마련된 시간이다. 그러나 신자들은 매일 이런 태도로 살아야 한다. 시편 103편 2절을 생각해보라. "내 영혼아 여호와를 송축하며 그의 모든 은택을 잊지 말지어다." 적어도 일 년에 한 번 이상 가족이나 친구들과 모여 주님이 당신의 필요를 어떻게 채우셨는지, 어떤 예기치 못한 방법으로 당신에게 공급해주셨는지, 그분의 은혜로 어떻게 당신을 놀라게 하셨는지 기억하는 것을 습관화하라. 그분이 당신에게 베푸신 긍휼을 기념하라. 절대 잊지 말라.

주

1. John A. Martin, "Luke", 출전: *The Bible Knowledge Commentary*, 220.
2. Robertson, *Word Pictures*, 101.
3. George A. Buttrick, "Exposition of the Gospel According to St. Matthew", 출전: *The Interpreter's Bible: A Commentary in Twelve Volumes*, 제7권, New Testament Articles, Matthew, Mark(Nashville: Abingdon, 1951), 279.
4. Augustus M. Toplady, "Rock of Ages"(만세반석 열리니), 출전: *The Hymnal for Worship and Celebration*(Waco, TX: Word Music, 1986), no. 204.
5. Bauer 외, *Greek-English Lexicon*, 795.
6. 같은 책, 861.
7. Robertson, *Word Pictures*, 43.
8. John R. W. Stott, *The Message of the Sermon on the Mount*(*Matthew* 57), The Bible Speaks Today(Downers Grove, IL: InterVarsity Press, 1978), 75.

9. France, *Matthew*, 122.
10. Josephus, *Antiquities of the Jews* 4.8, 출전: William Whiston 편집, *The Works of Josephus: Complete and Unabridged*(Peabody: Hendrickson, 1987), 120.
11. 『찰스 스윈돌의 신약 인사이트: 마태복음』, 『찰스 스윈돌의 신약 인사이트: 고린도전후서』 132–141쪽 참조(이상 모두 디모데 역간).
12. Toussaint, *Behold the King*, 103.
13. Stott, *The Message of the Sermon on the Mount*, 108.
14. Augsburger, *Matthew*, 82.
15. Robert Robinson, "Come, Thou Fount of Every Blessing"(복의 근원 강림하사), 출전: *The Hymnal for Worship and Celebration*, no. 2.
16. Toussaint, *Behold the King*, 111.
17. Bauer 외, *Greek-English Lexicon*, 104.
18. R. V. G. Tasker, *The Gospel According to St. Matthew: An Introduction and Commentary*, Tyndale New Testament Commentaries(Grand Rapids: Eerdmans, 1961), 75.
19. Robertson, Word Pictures, 60.
20. 같은 책.
21. France, *Matthew*, 144.
22. H. P. V. Nunn, *The Elements of New Testament Greek*(Cambridge: Cambridge University Press, 1923), 32.
23. "Dog", 출전: *Holman Illustrated Bible Dictionary*, Chad Brand 외 편집(Nashville, TN: Holman Bible Publishers, 2003), 438.
24. Henry Chichester Hart, *The Animals Mentioned in the Bible*(London: The Religious Tract Society, 1888), 45.
25. Barclay, *Gospel of Matthew*, 1:314–15
26. France, *Matthew*, 145.
27. New Living Translation, Catholic Reader's Edition(Carol Stream, IL: Tyndale House Publishers, 2017) 성경 번역.
28. Nathan D. Holsteen and Michael J. Svigel 편집, *Exploring Christian Theology*, 제2권, *Creation, Fall, and Salvation*(Minneapolis, MN: Bethany House, 2015), 255.
29. C. S. 루이스, 『예기치 못한 기쁨』(홍성사 역간)
30. Huub van de Sandt and David Flusser, *The Didache: Its Jewish Sources and its Place in Early Judaism and Christianity*(Minneapolis: Fortress, 2002), 14755.
31. A. B. Bruce, "The Synoptic Gospels", 137.
32. Henry George Liddell 외, A *Greek-English Lexicon*(Oxford: Clarendon Press, 1996), 1039.
33. Paul E. Adolph, "Diseases", 출전: *New International Dictionary of the Bible*, 273.
34. Lange, *MatthewLuke*, 150 참조.
35. France, *Matthew*, 152.
36. Barclay, *Gospel of Matthew*, 1:347.

37. F. F. Bruce, *New Testament History*, 70.
38. Buttrick, "Exposition of the Gospel According to St. Matthew", 출전: *The Interpreter's Bible*, 34344.
39. Bauer 외, *Greek-English Lexicon*, 60910.
40. Arthur M. Ross, "Gadara, Gadarenes", 출전: *New International Dictionary of the Bible*, 365.
41. Robert Lightner, *Angels, Satan, and Demons*, Swindoll Leadership Library, Charles R. Swindoll 편집(Nashville: Thomas Nelson, 1998), 13031.
42. Holsteen and Svigel, *Exploring Christian Theology*, 2:41.
43. Robertson, *Word Pictures*, 296.
44. Martin Luther, "A Mighty Fortress Is Our God"(내 주는 강한 성이요), 출전: *The Hymnal for Worship and Celebration*, no. 26.
45. Paul P. Levertoff, *St. Matthew*, 개정판(London: Thomas Murby, 1940), 26. 이 내용은 France, *Matthew*, 164에 인용된 바와 같다.
46. H. Paul Holdridge, "Occupations and Professions", 출전: *New International Dictionary of the Bible*, 726.
47. Tenney, *New Testament Times*, 160.
48. Green, *The Message of Matthew*, 25.
49. Arthur B. Fowler, "Bottle", 출전: *New International Dictionary of the Bible*, 171.
50. France, *Matthew*, 169 참조.
51. Toussaint, *Behold the King*, 13132.
52. Robertson, *Word Pictures*, 74.
53. Eric Metaxas, *Miracles: What They Are, Why They Happen, and How They Can Change Your Life*(New York: Dutton, 2014), 115.
54. Robert E. Coleman, *The Master Plan of Evangelism*(Old Tappan, NJ: Revell, 1964), 2223.
55. Green, *The Message of Matthew*, 24.
56. France, *Matthew*, 18081.
57. Barbieri, "Matthew", 출전: *The Bible Knowledge Commentary*, 42.
58. Bauer 외, *Greek-English Lexicon*, 1066.
59. Robertson, *Word Pictures*, 80.
60. Lange, *MatthewLuke*, 188.
61. Barclay, *Gospel of Matthew*, 1:434.
62. Isaac Watts, "Am I a Soldier of the Cross"(주의 주실 화평), 출전: *The Hymnal for Worship and Celebration*, no. 482.
63. Bauer 외, *Greek-English Lexicon*, 7089.
64. A. B. Bruce, "The Synoptic Gospels", 168.
65. Sherman E. Johnson, "Exegesis of the Gospel According to St. Matthew", 출전: *The Interpreter's Bible*, 375.

66. John F. Gates, "Cross", 출전: *New International Dictionary of the Bible*, 242.
67. France, *Matthew*, 189.
68. Lange, *Matthew-Luke*, 199.
69. A. B. Bruce, "The Synoptic Gospels", 168.
70. O'Donnell, *Matthew*, 289.
71. Tasker, *The Gospel According to St. Matthew*, 114.
72. Barbieri, "Matthew", 출전: *The Bible Knowledge Commentary*, 44 참조.
73. 엘리아의 출현을 기대한 것에 대한 더 자세한 설명은 『찰스 스윈돌의 신약 인사이트: 마태복음』 17장 9–13절의 주해와 마태복음 16–28장 참조.
74. Toussaint, *Behold the King*, 153.
75. DeVries, *Cities of the Biblical World*, 7382 참조.
76. France, *Matthew*, 199.
77. "Yoke", 출전: *New International Dictionary of the Bible*, 1078.
78. Johnson, "Exegesis of the Gospel According to St. Matthew", 출전: *The Interpreter's Bible*, 390.
79 Sirach의 번역 출처는 *Holy Bible, New Revised Standard Version*(Nashville: Thomas Nelson, 1989).
80. Barclay, *Gospel of Matthew*, 2:20.
81. Bauer 외, *Greek-English Lexicon*, 861.
82. 같은 책, 69.
83. 같은 책.
84. William D. Longstaff, "Take Time to Be Holy"(너 성결키 위해), 출전: *The Hymnal for Worship and Celebration*, no. 441.
85. Charles C. Ryrie, *Balancing the Christian Life*(Chicago: Moody, 1969), 159.
86. Steven Barabas, "Sabbath", 출전: *New International Dictionary of the Bible*, 877.
87. See Robertson, *Word Pictures*, 93.
88. Toussaint, *Behold the King*, 159.
89. 토머스 제퍼슨이 1787년 11월 13일에 콜로넬 윌리엄 스미스에게 쓴 편지. *Letters and Addresses of Thomas Jefferson*, William B. Parker and Jonas Viles 편집(Buffalo, NY: National Jefferson Society, 1903), 65.
90. France, *Matthew*, 2067 참조.
91. D. A. Carson, "Matthew", 출전: *The Expositor's Bible Commentary*, vol. 9, *MatthewMark*, 개정판, Tremper Longman III and David E. Garland 편집(Grand Rapids, MI: Zondervan, 2010), 332 참조.
92. "Baal–Zebub", 출전: *New International Dictionary of the Bible*, 115 참조.
93. 요세푸스(Josephus), *Antiquities* 8.2.5, in Whiston, The Works of Josephus, 176.
94. Eric Eve, *The Jewish Context of Jesus' Miracles*, Journal for the Study of the New Testament Supplement Series, 제231권(London; New York: Sheffield Academic Press, 2002), 378.
95. Edwin M. Yamauchi, "Religions of the Biblical World: Persia", 출전: *The International Stan-*

dard Bible Encyclopedia, Geoffrey W. Bromiley 외 편집(Grand Rapids: Eerdmans, 1988), 4:12329 참조.

96. Robert P. Lightner, "Angels, Satan, and Demons: Invisible Beings that Inhabit the Spiritual World", 출전: *Understanding Christian Theology*, Charles R. Swindoll and Roy B. Zuck 편집(Nashville: Thomas Nelson, 2003), 57273 참조.

97. Robertson, *Word Pictures*, 96.

98. 같은 책.

99. Paul Babiak and Robert D. Hare, *Snakes in Suits: When Psychopaths Go to Work*(New York: HarperCollins, 2006), x.

100. A. B. Bruce, "The Synoptic Gospels", 191.

101. R. T. France, *Jesus and the Old Testament*(London: Tyndale Press, 1971; 재판, Grand Rapids: Baker, 1982), 81 참조.

102. Robertson, *Word Pictures*, 98.

103. Lange, *MatthewLuke*, 232.

104. B. C. Crisler, "The Acoustics and Crowd Capacity of Natural Theaters in Palestine", *Biblical Archaeologist* 39, no. 4(1976): 12841.

105. 같은 책, 102.

106. A. B. Bruce, "The Synoptic Gospels," 194.

107. Robert R. Stein, *An Introduction to the Parables of Jesus*(Philadelphia: Westminster Press, 1981), 15.

108. Robertson, *Word Pictures*, 101.

109. Bauer 외, *Greek-English Lexicon*, 66162.

110. John L. Leedy, "Plants", 출전: *New International Dictionary of the Bible*, 805.

111. France, *Matthew*, 225.

112. Toussaint, *Behold the King*, 181.

113. France, Matthew, 227.

114. See A. B. Bruce, "The Synoptic Gospels", 201.

115. Toussaint, *Behold the King*, 182.

116. 같은 책, 170.

117. Thomas Guthrie, *The Parables Read in the Light of the Present Day*(London: Alexander Strahan, 1867), 212−13.

118. Tasker, *The Gospel According to St. Matthew*, 140.

119. Jerry W. Batson, "Nazareth, Nazarene," in *Holman Illustrated Bible Dictionary*, 1177.

120. "Nazareth", 출전: *Baker Encyclopedia of the Bible*, 1531.

121. Robertson, *Word Pictures*, 111.

122. John MacArthur, *Matthew 815*, The MacArthur New Testament Commentary(Chicago: Moody, 1987), 416.

123. 헤로디아의 딸의 이름인 살로메는 신약성경에 나오지 않지만, 1세기 유대인 역사가 요세푸스가 그녀의 이름을 알려주었다. *New International Dictionary of the Bible*, 886에서 "살로메"를 찾아 보라.

124. Robertson, *Word Pictures*, 115.

125. Lorman M. Petersen, "Money", 출전: *New International Dictionary of the Bible*, 66970.

126. Johnson, "Exegesis of the Gospel According to St. Matthew", 출전: *The Interpreter's Bible*, 431.

127. Bauer 외, *Greek-English Lexicon*, 168.

128. France, *Matthew*, 238 참조.

129. Bauer 외, *Greek-English Lexicon*, 99091.

130. 같은 책, 444.

131. Lange, *MatthewLuke*, 277.

132. France, *Matthew*, 243.

133. Bauer 외, *Greek-English Lexicon*, 575.

134. France, *Matthew*, 247.

135. John R. W. Stott, *God's New Society: The Message of Ephesians*, The Bible Speaks Today(Downers Grove, IL: InterVarsity Press, 1979), 116.

마태복음 후반부(16-28장)

마태복음 후반부에는 격렬한 내러티브가 펼쳐진다. 우리는 그 속에서 예수님이 어떻게 예상치 못한 방법으로 이스라엘이 고대하던 메시아 왕으로서의 사명을 성취하시는지 볼 수 있다. 그리고 끝에 가서는 우리도 예수님을 좇으며 널리 복음을 전했던 최초의 무리에 합류하면서 어떻게 예수님의 사명이 우리의 사명으로 바뀌는지 보게 된다.

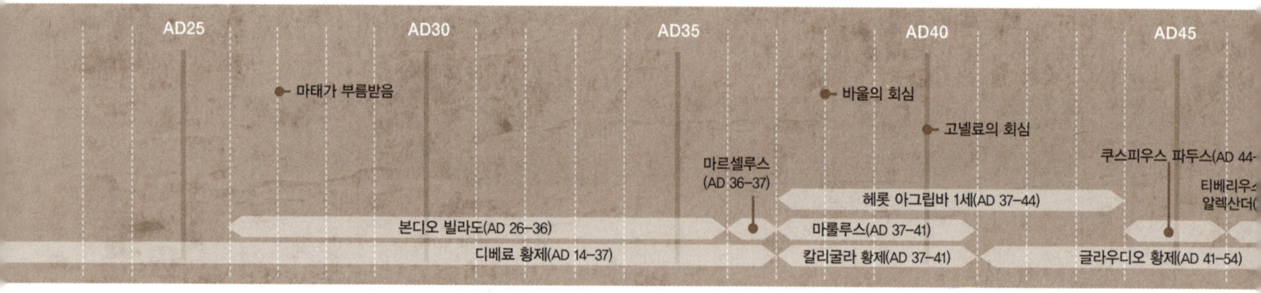

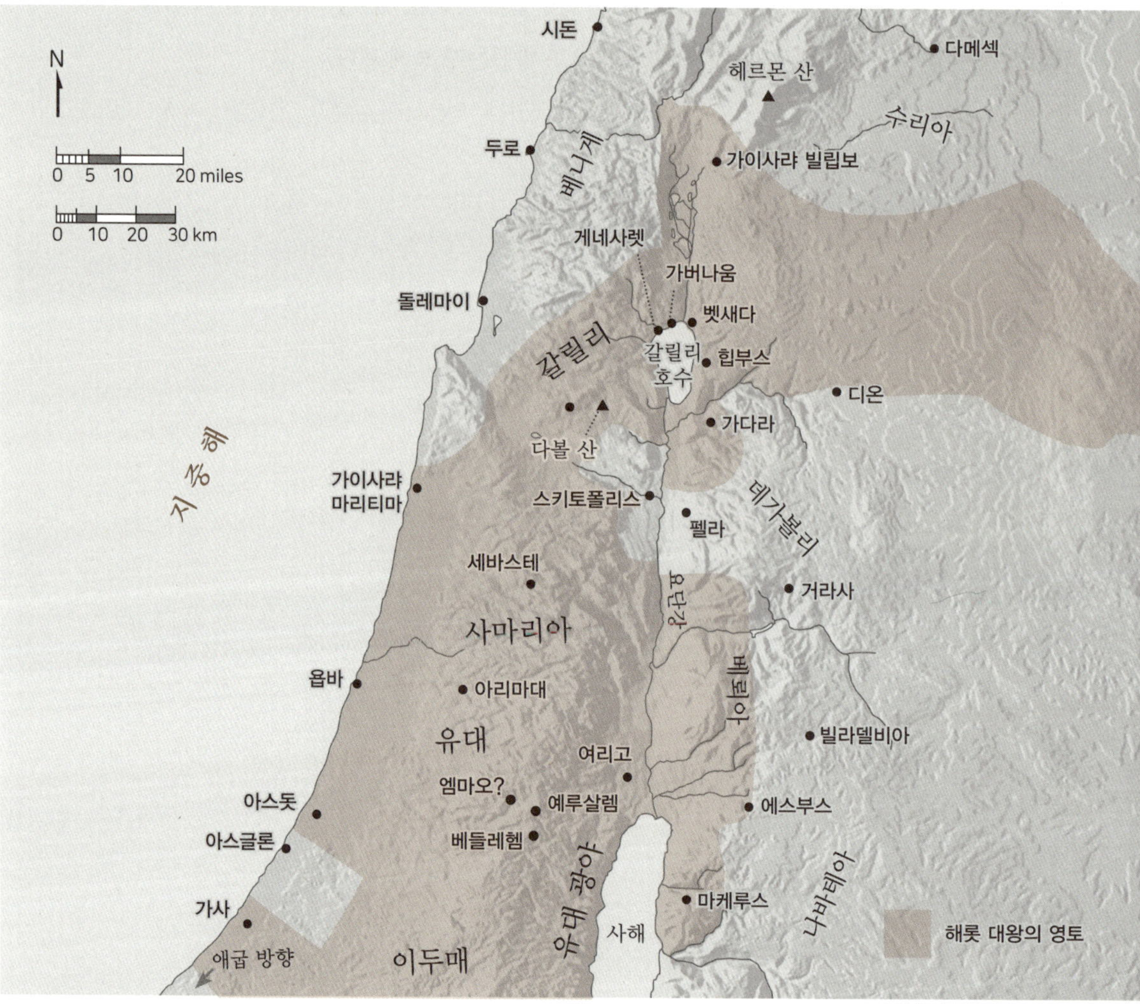

지도로 보는 예수님의 삶과 사역. 마태의 이야기는 베들레헴에서 예수님이 탄생하신 시점부터 시작해 갈릴리 일대에서 펼쳐진 예수님의 사역을 따라간다. 예수님은 갈릴리에서 유대에 이르기까지 곳곳에서 사역하신 뒤 예루살렘에서 거부당하시고 결국 죽음에 이르셨다.

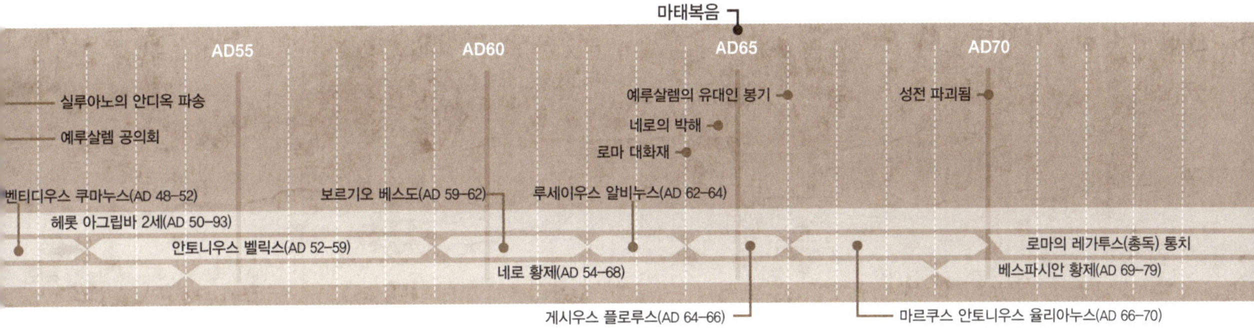

마태복음 후반부(16-28장)

서론

열두 사도 중 한 사람인 마태는 자신의 독특한 관점으로 본 예수님의 탄생, 삶, 가르침, 기적, 죽음, 부활에 대한 기사를 썼다. 마태는 유대인 독자를 겨냥해 예수님이 그들이 고대하던 메시아 왕이심을 입증하기 위해 이 이야기를 썼다. 대중의 미움을 한몸에 받던 세리였다가 신실한 제자가 된 마태는 주로 자기가 직접 목격한 것을 썼고, 나머지는 개인적으로 교류가 있던 신뢰할 만한 출처-다른 제자들, 예수님의 어머니와 형제들 그리고 예수님-를 바탕으로 했을 것이다. 물론 마태는 1세기의 어느 누구보다도 예수님의 인격과 사역의 실제 이야기를 알고 있었다.

하지만 마태는 자기 독자들이 얼마나 완악한지도 알았다. 그는 예수님이 사역하실 때 유대인 지도자들이 그들의 메시아를 극렬히 거부했다는 사실을 알고 있었다. 그래서 마태는 자기의 동족 유대인 신자들을 위해서 이미 예수님이 메시아이심을 확신하고 있던 많은 사람을 계속 괴롭히는 질문을 다루었다. "예수님이 정말로 이스라엘이 고대하던 메시아 왕이시라면, 어째서 우리는 하나님이 이스라엘에 약속하신 나라가 회복되는 것을 보지 못하는가?"

한눈에 보는 마태복음

단락	왕의 출현과 공표	왕의 선포와 영접
주제	예수님의 자격	예수님의 말씀
	탄생 세례 유혹	기적 강론 비유
핵심 용어	세례받다 그리스도 선포	의 권위 복이 있나니 비유
본문	1:1–4:25	5:1–15:39

왕을 반대하고 거부함	왕의 수난과 승리
예수님의 고난	예수님의 승리
반대 거부 재림	유월절과 체포 고난과 죽음 부활 승천
환난 화 있을진저 넘어지다	넘겨주다 고난받다
16:1-25:46	26:1-28:20

예수님이 그 나라를 어떻게 이스라엘에 제시하셨는지 그리고 어떻게 이스라엘의 강퍅한 종교, 정치 지도자들이 그분을 거부했는지를 알려주는 것이 마태가 복음서를 쓴 동기 중 하나였다(4:17, 16:13–28, 21:33–46). 또 마태는 그의 복음서–특히 후반부–에서 하나님 나라가 실제로 지상에 임하는 계획이 바뀐 것이 아니라 장차 인자가 영광 중에 오실 때까지 연기되었다는 사실을 알리고자 했다(19:28). 그때까지 이스라엘이 예수님을 거부함으로써 전 세계에 세례받은 신자들로 이루어진 교회가 설립될 수 있었다(16:18, 28:19–20). 지상에 하나님의 나라가 임한다는 계획은 여전히 유효하다.

이스라엘이 그들의 메시아를 점점 더 강력히 거부하게 된 과정을 개괄하기 전에 마태복음의 전반적인 짜임새와 16장에서 28장까지 펼쳐지는 이야기 속에서 우리가 어느 지점까지 와 있는지 간략히 검토해보자.

지금까지의 이야기

마태복음이 기록된 배경

누가 기록했는가? 알패오의 아들 마태(레위라고도 불림).

언제 기록했는가? AD 65년경.

어디서 기록했는가? 안디옥으로 추정됨.

왜 기록했는가? 예수님이 이스라엘 백성이 그토록 고대하던 메시아 왕이심을 유대인 독자에게 입증하기 위해서.

마태는 복음서의 기사를 두 갈래로 전개한다. 1장부터 15장까지는 왕의 정체성을, 16장부터 28장까지는 왕의 운명과 승리를 이야기한다. 전반부에서 예수님은 큰 무리를 가르치시다가(마 1–15장) 후반부에서는 범위를 좁혀 최측근 제자들을 가르치는 데 주력하시는 것을 볼 수 있다(마 16–28장). 전반부에서는 놀라운 기적과 도발적인 가르침으로 예수님의 대중적 인기가 높아진다. 후반부에서는 예수님에 대한 적개심이 극에 달한다. 지리적으로 첫 15장은 갈릴리 호수 인근 지역에서 펼쳐진 예수님의 사역에 초점을 맞추는 반면에, 나머지 절반은 유대 지역과 특히 이스라엘의 정치와 종교의 중심인 예루살렘에서의 사역에 점점 더 집중한다.

마태복음 1장에서 15장에 해당하는 전반부에서는 제일 먼저 왕의 출현과 그 소식이 공표되는 이야기가 전개된다(1:1–4:25). 이 서두에서는 대망의 메시아로서 예수님의 자격을 살펴본다. 예수님은 메시아의 혈통인 다윗의 자손으로 손색없는 혈통을 가지셨을 뿐 아니라(1:1–17) 그분의 탄생과 유년기를 예언하거나 예시하는 수많은 구약의 예언과 예표를 성취하셨다(1:18–2:23). 예수님의 세례는 그분의 신성을 드러내고 아버지께 사명을 받으셨음을 보여준다. 이 사건은 메시아가 오실 것을 선포하기 위해 파송된 세례 요한에게서 예수님이 배턴을 넘겨받으시는 기점이 되었다(3:1–17). 더 나아가 메시아 왕이신 예수님은 사탄의 시험을 통과하심으로써 무오한 본성을 지닌 완전한 인간이신 당신의 정체성뿐만 아니라 신적 능력까지도 증명하셨다(4:1–11). 또 예수님은 공식적으로 사역을 시작하시기 전에 당신과 동행하며 그분에게서 배우고 당신의 사역을 도울 제자들을 부르기 시작하셨다(4:12–25).

다음으로, 우리는 왕의 선포와 영접을 목도했다(5:1–15:39). 마태는 이 부분에서 예수님이 세우실 메시아 나라를 기대하면서 그분의 모든 가르침, 설교, 기적을 자세히 기술한다. 여기에 그 유명한 "산상수훈"(5:1–7:29), 예수님의 신적 권능을 보여주는 많은 기적(8:1–9:38) 그리고 격해지는 논란 가운데서 설파하신 실제적, 도덕적, 영적 주제에 대한 강론(10:1–12:50)이 담겨 있다. 그러나 메시아의 출현에 모든 사람이 열광한 것은 아니다. 예수님은 당신의 권위를 거부한 자들에게 하나님 나라의 비밀을 감추기 위해서 하나님 나라에 대한 명확한 가르침과 설교를 비유로 바꾸셨다(13:1–58). 놀랍게도 예수님의 초자연적인 능력이 분명히 드러날 때마다 그분의 뛰어난 설교에 대한 저항도 점점 커졌다(14:1–15:39).

점점 짙어지는 음모의 그림자

"정치는 뜻밖의 동지를 만든다"는 옛말이 있다. 올바른 명분을 찾으라. 그러면 그 명분이 없었다면 서로 으르렁댔을 두 세력이 차이를 무시하고 공동의 적에게 함께 맞설 것이다. 예를 들면, 다른 사안에 대한 의견이 아무리 달라도 전쟁이 벌어지면 반대 정당들도 외적을 물리치기 위해 힘을 합친다.

마태복음 16장에서 28장은 이 격언이 사실임을 증명한다. 우리는 공동의 적에 대해 예상치 못한 놀라운 동맹이 형성되는 것을 본다. 앙숙인 바리새인과 사두개인이 자기네 모두에게 위협이 되는 존재를 제거하기 위해 잠시 서로의 차이를 묵인했다. 일반적으로, 바리새인과 사두개인은 신학적 스펙트럼의 양극단에 있었다. 바리새인은 하나님의 주권을 비롯한 많은 문제에 대해 예정론을 믿었던 반면, 사두개인은 인간의 자유 의지에 대한 견해를 강력히 지지하며 일체의 예정론을 거부했다.[1] 바리새인은 기록된 모세의 율법 외에 복잡한 구전 전통 체제를 채택했고, 사두개인은 모세오경(창세기부터 신명기)에 나오지 않는 가르침이나 전통을 일절 받아들이지 않았다. 또한 바리새인은 천사, 영혼, 내세를 믿었지만, 사두개인은 대체로 그런 영적 세계의 존재를 부인했다.

이렇게 상반된 입장에도 불구하고 바리새인들과 사두개인들은 나사렛 예수를 반대하기 위해 뭉쳤다. 신학적 앙숙, 우파와 좌파, 보수와 진보, 대중주의자들과 엘리트주의자들이 이렇게 손을 잡은 것은 유례가 없는 일로 그들이 예수님을 얼마나 극도로 싫어했는지를 보여준다. 예수님은 교리적으로는 바리새인들의 기본 신학에 훨씬 가까우셨지만, 랍비들의 그릇된 해석에서 비롯된, 삶의 모든 면에 과도하게 율법을 적용하는 관행은 거부하셨다. 반면에 사두개인들은 예수님이 바로 이스라엘이 고대하던 메시아 왕이라는 민중의 믿음이 점점 커지자 자기들이 쌓아 올린 정치적, 사회적 세력에 대해 위협을 느꼈을 것이다. 이렇게 이유는 달라도 바리새인들과 사두개인들은 예수님과 그분의 제자들을 공동의 적으로 생각했다. 그래서 그들은 예수님께 맞서기 위해 얼떨결에 한 팀이 되었고, 증오와 완악한 마음으로 의기투합했다.

마태복음 후반부의 막이 오르면 이 느닷없는 동맹에 스포트라이트가 비친다. 결국 바리새인과 사두개인의 연대는 그들의 신념을 보존하는 목적을 이루지 못하고 궁극적인 파멸로 나아간다.

장차 일어날 일에 대한 예고

왕의 사명과 승리의 연대기인 마태복음의 후반부 16장에서 28장은 두 부분으로 나뉜다.

왕을 반대하고 거부함(16:1–25:46). 마태복음 16장의 서두는 후반부의 분위기를 보여준다. "바리새인과 사두개인들이 와서 예수를 시험하여"(16:1). 이때부터 예수님은 지상에서 사역하시는 마지막 날들 동안 일어날 일들에 대해 제자들을 계속 준비시키시고, 반대로 종교 지도자들은 예수님의 일거수일투족을 감시한다(16:1–28). 예수님의 제자 중 몇 명은 예수님의 영광스러운 변모를 목격하고, 그분의 영광과 도래할 나라를 짧지만 강렬하게 일별한다(17:1–13). 자신의 사역을 수행하기로 결단하신 예수님은 사람들을 치유하시고 제자도에 관한 중요한 내용을 계속 가르치신다(17:14–18:35).

예수님의 사역은 그분을 서서히 예루살렘으로 더 가까이 데려가고, 그분을 궁지로 몰아 체포할 빌미를 만드느라 여념이 없는 종교 지도자들의 관심을 더 끌게 된다. 그런 중에도 예수님은 흔들리지 않으시고 설교를 계속하신다(19:1–20:34). 마침내 예수님은 예루살렘에 입성하시고, 대중은 그분을 찬양하며 환영하지만 지도자들의 저항은 더 거세지고, 예수님도 더 신랄한 비난으로 대응하신다(21:1–23:36). 이 일은 메시아를 거부한 예루살렘을 슬퍼하며 한탄하는 것으로 절정에 이른 뒤(23:37–39), 메시아의 나라가 지상에 세워지는 마지막 때에 관한 긴 가르침으로 이어진다(24:1–25:46).

왕의 수난과 승리(26:1–28:20). 마태복음의 마지막 세 장은 예수님을 죽이려는 유대인 지도자들의 음모가 결실을 맺는 과정을 기술한다(26:1–16). 예수님은 제자들과 함께 마지막 유월절을 기념하시고 주의 만찬을 드신 뒤(26:17–35), 배신당하고 붙잡히신다(26:36–56). 예수님은 예루살렘의 지도자들에게 부당한 재판을 받으시고 제자들은 그분을 버린다(26:57–27:26). 이어 구약의 예언과 예수님이 미리 말씀하신 대로 유대인 지도자들의 성화에 시달린 로마 정부가 이스라엘의 정통 왕이며 오랫동안 기다려온 메시아이신 그분을 십자가에 못 박는다(27:27–56). 예수님은 숨을 거두시고 매장되신다(27:57–66).

그러나 예수님과 구약의 선지자들이 예언한 대로 예수님은 사흘째 되는 날 기적적으로 죽음을 이기시고 몸으로 부활하셔서 무덤에서 나오신다(28:1–10). 동시에 예수님을 죽이려고 음모를 꾸몄던 자들은 그분이 부활했다는 기쁜 소식을 막을 계략을 계속해서 획책한다(28:11–15). 죽음을 이기고 부활하신 주 예수님은 갈릴리에서 제자들을 만나 새로운 사명을 주신다. 지난 3년간 주님은 그 사명을 위해 제자들을 준비시키셨다. "그러므로 너희는 가서 모든 민족을 제자로 삼아 아버지와 아들과 성령의 이름으로 세례를 베풀고 내가 너희에게 분부한 모든 것을 가르쳐 지키게 하라 볼지어다 내가 세상 끝날까지 너희와 항상 함께 있으리라 하시니라"(28:19–20).

마태복음 후반부의 치열한 내러티브 속에서 우리는 예수님이 의외의 방법으로 이스라엘이 고대하던 메시아 왕으로서 자신의 사명을 성취하시는 과정을 볼 수 있다. 그리고 끝에 가서는 우리도 예수님을 좇으며 널리 복음을 전파했던 최초의 무리에 합류하며 어떻게 예수님의 사명이 우리의 사명으로 바뀌는지 보게 된다.

주

1. Josephus, *Antiquities of the Jews* 13. 5. 9.

왕을 반대하고 거부함

마태복음 16:1-25:46

예수님이 보여주신 초자연적인 표적과 강력한 설교로 확신을 얻은 예수님의 최측근 제자들은 그분이 그들이 고대하던 메시아 왕이시라는 사실을 믿어 의심치 않았다. 뿐만 아니라 성령님이 더 깊은 진리를 볼 수 있도록 제자들의 눈을 열어주셔서 예수님이 일개 위대한 스승, 훌륭한 선지자, 정당한 왕에서 그치지 않고 "살아 계신 하나님의 아들"(16:16)이심을 알게 하셨다. 이 심오한 진리는 예수님의 영광스러운 변모로 더 밝혀질 테지만(17:1-13), 동시에 그분이 당하신 배신, 고난, 죽음에 대한 심란한 예언과 상충되어 보일 것이다(16:21-23).

이 단원에서는 예수님의 삶과 사역에서 상반되는 이 두 개의 주제, 곧 고대하던 메시아라는 그분의 정체성을 밝혀주는 점증하는 증거와 왕의 출현으로 모든 것을 잃게 될 자들의 그분을 향한 점증하는 적개심이 두드러진다(16:1-25:46). 종교 지도자들의 위선과 그릇된 가르침은 성육하신 진리로 드러날 것이다. 부패한 사제들은 쫓겨나고 그 자리는 영원한 대제사장으로 대체될 것이다. 다윗 가문의 정통 상속자이자 하늘과 땅의 통치자이신 분이 유대를 다스리는 불법적인 왕과 이방인 통치자들을 권좌에서 몰아내실 것이다.

이처럼 서기관과 바리새인, 제사장과 사두개인, 총독과 통치자들이 공공의 적 1호인, 나사렛 출신 "목수의 아들"에 불과한 예수님을 제거하기 위해 힘을 합치면서 그들의 저항은 절정에 달한다(13:55).

핵심 용어

θλῖψις[*thlipsis*, 들립시스](*2347*) '고통', '환난'

헬라어 *thlipsis*는 종말에 그리스도가 육신을 입으시고 왕으로 재림하시기 전에 있을 큰 환란을 나타낼 수도 있지만(24:21, 29-31), 일반적인 시련과 박해를 가리키는 경우가 더 흔하다(13:21, 24:9, 요 16:33, 롬 5:3). 이 용어는 어떤 의미로 쓰였는지 분간이 애매해서 데살로니가 신자들도 의미를 혼동할 정도였다. 그들은 자기들이 겪고 있는 일반적인 고난(살전 3:3-4, 살후 1:4-8)을 말세의 환란으로 믿었다(막 13:19, 계 7:13-14).

οὐαί[*ouai*, 우아](*3759*) '슬프도다', '화 있을진저'

고대에는 큰 슬픔을 당했을 때 크게 통곡하는 것이 예사였다. 실제로 부자들의 장례식에는 종종 전문적으로 곡하는 사람들이 동원되어 동지보다 적이 더 많을지도 모르는 사람의 죽음에 대한 애도의 뜻을 높이는 경우가 많았다. 감탄사 *ouai!*는 고뇌의 외침을 표현한 것이다. 예수님에 대한 반감이 커지면서 당신을 비난하는 자들을 향한 예수님의 한탄의 말씀도 늘어났는데, 이는 서기관과 바리새인들의 위선을 가리켜 거듭 사용된 "화 있을진저"로 시작되는 말씀에서 절정에 달했다(23:13–16, 23, 25, 27, 29). 이 말은 그들의 완악한 마음에 대한 고뇌의 외침일 뿐 아니라 그들과 그들의 추종자들이 메시아를 거부했기 때문에 겪게 될 심판을 애도하는 외침이기도 했다.

σκανδαλίζω[*skandalizō*, 스칸달리조](*4624*) '넘어지게 만들다'
σκάνδαλον[*skandalon*, 스칸달론](*4625*) '넘어지게 만드는 것'

영어에서 명사 'scandal'과 관련 동사 'scandalize'는 나쁜 평판, 대중의 분노 또는 수치심, 또는 충격을 촉발하는, 도덕성이 의심스러운 행위의 결과를 나타낸다. 그러나 신약성경에서 'scandal'의 헬라어 어원은 '적절한 행동이나 신념에 반하는 행동을 초래하는 행위나 환경'을 뜻한다.[1] 마태복음에서 베드로가 예수님이 인간의 죄를 위해 고통받고 죽으셔야 하는 그분의 사명을 회피해야 한다고 주장했을 때 *skandalon*으로 불린 것은 잘 알려진 사실이다(16:23). 예수님은 또 우리를 유혹하고 죄에 빠트리는 사람이나 사물에 대해서 경고하신다(18:7–9).

까칠한 비판자들과 무딘 제자들(마태복음 16:1–12)

1바리새인과 사두개인들이 와서 예수를 시험하여 하늘로부터 오는 표적 보이기를 청하니 2예수께서 대
답하여 이르시되 너희가 저녁에 하늘이 붉으면 날이 좋겠다 하고 3아침에 하늘이 붉고 흐리면 오늘은
날이 궂겠다 하나니 너희가 날씨는 분별할 줄 알면서 시대의 표적은 분별할 수 없느냐 4악하고 음란한
세대가 표적을 구하나 요나의 표적 밖에는 보여 줄 표적이 없느니라 하시고 그들을 떠나 가시니라

5제자들이 건너편으로 갈새 떡 가져가기를 잊었더니 6예수께서 이르시되 삼가 바리새인과 사두개
인들의 누룩을 주의하라 하시니 7제자들이 서로 논의하여 이르되 우리가 떡을 가져오지 아니하였도다
하거늘 8예수께서 아시고 이르시되 믿음이 작은 자들아 어찌 떡이 없으므로 서로 논의하느냐 9너희가
아직도 깨닫지 못하느냐 떡 다섯 개로 오천 명을 먹이고 주운 것이 몇 바구니며 10떡 일곱 개로 사천 명
을 먹이고 주운 것이 몇 광주리였는지를 기억하지 못하느냐 11어찌 내 말한 것이 떡에 관함이 아닌 줄을

깨닫지 못하느냐 오직 바리새인과 사두개인들의 누룩을 주의하라 하시니 [12]그제서야 제자들이 떡의 누룩이 아니요 바리새인과 사두개인들의 교훈을 삼가라고 말씀하신 줄을 깨달으니라

나는 평생 사역을 하면서 숱한 논쟁을 목격했다. 간혹 논쟁이 일부 그리스도인들이 가장 좋아하는 실내 스포츠인 것처럼 보일 때도 있다. 확신하건대 어떤 그리스도인들은 언쟁을 벌일 수 있는 신학적 질문이나 논쟁거리로 삼을 교회의 문제가 없으면 행복하지 않다. 나는 비극적인 것부터 우스꽝스러운 것까지 여러 가지 예를 보았다. 나는 신자들이 기독교 신앙의 본질적인 교리나 명확히 도덕적인 문제를 두고 논쟁하는 것은 거의 보지 못했다. 대부분의 논쟁은 그리스도인이 수 세기 동안 변함없이 논의해온 해묵은 주제, 곧 예정론이냐 자유 의지냐, 누가, 언제, 어떻게 세례를 주어야 하는가, 교회는 어떤 예배 형식을 취해야 하는가, 종말에 일어날 사건들의 올바른 순서는 무엇인가에 관한 것이었다.

이런 논쟁들을 분석해보면 대부분의 경우 모두 자기 말만 하고 있고 아무도 듣고 있지 않다는 것을 알게 된다. 설령 듣고 있어도 워낙 따지기를 좋아하는 태도 때문에 상대방의 말을 들으려 하지 않거나 자기 생각에만 빠져 있어서 무슨 말을 하는지 들리지 않는다. 이런 상황에서는 '동의하지 않는다는 데 동의하고', 평화롭게 살자는 결론은 물 건너가며, 어느 쪽도 진전이 없는 끝없는 언쟁만 이어진다.

1세기에 예수님은 이 두 부류의 불량 청중을 모두 다루셔야 했다. 예수님을 비판하는 자들은 첫 번째 범주에 속했다. 그들은 논쟁을 좋아하는 기질 때문에 들으려고 하지 않았다. 그들은 성질이 까칠했다. 그러나 예수님의 제자들은 두 번째 부류였다. 그들은 자기 생각에 몰두해 있어서 듣지 못했다. 그들은 무뎠다.

마태복음 16장 1–12절의 이야기 속으로 들어가면 마태가 마가단(15:39)이라고 부른 마을에 있는 제자들을 보게 된다. 아마 마가단은 막달라 마리아의 고향인 막달라의 다른 이름이었을 것이다. 여기서 우리는 예수님이 까칠한 비판자들과 둔한 제자들을 어떻게 다루셨는지 그리고 어떻게 그 만남에서 중요하고 실용적인 진리를 얻을 수 있는지 보게 된다.

—16:1–4—

대부분의 21세기 독자들은 마태복음 16장의 서두를 무심코 넘길 것이다. "바리새인과 사두개인들이 와서"(16:1). 그러나 1세기 유대인 독자들에게 바리새인과 사두개인을 연결시키는 것은 '자유주의자와 보수주의자' 또는 '칼뱅주의자와 아르미니우스주의자' 또는 '가톨릭교도와 개신교도'라고 말하는 것과 같았을 것이다. 정상적인 상황에서 바리새인과 사두개인은 대부분의 쟁점에서 첨예하게 대립했다.

'바리새인'이라는 용어는 '분리된 자'라는 뜻이다.[2] 바리새인들은 유대교 안에서 믿음과 실천에 대해 엄격하고, 전통적이며, 정통적인 방법으로 다가가려고 노력했다. 그들의 신학적 관점은 대체로 성경과 맥을 같이했지만, 순수성을 유지하는 방법은 율법주의와 위선으로 변질되었다. 그들은 또 자기들이 성경을 연구하는 과정에서 개발한 전통적 가르침이 성경과 동일한 권위를 가진다고 믿었다. 이 때문에 많은 사람이 이러한 전통적 가르침이 실제로 모세에게서 랍비들에게로 구전되었다고 주장하게 되었다.[3] 바리새인들은 하나님의 주권과 예정론을 굳게 믿었고, 천사 같은 존재, 인간의 영적 차원, 내세와 그곳에서 받을 상과 벌, 몸의 부활에 대한 믿음도 받아들였다.

이와는 대조적으로 사두개파는 예정론을 거부하고 인간의 자유 의지를 강조했다.[4] 그들은 또 구전 전통에 대한 바리새인들의 견해를 거부하고 대신 모세가 쓴 다섯 권의 성경인 모세오경을 바탕으로 한 교리와 관행만을 수용했다. 사두개인들은 천사의 존재와 사후에 영혼이 존속되는 것, 육체의 부활도 부정했다. 대신 모세의 언약을 충실히 지켜 현세에서 받는 축복을 중요시했고, 이스라엘이 약속의 땅에서 계속 번영을 누리고 열국 사이에서 명맥을 유지하려면 율법이 반드시 필요하다는 점을 강조했다.[5]

평상시에 바리새인들과 사두개인들이 반목했던 것을 감안할 때 마태의 유대인 독자들은 그들이 힘을 합쳐 예수님께 대항하는 모습에 깜짝 놀랐을 것이다. 하지만 나사렛에서 온 성가신 설교자의 높아지는 인기와 부인할 수 없는 그분의 기적의 위력 앞에서 바리새인들과 사두개인들은 기꺼이 서로의 차이를 묵과하고 힘을 합쳐 예수님께 맞섰다.

예수님을 제거하고 싶어 했던 두 집단은 끊임없이 그분을 시험했다. 이 장면에서 그들이 요구한 것은 상당히 의미심장하다. 그들은 예수님께 "하늘로부터 오는 표적"(16:1)을 요구했다 . 그들이 그분의 능력에 의문을 제기하는 것 같지는 않다는 점에 유의하라. 그분은 한동안 놀라운 기적을 행하셨고, 치유자로서 그분의 명성은 널리 퍼져 있었다. 그러나 그분을 비난하는 자들은 계속 그분의 능력이 어디서 오는지를 의심했다. 그것은 정말로 하나님이 주신 것일까? 아니면 사탄이 준 것일까? 정말로 하늘에서 왔을까? 아니면 저 아래 세계에서 왔을까?

새로 동맹을 맺은 비판자들은 출애굽의 서사에서 홍해가 갈라지거나 구름기둥과 불기둥이 나타났던 것과 비슷한, 눈부시게 빛나고 귀가 찢어질 것 같을 정도로 놀라운 표적을 예수님께 요구했다. 하늘에서 온 것이 분명한 그런 초자연적인 표적이 아니면 그들은 믿지도 않고 그분의 신적 권위도 받아들이려 하지 않았다. 그러나 그들이 지금까지 보여준 불합리한 불신을 생각해보면 설령 예수님이 그들의 요구대로 놀라운 표적을 보여주셨어도, 그들의 강팍한 마음은 여전히 그분을 거부하고 믿지 않았을 것이다.

예수님은 그들의 속내를 아셨기에 기적적인 표적을 구하는 그들의 냉소적인 요청에 굴복할 생각이 없으셨다. 그들이 만든 규칙에 따라야 할 뿐 아니라 그 규칙조차도 계속 바뀌는 경기에서 그들을 이길 방도는 없었다. 예수님의 대답은 그분의 놀라운 지혜를 보여준다. 그분을 비판하는 자들은 여론의 동향에는 민감했지만 영적으로는 둔했다. 예수님은 경험을 바탕으로 날씨를 예측하는 데 사용하는 유명한 속담을 인용하셨다(16:2-3). 지금도 이와 비슷한 속담이 있다.

> 저녁의 붉은 노을은 뱃사람들의 기쁨이지만,
> 아침의 붉은 하늘은 뱃사람들에게 위험의 경고다.

예수님은 모든 기상 예측의 비결을 밝히신 것이 아니었다. 그분의 의도는 그들에게 (또는 우리에게) 일기를 정확히 예측할 수 있는 지침을 주시는 것이 아니라 논리의 법칙을 증거에 적용하여 비판자들의 모순을 지적하시는 것이었다. 일반적으로 이 속담은 사실이다. 아침과 저녁의 붉은 하늘과 폭풍이 몰아칠 확률과의 상관관계를 관찰한 사람들은 저녁의 붉은 하늘은 맑은 날씨를 의미하고, 아침의 붉은 하늘은 폭풍의 가능성을 의미한다는 귀납적 결론을 얻었다.

이와 마찬가지로 그들은 "시대의 표적"(16:3)을 귀납적으로 분별했어야 했다. 예수님이 말씀하신 "시대의 표적"이란 그분이 대망의 메시아시라는 사실을 이미 여러 차례 분명하게 가리킨 여러 기적을 뜻했을 것이다. 세례 요한이 예수님이 "오실 그이"신지 물었을 때 예수님이 "너희가 가서 듣고 보는 것을 요한에게 알리되 맹인이 보며 못 걷는 사람이 걸으며 나병환자가 깨끗함을 받으며 못 듣는 자가 들으며 죽은 자가 살아나며 가난한 자에게 복음이 전파된다 하라"(11:3-5)고 대답하신 것을 기억하라. 메시아의 나라가 도래할 것에 관한 이 명백한 표적에 근거하여 믿는 마음과 분별력을 가진 사람이라면 누구나 메시아가 임하셨다는 결론을 내릴 수 있었을 것이다. 그러나 이렇게 분명한 메시아의 표적을 보면서도 바리새인과 사두개인은 마음의 눈을 감고 분별의 목소리에 귀를 막았다. 그리고 완악한 불신에 빠졌다.

이어 예수님은 앞서 서기관들과 바리새인들에게 하셨던 따끔한 질책을 이번에는 바리새인들과 사두개인들에게 퍼부으셨다(참조. 12:38-40). 그들은 요구대로 표적을 보여주어도 만족하지 않을 "악하고 음란한 세대"였다. 그들이 예수님이 메시아이심을 확인할 수 있

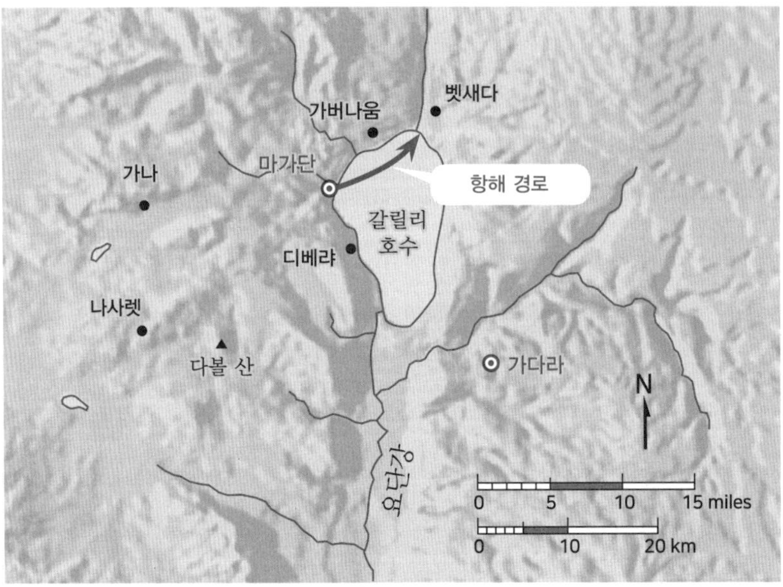

마가단('막달라'로도 불림)은 디베랴에서 북서쪽으로 5킬로미터 정도 떨어진 갈릴리 호수 서안에 있었다. 예수님은 바리새인들과 사두개인들에게 "하늘로부터 오는 표적"을 주기를 거부하신 뒤 배를 타고 호수 북단의 벳새다 인근으로 가셨다.

는 유일한 표적은 "요나의 표적"밖에 없었다(16:4). 즉, 요나가 사흘 동안 물고기 뱃속에 있었던 것처럼 인자도 사흘 동안 땅에 묻힐 것이다(12:40). 부활이 그들이 받을 수 있는 유일한 표적이었지만, 그때도 대부분의 사람은 믿으려 하지 않았다.

예수님의 대답을 보면 그분이 비판자들에게 진저리가 났다는 것을 짐작할 수 있다. 예수님은 증거에 마음이 열려 있어서 그것을 받아들일 수 있는 정직한 사람이라면 누구나 설득될 만큼 충분히 말씀하시고 행하셨다. 그들이 원하는 것은 실제로 무엇을 하늘에서 온 표적으로 보고 땅에서 온 표적으로 보는지에 대해 트집 잡고 논쟁하는 것이 전부였다. 그러나 그만하면 충분했다. 예수님은 절대 변하지 않을 비판자들에게 더는 시간을 낭비하지 않으시고 "그들을 떠나 가[셨다]"(16:4).

—16:5-12—

예루살렘에서 마가단으로 내려온 고약한 비판자들을 뒤로하고 예수님과 제자들은 갈릴리 호수를 가로질러 요단강과 호수가 만나는 북쪽 해안으로 건너가셨다. 나중에 예수님과 제자들은 벳새다에서 먼 북쪽 가이사랴 빌립보까지 가셨다(16:13, 참조. 막 8:22-27).

북쪽으로 긴 여행을 떠날 거라는 사실을 알게 된 제자들이 여행에 필요한 떡을 깜빡 잊고 가져오지 않았다고 말했던 것 같다(마 16:5). 앞서 그들은 4천 명이 먹은 기적 후에 남은 떡을 "일곱 광주리에 차게"(15:37) 넣고 마가단으로 떠났었다. 그들은 도중에 어디선가 떡 바구니를 부렸는데, 아마도 마가단에 사는 일부 추종자에게 나누어준 것 같다. 어쨌든 그들은 여행에 필요한 식량을 충분히 꾸리지 못했다.

제자들이 떡 때문에 안달하는 동안 예수님의 마음은 다른 곳에 있었다. 그분은 방금 자기들 앞에 놓인 증거를 받아들이려 하지 않고 고집을 피운 고약한 비판자들을 대하셨다. 절대 뚫을 수 없는 그들의 불신이 그분을 깊은 고뇌에 빠트렸고, 호수를 건널 때에도 계속 그 상념에 빠져 계셨다. 예수님은 아직도 그 못마땅한 얼굴을 한 비판자들과의 격한 대립에 대해 애를 끓이고 계셨는데 둔한 제자들은 떡 타령만 하고 있었다. 어쩌면 그들은 삿대질을 하고, 남 탓을 하며, 그 문제를 어떻게 해결할지 조바심을 내고 있었을 수도 있다. 몇몇은 급히 호수를 가로질러 돌아가 신선한 음식을 얻을 곳을 찾자고 제안했을지도 모른다.

그러나 예수님은 다른 일에 정신이 팔려 계셨다. 그분은 사악한 지도자들과 자기를 붙잡아 죽이려는 그들의 극악무도한 음모와 사람들의 마음에 악영향을 미치는 그들의 위험한 거짓 가르침에 대해 생각하고 계셨다. 그러는 동안 제자들에게서 들리는 말은 "떡, 떡, 떡, 떡"뿐이었다.

마침내 예수님이 끼어드셨다. "삼가 바리새인과 사두개인들의 누룩을 주의하라"(16:6). 제자들이 중간까지 듣다가 갑자기 조용해지는 모습이 눈에 선하다. 그들은 예수님이 누룩을 언급하실 때에도 떡 생각만 하고 있었다. '바리새인들과 사두개인들에 대해서 뭐라고 하셨는데? 그게 떡이랑 무슨 상관이지?' 그들은 다시 떡이 부족하다는 것과 바리새인들과 사두개인들이 먹는 누룩이 들어간 떡을 어떻게 피해야 하는지 등등을 놓고 다시 언쟁을 시작했다.

참으로 제자들은 무지했다. 예수님이 영적인 것에 신경을 쓰시는 동안에도 그들은 배를 채울 일만 생각하고 있었다. 그래서 예수님은 다시 그들의 엉뚱한 대화에 끼어들어 그들의 "믿음이 작은" 것을 꾸짖으셨다(16:8). 예수님은 떡이 가득한 바구니가 없어도 그 여행에 필요한 것을 얼마든지 채우실 수 있다는 것을 그들은 완전히 잊어버린 것일까? 그들은 떡 다섯 개로 5천 명을 먹이시고 일곱 개로 4천 명을 먹이신 기적을 기억하지 못한단 말인가?(16:8–10) 주님은 그들과 다른 모든 사람에게 충분한 음식을 제공하지 않으셨는가? 도대체 그들은 왜 먹을 것에 신경을 쓰고 있는 것일까? 예수님은 말 한마디로 배가 가라앉을 만큼 가득히 떡을 채우실 수 있었다.

예수님이 텅 빈 영혼을 염려하시는 동안 제자들은 텅 빈 뱃속밖에 생각을 못한다는 사실이 그분을 심란하게 했다. 제자들은 바리새인과 사두개인, 예수님의 설교에 대해 점점 커지는 저항, 비판자들의 완악한 마음, 쉽게 흔들리는 대중에게 그들이 가하는 위험에 대해 이야기했어야 했다. 제자들은 세상 것에 마음이 팔려서 영적인 것에 둔감해져 있었다.

결국 예수님은 제자들을 위해서 말씀의 의미를 설명하셨다. 그분은 문자 그대로의 떡과 누룩이 아니라 바리새인과 사두개인들의 유독한 영향, 즉 그들의 가르침에 대해 말씀하신 것이었다(16:11–12). 예수님의 비판자들은 그분을 넘어뜨리고 추종자들을 무너뜨리는 데 혈안이 되어 있어서 그분의 정체성을 보여주는 가장 명백한 증거조차도 둘러대려고 했다. 이런 종류의 회의주의와 냉소주의는 전염성이 있어서 널리 퍼질 것이었다(참조. 막 8:15).

제자들은 예수님의 비유적 표현을 이해하지 못해서가 아니라 예수님이 생명의 떡을 거부한 자들에 대해 염려하실 때 물리적인 떡을 구할 걱정만 하고 있었기 때문에 자기들이 조금 바보같이 느껴졌을 것 같다. 그러나 더디기는 해도 확실히 제자들은 다시 정신을 차리기 시작했다.

적용: 마태복음 16:1-12
둔한 걸까? 깊은 걸까?

유감스럽게도 우리 중 너무 많은 사람이 회의적인 바리새인들과 사두개인들의 의복이나 세속적인 제자들의 신발이 꽤 편하게 잘 맞는다.

잠시, 까칠한 비판자들의 옷을 입으라. 당신은 그들의 예복을 입은 다음 질문을 통해 중요한 의미를 찾고, 더 많은 근거를 물색하며, 더 많은 증거를 요구하고 있다. 당신은 하나님이 입증의 책임을 다하고 당신이 설정한 증거의 기준을 충족시켜야 믿을 거라고 다짐한다. 그런데 하나님이 정말로 존재하심을 보여주시면, "하늘로부터 오는 표적"에 대한 당신의 기준도 올라간다. 이게 바로 믿지 않는 강퍅한 회의론자들의 전형적 특성이다. 솔직히 이런 경우에는 할 수 있는 것이 별로 없다.

예수님이 그런 사람들에게서 손을 떼셨다는 사실에서 우리는 교훈을 얻을 수 있다. 우리는 복음에 절대 마음을 열지 않는 사람들에게 최선을 다해 모든 것을 말하고 모든 것을 했던 적이 있다. 그들에게 예수님에 대해 말하고, 질문에 답하며, 반론에 응답하고, 우리의 믿음을 변호했지만, 돌아오는 것은 더 많은 논쟁뿐이었다.

우리가 절대 진리를 받아들이려 하지 않는 사람들을 상대하고 있다면 간절히 설득하고 열심히 말하는 것은 시간 낭비다. 차라리 내버려두고 하나님의 손에 그들을 맡겨야 할 수도 있다. 계속 기도하고 친구가 되어주며, 혹여 하나님이 그들의 삶에 역사하시면 언제라도 마음을 열고 진심을 다해 그들의 말을 들어주겠다는 마음을 가지라. 그리고 기회가 될 때 다시 그들을 인도할 준비를 하고 있으라. 하지만 그때까지는 할 수 있는 일이 별로 없다.

이제 둔감한 제자들의 신발을 신고 걸어보자. 당신의 삶은 영적인 것들-성경공부, 훌륭한 교회 가족, 기독교 서적과 복음성가-로 가득 차 있다. 그런데 설교를 듣거나 말씀을 읽거나 기도를 해도 아무런 감흥이 없다. 복음을 너무 많이 들어서 더는 삶에 영향을 주지 못한다. 목사가 설교할 때 당신은 점심이나 저녁거리를 생각하고 있다. 기도를 하면 달력에 적힌 다음 일이 떠오른다. 아무리 눈을 뜨고 있고 귀가 열려 있어도 일상의 번잡함을 넘어 영적인 것을 보고 영적인 말을 들으려면 깨어서 귀를 기울여야 한다.

나는 엘리자베스 배릿 브라우닝(Elizabeth Barrett Browning)의 이 시구를 좋아한다.

> 하늘로 가득한 땅
> 떨기마다 하나님으로 불붙어 있건만
> 오직 눈 밝은 이만이 그 앞에서 자기 신을 벗나니.
> 보지 못하는 자들은 주저앉아 나무의 열매만 따리라.[6]

당신은 다음 끼니에만 정신이 팔려 나무 옆에 앉아 열매만 따고 있는가? 다음에 먹을 빵? 다음에 옮길 직장? 다음에 살 자동차? 삶을 안락하게 해주는 모든 것? 그렇다면 당신은 하나님이 당신을 성숙시키기 위해 가르치시려 하는 삶의 영적 교훈을 놓치고 있을지도 모른다.

나는 제자들이 자기들의 좀스러움, 얕은 생각, 예수님이 그들의 생각과 말을 영적으로 중요한 문제로 돌리기 위해 사용하신 단순한 비유를 알아듣지 못한 것을 부끄러워했을 거라고 생각하고 싶다. 우리는 그렇게 되지 말자. 둔감한 제자가 되지 말고 속 깊은 제자가 되자.

인생의 궁극적 질문에 답하다(마태복음 16:13-20)

13예수께서 빌립보 가이사랴 지방에 이르러 제자들에게 물어 이르시되 사람들이 인자를 누구라 하느냐
14이르되 더러는 세례 요한, 더러는 엘리야, 어떤 이는 예레미야나 선지자 중의 하나라 하나이다 15이르
시되 너희는 나를 누구라 하느냐 16시몬 베드로가 대답하여 이르되 주는 그리스도시요 살아 계신 하나
님의 아들이시니이다 17예수께서 대답하여 이르시되 바요나 시몬아 네가 복이 있도다 이를 네게 알게
한 이는 혈육이 아니요 하늘에 계신 내 아버지시니라 18또 내가 네게 이르노니 너는 베드로라 내가 이 반
석 위에 내 교회를 세우리니 음부의 권세가 이기지 못하리라 19내가 천국 열쇠를 네게 주리니 네가 땅에
서 무엇이든지 매면 하늘에서도 매일 것이요 네가 땅에서 무엇이든지 풀면 하늘에서도 풀리리라 하시고
20이에 제자들에게 경고하사 자기가 그리스도인 것을 아무에게도 이르지 말라 하시니라

우리가 들었던 수업들은 대부분 기말고사를 끝으로 마무리되었다. 그리고 기말고사 점수가 그 과목의 성적을 좌우하는 경우가 꽤 많다. 잘 준비된 시험은 교사가 가르치려던 것을 제대로 가르쳤는지, 학생이 요지를 정확히 파악했는지를 알아내는 데 학생과 선생 모두에게 도움이 된다. 기말고사가 몇 문제만 출제되는 경우도 드물지 않지만, 그럴 때 제출되는 질문들은 그 학과의 핵심 주제에서 중요한 부분을 전략적으로 캐묻는다.

예수님은 수개월간 매일 제자들을 훈련하셨다. 제자들은 매순간 그분의 가르침을 듣고, 그분의 행동을 관찰하며, 그분의 기적을 목격하고, 그분을 가까이서 개인적으로 알아갔다. 예수님은 제자들을 그분의 세계로 초대하셔서 그분의 사역 방법을 관찰하게 하시고, 그분의 방법을 배우게 하셨다. 마침내 제자들이 단 하나의 중요한 질문만 출제된 기말고사를 치르는 날이 돌아왔다. 사실, 그 질문은 모든 사람에게 주어진 인생의 궁극적 질문이다. 이 질문에 어떻게 대답하느냐에 따라 우리의 영원한 운명이 달라진다.

—16:13-14—

예수님은 지상 사역을 마치실 날이 빠르게 다가오고 있다는 것을 아셨다. 또 제자들과 항상 함께해야 한다는 것도 아셨다. 제자들이 차마 들을 수 없고 이해할 수 없는 말씀도 많았지만, 그들에게 하실 말씀도, 가르치실 것도 너무 많았다. 예수님의 목숨을 빼앗을 음모를 꾸미고 있던 비판자들의 만행이 점점 더 심해지고 군중이 그분과 제자들 주변을 계속 따라다니자 예수님은 주로 활동하시던 갈릴리 호수 주변에서 물러나셨다. 제자들을 이끄시고 북쪽 가이사랴 빌립보로 알려진 도시 인근에 있는, 요단강 발원지 주변 지역으로 가셨다. 대부분의 주민이 비유대인인 가이사랴 빌립보는 예수님이 누구의 방해도 받지 않으면서 측근 제자들과만 시간을 보내실 수 있는 조용한 은신처가 되어주었다.

지금도 가이사랴 빌립보의 유적지에는 우상숭배가 횡행하던 지역의 잔해를 볼 수 있다. 우뚝 선 절벽의 옆면에는 한때 신들의 조각상을 안치했던 몇 개의 벽감이 파여 있다. 또 상부 도시에는 같은 절벽을 따라 마치 이교도의 전시장처럼 여러 개의 사원의 기초가 늘어선 것을 식별할 수 있다. 이 다신교와 이교도의 도시가 있는 지역에서 예수님은 물으셨다. "사람들이 인자를 누구라 하느냐?"(16:13)

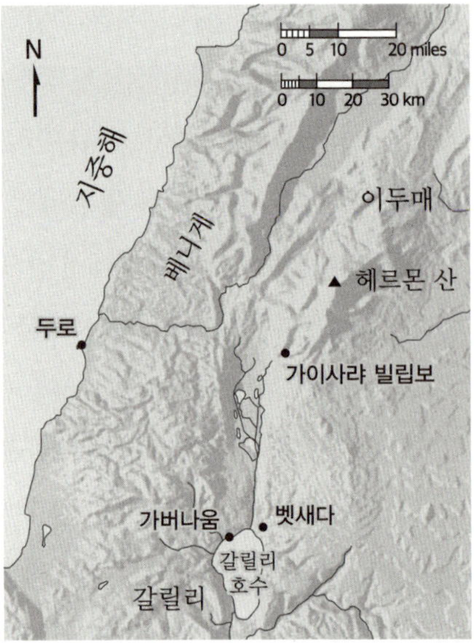

바리새인과 사두개인의 위험한 가르침에 대해 이야기하신 뒤 예수님과 제자들은 대부분의 주민이 비유대인인 북쪽의 가이사랴 빌립보 지역으로 가셨다.

예수님은 당신의 정체성에 대해 대중 사이에 퍼진 무성한 소문에 관해 질문하신 것이다. 사람들이 뭐라고 하는가? 가르침을 듣고 기적을 목격한 사람들이 저잣거리에서 자기들끼리 이야기를 나눌 때 무슨 말을 하는가? 물론 이것이 핵심 질문은 아니었다. 그분은 제자들에게 그 질문을 하려고 요단강 초입까지 끌고 가신 것이 아니었다. 예수님은 사람들이 자기를 어떻게 생각하는지 늘 걱정하면서 관심에 목말라하는 현대의 소셜 미디어 중독자 같은 사람이 아니셨다. 그것은 인생의 궁극적인 질문이 무엇인지 정확히 이해시키기 위해 제자들을 유도하시는 그분의 방식이었다.

제자들은 군중이 수군대는 소리를 듣고 충실히 보고했다. 어떤 이들은 예수님이 세례 요한 또는 엘리야 또는 예레미야 또는 다른 예언자라고 말했다. 나는 예수님이 여기에 언급된 인물 중 하나라면 죽었다가 살아났거나, 엘리야의 경우는 승천했다가(왕하 2:11) 돌아왔어야 했다는 사실이 흥미롭다. 스탠리 투생은 이렇게 진술한다. "그들의 생각은 예수님의 초자연적인 특성을 증언하지만, 그들은 그분이 메시아임을 알아보지는 못했다."[7]

—16:15–16—

예수님은 저잣거리에서 회자되는 여러 대답을 들으신 뒤 더 깊이 들어가셨다. 나는 제자들이 몇 명의 상위 후보자를 열거할 때 예수님이 알겠다는 듯이 고개를 끄덕이시는 모습이 상상이 된다. 그런 다음 제자들을 가리키며 말씀하셨을 것이다. "너희는 나를 누구라 하느냐?"(16:15) 여기서 사용된 헬라어 "너희"는 복수형이다. 예수님은 모든 제자에게 말씀하고 계셨다. 헬라어 원문에는 이 단어가 가장 앞에 나온 것으로 보아 예수님은 그 말을 강조하고 계셨다. "그러면 너희, 너희는 나를 누구라 하느냐?"

이 질문이야말로 무엇보다도 가장 중요한 질문이다. 제자들이 이 질문에 틀린 답을 한다면 다른 것은 아무 소용이 없었다. 예수님은 그들과 함께 있을 시간이 많지 않다는 것을 아셨다. 그분은 당신이 떠난 뒤 계속 복음을 전할 최측근 제자들이 당신의 정체성을 분명

가이사랴 빌립보(마태복음 16:13)

헤롯대왕의 항구 도시인 가이사랴 마리티마('바닷가의 가이사랴')와 혼동하지 않도록 가이사랴 빌립보는 갈릴리 호수에서 북쪽으로 약 40킬로미터 떨어진 헤르몬 산 기슭에 위치했다. 가이사 아구스도는 충성에 대한 보답으로 이 도시를 헤롯대왕에게 하사했다. 헤롯대왕은 감사의 표시로 거대한 백석으로 가이사를 기리는 성전을 지었다. 헤롯이 죽자 그의 아들 분봉왕 빌립이 이 도시에 추로 거주하며 이곳을 아름답게 꾸미고 확장했다. 그렇게 이 도시는 가이사랴 빌립보, 즉 '빌립의 가이사랴'로 알려지게 되었다.

윗도시의 절벽 기슭에 있는 동굴에서 솟아나는 지하 샘물은 요단강의 거센 지류가 되어 흘렀다. 구약 시대에는 이교도들이 이곳에 모여 바알 신을 예배했다. 그래서 이 장소는 바알갓(Baal-gad) 또는 바알헤르몬(Baal-hermon)이라고 불렸다(참조. 수 11:17, 삿 3:3, 대상 5:23). 훗날 헬라인들은 이곳에 있는 신전을 판신에게 바쳤다.[8] 지금 이 지역은 '판의 자리'(5:23) 또는 파니아스의 아람어 표현인 바니아스(Banias)로 알려져 있다.

Public Domain/Wikimedia Commons

몇몇 성전의 기초가 있는 가이사랴 빌립보의 유적. 우상을 안치했던 벽감이 보인다.

히 아는지 확인하고 싶어 하셨다. 그것이 모든 것-그분의 가르침, 그분의 행동, 특히 그분이 공생애의 마지막 며칠 동안 예루살렘에서 이루려고 하셨던 것-을 이해하는 열쇠였다. 예수님이 누구신지 올바로 알지 못하면 그분이 하신 일을 올바로 이해할 수 없다.

제자들이 예수님을 바라보며 잠시 침묵하는 것이 상상이 된다. 그들은 이것이 얼마나 무게감 있는 질문인지를 느꼈다. 그들은 예수님에 대한 군중의 말이 틀렸다는 것을 알았다. 그리고 누구보다도 그들이 올바로 알아야 했다. 그러나 본문을 보면 분명히 말한 사람은 시몬 베드로밖에 없었다. 그가 제자들을 대표해서 그들이 모두 합의한 의견을 제시했던 것일까? 아니면 다른 제자들은 뭐라고 대답할지 확신이 서지 않아 의견을 말하지 못한 것일까? 그들 중 몇몇은 아직도 말귀를 못 알아들었을까?

어쨌든 시몬 베드로는 "주는 그리스도시요 살아 계신 하나님의 아들이시니이다"(16:16)라고 대답했다. 이 신앙 고백은 너무나 중요해서 자세히 나누어 깊이 숙고해볼 필요가 있다. "그리스도"[헬라어 *Christos*(5547)]라는 단어는 *mashiach*(H4899)라는 히브리어를 번역한 것으로 영어 단어 messiah(메시아)의 어원이다. 히브리어의 의미는 '기름 부음 받은 자'다. 구약 시대에는 감람유를 붓는 의식으로 선지자(왕상 19:16), 제사장(출 28:41), 왕(삼상 10:1)을 성별했다. 이스라엘에는 역사적으로 기름 부음 받은 선지자, 제사장, 왕이 많이 있었지만, 그들은 모두 궁극적인 선지자, 제사장, 왕이신 메시아 또는 그리스도의 예시로 여겨졌다.

베드로는 예수님이 그들이 고대하던 메시아라고 했을 뿐 아니라 "살아 계신 하나님의 아들"이라고도 고백했다. 이 호칭은 제자들이 익히 알았을 메시아에 관한 시편인 시편 2편에서 따온 것 같다.

> 내가 여호와의 명령을 전하노라 여호와께서 내게 이르시되 너는 내 아들이라 오늘 내가 너를 낳았도다(시 2:7).

메시아, 또는 기름 부음 받은 왕은 하나님의 아들이며, 또한 하나님을 대신해 통치하시리라는 것이 당시의 통념이었다. 실제로 시편 89편은 다윗 왕에 대해 이렇게 말한다.

> 그가 내게 부르기를 주는 나의 아버지시요 나의 하나님이시요 나의 구원의 바위시라 하리로다 내가 또 그를 장자로 삼고 세상 왕들에게 지존자가 되게 하며 그를 위하여 나의 인자함을 영원히 지키고 그와 맺은 나의 언약을 굳게 세우며 또 그의 후손을 영구하게 하여 그의 왕위를 하늘의 날과 같게 하리로다(시 89:26-29).

베드로는 또 예수님이 "살아 계신 하나님"(마 16:16)의 아들이라고 분명히 밝혔다. 이 구절은 구약에서 흔히 볼 수 있으며(신 5:26, 수 3:10, 삼상 17:26) 살아계신 참 하나님과 거짓 신들을 대조하는 데 사용되었다(행 14:15). R. T. 프란스는 이렇게 말한다. "어쩌면 살아계신이라는 형용사는…지역 신들[가이사랴 빌립보는 판(Pan) 숭배의 중심지였다]과 한 분이신 참 하나님을 대조하기 위해 포함되었을 수도 있다."[9]

예수님이 던지신 결정적 질문에 대한 배드로의 대답에서 내가 높이 평가하는 두 가지가 있다. 첫째, 베드로는 신학적으로 완전히 이해하지 못했지만 진실을 말하기를 주저하지 않았다. 그가 예수님이 메시아라고 했을 때 그 의미를 제대로 알고 있었는지는 잘 모르겠다. 그는 분명 예수님이 다윗의 자손이라는 점에서 그분의 왕권에 대한 함의를 이해했지만, 예수님이 기름 부음 받은 선지자이며 기름 부음 받은 영원한 대제사장이신 것도 알았는지는 확실하지 않다. 또 베드로가 예수님을 "살아 계신 하나님의 아들"이라고 불렀을 때 예수님이 성부와 함께 영존하시는 삼위일체의 2위인 성자이심을 분명히 알았을까? 분명 베드로는 예수님이 자기가 지금까지 만난 어떤 사람보다 위대하시고, 하나님이 보내신 분이며, 메시아로 등극할 자가 다윗의 자손 중에서 나오기로 예정되어 있다는 점에서 하나님의 아들이시라는 것을 알았다. 그러나 예수님이 그리스도이시고 하나님의 아들이시라고 고백하면서도 베드로는 그 말의 의미를 미처 다 알지는 못했을 것이다.

둘째, 베드로는 동료들 앞에서 위험을 무릅쓰기를 두려워하지 않았다. 확신이 없어서든 두려움 때문이든 나머지 제자들은 침묵했다. 아마 그들은 다른 누군가가 과감하게 의견을 말하기를 기다렸다가 예수님의 몸짓이나 반응을 보고 동의하거나 동의하지 않으려고 했을 것이다. 이유야 어쨌든, 그들은 안전하게 아무 말도 하지 않았다. 그런데 베드로는 달랐다. 그는 자신의 전부를 걸고 속에 있는 말을 했다.

—16:17–20—

베드로의 믿음의 고백을 들으신 예수님은 그를 축복하시고(16:17) 이름을 지어주셨다(16:18). 그리고 두 가지 약속(16:18–19)을 주시고, 강력한 경고(16:20)를 하셨다.

축복(16:17). 베드로는 분명히 진실을 말했다. 예수님은 그 말을 들으시자마자 베드로를 축복하시고, 법적 성명으로 그를 부르시며 그의 고백을 칭찬하셨다. "바요나 시몬"은 "요나의 아들 시몬"이라는 뜻이다. 또 주님은 시몬이 세심한 관찰과 자료의 해석을 통해서 그분의 정체성을 알게 된 것이 아님을 지적하셨다. 베드로는 다른 제자들보다 특별히 더 똑똑하거나 거룩하지 않았다. 예수님의 진짜 정체성은 "혈과 육"으로가 아니라 하늘 아버지로 인해 드러났다. 즉, 베드로의 통찰력은 인간의 인식에서 나온 것이 아니라 하나님의 계시로 주어졌다는 뜻이다. 앞서 예수님은 이것을 가르치셨다. "내 아버지께서 모든 것을 내게 주셨으니 아버지 외에는 아들을 아는 자가 없고 아들과 또 아들의 소원대로 계시를 받는 자 외에는 아버지를 아는 자가 없느니라"(11:27). 요한복음도 비슷한 생각을 기록했다. "내 아버지께서 오게 하여 주지 아니하시면 누구든지 내게 올 수 없다"(요 6:65). 사도 바울도 이렇게 썼다. "성령으로 아니하고는 누구든지 예수를 주시라 할 수 없느니라"(고전 12:3). 예수님을 바로 아는 것은 하나님이 주신 선물이다.

새 이름을 주심(마 16:18). 예수님이 시몬을 아람어 이름인 게바로 부르신 것은 이번이 처음이 아니다. 게바를 헬라어로 번역하면 *Petros*(페트로스)다. 요한복음의 기록을 보면 예수님은 첫 만남 때 시몬에게 이렇게 말씀하셨다. "네가 요한의 아들 시몬이니 장차 게바라 하리라 하시니라 (게바는 번역하면 베드로라)"(요 1:42). 그런데 이때는 예수님이 미래 시제–"장차 게바라 하리라"–로 말씀하셨고, 지금 이 사건이 일어나고 있는 마태복음 16장 18절에서는 현재의 사실–"너는 베드로라"–로 말씀하신다. 그래서 가이사랴 빌립보에서의 시몬이 그가 되어야 할 존재, 즉 게바(또는 베드로)가 되는 데 필요한 유일한 요건을 충족한 것이라고 나는 생각한다. 그 요건은 예나 지금이나 변함없이 기독교 신앙–예수님이 그리스도이시며, 살아 계신 하나님의 아들이라는 고백–의 초석이다(요 20:31).

두 가지 약속(마 16:18–19). 이 구절에 제시된 약속은 모두 미래에 관한 것이다. 첫 번째 약속은 "내가 이 반석 위에 내 교회를 세우리니"(16:18). 어떤 "반석"인가? 예수님이 교회가

베드로는 최초의 교황이었는가?(마태복음 16:18-19)

로마 가톨릭 교회는 전통적으로 베드로를 최초의 교황으로 보았고, 따라서 교황의 승계권과 사도적 권위를 연결했다. 그런데 신약성경은 정말 예수님이 베드로를 보편적인 교회의 유일한 수장으로 삼으실 계획이었다고 말할까? 마태복음 16장 18-19절에 나오는 베드로의 지도적인 위치와 열두 사도에 대한 영향력과 독특한 개명을 연결하면 이런 결론에 도달할 만하다.

© josefkubes/DollarPhotoClub

바티칸 성 베드로 성당 앞에 있는 베드로 조각상.

하지만 이 문제는 더 자세히 살펴볼 필요가 있다. 우리는 이 구절에서 예수님이 베드로에게 보편적인 교회의 유일한 초석이 되는 특권을 주셨다는 결론을 내릴 필요가 없다. 물론 예수님이 그리스도에 대한 시몬의 고백 때문에 그에게 "반석"라는 이름을 주신 것은 사실이다. 그러나 마태는 시몬의 새 이름을 언급할 때 *Petros*(4074)라는 헬라어 남성 명사를 사용하고, 교회가 세워질 "반석"을 말할 때는 여러 가지 해석이 가능한 여성 명사 *petra*(4073)를 사용한다. 어람어 어원은 같을지 몰라도 마태는 예수님이 베드로와는 다른 "반석"을 염두에 두셨음을 독자에게 분명히 밝힌다. 이 "반석"은 예수님 또는 베드로가 한 고백을 가리켰을 것이다. 또 16장 19절에서는 '매고 푸는' 권세가 단수 주어인 베드로에게 주어지지만, 18장 18절에서는 동일한 권세가 모든 제자에게도 주어진다(참조. 요 20:23). 마지막으로 베드로도 그리스도를 '걸려 넘어지게 하는 돌'이라 일컬을 때 *petra*라는 용어를 사용했고, 그분을 교회의 '모퉁잇돌'로 여겼다.

베드로가 1세기 교회의 위대한 지도자였던 것은 틀림없지만, 신약성경이 베드로가 유일하게 다른 사도들보다 우월한 권세를 가졌다고 제시하는 것 같지는 않다. 로마에서의 베드로의 지도권(그리고 이른바 그의 후계자들의 지도권)이 전 교회에 대한 통치권을 갖는다는 개념은 훗날 교황청이 만든 것이다. 이 사상은 초기 교부들의 생각이 아니었고, 동방 정교회나 개신교 어느 쪽에서도 받아들이지 않았다. '최초의 교황'으로 반석이라는 칭호를 주셨다는 사상은 로마 가톨릭에서는 유래가 깊지만, 초대 교회나 예수님의 말씀에서 나온 것은 아니다.

세워질 "반석"으로 베드로를 언급하신 것 같지는 않다. 만약 예수님이 베드로가 교회의 초석이 될 것(베드로가 최초의 교황이라는 로마 가톨릭 교회의 가르침에 표현된 개념)이라고 가르치실 생각이었다면 분명하게 "베드로야, 네 위에 내 교회를 세우겠다"고 말씀하실 수 있었을 것이다. 그런데 예수님은 "이(반석)"라는 대명사를 사용하셨다. 이는 말하는 상대방을 가리킨다고 하기에는 좀 이상하게 들린다. (이 주제에 대해서 더 알고 싶으면 389쪽 "베드로는 최초의 교황이었는가?"를 보라.)

말하자면 예수님은 "네 이름은 '베드로'(반석)이다. 나는 이 반석 위에 내 교회를 세우겠다"고 말씀하신 것이다. 예수님은 일종의 동음이의어를 사용한 말장난을 하신 것이다. 따라서 교회가 세워질 "반석"을 베드로의 확고한 신앙고백으로 보는 것이 가장 적합해 보인다. 그 고백의 기원은 천상의 하나님께 있기 때문에 교회의 견고한 기초가 될 수 있다. 예수 그리스도 안에 있고, 성령으로 세례를 받으며, 구속으로 인치심을 받은 신자들의 공동체인 교회는 오순절에 지상에 세워졌고(행 2:1-4), "그리스도 안에" 있는 자들이 부활하고 휴거될 때까지는 계속 하나님의 보호 아래 있을 것이다(살전 4:16-17). (더 자세한 내용은 393쪽 "교회는 언제 시작되었는가?"를 보라).

이 기초는 "음부"의 권세도 이기지 못할 만큼 견고했다(마 16:18). 칠십인역(히브리어 성경의 헬라어 번역본)은 히브리어 '스올'을 '음부'로 번역했는데, 스올이란 이사야 38장 10절에 나온 것처럼 죽은 자들이 있는 곳을 뜻한다. "내가 말하기를 나의 중년에 스올의 문에 들어가고 나의 여생을 빼앗기게 되리라." 그 외에 신구약 중간기 문헌인 솔로몬의 지혜 16장 13절에도 이런 구절이 나온다. "당신은 생사를 주관하시며 인간을 음부로 끌고 내려가셨다가 다시 돌아오십니다." 간단히 말해 마태복음이 이렇게 진술한 의미는 그 어떤 것, 곧 죽음과 지옥의 권세, 사탄, 죄인들까지도 그리스도의 교회가 설립되지 못하도록 막을 수 없다는 것이다. A. T. 로벗슨은 이렇게 말한다. "그리스도가 음부의 권세를 쳐부수고 정복자가 되실 것이므로 그리스도의 교회는 승리하고 살아남을 것이다. 그리스도는 영생하시며 자기 백성이나 교회의 영속하는 보증인이 되실 것이다."[10]

두 번째 약속은 "내가 천국 열쇠를 네게 주리니"(마 16:19)이다. 나는 이것 역시 오순절에 교회가 세워지는 시기에 관한 것이면서 주로 지상의 가시적이고 물리적인 공동체의 구성원을 받아들이는 베드로의 권위를 언급하는 것으로 이해한다. 이 지상 공동체는 하나님이 하늘에서 구상하신 대로 교회로 불리게 된다. 요컨대, 베드로가 오순절에 믿고 회개한 유대인들을 신앙 공동체로 초대할 때 교회의 '문'이 열릴 것이라는 뜻이다.

> 베드로가 이르되 너희가 회개하여 각각 예수 그리스도의 이름으로 세례를 받고 죄 사함을 받으라 그리하면 성령의 선물을 받으리니 이 약속은 너희와 너희 자녀와 모든 먼 데 사람 곧 주 우리 하나님이 얼마든지 부르시는 자들에게 하신 것이라 하고 또 여러 말로 확증하며 권하여 이르되 너희가 이 패역한 세대에서 구원을 받으라 하니 그 말을 받은 사람들은 세례를 받으매 이 날에 신도의 수가 삼천이나 더하더라(행 2:38-41).

다음으로 베드로는 바빌론 유수 이후 이스라엘 백성과 이방인 사이에서 나온 혼혈 후손인 사마리아인을 위해 교회의 '문'을 열 것이다. 빌립이 사마리아에서 복음을 전파했을 때 많은 사람이 믿고 세례를 받았다. 사도행전은 그때부터 베드로가 함께했다고 기록한다.

> 예루살렘에 있는 사도들이 사마리아도 하나님의 말씀을 받았다 함을 듣고 베드로와 요한을 보내매 그들이 내려가서 그들을 위하여 성령 받기를 기도하니 이는 아직 한 사람에게도 성령 내리신 일이 없고 오직 주 예수의 이름으로 세례만 받을 뿐이더라 이에 두 사도가 그들에게 안수하매 성령을 받는지라(행 8:14-17).

마지막으로 베드로는 로마 백부장 고넬료와 예수님을 믿는 다른 이방인 신자들에게 세례를 받으라고 지시함으로써 이방인에게 교회의 '문'을 열 것이다. "이는 방언을 말하며 하나님 높임을 들음이러라 이에 베드로가 이르되 이 사람들이 우리와 같이 성령을 받았으니 누가 능히 물로 세례 베풂을 금하리요 하고 명하여 예수 그리스도의 이름으로 세례를 베풀라 하니라 그들이 베드로에게 며칠 더 머물기를 청하니라"(행 10:46-48).

그렇다면 약속의 두 번째 부분은 무슨 뜻일까? "네가 땅에서 무엇이든지 매면 하늘에서도 매일 것이요 네가 땅에서 무엇이든지 풀면 하늘에서도 풀리리라"(마 16:19). 로마 가톨릭 교회는 여기에 사용된 헬라어 동사의 문법적 요소를 무시하고 불가타 성경(성 제롬이 4세기 말에 번역한 라틴어역 성경-역주)의 오역을 바탕으로 예수님이 베드로에게 "매고 푸는" 특별한 권세, 즉 죄를 용서하고 용서를 보류하는 권한을 주셨으며, 이러한 지상의 행위가 하늘에도 영향을 미친다고 잘못 가르쳤다. 그러나 이 해석에는 두 가지 문제가 있다. 첫째, 교회의 징치를 다루는 마태복음 18장 18절에도 동일한 약속이 반복되는데, 이 구절에는 크게 다른 점이 있다. 여기서는 신자들이 모인 교회를 가리켜 "너희"라는 2인칭 복수 대명사를 사용하였다. 이로 보건대 "매고 푸는" 권세가 무엇이 됐든 그 권세는 베드로 한 사람 또는 그의 개별 후계자들에게만 국한되지 않고 교회 전체에 해당된다는 뜻임을 알 수 있다. 예수님도 요한복음 20장 22-23절에서 제자들에게 숨을 내쉬며 "성령을 받으라 너희가 누구의 죄든지 사하면 사하여질 것이요 누구의 죄든지 그대로 두면 그대로 있으리라"고 말씀하시면서 비슷한 권세를 모든 제자에게 동일하게 부여하셨다.

이 모든 구절을 함께 읽어보면 다음과 같은 결론을 내릴 수 있다. 베드로뿐만 아니라 다른 제자들도 특별한 영적 권세를 받았으며, 예수님의 이름으로 모이는 교회의 모든 신자도 동일한 권세를 받았다. 모든 구속받은 사람에게는 성령이 내주하시며, 그들이 모인 교회 자체가 성령의 전이다(고전 3:16, 6:19, 엡 2:19-22). 주님은 신자들에게 용서의 메시지를 선포하고, 세례를 베풀며, 교회 공동체로서 교회의 질서와 규율을 유지하기 위해 교인의 자격을 부여하거나 박탈할 권한을 위임하셨다.

앞에서 언급한 해석의 두 번째 문제점은 "네가 땅에서 무엇이든지 매면 하늘에서도 매일 것이요"와 "네가 땅에서 무엇이든지 풀면 하늘에서도 풀리리라"(마 16:19, 18:18, 요 20:23)가 수동태라는 점이다. 이는 그 행위자가 하나님이심을 나타낸다(주석가들은 이를 '신적 수동태'라고 한다). 뿐만 아니라 동사의 시제는 이미 완결된 행위에서 나온 결과가 지속되고 있다는 개념을 전달한다. 진짜 신자들은 이미 하늘에 계신 하나님께 용서를 받았다. 그들은 천국 가족으로 받아들여졌고, 진짜로 구원을 받았다면 성령으로 세례를 받은 것이다. 누구든지 복음에 믿음으로 반응하면 베드로, 제자들, 전 교회는 하늘에서 실제로 이루어진 것을 지상에서 선포할 권세를 가진다.

강력한 경고(마 16:20). "그리스도시요 살아 계신 하나님의 아들"(16:16)이시라는 베드로의 담대한 믿음의 고백에 대해 예수님은 다소 놀라운 경고로 응답을 마치셨다. 예수님은 모든 제자에게 "자기가 그리스도인 것을 아무에게도 이르지 말라"(16:20)고 말씀하셨다. 왜 그런 말씀을 하셨을까? 왜 그분이 메시아라는 진실을 널리 알리라고 말씀하시지 않았을까?

사실 1세기에 살았던 대부분의 유대인은 메시아의 인격과 사역에 대해 사뭇 다른 그림을 가지고 있었다. 그들이 "예수님이 메시아시다"라고 말한다면 이는 예수님을 로마와 이스라엘의 적들과 맞서 여호와의 최후의 전쟁을 치르고 왕국을 회복할 정치 혁명가이자 군사적인 지도자로 생각한다는 뜻이었다. 죽었다가 부활해서 하늘의 대제사장으로 섬기기 위해 승천하시고 수 세기 후에 심판자와 왕으로 다시 오실 고난받는 메시아를 기대한 사람은 아무도 없었다. 사람들의 기대가 너무나 잘못되어 있어서 그때 제자들이 그들이 고대하

교회는 언제 시작되었는가?(마태복음 16:18)

신약을 통독할 때 마태복음부터 읽기 시작하면 마태복음 16장 18절에 "교회"라는 단어[*ekklēsia*(1577)]가 처음 언급되는 것을 볼 수 있다. 이 용어는 18장 17절에 다시 등장하지만, 마가, 누가, 요한의 복음서에는 나오지 않는다. 그리고 훌쩍 뛰어 사도행전에 나오고(예: 행 5:11, 7:38) 예수 그리스도의 제자들로 이루어진 새 공동체를 일컫는 전문 용어로 신약의 나머지 부분에 자주 나타난다.

신학자들은 "교회는 언제 시작되었는가?"라는 질문에 여러 가지 답을 내놓았다. 일부는 교회가 아담부터 종말 때까지 모든 하나님의 백성으로 이루어져 있다고 주장했다.[11] 또 어떤 이들은 아브라함이 미래의 모든 언약의 뿌리가 된 독특한 언약의 첫 번째 수혜자였기 때문에 그가 하나님의 부름을 받은 시점을 교회의 시작으로 본다.[12]

그러나 마태복음 16장 18절과 몇몇 다른 신약의 구절들을 볼 때 약속된 성령의 세례가 임했던 오순절에 교회가 시작되었다고 보는 것이 제일 합리적인 듯하다. 마태복음 16장 18절에서 예수님은 "내 교회를 세우리니"라고 말씀하셨다. 여기서 미래 시제로 쓰인 "세우다"라는 의미의 동사 *oikodomeō*(3618)는 그리스도가 베드로에게 말씀하시던 시점에는 아직 그 행위가 시작되지 않았음을 나타낸다. 에베소서 2장 20절에서 바울은 교회가 "사도들과 선지자들의 터 위에 세우심을 입은 자라 그리스도 예수께서 친히 모퉁잇돌이 되셨느니라"고 말한다. 여기서도 동일한 동사(*oikodomeō*)가 사용되기는 했지만, 바울은 과거에 일어난 일을 가리키는 부정과거형(과거의 행위나 동작이 일회적이거나 완료, 혹은 완결되었음을 의미함-역주)을 사용한다. 이는 예수님의 사역과 바울의 사역 사이의 어느 시점에선가 교회가 설립되었음을 시사한다.

이로써 교회의 설립 시기는 하나로 좁혀진다. 사도행전 1장 5절에서 예수님은 승천하신 직후에 제자들이 "성령으로 세례를 받으리라"고 말씀하셨다. 이 성령 세례를 통해 신자들은 그리스도의 몸에 귀속된다(고전 12:12-13). 또 이 성령 세례는 오순절 전에는 없었기 때문에(행 2:1-4) 오순절을 그리스도가 베드로에게 하신 "내가 이 반석 위에 내 교회를 세우리니"(마 16:18)라는 약속을 성취하기 시작하신 때로 볼 수 있다.

오순절부터 악의 세력은 계속 교회와 교회가 선포하는 진리를 파괴하려고 발버둥쳤다. 사탄은 핍박의 형태로 외부에서 공격하거나 이단자들의 파괴적인 거짓 가르침의 형태로 내부에서 공격하면서 그리스도의 건축 계획을 무너뜨리거나 그 기초를 파괴하려고 전력을 다했다. 그러나 2천 년이 지난 후에도 그리스도의 약속은 건재하다. "음부의 권세가 이기지 못하리라"(16:18).

던 메시아가 예수님이라고 공개적으로 선포했다면-특히 십자가를 향해 가실 때-엄청난 혼란이 일어날 수 있었다.

그래서 당분간 예수님의 정체성은 비밀로 지켜졌다. 예수님의 제자들은 그분이 누구신지-그리스도시요 살아계신 하나님의 아들-알았지만, 그래도 아직 그분이 무엇을 성취하러 오셨는지에 대해 배울 것이 많았다.

적용: 마태복음 16:13-20
가장 중요한 질문

오늘날 사람들은 예수님이 누구신가에 대해 다양한 의견을 가지고 있다. 많은 사람은 예수님이 공자나 부처 같은 위대한 도덕적 스승일 뿐이라고 말한다. 어떤 사람들은 그분을 마르틴 루터나 마틴 루터 킹 주니어 같은 급진적인 종교 또는 사회 개혁가로 생각한다. 또 다른 사람들은 추종자들이 가르침을 잘못 해석하고 잘못 전달한 시골 랍비에 불과하거나, 세상 종말에 대한 예언이 빗나간 과격한 종말론적 설교자였다고 생각한다. 또는 반란을 일으켜 죽임을 당한 정치인, 또는 잘못된 때에 잘못된 장소에 있다가 공교롭게 처형당한 온건한 현자로 생각하기도 한다. 일부 다른 종교의 신자들은 예수님이 위대한 선지자였지만 가장 위대한 선지자는 아니었다고 생각한다. 예수님은 성자가 아니라 최초로 창조된 천사장 미가엘의 화신이었다고 말하는 사람들도 있다.

하지만 많은 신자는 베드로와 다른 제자들이 믿었고 신약이 가르치는 것, 즉 예수님은 인간이 되어 죄 없는 삶을 사시고, 우리 죄를 위한 온전한 대속물로 죽으셨다가 기적적으로 죽음을 이기고 다시 살아나 대제사장으로 우리를 중재하기 위해 승천하셨으며, 우리의 심판자와 왕으로 다시 오실 신인(God-man)이심을 믿는다. 이것이 내가 젊은 날에 영접하고, 그 이후 평생 섬겨온 예수님이시다.

당신은 어떤가? 당신은 예수님을 누구라고 말하는가? 당신의 언행, 삶의 선택과 우선순위, 열정과 꿈이 그것을 보여주는가? 당신은 다른 사람들에게 당신이 그리스도의 인격과 사역에 대해 믿는 것과 그 이유를 설명할 수 있는가? 당신은 다른 사람들이 인생의 궁극적 질문에 올바른 답을 찾도록 인도할 수 있는가? 그날 거짓 신을 숭배하는 자들과 수많은 우상에게 둘러싸인 채 예수님이 제자들에게 던지신 물음보다 더 중요한 질문은 없다. “너희는 나를 누구라 하느냐?”

절대 잊어서는 안 될 세 가지(마태복음 16:21–28)

21이 때로부터 예수 그리스도께서 자기가 예루살렘에 올라가 장로들과 대제사장들과 서기관들에게 많
은 고난을 받고 죽임을 당하고 제삼일에 살아나야 할 것을 제자들에게 비로소 나타내시니 22베드로가
예수를 붙들고 항변하여 이르되 주여 그리 마옵소서 이 일이 결코 주께 미치지 아니하리이다 23예수께
서 돌이키시며 베드로에게 이르시되 사탄아 내 뒤로 물러 가라 너는 나를 넘어지게 하는 자로다 네가
하나님의 일을 생각하지 아니하고 도리어 사람의 일을 생각하는도다 하시고

24이에 예수께서 제자들에게 이르시되 누구든지 나를 따라오려거든 자기를 부인하고 자기 십자가
를 지고 나를 따를 것이니라 25누구든지 제 목숨을 구원하고자 하면 잃을 것이요 누구든지 나를 위하여
제 목숨을 잃으면 찾으리라 26사람이 만일 온 천하를 얻고도 제 목숨을 잃으면 무엇이 유익하리요 사람
이 무엇을 주고 제 목숨과 바꾸겠느냐 27인자가 아버지의 영광으로 그 천사들과 함께 오리니 그 때에 각
사람이 행한 대로 갚으리라

28진실로 너희에게 이르노니 여기 서 있는 사람 중에 죽기 전에 인자가 그 왕권을 가지고 오는 것을
볼 자들도 있느니라

예수님은 계속 사람들의 기대와 충돌하신다. 나는 예수님이 누구시고, 무엇을 하러 오셨으며, 우리 각 사람의 태도와 행동에 그분이 어떻게 느끼시는지에 대한 수많은 사람의 생각이 얼마나 왜곡되고 완전히 잘못되었는지를 볼 때마다 놀라움을 금할 수 없다. 예수님의 이름은 종종 종교적, 사회적, 정치적 대의를 옹호하기 위해 소환된다. 또는 설익은 이념, 철학, 신학을 지지하는 데 인용된다. 오늘날 많은 사람이 자기들의 편견을 확증해주고, 자기들의 세계관에 끼워 맞추며, 자기들의 안락한 삶을 간섭하지 않도록 길들인 예수님을 흔쾌히 받아들인다.

예수님 시대의 사람들도 다르지 않았다. 그들은 오실 메시아에 대해 선택적이고, 이기적이며, 왜곡되고, 그릇된 개념을 가지고 있었다. 많은 사람이 메시아가 갑자기 나타나 하늘에서 내려온 맹렬한 불길로 로마 제국을 쓸어버리고 천군천사들이 내려와 세상의 악인들을 제거하는 복수를 해주기를 기대했다. 뿐만 아니라 메시아는 사탄과 그의 악한 세력들

을 즉석에서 단번에 궤멸하시고, 악인은 영원한 불에 던지시며, 의인은 하나님의 영원한 나라로 인도하실 거라고 믿었다.

소외된 어중이떠중이들을 데리고 다니는 나사렛 예수는 대다수 유대인이 상상하던 메시아의 모습과 거리가 멀었다. 그러나 그릇된 기대로 인해 둔감해진 것은 기적이라도 보고 바리새인들을 호되게 질책하는 말이라도 듣고 싶어 하는 구경꾼이나 추종자들만이 아니었다. 예수님이 "그리스도시요 살아 계신 하나님의 아들"(16:16)이심을 완전히 받아들인 제자들도 그분이 무엇을 이루기 위해 오셨는지—"많은 고난을 받고 죽임을 당하고 제삼일에 살아나야 할 것"(16:21)—를 받아들일 수 있으려면 아직 갈 길이 멀었다.

—16:21—

예수님이 "그리스도시요 살아 계신 하나님의 아들"(16:16)이라시는 베드로의 심오한 신앙 고백에 나머지 열한 명의 제자도 잇따라 "아멘"을 외치며 고개를 끄덕였을 것이다. 혹은 뒤에서 나직이 "에이, 베드로가 선수를 쳤군"이라고 중얼거리는 소리가 들렸을지도 모른다. 나는 그들이 그 말이 사실임을 알았거나, 최소한 사실이기를 바랐을 거라고 확신한다. 그분이 고대하던 메시아 왕이 아니라면 도대체 누구시란 말인가? 말을 한 것은 베드로 하나였지만 나머지 사도들도 분명히 같은 생각이었다.

그러나 아무리 제자들이 일반 군중이나 평균 이상의 바리새인과 사두개인보다 예수님이 메시아이시며 하나님의 아들이시라는 것이 무엇을 의미하는지 더 명확히 알고 있었다고 해도, 예수님의 정확한 사명에 대해서는 여전히 모르고 있었다. 천천히 그러나 분명하게 예수님은 안개를 걷어내시고 앞으로 몇 주 안에 당신에게 일어날 일을 밝히실 작정이었다.

그래서 예수님은 베드로의 고백과 당신이 메시아라는 사실을 알리지 말라고 당부하신 뒤 바로 당신이 지상에 오신 이유를 분명히 밝히셨다. 그분은 유대인 장로, 대제사장, 서기관들을 물리치고 쫓아내려고 오신 것이 아니라 그들의 손에 굴욕과 핍박을 당하기 위해 오셨다. 로마 제국을 정복하고 그분의 영원한 나라를 세우기 위해서가 아니라 죄인을 대신해 죽었다가 죽음을 이기고 다시 살아나 죄와 죽음을 정복하기 위해 오셨다. 이 모든 일은 머지않아 그분이 예루살렘으로 올라가셨을 때 일어날 것이다.

살아계신 하나님의 아들이신 메시아가 예루살렘에 가서 죽임을 당하실 것이라는 말이 너무 뜻밖이고, 생경하며, 불쾌해서 나는 제자들이 "제삼일에 살아나야 할 것"(16:21)이라는 말을 듣기나 했는지 의심스럽다. 그들이 아무리 말이 안 된다고 생각해도 그것은 엄연한 사실이었다. 그것은 하나님의 계획이었다. 우리가 절대 잊어서는 안 될 네 가지 중 첫 번째가 이 사실에서 나온다. 예기치 못한 것이어서 받아들일 수 없다고 생각해서는 안 된다.

—16:22-23—

예수님이 차분하고 조용히 당신이 예루살렘에서 적들에게 당하실 일을 제자들에게 설명하시자 바로 베드로가 반응했다. 베드로는 이번에는 예수님을 다른 제자들을 피해 옆으로 끌고 가서 예수님을 꾸짖기 시작했다! "항변"으로 번역된 헬라어 *epitimaō*(2008)는 '누군가에 대해 강력한 불만을 표하는 것' 또는 심지어 '행동을 막거나 종식시키기 위해 경고하는 것'이라는 뜻이다.[13]

베드로는 예수님이 그런 생각을 하셨다는 것이 어이가 없었다! 베드로는 메시아가 적들에게 죽임당하실 리 없다는 것을 알고 있었다. 메시아는 그들을 정복하셔야 했다. 그리고 메시아는 반대자들에게 체포되어 학대당해서는 안 되었다. 이런 엄연한 사실을 알았기에 베드로는 예수님을 붙들고 메시아가 마땅히 하셔야 할 일에 대한 그분의 잘못된 생각을 바로잡아 주었다.

아, 우리의 운명은 얼마나 변덕스러운가! 큰돈을 거는 노름꾼은 집 한 채 값을 벌었다가도 한 번의 어리석은 베팅으로 모든 걸 잃을 수 있다. 공직에 출마한 정치인은 낙승을 예상하다가 한 번의 수치스러운 실수로 비호감으로 전락할 수 있다. MVP였던 스타 운동선수가 선수 생활을 지속할 수 없는 부상으로 실업자로 전락할 수 있다. 또 하나님의 영감을 받은 고백을 했던 열두 제자의 대변인(16:16)이 불과 여덟 구절 후에는 사탄의 사주를 받은 유혹자가 될 수 있다!(16:23) 어떻게 이런 일이 일어났을까? 베드로는 인간의 관점에 휘둘렸고, 그랬을 때 스스로 하나님을 조언하는 자의 위치에 섰다. 그는 실제로 만인의 주님께 이렇게 말했다. "주여 그리 마옵소서 이 일이 결코 주께 미치지 아니하리이다"(16:22). 얼마나 주제넘는 일인가!

예수님의 질책에 그는 얼굴을 한 대 얻어맞은 것 같았을 것이다. 실제로 본문을 보면 예수님이 베드로가 하나님의 계획에 대한 반대 의견을 다 토로하지 못하게 막으셨음을 알 수 있다. 본문은 예수님이 말 그대로 베드로의 말을 가로막고 어리석은 말을 더 떠벌이지 못하게 막으셨음을 시사한다. 예수님은 몸을 돌이켜 베드로의 얼굴을 보며 말씀하셨다. "사탄아 내 뒤로 물러 가라"(16:22-23). 아차! 자신도 모르는 새 베드로는 사실상 사탄이 하는 일-사람들이 하나님의 뜻에 정면으로 배치되는 행동을 하도록 유혹하는 일-을 하면서 예수님을 대적하는 역할을 맡고 있었다. 설상가상으로 베드로는 그러면서 하나님의 이름을 직접 들먹였다. "주여 그리 마옵소서!"

베드로가 그런 혼란에 빠진 것은 하나님께 중요한 것보다 인간에게 중요한 것에 마음이 쏠려 있었기 때문이었다. 그는 스스로 "하늘에 계신 아버지"의 뜻을 따르지 않고 "혈과 육"을 따르는 그의 옛 사고방식으로 돌아갔다(참조. 16:17). 그는 일순간 천상의 통찰력으로 독수리가 날개를 치며 하늘로 오르듯 치솟았다가 다음 순간에는 닭처럼 땅을 쪼고 있었다. 여기서 우리는 절대 잊지 말아야 할 두 번째 진리를 볼 수 있다. 주님이 우리가 좋아하는 쪽으로 계획을 변경하실 거라고 생각해서는 안 된다.

—16:24-26—

내가 만약 베드로처럼 예수님한테 사탄이라고 불리고, 천박한 속물이라고 신랄한 질책을 받았다면 어떻게 거기서 헤어날 수 있었을지, 아니 헤어날 수나 있을지 모르겠다. 나는 베드로가 곁눈질로 다른 열한 명의 제자가 주님의 꾸지람을 엿듣지 않았는지 확인하는 모습이 상상이 된다. 휴! 아무도 못 들었다. 이 대화는 예수님과 베드로 사이에서만 오갔다. 베드로의 어리석음을 열두 사도 모두에게 폭로하지 않으신 주님은 얼마나 자비로우신가!

이어 예수님은 베드로에게서 돌이키시고 큰 소리로 모든 제자에게 또 한 가지 난해한 가르침을 주셨다. 예수님이 예루살렘에서 고난받고 죽으실 것을 예언하셨다는 사실에 제자들이 생각에 잠겨 있는 동안 그 기회를 틈타 예수님은 그분의 진정한 추종자가 된다는 것이 어떤 의미인지 설명하셨다. 올바른 삶은 곧은 생각에서 시작되기에 그분의 추종자가 되려면 그분과 함께 죽을 각오가 되어 있어야 했다(16:24).

16장 24–25절의 훈계는 예수님이 앞서 하신 마태복음 10장에 기록된 질책과 비슷하다.

마태복음 10장	마태복음 16장
또 자기 십자가를 지고 나를 따르지 않는 자도 내게 합당하지 아니하니라(38절).	누구든지 나를 따라오려거든 자기를 부인하고 자기 십자가를 지고 나를 따를 것이니라(24절).
자기 목숨을 얻는 자는 잃을 것이요 나를 위하여 자기 목숨을 잃는 자는 얻으리라(39절).	누구든지 제 목숨을 구원하고자 하면 잃을 것이요 누구든지 나를 위하여 제 목숨을 잃으면 찾으리라(25절).

예수님이 처음으로 제자들에게 그들의 십자가를 지고 자기를 따르라고 하셨을 때(10:38) 제자들은 예수님이 말 그대로 십자가를 지시고, 말 그대로 죽임을 당하실 거라고 생각하지 않았다. 그런 생각은 꿈에도 하지 못했다. 그들은 아마 좀더 추상적으로 예수님이 사역을 위해 모든 것, 필요하다면 목숨까지라도 기꺼이 포기하겠다는 일반적인 의지를 요구하신 거라고 생각했을 것이다. 그러나 예수님이 "예루살렘에 올라가 장로들과 대제사장들과 서기관들에게 많은 고난을 받고 죽임을 당하[실 것]"(16:21)이라고 밝히셨을 때 추상적이고 일반적인 개념이 구체적이고 명확해졌다. 심지어 죽음의 방식도 밝혀졌다. 십자가 처형이다. 한 주석가는 이 점을 지적한다. "십자가 처형은 당시에 알려진 최악의 형벌이었다. 따라서 자기의 십자가를 진다는 말은 그리스도를 위해 이 세상에서 가장 큰 고통을 기꺼이 당할 준비가 되어 있음을 의미한다."[14]

나는 자기 십자가를 지고 그리스도를 따르는 것에 대한 켄트 휴즈(Kent Hughes)의 설명을 좋아한다.

> 우리가 져야 할 십자가는 무엇인가? 십자가는 단순한 시련이나 고난이 아니다. 우리는 흔히 꼴통 상사나 불공평한 교사나 고압적인 시어머니를 우리의 '십자가'라고 생각한다. 하지만 그런 것은 십자가가 아니다…십자가는 구체적으로 그리스도를 따라 걸으며 그분의 삶을 받아들일 때 온다. 십자가는 우리가 십자가의 좁은 길을 기꺼이 따라 걷고 있기 때문에 받는 경멸을 견딜 때 온다…십자가는 시장과 세상에서 그리스도의 사업 윤리와 성 윤리를 실천할 때 온다. 십자가는 강함 대신 약함을 품을 때

온다. 십자가는 복음을 위해 어려운 상황 속에서 전력을 다할 때 온다.[15]

분명히 그 말씀을 들은 제자 몇 명은 침을 꼴깍 삼키거나 헉하고 놀라는 소리를 냈을 것이다. 물론 베드로도 더는 끼어들지 않았고 다른 제자들도 그리스도가 설명하시는 제자도를 따르는 대가로 자기들이 선호하는 것이나 조건을 밀어붙이려 하지 않았다. 그들은 그럴 정도로 어리석지는 않았다.

그러나 예수님은 제자도가 많은 것을 요구하지만 그 상급은 헤아릴 수 없다고 제자들을 격려하셨다. 맞다. 자기들의 목숨을 꽉 움켜쥔 사람들은 결국 그것을 잃게 될 것이다. 그리고 그리스도께 그들의 영혼을 의탁하지 않으면 그들이 붙잡고 있는 모든 것을 영원히 잃게 될 것이다. 그러나 자기를 부인하고 하나님이 그들을 위해 예비하신 것에 마음을 연 사람들은 상상을 초월하는 보상을 받을 것이다(16:25). 그러나 이 보상이 반드시 이생에서 오는 것은 아니다. 사람은 "천하"를 얻고도 자기의 영혼을 빼앗길 수 있다. 영원한 저주가 눈앞에 닥치면 누구라도 천국의 기쁨을 위해 이전에 지상에서 소중하게 여겼던 것을 모두 포기하고 싶어 하지 않겠는가? 예수님이 제자들에게 당신을 따르기 위해 온전히 포기하는 삶을 살 것을 촉구하면서 하신 말씀이 바로 이것이다. 이 말씀은 우리가 절대 잊으면 안 되는 세 번째 진리로 귀결된다. 자신을 부인하지 않고는 절대 예수님의 수제자가 될 수 없다.

—16:27-28—

나는 이 단락을 예수님 시대 사람들이 메시아에 대해 품고 있는 몇몇 그릇된 생각을 지적하면서 시작했다. 이런 관점은 대부분 메시아가 이스라엘의 적을 즉시 물리치고, 다른 나라를 모두 제압하여 이 땅에 그분의 나라를 세우실 전사이신 왕일 것이라는 데 초점이 맞춰져 있었다. 이 천국은 천군천사들을 이끌고 나타나실 메시아와 함께 영광스럽게 도래할 것이다. 메시아는 심판자이자 왕으로 오셔서 사탄과 그의 마귀들을 포함한 모든 영적, 물리적 적을 멸망시키실 것이다. 악인은 벌을 받고 의인은 상을 받을 것이다.

메시아의 출현을 둘러싼 이런 생각은 틀려서가 아니라 불완전하다는 것이 문제였다. 정말로 메시아는 심판자와 왕으로 다스리시고 통치하실 것이다. 의인에게는 상이 주어질 것이다. 그리고 영광스러운 영원한 나라가 임할 것이다. 예수님이 제자들에게 인자가 고난받고 죽었다가 다시 살아날 거라는 놀라운 계시를 주신 것은 인자가 그분의 나라를 세워 의인을 상 주시고 악인을 벌하시기 위해 천사들을 거느리고 영광 가운데 오실 것이라는 기대를 아예 없애거나 바꾸려는 의도가 아니었다(16:27-28). 오히려 예수님의 가르침은 언젠가 왕관을 쓰실 그 메시아가 십자가도 지실 것이라는 사실을 분명히 했다. 십자가 없이는 왕관도 없을 것이다.

그래서 예수님은 자신이 궁극적으로는 심판관이자 왕이신 메시아에 대한 유대인들의 기대를 채워주실 것을 상기시키시면서 자신의 고난, 죽음, 부활에 관한 가르침-그리고 사심 없이 자신을 내어주신 그분의 본을 따르라는 부르심-을 마치셨다. 그분은 "제삼일에 살아나야 할 것"(16:21)이므로 인자는 언젠가 "아버지의 영광으로 그 천사들과 함께" 오셔서(16:27) "각 사람이 행한 대로 갚으[시기]"(16:27) 위해 승리자의 자리에 서실 것이다.

이어 예수님은 거기 서 있는 제자 중 몇 명은 "죽기 전에 인자가 그 왕권을 가지고 오는 것을 볼 자들도 있느니라"(16:28)는 이해하기 힘든 약속을 남기셨다. 이 말씀은 예수님의 제자 중 몇몇이 교회 시대에 계속 살아남아 예수님의 재림을 목격할 것이라는 뜻이 아니었다. 그리스도의 재림이 소수의 제자들이 아직 생존해 있는 1세기에 일어날 영적 사건의 비유라고 말씀하시려는 것도 아니었다. 오히려 그 말씀의 의미는 바로 다음 장에서 분명해질 것이다. 다음 장에서 예수님은 일부 제자에게 초자연적으로 변모하신 모습을 보여주어 지상에 임할 그분의 영광스러운 나라를 조금 엿보게 해주셨다(17:1-8).

적용: 마태복음 16:21-28

하나님의 생각대로 생각하기

올바른 삶은 올바른 생각에서 시작된다. 그리고 그렇게 할 수 있는 유일한 방법은 우리의 본성과 정반대인 하나님의 생각대로 생각하는 것이다. 하나님도 이렇게 말씀하셨다. "이는 내 생각이 너희의 생각과 다르며 내 길은 너희의 길과 다름이니라"(사 55:8). 이 사실에 비추어 이 단락에서 우리가 공부한 '절대 잊어서는 안 될 세 가지'를 다시 검토하고 생각해보자.

첫째, 예상치 못한 일이어서 받아들일 수 없다고 생각해서는 안 된다. 인생을 살면서 우리는 종종 전혀 예상하지 못했던 일을 맞닥뜨린다. 우리는 그 일이 일어나는 것을 보지 못한다. 정돈되고 안락한 우리의 작은 세계에 갑자기 예상치 못한 일이 침입할 때까지 우리는 모든 것을 계획하고 정리하며 순조롭게 진행한다. 어쩌면 그것은 한 번도 생각해보지 못한 병에 걸렸다는 의사의 진단일 수도 있다. 또는 견고하다고 생각했는데 갑자기 시큰둥해진 관계일 수도 있다. 또는 예상치 못했던 이주나 실직일 수도 있다. 예상치 못한 임신, 깜짝 승진, 완전히 새로운 사역 기회 등, 예상치 못한 급작스러운 변화가 꼭 부정적인 것이 아니어도 여전히 충격적이고 혼란스러울 수 있다. 우리가 인간의 관점으로만 본다면 우리는 그 예상치 못했던 것에 맞서 싸우고, 저항하며, 분개하고, 받아들이지 않을 것이다. 그러나 우리는 오른쪽이든 왼쪽이든 또는 완전한 역전이든 갑작스러운 방향 전환에 열려 있어야 한다. 예상치 못했던 것이어서 받아들일 수 없다고 생각해서는 안 된다.

둘째, 주님이 당신이 선호하는 대로 그분의 계획을 바꾸셔야 한다고 생각해서는 안 된다. 주님과 얼마나 오랫동안 동행해왔든 또는 사역에서 우리 역할이 얼마나 중요하든 또는 그분의 계획이 얼마나 이상해 보이든, 그분이 자기의 뜻을 알려주시면 그에 대한 적절한 반응은 오직 하나, 순종밖에 없다. 하나님의 계획은 의문을 제기하고, 협상하며, 우리의 입맛에 맞게 수정할 수 있는 것이 아니다. 그분이 우리 앞에 놓으신 것을 그분이 원하시는 때에 그분이 원하시는 방법으로 우리는 행한다. 이는 우리의 계획에 맞게 그분의 계획을 바꾸라고 조르는 것이 아니라 우리의 생각을 그분의 생각에 맞추어 바꾸는 것을 의미한다.

셋째, 자신을 부인하지 않고 예수님의 수제자가 될 수 있다고 생각하면 안 된다. "내가 세상의 중심이 아니다"는 말은 우리가 사는 이 세상 대다수 사람의 생각과는 정반대다. 이것은 사람들이 자신을 왜 그렇게 중요하게 생각하는지, 우리 문화 속에 권리 의식이 왜 그토록 만연한지를 설명해준다. 우리가 세상이 제공하는 것과 진정한 제자도에 따르는 희생을 저울질할 때 에콰도르 원주민들에게 복음을 전하다 순교한 선교사 짐 엘리엇(Jim Elliot)이 남긴 불멸의 말을 기억해야 한다. "영원한 것을 얻고자 영원할 수 없는 것을 버리는 자는 바보가 아니다."[16] 당신은 영원히 가질 수 없는 이 세상의 일시적인 것을 움켜쥐고 절대 잃어버리면 안 되는 영원한 것을 버리고 있지는 않은가?

우리는 이 교훈을 잊지 말아야 한다. 그리고 그것을 마음에 새길 때 예수님에 대해서 그리고 우리와 그분과의 관계에 대해서 그리고 그분이 우리 삶에서 하시고자 하는 일에 대해서 바르게 생각하는 방법을 배울 수 있다. 그렇게 할 때 우리는 "그리스도의 마음"(고전 2:16)을 소유하게 될 것이다.

영광을 엿보다(마태복음 17:1-13)

1엿새 후에 예수께서 베드로와 야고보와 그 형제 요한을 데리시고 따로 높은 산에 올라가셨더니 2그들
앞에서 변형되사 그 얼굴이 해 같이 빛나며 옷이 빛과 같이 희어졌더라 3그 때에 모세와 엘리야가 예수
와 더불어 말하는 것이 그들에게 보이거늘 4베드로가 예수께 여쭈어 이르되 주여 우리가 여기 있는 것
이 좋사오니 만일 주께서 원하시면 내가 여기서 초막 셋을 짓되 하나는 주님을 위하여, 하나는 모세를
위하여, 하나는 엘리야를 위하여 하리이다 5말할 때에 홀연히 빛난 구름이 그들을 덮으며 구름 속에서
소리가 나서 이르시되 이는 내 사랑하는 아들이요 내 기뻐하는 자니 너희는 그의 말을 들으라 하시는지
라 6제자들이 듣고 엎드려 심히 두려워하니 7예수께서 나아와 그들에게 손을 대시며 이르시되 일어나라
두려워하지 말라 하시니 8제자들이 눈을 들고 보매 오직 예수 외에는 아무도 보이지 아니하더라

9그들이 산에서 내려올 때에 예수께서 명하여 이르시되 인자가 죽은 자 가운데서 살아나기 전에는
본 것을 아무에게도 이르지 말라 하시니 10제자들이 물어 이르되 그러면 어찌하여 서기관들이 엘리야가
먼저 와야 하리라 하나이까 11예수께서 대답하여 이르시되 엘리야가 과연 먼저 와서 모든 일을 회복하
리라 12내가 너희에게 말하노니 엘리야가 이미 왔으되 사람들이 알지 못하고 임의로 대우하였도다 인자
도 이와 같이 그들에게 고난을 받으리라 하시니 13그제서야 제자들이 예수께서 말씀하신 것이 세례 요
한인 줄을 깨달으니라

하나님의 일에 너무 익숙해지면 그분에 대한 경외심을 잃을 수 있다. 당신이 이 글을 읽고 있다는 것은 당신이 하나님에 대한 수많은 자료-그분의 속성, 성품, 역사, 일하시는 방법에 대한 자료-를 손쉽게 얻을 수 있다는 뜻일 것이다. 당신의 서재에는 이것보다 더 많은 정보가 있을 수도 있다. 우리가 주님의 것에 대해 더 많이 듣고 읽을수록 친밀함이 지나쳐, 자칫 그분에 대한 건전한 두려움을 잃을 수 있다.

우리는 하나님을 "사랑한다"고 말한다. 하지만 우리는 태국 음식에서부터 컨트리 음악에 이르기까지 오만 가지를 다 "사랑한다"고 말한다. 그리고 우리 주변에는 자동차에서 탄산음료에 이르기까지 "굉장하다"라고 일컬어지는 것들이 널려 있어서 참으로 굉장하신 유일한 분은 더 이상 그렇게 굉장해 보이지 않는다. 높고 거룩한 것들이 이제는 흔해 빠진 것

이 되었다. 그리고 그 결과 우리는 주님의 위대하심과 영광을 명확히 감지하지 못한다.

'친해지면 무례해지기 쉽다'는 말이 있다. 신자와 하나님의 일에 관한 한 무례라는 말은 좀 지나치다. 그러나 원칙은 동일하다. 친숙함은 복음을 들을 때 하품을 하거나, 심오한 신학을 공부했다고 어깨를 으쓱하거나, 그리스도인의 삶이란 무엇인지 다 안다는 듯한 태도로 이어질 수 있다.

나는 종종 제자들에게 이런 일이 일어났는지 궁금하다. 어쨌든 그들은 우리와 같은 인간이었다. 넘어지고, 나약하고, 변덕스러웠다. 놀랍고 기적적인 일을 너무 많이 목격하다 보니 둔감해지기 쉬웠다. 그렇다. 제자들은 예수님의 발자취를 따르면서 모든 것을 보고 들었다. 그렇다고 그들이 경외로움 그 자체인 분 앞에 있다는 사실에 무감각해질 수 있었을까?

만약 그랬다면 그들 중 몇 명은 곧 그 무감각에서 화들짝 깨어나게 할 놀라운 영광을 엿보는 경험을 하게 될 것이다.

—17:1-3—

주님이 대망의 메시아이시며 하나님의 아들이시라는 베드로의 신앙고백 후에 예수님은 놀랍게도 당신이 "죽임을 당하시고 제삼일에 살아나야 할 것"(16:21)이라고 예언하셨다. 그런 일들은 보통 기대하던 승리자 메시아 왕의 출현과 관련이 없었다. 그러나 이어 예수님은 제자들에게 더 친숙했을 예언도 확인해주셨다. 예수님은 훗날 "아버지의 영광으로 그 천사들과 함께 오[실]" 것이다(16:27). 사실 예수님은 거기 있는 제자 중 몇은 "죽기 전에 인자가 그 왕권을 가지고 오는 것을 볼"(16:28) 것이라고 약속하셨다.

하지만 1세기 말에 제자들은 모두 죽었다. 그들 중 아무도 살아서 그리스도가 심판관과 왕으로 오실 영광의 재림을 목격하지 못했다. 그리스도의 재림은 아직도 성취되지 않은 미래의 일이다. 그렇다면 그들 중 일부가 인자가 그분의 나라에 임하시는 것을 보리라는 예수님의 약속은 무슨 뜻이었을까? 내가 이해한 바로는 예수님은 엿새 후에 일어날 일, 곧 그분이 "아버지의 영광으로"(16:27) 다시 오실 때 나타날 것과 비슷하게 영광에 싸여 독특하고 놀랍게 변모하실 일을 생각하고 계셨다. 도래할 나라를 잠시 엿보게 해준 이 사건은 모든 제자가 아니라 선택된 소수의 제자, 곧 베드로, 야고보, 요한만 목격할 것이다.

마태와 마가 모두 마태복음 16장 말미에 기록된 가아사랴 빌립보 사건 "엿새" 후에 예수님이 베드로, 야고보, 요한(야고보의 형제)을 "높은 산"에 데리고 가셨다고 말한다(17:1, 막 9:2). 누가의 복음서는 아마도 엿새의 앞뒤로 일부 겹치는 날까지 포함해서 "팔 일쯤"(눅 9:28)이라고 기록했다. 어쨌든 이 사건은 일주일쯤 후에 일어났다.

그들이 오른 "높은 산"은 무슨 산이었을까? 일부 해석자는 갈릴리 호수 반대편에 있는 다볼 산으로 특정하려고 했다. 물론 마태복음 16장의 사건과 변화산 사건 사이에 일주일이라는 시간이 있었으므로 가아사랴 빌립보에서 다볼 산까지 약 97킬로미터를 충분히 걸어갈 수 있었을 것이다.[17] 그러나 제자들이 군중을 피해 잠시 휴식을 취할 목적으로 갈릴리 호수에서 먼 길을 걸어 가이사랴 빌립보 지역으로 왔다는 사실을 기억해야 한다. 다시 남쪽 다볼 산으로 갔다면 예수님의 명성이 자자한 지역을 가로질러 1세기에 촌락이 형성되어 있던 산으로 갔다는 말이 된다.[18] 그보다는 제자들이 가이사랴 빌립보 지역에서 일주일간 휴식을 취한 뒤 예수님이 베드로, 야고보, 요한을 데리고 헤르몬 산으로 가셨을 가능성이 더 높아 보인다(17:1).

그다음에 일어난 일은 그야말로 경외로움 그 자체였다. 신인(God–man)이신 예수님은 30년 넘게 자신의 신성한 영광을 감추시고 평범한 인간의 모습으로 사셨다. 고대 예술 작

하나님 나라는 이미 임했는가?(마태복음 17:1–13)

마태, 마가, 누가는 모두 예수님의 약속을 기록했다. 그것은 거기 예수님과 함께 있는 제자 중 일부가 죽기 전에 "인자가 그 왕권을 가지고 오는 것"(16:28) 또는 "하나님의 나라"(눅 9:27) 또는 "하나님의 나라가 권능으로 임하는 것"(막 9:1)을 볼 것이라는 약속이었다. 하나님의 나라가 권능 가운데 도래할 것이라는 예수님의 이러한 예언은 조금씩 다르기는 해도 모두 그리스도의 임재에 초점이 맞춰져 있었다. 수 세기 동안 해석가들과 주석가들은 예수님이 하신 이 약속의 의미를 이해하려고 머리를 쥐어짜고 많은 글을 썼다. 대부분의 사람이 예수님의 말씀과 그에 뒤이어 세 제자에게 보여주신 것–세 복음서에 다 기록된 변화산 사건–사이에 어떤 연관성이 있다고 보았다(마 17:1–8, 막 9:2–8, 눅 9:28–36). 그렇다면 그때 잠깐 영광을 엿본 것으로 그리스도의 나라가 완전히 임했다는 뜻일까?

도래할 그리스도의 나라의 본질을 조금 이해하면 예수님의 약속과 변화산 사건의 의미를 더 잘 이해할 수 있다. 성경은 장차 임할 하나님의 나라를 단순한 하나의 개념이 아닌 복합적인 개념으로 제시한다. 가장 일반적인 의미에서 "하

나님의 나라"는 그분이 하늘과 땅-보이는 것과 보이지 않는 것-을 영원히 주권적으로 통치하심을 가리킨다(시 145:11-13, 단 4:3). 그런 의미에서 하나님 나라에 속하지 않은 것은 예전에도, 지금도, 앞으로도 아무것도 없다.

신약에서는 더 구체적으로, 약속된 메시아, 곧 성육하신 하나님의 출현이 새로운 방식으로 하나님 나라가 도래했음을 보여준다. 하지만 메시아를 본 사람들에게 그분의 천상의 권세와 영광이 대부분 가려져 있었다(요 1:10). 훗날, 그리스도가 부활하시고 승천하신 후 오순절 성령이 강림하시면(행 2장) 의인과 교회의 권세를 통해 나타난 신비로운 형태의 하나님 나라를 맞이하게 될 것이다(롬 14:17, 고전 4:20). 이 기간 동안 그리스도는 성령을 통해 신자들의 삶을 다스리실 것이다(요 3:3-5, 참조. 요 18:36). 하지만 궁극적으로 모든 형태의 하나님 나라는 그리스도의 재림 때 시작되어, 천년 왕국을 통해 확장되고(계 20:1-6), 영원으로 이어질(계 20:7-22:5) 그리스도의 영원한 통치를 기대하며 기다리고 있다. 그때가 되면 하나님의 영원한 통치와 메시아의 지상 통치가 하나로 합쳐질 것이다.

그렇다면 예수님이 제자 중 몇 명은 죽기 전에 인자가 왕권을 가지고 임하는 것을 볼 것이라고 하신 말씀은 무슨 의미였을까? 그리고 이 말씀과 변화산 사건은 어떤 관련이 있을까? 첫째, 나는 변화산 사건이 장차 도래할 하나님 나라에 대한 예언의 완전한 성취라고 생각하지 않는다. 그러면 장차 그리스도가 영광 가운데 오시는 일은 일어나지 않을 것이기 때문이다. 그렇다면 약속의 거창함에 비해 성취가 너무 미약하다. 영광스럽기는 해도 변화산 사건 하나로 기대하던 하나님 나라가 궁극적으로 완전하게 성취되었다고 보기는 어렵다. 둘째, 나는 우리가 다른 모든 것을 배제하고 하나의 성취만 선택해야 한다고 생각하지 않는다. 다시 말해서, 이런 식의 해석이 가까운 성취와 먼 성취라는 관점에서 볼 때 성경적 예언이 작용하는 방식에 더 부합한다.[19]

이 맥락에서는 영광스러운 변화산 사건이 몇 사람이 하나님의 나라가 영광 가운데 임하는 것을 맛보기로 살짝 볼 것이라는 그리스도의 약속을 부분적으로 성취했다. 그러나 그것은 단순한 상징적 표현 그 이상이었다. 그 순간, 그 산 위에서 하늘과 땅이 닿았고, 예수님은 영화롭게 되셨으며, 구약의 성도들이 나타났고, 성부의 영광이 산 위로 내려왔다. 이 모든 것은 미래의 하나님 나라를 실제적으로 보여주는 것이었다. 그러나 그것은 일시적이었다. 실제였지만 잠시 엿보았을 뿐이다.

하나님 나라에 대한 두 번째 더 완전한 계시는 그리스도의 부활, 승천 그리고 오순절 성령 강림-그리스도와 함께 있는 대부분의 제자가 경험한(유다만 빠졌다)-후에 나왔다. 그러나 그것조차도 하나님 나라의 완전한 모습은 아니었다. 그것 또한 예시였다. 대부분(일찍 순교한 야고보를 제외하고)의 제자들은 알려진 세계에 복음을 전파하면서 하나님의 나라가 발전하는 것을 목격했다. 요한은 계시록에 기록된 환상을 보았을 때 이제껏 누구도 본 적 없는 하나님 나라의 예고편을 보았다. 그런데도 하나님 나라는 아직 완전히 드러나지 않았다.

변화산 사건이 하나님 나라가 지상에 완전히 임한 것은 아닐지라도 한 가지 중요한 신학적 진리를 알려준다. 하나님 나라는 항상 가까이에 있다는 것이다. 하나님 나라는 현시대와 다가올 시대, 하늘과 땅을 분리하는 얇은 장막을 언제라도 가를 준비가 되어 있다. 변화산 사건은 미래에 하나님 나라가 임할 것이라는 예언적 예표가 되었고, 그 나라가 실제로 얼마나 가까이 있는지 보여주었다. 하나님 나라는 언제라도 이 세상에 정말로 임할 수 있다!

품이나 성화에 속지 말라. 예수님은 머리 위에 빛나는 후광을 달고 다니지 않으셨다. 적어도 그분의 외모를 보고 그분을 비범한 인물로 생각한 사람은 아무도 없었을 것이다. 빌립보서 2장 6–8절은 현실적 차원에서 모든 사람이 매일 목격한 것을 신학적인 관점에서 묘사한다. 성육하시기 전에 신인(God–man)이 아무리 "하나님의 형상"으로 찬란하고 장엄한 모습으로 존재하셨더라도, 그분은 그 하늘의 영광을 나타내는 것에 대해 "자기를 비우셨다." 그분은 "종의 형체"를 취하시고 "사람들과 같이 [되셔서]" 주변의 모든 사람은 그분을 "인간의 모습"으로 보았다. 예수님은 가르침과 기적을 통해 자신의 권세를 보여주셨지만, 공생애 기간 동안 다른 사람들에게 계속 그분의 영광을 보이지 않게 감추셨다. 변화산의 그날까지는 말이다. 그 사건은 예수님이 인간으로 사신 모든 순간에도 마찬가지로 완전한 하나님이시기도 했다는 사실을 베드로, 야고보, 요한에게 증명했다. 그 성육신의 진리는 그리스도의 인격과 사역에 관련된 주요 교리의 요체가 될 것이었다.

일부 학자는 변화산을 갈릴리 남서쪽에 있는 다볼 산으로 지목했지만, 가이사랴 빌립보 인근의 헤르몬 산일 가능성이 더 높다.

실제로 30여 년 후인 AD 60년대에 베드로는 그 영광의 일별을 되새겼다.

> 우리 주 예수 그리스도의 능력과 강림하심을 너희에게 알게 한 것이 교묘히 만든 이야기를 따른 것이 아니요 우리는 그의 크신 위엄을 친히 본 자라 지극히 큰 영광 중에서 이러한 소리가 그에게 나기를 이는 내 사랑하는 아들이요 내 기뻐하는 자라 하실 때에 그가 하나님 아버지께 존귀와 영광을 받으셨느니라 이 소리는 우리가 그와 함께 거룩한 산에 있을 때에 하늘로부터 난 것을 들은 것이라(벧후 1:16–18).

그리고 변화산 사건 후 60년이 지난 AD 90년대에 요한은 이렇게 회고했다.

> 태초에 말씀이 계시니라 이 말씀이 하나님과 함께 계셨으니 이 말씀은 곧 하나님이시니라 그가 태초에 하나님과 함께 계셨고 만물이 그로 말미암아 지은 바 되었으니 지은 것이 하나도 그가 없이는 된 것이 없느니라 그 안에 생명이 있었으니 이 생명은 사람들의 빛이라 빛이 어둠에 비치되 어둠이 깨닫지 못하더라…말씀이 육신이 되어 우리 가운데 거하시매 우리가 그의 영광을 보니 아버지의 독생자의 영광이요 은혜와 진리가 충만하더라(요 1:1-5, 14).

베드로와 요한은 그 심오한 경험을 한 뒤 이러한 통찰력 있는 신학적 결론을 내릴 수 있었다(참조. 요일 1:1-3).

마태의 언어는 간결하다. 예수님이 "그들 앞에서 변형되[셨다]"(마 17:2). "변형되다"로 번역된 헬라어에서 영어 단어 metamorphosis(변형)가 나왔는데, 헬라어 동사 *metamorphoō*(3339)는 '남들에게 보이게 변하다'는 뜻이다.[20] 이는 예수님의 내적 본질이 변하신 것이 아니라 겉모습이 변화되셨다는 뜻이다. 어떻게 변하셨을까? 그분의 얼굴이 "해 같이 빛나며 옷이 빛과 같이 희어졌[다]"(마 17:2). 나는 이 구절을 문자 그대로 해석하지 않을 이유가 없다고 본다. 예수님은 그냥 빛나신 것이 아니라 눈이 부실 정도로 빛을 발하셨다! 달은 진짜 광원인 태양빛을 반사할 뿐이므로 밤새 달을 쳐다보아도 아무렇지 않을 수 있다. 하지만 태양은 그 자체가 빛의 근원이기 때문에 몇 초 이상 직접 바라보면 그 광채에 시력을 잃을 수도 있다. 마찬가지로 예수님은 단순히 하나님의 영광을 반사하시는 존재가 아니셨다. 그분은 삼위일체의 2위로서 신성한 영광의 원천이시다. 이것이 지금까지 예수님이 지상에 사시면서 보여주신 가장 크고, 가장 명백한 예수님의 신성을 보여주는 증거였다.

그러나 그게 다가 아니었다. 그 사건은 단순히 그리스도의 신적 본성을 나타내는 것이 아니었다는 사실을 잊지 말라. 그것은 천국이 지상 세계로 침입할 때 임할 그분의 나라에 대한 예표이기도 했다. 갑자기 두 인물이 더 합류했다. 모세와 엘리야다. 제자들이 어떻게 두 인물이 모세와 엘리야인지 알았냐고 내게 묻는다면 나는 할 말이 없다. 마태는 모세와 엘리야가 예수님과 대화하고 있었다고 간단히 언급한다(17:3). 누가는 그들이 "장차 예수께서 예루살렘에서 별세하실 것"에 대해 이야기를 나누었다고 알려준다(눅 9:30-31). 어떤 복

묵상의 서재

영광은 무엇을 의미하는가?(마태복음 17:2)

십대 때 나는 '영광'이 무엇을 의미하는지 몰랐다. 그건 좀 문제가 있었다. 왜냐하면 나는 헨델의 웅장한 오라토리오인 〈메시아〉 공연에서 한 시간 넘게 영광에 대해 노래를 불렀기 때문이다. 내 어머니는 아름다운 소프라노였고, 누이는 사랑스러운 콘트랄토의 목소리를 가지고 있었다. 형은 강렬한 베이스였다. 그리고 나는 어린 테너였다. 우리는 매년 〈메시아〉를 부르는 성가대에 오디션을 보았고 모두 합격했다.

아는 사람은 알겠지만, 이 작품은 테너의 서정적인 서창으로 시작한다. "너희는 위로하라. 내 백성을 위로하라. 너희는 예루살렘의 마음에 닿도록 말하라." 이 가사는 이사야 40장 1-2절을 그대로 옮긴 것이다. 그런 다음 아리아가 나온다. "골짜기마다 돋우어지며 산마다, 언덕마다 낮아지며 고르지 아니한 곳이 평탄하게 되며 험한 곳이 평지가 될 것이요"(참조. 사 40:4). 헨델의 이 위대한 걸작은 이렇게 아름답게 시작한다.

이어 지휘자 월터 젠킨스(Walter Jenkins) 박사가 합창단을 일으켜 세운다. 평범한 십대였던 나도 진짜 가수들 옆에 서 있었다. 지휘자가 지휘봉을 아래로 내리면 합창이 시작되었다. "영광, 주님의 영광이 드러나리라!" 나는 그 순간을 절대 잊지 못할 것이다. 나는 그 후로 그런 그룹에서 노래해본 적이 없다. 나는 소리를 내지 않고 입 모양으로만 가사를 말하면서 합창단의 노래를 들었다. 눈물을 참을 수가 없었다.

영광. 주님의 영광. 하지만 영광이 뭘까? 나는 그 말의 의미를 몰랐다. 12월의 춥고 비 내리는 겨울 저녁에 아버지가 모는 차를 타고 휴스턴을 지나 집으로 돌아갈 때 47년형 시보레 뒷좌석에 앉아서 나는 그 가사를 곰곰이 생각해보았다. 그 생각을 떨칠 수가 없던 나는 마침내 물었다. "아빠, 영광이 뭐예요?"

그러자 아버지는 바로 그 유명한 아버지들의 상투적인 대답을 하셨다. "엄마한테 물어봐라." 어차피 아버지는 운전을 하고 있어서 그렇게 진지한 문제에 답하기 힘들었을 것이다.

"엄마, 영광이 뭐예요?"

어머니가 말했다. "집에 가서 사전에서 '영광'이라는 단어를 찾아보렴."

그래서 나는 사전을 찾아보았다. 『메리엄-웹스터 사전』 최신판에는 영광이 '명성', '예배 때 드리는 공경과 찬양', '광휘, 장엄'이라고 나와 있었다.[21] 나는 오랜 시간이 흐른 뒤 깨달았다. 내가 신학적인 용어를 처음 알게 된 것이 그때였다는 것을. 그 말은 그 자체만으로도 우리에게 하나님의 광휘, 그분의 장엄하심, 그분이 마땅히 받으실 찬양…그분의 영광의 높이와 깊이와 넓이를 알게 해줄 만큼 강력하다는 것을.

음서에도 기록되지 않은 그 대화 중에 그들의 신원이 밝혀졌을 가능성이 높다.

모세와 엘리야, 이 두 인물이 예수님과 함께 나타났다는 것은 무슨 의미일까? 해설자들의 제안이 몇 가지 있지만, 내 생각에 가장 좋은 설명은 그들이 제각기 율법과 선지자를 대표한다는 것이다. 율법과 선지자 모두 메시아의 출현을 가리키고 기대했다.[22]

그들이 서 있는 그 산 위에서 모세와 엘리야가 예수님과 대화하는 동안 예수님은 신성한 영광의 빛을 발하고 계셨다. 누가복음은 변화산 사건 전에 예수님이 높은 산에서 기도하고 계셨고, 세 제자는 졸았다고 말한다(눅 9:28, 32). 제자들이 잠에서 깨어나 눈부신 빛과 천상에서 온 방문자들을 목격했을 때 어안이 벙벙했을 것이다. 그러나 그렇다고 머릿속에 제일 먼저 떠오른 생각을 불쑥 내뱉지 않을 베드로가 아니었다. "주여 우리가 여기 있는 것이 좋사오니 만일 주께서 원하시면 내가 여기서 초막 셋을 짓되 하나는 주님을 위하여, 하나는 모세를 위하여, 하나는 엘리야를 위하여 하리이다"(마 17:4).

베드로가 왜 그런 말을 했는지는 잘 모르겠다. 누가는 베드로가 "자기가 하는 말을 자기도 알지 못[했다]"(눅 9:33)고 설명한다. 마가는 자기들이 "몹시 무서워"(막 9:6)했기 때문에 베드로가 그 상황에 어떻게 대처해야 할지 몰랐다고 자세히 부연한다. 어떤 사람들은 아마 초막절이 가까워서(참조. 요 7:2) 어차피 잠잘 작은 장막을 지어야 했을 테니 그 산 위에서 초막절을 지낼 수 있다는 뜻이었을 거라고 생각한다.[23] 리처드 가드너(Richard Gardner)의 생각은 더 낙관적이다. "베드로는 그 순간이 영원히 지속되기를 원했다."[24] 상황이 어찌됐든 베드로가 그렇게 놀라운 영광의 눈부신 현현 앞에서 경건한 침묵을 유지하는 것이 더 나았으리라는 것은 분명해 보인다. 내가 들은 조언 중에서 가장 도움이 되었던 것 중 하나가 그날 밤 베드로에게도 아주 유용했을 것 같다. "입 다물 기회를 절대 놓치지 말라!"

말할 것도 없이, 예수님, 모세, 엘리야는 베드로의 성급한 제의를 받아들이지 않았다. 사실은 하나님의 놀라운 임재가 그 어색한 순간을 압도했다(참조. 신 5:22). 베드로가 엉뚱한 말을 채 마치기도 전에 밝은 구름이 제자들을 덮었고, 그 구름 속에서 하나님 아버지의 음성이 울려퍼졌다. "이는 내 사랑하는 아들이요 내 기뻐하는 자니 너희는 그의 말을 들으라"(마 17:5). 하나님 아버지의 음성이 예수님에 대해 증언하신 것은 이번이 처음이 아니었다. 요단강에서 예수님이 세례를 받으신 후에 하늘이 열리고 한 음성이 말했다. "이는 내 사랑하는 아들이요 내 기뻐하는 자라"(3:17). 이 두 진술 사이의 유일한 차이점은 변화산에서 추가된 명령이다. "그의 말을 들으라"(17:5). 헛소리를 하고 있는 베드로에게 얼마나 적절한 훈계인가.

마침내 그들은 깨달았다. 하나님 아버지의 말씀이 귀에 울려 퍼지자 그들은 경건한 경외심에 머리를 땅에 조아렸다. 마태는 이때 그들이 "두려워[했다]"(17:6)고 말한다. 침묵이 흘렀다. 그래야 마땅했다. 아무 생각 없이 어쭙잖은 말을 하는 사람은 없었다. 장막을 세우겠다고 나서는 자도 없었다. 그 자리에 있어서 그런 일을 보는 것이 얼마나 놀라운 일인가에 대한 생각조차 없었다. 완전한 침묵과 절대적인 경외심만 있었다.

두려움에 떨며 엎드려 있는 제자들을 예수님은 부드러운 손길로 어루만지시며 말씀하셨다. "일어나라 두려워하지 말라"(17:7). 제자들이 고개를 들었을 때는 예수님밖에 없었다(17:8). 모세와 엘리야는 물론이고 하나님 아버지가 임재하시던 구름도 사라졌다. 예수님의 영광스러운 변모도 많이 사라졌다. 그들은 놀라운 영광을 얼핏 보았다. 찬란한 광휘에 싸인 천국이 실제로 이 세상 속으로 들어온 것이다. 하지만 아주 잠깐이었다. 언젠가 예수님이 심판자와 왕으로 다시 오시면 이 세상을 변화시키는 그 천상의 영광이 영원히 지속될 것이다(계 21:3-4).

—17:9-13—

베드로, 야고보, 요한이 산에서 내려와 다시 가이사랴 빌립보로 가는 길에 얼마나 얼이 빠지고 가슴이 벅찼을지 상상해보라. 그들은 거의 일주일 동안 휴식을 취했을 것이다. 그런 다음 예수님이 그들에게 기도하러 눈 덮인 헤르몬 산의 가파른 등성이를 함께 오르자고 청하셨다. 그곳에서 그들은 갑자기 하나님의 아들이 영광스럽게 변화하는 모습, 소리, 그리고 두려운 경외감-그리고 눈을 의심하게 만드는 모세와 엘리야의 카메오 출현까지-을 경험했다.

확신하건대, 산 아래서 기다리고 있는 다른 제자들에게 가기 위해 하산하면서 그들은 자기들이 경험한 변모 사건으로 친구들을 놀라게 하고 싶어 안달이 났을 것이다. 그런데 예수님이 바로 제동을 거셨다. 산을 내려가시면서 예수님은 그들이 본 것을 "인자가 죽은 자 가운데서 살아나기 전에는 본 것을 아무에게도 이르지 말라"(17:9)고 당부하셨다. 마가는 그들이 예수님의 부활에 대한 말씀의 의미를 제대로 이해하지 못했다고 기록한다(막 9:10). 그들이 골똘히 생각에 잠긴 것이 눈에 선하다. 예수님이 당신 자신을 말씀하시는 것인가? 모든 인류의 일반적인 부활을 말씀하시는 것인가? 부활이 일어나면 우리는 어떻게 알 수 있는가?

이것에 대해 이야기를 나누던 중 한 제자가 말라기의 예언을 거론하며 엘리야는 메시아가 오시기 전에 와야 한다고 말했다. "보라 여호와의 크고 두려운 날이 이르기 전에 내가 선지자 엘리야를 너희에게 보내리니 그가 아버지의 마음을 자녀에게로 돌이키게 하고 자녀들의 마음을 그들의 아버지에게로 돌이키게 하리라 돌이키지 아니하면 두렵건대 내가 와서 저주로 그 땅을 칠까 하노라"(말 4:5–6). 그런데 조금 전에 엘리야가 나타나지 않았던가? 엘리야가 이스라엘의 경건을 회복하기 위해 왔다면 어째서 예수님이 죽으셨다가 다시 살아나실 것이라고 하시는가? R. T. 프란스의 말을 보자. "요컨대 그들의 종말론 시간표는 뒤죽박죽이었다!"[25]

혼란에 빠진 제자들은 예수님께 설명을 요구했다. 엘리야가 먼저 오기를 기대하는 것이 옳았는가? 즉, 주님의 날, 최후의 심판, 죽은 자의 부활, 메시아의 시대가 시작되기 전에 엘리야가 오는가? 예수님은 서기관들의 가르침과 말라기 선지자의 말이 맞다고 대답하셨다. "엘리야가 과연 먼저 와서 모든 일을 회복하리라"(마 17:11). 그러면서 서기관들의 불완전한 가르침에 중요한 설명을 부연하셨다. 엘리야의 영을 받은 선지자가 세례 요한의 인격과 사역으로 이미 왔다는 것이다(17:12). 말라기서에서 예언한 엘리야처럼 요한은 회개를 외치고 이스라엘의 영성을 회복시키기 위해서 왔다. 하지만 이스라엘은 그를 거절했다. 결국 그는 불법적인 '유대인의 왕' 헤롯에게 체포되어 죽임을 당했다.

앞서 예수님은 유대인 중에 비판자들과 조롱하는 자들이 예수님이 고대하던 메시아, 장차 오실 이스라엘의 왕이라는 진리를 받아들였다면–"만일 너희가 즐겨 받을진대"(11:14)–세례 요한이 엘리야의 영과 권능을 가지고 올 선지자에 대한 기대를 성취했을 거라고 말씀하셨다. 스탠리 투생은 그들의 잘못된 관점을 이렇게 지적했다. "요한이 이 일을 성취하지 못했기 때문에 엘리야의 출현은 여전히 미래의 일이 되었다. 그러므로 논리적으로 하나님 나라의 도래 역시 미래로 미루어졌다고 결론지을 수 있다."[26]

그러므로 예언적 의미에서 엘리야는 세례 요한의 모습으로 이미 왔다. 제자들은 이것을 이해했다(17:13). 메시아를 예비하는 요한의 사역은 거부당했다. 대부분의 이스라엘 백성은 회개하고 주님께로 돌아오지 않았다. 따라서 인자, 즉 예수님도 그 백성에게 거부당하고 비슷한 대우를 받으실 것이다(17:12). 예수님이 가이사랴 빌립보에서 이미 가르치기 시작하셨듯이, 인자는 "장로들과 대제사장들과 서기관들에게 많은 고난을 받고 죽임을 당하고 제삼일에 살아나야 할 것"이다(16:21).

그러면 엘리야는 영원히 오지 않는다는 뜻일까? 아니면 엘리야의 영과 권능을 가진 다른 선지자가 온다는 것일까? 변화산에서 보았던 환상은 실제로 엘리야가 올 가능성이 아직 남아 있음을 보여주는 것 같다. 그리고 마태복음 17장 11절의 "엘리야가 과연 먼저 와서 모든 일을 회복하리라"는 예수님 말씀은 그분의 관점에서 아직 일어나지 않은 미래의 일을 가리킨다. 이 때문에 어떤 사람들은 언젠가 그리스도가 재림하시기 전에 이스라엘을 회개하게 하고 말세에 대대적인 부흥을 일으킬 엘리야(또는 엘리야와 비슷한 선지자)가 나타날 것을 기대한다. 또 많은 사람이 이 엘리야의 출현을 요한계시록 11장 3-14절에 나오는 두 증인의 사역과 연결한다. 실제로 어떤 이들은 이 증인들을 모세와 엘리야로 보았다. 어쨌든 그들은 이미 예수님의 변모 사건 때 나타나 예루살렘에서 이루어질 그리스도의 사명에 대해 의논했다(눅 9:30-31). 또 어떤 사람들은 이 두 증인을 구약에서 육체적 죽음을 겪지 않고 세상을 떠난 에녹과 엘리야로 본다(참조. 창 5:24, 히 11:5, 왕하 2:11-12).

요한계시록은 두 증인의 신원에 대해 구체적인 내용을 알려주지 않는다. 그들에게 3년 반 동안 예언할 수 있는 권한이 주어질 것이며, 그 기간 동안 그들은 해를 입지 않도록 보호받고 그들의 악한 적들에게 재앙과 심판을 내릴 수 있는 특별한 능력이 주어지리라는 것이 우리가 아는 전부다(계 11:3-6). 요한계시록 11장 4절에 나오는 감람나무 두 그루와 두 촛대의 상징은 스가랴 3-4장에 나오는 스룹바벨과 여호수아를 나타내는 상징과 일치하기 때문에 그 두 증인은 어떤 식으로든 요한계시록 11장 1-2절에 언급된 예루살렘 성전의 재건과 관련이 있을 것이다. 무엇보다도 그들에게 주어진 초자연적인 권세는 모세, 엘리야, 다른 구약 선지자들이 가졌던 권세와 비슷하며, 장차 있을 큰 환란기에 그들이 담당할 사역의 주된 특성을 보여줄 것이다. 내 생각에는 이스라엘이 세례 요한을 받아들였다면 그가 그 예언을 성취했을 것처럼, 모세와 엘리야의 영을 가지고 올 것으로 보이는 그 두 인물이 말라기 4장의 예언을 성취하는 역할을 할 것 같다.

적용: 마태복음 17:1–13

세 가지 악습

예수님의 놀라운 변모 기사 속에는 그리스도의 인격, 즉 그분의 진정한 인간성 안에 구현된 그분의 진정한 신성을 이해할 수 있는 깊은 신학적 함의가 담겨 있다. 그리고 장차 그분이 영광 중에 다시 오실 것을 잠깐 엿보게 해줌으로써 그리스도의 사역에 대해 많은 것을 시사한다. 우리는 위에서 이 의미 깊은 경험에 담긴 이런 측면들을 충분히 고찰했다. 이제 적용으로 들어가서 변모 사건을 목격하는 특권을 누린 세 제자의 입장에 서보고자 한다. 그러면서 우리 시대에 보편화된 세 가지 악습을 다루었으면 한다. 그것은 너무 서두르고, 너무 많이 말하며, 너무 빨리 반응하는 것이다.

첫째, 너무 서두르면 깊어지기가 힘들다. 수면 위를 날듯이 가르는 쾌속정처럼 인생을 살면서 무조건 빨리만 움직이면 깊이 들어갈 수 없다. 내 경험에 따르면 하나님은 우리를 따라잡으려고 서두르지 않으신다. 우리가 그분과 보조를 맞추기 위해 속도를 늦추어야 한다. 주님은 우리가 깊어지기를 원하신다. 더 깊이 생각하기를 원하신다. 주님은 우리가 스스로 생각하는 사람이 되기를 원하시는데, 그것은 성경을 겉핥기식으로 읽거나, 경건의 시간을 후딱 해치우거나, 기도 제목을 급히 훑어서는 되지 않는다. 변화산 사건 같은 경험은 명상과 성찰의 시간이 수십 년 필요하다. 30여 년이 지난 후에도 베드로는 계속 그 의미를 곰곰이 생각했고, 인생의 황혼기에 있던 요한도 그랬다. 그러니 깊어지려면 속도를 늦추라.

둘째, 말을 너무 많이 하면 많이 듣지 못한다. 그러면 많은 것을 놓친다. 연극을 볼 때 옆에 앉은 사람이 계속 말을 걸고, 온갖 것에 토를 달고, 질문하고, 공연 내내 지껄일 때 어떤 기분인지 아는가? 그런 사람들(그리고 당신도)은 이야기를 이해하는 데 중요한 세부 사항을 놓친다. 그리스도인의 삶도 마찬가지다. 우리는 침묵하는 법을 배워야 한다. 결국 변화산의 제자들도 그것을 깨달았다. 그들은 입을 다물고 그 경외로운 경험을 받아들였다. 우리도 그것을 배워야 한다. 말을 적게 하라. 더 많이 들으라. 나는 이스라엘 성지 순례단을 인도할 때 종종 "더 천천히 걷고, 더 적게 말하고, 더 깊이 생각하고, 더 많이 쓰고, 경이를 받아들이라"는 권고와 함께 첫 예배를 드린다. 이 모든 것은 서로 녹아든다. 그리고 그것들은 우리가 듣는 법을 배우지 못하면 모두 망칠 수 있다. 그러니 많이 듣기 위해 적게 말하라.

셋째, 반응이 너무 빠르면 인내심을 가지고 기다린 보상을 놓치게 된다. 현대의 빠른 생활방식 속에서 우리는 자칫 무분별하고 성급하게 반응할 수 있다. 당신은 베드로처럼 머릿속에 제일 먼저 떠오르는 생각을 불쑥 내뱉고 나중에 후회한 적이 얼마나 많은가? 나는 내가 원하는 것보다 더 많이 그랬다. 물론, 즉각적인 행동이 필요한 비상 상황과 간단한 일들도 있다. 그러나 대부분의 경우 긴박감은 생각일 뿐이다. 우리는 금방 반응하기보다는 멈추고, 심호흡하며, 상황이나 경험을 받아들이고, 곰곰이 생각한 다음 신중히 반응하는 법을 배워야 한다. 신중함은 현대 세계가 너무 자주 잃어버리는 미덕이다. 신중함을 되찾고 신중하게 사는 사람이 되자. 시간을 갖고 지혜롭게 반응하라.

겨자씨만 한 믿음과 산만 한 장애물(마태복음 17:14–21)

[14]그들이 무리에게 이르매 한 사람이 예수께 와서 꿇어 엎드려 이르되 [15]주여 내 아들을 불쌍히 여기소
서 그가 간질로 심히 고생하여 자주 불에도 넘어지며 물에도 넘어지는지라 [16]내가 주의 제자들에게 데
리고 왔으나 능히 고치지 못하더이다 [17]예수께서 대답하여 이르시되 믿음이 없고 패역한 세대여 내가
얼마나 너희와 함께 있으며 얼마나 너희에게 참으리요 그를 이리로 데려오라 하시니라 [18]이에 예수께서
꾸짖으시니 귀신이 나가고 아이가 그 때부터 나으니라

[19]이 때에 제자들이 조용히 예수께 나아와 이르되 우리는 어찌하여 쫓아내지 못하였나이까 [20]이르
시되 너희 믿음이 작은 까닭이니라 진실로 너희에게 이르노니 만일 너희에게 믿음이 겨자씨 한 알 만큼
만 있어도 이 산을 명하여 여기서 저기로 옮겨지라 하면 옮겨질 것이요 또 너희가 못할 것이 없으리라
[21](없음)

심각한 부상이나 육체적이든 정신적이든 만성 질환에 시달리는 아이를 키우는 부모라면 누구나 마태복음에 묘사된 다음 장면에 공감할 수 있다. 이 이야기 속 아이는 자신과 타인에게 위험한 존재였다. 묘사된 아이의 상태는 아주 심했다. 그 소년은 머지않아 생명을 잃을 수도 있었다. 얼마나 괴로운 상황인가! 얼마나 엄혹한 현실 세계의 고통인가! 그리고 불과 몇 시간 전 산 위에서 예수님이 변모하셨던 환상과 얼마나 대조적인가?

성경의 기사를 읽을 때는 늘 문학적, 역사적, 지리적 상황을 염두에 두어야 한다. 저자

는 종종 비교와 대조를 위해 특정 내러티브를 의도적으로 나란히 놓는다. 악령의 공격에 시달리는 한 소년의 이야기는 예수님의 영광을 강렬하게 보여준 직후에 나온다. 산 위에서 그 찬란한 광경이 펼쳐지는 동안 골짜기에서는 악의 세력과 조우한다. 예수님과 세 제자는 천상의 광휘에 휩싸였던 황홀경에서 벗어나 지상의 비참한 고통 속으로 내려온다.

예수님은 어느 새 비열한 비판자들에게 부추김을 당해 흥분한 군중에게 둘러싸인 채 절망과 실의에 빠진 가족과 당황해서 어쩔 줄 몰라 하는 제자들 가운데로 다시 돌아와 계셨다. 예수님이 그 상황에 들어오시자 비로소 혼란이 가라앉았다. 이 극적인 장면에는 믿음에 관한 중요하고, 놀라우며, 잊을 수 없는 교훈이 담겨 있다.

—17:14-18—

이 구절에 나오는 사건들을 제대로 이해하려면 마가와 누가의 복음서에서 몇 가지 세부 사항을 찾아보아야 한다. 놀라운 변모 사건을 경험한 뒤 예수님과 세 제자는 다음 날 산기슭—아마도 가이사랴 빌립보—에 도착했다. 거기서 그들은 예수님과 베드로, 야고보, 요한이 산에 갈 때 동행하지 않은 나머지 제자들을 만났다(막 9:14). 그런데 제자들은 자기들끼리 빈둥거리거나 해먹에서 낮잠을 자고 있지 않았다. 많은 군중이 그들을 둘러싸고 있었다(마 17:14, 막 9:14, 눅 9:37).

그 군중은 어디에서 온 것일까? 세 복음서의 기사를 다 읽어보면 무슨 일이 있었는지 잘 알 수 있다. 예수님과 세 제자가 산에 가 있던 동안 나머지 제자들은 극심한 육체적, 정신적, 영적 고통을 당하고 있는 아들을 둔 한 남자를 만났다. 마태는 그 아들을 "간질" 환자로 묘사하는데(마 17:15), 이 말은 헬라어 동사 *selēniazomai*(4583)를 번역한 것이다. 영어의 'lunatic'(미치광이)은 '달'(*luna*)이라는 라틴어에서 나왔다. 관련된 헬라어 명사 *selēnē*(4582)도 '달'이라는 뜻이다. 문자적으로 그 소년은 "미쳤다." 한 사전은 이렇게 설명한다. "고대에는 간질 발작이 달의 초월적인 힘과 관련이 있다고 보았다."[27] 세 복음서의 기사 모두 그 소년의 상태가 마귀의 공격으로 인한 것임을 시사한다. 증상은 복잡했다.

- 말은 못했지만 소리를 지를 수 있었다(막 9:17, 눅 9:39).

- 땅에 거꾸러지고 몸이 뻣뻣해졌다(막 9:18, 눅 9:42).
- 입에 거품을 물고 이를 갈았다(막 9:18, 20, 눅 9:39).
- 경련을 일으키고 땅에서 굴렀다(막 9:20, 눅 9:39, 42).
- 불과 물속에 던져졌다(마 17:15, 막 9:22).
- 공격을 받을 때마다 몸을 다쳤다(눅 9:39).

그 소년의 가족이 얼마나 고통을 받았을지 상상이 안 된다. 그 소년의 아버지는 어찌어찌해서 나사렛 예수가 마을에 와 있고 기적을 행하는 자로 명성이 자자하다는 걸 알게 되었다. 그는 아이를 예수님께 데려오려고 했지만, 거기에는 예수님이 산에서 돌아오시기를 기다리고 있는 아홉 명의 제자만 있었다. 제자들은 예수님이 오시기를 기다리지 않고 자기들이 직접 마귀를 쫓아내 소년을 치유하려고 했다(마 17:16). 보아하니 마귀의 공격에서 소년을 구해주려던 제자들의 시도는 실패했던 것 같다.

제자들이 소년에게서 악령을 쫓아내지 못했기 때문에 많은 군중이 모여 있었고, 그들 중에서 "서기관들이 그들과 더불어 변론하고" 있었다(막 9:14). 제자들이 예수님처럼 기적을 행하지 못하자 서기관들은 그 일을 빌미로 제자들이 자기들을 속였다고 비난했을 수도 있다. 서기관들이 예수님의 제자들(나아가 그들의 스승도)이 엉터리라고 비난하자 소년의 아버지는 절망으로 더 상심했다. 그 아이도 이어진 논란으로 군중이 흥분하는 바람에 악령의 광기에 계속 시달렸다.

그때 예수님이 오셨다.

그러자 소년의 아버지는 바로 예수님께 달려가 무릎을 꿇었다(마 17:14). 그는 서기관들, 제자들, 군중 사이에서 벌어진 신학적 논쟁에는 관심이 없었다. 제자들이 소년에게서 마귀를 쫓아내지 못했어도 예수님이라면 도우실 수 있다는 그의 확신을 막지 못했다. 그는 예수님께 자비를 구하면서 아들의 상태를 설명하고 제자들이 그 아이를 치료하지 못했다고 말했다(17:15-16).

언뜻 보면 예수님이 소년에게서 악령을 쫓아내지 못한 제자들에게 넌더리가 나신 것 같아 보인다. 그 아버지의 간청에 예수님이 보이신 반응에는 짜증이 묻어난다. "믿음이 없고 패역한 세대여 내가 얼마나 너희와 함께 있으며 얼마나 너희에게 참으리요"(17:17). 그러나 예수님이 구경꾼 무리와 제자들을 비난하는 몇 명의 서기관과 자기들이 실패한 이유를 설명하지 못하고 있는 제자들에게 에워싸여 계셨다는 것을 기억하라. 이에 비추어볼 때 예수님의 질책은 제자들에게만 국한된 것이 아니라 모든 인류를 향한 것이었던 것 같다. 예수님은 소년의 아버지, 제자들, 지켜보고 있는 군중 그리고 역사를 통틀어 모든 사람을 규탄하신 것이었다. 에덴동산에서 인류는 하나님이 세우신 세계 질서를 뒤틀고 모든 사람을 죄, 질병, 영적 사악함 앞에서 무력하게 만드는 하나님과의 괴리를 경험했다. 하나님의 능력이 우리를 위해 개입하지 않으시면 우리는 마귀의 위력 앞에 무릎을 꿇을 수밖에 없다.

그러나 예수님은 불신과 왜곡의 족쇄에 매여 있지 않으셨다. 그분은 소년의 아버지에게 고개를 돌려 말씀하셨다. "그를 이리로 데려오라"(17:17). 마가복음은 소년이 예수님 앞으로 끌려오자마자 경련을 일으키며 땅에 구르고 입에 거품을 물었다고 밝힌다(막 9:20). 점점 더 많은 사람이 이 극적인 조우의 결말을 보려고 오는 바람에 군중이 불어나기 시작했다. 예수님이 그 소년을 도우실 수 있을까? 아니면 예수님의 말씀도 제자들과 다를 바 없을까? 짐작컨대 군중 사이에 침묵이 흐르면서 들리는 소리라곤 소년의 비명뿐이었을 것이다.

마태복음은 예수님이 "꾸짖으[셨다]"고 말한다(마 17:18). 마가는 예수님이 실제로 하신 말씀을 그대로 전한다. "말 못하고 못 듣는 귀신아 내가 네게 명하노니 그 아이에게서 나오고 다시 들어가지 말라"(막 9:25). 이어 마태는 마귀가 소년을 떠났고, 그 즉시 소년의 모든 증상이 다 나았다고 말한다(마 17:18). 나는 예수님이 마귀에게 나가라고 명령하시자 아이가 편안해진 것을 본 군중이 지르는 탄성, 기쁨의 외침, 웅성거리는 소리를 상상할 수 있다. 아버지는 안전하고 건강하게 돌아온 아들을 끌어안고 기쁨의 눈물을 흘렸을 것이다. 그 자리에 서 있는 제자들은 마귀를 제압하려는 자기들의 시도가 왜 실패했는지 여전히 의아해하면서 힘들어하고 있었을 것이다. 그리고 제자들과 언쟁을 벌이고 있던 의심 많은 서기관들은 군중이 앞선 제자들의 실패에도 불구하고 갑자기 예수님께로 마음을 돌리자 당혹감과 분노로 얼굴을 붉혔을 것이다.

—17:19–21—

그런데 마귀는 왜 예수님과 베드로, 야보고, 요한이 도착하기 전에 제자들이 꾸짖었을 때는 떠나지 않았을까? 그 심오한 신학적이고 실제적인 질문이 제자들의 뇌리를 떠나지 않았을 것이다. 그들은 그 일로 너무 괴로워서 은밀히–군중의 시선이나 서기관들의 엿듣는 귀를 피해서–예수님께 와서 자기들이 무엇을 잘못했는지 물었다(17:19). 어쨌든 예수님은 이미 그들에게 "병든 자를 고치며 죽은 자를 살리며 나병환자를 깨끗하게 하며 귀신을 쫓아내[는]"(10:8) 권세를 주셨다. 그들의 능력이 약해진 것일까? 그들이 받은 권세의 기한이 다 찬 것일까?

누가복음은 그 사적인 대화를 기록하지 않았다. 마가의 기사는 "기도 외에 다른 것으로는 이런 종류가 나갈 수 없느니라"(막 9:29)는 예수님의 설명만 간략히 전한다.[28] 마태는 예수님의 설명에 또 한 겹의 깊이를 더한다. 그들이 악령을 쫓아내는 데 실패한 것은 "믿음이 작은 까닭"이었다(17:20). 예수님은 그들이 겨자씨만 한 믿음이라도 있다면 불가능한 일은 없을 거라고 장담하셨다. 실제로 예수님은 북동쪽에 있는 방금 내려오신 눈 덮인 헤르몬 산을 가리키시며 겨자씨만 한 믿음이 있으면 그 산보고 움직이라고 명령할 수 있으며 그 명령대로 될 것이라고 단언하셨다.

예수님은 분명 과장법을 사용하셔서 믿음의 중요성과 능력에 대한 논점을 이해시키고

Mustard Seed: © David Turner/Wikimedia Commons; Mt. Hermon: © Beivushtang at English Wikipedia

예수님은 제자들에게 겨자씨만 한 믿음이 있다면 산을 움직이게 할 수 있다고 훈계하셨다. 예수님은 이스라엘에서 가장 높은 헤르몬 산 기슭 인근에서 이 말씀을 하셨을 것이다.

계셨다. 그분은 세상에서 가장 작은 것 중 하나인 겨자씨를 사용하셔서 제자들의 작은 믿음을 지탄하셨다. 그렇게 작은 믿음이 헤르몬 산–시야에 들어오는 것 중 가장 큰 것–을 움직일 잠재력을 가지고 있다면 제자들의 믿음은 현미경으로 보아야 보일 정도로 작았던 것이 분명하다! 위로는커녕 이런 꾸지람을 들은 제자들은 더 낙심하고 부끄러웠을 것이다.

제자들의 작은 믿음을 꾸짖으시는 예수님의 질책과 기도로 마귀를 쫓아내는 것과의 관계를 이해하려면 베드로, 야고보, 요한만 목격한 변화산 사건을 포함해 전체 맥락을 고려해야 한다. 이 세 제자는 다른 제자들이 경험하지 못한 '산 정상에서의 경험'에서 예수님의 정체성, 영광, 권능에 대해 깊이 깨닫고 돌아왔다. 따라서 남은 아홉 제자는 예수님이 누구신지 알기는 했어도 완전하게 알지는 못했을 것이다. 그들은 아직 배울 것이 많았다.

또한 그들은 예수님이 안 계신 곳에서 그분의 분명한 위임을 받지 않은 채 활동하고 있었다. 앞서 제자들이 질병과 마귀를 다스리는 고유한 권세를 가지고 파송되었던 것과 달리(10:8) 이번에 제자들은 각자의 재량으로 행동하고 있었다. 아마도 그들은 자기들에게 그럴 권한이 있는지 의심했을 것이다. 이 밖에도 그들은 서기관들이 보내는 감시의 눈초리와 군중이 쏘아대는 의심의 시선을 받으며 행동하고 있었다. 대중의 회의적인 태도가 어떻게 우리 믿음을 시들게 할 수 있는지 보면 놀랍다. 마지막으로 그 악령에게 시달리는 소년의 경우는 그들이 그때까지 경험한 어떤 사건보다도 더 심각했을 수 있다. 아마 그들은 예수님이 그들에게 주신 권세로 그렇게 어려운 악령을 감당할 수 있을지 확신이 없었을 것이다.

만약 제자들이 예수님이 누구신지 그리고 그분의 능력이 무엇을 이루실 수 있는지 다 알았다면 그들은 기도를 택했을 것이다. 그들은 훗날 예수님이 가르치실 진리를 아직 분명히 깨닫지 못했다. "너희가 내 이름으로 무엇을 구하든지 내가 행하리니 이는 아버지로 하여금 아들로 말미암아 영광을 받으시게 하려 함이라 내 이름으로 무엇이든지 내게 구하면 내가 행하리라"(요 14:13-14). 또 그들은 아직 그들 안에 거하시고, 능력을 주시며, 예수님의 이름으로 이런 믿음의 일들을 행하게 해줄 성령 충만을 아직 받지 못했다.

요컨대, 제자들은 자기들이 예수 그리스도께 영원히 전적으로 의존해야 한다는 사실을 잊어버렸다. 기적을 행하는 능력은 그들의 근면함이 아니라 예수님의 전능하심에 달려 있었다. 어떤 의미에서 그것은 마치 그들이 눈을 질끈 감고, 주먹을 불끈 쥔 다음, 삶에 더 많은 힘을 불어넣을 결심을 해야 한다는 듯이 충분한 믿음을 갖지 못한 문제가 아니었다. 그렇지 않다. 겨자씨만 한 믿음만 있어도 헤르몬 산을 움직일 수 있다. 그들에게 필요한 것은 진정한 믿음, 즉 자신감이 예수 그리스도의 능력에 대한 신뢰로 바뀐 믿음이었다. 그분의 능력이 있으면 불가능이란 없다.

적용: 마태복음 17:14-21
어두운 골짜기에 산 위의 빛을 비추라

변화산의 순간은 우리의 현 상태를 바꾸기 위한 것이 아니라 우리의 인식을 변화시키기 위한 것이었다. 하나님은 평생에 걸쳐 주기적으로 우리를 옆으로 끌어당겨 속도를 늦추시고, 주의를 촉구하시며, 그분에 대해 더 깊은 가르침을 주시고, 그분 한 분만이 하나님이심을 상기시키신다. 우리는 종종 이런 순간을 '영적 절정' 또는 '산 정상의 경험'이라고 부른다. 그런 경험은 홀로 할 수도 있고, 예배 때나 성찰의 시간에 다른 사람들과 함께 경험할 수도 있다. 하나님은 우리가 병상에 누워 있을 때 또는 교회 수련회에 참석하고 있을 때 우리를 만나실 수 있다. 하나님은 우리가 시험을 치르고 있을 때, 교실에 앉아 있을 때, 차를 운전하고 있을 때 그분의 영광을 드러내실 수 있다. 이러한 경험은 우리를 정화시키고, 용기를 북돋워주며, 장차 닥칠 일을 대비하는 데 매우 중요하다. 그러나 우리는 거기서 살 수는 없다. 산 정상의 경험이 끝나면 우리는 산을 내려와 '일상'생활로, 안절부절못하는 군중과 무자비한 비판자들이 있는 골짜기로 돌아가야 한다.

제자들이 맛본 찬란한 산 정상의 경험과 그 아래 어두운 골짜기에서 그들이 마주한 급작스러운 도전 사이의 놀랍도록 상반된 상황을 보면서 우리가 해서는 안 될 몇 가지를 생각해보자.

첫째, 산 정상의 체험을 통해 주님이 당신에게 가르치신 것을 절대 잊지 말라. 그 순간 주님이 비추신 빛을 저 아래 골짜기로 가져가라. 그 빛이 당신의 인생을 비추게 하라. 영적 경험의 정점에서 배운 것을 그대로 두지 말라. 나는 주님이 내게 보여주신 것을 다시 생각해낼 수 있도록 깨달은 것을 적어놓곤 한다. 내 삶에는 주님이 뚫고 들어와 독특한 방식으로 그분의 성품과 능력을 드러내셨던 특별한 시간과 장소들이 있다. 나는 그 시간과 장소로 돌아가 주님이 하셨던 일들을 떠올린다. 나는 이런 깨달음을 결코 잊지 않았고, 그 깨달음은 내 사역의 큰 주춧돌이 되었다. 그런 경험이 우리의 관점을 어떻게 바꾸는지 보면 놀랍다. 그것들을 잊지 말라. 하나님이 누구시며 무엇을 하실 수 있는지 계속 상기시켜주는 표지판으로 삼으라. 아래 계곡에서는 그런 관점이 필요하다.

둘째, 세상의 장애물이 하나님의 진리를 가리게 하지 말라. 성경에는 시대를 초월해서 신뢰할 수 있는 진리의 원칙들이 있다. 그 원칙들은 당신의 삶에서 계속 입증된다. 혹독한 고난, 불가능한 상황, 문제의 심각성에 압도당하지 말라. 귀신 들린 소년처럼 복잡한 사건에 맞닥뜨리자 제자들은 예수님이 이미 극복하신 불가능한 도전들을 까맣게 잊어버렸다. 그들은 '아니, 이건 너무 어려워'라고 생각했다. 그들이 그렇게 생각하지 않았다면 하나님의 능력에 관한 한 장애물의 크기는 전혀 무관하다는 사실을 깨달을 수 있었을 것이다. 다시 말하지만, 산 정상의 경험에서 하나님이 당신에게 보여주신 것을 잊지 말라. 그 빛으로 당신을 둘러싼 어둠을 밝히고 거기서 걸어나가라. 평생 우리는 불가능한 상황으로 위장한 큰 기회들을 맞닥뜨릴 것이다. 그것들에게 겁먹지 말라. 물러서지 말라. 하나님이 가르쳐주신 진리를 기억하고 하나님을 신뢰하라.

마지막으로, 과거에 실패했다고 해서 어떤 것을 할 수 없다고 절대 생각하지 말라. 우리는 모두 과거의 잘못이나 실패를 반추하면서 다음의 어려운 단계나 벅찬 도전을 감당할 수 없다는 증거로 내세운다. 틀렸다! 과거의 실패는 당신이 자만심을 버리고 전적으로 하나님께 의지해야 하는 타락하고 연약한 인간이라는 증거일 뿐이다. 믿음은 실패를 두려워하는 마음을 몰아낸다. 제자들은 귀신을 쫓아내지 못한 것에 계속 집착할 수 있었다. 하지만 그들은 무엇이 잘못되었는지 알아내기 위해 예수님께 곧장 나아갔다. 그리고 신약의 나머지 부분은 그들이 포기하지 않았다는 것을 보여준다. 그들은 실패를 동력 삼아 그리스도와 더 깊은 관계를 맺고 믿음의 삶을 더 잘 이해하게 되었다.

죽음과 세금(마태복음 17:22-27)

22갈릴리에 모일 때에 예수께서 제자들에게 이르시되 인자가 장차 사람들의 손에 넘겨져 23죽임을 당하
고 제삼일에 살아나리라 하시니 제자들이 매우 근심하더라

24가버나움에 이르니 반 세겔 받는 자들이 베드로에게 나아와 이르되 너의 선생은 반 세겔을 내지
아니하느냐 25이르되 내신다 하고 집에 들어가니 예수께서 먼저 이르시되 시몬아 네 생각은 어떠하냐

세상 임금들이 누구에게 관세와 국세를 받느냐 자기 아들에게냐 타인에게냐 [26]베드로가 이르되 타인에게니이다 예수께서 이르시되 그렇다면 아들들은 세를 면하리라 [27]그러나 우리가 그들이 실족하지 않게 하기 위하여 네가 바다에 가서 낚시를 던져 먼저 오르는 고기를 가져 입을 열면 돈 한 세겔을 얻을 것이니 가져다가 나와 너를 위하여 주라 하시니라

예수님과 제자들은 떼려야 뗄 수 없는 사이였다. 예수님의 공생애 중 마지막 6개월에 접어들면서 그 관계는 더 확고해졌다. 십자가에 점점 더 가까이 가실수록 예수님은 대중과 보내는 시간을 줄이시고 그분을 따르기로 헌신한 신실한 제자들, 특히 특별한 소명을 받은 열두 사도 그리고 특별히 몇 가지 기적을 은밀히 목도하는 특권을 누렸던 세 제자와 더 많은 시간을 보내셨다.

그러나 예수님이 그들에게 전하시고자 하는 말과 그들이 듣고 싶은 말이 다를 때가 많았다. 비판자들과의 갈등의 골이 깊어지고 군중의 동요가 점점 커지는 것을 감지하면서 제자들은 한편에는 위선적인 교사들과 부정한 통치자들, 또 한편에는 성육하신 하나님의 아들과 기적을 행하는 그분의 제자들이 있는 최후의 결전을 상상했을 것이다. 그러나 예수님은 계속 그분의 체포, 고난, 죽음에 대해서 말씀하셨다. 하지만 제자들로서는 예수님이 죽임을 당하시고 자기들만 남겨져 계속 살아가야 한다는 것은 생각도 할 수 없었다. 그들 생각에 그런 시나리오는 얼토당토않았다.

이런 모습은 우리가 달갑지 않은 소식에 어떻게 반응하는지 생각해보면 이해할 수 있다. 말기 암 진단을 받았을 때 우리가 제일 흔히 보이는 첫 반응은 믿지 않는 것이다. 사실을 부인하고, 메신저를 공격하고, 제2, 제3의 의견을 구한다. 마찬가지로 사랑하는 사람의 죽음 같은 비극적인 소식을 들었을 때 우리의 첫 반응은 대개 그것을 부인하고, 진실을 차단하며, 어쩌면 우리가 잘못 들었거나 큰 착오가 있었을지도 모른다는 희망을 끝까지 놓지 않으려고 한다.

그러나 예수님은 그 배신이 일어나기 전에 제자들이 현실을 받아들이게 만드셔야 했다. 예수님은 제자들에게 자기가 떠난 후의 삶을 준비시키려고 하셨다. 그래서 열두 사도가 제대로 받아들이지 못해도 예수님은 성실히, 자주 그리고 시도 때도 없이 그들이 듣고 싶어 하지 않는 이 주제를 꺼내셨다. 그러면서 다른 방법-기적을 행하시고, 더 깊은 영적

진리를 가르치시며, 그들이 따를 수 있는 모범을 보이시는 것-으로도 그들을 계속 준비시키셨다.

—17:22-23—

헤르몬 산 기슭에 있는 가이사랴 빌립보에서 일주일 남짓 머물렀던 예수님과 제자들은 다시 갈릴리로 돌아왔다. 그 친숙한 지역의 친숙한 얼굴들-친구와 적 모두-이 섞여 있는 군중 속에서도 그들은 분명 언짢아하는 비판자들과 비웃는 회의론자들이 자아내는 긴장이 점점 더 커지고 있는 것을 느끼기 시작했을 것이다. 이런 분위기 속에서 예수님은 다가오는 자신의 고난에 대해 직설적으로 말씀하셨다.

예수님은 이미 자기가 고난받고, 죽었다가 다시 살아날 것을 제자들에게 밝히셨고(16:21, 17:12) 이제는 세부 사항을 추가하셨다. 예수님은 "사람들의 손에 넘겨[지실]" 것이다 (17:22). "넘겨지다"로 번역된 헬라어 *paradidōmi*(3860)는 '넘겨주다', '뒤집다', '정나미가 떨어지다'는 뜻이다.[29] 그때 제자들이 그 말씀을 생각해보았다면 즉시 이런 질문이 떠올랐을 것이다. "도대체 인자가 누구에게 넘겨진단 말인가?" 분명 그분을 고문하고 죽일 사람들에게 넘겨질 텐데 누가 그렇게 그분을 배신한단 말인가? 어쩌면 그들은 예수님이 처음으로 '내부자 범행', 즉 그들 중 하나가 예수님을 배신한다는 사실을 폭로하고 계시는 것을 알아챌 수도 있었을 것이다.

하지만 그들은 그렇게 깊이 생각하지 않았다. 사실 그들은 "죽임을 당하고"(17:23)라는 말 외에 다른 것에는 별다른 관심을 기울이지 않았던 것 같다. "그들이 매우 근심"했다는 말로 보았을 때 그들은 예수님의 죽음이라는 사실만 곱씹었던 것 같다. 보통 격한 감정에 휩싸이면 정확하게 듣거나 명확하게 생각하기가 어렵다. 제자들은 그분의 체포에 관련된 배신이나 "제삼일에 살아나[는]" 기적에 대해서는 묻지 않았다.

누가의 복음서는 제자들의 상태를 좀 더 자세히 서술한다. "그들이 이 말씀을 알지 못하니 이는 그들로 깨닫지 못하게 숨긴 바 되었음이라 또 그들은 이 말씀을 묻기도 두려워하더라"(눅 9:45). 예수님은 그 문제에 연연하지 않으셨다. 예수님은 그때에 하고 싶은 말씀을 다 하셨다. 예수님은 훗날 그 말씀이 싹틀 수 있도록 씨앗을 심고 계셨다.

마태복음에 나오는 예수님의 고난에 대한 예언

지상 사역을 마치실 날이 다가오자 예수님은 자신의 고난, 죽음, 부활을 더 자주 예언하셨다. 다음 목록에서 진술이 점점 더 명확해지는 것을 눈여겨보라.

- 또 자기 십자가를 지고 나를 따르지 않는 자도 내게 합당하지 아니하니라(10:38).
- 이 때로부터 예수 그리스도께서 자기가 예루살렘에 올라가 장로들과 대제사장들과 서기관들에게 많은 고난을 받고 죽임을 당하고 제삼일에 살아나야 할 것을 제자들에게 비로소 나타내시니(16:21).
- 이에 예수께서 제자들에게 이르시되 누구든지 나를 따라오려거든 자기를 부인하고 자기 십자가를 지고 나를 따를 것이니라(16:24).
- 내가 너희에게 말하노니 엘리야가 이미 왔으되 사람들이 알지 못하고 임의로 대우하였도다 인자도 이와 같이 그들에게 고난을 받으리라(17:12).
- 갈릴리에 모일 때에 예수께서 제자들에게 이르시되 인자가 장차 사람들의 손에 넘겨져 죽임을 당하고 제삼일에 살아나리라(17:22-23).
- 보라 우리가 예루살렘으로 올라가노니 인자가 대제사장들과 서기관들에게 넘겨지매 그들이 죽이기로 결의하고 이방인들에게 넘겨 주어 그를 조롱하며 채찍질하며 십자가에 못 박게 할 것이나 제삼일에 살아나리라(20:18-19).
- 인자가 온 것은 섬김을 받으려 함이 아니라 도리어 섬기려 하고 자기 목숨을 많은 사람의 대속물로 주려 함이니라(20:28).
- 농부들이 그 아들을 보고 서로 말하되 이는 상속자니 자 죽이고 그의 유산을 차지하자 하고 이에 잡아 포도원 밖에 내쫓아 죽였느니라(21:38-39).
- 너희가 아는 바와 같이 이틀이 지나면 유월절이라 인자가 십자가에 못 박히기 위하여 팔리리라(26:2).
- 예수께서 아시고 그들에게 이르시되 너희가 어찌하여 이 여자를 괴롭게 하느냐 그가 내게 좋은 일을 하였느니라…이 여자가 내 몸에 이 향유를 부은 것은 내 장례를 위하여 함이니라(26:10, 12).

—17:24-27—

속담에 있듯이 우리 인생에는 확실한 것 두 개가 있다. 죽음과 세금이다. 예수님이 방금 당신이 죽으실 것을 말씀하신 터라 제자들은 마음이 혼란스럽고 불안했다(17:23). 그런데 세금 문제가 불거졌다.

분명 그것은 그들의 관심사가 아니었다. 사실 그 문제는 그들이 마침내 자기들의 본거지인 가버나움으로 되돌아가고 있을 때 느닷없이 튀어나왔다. 세리들이 어법상 시인하는 답이 요구되는 질문을 가지고 베드로에게 접근했다. "너의 선생은 반 세겔을 내지 아니하느냐?"(17:24) 그들은 왜 예수님이 아니라 베드로에게 갔을까? 윌리엄 바클레이는 이 점에 주목했다. "의심의 여지없이 이 질문은 악의적이다. 그들은 예수님이 세금을 내지 말라고 하시기를 바랐다. 만약 예수님이 세금을 거부하시면 정통파들이 그분을 고발할 빌미가 생길 것이기 때문이다."[30] 여기서 우리는 예수님의 반대자들이 어떻게 해서든지 그분을 함정에 빠트리려고 하는 것을 본다. 그들은 노골적인 정면 대결에서 망신을 당하면 우회적인 방법으로 예수님의 기를 꺾으려고 했다.

문제는 당시 성전세는 로마법으로 보나, 모세의 율법으로 보나 사실상 의무가 아니었다는 점이다.[31] 성전세는 관습적이고 자발적인 것이었다.[32] 예수님 시대에 성전세는 예루살렘 성전에 대한 개인의 충성심과 이스라엘에 대한 애국심의 척도였다. 따라서 이것은 모세 율법에 대한 예수님의 충성심이 아니라 당대의 종교와 정치 문화에 대한 충성심을 검증하는 것이었다. 예수님은 문화적 기대에 부응하실까? 아니면 인간이 만든 사회 규범을 무시하고 독자적인 노선을 취하실까?

베드로는 한 치의 망설임도 없이 예수님을 대신해 그렇다고 대답했다(17:25). 베드로가 예수님이 세금을 내신다고 변호한 것은 경솔하고 주제넘은 대응이 아니었을 것이다. 성전세는 매년 납부하는 것이었으므로 예수님이 과거에 세금을 내신 사실을 베드로가 알았을 가능성이 크다. 그러나 그때는 베드로도 예수님도 실제로 세금을 낼 돈이 없으셨던 것 같다. 여하튼 마가는 예수님이 가버나움의 어느 집(아마도 베드로의 집) 안에 계셨고, 베드로는 밖에서 세리와 대화를 나누었음을 분명히 밝힌다. 예수님은 그 짧은 대화를 엿들으셨거나 초자연적인 능력으로 대화 내용을 알고 계셨다.

베드로가 집 안에 들어오자 예수님은 기회를 놓치지 않으시고 성전세에 대한 자신의 입장을 설명하셨다. 베드로(그리고 다른 사람들)는 왜 신인(God-man)이신 예수님이 성경에 규정되어 있지도 않고 로마법이 요구하지도 않는 성전세를 순순히 내시는지 의아했을 것이다. 베드로와 다른 제자들에게 더 높은 목적을 위해 개인의 권리를 포기하는 것을 가르치기에 얼마나 완벽한 순간인가.

예수님은 일반적인 세제에 관한 질문으로 시작하셨다. 세상 왕들은 자기 아들에게서 세금을 받는가, 아니면 타인에게서 받는가?(17:25) 답은 분명하다. 왕은 자기 자녀들에게 세금을 징수하지 않는다. 왕의 가족은 세금을 걷어서 혜택을 누린다. 게다가 왕은 자기 영토에서 누가 세금을 낼지를 결정하는 궁극적인 권위자다. 따라서 왕의 자녀는 세금을 면제받는다(17:26).

그러므로 예수님은 성전세를 내실 필요가 없다는 것이 타당하고 논리적인 결론이다. 어디까지나 예수님은 하나님의 아들이시다. 성전은 하나님과 하나님을 섬기는 일에 봉헌되었다. 그러니 세상 왕의 자식들이 세금을 면제받듯이 예수님도 성전세를 면제받으시는 것이 당연하다. 이 추론에 따르면 다음과 같은 논리적 결론을 얻을 수 있다. 예수님의 제자들은 예수님의 영적 가족이므로(12:49-50) 그들 역시 성전세를 면제받는 것이 당연하다.

하지만 예수님은 성전세를 내셨다. 왜 내셨을까? 세리들의 일을 전적으로 지지하시는 데다가 성전세가 정당한 의무라고 믿으셨기 때문일까? 헤롯의 미화 사업에 동참해서 성전을 더 멋지게 꾸미고 싶으셨기 때문일까? 대제사장과 사제들의 광팬이셨던 것일까? 당신이 얼마나 신심이 돈독하고 애국자인지 사람들에게 보여주시고 싶어서였을까? 이런 것들은 다른 사람들이 성전세를 내는 이유였을지는 몰라도 예수님의 이유는 아니었다.

성전세(마태복음 17:24)

마태복음 17장 24절에 나오는 "반 세겔의 세금"은 성전의 유지비로 부과되는 연세였다. A. T. 로벗슨은 이렇게 말한다. "모든 20세 이상의 유대인 남성은 성전 관리를 위해 세금을 내야 했다. 그러나 그것은 세리가 정부를 대신해 징수하는 것과 같은 의무적인 세금은 아니었다."[33]

더러 출애굽기 30장 11-16절을 세금에 대한 성경적 근거로 제시하려고 한 사람들이 있었을지 모르나, 그 구절은 매년 정기적으로 납부하는 세금이 아니었다. 그것은 모세 시대에 성막 사역을 위해 인구 조사를 한 뒤 걷은 일회성 성금에 관한 지시였다. 이 때문에 예수님 시대에 성전세는 논란의 대상이었다. R. T. 프란스는 이렇게 설명한다. "사두개인들은 세금을 탐탁지 않게 여겼고, 쿰란 공동체 사람들은 평생 딱 한 번 성전세를 냈다."[34]

유대인 역사가 요세푸스는 AD 70년에 성전이 파괴된 뒤 로마 황제가 "어디에 있든 모든 유대인에게 조공을 바치게 했으며, 예루살렘 성전에 반 세겔을 바쳤던 것처럼 매년 각 사람이 동일한 액수를 카피톨 신전에 내도록 명령했다"고 기록했다.[35] 카피톨 신전은 로마의 카피톨리누스 언덕에 있는 주피터 신전을 말한다.[36] 이와 같이 예수님 시대에 종교적 신심과 애국심의 표시로 여겨졌던 그 세금이 1세기 말에는 종교적 배신과 변절의 상징으로 눈살을 찌푸리게 하는 것이 되었다.

예수님이 세금을 내시고 제자들도 내기를 바라셨던 이유는 세금을 걷는 자들의 눈에 거슬리지 않기 위해서였다(17:27). 그러면 예수님이 갑자기 어떻게 해서든지 공격과 갈등을 피하려 하셨다는 뜻일까? 그분은 평화를 위해 권력자들의 불합리한 요구에 기꺼이 굴복하셨던 것일까? 그분이 가르침으로 바리새인들을 거침없이 공격하신 것이 얼마 전이었다 (15:12-14). 이제 논쟁에 넌더리가 나서 부드러워지신 것일까? 그분의 혁명적인 가르침의 열기가 식은 것일까?

그렇지 않다! 예수님은 문화적 기대에 부응해 최소한의 세금을 내시면서 싸워야 할 대상을 지혜롭게 선택할 필요가 있다는 것을 추종자들에게 보여주고 계셨다. 또 성전세를 내는 것이 죄가 될 것은 없었다. 그렇다고 의무도 아니었다. 그것은 중립적이었기 때문에 의인들은 성전세를 내는 것의 유불리를 신중히 따져보아야 했다. 성전세를 걷는 세리들을 조롱해서 하나님 나라를 선포하는 데 득이 될 일은 없었다. 그리고 세금을 내면 외부인들에게 쓸데없이 꼬투리를 잡힐 일도 없었다.

세리들의 기대를 충족시키려면 예수님과 제자들은 돈이 필요했다. 아마 그들이 조달한 자금은 가이사랴 빌립보 지역을 여행하면서 다 소진되었을 것이다. 그래서 예수님은 베드로를 갈릴리 호수로 보내 물고기를 잡게 하셨는데, 잡힌 물고기 입 속에 베드로와 예수님이 내야 할 세금 한 세겔이 들어 있었다(17:27). 그런데 나는 예수님이 어째서 그런 기적적인 방법으로 그 돈을 얻게 하셨는지 잘 모르겠다. 어쩌면, 레온 모리스(Leon Morris)가 제안했듯이, 예수님은 복음 전파 사역을 위해 제자들이 반은 기부금으로 세금을 내고 싶지 않으셨을 수도 있다.[37]

나는 갈릴리 호수에서 잡힌 하찮은 물고기가 예수님의 성전세를 냈다는 사실이 재미있다! 반 세겔의 세금은 대략 이틀 치 임금이었지만,[38] 낚시 한 번에 물고기를 잡은 것은 거의 불로소득이었다. 따라서 예수님과 베드로는 오로지 실제적인 목적으로 세금을 냈지만 사실상 둘 다 아무 수고도 하지 않았고, 자기들의 (또는 다른 사람의) 돈도 전혀 쓰지 않았다. 이로써 예수님이 복음 전파를 위해 되도록 거슬리는 행동을 삼가려고 신경 쓰신 것이지 세금 자체에 대해서는 아무 관심이 없으셨음을 알 수 있다.

적용: 마태복음 17:22-27

이중 시민권자로 살기

우리 중 누구도 성전세를 낼 것인가 말 것인가의 딜레마에 봉착하는 일은 없을 것이다. 그렇다면 이 구절은 지금 우리에게 어떻게 적용될까? 나는 예수님이 성전세를 처리하신 방식이 이중 시민권자로 사는 데 수반되는 긴장을 여실히 보여주고 있다고 생각한다. 하나님의 자녀인 우리는 천국 시민이다(빌 3:20). 그러나 우리는 권리와 책임을 가진 세상의 시민이기도 하다(예. 행 22:28). 그러므로 우리는 하나님을 경외하고 그분께 순종하면서 동시에 우리를 통치하는 정부를 존중하고 복종해야 한다(롬 13:1-5). 여기에는 납세도 포함된다!(롬 13:6-7)

명심하라. 신자의 첫 번째 의무는 하나님께 순종하는 것이며, 하나님 나라의 시민권이 무엇보다도 중요하다. 이 땅의 법이 하나님의 명령과 충돌할 때는 그분의 진리가 지배하고 그분의 뜻이 우선해야 한다. 그런 경우 우리는 사람보다 하나님께 순종해야 한다(행 4:18-20, 5:27-29). 그러나 대개의 경우 정부의 법은 하나님의 법에 저촉되지 않는다. 하나님은 우리가 고속도로에서 얼마나 빨리 운전해야 하는지 지시하지 않으셨지만, 정부는 그렇게 한다. 하나님은 우리가 수입의 몇 퍼센트를 정부에 내야 하는지 말씀하지 않으셨지만, 우리의 법은 그것을 규정한다. 하나님은 우리가 공공장소에서 개를 산책시킬 때 목줄을 해야 하는지에 대해 말씀하지 않으셨지만, 많은 도시에는 그런 법이 있다. 이런 문제들에 대해서 우리는 정부의 규정을 따라야 한다.

하지만 하나님의 명령도 없고 세속적인 법도 없이 사회적 규범과 전통으로만 존재하는 것에 대한 문화적 기대는 어떻게 해야 하는가? 그럴 때는 복음을 위해서 우리가 선호하는 것을 기꺼이 포기해야 한다. 만약 반문화적인 삶의 방식으로 인해 하나님 나라와 그분의 백성이 경멸당한다면 하나님의 말씀에 위배되지 않는 한 우리는 기꺼이 개인의 권리를 포기하고 사회의 기대에 부합해야 한다. 이 문제를 생각해볼 수 있는 몇 가지 질문을 살펴보자.

당신은 당신 나라의 좋은 시민인가? 아니면 하나님은 내가 얼마나 빨리 운전하든 상관하지 않으신다는 등의 변명을 늘어놓으며 법규를 어기면서 은밀한 기쁨을 누리는가? 당신이 이중 시민권자임을 기억하라. 하나님은 말씀하시지 않았지만, 당신의 정부는 그 문제에 대해 말했다. 당국의 지시를 따르라.

중립적 가치 또는 회색 쟁점들에 대한 자유를 당신은 어떻게 이해하는가? 이 경우에 자유란 그것이 외부인의 기분을 상하게 하거나 그들이 그리스도께 가는 길에 장애물이 되는 것과 상관없이 당신 마음대로 하는 것을 의미한다고 생각하는가? 당신은 자유라는 명목 아래 자기중심적인 생활방식을 합리화하는가? 하나님의 백성이 경멸당하지 않게 복음을 부정적으로 비추지 않으려면 어떻게 해야 하는지 생각해보라.

어린아이에게서 배운 인생의 교훈(마태복음 18:1-14)

1그 때에 제자들이 예수께 나아와 이르되 천국에서는 누가 크니이까 2예수께서 한 어린 아이를 불러 그
들 가운데 세우시고 3이르시되 진실로 너희에게 이르노니 너희가 돌이켜 어린 아이들과 같이 되지 아니
하면 결단코 천국에 들어가지 못하리라 4그러므로 누구든지 이 어린 아이와 같이 자기를 낮추는 사람이
천국에서 큰 자니라 5또 누구든지 내 이름으로 이런 어린 아이 하나를 영접하면 곧 나를 영접함이니 6누
구든지 나를 믿는 이 작은 자 중 하나를 실족하게 하면 차라리 연자 맷돌이 그 목에 달려서 깊은 바다에
빠뜨려지는 것이 나으니라

7실족하게 하는 일들이 있음으로 말미암아 세상에 화가 있도다 실족하게 하는 일이 없을 수는 없으
나 실족하게 하는 그 사람에게는 화가 있도다

8만일 네 손이나 네 발이 너를 범죄하게 하거든 찍어 내버리라 장애인이나 다리 저는 자로 영생에
들어가는 것이 두 손과 두 발을 가지고 영원한 불에 던져지는 것보다 나으니라 9만일 네 눈이 너를 범죄
하게 하거든 빼어 내버리라 한 눈으로 영생에 들어가는 것이 두 눈을 가지고 지옥 불에 던져지는 것보
다 나으니라

10삼가 이 작은 자 중의 하나도 업신여기지 말라 너희에게 말하노니 그들의 천사들이 하늘에서 하
늘에 계신 내 아버지의 얼굴을 항상 뵈옵느니라 11(없음)

12너희 생각에는 어떠하냐 만일 어떤 사람이 양 백 마리가 있는데 그 중의 하나가 길을 잃었으면 그
아흔아홉 마리를 산에 두고 가서 길 잃은 양을 찾지 않겠느냐 13진실로 너희에게 이르노니 만일 찾으면
길을 잃지 아니한 아흔아홉 마리보다 이것을 더 기뻐하리라 14이와 같이 이 작은 자 중의 하나라도 잃는
것은 하늘에 계신 너희 아버지의 뜻이 아니니라

지금 우리가 가진 신약성경 이후의 전통은 예수님과 동행한 열두 사도의 신분을 부풀린 것이 많다. 이런 과장(나는 잘못이라고 생각하는)은 고대의 벽화가, 중세의 조각가, 르네상스 시

대의 예술가 그리고 오도된 교인들이 더 심화시켰다. 많은 사람이 이런 전통 때문에 사도들을 성 베드로, 성 야고보, 성 안드레, 심지어 성 요한 더 디바인(Saint John the Divine)이라고 부르는 것을 배웠다. 뿐만 아니라 사도들은 반짝이는 금테가 둘린 성스러운 의복, 실물보다 큰 대리석 조각상, 빛나는 후광과 천사 같은 얼굴, 더러는 무릎을 꿇고 두 손을 모으고 머리를 숙여 지극히 겸손한 자세로 기도하는 모습으로 표현되었다.[39] 하지만 복음서를 열면 다른 그림이 보인다. 마태복음 18장의 막이 오르면 우리는 그 '고귀하고 거룩한' 제자들이 그들 중 누가 제일 큰지를 놓고 다투는 모습을 보게 된다. 그것은 마치 아드레날린이 넘치는 프로 레슬링 선수나 욕설이 입에 달린 권투 선수들로 가득 찬 방의 모습과 다를 바 없다. 옛 작가들과 예술가들이 성스럽게 그린 제자들이 자기들 중 누가 일인자인지를 놓고 겉옷이 찢어지고 후광이 찌그러질 정도로 치고 받고 싸우는 모습이 상상이 되는가? 사실, 열두 사도는 사심 없는 겸손을 온화하게 보여주는 더할 나위 없이 경건한 성자들이 아니었다. 오히려 그들은 경쟁적이고, 저돌적이며, 아둔하고, 이기적이며, 자기들끼리 있으면 누가 제일 큰지를 놓고 언쟁을 벌이는 갈릴리 사람들이었다. 다시 말해, 그들은 여전히 작업 중에 있는 범작(凡作)이었다. 우리처럼 말이다.

예수님은 이런 결점투성이인 제자들과 함께 다니시던 중 자기보다 남을 앞세우기는커녕 자기들의 성과만 내세우는 그들의 습성이 걱정이 되셨다. 한번은 예수님이 이런 그들의 성향을 아주 특별한 방법-어린아이를 내세워 모든 세대에 적용할 수 있는 삶의 중요한 교훈을 가르치는 것-으로 폭로하기로 하셨다.

—18:1—

일행이 가버나움으로 돌아온 지 한 시간도 채 지나지 않아 예수님은 제자 몇 명을 거처로 부르셔서 가이사랴 빌립보에서 돌아오는 긴 여정 동안 그들이 무슨 이야기를 나누었는지 물으셨다(막 9:33). 알고 보니 그들은 자기들 중에서 누가 제일 큰 자인지를 놓고 언쟁을 벌였다. 전능하신 예수님은 이미 다 알고 계셨지만, 속담에 있듯이 "고백은 영혼에 유익하다." 제자들이 예수님의 질문에 묵묵부답이었던 것으로 보아 누가 일인자인가를 놓고 벌인 자기중심적인 논쟁을 예수님이 마뜩잖아 하시는 것을 알았던 것이 분명하다(막 9:34).

무엇이 그런 엉뚱한 논쟁을 촉발했을까? 어쩌면 예수님이 베드로, 야고보, 요한만 데리고 헤르몬 산에 올라가서 변화산 사건을 목격하게 하셨기 때문에 그들이 다른 아홉 명의 제자에게 거만하게 행동했을 수도 있다. 다른 제자들이 산에서 무슨 일이 있었는지 물었을 때 그들은 예수님의 명령대로 입을 굳게 다물었을 것이다(마 17:9). 이로 인해 이미 예수님과의 관계에서 자기들의 위상에 대해 논쟁할 마음을 먹고 있던 제자들 사이의 긴장이 더 팽팽해졌을 것이다. 만약 그랬다면 세 제자는 이상하게도 앞서 예수님이 찬란한 영광 속에서 계실 때 자기들이 땅에 엎드려 벌벌 떨고 있었다는 사실을 잊어버린 것 같다. 그리고 열두 사도는 예수님이 방금 당신이 예루살렘에서 배신당하고 죽으실 거라고 그들에게 말씀하셨다는 사실은 안중에 없는 듯하다. 그들은 현실을 자각하고 지금 가장 중요한 것이 무엇인지 깨닫지 못한 채 서로 자기가 더 잘났다고 다투었다.

자기들끼리 티격태격한 것이 계면쩍었던 제자들은 예수님이 무슨 말을 하고 있었는지 물으시자 침묵했다. 그들은 사실을 숨기고 '그들 중 누가 가장 큰 자인가'라는 구체적 논쟁을 보편적인 신학적 질문으로 바꾸었다. "천국에서는 누가 크니이까?"(18:1) 물론, 그 이론적인 질문은 그들이 예수님께 진짜 궁금해하는 것, 곧 "우리 중 누가 제일 큰가?"에 대한 답을 간접적으로 끌어내기 위한 연막에 불과했다.

—18:2-6—

예수님은 그들의 질문에, 가슴이 뜨끔하면서 고개를 절로 끄덕이게 만드는 예상치 못한 답을 하셨다. 그분은 어린아이 한 명을 불러서 제자들 앞에 세우셨다(18:2). 예수님이 가버나움에 있는 베드로의 집에 머물고 계셨다면, 그 아이는 베드로의 아이거나 아니면 사촌이나 잘 아는 가족의 자녀였을 것이다. 그 아이가 사내아이였는지 여자아이였는지는 알 수 없다. 헬라어 용어는 중성이고 그냥 어린아이를 지칭하는데, 아마도 아장아장 걷는 유아일 것이다.[40] 예수님이 아이를 앞쪽 한가운데 세우신 것은 과감한 행동이었다. "아이는 어른들이 있는 자리에 있을 수는 있어도 말은 하지 말아야 한다"라는 영어 속담이 있었다면, 고대 이스라엘에서는 아이들이 아예 있으면 안 되었다! R. T. 프란스는 이렇게 말한다. "유대인 사회에서 어린아이는 어른들에게 종속된 보살핌의 대상일 뿐 존중의 대상이 아니었다."[41] 그래서 그 아이는 멀뚱멀뚱 바라보고 있는 열두 명의 거만한 제자들에게 둘러싸여 어리둥절한 표정으로 서 있었을 것이다. 제자들은 예수님이 도대체 무슨 생각을 하고 계시는지 의아해했다.

그런데 그때 예수님이 이렇게 말씀하셨다. "너희가 돌이켜 어린 아이들과 같이 되지 아니하면 결단코 천국에 들어가지 못하리라"(18:3). 나는 제자들이 그 말을 듣고 움찔 놀라는 것이 상상이 된다. 그들의 질문은 하나님의 나라에서 누가 가장 큰 자인가 하는 것이었다. 예수님은 그들이 어린아이와 같아지지 않으면 하나님 나라에 그들의 자리는 없을 거라고 대답하셨다. 형세가 역전되었다! 예수님이 직접 그 아이를 불러서 거기 세우셨다. 거기는 아이가 있을 자리가 아니었고 자리를 얻을 수도 없었을 것이다. 하지만 첫째 자리를 놓고 다투는 제자들과 달리 그 아이는 거들먹거릴 이유도, 갈채를 받으려는 욕망도 없었고, 그 자리에 불려 나온 이유조차 몰랐다. 아이는 예수님 바로 앞-실제로는 그분의 오른편에 서 있었다-에 불려 나온 것이 사뭇 불편했을 것이다. 그 아이는, 다른 사람들이 다 아는 바와 같이, 아이들이 그 방에 있어서는 안 되며, 더군다나 관심의 대상이 되어서는 안 된다는 것을 알고 있었다. 분에 넘치는 호의를 잘 보여주는 광경이었다! 은혜가 무엇인지 보여주는 광경이었다!

예수님은 더 나아가 하나님 나라에 들어갈 수 있는 비결은 겸손이라고 설명하셨다. 그 아이는 자존심도, 교만도, 자만심도, 기대감도, 격상에 대한 욕망도, 권리 의식도, 거짓 경건도 없었다. 보이는 그대로였다. 천국에서는 그 어린아이처럼 겸손한 사람들, 즉 자기들이 하나님 나라에 들어가고 지위를 얻는 것은 전적으로 예수님의 자비와 은총에 달려 있음을 이해하는 사람들이 가장 큰 자로 여겨질 것이다(18:4).

지금은 모든 관심을 쏟아 아이들을 양육하지만, 1세기에는 전혀 그렇지 않았다. 생산을 할 수 있을 만큼 나이가 들기 전까지 대체로 아이들은 작고, 경험이 없으며, 지저분하고, 무지하며, 사실상 무익한 존재로 여겨졌다. 성인이 될 때까지 아이들은 방해물로 여겨졌다. 예수님은 계속 제자들의 사회적 세계관을 거꾸로 뒤집어 사회의 가장 보잘것없는 구성원인 어린아이를 다시 가리키며 말씀을 시작하셨다. 예수님은 사회의 최하위 계층에 속했을 어린아이에게 친절을 베푸는 것이 하나님 나라에서 가장 높은 왕이신 예수님께 친절을 베푸는 것과 같다고 말씀하셨다(18:5).

그리고 그 반대도 사실이다. 만일 누군가가 이렇게 귀한 하나님의 가족을 소중히 여기지 않고 멸시해서 실족하게 만든다면 그 사람은 응분의 대가를 치를 것이다(18:6). 예수님은 극적인 이미지를 사용하셔서 무력하고 순진한 아이에게 해를 끼쳤을 때 받을 심판을 묘사하셨다. 그런 사람은 차라리 목에 맷돌을 매고 바다에 빠져 죽는 것이 낫다! 맷돌이라는 말에 사람들은 곡식을 가루로 빻는 데 사용하는 크고 무거운 돌을 떠올렸을 것이다. 그렇게 무거운 것을 달고 바다 밑으로 가라앉는다면 절대 돌이키지 못할 것이다.

예수님은 어린아이들을 향한 사랑과 관심을 있는 그대로 전달하시면서(참조. 19:13–15) 작은 것으로 큰 것을 논증하고 계셨다는 점에 유의하라. 하나님이 물리적 가정에서 가장 인정받지 못하고 가장 낮게 평가되는 구성원을 그렇게 높게 평가하신다면, 어떻게 하나님의 영적 가족들이 그들의 영적 형제자매를 멸시할 수 있는가? 어린아이와 같은 겸손함을 가진 자가 가장 큰 자라면, 어떻게 제자들이 하나님 나라에서 누가 가장 큰 자인지를 놓고 서로 다툴 수 있는가? 우리는 속전속결의 삶에서 느리고 뒤처지는 사람들을 그냥 지나치기 쉽다. 사회가 소중히 여기지 않는 사람들을 제쳐놓기 쉽다. 예수님은 제자들에게 그런 사람들을 위한 자리를 마련하고, 받아들이며, 보호하고, 심지어 높이라고 하셨다.

© Michael Svigel

올리브를 으깨는 데 사용했던 고대 맷돌의 복제품.

—18:7–11—

이어 예수님은 다른 사람들의 길에 '걸림돌'을 놓는 주제로 넘어가셨다. 18장 7절에 "실족하게 하는 일"로 번역된 헬라어는 *skandalon*(4625)이다. 이것의 동사형 *skandalizō*(4624)는 18장 6절에서 "실족하게 하다"라는 뜻으로 쓰였고, 여기에서 영어의 scandalize가 나왔다. 예수님은 약하고 순진하고 배우지 못하고 어수룩한 자들을 꼬드겨 죄악 된 길로 가게 하는 유혹이 너무나도 많은 세상을 규탄하셨다. 예수님이 세상을 향해 말씀하신 "화가 있도다"라는 말은 슬픔이나 분노 같은 깊은 감정의 강렬한 표현이다. 타락한 세상에서 이런 유혹은 불가피하지만, 악행을 저지르는 자들은 끌려가서 무시무시한 응보를 받을 것이다.

18장 8-9절에서 예수님은 우리를 죄와 범죄로 이끄는 것들에 대해서도 똑같이 엄중히 경고하셨다. 결국 다른 사람을 실족하게 하는 자는 먼저 스스로 실족한 자이며, 그렇게 반복적으로 짓는 개인의 죄는 우리가 우리 삶 속에 실족하게 하는 것들을 허용할 때 자라난다. 그리고 대부분 죄를 방치하는 단계로 이어진다. 유혹에 넘어지는 것은 결코 개인적이고 사적인 차원에서 끝나지 않는다. 그 결과는 반드시, 우리가 꼭 예측할 수만은 없는 방식으로, 다른 사람들에게 영향을 미친다. 우리를 실족하게 하는 것들을 우리 삶에 방치하면 결국 다른 사람들도 넘어지게 만드는 연쇄 반응이 일어난다. 마태복음 5장 29-30절에서 정욕에 대해 말씀하신 것처럼 예수님은 자신을 죄에서 지키는 것의 중요성을 강조하시려고 과장법을 사용하셨다. 과장법은 듣는 사람의 감정을 움직이기 위해 명백한 과장을 사용하는 수사법이다. 예수님은 우리 삶에서 걸림돌을 제거하는 해결책으로 말 그대로 신체를 절단하라고 하신 것이 아니었다. 예수님은 당신을 따르는 자들이 죄와 유혹에 관한 관 비타협적인 기준을 갖기를 바라셨다.[42]

예수님의 가르침이 엉뚱한 방향으로 흐른 것처럼 보일지도 모르겠다. 예수님은 제자들이 누가 제일 큰가를 놓고 언쟁을 벌인 것에 대한 꾸지람으로 시작하지 않으셨는가? 그다음에 어린아이를 소중히 여기는 것으로 방향을 트셨다가 이제는 죄의 심각성에 대한 이야기로 나아가셨다. 사실 예수님은 자기중심적인 삶과 타인 중심적인 삶의 차이를 보여주고 계셨다. 크레이그 블롬버그(Craig Blomberg)는 이렇게 말한다. "이렇게 스스로가 하나님께 전적으로 의지하는 존재임을 인식하고 그로 인해 다른 신자들을 겸손하게 섬기며 환영하는 사람들과, 자기 자신과 다른 사람들을 죄에 빠지게 만드는 사람들-가짜 신자를 포함해서-은 계속 극명하게 대비된다."[43] 제자들은 두 갈래 길 앞에 서 있었다. 한쪽은 자신과 다른 사람들을 파멸시킬 이기심, 교만, 죄의 소용돌이 속으로 빠지는 길이고, 다른 쪽은 이타심, 겸손 그리고 가장 연약한 신자들까지도 의로 인도하는 길이다.

천국에서는 가장 작아 보이는 자가 사실은 가장 큰 자라는 영적 교훈으로 다시 돌아오신 예수님은 제자들에게 그런 사람들을 평가절하하고 깎아내리지 말라고 충고하셨다. 우리는 얼마나 쉽게 어린아이들, 또는 믿음이 약하고 깨어지기 쉬운 신자들을 과소평가하거나 깎아내리는가. 우리는 재능이 있거나 부유하거나 유명하거나 권력이 있는 사람들을 우대하면서 누구보다도 그리스도의 성품을 잘 나타내는, 하지만 사람들의 눈에 덜 띄는 교인들에게는 등을 돌린다. 어린아이들이 천국의 각별한 보호 아래 있듯이, 단순하고 어린아이 같은 믿음을 가진 자들은 천사들이 지켜보고 있다(18:10). 신인(God-man)이신 그분도 그렇게 하찮아 보이는, 만약 그분이 없었다면 완전히 잃어버리게 될 자들을 위해서 자기의 생명을 포기하셨다.[44] 천국이 잃어버린 바 된 연약한 영혼들에게 그런 가치를 부여한다면 우리도 당연히 그래야 하지 않겠는가?

—18:12-14—

예수님이 직접 어린아이를 실례로 들어 가르치시고자 했던 것은 그분의 추종자들이 보통 제일 하찮게 여기거나 제일 환영받지 못하는 자들을 자애롭게 대하고 지속적인 관심을 표하는 것이었다. 이 범주 안에는 길을 잃었거나 똑바로 가지 못하고 방황하는 사람들도 들어 있다. 나는 예수님을 믿는 부모 밑에서 자랐지만 신앙을 버린 수많은 자녀가 떠오른다. 또 기독교에 대해 '할 만큼 해봐서 다 안다'는 태도를 가진 모든 포스트 기독교 국가들도 있다. 그들은 길을 잃었다. 우리는 얼마나 쉽게 그들을 방관하고, 포기하며, '예수 동아리' 회원들만 걱정하는가.

예수님은 이런 자기중심적인 태도에 문제를 제기하셨다. 목자들은 자기 양에게 헌신하며 무리에서 이탈했거나, 병들었거나, 다친 한 마리 양까지도 열심히 찾아다니신다고 알려져 있다(18:12). 우리는 모두 방황하는 양을 되찾아오는 것을 귀찮고 성가신 일로 여기지 않고 긍휼한 마음으로 최선을 다하는 선한 목자로 부름받았다. 우리는 비용 대비 수익을 계산하면서 한 영혼이 나머지 양 떼의 안전을 위태롭게 할 만한 가치가 없다고 판단하기가 얼마나 쉬운가. 그러나 예수님은 정반대를 격려하신다. 그 잃어버린 양 한 마리를 찾았을 때, 우리의 하늘 아버지가 한 어린아이의 회심이나 어린아이 같은 믿음을 가진 신자를 보고 기뻐하시듯이 목자는 기뻐한다(18:13-14).

적용: 마태복음 18:1-14

어린아이처럼

사람들은 대체로 예수님의 제자들처럼 자만심에 있어서는 귀가 얇다. 우리는 보통 자기의 미덕과 장점을 부각하기 위해 다른 사람들과 자기를 비교한다. 우리는 다른 사람들의 약점을 강조하고 자신의 중요성을 강조하기 위해 다른 사람들을 비판한다. 우리는 끊임없이 우리 중에서 가장 훌륭하고, 가장 똑똑하며, 가장 빠르고, 가장 부유하며, 가장 예쁜 사람을 찾는다. 인정할 건 인정하자. 당신이 참석했던 모임의 단체 사진을 볼 때 당신이 제일 먼저 찾아보는 사람은 당신 자신이다. 우리는 참여하고 있는 프로젝트가 완료되어 참가자의 이름이 발표될 때 우리 이름이 불리기를 바란다. 안타깝게도 나이가 든다고 해서 이기적이고 자기중심적인 성향이 저절로 줄어들지는 않는다. 사실 정반대일 때도 있다.

우리는 그리스도 앞에 서 있는 어린아이를 기억해야 한다. 그 아이는 우리 모두가 함양해야 할 두 가지 중요한 자질을 상징한다. 하나는 겉모습이 아니라 우리의 속사람이 어떤 모습인가에 중점을 두는 어린아이 같은 순수함이고, 또 하나는 우리 자신보다 다른 사람을 더 낫게 여기는 어린아이 같은 겸손이다. 우리가 이 두 가지 미덕을 제대로 갖추면 우리 자신과 다른 사람을 올바른 시각으로 보면서 그리스도처럼 살게 될 것이다. 그리스도를 닮은 인품에 관한 바울의 말을 생각해보라. "아무 일에든지 다툼이나 허영으로 하지 말고 오직 겸손한 마음으로 각각 자기보다 남을 낫게 여기고 각각 자기 일을 돌볼뿐더러 또한 각각 다른 사람들의 일을 돌보아 나의 기쁨을 충만하게 하라"(빌 2:3-4). 바울은 이것이 바로 그리스도가 가지셨던 마음이라고 말한다(빌 2:5).

어린아이처럼 되라는 예수님의 예시는 우리는 모두 하나님의 눈에 똑같이 소중하다는 사실도 일깨워준다. 이 예화는 주 예수 그리스도가 왜 당신과 나를 포함한 모든 사람을 위해 죽으셨는지를 설명하는 데도 유용하다. 너무 어려서, 너무 나이가 많아서, 너무 죄가 많아서, 너무 보잘것없거나 너무 단순해서, 너무 가난해서 그 은혜를 받지 못하는 사람은 없다. 그러나 성령이 우리의 마음을 돌이켜 어린아이처럼 예수님께 나아오지 않으면 우리는 너무 교만하고, 너무 완고하며, 너무 이기적이고, 너무 오만할 것이다. 당신이 처음 그리스도께 회심했을 때뿐만 아니라, 왕의 자녀로서 그분과 동행할 때 당신은 언제나 그분 앞에서 어린

아이와 같은 존재임을 잊지 말라.

서로를 돌아보아 대면하라(마태복음 18:15-20)

[15]네 형제가 죄를 범하거든 가서 너와 그 사람과만 상대하여 권고하라 만일 들으면 네가 네 형제를 얻은
것이요 [16]만일 듣지 않거든 한두 사람을 데리고 가서 두세 증인의 입으로 말마다 확증하게 하라 [17]만일
그들의 말도 듣지 않거든 교회에 말하고 교회의 말도 듣지 않거든 이방인과 세리와 같이 여기라 [18]진실
로 너희에게 이르노니 무엇이든지 너희가 땅에서 매면 하늘에서도 매일 것이요 무엇이든지 땅에서 풀
면 하늘에서도 풀리리라

[19]진실로 다시 너희에게 이르노니 너희 중의 두 사람이 땅에서 합심하여 무엇이든지 구하면 하늘에
계신 내 아버지께서 그들을 위하여 이루게 하시리라 [20]두세 사람이 내 이름으로 모인 곳에는 나도 그들
중에 있느니라

이상하게 들릴지 모르지만, 자식에 대한 부모의 사랑을 가장 확실하게 보여주는 것 중 하나가 자식들이 길을 잘못 들었을 때 훈육의 책임을 다하는 것이다. 물론, 아이들은 훈육을 좋아하지 않는다. 특히 자녀들이 잘못에 대해 아무 응보도 받지 않고 원하는 것을 원하는 때에 하도록 허용하는 '뭐든 다 들어주는' 부모 밑에서 자라는 아이들은 더 그렇다. 그런 부모는 자식들의 삶에서 그릇된 것을 다루지 않고 외면하는, 무관심하고 무책임한 부모다.

우리의 하늘 아버지는 사랑하는 자들을 성실하게 훈육하신다. 히브리서 저자는 주님이 영적 자녀들을 훈육하시는 것을 잠언 3장 11-12절에 나오는 지혜의 말씀으로 설명한다.

> 또 아들들에게 권하는 것 같이 너희에게 권면하신 말씀도 잊었도다 일렀으되 내 아들아 주의 징계하심을 경히 여기지 말며 그에게 꾸지람을 받을 때에 낙심하지 말라 주께서 그 사랑하시는 자를 징계하시고 그가 받아들이시는 아들마다 채찍질하심이라(히 12:5-6).

훈육, 지적, 대면, 이런 것들은 사람들을 향한 미움의 표시가 아니라 하나님이 당신의 자녀들을 사랑하신다는 징표다.

지상의 부모와 하늘의 아버지에게 진리인 것은 그리스도의 몸 안에 있는 자들에게도

진리다. 그리고 서로를 책임지는 것은 유익한 일이다. 신자 공동체가 서로를 올바르게 책임지고 견인하는 것은 실제로 그리스도 안에 있는 형제자매들에게 사랑을 실천하는 것이다. 서로를 책임진다는 것 안에는 서로 사랑하고 배우며, 서로를 살펴주고 인정하며, 격려하고 조언하며, 대면하고 징계하는 것도 포함된다. 우리는 사람들의 삶에 간섭하기를 좋아해서가 아니라 그들을 아끼기 때문에 대면한다.

짧은 구절이기는 하지만 마태복음 18장 15–20절에 나오는 책임과 징계에 관한 예수님의 가르침은 이 중요한 문제에 대한 우리의 책임을 이해하는 데 지극히 중요하다. 우리는 어떤 때 징계가 필요한지, 어떻게, 왜 징계해야 하는지 배울 것이다. 징계와 서로를 책임지는 것을 현대의 그리스도인들은 좋아하지 않을 수도 있지만, 균형 잡힌 영적 성장을 위해서 필요하다.

—18:15—

나는 성령이 신자들에게 내주하시는 순간부터 그들이 주님의 임재에 들어가는 그날까지 주님이 모든 신자를 곧고 좁은 길로 인도하신다는 것이 사실이기를 바란다. 신자들이 옳고 그름을 분별하고 외적인 동기나 교정 없이도 옳은 일을 하게 하시는 성령의 내면의 속삭임에 늘 즉각 반응한다면 일반적으로 사역, 결혼, 자녀양육 그리고 삶이 훨씬 수월해질 것이다. 그러나 그런 영적인 삶은 우리가 영원한 세계에서 기대하고 있는 것이다. 그런 삶은 우리의 궁극적 구속을 기다리고 있는 이 '중간 시대'에 우리가 마주하는 현실은 아니다.

따라서 예수님은 다음 가르침을 우리 모두가 인생에서 몇 번이고 마주하게 될 지극히 현실적인 시나리오로 시작하셨다. "네 형제가 죄를 범하거든…"(18:15). 예수님은 제멋대로 행동하는 동료 신자들의 예를 들면서 "형제"라는 말을 사용하셨지만, '자매'나 '형제 또는 자매'를 사용하실 수도 있었다. 다만 남자 제자들에게 말씀하고 계셨기 때문에 그들의 동료 중 한 사람이 죄를 범해 서로 지적하고 책임을 져야 하는 상황을 보여주는 것이 제일 적절했을 뿐이다. 그러나 원칙은 더 광범위하게 적용된다.

우리가 예수님이 가르치신 책임, 대면, 교회 징치의 과정을 차근차근 살펴보기에 앞서 한 걸음 물러나 이 중요한 주제를 우리가 명확하고 균형 있게 이해하는 데 도움이 될 다섯 가지 일반적인 원칙을 생각해보는 것이 유익할 것 같다.

첫째, 심각한 죄에 맞서는 것은 사랑이다. 이것이 소위 포용적 교회들의 가장 큰 문제다. 사람들은 종종 이런 말을 한다. "우리는 우리 교회에 속한 사람들이 어떻게 사는지 상관하지 않아요. 그건 그들과 하나님 사이의 문제죠. 중요한 것은 우리 모두가 예수님을 사랑하고 서로 사랑한다는 것이랍니다." 그러나 그건 사랑이 아니다. 당신의 아이가 독약을 마시려고 한다면 당신은 "글쎄, 나라면 안 먹겠지만 아이의 기분을 상하게 하고 싶지 않아. 내 아이가 스스로 결정하게 하고 아이의 결정을 존중해야겠지"라고 말하지는 않을 것이다. 그런데 어째서 죄로 가득 찬 파괴적인 삶을 살고 있는 사람들을 이런 태도로 대하는가?

둘째, 심각한 죄를 대면하려면 옳은 일을 행할 수 있는 꿋꿋함이 있어야 한다. 당신이나 당신의 교회가 마태복음 18장 15-20절에 나오는 그리스도의 말씀(그리고 고린도전서 5장에 언급된 비슷한 원칙)에 순종한다면 당신에게는 온갖 꼬리표가 붙을 것이다. 편협하고, 사랑이 없으며, 복수심이 많고, 율법적이며, 비판적이고, 광신적인 사람. 당신은 관련된 죄인들과 이미 교회에 적대적인 사람들뿐만 아니라 판단력이 흐리거나 옳은 일을 행할 배짱이 없는 사람들에게도 비방받고, 고소당하고, 핍박받을 수 있다. 은혜를 전파하는 많은 교회의 교인들은 어떤 사람이 회개하지 않는 중대한 죄에 맞서 싸울 때마다 그 사람에게 대뜸 율법주의자라는 꼬리표를 붙이곤 한다. 그러나 우리는 사람들이 싫어하더라도 최선을 다해 옳은 일을 행해야 한다.

셋째, 심각한 죄에 맞서는 것은 선택 사항이 아니다. 우리는 곧 마태복음 18장 15-20절에 나오는 예수님의 명확한 지침을 살펴볼 것이다. 이 지침을 알면 하나님의 기준에 맞게 절차를 진행할 수 있다. 우리는 이 말씀을 읽고, 연구하고, 묵상한 다음 기도하며 신중히 적용해야 한다. 이 본문은 죄를 다루기 위한 대면을 철회하거나 중간에 물러날 여지를 남겨놓지 않는다. 교회의 건강과 성결을 위해서 그리고 죄인의 구조와 회복을 위해서 우리는 모두 지혜가 이끄는 대로 이 과정에 참여해야 한다.

넷째, 심각한 죄에 맞서는 목적은 처벌하기 위해서가 아니라 바로잡기 위해서다. 야고보는 이렇게 썼다. "죄인을 미혹된 길에서 돌아서게 하는 자가 그의 영혼을 사망에서 구원할 것이며 허다한 죄를 덮을 것임이라"(약 5:20). 자칭 그리스도인 '경비원'들은 언제나 있다. 그들은 죄인들을 붙잡아 교회 문까지 호송한 다음 거칠게 내쫓아 다시는 성전에 얼굴을 내밀지 못하게 하는 것이 자기들의 사명이라고 생각한다. 그런 태도는 완전히 잘못된 것이다. 교회가 징치하는 목적은 방황하는 성도들을 모욕하거나 화나게 만드는 것이 아니라 그들이 자기들의 잘못을 인정하도록 권면하고, 회개의 자리로 인도하며, 교제로 다시 돌아오도록 이끄는 것이다. 당신은 경비원과 목자 중에서 누구의 마음을 가졌는가?

마지막으로 심각한 죄에 맞서는 것은 외부인이 아닌 내부자들을 위한 것이다. 교회의 징치는 신자들이 신자들에게 행하는 것이다. 마태복음 18장에 요약된 과정은 그리스도 안에 있는 형제자매의 교제 밖에 있는 사람들에게 적용하는 방법을 설명한 것이 아니다. 고린도전서 5장 12-13절에서 바울은 이렇게 썼다. "밖에 있는 사람들을 판단하는 것이야 내게 무슨 상관이 있으리요마는 교회 안에 있는 사람들이야 너희가 판단하지 아니하랴 밖에 있는 사람들은 하나님이 심판하시려니와 이 악한 사람은 너희 중에서 내쫓으라." 이러한 성경의 기본적인 원칙을 바탕으로 예수님의 사례 연구로 돌아가보자. 믿음 안에 있는 형제(또는 자매)가 죄를 범한다. 어떤 고대 필사본은 "너에게"라는 말을 넣어서 개인적인 문제로 표현한다. 어떤 경우든 우리가 그 문제를 "그 사람과만"(마 18:15) 다루어야 한다는 사실은 최소한 그 문제가 공개적인 추문 또는 이단, 배교, 신성모독 같은, 더 큰 집단이나 교회 전체에 대한 죄가 아님을 시사한다. 그러나 잘못을 저지른 자는 죄를 인정하지도 않았고, 고백하거나 화해하거나 잘못을 바로잡으려는 시도도 전혀 하지 않았다.

이런 종류의 숨겨진 죄와 뉘우치지 않는 마음을 알게 되었을 때 우리는 사랑으로 반응해야 한다. 특히 그것이 개인적으로 우리에게 지은 죄라면 더욱 그래야 한다. 성경은 이렇게 말씀한다. "친구의 아픈 책망은 충직으로 말미암는 것이나 원수의 잦은 입맞춤은 거짓에서 난 것이니라"(잠 27:6). 그렇다. 대면은 상대방의 감정을 상하게 하고 방어적인 태도를 취하게 할 수 있다. 그러나 범죄 행위를 간과하는 것은 사랑이 아니다. 기도만 하는 것은 불완전한 반응이다. 다른 사람에게 말하면 추문으로 전락한다. 공동체 안에서 기꺼이 책임을 공유하고자 하는 사람들은 다른 사람들과 대면하고 다른 사람들의 대면을 받을 준비가 되어 있어야 한다. 그러한 대면은 율법주의와 다르다. 겸손과 긍휼로 신중하고 올바르게 대면한다면 다른 사람을 진정으로 사랑한다는 구체적인 증거가 된다.

나는 바울이 갈라디아서에 쓴 말을 좋아한다. "형제들아 사람이 만일 무슨 범죄한 일이 드러나거든 신령한 너희는 온유한 심령으로 그러한 자를 바로잡고 너 자신을 살펴보아 너도 시험을 받을까 두려워하라"(갈 6:1). 우리가 그렇게 배려심이 많고 따뜻하고 온유한 태도를 보이면 그 방황하는 신자가 귀를 기울일 것이고, 그렇게 되면 "네가 네 형제를 얻[는다]"(마 18:15). 그때 그 과정은 끝난다. 용서가 확장되고, 회개와 고백이 이루어지며, 그 사람과 주님과의 관계가 회복되고, 두 신자 사이에 화해가 이루어진다.

한 가지 더 짚고 넘어갈 것이 있다. 전자 메일, 문자 메시지, 전자 통신의 시대에는 몇 마디 말을 급히 찍어서 '보내기'를 클릭하는 것으로 대인관계의 갈등을 해결하고, 서로를 책임지고 견인하는 책무를 다하려는 유혹이 정말 강하다. 그러나 거의 모든 경우에 이런 매체를 사용하는 것은 바른 방법이 아니다. 손 편지, 타이핑하고 인쇄해서 우편으로 보낸 편지도 이상적이지 않다. 한 주석가가 지적하듯이, "다른 어떤 것보다도 편지로 인해 더 많은 문제가 발생했다. 편지는 잘못 읽히거나 잘못 해석될 수 있다. 편지는 결코 의도하지 않았던 어조를 부지불식간에 전달할 수 있다. 우리가 누군가와 의견 차이가 있다면 그것을 해소할 수 있는 유일한 방법은 정면으로 맞닥뜨리는 것이다. 글로 썼을 때는 악화되기만 했을 차이를 말로 해결할 수 있을 때가 많다."[45]

직접 만나 대면하는 것이 불가능한 경우라면 차선책은 화상 회의나 화상 통화다. 그것도 안 되면 전화 통화가 서면보다 낫다. 물론, 그런 개인적인 대면은 불편하다. 계획, 시간, 에너지, 어떤 때는 돈도 든다. 그리고 소셜 미디어를 통해 간단히 적은 메시지를 보내는 것보다 훨씬 불편하다. 그러나 장담하건대, 특히 그리스도 안에 있는 형제나 자매가 죄를 지어서 회복의 단계를 밟고 있다면, 그럴 만한 가치가 있다.

—18:16—

물론 성경은 우리가 바라는 대로가 아니라 있는 그대로 말한다. 사실 사적인 대화가 처음부터 항상 성공하는 것은 아니다. 잘못을 저지른 형제나 자매와 신중히 대면했지만 회개를 이끌어내지 못했다면 두 번째 단계가 필요하다. 예수님은 한 사람 이상의 증언을 토대로 사건을 규명한다는 구약의 일반적인 원칙을 가져오셨다. 신명기 19장 15절 말씀이다. "사람의 모든 악에 관하여 또한 모든 죄에 관하여는 한 증인으로만 정할 것이 아니요 두 증인의 입으로나 또는 세 증인의 입으로 그 사건을 확정할 것이며."

예수님은 이 원칙을 적용하셔서 죄를 짓고 있는 형제자매에 대해 책임을 물을 신자들의 범위를 넓혀야 할 필요성을 설명하셨다. 만약 한 신자가 염려하는 말을 했는데도 회개하지 않는다면 다음에는 "두세 명의" 사람을 더 데려와서 성경이 요구하는 "두세 증인"이라는 조건을 충족해야 한다(마 18:16). 이는 한두 사람이 그 완고한 신자의 죄를 목격했어야 한다는 뜻인가? 아니다. 두세 증인이 있어야 한다는 신명기의 원래 원칙은 두세 명의 실제 목격자의 증언을 바탕으로 범죄가 기소되는 법적 절차를 언급했지만, 예수님은 중재하는 데 두어 사람을 더 참여시키면 더 신빙성 있고 설득력이 있을 것이라는 일반적인 원칙을 끌어내기 위해 이 구절을 인용하셨다. 이렇게 하면 대면 절차가 더 공식적이고 진지하게 이루어지고 있다는 뜻도 전달할 수 있다. 그리고 죄를 짓고 있는 신도가 계속 행로를 바꾸려 하지 않는다면 그 사람이 실제로 진심 어린 권고를 받아들이지 않았다는 사실을 증언할 수 있을 것이다.

이 두 번째 단계를 취해야 하는 상황이라면 다른 한두 사람을 신중하게 선택하라. 신중성, 공평성, 경험, 인품, 성숙도, 성경적이고 신학적인 지식이 제일 중요하다. 죄를 지은 사람에 대한 긍휼, 인내, 자비, 순수한 사랑 역시 중요하다. 기억하라. 목표는 그 사람을 궁지에 몰아넣거나 집단으로 공격하는 것이 아니라, 잠언 11장 14절의 말씀처럼 경건한 다수가 모은 지혜를 끌어내는 것이다. "지략이 많으면 평안을 누리느니라."

그러나 이 단계에서도 승리는 보장되지 않는다. 그 사람이 처음에 일대일의 대면을 거부했듯이 두세 사람에게도 방어적이고 완강한 거부 반응을 보일 수도 있다.

—18:17—

예수님은 최악의 시나리오를 설명해주셨다. 불행히도 나는 지난 수십 년 동안 사역하면서 이 불행한 단계를 밟을 수밖에 없었던 상황을 몇 차례 겪었다. 거기까지 가기를 바라는 사람은 없지만, 그런 상황이 닥치면 예수님이 정하신 지침을 준행하는 것이 중요하다.

범죄한 사람이 동료 신도 두세 명의 조언을 거절하면 그 뒤는 더 공식적이고 심각한 절차를 밟게 된다. 예수님은 이 지경에 이르면 "교회에 말하[라]"(18:17)고 말씀하셨다. 마태복음에서 *ekklēsia*(1577)라는 용어—"교회"로 번역된—가 사용된 것이 여기가 두 번째다. 첫 번째는 16장 18절에서 예수님이 하신 말씀에 나온다. "내가 이 반석 위에 내 교회를 세우리니." "교회"라는 말은 마가복음, 누가복음, 요한복음에서는 쓰이지 않았다. 사도행전 5장 11절에 나오고 그 후로 신약성경의 나머지 부분에서 성령 세례로 설립된, 예수 그리스도의 제자들로 이루어진 새 공동체를 일컬을 때 쓰인다(고전 12:13).

회중에게 호소하는 이 단계에서도 징계의 목적은 그 사람의 교인 자격을 박탈하거나, 멀리하거나, 공개적으로 굴욕과 망신을 주려는 것이 아니다. 예수님은 "교회의 말도 듣지 않거든" 엄중한 결과가 뒤따를 것이라고 말씀하셨다(마 18:17). 그렇다면 그 문제를 교회에 알리는 목적은 잘못을 설득해서 회개할 마지막 기회를 주기 위해서다.

이 취지를 염두에 두고 '교회'라는 단어가 꼭 주일 아침 예배에 모인 회중 전체를 가리키는 것은 아님을 알아야 한다. 이 말은 장로들 혹은 교회를 대표해서 신중하게 뽑은 자격을 갖춘 성숙한 소수의 사람을 나타낼 수 있다. 징계하는 목적이 동료 신도의 회개와 회복임을 기억한다면 "두세 증인"은 어떤 집단의 사람들이 그 범죄한 사람에게 올바른 사랑과 확고한 압력을 가하는 데 제일 효과적일지 신중하고 현명하게 고려해야 한다. 그 증인이 교인 전체가 되는 경우는 거의 없으며, 일반적인 예배에서 대면이 이루어지는 경우는 더군다나 희박하다.

범죄한 사람을 염려하는 소수의 형제자매가 실제로 대면할 때는 회개, 자백, 완전한 화해를 바라는 마음으로 죄를 범한 사람에게 다시 한번 잘못을 일깨운다. 그러나 그게 통하지 않으면, 그리고 그럴 때에만, 그 사람을 교회 공동체의 정상적인 활동에서 배제한다. 예수님은 그 안타까운 최종 단계에 대해 말씀하실 때 강력한 언어를 사용하셨다. 그 사람은 "이방인과 세리"(18:17)와 같은 대우를 받아야 한다. 즉, 형제자매가 되어야 할 사람들에게 피해를 끼치는 외부인처럼 취급하라는 뜻이다. 이렇게 교회 공동체에서 배제하는 문제는 바울이 고린도전서 5장 1-5절에서 더 자세하게 다룬다. 냉정한 조치이기는 하지만, 죄를 지은 사람의 징계와 교회의 유익을 위해 필요하다.[46]

서로에 대한 책임, 대면, 교회의 징치에 대한 이 문제를 오해하거나 한쪽으로 치우친 관점에서 판단하여 교회를 떠나는 사람이 없게 해야 한다. 성경 주석가이자 경험 많은 한 목사가 이 상황을 어떻게 묘사하는지 들어보자. "징계는 최대한 신중하게 해야 한다. 징계가 전혀 없을 때 죄의 영향이 누룩처럼 퍼져서 큰 해를 입히는 것과 마찬가지로, 잘못된 방법이나 잘못된 마음가짐으로 징계하면 독선과 율법주의를 조장해 큰 피해를 입힐 수 있다."[47] 징계에서 제일 중요한 것은 지나친 엄격함과 지나친 관대함, 율법주의와 방종 사이에서 균형을 유지하는 것이다.

—18:18-20—

마태복음 18장 18절에 나오는 예수님의 말씀은 익숙하게 들릴 것이다. 예수님이 16장 19절에서 사도들의 대표인 베드로에게 "천국 열쇠"를 주셨다고 하실 때 이 말씀을 하셨다. 16장 19절에서 예수님은 베드로에게 "네가 땅에서 무엇이든지 매면 하늘에서도 매일 것이요 네가 땅에서 무엇이든지 풀면 하늘에서도 풀리리라"고 알려주셨다. 18장 18절의 말씀은 16장 19절의 말씀과 거의 똑같은데 한 가지 아주 중요한 차이가 있다. 마태복음 16장에는 단수("네가 땅에서 무엇이든지 매면")로 기술되어 있는 반면, 마태복음 18장에는 복수("너희가 땅에서 매면")로 기술되어 있다. 지금 이 맥락에서 복수 "너희"는 일반적으로 교회 징치의 마지막 단계에 참여한 교인들에게 적용된다.

이렇게 거의 똑같은 말씀을 병치하신 의미는 무엇일까? 1세대 사도들을 대표해서 베드로에게 주어진 "매고 푸는" 권세는, 구원을 위해 성령이 받아들이셨다는 확증을 받은 사람들을 가시적인 교회의 구성원으로 받아들이는 길을 처음으로 연 베드로의 독특한 역할("천국 열쇠"를 받은 것)과 관련이 있음을 기억하라.[48] 동일한 표현이 사용된 것이 의미하듯이 교회의 구성원으로 인정할-그리고 출교시킬-권세와 책임은 베드로만이 아니라,[49] 지역 교회들에도 보편적으로 주어졌다. 그러나 교회는 신앙고백과 성화된 생활방식에 근거해서 하나님이 개인을 받아들이시는지 거부하시는지의 여부와 그리스도의 마음을 반영하는 권세만 가지고 있다는 사실에 유의해야 한다.

교회는 정당한 절차를 거친 후에만 회개하지 않는 죄인을 교회에서 내쫓을 수 있다. 그리고 이 절차는 그 문제에 대한 하나님의 뜻을 밝히고 증명하기 위한 것이다. 마태복음 18장 18절(그리고 16장 19절)의 함의는 하나님이 교회의 결정을 따르셔야 한다는 것이 아니라 교회가 그리스도가 세우신 징계의 원칙을 따르면 그 결정은 하나님이 이미 결정하신 것에 부합하기 때문에 하늘의 승인과 권위를 얻는다는 뜻이다. 따라서 올바른 절차는 교회 징치라는 어려운 과제를 효과적으로 수행하게 해준다.

하나님은 어떤 문제에 대해 지상에서 동의하는 "두 사람"의 요청을 존중하실 거라는 흥미로운 약속으로 징치에 대한 논의를 마무리하셨다(18:19). 실제로 예수님은 "두세 사람이 내 이름으로 모인 곳에는 나도 그들 중에 있느니라"(18:20)고 약속하셨다. 이 구절들, 특히 18장 20절은 문맥과 상관없이 이 부분만 따로 떼어서 그리스도인이 무엇이든 구하기만 하면 하나님이 주실 거라는 잘못된 주장에 쓰였다. 그러나 여기서 맥락은 계속 교회가 징치하는 문제다. 이 두 구절과 앞 구절의 연관성은 예수님이 이 말을 어떻게 시작하시는지 보면 명확해진다. "진실로 다시 너희에게 이르노니…"(18:19, 밑줄 나의 강조).

요지는 책임, 대면, 징계의 올바른 절차가 시작되면 그 즉시 예수님이 임재하시며, 하나님 아버지가 그 절차 가운데 역사하신다는 것이다. 사적인 일대일 대면에서도 두 신도는 예수님의 이름으로 임하며, 하나님은 그분의 말씀에 따라 취해진 조치를 확정하시고 힘을 실어주실 것이다.

적용: 마태복음 18:15-20

교회의 징계에 꼭 필요한 균형

내가 보기에 지금 교회들은 마태복음 18장 15-20절의 권고보다 더 넓은 길로 가는 것 같다. 대면하고 교회의 징치를 해야 하는 상황이 닥치면 그리스도인들은 종종 엉뚱한 쪽으로 방향을 튼다. 누군가와 대면해야 한다는 불편함 때문이든, 상대방이 화를 낼지도 모른다는 두려움이나 '사생활 침해'나 법적인 파장이 일어날지 모른다는 우려 때문이든, 교회의 징치는 제대로 이루어지지 않았다.

물론, 대면은 쉽지 않다. 사람들도 싫어한다. 또 1단계에서 2, 3단계로 순탄하게 전환되면서 깔끔하게 잘 해결되는 경우는 거의 없다. 인생은 혼란스럽다. 죄는 혼란스럽다. 그리고 교회의 징치는 혼란스럽다. 그러나 예수 그리스도의 교회는 사업체나 사교 모임이 아니라 가족처럼 움직여야 한다. 가족은 구성원들을 서로 책임지면서 대면하고 건강한 관계를 유지하도록 보살펴야 한다.

우리가 서로에 대한 책임의 의무를 실천하고 교회의 징치를 실행할 때 극단에 치우치는 것을 경계해야 하는 이유가 이것이다. 한편으로 교회는 너무 가혹해질 수 있다. 교회는 강압적이고, 율법적이며, 은혜와 자비가 결여된 군대 같은 기관과 비슷해질 수 있다. 또 한편으로 교회는 회원 자격 요건도 없고, 성결의 기준도 없으며, 성경적 경계도 없고, 대부분 도덕적으로 느슨한 일종의 영적 사교 클럽이 될 수 있다. 양쪽 다 건강하지 않다. 적절한 균형이 반드시 필요하다.

상호 책임에서 반드시 필요한 이 균형을 유지할 수 있도록 갈라디아서 6장 1–2절의 원칙을 읽고 외우고 묵상하라. 삶으로 실천하라.

> 형제들아 사람이 만일 무슨 범죄한 일이 드러나거든 신령한 너희는 온유한 심령으로 그러한 자를 바로잡고 너 자신을 살펴보아 너도 시험을 받을까 두려워하라 너희가 짐을 서로 지라 그리하여 그리스도의 법을 성취하라.

이 말씀을 대충 읽지 말라. 말씀을 받아들이고, 곰곰이 생각하며, 마음에 새기라. 궁극적인 목표는 회복이며, 치유, 희망, 개인의 존엄성, 삶의 목적을 찾는 과정을 통해 길을 잃었던 성도를 돕는 것이라는 사실을 기억하라. 우리는 온전한 회복을 원하며, 그것은 우리가 겸손, 은혜, 이해심을 가지고 대면할 때 이루어질 가능성이 훨씬 높다. 그리고 우리는 의와 진리의 길을 걷기로 다시 결단한 신도들이 거룩하고 경건한 삶에 적극적인 관심을 기울이고 과거의 죄책감과 수치심에 부정적으로 머물러 있지 않도록 그들의 삶을 세워주어야 한다.

얼마나 자주 용서해야 하는가?(마태복음 18:21–35)

21그 때에 베드로가 나아와 이르되 주여 형제가 내게 죄를 범하면 몇 번이나 용서하여 주리이까 일곱 번
까지 하오리이까 22예수께서 이르시되 네게 이르노니 일곱 번뿐 아니라 일곱 번을 일흔 번까지라도 할
지니라

23그러므로 천국은 그 종들과 결산하려 하던 어떤 임금과 같으니 24결산할 때에 만 달란트 빚진 자
하나를 데려오매 25갚을 것이 없는지라 주인이 명하여 그 몸과 아내와 자식들과 모든 소유를 다 팔아 갚
게 하라 하니 26그 종이 엎드려 절하며 이르되 내게 참으소서 다 갚으리이다 하거늘 27그 종의 주인이 불

쌍히 여겨 놓아 보내며 그 빚을 탕감하여 주었더니 28그 종이 나가서 자기에게 백 데나리온 빚진 동료
한 사람을 만나 붙들어 목을 잡고 이르되 빚을 갚으라 하매 29그 동료가 엎드려 간구하여 이르되 나에
게 참아 주소서 갚으리이다 하되 30허락하지 아니하고 이에 가서 그가 빚을 갚도록 옥에 가두거늘 31그
동료들이 그것을 보고 몹시 딱하게 여겨 주인에게 가서 그 일을 다 알리니 32이에 주인이 그를 불러다가
말하되 악한 종아 네가 빌기에 내가 네 빚을 전부 탕감하여 주었거늘 33내가 너를 불쌍히 여김과 같이
너도 네 동료를 불쌍히 여김이 마땅하지 아니하냐 하고 34주인이 노하여 그 빚을 다 갚도록 그를 옥졸들
에게 넘기니라 35너희가 각각 마음으로부터 형제를 용서하지 아니하면 나의 하늘 아버지께서도 너희에
게 이와 같이 하시리라

용서는 그리스도인의 삶을 위한 교과 과정에서 선택 과목이 아니다. 필수 과목이다. 사실 용서는 기독교 개론의 일부다. 신자라면 누구나 용서를 배워야 한다. 개념은 간단하지만 시험은 통과하기 어렵다. 하지만 그 시험을 통과하면 날아갈 것 같다! 여기서 우리가 생각하고 있는 것은 수직적 용서, 다시 말해 예수 그리스도를 통해 하나님께 받는 용서가 아니다. 그 용서는 십자가 위에서 모두를 위해 단 한 번 일어났고, 우리가 예수님을 믿었을 때 개인적으로 받았다. 우리가 말하고 있는 것은 평생에 걸쳐 반복적으로 일어나는 수평적 용서다. 곧 서로 용서하는 것이다. 그런 용서가 없다면 우리는 종국에는 분노, 원한, 증오, 정신적 고통으로 잠식될 증오심을 질질 끌고 다닐 것이다. 용서하지 않는 마음은 우리를 과거에 가두고, 내면의 평화와 자유를 누릴 수 있는 잠재력을 차단한다.

예수님은 제자들을 훈련하시면서 용서라는 주제를 정면으로 다루셨다. 학대와 핍박을 받게 될 그들의 미래에 비추어볼 때 용서는 예수님의 제자들이 반드시 배워야 하는 것이었다. 예수님이 용서에 대해 말씀하실 때 베드로가 실제적인 질문을 던졌다. 오늘날에도 사람들은 여전히 이 질문을 한다. "우리는 얼마나 자주 용서해야 하는가?"

—18:21–22—

예수님은 앞에서 상호 책임과 대면에 관한 가르침을 이렇게 시작하셨다. "네 형제가 죄를 범하거든 가서 너와 그 사람과만 상대하여 권고하라 만일 들으면 네가 네 형제를 얻은 것이요"(18:15). 예수님이 "매고 풀"(참조. 18:18)—즉, 교회에서 범죄한 신도의 교인 자격에 영

향을 미치는 '공동체의 용서'를 부여하고 보류할-교회의 책임을 확실히 밝히시자 베드로는 예수님께 당연히 따라올 법한 질문을 했다. "형제가 내게 죄를 범하면 몇 번이나 용서하여 주리이까?"(18:21) 이 질문은 18장 15절, 곧 신도의 잘못을 인정하고 신속히 화해하게 하는 사적인 대면으로 거슬러 올라간다. 베드로의 질문은 용서와 자비의 한계에 관한 것이었다. 이 질문을 다르게 표현하면 이렇다. "어느 시점에서 우리가 바보처럼 보이기 시작합니까? 물론 우리는 평화를 사랑하는 사람이 되고 싶지만, 우리가 계속 용서한다면 결국에는 호구 취급을 당할 것입니다, 그렇지 않은가요?"

당시 랍비들의 기준으로는 일반적으로 우리에게 반복해서 죄를 지은 사람을 용서하는 횟수는 세 번이었다.[50] 은혜와 자비를 강조하는 예수님의 가르침(바리새인들의 율법주의와 자주 대조되는)을 들은 베드로는 랍비들이 정한 한도를 두 배로 늘리고 완전수 7을 만들기 위해 심지어 한 번을 더 추가했다. 장담하건대 베드로는 그렇게 넓은 마음을 가졌다고 예수님이 칭찬하실 것이라 예상했을 것이다. 어쩌면 예수님이 또 한 번 그에게 "바요나 시몬아 네가 복이 있도다 이를 네게 알게 한 이는 혈육이 아니요 하늘에 계신 내 아버지시니라"(참조. 16:17)고 하실지도 모른다. 천만의 말씀이다!

오히려 예수님은 베드로의 "일곱 번"을 쪼잔해 보이게 만드셨다. 용서해야 할 횟수는 일곱 번이 아니라 "일곱 번을 일흔 번"(18:22)으로 늘어났다. 만약 베드로가 손가락으로 꼽아보거나 모래에 써서 곱셈을 하기 시작했다면 그는 요지를 완전히 놓친 것이었다. 예수님은 사람들이 세어볼 수 있도록 실제 한도를 정해주신 것이 아니라 비유로 말씀하신 것이었다. 그분은 베드로가 말한 숫자를 깜짝 놀랄 만큼 큰 숫자로 늘리셨다. 생각해보라. 그리스도 안에 있는 동료 신도가 우리에게 490번이나 죄를 짓는 일이 벌어질 가능성이 얼마나 될까? 그런 일은 거의 없을 것이다. 설령 그렇다고 해도 예수님의 요지는 몇 번째인지 헤아리라는 뜻이 아니라 아예 세지 말라는 것이었다.

—18:23-27—

예수님은 상세한 비유를 사용하셔서 그분의 무한한 용서의 원칙을 기본적으로 한 문장으로 진술되는 확고한 신학적 진리로 뒷받침하셨다. "서로 용서하기를 하나님이 그리스도 안에서 너희를 용서하심과 같이 하라"(엡 4:32). 그럼 왜 예수님은 그냥 그렇게 말씀하시거나, 아니면 이렇게 말씀하시지 않았을까? "하나님이 너희에게 보여주신 것과 같은 무한한 자비로 다른 사람들에게 용서를 베풀어라." 이렇게 말씀하지 않으시고 왜 이야기를 들려주셨을까? 이야기는 우리의 관심을 끌고, 감정을 이입하게 하며, 숙고하고 묵상할 생각과 심상을 주는 극적이고 기억에 남는 방식으로 진리를 보여주기 때문이다.

마태복음 18장 23–24절 이야기는 천국의 중요한 원칙을 보여준다. 예수님이 "천국"이라고 말씀하실 때는 우리가 하늘이라고 말하는 장소–하나님이 계시는 영적 세계–가 아닐

갚을 수 없는 빚을 갚다(마태복음 18:23–27)

하나님을 경외하고 순종할 의무를 다하지 못하는 것뿐 아니라 그분 앞에 점점 늘어나는 죄와 죄책감의 빚도 우리를 무서운 곤경에 빠뜨린다. 우리의 빚을 갚아주실 수 있는 유일한 분은 하나님이시다. 하지만 그분 스스로는 아무 빚도 지지 않으셨다. 마태복음 18장 14–15절에서 알 수 있듯이 타락한 인류는 하나님께 무한한 빚을 지고 있지만, 인간은 그것을 갚을 능력이 없다. 도저히 해결이 불가능해 보이는 딜레마가 아닌가. 빚진 자는 갚을 수 없고, 갚을 수 있는 그분은 빚진 것이 없으시다!

이러한 부조리한 상황으로 인해 많은 그리스도인은 그리스도가 우리를 대신해 사신 완전하고 죄 없는 삶과 우리를 대신해 죽으신 희생적 죽음의 본질을 '대속'이라는 말로 표현했다. 중세 신학자 캔터베리의 안셀무스(약 1033–1109)가 그의 명저 『하나님은 왜 인간이 되셨는가』(*Why God Become Man*)에서 어떻게 성육하신 신인(God–man)이 우리의 죄의식과 스스로 죄를 사할 수 없는 문제를 해결하셨는지 멋지게 설명했다.

> 하나님은 갚아야 할 빚이 없으시므로 빚을 갚을 일이 없으실 것이다. 인간은 갚을 수 없기 때문에 갚지 않을 것이다. 그러므로 신인(God–man)이 이 일을 수행할 수 있으려면, 즉 이 대속을 완수하려면 한 존재가 완전한 하나님과 완전한 인간이 되어야 한다. 그가 하나님이고 인간이 아니라면 그는 그 일을 할 수 없고, 해서는 안 되기 때문이다. 그러므로 신인(God–man)이 양자의 본성을 온전히 보존해야 하기 때문에, 모든 인간에게 육체와 영혼이 함께 존재하는 것처럼 한 사람 안에 이 두 본성이 완벽하게 하나가 되어야 한다. 그렇지 않으면 한 존재가 하나님이면서 사람이라는 것은 불가능하기 때문이다.[51]

아담과 하와가 인류를 타락의 구렁텅이에 빠트렸기 때문에 사람들은 하나님께 마땅히 해야 할 순종을 하지 못할 뿐만 아니라 죄와 범죄의 나락으로 점점 더 깊이 떨어진다. 그러나 하나님의 큰 자비로 영원하신 하나님의 아들이 인류를 대표해서 완전하고 죄 없는 삶을 사시고 우리를 대신해 무한한 공로를 얻으셨다. 뿐만 아니라 그분은 우리를 대신해, 즉 악인을 대신해 의인이 기꺼이 목숨을 내놓으시고 십자가에서 죽으심으로써 우리가 지은 죄의 빚을 모두 갚아주셨다. 얼마나 복된 소식인가!

때가 많다. 예수님은 자주 천국의 삶의 양식, 즉 분명한 원칙, 우선순위, 충성을 바탕으로 한 생활양식을 드러내려고 하신다. 그럴 때 추종자들이 왕이신 예수님의 본을 따르도록 독려하시기 위해 '천국' 또는 '하나님 나라'에 대해 말씀하신다. 신도이며 교회의 구성원-지상에 있는 신비한 영적 나라-인 우리는 왕의 성품을 본받아 그분을 점점 닮아간다. 그리고 이러한 천국의 삶에서는 무한한 용서로 표현된 은혜와 자비가 그 무엇보다 중요하다.

이 이야기에서 예수님은 빚을 탕감해주기로 한 왕, 그 왕에게 변제가 불가능한 엄청난 액수의 빚을 진 종 그리고 그 종에게 소액의 빚을 진 또 다른 종의 이야기를 들려주신다. 이 세 인물 외에도 고문자들이 득실대는 감옥이 나온다. 이야기의 주요 사건과 반전을 간단히 요약해보자.

우선 우리는 왕이 자기에게 빚진 종들의 빚을 탕감해줄 때 수직적 용서를 본다(18:23). 왕에게 "만 달란트"(18:24)를 빚진 한 종이 있다. 지금 돈으로 환산하기가 쉽지는 않지만, 어림잡아 수십억 원에서 수조 원에 달한다![52] 정확한 금액이야 어떻든지 간에 예수님은 상상할 수 있는 가장 큰 액수를 언급하셨을 것이다. 요지는 그 종이 아무리 애를 써도 빚을 갚을 길이 없다는 사실이다. 그는 무엇이 되었든 왕의 처분을 따를 수밖에 없는 처지였다. 재판을 하면 그 종, 그의 아내, 자녀들, 전 재산을 팔라는 판결이 났을 것이다(18:25). 그렇게 해도 그 액수는 빚진 돈에 비하면 새 발의 피에 지나지 않았다. 희망을 잃은 종은 왕에게 자비를 구하고, 그를 측은히 여긴 왕은 빚을 탕감해주는 극적이고 감동적인 장면이 펼쳐진다(18:26-27).

이 첫 장면의 끝에 가면 왕이 하나님 아버지를 상징한다는 것이 명백해진다. 그분의 종들은 제각기 사랑, 존중, 순종의 무한한 빚을 그분께 지고 있다. 그러나 우리는 모두 "모든 사람이 죄를 범하였으매 하나님의 영광에 이르지 못하[기]"(롬 3:23) 때문에 그분께 진 빚을 갚지 못했다. 그 왕의 종인 우리 각 사람은 죄의 나락으로 빠져들었고, 그 죄의 삯은 사망이다(롬 6:23).

—18:28-30—

이 비유의 다음 장면에서는 감당하지 못할 빚을 진 종과 왕 사이의 수직적 용서에서 용서받은 종과 동료 종 사이의 수평적 용서로 초점이 이동한다. 도저히 갚을 길 없는 죄를 완전히 탕감받은 첫 번째 종이 자기에게 소액의 빚을 진 사람을 만난다. 그 종은 왕이 베푼 용서를 전하기는커녕 빚을 다 갚으라고 요구한다(18:28). 첫 번째 종이 자비를 호소하던 장면을 재연하듯이 두 번째 종은 돈을 갚을 테니 조금만 기다려달라고 애걸한다(18:29). 하지만 첫 번째 장면의 재연은 거기까지다. 용서받은 종은 동료 종에게 동일한 자비를 베풀지 않는다(18:30).

이 장면에 대한 온당한 반응은 혐오일 것이다. 헤아릴 수 없는 빚을 탕감받은 첫 번째 남자는 염치도 없었을까? 그가 왕에게서 받은 (수직적) 용서는 그에게 아무 의미가 없었을까? 얼마나 위선적인가! 누구보다도 그 사람이야말로 자기가 받은 자비를 다른 사람들, 특히 조금만 기다려주면 몇 푼 안 되는 돈을 쉽게 갚을 수 있는 사람에게 기꺼이 베풀어야 했다!

—18:31-34—

이야기는 여기서 끝나지 않는다. 첫 번째 종은 비인격적인 동양의 업보 개념은 아니지만 응보를 받는다. 왕의 다른 종들이 그 첫 번째 종의 행동에 경악한다. 그들은 그가 받은 큰 은혜에 대해 알았고, 그래서 그가 두 번째 종을 대하는 태도를 믿을 수 없었다. 그들은 즉시 그 비열한 위선을 왕에게 아뢴다(18:31).

말할 필요도 없이 왕은 배우 언짢아한다. 왕은 빚을 탕감해준 종을 다시 불러서 공개적으로 꾸짖는다. "내가 너를 불쌍히 여김과 같이 너도 네 동료를 불쌍히 여김이 마땅하지 아니하냐?"(18:33) 분명 대답은 "그렇다"이다. 그러나 너무 늦었다. 그 빚쟁이는 자기와 같은 처지의 사람에게로 용서를 확장하지 못했기 때문에 왕은 용서를 철회하고 그의 빚을 원상복구시켰다. 왕은 그 배은망덕하고 악하며 위선적인 종에게 그가 절대 갚을 수 없는 청구서를 건네준다(18:34).

이 장면에서 우리는 절대 잊어서는 안 될 두 가지 중요한 진리를 배운다. 첫째, 하나님께 용서받은 신자로서 다른 사람을 용서하지 않는 것은 가장 큰 위선이다. 우리 각자는 보답할 엄두도 못 낼 최대의 자비와 한없는 은혜를 받았다. 그 은혜를 받은 우리가 그나마 할 수 있는 것은 다른 사람을 용서하는 것이다. 둘째, 용서를 거부하는 신자들은 스스로 불관

묵상의 서재

용서에 관한 이야기(마태복음 18:21-35)

수년 전 나는 "용서를 통한 치유"라는 설교를 했다. 그 설교는 라디오 방송 〈인사이트 포 리빙〉(Insight for Living)에서 가장 인기 있고 청취자들이 제일 많이 신청하는 설교 중 하나가 되었다. 내 해설과 적용 때문이 아니라 그 설교에 나의 아내 신시아가 용서를 통해 자유를 얻은 감동적인 간증을 나누었기 때문이다.

신시아는 언어적, 육체적 폭력을 행사하는 항상 화가 나 있는 아버지 밑에서 자랐다. 처가의 양육 방식은 우리 가족에게 오랫동안 영향을 미쳤고, 우리 부모님이 결혼을 반대하신 것도 문제를 악화시켰다. 우리가 아이를 낳고 가족이 늘어날수록 신시아와 나의 어머니 사이에 온갖 문제가 불거졌다. 둘 사이의 문제는 일반적인 '고부 갈등'의 수준을 넘어섰다. 어머니는 전반적으로 좋아하기 쉬운 사람이 아니었고, 신시아는 그런 긴장된 관계를 힘들어했다. 관계가 깨지고 불화가 깊어질 때 사람들에게 흔히 나타나듯이 신시아는 우울증에 시달렸고, 그것은 다른 관계에도 영향을 미쳤다.

그러다가 신시아는 그녀의 삶을 변화시킨 한 강의를 들었다. 그 시기에 신시아는 감정적 고통의 감옥 문은 열릴 수 있으며, 자유는 용서와 화해를 통해 온다는 사실을 깨달았다. 누군가가 용서를 구하기를 기다릴 필요도 없다. 당신은 과거를 풀어주고 당신을 지배하는 그 힘을 내보낼 수 있다. 그러면 마치 감옥의 고통에서 벗어난 것 같을 것이다. 깨어진 관계 속에서 자기의 책임을 깨닫고 용서의 필요성을 확신하게 된 신시아가 내게 말했다. "어머니가 오늘 오시면 관계를 바로잡을 거야. 어머니와 함께 앉아서 내게 당신이라는 남편을 주신 것과 당신을 키워주신 것 때문에 내가 어머니를 얼마나 사랑하는지 말씀드릴 거야. 그리고 내가 미숙한 엄마로서 일을 제대로 처리하지 못했다는 것도. 어머니가 나를 용서해주실까?"

나는 어머니가 도착하셨을 때 두 사람만 남겨두었다. 신시아는 용서를 구했고 어머니는 한 치의 망설임도 없이 말씀하셨다. "그럼, 용서하고말고." 그 순간 그들의 관계 속으로 평화와 화해가 들어왔다.

이야기는 여기서 끝나지 않는다. 사흘 뒤 어머니는 세상을 떠나셨다. 나는 그 소식을 전해주신 아버지와의 통화를 잊지 못할 것이다. 나는 신시아를 바라보며 말했다. "어머니가 돌아가셨어."

신시아의 눈에 눈물이 차올랐다. "관계를 바로잡아서 정말 다행이야."

일을 바로잡고 용서를 구하고 용서를 베풀기 딱 좋은 때는 바로 지금이다.

용의 감옥에 갇혀 끝없는 괴로움에 시달릴 것이다.

—18:35—

비유를 마치신 예수님은 그 안에 담긴 메시지를 강조하셨다. 자기에게 잘못한 사람이 자비를 구할 때 수평적 용서를 베풀기를 거절하면 하나님 역시 용서를 보류하시고 완강히 용서를 거부하는 그 신도를 스스로 만든 정신적, 정서적, 영적 고뇌의 감옥에 가두실 것이다. 용서하지 않는 마음 자체가 이미 응보다. 다른 사람들에게 원한과 쓴 뿌리를 품고 있는 사람들은 내면에 도사리고 있는 불안과 고뇌에 좀먹힐 수밖에 없다.

나의 멘토 중 한 분인 레이 스테드먼(Ray Stedman)이 용서하지 못한 사람들의 '고통'을 다음과 같이 설명했다.

> 이 구절은 우리가 다른 사람을 용서하지 않을 때 우리에게 일어나는 일을 놀라울 정도로 잘 묘사한다. 우리를 야금야금 갉아먹는 원망과 적개심, 증오나 질투심으로 인한 지독한 쓰라림을 정확히 묘사한다. 그 느낌은 참담하다. 우리는 거기서 벗어날 수 없고, 도망칠 수 없다. 우리는 그것을 피할 힘이 없음을 알게 된다. 우리는 타인과 유리되는 것을 강하게 느끼며, 그들을 생각할 때마다 내면의 원한과 증오의 산이 우리의 평화와 평온을 부식시키는 것을 느낀다. 이것이 바로 주님이 우리가 겪을 것이라고 말씀하신 고통이다.[53]

신도들이 용서를 구하는 자들을 용서하지 않는 일은 없어야 한다. 그리스도 안에서 아무 조건 없는 용서를 경험한 사람은 항상 다른 사람들에게로 그 자비를 열심히 확장해야 한다. 특히 우리 안에는 성령이 내주하시며 우리 힘으로는 불가능해 보이는 일을 할 수 있게 해주시기 때문에 그래야 한다. 따라서 우리가 다른 사람들과 수평적 친목을 유지하지 못할 때 하나님과의 수직적 친목이 부정적인 영향을 받는 것은 당연하다. 무조건적인 용서에 관해서라면 신자들은 변명의 여지가 없다.

적용: 마태복음 18:21-35

하나님이 우리에게 하신 대로 다른 사람에게 행하기

어떤 사람은 한 번도 하나님의 진정한 용서를 체험한 적이 없어서 다른 사람들에게 용서를 전하지 못하는 것일 수도 있다. "당신에게 없는 것을 남에게 줄 수 없다"는 옛말이 있다. 개인적으로 하나님의 은혜를 알지 못하고 진정한 용서를 받아본 적이 없는 사람은 남을 용서한다는 것이 무슨 뜻인지 알 수 없다.

그러나 마태복음 18장 21-35절은 불신자들에게만 적용되는 것이 아니다. 그리스도를 믿는 신자들도 남을 용서하는 일에 있어서는 마찬가지로 고집스럽고 냉정할 수 있다. 그런 사람들이 용서를 보류하면 자기가 만든 감옥에 갇혀 분노, 원한, 실망, 우울, 깨어진 관계, 그 밖에 수많은 정신적, 정서적 병에 시달리게 된다. 뿐만 아니라 그들과 주 하나님과의 수직적 관계도 영향을 받는다. 기도가 응답받지 못한다. 성령의 위로와 그분의 임재에 대한 확신이 약해진다. 의심의 여지없이 사랑하는 아버지의 징계가 다른 사람들에게 자비와 은혜를 베풀려 하지 않는 자들에게 임할 것이다.

불관용이라는 감옥 속에서 고통받고 있는 사람들에게 가장 안타까운 점은 그들이 자기가 갇힌 감방의 열쇠를 쥐고 있다는 사실이다! 성령의 도우심으로 그들은 용서를 베풀고 과거의 기억과 현재의 고통에서 벗어날 수 있다.

가족, 교회, 직장에서 과거와 현재의 모든 관계를 평가해보는 시간을 가지라. 당신이 용서해야 할 사람이 있는가? 당신이 자비를 베풀지 않고 있는 사람이 누구인가? 당신의 어머니나 아버지인가? 형제인가? 자녀인가? 전남편이나 아내인가? 혹 시부모나 처부모인가? 가족은 여러모로 우리에게 잘못하고 상처를 줄 수 있다. 그리고 가족이 주는 고통은 우리 삶에서 사랑과 지지를 보내주는 역할을 맡은 사람들에게서 오기 때문에 특히 더 쓰릴 수 있다. 당신이 용서의 손길을 내밀어야 할 가족이 있는가?

또는 당신에게 해를 끼친 현재의 직상 상사, 동료, 직원들을 용서해야 할 수도 있다. 어쩌면 당신은 그 사람이 미친 악영향에서 아직도 헤어 나오지 못하고 있을 수도 있다. 혹은 예전의 목사, 코치, 멘토, 선생이 당신만 해줄 수 있는 용서가 필요할 수도 있다.

당신에게 피해를 입힌 사람이 죽었다면 어떻게 해야 할까? 방법이 있다. 그 문제를 주님께 가져가서 당신을 짓누르고 있는 그 사람의 영향에서 벗어나라. 용서를 구하지 않는, 또는 구할 수 없는 사람들에게까지도 용서를 확장하라. 이 말씀을 기억하라. "우리가 아직 죄인 되었을 때에 그리스도께서 우리를 위하여 죽으심으로 하나님께서 우리에 대한 자기의 사랑을 확증하셨느니라"(롬 5:8). 십자가에서 자기를 처형한 자들에게까지도, 그들이 용서를 구하지도 않았는데 조건 없는 용서를 베푸신 예수님의 본을 따르라(눅 23:34).

이혼에 관한 논쟁(마태복음 19:1-12)

1예수께서 이 말씀을 마치시고 갈릴리를 떠나 요단 강 건너 유대 지경에 이르시니 2큰 무리가 따르거늘
예수께서 거기서 그들의 병을 고치시더라

3바리새인들이 예수께 나아와 그를 시험하여 이르되 사람이 어떤 이유가 있으면 그 아내를 버리는
것이 옳으니이까 4예수께서 대답하여 이르시되 사람을 지으신 이가 본래 그들을 남자와 여자로 지으시
고 5말씀하시기를 그러므로 사람이 그 부모를 떠나서 아내에게 합하여 그 둘이 한 몸이 될지니라 하신
것을 읽지 못하였느냐 6그런즉 이제 둘이 아니요 한 몸이니 그러므로 하나님이 짝지어 주신 것을 사람
이 나누지 못할지니라 하시니 7여짜오되 그러면 어찌하여 모세는 이혼 증서를 주어서 버리라 명하였나
이까 8예수께서 이르시되 모세가 너희 마음의 완악함 때문에 아내 버림을 허락하였거니와 본래는 그렇
지 아니하니라 9내가 너희에게 말하노니 누구든지 음행한 이유 외에 아내를 버리고 다른 데 장가 드는
자는 간음함이니라

10제자들이 이르되 만일 사람이 아내에게 이같이 할진대 장가 들지 않는 것이 좋겠나이다 11예수께
서 이르시되 사람마다 이 말을 받지 못하고 오직 타고난 자라야 할지니라 12어머니의 태로부터 된 고자
도 있고 사람이 만든 고자도 있고 천국을 위하여 스스로 된 고자도 있도다 이 말을 받을 만한 자는 받을
지어다

결혼…이혼…재혼. 모두 뜨거운 쟁점이다! 그리스도인 사이에서 이 주제보다 더 첨예하게 의견이 대립하는 분야는 많지 않을 것이다. 진보와 보수 또는 성경을 문자적으로 받아들이는 사람들과 그 의미를 확장하려는 사람들 사이의 다툼을 말하는 것이 아니다. 내가 말하는 것은 전심으로 성령의 영감설과 무오설을 믿는 그리스도인들, 믿음과 실천의 모든 문제에 대해 성경을 최종 권위로 삼고, 원래의 역사적 맥락에 대한 이해를 가지고 가장 자연스러운 의미로 그 말씀을 해석하는 사람들 사이의 의견 차이를 말하는 것이다. 나는 이혼과 재혼 문제에 관해 모든 면에서 뛰어난 견해를 가진 목사들과 특출한 성경학자들과 개인적

인 친분이 있다.

경건한 신도들이 이 문제에 대해 다른 입장을 취할 여지가 있기는 하지만, 일부 매우 왜곡된 해석도 많다. 모두 이기적인 적용과 합리화의 산물이다. 어떤 부부는 '사랑'이라는 명목 아래 결혼한 원수보다 이혼한 친구가 더 낫다고 자기 합리화를 했다. 또 어떤 이들은 '극복할 수 없는 성격 차이' 같은, 이혼에 대해 국가가 정한 낮은 기준에 부합하면 하나님 보시기에 괜찮다고 생각한다.

한편 일부 교사들은 자기들의 관행을 변명하거나 이혼이 만연한 문화 속에서 논란을 피하기 위해 성경을 왜곡하고 성경이 정한 기준보다 도덕적 기준을 낮춘다. 또 한편으로는, 이혼의 물결을 막고 어떤 대가를 치르더라도 가족의 연합을 도모하기를 바라는 마음에 일부 교사는 성경을 다른 방향으로 뒤틀어 성경이 가르치는 것보다도 기준을 더 높였다. 두 가지 접근 방식 모두 새로운 것이 아니다. 실제로 시대를 막론하고 성경 교사들은 자주 좌나 우로 치우쳐 결혼, 이혼, 재혼에 대해 올바르고 균형 잡힌 관점을 유지하지 못했다.

마태복음 19장 1-12절에서 우리는 이혼 문제를 놓고 다투는 학파들 사이에 휘말리신 예수님을 발견하다. 적어도 표면적으로는 그렇게 보인다. 하지만 좀 더 자세히 보면 사실은 바리새인들이 예수님이 율법이나 율법에 대한 한두 가지 보편적인 해석에 위배되는 말을 하는 것을 잡아내려고 계속되는 이혼 논쟁을 이용하고 있었음을 알 수 있다. 우리가 예상한 대로 위대한 교사이자 신성한 해설가이신 예수님이 그릇된 해석을 바로잡으시자 그들의 시도는 무위로 끝났다.

—19:1-2—

마태는 18장에서 19장으로 넘어가면서 지리적으로도 갈릴리의 가버나움에서 이스라엘의 정치와 종교 생활의 중심지인 유대 지방으로 이동한다(19:1). 예수님은 이미 제자들에게 "자기가 예루살렘에 올라가 장로들과 대제사장들과 서기관들에게 많은 고난을 받고 죽임을 당하고 제삼일에 살아나야 할 것"(16:21)을 말씀하셨다. 그러나 제자들은 그 생각은 뒷전이고 웅장하고 영광스럽게 예루살렘에 입성하고 사람들이 환호하며 영접하는 장면을 즐거이 상상했던 것 같다.

큰 무리가 예수님을 따랐다(19:2). 예수님은 병든 자를 고쳐주셨고, 도래할 하나님 나라의 신성한 권세를 나타내는 그분의 사명에 어느 때보다도 전념하셨다. 이런 기적들을 통해 그분은 볼 수 있는 눈과 들을 수 있는 귀를 가진 자들에게 자신이 정말로 이스라엘이 고대하던 메시아 왕이심을 계속 밝히셨다. 그러나 물론 모든 사람이 그 명명백백한 진리를 보고 싶어 하는 것은 아니었다.

헤롯대왕이 통치하던 지역은 BC 4년에 그가 사망하면서 그의 아들들에게 분할되었다. 요단강 동쪽 베뢰아는 갈릴리처럼 헤롯 안디바의 관할이었다.

영적으로 눈먼 자들 가운데는 머지않아 예수님을 처형할 유대인 지도자들도 있었다. 예수님과 제자들이 갈릴리에 있는 동안 바리새인들과 때로는 사두개인들까지 성가신 파리 떼처럼 나타났다가 금방 쫓겨가곤 했다. 그러나 유대 지방과 특히 예루살렘에 가까워지자 바리새인들은 자기들의 위선이라는 벌집을 필사적으로 지키려는 성난 벌 떼처럼 예수님 주위를 빙빙 돌기 시작했다.

예수님과 바리새인들이 충돌한 마태복음 19장 3-9절에서 예수님은 갈릴리 호수와 사해 바다 사이에 있는 요단강 동편 베뢰아라는 지역에 계셨다. 예수님은 뒤에 이어질 논쟁을 위해 전략적으로 이 지역에 가신 것이었다.

—19:3-6—

바리새인들은 예수님을 시험할 목적으로 교활하고 알쏭달쏭한 질문을 들고 예수님께 접근했다(19:3). 예루살렘의 종교 지도자들이 작성한 주요 정치인과 영향력 있는 사람들의 블랙리스트에 예수님을 올릴 수 있을 논쟁에 끌어들이려고 의도적으로 계획한 것이었다. 기억하라. 바리새인들은 예수님을 가장 큰 적으로 여겼다. 그들은 그분을 경멸했다. 그들은 그분의 인기를 질투했고, 자기들의 복잡하고, 율법적이며, 억지스러운 교수법을 낫으로 풀을 베듯이 날려버리는 그분의 단순하고 서민적인 교수법을 멸시했다. 그분이 그들의 거짓 가르침에 맞서고, 그들이 자칭한 권위를 흔들며, 그들의 위선적인 생활방식을 폭로하셨기 때문에 그분을 미워했다.

바리새인들은 대중에게 예수님을 못 믿을 인물로 보이게 만들 기회를 호시탐탐 엿보면서 예수님을 헐뜯고 자기들을 내세웠다. 이제 예수님이 예루살렘에 점점 가까이 가시자 그들은 더 혈안이 되어 그분의 체포와 처형을 용이하게 해줄 군침 도는 유죄의 증거 한 조각을 찾아 헤매고 있었다. 여기서 그들은 예수님이 결혼, 이혼, 재혼 문제를 다룬 대표적인 두 학파 중 한쪽을 지지하도록 함정을 파서 그분이 율법에 조금이라도 위배되는 말을 하면 잡아내려고 접근했다. 예수님의 사역 초기에 바리새인들은 그분을 간단히 제압할 수 있는 무식한 촌뜨기로 생각했을 것이다. 하지만 예수님은 오히려 적들의 무지를 드러내는 천재임을 매번 증명하셨다.

바리새인들은 신학적 논쟁의 급소를 찔렀다. 그들은 결혼의 책임, 이혼의 근거, 이혼 후 재혼에 관한 문제와 관련된 지극히 실용적인 질문을 했다. 또 그 질문은 성경의 해석, 특히 신명기 24장 1절의 조건을 해석하는 방식과 관련이 있었다. "사람이 아내를 맞이하여 데려온 후에 그에게 수치되는 일이 있음을 발견하고 그를 기뻐하지 아니하면 이혼 증서를 써서 그의 손에 주고 그를 자기 집에서 내보낼 것이요." 그리고 그 질문은 결혼에 대한 하나님의 본래 의도와 모세의 율법이 그 의도를 어떻게 적용하는지와 관련이 있기 때문에 신학적인 질문이었다.

그 질문은 또한 정치적이었다. 대립하는 두 '바리새파'가 이혼에 대한 바른 이해를 놓고 한동안 계속 논쟁을 벌여왔을 뿐 아니라 그들이 베뢰아 지역에 있을 때 이 질문을 했기 때문이다. 이 지역은 헤롯 안디바가 통치하고 있었다. 헤롯 안디바는 그의 불법적인 이혼과 헤로디아와의 결혼을 비난한 세례 요한을 투옥한 인물이었다(마 14:3–4). 그 문제에 관해 예전에 예수님이 가르치신 내용에서(5:31–32) 바리새인들은 예수님이 세례 요한과 같은 입장에 설 가능성이 크다는 것을 알았다. 어쩌면, 그들은 예수님이 이 일로 요한처럼 헤롯과 정치적 마찰을 일으키기를 바랐을 수도 있다. 무엇이 되었든 예수님의 대답은 더 큰 논쟁을 일으켜 그분을 옭아매는 올가미가 될 것이 확실했다.

바리새인들은 "사람이 아내를 맞이하여 데려온 후에 그에게 수치되는 일이 있음을 발견하고"(신 24:1)라는 말의 뜻을 놓고 논쟁을 벌였다. 예수님 시대에 이 말은 대략 두 갈래로 해석되었다. 보수적인 학파는 이 말을 성적 부도덕만 지칭한다고 생각했고, 자유주의적인 학파는 "수치되는 일"에 남편을 불쾌하게 만드는 모든 것이 포함된다고 해석했다. 1세기 유대인 역사학자 요세푸스는 이 흔한 자유주의적 견해를 이렇게 요약했다. "어떤 이유로든 아내와 이혼하기를 원하는 사람(그리고 남자들에게는 그런 이유가 많다)이 있으면 그가 다시는 그 여인을 자기 아내로 사용하지 않을 것임을 서면으로 확실히 밝히게 하라."[54] (자세한 내용은 461쪽 "타협할 수 없는 차이: 이혼에 관한 두 학파의 관점" 참조.)

배후에 이런 논쟁이 있었다는 걸 알면 바리새인들의 질문을 이해할 수 있다. "사람이 어떤 이유가 있으면 그 아내를 버리는 것이 옳으니이까?"(마 19:3) 나는 이 질문을 한 사람들이 보수적인 교사들이었을 거라고 생각한다. 하지만 그들은 상대편 자유주의자들보다 논쟁에서 유리한 고지에 오르기 위해 예수님의 지지를 얻으려고 이 질문을 한 것이 아니었다. 그보다 그들은 예수님 앞에 건드리면 튀어 오를 덫을 놓아 스스로 빠져나갈 수 없는 복잡한 성경적, 신학적, 실용적, 정치적 논란에 말려들게 할 속셈이었다. 자기들의 상대가 모세 율법을 다루는 아마추어 해설가가 아니라는 사실을 그들은 몰랐다. 그들은 모세 율법을 만드신 분을 상대하고 있었다.

타협할 수 없는 차이: 이혼에 관한 두 학파의 관점(마태복음 19:3)

이혼과 재혼 문제는 수 세기 동안 성경학자, 목사, 교사들 사이에 큰 논쟁을 불러일으켰다. 마태복음 5장 31-32절에 기록된 산상수훈에서 예수님이 간략히 진술하신 것과 마태복음 19장 1-9절에서 이혼에 관해 바리새인들과 주고받으신 내용은 그분의 가르침을 해석하고 적용하는 방법에 있어서 몇몇 다른 견해-아주 엄격한 것에서부터 아주 자유주의적인 것까지-를 낳았다. 예수님 시대에도 상황은 비슷했다. 바리새파 사이에서 신명기 24장 1-4절을 해석하는 것과 관련해서 두 개의 학파가 생겨났다.

> 사람이 아내를 맞이하여 데려온 후에 그에게 수치되는 일이 있음을 발견하고 그를 기뻐하지 아니하면 이혼 증서를 써서 그의 손에 주고 그를 자기 집에서 내보낼 것이요. 그 여자는 그의 집에서 나가서 다른 사람의 아내가 되려니와 그의 둘째 남편도 그를 미워하여 이혼 증서를 써서 그의 손에 주고 그를 자기 집에서 내보냈거나 또는 그를 아내로 맞이한 둘째 남편이 죽었다 하자 그 여자는 이미 몸을 더럽혔은즉 그를 내보낸 전남편이 그를 다시 아내로 맞이하지 말지니 이 일은 여호와 앞에 가증한 것이라 너는 네 하나님 여호와께서 네게 기업으로 주시는 땅을 범죄하게 하지 말지니라.

『미쉬나』(*Mishnah*, 유대인들의 고대 전통을 기록한 2세기경의 문헌-역주)에는 이혼 사유에 관해 두 명의 랍비 학자와 그 추종자들의 구전 전통, 곧 더 보수적인 샴마이 학파와 더 자유주의적인 힐렐 학파의 전통이 보존되어 있다.

> 샴마이 학파는 이렇게 말한다. 남편이 아내의 음행을 발견한 이유 외에는 아내와 이혼할 수 없다. "왜냐하면 수치되는 일이 있음을 발견하고"라고 쓰여 있기 때문이다. 힐렐 학파는 이렇게 말한다. 아내가 요리를 망쳐도 (남편은 아내와 이혼할 수 있다). "왜냐하면 수치되는 일이 있음을 발견하고"라고 쓰여 있기 때문이다. R. 아키바(R. Akiba)는 이렇게 말한다. 심지어 남편이 아내보다 더 아름다운 사람을 발견해도 (남편은 아내와 이혼할 수 있다). "왜냐하면 그를 기뻐하지 아니하면"이라고 쓰여 있기 때문이다.[55]

여러 율법 교사가 이혼을 허용하는 문제에 대해 의견이 일치하지 않았던 것은 확실하다. 그러나 재혼에 관해서 당대의 랍비들은 허용되는 사유로 이혼했다면, 합법적인 이혼으로 아내와 헤어진 남자와 마찬가지로, 남편에게서 이혼 서류를 받은 이혼한 여인도 자유롭게 재혼할 수 있다는 데 일반적으로 동의했다. 실제로 당시의 다양한 이혼 서류에 대해서 『미쉬나』는 이렇게 진술한다. "이혼 서류에는 '그대는 어떤 남자와도 자유롭게 결혼할 수 있다'는 말이 반드시 들어가야 한다."[56] 이혼의 목적은 결혼의 해체가 아니라 재혼할 수 있는 자유였다.

예수님의 대답은 자유주의적 학파의 해석과는 사뭇 거리가 멀었다. 그분은 전혀 예상치 못한 쪽으로 나가셨다. 바리새인들과 달리 예수님은 유명한 랍비의 해석을 끌어오거나 성경 본문을 억지스러운 가상 시나리오에 뜯어 맞추지 않으셨고, 단순히 '그렇다' 또는 '아니다' 로 대답하지 않으셨다. 예수님은 모든 학파가 생기기 전, 심지어 모세가 태어나기 전인 창세기로 거슬러 올라가 1장 27절("남자와 여자를 창조하시고")과 2장 24절("남자가 부모를 떠나 그의 아내와 합하여 둘이 한 몸을 이룰지로다")을 인용해서 결혼의 원래 목적과 계획을 말씀하셨다.

예수님의 요지는 이렇다. 처음, 즉 아담과 하와가 타락하기 이전 하나님이 남녀 사이에 결혼을 설계하셨을 때로 돌아가보면 애초에 이혼은 하나님의 의도에 없었다. 태초에 하나님은 한 남자와 한 여자가 만나 결혼하도록 정하셨다. 결혼은 동시에든 연속적으로든 한 무리의 남자와 여자 사이의 일이 아니었다. 또 결혼한 남자와 여자 사이에는 특별한 결합 또는 유대감이 생기도록 하셨다. 마태복음 19장 5절에서 마태가 사용한 "합하다"는 말은 *kollaō*(2853)의 한 형태다. 이 말의 뜻은 '긴밀한 연합', '결합', '단결'인데, 원래는 영구적으로 결합할 목적으로 사물을 붙이거나 접합한다는 뜻을 갖고 있다.[57] 그러므로 결혼에 대한 하나님의 본래 의도는 영구적이었다. 두 사람이 "한 몸"을 이룬다는 사실이 결혼의 특별한 연합을 더 강화한다. 여기서 말하는 한 몸은 은유적 표현이면서 사실적 표현이기도 하다. 은유적으로 부부는 정서적, 정신적, 영적, 사회적, 육체적으로 서로를 보완해주는 '일심동체'다. 결혼 안에서 이루어지는 성적 결합은 생명을 만들어낼 수 있다. 두 사람의 결합으로 한 사람이 태어난다. 창세기의 이러한 성경적이고 신학적인 진술들을 바탕으로 예수님은 다음과 같은 실제적인 결론을 이끌어내셨다. "그런즉 이제 둘이 아니요 한 몸이니 그러므로 하나님이 짝지어 주신 것을 사람이 나누지 못할지니라"(19:6).

—19:7-9—

바리새인들은 예수님이 이혼을 반대하실 거라고 예상하고 그에 대한 답변을 준비해놓고 있었다(19:7). 자세히 보면 그들은 질문에 대한 올바른 대답이나 창조에 대한 성경적 또는 신학적 토대에는 별 관심이 없었다. 사실 그들은 답이나 교훈을 원하지 않았다. 그들이 원한 것은 십자가에 달린 예수님의 몸이었다! 그러나 예수님은 '그렇다' 또는 '아니다'는 대답으로 그들이 던진 미끼를 물지 않으셨다. 오히려 성경적 논쟁에서 그들이 간과한 주요 구절을 짚으시면서 이혼에 대한 자유주의자들의 생각과 하나님의 생각을 대립시키셨다!

그들의 대답은 기본적으로 이런 주장이었다. "이혼은 원래 결혼을 설계하신 하나님의 계획에 없었다는 당신의 말이 사실이라면 위대한 율법의 계시자인 모세는 왜 남자가 아내에게 이혼 증서를 주어 보내라고 했는가?" 여기서 그들은 예수님과 모세, 예수님의 말씀과 율법을 맞세우려고 했다. 예수님이 창세기 1장과 2장에서 가져오신 논거를 무시하고 그들은 다시 신명기 24장 1-4절로 돌아갔다. 그들 생각에 이 주장은 꽤 그럴듯했다. 다시 말해, 창세기의 말씀에 근거해서 아내와 이혼하는 것이 율법에 어긋난다면 모세가 신명기에서 이혼에 대한 규율을 제공한 것은 하나님의 율법을 어긴 것이었다.

그들이 신명기를 바로 들이대리라는 것을 예수님은 분명히 알고 계셨다. 그분은 그 말이 나올 것을 아셨고, 그들의 전략에 전혀 당황하지 않으셨다. 예수님은 지체 없이 율법을 잘못 해석한 부분을 지적하시고 바로잡으셨다. 모세는 남편에게 이혼 증서를 주라고 지시한 적이 없었다. 모세는 남자들이 아내와 이혼하는 데 필요한 조건 같은 것을 발표하지 않았다. 다만, 율법은 타락하고 연약한 사람들이 이미 이혼을 하고 있었고, 계속 이혼을 할 것이라는 사실을 인정했다. 예수님은 신명기 말씀은 명령이 아니라 특정 조건이 충족되는 한에서 양보의 표현임을 정확히 지적하셨다. 인간의 강퍅한 마음 때문에 하나님은 특정한 상황에서 이혼을 허락하셨지만, 그것은 이상을 지키지 못해서 나온 양보일 뿐이었다. 예수님은 창세기 2장에 제정된 이상에서 한 치도 물러서지 않으셨다. 이 중요한 구절을 놓치지 말라. "본래는 그렇지 아니하니라"(마 19:8). 요컨대, 바리새인들은 모세가 이혼을 명령했다고 우겼지만, 예수님은 모세는 이혼을 허락했을 뿐이라고 반박하셨다.

한 성경 학자가 아주 훌륭한 예화를 제공했다.

> 자동차가 도로에서 안전하게 주행하고 미끄러져 다른 차와 충돌하지 않게 만들어지듯이 결혼은 한 사람이 원할 때마다 갈라서고 다시 짝을 맞출 수 있는 것이 아니라 한 남자와 한 여자가 평생의 동반자가 되도록 고안되었다…모세는 "차를 운행할 때 사고를 내는 방법은 이렇다"라고 말하지 않았다. 그는 이렇게 말했다. "차를 운전할 때 사고를 당하지 않게 조심하라. 하지만 안타깝게도 사고가 발생하면 이렇게 대처하라."[58]

사고가 발생한 도로에서 차를 운전하는 것이든 문제가 심각해지는 결혼을 다루는 것이든 어려운 문제를 다루는 데 있어서 명령과 허용 사이에는 큰 차이가 있다. 모세는 유대인들에게 차를 폐기 처분하고 새 차를 구입하라고 명령하지 않았다. 모세는 분명 남자들이 새 차를 원할 때 헌 차를 팔고 새 차를 사는 것을 허용하지 않았다! 오히려 모세에게 주어진 율법은 파탄 난 결혼으로 인한 피해를 최소화하기 위한 몇 가지 규칙을 제시했다.

당대의 보수적인 견해와 비슷하게 예수님은 신명기 24장 1절에 약술된 이혼의 근거인 "수치되는 일"을 "음행"으로 해석하셨다(마 19:9). 여기서 마태가 사용한 "음행"이라는 헬라어 *porneia*(4202)는 간통[보통 *moicheia*(3430)로 표시된다]뿐만 아니라 광범위한 성적 방탕을 묘사한다. 실제로 *moicheia*(3430)의 동사형은 이 구절의 뒷부분에서 성적 방종 외에 어떤 이유로든 아내와 이혼하는 남자들의 행위를 나타내는 데 쓰였다. 예수님은 성적 부도덕이 이혼이 허용되는 이유라고 분명히 말씀하시기는 했지만, 그런 경우에 반드시 이혼해야 한다고 말씀하시지는 않았다.

뿐만 아니라 예수님이 신명기 24장 1절에 대한 바리새인들의 해석과 히브리어 *ervah*(H6172)–수치되는 일–의 의미를 구체적으로 다루셨음을 기억해야 한다. 이 용어는 문자적으로 '벌거벗음'이라는 뜻이지만, '부적절한 행위'라는 맥락에서 '수치스러운 폭로'를 완곡하게 표현하는 데 쓰였다.[59] 예수님은 '성적 부도덕'이라는 좁은 의미를 지지하시면서 자유주의적인 바리새인들이 이 용어를 지나치게 넓게 해석한 것을 바로잡으셨다.

이혼 문제에 대한 성경의 모든 구절을 연구해보면 몇 가지 상황에서 이혼이 허용되기는 하지만 장려되지는 않는다는 결론에 도달한다. 화해가 불가능할 때 이혼을 허용할 수 있는 다른 심각한 결혼 서약의 위반으로는 정신적 또는 정서적 학대, 배우자나 아이들에 대한 신체적 위험, 지속적인 폭력과 학대, 유기 등이 있다(자세한 내용은 465쪽에 제시된 "더 큰 그림–고린도전서 7장에서 바울이 말한 이혼" 참조).

—19:10–12—

바리새인들이 예수님께 도전하기 위해 왔으나 황망히 자리를 뜨는 모습이 눈에 선하다. 예수님이 성경에 위배되는 말을 하시는 것을 잡아내지 못한 것에 화가 나고, 대중 앞에서 그분을 논파하지 못한 것에 당황하며 그들은 떠났다. 예수님은 그들의 질문을 완전히 분해하고 덫을 해체해서 그들의 음흉한 시험을 당당히 통과하셨다. 예수님은 여기서는 바리새인

더 큰 그림- 고린도전서 7장에서 바울이 말한 이혼(마태복음 19:9)

마태복음 19장 3-9절에서 바리새인들은 신명기 24장 1절의 언어에 대해 범위를 아주 많이 좁혀서 물어보았기 때문에 예수님은 이혼이 허용되는 모든 상황을 다루지 않으셨다. 예수님은 모든 다양한 시나리오와 예외 상황으로 들어가지 않으셨다. 그러나 수년 후에 사도 바울이 이 중요한 문제에 대해 빠진 부분을 보충하면서 더 큰 그림을 제공했다.

바울은 앞에서 "여자는 남편에게서 갈라서지 말고…남편도 아내를 버리지 말라"(고전 7:10-11)고 말했다. 이 일반적인 진술은 이상적인 결혼이란 한 남자와 한 여자가 평생 함께하는 것이라는 예수님의 말씀과 비슷하다(마 19:4-6). 실제로 "명하는 자는 내가 아니요 주시라"는 말로 바울은 독자에게 이 가르침이 이혼 문제에 대한 예수님의 말씀을 그대로 옮긴 것임을 알려주었다(마 5:32, 19:4-6). 바울은, 지금은 복음서에 기록되어 있는 이 문제에 대한 예수님의 가르침을 언급함으로써 결혼에 대한 기본적인 성경의 원칙인 영속성을 다시 한번 확인했다. 이것이 맞다면 그리스도인은 영속성을 목적으로 결혼생활을 가꾸고 세우기 위해 최선을 다해야 한다.

바울은 결혼이 평생의 헌신이 되어야 한다는 원칙의 중요성을 부인하지 않으면서, 예수님이 그러셨듯이, 영속성의 원칙에 이의를 제기하는 타락한 세상의 현실을 받아들였다. 세상이 타락함으로 어떤 결혼은 너무 뒤틀린 나머지 그 원칙이 항상 지켜지지는 않는다. 바울은 이런 현실을 직시하고 고통스럽고 역기능적인 결혼을 다루기 위한 실제적인 지침을 주었다. 죄나 이기심의 예리한 날에 결혼의 유대가 끊긴 그리스도인을 위해 바울은 이혼한 사람은 독신으로 남거나 화해해야 한다고 충고했다(고전 7:11). 바울은 이런 경우 헤어짐의 원인을 밝히지 않았다. 그것은 유기(遺棄) 또는 다른 위기로 초래된 결별일 수 있다. 혹은 단순히 '도저히 해소할 수 없는 성격 차이'일 수도 있다. 이 말은 뉘우치지 않는 간통이나 공공연한 학대 같은 심각한 문제보다는 일반적인 부부 갈등 같은 가벼운 결별의 이유를 나타내는 것 같다. 예수님은 배우자의 간음으로 이혼한 경우에는 그리스도인의 재혼을 허락하셨다(마 19:9).

그렇다면 한 사람만 신자인 결혼은 어떨까? 이 연합은 계속되어야 하는가? 아니면 영적 부조화로 인한 파경을 허용해야 하는가? 예수님은 이 문제를 다루지 않으셨다. 하지만 바울이 하나님이 부여하신 사도의 권위를 바탕으로 영적으로 건전한 충고를 했다. "이는 주의 명령이 아니라"(고전 7:12)는 바울의 말은 단순히 그 문제에 대해 개인의 의견을 말했다는 뜻이 아니라 바울의 가르침이 그리스도가 직접 명령하신 것에서 나온 것이 아니라는 뜻이었다. 여기서는 성령님이 그분의 영감을 받아 예언하는 사도의 펜을 통해 새로운 상황에 대해 말씀하셨다. 한 사람이 불신자인 결혼에 대해서 바울은 믿지 않는 배우자가 신자인 배우자와 계속 함께할 의향이 있다면 신자는 헤어질 생각을 하지 말아야 한다고 했다(고전 7:12-16).

분명히 바울은 신자가 결혼 서약을 충실히 지키는 것이 이상적이라고 했지만, 한편으로는 이 타락한 세상에 속한 믿지 않는 배우자가 그런 연합을 반드시 지속하지는 않는다는 사실도 알고 있었다. 비그리스도인 배우자가 신자의 뜻과 반대로 이혼하면 어떻게 될까? 바울은 그 무고한 신자에게 싸우지 말고 "갈리게 하라"(고전 7:15)고 지시했다. 그런 경우, 그 그리스도인은 고의적 유기의 희생자이므로 "구애될 것이 없[었다]." 다시 말해서, 그 하나님의 자녀는 그 혼인관계에 매이지 않는다. 그 신자는 결혼하지 않은 사람의 범주에 속하게 되며(참조. 고전 7:8), "주 안에서" 동료 신자와 자유롭게 결혼할 수 있다(참조. 고전 7:39).

들을 물리치셨지만 그들의 음모를 깨트리지는 않으셨다. 그들은 다시 뭉쳐 다른 문제를 가지고 그분께 올 것이다.

이 토론이 끝난 뒤 제자들은 크게 놀랐다. 그들은 이혼에 관한 법이 느슨해서 거의 모든 이유로 대부분의 이혼이 용납되는 우리 시대와 별반 다르지 않은 세상에서 자랐다. 그들은, 자기들이 결혼할 수 있고, 그 결혼이 신통치 않으면 나중에 다른 배우자를 찾으면 된다고 생각하도록 길러졌다. 그러나 바리새인들과 나눈 대화 속에서 그들의 스승은 이혼을 허용하는 문제에 관해 매우 보수적인 노선을 취하실 뿐 아니라 평생 한 남자와 한 여자 사이의 결합으로 결혼의 신성한 의무를 크게 강화하셨다. 그래서 그들은 평생 그런 영구적인 관계 속에서 사느니 차라리 결혼하지 않는 것이 낫겠다고 생각했다(19:10).

예수님은 결혼이 평생 지속되는 허니문이 아니라는 것을 아셨다. 결혼은 힘들다. 사실 육에 속한 사람들이 결혼생활을 엄격하게 유지하는 것은 불가능하다. 결혼은 하나님이 주신 능력이 있어야 성취할 수 있는 소명이다(19:11).[60] 그러나 결혼만 소명은 아니다. 바울이 고린도전서 7장 25-35절에서 말했듯이 예수님은 독신의 삶도 하나님 나라에 헌신한 사람들의 선택 사항이라고 하셨다(마 19:12). "고자"(*eunuch*)라는 말[헬라어 *eunouchos*(2135)에서 파생된]은 일반적으로 주인에 대한 충성의 뜻으로 거세된 남자 종을 지칭했다.[61] 여기서 예수님은 기능적으로 같은 상황, 즉 평생 독신으로 지내는 세 부류의 남성을 가리키셨다. 1) 선천적으로 아이를 가질 수 없는 신체적 결함을 가진 사람(이로 인해 미혼으로 남을 수 있다). 2) 특별한 봉사를 위해 거세된 사람. 3) 하나님 나라를 위해 자발적으로 고자처럼 살기로 선택한 사람. 예수님과 사도 바울은 모두 이 마지막 범주에 속했다. 그러나 그런 생활방식도 그 나름의 어려움이 있고, 결심을 완수하기 위해서는 하나님의 은혜가 필요하다. 결혼이 그렇듯, 독신도 모두를 위한 것은 아니다.

이러한 가르침에서 우리는 몇 가지 중요한 원칙을 얻을 수 있다. 첫째, 어떤 사람들은 결혼해서 결혼의 책임, 특권, 복잡한 문제들, 기쁨의 일들을 겪고 누린다. 그것은 지고하고 거룩한 소명이다. 둘째, 어떤 사람들은 결혼하지 않는다. 어떤 이유로든 어떤 사람들은 독신으로 살면서 주님을 섬기는 소명을 받는다. 다른 사람들이 이런 사람들을 판단하거나 그들의 동기를 의심해서는 안 되며, 아무도 그들의 삶에 '간섭할' 권리가 없다. 셋째, 어떤 사람들은 결혼할 수 있지만 그리스도와 그분의 나라의 일에 전념하는 것을 우선순위로 정한다. 그것은 평생을 거는 영구적인 결정일 수도 있고, 일시적인 결정일 수도 있다. 어떤 경우든 사역은 때때로 독신으로 헌신할 것을 요구한다. 하지만 하나님이 사역을 위해 기혼자에게 이혼을 요구하지는 않으신다. 마지막으로 우리는 모두 주님 앞에서 그분이 인도하시고 예비하시는 대로 우리의 삶을 살 수 있는 여지를 우리 자신과 다른 사람들에게 주어야 한다. 우리는 그리스도가 우리에게 주신 자유 안에서 삶을 영위하면서 비성경적인 기대를 경계해야 한다.

적용: 마태복음 19:1-12
이혼에 대한 실제적이고 개인적인 생각

적용을 위해 "이 말을 받을 만한 자는 받을지어다"(19:12)라고 말씀하신 예수님과 비슷한 마음으로 이혼이라는 불편한 문제에 대한 나의 관점을 나누고 싶다. 예수님이 사용하신 단어와 어조를 모두 고려하라. 예수님과 신약의 저자들은 엄격한 규칙을 정하기보다는 우리가 직면하는 모든 상황에 대해 기도하며 현명하게 숙고하고 지혜롭게 적용해야 할 원칙을 제시한다. 사람들은 대개 명확하고, 정확하며, 포괄적이고, 경계가 엄격한 규칙, 즉 영구적이고 구속력 있는 규칙을 선호한다. 그러나 이혼과 관련한 쟁점들은 너무 다양하고 복잡해서 그렇게 간단한 방법으로 해결할 수 없다. 성경이 이런 문제들에 대한 사고의 기초와 틀을 제공해도 우리는 여전히 사고를 해야 한다. 이런 정신에 입각해서 네 가지 원칙을 제시하려 한다.

첫째, 결혼의 이상은 한 남자와 한 여자 사이의 불가분의 결합이다. 그러한 연합은 서로에 대한 헌신과 사랑, 신실함을 바탕으로 하며, 이상적으로는 죽음만이 끝낼 수 있는 조화롭고 충일한 관계를 이룬다. 그러나 분명히 말하지만, 그런 결혼도 이기적이지 않고, 협조적이며, 타협할 의지를 가지고 결혼생활을 꾸리는 부부 모두의 결연한 노력이 있기에 유지된다. 그런 부부는 서로 상대방에게 맞추고 변화한다. 그들은 기꺼이 자기들의 권리를 내려놓고 상대방의 잘못을 용서한다. 그리고 결혼생활 내내 그렇게 할 것이다. 그러려면 능력을 주시는 하나님의 은혜와 많은 기도 그리고 그리스도에 대한 공동의 헌신이 있어야 한다. 그것이 이상적인 결혼의 모습이다.

둘째, 인생은 질서 정연하거나 완벽하지 않으며 그럴 수도 없다. 모든 사람의 죄로 인해 어떤 결혼이든 예상치 못한 일들이 불쑥불쑥 끼어든다. 결혼 예비 학교, 결혼식, 신혼여행 때도 나타나지 않았던 문제들이 결혼생활을 하는 동안 분명히 드러난다. 듣지 못했던 비밀이 드러나 큰 충격을 주기도 한다. 알지 못했던 특성들이 드러난다. 그리고 결혼 전에 해결하지 못한 고통스러운 현실이 드러나며 한때 화목했던 연합이 깨어진다. 충만하고, 화합하고, 보람 있어야 할 관계가 공허하고, 혼란스럽고, 비참해질 수 있다. 문제를 해결하려는 진지한 노력이 종종 허사가 되고 상처를 치료하려는 이런 노력에도 불구하고 상황은 악화될 뿐이다. 한때는 어렵다고만 생각했던 것이 심지어 건강과 삶을 위협할 수도 있다. 그리고 부부가 화해에 이르고 관계를 회복해줄 것이라고 바랐던 것이 결과적으로 극복이 불가능한 돌이킬 수 없는 난국과 메꿀 수 없는 간극을 초래한다. 이것이 이 타락한 세상에서 볼 수 있는 많은 관계의 슬픈 현실이다.

셋째, 결혼생활이 파경에 이르지 않은 우리는 그 불행의 깊이를 오롯이(또는 심지어 정확히) 가늠할 수 없다. 우리는 결혼이 깨어지는 것을 지켜보며 신명기 24장 1절을 들먹이던 바리새인들처럼, 우리가 인용할 수 있는 성경 구절이나 생각해낼 수 있는 예수님의 말씀에 근거해 그 부부에 대해 부정적인 생각을 하는 습성이 있다. 우리는 그런 말씀의 전체 맥락이나 성령이 그 문제에 대해 밝히신 다른 모든 요소를 고려하지 않고 그렇게 한다. 하지만 우리는 그 결별에 관련된 사람들을 판단할 만큼 충분히 알지 못한다. 사실, 갈등의 주요 원인은 결혼이라는 친밀한 상황에서만 알 수 있기 때문에 우리가 모르는 무언가가 갈등의 주요 원인일 경우가 많다. 나는 종종 일상생활에서 가학적 학대, 이기심, 끊임없는 비판, 정신적으로 고통을 주는 죄를 짓고 있는 사람이 다른 사람들에게는 신실함과 경건의 본보기로 보인다는 것을 알 만큼 이런 불행한 관계를 가까이서 보아왔다. 그리고 우리는 진짜 파탄의 원인일 수 있는 사람이 올바른 쪽이라고 잘못 생각하게 된다. 대부분 관계가 파탄 나는 상황은 너무 복잡해서 흑백으로 나뉘는 경우는 거의 없다.

마지막으로 그런 절망적인 고통 속에 있는 두 사람이 평생을 불건전한-그리고 위험할 수도 있는-불화에 얽매어 있기를 기대하는 것은 비현실적으로 보인다. 분명 이것은 하나님이 그들에게 요구하시는 것이 아니다. 한 사람 또는 두 사람 모두의 건강과 안전을 위해 그리고 자녀들을 위해 종종 별거가 요구되고, 때로는 이혼이 필요하다. 특히 부부가 상황을 해결하고 바로잡기 위해 가능한 모든 수단을 다 써보았다면 더욱 그렇다. 우리는 평생을 함께하는 결혼의 이상을 위해 노력하지만, 결혼의 파탄과 이혼이라는 현실도 다루어야 한다.

내가 늘 이런 입장이었던 것은 아니다. 나는 결혼, 이혼, 재혼에 대해 훨씬 엄격하고, 이상주의적이며, 솔직히 말해 비현실적인 관점을 가지고 있었다. 하지만 수십 년 동안 성경을 연구하고 묵상하며 사역을 통해 실제 삶에 적용하면서 나는 지금 이 입장에 설 수밖에 없었다. 나는 전심으로 결혼을 믿으며 영속성이라는 이상을 인정한다. 나는 사실상 나의 거의 모든 성년기를 한 여인의 남편으로 행복하고 만족스러운 결혼생활을 영위했다. 하지만 결혼할 때 나와 같은 바람을 안고 시작했지만 끝까지 해내지 못한 사람들도 있다. 어떤 이유로든–그리고 그 이유는 복잡하다–도저히 배우자와 함께할 수 없음을 알게 된 사람들이 있다. 그런 실패는 회복이 가능하다. 당신이 그런 상황에 처했다면 자비와 은혜가 풍성하신 사랑의 하나님은 당신을 위한 그분의 계획 안에 불행하고 위험할 수도 있는 상황에서 당신을 건강하고 안전한 곳으로 옮기실 여지를 가지고 계신다.

누가 천국에 가장 가까운가?(마태복음 19:13-30)

[13]그 때에 사람들이 예수께서 안수하고 기도해 주심을 바라고 어린 아이들을 데리고 오매 제자들이 꾸
짖거늘 [14]예수께서 이르시되 어린 아이들을 용납하고 내게 오는 것을 금하지 말라 천국이 이런 사람의
것이니라 하시고 [15]그들에게 안수하시고 거기를 떠나시니라

[16]어떤 사람이 주께 와서 이르되 선생님이여 내가 무슨 선한 일을 하여야 영생을 얻으리이까 [17]예수
께서 이르시되 어찌하여 선한 일을 내게 묻느냐 선한 이는 오직 한 분이시니라 네가 생명에 들어 가려
면 계명들을 지키라 [18]이르되 어느 계명이오니이까 예수께서 이르시되 살인하지 말라, 간음하지 말라,
도둑질하지 말라, 거짓 증언 하지 말라, [19]네 부모를 공경하라, 네 이웃을 네 자신과 같이 사랑하라 하신
것이니라 [20]그 청년이 이르되 이 모든 것을 내가 지키었사온대 아직도 무엇이 부족하니이까 [21]예수께서
이르시되 네가 온전하고자 할진대 가서 네 소유를 팔아 가난한 자들에게 주라 그리하면 하늘에서 보화
가 네게 있으리라 그리고 와서 나를 따르라 하시니 [22]그 청년이 재물이 많으므로 이 말씀을 듣고 근심하
며 가니라

[23]예수께서 제자들에게 이르시되 내가 진실로 너희에게 이르노니 부자는 천국에 들어가기가 어려
우니라 [24]다시 너희에게 말하노니 낙타가 바늘귀로 들어가는 것이 부자가 하나님의 나라에 들어가는

것보다 쉬우니라 하시니 25제자들이 듣고 몹시 놀라 이르되 그렇다면 누가 구원을 얻을 수 있으리이까
26예수께서 그들을 보시며 이르시되 사람으로는 할 수 없으나 하나님으로서는 다 하실 수 있느니라
27이에 베드로가 대답하여 이르되 보소서 우리가 모든 것을 버리고 주를 따랐사온대 그런즉 우리가
무엇을 얻으리이까 28예수께서 이르시되 내가 진실로 너희에게 이르노니 세상이 새롭게 되어 인자가 자
기 영광의 보좌에 앉을 때에 나를 따르는 너희도 열두 보좌에 앉아 이스라엘 열두 지파를 심판하리라 29
또 내 이름을 위하여 집이나 형제나 자매나 부모나 자식이나 전토를 버린 자마다 여러 배를 받고 또 영
생을 상속하리라 30그러나 먼저 된 자로서 나중 되고 나중 된 자로서 먼저 될 자가 많으니라

이 세상의 규칙대로라면 부유하고, 유명하고, 중요하고, 힘 있는 사람일수록 다가가기도 어렵고, 만나기도 어려우며, 시간도 잘 내주지 않는다. 우리 중에 그냥 백악관에 들어가 미국 대통령 집무실의 문을 두드리고 잠시 대화를 요청할 수 있는 사람은 아무도 없다. 할리우드에 있는 고급 레스토랑에서 아카데미상을 수상한 여배우를 발견했을 때 대뜸 옆자리에 앉아서 다음 작품 계획을 물을 수 있는 사람이 있을까? 우리가 사는 세상에서는 중요한 인물일수록 접근하기 힘들다.

예수님은 그렇지 않으셨다. 늘 그러시듯, 예수님은 문화적 기대를 저버리시고 세상의 규칙을 거꾸로 뒤집으셨다. 그분은 권력자를 편애하시거나, 엘리트들을 특별히 잘 만나주시거나, 영향력 있는 사람들에게 특혜를 베풀지 않으셨다. 그분은 누구든지 언제나 다가갈 수 있고, 만날 수 있으며, 말을 붙일 수 있었다. 예수님은 모든 부류의 사람, 젊은이와 노인, 부자와 가난한 자, 병든 자와 건강한 자, 부패한 자와 정직한 자, 무례한 자와 정중한 자, 증오하는 자와 사랑하는 자, 겸손한 자와 교만한 자, 헌신적인 추종자들과 냉혹한 비평가들을 만나셨다. 그분이 사회적 장벽을 타파하고 누구나 다가올 수 있게 하신 것은 참으로 놀랍다.

마태복음 19장 13-30절에서 예수님이 보여주신 광범위한 접근성은 그 예를 찾기 어렵다. 첫째, 우리는 예수님의 축복을 받으려고 부모들이 데려온 일단의 순진무구한 어린아이들을 만난다. 그다음에는 결코 순수하다고는 할 수 없는 한 부자와 예수님이 나누신 대화를 듣는다. 이 두 가지 일화 속에서 누가 천국에 가장 가까운지에 대한 중요한 교훈을 배우고 있던 제자들의 반응을 주의 깊게 살펴보자.

—19:13-15—

이 생각을 해보라. 예수님은 어린아이를 키우는 부모들이 초대나 특별한 허락 없이도 아이들을 마음대로 데려올 만큼 자비롭고 친근하게 대하셨다. 마태복음 19장 13절에서 우리는 자기 아이들을 예수님 앞에 데려와 그분의 손길과 축복을 요청하는 부모들의 모습을 본다. 그들은 한 치의 망설임이나 두려움 없이 갓난아기나 아장아장 걷는 어린것을 들쳐 업고 지구상에서 가장 중요한 사람 앞에 데리고 왔다.

예수님에게는 그분의 '경호원'을 자처하는 제자들이 있었다. 그들은 사회 규범상 지극히 무례한 행위라는 생각에 부모들을 가로막고 꾸짖었다. 그들은 특히 지난 며칠 동안, 예수님이 실제로 얼마나 전능하시며 영광스러운 존재인지 알게 되었다. 그래서 스스로 예수님의 경호원 노릇을 하면서 자기들의 기준에 합격한 사람들만 스승을 만날 수 있도록 제한했던 것 같다. 그들의 잣대로 볼 때 어린아이들은 당연히 기준 미달이었다.

그러나 예수님은 축복을 받으러 모여드는 시끌시끌한 어린아이들과 부모의 무리를 단호하고 엄한 표정으로 막아서는 그들을 대뜸 나무라셨다. "어린 아이들을 용납하고 내게 오는 것을 금하지 말라 천국이 이런 사람의 것이니라"(19:14). 참으로 의외의 기분 좋은 광경이었다! 예수님은 두 팔을 활짝 벌려 그들을 환영하시며 아이들의 머리와 어깨에 손을 얹으셨다. 그 장면을 본 제자들은 넋을 잃고 서 있었을 것이다. 저분은 이스라엘이 고대하던 메시아 왕이 아니신가? 어째서 저런 이빨 빠진 웃음을 지으며 바보 같은 질문이나 하는 냄새나는 하찮은 코흘리개들에게 소중한 시간을 낭비하시는가?

윌리엄 바클레이는 이 구절을 이렇게 해석했다. "예수님과 많은 유명한 설교가나 복음 전도사들 사이에는 이상한 차이가 있다. 대체로 이런 유명한 사람들을 직접 만나는 것은 거의 불가능에 가깝다. 그 위대한 인물들은 수행원이나 경호원이 사람들에게 시달리는 것을 막아준다."[62] 예수님은 그런 부류가 아니셨고, 제자들이 경호원 노릇을 하도록 허락하지도 않으셨다. 사람들이 그분께 다가오는 것을 제자들이 막으려고 하자 주님은 바로 그들의 콧대를 꺾으셨다. 누구 못지않게 어린아이들은 예수님의 시간과 온화한 손길을 받을 자격이 있었다.

앞에서 제자들이 "천국에서는 누가 크니이까?"(18:1)라고 물었을 때 예수님은 이렇게 답하셨다. "너희가 돌이켜 어린 아이들과 같이 되지 아니하면 결단코 천국에 들어가지 못하리라"(18:3). 어린아이의 단순함과 열린 마음, 정직, 호기심은 천국에 가장 가까운 사람들의 모습과 행동을 완벽하게 보여준다. 어린아이들에게는 허세, 어젠다, 거리낌, 저항, 자의식이 없다. 이런 것들은 무거운 짐을 진 성인들이 자기들의 절박한 필요만을 가지고 예수님께 나아가는 것을 가로막는다.

그리고 이 어린아이들은 뒤이어 주님과 함께 있는 청중을 찾아온 사람과 정반대였다.

—19:16-22—

예수님은 어린아이들을 축복하신 뒤 자리를 떠나셨다. 곧이어 군중 속에서 그분을 부르는 소리가 들렸다. "선생님이여 내가 무슨 선한 일을 하여야 영생을 얻으리이까?"(19:16) 그 사람의 이름은 알려지지 않았다. 마태는 그가 "청년"이었고(19:20) "재물이 많[았다]"고 말한다(19:22). 누가의 기사는 그 남자가 "관리"였고(눅 18:18) "큰 부자"였다고 부연한다(눅 18:23). 그는 광대한 토지를 상속받은 젊은이였거나 자수성가한 사람이었을 수도 있다. 우리는 모른다. 어쨌든 그 남자는 자기의 재력에서 나오는 약간의 자부심이라기에는 자신감-추진력 있고, 당돌하며, 단도직입적인-의 도가 넘쳤다. 그러나 마가복음이 말해주듯 그 청년은 예수님 앞에 무릎을 꿇고 질문했다(막 10:17). 자기 확신에 고취되어 있었지만, 그 청년은 최소한 영적 문제에 있어서는 예수님의 탁월한 지혜를 인정했다.

예수님은 그에게 잠시 대화를 주도하게 하셨는데, 나는 이것이 참 좋다. 마태, 마가, 누가의 복음서를 함께 보면 그는 자기 정당화는 물론이고 약간의 아첨도 하고 있었던 것 같다. "선한"(막 10:17, 눅 18:18)이라는 표현에 대해 예수님은 그 남자가 뜻도 제대로 모르고 말했다고 하셨다. "네가 어찌하여 나를 선하다 일컫느냐 하나님 한 분 외에는 선한 이가 없느니라"(눅 18:19). 마태의 기사는 예수님이 이 아첨의 말을 꼬집어 그 남자가 "선"이 무엇인지 제대로 모른다는 사실을 드러내는 과정을 설명한다(마 19:17). 그 부자가 볼 때 도덕적 또는 윤리적 선은 수평적으로, 즉 사람들 사이의 의를 비교해서 측정되었다. 그 남자의 세속적 관점에서 보면 예수님은 '선의 척도'가 꽤 높았다. 하지만 예수님은 그러한 수평적 의에 대한 개념 자체를 뒤엎고 하나님의 기준으로 바꾸셨다. "선한 이는 오직 한 분이시니라"

(19:17). 선과 의의 기준은 우리가 주변 사람들보다 얼마나 나은가가 아니라 하나님의 온전한 거룩함에 얼마나 부합하는가다.

하나님이 완전한 의에 대한 유효한 기준이시기 때문에 하나님이 주신 율법은 그분의 기대를 잘 드러낸다. 그 남자가 "영생을 얻[기 위해]"(19:16) 진심으로 선을 행했다면 예수님의 대답은 지극히 합리적이다. "네가 생명에 들어 가려면 계명들을 지키라"(19:17). 게다가 타당한 제안이다. 이론적으로 어떤 사람이 선천적인 의와 선을 가지고 있다면 그는 하나님을 향한 사랑과 예배의 행위로 마음에서 우러나온 겸손한 자세로 모든 계명을 완벽하게 지킬 것이다. 그런 사람-만약 존재한다면-은 모든 면에서 하나님을 기쁘시게 할 것이고 영생을 얻을 수 있을 것이다. 이론적으로는 그렇다. 그러나 현실에서 그런 의와 선을 가진 사람은 신인(God-man)이신 예수 그리스도밖에 없다. 그분 한 분만이 인간을 특징짓는 전적인 타락과 죄성 없이 태어나셨다. 절대적인 의미에서 '선하신' 분은 그분밖에 없다. 그리고 그분만이 모든 면에서 하나님을 기쁘시게 하고 그분의 계명을 지키는 완전한 삶을 사실 수 있다. 그래서 예수님은 계명을 지키면 영생의 문을 열 수 있다는 진리를 말씀하시면서, 하지만 그것은 그분 외에는 아무도 할 수 없다는 것을 굳이 그 부자 청년에게 말하지 않으셨다!

예수님은 왜 그러셨을까? 그 사람을 우롱하신 걸까? 그렇지 않다. 그분은 독선과 하나님의 의의 선물은 크게 다르다는 중요한 교훈을 가르치신 것이었다. 처음의 질문을 기억하라. "내가 무슨 선한 일을 하여야 영생을 얻으리이까?"(19:16, 밑줄 나의 강조) 나름의 방식대로 하나님의 은혜를 얻고, 선행을 충분히 쌓으며, 특정한 죄를 피하고, 하나님 나라에 보화를 쌓는다는 개념은 1세기 유대교에서 지극히 일반적인 개념이었다. 그리고 지금도 그렇다. 그러나 영생의 본질과 타락하고 부패한 죄인이 어떻게 그것을 얻을 수 있는지에 대한 그 청년의 추정은 완전히 틀렸다. 그(그리고 우리)에게 의로운 행위로 구원을 얻을 수 있다는 생각이 잘못됐음을 가르치시려고 예수님은 우문현답을 하셨다. "영생을 얻으려면 어떻게 해야 하는지 알고 싶다고? 알려주마. 계명을 지켜라."

그 청년은 곧바로 응수했다. "어느 계명이오니이까?"(19:18) 분명 기독교 가정에서 자라나 정기적으로 교회에 다닌 오늘날의 많은 아이처럼 그 젊은 부자는 십계명을 알았을 것이다. 실제로 의의 점검표 역할을 하는 십계명에 그는 신경을 많이 썼을 것이다. '열 가지 대계명'을 잘 지키기만 하면 생명으로 가는 길은 탄탄대로일 것이다. 그 청년의 생각과 자기를 의인으로 보이고 싶어 하는 마음을 아신 예수님은 율법의 몇 가지 계명—전부 다른 사람들과의 관계에 적용되는 계명(19:18-19)—을 열거하셨다. 그러자 그 청년은 각 계명을 "다 지켰다"고 확인했다.

- 살인하지 말라…"네!"
- 간음하지 말라…"네!"
- 도둑질하지 말라…"네!"
- 거짓 증거하지 말라…"네!"
- 네 부모를 공경하라…"네!"
- 네 이웃을 네 자신과 같이 사랑하라…"네!"

나는 그 청년이 실제로 예수님이 산상수훈에서 말씀하신 더 깊은 내적인 의에 부합하는 삶을 살 수 있었을지 심히 의심스럽다(5:21-48). 분명 그는 예수님이 이미 겉으로 보이는 의로운 행위와 내면의 보이지 않는 마음의 의의 문제를 다루셨다는 사실을 전혀 몰랐을 것이다. 그 젊은이가 모든 계명을 지켰다고 주장할 때 예수님은 그냥 두셨다. 분명 예수님은 찔러 보고 파헤쳐서 간과된 부분, 은밀한 욕정이나 증오, 부모에 대한 무례함, 그 외의 맹점을 드러내실 수 있었다. 하지만 예수님은 그러지 않으시고 다시 한번 정곡을 찌르셨다. 이 경우에 그 남자의 자부심, 능력, 자신감은 그의 재물에서 나왔다.

예수님은 그 남자가 꼭 붙들고 있는 모든 것을 알고 계셨다. 그가 그토록 사랑하는 장난감들이 무엇인지 다 아셨다. 아마 그 청년은 자기의 어마어마한 재산을 하나님의 축복과 은총의 징표, 계명을 열심히 지킨 것에 대해 이 땅에서 받는 상으로 생각했을 것이다. 그래서 예수님은 그의 아픈 곳을 찌르셨다. 하나님의 명령에 따라 정말로 완전무결해지려면 그는 모든 재산을 버려야 했다. 가진 모든 것을 팔아 그 돈을 가난한 사람들에게 주어야 했다(19:21). 그래야만 그가 다 지켰다고 경솔히 주장한 계명을 진정으로 성취하게 될 것이다. "네 이웃을 네 자신과 같이 사랑하라"(19:19-20). 전 재산을 처분하고 나면 그 남자는 영생의 참 근원이시며 유일한 영생의 제공자이신 분께 자유롭게 충성을 맹세할 수 있게 될 것이다. 그는 일용할 양식을 하나님께 의존하며 하루하루 사는 추종자 무리에 합류할 수 있을 것이다.

예수님은 그가 하나님, 제자들, 구경꾼들에게 의인으로 보이고 싶어 한다는 것을 아시고 구원에 이르는 의의 기준을 높이셔서 그가 도저히 그것을 성취할 수 없음을 알게 하셨다. 그는 잘못된 질문을 했다. "내가 무슨 선한 일을 하여야 영생을 얻으리이까?"(19:16) 예수님은 그에게 말씀해주셨다. 하지만 설령 그가 정말로 모든 것을 가난한 사람들에게 주고 예수님을 따랐다고 해도 "선한 일"의 목록은 끝없이 이어졌을 것이다. 왜일까? 그것은 사람이 영생을 얻기 위해 할 수 있는 좋은 일이란 없기 때문이다. 그 남자는 이렇게 말했어야 했다. "주님, 저는 구원받아야 할 죄인입니다. 저에게 자비를 베푸소서!"

그 남자는 기준이 이렇게 높은 것을 보고 포기했다. 그는 상심해서 자리를 떴다(19:22). 얼마나 불행한 중독인가! 그는 젊은데도 자기 재산을 너무나 자랑스러워하고 그것으로 얻은 사회적 지위를 포기할 마음이 없었기 때문에 영생의 기회를 얻기보다 그 재산에 집착했다. 그리고 이런 일은 누구에게나 일어날 수 있다. 만약 우리 홀로 의로운 행위를 통해 영생을 얻어야 한다면 아무리 해도 영생을 얻을 수 없다. 결국 하나님은 우리가 절대 내려놓으려 하지 않는 것을 우리에게 요구하실 것이다. 그것이 율법의 본질이다. 우리의 선행으로는 결코 충분하지 않다. 오직 하나님만이 그분의 자비와 은총으로 그렇게 절박하고 강퍅한 죄인들을 구원하실 수 있다.

—19:23-26—

그 젊은 부자는 낙심해서 슬그머니 가버렸다. 그가 선행 한 가지 정도의 거리에 있다고 생각했던 천국은 이제 손에 닿지 않았다. 그는 전적인 희생과 완전한 포기라는 높은 요구를 충족시킬 수 없었다.

예수님은 아마도 연민의 마음으로 고개를 가로저으셨을 것이다. 그리고 제자들에게 부자가 선행으로 영생을 얻는 것이 얼마나 어려운 일인지 가르치셨다. "낙타가 바늘귀로 들어가는 것이 부자가 하나님의 나라에 들어가는 것보다 쉬우니라"(19:24). 부자가 천국에 들어가기 어렵다는 생각은 1세기 유대인들에게 충격적이었을 것이다. 율법에 순종하는 것이 약속의 땅에서 받는 물질적 축복과 직결된다고 생각했던 종교적, 사회적 문화 속에서(참조. 신

28:1–14), 엄청난 부와 재산의 복을 받은 유대인들은 자기들의 의를 행하여 상을 받은 거라고 믿어 의심치 않았다. 그리고 그들이 자신들의 의로움으로 이 생에서 그렇게 복을 받았다면 그들은 하나님 나라와 영생을 향해 순항하고 있는 게 분명했다! R. V. G. 태스커는 이렇게 설명한다. "유대인들은 물질적 번영을 신의 은총을 받은 징표로, 부를 일종의 미덕으로 보는 경향이 있었기 때문에 예수님의 말씀을 들은 제자들이 깜짝 놀란 것은 당연하다."[63]

우리는 이런 생각을 하기가 쉽다. '내가 부자라면 원하는 건 다 가질 수 있을 텐데!' '내가 부자라면 살기가 더 쉬울 텐데. 미래에 대해 걱정하지 않을 텐데.' '내 가족을 부양할 수 있을 텐데. 그리고 다른 사람을 도울 수도 있을 텐데!' 하지만 예수님이 부자 청년과 나누신 대화는 부의 어두운 측면을 드러낸다. 그것이 어떻게 한 사람의 자아를 손상하고 하나님을 진실한 마음으로 겸허히 의지하지 못하게 하는지 보여준다. 부는 그릇된 독립과 맹목적인 교만을 부추긴다. 요한계시록에 기록된 라오디게아 교회에 보내신 예수님의 메시지에 이것이 잘 나타난다. 예수님은 미온적인 교회를 꾸짖으시며 이렇게 말씀하셨다. "네가 말하기를 나는 부자라 부요하여 부족한 것이 없다 하나 네 곤고한 것과 가련한 것과 가난한 것과 눈먼 것과 벌거벗은 것을 알지 못하는도다"(계 3:17).

다시 한번 예수님은 유대인들의 사회, 경제적 세계관을 완전히 뒤집으셨다. 그분은 부를 축복이 아니라 강력한 도취제로 보셨다. 그것은 사람들이 실제로 하나님이 필요하지 않다고 생각하게 만든다. 힘도, 방어력도, 자원도, 인생에시 원하는 것을 성취할 능력도 없는 어린아이들과 달리 부자들은 무턱대고 자신감이 넘치고, 독립적이며, 거만하다. 솔직히 말해 부자가 되면 우리는 주님에게서 눈을 돌려 이 세상 것들을 보게 된다. 부는 우리 힘으로는 어떻게 할 도리가 없음을 인정하고 겸손히 의존하지 못하도록 방해한다.

자기중심적인 자만심과 자기를 의인으로 보이기 위한 경건에 도취되어 있던 그 부자 청년은 어쩔 줄을 몰랐다. 그런 상태에서 그 남자의 구원은 어려운 게 아니라 불가능했다. 커다란 낙타를 작은 바늘귀 속으로 밀어 넣는 예수님의 비유는 자존심을 떨쳐버리는 것도, 스스로 노력하여 천국에 가는 것도 불가능하다는 사실을 전달하기 위한 것이었다. 제자들은 이 비유를 제대로 이해했기 때문에 이렇게 물었다. "그렇다면 누가 구원을 얻을 수 있으리이까?"(마 19:25)

예수님의 대답은 그 논란을 말끔히 정리하고 구원 교리에 대한 지극히 중요한 성경의 교훈을 가르쳐주셨다(19:26). 우리 자신의 노력으로는 어떻게 해도 구원을 이룰 수 없다. 즉 인간의 노력으로는 구원은 불가능하다. 그러나 하나님이 성령의 능력으로 사람의 마음 속에 역사하시면 그는 겸손히 그리스도를 믿고, 자신을 의존했던 것을 회개하며, 하나님의 권위에 복종하게 된다. 하나님이 함께하시면 어떤 마음도 변화될 수 있다. 사람에게 불가능한 일을 하나님은 전부 하실 수 있다. 그 부자 청년의 문제는 재물이 아니라 그것 때문에 품게 된 기만적인 자만심이었다. 그가 인간의 노력으로 엄청난 부귀영화를 얻었던 만큼 그는 좋은 일을 해서 영생을 얻으려고 했다. 그것은 불가능하다. 영생은 얻을 수도 없고 살 수도 없다. 영생은 오직 그리스도를 믿음으로 오직 은혜로만 받을 수 있다(엡 2:8-9).

—19:27-30—

제자들이 믿음을 통해 은혜로 받는 구원의 개념을 제대로 받아들이려면 성령이 오셔야 했다. 결국 구원은 노력해서 얻어낼 수 없는, 전적으로 그리스도의 의와 그분이 십자가에서 이루신 일에 의지하는 선물임이 성령의 가르침으로 밝혀질 것이다. 그리고 그들은 순종과 희생의 삶이 맺은 선한 열매는 구원의 이유가 아니라 그리스도와 맺은 구원의 관계로 인한 산물임을 깨닫게 될 것이다(엡 2:8-10, 빌 2:12-13).

그러나 그 부자 청년의 재물이 쓸모가 없다는 것을 알게 된 제자들은 잠시 스스로를 돌이켜보았다. 그들은 정말로 자기들이 모든 것을 버리고 예수님을 따랐다는 걸 알았다. 어선에서 세관에 이르기까지 어디가 됐든 그들은 예수님을 따르기 위해 생업과 보장된 미래를 팽개쳤다. 제자들을 대표해서 베드로가 한 질문은 사실 이런 내용이었다. “예수님, 우리 제자들은 많은 고난을 겪었지만 부는 그에 대한 보상이 아니군요. 우리는 번창하는 사업과 많은 돈을 벌 수 있는 다른 기회를 박차고 나왔습니다. 그러니, 이런 질문을 해도 될지 모르겠지만…장차 올 하나님 나라에서 우리가 무엇을 얻을 수 있나요?”(참조. 마 19:27)

언뜻 보면 베드로의 질문은 주제넘게 보일지 모르지만, 사실 진심이 담긴 질문이었다. 그가 이 질문을 했다는 건 그들이 그 문제에 대해 별로 생각해보지 않았음을 시사한다. 그들은 하나님의 나라가 오고 있다는 것을 알았다. 그들은 자기들이 예수님을 고대하던 메시아 왕으로 받아들였다는 걸 알았다. 예수님이 그 부자 청년에게 모든 것을 포기하면 “하늘에서 보화"(19:21)를 얻게 될 거라고 약속하셨을 때 비로소 제자들은 자기들을 위해 어떤 영광이 예비되어 있는지 생각하게 되었다. 그들이 그렇게 큰 재산을 포기하지 않았어도 똑같은 약속이 그들에게 적용되었을까?

예수님은 제자들의 관심을 현세와 지금 잠깐 있다 사라질 보물에서 '새 세상'-하나님의 나라가 지상에 완전히 임하고 예수님이 영광의 보좌에 앉으실 때-으로 돌리셨다. 그때 열두 사도는 예수 그리스도와 함께 열두 보좌에 앉아 이스라엘의 열두 지파를 다스릴 것이다(19:28, 참조. 계 20:4-11).

이스라엘의 미래?(마태복음 19:28)

현대의 많은 그리스도인은 이스라엘 민족에 대한 하나님의 계획이 끝났다고 확신한다. 어떤 사람들은 이스라엘이 영광스러운 국가가 되고 장차 거룩한 땅에서 축복을 받는다는 약속은 과거 그들이 변절하여 파기되었다고 믿는다. 또 어떤 사람들은 이 약속들이 그리스도와 교회를 통해 영적인 의미에서 성취되었다고 판단한다. 일부 신학자는 이스라엘이 교회로 대체되었고 유대 민족은 하나님께 이혼당해 하나님이 계획하신 미래에 그들이 없다고 주장한다.

그러나 신약성경은 하나님이 예수 그리스도를 통해 그 약속을 성취하실 계획이라고 분명히 밝힌다. 대부분의 유대인은 예수님 시대부터 줄곧 불신에 빠져 있지만, 하나님은 언젠가 남은 자들로 그리스도를 믿게 하시고 그들의 조상에게 약속한 땅에서 그들을 회복시키실 것이다(예. 창 13:14-15). 예수님도 사도들에게 약속하셨다. "세상이 새롭게 되어 인자가 자기 영광의 보좌에 앉을 때에 나를 따르는 너희도 열두 보좌에 앉아 이스라엘 열두 지파를 심판하리라"(마 19:28). 그리스도가 승천하시기 전에 제자들은 지상에 나라가 세워질 시기에 대해 열심히 물었다. "주께서 이스라엘 나라를 회복하심이 이 때니이까?"(행 1:6) 예수님이 그들의 문자적 해석과 장차 지상에서 이 약속들이 성취되리라는 기대를 부인하지 않으셨다는 점이 중요하다. 예수님은 이스라엘이 회복되는 시기를 그들은 알 수 없을 거라는 말씀만 하셨다(행 1:7-8).

몇 년 후 사도 바울은 그들의 반항이 언젠가는 역전될 것이라고 선언하면서 이스라엘의 불신에 대해 말했다. "이방인의 충만한 수가 들어오기까지 이스라엘의 더러는 우둔하게 된 것이라 그리하여 온 이스라엘이 구원을 받으리라"(롬 11:25-26). 다시 말해서, 하나님이 교회를 통해 이방인을 그리스도께로 인도하는 목적을 이루시고 나면 다시 이스라엘 민족에게 관심을 돌리셔서 그들이 그리스도를 믿게 하실 것이다. 우리는 요한계시록 7장 1-8절에 나오는 인치신 144,000명에 대한 예언에서 이스라엘의 미래가 시작됨을 알 수 있다. 이 일은 그리스도의 재림으로 이어지는 종말의 사건 중 하나로 일어날 것이다.

왜 이스라엘의 회복이 중요한가? 약속을 지키는 분이라는 하나님의 명성이 달려 있기 때문이다! 바울은 이스라엘의 소명을 분명히 언급하면서 이렇게 말했다. "하나님의 은사와 부르심에는 후회하심이 없느니라"(롬 11:29). 우리가 하나님이 이스라엘에게 하신 약속을 지키실 것을 믿지 못한다면(참조. 렘 31:35-37), 그분이 우리에게 하신 약속을 지키실 것을 어떻게 믿을 수 있는가?(롬 8:35-39) 절대 의심하지 말라. 하나님은 하겠다고 하신 일을 반드시 하신다!

예수님을 가까이서 따르기 위해 말 그대로 자기들의 생업을 버리고 떠난 이 사람들에게 예수님의 말씀은 얼마나 고무적이었을까! 예수님은 그들이 제자의 삶을 위해 모든 것을 포기한 것은 어리석은 결정이 아니었다고 안심시키셨다. 그들은 어망을 포기했을지 모르지만 왕좌로 보상을 받을 것이다. 그들은 왕에게 충성을 다하기 위해 집과 밭, 가족과 친구를 버렸지만 영생을 상속받을 때 "여러 배"를 받을 것이다(마 19:29).

그러나 이 세상에서는 아니다.

이 세상에서는 그 부자 청년 같은 사람들이 맨 위에 있다. 그들은 돈으로 살 수 있는 모든 것을 가지고 '맨 앞'에 있다. 제자들 같은 사람들은 사회적, 경제적 사다리의 밑바닥인 '맨 뒤'에 있다. 그러나 다음 세상인 하나님 나라에서는 맨 위에 있는 자들이 바닥에 있고, 구렁텅이에서 뒹굴던 자들은 영광의 관을 쓸 것이다(19:30).

적용: 마태복음 19:13-30
두 개의 상반된 관점

우리는 전혀 다른 두 개의 사회적, 경제적, 영적 관점 사이에 서 있다. 한쪽에는 축복을 받으려고 예수님께 데려온 어린아이들이 있다. 다른 쪽에는 자기가 이미 축복을 받았다고 믿는 부자 청년이 있다! 마태복음의 이 일화에서 우리는 예수님께 데려온 어린아이들-무력하고, 다른 속셈도 없으며, 자만심도 없고, 자신의 가치나 공로를 내세우지 않는-을 본다. 이와는 대조적으로 하늘의 보상을 받은 보답으로 자기 의를 내세우는 부자를 본다. 이 두 가지 상반되는 관점을 생각해보고 우리의 마음이 어느 쪽에 있는지 신중히 생각해보자.

어린아이들의 관점을 생각해보자. 우리 대부분은 어린 시절의 삶이 단순했다. 복잡하지 않았다. 자의식이 거의 없었고, 경쟁심이나 더 많은 것을 갖고 싶어 하는 욕망은 오래 지속되지 않고 쉽게 사라졌다. 또 우리가 의탁하는 사람들을 대개는 신뢰했다. 우리는 우리를 사랑하는 사람들을 사랑했고, 우리를 돌보고 보호해주는 우리 위에 있는 사람들에게 대체로 순종했다. 장난감이 있었지만 그것은 가지고 놀고, 즐기고, 나누고, 가지고 다니는 것이었다. 그것들은 그다지 비싸지 않았다. 그것들이 우리를 소유하지 않았다. 우리는 아무 꿍꿍이도 없었고, 원래 의도된 대로 삶은 재미있고 편안했다. 인생에서 중요한 것은 대부분 관계였지 물질이 아니었다.

우리가 성인이 되면서 상황이 어떻게 변했는지 생각해보자. 우리는 자라면서 물질을 사랑하고 원하는 것을 얻기 위해 사람들을 이용하게 되었다. 이제는 우리가 획득한 것이 너무 중요해진다. 우리는 이기적이고, 근시안적이며, 탐욕스럽고, 자기 계획을 추진하느라 다른 사람들이 안중에 없다. 더 많은 것을 얻어도 만족하지 못한다. 도리어 점점 더 탐욕스러워지고, 경쟁심과 야심이 커지며, 더 자기중심적이 된다. 적지 않은 급여를 받으면서도 더 많이 받기를 원한다. 안락한 생활을 하면서도 더 호화로운 것을 원한다. 필요한 걸 다 가졌는데도 왜 그렇게 원하는 것이 많은 것일까?

삶에 대한 이 두 가지 사뭇 다른 관점–어린아이의 단순성과 성인의 복잡성–사이에서 우리는 예수님의 음성을 듣는다. 그분은 어린아이와 같이 되라고 말씀하신다. "천국이 이런 사람의 것이니라"(19:14). 그분은 영생에 대한 진리와 참된 축복을 알려주신다. 그것은 우리의 소유에 있지 않다. 우리가 가진 기호품이나 더 많은 소유가 축복이 아니다. 진정한 축복은 우리가 빈손으로 그분께 나아가 그분이 우리의 마음을 변화시키시고 우리의 삶을 진정한 의미로 채우시게 하는 것이다. 베풀고 내려놓는 것이다. 그분을 믿고 따르는 것이다.

죽음이 닥칠 때 내가 소유한 것이나 좋아하는 것들은 아무 소용이 없다. 우리에게 필요한 건 예수님뿐이다. 만약 지금 당신이 소유물에 집착하고 있으며, 의로운 척하는 그 부자 청년과 비슷하다고 생각되면 내려놓으라. 하나님의 영이 당신을 예수님께 데려가시게 하라. 그분만이 당신을 복되게 하실 수 있다. 그분만이 당신을 하나님 나라로 인도하시고 모든 영적인 복을 주실 수 있다. 그 복은 이 세상의 가장 값진 보물을 쓸모없는 쓰레기로 보이게 할 것이다.

하나님을 하나님 되시게 하라(마태복음 20:1-16)

1천국은 마치 품꾼을 얻어 포도원에 들여보내려고 이른 아침에 나간 집 주인과 같으니 2그가 하루 한 데
나리온씩 품꾼들과 약속하여 포도원에 들여보내고 3또 제삼시에 나가 보니 장터에 놀고 서 있는 사람들
이 또 있는지라 4그들에게 이르되 너희도 포도원에 들어가라 내가 너희에게 상당하게 주리라 하니 그들
이 가고 5제육시와 제구시에 또 나가 그와 같이 하고 6제십일시에도 나가 보니 서 있는 사람들이 또 있
는지라 이르되 너희는 어찌하여 종일토록 놀고 여기 서 있느냐 7이르되 우리를 품꾼으로 쓰는 이가 없

음이니이다 이르되 너희도 포도원에 들어가라 하니라
8저물매 포도원 주인이 청지기에게 이르되 품꾼들을 불러 나중 온 자로부터 시작하여 먼저 온 자까
지 삯을 주라 하니 9제십일시에 온 자들이 와서 한 데나리온씩을 받거늘 10먼저 온 자들이 와서 더 받을
줄 알았더니 그들도 한 데나리온씩 받은지라 11받은 후 집 주인을 원망하여 이르되 12나중 온 이 사람들
은 한 시간밖에 일하지 아니하였거늘 그들을 종일 수고하며 더위를 견딘 우리와 같게 하였나이다 13주
인이 그 중의 한 사람에게 대답하여 이르되 친구여 내가 네게 잘못한 것이 없노라 네가 나와 한 데나리
온의 약속을 하지 아니하였느냐 14네 것이나 가지고 가라 나중 온 이 사람에게 너와 같이 주는 것이 내
뜻이니라 15내 것을 가지고 내 뜻대로 할 것이 아니냐 내가 선하므로 네가 악하게 보느냐 16이와 같이 나
중 된 자로서 먼저 되고 먼저 된 자로서 나중 되리라

나는 오랜 세월 사람들이 자기 일은 제쳐놓고 하나님의 일에 간섭하느라 많은 시간과 노력을 낭비하는 것을 보아왔다. 대부분의 사람은 때때로 하나님이 일을 공명정대하게 처리하지 못하신다는 느낌을 받았을 것이다. 그런 생각을 입 밖에 내지는 않았을지 몰라도 상황이 옳지 않아 보일 때 그런 생각이 마음을 스쳤을 것이다.

- 친구가 새 차를 타고 출근했는데 당신은 아직도 15년 된 고물차를 몬다.
- 당신이 선임인데 동료가 먼저 승진한다.
- 당신은 중년에 건강이 나빠지고 있는데 당신보다 나이가 훨씬 많은 친구는 아직도 쌩쌩하다.
- 당신 아들은 장애를 가지고 있는데 다른 가족에게는 건강한 아이들이 여럿 있다.
- 당신 집은 토네이도로 무너졌는데 이웃집은 기왓장 하나 떨어지지 않고 멀쩡하다.

주변을 살펴보면 이런 '불공평한' 상황은 수도 없이 많다. 당연히 그런 일을 허락하시는 하나님이 얼마나 불공평하신지 투덜대고 싶은 마음이 생긴다.

그런 반응은 우리 인간들이 실로 얼마나 근시안인지를 보여준다. 우리는 사물을 평가할 때, 특히 연달아 닥친 고통스러운 시련을 견뎌내고 있을 때, 다른 사람들에게 특혜가 주어진 것처럼 보이면 반발한다. 왜 다른 사람들의 삶은 한 번도 좌초되지 않고 순항하는 것처럼 보이는가? 하나님 앞에서 신실하게 살고 있는데도 우리에게 닥치는 병이나 사고는

우리를 넘어뜨린다. 왜 그럴까? 하나님은 불공평하신가? 하나님은 불의하신가? 우리에게 관심이 없으신가?

포도원 일꾼들 비유에서(20:1-16) 예수님은 제자들에게 "나중 된 자로서 먼저 되고 먼저 된 자로서 나중 [되는 것]"(20:16, 참조. 19:30)이 실제로 어떤 모습인지 제자들에게 알려주셨다. 그 과정에서 그분은 사실상 "자기에게 주어진 삶에 투덜거리지 말라. 하나님이 하나님 되시게 하라"는 말씀으로 하나님의 공정성에 관한 문제를 설명하신다.

—20:1-7—

예수님은 자기 소유물에게 소유당한 부자 청년 이야기(19:16-22)에 뒤이어 마태복음 20장 1-16절에 기록된 이 비유를 들려주셨다. 예수님이 그 청년에게 그에게 없고 살 수도 없는 한 가지-그리스도와의 개인적 관계를 통해 하나님과 진정한 관계를 맺는 것-를 얻을 수 있는 방법을 알려주셨지만, 그는 그럴 마음이 전혀 없었다. 왜일까? 거저 베푸시는 은총과 하나님의 사랑의 품에 자신을 의탁하려면 자기의 우선순위, 쌓아놓은 것들, 이 세상에서 자기의 위치를 포기해야 하기 때문이었다. 그리스도께 무조건적으로 충성할 때 우리는 하나님을 하나님 되시게 한다. 사회적 사다리의 꼭대기에 있는 사람이 그 자리를 다른 사람에게 넘기는 것은 얼마나 어려운가! 설령 그 대상이 자비로운 만물의 창조자이자 운행자이신 분이라도 말이다!

그 부자 청년은 자신의 자아와 부로 충만했지만, 하나님도 없고, 정말로 중요한 것은 아무것도 없는 상태로 그 자리를 떠났다. 그가 자기 힘으로 할 수 있다는 신념을 조금도 내려놓지 않는 것을 본 베드로는 예수님을 따르기 위해 자기들이 삶과 생업을 포기한 것에 대해 어떤 보상을 받을 것인지 물었다(19:27). 마태복음 20장에 나오는 예수님의 비유는 심오한 진리를 가르쳐주는 생생한 예화로 자주 인용되지만, 종종 잘못 해석되는 원칙을 설명해준다. "먼저 된 자로서 나중 되고 나중 된 자로서 먼저 될 자가 많으니라"(19:30, 참조. 20:16).

잘 만들어진 이야기들이 다 그렇듯이 포도밭 일꾼들에 대한 이 비유에는 흥미로운 인물들이 나온다. 주인공은 포도원 주인이다. 그는 포도밭, 일꾼들의 고용, 일꾼들에게 공정한 임금을 지불하는 일을 담당한다. 이야기는 유사 이래로 심지어 오늘날까지도 많은 도시 지역에서 그래왔듯이, 1세기에 매우 친숙했을 장면으로 시작한다. 제임스 모리에(James Morier)는 페르시아, 아르메니아, 소아시아를 여행하며 쓴 기행문에서 이란에서 가장 오래된 도시 중 하나인 하마단의 시장에서 목격한 장면을 기록했다. 그가 본 것은 19세기의 광경이었지만, 마태복음 20장에서 예수님이 묘사하신 장면을 그대로 옮겨놓았다고 해도 될 정도였다.

> 이곳에서 우리는 매일 아침 동트기 전 수많은 농민이 손에 삽을 들고 모여서, 그들이 알려준 바에 따르면, 그날 인근 들판에서 일하기 위해 고용되기를 기다리는 광경을 보았다. 다른 아시아 지역에서는 전혀 볼 수 없었던 이런 풍습을 보니 우리 구주가 들려주신 비유 중에서 가장 행복한 비유인 마태복음 20장의 포도원 일꾼들 비유가 눈앞에 펼쳐지는 것 같았다. 특히 그날 늦은 시간에 같은 장소를 다시 지나면서 아직도 일부 사람이 빈둥빈둥 서 있는 것을 보았을 때 주님의 말씀이 생각났다. "어찌하여 종일토록 놀고 여기 서 있느냐?" 우리가 그들에게 똑같은 질문을 하자 그들이 대답했다. "아무도 우리를 고용하지 않았거든요."[64]

보통 일꾼들은 하루치 임금인 한 데나리온을 벌기 위해 동트기 전에 시장에 도착했을 것이다(20:2). 밭주인은 임금을 지불할 수 있는 만큼의 필요한 일꾼을 고용했을 것이다. 그는 노동 비용 대비 최대한의 노동력을 얻기 위해 이른 시간에 일꾼을 고용했을 것이다. 따라서 비유의 이 부분까지는, '지불한 돈만큼 얻는다'와 '일한 만큼 얻는다'는 원칙이 적용되었으므로, 제자들이 이상하게 여길 게 없었을 것이다.

그런데 이야기는 20장 3-7절에서 이상해진다. 현실의 지주라면 자기 포도밭에 필요한 일꾼의 수와 필요한 노동량을 알았을 텐데 이야기 속의 주인은 일꾼을 더 찾기 위해 하루 동안 3시간마다 시장을 다시 찾는다. 하루의 첫 시간은 동이 트는 무렵(보통 아침 6시쯤)이었을 것이다. 3시간 후인 9시경에 포도밭 주인은 빈둥대고 있는 다른 일꾼들을 찾아내 처음 일꾼들과 함께 포도밭에서 일하라고 지시한다. 이 이야기에서 밭주인이 포도밭의 작업량이 처음 데려온 일꾼들로는 부족하다고 판단하여 몇 명을 더 모집하러 나갔다는 말이 없다는 점에 유의하라. 두 번째 일꾼들을 부른 동기는 그들이 "놀고 서 있[었고]" 그래서 가족을 부양할 돈을 벌지 못했기 때문인 것으로 보인다(20:3).

오전 9시에 온 일꾼들은 '정당한' 임금을 받고 일하기로 합의했다(20:4). 20장 4절에서처럼 중성으로 표현된 헬라어 *dikaios*(1342)는 '공정성을 충족시키기 위해 의무로 정해진'이라는 뜻을 내포하고 있다.[65] 일반적으로 낮 12시간을 네 부분으로 나누었기 때문에(오전 6:00-오전 9:00/ 오전 9:00-정오/ 정오-오후 3:00/ 오후 3:00-오후 6:00), 9시에 고용된 일꾼은 당연히 노동의 대가로 4분의 3 데나리온을 받을 거라고 예상했을 것이다. 어떤 합리적인 경제 원칙을 따르든 그것이 공평했다.

예수님의 비유는 포도원 주인이 하루 종일 시장을 들락거리며 일거리가 없는 일꾼들을 새로 고용하면서-정오에 세 번째, 오후 3시에 네 번째-점점 이상하게 들렸을 것이다(20:5). 물론 늦게 나타난 이 낙오자들은 당연히 각각 하루 임금의 절반과 4분의 1을 받을 거라고 생각했을 것이다. 그래야 공평했다.

예수님은 이야기를 거의 어처구니없을 정도로까지 끌고 가셔서 마침내 그 땅주인이 오후 5시경인 "제십일시"에 시장에 가서 마지막 일꾼들을 싹쓸이한 이야기를 하신다(20:6). 이때는 포도밭의 다른 노동자들이 석양을 바라보며 집으로 돌아가기를 고대하고 있었을 것이다. 아마 몇몇은 이미 일터를 정리하고 연장을 꾸리기 시작했을 것이다. 주인은 그렇게 늦게 이미 인력이 넘쳐나고 있는데 왜 더 많은 일꾼을 고용했을까? 그들은 온종일 빈둥거렸고, 아무도 그들을 고용하지 않았기 때문에 가족을 부양할 돈이 없었을 것이다.

나는 마지막 일꾼들이 합류했을 때 하루 종일 또는 심지어 반나절 동안 일한 노동자들이 얼마나 어이가 없었을지 상상이 된다. 먼저 고용되어 이미 많은 시간을 일한 일꾼들이 구시렁거렸을 말을 생각해보라.

- "당신들이 정말 필요했던 몇 시간 전에 당신들은 어디 있었소?"
- "하루 임금의 12분의 1밖에 못 벌 텐데 지금 일하는 게 무슨 소용이요?
- "당신들은 왜 다른 사람들처럼 정오나 오후 3시에 주인의 부름에 응하지 않았소?"
- "당신들은 하루 종일 뭘 하고 있었던 거요?"

아니 어쩌면 그들은 아무 말도 하지 않았을지도 모른다. 밭주인이 정당하고 공평하게 처리할 거라고 생각했기 때문에 그들은 분명 늦게 온 일꾼들은 일한 만큼만 임금을 받을 거라고 생각했을 것이다.

—20:8-16—

유대인의 율법에 따라 주인은 일꾼들이 일을 끝냈을 때 임금을 받는 것을 지켜보았다(20:8, 참조. 레 19:13). 주인은 포도원의 십장을 시켜 고용된 순서의 역순으로 일꾼들을 불러 모았다. 아마 땀도 거의 안 났을 십일시에 온 일꾼들이 제일 먼저 와서 '합당한' 임금을 받았다.

새벽부터 뒤엉킨 덩굴 속에서 노역했던 제일 먼저 온 일꾼들의 입장에서 잠시 생각해 보자. 당신은 일반적으로 하루치 품삯인 한 데나리온을 받기로 약속받았다. 당신은 맨 나중에 온 일꾼들이 한 시간 일한 대가로 몇 푼 받기 위해 어슬렁거리며 앞으로 나가는 것을 지켜보고 있다. 그런데 십장이 그 어정뱅이들에게 한 데나리온을 다 준다. 마치 그들이 하루 종일 일한 것처럼! 당신은 주인이 지금 제일 나중에 고용한 사람들을 앞으로 불러냈다는 걸 깜빡한 게 아닌지 의심한다. 그 돈은 당신 그룹에게 주려던 걸지도 모른다. 그런데 그때 당신은 주인이 제일 나중에 온 일꾼들부터 시작해서 제일 먼저 온 일꾼들에게 차례로 임금을 지급하라고 분명히 말했던 게 생각난다(마 20:8). 그래서 당신은 셈을 해본다. 하루의 12분의 1시간을 일한 자들이 한 데나리온을 오롯이 받을 경우, 그러면 12배나 더 많이 일한 당신은 12데나리온을 받을 것이다!

생각이 이렇게 흐르는 건 당연했다. 그래야 공평했다. 실제로 각 그룹이 일한 시간에 비례한 임금을 받을 것이라고 예상하는 게 제일 합리적이었을 것이다. 그러나 예수님이 말씀하신 놀라운 비유의 요점은 사람들이 마땅히 받아야 할 것을 받는 것 또는 임금을 받기 위해 열심히 일해야 한다는 것이 아니었다. 예수님의 비유는 포도밭 주인의 놀라운 자비와 관대함, 선함에서 나타난 하나님의 은혜에 관한 이야기였다. 이 고용주의 크나큰 자비심을 강조하기 위해 예수님은 일꾼들이 언제 일하러 왔든 얼마나 오래 일했든, 심지어 달랑 한 시간만 일했어도, 각각 한 데나리온을 받았다고 말씀하셨다.

잘 만든 이야기에는 갈등의 요소-극복해야 할 도전, 풀어야 할 문제, 대답해야 할 질문-가 들어 있게 마련이다. 예수님의 비유에서는, 하루 종일 고된 노동을 한 일꾼들이 모든 일꾼에게 동일한 임금이 지불되는 것을 보았을 때 갈등이 일어난다. 제일 먼저 포도원에 고용되어 하루 종일 뜨거운 태양 아래서 고생한 일꾼들이 달랑 한 시간 일한 사람들보다 훨씬 많은 임금을 받으리라고 생각한 것은 지극히 당연했다. 그들은 주인의 행위가 부당하다는 생각에 "불만을 털어놓기 시작했다"(20:11, 현대인의 성경). 그들의 말에서 억울함, 분노 그리고 부당한 대우를 받았다는 감정이 묻어난다.

주인은 온종일 일한 투덜거리는 일꾼들에게 그들이 한 데나리온을 받기로 동의했음을 상기시킨다(20:13). 사실 그 주인은 합의한 금액을 주었기 때문에 전적으로 공정했다. 한 데나리온은 한 가족을 충분히 먹일 수 있는 일반적인 하루치 품삯이었다. 그 일꾼들은 포도밭 주인을 비난할 근거가 없었다. 그가 열 데나리온을 약속하고 한 데나리온만 지불했다면 불평할 근거가 있었을 것이다. 그러나 그 주인은 그들이 받기로 한 삯을 주었으므로 지극히 정당했다.

주인은 정당했을 뿐만 아니라 관대하기까지 했다. 한 시간 또는 세 시간 또는 여섯 시간밖에 일하지 않은 사람들은 일한 시간에 비례하는 임금을 받으면 가족을 부양하기에 충분하지 않을 것을 알았다. 그래서 주인은 은혜와 자비를 베풀어 그들이 마땅히 받아야 할 금액이 아니라 그들이 필요한 금액인 하루치 품삯을 주기로 했다(20:14). 그 돈은 그의 것이었기 때문에 언제든지 어떤 조건으로든 누구에게나 마음대로 줄 수 있었다(20:15). 관대한 사람이 그런 은혜를 베풀 때 잇속에 밝은 사람들이 시기하는 것은 인지상정이다! 그 투덜대는 일꾼들도 그랬다.

비유에 나오는 주인의 반응은 사람들을 자비로 대하시는 하나님 아버지의 은혜, 자비, 선하심을 보여준다. 하나님의 셈법은 공로와 임금, 노고와 선행을 바탕으로 하지 않는다. 우리는 하나님이 우리에게 상 주실 것을 알면서 그분을 섬기지만, 우리의 동기는 상이 아니다. 우리는 그분이 포도밭에서 일하는 데 필요한 모든 것을 제공해주실 것을 알지만, 설령 다른 사람들의 필요를 다르게 채워주실지라도, 그분이 주시는 것과 주시는 방법에 만족해야 한다. 우리는 하나님이 우리에게 아무것도 빚진 것이 없으시며, 우리는 그분께 모든 것을 빚지고 있음을 알고 하나님의 선하심과 관대하심-그것이 다른 사람들을 향한 것이어도–에 벅찬 감사로 응답해야 한다.

하나님이 우리에게 주셔야 할 것을 내주지 않으신다거나, 하나님이 우리가 이룬 눈부신 성과를 무시하시고 자격이 없는 사람들에게 부당하게 베푸신다거나, 다른 신자들은 굳이 감당하지 않는 짐을 우리에게 부당하게 떠넘기신다는 생각이 든다면 포도밭 일꾼들의 이야기를 생각해야 한다. 하나님의 셈법–공로가 아닌 은혜로 계산되는–으로는 "나중 된 자로서 먼저 되고 먼저 된 자로서 나중[된다]"(20:16)는 사실을 기억하라. 우리는 하나님이 보시기에 적합한 때에 접합한 방법으로 적합한 것을 자기 자녀들에게 베푸시는 그분의 지혜와 주권을 인정함으로써 하나님을 하나님 되시게 해야 한다.

적용: 마태복음 20:1–16

넘치는 은혜

하나님의 은혜를 실제로 깨닫지 못한 이 세상 대부분의 사람에게 모든 것은 인간의 공로에 기초한다. 그래서 다른 사람이 수고하지 않고 무엇을 얻거나 받을 자격이 없는 것을 얻으면 투덜거리기 시작한다. "그건 불공평해"라는 주문 같은 투덜거림은 금방 슬로건이 된다.

예수님의 비유에서 당신은 어디에 있는가? 신자인 우리는 모두 일꾼에 해당한다. 당신은 그중 어느 그룹에 속하는가? 당신은 다른 사람들이 가진 것만 보면서 투덜거리는 사람 중 하나인가? 당신은 그들에게 하나님의 은혜가 충만한 것을 시기하는가? 당신은 '비교'라는 위험한 벼랑 끝에서 살고 있는가? 이제 당신이 정말 싸워야 할 곳이 어딘지, 누구와 싸우고 있는지 깨달아야 할 때다. 당신이 싸워야 할 대상은 당신 생각에 과분한 것을 받은 사람이 아니다. 당신은 하나님을 하나님 되시게 하는 데 어려움을 겪고 있다. 당신은 그분의 자비, 은혜, 관대함, 선하심을 비난하고 있다.

에둘러 말하지 않겠다. 당신이 투덜대는 사람 중 하나라면 하나님의 일에 참견하지 말라. 하나님을 하나님 되시게 해야 한다. 이 세상의 가진 자와 못 가진 자에 대해서 잊어버리고, 쟁기를 손에 들고 하나님 나라에서 계속 일해야 한다. 그런데 당신은 어렸을 때부터 신실하게 신앙생활을 해왔는데 최근에 개종한 사람이 모든 영광을 얻는다면 어떨까? 그건 하나님의 일이지 당신 일이 아니다. 덜 성숙한 신자들의 삶이 순항하는 것처럼 보이는 반면에 당신은 악전고투하고 있는 것 같아 보인들 무슨 상관인가? 하나님은 옳은 일을 하실 것이다. 히브리서의 말씀을 보라. "하나님은 불의하지 아니하사 너희 행위와 그의 이름을 위하여 나타낸 사랑으로 이미 성도를 섬긴 것과 이제도 섬기고 있는 것을 잊어버리지 아니하시느니라"(히 6:10).

요컨대, 하나님을 하나님 되시게 하라! 당신의 삶을 그리고 다른 사람들의 삶을 그분께 맡기라. 나는 "하나님의 글씨"(God's Handwriting)라는 존 옥슨햄(John Oxenham)의 시를 좋아한다. 이 시는 하나님이 주권과 풍성한 은혜를 행사하시는 방법에 대해 불평하고 싶을 때마다 우리가 지녀야 할 중요한 관점을 잘 요약한다.

근시안인 우리가 이해하기에
그분이 쓴 글씨는 너무 크다.
우리는 끊어진 붓놀림만 보고
시든 희망, 죽음, 생명,
끝나지 않는 전쟁, 쓸모없는 다툼
이 모든 것의 신비를 헤아려보려고 한다.
하지만 그곳에 가면 더 넓고, 선명한 시야로
우리는 볼 것이다.
그분의 길이 옳았음을.[66]

길에서 하신 경고와 책망(마태복음 20:17–34)

17예수께서 예루살렘으로 올라가려 하실 때에 열두 제자를 따로 데리시고 길에서 이르시되 18보라 우리
가 예루살렘으로 올라가노니 인자가 대제사장들과 서기관들에게 넘겨지매 그들이 죽이기로 결의하고
19이방인들에게 넘겨 주어 그를 조롱하며 채찍질하며 십자가에 못 박게 할 것이나 제삼일에 살아나리라
20그 때에 세베대의 아들의 어머니가 그 아들들을 데리고 예수께 와서 절하며 무엇을 구하니 21예수
께서 이르시되 무엇을 원하느냐 이르되 나의 이 두 아들을 주의 나라에서 하나는 주의 우편에, 하나는
주의 좌편에 앉게 명하소서 22예수께서 대답하여 이르시되 너희는 너희가 구하는 것을 알지 못하는도다
내가 마시려는 잔을 너희가 마실 수 있느냐 그들이 말하되 할 수 있나이다 23이르시되 너희가 과연 내

잔을 마시려니와 내 좌우편에 앉는 것은 내가 주는 것이 아니라 내 아버지께서 누구를 위하여 예비하셨
든지 그들이 얻을 것이니라
[24]열 제자가 듣고 그 두 형제에 대하여 분히 여기거늘 [25]예수께서 제자들을 불러다가 이르시되 이방
인의 집권자들이 그들을 임의로 주관하고 그 고관들이 그들에게 권세를 부리는 줄을 너희가 알거니와
[26]너희 중에는 그렇지 않아야 하나니 너희 중에 누구든지 크고자 하는 자는 너희를 섬기는 자가 되고 [27]
너희 중에 누구든지 으뜸이 되고자 하는 자는 너희의 종이 되어야 하리라 [28]인자가 온 것은 섬김을 받으
려 함이 아니라 도리어 섬기려 하고 자기 목숨을 많은 사람의 대속물로 주려 함이니라
[29]그들이 여리고에서 떠나 갈 때에 큰 무리가 예수를 따르더라 [30]맹인 두 사람이 길 가에 앉았다가
예수께서 지나가신다 함을 듣고 소리 질러 이르되 주여 우리를 불쌍히 여기소서 다윗의 자손이여 하니
[31]무리가 꾸짖어 잠잠하라 하되 더욱 소리 질러 이르되 주여 우리를 불쌍히 여기소서 다윗의 자손이여
하는지라 [32]예수께서 머물러 서서 그들을 불러 이르시되 너희에게 무엇을 하여 주기를 원하느냐 [33]이르
되 주여 우리의 눈 뜨기를 원하나이다 [34]예수께서 불쌍히 여기사 그들의 눈을 만지시니 곧 보게 되어 그
들이 예수를 따르니라

어떤 사람이 여러 번 설명했는데도 '알아듣지' 못하면 우리는 그 사람과 '같은 페이지(입장)에 있지 않다'고 말할 수 있다. 이 말은 선생이나 책을 낭독하는 사람이 읽고 있는 페이지와 다른 페이지를 보면서 따라가려고 했던 실제 경험에서 나온 표현이다. 그런 일은 우리를 혼란과 좌절에 빠트리고, 심지어 당혹스럽게 한다. 실제로 엉뚱한 페이지에서 헤매고 있는 것은 고치기 쉽다. 맞는 페이지가 나올 때까지 책장을 넘기거나 옆 사람에게 물어보면 된다. 하지만 어떤 때는 우리를 가르치려는 사람과 너무 동떨어져 있고 핀트가 안 맞아서 도움을 받느니 차라리 포기하고 만다.

나는 신학교 2학년이 되기 직전 여름에 그런 경험을 했다. 나는 뛰어난 젊은 교수인 브루스 월트키(Bruce Waltke) 박사의 특강을 들을 생각이었다. 하지만 나는 그 강좌를 감당할 수 없다는 걸 금방 깨달았다. 히브리어는 왼쪽에서 오른쪽으로 읽는다. 그리고 진짜 모음처럼 생긴 글자는 없고 대개 '점'이라고 불리는 작은 점과 대시 기호만 있었다. 게다가 어휘, 문법, 구문은 영어 사용자들에게는 너무나 이질적이어서 종이에 쓰인 글자들이 먹이를 찾아 돌아다니는 개미처럼 보일 지경이었다. 말하자면 쩔쩔매는 척 스윈돌과 뛰어난 브루스 월트키가 같은 페이지에 있지 않은 경우였다! 결국 나는 그 괴상하지만 아름다운 언어를 이해하게 되었고, 수십 년 동안 사역에 사용할 수 있었다. 하지만 그해 여름의 특강은

정말 잔인했다.

책임자가 무언가를, 종종 아주 중요한 것을 소통하고 있는데 어떤 이유에서든 듣는 사람들이 주의를 기울이지 않을 때 '같은 페이지 있지 않게' 된다. 아마도 내가 하계 히브리어 강좌에서 경험했던 것처럼 교사가 사용하는 자료가 너무나 이질적이고 우리의 경험과 기대와 너무 동떨어져서 학습 곡선이 완만한 둔덕이 아닌 절벽에 가까운 경우가 이런 상황일 것이다. 마태복음 20장 17-19절과 그 뒤에 20장 20-28절에 기록된 장면에서 바로 이와 같은 현상을 볼 수 있다. 열두 제자가 예수님과 함께 지낸 지 거의 3년이 되었지만, 그들은 그들의 스승과 같은 페이지에 있지 않았다.

—20:17-19—

예수님은 세 번째로 그분이 십자가를 향해 가고 있다고 제자들에게 알려주셨다. 처음 이 특별한 정보를 공유하셨을 때는 베드로가 예수님을 책망했다(16:21-23). 두 번째 때는 "제자들이 매우 근심[했다]"(17:22-23). 이미 그들이 예루살렘을 향해 내딛는 모든 걸음이 피할 수 없는 조롱과 채찍질 그리고 십자가 처형을 향한 걸음임을 시사하셨는데도, 이번에는 제자들이 이 말씀을 한 귀로 듣고 한 귀로 흘린 것 같다(16:21, 20:18-19).

예루살렘에서 예수님이 고문당하신 뒤 처형되는 여정은 겉으로는 이해하기 어려운 것이 없었다. 예수님은 심지어 제자들이 군중에게 정신이 팔리지 않도록 따로 데려가서 그 말씀을 하셨다(20:17). 예수님은 그들의 눈을 똑바로 쳐다보시고, 그들의 모든 질문에 대답하시며, 그들 앞에 무엇이 기다리고 있는지 분명히 밝히실 수 있었다. 마태는 이때 제자들의 즉각적인 반응을 기록하지 않았지만, 누가복음이 자세한 내용을 보충한다. "제자들이 이것을 하나도 깨닫지 못하였으니 그 말씀이 감취었으므로 그들이 그 이르신 바를 알지 못하였더라"(눅 18:34).

제자들은 확실히 예수님과 같은 페이지에 있지 않았다! 그들은 곧 닥칠 배반, 체포, 고난, 십자가 처형에 대해 어떤 것도 들을 준비가 되어 있지 않았고, 들으려고 하지도 않았다. 그들은 예수님의 부활이 얼마나 중요한 것인지를 이해하지도 못했다. 도대체 그들은 무슨 생각을 하고 있었던 것일까?

그 질문에 대한 답은 다음 장면에서 명확해진다. 그들은 그들 자신에 대해 생각하고 있었다.

—20:20-28—

제자들이 예수님을 따라다닌 지 3년 남짓 되어가고 있었다. 그들은 직업을 포기하고, 재정적인 안전을 뒤로한 채 대부분의 시간을 아내와 자식들과 떨어져서 보냈다. 이 기간 동안 그들은 '하나님 나라'라는 말을 반복해서 들었다. 그러나 예수님이 '하나님 나라'를 말씀하실 때마다 그들은 예수님과 자기들이 그 나라를 다스린다는 점만 다를 뿐 이 세상 나라와 비슷한 나라를 떠올렸다. 그렇다. 예수님은 하나님 나라의 영적 차원에 대해 말씀하셨지만, 세상의 정치적 틀에 생각이 고정되어 있던 그들은 한사코 로마 제국을 전복시킬 전투적인 메시아와 함께 건립할 세계 제국만 생각했다. 그들이 생각하는 '영적' 나라는 원래 이스라엘이 차시하기로 예정되어 있던 영적 나라-하나님이 다스리시는 신정 국가-와 같은 개념이었다. 제자들이 예수님과 같은 페이지에 있지 않은 건 확실했다.

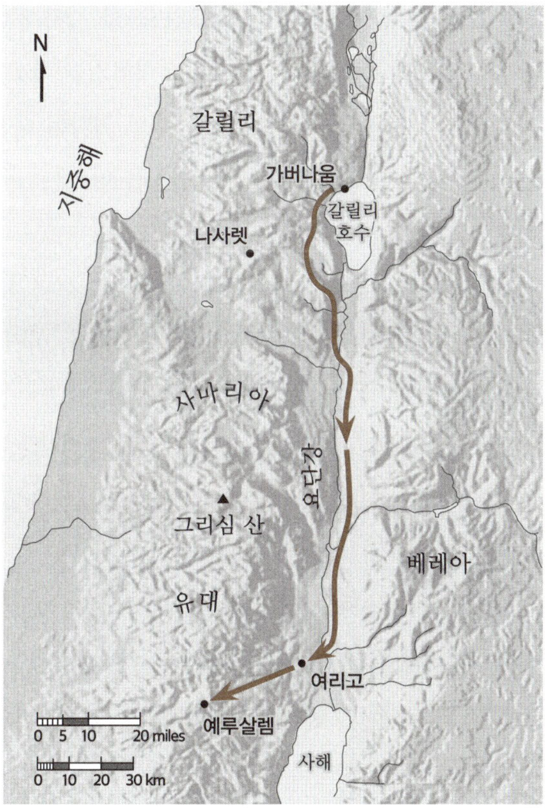

예수님과 제자들은 이 경로로 갈릴리에서 여리고를 거쳐(20:29) "예루살렘으로 올라"가셨을 것이다(20:17).

이제 그들은 유대의 정치적, 종교적 권력의 중심지인 예루살렘을 향해 가고 있었다. 도성에 가까이 갈수록 영광스러운 메시아 나라에 참여하려는 그들의 꿈도 커지기 시작했다. 제자로 헌신한 삶이 보상받는 날이 다가오고 있었다! 실제로 그들 중 몇몇은 곧 주어질 보상에 대해 가족과 이야기를 나누고 있었다. 그래서 다음에 일어난 일이 이해가 된다.

'세베대의 아들'인 야고보와 요한의 어머니가 뜬금없이 예수님께 다가와 당돌한 부탁을 했다. 예수님의 나라에서 두 아들이 가장 높은 자리–각각 예수님의 왼쪽과 오른쪽–에 앉게 해달라는 부탁이었다(20:20–21). 마태는 그녀의 이름을 언급하지 않지만, 해설자들은 그녀가 예수님의 어머니의 자매, 즉 예수님의 이모인 살로메였을 거라고 생각한다(참조. 요 19:25).[67] 그렇다면 야고보와 요한이 예수님의 사촌이라는 말이 된다.[68] 예수님의 동생들은 아직 제자가 아니었기 때문에 이 두 사촌이 그분을 추종하는 자들 중에서 가장 가까운 혈육이었을 것이다. 아마도 그래서 왕족의 자격으로 그들이 하나님 나라에서 예수님과 함께 가장 높은 자리–사실상 2인자와 3인자–를 차지해야 한다고 생각했던 것 같다. 나는 예수님이 배신당하시고 처형되실 거라는 이야기를 하셨기 때문에 세속적인 사람들이 당장 왕위를 계승할 수도 있다고 생각했을 수도 있다는 해석을 그다지 지지하지 않는다. 만약 그런 생각이었다면 그들은 이 세상 법칙을 따르는 나라에 대한 세속적 기대에 얼마나 깊이 빠져 있었다는 말인가!

또 하나 짚고 넘어가야 할 점은 그들의 어머니가 대신 부탁하기는 했지만, 야고보와 요한이 원인 제공자이자 선동자였다는 사실이다. 마가복음은 어머니를 아예 빼고 두 형제가 그 청탁을 했다는 사실을 분명히 밝힌다(막 10:35–37). R. V .G. 태스커는 이렇게 말한다. "마가의 기사에서 나머지 열 사도가 그 이야기를 들었을 때 그 어머니가 아니라 아들들에게 화를 냈던 것처럼 마태의 내러티브에서도 그 형제들에게 분개했던 것으로 보아 그 형제들이 그 요청을 한 것이 분명하다."[69]

예수님의 대답은 세베대의 아들들이 이 요청의 배후에 있으며 그분도 그걸 아신다는 사실을 확인해준다. 예수님은 자기 앞에 엎드려 있는 이모 살로메에게 직접 대답하지 않으셨다. 오히려 이인칭 복수를 사용해서 그 여인을 부추긴 두 아들을 향해 말씀하셨다. 정체가 들통난 그들은 얼마나 놀랐을까. 예수님은 이렇게 답하셨다. "너희는 너희가 구하는 것을 알지 못하는도다"(마 20:22).

나는 예수님의 말씀에 분노와 실망이 뒤섞인 것을 느낀다. 예수님은 야고보와 요한에게 이렇게 말씀하시는 것 같다. "너희는 정말 이해를 못하고 있구나?" 예수님이 그들에게 자신이 "마시려는 잔을 너희가 마실 수 있느냐"고 물으셨을 때 그들은 주저 없이 "할 수 있나이다"라고 대답했다. 그러나 그들은 여전히 그분이 무슨 말씀을 하시는지 전혀 눈치채지 못했다. 내 추측으로는 그들은 예수님이 왕관과 그 나라와 관련된 일종의 축하 만찬이나 승리의 전리품에 대해 말씀하고 계시다고 생각했던 것 같다. 그러나 예수님은 자신 앞에 놓인 십자가 고통과 함께 자신에게 닥칠 고난에 대해 말씀하고 계셨다(참조. 26:39). 그들이 다가올 죽음과 부활에 대해 예수님이 거듭 경고하신 요지가 무엇인지 충분히 이해했다면 제자로 예수님을 따른다는 것은 고난이 의미보다, 겸손이 권위보다, 고통의 쓴잔이 달콤한 승격의 영광보다 앞선다는 뜻임을 알았을 것이다!

아직도 그들은 같은 페이지에 있지는 않았지만, 예수님은 그들이 그분의 잔을 마실 것을 확인하셨다(20:23). 헤롯왕이 "요한의 형제 야고보를 칼로 죽[임]"으로써(행 12:2) 야고보가 열두 사도 중에서 목숨을 잃는 첫 번째 순교자가 될 것이다. 그리고 전승에 따르면 약 60년 뒤 사도 요한은 핍박, 투옥, 고문, 유배, 심지어 산 채로 끓는 기름에 넣으려는 시도에서 살아남아 열두 사도 중에 마지막으로 죽을 것이다.[70] 생의 말년에 가서야 요한은 자기가 예수님이 드셨던 "잔을 마실 것"이라는 예수님의 말씀을 이해했다. 계시록의 첫 장에서 요한은 "하나님의 말씀과 예수를 증언하였음으로 말미암아 밧모라 하는 섬에 있[으면서]"(계 1:9) 자신을 "예수의 환난과 나라와 참음에 동참하는 자"로 표현했다. 그러나 제자들이 예루살렘을 향해 올라가고 있을 때 야고보와 요한은 예수님이 하나님의 나라를 위해 받으실 고난에 대해 말씀하고 계시다는 사실을 전혀 모르고 있는 것처럼 보였다.

그런 다음 예수님은 도래할 나라에서 높은 자리를 탐내는 자들의 오해를 바로잡으려고 하셨다. 그런 영예로운 자리는 하나님 아버지가 택하신 사람들에게 주어질 것이다. 하나님 나라에서 높은 지위는 노력으로 얻을 수 있는 게 아니다. 또 가까운 가족 관계를 통해서 물려받을 수 있는 것도 절대 아니다. 그런 것들은 세상의 방식이다. 예수님의 말씀은 그런 자리는 하나님의 계획과 목적 안에서 "이미 예비되어" 있음을 시사한다.[71] 그러므로 제자들이 그런 자리를 놓고 자기들끼리 찧고 까불어보았자 아무 소용이 없었다.

그런데 그들은 그렇게 했다! 마태는 옆에서 펼쳐지는 그 어색한 장면을 지켜보고 있던 다른 열 명의 제자가 야고보와 요한에게 "분히 여기거늘"(마 20:24)이라고 회상한다. 왜 화가 났을까? 왜냐하면 그들 모두 예수님의 오른쪽이나 왼쪽에 있는 그런 특별한 자리에 오르기 원했기 때문이다. 그들 중에 예수님과 같은 페이지에 있는 사람은 아무도 없었다. 예수님이 아무리 다가오는 고난과 죽음을 분명하게 말씀하셔도, 그들은 그분의 발자취를 따르게 될 거라고 아무리 확실하게 가르쳐주셔도, 그분의 나라는 이 세상 나라와 같지 않다는 것을 아무리 열심히 보여주려고 노력하셔도, 아무도 그것을 이해하지 못했다.

참을성 있는 교사이셨던 예수님은 상황을 바로잡으시기 위해 열두 사도를 한 번 더 모으셨다. 나는 예수님이 제자들을 둥그렇게 둘러 세우시고 각 사람의 눈을 차례로 응시하시며 아주 천천히 말씀하시는 모습이 눈에 선하다. 첫째, 예수님은 명확히 대조하기 위한 부정적인 예로 열국의 방식을 제시하셨다. 세상 나라의 통치자들은 자기들 아래 있는 사람들을 "주관"하고, 그런 통치자들은 "권세를 부린다"(20:25). 세상 방식대로 하면 왕위에 오른 왕과 좌우에 높은 자리를 차지한 사람들은 아랫사람들을 부리는 지배적인 상관 역할을 한다. 그러나 하나님의 질서에서 권위 의식에 사로잡힌 그런 모습은 잘못된 것이다!

그래서 예수님은 크고 분명하게 말씀하셨다. "너희 중에는 그렇지 않아야 하나니"(20:26). 하나님 나라의 방식은 세상 나라들과 정반대다. 예수님의 리더십 팀에는 이기적인 야망, 개인적인 승진, 파렴치한 족벌주의, 주제넘은 오만, 억제되지 않은 나르시시즘이 설 자리가 없다. 오히려 "누구든지 크고자 하는 자는 너희를 섬기는 자가 되고 너희 중에 누구든지 으뜸이 되고자 하는 자는 너희의 종이 되어야 [한다]"(20:26-27).

예수님이 이 말씀을 하셨을 때 제자들은 입이 떡 벌어졌을 것이다. 그 말씀은 혁명적이었다. 그 말씀은 세상의 방식을 거꾸로 뒤집었다. 다시 한번 예수님은 "나중 된 자로서 먼저 되고 먼저 된 자로서 나중 되리라"(20:16)는 말씀의 의미를 설명하셨다. 그리고 매번 이 혼란스러운 가르침을 주실 때마다 예수님은 제자들이 그분의 사명을 조금씩 더 이해하게 되기를 바라셨다. 예수님이 세상을 떠나시면 그분의 사명은 그들의 사명이 될 것이다. 그들이 이 사명을 완전히 이해해야 비로소 천국의 진정한 위대함을 실감하게 될 것이다. 예수님은 방금 그들에게 가르치려고 하셨던 것의 궁극적인 본보기로 자신을 지목하시면서 교훈을 마치셨다. "인자가 온 것은 섬김을 받으려 함이 아니라 도리어 섬기려 하고 자기 목숨을 많은 사람의 대속물로 주려 함이니라"(20:28).

—20:29-34—

바로 다음 장면에서 예수님은 방금 나누신 말씀—"인자가 온 것은 섬김을 받으려 함이 아니라 도리어 섬기려 하고"(20:28)—을 몸소 실천하셨다. 예수님과 제자들이 여리고를 지나실 때 큰 무리가 예수님을 에워쌌다(20:29). 바로 그때 길가에 앉아 있던 시각 장애인 두 명이 사람들이 왜 그렇게 흥분해서 떠드는지 물었다. 예수님이 지나가고 계신다는 것을 알게 된 그들은 소리치기 시작했다. "주여 우리를 불쌍히 여기소서 다윗의 자손이여!"(20:30) 군중이 그들을 조용히 시키자 그들은 더욱 소리를 높였다(20:31).

생각해보라. 지나가는 사람들이 속닥이는 소리를 토막토막 모아서 그 시각 장애인들은 단순하지만 참된 신앙 고백을 만들어냈다. 이 사람은 다윗의 자손, 즉 이스라엘이 고대하던 메시아 왕이시다! 그들은 메시아가 이스라엘 백성에게 치유와 해방과 쇄신의 시대를 가져오신다는 것을 알 만큼 메시아에 대한 예언을 알고 있었다. 그들은 예수님을 "주님"이라고 부르며 그분의 주권을 인정했다. 그리고 그들은 자비를 구함으로써 자기들이 하찮은 존재이고, 이 타락한 세상에서 비참한 상태에 있으며 그리고 무엇보다도 자기들의 고통을 덜어주실 수 있는 예수님의 능력을 인정한다는 사실을 보여주었다.

예수님은 섬기는 자의 사명을 다하시기 위해 걸음을 멈추시고 그들을 면전으로 부르셔서 어떻게 도와주면 될지 물으셨다. "너희에게 무엇을 하여 주기를 원하느냐?"(20:32) 놀랍지 않은가? 이 중요한 말을 놓치지 말라. "너희에게." 예수님은 삶의 모든 순간을 다른 사람을 위해 사셨다. 열광하고 있는 군중은 자기 생각만 하는 듯했고(20:31), 제자들은 자기들 중에서 누가 제일 큰지를 놓고 다투고 있었지만(20:20-24), 예수님은 사회의 가장 낮은 사람들에게 관심을 보이시고, 몸을 낮추어 겸허히 섬기셨다!

시각 장애인들의 부탁은 그들의 고백만큼이나 단순했다. 그들은 보기를 원했다(20:33). 이 순간 마태는 예수님이 다른 사람을 섬기시는 내적 동기가 무엇인지 그 통찰을 제공한다. 어떤 사람들은 돈을 받고 다른 사람들에게 봉사한다. 또 어떤 사람들은 주변 사람들에게 점수를 따기 위해 봉사한다. 또 어떤 사람들은 서약이나 사회적 의무 또는 종교적 의무를 이행하기 위해 봉사한다. 그러나 예수님은 "불쌍히 여기사" 도우셨다(20:34). 그분의 깊은 사랑이 돕고자 하는 열망을 불러일으켰다. 예수님은 주저 없이 그들의 눈을 만지셨다.

한순간 그들은 어둠을 보았다. 다음 순간 그들은 예수님의 눈빛을 보고 있었다.

적용: 마태복음 20:17-34

예수님과 같은 페이지에 있기

예수님과 같은 페이지에 있는 것은 느리고, 고통스럽고, 아기들이 걸음마를 떼는 것과 같은 과정이어서 제자들에게 그것은 오히려 시련에 가까웠다. 반복적인 가르침과 수많은 예를 보고도 그들은 이해하지 못했다. 이러한 교훈들이 우리를 포함한 예수님의 모든 추종자에게 가르침과 본보기로 마태복음에 기록되어 있다. 관건은 이것이다. 우리는 예수님과 같은 페이지에 있는가, 아니면 제자들처럼 세속적인 우선순위의 안개 속을 헤매고 있는가?

당신이 어떤 자세로 섬기고 있는지 정직히 들여다보는 데 도움이 될 질문이 있다. 당신은 섬김으로써 사람들을 이끄는가? 구체적으로 말해보겠다. 남편들이여, 아내를 섬기고 있는가? 목사들이여, 교회를 섬기고 있는가? 고용인들이여, 고용주를 섬기고 있는가? 부모들이여, 자녀를 섬기고 있는가? 예수님이 가르쳐주신 섬김의 나라는 단순히 세상의 '군림하는' 리더십을 반대로 뒤집은 것이 아니다. 그것은 양방향으로 작용한다. 우리는 서로 섬겨야 한다(갈 5:13). 남편들이여, 아내를 섬기라. 아내들이여, 남편을 섬기라. 자녀들이여, 부모를 섬기라. 부모들이여, 자녀를 섬기라. 이제 이해했을 것이다. 그렇다면 당신은 예수님 나라의 사명에 대해서 예수님과 같은 입장에 서는 데 한 걸음 더 가까워졌다.

그렇다면 종이 된다는 건 무슨 뜻인가? 우선 감사하다고 말하지 않는 사람을 돕는 것이다. 당신이 했다는 사실조차 모르는 사람에게 친절을 베푼다는 뜻이다. 나의 칭찬을 보답하지 않는 사람들의 업적에도 박수를 보내는 것을 의미한다. 다른 사람들, 설령 그 사람이 세상 사람들의 눈에는 '보잘것없는 사람'일지라도 그들을 돕고, 받아들이고, 존중하기 위해 희생을 무릅쓴다는 뜻이다. 회사 대표와 사무원, 원로 목사와 자원봉사 주차 도우미, 컴퓨터 천재와 청소부를 똑같이 존중하고 소중하게 생각한다는 뜻이다.

결국 제자들—아니 적어도 그들 중 11명—은 예수님과 같은 페이지에 서게 되었다. 그들은 그리스도가 그들을 사랑하셨듯이 서로 사랑하는 것이 그들의 사명임을 알게 되었다. 만약 그들이 이 반문화적이고, 비현실적인 교훈을 배울 수 있다면 우리도 배울 수 있다.

누가 왜 무엇을 타고 오시는가?(마태복음 21:1-11)

1그들이 예루살렘에 가까이 가서 감람 산 벳바게에 이르렀을 때에 예수께서 두 제자를 보내시며 2이르
시되 너희는 맞은편 마을로 가라 그리하면 곧 매인 나귀와 나귀 새끼가 함께 있는 것을 보리니 풀어 내
게로 끌고 오라 3만일 누가 무슨 말을 하거든 주가 쓰시겠다 하라 그리하면 즉시 보내리라 하시니 4이는
선지자를 통하여 하신 말씀을 이루려 하심이라 일렀으되

5시온 딸에게 이르기를
네 왕이 네게 임하나니
그는 겸손하여 나귀,
곧 멍에 메는 짐승의 새끼를 탔도다 하라
하였느니라

6제자들이 가서 예수께서 명하신 대로 하여 7나귀와 나귀 새끼를 끌고 와서 자기들의 겉옷을 그 위에 얹
으매 예수께서 그 위에 타시니 8무리의 대다수는 그들의 겉옷을 길에 펴고 다른 이들은 나뭇가지를 베
어 길에 펴고 9앞에서 가고 뒤에서 따르는 무리가 소리 높여 이르되
호산나 다윗의 자손이여
찬송하리로다 주의 이름으로 오시는 이여
가장 높은 곳에서 호산나
하더라
10예수께서 예루살렘에 들어가시니 온 성이 소동하여 이르되 이는 누구냐 하거늘 11무리가 이르되 갈릴
리 나사렛에서 나온 선지자 예수라 하니라

지금 우리는 그날을 종려주일로 알고 있다. 즉, 최후의 만찬 나흘 전, 십자가에서 처형되시기 닷새 전, 부활하시기 일주일 전인 승리의 입성 날이다. 이날은 그리스도인들이 전통적으로 수난 주간이라고 부르는 일련의 사건들이 시작된 날이다.

사복음서는 전체 분량의 3분의 1을 예수님의 생애와 사역의 마지막 며칠에 할애한다. 사복음서 중 두 개(마태복음과 누가복음)만 예수님의 탄생을 둘러싼 사건들에 대해 언급한다. 사복음서 모두 예수님의 부활에 대해서는 한두 페이지만 제공한다. 그러나 예수님의 고난과 십자가 처형 그리고 그분의 죽음에 대한 기사로 이어지는 극적인 사건들에 대해서는 각 작가가 세세한 것까지 언급하며 시간을 끈다.

하나님의 아들이 고난을 받으시고 죽으실 날이 가까워지면서 마치 시간이 멈추고 우주

가 숨을 죽인 것 같았다. 하나님의 영이 각각의 복음서 작가를 감동시켜 종려주일에 대해서 충분히 시간을 들여 신중하게 쓰고, 천천히 진행하며, 깊이 성찰하게 하셨다. 그것에 영생이 달려 있었기 때문이다.

마태의 내러티브를 따라서 예수님이 지상에서 보내신 마지막 날들을 따라가면서 우리는 시간을 충분히 들여 그 경이로움을 받아들여야 한다.

—21:1-5—

예수님과 제자들은 해마다 열리는 유월절 축제에 참여하기 위해 갈릴리에서 예루살렘까지 며칠째 걸어오고 있었다. 여정의 막바지에 이르러서는 예수님의 더 확장된 제자 집단, 여리고에서부터 따라온 전형적인 추종자들 그리고 아마도 예수님이 여리고를 지나시다가 눈을 뜨게 해주신 두 시각 장애인(20:34)이 동행했을 것이다.

여리고에서 예루살렘에 이르는 마지막 30여 킬로미터는 상당히 가파른 오르막길이어서 평상시 같았으면 소극적인 추종자들은 예수님을 따라가지 않았을 것이다. 하지만 유월절 축제가 다가오고 있었기 때문에 예수님과 그분을 따르는 사람들은 점점 많아지는 예루살렘 순례자 무리에 섞였을 것이다. 요한복음은 예수님과 제자들이 예루살렘 인근 베다니에 있는 마르다, 마리아, 나사로의 집에 머물렀다고 전한다(요 12:1-2).

베다니는 예루살렘 성벽에서 약 3킬로미터 떨어진 감람산 동쪽 경사면에 있었다. 벳바게는 조금 더 위쪽인 베다니와 예루살렘 중간쯤 되는 곳에 있었는데, 엄밀히 말하면 예루살렘의 일부였다.[72] 예수님이 "맞은편 마을"(마 21:2, 참조. 막 11:1-2, 눅 19:30)에서 당나귀와 새끼를 데려오라고 제자들에게 말씀하시면서 가리키신 작은 마을이 벳바게였다.

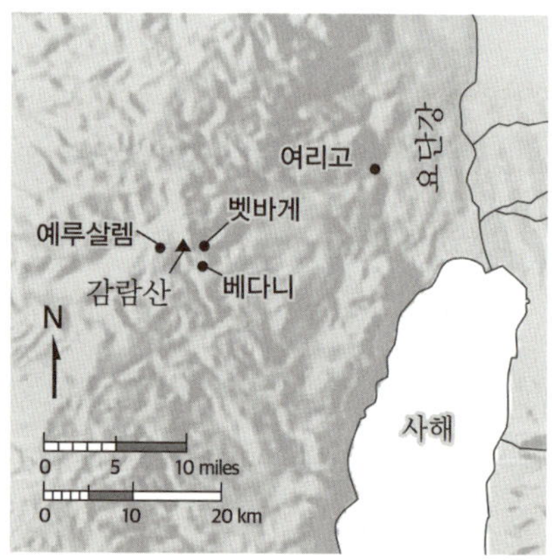

예수님과 그분을 따르는 무리는 여리고를 떠나 벳바게를 거쳐 감람산 능선을 가로질러 예루살렘 동쪽에 도착했다.

예수님의 지시가 마치 그분이 자기의 신적 권리를 행사하시고 전지전능한 신적 능력을 보여주시려고 생면부지인 사람의 재산을 징발하는 것처럼 들릴 수도 있다. 심지어 이것을 공식적으로 '군주뿐만 아니라 랍비들도 가졌던' 권리인 부역의 일례로 보는 사람도 있다.[73] 만약 그렇다면 예수님은 동물을 조달하는 것으로 정치적이고 종교적인 발언을 하신 것이고, 절대 권력을 가진 고관으로서 자기의 권리를 행사하신 것이다. 그러나 예수님이 당나귀의 주인을 알고 있어서 사전에 세운 계획대로 하라고 지시하셨을 가능성이 더 크다.

어쨌든, 마태는 예수님이 제자들을 시키셔서 아무도 타지 않은 당나귀 한 마리와 그 새끼 망아지를 데려오게 하셨다고 기록하고 있다. 마태는 스가랴 9장 9절을 풀어 써서 이 행위에 내포된 예언적 의미를 설명한다.

> 시온의 딸아 크게 기뻐할지어다 예루살렘의 딸아 즐거이 부를지어다 보라 네 왕이 네게 임하시나니 그는 공의로우시며 구원을 베푸시며 겸손하여서 나귀를 타시나니 나귀의 작은 것 곧 나귀 새끼니라.

예수님이 어린 나귀를 타시고 예루살렘에 들어가셨을 때 강력하고 분명한 무언의 메시지—"네 왕이 네게 임하나니"(마 21:5)—가 선포되었다. 마태는 그의 복음서에서 가장 중요한 목적을 강조하기 위해 이 예언의 성취를 조명한다. 그 목적은 바로 동족 유대인 독자들에게 예수님이 참으로 이스라엘이 그토록 기다리던 메시아 왕이심을 증명하는 것이다.

—21:6-11—

제자들은 지시받은 대로 벳바게에서 망아지와 그 어미를 끌고 와 등에 겉옷을 씌웠다. 예수님은 두 마리 중에 더 작은 나귀를 타시고 임시방편으로 마련한 겉옷을 안장으로 사용하셨다(21:6-7). 거기서부터 예수님은 가까운 제자들과 더 많은 추종자 무리에 둘러싸여 감람산을 넘으시고, 베다니에서부터 감람산의 동쪽 경사면을 타고 벳바게를 거쳐 서쪽 비탈을 따라 기드론 골짜기로 내려가신 뒤 예루살렘 성문까지 이어지는, 느리지만 짧은 여정을 시작하셨다.

이 여정의 지형이 중요하다. 산봉우리와 골짜기를 통과하는 베다니에서 예루살렘에 이르는 여정으로 인해 그 길에 있던 수천 명의 순례자는 어린 당나귀를 타고 있는 그 남자를 멀리서 볼 수 있었을 것이다. 그 옆에 망아지의 어미가 있다는 것은 나귀를 탄 사람이 무언

당나귀 이야기(마태복음 21:1-7)

다른 세 복음서에 나오는 승리의 입성에 대한 기사는 예수님이 실제로 타셨던 어린 당나귀만 언급한다(막 11:2, 7, 눅 19:30, 35, 요 12:14). 마태복음만 유일하게 제자들이 나귀 새끼와 그 어미를 모두 데려왔다고 기록하고 일관되게 이 두 마리 동물을 언급한다(마 21:2-3, 7). 마태복음과 다른 복음서의 이러한 불일치 때문에 일부 회의론자와 비평가들은 마태가 스가랴 9장 9절의 예언에 맞추기 위해 나귀 새끼의 어미를 이야기에 집어넣었다고 주장한다. "보라 네 왕이 네게 임하시나니 그는…겸손하여서 나귀를 타시나니 나귀의 작은 것 곧 나귀 새끼니라."

히브리어 본문은 문자 그대로 "당나귀, 어린 수컷 당나귀, 당나귀의 수컷 새끼를 타시고"라고 쓰여 있다. 한편 당시에 잘 알려진 헬라어 번역본(칠십인역)에는 "나귀와 어린 망아지 위에 앉으셔서"라고 적혀 있다. 어느 경우든 "와"라는 접속사는 어린 망아지와 그 어미 모두 승리의 입성에 참여했다고 생각하게 한다. 그러나 하나의 개념을 다른 말로 반복하는 대구법의 사용은 히브리 시에서 흔한 형식이었다. 따라서 유대인들은 스가랴 9장 9절이 오실 왕이 두 마리 동물을 타고 오시는 게 아니라 "나귀를 타시나니 나귀의 작은 것 곧 나귀 새끼"(밑줄 나의 강조)를 타셨다고 이해했을 것이다.

그렇다면 마태는 히브리어의 대구법을 오해했을까? 더 나아가 마태가 스가랴의 예언을 곡해하고 그것에 맞추려고 두 마리 동물을 포함한 기사를 꾸며내 본말을 전도한 것일까?

첫 번째 질문에 대해서, 누구보다도 마태가 히브리어 1학년 학생도 알아볼 수 있는 히브리 시의 단순한 대구법을 이해하지 못했을 가능성은 지극히 낮다. 두 번째 질문에 대해서, 나는 R. V. G. 태스커의 의견에 동의한다. "마태가 새끼 당나귀가 그 어미와 함께 끌려왔다고 말한 것은 사실을 기록한 것이며, 그는 예언이 문자적으로 성취되게 하려고 자기의 자료를 각색할 만큼 어리석지 않다."[74]

승리의 입성 때 짐을 진 동물 두 마리가 있었던 것은 맞지만, 예수님은 두 마리를 한꺼번에 타지 않으셨다. 어떤 경우에도 그것은 신빙성 있는 시나리오가 아닐 것이다. 예수님은 사람을 한 번도 태운 적이 없는 어린 나귀를 타셨다. 마가, 누가, 요한은 예수님이 타신 이 망아지 하나에만 초점을 맞췄다. 그들은 여분의 짐과 옷가지를 지고 있었을 다른 동물을 언급할 필요를 못 느꼈다.

마가복음, 누가복음, 요한복음에는 망아지의 어미가 명시되지 않았지만, 마태의 기사는 1세기의 독자들을 놀라게 했을 다른 복음서 기사에 대한 매우 중요한 질문에 답한다. 망아지가 한 번도 사람이 타거나 앉아본 적이 없다면 시끄러운 군중 가운데서 어떻게 얌전히 있을 수 있었을까? 카니발이나 동물원에서 타는 다 자란 훈련된 당나귀만 본 우리에게 그것은 큰 문제로 보이지 않을 수도 있다. 그러나 1세기 독자들은 도저히 이해할 수 없었을 것이다. 존 피터 랭은 벳바게에서 예루살렘까지의 짧은 거리를 나귀를 타고 갈 때 어린 나귀의 어미가 동행하는 것이 얼마나 중요한지를 강조한다. "새끼 당나귀가 한 번도 사람을 태워본 적이 없다면 얌전히 사람을 태울 수 있도록 옆에 그 어미 당나귀를 끌고 가야 했다."[75]

가를 말하고 있다는 단서가 되었을 것이다. 그 수많은 독실한 유대인이 위나 아래에서 그 장면을 보면서 그 중 몇 사람은 분명 스가랴 9장 9절에 기록된 메시아에 관한 예언을 떠올렸을 것이다.

예수님이 나귀를 타신 것의 심오한 의미를 윌리엄 바클레이는 이렇게 설명한다.

> 예수님은 메시아, 하나님이 기름 부어 세우신 왕이심을 분명히 주장할 수 있는 방법으로 예루살렘에 나귀를 타고 들어갈 것을 제안하셨다…그분은 모든 이목을 자신에게 집중시키시고 무대의 중앙을 차지하시려고 그런 방법으로 입성하셨다…그것은 자신이 왕이라는 의도적인 주장이었고, 스가랴 9장 9절을 의도적으로 성취하시는 것이었다. 그러나 그런 가운데서도 예수님은 자기가 주장하셨던 종류의 왕권을 강조하셨다…왕은 전장에서만 말을 탔다. 왕이 평화롭게 올 때는 당나귀를 타고 왔다.[76]

그날 예루살렘으로 향하는 점점 더 늘어나는 군중의 태도로 보아 많은 순례자가 예수님의 행동이 어떤 의미인지를 이해했다는 사실을 알 수 있다. 그들은 환호하고 경배하며 길 위에 옷을 펼치거나 커다란 야자나무 가지를 당나귀가 걷는 길 앞에 놓았다. 스탠리 투생은 이 행위의 의미를 설명한다. "옷을 양탄자처럼 깔아 왕의 길을 만드는 것은 지금도 행해지는 일반적인 경의의 표시라고 한다. 야자나무 가지를 흔드는 것은 왕을 환영하는 행위였다. 겉으로 보이는 그 모든 행위가 어떤 왕이 예루살렘에 입성하고 있다는 표시였다."[77]

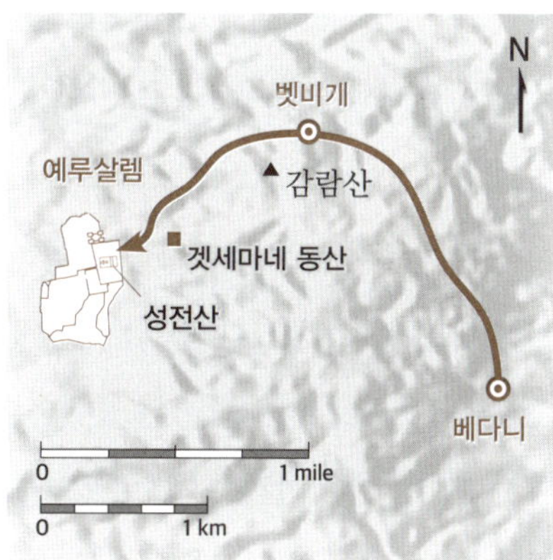

베다니에서 데려온 망아지를 타고 벳바게를 거쳐 감람산을 넘고, 기드론 골짜기를 지나 예루살렘에 이르는 예수님의 노정은 순례자들이 멀리서도 그분을 잘 볼 수 있는 지점이 많았다.

군중의 행동 외에도, 그들의 말이 정말로 그들이 오랫동안 기다려온 메시아 왕으로 예수님을 열렬히 받아들였음을 확인해주었다. 예수님을 앞뒤로 둘러싼 모든 사람이 "호산나 다윗의 자손이여 찬송하리로다 주의 이름으로 오시는 이여 가장 높은 곳에서 호산나"(마 21:9)라고 외치며 예수님을 찬양했다. 예수님을 다윗의 아들, 즉 메시아라고 분명히 밝힌 것 외에도 군중은 "오 주님, 지금 구원을 베푸소서!"라는 뜻의 기도를 한 마디로 표현한 "호산나"라는 말을 연호하고 있었다. 그것은 억압에서 구출해 달라는 청원이었다. 군중은 시편 118편 25-26절 말씀에서 영감을 얻었다.

> 여호와여 구하옵나니 이제 구원하소서 여호와여 우리가 구하옵나니 이제 형통하게 하소서 여호와의 이름으로 오는 자가 복이 있음이여 우리가 여호와의 집에서 너희를 축복하였도다.

참으로 감동적인 순간이었다! 남녀노소를 불문하고 거기에 있는 사람들은 자기들이 성경의 예언이 실현되는 현장에 참여하고 있다는 사실을 알았다. 마치 먼 옛날 선포된 하나님의 말씀이 갑자기 그들의 눈앞에서 되살아나는 것 같았다. 그들은 예언이 성취되고 오랜 기대가 실현되는 것을 눈앞에서 보고 있었다.

예수님과 군중이 기드론 골짜기를 지나 예루살렘 동문에 가까워지자 우렁찬 찬양의 함성과 환호성이 도시를 가로질러 골짜기 전체에 울려 퍼졌을 것이다. 도시 전체-잔뜩 찌푸린 바리새인들, 초조한 사제들, 엄한 표정의 로마 병사들을 포함해서-가 그 기뻐하는 소리를 들었지만, 해석은 제각각이었을 것이다. 아마 바리새인들은 그것을 자신들이 손에 쥐고 있는 백성에 대한 통제권이 위협당하는 소리로 들었을 것이다. 사제들은 그것을 유월절 주간에 지켜야 할 엄숙함에 대한 심각한 침해로 보았을 것이다. 그리고 로마인들은, 만약 그들이 나귀 새끼를 타고 오는 인물이 어떤 의미를 지니고 있는지를 이해했다면, 민중 반란이나 봉기를 걱정하기 시작했을 것이다. 유대인들의 눈에는 그 의미가 확연했지만, 왕은 말을 타고 오는 것으로 인식하고 있던 로마인들은 잘 몰랐을 것이다.

나귀 새끼를 탄 사람이 도착했다는 소문이 돌자 모든 사람은 곧 그분의 정체-"갈릴리 나사렛에서 나온 선지자 예수"(마 21:11)-를 알게 되었다. 누가복음은 고약한 바리새인들이 군중이 함부로 그분이 대망의 메시아라는 식으로 말하는 것을 보고 예수님에게 군중을 꾸짖어 진정시킬 것을 요구했다고 기록한다. 하지만 주님의 대답을 들은 그들은 화가 머리끝까지 치밀었을 것이다. "만일 이 사람들이 침묵하면 돌들이 소리 지르리라"(눅 19:39-40). 돌들까지도 이 돌덩이처럼 고집스러운 바리새인들이 예수님을 거부했다는 사실을 "알았으

묵상의 서재

오래 기다려온 '예언'이 현실이 되다(마태복음 21:9)

나는 지극히 평범한 집안에서 자랐다. 이스트 휴스턴의 퀸즈 스트리트에 있는 우리의 소박한 보금자리는 700만 원짜리 집이었다. 그 집에는 작은 방 세 개와 쪼끄만 욕실이 하나 있었다. 형 오빌, 누이 루시 그리고 나는 10대 시절을 그곳에서 자랐다.

아버지는 근면한 노동자였다. 제2차 세계대전 당시 징병 대상 나이를 살짝 초과하는 바람에 미국이 전쟁을 밀어붙이는 데 일조한 노동력을 제공하셨다. 어머니는 일을 하지 않으셨다. 우리 셋을 돌보는 것만으로도 일은 충분했다. 어머니는 주님을 사랑하셨고, 우리가 주님을 사랑하기를 바라셨다. 첫 번째 부분–어머니가 주님을 사랑하시는 것–은 잘되었지만, 두 번째 부분은 조금 늦게 이루어졌다. 적어도 내 경우는.

열두 살 무렵의 어느 날 축구하러 갈 채비를 하고 부엌을 지나가는데 엄마가 말씀하셨다. "찰스, 이리 와봐라. 너한테 보여줄 게 있어."

엄마의 어조에서 설교를 하려 하신다는 것이 감지되었다. 시간이 촉박했던 나는 "엄마, 돌아와서 하면 안 돼요?"라고 말했다.

"안 돼." 엄마가 대답하셨다. "지금 이리 와보렴. 하나님이 내게 주신 걸 너한테 보여주고 싶구나."

나는 속으로 '맙소사! 도대체 뭐지?'라고 생각하며 그 자리에 서서 축구공을 위로 던졌다.

"거기 서서 내 말을 들으렴." 엄마가 말씀하셨다. 나는 동작을 멈추고 그대로 있었다. 아니나 다를까 설교가 시작되었다. "내가 잠언을 읽다가 너한테 딱 맞는 구절을 발견했단다. 잠언 18장 16절이야." 엄마는 그 구절을 작은 4x6 카드에 써서 싱크대 위 벽에 테이프로 붙이셨다.

"사람의 선물은 그의 길을 넓게 하며 또 존귀한 자 앞으로 그를 인도하느니라."

"좋은데요, 엄마." 나는 말했다. "이제 가도 돼요?"

그러자 엄마가 말씀하셨다. "아니, 하나님이 이 구절에 대해서 나한테 가르쳐주신 걸 말해줄게."

"엄마, 애들이 밖에서 기다리고 있어요. 그러니까…."

"들어봐." 엄마가 말씀하셨다. "나는 주님이 우리가 상상도 못한 방법으로 너를 사용하실 거라고 믿는다."

"멋져요, 엄마. 하나님이 그러시길 바라요. 됐죠?"

“잘 들어라. 네가 나이가 들면 하나님이 이 구절의 진리를 네 삶에서 이루고 계신다는 걸 알게 될 거야.”

나는 고개를 기울여 말씀을 다시 읽었다. “사람의 선물은 그의 길을 넓게 하며 또 존귀한 자 앞으로 그를 인도하느니라.”

소박한 우리 집을 보나 우리의 평범한 성장기를 보나 ‘위대한 사람들’은 나한테 와 닿지 않았다. 그러나 엄마에게 그 말씀은 큰 의미가 있었다. 실제로 엄마는 눈물을 글썽이며 나를 끌어안고 말씀하셨다. “엄마는 너를 위해 이 말씀으로 기도하고 있단다.”

나는 말했다. “좋아요 엄마. 계속 기도해주세요. 이제 됐죠?”

엄마는 그런 내 반응을 못 마땅해하셨지만, 나는 엄마 품에서 빠져나와 집 밖으로 달려 나갔다.

열두 살 아이였던 나는 하나님의 은혜가 어떻게 역사할지, 어머니의 간절하고 통찰력 있는 기도가 어떻게 응답받을지 짐작조차 못했다. 시간이 흘렀다. 나는 학교를 떠나고, 결혼을 하고, 해병대에 입대해 오키나와에서 복무하게 되었다. 나는 집에서 1,300킬로미터나 떨어진 곳에 있으면서 잠언 18장 16절에 대해서는 까맣게 잊고 있었다. 그러나 일련의 사건을 계기로 나는 네비게이토 선교회 대표의 지도를 받게 되었다. 그는 나의 멘토가 되어 내가 그리스도인으로 성장하는 데 큰 도움을 주었다. 그 섬에 있던 몇 달 동안 나는 사역자로 부르심을 받았다.

하나님의 은혜로 나는 달라스 신학교에 입학했다. 학교에서 요구하는 학력이 없어서 조건부로 합격했지만, 하나님은 내게 열심히 공부해서 뛰어난 성적을 받을 수 있는 능력을 허락하셨다. 신학교에 다니는 4년 동안 나는 몇몇 위대한 하나님의 사람들의 지도를 받았다. 특별히 레이 스테드먼, 하워드 헨드릭스, 드와이트 펜테코스트 같은 분들이 나를 목회자로 변화시켜주었다. 나는 얼마 동안 뉴잉글랜드에서 목회를 하다가 캘리포니아 남부로 옮기게 되었다. 거기서 나는 꿈에도 생각하지 못했던 일을 했다. 나는 사람들이 읽고 싶어 하는 책을 썼다. 얼마 지나지 않아 주님은 내게 더 많은 책을 쓸 수 있는 문을 열어주셨다. 그러고 나서 주님의 은혜로 내 설교가 라디오 전파를 타게 되었다.

솔직히, 이 모든 것이 나에게는 놀라운 일이었다. 나는 이 모든 활동을 구상할 수도, 이 길을 계획할 수도 없었다. 내 삶은 하나님의 은혜로 축복받은, 연이어 일어난 놀라운 일들이 합쳐져 나온 결과물이며 지금도 여전히 그렇다.

1980년대로 거슬러 올라가는 이 여정의 중간쯤에서 나는 워싱턴 D. C.의 기독교 대사관(Christian Embassy)이 주최한 특별한 집회에 초대받았다. 집회 참가자 중에는 장군과 대령들을 포함해 국방부의 고위 장교가 다수 포함되어 있었다. 가족과 함께 참석한 대사들도 있었다. 레이건 대통령 내각의 구성원도 있었다. 그런데 그들이 하고많은 사람 중에서 나를 강사로 초청했다. 그 거물들의 모임에 약 800명 정도가 모인다고 했다. 나는 성경을 훑으면서 그날 저녁 내가 하고 싶은 말을 곰곰이 생각하던 중 동그라미가 쳐진 잠언 18장 16절을 보게 되었다.

그때 어머니는 세상을 떠나신 뒤였다. 그러나 어머니의 말은 되돌아왔다. 나는 문득 내가 지금 어머니가 주장하셨던 것-내가 관심조차 없을 때 내게 주어졌던 말씀-을 성취하며 살고 있다는 사실을 깨달았다. 그때 나는 그 말씀을 대수롭지 않게 여겼었다. 그런데 지금 나는 어머니가 나를 위해 주장하셨던 진리를 실천하며 살고 있었다.

하나님이 우리를 위해 계획하신 일들을 이루고 계신다는 사실을 깨닫는 것은 얼마나 멋진 일인가. 그때가 바로 잠시 멈춰 서서 그분이 행하신 일에 대해 감사와 찬양을 드려야 할 때다. 그날 저녁 자리에서 일어나 강연을 시작하면서 내가 대체 누구길래 이 대단한 사람들에게 설교를 하고 있는가라는 생각에 눈물을 참아야 했던 기억이 난다. 나는 그때 내가 늘 그래왔듯이-우리 모두가 그렇듯이- 하나님의 놀라운 은총을 받은 자일 뿐임을 깨달았다.

니" 이보다 더한 아이러니가 있을까. 예수님은 이스라엘이 고대하던 메시아 왕이셨다.

적용: 마태복음 21:1-11

우리의 짧은 여정

베다니에서 예루살렘 성문에 이르는 짧은 여정이었다. 예수님이 다리가 몽땅한 나귀 새끼를 타시고 감람산을 오르내리며 목적지에 도착하시기까지는 한 시간도 채 걸리지 않았을 것이다. 그러나 그 주일 아침 그 길을 따라가는 사람들에게 그것은 그들의 영원한 운명을 봉인할 수 있는 지극히 중요한 여정이었다. 예수님과 함께하는 그 혼잡한 길은 우여곡절, 정점과 골짜기가 혼재하는 우리의 짧은 인생 여정을 그대로 보여준다. 마침내 그 길은 영원한 도시로 통하는 황금문 앞에서 끝나게 되고, 우리는 예수님을 따라가든지 아니면 성벽 바깥에 남는다.

당신은 그 군중 속 어디에 있는가? 최대한 예수님께 가까이 다가가 경배와 존경의 표시로 옷을 땅에 펼치고, 그분을 당신의 구원자이자 주님으로 인정하고 있는가? 당신과 가장 가까운 사람들이 메시아에 대한 당신의 헌신을 볼 수 있는가? 아니면 멀리서 눈으로만 예수님을 좇으며 당신의 '호산나'를 혼자만 간직하고 있는가?

당신은 그 순간의 흥분에 사로잡힌 자들, 나사렛에서 온 그 유명 인사와 가까워져서 일시적인 기쁨이나 세속적인 이익을 얻기를 바라며 군중과 함께 따라다니다가…며칠 뒤 "그를 십자가에 못 박으라! 그를 십자가에 못 박으라!"고 외친 자들과 같은가? 그리스도에 대한 당신의 헌신은 확고한가, 아니면 변덕스러운가?

아니면 당신은 하나님의 아들에게 모든 것을 의탁한다는 생각을 비웃고, 조롱하고, 콧방귀를 뀌면서 군중에게서 멀찌감치 떨어져 있는가? 당신은 예수님이 자신의 정체성에 대해 주장하신 모든 것을 거부하는 냉소주의자인가? 군중의 입을 다물게 하고 싶어 하는 바리새인 같은가? 아니면 그저 평화를 유지하고 싶은 로마 군인과 같은가?

우리 삶을 통치하러 오신 분에게 우리가 보여야 할 올바른 반응은 단 하나, 완전한 항복이다. 그것은 우리 중 누구에게서도 자연스럽게 나오지 않는 단 하나의 반응이다. 우리는 모두 인생을 사는 동안 싸우고, 스스로를 방어하고, 책임을 지도록 배웠다. 어린 당나귀를 탄 어떤 남자를, 그가 자기를 누구라고 하든, 따라가도록 배우지 않은 건 확실하다. 그렇지만 우리는 마음과 영혼과 힘을 다하여 영원한 '호산나'를 외치는 무리에 합류하라는 부름을 받았다.

예수님이 엄히 벌하실 때(마태복음 21:12-22)

12예수께서 성전에 들어가사 성전 안에서 매매하는 모든 사람들을 내쫓으시며 돈 바꾸는 사람들의 상과
비둘기 파는 사람들의 의자를 둘러 엎으시고 13그들에게 이르시되 기록된 바 내 집은 기도하는 집이라
일컬음을 받으리라 하였거늘 너희는 강도의 소굴을 만드는도다 하시니라
14맹인과 저는 자들이 성전에서 예수께 나아오매 고쳐주시니 15대제사장들과 서기관들이 예수께서
하시는 이상한 일과 또 성전에서 소리 질러 호산나 다윗의 자손이여 하는 어린이들을 보고 노하여 16예
수께 말하되 그들이 하는 말을 듣느냐 예수께서 이르시되 그렇다 어린 아기와 젖먹이들의 입에서 나오
는 찬미를 온전하게 하셨나이다 함을 너희가 읽어 본 일이 없느냐 하시고 17그들을 떠나 성 밖으로 베다
니에 가서 거기서 유하시니라
18이른 아침에 성으로 들어오실 때에 시장하신지라 19길 가에서 한 무화과나무를 보시고 그리로 가
사 잎사귀 밖에 아무 것도 찾지 못하시고 나무에게 이르시되 이제부터 영원토록 네가 열매를 맺지 못하
리라 하시니 무화과나무가 곧 마른지라
20제자들이 보고 이상히 여겨 이르되 무화과나무가 어찌하여 곧 말랐나이까 21예수께서 대답하여
이르시되 내가 진실로 너희에게 이르노니 만일 너희가 믿음이 있고 의심하지 아니하면 이 무화과나무
에게 된 이런 일만 할 뿐 아니라 이 산더러 들려 바다에 던져지라 하여도 될 것이요 22너희가 기도할 때
에 무엇이든지 믿고 구하는 것은 다 받으리라 하시니라

당신이 마지막으로 옳은 일을 위해 분노했던 때를 기억할 수 있는가?

화가 머리끝까지 치밀어 올라 성질을 이기지 못하고 씩씩거리는 게 아니라 올바른 이유-사람들이 의분이라고 부를 만한 것-로 분노하는 것 말이다. 의로운 분노는 누군가가 합리적이고 도덕적인 사람들을 괴롭힐 때 일어난다. 사실 그런 상황에서 의분이 생기지 않는다는 것은 긍휼이나 정의 따위에는 관심이 없다는 뜻일 것이다.

도덕적 잘못에 대해 화를 내는 것은 바울이 에베소서 4장 26절에 쓴 분노의 일종이다. "분을 내어도 죄를 짓지 말며." 이 말씀은 화를 내는 것이 옳을 때가 있음을 알려준다. 화를 내는 것이 옳은 상황은 어떤 상황일까? 육체적, 정신적, 정서적, 영적, 성적 학대 같은 학

대를 하는 사람에게 분노를 느끼는 것은 정당하다. 자기보다 더 약한 사람을 이용하거나, 남과 다르다고 조롱하거나, 스스로를 방어할 수 없거나 장애가 있는 사람을 괴롭히는 불량배에게 화를 내는 것은 당연하다. 또 참람한 신성모독, 가난한 자들을 파렴치하게 착취하거나 무고한 사람들을 억압하는 것, 즉 하나님의 형상대로 창조된 사람들을 무지막지하게 대하는 것을 목격했을 때 우리는 신자로서 분노를 느껴야 한다.

그런 나쁜 짓은 우리를 화나게 한다. 그리고 그래야 한다. 그러나 우리 타락한 인간들은 의로운 분노를 통제하지 못하고 악한 격노로 바뀌지 않도록 조심해야 한다. 바울이 "죄를 짓지 말며"라고 덧붙인 이유가 이 때문이다.

우리는 때로 예수님도 완전한 인간-우리와 똑같이 육체와 정신과 감정을 가지셨지만, 죄는 없으신(히 4:15)-이시라는 사실을 망각한다. 신인(God-man)이신 예수님은 하나의 독특한 인격체 안에 완전한 신성과 완전한 인성(人性)을 가지고 계셨다. 신학자들은 그분의 신성을 나타내기 위해 '하나님'이라는 뜻의 *theos*(데오스, 2316)와 그분의 인성을 나타내기 위해 '인간'을 뜻하는 *anthrōpos*(안드로포스, 444)를 합성해서 신인적 인격(theanthropic person)이라는 용어를 새로 만들었다. 예수님의 온전한 신성으로 인해 신인(God-man)이신 그분은 날씨를 다스리시고, 병자를 고치시며, 물 위를 걸으시고, 죄를 용서하시며, 죽은 자를 살리실 수 있었다. 한편 온전한 인성으로 인해 신인(God-man)이신 그분은 갓난아기 때 기저귀를 더럽히셨고, 어렸을 때 걸음마를 배우셨으며, 긴 여정 중에 지쳐서 주무셨고, 배고플 때 먹으셨으며, 슬플 때 우셨고, 십자가에 못 박혀 죽으셨다.

그리고 예수님은 완전한 인간이셨기 때문에 화를 내셨다. 그러나 완전한 하나님이셨기 때문에 그분의 분노는 언제나 정의로우셨고, 반응은 항상 신중하셨으며, 행동은 늘 온당하셨다.

마태복음 21장 12-22절을 읽는 사람들은 종종 충격을 받는다. 많은 그리스도인은 일방적으로 예수님이 '부드럽고 온순하신 분'이라는 생각만 배운다. 물론 메시아는 겸손과 온유의 모본이셨다. 그분은 은혜와 자비의 화신이셨다. 그러나 그분은 그 이상이셨다. 예수님은 하나님의 거룩함과 영광을 지키기 위해 애쓰셨고, 올바른 기도와 진정한 예배를 중시하셨기 때문에 진정한 영성을 나타내는 그 중요한 상징을 훼손하는 어떤 것도 용납하지 않으셨으며, 특히 그 과정에 위선이 관여되어 있다면 더 그러셨다.

성전에서 벌어지고 있는 참람한 신성모독–시장 바닥 같은 환경에서 사고팔고 갈취하는 온갖 행위–을 목도하신 예수님은 한계에 도달하셨다. 그리고 앞으로 보게 되듯이, 다음 날 아침 이스라엘의 사악한 반역자들에게 임하는 심판의 상징으로 열매 없는 무화과나무를 비난하실 때까지도 예수님은 화가 나 계셨다.

—21:12-13—

나는 구경꾼들이 예수님이 첫 번째로 상을 엎으신 것을 얼떨결에 한 실수로 간과했을 수 있다고 생각한다. 그러나 그 후 소동은 더 커졌다. 그들은 예수님이 사람들로 가득 찬 바깥쪽 이방인의 뜰을 지나가시면서 돈 바꾸는 사람들의 상을 뒤엎으시고, 서민들을 속여서 돈을 사취한 사람들의 푹신한 의자를 발로 차시는 것을 보았다. 사람들은 무언가 큰일이 벌어지고 있다는 것을 금방 알아챘다. 하나님의 아들이 도대체 무엇 때문에 거룩한 분노를 그렇게까지 표출한 것일까?

예수님과 제자들이 성전에 가까이 왔을 때 일종의 종교 시장이라고 할 수 있는 것이 눈에 들어왔다. 지금도 많은 유명 관광지들이 선물 가게를 통과해야 출구가 나오게 만들어 놓았지만, 1세기에 성전이라는 큰 사업체를 운영했던 종교 엘리트들도 모든 예배자가 종교 시장과 다를 바 없는 광장을 지나서 성전에 입장하게 만들었다. 켄트 휴즈(Kent Hughes)는 이것을 이렇게 설명했다. "상인들이 좌판에서 손님들에게 소리를 지르고, 시끄럽게 떠들며 실랑이를 벌이고, 억센 순례자들은 서로 자리를 차지하려고 떠밀었다…담이 둘러쳐 있어서 더 농밀해진 가축 냄새 때문에 마치 지역 축제와 증권 거래소가 하나로 합쳐진 것 같았다!"[78]

언뜻 가혹해 보이는 예수님의 행동을 이해하려면 약간의 역사적 배경을 고려할 필요가 있다. 성전산 위의 번잡한 장터는 은퇴한 대제사장 안나스의 이름을 따서 '안나스 바자'라고 불렸다. 안나스는 당시의 대제사장 가야바의 장인이기도 했다. 안나스는 거의 10년 동안 이스라엘의 대제사장으로 봉직했고, 그 기간 동안 성전 안에 광범위한 금융 네트워크를 구축해 예배자들의 돈을 체계적으로 갈취했다. 운영 방식은 다음과 같았다. 예배자들이 예루살렘으로 순례를 와서 축제에 참여하고 규정된 제사를 드릴 때 제사장들은 이스라엘에서 주조한 화폐인 세겔만 받았다. 따라서 먼저 외국 주화를 세겔로 환전해야 했다. 물론 사제의 대리인들은 과도하게 높은 환율로 환전을 해주어서 뼛속까지 부패한 사제 가족의 주머니를 채워주었다.

뿐만 아니라, 모세의 율법은 하나님께 바치는 모든 동물은 흠이 없어야 한다고 명시했다. 이것을 빌미로 성전을 감독하는 사제들은 '외부에서 데려온 동물들'에 대해 거의 불가능에 가까운 완전함의 기준을 적용했다. 검사관은 예배자가 데려온 멀쩡한 동물에게서 제멋대로 흠을 찾아낼 수 있었다. 검사관은 제물로 쓸 수 없다고 그 동물을 거부한 다음, 절박한 예배자의 등을 떠밀어 사전에 승인받은 동물을 정상 가격의 몇 배로 파는 매대로 보냈다. 사제들은 당연히 동물을 팔아 얻은 터무니없는 이윤의 일부를 뜯어갔고, 이로 인해 부패와 부정이 점점 심해졌다. A .B. 브루스(A .B. Bruce)는 이것을 "위장된 도덕성과 종교의 기괴하고 역겨운 조합"[79]이라고 불렀다.

이러한 부정이 횡행했기에 예수님의 극적인 반응은 분명히 의분의 범주에 속했다. 그분은 폭리를 취하는 부패한 자들을 내쫓으시고, 환전상들의 상을 엎으시며, 비둘기를 파는 자들의 걸상을 밀치셨다(21:12). 마가복음은 예수님이 "아무나 물건을 가지고 성전 안으로 지나다님을 허락하지 아니하[셨다]"(막 11:16)고 덧붙인다. 예배를 드리는 거룩한 장소여야

헤롯대왕이 1세기에 보수한 성전에는 비유대인들이 예배하러 올 수 있는 널찍한 이방인의 뜰이 있었다.

할 곳이 소비주의가 판을 치는 난장판이 되어버렸다!

예수님은 당신의 행동을 설명하시기 위해 구약성경의 두 구절을 인용하셨다(마 21:13). 첫 번째는 성전이 어떤 곳이어야 하는지를 상기시키셨다. "내 집은 만민이 기도하는 집이라"(사 56:7). 두 번째는 하나님의 성전을 "강도의 소굴"로 바꾼 불경한 장사치들을 비난한 선지자 예레미야의 말을 부분적으로 인용하신 것이다. 인용된 예레미야서의 맥락을 보면 예수님의 생각을 알 수 있다.

> 너희가 도둑질하며 살인하며 간음하며 거짓 맹세하며 바알에게 분향하며 너희가 알지 못하는 다른 신들을 따르면서 내 이름으로 일컬음을 받는 이 집에 들어와서 내 앞에 서서 말하기를 우리가 구원을 얻었나이다 하느냐 이는 이 모든 가증한 일을 행하려 함이로다 내 이름으로 일컬음을 받는 이 집이 너희 눈에는 도둑의 소굴로 보이느냐 보라 나 곧 내가 그것을 보았노라 여호와의 말씀이니라(렘 7:9-11).

구약의 이스라엘이 그들과 언약을 맺으신 하나님을 떠나 세속적인 것을 추구하고 거짓된 신들을 숭배했듯이 예수님 시대의 이스라엘의 지도자들도 성전의 올바른 예배를 전능한 셰켈 숭배로 바꾸었다!

—21:14-17—

예수님의 행동은, 적어도 당분간은, 기도하는 마음으로 하나님을 예배하는 곳이라는 올바른 목적으로 성전의 본령을 되돌렸다. 이 극적인 장면이 펼쳐질 때 한 사람도 그분께 저항하지 못했다. 왜 그랬을까? 아마도 환전과 바가지 요금에 관련된 사람들은 자기들의 행태가 윤리적이지 않다는 걸 알았을 것이다. 예수님이 인용하신 성경 구절이 그들의 양심을 찔렀을 수도 있다. 무오한 하나님의 말씀은 예수님 편이었다. 분명 사기를 당한 불쌍한 손님들도 예수님 편이었을 것이다. 주님이 "호산나 다윗의 자손이여"라고 환호하는 점점 늘어나는 큰 무리와 함께 나귀를 타고 들어가셨고, 그 우렁찬 찬양 소리는 성전 뜰까지 예수님을 따라갔다는 사실을 기억하라(21:15). 뿐만 아니라 예수님은 성전을 깨끗이 하신 직후에 시각장애인과 다리를 저는 자를 치유하는 놀라운 기적을 행하셨다(21:14). 이 모든 일 때문에 예수님은 사자굴 속의 다니엘만큼이나 성전 안에서 안전하셨다.

여기서는 사자들이 왔다 갔다 하며 멀리서 으르렁거렸다. 대제사장과 서기관들은 예수님이 행하시는 기적뿐 아니라 모든 소동을 보았다. 그들은 어린아이들이 길가에서 합창하는 소리를 들었다. "호산나 다윗의 자손이여!" 이런 광경을 본 종교 지도자들은 "노[했다]"(21:15). 여기에 예수님의 완전한 의분과는 정반대되는 불의한 분노의 좋은 예가 있다. 종교 지도자들은 왜 그렇게 분노했을까? 그들은 기뻐해야 하지 않았을까? 눈먼 자가 보고, 저는 자가 걷고, 아이들이 찬송가를 부르고, 성전은 기도의 장소로 회복되었다! 그런데 지도자들은 왜 그토록 격분했을까?

그들은 예수님의 행동 때문에 자신들이 잃은 돈다발을 생각하고 있었을지도 모른다. 어쩌면 예수님이 그들의 실체와 공갈을 폭로하는 성경을 인용하신 것에 대해 당혹감을 느끼고 있었을지도 모른다. 혹은 사람들과 아이들이 자기들을 찬양하는 노래를 불러야 한다고 생각하고 있었을지도 모른다. 실제로 예수님을 향한 그들의 가장 날카로운 비난은 예수님을 "다윗의 아들"이라고 찬양하는 아이들의 노래에서 비롯되었다. 예수님은 시편 8편 2절의 한 구절을 의역한 말씀으로 그들을 꾸짖으셨다. "어린 아기와 젖먹이들의 입에서 나오는 찬미를 온전하게 하셨나이다"(마 21:16).

이 장면은 예수님이 그 학자들과 제사장들이 찾고 있던 메시아가 아니었음을 상기시킨다. 그들은 개인적인 의에 관심이 없었다. 그들의 관심은 오로지 정치 권력에만 있었다. 그들은 국가적인 회개를 할 겨를이 없었다. 그들은 오직 군사력만을 추구하고 있었다. 그들은 평화, 정의, 자비를 갈망하지 않았다. 그들의 관심은 경제적 번영에만 있었다. 만일 메시아가 그들의 개인적인 이익 외에 다른 것을 위해서 왔다면 그들은 예수님께 관심이 없었을 것이다.

예수님은 거기 서서 몇 시간이든 제사장들과 서기관들과 토론하실 수 있었다. 하지만 예수님은 성경 말씀으로 말을 마치셨다. 이스라엘의 종교와 정치의 심장부가 잘못되었음을 지적하신 뒤 예수님은 오셨던 길을 떠나 베다니로 돌아가셨다(21:17).

—21:18–22—

다음 날 아침, 예루살렘으로 돌아오시던 예수님은 길가의 무화과나무에서 요깃거리를 찾으셨다. 하지만 먹을 수 있는 과실을 찾지 못하신 예수님은 실망하셨다. 그 나무는 잎만 무성했다. 얼핏 보면 예수님의 극단적인 반응은 심술 난 아이의 충동적인 행동처럼 보일 수도 있다. "나무에게 이르시되 이제부터 영원토록 네가 열매를 맺지 못하리라"(21:19). 그러나 그 장면의 맥락과 언제나 예화와 비유를 통해 제자들을 가르치셨던 것을 생각해보면 불모의 무화과나무를 저주하신 깊은 뜻을 깨닫게 된다.

열매 없는 무화과나무는 이스라엘 지도자들이 영적으로 불모인 상태를 단적으로 보여주었다. 전날 가두행진 때 그들의 위선을 보셨던 예수님은 잎만 무성한 삶, 즉 멀리서 보면 건강해 보이지만 자세히 들여다보면 결실이 없는 게 드러나는 참담한 삶의 상징으로 그 무화과나무를 지목하신 것이었다. 예수님이 저주하시자 그 나무가 바로 시들었다는 것은 의인이라는 가짜 명성을 얻었지만 진정한 영적인 삶은 없는 자들에게 하나님의 심판이 갑자

무화과나무. 예수님은 예루살렘으로 가시던 길에 무화과나무를 저주하셨다.

기 그리고 확실하게 임할 것이라는 사실을 보여준다. 예수님의 이런 행동을 본 제자들은 선지자 미가의 말을 떠올렸을지도 모른다.

> 재앙이로다 나여 나는 여름 과일을 딴 후와 포도를 거둔 후 같아서 먹을 포도송이가 없으며 내 마음에 사모하는 처음 익은 무화과가 없도다 경건한 자가 세상에서 끊어졌고 정직한 자가 사람들 가운데 없도다 무리가 다 피를 흘리려고 매복하며 각기 그물로 형제를 잡으려 하고 두 손으로 악을 부지런히 행하는도다 그 지도자와 재판관은 뇌물을 구하며 권세자는 자기 마음의 욕심을 말하며 그들이 서로 결합하니 그들의 가장 선한 자라도 가시 같고 가장 정직한 자라도 찔레 울타리보다 더하도다 그들의 파수꾼들의 날 곧 그들 가운데에 형벌의 날이 임하였으니 이제는 그들이 요란하리로다(미 7:1-4).

약 40년 뒤 이스라엘이 예수님을 그들이 고대하던 메시아 왕으로 받아들이기를 거부하고 뉘우치지 않는 악행의 긴 어둠 속에 잠겨 있을 때, 로마군이 예루살렘을 포위해 아름다운 성전산을 파괴하고 그 돌들을 계곡에 던지리라는 것을 우리는 안다. 아마 예수님은 의심하지 않고 믿는 자들은 열매 맺지 못하는 무화과나무를 저주할 수 있을 뿐만 아니라 산더러 뿌리째 들려 바다에 빠지라고 명령할 수 있다고 말씀하실 때 멀리 있는 성전산을 곁눈질하셨을 것이다(마 21:21). 예수님이 이렇게 과장된 언어를 사용하신 것은 믿음의 능력을 실감나게 표현하시려는 의도였다. 성육한 신인(God-man)이신 예수님은 그런 놀라운 업적을 이루실 수 있는 무한한 지식, 지혜, 신뢰, 능력을 가지신 유일한 분이다. 그렇지만 제자들이 그분을 신뢰하고 성령의 능력으로 그분의 뜻에 따라 기도하는 법을 배우면, 그들도 비유적으로 "산을 움직이게" 될 것이다.

21장 22절의 약속은 믿음, 기도, 하나님의 계획과 목적에 관해 성경이 전반적으로 가르치는 맥락에서 벗어나면 안 된다. 예수님이 무화과나무를 저주하시고 기도에 대한 약속을 말씀하실 때 그 자리에 있던 사도 요한은 하나님이 우리의 요청에 응답하신다는 것을 확신할 수 있는 명확한 관점을 제공한다. 이 일이 있은 지 60여 년 뒤에 요한은 이렇게 썼다. "그를 향하여 우리가 가진 바 담대함이 이것이니 그의 뜻대로 무엇을 구하면 들으심이라"(요일 5:14).

하나님의 뜻을 아는 지식은 어디에서 오길래 우리의 기도가 응답되리란 걸 아는가? 골로새서 1장 9절이 힌트를 준다. "이로써 우리도 듣던 날부터 너희를 위하여 기도하기를 그치지 아니하고 구하노니 너희로 하여금 모든 신령한 지혜와 총명에 하나님의 뜻을 아는 것으로 채우게 하시고." 하나님의 뜻은 하나님의 지혜가 역사해야 알 수 있으며, 그것은 오로지 성령을 통해서만 온다. 우리가 성령의 영감을 받은 하나님의 말씀을 배우고 살아갈 때(딤후 3:16) 우리는 그분의 뜻에 따라 기도할 준비가 된다.

적용: 마태복음 21:12-22

화를 낼 수 있는 용기

예수님은 필요한 상황에서는 용기 있는 행동과 악행에 대해 격한 분노를 표출하시는 것을 두려워하지 않으셨다. 그분은 자기의 행동이 정당하며 의도한 효과를 낼 것을 확신하셨다. 물론 상을 뒤엎고 물건을 사고파는 자들을 성전 바깥 뜰에서 몰아내신 행동은 돈을 잃은 악당들의 분노를 샀다. 하지만 주님이 아버지의 집에 그 본연의 용도를 되찾아주시는 것을 막지는 못했다.

화를 내는 것에 관한 한 아마도 당신은 두 극단 중 하나에 속할 것이다. 한쪽은 과도하게 또는 화를 낼 만한 일이 아닌 것에 대해 화를 내는 사람들이다. 당신은 부적절한 이유로 화를 내거나 욱하는가? 사소한 일에 화가 나는가? 그런 종류의 분노는 부적절하고, 부질없으며, 죄가 된다. 스스로를 통제하고 성령의 능력을 구하여 평화, 인내, 친절, 온유, 자기절제를 보여주라. 상담을 비롯해 외부의 도움이 필요하다면 도움을 받으라. 분노에는 용감한 분노가 아닌 비겁한 분노가 있는데, 특히 언어적 또는 신체적 학대로 나타나는 분노가 그런 부류다.

또 다른 극단은 진짜 불의 앞에서 물러서는 사람들이다. 당신은 누군가가 학대당하는 것을 보았을 때 잠자코 있는가? 나쁜 짓을 보고도 못 본 척하는가? 개입이 필요한 상황을 그냥 덮으려고 하는가? 갈등과 논란 자체를 추구해서는 안 되지만, 예수님이 보여주신 예는 진리와 정의를 위해 나서서 개입해야 할 때도 있음을 증명한다.

나는 그리스도인은 절대 화내면 안 된다고 말하는 것을 들은 적이 있다. 절대 그렇지 않다. 나는 당신이 종종 분노를 느끼지 못한다면 무언가 잘못된 거라고 생각한다. 화내는 것을 두려워하지 말라. 다만 화가 올바른 이유로, 올바른 방식으로, 올바른 때에 표현되는지 점검하라. "분을 내어도 죄를 짓지 말며"(엡 4:26). 수동성과 중립성이 항상 올바른 태도는 아니다. 때로는 상황을 파악하고, 그릇된 일이 행해지고 있는지 판단하며, 자신 있고 용감하게 행동하기로 결단해야 하는 상황이 있다.

신랄한 비판자들과 격전을 벌이시다(마태복음 21:23-46)

23예수께서 성전에 들어가 가르치실새 대제사장들과 백성의 장로들이 나아와 이르되 네가 무슨 권위로
이런 일을 하느냐 또 누가 이 권위를 주었느냐 24예수께서 대답하시되 나도 한 말을 너희에게 물으리니
너희가 대답하면 나도 무슨 권위로 이런 일을 하는지 이르리라 25요한의 세례가 어디로부터 왔느냐 하
늘로부터냐 사람으로부터냐 그들이 서로 의논하여 이르되 만일 하늘로부터라 하면 어찌하여 그를 믿지
아니하였느냐 할 것이요 26만일 사람으로부터라 하면 모든 사람이 요한을 선지자로 여기니 백성이 무
섭다 하여 27예수께 대답하여 이르되 우리가 알지 못하노라 하니 예수께서 이르시되 나도 무슨 권위로
이런 일을 하는지 너희에게 이르지 아니하리라

28그러나 너희 생각에는 어떠하냐 어떤 사람에게 두 아들이 있는데 맏아들에게 가서 이르되 얘 오늘
포도원에 가서 일하라 하니 29대답하여 이르되 아버지 가겠나이다 하더니 가지 아니하고 30둘째 아들에
게 가서 또 그와 같이 말하니 대답하여 이르되 싫소이다 하였다가 그 후에 뉘우치고 갔으니 31그 둘 중의
누가 아버지의 뜻대로 하였느냐 이르되 둘째 아들이니이다 예수께서 그들에게 이르시되 내가 진실로 너
희에게 이르노니 세리들과 창녀들이 너희보다 먼저 하나님의 나라에 들어가리라 32요한이 의의 도로 너
희에게 왔거늘 너희는 그를 믿지 아니하였으되 세리와 창녀는 믿었으며 너희는 이것을 보고도 끝내 뉘
우쳐 믿지 아니하였도다

33다른 한 비유를 들으라 한 집 주인이 포도원을 만들어 산울타리로 두르고 거기에 즙 짜는 틀을 만
들고 망대를 짓고 농부들에게 세로 주고 타국에 갔더니 34열매 거둘 때가 가까우매 그 열매를 받으려고
자기 종들을 농부들에게 보내니 35농부들이 종들을 잡아 하나는 심히 때리고 하나는 죽이고 하나는 돌
로 쳤거늘 36다시 다른 종들을 처음보다 많이 보내니 그들에게도 그렇게 하였는지라 37후에 자기 아들
을 보내며 이르되 그들이 내 아들은 존대하리라 하였더니 38농부들이 그 아들을 보고 서로 말하되 이는
상속자니 자 죽이고 그의 유산을 차지하자 하고 39이에 잡아 포도원 밖에 내쫓아 죽였느니라 40그러면
포도원 주인이 올 때에 그 농부들을 어떻게 하겠느냐 41그들이 말하되 그 악한 자들을 진멸하고 포도원
은 제 때에 열매를 바칠 만한 다른 농부들에게 세로 줄지니이다

42예수께서 이르시되 너희가 성경에
건축자들이 버린 돌이
모퉁이의 머릿돌이 되었나니
이것은 주로 말미암아 된 것이요
우리 눈에 기이하도다 함을
읽어 본 일이 없느냐
43그러므로 내가 너희에게 이르노니 하나님의 나라를 너희는 빼앗기고 그 나라의 열매 맺는 백성이 받
으리라 44이 돌 위에 떨어지는 자는 깨지겠고 이 돌이 사람 위에 떨어지면 그를 가루로 만들어 흩으리라
하시니
45대제사장들과 바리새인들이 예수의 비유를 듣고 자기들을 가리켜 말씀하심인 줄 알고46잡고자
하나 무리를 무서워하니 이는 그들이 예수를 선지자로 앎이었더라

공방은 계속되었다. 예수님이 지상에서 보내시는 생애와 사역의 마지막 주간에 이르자 종교 지도자들의 비난이 거세졌다. 그들은 공격 모드로 전환했다. 소극적으로 반박하는 대립, 군중 사이의 속닥거림, 은밀한 계략이 적개심으로 바뀌었다. 한때 단순한 질문으로 표명하던 비난의 말은 거칠게 따지는 말과 공개적인 비하로 바뀌었다. 분명 예수님을 향한 지도자들의 증오는 만날 때마다 커지고 있었다.

예수님은 갈릴리에 있는 자신의 영역으로 도망치지 않으시고 '본격적으로 맞서시며' 강력한 말로 공격하셨다. 늘 그러시듯 예수님은 비유를 사용하셨다. 이 비유들은 적들의 위선이라는 두터운 갑옷을 뚫고 서기관, 바리새인, 제사장들의 악행을 폭로하려는 의도였다. 종교 지도자들이 정치적으로 우위를 점하는 것처럼 보였지만, 예수님은 그들의 호전성 앞에서 한 치도 물러서지 않으시고 자기의 입장을 고수하셨다.

예수님은 반대자들에게 용감하게 맞서 강한 말로 그들의 입을 다물게 하셨다. 예수님의 말씀이 정곡을 찌르자 그분을 향한 지도자들의 분노는 극에 달했다. 다음 번 언쟁이 벌어진 뒤 상황이 진정되기 시작할 때쯤 그들은 예수님을 체포할 방법을 찾고 있었다(21:46). 그러나 대중의 반감을 사거나 군중이 폭동을 일으킬 수 있다는 두려움이 예수님을 안전하게 지켜주었다. 당분간은.

분명히 격렬한 싸움이 진행되고 있었다. 싸움은 점점 추악해지고 있었고, 정점을 향해 치닫기 시작했다.

—21:23-27—

논란을 일으켰던 승리의 입성 다음 날, 예수님은 성전에 모인 군중을 가르치시려고 성전으로 돌아오셨다. 하지만 이번에는 "대제사장들과 백성의 장로들"이 덤벼들 준비가 되어 있었다(21:23). 그들 생각에는 예수님이 자기들의 영토를 침입했으므로 그것에 대해 그분을 비난하려고 했다. 자기들의 종교적, 정치적, 사회적 권력에만 관심이 있는 사람들에게서 흔히 볼 수 있듯이 그들의 첫 번째 적대적 질문은 본질적으로 권위와 관련된 것이었다. 그들의 질문은 이런 뜻이었다. "당신은 자기가 뭐라도 되는 줄 아는 모양이지?" 그들은 예수님이 무슨 권위로 환전상과 상인들을 내쫓았는지 알고 싶어 했다.

독자인 우리는 이 질문의 답을 알고 있다. 예수님은 성육하신 신인(God-man)이시기 때문에 신적 권위를 가지고 행동하셨다. 뿐만 아니라 그분은 이스라엘이 고대하던 메시아 왕이시다. 그러나 공모하고 있는 유대인 지도자들은 진실에 별로 관심이 없었다. 그들은 예수님에 대한 공식적인 반대를 굳힐 수 있거나 로마인들의 노여움을 살 말을 하게 하려고 그분을 꼬드기고 있었다. 예수님이 신적 권위나 왕권을 주장하게 만들면 둘 다 가능했다.

예수님은 둘 다 하지 않으셨다. 그분은 랍비들의 고전적인 논쟁 방법을 사용해서 관련된 질문으로 그들의 질문에 "답하셨다"(21:24).[80] 그것은 임기응변으로 하신 답이 아니었다. 세례 요한의 지위를 묻는 질문에 대한 답- "요한의 세례가 어디로부터 왔느냐 하늘로부터냐 사람으로부터냐?"(21:25)-은 예수님의 권위를 묻는 유대인 지도자들의 질문과 직접적인 관련이 있었다. 요한은 자기보다 크신, 자기 뒤에 계신 하나님을 가리켰기 때문에(3:11-12) 그 질문에 대한 그들의 답이 그들이 예수님께 던진 질문의 답이 될 것이었다.

그러자 비판자들은 교활한 머리를 굴리기 시작했다. 그들이 "하늘에서 왔다"고 대답하면 예수님은 그들이 요한의 메시지를 거부하고 요한의 추종자-그리고 궁극적으로 예수님의 추종자-가 되지 않은 것을 지적하실 것이다! 그러나 그들이 "사람에게서 왔다"고 답하면 군중이 예수님께 등을 돌리게 만들려는 그들의 시도는 역풍을 맞을 것이다. 대중은 요한을 하늘이 보낸 선지자로 여겼기 때문이다(21:25-26). 그래서 그들은 무엇을 선택하는 것이 그나마 나을지 저울질하다가 둘 다 선택하지 않았다. 그리고 시치미를 떼며 이렇게 말했다. "우리가 알지 못하노라"(21:27).

당연히 예수님은 그분의 권위에 대한 그들의 질문에 답하지 않으셨다. 예수님은 그들의 사악한 동기를 아셨다. 그분이 자기의 권위는 하나님에게서 왔다고 노골적으로 말씀하면 그들의 손에 놀아나시게 될 것이다. 예수님은 거짓말을 하지 않으셨지만, 모든 질문에 답하시거나 모두의 기대에 부응해야 한다고 생각하지도 않으셨다. 그분은 일의 시기를 조율하고 계셨고, 이번 주는 다른 사람들의 계획이 아니라 그분의 계획에 따라서 펼쳐질 것이었다. 그분을 파멸시키는 데만 혈안이 돼 있는 사악한 사람들의 손에 넘겨질 목요일 밤이 빠르게 다가오고 있었다. 하지만 그때까지 그분은 자기를 함정에 빠트리려는 그들의 시도를 노련하게 피하실 것이다.

—21:28-32—

거기서 그칠 수도 있었지만, 예수님은 계속 밀어붙이셨다. 그분은 상대편을 수세로 몰았다. 그들은 말문이 막혔다. 예수님은 그들이 세례 요한의 권위가 어디서 온 것인지 모르는 척하게 만드셨고, 그들은 당황과 분노로 얼굴이 벌개졌다. 권투로 친다면 예수님이 그들을 다운시키기 직전이었다. 이어지는 두 편의 이야기는 유대인 지도자들의 자존심을 계속 강하게 두드리는 원투 펀치 같았다.

첫 번째 이야기는 "네"와 "아니요"로 표현되는 이름 없는 두 아들에 관한 것이다. 이야기는 간단하다. 아버지가 두 아들을 포도밭에 일하러 보냈다. "아니요"라고 한 반항적인 둘째 아들은 일하기를 거부했지만, 미안한 마음이 들어 포도밭에 가서 일했다. "네"라고 고분고분 대답한 첫째 아들은 하겠다고 해놓고 하지 않았다(21:28-30). 예수님은 자기를 비판하는 자들에게 어떤 아들이 실제로 아버지에게 순종했는지 물으셨다.

그것은 어떻게 대답해도 아무 해가 없어 보이는 간단명료한 질문이었다. 앞서 예수님이 세례 요한에 대한 질문으로 직구를 던지셨을 때 유대인 지도자들은 받아치지 못하고 삼진 아웃을 당했었다. 이번에는 예수님이 공을 던질 준비를 하시자 그들은 즉답으로 만회하려고 했다. 그들은 그렇게 간단하고 무해한 객관식 질문에 바보같이 굴지는 않을 참이었다. 그들은 아버지의 지시대로 한 "둘째"(21:31)라고 바로 대답했다.

그런데 예수님이 공을 낚아채 그들을 태그 아웃시키셨다. 이야기 속 아버지는 하나님 아버지를 나타낸 것이 분명했다. "아니요"라고 한 둘째 아들은 신심이 없는 공공연한 죄인인 세리와 창녀였다. 종교적인 유대인들에게는 가장 최악의 사람들이었다. 이 사람들은 세례 요한의 메시지에 반항하고 돌아섰지만, 곰곰이 생각해보고 결국에는 믿고 회개했다. 한편 "네"라고 한 첫째 아들은 겉으로는 순종적이고 신실해 보이지만 사실은 악하고 불순종하는 자들로 판명된 사람들을 나타냈다. 구체적으로, 그 아들은 믿는다고 공언했지만 마음속 깊은 곳에서는 믿지 않는 이스라엘의 종교 지도자들을 나타냈다. 예수님은 종교 당국자들이 '죄인'으로 간주한 자들이 그들보다 먼저 하나님 나라에 들어갈 거라고 선언하셨다. 예수님은 이 기만적인 비판자들을 거침없이 대놓고 힐난하셨다. 앞의 비유에서 예수님이 종교 지도자들의 사악함을 에둘러 언급하신 것을 알아채지 못했다면 이번에는 분명하게 알아들었다. 예수님은 그들을 직접 가리키시며 그들이 세례 요한을 거부한 사실을 다시 지적하셨다(21:32).

—21:33-46—

예수님의 신랄한 공격에 종교 지도자들은 비틀거렸고, 그분이 공개적으로 그들에게 맞서 그들의 불충과 불순종을 고발하신 것에 아연실색했다. 그러나 예수님은 아직 그들과의 싸움을 끝내신 게 아니었다. 그분은 첫 번째 잽에 이어 하나님이 베푸신 구원에 대한 큰 그림을 보여주는 비유로 두 번째 펀치를 날리셨다(21:33-41). 이 두 번째 이야기에서 포도밭 주인은 하나님 아버지를 상징한다. 포도밭은 하나님의 백성인 이스라엘 민족이다. 즉, 하나님이 사랑하시는 민족이다. 포도밭을 가꾸고 땅을 경작하는 자들은 이스라엘의 과거와 현재의 지도자들이다. 이야기는 땅주인이 멀리 여행을 떠날 때 포도밭을 관리인, 즉 이스라엘의 지도자들에게 맡기는 것에서 시작된다(21:33). 수확기가 다가오자 주인이 포도를 거둬들이려고 종들-구약의 선지자들을 상징한다-을 보내지만, 농부들은 이를 거부하고 종들을 잔인하게 죽인다(21:34-36). 여기까지의 이야기는 구약성경에 나오는 이스라엘 역사와 거의 비슷하게 전개되며, 세례 요한에게 일어난 일까지도 포함되어 있었다.

급기야 주인은 하인들이 당연히 존중해야 할 자기 아들-예수님을 상징-을 보낸다. 그런데 그 농부들은 땅주인의 상속자를 제거해서 자기들이 포도원을 차지하려는 음모를 꾸며 그 아들을 거부하고, 학대하고, 끌고 가서 잔혹하게 살해하는 충격적인 만행을 저질렀다(21:37-39). 이 대목에서 예수님은 청중에게 다음과 같은 중요한 질문을 던지셨다. "그러면 포도원 주인이 와서 어떻게 하는 게 온당한가?"(21:40)

그 자리에 있던 사람들은 주인을 배반한 농부들이 정당한 심판을 받아야 한다고 대답했다. "그 악한 자들을 진멸하고"(21:41). 그 농부들은 충실하게 땅을 경작하고 주인에게 정당한 대가를 지불할 다른 사람들로 대체되어야 마땅했다. 그러나 예수님의 말씀을 듣고 이렇게 대답한 자들은 자기들이 방금 한 대답이 하나님의 아들을 거부하고, 학대하고, 곧 유죄 판결을 내려 죽일 것에 대한 정당한 판결을 스스로에게 내리고 있다는 사실을 꿈에도 몰랐다. 예수님은 그들이 마음속에 살의를 품고 있다는 것을 아셨지만, 그들은 자기들의 죄로 눈이 멀어서 자기들이 구속 역사에서 잘못된 편에 서 있는 것을 보지 못했다.

마태복음 21장의 마지막 몇 구절에서 예수님은 결정적 한 방을 날리신다. 예수님은 그들이 양심이 찔려 꼼짝 못하게 만드신 뒤 시편 118편을 인용하시면서 이 하나님의 말씀이 고스란히 그들에게 천벌로 임하기를 기원하셨다(마 21:42).

> 건축자가 버린 돌이 집 모퉁이의 머릿돌이 되었나니
> 이는 여호와께서 행하신 것이요 우리 눈에 기이한 바로다(시 118:22-23).

시편 118편의 몇 구절이 이미 고난 주간에 대한 마태의 기사에 등장했던 것을 기억할지 모르겠다. 군중이 외친 "호산나"와 "찬송하리로다 주의 이름으로 오시는 이여"(마 21:9)는 시편 118편 25-26절에서 나왔다. 예수님이 앞서 그 시편을 당신에게 적용하는 것을 받아들이셨듯이, 지금은 시편의 이 부분을 자기를 폄훼하는 자들에 대한 증언으로 적용하셨다. 지금은 "건축자가 버린 돌"이 그리스도를 나타낸다고 분명하게 이해되고 있다. 이 거부로 인해 예수님을 반대하는 자들은 하나님 나라를 빼앗기고, 그 나라에 합당한 열매를 맺을 예수님의 진정한 제자들-그들에 비하면 보잘것없는 어중이떠중이들, 개종한 죄인들 그리고 결국에는 엉뚱한 이방인들-이 그 나라를 받게 될 것이다. 메시아를 조롱한 자들은 돌 위에 떨어지거나 돌에 짓눌려 산산조각나고 먼지처럼 산산이 흩어질 것이다(21:44). 이는 아마도 AD 66-70년에 일어난 유대인 봉기의 여파로 이스라엘 민족에게 심판이 임하고 서로 뿔뿔이 흩어지는 사건을 언급했을 것이다.

그 메시지는 상대편에게 엄청난 충격을 주었다. 그때까지 대제사장들과 바리새인들은 예수님의 비유에서 자기들이 어디에 속하는지 의식하지 못하고 있었다. 예수님이 두 아들과 불성실한 소작인들의 이야기로 원투 펀치를 먹이신 후에야 그들은 관심을 보였다. 그들은 이제서야 예수님이 자기들을 가리켜 말씀하셨다는 것을 깨달았다(21:45). 화가 머리끝까지 치밀었지만 공개 토론이 벌어진 성전 뜰에서는 예수님께 아무 짓도 할 수 없었다. 사람들이 예수님이 진정한 예언자이심을 (올바르게) 믿고 있었기 때문에 유대인 지도자들은 그분을 공개적으로 체포하는 걸 꺼렸다(21:46). 그들은 좀 더 적절한 때를 기다려야 했다.

적용: 마태복음 21:23-46

싸움에 동참하라

예루살렘 주민들과 제도를 좌지우지하던 종교 지도자들과 예수님 사이의 싸움이 치열해지면서 제자들은 뒤로 물러난 것처럼 보인다. 열광적인 추종자 무리도 몇 걸음 물러난 듯하다. 예수님과 예수님을 폄훼하는 자들이 스포트라이트를 받으며 싸우는 경쟁자들처럼 무대 중심에 서 있다. 언쟁이 한창일 때 관중의 머릿속에는 어떤 생각이 오갔을까? 예수님이 상대방과 맞붙어 점수를 올리셨을 때 그분을 응원하는 용감한 지지자들이 있었을까? 제사장들과 바리새인들에게는 점수를 매기고 옆에서 조언해주는 그들의 제자들이 있었을까? 토론이 가열되면서 양쪽 지지자들이 바뀌었을까?

오늘날 사람들이 그리스도를 비난하고 그리스도인들을 윽박질러 입을 다물게 할 때 우리는 어떻게 반응하는가? 구경꾼처럼 싸움을 수수방관하면서 누가 펀치를 제일 많이 날리고 가장 점수를 많이 따는지 기다리는가? 아니면 자리에서 일어나 한쪽을 응원하는가? 대제사장들과 바리새인들을 대하는 예수님의 태도는 그리스도를 증오하는 이단과의 만남에서는 "다른 뺨도 돌려 대는 것"이 적용되지 않음을 보여준다. 예수님의 인격과 사역에 대한 진리가 위태로워지면 우리도 예수님처럼 분명한 입장을 취해야 한다.

우리는 복음을 위한 영적 전쟁에서 구경꾼이 아니라 "성도에게 단번에 주신 믿음의 도를 위하여 힘써 싸우라는"(유 1:3) 부름을 받았음을 깨달아야 한다. 이것이 예수님 시대와 그분의 동생 유다 시대에 진리였다면 지금도 분명한 진리다. 진리와 의에 대해 갈수록 적대적이 되어가는 포스트 기독교 사회 속에서 우리는 굳건히 서서 싸울 준비가 되어 있어야 한다. 이 싸움은 "혈과 육을 상대하는 것이 아니요 통치자들과 권세들과 이 어둠의 세상 주관자들과 하늘에 있는 악의 영들을 상대함이라"(엡 6:12). 그리고 우리는 "우리의 싸우는 무기는 육신에 속한 것이 아니요 오직 어떤 견고한 진도 무너뜨리는 하나님의 능력"(고후 10:4)임을 기억해야 한다. 영광의 왕이 즉위하시고 전쟁이 끝났음을 선포하실 때까지 우리는 스스로의 능력이 아니라 하나님의 능력 안에서 의의 무기를 들고 진리와 선으로 거짓과 악에 맞설 수 있다.

사기꾼들과의 대화(마태복음 22:1-22)

1예수께서 다시 비유로 대답하여 이르시되 2천국은 마치 자기 아들을 위하여 혼인 잔치를 베푼 어떤 임
금과 같으니 3그 종들을 보내어 그 청한 사람들을 혼인 잔치에 오라 하였더니 오기를 싫어하거늘 4다시
다른 종들을 보내며 이르되 청한 사람들에게 이르기를 내가 오찬을 준비하되 나의 소와 살진 짐승을 잡
고 모든 것을 갖추었으니 혼인 잔치에 오소서 하라 하였더니 5그들이 돌아 보지도 않고 한 사람은 자기
밭으로, 한 사람은 자기 사업하러 가고 6그 남은 자들은 종들을 잡아 모욕하고 죽이니 7임금이 노하여
군대를 보내어 그 살인한 자들을 진멸하고 그 동네를 불사르고 8이에 종들에게 이르되 혼인 잔치는 준
비되었으나 청한 사람들은 합당하지 아니하니 9네거리 길에 가서 사람을 만나는 대로 혼인 잔치에 청하
여 오라 한대 10종들이 길에 나가 악한 자나 선한 자나 만나는 대로 모두 데려오니 혼인 잔치에 손님들
이 가득한지라

11임금이 손님들을 보러 들어올새 거기서 예복을 입지 않은 한 사람을 보고 12이르되 친구여 어찌하
여 예복을 입지 않고 여기 들어왔느냐 하니 그가 아무 말도 못하거늘 13임금이 사환들에게 말하되 그 손
발을 묶어 바깥 어두운 데에 내던지라 거기서 슬피 울며 이를 갈게 되리라 하니라 14청함을 받은 자는
많되 택함을 입은 자는 적으니라

15이에 바리새인들이 가서 어떻게 하면 예수를 말의 올무에 걸리게 할까 상의하고 16자기 제자들을
헤롯 당원들과 함께 예수께 보내어 말하되 선생님이여 우리가 아노니 당신은 참되시고 진리로 하나님
의 도를 가르치시며 아무도 꺼리는 일이 없으시니 이는 사람을 외모로 보지 아니하심이니이다 17그러
면 당신의 생각에는 어떠한지 우리에게 이르소서 가이사에게 세금을 바치는 것이 옳으니이까 옳지 아
니하니이까 하니 18예수께서 그들의 악함을 아시고 이르시되 외식하는 자들아 어찌하여 나를 시험하느
냐 19세금 낼 돈을 내게 보이라 하시니 데나리온 하나를 가져왔거늘 20예수께서 말씀하시되 이 형상과

이 글이 누구의 것이냐 [21]이르되 가이사의 것이니이다 이에 이르시되 그런즉 가이사의 것은 가이사에게, 하나님의 것은 하나님께 바치라 하시니 [22]그들이 이 말씀을 듣고 놀랍게 여겨 예수를 떠나가니라

예수님의 공생애 내내 그분을 따라다녔던 뼛속까지 거짓된 바리새인들은 덫을 놓아 그분을 잡으려는 음모를 꾸미면서 겉으로는 도덕의 옷을 입고 있었다. 그들은 스스로 짠 의의 옷을 입고 백성과 종교계, 정치계에 예수님을 악인으로 보이게 만들려고 했다. 그들은 예수님의 갑옷에서 약점만 찾아낼 수 있었다면 기만의 단검으로 냅다 찔렀을 것이다. 예수님과 제자들이 유월절을 맞아 예루살렘에 와 있는 지금, 바리새인들은 동정을 살피며 상대편의 몸집을 가늠하고 쿡쿡 찔러보며 공격하기 좋은 곳을 찾고 있었다.

예수님은 그들의 속셈을 정확히 알고 계셨다. 그분은 그들의 모든 속임수를 간파하셨다. 그들의 화려한 종교적 예복은 그분께 아무런 감흥도 주지 못했고, 그들이 하는 말이나 행동은 그분을 속이지 못했다. 그들은 군중을 속여서 자기들이 내적으로나 외적으로나 진짜 경건하다고 믿게 만들 수 있을지는 몰라도 예수님은 그들이 살의를 품고서 선한 척하는 데 능란하다는 걸 아셨다. 예수님은 그들의 본거지에 들어와 계셨지만 한 발짝도 삐끗하지 않으실 참이었다. 그리고 그분의 언행을 빌미로 함정에 빠트리려는 그들의 계략이 한 치도 진전되지 못하게 하셨다. 그리고 오히려 예수님이 공세를 펴셨다.

예수님이 지상 사역의 마지막 주에 하신 비유는 날 선 검처럼 예리하게 파고들어 종교 엘리트들의 위선을 꿰뚫었다. 우리는 이미 두 아들의 비유(21:28-32)와 악한 포도원 농부들(21:33-41)의 비유를 보았다. 이 이야기를 들은 대제사장과 바리새인들은 "자기들을 가리켜 말씀하심인 줄 알[았다]"(21:45). 예수님이 또 다른 비유-혼인 잔치와 초대받지 않은 하객에 관한 이야기-를 말씀하셨을 때 유대인 지도자들은 예수님을 자기모순에 빠지게 만들, 나름 교묘하다고 생각한 반격을 감행했다. 하지만 그들의 번드르르한 말과 위선적인 태도로는 한순간도 그분을 속일 수 없었다.

—22:1-10—

다음 비유에서 예수님은 천국의 초대를 왕이 자기 아들의 혼인 잔치에 초대한 것에 비유

하셨다(22:1-2). 지금도 그렇듯이 왕실의 결혼식에 초대된 사람들은 부유하고 영향력 있는 고위 인사들, 정치, 사회, 종교계에서 높은 지위에 있는 지도자들이었을 것이다. 말하자면 VIP들만을 위한 행사였을 것이다. 그러나 예수님의 이야기에서 초대받은 사람들은 왕을 무시해서 여러 차례 초대를 받고도 오지 않았다(22:3-4). 혼인 잔치 초대를 거절한 사람 중에는 관심이 없어서 자기 볼일을 보러 간 사람들도 있었지만(22:5), 어떤 사람들은 적의를 품고 전령들을 붙잡아 죽였다!(22:6)

이 비유에 등장하는 인물들이 누구를 나타내는지는 쉽게 알 수 있다. 왕은 하나님을 나타내고 아들은 예수님을 상징한다. 잔치에 초대받은 엘리트들은 유대인 지도자들을 나타낼 것이다. 비유 속에서 왕이 하객들을 초대하듯이 하나님은 여러 가지 방법으로 그 엘리트들을 하나님 나라의 제자로 부르셨다. 세례 요한은 회개하고 믿으라고 초대했다. 예수님과 제자들도 그들에게 오라고 손짓하고 있었다. 그 외에 구약의 선지자들도 메시아와 그분의 기적 그리고 그분의 사명에 대해 예언했다. 또 성령을 통해 이루어진 놀라운 표적과 기사는 볼 수 있는 눈과 들을 수 있는 귀를 가진 사람이라면 아무도 이의를 제기하지 않았을 것이다. 그런데 서기관, 바리새인, 제사장 그리고 다른 유대인 지도자들은 무례하게 이 초대를 무시하거나 초대장을 가져온 사람들을 도리어 공격했다.

22장 7절에서 예수님은 분노한 왕의 반응을 묘사하셨다. "노하다"로 번역된 헬라어는 '분노'[*orgē*(3709)]와 같은 어원에서 유래한 *orgizō*(3710)의 한 형태다. 그 왕은 고위직 신하들에게 잔치에 참여할 것을 거듭 촉구할 만큼 인내심이 많고 자비로웠지만, 그의 인내심에도 한계가 있었다. 전령을 대하는 태도가 난폭해지자 왕의 인내심은 사람들에게 응분의 대가를 치르게 하는 정의로 바뀌었다. 왕의 군대가 반역한 살인자들의 도시를 파괴하는 모습은 AD 70년에 발생할 예루살렘 파괴를 가리키는 예언적인 암시였다. 유대인 지도자들은 하나님 나라의 자비로운 초대를 거듭 거절했기 때문에 심판을 면할 수 없었다.

첫 번째 초대받은 하객들의 자격이 합당하지 않다고 판단한(22:8) 왕은 범위를 넓혀 큰길과 거리에 있는 모든 사람–"악한 자나 선한 자나…모두"–을 초대했다(22:9-10). 이 비유를 해석하면 새로 반포된 초대장을 받은 자들 안에는 사회적 지위나 신앙심의 정도를 막론한 평범한 유대인이 포함되었을 것이다. 또 오직 그리스도를 믿어 오직 은혜로 받는 구원이라는 복음 선포에 응답한 이방인도 포함되었을 것이다. 사도 바울은 로마인들에게 보낸 서신서에서 유대인들의 강퍅함으로 얻은 이 은혜로운 구원의 기회를 언급했다. "그들이 넘어짐으로 구원이 이방인에게 이르[렀다]"(롬 11:11). 그리고 마태복음 22장 9-10절은 예수님이 제자들을 보내시며 "모든 민족을 제자로 삼[으라]"(28:19)고 하신 지상명령을 미리 언급하신 것이다. 이스라엘의 지도자들은 이 초대를 거절했다. 그러나 하나님이 전 세계의 모든 사람에게로 초대를 확장하시자 연회장은 손님들로 가득 찼다(22:10).

—22:11-14—

이어 예수님은 기회를 놓치지 않으시고 이 비유와 연결해서 천국은 무엇을 근거로 사람들을 받아들이는지 가르치셨다. 우리는 이미 하나님이 사회적, 경제적, 정치적, 종교적 지위에 따라 사람을 가리지 않으신다는 것을 보았다. 초대장은 모든 사람에게 주어졌다. 그런데 이야기에 등장하는 왕은 결혼식 하객들을 살펴보다가 "예복을 입지 않은"(22:11) 침입자를 발견한다. 잔치가 구원을 상징한다면-주님과 함께 잔치에 참여하는 것-그 잔치에 적합한 의복은 믿음을 통해 은혜로 얻는 하나님의 의(義)밖에 없다. 만약 정결한 예복만 허용된다면 그리스도가 흘리신 피로 정결케 된 예복만 시험을 통과할 수 있다. 한 주석가는 이렇게 말한다. "잔치에 온 손님의 더러운 옷은 주인에 대한 모욕이며, 특히 하나님의 은혜로 결혼식 예복이 제공되기 때문에 더욱 그렇다. 하나님은 구원받은 자들을 옷 입히시기 때문이다(참조. 사 61:10, 슥 3:1-4, 3:4-5, 18). 하나님은 왕의 뜻을 따르지 않고 천국에 들어가려는 자들을 받아들이지 않으신다."[81]

신학자들은 이것을 전가된 의라고 부른다. 이 교리를 간단명료하게 설명하면 이렇다. "구원 안에서 우리의 죄와 죄의식은 그리스도께로, 그분의 의는 우리에게로 전가된다."[82] 2세기에 "디오그네투스에게 보내는 편지"라는 익명의 글에 그리스도가 우리를 위해 행하신 일에 대한 이 고전적인 기독교의 가르침이 아름답게 표현되어 있다.

> 하나님은 자기 아들을 우리를 위한 대속물, 즉 무법한 자들을 위해 거룩한 자, 죄 있는 자를 위해 죄 없는 자, 불의한 자를 위해 의로운 자, 부패한 자를 위해 부패하지 않은 자, 필멸의 존재를 위해 불멸의 존재가 우리를 대속하게 하셨다. 그 사람의 의

> 가 아닌 다른 무엇이 우리의 죄를 덮을 수 있을까? 하나님의 아들 외에 누가 우리의 불법과 불경을 의롭다 할 수 있는가? 아, 달콤한 교환! 아, 불가해한 창조! 아, 많은 사람의 불법이 한 의인에 의해 가려지고, 한 사람의 의가 많은 사람의 불법을 정당하게 한다는 건 예기치 못한 은택 아닌가.[83]

예수님의 비유를 원래 맥락으로 보면 혼인 잔치에 적합한 옷을 입지 않고 왕과 맞닥뜨린 자는 예수 그리스도가 선물로 주신 천국의 의가 아니라 자기들의 의로운 행위를 입은 바리새인들을 나타낸다. 그들이 이사야 선지자들의 말을 떠올렸다면 좋았을 것이다. "무릇 우리는 다 부정한 자 같아서 우리의 의는 다 더러운 옷 같으며 우리는 다 잎사귀 같이 시들므로 우리의 죄악이 바람 같이 우리를 몰아가나이다"(사 64:6). 구약 시대부터 회개하고 믿음으로 하나님께 의탁하는 사람들은 정결례를 드려야 했다. "여호와께서 말씀하시되 오라 우리가 서로 변론하자 너희의 죄가 주홍 같을지라도 눈과 같이 희어질 것이요 진홍 같이 붉을지라도 양털 같이 희게 되리라"(사 1:18).

불의한 손님은 결혼식 예복이 없기 때문에 잔치에 참여할 수 없다. 이는 하나님과 영원히 분리됨을 상징하며, 그곳에서 "슬피 울며 이를 갈게" 될 것이다(마 22:13). 하나님은 모든 사람에게 기꺼이 용서와 영원한 구원을 베푸시지만, 오직 그리스도를 믿음으로 오직 은혜로 받는 그분의 초대를 받아들이는 자들만 그분의 나라에 들어갈 수 있다. 예수님의 비유는 22장 14절에서 정신이 번쩍 드는 메시지로 끝난다. "청함을 받은 자는 많되 택함을 입은 자는 적으니라." 여기에서 '부름받은' 자는 잔치에 초대된 온갖 배경에서 나아온 수많은 사람이다. 구원의 복음은 모든 사람에게 차별 없이 전파되고 모두를 초청한다. 그러나 모든 사람이 초대받았어도 "택함을 입은" 일부 사람만 구원의 선물을 받아들여 그리스도의 의를 옷 입는다.

—22:15-17—

바리새인들이 제대로 못 알아들은 것이라고 생각해서는 안 된다. 그들은 비유 속에서 자기들의 위치를 알아차렸다. 그들은 왕의 아들의 혼인잔치 초대를 거절한 사람들이었고, 그대가를 톡톡히 치를 것이다. 그들은 결혼식에 어울리지 않는 옷을 입고 온 사람들이었고, 바깥 어둠 속으로 쫓겨날 것이다. 그러나 바리새인들은 그리스도의 엄중한 경고에 응답하기는커녕 자기들을 손가락질하는 그분을 쓰러뜨리려는 기만적인 음모를 진행시켰다.

22장 15-16절에서 그들은 덫을 놓는다. 바리새인들의 동기가 속속들이 거짓되고 사악했던 것에 유의하라. 그들은 그분을 "말의 올무에 걸리게" 하려고 "상의"했다. 그들이 이어서 내놓은 질문은 진심으로 답을 듣고 싶어서 한 것이 아니었다. 그들은 예수님이 군중을 화나게 하거나 로마 당국자들의 주의를 끌 만한 말을 하기를 바랐다. 또 바리새인들이 전면에 나서지 않았다는 점에 유의하라. 그들은 예수님과 직접 부딪치는 대신(이때까지 효과가 없었다) '그들의 제자들'뿐 아니라 '헤롯당원들'까지 보냈다.

마태복음에서 헤롯당원들이 언급된 것은 이때가 유일하다. 헤롯당원들은 헤롯 가문, 특히 헤롯 안디바에게 충성하는 유대인 집단이었고, 따라서 로마가 유대를 점령하고 지배하는 것을 지지했다. 그런 만큼 그들은 유대인들에 대한 로마의 세금 징수권을 지지했다. 그러나 바리새인들의 제자들은 하나님이 택하신 민족인 유대인의 일에 로마가 간섭하는 것을 반대했다. 그런데 마태복음의 이 장면에서 보수와 진보, 세속과 종교의 유례없는 동맹- 예수님을 악마의 덫에 빠트리려고 공모하는-이 이루어졌다.

이 두 집단이 예수님께 던진 질문에서는 위선적인 아첨이 뚝뚝 흘렀다. 그들은 예수님을 "선생님"이라고 부르며 그분을 존경할 뿐 아니라 그분의 생각을 진실되고, 지혜로우며, 공정한 것으로 존중하는 척했다. 그런 다음 예수님이 그들의 아첨에 넘어가 그들이 만든 올가미에 머리를 집어넣을 것을 상상하면서, 피할 수 없는 딜레마에 예수님을 빠트릴 수 있다고 확신하는 질문으로 줄을 팽팽하게 잡아당겼다. "가이사에게 세금을 바치는 것이 옳으니이까 옳지 아니하니이까?"(22:17)

그 질문은 정말로 기발해서 정신을 바짝 차리고 있지 않은 사람은 걸려들었을 것이다. 여기에 나오는 "옳으니이까"이라는 말은 "허용되는가", 즉 유대인의 율법에서 적절한가라는 뜻이다. 질문한 세금은 헤롯대왕이 죽은 지 몇 년 후에 로마인들이 처음으로 유대인에게 부과한 것이었다. 인구 조사를 바탕으로 한 이 인두세는 유대와 유대인들이 황제의 통치 아래 있다는 사실을 끊임없이 상기시켰다. 이 세금이 딜레마였다. 세금을 내면 로마법은 지키지만 불경한 외세에 순순히 복종하는 것이 되었고, 세금을 내지 않으면 로마의 처벌 대상인 반역자가 되었다.

그 질문은 워낙 논란이 많았기 때문에 예수님께는 승산이 없어 보였다. 세금을 내라고 말하면 로마의 지속적인 압제를 지지하는 세속적인 헤롯당원들 편에 서게 되었을 것이다. 예수님은 유대인의 정통 왕이라고 하지 않았는가? 세금을 내지 말라고 답하면 바로 대중의 편에 서게 되어 속에서 부글거리고 있는 무언의 민족주의적 정서를 확증하는 꼴이 되었을 것이다. 과연 예수님은 반란으로 이어질 운동의 대변자가 되기를 원하셨을까?

—22:18-22—

예수님은 그들의 속셈을 정확히 아셨다. 그분은 "그들의 악함을 아시고" 바로 받아치셨다. "외식하는 자들아 어찌하여 나를 시험하느냐?"(22:18) 바리새인들과 헤롯당원들이 교활한 속임수를 쓸 때 예수님은 정면으로 부딪치셨다. 그분은 그들이 파놓은 함정에 한 발짝도 들여놓지 않으실 참이었다. 도리어 기발한 실물 교수법을 사용해서 그들의 주장을 일축하셨다. 예수님은 인두세를 납부할 때 사용되는 동전을 자기에게 보여달라고 하셨다(22:19). 로마인들이 주조한 그 동전에는 당시 재임 중이던 디베료 황제의 형상이 새겨져 있었다.

예수님은 데나리온을 손에 드시고 군중에게 뻔한 질문을 하셨다. "이 형상과 이 글이

세금에 대한 질문을 받으셨을 때(22:15-17) 예수님이 건네받으신 로마 주화에는 위 사진처럼 예수님이 사역하실 때 로마를 통치했던 디베료 황제의 모습이 새겨져 있었을 것이다.

누구의 것이냐?"(22:20) 글을 읽을 줄 모르는 어린아이도 답을 알았을 것이다. 가이사의 형상이었다. 그러고 나서 바리새인들과 헤롯당원들이 그분께 떨어뜨린 폭탄을 불발탄으로 만들어버린 기발한 답을 하셨다. "그런즉 가이사의 것은 가이사에게, 하나님의 것은 하나님께 바치라"(22:21).

가이사가 자기 형상을 넣어 동전을 주조했듯이 하나님은 우리에게 그분의 형상을 새기셨다(창 1:26). 그러므로 그분의 형상을 지닌 모든 인간은 그분에게 우리 존재 자체를 빚지고 있는 것이다. 물리적인 세상의 보화와 권력은 일시적이다. 가이사에게 그의 형상이 새겨진 금속 나부랭이를 주는 것이 뭐가 문제인가? 하나님은 우리가 살면서 영적이고 영원한 천국의 일을 하는 것에 훨씬 더 관심이 많으시다. 하나님의 것을 하나님께 드린다는 것은 우리의 전 존재-"너는 마음을 다하고 뜻을 다하고 힘을 다하여 네 하나님 여호와를 사랑하라"(신 6:5)-를 그분께 드린다는 뜻이다.

비열한 바리새인들은 예수님을 현행범으로 잡았다고 확신하며 본색을 드러내기 시작했다. 그들은 교묘하게 꾸며진 질문이 그분을 몰락시킬 거라고 생각했다. 나는 그들이 고작 동전 하나와 한 문장으로 좌절되고 만 이 '인두세 계략'을 생각해내기까지 얼마나 오래 머리를 맞대었을지 궁금하다. 그 협잡꾼들이 놀라서 꽁무니를 뺄 만했다(마 22:22). 다시 한 번 그들은 자기들이 공들여 짠 기만의 거미줄에 스스로 걸려들었다.

적용: 마태복음 22:1-22

거짓을 이기는 두 가지 진리

예수님의 비유와 뒤이은 대화에서 우리가 기억해야 할 하나님과 관련된 중요한 두 가지 진리를 본다. 이 진리를 마음속 깊이 새기면 종교 사기꾼과 가짜 교사들의 거짓말을 반박하는 데 도움이 될 것이다.

첫째, 하나님은 주권자시다. 따라서 천국은 그분의 나라이고 그분의 혼인 잔치다. 그분이 초대장을 보내시고, 규칙을 만드시며, 예복을 고르신다. 사기꾼들은 잔치를 망치고, 자기들의 어젠다를 정하며, 실제로는 더러운 누더기에 지나지 않는 자기들의 의의 옷을 입는다. 그러나 하나님의 주권적인 구원 계획은 그분의 영광을 위하여 그분의 뜻에 따라 정해진다. 그것은 주권적 은총의 계획이며, 그분은 아무도 멸망하지 않기를 바라신다. 그러나 우리는 죄로 가득 찬 죄인이며, 그분의 식탁에 앉을 수 없다는 것을 인정해야 한다. 우리는 죄의 대속, 곧 우리를 대신하신 그리스도의 죽음을 받아들인다. 그리고 우리가 단순한 믿음으로 그분께 나아갈 때 그분은 우리에게서 죄의 누더기를 벗기시고 그분의 의를 입혀주신다. 그것이 우리가 잔치에 올 수 있는 유일한 방법이다.

둘째, 하나님은 왕이시다. 하나님은 선출된 관료나 무관심한 신이 아니시다. 하나님은 우주의 왕이시다. 우리는 그분께, 그리고 그분께만 충성을 다해야 한다. 우리는 그분 외에 아무것도 예배하지 않는다. 우리가 속해 있는 포스트모던의 다원주의적 사회는 신이란 초월적 감각에 대한 은유일 뿐이며 모든 '건전한' 종교는 본질적으로 같다고 말한다. 이것은 명백한 거짓이다. "하나님은 한 분이시요 또 하나님과 사람 사이에 중보자도 한 분이시니 곧 사람이신 그리스도 예수라"(딤전 2:5). 우리는 하나님을 가장 사랑하고, 가장 높이며, 그분께 가장 겸허히 순종해야 한다. 정치 지도자, 국가, 상사, 부모, 심지어 교회도 하나님보다 앞세우면 안 된다. 하나님 한 분만이 우리의 왕이심을 인정할 때 비로소 우리 삶의 다른 권위도 그에 걸맞게 존중하고 존경할 수 있게 된다. 하나님 외에 다른 사람, 사물, 사상을 숭배하는 것은 우상숭배다. 하나님의 것, 곧 우리의 전 존재를 하나님께 드려야 한다.

부활 후에도 결혼은 유지되는가?(마태복음 22:23-33)

23부활이 없다 하는 사두개인들이 그 날 예수께 와서 물어 이르되 24선생님이여 모세가 일렀으되 사람
이 만일 자식이 없이 죽으면 그 동생이 그 아내에게 장가 들어 형을 위하여 상속자를 세울지니라 하였
나이다 25우리 중에 칠 형제가 있었는데 맏이가 장가 들었다가 죽어 상속자가 없으므로 그 아내를 그 동
생에게 물려 주고 26그 둘째와 셋째로 일곱째까지 그렇게 하다가 27최후에 그 여자도 죽었나이다 28그런
즉 그들이 다 그를 취하였으니 부활 때에 일곱 중의 누구의 아내가 되리이까

29예수께서 대답하여 이르시되 너희가 성경도, 하나님의 능력도 알지 못하는 고로 오해하였도다 30
부활 때에는 장가도 아니 가고 시집도 아니 가고 하늘에 있는 천사들과 같으니라 31죽은 자의 부활을 논
할진대 하나님이 너희에게 말씀하신 바 32나는 아브라함의 하나님이요 이삭의 하나님이요 야곱의 하나
님이로라 하신 것을 읽어 보지 못하였느냐 하나님은 죽은 자의 하나님이 아니요 살아 있는 자의 하나님
이시니라 하시니 33무리가 듣고 그의 가르치심에 놀라더라

지금 이 지구상에 살고 있는 생명체로서 우리의 관점은 창세기 1장에 요약된 창조 질서-흙과 돌, 물과 공기, 하늘에 떠 있는 구름과 멀리 있는 별자리-에 고정되어 있다. 이런 것들을 매일, 매년 접하면서 우리는 지구, 하늘, 우주를 바탕으로 모든 현실을 생각할 수밖에 없다. 우리가 현세의 삶에서 벗어나 다른 세계에서 사는 게 어떤 것일지 상상하는 건 거의 불가능하다.

사후 세계에 대한 주제가 나오면 우리는 현세의 생활 방식 그대로를 천국으로 옮겨서 생각하는 경향이 있다. 그러나 우리는 일시적인 생명과 영원한 생명, 지상의 삶과 천국의 삶 사이의 엄청난 차이를 인식할 필요가 있다. 우선 우리의 육신은 죽을 수밖에 없는 지금의 상태가 아닐 것이다. 예수님의 말씀에서 배운 대로 우리는 "하늘에 있는 천사들과 같[을 것이다]"(마 22:30). 그것이 무슨 뜻일까? 우리가 천사가 된다는 뜻인가? 아니면 천사가 세상을 떠난 성도들의 영혼이라는 뜻인가? 몸이 없을까? 날개가 있을까? 남자도 여자도 아닌 것이 되는가? 서로를 알아보기는 할까?

부활과 영생에 관한 예수님의 가르침을 참고로 천국에 대한 우리의 비성경적인 생각을 성경 말씀으로 바로잡아야 한다. 성경은 우리의 영원한 집에 대해 우리가 궁금해하는 모든 것에 답하지는 않지만, 하나님이 밝히신 것이 기독교계에서 떠돌고 있는 수많은 미신, 공상적인 가르침, 새빨간 거짓말에 불과한 교리를 불식시킬 수 있다.

—22:23-28—

예수님이 바리새인들의 음모에서 벗어나 간신히 숨을 고르고 계실 때 일단의 사두개인들이 나타났다. 압박이 심해지고 있었다. 요새화된 도시를 빼앗기 위한 필사적인 군사 작전처럼 예수님의 반대자들은 사방에서 파상 공격을 벌이고 있었다. 메시아의 적들은 자기들의 끊임없는 공격이 계란으로 바위 치기라는 것을 전혀 몰랐다. 어떤 정치적 술수나 치밀한 신학도 그들의 방법뿐만 아니라 그들의 생각과 마음까지도 꿰뚫어 보실 수 있는 분을 함정에 빠뜨릴 수 없었다. 예수님께 와서 부활 교리에 대해 그분의 견해를 물을 일단의 사두개인들도 자기들이 어떤 분을 상대하고 있는지 까맣게 몰랐다.

이 사두개인들은 누구였고 그들은 무엇을 믿었을까? 마태는 그들이 부활을 부정했다고 간단히 언급한다(22:23). 히브리어 성경은 사후의 삶(예. 욥 14:14, 시 17:15)과 심지어 몸의 부활(욥 19:26, 사 26:19, 단 12:2)에 대한 개념을 제시하지만, 자세한 내용은 거의 없다. 예를 들어 육신의 죽음과 육신의 부활 사이의 영적 존재 또는 부활한 몸의 본질에 대해서는 사실상 아무것도 알려주지 않는다.

유대인들이 바벨론에서 돌아온 이래로(BC 6세기에 시작된) 그리스도의 탄생 때까지 수세기 동안 사후 세계와 부활에 대해 엉뚱한 추론이 많이 나왔는데, 그중 일부는 일반인과 종교 지도자들 모두의 대중적인 신념으로 발전했다. 예수님 시대에는 바리새인들이 이미 구원받은 자와 구원받지 못한 자들의 몸의 부활과 더불어 보상과 형벌에 관한 가르침 등 사후 세계에 대한 많은 교리를 발전시켰다. 한편 그들의 신학적 라이벌인 사두개인들은 영혼이 몸과 함께 소멸하며 부활은 신화라고 믿었다. 그들은 모세오경만 권위를 인정했기 때문에 후대의 예언자들에게서 나온 사후 세계나 부활에 대한 일체의 가르침을 거부했다. 그들은 천사와 악마의 존재도 부인했다. 내세의 개념을 거부했기 때문에 천국과 지옥, 영원한 심판과 보상을 믿지 않았다. 그들은 하나님께 순종하면 현세에서 복을 받고 불순종하면 현세에서 벌을 받는다고 믿었다. 그들은 천국에서 영원히 살아갈 영혼을 잃는 것보다 현세에서 정치적 지배력을 잃는 것을 더 걱정했다. 예수님 시대의 사두개인을 우리 시대에 비유하자면 지극히 세속적이고 신학적으로 진보적인 성직자들에 해당할 것이다. 사도행전에서 누가는 사두개인들과 바리새인들의 차이를 이렇게 간단히 언급한다. "사두개인은 부활도 없고 천사도 없고 영도 없다 하고 바리새인은 다 있다 함이라"(행 23:8).

사후에 의식을 가진 영혼의 존재와 미래의 육신의 부활에 대한 믿음에 대해서 예수님과 제자들은 바리새인들 편에 서 있었다. 그리고 사두개인들은 그것을 알고 있었다.

그런데 사두개인들은 사후의 삶이나 육체의 부활을 믿지 않으면서도 예수님을 우롱하려고 두 가지를 다 포함한 억지 시나리오를 만들었다. 그들은 모세의 율법에서 나온 계명을 다른 말로 바꾸어 질문을 시작했는데, 그것은 히브리어 성경의 한 부분으로 그들이 정경으로 받아들인 것이었다. "형제들이 함께 사는데 그 중 하나가 죽고 아들이 없거든 그 죽은 자의 아내는 나가서 타인에게 시집 가지 말 것이요 그의 남편의 형제가 그에게로 들어가서 그를 맞이하여 아내로 삼아 그의 남편의 형제 된 의무를 그에게 다 행할 것이요"(신 25:5). 여기까지는 문제가 없다. 그런데 이어 다음과 같은 가상의 시험 사례가 나왔다. 이 여인이 모세의 율법을 이행하기 위해 결혼한 일곱 형제가 차례로 다 죽을 때까지 살아남는다면 죽은 자들의 부활 후에 그 여인은 누구의 아내가 되는가?(마 22:25–28)

이 젠체하는 대도시의 사두개인들은 자기들이 만든 위선적인 가설의 뒤틀리고 얽힌 덩굴에 쉽게 걸려들 시골뜨기를 상대하고 있다고 생각했을 것이다. 나는 그들이 그 얼토당토않은 수수께끼를 낸 후에 자기들끼리 낄낄대는 모습이 떠오른다. 그들이 예수님을 "선생님"이라고 부른 것은 가짜 아첨일 뿐이었다. 그들은 해결할 수 없는 딜레마로 그분에게 작살을 꽂았다고 생각했다. 이제 줄을 감아 군중 앞에서 살을 발라내기만 하면 될 터였다.

—22:29–33—

사람들의 경외를 받는 데 익숙해 있던 우월 의식에 빠진 이 일단의 엘리트주의자들은 예수님의 반응—"너희가 틀렸다!"—에 마치 뺨을 한 대 맞은 것 같았을 것이다. 예수님은 그들이 성경을 이해하지 못하며 하나님의 큰 능력에 대해 무지하다고 반박하셨다(22:29). 예수님은 그들의 악의를 간파하시고 곧바로 그들의 무지를 드러내셨다. 몇 초 만에 형세가 역전되면서 공격하던 사두개인들이 수세에 몰렸다. 그들은 맨 처음에 자기의 영으로 성경에 영감을 불어넣으신 분에게 성경을 배울 판이었다.

복잡하기 이를 데 없는 기계를 재빨리 분해할 수 있는 전문가처럼, 예수님은 그들이 당신을 잡으려고 놓은 덫을 해체하셨다. 그들의 무지에 대해 예수님은 그들의 이단적 신앙과 대비되는 세 가지 신학적 진리를 확증하셨다(22:30). 첫째, 죽은 자들은 정말로 부활할 것이다. 예수님은 이 사실을 그야말로 기본적인 신학적 진리, 곧 "부활 때에는…"이라는 말씀으로 단언하셨다. 우리 몸은 물리적으로 부활할 것이다.

두 번째 진리는 현재의 관계와 내세의 관계 사이의 불연속성과 관련이 있다. 부활한 새로운 세계에서는 결혼이 없다. 현세에서 올린 결혼이 이어지지도 않고, 부활 후에는 아예 결혼이 없다. 이 진술로 사두개인들이 설치한 덫 자체가 아예 쓸모가 없어졌다. 그들이 던진 풀 수 없는 수수께끼의 근거 자체가 없어졌기 때문이다. 내세에서 결혼은 끝난다! 이것에 대해 극단으로 치닫기 전에 랜디 알콘(Randy Alcorn)의 명쾌한 설명을 들어보자. "예수님은 인간의 결혼 제도는 그 목적을 완수했으므로 끝날 것이라고 말씀하셨다. 그렇지만 부부 사이의 깊은 관계도 사라질 것이라는 뜻은 아니었다. 현세에서 두 사람이 사업 파트너, 테니스 파트너, 카드 게임 파트너가 될 수 있다. 두 사람이 이런 활동을 더 이상 같이 하지 않는다고 해서 우정이 없어지는 건 아니다."[84]

세 번째 신학적 진리는 내세의 본질에 관한 것이다. 부활한 자들은 "하늘에 있는 천사들과 같[을]" 것이다(22:30). 세상을 떠난 성도들이 실제로 천사가 된다는 말이 아니다. 성경 어디에도 그런 가르침은 없다. 그보다는 지금 이 땅에서 우리의 상태보다 어떤 면은 하늘의 천사들과 더 비슷해질 것이라는 뜻이다. 여기서 강조하는 것은 천사 같은 존재는 결혼을 하지 않는다는 생각에 있는 것 같다. 우리는 아마 천사의 다른 속성들도 공유할 것이다. 그들은 늙지 않고, 지칠 줄 모르며, 죽지 않고, 그들의 창조주를 예배하고 섬기는 것으로 영원한 기쁨을 누린다.

예수님은 부활 후의 관계에 대한 사두개인들의 엉터리 신학을 신랄하게 질타하시면서 이참에 내세에 대한 그들의 비성경적인 사상을 전반적으로 바로잡으셨다. 그들은 사후에 의식을 가진 존재에 대한 개념을 부정했고, 우리의 심장이 멈추면 본질적으로 '불이 꺼지는 것'과 같다는 잘못된 믿음을 가지고 있었다. 이 첫 번째 오류를 반박하기 위해 예수님은 사두개인들을 그들이 인정하는 성경, 곧 출애굽기로 안내하셨다. 알다시피, 사두개인들은 성경의 첫 다섯 권인 모세오경만 하나님의 영감으로 쓰인 권위 있는 말씀으로 받아들였다. 예수님은 다른 구약의 책들은 빼고 그들이 좁게 규정한 정경에 나오는 성경 구절만 인용해도 사후 존속에 대한 주장을 입증할 수 있다는 것을 보여주셨다.

예수님이 인용하신 출애굽기 3장 6절에서 하나님은 모세에게 이렇게 말씀하셨다. "나는 네 조상의 하나님이니 아브라함의 하나님, 이삭의 하나님, 야곱의 하나님이니라." 아브라함, 이삭, 야곱은 모세가 태어나기 수백 년 전에 죽었는데도 하나님은 여전히 그들의 하나님이셨고, 그 족장들은 여전히 그분의 백성이었다. 하나님은 죽은 자들의 하나님이 아니라 산 자들의 하나님이시므로 아브라함, 이삭, 야곱은 내세에서 계속 존재해야 한다(마 22:32).

천계에서 영적으로 계속 존재하는 것 외에도 하나님은 이 족장들에게 지상에서 하신 약속을 물리적 세계에서 성취하실 계획을 가지고 계셨다. 여기서 예수님은 사두개인들의 두 번째 오류–미래의 육체적 부활을 부인하는 것–를 반박하셨다. 그리스도는 장차 올 나라에서 "동 서로부터 많은 사람이 이르러 아브라함과 이삭과 야곱과 함께 천국에 앉으려니와"(8:11)라고 확인하셨다. 하나님은 아브라함에게 약속의 땅을 "너와 네 자손에게 주리니 영원히 이르리라"(창 13:15)고 약속하셨다. 사두개인들은 그 땅에 대한 약속이 이스라엘 자손에게만 적용된다고 생각했지만, 예수님은 그 하나님의 약속을 문자 그대로 받아들이셨다. 즉, 그 약속은 아브라함의 자손뿐만 아니라 아브라함 자신에게도 주어진 영원한 약속이었다. 그렇다면 하나님이 그 약속을 지키실 수 있는 유일한 방법은 그 약속을 받은 족장

부활한 몸(마태복음 22:30)

부활은 어떤 모습일까? 우리는 성경을 통해 신자들이 부활하면 죄와 고통과 죽음의 지배를 받던 지상의 육신이 초자연적으로 부활하신 그리스도의 몸처럼 완전한 불멸의 몸으로 변모된다는 사실을 알고 있다(고전 15:51-54, 빌 3:20-21, 살전 4:16-17). 이렇게 새로 영광스러운 상태로 변하면 아무도 어떤 것으로도 우리를 위협할 수 없을 것이다. 우리는 하나님 앞에서 완벽하고 흠이 없을 것이다(참조. 유 1:24).

고린도전서 15장 35-40절에서 사도 바울은 미래에 부활한 몸의 특성을 어느 정도 상세히 설명한다. 다음의 표는 바울이 현재의 우리 몸과 미래에 부활한 몸의 차이를 요약한 것이다.

현재의 몸	부활한 몸
썩음	썩지 않음
비천함	영광스러움
약함	강함
자연적	영적
땅에서 남	하늘에서 남

미래에 부활한 몸은 '자연적'이지 않고 '영적'이라는 것이 가장 중요하다(고전 15:44-46). "자연적"으로 번역된 히브리어 *psychikos*(5591)는 '물질 또는 육체로 존재한다'는 뜻이다.[85] 이것은 흔히 성령의 깨우침보다는 인간의 본질적 욕망에 지배당하는 사람을 나타낸다(예. 고전 2:14, 약 3:15). 이러한 '자연적' 삶에서는 육신의 욕망을 끊임없이 억제해야 한다(롬 7:14-25). 그러나 미래의 부활한 육신은 유혹을 받지 않는다. 대신 늘 성령의 지배를 받고 그리스도의 삶, 즉 온전히 거룩하고 아버지께 순종하는 삶을 살 수 있다. 바울이 부활한 몸을 "영적"이라고 한 것은 '유령 같은 것'이나 '무형'의 상태를 암시한 게 아니었다. 기억하라. 우리는 그리스도와 같은 부활의 몸을 가질 것이며(요일 3:2), 그분이 부활한 몸으로 하셨던 모든 것을 할 수 있을 것이다(참조. 눅 24:33-34, 요 20:19-29). 그리고 우리는 세속의 무게, 죄의 중력, 우리를 아래로 끌어당기는 타락의 인력에서 완전히 자유로워질 것이다(계 21:4).

들을 부활시켜 그 땅에서 약속을 이행하시는 것이다.

물론, 부활에 관해서는 예수님이 모든 것의 핵심이다. "나는 부활이요 생명이니 나를 믿는 자는 죽어도 살겠고 무릇 살아서 나를 믿는 자는 영원히 죽지 아니하리니"(요 11:25-26)라고 예수님은 말씀하셨다. 예수님의 이 말씀은, 신자들은 현세에서 영생이 시작되며 육체적인 죽음이 내세에서 우리의 의식적인 존재를 소멸하지 않는다는 사실을 나타낸다. 예수님은 또한 부활 생명의 원천이시다. "무덤 속에 있는 자가 다 그의 음성을 들을 때가 오나니 선한 일을 행한 자는 생명의 부활로, 악한 일을 행한 자는 심판의 부활로 나오리라"(요 5:28-29). "선한 일을 행한 자"란 구원받은 자들로, 성령의 능력으로 선을 행한 자들이다. "악한 일을 행한 자"란 구원받지 못한 자들로, 자기들의 허물과 죄로 죽은 자들이다(참조. 엡 2:1-10).

예수님이 사두개인들의 그릇된 가르침에 대해 짧지만 강력하게 반박하시고 나자 그분을 폄훼하는 자들과 청중의 반응은 앞서 바리새인들을 논박하셨을 때와 같았다(마 22:22). 그들은 "그의 가르치심에 놀라더라"(22:33).

적용: 마태복음 22:23-33

자기기만에 빠지는 길

구약성경이 사후의 부활과 삶에 대한 개념을 그렇게 명확하게 밝혔는데 사두개인들은 어떻게 그렇게 잘못된 생각을 가지고 있었을까? 사람들은 무엇 때문에 그렇게 잘 속고, 그렇게 쉽게 오도되며, 자기만의 생각에 사로잡혀 이런 기본적인 진리를 받아들이지 못하는 것일까? 마태복음 22장 29절에서 예수님은 사람들이 진리를 거부하고 자기기만에 빠져 거짓 교리를 받아들이는 가장 흔한 두 가지 이유를 지적하셨다.

첫째, 하나님의 말씀을 모르면 자기기만에 빠지게 된다. 예수님은 사두개인들이 성경을 이해하지 못해서 잘못 알고 있다고 말씀하셨다. 사두개인들은 성경을 모르기 때문에 실제로 두 가지 문제를 안고 있었다. 첫째, 그들은 성경을 모세오경으로만 제한해서 성경 전체를 하나님의 말씀으로 받아들이지 못했다. 요즘 사람들이 보통 신약성경이나 성경에서 좋아하는 책에만 초점을 맞추는 것도 이와 마찬가지다. 사두개인들처럼 이런 식으로 입맛

대로 골라서 '정경 안의 정경'에만 집중하지 말고 하나님의 기록된 계시 전체–구약과 신약 성경–를 접할 수 있는 성경 읽기 및 성경공부 프로그램을 운영해야 한다.

둘째, 사두개인들은 분명히 성경을 제대로 읽지 않았다. 그들은 말씀을 열심히 공부하지 않았다. 아마 행정적 사무나 성전의 업무를 수행하느라 너무 바빠서 성경을 읽고, 공부하고, 암기하는 데 전념할 시간을 내지 못했을 것이다. 어쩌면 자기들이 성장할 때 성경을 배운 것만으로도 충분하다거나 선생님에게서 받은 몇 가지 교훈만으로도 지식이 충분하다고 생각했을지도 모른다. 그게 그들의 큰 잘못이었다! 그들은 믿음, 사랑, 소망–특별히 영광스러운 부활의 몸과 미래의 천국에 대한 소망–이 결여된 것에 대한 대가를 치렀다.

셋째, 하나님의 능력을 모르면 자기기만에 빠지게 된다. 우리는 하나님과 개인적인 관계를 맺음으로써 그분의 능력을 안다. 이 지식은 먼저 하나님이 은혜로 주셔서 받은 구원 신앙이 있어야 얻을 수 있다. 그런 다음 계속 하나님이 주님 되시는 삶을 살아야 한다. 여기에는 규칙적이고 확신에 찬 기도를 실천하는 것도 포함된다. 무슨 일이 닥치든 매일 하루를 열 때 주님과 단둘만의 시간을 갖고, 그분께 당신의 하루를 드리며, 그분을 전적으로 신뢰한다고 선포하라. 이러한 삶은 매 순간 하나님이 우리 삶 속에 임재하시고, 성령으로 우리 안에 거하시며, 모든 일에 우리와 동행하신다는 것을 아는 삶이다. 우리 삶 속에 하나님의 능력이 늘 함께하심을 알면 두려움, 의심, 유혹을 몰아낼 수 있다. 그러면 우리는 진리의 근원에 가까워지고 기만적인 거짓 교리에서 멀어질 것이다.

두 가지 궁극적인 질문(마태복음 22:34–46)

34예수께서 사두개인들로 대답할 수 없게 하셨다 함을 바리새인들이 듣고 모였는데 35그 중의 한 율법
사가 예수를 시험하여 묻되 36선생님 율법 중에서 어느 계명이 크니이까 37예수께서 이르시되 네 마음
을 다하고 목숨을 다하고 뜻을 다하여 주 너의 하나님을 사랑하라 하셨으니 38이것이 크고 첫째 되는 계
명이요 39둘째도 그와 같으니 네 이웃을 네 자신 같이 사랑하라 하셨으니 40이 두 계명이 온 율법과 선
지자의 강령이니라

41바리새인들이 모였을 때에 예수께서 그들에게 물으시되 42너희는 그리스도에 대하여 어떻게 생각
하느냐 누구의 자손이냐 대답하되 다윗의 자손이니이다 43이르시되 그러면 다윗이 성령에 감동되어 어
찌 그리스도를 주라 칭하여 말하되

44주께서 내 주께 이르시되

내가 네 원수를 네 발 아래에 둘 때까지
내 우편에 앉아 있으라 하셨도다 하였느냐
45다윗이 그리스도를 주라 칭하였은즉 어찌 그의 자손이 되겠느냐 하시니 46한 마디도 능히 대답하는
자가 없고 그 날부터 감히 그에게 묻는 자도 없더라

질문 중에는 답을 듣기 위해서가 아니라 우리를 생각하게 하려고 묻는 것들이 있다. 사실 인생에서 가장 좋은 질문은 퀴즈 쇼처럼 즉답을 요하는 것이 아니라 조용히 앉아서 곰곰이 생각해보게 하는 것이다. 내가 아는 한 가장 똑똑하고 지혜로운 몇몇 사람이 내게 깊은 인상을 남긴 이유는 그들이 모든 정답을 알아서가 아니라 올바른 질문을 할 줄 알기 때문이다. 나의 가장 좋은 멘토와 스승들은 자기들의 정답을 받아 적게 하지 않고 나로 하여금 인생의 심오한 질문들을 더 깊이 탐구하도록 이끈 분들이다.

아마 그 때문에 내가 마태복음의 이 장에 특별히 흥미를 느끼는 것 같다. 여기서 예수님은 질의응답식 추궁으로 이토록 심오한 진리를 드러내신다. 예수님의 적들이 "딱 걸렸어"라고 생각한 질문들로 계속 그분을 공격할 때마다 그분은 그들의 질문을 역으로 던지거나 더 차원 높은 질문으로 응대하셨다. 데나리온에 누구의 형상이 새겨져 있는지 물으셨던 예수님의 교묘한 질문을 기억하는가?(22:20) 그 질문은 처음에 질문한 자들을 "깜짝 놀라게" 했다(22:22). 아니면 아브라함, 이삭, 야곱의 하나님이 산 자의 하나님인지 죽은 자의 하나님인지 물으신 부활에 관한 질문은 어떤가?(22:31-32) 군중은 "그의 가르치심에 놀[랐다]"(22:33).

그러나 질문은 끝나지 않았다. 헤롯당원들과 한통속이 된 바리새인들이 첫 번째 공격을 가했다(22:15-16). 사두개인들이 두 번째 공격을 가했다(22:23). 그리고 율법에 정통한 전문가와 함께 예수님과 정면 대결을 하려고 재집결한 바리새인들이 마지막 세 번째 공격을 가했다.

—22:34-36—

예수님과 예수님의 비판자들 사이에 극적인 수사학적 공방이 오간 이 마지막 일화는 앞서

부활과 내세의 삶에 대해 사두개인들과 나눈 이야기에 이어서 시작된다(22:23–33). 마태는 예수님이 사두개인들로 "대답할 수 없게" 하셨다고 전한다(22:34). 그들은 말문이 막혔다. 마태가 사용한 *phimoō*(5392)라는 동사는 문자적으로 '꼭 묶다'는 뜻으로, 특히 입마개로 동물의 입을 틀어막는다는 뜻이다.[86]

예수님이 사두개인들의 입에 재갈을 물리시자 반대파인 바리새인들은 일석이조의 기회를 포착했다. 자신들이 급습해서 예수님께 일격을 가할 수 있다면 그들은 그 선동적인 랍비의 코를 납작하게 누르면서 동시에 자기들이 사두개인들보다 지적으로 우월하다는 것을 증명할 수 있을 것이다. A. T. 로벗슨은 그 바리새인들이 호박이 넝쿨째 굴러온 그 기회가 "좋아서 어쩔 줄 몰랐다"고 했을 정도다.[87]

바리새인들은 이 기회를 망칠 여유가 없었다. 그들 역시 적들의 공격을 막아내는 예수님의 희한한 능력에 완패한다면 차라리 시도하지 않는 것만 못했다. 그들은 아직도 "가이사의 것은 가이사에게"라는 예수님의 가르침에 그들의 제자들이 놀라며 가버렸던 패배의 상처가 아직 다 아물지 않은 상태였다(22:21–22). 이번에는 그들이 있는 힘껏 예수님을 쳐서 치명타를 입혀야 했다.

그래서 바리새인들은 함께 모여 그들 중에서도 율법의 전문가인 "율법사"를 보내기로 했다(22:35). 헬라어 *nomikos*(3544)는 헬라어는 문자 그대로 '율법의 사람'이다. 이 "율법사"는 대개 히브리 성경이 퇴화하거나 변질되지 않도록 보호하기 위해 꼼꼼히 필사하는 일에 평생을 바친 서기관들이었다. 그렇게 하나님의 말씀을 계속 접한 결과 그들은 매우 박식해졌고, 그래서 율법을 설명하고 적용해달라는 요청을 받곤 했다. 예수님께 수사학적 치명타를 입히고 싶었던 바리새인들이 가능한 한 최고의 교육을 받은 가장 뛰어난 학자를 찾았으리란 건 충분히 짐작할 수 있다. 그들이 토라 연구의 중심지인 예루살렘에 있었다는 사실을 감안한다면 그것은 어렵지 않았을 것이다.

흥미롭게도 바리새인들과 헤롯당원들의 첫 번째 질문–가이사에게 인두세를 내는 것이 옳은가(22:17)–은 '그렇다' 또는 '아니다'로 답할 수 있는 것이었다. 사두개인들의 다음 질문도 마찬가지로 간단했다. 부활하고 나면 아내는 죽은 남편들 중에서 누구의 아내가 되는가?(22:28) 그러나 예수님과 공개적으로 결전을 벌이기 위해 뽑힌 그 율법사는 답이 수백 갈래로 열려 있는 질문으로 그분을 공격했다. "율법 중에서 어느 계명이 크니이까?"(22:36)

이 역시 진심이 담긴 질문이 아니라 함정이었다(22:35).

우리는 예수님이 시내산에서 주어진, 율법판에 새겨져 있는 "십계명" 중에서 하나를 선택하실 수 있었을 거라고 생각할 수 있다. 그러나 R .T. 프란스가 지적했듯이 "서기관들은 구약의 율법에서 '동일한 구속력을 갖는' 613개의 계명을 분류했다."[88] 그 질문은 나머지 612개의 계명을 제외함으로써 율법을 위반하는 것처럼 들리지 않도록 미묘한 어감의 차이를 능숙하게 이용하여 답하는 능력에 대한 시험이면서, 계속 진행 중인 계명의 적절한 순위와 순서에 관한 학문적 논쟁을 알고 있는지 확인하는 시험이기도 했다. D. A. 카슨(D. A. Carson)은 다음과 같이 설명한다.

> 유대인들이 성경의 율법을 크고 작은 것, 중요하고 가벼운 것으로 분류하는 일은 꽤 흔했다…36절은 그 율법사의 질문이 치열한 쟁점이었음을 보여준다…그 장면은, 후보자가 답을 아주 잘하고 있어서 학식이 뛰어난 성직자 몇 명이 자기들도 대답할 수 없는 질문을 후보자에게-그의 실수를 유도하거나 답을 찾길 바라면서-하는 서품식과 같다.[89]

예수님은 이런 학문적 토론에서 어떻게 의견을 개진하셨을까? 논쟁이 진행 중이라는 걸 조금이라도 알기나 하셨을까? 이 만남은 지금으로 치면 박사에 해당하는 1세기의 학사가 나사렛 출신의 아마추어가 정말로 얼마나 무지한지 보여주기 위한 것이었다고 생각하면 된다.

—22:37-40—

예수님은 한 치의 망설임도 없이 흔히 쉐마[*Shema*, '듣다'는 뜻의 히브리어(H8085)]로 일컬어지는 신명기 6장 4-9절을 직접 인용하셨다. 이 구절은 단연코 유대교에서 가장 친숙하고, 가장 많이 인용되며, 가장 많이 필사된 성경의 한 부분이었다. 쉐마는 유대인들의 기본적인 '신조'를 구성했으며, 그들은 하루에 두 번씩 그것을 인용했다. 그것은 이렇게 시작한다. "이스라엘아 들으라 우리 하나님 여호와는 오직 유일한 여호와이시니"(신 6:4). 그리고 유일하신 이스라엘의 참 하나님의 절대적 유일성을 확실히 말씀하신 뒤에 예수님이 "크고 첫째 되는 계명"이라고 주장하신 것이 나온다. "네 마음을 다하고 목숨을 다하고 뜻을 다하여 주 너의 하나님을 사랑하라"(마 22:37-38).

예수님이 꼼꼼히 만든 요건들로 대답하지 않으셨다는 점에 유의하라. 그분은 심사숙고할 필요도, 율법 안에 있는 613개의 명령 하나하나를 평가하고 저울질하느라 머리를 쥐어짤 필요도 없으셨다. 예수님은 그 학자의 질문에 즉석에서 간단명료하게 답하셨다. 그러나 그분은 거기서 멈추지 않으셨다. 그분은 또한 레위기 19장 18절을 인용하셔서 두 번째로 중요한 명령을 덧붙이셨다. "네 이웃을 네 자신 같이 사랑하라"(마 22:39). 예수님은 이렇게 하나님을 향한 수직적 사랑과 동료 인간들을 향한 수평적 사랑을 모든 율법의 기초와 틀로 삼으셨다(22:40).

예수님의 대답은 그 율법사에게 치명적이었다. 이에 상응하는 마가복음의 기사는 그 율법사가 예수님의 말에 동의할 수밖에 없었으며, 본질적으로 나사렛에서 온 랍비가 거뜬히 시험을 통과했음을 인정했다고 기록한다. "서기관이 이르되 선생님이여 옳소이다 하나님은 한 분이시요 그 외에 다른 이가 없다 하신 말씀이 참이니이다 또 마음을 다하고 지혜를 다하고 힘을 다하여 하나님을 사랑하는 것과 또 이웃을 자기 자신과 같이 사랑하는 것이 전체로 드리는 모든 번제물과 기타 제물보다 나으니이다"(막 12:32-33). 이어 마가는 흥미로운 세부 사항을 덧붙였다. 그 율법사는 원래 예수님을 시험하려고 짐짓 공손한 태도로 그분께 접근했던 반면에, 예수님은 실제로 "네가 하나님의 나라에서 멀지 않도다"(막 12:34)라고 하시면서 그 서기관을 칭찬하는 말로 대화를 마치셨다. 판세가 뒤집힌 것을 잘 보라. 이 만남이 끝날 때 예수님은 그 서기관에게 점수를 매기는 종교 권위자의 위치에 서 계셨다!

—22:41-46—

자기들이 보낸 저명한 율법사를 예수님이 대번에 완패시키자 바리새인들은 분명 화가 머리끝까지 치솟았을 것이다. 다음 구절에서 우리는 그들이, 아마도 실망과 패배의 수렁 속에서 뒹굴며 함께 "모여" 있는 것을 본다(22:41). 예수님은 바리새인들의 청중, 남아 있는 사두개인, 수많은 구경꾼과 엿듣는 자들에게 질문할 기회를 잡으셨다. 바리새인들은 예수님께 정치에 대해 물었다. 사두개인들은 내세에 대해 물었다. 율법사는 율법에 대해 물었다. 이제 예수님은 깊은 신학 속으로 첨벙 뛰어드셨다. 그분은 바리새인들에게 그들이 메시아의 정체성에 대해 믿고 있는 바를 물으셨다. "누구의 자손이냐?"(22:42)

여기서 실제로 무슨 일이 벌어지고 있는 것인지 놓치지 말라. 이것은 임의로 던진 질문도 아니고 가벼운 신학 퀴즈 게임도 아니었다. 이 구절에 대해 초대교회의 위대한 설교자 요한 크리소스톰(John Chrysostom)은 이렇게 썼다. "예수님은 이 질문을 던지셔서 그들이 그분 또한 하나님이심을 은연 중에 고백하도록 유도하셨다."[90]

단순한 대답을 요하는 단순한 질문이었고 그들은 정확하게 다음과 같이 대답했다. 메시아는 "다윗의 자손"이다. 즉 그리스도는 당연히 다윗의 자손일 것으로 예상되었다. 이는 구약성경의 메시아에 관한 예언에 확실히 나와 있는 사실이다. 다윗과 맺은 언약에서 주님은 이렇게 약속하셨다. "네 수한이 차서 네 조상들과 함께 누울 때에 내가 네 몸에서 날 네 씨를 네 뒤에 세워 그의 나라를 견고하게 하리라…네 집과 네 나라가 내 앞에서 영원히 보전되고 네 왕위가 영원히 견고하리라"(삼하 7:12, 16). 수 세기 후에 이사야 선지자는 메시아의 출현을 내다보면서 이렇게 썼다. "이는 한 아기가 우리에게 났고 한 아들을 우리에게 주신 바 되었는데 그의 어깨에는 정사를 메었고…그 정사와 평강의 더함이 무궁하며 또 다윗의 왕좌와 그의 나라에 군림하여 그 나라를 굳게 세우고 지금 이후로 영원히 정의와 공의로 그것을 보존하실 것이라"(사 9:6-7).

바리새인들의 대답은 정확했다. 하지만 완전하지 않았다. 다윗의 혈통에서 태어날 "아들"을 선포한 이사야의 예언은 그가 "전능하신 하나님"으로 불릴 것이라고도 했다(사 9:6). 그것은 그냥 은유, 호칭, 또는 높이는 이름이었을까? 아니면 말 그대로 메시아는 다윗의 아들이자 하나님의 아들, 완전한 인간이며 완전한 하나님이어야 한다는 말이었을까? 심오한 가르침의 순간에 예수님은 바리새인들-그리고 대화를 듣고 있는 모든 사람-이 그리스도의 진정한 정체성을 더 온전히 이해하게 만드셨다.

이를 위해 예수님은 당대의 랍비들이 오랫동안 메시아에게 적용되는 것으로 생각했던 다윗이 쓴 시편 110편 1절을 인용하셨다.[91] "여호와께서 내 주에게 말씀하시기를 내가 네 원수들로 네 발판이 되게 하기까지 너는 내 오른쪽에 앉아 있으라." 예수님은 다윗이 "성령에 감동되어", 즉 성령의 영감으로 이 시편을 썼다고 단언하셨다(마 22:43). 따라서 시편은 하나님이 다윗에게 하신 언약에 대한 찬미가이자 오실 왕에 대한 약속이었으며, 메시아의 참 본질을 예언하는 계시이기도 했다. 다윗은 성령의 영감으로 자기의 후손인 오실 메시아를 "주님"이라고 불렀다.

예수님이 시편 110편을 바탕으로 던지신 질문은 예리했다. 메시아가 그냥 다윗의 물리적 후손에 불과하다면 다윗이 예언적으로 메시아를 "주님"으로 부른 이유는 무엇일까?(마 22:43, 45) 워렌 위어스비(Warren Wiersbe)는 이렇게 썼다. "이 질문에 대한 답은 하나뿐이다. 하나님으로서 메시아는 다윗의 주님이시다. 인간으로서 그분은 다윗의 자손이시다. 그분은 '다윗의 뿌리요 자손'이시다(계 22:16). 시편 110편 1절은 메시아의 신성과 인간성을 가르친다. 그분은 다윗의 주님이시며 다윗의 자손이시다."[92] 얼마 후 바울-엄격한 바리새파에서 개종한-이 이것을 간단히 표현했다. "육신으로는 다윗의 혈통에서 나셨고 성결의 영으로는 죽은 자들 가운데서 부활하사 능력으로 하나님의 아들로 선포되셨으니 곧 우리 주 예수 그리스도시니라"(롬 1:3-4).

윌리엄 바클레이는 군중의 반응을 멋지게 묘사했다. "그날 예수님의 말씀에 담긴 의미를 다 이해한 사람은 거의 없었을 것이다. 하지만 예수님이 이 말씀을 하실 때 가장 아둔한 사람들조차 이 영원한 신비 앞에서 떨림을 느꼈다. 그들은 하나님의 음성을 들었다는 경외감과 불편함을 느꼈다. 그리고 이 예수라는 남자에게서 얼핏 하나님의 얼굴을 보았다."[93] 메시아가 주 하나님이라는 예수님의 주장이 그날뿐 아니라 그 이후로도 계속 군중의 말문을 막았다는 게 놀랍지 않은가? 바리새인들과 사두개인들도, 학자와 정치가도 감히 예수님께 또 다른 질문을 하지 못했다.

적용: 마태복음 22:34-46

하나님을 사랑하는 것과 다른 사람을 사랑하는 것

우리는 자아를 신으로 섬기는 시대에 살고 있다. 우리는 있는 그대로의 자기가 되고, 자기를 존중하며, 자기를 위해 살고, 자기를 만족시키며, 자기를 돌보고, 자기를 사랑하라는 말을 듣는다. 물론 자신을 미워해서는 안 된다. 우리는 우리의 건강과 안녕을 돌보아야 한다.

그러나 주 하나님과 다른 사람들을 포함해서 다른 모든 것보다도 우리 자신을 더 사랑해서는 안 된다.

그리스도가 강조하신 가장 중요한 계명–"네 마음을 다하고 목숨을 다하고 뜻을 다하여 주 너의 하나님을 사랑하라"–과 그에 버금가는 계명–"네 이웃을 네 자신 같이 사랑하라"(22:37–39)–을 생각하면서 몇 가지 중요한 질문에 답해보자.

첫째, 당신은 당신의 전 존재, 모든 행위, 모든 소유를 다해 주님을 사랑하는가? 만약 당신과 가까운 사람이 당신의 삶을 가까이 들여다볼 수 있다면 그들은 당신이 가장 사랑하는 대상이 주 하나님이라는 결론을 내릴까? 당신은 시간과 에너지와 돈을 주님의 우선순위에 맞추어 더 많이 쓰는가, 아니면 당신 자신을 위해 더 많이 쓰는가? 당신은 그분과 시간을 보내고, 그분의 말씀을 통해 그분의 음성을 들으며, 기도와 찬양으로 그분과 대화하는가? 그리고 모든 선한 것이 그분에게서 나온다는 것을 감사한 마음으로 인정하며 당신이 날마다 누리는 것들에 대해 감사드리는가?

둘째, 당신은 다른 사람을 자신처럼 사랑하는가? 다른 사람을 위해서 기도하고, 교회에서 사람들을 세워주며, 여력이 있을 때 도움이 필요한 사람을 돕는가? 아니면 다시는 보고 싶지 않은 사람들의 블랙리스트를 만들어놓았는가? 다른 사람을 사랑한다는 것은 성령의 열매로 우리의 인간관계를 거룩하게 만든다는 뜻이다. "오직 성령의 열매는 사랑과 희락과 화평과 오래 참음과 자비와 양선과 충성과 온유와 절제니 이같은 것을 금지할 법이 없느니라"(갈 5:22–23). 이것은 우리가 대접받고 싶은 대로 다른 사람을 대접한다는 뜻이다(마 7:12). 그리고 화평을 추구하고 서로 덕을 세워준다는 뜻이다(롬 14:19). 솔직히, 당신은 이렇게 하고 있는가?

예수님은 하나님과 다른 사람을 사랑하는 것에 대해 분명한 가르침을 주셨을 뿐만 아니라 그분의 언행으로 분명한 본을 보여주셨다(빌 2:5–11). 뿐만 아니라 우리에게 그분의 영을 주셔서 하나님을 기쁘시게 하는 삶을 기꺼이 살 수 있게 해주셨다(빌 2:12–13). 그렇기 때문에 우리는 변명의 여지가 없다. 하나님을 사랑하고 다른 사람을 사랑하는 것은 그냥 좋은 제안이 아니다. 그것은 분명한 명령이다. 그리고 분노와 증오가 점점 커지고 있는 이 세상은 어느 때보다도 이런 종류의 신성한 사랑이 필요하다.

화 있을진저 종교 사기꾼들이여(마태복음 23:1-39)

1이에 예수께서 무리와 제자들에게 말씀하여 이르시되 2서기관들과 바리새인들이 모세의 자리에 앉았으니 3그러므로 무엇이든지 그들이 말하는 바는 행하고 지키되 그들이 하는 행위는 본받지 말라 그들은 말만 하고 행하지 아니하며 4또 무거운 짐을 묶어 사람의 어깨에 지우되 자기는 이것을 한 손가락으로도 움직이려 하지 아니하며 5그들의 모든 행위를 사람에게 보이고자 하나니 곧 그 경문 띠를 넓게 하며 옷술을 길게 하고 6잔치의 윗자리와 회당의 높은 자리와 7시장에서 문안 받는 것과 사람에게 랍비라 칭함을 받는 것을 좋아하느니라 8그러나 너희는 랍비라 칭함을 받지 말라 너희 선생은 하나요 너희는 다 형제니라 9땅에 있는 자를 아버지라 하지 말라 너희의 아버지는 한 분이시니 곧 하늘에 계신 이시니라 10또한 지도자라 칭함을 받지 말라 너희의 지도자는 한 분이시니 곧 그리스도시니라 11너희 중에 큰 자는 너희를 섬기는 자가 되어야 하리라 12누구든지 자기를 높이는 자는 낮아지고 누구든지 자기를 낮추는 자는 높아지리라

13화 있을진저 외식하는 서기관들과 바리새인들이여 너희는 천국 문을 사람들 앞에서 닫고 너희도 들어가지 않고 들어가려 하는 자도 들어가지 못하게 하는도다 14(없음)

15화 있을진저 외식하는 서기관들과 바리새인들이여 너희는 교인 한 사람을 얻기 위하여 바다와 육지를 두루 다니다가 생기면 너희보다 배나 더 지옥 자식이 되게 하는도다

16화 있을진저 눈먼 인도자여 너희가 말하되 누구든지 성전으로 맹세하면 아무 일 없거니와 성전의 금으로 맹세하면 지킬지라 하는도다 17어리석은 맹인들이여 어느 것이 크냐 그 금이냐 그 금을 거룩하게 하는 성전이냐 18너희가 또 이르되 누구든지 제단으로 맹세하면 아무 일 없거니와 그 위에 있는 예물로 맹세하면 지킬지라 하는도다 19맹인들이여 어느 것이 크냐 그 예물이냐 그 예물을 거룩하게 하는 제단이냐 20그러므로 제단으로 맹세하는 자는 제단과 그 위에 있는 모든 것으로 맹세함이요 21또 성전으로 맹세하는 자는 성전과 그 안에 계신 이로 맹세함이요 22또 하늘로 맹세하는 자는 하나님의 보좌와 그 위에 앉으신 이로 맹세함이니라

23화 있을진저 외식하는 서기관들과 바리새인들이여 너희가 박하와 회향과 근채의 십일조는 드리되 율법의 더 중한 바 정의와 긍휼과 믿음은 버렸도다 그러나 이것도 행하고 저것도 버리지 말아야 할지니라 24맹인 된 인도자여 하루살이는 걸러 내고 낙타는 삼키는도다

25화 있을진저 외식하는 서기관들과 바리새인들이여 잔과 대접의 겉은 깨끗이 하되 그 안에는 탐욕과 방탕으로 가득하게 하는도다 26눈먼 바리새인이여 너는 먼저 안을 깨끗이 하라 그리하면 겉도 깨끗하리라

27화 있을진저 외식하는 서기관들과 바리새인들이여 회칠한 무덤 같으니 겉으로는 아름답게 보이나 그 안에는 죽은 사람의 뼈와 모든 더러운 것이 가득하도다 28이와 같이 너희도 겉으로는 사람에게 옳게 보이되 안으로는 외식과 불법이 가득하도다

29화 있을진저 외식하는 서기관들과 바리새인들이여 너희는 선지자들의 무덤을 만들고 의인들의
비석을 꾸미며 이르되 30만일 우리가 조상 때에 있었더라면 우리는 그들이 선지자의 피를 흘리는 데 참
여하지 아니하였으리라 하니 31그러면 너희가 선지자를 죽인 자의 자손임을 스스로 증명함이로다 32너
희가 너희 조상의 분량을 채우라 33뱀들아 독사의 새끼들아 너희가 어떻게 지옥의 판결을 피하겠느냐

34그러므로 내가 너희에게 선지자들과 지혜 있는 자들과 서기관들을 보내매 너희가 그 중에서 더러
는 죽이거나 십자가에 못 박고 그 중에서 더러는 너희 회당에서 채찍질하고 이 동네에서 저 동네로 따
라다니며 박해하리라 35그러므로 의인 아벨의 피로부터 성전과 제단 사이에서 너희가 죽인 바라갸의
아들 사가랴의 피까지 땅 위에서 흘린 의로운 피가 다 너희에게 돌아가리라 36내가 진실로 너희에게 이
르노니 이것이 다 이 세대에 돌아가리라

37예루살렘아 예루살렘아 선지자들을 죽이고 네게 파송된 자들을 돌로 치는 자여 암탉이 그 새끼를
날개 아래에 모음 같이 내가 네 자녀를 모으려 한 일이 몇 번이더냐 그러나 너희가 원하지 아니하였도
다 38보라 너희 집이 황폐하여 버려진 바 되리라 39내가 너희에게 이르노니 이제부터 너희는 찬송하리
로다 주의 이름으로 오시는 이여 할 때까지 나를 보지 못하리라 하시니라

예수님은 늘 부드러운 말투로 긍정의 말만 하는 상냥하고 온순한 사람이었다는 잘못된 생각을 가진 사람은 마태복음 23장을 읽어본 적이 없는 사람이다. 여기서 예수님은 담대하게 유대 사회에서 가장 기만적이고 위험한 사람들을 향해 진실되고 올바른 비난을 신랄하게 퍼부으셨다. 그들은 좌절에 빠진 죄인도, 갈팡질팡하는 평민도, 로마 복장을 한 신을 믿지 않는 이방인도 아니었다. 예수님은 가장 강력하고 가장 신랄한 비난을 종교 엘리트들을 위해 남겨두셨다!

시간이 얼마 남지 않았고, 신뢰할 수 없는 위선적인 지도자들이 유대의 종교계를 담당하고 있다는 걸 아셨던 예수님은 거침이 없으셨다. 그분은 참된 경건과 순수한 종교와 거리가 먼 과시적인 생활방식을 가진 서기관들과 바리새인들의 가식과 교만을 폭로하셨다. 예수님이 그들이 하고 있는 것이 실제로 무엇인지 외치실 때까지 그들은 모두가 볼 수 있도록 경건을 꾸며서 보여주었다. 그것은 사람들에게 대단해 보이려는 겉치레였다(23:5). 예수님은 그들의 가식을 직시하시며 그들이 연회에서 앉고 싶어 하는 자리, 불리기 원하는 호칭, 대중에게 보여지고 싶어 하는 모습까지 모든 것을 적나라하게 드러내셨다.

이러한 적들과의 첨예한 대립은 그들의 위선과 권력 남용에 대한 무시무시한 응보를 경고하시는 "화 있을진저"로 반복되는 말씀에서 절정에 달했다(23:13-33). 그분의 연설은

예루살렘이 오랫동안 기다려온 이스라엘의 메시아 왕을 거부한 것에 대해 감정이 북받치는 한탄으로 끝났다(23:37-39). 마태복음 23장은 예수님의 마지막 대중 설교를 전한다. 다른 중요한 말이 있었지만, 그것은 측근 제자들을 위한 것이었다.

—23:1-12—

예수님은 종교 사기꾼들에 대한 질책을 퍼부으시기 전에(23:13 첫머리) 헌신적인 추종자 무리(23:1-7)와 측근 제자들(23:8-12)에게 말씀하셨다.

예수님은 군중이 치명적인 바리새인들의 위선에 감염되는 것을 예방하려고 하셨다. 첫째, 썩어 빠진 바리새인들의 본을 따르지 말고 성경의 순수한 가르침을 따르라고 권고하셨다. 여기서 예수님은 서기관들과 바리새인들이 사실상 "모세의 자리"(23:2), 즉 권좌에서 백성에게 모세의 율법을 읽고 선포하는 중요한 역할을 하고 있음을 인정하셨다. R. V. G. 태스커는 그 점을 이렇게 표현했다. "예수님은 바리새파의 율법 전문가인 서기관들이 율법 해설자라는 정당한 주장을 인정하신다. 그리고 그들이 그 임무에만 전념한다면, 설령 그들 중 일부의 행동이 그들의 가르침과 일치하지 않더라도 그들의 말을 존중해야 한다고 주장하신다."[94]

잊지 말라. 서기관과 바리새인은 신앙과 실천에 정통적으로 접근하려고 애썼다. 그들의 신학적 견해는 대체로 사두개인의 견해보다 훨씬 성경에 가까웠다. 그러나 많은 서기관에게 성경은 개인적인 변화의 매개체가 아니라 그저 정보를 전달하는 교과서가 되어버렸다. 극단적인 일례로, 성경을 학문 연구의 대상으로만 보는 서기관들은 성경 말씀대로 살지는 않으면서 머릿속에 지식만 가득 차게 되었다. 반대로 겉으로만 완전무결해지는 데 집착하는 바리새인들은 아무도 다 지킬 수 없는 인간이 만든 규율을 과도하게 양산했다.

1세기의 일반 백성은 하나님의 말씀을 거의 접할 수 없었으므로 율법을 읽고 설명을 들으려면 서기관들에게 의지할 수밖에 없었을 것이다. 그래서 예수님은 그들이 들은 성경 말씀에 순종해야 한다고 단호히 말씀하셨다(23:3). 하나님의 순전한 말씀은 참되고 신뢰할 수 있다. 그러나 서기관들과 바리새인들이 성경을 마음대로 적용하거나 성경에서 말하는 것보다 더 나가기 시작하면 일단 그들의 해석을 되짚어볼 필요가 있었다.

23장 3절의 후반부에서 예수님은 방향을 바꾸어 순진한 군중이 알아야 할 몇 가지 요점을 설명하기 시작하셨다. 첫째, 서기관과 바리새인들은 자기들이 설파한 것을 실천하지 않았다. 그들은 진실되지 않았고 위선의 모본이었다. 서기관들이 성경을 들고 사람들에게 읽어줄 때 그들과 같은 위선의 함정에 빠지지 않으려면 낭독되는 하나님의 말씀을 주의 깊게 들은 다음, 서기관과 바리새인들이 내놓은 해석과 적용은 신경 쓰지 않는 방법밖에 없었다.

둘째, 서기관들과 바리새인들은 감당할 수 없는 요구로 백성을 들볶았다(23:4). 그들은 동정심이라곤 없었고, 냉혹하기가 이를 데 없었다. 노련한 감독이었던 종교 사기꾼들은 아무도 다 실천할 수 없고 도달할 수 없는 '성결'의 기준을 만들어 세웠다. 이런 기준은 하나님의 율법에 기쁨과 평안으로 응할 수 있었을 사람들에게 죄의식과 수치심만 안겨주었다.

셋째, 서기관과 바리새인들은 만사를 남들에게 보여주기 위해 했다(23:5). 그들은 겸손이 결여되어 있었고, 오만과 자만심의 모본이었다. 모든 것이 가짜였다. 공공장소에서 대중이 볼 수 있게 자기들의 경건을 과시했다. 그들은 사람들이 보고 있을 때 "하나님을 영화롭게 하는 것"이라며 법석을 떨었다. 그들의 모든 의복, 앉는 자리, 내뱉는 말, 행동, 불리는 호칭은 사실은 스스로를 영화롭게 하기 위한 것이었다(23:5-7). 요컨대, 서기관과 바리새인들의 종교는 과장된 허식의 터무니없는 과시에 불과했다. 그들은 사람들의 이목을 끌기 위해 비상한 노력을 했다.

23장 8-12절에서 예수님의 말씀은 군중을 향한 연설에서 제자들과의 대화로 바뀐 것 같다. 여기서 예수님은 계속 바리새인들의 위선을 피해야 할 부정적인 예로 제시하시면서 좀 더 사적인 대화로 옮기셨다. 그분의 말씀은, 최초의 제자들의 삶에서 그랬듯, 우리의 삶에도 적용된다. 첫째, 허세로 가득한 호칭을 피해야 한다(23:8, 10). "랍비"(문자적으로 '나의 주님'), "선생님," "지도자" 같은 경칭으로 불리고 싶어 하는 것은 자기를 다른 사람보다 높은 위치에 두려는 의도를 나타낸다. 예수님은 추종자들에게 진정한 스승과 지도자는 그리스도 한 분밖에 없다는 것을 상기시키셨다. 서로 자기 지위를 이용해 상대를 누르려고 하지 말고 예수님의 제자인 우리는 모두 그리스도 안에 있는 "형제"임을 기억해야 한다(23:8).

둘째, 사람들에게 떠받들리는 것을 거부해야 하듯이 다른 사람들을 떠받드는 것에도 저항해야 한다(23:9). 교사들과 지도자들에게 '교부'라는 경칭을 부여하는 것은 사실상 존

성구함과 옷술(마태복음 23:5)

그리스도가 오시기 약 1세기 전부터 경건한 유대인 남자들은 왼쪽 팔뚝과 이마에 성구함이라고 하는 자그마한 가죽 주머니를 착용했다. 그 안에는 토라에서 고른 말씀이 들어 있었다(참고. 출 13:1–16, 신 6:4–9, 11:13–21). 그들은 신명기 6장 8절을 문자 그대로 받아들여 하나님의 명령에 순종하기 위해 이렇게 했다. "너는 또 그것을 네 손목에 매어 기호를 삼으며 네 미간에 붙여 표로 삼고." 이는 기도할 때 율법을 최우선으로 생각한다는 의미였다.[95]

유대인들은 또 신명기 22장 12절에 기록된 주님의 명령에 따라 옷단에 네 개의 술이 달린 긴 겉옷을 입었다. "너희는 너희가 입는 겉옷의 네 귀에 술을 만들지니라." 그 취지는 민수기 15장 38–40절에 설명되어 있다.

> 이스라엘 자손에게 명령하여 대대로 그들의 옷단 귀에 술을 만들고 청색 끈을 그 귀의 술에 더하라 이 술은 너희가 보고 여호와의 모든 계명을 기억하여 준행하고 너희를 방종하게 하는 자신의 마음과 눈의 욕심을 따라 음행하지 않게 하기 위함이라 그리하여 너희가 내 모든 계명을 기억하고 행하면 너희의 하나님 앞에 거룩하리라.

© Mark Neyman/Government Press Office/Israel

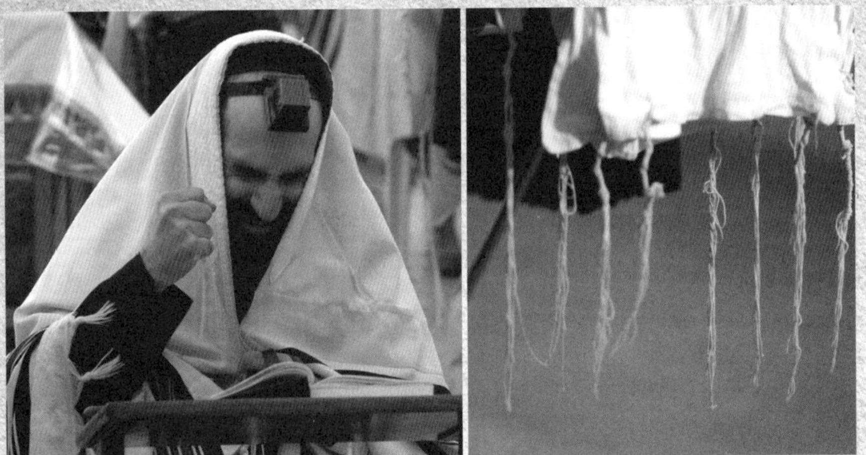

이마에 성구함을 달고 기도하는 유대인 남자(왼쪽)와 겉옷에 달린 술(오른쪽)

마태복음 23장 5절에서 예수님은 성구함과 옷술에 불만이 없으셨다. 사실 예수님도 네 귀퉁이에 술이 달린 규정된 겉옷을 입으셨다(참조. 9:20–21). 예수님이 싫어하신 것은 바리새인들이 주변 사람들 눈에 잘 띄도록 성구함을 크게 만들고 술의 길이를 늘린 행태였다.

경과 감사를 표하는 선을 넘어 찬양과 경배로까지 나아갈 수 있다. 우리가 일개 인간을 그렇게 비할 데 없는 명예로운 위치로 떠받들수록 우리의 하늘 아버지는 우리의 마음과 생각 속에서 그분의 고유한 위치를 더 많이 빼앗기신다.

셋째, 종의 마음을 함양하고 진정한 겸손의 본이 되어야 한다(23:11-12). 진정한 위대함은 자신보다 남을 앞세우고, 다른 사람들 앞에서 자신을 낮추어 그리스도의 본을 따를 때 드러난다. 사도 바울은 이렇게 썼다. "아무 일에든지 다툼이나 허영으로 하지 말고 오직 겸손한 마음으로 각각 자기보다 남을 낫게 여기고 각각 자기 일을 돌볼뿐더러 또한 각각 다른 사람들의 일을 돌보아 나의 기쁨을 충만하게 하라"(빌 2:3-4).

이 말은 모든 지도자의 직책을 폐지하고 목사, 교사, 지도자의 권한을 없애야 한다는 뜻일까? 신약성경은 "어떤 사람은…봉사의 일을 하게"(엡 4:11-12) 하라며 교회에서 지도자의 역할을 정립하지 않았는가? 예수님은 "자원함으로…양 무리의 본이 되[어]" 교회에서 가르치고, 설교하고, 훈련하고, 인도하는 목자들을 비난하신 것이 아니었다. 예수님은 그들 아래서 "더러운 이득을 위하여…맡은 자들에게 주장하는 자세를" 하며(벧전 5:2-3) 자기들의 위신을 높이는 데만 혈안이 되어 있는 바리새인들의 태도를 비난하신 것이었다. 한 해설자는 이렇게 말했다. "지도자의 자리는 그것 자체가 목표가 되어서는 안 되며, 모름지기 다른 사람을 섬길 수 있는 기회로 인식해야 한다."[96]

—23:13-36—

당대의 종교 사기꾼들이 퍼트리는 위험한 거짓에 대해 군중과 제자들에게 경고하신(23:1-12) 예수님은 이번에는 서기관과 바리새인들을 직접 겨냥하셨다. 그들은 군중 속에 섞여서 예수님의 가르침을 엿듣고 그분을 함정에 빠뜨릴 기회를 찾곤 했기 때문에 분명 이 무리 중에도 최소한 그들의 대표자 몇 명이 메시아의 벼락 같은 호통을 듣고 있었을 것이다. 예수님은 거기 남아 있는 이 자만심 가득한 학자들과 독선적인 현자들을 향해 신랄한 설교를 쏟아내셨다. "화 있을진저"로 시작하는 비통한 경고와 "너희"는 모두 그들을 가리키는 것이었다. 백성에게 미치는 그들의 영향력이 너무나 파괴적이고 사기를 저하시켰기 때문에 예수님은 참지 않으셨다. 그들에게 본때를 보여줄 때가 되었다.

예수님은 일곱 개의 "화 있을진저"로 신랄한 질책을 마치셨다. 이 통렬한 꾸짖음은 고뇌의 외침 소리를 흉내낸 *ouai*(우아, 3759)라는 감탄사로 시작한다. 종교 지도자들을 향한 이 외침은 일부는 책망이고 일부는 한탄이었다. 마태복음 23장 13-36절에 나오는 일곱 개의 "화 있을진저"는 그들의 완악한 마음에 대한 예수님의 고뇌의 외침이자 그들과 그들의 추종자들이 메시아를 거부함으로써 겪을 심판에 대한 슬픔의 외침이었다. 윌리엄 바클레이가 이것을 잘 표현했다. "[*Ouai*]에는 분노만이 아니라 슬픔도 담겨 있다. 여기에 담긴 분노는 의로운 분노다. 하지만 그것은 한사코 보지 못하는 인간에게 상처받은, 사랑하는 마음에서 나오는 분노다. 맹렬한 비난도 있지만, 가슴 아린 비극의 분위기도 서려 있다."[97]

더 호되게 꾸짖으시기 위해 예수님은 일곱 개의 "화 있을진저" 중 여섯 개에 종교 지도자들의 속임수를 폭로하는 데 딱 맞는 서술어인 "위선자!"를 추가하셨다. *Hypokritēs*(5273)라는 헬라어는 보통 연극배우를 가리킬 때 쓰였다. 부정적인 의미에서 "무대는 가짜 세상이고 배우는 사기꾼들이다."[98] 마태복음은 이런 부정적인 의미로 이 단어를 사용하고 있다. 서기관들과 바리새인들이 품고 있는 종교에 대한 생각은 보여주기 위한 행위였다. 곧 사람들이 지켜보고 있을 때 겉으로 보이는 의식을 행하고, 화려한 의복을 입으며, 시시콜콜한 규정과 규칙을 준수하는 것이었다. 하지만 가면 뒤 그들의 마음속에는 원한, 질투, 증오, 자존심, 교만 심지어 살의가 도사리고 있었다!

지금이 숨김없이 말할 수 있는 마지막 기회임을 아셨던 예수님은 반대자들의 터무니없는 속임수와 뻔뻔한 위선을 거듭 질타하셨다. 예수님의 일곱 가지 한탄을 표로 정리해 보자.[99]

이것은 예수님이 이 땅에서 사역하신 3년 동안 전하신 말씀 중 가장 강력한 것이었다. 그분은 숫자에 비해 상대적으로 큰 영향력을 행사하고 있는 사람들을 상대하고 계셨다. 군중은 서기관들과 바리새인들의 수준 높은 영성에 위축되었고, 죄책감과 수치심으로 강요되는 인간이 만든 규율에 평생 시달렸다.

이런 종교 지도자들 아래서 사람들은 하나님의 것을 사랑하기보다는 증오하는 법을 배우고 있었다. 사람들은 영적 훈련을 갈망하기는커녕 두려워했다. 예수님이 이 지도자들에게 이토록 신랄한 질책을 퍼부으신 것은 단순히 화가 치밀어서가 아니라 그들이 미치는 부정적인 영향력에 상심하셨기 때문이었다.

묵상의 서재

나는 박사입니다만!(마태복음 23:6-7)

거리에서 거드름을 피우고, 회당에서 제일 높은 자리를 찾고, 모든 하찮은 아랫사람들에게 '랍비'라고 부를 것을 강요하는 종교 사기꾼들에 대한 예수님의 경고를 읽을 때마다 나는 오래전에 만났던 한 사람이 떠오른다. 그는 마태복음 23장 6-7절에 나오는 예수님의 표현을 그대로 옮겨 놓은 듯한 사람이었다. 캘리포니아에서 훌륭한 텔레비전 방송을 제작하는 친구가 있었다. 그 친구는 각계각층의 네 사람을 모아 토크쇼를 하고 싶어 했다. 그는 나와 내 친구 사역자, 평신도 한 명 그리고 우리가 한 번도 본 적이 없는 작은 기독교 대학의 총장을 초대했다. 그를 '샘 슐록'이라고 부르자.

우리는 모두 촬영 전날 밤에 만나 다음 날 촬영에 대해 몇 가지 세부사항을 논의하기 위해 비행기를 타고 방송국이 있는 달라스로 갔다. 그 쇼의 프로듀서가 나와 내 친구에게 공항에 대기하고 있다가 비행기에서 내리는 샘 슐록을 만날 수 있는지 물었다. 그는 다른 지역에서 비행기를 타고 오고 있었다. 인터넷과 스마트폰이 나오기 훨씬 전이었기 때문에 우리는 구글에서 '슐록'을 검색해서 사진을 볼 수 없었다. 나는 친구인 프로듀서에게 물었다. "그 사람을 어떻게 알아보지?"

"아, 보면 금방 알 거야." 친구가 말했다.

그때만 해도(9.11 테러 이전) 비행기 출구에서 사람들을 만날 수 있었다. 우리는 비행기 출구까지 가서 승객들이 다 내리기를 기다렸다. 불행히도 우리는 마중 나간 사람을 알아보지 못했다. 그래서 나는 친구에게 "수하물 찾는 곳에 가서 그 사람을 만나는 게 좋겠다"고 말했다. 내려가는 길에 우리는 모자를 푹 눌러 쓰고, 넥타이를 조여 매고, 정장 안에 빳빳하게 풀을 먹인 셔츠를 입은 한 남자를 보았다. 나는 친구를 쿡쿡 찌르며 말했다. "저 사람일 거야." 친구와 나는 잠시 망설이다가 서로를 쳐다보고는 그 사람에게 다가갔다.

"저," 내가 말했다. "샘 슐록이시죠?" 나는 손을 내밀어 그와 악수했다.

"네, 슐록 박사입니다!" 그가 말했다.

"아, 그렇죠, 슐록 박사님이셨죠." 내가 말했다.

그는 가방을 내려 놓으며 말했다. "이것 좀 날라줘요!"

친구와 나는 그의 가방을 집어 들고 말했다. "우리가 예상했던 그대로시네요."

"아, 그런가요?" 그가 말했다. 우리는 출구를 향해 걷기 시작했다. "대학 총장을 어떤 모습으로 상상했나요?"

나는 "얼간이요!"라고 불쑥 내뱉지 않기 위해서 성령의 모든 열매를 동원해야 했다. 그 작자는 얼간이처럼 행동했고 얼간이처럼 말했다. 사실 그와 함께 있을수록 우리는 그가 얼간이라는 걸 더 많이 알게 되었다. 이상하게도, 그날 밤 호텔에서 누군가가 새벽 2시에 버드라이트 맥주 두 병과 프레첼 한 바구니를 그의 방에 배달시켰다. 우리 중에서 그럴 사람이 누가 있겠는가?

슐록 박사에게 중요한 것은 슐록 박사밖에 없었다. 우리도, 프로듀서도, 프로그램도 중요하지 않았다. 그리고 고백해야 할 것이 있다. 새벽 3시쯤 잠자리에 들면서 나는 생각했다. 나도 저런 사람인가? "하나님, 만약 제가 자아로 가득 찬 저 슐록 박사처럼 오만해지려는 기색이 조금이라도 보이면 부디 저를 도와주소서."

—23:37–39—

예수님은 서기관과 바리새인들에 대한 비난을 접으시고 예루살렘을 향해 탄식하셨다. 이 마지막 대목에서 예수님은 예루살렘 성읍을 도래할 나라에 대해 아무 관심도 없는 군중과 그곳의 정치와 종교 지도자들의 표상으로 사용하셨다. 예수님이 선포하신 메시지를 믿고 그분을 자기들이 고대하던 왕으로 받아들인 수백 명의 추종자가 있었지만, 대다수의 유대인은 예수님보다 앞서 간 선지자들의 설교를 거부했듯이, 그분을 완강히 거부했다. 그들은 선지자들을 돌로 쳐 죽였고, 예수님도 곧 그들의 손에 부당한 사형 선고를 받으실 것이다.

그들이 한사코 회개하지 않고 믿음을 거부했기 때문에 예수님은 이스라엘 백성을 모으시고 그들의 메시아로서 이스라엘이 받은 축복을 회복시키고자 하시는 그분의 깊은 갈망을 이루지 못하셨다(23:37). 하나님은 이스라엘을 축복하시고 그들을 압제하는 나라들을 심판하시는 대신 이스라엘 민족과 예루살렘 성읍을 "황폐하게" 두셨다(23:38). 그러나 예루살렘의 지도자들이 그들의 메시아를 십자가에 못 박고 난 후에도 주님은 계속 인내하실 것

혐의	구절	의미
배제	23:13	그들은 용서와 희망의 영광스러운 메시지로 다른 사람들을 하나님 나라의 삶으로 끌어들이기는커녕 의도적으로 진리에 저항하고 다른 사람들의 길을 가로막았다.
파괴	23:15	그들은 율법주의를 질병처럼 퍼뜨려 그 수를 늘리는 '악의 전도사'가 되어 있었다. 그들의 방식은 무식한 열정, 기만적이고 파괴적인 거짓 경건으로 순진한 개종자들을 포획하는 것이었다.
기만	23:16–22	그들은 성경을 자기들의 입맛에 맞추기 위해 많은 노력을 기울였다. 그들의 아전인수식 해석은 명확한 율법의 가르침에 대한 불복종으로 이어졌다. 그들의 생각은 너무나 왜곡된 나머지 자기기만에 눈이 멀었다.
주객전도	23:23–24	그들은 중요한 문제를 소홀히 하면서 사소한 일에 집착하는 데는 도가 텄다. 그들은 십일조를 정확히 바치기 위해 씨앗과 작은 잎사귀까지도 세었지만, 정의, 자비, 신실함 같은 기본적인 덕목은 소홀히 했다. 예수님은 이것을 낙타는 통째로 삼키면서 작디작은 하루살이는 걸러내는 것에 비유하셨다!
외식을 강조함	23:25–26	그들은 주변 사물의 청결에는 기를 쓰면서 마음의 청결에는 아무 관심이 없었다. 잔이나 접시의 안쪽이 더러우면 바깥쪽이 아무리 티끌 하나 없이 깨끗해도 소용없듯이, 그 종교 지도자들의 마음이 약탈과 이기심으로 가득 차 있다면 그들이 강조하는 외적인 청결은 무의미했다.
영적 죽음	23:27–28	그들은 겉으로는 티끌 하나 없이 깨끗하고, 순수하며, 거룩해 보였다. 그들의 옷은 빛 속에서 반짝였다. 하지만 하얀 페인트로 칠해진 무덤처럼 그들의 내면은 죽음과 부패의 악취로 가득했다.
살의	23:29–36	그들은 방심하고 있는 먹잇감을 덮칠 태세를 갖춘 독사처럼 유독하고 위험했다. 그들은 실제로는 선지자들을 핍박하고 죽인 자들에 속했으면서 옛 선지자들을 거짓으로 찬양하는 척했던 것처럼 며칠 내로 예수님을 죽이려는 음모를 꾸미고 있었다.

이다. 한 세대(약 40년) 동안, AD 70년 로마군이 유대를 휩쓸고, 예루살렘을 포위하고, 성읍과 성전을 파괴할 때까지 심판은 지연되었다.

그러나 그 강퍅한 마음으로 인해 응당 심판을 받아야 함에도 불구하고, 예수님은 예루살렘 백성을 품에 안으시기 위해 계속 손을 내미신다. 마태복음 23장 39절은 유대인들의 마음이 누그러져 "찬송하리로다 주의 이름으로 오시는 이여"라고 말할 날을 고대한다. 사도 바울은 "이방인의 충만한 수가 들어오기까지 이스라엘의 더러는 우둔하게 된 것이라 그리하여 온 이스라엘이 구원을 받으리라"(롬 11:25-26)고 써서 미래에 이스라엘이 회복될 것을 바라는 동일한 희망을 표현했다. "하나님의 은사와 부르심에는 후회하심이 없[기]"(롬 11:29) 때문에 이것은 확실하다.

적용: 마태복음 23:1-39

외식하지 말라

이웃을 감동시킬 뿐 아니라 하나님을 기쁘시게 하는 의를 거짓으로 꾸미는 자기들의 능력에 자신만만한 서기관과 바리새인보다 더 '종교적인' 사람은 없었다! 십자가에 못 박혔다가 부활한 메시아이신 예수님의 추종자로 회심하기 전에 사도 바울도 자기 스승을 전적으로 신뢰하는 이런 바리새인 중 하나였다. 그는 이렇게 썼다. "그러나 나도 육체를 신뢰할 만하며 만일 누구든지 다른 이가 육체를 신뢰할 것이 있는 줄로 생각하면 나는 더욱 그러하리니 나는 팔일 만에 할례를 받고 이스라엘 족속이요 베냐민 지파요 히브리인 중의 히브리인이요 율법으로는 바리새인이요 열심으로는 교회를 박해하고 율법의 의로는 흠이 없는 자라"(빌 3:4-6).

많은 사람이 바울이 그랬듯 선행, 선의, 선한 말, 종교적 행위로 천국에 갈 수 있다고 믿는다. 많은 사람이 하나님은 신실하고 경건한 행동을 하는 사람은 심판하지 않으시고, 명백히 악하고, 비종교적이며, 죄로 가득 찬 사람만 심판하실 거라고 생각한다. 하지만 마태복음 23장에서 바리새인을 향한 예수님의 비난은 이런 생각을 완전히 논파한다. 예수님은 어떤 사람들을 비난하셨을까?

- 정기적으로 예배에 참석하는 사람들.
- 종교적인 서원을 한 사람들.
- 지속적으로 십일조를 내는 사람들.
- 하나님의 명령을 철저히 지키려고 애쓰는 사람들.
- 주변 사람들에게 규율을 강요하는 사람들.

• 성경에 나오는 믿음의 영웅들을 귀감으로 삼은 사람들.

하나님이 보시기에 생명을 주시는 성령의 능력으로 예수 그리스도를 통해 그분과 맺는 진정한 관계 외에 이런 것들은 하나도 중요하지 않다. "예루살렘아 예루살렘아"(23:37)라는 이 애끓는 말씀은 그리스도와 신자들을 향한 독기 어린 증오심이 극에 달한 다소의 사울이 다메섹으로 가는 길 위에서 부활하신 주님을 만났을 때 인격화되었다. "사울아 사울아 네가 어찌하여 나를 박해하느냐?"(행 9:4) 그리고 그것은 그리스도와 개인적인 관계를 맺지 않고 자기들의 종교적 열정으로 천국에 한 발짝이라도 더 가까이 갈 수 있다고 믿는 모든 사람에게도 되풀이될 수 있다. "동호야, 동호야"…"유진아, 유진아"…"민수야, 민수야."

교회에 가고, 성경을 공부하고, 세례를 받고, 청구서를 지불하고, 도덕적인 삶을 살고, 십계명을 준수하는 것, 이런 것들은 하나님의 환심을 사지 못한다. 하나님은 그리스도의 인격과 사역을 믿음으로써 은혜로만 얻을 수 있는 내적인 의를 요구하신다. 겉치레는 하나님을 감동시키지 못한다. 그러므로 당신이 예수님을 믿는다면 가면을 벗고 연극을 끝내라. 하나님은 가짜 겉모습에 속지 않으신다. 하나님은 도움이 필요한 상심한 어린아이처럼 그분께 겸허히 나아오는 회개하는 마음에 관심이 있으시다. 다른 사람들을 위해 쇼를 하는 것은 기만적일 뿐 아니라 파괴적이다. 그것은 사람들이 가짜 영성에 부응하려고 할 때 거짓된 죄의식과 수치심을 준다. 사람들에게 보여주려고 하지 말고 은혜와 자비, 용서와 회복의 근원이신 예수님을 가리켜주라. 영생을 주는 의는 예수 그리스도, 오직 그분에게서 나온다.

종말을 처음으로 엿보다(마태복음 24:1-28)

1예수께서 성전에서 나와서 가실 때에 제자들이 성전 건물들을 가리켜 보이려고 나아오니 2대답하여 이
르시되 너희가 이 모든 것을 보지 못하느냐 내가 진실로 너희에게 이르노니 돌 하나도 돌 위에 남지 않
고 다 무너뜨려지리라

3예수께서 감람 산 위에 앉으셨을 때에 제자들이 조용히 와서 이르되 우리에게 이르소서 어느 때에
이런 일이 있겠사오며 또 주의 임하심과 세상 끝에는 무슨 징조가 있사오리이까

4예수께서 대답하여 이르시되 너희가 사람의 미혹을 받지 않도록 주의하라 5많은 사람이 내 이름으

로 와서 이르되 나는 그리스도라 하여 많은 사람을 미혹하리라 6난리와 난리 소문을 듣겠으나 너희는
삼가 두려워하지 말라 이런 일이 있어야 하되 아직 끝은 아니니라 7민족이 민족을, 나라가 나라를 대적
하여 일어나겠고 곳곳에 기근과 지진이 있으리니 8이 모든 것은 재난의 시작이니라

9그 때에 사람들이 너희를 환난에 넘겨 주겠으며 너희를 죽이리니 너희가 내 이름 때문에 모든 민
족에게 미움을 받으리라 10그 때에 많은 사람이 실족하게 되어 서로 잡아 주고 서로 미워하겠으며 11거
짓 선지자가 많이 일어나 많은 사람을 미혹하겠으며 12불법이 성하므로 많은 사람의 사랑이 식어지리라
13그러나 끝까지 견디는 자는 구원을 얻으리라 14이 천국 복음이 모든 민족에게 증언되기 위하여 온 세
상에 전파되리니 그제야 끝이 오리라

15그러므로 너희가 선지자 다니엘이 말한 바 멸망의 가증한 것이 거룩한 곳에 선 것을 보거든 (읽는
자는 깨달을진저) 16그 때에 유대에 있는 자들은 산으로 도망할지어다 17지붕 위에 있는 자는 집 안에 있
는 물건을 가지러 내려 가지 말며 18밭에 있는 자는 겉옷을 가지러 뒤로 돌이키지 말지어다 19그 날에는
아이 밴 자들과 젖 먹이는 자들에게 화가 있으리로다 20너희가 도망하는 일이 겨울에나 안식일에 되지
않도록 기도하라 21이는 그 때에 큰 환난이 있겠음이라 창세로부터 지금까지 이런 환난이 없었고 후에
도 없으리라 22그 날들을 감하지 아니하면 모든 육체가 구원을 얻지 못할 것이나 그러나 택하신 자들을
위하여 그 날들을 감하시리라 23그 때에 사람이 너희에게 말하되 보라 그리스도가 여기 있다 혹은 저기
있다 하여도 믿지 말라 24거짓 그리스도들과 거짓 선지자들이 일어나 큰 표적과 기사를 보여 할 수만 있
으면 택하신 자들도 미혹하리라 25보라 내가 너희에게 미리 말하였노라 26그러면 사람들이 너희에게 말
하되 보라 그리스도가 광야에 있다 하여도 나가지 말고 보라 골방에 있다 하여도 믿지 말라 27번개가 동
편에서 나서 서편까지 번쩍임 같이 인자의 임함도 그러하리라 28주검이 있는 곳에는 독수리들이 모일
것이니라

성경에 기록된 예언의 주제는 마치 두 개의 자석이 서로 반응하는 것과 같다. 그것은 많은 사람을 끌어당긴다. 또 어떤 사람들은 밀어낸다. 예언에 이끌린 사람들은 미래에 대해 알고 싶어 한다. 그들은 현재의 사건이 그들의 미래와 어떻게 연관될지 그리고 그들의 삶이 두 가지 모두에게서 어떤 영향을 받을지 헤아려본다. 예언을 달가워하지 않는 사람들은 대개 다가올 심판의 함의를 두려워하고, 성경의 언어와 상징을 혼란스러워하며, 또는 미래가 그들의 일상생활에 실질적으로 작용될 거라고 생각하지 않는다.

사람들이 성경의 예언에 대해 극단-대단하지 않게 생각하거나 집착하거나-으로 치우치는 모습은 흔히 볼 수 있다. 1세기에도 이런 극단적인 관점이 있었다는 증거가 있다. 베드로는 일부 사람이 장차 심판이 있으리라는 메시지를 조롱했다고 말했다(벧후 3:3-4). 이

와 반대로 바울은 자기들이 이미 종말 가운데 있다고 잘못 믿고 있는 몇몇 사람의 생각을 바로잡아주어야 했다(살후 2:1-2). 예수님은 공생애의 마지막 주에 감람산에서 하신 말씀으로 그분의 원제자들과 우리에게 잘못 알려진 사실을 바로잡아주셨다.

—24:1-3—

예수님은 서기관과 바리새인을 향한 격앙되고 단호한 경고를 끝내신 뒤(마 23장) 제자들과 함께 성전에서 나와 감람산을 거쳐 약 3킬로미터 거리에 있는 베다니로 가셨다. 기드론 골짜기까지 구불구불한 길을 내려갔다가 감람산의 가파른 비탈길을 올라갈 때 제자 중 몇 명이 성전 쪽으로 돌아서서 그 웅장한 구조물을 바라보았다(24:1). 마가와 누가의 복음서 모두 제자들이 성전의 아름답고 화려한 석조물에 경탄을 금치 못했다고 전한다(막 13:1, 눅 21:5).

제자들이 헤롯대왕의 작품에 왜 그토록 큰 자부심을 느꼈는지 이해하기는 어렵지 않다. 헤롯대왕은 산 자체를 확장하기 위해 거대한 옹벽 건설을 포함하여 야심차게 진행된 재건 사업을 지원했다. 지금까지도 원래 옹벽('통곡의 벽'이라고도 불린다)의 서쪽 면이 남아 있다. 그것은 예수님 시대 이후로 거의 2천 년이 지난 지금 보아도 장관이다! 이렇게 확장된 기초 위에 헤롯은 성전 일대를 완전히 재건하고 아름답게 꾸며 성전에 경외심을 불러일으키는 위엄을 불어넣었다. 인간의 관점에서 볼 때 성전에 대한 제자들의 집착은 이해할 만했다. 한 작가가 설명하듯이 "모두가 하얀 대리석으로 건축된 건물의 장엄함에 대해 말한다. 그 건물의 동쪽 전면은 떠오르는 태양 빛을 반사하는 금판으로 덮여 있었다."[100] 기드론 골짜기를 건너던 제자들의 시선을 사로잡은 것이 바로 성전의 이 찬란한 동쪽 면이었다.

성전과 사람이 만든 찬란함을 보고 제자들이 찬탄하자 예수님은 이렇게 반응하셨다. "너희가 이 모든 것을 보지 못하느냐 내가 진실로 너희에게 이르노니 돌 하나도 돌 위에 남지 않고 다 무너뜨려지리라"(마 24:2). 성전을 향한 제자들의 열정에 대한 이 뜻밖의 반응에 제자들은 뺨을 한 대 맞은 것 같았을 수 있지만, 물리적이고 호화로운 것에 대한 그들의 집착을 바로잡을 필요가 있었다.

예수님이 미래에 성전이 파괴될 거라는 예언을 하신 뒤 베드로, 야고보, 요한, 안드레가 감람산 위에 앉아서 골짜기 건너편의 성전을 바라보고 계시는 예수님께 따로 다가갔다(24:3, 막 13:3). 해가 서쪽으로 기우는 동안 성전을 오렌지빛으로 감싸면서 저 아래 골짜기에 불길한 그림자를 드리우는 광경이 눈에 선하다. 예수님의 예언이 마음에 걸렸을 것이 분명한 이 제자들은 두 가지를 여쭈었다. "우리에게 이르소서 어느 때에 이런 일이 있겠사오며 또 주의 임하심과 세상 끝에는 무슨 징조가 있사오리이까?"(마 24:3)

첫 번째 질문에서 "이런 일"이란 예수님이 언급하신 비극적인 사건, 곧 돌 하나도 돌 위에 남지 않을 성전의 파괴를 말한다. 두 번째 질문을 보면 제자들은 그 영광스러운 성전의 파괴가 어떤 식으로든 심판관과 왕으로 오실 메시아 그리고 '종말'과 관련이 있을 거라고 추측한 것이 분명하다. 종말이란 메시아 아래서 이스라엘 민족의 회복으로 이어지는 큰 환난기를 말한다. 제자들은 예레미야 30장 7절의 예언을 익히 알고 있었을 것이다. "슬프다 그 날이여 그와 같이 엄청난 날이 없으리라 그 날은 야곱의 환난의 때가 됨이로다 그러나 그가 환난에서 구하여 냄을 얻으리로다." 성전이 파괴될 것이라는 언급은 다니엘 9장 26-27절의 예언도 생각나게 했을 것이다.

> 예순두 이레 후에 기름 부음을 받은 자가 끊어져 없어질 것이며 장차 한 왕의 백성이 와서 그 성읍과 성소를 무너뜨리려니와 그의 마지막은 홍수에 휩쓸림 같을 것이며 또 끝까지 전쟁이 있으리니 황폐할 것이 작정되었느니라 그가 장차 많은 사람들과

헤롯이 확장한 성전산 모형. 성전은 동쪽을 향하고 있고, 전면에 인상적인 동쪽 벽이 서 있다. 제자들은 성전의 동쪽 벽을 바라보며 이 아름다운 석조물에 감탄했다.

> 더불어 한 이레 동안의 언약을 굳게 맺고 그가 그 이레의 절반에 제사와 예물을 금지할 것이며 또 포악하여 가증한 것이 날개를 의지하여 설 것이며 또 이미 정한 종말까지 진노가 황폐하게 하는 자에게 쏟아지리라 하였느니라 하니라.

이러한 구약의 '종말' 구절이 바탕에 있었기 때문에 제자들에게서 그 질문이 나온 것이 이해가 된다. 그러나 그들은 사건이 일어나는 순서는 정확히 알지 못했다. 성전의 완전한 파괴는 불과 몇십 년 후인 AD 70년에 일어날 것이지만, 메시아가 심판관과 왕으로 오셔서 불의한 열국의 통치가 종식되는 것은 우리에게 교회 시대로 알려진 기간이 끝날 때까지 일어나지 않을 것이다. 이처럼 제자들이 여쭌 두서없는 질문에 대한 예수님의 답변은 가까운 성취와 먼 성취, 일부는 1세기에 일어났고 일부는 그리스도의 재림 때까지 일어나지 않을 일을 모두 포함하고 있었다.

—24:4-14—

그날 감람산에서 예수님은 제자들에게 미래에 일어날 일들을 간추려주셨다. 제일 먼저 '무엇'에 대한 질문을 다루셨다. 곧 메시아의 출현과 종말의 표적이다. 그런 다음 '언제'에 관한 질문을 간략히 다루셨다. 종말, 즉 "야곱의 환난의 때"(렘 30:7)에 대해서 예수님은 그리스도가 지상에 그분의 나라를 세우려고 다시 오시기 전 마지막 세대의 사람들과 관련된 여섯 가지 표적을 알려주셨다.

그러나 잊지 말라. 예수님이 말씀하신 몇몇 사건은 현시점에서 볼 때 이미 발생했다. 1세기 로마의 침입과 예루살렘 함락이 그렇다. 어떤 사건들은 우리에게 아직 미래다. 그리고 예수님의 어떤 말씀은 중의적이어서 가까운 미래인 1세기에 대한 언급이자 훗날 종말에 궁극적으로 성취될 일의 예표 또는 예시가 되기도 한다. 어떤 사건이 가까운 성취이고 먼 성취인지 또는 둘 다인지를 결정하는 문제는 수 세기 동안 큰 논쟁의 대상이 되었다. 그러므로 이러한 '시대의 징표'를 살펴볼 때 세부적인 것에 대해 어림짐작하거나 독단적인 주장에 빠지지 말고 큰 틀에 집중하면서 신중을 기해야 한다.

종말의 첫 신호는 가짜 그리스도가 점점 늘어나 거짓이 널리 퍼지는 것이다(마 24:4-5).

미래의 거짓은 예전과는 달리 훨씬 강화되고 확대되어 종국에는 궁극적인 한 적그리스도와 그의 거짓 선지자가 출현하는 것으로 절정에 달할 것이다. 그 거짓 선지자는 전 세계에 사탄의 속임수를 직접 구현할 것이다(참조. 계 13장). 큰 환란기에는 성령이 악을 제재하는 능력을 거두실 것이므로(참조. 살후 2:6–7) 전례 없는 영적, 도덕적, 정치적 혼란의 시대가 뒤따를 것이다.

지금은 성령이 주로 성령의 능력을 받은 교회를 통해 세상의 불법을 제지하신다. 신자들 안에 임재하시는 그분은 우리가 세상의 빛으로 빛나게 하시고, 이 땅의 소금으로 세속적인 문화 속에 스며들게 하신다(마 5:13–16). "야곱의 환난의 때" 또는 위대한 "주의 날"로 알려진 7년 대환란 전에 교회가 휴거될 때(살전 4:16–17) 빛의 자녀들은 어둠의 세계에서 옮겨질 것이다(참조. 살전 5:1–8). 그로 인한 큰 환란기의 영적인 "밤"에 진리는 유례없이 왜곡될 것이다. 설상가상으로 그 무법자인 적그리스도가 각광받을 것이다. F. F. 브루스는 이렇게 요약한다. "악을 억제하는 힘이 아직 없어지지 않았으므로 그 무법자는 아직 나타나지 않았고, 따라서 주님의 날도 당연히 아직 오지 않았다."[101]

그러나 이 경고는 지금 우리에게도 여전히 유효하다. 바울은 데살로니가 사람들에게 "불법의 비밀"이 이미 세상에 작용하고 있음을 상기시켰고(살후 2:7), 요한도 "적그리스도의 영"이 이미 존재하며(요일 4:3), 많은 작은 "적그리스도들"에게 힘을 불어넣고 있다고 경고했다(요일 2:18). 감람산 강론에서 예수님이 미래에 이러한 사탄의 속임수가 분명히 나타날 것을 지적하셨지만, 우리 역시 거짓 선지자, 거짓 교사, 거짓 메시아가 지금도 그리고 끊임없이 그들의 거짓 영성을 퍼뜨리고 있는 현실에 경각심을 가져야 한다. 교회가 휴거되기 전인 우리 시대에는 영적 패악이 제지되고 있다. 그것이 전혀 없지는 않지만 세상을 완전히 장악하지는 못하고 있다. 큰 환란 때는 고삐가 풀릴 것이다.

종말의 두 번째 징표는 세계 정세가 국가 간의 분쟁으로 소용돌이칠 것이다. 그리고 종종 전쟁으로 번질 것이다(마 24:6–7). 장차 그리스도가 심판관과 왕으로 세상에 물리적으로 다시 오시기 전에, 나라들 사이에 대규모 세계 대전이 일어날 것이다. 요한계시록은 중동 지역이 이 세계적 갈등의 진원지일 것임을 시사하지만, 서로 얽혀 있는 세계 정치, 경제 구조로 인해 모든 사람이 전쟁에 휘말릴 가능성이 크다. 요한계시록 13장에 그 궁극적인 모습이 표현되어 있다. 바다의 괴물이 무적의 군사력을 행사하며 성도들과 전쟁을 벌이고,

그의 권세 아래 "각 족속과 백성과 방언과 나라를" 제압한다(계 13:3-7). 진통이 진행되고 출산이 임박할수록 산모의 통증이 심해지는 것과 마찬가지로 종말이 가까워질수록 전쟁은 전 세계적으로 증가해 전면적인 국제 분쟁이 절정에 달할 것이다.

종말의 세 번째 징표는 기근, 지진, 기타 자연 재해가 급증하는 것이다(마 24:7-8). 지질학적 교란은 영적 기만과 정치적 혼란과 동시에 일어나 공포는 더 커지고 절망이 만연할 것이다. 기아와 질병이 확산되어 고통이 가중될 것이다. 또한 작물과 가축의 멸종, 하천, 우물, 저수지의 고갈, 식량, 물, 전기와 같은 주요 자원의 공급에 필요한 자연적, 인공적 기반 시설의 파괴 등의 재난이 일어날 것이다. 공급망에 차질이 생겨 인명이 손실될 것이다. 오늘날에도 규모가 크지는 않아도 이미 자연재해가 도시와 국가에 미치는 영향을 관찰할 수 있을 만큼 발생하고 있다. 이런 일들은 대환란기와 관련해서 극심해질 재난을 예시하는 것에 불과하다.

종말의 네 번째 징표는 신자들이 그리스도를 미워하는 자들에게서 심한 박해를 받는 것이다. 교회가 휴거한 뒤 그리스도를 믿게 된 사람들—흔히 '환란기의 성도들'로 일컬어지는—이 박해와 처형의 대상이 될 것이다. 나머지 세상 사람들이 적그리스도를 숭배할 때 이 신자들은 예수 그리스도와 자기를 동일시할 것이기 때문에 구원받지 못한 자들의 들끓는 증오가 그들을 향해 쏟아질 것이다. 많은 사람이 쫓기고, 체포되고, 재판을 받고, 살해될 것이다. 순교가 크게 늘어나겠지만, 이 신자들은 하늘나라의 상속자로서 영원한 상급을 받을 것이다. 요한계시록은 "각 나라와 족속과 백성과 방언에서 아무도 능히 셀 수 없는 큰 무리가" "큰 환난에서 나오는" 광경을 묘사한다(계 7:9-17). 이 사람들은 적그리스도와 그의 사악한 제국의 손에 순교당할 자들이다(계 6:9-11, 13:7-10).

종말의 다섯 번째 징표는 소위 그리스도인들이라고 하는 많은 사람이 믿음을 버리는 것이다(마 24:10-13). 말세의 영적 기만과 물리적 핍박은 진짜로 구원받은 자들과 구원받았다고 우기는 자들을 걸러낼 것이다. 예수 그리스도의 추종자인 양 행세했던 자들이 거짓을 따르고 신체에 위해를 가하는 위협 앞에서 그리스도를 부인하면서 자기들의 본색을 드러낼 것이다. 그들은 믿음 안에 굳게 서지 못하고 진리를 외면하며, 동료 신자들을 배반하고 형제들에게 사랑이 아닌 증오를 보여줄 것이다. 역사를 통틀어 그래왔듯이 오늘날에도 핍박 앞에서 예수님의 가짜 추종자들이 걸러진다. 늘 그랬다. 참으로 거듭나고 정말로 구원받은 자들은 성령의 능력으로 끝까지 버틸 것이다.

종말의 여섯 번째 징표는 전 세계에 복음이 선포되는 것이다(24:14). 가짜 그리스도들, 파괴적인 전쟁, 자연재해, 핍박 등으로 지구촌의 공포가 말할 수 없이 극심해지는 가운데서도 예수 그리스도의 구원의 메시지는 여전히 선포될 것이다. 모든 민족이 복음을 들을 것이며, 모든 이에게 영생을 믿을 기회가 주어질 것이다. 그렇게 야심찬 세계적인 임무가 장차 있을 7년 대환란의 짧은 기간 동안 어떻게 이루어질까? 어쩌면 하나님이 빈 무덤에서 최초로 부활을 선포하실 때 그러셨듯이 천사 같은 전령들을 사용해 복된 소식을 전하실 수도 있다(28:5-7). 요한계시록은 그러한 미래에 천사가 포고하는 것을 암시한다.

> 또 보니 다른 천사가 공중에 날아가는데 땅에 거주하는 자들 곧 모든 민족과 종족과 방언과 백성에게 전할 영원한 복음을 가졌더라 그가 큰 음성으로 이르되 하나님을 두려워하며 그에게 영광을 돌리라 이는 그의 심판의 시간이 이르렀음이니 하늘과 땅과 바다와 물들의 근원을 만드신 이를 경배하라 하더라(계 14:6-7).

또 하나님은 요한계시록 7장 1-8절에 기록된 이스라엘의 열두 지파에서 나온 144,000명의 개종자를 통해 일하실 것이다. 이 히브리인들은 지구 역사상 가장 어두운 시기에 신실하고, 용감하며, 성실한 그리스도의 증인이 될 것이다. 하나님은 큰 환란 때 그들이 해를 받지 않게 보호하시고, 이스라엘이 열국에게 하나님의 증인이 되는 옛 구약의 소명을 성취하는 일에 그들을 사용하실 것이다(참조. 사 43:1-13). 이스라엘을 향한 하나님의 계획은 모름지기 그들이 이방인들에게 진리의 빛이 되는 것이었다. 큰 환란 때 그들은 마침내 이 세계적인 사명을 완수할 것이다. 이스라엘 민족 중에서 믿음을 가진 남은 자들은 능력과 보호로 봉인될 뿐 아니라 큰 환란기를 살아남아 장차 천년왕국에서 이스라엘이 그 땅을 되찾을 때 이스라엘 민족의 첫 열매가 될 것이다.

—24:15-28—

예수님은 당신이 심판관과 왕으로 이 땅에 다시 오실 수밖에 없게 하는 이 세상의 상황을 충격적이고 무시무시한 상징을 사용해서 묘사하셨다. 해산을 앞둔 여인의 진통이 갈수록 심해지듯이 그 기간 동안 지상의 주민들도 갈수록 극심해지는 재난에 휘말릴 것이다(24:8). 이러한 일들은 마침내 하나님의 백성들이 구출되고 적그리스도와 그의 모든 추종자가 심판을 받으면서 절정에 달할 것이다. 이 계시로 예수님은 제자들의 두 번째 질문에 부분적으로 답하셨다. "주의 임하심과 세상 끝에는 무슨 징조가 있사오리이까?"(24:3) 하지만 예수님은 아직 말씀하실 것이 많았다.

이러한 말세의 신호를 설명하시던 예수님이 느닷없이 다니엘 선지자가 세 번이나 말했던 "멸망의 가증한 것"(24:15)에 대해 언급하셨다(단 9:27, 11:31, 12:11). 이 구절은 "멸망을 부르는 가증한 것"이라고 표현할 수도 있다. R. V. G. 태스커에 따르면 "BC 168년에 안티오코스 에피파네스가 신성한 경내에 이교도 제단을 설치해 성전을 모독한 것은 참으로 가증스러운 일이었다."[102] 이와 유사하게 혐오스러운 신성모독-그리고 이와 관련된 멸망-이

장차 일어날 사건 순서

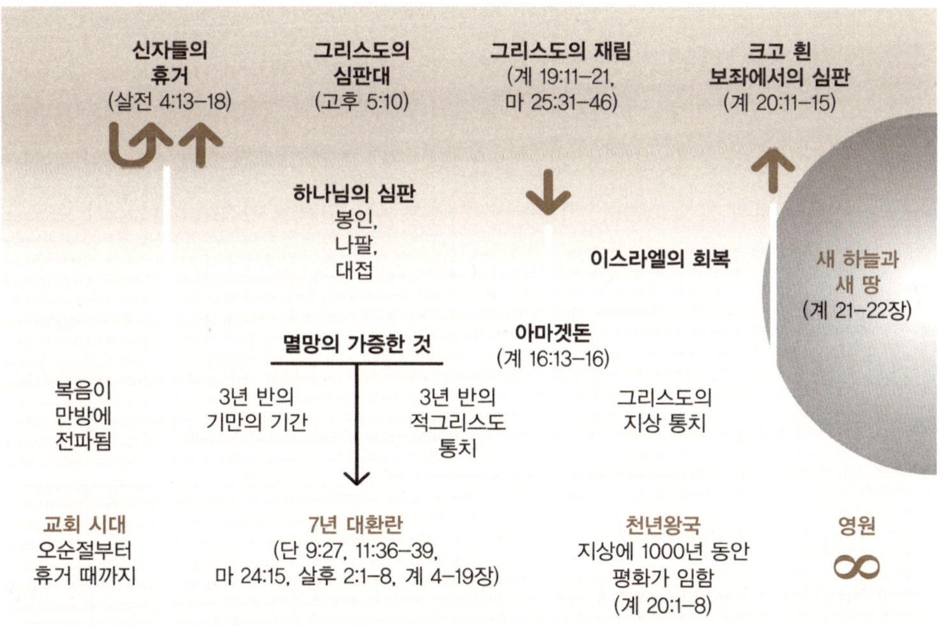

마태복음 24장과 25장에 나오는 예수님의 말씀 중 많은 부분이 장차 교회 시대와 천년왕국 사이에 있을 7년 대환란기를 가리킨다. 이 표는 장차 일어날 이 사건들과 관련된 구약과 신약의 구절을 한데 모았다.

AD 70년에 발생했는데, 이때 "로마인들은 성전을 불태우고 티투스를 황제로 선포하고 동문에 로마 국기를 달고 제물을 바쳤다."[103]

여기서 우리는 가까운 시일 안에 일어날 일과 먼 미리에 일어날 일 모두를 염두에 둔 것으로 보이는 감람산 강론의 일면을 본다. 예수님의 이 가르침을 거의 똑같이 기록한 누가는 이 말씀이 더 가까운 미래의 일, 즉 약 40년 뒤 로마인들이 자행한 일을 강조하는 것 같다. "너희가 예루살렘이 군대들에게 에워싸이는 것을 보거든 그 멸망이 가까운 줄을 알라 그 때에 유대에 있는 자들은 산으로 도망갈 것이며 성내에 있는 자들은 나갈 것이며 촌에 있는 자들은 그리로 들어가지 말지어다"(눅 21:20–21). 마가도 멸망의 가증한 것을 언급하지만, 다니엘의 말을 인용하고 있다고 명시하지는 않는다(막 13:14). 마태가 다니엘의 예언을 구체적으로 지목한 것은 분명히 이 예언의 궁극적 성취를 장차 있을 그리스도의 재림 때까지로 미룬 것이다. 마태가 다니엘의 예언을 강조했다고 해서 AD 70년에 일어날 일을 부인한 것은 아니다. 오히려 그러한 부분적이고 역사적인 성취가 장차 있을 종말의 사건들에 대한 예표나 전조 역할을 한다. 이는 앞서 BC 168년 안티오코스 에피파네스가 저질렀던 멸망의 가증한 일 역시 적어도 제한적 의미에서 다니엘의 말을 부분적으로 성취한 것으로 볼 수 있는 것과 마찬가지다.

역사의 물결 위에서 물수제비를 뜨는 돌멩이처럼, 멸망의 가증한 것에 대한 다니엘의 예언은 미래에 적그리스도 아래서 겪게 될 큰 환란기의 마지막 사건에 앞서 수차례 벌어지는 부분적인 '리허설'을 가리킨다. 이 마지막 사건은 AD 70년에 성전이 파괴된 지 수십 년 후에 쓰인 요한계시록 13장에 나오는 짐승의 환상으로 확인된다. 여기서 요한은 적그리스도와 전 세계에 걸쳐 그의 왕국이 발흥하는 것을 보는데, 아마도 이들이 미래의 큰 환란 때 성전을 짓밟을 것이다(계 13:1–10, 참조. 11:1–2). 마찬가지로 사도 바울도 주의 날(대환란기)이 "저 불법의 사람 곧 멸망의 아들이 나타나기 전에는 그 날이 이르지 아니하리니 그는 대적하는 자라 신이라고 불리는 모든 것과 숭배함을 받는 것에 대항하여 그 위에 자기를 높이고 하나님의 성전에 앉아 자기를 하나님이라고 내세[울]"(살후 2:3–4) 때까지 오지 않을 거라고 단언한다. 이 구절들을 종합해보면 멸망의 가증한 것이 궁극적으로 드러나는 것이 바로 적그리스도임을 알 수 있다!

유대의 주민들은, 그들이 1세기의 세대든 아니면 큰 환란 때 살아 있을 먼 훗날의 세대든, 그런 일들이 벌어지는 것을 보면 즉각 탈출해야 한다(마 24:15-20). 박사 학위를 가진 성경학자가 아니어도 이것저것 종합해서 급히 '몸을 피해야' 한다는 것을 알아챌 수 있다. 그들은 불타는 건물을 빠져나가는 피난민 같을 것이다. 아무리 귀한 소유물이라도 그것 때문에 우물쭈물하며 위험을 무릅쓰면 안 된다. 안전한 곳으로 서둘러 도망쳐야 한다.

지난 세기 동안 우리는 이처럼 긴급한 대응이 필요한 자연재해와 정치적 위기를 숱하게 보았다. 잔인무도한 나치 정권이 유럽 국가들을 잇달아 점령하자 유대인들은 생존을 위해 도망쳤다. 뒤에 남았던 사람들은 생계 수단뿐 아니라 대부분은 목숨까지 잃었다. 베트콩이 사이공을 침공하고 사람들을 가득 태운 마지막 헬리콥터가 이륙하자 그곳에 살고 있던 베트남인들은 살기 위해 고국을 떠나 도망쳤다. 수많은 허리케인이 육지로 다가올 때도 폭풍의 길목에 있는 해안 도시 주민들은 파괴와 죽음을 피해 내륙으로 도망쳤다. 우리가 그런 재앙을 모르는 바는 아니지만, 그날 저녁 감람산에서 하신 예수님의 예지의 말씀은 마지막 때에 대한 암울한 진실을 전달한다. "이는 그 때에 큰 환난이 있겠음이라 창세로부터 지금까지 이런 환난이 없었고 후에도 없으리라"(24:21). 그날들은 너무 참혹해서 그리스도의 영광스러운 재림으로 파괴가 중단되지 않으면 "모든 육체가 구원을 얻지 못할 것이[다]"(24:22). 예수님의 말씀 중 이 대목은 분명히 먼 미래, 이 땅에 심판과 분노가 쏟아질 마지막 중대한 시기를 내다보신 것이다.

마태복음 24장 23-28절에 이르면 우리는 예수님이 24장 4절에서 시작하신 지점-거짓된 말과 마찬가지로 거짓된 표적과 기사-으로 돌아간다. 적그리스도가 성전에 자리를 잡을 때 예루살렘과 유대에서 도망치는 그리스도인 유대인들에게 이 말씀은 그들이 잊었던 것을 기억나게 할 것이다. 그들은 가짜 그리스도들과 거짓 선지자들을 조심해야 한다. 그들은 구원받지 못한 자들이 자기들의 거짓말을 믿도록 속이고 택하신 자들을 안전한 곳에서 꼬여내기 위해 "표적과 기사를 보여줄" 것이다(24:23-26). "그렇다면 진짜 메시아와 그분의 천군천사들이 도착했다는 것을 우리가 어떻게 알 수 있는가?" 또는 "지금이 그때라는 걸 어떻게 알 수 있는가?"라는 묵시적 질문에 대해 예수님은 이렇게 답하셨다. "번개가 동편에서 나서 서편까지 번쩍임 같이 인자의 임함도 그러하리라"(24:27). 다시 말해, 그리스도가 영광 가운데 실제로 오시는 것을 절대 모를 수 없다. 마지막 때 활동하는 가짜 그리스도들과 거짓 선지자들이 일으키는 "표적과 기사"가 아무리 놀라워도 그분의 재림과 그것을 혼동할 사람은 아무도 없을 것이다.

마태복음 24장 28절의 모호한 말씀은 역사를 통틀어 수많은 주석가를 당황하게 했다.[104] 이 말씀의 어조가 심상치 않은 것은 분명하다. 이 말씀에 상응하는 누가복음 17장 37절의 맥락을 보면 다가올 심판과 직접 연관된다는 것을 알 수 있다. 이 강론에서 예수님은 노아와 롯 시대에 그랬듯 갑자기 심판이 임할 때까지 사람들은 자기들의 일을 하느라 여념이 없었다(눅 17:26-36, 비교. 마 24:36-41). 그 심판의 때에 구원받은 자와 구원받지 못한 자들이 "하나는 데려감을 얻고 하나는 버려둠을 당[하는]"(눅 17:34-35, 비교. 마 24:40-41) 분리가 일어날 것이다. 이 말씀을 들은 제자들이 이렇게 물었다. "주여 어디오니이까"?(눅 17:37) 그 질문이 데려감을 받은 자들에 대한 것인지 남겨진 자들에 대한 것인지(또는 둘 다인지)는 확실하지 않다. 그리고 어느 편이 심판을 받고 어느 편이 구원을 받는지도 명확하지 않다. 그러나 신자와 불신자 사이에 확실한 구분이 지어진다는 것은 분명하다.

그리스도가 재림하실 때 살육당한 자들의 살을 뜯어먹는 새들을 언급한 요한계시록 19장 21절의 무시무시한 환상에 비추어볼 때 예수님은 이 말씀을 장차 사악한 자들이 분명히 심판받을 것이라는 예언으로 사용하셨다고 보는 것이 가장 합당하다. 그분의 수수께끼 같은 진술은 새들이 썩은 고기를 먹는다는 말에서 입증되었듯이 지구를 심판의 장소로 지목한다. 악과 죽음은 대개 같은 장소에서 발견된다. 의인에게서 분리된 자들은 오직 그리스도에 대한 믿음만으로 오직 은혜로 받는 구원을 찾지 못했기 때문에 심판에 넘겨질 것이다.

적용: 마태복음 24:1-28

그때를 바라보며 현재를 살기

감람산 강론의 첫 부분에 나오는 예수님의 예언적인 말씀을 읽고 나면 우리는 '두려움에 떨기' 시작할 수 있다. 미래에 벌어질 일에 대해 병적으로 집착하면서 지금 전 세계에서 일어나는 일 중에서 심판의 날이 임한 것처럼 보이는 뉴스를 끊임없이 뒤질 수 있다. 그렇게 한 사람들도 있다. 그들은 세상에서 벌어지는 사건들을 가리키며 "바로 이거다!"라고 선포하거나 세계 정치가 놀랍도록 발전되었음을 알게 된 후 그리스도의 재림에 대한 카운트다운을 시작했다. 이렇게 해서는 그때에 비추어 현재를 살 수 없다. 대신 종말의 사건들을 가리켜 그리스도가 하신 예언에 비추어 두려움이 아니라 확신을 가지고, 의심이 아니라 희망을 가지고 살기 위한 세 가지 제안을 하고 싶다. 이 각각의 제안마다 구약의 약속과 신약의 약속을 하나씩 덧붙이려 한다.

첫째, 두려움 속에서 살고 싶은 유혹을 뿌리치라. 감람산 강론에서 하신 예수님의 말씀은 예수 그리스도 안에서 구원을 찾은 진정한 신자들을 겁주시려는 것이 아니다. 그것은 불신과 불의에 빠져 세상에서의 심판과 영원한 심판을 받을 위험에 처한 사람들에게 주는 경고였다. 그리스도를 믿는 사람들은 두려워할 필요가 없다. 이사야 41장 10절은 이렇게 말씀한다. "두려워하지 말라 내가 너와 함께 함이라 놀라지 말라 나는 네 하나님이 됨이라 내가 너를 굳세게 하리라 참으로 너를 도와 주리라 참으로 나의 의로운 오른손으로 너를 붙들리라." 바울은 제자 디모데에게 이렇게 썼다. "하나님이 우리에게 주신 것은 두려워하는 마음이 아니요 오직 능력과 사랑과 절제하는 마음이니"(딤후 1:7).

둘째, 하나님이 절대적 주권자이심을 기억하라. 그분은 거의 또는 대부분 또는 부분적인 주권자가 아니시다. 우리는 세상의 사건들과 우리 개인의 인생사를 모두 온전히 주관하시는 하나님을 믿고, 사랑하고, 섬기는 것이다. 그분의 계획 밖에서 일어나는 일은 아무것도 없다. 이 말은 현재와 미래에 일어나는 모든 일의 타이밍이 그분 손안에 있다는 뜻이다. 우리는 조금도 걱정할 필요가 없다. 시편 115편 3절은 이렇게 말한다. "오직 우리 하나님은 하늘에 계셔서 원하시는 모든 것을 행하셨나이다." 바울이 썼듯이 그분은 선하시고 지혜로우시기 때문에 우리는 그분이 행하시는 모든 일을 신뢰할 수 있다. "우리가 알거니와 하나님을 사랑하는 자 곧 그의 뜻대로 부르심을 입은 자들에게는 모든 것이 합력하여 선을 이루느니라"(롬 8:28).

마지막으로 불확실하거나 불안하다고 느낄 때마다 하나님의 말씀에 의지하라. 그분의 영감으로 쓰인 무오한 말씀은 인간의 모든 말에 우선한다. 뉴스는 사람들을 광란의 도가니로 몰아넣을 수 있다. 하나님의 말씀은 우리의 마음을 안정시키고 걱정을 덜어준다. 사람들은 부정적인 면을 강조하고 미래를 암울하게 전망하기를 좋아한다. 하나님의 말씀은 우리가 예수 그리스도 안에서 품고 있는 희망을 가리킨다. 그분이 오실 때는 신자들의 구세주이자 불신자들의 정의로운 재판관으로 오실 것이다. 걱정스러운 일이 생기면 제일 먼저 하나님의 말씀을 찾아야 한다. 시편 119편 105절의 말씀을 들어보라. "주의 말씀은 내 발에 등이요 내 길에 빛이니이다." 성경은 결코 당신을 잘못된 길로 인도하거나 절망에 빠트리지 않을 것이다. 실제로 바울은 로마서 15장 4절에 이렇게 썼다. "무엇이든지 전에 기록된 바는 우리의 교훈을 위하여 기록된 것이니 우리로 하여금 인내로 또는 성경의 위로로 소망을 가지게 함이니라." 하나님의 말씀은 불확실성, 불안감, 미래에 대한 두려움이 아니라 인내와 격려와 희망을 준다.

준비되었는가? 그분이 오신다(마태복음 24:29-25:46)

29그 날 환난 후에 즉시 해가 어두워지며 달이 빛을 내지 아니하며 별들이 하늘에서 떨어지며 하늘의 권
능들이 흔들리리라 30그 때에 인자의 징조가 하늘에서 보이겠고 그 때에 땅의 모든 족속들이 통곡하며
그들이 인자가 구름을 타고 능력과 큰 영광으로 오는 것을 보리라 31그가 큰 나팔소리와 함께 천사들을
보내리니 그들이 그의 택하신 자들을 하늘 이 끝에서 저 끝까지 사방에서 모으리라

32무화과나무의 비유를 배우라 그 가지가 연하여지고 잎사귀를 내면 여름이 가까운 줄을 아나니 33이
와 같이 너희도 이 모든 일을 보거든 인자가 가까이 곧 문 앞에 이른 줄 알라 34내가 진실로 너희에게 말
하노니 이 세대가 지나가기 전에 이 일이 다 일어나리라 35천지는 없어질지언정 내 말은 없어지지 아니하
리라

36그러나 그 날과 그 때는 아무도 모르나니 하늘의 천사들도, 아들도 모르고 오직 아버지만 아시느
니라 37노아의 때와 같이 인자의 임함도 그러하리라 38홍수 전에 노아가 방주에 들어가던 날까지 사람
들이 먹고 마시고 장가 들고 시집 가고 있으면서 39홍수가 나서 그들을 다 멸하기까지 깨닫지 못하였으
니 인자의 임함도 이와 같으리라 40그 때에 두 사람이 밭에 있으매 한 사람은 데려가고 한 사람은 버려
둠을 당할 것이요 41두 여자가 맷돌질을 하고 있으매 한 사람은 데려가고 한 사람은 버려둠을 당할 것이
니라

42그러므로 깨어 있으라 어느 날에 너희 주가 임할는지 너희가 알지 못함이니라 43너희도 아는 바니
만일 집 주인이 도둑이 어느 시각에 올 줄을 알았더라면 깨어 있어 그 집을 뚫지 못하게 하였으리라 44이
러므로 너희도 준비하고 있으라 생각하지 않은 때에 인자가 오리라

45충성되고 지혜 있는 종이 되어 주인에게 그 집 사람들을 맡아 때를 따라 양식을 나눠 줄 자가 누
구냐 46주인이 올 때에 그 종이 이렇게 하는 것을 보면 그 종이 복이 있으리로다 47내가 진실로 너희에
게 이르노니 주인이 그의 모든 소유를 그에게 맡기리라 48만일 그 악한 종이 마음에 생각하기를 주인이
더디 오리라 하여 49동료들을 때리며 술친구들과 더불어 먹고 마시게 되면 50생각하지 않은 날 알지 못
하는 시각에 그 종의 주인이 이르러 51엄히 때리고 외식하는 자가 받는 벌에 처하리니 거기서 슬피 울며
이를 갈리라

25:1그 때에 천국은 마치 등을 들고 신랑을 맞으러 나간 열 처녀와 같다 하리니 2그 중의 다섯은 미련하고
다섯은 슬기 있는 자라 3미련한 자들은 등을 가지되 기름을 가지지 아니하고 4슬기 있는 자들은 그릇에
기름을 담아 등과 함께 가져갔더니 5신랑이 더디 오므로 다 졸며 잘새 6밤중에 소리가 나되 보라 신랑이
로다 맞으러 나오라 하매 7이에 그 처녀들이 다 일어나 등을 준비할새 8미련한 자들이 슬기 있는 자들에
게 이르되 우리 등불이 꺼져가니 너희 기름을 좀 나눠 달라 하거늘 9슬기 있는 자들이 대답하여 이르되
우리와 너희가 쓰기에 다 부족할까 하노니 차라리 파는 자들에게 가서 너희 쓸 것을 사라 하니 10그들이
사러 간 사이에 신랑이 오므로 준비하였던 자들은 함께 혼인 잔치에 들어가고 문은 닫힌지라 11그 후에 남
은 처녀들이 와서 이르되 주여 주여 우리에게 열어 주소서 12대답하여 이르되 진실로 너희에게 이르노니
내가 너희를 알지 못하노라 하였느니라 13그런즉 깨어 있으라 너희는 그 날과 그 때를 알지 못하느니라

14또 어떤 사람이 타국에 갈 때 그 종들을 불러 자기 소유를 맡김과 같으니 15각각 그 재능대로 한 사
람에게는 금 다섯 달란트를, 한 사람에게는 두 달란트를, 한 사람에게는 한 달란트를 주고 떠났더니 16다
섯 달란트 받은 자는 바로 가서 그것으로 장사하여 또 다섯 달란트를 남기고 17두 달란트 받은 자도 그같
이 하여 또 두 달란트를 남겼으되 18한 달란트 받은 자는 가서 땅을 파고 그 주인의 돈을 감추어 두었더니

19오랜 후에 그 종들의 주인이 돌아와 그들과 결산할새 20다섯 달란트 받았던 자는 다섯 달란트를
더 가지고 와서 이르되 주인이여 내게 다섯 달란트를 주셨는데 보소서 내가 또 다섯 달란트를 남겼나이
다 21그 주인이 이르되 잘하였도다 착하고 충성된 종아 네가 적은 일에 충성하였으매 내가 많은 것을 네
게 맡기리니 네 주인의 즐거움에 참여할지어다 하고

22두 달란트 받았던 자도 와서 이르되 주인이여 내게 두 달란트를 주셨는데 보소서 내가 또 두 달란
트를 남겼나이다 23그 주인이 이르되 잘하였도다 착하고 충성된 종아 네가 적은 일에 충성하였으매 내
가 많은 것을 네게 맡기리니 네 주인의 즐거움에 참여할지어다 하고

24한 달란트 받았던 자는 와서 이르되 주인이여 당신은 굳은 사람이라 심지 않은 데서 거두고 헤치
지 않은 데서 모으는 줄을 내가 알았으므로 25두려워하여 나가서 당신의 달란트를 땅에 감추어 두었었
나이다 보소서 당신의 것을 가지셨나이다

26그 주인이 대답하여 이르되 악하고 게으른 종아 나는 심지 않은 데서 거두고 헤치지 않은 데서 모
으는 줄로 네가 알았느냐 27그러면 네가 마땅히 내 돈을 취리하는 자들에게나 맡겼다가 내가 돌아와서
내 원금과 이자를 받게 하였을 것이니라 하고 28그에게서 그 한 달란트를 빼앗아 열 달란트 가진 자에게
주라

29무릇 있는 자는 받아 풍족하게 되고 없는 자는 그 있는 것까지 빼앗기리라 30이 무익한 종을 바깥
어두운 데로 내쫓으라 거기서 슬피 울며 이를 갈리라 하니라

31인자가 자기 영광으로 모든 천사와 함께 올 때에 자기 영광의 보좌에 앉으리니 32모든 민족을 그
앞에 모으고 각각 구분하기를 목자가 양과 염소를 구분하는 것 같이 하여 33양은 그 오른편에 염소는 왼
편에 두리라

34그 때에 임금이 그 오른편에 있는 자들에게 이르시되 내 아버지께 복 받을 자들이여 나아와 창세
로부터 너희를 위하여 예비된 나라를 상속받으라 35내가 주릴 때에 너희가 먹을 것을 주었고 목마를 때
에 마시게 하였고 나그네 되었을 때에 영접하였고 36헐벗었을 때에 옷을 입혔고 병들었을 때에 돌보았
고 옥에 갇혔을 때에 와서 보았느니라 37이에 의인들이 대답하여 이르되 주여 우리가 어느 때에 주께서
주리신 것을 보고 음식을 대접하였으며 목마르신 것을 보고 마시게 하였나이까 38어느 때에 나그네 되
신 것을 보고 영접하였으며 헐벗으신 것을 보고 옷 입혔나이까 39어느 때에 병드신 것이나 옥에 갇히신
것을 보고 가서 뵈었나이까 하리니 40임금이 대답하여 이르시되 내가 진실로 너희에게 이르노니 너희
가 여기 내 형제 중에 지극히 작은 자 하나에게 한 것이 곧 내게 한 것이니라 하시고

41또 왼편에 있는 자들에게 이르시되 저주를 받은 자들아 나를 떠나 마귀와 그 사자들을 위하여 예
비된 영원한 불에 들어가라 42내가 주릴 때에 너희가 먹을 것을 주지 아니하였고 목마를 때에 마시게 하
지 아니하였고 43나그네 되었을 때에 영접하지 아니하였고 헐벗었을 때에 옷 입히지 아니하였고 병들
었을 때와 옥에 갇혔을 때에 돌보지 아니하였느니라 하시니 44그들도 대답하여 이르되 주여 우리가 어
느 때에 주께서 주리신 것이나 목마르신 것이나 나그네 되신 것이나 헐벗으신 것이나 병드신 것이나 옥
에 갇히신 것을 보고 공양하지 아니하더이까 45이에 임금이 대답하여 이르시되 내가 진실로 너희에게
이르노니 이 지극히 작은 자 하나에게 하지 아니한 것이 곧 내게 하지 아니한 것이니라 하시리니 46그들
은 영벌에, 의인들은 영생에 들어가리라 하시니라

성경의 예언은 늘 비평가들의 표적이 되어왔다. 유사 이래로 회의론자들은 예언적인 성경 말씀을 조롱하고, 놀림거리로 삼고, 꼬투리를 잡았다. 특별히 세상의 종말이 가까워질수록 이 주제는 계속 조롱하는 자들의 심심풀이 대상이 될 것이다. 사도 베드로는 그의 두 번째 서신 말미에 이것에 대해 썼다. "먼저 이것을 알지니 말세에 조롱하는 자들이 와서 자기의 정욕을 따라 행하며 조롱하여 이르되 주께서 강림하신다는 약속이 어디 있느냐 조상들이 잔 후로부터 만물이 처음 창조될 때와 같이 그냥 있다 하니"(벧후 3:3-4).

어디서 많이 들어본 말 같지 않은가? 하나님이 옛날 노아 시대에 불경한 사람들을 심판하신 대홍수 같은 큰 격변을 무시하려 들면 그렇게 생각하기 쉽다. 또는 하나님이 소돔과 고모라를 심판하시고 롯을 구출하신 이야기는 사람들이 믿게 하려고 겁을 주는 신화에 불과하다고 생각한다면 성경의 예언을 믿는 자들을 조롱하기 쉽다. 그러나 노아와 롯의 시대에 이런 일이 일어났듯이 장차 그리스도가 재림하실 때에도 그럴 수 있다. 준비되지 않은 사람들은 갑자기 전 세계에 임한 심판의 때를 꼼짝없이 맞게 될 것이다. 준비가 됐든 안 됐

든 예수님은 오신다!

그리스도의 재림에 관한 가르침은 엇갈린 감정을 일으킬 수밖에 없다. 준비가 되어 있는 사람들에게는 위로, 안도감, 열망이 혼재되어 있다. 불신, 불순종, 반항심 때문에 준비가 되어 있지 않은 사람들이 느끼는 감정은 무지한 무관심에서 업신여기는 경멸에 이르기까지 다양하다. 그러나 예수 그리스도의 인격과 사역에 대한 구원의 복음에 대해 중립을 지키는 것이 불가능하듯이 재림에 대해서도 그렇다. 우리가 그것에 대해 생각하고 있지 않을 때에도 하나님의 시계는 똑딱거리며 참 신자들이 이 땅에서 들려 올려지고 세상에 남은 자들은 큰 주의 날-7년 대환란-을 맞을 것이다(살전 4:16-5:3).

—24:29-25:46—

종말 사건을 상세히 연구하는 데 많은 시간을 쓸 수도 있지만, 나는 예수님의 영광스러운 재림에 이르기까지의 날들과 재림에 관한 예수님의 강론에서 일곱 가지 원칙(어떤 것은 적용도 함께)을 끌어내어 큰 틀에 집중하기로 했다. 이 원칙들은, 일부는 마태복음 25장 1-30절에 나오는 두 가지 관련된 비유에서 영감을 얻기는 했지만, 주로 마태복음 24장 29-51절과 25장 31-46절의 예언을 바탕으로 한다.

나는 각 구절의 의미를 일일이 설명하지 않을 것이고, 추측의 탁류 속으로 깊이 들어가지 않을 것이다. 종말 사건에 대한 더 상세한 설명은 내 요한계시록 주석에 나온다.[105] 여기서는 기본적으로 예수님의 주요 논점을 간략히 추리고, 우리의 반응과 관련된 몇 가지 실제적인 제안을 하고자 한다.

첫째, 그리스도가 재림을 오래 늦추실 수도 있으니 인내심을 갖고 기다리자. 이제 분명해졌듯이, 예수님이 감람산 강론을 하셨을 때부터 그분의 재림 때까지 수 세기가 지나갈 것이다. 감람산에서 그분과 함께 앉아 있던 원제자들은 그렇게까지 지체될 줄은 꿈에도 몰랐을 것이다. 극심한 박해를 받으며 살았던 초대 교회의 다음 몇 세대도 몰랐다. 중세 암흑시대에 희망의 불꽃을 꺼트리지 않고 신실하게 남아 있던 참된 신자들도 몰랐다. 종교개혁운동을 예수님이 재림하시기 전 복음의 회복으로 보았던 종교개혁가들도 마찬가지였다. 그들 자신과 다른 사람들에게 우리가 교회의 휴거를 경험할 세대가 분명하다고 장담한 현

묵상의 서재

대비하시오!(마태복음 24–25장)

내 절친 중에 신자가 되기 전에 무신론자였던 친구가 있다. 그를 브루스라고 부르겠다. 완고한 불신자였던 시절 브루스는 모든 종교적인 것으로부터 적절하고, 안전하고, 편안한 거리를 유지했다. 그는 영적인 것에 대해 전혀 생각하지 않았고, 만약 그런 이야기가 나오면 재빨리 화제를 바꾸곤 했다.

그러던 몇 년 전 브루스는 히치하이킹을 하며 미국 대륙을 횡단하고 있었다. 땅거미가 지면서 머리 위로 먹구름이 드리웠고 멀리서 천둥소리가 울리기 시작했다. 목적지까지 가야 하기도 했지만 다가오는 폭풍우도 피해야 해서 급히 태워줄 차를 찾기 시작했다. 막 빗방울이 떨어지기 시작했을 때 차 한 대가 서더니 문이 홱 열리면서 운전자가 "타요!" 하고 소리쳤다. 브루스는 망설일 겨를이 없었다. 비를 피할 수 있어서 기뻤다. 차에 타자마자 빗줄기가 자동차를 세차게 두들기기 시작했다. 그는 안심하며 안전벨트를 맸다. 그러다 바로 앞에 있는 글러브 박스에 붙어 있는 작은 카드를 보고 소스라치게 놀랐다. 이런 말이 쓰여 있었던 것이다.

> **경고!**
> 그리스도가 재림하시면 이 운전자는 갑자기 사라지고
> 이 차는 자동 폐기됩니다.
> 후회하지 말고 대비하시오!

나는 브루스에게 그걸 보고 어떤 기분이었는지 물은 적이 있다. 비는 내리고, 날은 거의 저물었고, 그가 광신도로 취급하는 사람의 차에 갇혀 있는 기분 말이다. 브루스가 대답했다. "나는 유서를 써야 할지, 기도해야 할지, 뛰어내려야 할지 난감했지. 그래서 만약을 대비해 우선 차의 잠금장치를 풀었어. 그 남자는 계속 화제를 예수님으로 돌리고 싶어 했고, 나는 계속 다른 쪽으로 돌리려고 했어." 그러는 내내 그 믿거나 말거나 식의 거창한 경고가 적힌 카드는 대시보드에서 브루스를 계속 노려보고 있었다.

그리스도가 오신다는 주장에 대한 양극단을 보여주는 얼마나 완벽한 예인가! 우리는 모두 이 세상이라는 같은 차에 타고 있다. 일부는 그리스도의 재림을 진리로 받아들여 다른 사람들에게 "대비하라"고 외친다. 또 다른 사람들은 그리스도인들을 미쳤다고 확신하며 불안정한 무신론을 고수하면서 인생 여정을 밟고 있다. 그리스도의 재림에 대한 믿음과 불신의 경계가 이보다 더 분명할 수 없다. 그리고 준비하라는 외침은 이보다 더 간단할 수 없다. "후회하지 말고 대비하시오!"

대의 수많은 예언 광신자들도 마찬가지였다.

그러나 예수님은 언제 종말 사건이 일어날지는 아무도 모른다고 분명히 말씀하셨다(24:36). 실제로, 열 처녀 비유에서 신랑(그리스도를 상징)은 오는 때를 미루었다(25:5). 마찬가지로 예수님은 달란트 비유에서 주인이 "오랜 후에"(25:19) 결산하러 돌아왔음을 강조하셨다. 사실, 예수님의 초림과 재림 사이의 간격은 우리 인간의 관점에서만 지체된다. 베드로후서 3장 8절을 명심하라. "주께는 하루가 천 년 같고 천 년이 하루 같다." 하나님의 시간은 우리의 시간과 다르다. 그러므로 우리는 늘 깨어서 부지런히 일하고 인내하며 기다려야 한다.

둘째, 그리스도의 재림은 갑작스럽고 예상하지 못할 것이다. 우리는 신실하게 기다리며 주님을 섬기고 결실을 맺어야 하지만 이 세상에서 너무 편해지면 안 된다. 마태복음 24장 37-39절에서 예수님은 장차 그분이 오실 때의 상황을 노아와 롯의 시대에 비유하셨다. 사람들은 자신들의 패역이 곧 심판을 받을 거라는 사실을 모른 채 평범한 삶을 살고 있었다. 마찬가지로 이 땅의 마지막 세대도 큰 환란 때 갑작스러운 심판이 시작될 것을 예상하지 못할 것이다(24:39, 42-44, 50). 그분이 도둑처럼 느닷없이 오실 거라는 사실을 생각해볼 때(24:43) 우리의 책임은 분명하다. "너희도 준비하고 있으라 생각하지 않은 때에 인자가 오리라"(24:44). 열 처녀 비유에서 지혜로운 처녀들은 신랑이 갑작스럽게 도착할 것에 대비하고 있었기 때문에 혼인 잔치에 영접을 받았다(25:6-10). 그러나 어리석은 처녀들은 방심했다. 그들은 들어갈 가망 없이 닫힌 문 밖에 있었다(25:10-12). 그것을 우리는 이렇게 적용해야 한다. "그런즉 깨어 있으라 너희는 그 날과 그 때를 알지 못하느니라"(25:13).

셋째, 그리스도의 심판은 되돌릴 수 없다. 사람들은 하나님과 그분의 말씀을 진지하게 받아들여야 한다. 그분은 자기의 뜻을 바꾸지 않으시며 중언부언하지 않으신다. 마태복음 24장과 25장에는 결단을 미루고, 준비되어 있지 않으며, 두 번째 기회가 주어지기를 바라는 자들에 대한 경고가 들어 있다. 하나님의 시험은 상대 평가가 아니다. 재시험도 가산점도 없다. 그리스도의 재림 때 임할 엄중하고 갑작스러운 심판은 그냥 은유가 아니라 사람들을 회개하게 하려는 것이다. 심판은 엄연한 현실이고 돌이킬 수 없다. 우리가 믿을 수 있는 기회는 살아 있을 때 단 한 번밖에 없다. "한번 죽는 것은 사람에게 정해진 것이요 그 후에는 심판이 있으리니"(히 9:27).

넷째, 그리스도가 다시 오시면 진리가 드러날 것이다. 열 처녀 비유에서 신랑이 올 것에 대비하지 않은 어리석은 처녀들은 혼인 잔치에 들어가지 못하고 닫힌 문 밖에 있게 되었다(마 25:8-11). 그들이 문을 두드리며 들어가게 해달라고 하자 신랑은 이렇게 대답한다. "진실로 너희에게 이르노니 내가 너희를 알지 못하노라"(25:12). 사기꾼들은 신실한 친구 행세를 하면서 잠시 그런 척할 수 있지만, 결국에는 진실이 드러나게 마련이다. 오랫동안 들키지 않고 위선자의 삶을 사는 것은 분명 가능하다. 공공장소에서 하는 행동과 사적인 공간에서 하는 행동이 딴판인 그리스도인들도 있다. 가족과 가까운 친구들은 대부분 실상을 알지만 때로는 그들도 속는다. 그러나 결국에는 최고의 사기꾼이나 지극히 노회한 위선자도 모든 것을 알고 계시는 심판자를 속이지 못한다. 진실은 드러나게 되어 있다.

다섯째, 각 사람은 그리스도의 재림 때 개인적인 책임을 질 것이다. 마태복음 24장 40-41절의 수수께끼 같은 묘사는 그리스도가 오실 때 두 사람이 함께 일하다가 한 사람은 데려감을 당하고 한 사람은 남겨질 것이라고 말한다. 어떤 이들은 이것을 데려감을 당한 사람들은 다가올 심판에서 구출되어 안전한 곳으로 옮겨질 거라는 뜻으로 이해한다.[106] 하지만 나는 그 사람들은 심판 때 휩쓸려간 자들—예수님이 24장 38절에서 "홍수가 나서 그들을 다 멸[했다]"고 말씀하신 노아 때의 악한 자들에 상응하는—로 이해하는 것이 가장 적절하다고 생각한다.[107] 그러나 어떤 경우든 요지는 이것이다. 모든 사람은 각자의 믿음이나 불신에 대해 책임을 질 것이다. 당신은 아내나 남편한테 책임을 미루거나, 당신을 위해 부모의 믿음을 내세우거나, 가정 배경, 교인의 자격, 사역 참여를 근거로 무죄를 주장할 수 없을 것이다. 한 사람은 심판으로 끌려가고 다른 사람은 남아서 하나님 나라의 상급을 받을 것이다.

여섯째, 신실한 자들의 미래는 기쁨으로 가득 찰 것이다. 하나님의 약속은 성취될 것이며 그분은 결코 자기 자녀들을 잊지 않으실 것이다. 마태복음 24장 31절은 큰 환란이 끝날 때 인자가 나팔 소리와 함께 천사들을 보내어 "사방에서", 또는 마가가 말했듯이 "땅 끝으로부터 하늘 끝까지"(막 13:27) 택하신 자들을 모으실 거라고 말한다. 다시 말해, 동서남북, 곧 눈으로 볼 수 있는 가장 먼 곳에서 신자들이 지상에 세워진 메시아의 나라로 모여들 것이다. 이 일을 데살로니가전서 4장 16-17절에 나오는 교회의 휴거로 오인하는 사람들도 있는데, 구약성경을 인용한 마태복음 24장 31절은 다른 선택된 자들의 다른 모임을 나타낸다. 이사야 11장 12절은 하나님이 "여호와께서 열방을 향하여 기치를 세우시고 이스라엘의 쫓긴 자들을 모으시며 땅 사방에서 유다의 흩어진 자들을 모으시리니"라고 말한다. 이 모임은 그리스도가 영광 가운데 오시는 재림 때(참조. 마 19:28) 큰 환란 후에 일어날 것이다(참조. 24:29). 한 주석가의 설명처럼, "다니엘의 70번째 주간에 신자가 되어 박해를 피해 세계 각지로 흩어졌던 사람들도 이때 모여들 것이다"(참조. 마 24:16).[108]

택함받은 자들이 왕국으로 모이는 장면은 마태복음 25장 31-46절에 나오는 '양과 염소'의 심판에도 나온다. 이때 메시아는 그분 우편에 양-의인들-을 세우시고 "예비된 나라를 상속 받으라"고 하신다(25:34-36). 이 약속은 그리스도의 재림 전 큰 환란의 마지막 날 동안 이 땅에 남아 있을 신실한 성도들에 관한 것이지만 우리에게도 적용되는 것이 있다. 하나님은 믿음과 순종의 삶을 영화롭게 하신다는 것이다. 하나님은 우리가 이 땅을 사는 동안 행한 신실한 행동에 대해 미래의 왕국에서 구체적인 보상을 받을 것이라 약속하신다(25:21). 그리고 큰 환란이 끝날 때 살아남은 신자들이 함께 모여 왕국에서 생명으로 보상받는 것과 비슷한 방식으로 교회 시대를 사는 현재의 신자들은 전적으로 그리스도 안에서의 우리의 신분에 근거해 공중에서 주님을 만나기 위해 하늘로 휴거될 것이다(살전 4:16-17).

끝으로 잃어버린 자들의 운명은 참혹할 것이다. 무엇을 상상하든 그 이상일 것이다. 불신자들, 그리스도의 재림을 준비하지 않은 자들, 위선자들과 악랄한 비난을 퍼붓던 자들은 "슬피 울며 이를 갈"(마 24:51) 곳으로 가게 될 것이다. 달란트 비유에서는 이곳을 "바깥

그리스도의 초림과 재림의 비교

그리스도의 초림	그리스도의 재림
온유한 종으로 오셨다(마 20:28).	권능 가운데 재판장으로 오실 것이다 (마 24:30-31, 25:31-46, 요 5:26-29).
겸손하고 온유한 자로 오셨다(마 11:29, 요 5:41).	위엄과 영광 가운데 오실 것이다(살전 4:16, 계 1:7).
잃어버린 자들을 찾아 구원하러 오셨다 (마 18:11, 눅 19:10, 요 3:17).	심판하고 다스리러 오실 것이다 (행 10:40-42, 고후 5:10, 계 11:15).
죄인들을 대신해 고난받는 종으로 오셨다 (마 16:21, 17:12, 막 9:12).	의인들을 하나님의 진노에서 구출하시기 위해 정복자로 오실 것이다(고전 15:51-52, 살전 4:15-17).
복음의 씨앗을 뿌리기 위해 오셨다 (마 13:3-9, 눅 8:11).	추수하러 오실 것이다(마 13:37-43).

그날과 시간은 아무도 모른다

예수님부터 바울, 베드로부터 초대교회 전체에 이르기까지 아무도 주님의 날이 언제 시작되는지 또는 주님이 언제 재림하시는지 모른다는 데는 이견이 없었다. 그 점을 명확히 밝히는 다음의 성경 본문을 참고하라.

- "그러나 그 날과 그 때는 아무도 모르나니 하늘의 천사들도, 아들도 모르고 오직 아버지만 아시느니라"(마 24:36).
- "그러므로 깨어 있으라 어느 날에 너희 주가 임할는지 너희가 알지 못함이니라"(마 24:42).
- "주의하라 깨어 있으라 그 때가 언제인지 알지 못함이라"(막 13:33).
- "그들이 모였을 때에 예수께 여쭈어 이르되 주께서 이스라엘 나라를 회복하심이 이 때니이까 하니 이르시되 때와 시기는 아버지께서 자기의 권한에 두셨으니 너희가 알 바 아니요"(행 1:6-7).
- "형제들아 때와 시기에 관하여는 너희에게 쓸 것이 없음은 주의 날이 밤에 도둑 같이 이를 줄을 너희 자신이 자세히 알기 때문이라"(살전 5:1-2).
- "그러나 주의 날이 도둑 같이 오리니"(벧후 3:10).
- "내가 도둑 같이 이르리니 어느 때에 네게 이를는지 네가 알지 못하리라"(계 3:3).
- "보라 내가 도둑 같이 오리니 누구든지 깨어 자기 옷을 지켜 벌거벗고 다니지 아니하며 자기의 부끄러움을 보이지 아니하는 자는 복이 있도다"(계 16:15).

어두운 데"(25:30)로 묘사한다. 다른 곳에서는 "영벌"(25:46)의 장소라고 한다. 우리의 영원한 운명을 바꾸는 일은 이생에서 일어난다. 영생을 확신하는 유일한 방법은 그리스도가 우리를 대신해 희생하신 죽음과 초자연적인 몸으로 부활하신 것을 받아들이는 것이다(고전 15:1-5). 우리는 오직 그리스도만을 믿음으로 오직 은혜로 구원받는다. 그렇지 않으면 우리는 구원받지 못한다.

적용: 마태복음 24:29-25:46
당신만 답할 수 있는 세 가지 질문

나는 이 단원을 색다른 방법으로 접근했다. 각 구절을 상세히 설명하고 몇 가지 까다로운 질문에 답하기보다는 큰 그림을 제시하고 우리 모두에게 실질적으로 시사하는 바에 초점을 맞추는 쪽을 택했다. 왜냐하면 우리가 언젠가 주님 앞에 서서 우리 삶에 대해 설명할 때 그분은 우리에게 종말 교리에 대한 신학적 시험이나 휴거나 재림의 핵심 구절에 대한 성경 퀴즈를 내지 않으실 것이기 때문이다. 그분은 우리에게 백지를 주시면서 올바른 시간 순서대로 종말 사건의 표를 그리라고 하지 않으실 것이다. 우리는 다음의 세 가지 중요한 질문에 어떻게 답하느냐에 따라 평가를 받을 것이다.

첫째, 내가 들은 것에 대해 나는 어떻게 반응했는가? 어떤 사람들은 평생 계속해서 진리를 외면하고, 진리에 따른 인생의 중요한 결정을 날마다, 해마다 늦출 것이다. 그러나 영생에 들어가기 위해서는 오직 그리스도를 통한 구원의 복음을 믿음으로 받아들여야 한다. 이를 위해서는 그분이 누구신지(하나님이시자 인간의 몸으로 이 땅에 오신) 그리고 그분이 우리를 위해 무엇을 하셨는지(죽었다가 다시 살아나심)를 결연히 받아들여야 한다. 나는 마태복음 24장과 25장에 묘사된 종말 사건들이 특별한 이유로 정확한 시간 순서대로가 아니라 주제별로 제시되어 있다고 생각한다. 그리고 그 이유는 우리의 관심을 시간표가 아닌 마음으로

보라 신랑이로다(마태복음 25:1-13)

그리스도와 교회의 관계를 신랑과 신부의 관계와 비교한 신약성경의 비유(예. 9:15, 25:1-13)를 이해하려면 역사적, 문화적 배경을 알아야 한다. 고대 근동의 결혼 전통은 21세기 서구 문화의 전통과는 사뭇 달랐다. 유대인은 전통적으로 혼인 예식을 한 번만 하지 않고 몇 단계에 걸쳐서 했다.

약혼. 유대인의 약혼은 현대의 약혼보다 훨씬 더 공식적이고 법적 구속력이 있었다. 신랑 신부의 부모가 혼약을 하면 보통 최소한 1년 후에 열리는 예식을 준비하기 시작했다. 이 약혼 기간 동안 신랑 신부는 함께 살지 않아도 법적으로 결혼한 것으로 간주되었고, 약혼을 깨려면 이혼 문서가 있어야 했다.

피로(披露). 부부의 살림집이 마련되고 준비가 끝나면 혼인의 다음 단계가 시작된다. 실제 혼인 예식을 올리기 위해 신랑이 집을 떠나 신부가 친구인 들러리들과 기다리고 있는 신부의 집으로 향한다. 그때 신랑은 그녀를 자기의 사랑하는 신부로 발표한다.

예식. 신부를 발표하면 며칠 동안 이어지는 긴 피로연이 시작된다. 새 신랑 신부가 만찬장을 떠날 때는 부부로서의 권리와 특권과 책임을 오롯이 가지게 된다.[109]

교회와 그리스도의 관계를 결혼에 빗댄 비유는 이러한 고대 유대인의 결혼식 관습을 반영한다. 하나님 아버지는 그분의 예지로 "창세 전에"(엡 1:4) 교회를 택하셨다. 따라서 죄인들이 구원받으면 그리스도와 약혼한 관계가 되어 혼약이 완전히 실현될 때를 기다리는 관계로 묶인다. 피로 단계에서 교회는 휴거되어 공중에서 주님을 만난다(살전 4:17, 비교. 마 25:1-13). 그런 다음 어린 양의 혼인 잔치(계 19:7-9)에서 결혼이 완결되고, 그리스도와 그분의 백성이 이 세상을 다스리게 된다(계 20:4-6).[110]

돌리기 위해서일 것이다.

둘째, 나는 그리스도 앞에 확고한 믿음으로 설 수 있는가? 우리의 구원은 그리스도를 통해 그리고 오직 그리스도만을 통해 온다는 것을 믿어야 한다. 구원은 예수님과 우리가 각자의 역할을 분담하는 공동 작업이 아니다. 우리가 무언가를 하려는 시도는 단순한 믿음을 통해 거저 얻는, 분에 넘치는 은혜에 대한 모욕이다. 장차 그리스도가 재림하실 때 우리 몸의 부활에 우리가 아무것도 기여하지 않는 것처럼 우리가 믿음으로 그리스도를 영접할 때 영적 죽음에서 우리를 되살리는 능력에 대해 우리는 아무것도 보탤 것이 없다. 우리가 죽으셨다가 부활해서 승천하시고 언젠가 재판관과 왕으로 다시 오실 그 신인(God-man) 외에 다른 것에 우리의 구원을 눈곱만큼이라도 의지한다면 구원의 확신은 흔들릴 수밖에 없다.

셋째, 나는 당장이라도 그분이 나를 본향으로 부르실 수 있다는 자세로 살고 있는가? 아무도 우리 앞에 몇 분, 몇 시간, 며칠, 몇 년이 남아 있는지 알지 못한다. 그러나 매순간 우리에게 남은 시간이 줄어들고 있다는 것은 안다. 우리의 삶이 째깍째깍 흘러가듯이 우리가 가진 모든 것으로 주님을 섬기고 다른 사람을 사랑할 기회도 흘러가고 있다. 믿음으로 구원받은 우리는 충성을 다해야 한다. 우리가 말과 행동으로 하나님과 이웃을 사랑함으로써 구원을 받기 때문이 아니라 그리스도 안에서 새로운 삶을 살도록 우리 안에 거하시는 성령이 우리를 이끄시기 때문이다. 감람산 강론에 담긴 예수님의 말씀은 우리가 고대하던 왕으로 그분이 다시 오실 때 그 충성에 대한 보상이 있을 것임을 거듭 상기시켜준다.

주

1. Walter Bauer, William Arndt 외, *A Greek-English Lexicon of the New Testament and Other Early Christian Literature* 개정판, Frederick William Danker 편집(Chicago: University of Chicago Press, 2000), 926.
2. Bauer 외, *Greek-English Lexicon,* 1049.
3. F. F. Bruce, *New Testament History*(New York: Doubleday, 1969), 73.
4. Josephus, *Antiquities* 13.5.9.
5. Merrill C. Tenney, *New Testament Times*(Grand Rapids: Eerdmans, 1965), 94-95 참조.
6. Elizabeth Barrett Browning, *Aurora Leigh* 제3판(London: Chapman and Hall, 1857), 275-76.
7. Stanley D. Toussaint, *Behold the King: A Study of Matthew*(Grand Rapids: Kregel, 1980), 200.

8. Josephus, *Antiquities* 15.10.3, 17.8.1. 참조.
9. R. T. France, *Matthew,* Tyndale New Testament Commentaries, Leon Morris 편집(Grand Rapids: Eerdmans, 1985), 253.
10. A. T. Robertson, *Word Pictures in the New Testament,* 제1권, *The Gospel according to Matthew, The Gospel according to Mark*(Nashville: Broadman, 1930), 133.
11. Rienk B. Kuiper, *The Glorious Body of Christ*(Grand Rapids: Eerdmans, 1966), 21–22.
12. D. Douglas Bannerman, *The Scripture Doctrine of the Church*(Edinburgh: T&T Clark, 1887), 5.
13. Bauer 외, *Greek-English Lexicon,* 384.
14. John Peter Lange, *Commentary on the Holy Scriptures: Critical, Doctrinal and Homiletical*, 제8권, *Matthew-Luke,* Philip Schaff 번역, 신판(Grand Rapids: Zondervan, 1976), 199.
15. R. Kent Hughes, *Mark: Jesus, Servant and Savior,* Preaching the Word(Wheaton, IL: Crossway, 1989), 1:202.
16. Jim Elliot, *The Journals of Jim Elliot,* Elisabeth Elliot 편집(New York: Fleming H. Revell, 1989), 174.
17. Leon Morris, *The Gospel according to Matthew,* The Pillar New Testament Commentary(Grand Rapids: Eerdmans, 1992), 438.
18. France, *Matthew,* 263.
19. 다음 책을 참고하라. Comments on Matthew 1:22–23 and the near/far fulfillments of Isaiah 7:14 in Charles R. Swindoll, *Matthew 1-15,* Swindoll's Living Insights New Testament Commentary(Carol Stream, IL: Tyndale House Publishers, 2020), 26–29.
20. Bauer 외, *Greek-English Lexicon,* 639.
21. *The Merriam-Webster Dictionary,* 신판(Springfield, MA: Merriam–Webster, 2016), 309.
22. 다양한 관점을 보기 위해 다음 책을 참고하라. France, *Matthew,* 263.
23. A. T. Robertson, *Commentary on the Gospel according to Matthew*(New York: Macmillan, 1911), 196.
24. Richard B. Gardner, *Matthew,* Believers Church Bible Commentary(Scottdale, PA: Herald Press, 1991), 263.
25. France, *Matthew,* 264.
26. Toussaint, *Behold the King,* 211.
27. Bauer 외, *Greek-English Lexicon,* 919.
28. 마태복음 17장 21절은 제일 오래된 마태복음의 헬라어 사본에는 나오지 않는다. 많은 학자는 마가복음 9장 29절에 근거해 후대의 사본에 추가된 것으로 본다. D. A. Carson, "Matthew". 출전: *The Expositor's Bible Commentary,* 제9권, *Matthew-Mark,* 개정판, Tremper Longman III and David E. Garland 편집(Grand Rapids: Zondervan, 2010), 444 참조.
29. Bauer 외, *Greek-English Lexicon,* 762.
30. William Barclay, *The Gospel of Matthew,* The New Daily Study Bible, 개정증보판(Louisville: Westminster John Knox Press, 2001), 2:197.
31. Carson, "Matthew", 446.

32. Toussaint, *Behold the King,* 214 참조.
33. Robertson, *Word Pictures,* 142.
34. France, *Matthew,* 267.
35. Josephus, *Jewish War* 7.218, 출전: *The Works of Josephus: Complete and Unabridged,* William Whiston 편집(Peabody, MA: Hendrickson, 1987), 761.
36. John G. Gammie, "Tax, Toll", 출전: *The HarperCollins Bible Dictionary,* 개정증보판, Mark Allan Powell 편집(New York: HarperCollins, 2011), 1013.
37. Morris, *Matthew,* 454.
38. "Drachma", 출전: Powell, *HarperCollins Bible Dictionary,* 203.
39. 이런 전통 중 많은 것이 사도행전(오순절 이후)과 초대 교회 역사에서 제자들에 대한 더 호의적인 묘사를 중심으로 발전하기는 했지만, 이런 전통 안에는 자칫 복음서에 나오는 제자들에 대한 좋지 않은 묘사를 경시하고 그들을 오로지 존경의 대상으로만 보려는 경향이 작용했을 수 있다.
40. Bauer 외, *Greek-English Lexicon,* 749.
41. France, *Matthew,* 270.
42. Matthew 5:27-30, 출전: Swindoll, *Matthew* 1-15, 100-101 참조.
43. Craig Blomberg, *Matthew,* The New American Commentary(Nashville: Broadman & Holman, 1992), 22:275.
44. 마태복음의 일부 초기 사본에는 18장 11절이 포함되어 있지 않기 때문에 많은 학자는 이 구절이 나중에 추가되었고, 원래 마태복음의 일부가 아니라고 생각한다. 어쨌든 이 구절은 누가복음 19장 10절과 거의 같으므로 진짜 예수님의 말씀이라는 데에는 의심의 여지가 없다.
45. Barclay, *Gospel of Matthew,* 219.
46. 공식적인 교회의 징계와 퇴출의 목적 그리고 절차에 대해서는 고린도전서 5:1-13 Charles R. Swindoll, *1 & 2 Corinthians,* Swindoll's Living Insights New Testament Commentary(Carol Stream, IL: Tyndale House Publishers, 2017), 75-86 참조.
47. *John MacArthur, Matthew 16-23,* The MacArthur New Testament Commentary(Chicago: Moody, 1988), 137.
48. 본서 16:17-20 해설 참조.
49. 이른바 로마 가톨릭의 교황의 권위가 베드로까지 거슬러 올라간다는 주장에 대해서도 같은 말을 할 수 있다. 본서의 "베드로는 최초의 교황이었는가?" 참조.
50. Alexander Balmain Bruce, "The Synoptic Gospels", 출전: *The Expositor's Greek Testament,* W. Robertson Nicoll 편집(Grand Rapids: Eerdmans, 1951), 1:241.
51. Anselm of Canterbury, Cur Deus Homo 2.7, 출전: Sidney Norton Deane 번역, *St. Anselm: Proslogium, Monologium, An Appendix in Behalf of the Fool by Gaunilon, and Cur Deus Homo,* 재판(Chicago: Open Court Publishing, 1926), 245-46.
52. Blomberg, *Matthew,* 283.
53. Ray C. Stedman, "Breaking the Resentment Barrier", sermon preached at Peninsula Bible Church, Palo Alto, CA, July 13, 1969, transcript available at http://server.firefighters.org/stedman/stedmandvd/parables/pdf/0381.pdf.
54. Josephus, *Antiquities of the Jews* 4.8.23, 출전: William Whiston, *The Works of Josephus,* 120.

55. *Gittin* 9.10, in Herbert Danby 번역, *The Mishnah*(Peabody, MA: Hendrickson, 2011), 321.(Italics in original.)

56. *Gittin* 9.3(319).

57. Bauer 외, *Greek-English Lexicon,* 555.

58. N. T. Wright, *Matthew for Everyone, Part 2: Chapters 16-28*(Louisville: Westminster John Knox Press, 2004), 42.

59. Francis Brown, Samuel Rolles Driver, and Charles Augustus Briggs, *Enhanced Brown-Driver-Briggs Hebrew and English Lexicon*(Oxford: Clarendon Press, 1977), 788–89.

60. 마태복음 19장 11절의 이 말씀을 독신의 은사로 받아들이는 사람들도 있으나 그보다는 결혼의 은사를 언급하는 것일 가능성이 더 높다. France, *Matthew,* 282–83의 해설 참조.

61. Bauer 외, *Greek-English Lexicon,* 409.

62. Barclay, *Gospel of Matthew,* 247.

63. R. V. G. Tasker, *The Gospel According to St. Matthew: An Introduction and Commentary,* Tyndale New Testament Commentaries(Grand Rapids: Eerdmans, 1961), 188.

64. James Morier, *A Second Journey through Persia, Armenia, and Asia Minor, to Constantinople, between the Years 1810 and 1816*(London: Longman, Hurst, Rees, Orme, and Brown, 1818), 265.

65. Bauer 외, *Greek-English Lexicon,* 247.

66. John Oxenham, "God's Handwriting", *All's Well!*(New York: George H. Doran, 1916), 85.

67. Robertson, *Word Pictures,* 161.

68. Lange, *Matthew-Luke,* 362.

69. Tasker, *The Gospel According to St. Matthew,* 193.

70. Tertullian, *Prescription Against Heretics* 36 참조.

71. Tasker, *The Gospel According to St. Matthew,* 195.

72. 같은 책, 198.

73. Lange, *Matthew-Luke,* 372.

74. Sherman E. Johnson, "Exegesis of the Gospel According to St. Matthew", 출전: *The Interpreter's Bible: A Commentary in Twelve Volumes,* 제7권, *New Testament Articles, Matthew, Mark*(Nashville: Abingdon, 1951), 501.

75. France, *Matthew,* 297 참조.

76. William Barclay, *The Gospel of Luke,* The New Daily Study Bible, 개정증보판(Louisville: Westminster John Knox Press, 2001), 284.

77. Toussaint, *Behold the King,* 240.

78. Hughes, *Mark,* 273.

79. A. B. Bruce, "The Synoptic Gospels", 263.

80. France, *Matthew,* 305.

81. Myron S. Augsburger, *The Communicator's Commentary,* 제1권, *Matthew*, Lloyd J. Ogilvie 편집(Waco, TX: Word Books, 1982), 252.

82. Nathan D. Holsteen and Michael J. Svigel 편집, *Exploring Christian Theology,* 제2권, *Creation,*

Fall, and Salvation(Minneapolis, MN: Bethany House, 2015), 253.

83. *To Diognetus* 9.2–5, 출전: Rick Brannan, 번역, *The Apostolic Fathers in English*(Bellingham, WA: Lexham Press, 2012).

84. Randy Alcorn, *Heaven*(Carol Stream, IL: Tyndale House Publishers, 2004), 337.

85. Johannes P. Louw and Eugene A. Nida 편집, *Greek-English Lexicon of the New Testament: Based on Semantic Domains,* 제1권, *Introduction and Domains,* 재판(New York: United Bible Societies, 1988), 693.

86. Bauer 외, *Greek-English Lexicon,* 1060.

87. Robertson, *Word Pictures,* 177.

88. France, *Matthew,* 319.

89. Carson, "Matthew", 522.

90. John Chrysostom, "Homily on Matthew 71", 출전: Philip Schaff 편집, *A Select Library of Nicene and Post-Nicene Fathers of the Christian Church,* 첫 번째 시리즈, 제10권, *Saint Chrysostom: Homilies on the Gospel of Saint Matthew*(New York: Christian Literature Publishing Company, 1888), 414.

91. Alfred Edersheim, *The Life and Times of Jesus the Messiah*(London: Longmans, Green, and Co., 1883), 2:717에 나오는 랍비의 인용문 참조.

92. Warren W. Wiersbe, *The Bible Exposition Commentary*(Wheaton, IL: Victor Books, 1996), 1:82.

93. Barclay, *Gospel of Matthew,* 326–27.

94. Tasker, *The Gospel According to St. Matthew,* 216.

95. G. Frederick Owen and Steven Barabas, "Dress", 출전: *The New International Dictionary of the Bible,* J. D. Douglas and Merrill C. Tenney 편집(Grand Rapids: Zondervan, 1987), 286.

96. Louis A. Barbieri, Jr., "Matthew", 출전: *The Bible Knowledge Commentary: New Testament Edition,* John F. Walvoord and Roy B. Zuck 편집(Wheaton, IL: Victor Books, 1983), 74.

97. Barclay, *Gospel of Matthew,* 336.

98. Gerhard Kittel and Gerhard Friedrich 편집, *Theological Dictionary of the New Testament: Abridged in One Volume,* Geoffrey W. Bromiley 번역(Grand Rapids: Eerdmans, 1995), 1236. (『신약성서 신학사전: 킷텔단권 원어사전』 요단출판사 역간)

99. 일부 번역본과 해설자들은 "화 있을진저"가 7번이 아니라 8번이라고 제시한다. 그러나 23장 14절은 가장 오래되고 신뢰할 수 있는 마태복음 헬라어 사본에는 포함되어 있지 않다. 이 구절은 마가복음 12장 40절에서 온 것으로 보이며, 마태의 일련의 "화 있을진저" 구절과 비슷하다는 이유로 후대의 서기관들이 포함시켰을 수 있다. France, *Matthew,* 327 참조. 일부 번역본에는 이 구절이 23장 13절에 포함되어 있다. A. B. Bruce, "The Synoptic Gospels", 280 참조.

100. John. B. Graybill, "Temple", 출전: *New International Dictionary of the Bible,* 995.

101. F. F. Bruce, *1 and 2 Thessalonians,* Word Biblical Commentary(Waco, TX: Word Books, 1982), 171.

102. Tasker, *The Gospel According to St. Matthew,* 229.

103. Robertson, *Word Pictures,* 190.

104. 이 구절에 대한 4가지 다른 해석은 Lange, *Matthew-Luke,* 426–27을 보라.

105. Charles R. Swindoll, *Revelation,* Swindoll's Living Insights New Testament Commentary(Carol Stream, IL: Tyndale House Publishers, 2014) 참조.

106. France, *Matthew,* 348 참조.

107. Toussaint, *Behold the King,* 281 참조.

108. Barbieri, "Matthew", 78.

109. John F. Walvoord, "Revelation", 출전: *The Bible Knowledge Commentary,* 975.

110. Renald E. Showers, *Maranatha: Our Lord, Come! A Definitive Study of the Rapture of the Church*(Bellmawr, NJ: The Friends of Israel Gospel Ministry, 1995), 164–69.

왕의 수난과 승리

마태복음 26:1-28:20

종말과 재림에 관한 예수님의 강론을 마치면서(마 24–25장) 우리에게 남는 것은 승리와 그것을 입증하는 인상적인 장면이다. 그리고 마태복음은 돌연 약하고 패배한 것처럼 보이는 장면으로 바뀐다. 마태복음 25장 말미에서 우리는 인자가 영광 중에 천사들과 함께 와서 그분의 영광의 보좌에 앉아 이스라엘이 고대하던 메시아 왕으로서 열국을 심판하시는 이야기를 듣는다(25:31–46). 그런데 입술에 침이 마르기도 전에 우리는 인자가 "십자가에 못 박히기 위하여 팔[릴 것]"(26:2)이라는 말을 듣는다. 나는 그리스도와 함께 왕좌에서 다스리는 자로서 왕의 영광에 참여하는 환상에 동요했다가 그 왕위 계승자가 곧 체포되고, 고문당하고, 처형될 것이라는 놀라운 말씀을 심각하게 고려할 수밖에 없는 상황에서 제자들이 느꼈을 충격을 겨우 짐작만 할 수 있을 뿐이다.

나는 마태복음의 이 마지막 세 장에 왕의 고난과 승리라는 제목을 붙였다. 이 복음서의 결정적인 고비가 다가오면서 특정 유대인 지도자들이 예수님을 처형할 음모를 진행하는 것을 보게 된다(26:1–16). 그러는 동안 예수님은 엄숙하게 마지막 유월절 만찬을 제자들과 함께하시고 성만찬을 제정하셨다(26:17–30). 얼마 안 있어 유다가 예수님을 배신하고 그분은 이미 예언하신 바와 같이 당국에 체포되신다(26:31–56). 대부분의 제자에게 버림받으신 예수님은 일련의 부당한 엉터리 재판을 거쳐 유죄 판결을 받으신다(26:57–27:26). 그리고 유대인과 이방인들의 손에 의해 예수님은 로마의 십자가 처형을 당하신다. 오랫동안 기다려온 메시아, 이스라엘의 정당한 왕이 십자가에 달리시자 하늘과 땅이 요동친다(27:27–66).

그러나 그 엄청난 비극은 예수님이 돌아가신 지 사흘째 되는 날 죽은 자들 가운데서 기적적으로 영광스럽게 부활하시면서 큰 승리로 바뀐다. 그분을 죽음으로 몰아넣은 자들이 그분에 대한 음모를 계속 획책하고 있는 순간에도 그분은 무덤에서 승리의 발걸음을 내디디신다(28:1–15). 죽음과 무덤을 정복하신 주 예수님은 살아 있는 모습으로 제자들에게 나타나 그들을 다가올 나라의 대사로 임명하신다. 그들의 새로운 사명–우리의 사명이기도 한–은 예수님의 죽음과 부활에 관한 구원의 복음을 선포하고, 아버지와 아들과 성령의 이름으로 세례를 주며, 그분이 영광 중에 다시 오실 때까지 천국 시민으로 신실한 삶을 살도록 가르치면서 모든 민족을 제자로 키우는 것이다(28:16–20).

그렇다. 예수님은 고난–친구의 배신, 적들의 고문, 육신과 영혼의 고통, 범죄자로 공개적인 처형당함, 빌린 무덤에 서둘러 매장되심–을 견디셔야 했다. 그러나 예수님이 말과 행동으로 주장하셨던 바로 그분, 곧 이스라엘이 고대하던 참 메시아 왕이심을 영광스러운 부활로 증명하셨을 때 그 굴욕적인 죽음은 승리로 바뀌었다.

핵심 용어

παραδίδωμι[*paradidōmi*, 파라디도미](*3860*) '인계하다', '항복하다', '소유권을 이전하다'

'주다'[*didōmi(1325)*]라는 뜻의 동사에서 파생된 이 용어는 어떤 것의 소유권을 다른 사람에게 양도한다는 개념을 담고 있다. 이 말은 맥락에 따라 "배신하다"로 번역되기도 하는데(예. 24:10, 26:16) 말 자체로는 동기가 선한지 악한지 알 수 없다(참조. 11:27, 25:20). 이 용어는 예수님이 당국자들에게 "넘겨지신" 수난 서사에 광범위하게 사용되었다(27:2, 18, 26). 앞서 예수님은 추종자들에게 이 때를 대비해 그분에게 고통과 죽음을 선고할 사람들의 손에 "넘겨지게" 될 것이라고 말씀하셨다(17:22, 20:18-19, 26:2, 45).

πάσχω[*paschō*, 파스코](*3958*) '고통을 겪다', '고통을 견디다'

마태복음 16장에서 예수님은 제자들에게 당신이 곧 원수들의 손에 "고난을 받을 것"이라고 선포하기 시작하셨다(16:21). 이 고난 기간이 '그리스도의 수난'이라고 불리게 되었다. *Paschō*는 영어 단어 passion의 어원이다. 이 동사는 고통스러운 죽음(17:12), 질병이 초래하는(17:15), 시련이나 유혹에 시달림(히 2:18), 정신적, 정서적 고뇌로 인한 고통(마 27:19)을 나타낸다. 아주 일찍부터 그리스도인들은 예수님이 체포되신 일부터 십자가에서 처형되시기까지 겪으신 경험을 통틀어 "그분의 고난"(행 1:3)이라고 일컫기 시작했다. 사실 기독교 신앙의 두 가지 중요한 의식인 세례와 성찬식은 모두 그 수난 사건을 기념한다.

시시각각 다가오는 배신(마태복음 26:1-16)

1예수께서 이 말씀을 다 마치시고 제자들에게 이르시되 2너희가 아는 바와 같이 이틀이 지나면 유월절
이라 인자가 십자가에 못 박히기 위하여 팔리리라 하시더라
3그 때에 대제사장들과 백성의 장로들이 가야바라 하는 대제사장의 관정에 모여 4예수를 흉계로 잡
아 죽이려고 의논하되 5말하기를 민란이 날까 하노니 명절에는 하지 말자 하더라
6예수께서 베다니 나병환자 시몬의 집에 계실 때에 7한 여자가 매우 귀한 향유 한 옥합을 가지고 나

아와서 식사하시는 예수의 머리에 부으니 8제자들이 보고 분개하여 이르되 무슨 의도로 이것을 허비하
느냐 9이것을 비싼 값에 팔아 가난한 자들에게 줄 수 있었겠도다 하거늘 10예수께서 아시고 그들에게 이
르시되 너희가 어찌하여 이 여자를 괴롭게 하느냐 그가 내게 좋은 일을 하였느니라 11가난한 자들은 항
상 너희와 함께 있거니와 나는 항상 함께 있지 아니하리라 12이 여자가 내 몸에 이 향유를 부은 것은 내
장례를 위하여 함이니라 13내가 진실로 너희에게 이르노니 온 천하에 어디서든지 이 복음이 전파되는
곳에서는 이 여자가 행한 일도 말하여 그를 기억하리라 하시니라

14그 때에 열둘 중의 하나인 가룟 유다라 하는 자가 대제사장들에게 가서 말하되 15내가 예수를 너
희에게 넘겨 주리니 얼마나 주려느냐 하니 그들이 은 삼십을 달아 주거늘 16그가 그 때부터 예수를 넘겨
줄 기회를 찾더라

마태복음 26장의 막이 오르면 둥둥 울리는 죽음의 북소리가 들리는 듯하다. 몇 가지 중요한 사건이 연달아 일어나고, 각 장면마다 갈보리의 십자가가 불길한 그림자를 드리운다. 감람산 강론을 끝내신 직후 예수님은 현실에서 곧 일어날 일에 제자들의 주의를 돌리셨다. 예수님은 서둘러 "인자가 십자가에 못 박히기 위하여 팔[릴 것]"(26:2)을 그들에게 말씀하셨다.

잠시 제자들의 입장이 되어보라. 존경받는 그들의 랍비가 그런 말을 하신 건 그때가 처음이 아니었다(예. 20:19). 그러나 이번에는 세상이 깜짝 놀랄, 말세와 그리스도의 나라에 대한 예언에 뒤이어 이 말씀을 하셨다. 예수님은 일종의 암호를 말씀하시는 것일까? "인자"란 이런 일들을 겪을 다른 누군가를 지칭하는 것일까? 아니면 예수님이 십자가에서 처형되시기 위해 넘겨지지만 그후 적들의 손아귀에서 빠져나와 그들의 음모를 뒤엎으실지도 모른다. 어쩌면 이 일련의 사건들은 로마가 완전히 전복되고 메시아 나라가 건국되면서 절정에 이를지도 모른다. 제자들이 속으로 무슨 생각을 했든, 그들이 도저히 상상할 수 없는 일이 실제로 일어나려 하고 있었다.

예수님이 다가올 일에 대해 최측근 제자들이 마음을 단단히 먹도록 준비시키시는 동안 그분의 적들은 어둠 속에서 은밀히 움직이며 메시아를 찾아내 파멸시킬 음모를 꾸미고 있었다(26:4). 예수님은 그들의 알량한 독선을 자극하고 그들의 위선적인 거짓에 맞서 담대히 진리를 선포하시면서 그들을 약오르게 했다. 이제 그들은 예수님을 완전히 끝장내고 싶어 했다.

—26:1–2—

25장에서 26장으로 넘어가면서 마태는 독자의 관심을 왕관에서 십자가로, 미래의 영광에서 임박한 고난으로 돌린다. 일단 카메라의 초점을 장거리 샷에서 떼어내 지평선 위로 떠오르는 십자가에 맞추자, 내러티브가 느려지고 장문의 두 장을 거치면서 갈보리에 점점 가까이 다가간다. 26장 전반부에 나오는 장면에서 마태는 우리를 그리스도의 배신, 체포, 재판, 십자가 처형으로 이끄는–제자들의 관점에서–첫걸음을 내딛는다.

이 구절들은 윈스턴 처칠이 제2차 세계대전에 대해 쓴 방대한 분량의 저작을 떠올리게 한다. 처칠은 그의 글에서 이전 사건들의 배경이 되는 정보를 제공해서 앞으로 닥칠 일을 준비하고 그 의미를 이해할 수 있게 했다. 『폭풍 전야』(*The Gathering Storm*)라는 제목의 첫 번째 책은 어둡고, 뒤틀리고, 타락한 아돌프 히틀러의 머릿속과 약진하고 있는 나치당 안에서 벌어지고 있는 일을 설명한다. 마찬가지로 마태도 종합해보면 예루살렘을 향해 몰려오고 있는 폭풍–질투, 기만, 배신, 잔혹함의 폭풍–을 엿보게 해주는 몇몇 장면을 보여준다.

마태는 26장 1절에서 예수님이 "어느 때에 이런 일이 있겠사오며 또 주의 임하심과 세상 끝에는 무슨 징조가 있사오리이까?"(24:3)라는 제자들의 질문에 답하는 긴 강론을 막 끝내셨음을 상기시킨다. 예수님의 추종자들이 그분이 먼 미래에 벌어질 일들에 대해 쏟아내신 상징들을 곰곰이 생각하고 있을 때 예수님은 유월절이 이틀밖에 남지 않았음을 상기시키시며 그들을 다시 현실로 소환하셨다. 그리고 이렇게 말씀하셨다. "인자가 십자가에 못 박히기 위하여 팔리리라"(26:2). 예수님은 이미 당신이 사람들의 손에 고난받으시고 죽음을 당하실 것을 직간접적으로 최소 6번 이상 언급하셨다(16:21, 17:12, 22–23, 20:18–19, 22–23, 21:38–39). 예수님이 자신의 죽음과 부활이 임박했음을 상세히 알고 계셨다는 사실이 중요한 신학적 진리를 입증한다. 그것은 가해자들이 자기들의 비뚤어진 목적을 위해 간악한 음모를 꾸몄다고 해도 하나님의 주권적 의지나 그분의 시간표에 어긋나는 것은 아무것도 없다는 사실이다. 예수님도 이렇게 말씀하셨다. "내가 내 목숨을 버리는 것은 그것을 내가 다시 얻기 위함이니 이로 말미암아 아버지께서 나를 사랑하시느니라 이를 내게서 빼앗는 자가 있는 것이 아니라 내가 스스로 버리노라 나는 버릴 권세도 있고 다시 얻을 권세도 있으니 이 계명은 내 아버지에게서 받았노라”(요 10:17-18).

—26:3-5—

마태는 예수님의 십자가 처형이 임박했다는 예언을 잠시 접어두고 갑자기 성전산 남서쪽에 있는 대제사장 집으로 장면을 전환한다. 우리는 몇몇 대제사장과 장로들이 예수님을 죽일 음모를 공모하고 있는 현장 한가운데로 떨어진다(26:3-4). 대제사장 가야바는 자기들의 권력을 유지하고 사익을 추구하는 데 혈안이 되어 있는 모든 종교 엘리트 세력을 대표해 예수님을 적대하는 세력의 선봉장이 된다. 가야바는 예수님을 방해하고, 함정에 빠뜨리며, 그분의 진실성에 의문을 제기하고, 그분의 영향력을 약화시키려는 이전의 여러 시도를 배후에서 조장했을 것이다. 하지만 그리스도의 사명을 저지하고 그분의 메시지에 저항하는 이런저런 노력이 수포로 돌아간 지금 대제사장과 그의 사악한 도당은 살인을 생각한다. “예수를 흉계로 잡아 죽이려고 의논하되”(26:4).

예수님의 인기가 최고조에 달했음을 인지한 공모자들은 적에게 노골적이고 직접적인 공격을 시도하는 것은 현명하지 못하다고 생각했다. 유월절 축제로 예루살렘을 방문한 사람들의 수가 불어나 있었고, 예수님이 “호산나 다윗의 자손이여”(21:6-11)라는 함성 속에서 나귀를 타고 예루살렘에 입성하신 것이 불과 며칠 전이었다. 예루살렘의 지도자들은 예수님의 가르침에 매료된 많은 군중을 보았다. 그들은 예수님을 공개적으로 체포하면 분명히 폭동이 일어날 것을 알았다(26:5). 게다가 그들은 예수님과 소수의 제자 무리가 저녁에 어디로 쉬러 가는지 전혀 모르는 것 같았다(참조. 요 18:1-2). 그 말은, 그들의 은신처가 비밀이었다는 뜻이다. 그래서 가야바와 그의 일당은 사람들의 눈에 띄지 않게 더 신중히 접근하기로 했다. 일단 축제가 끝나 유대인 군중이 예루살렘을 떠나 자기 집으로 돌아갈 때까지 기다리기로 한 것이다. 그러고 나서 적절한 순간이 오면, 예수님-그리고 그분의 가장 가까운 동료 몇 사람-은 그냥 ‘사라질’ 것이다.

—26:6-13—

다음에 갑자기 등장하는 저녁 만찬 장면이 대제사장들의 은밀한 공모와 동시에 벌어지고 있었다고 생각하기는 어렵다. 자세히 살펴보면 마태는 26장 6-13절에 나오는 사건이 동시에 또는 그다음에 일어났다고 말하지 않는다. 이 구절에는 "그런 다음"이나 "그 후에" 또는 "바로 그때" 같은 표현이 없고 간단히 "예수께서 베다니 나병환자 시몬의 집에 계실 때에"(26:6)라고 말한다. 요한복음에 나오는 이 사건에 대한 기사를 보면(요 12:2-11) 이 일은 대략 나흘 전-유월절을 엿새 앞둔 승리의 입성 전(요 12:1)-토요일에 일어났음을 알 수 있다. 마태는 왜 내러티브를 이어가다가 도중에 일시 정지 버튼을 누르고 회상 장면을 삽입했을까? 답은 간단하다. 이 장면은 가룟 유다가 배신한 동기를 알려준다. 이로써 유대인 지도자들은 축제가 끝날 때까지 기다리지 않고 축제 기간 중에 예수님을 체포할 기회를 얻게 된다.

예루살렘의 갱단(마태복음 26:3)

그리스도 시대에 예루살렘의 대제사장은 막강한 세도를 누렸다. 대제사장은 성전의 수장이었을 뿐만 아니라 많은 민사와 사회적, 정치적 문제를 통제했다. 이들 사제 계급은 "왕의 칭호를 요구하지는 않았지만 실질적인 통치자였다."[1] 유대인들은 로마 제국의 압제 아래 있었기 때문에 대제사장은 로마의 임명을 받아야 했고, 로마 총독의 권위 아래 있었다.

예수님의 재판 당시 가야바는 공식적으로 로마인이 임명한 직책을 맡고 있었지만(26:3), 많은 사람이 가야바의 장인 안나스를 배후의 실세로 인정했다. 안나스는 AD 6년에 대제사장으로 임명되었지만 9년 후에 퇴위당했다. 그러나 그는 현대의 조폭들에게서 볼 수 있듯이 여전히 엘리트 가문의 우두머리로 권력을 쥐고 있었다. 그는 직책에서 물러난 뒤에도 처음에는 아들 엘르아살 그리고 다음에는 사위 가야바를 통해 배후에서 계속 권력을 휘둘렀기 때문에 예수님의 재판에도 그가 등장한다.

한편, 가야바가 대제사장으로 오래 재임했다는 사실은 그가 예루살렘 정치판에서 벌어지는 부정한 거래에 능했음을 시사한다. 한 주석가는 이렇게 말한다. "BC 37년에서 AD 67년 사이에 재임했던 대제사장은 최소 28명이었는데 가야바는 AD 18-36년까지 대제사장직을 수행했다. 이렇게 이례적으로 긴 기간 동안 대제사장직을 유지했다는 사실은 로마인들과 공조하는 가야바의 기술이 예술의 경지에 이르렀음을 시사한다."[2]

그러나 앞으로 보게 되듯이 그 이면에는 대제사장들이 나사렛 예수를 죽일 수 있는 더 즉각적인 기회를 제공할 더 어두운 세력이 움직이고 있었다.

마태와 마가는 베다니에서 열린 만찬이 "나병환자 시몬"의 집에서 열렸다는 사실 외에 참석한 사람들에 대해서는 자세히 설명하지 않는다(마 26:6, 막 14:3). 만찬이 한창 진행 중일 때 한 여인이 아주 값진 향유병을 가지고 들어왔다(마 26:7). 요한복음은 그 여인이 바로 나사로와 마르다의 형제인 마리아라고 밝힌다(요 12:3). 마태는 그녀의 정체보다는 논란이 된 그녀의 행동에 초점을 맞춘다. 예수님이 관습대로 식탁에 비스듬히 기대어 계실 때 마리아는 향유병을 깨트려 그분의 머리에 향유를 부었다(마 26:7). 요한은 마리아가 예수님의 발에도 향유를 붓고 자기 머리카락으로 예수님의 발을 닦았다고 전한다(요 12:3). 이렇게 그리스도-'기름 부음 받은 자'라는 뜻-이신 예수님은 머리끝부터 발끝까지 값진 기름으로 부어지셨다.

이 희생과 섬김의 행위는 예수님을 향한 마리아의 헌신을 보여주었지만, 구경꾼들에게는 그렇게 많은 양의 귀한 향유를 사용한 것이 지나친 낭비로 보였다. 요한과 마가는 그 향유가 "순수한 나드"(막 14:3, 요 12:3)로 만들어졌다고 말한다. 인도가 원산지인 나드 또는 감송은 히말라야 지역에서 수입해야 했다.[3] 향유의 이국적인 특성과 먼 원산지를 감안했을 때 예수님께 부은 향유의 양-500그램의 원액-은 충격적이었다(요 12:3). 마태는 예수님의 머리와 발에 기름을 부운 이 사치스러운 행위에 "제자들이…분개[했다]"고 전한다. 그들은 그 행위를 지나친 낭비로 보았고, 그 향유를 팔아서 가난한 자들에게 돈을 줄 수 있었을 거라고 불만을 토로했다(마 26:8-9).

요한복음은 제자들의 불만에 대해 자세히 알려준다. 시작은 가룟 유다였다. "제자 중 하나로서 예수를 잡아 줄 가룟 유다가 말하되 이 향유를 어찌하여 삼백 데나리온에 팔아 가난한 자들에게 주지 아니하였느냐 하니 이렇게 말함은 가난한 자들을 생각함이 아니요 그는 도둑이라 돈궤를 맡고 거기 넣는 것을 훔쳐 감이러라"(요 12:4-6).[4]

제자들을 선동해서 마리아의 지극히 헌신적인 행위를 비난하게 한 유다는 아마도 예수님의 반응이 궁금했을 것이다. 그러나 예수님은 그들처럼 힐난하지 않으시고 도리어 힐난하는 자들을 꾸짖으셨다! 그분의 질책에 근시안적 생각밖에 못했던 제자들은 마음이 상했을 것이고, 그래서 유다가 마리아의 경건한 행위를 자기 좋은 대로 돌려 말한 것에 쉽게 넘어갔다. 예수님은 그녀의 선행을 높게 평가하시면서(마 26:10), 복음이 전파되는 곳마다 그녀의 헌신적인 행동에 대한 이야기도 같이 전파될 것이라고 약속하셨다(26:13). 그리고 제자들에게 그들은 언제라도 가난한 사람들에게 친절과 관용을 베풀 기회가 있지만, 그들의 왕을 언제나 직접 경배할 수 있는 것은 아니라고 분명히 말씀하셨다(26:11).

짙은 향기가 온 집 안에 퍼지면서(요 12:3) 시신을 매장할 때 바르는 향유의 강한 냄새가 생각났을 것이다(참조. 막 16:1, 눅 24:1, 요 19:40). 마리아는 그분이 참 메시아('기름 부음 받은 자')시라는 고백과 경배의 행위로 예수님의 머리와 발에 향유를 부었을 것이다. 그러나 예수님은 그녀의 행위에 더 심오한 해석을 제시하셨다. "이 여자가 내 몸에 이 향유를 부은 것은 내 장례를 위하여 함이니라"(마 26:12).

—26:14-16—

만약 영화 제작자가 예수님의 마지막 날들에 대한 마태의 기사 속에 나오는 이 회상 장면을 편집하고 있다면 틀림없이 카메라는 식탁에 앉아 있는 제자들의 어리둥절한 얼굴을 천천히 훑고 지나간 후에 예수님의 질책을 받고 발끈한 기색이 역력한 교활한 눈매의 한 인물에게서 멈출 것이다. 그는 바로 가룟 유다다. 예수님이 이스라엘의 적들을 전복시킬 계획은 고사하고 당신의 죽음에 대해 자주 말씀하시는 것에 대해 점점 커졌을 불만과 탐욕으로 유다는 나사렛 출신 목수의 아들이 메시아라는 확신을 잃었다. 예수님께 기름을 부은 마리아의 어리석은 행동(유다의 관점에서는)과 예수님이 그것을 칭찬하며 받아들이신 것이 그를 더는 견딜 수 없게 만들었다. 다시 한번, 마태가 이 회상 장면을 삽입한 이유는 26장 14-16절에서 기록한 유다의 행동을 설명하기 위해서였다

대제사장들과 장로들이 예수님을 궁지로 몰아넣을 최선의 방법을 논의하고 있을 때 그들의 딜레마에 대한 해결책이 이미 싹트고 있었다. 구세주를 그렇게 사치스럽게 숭배하는 것을 참을 수 없었던 유다는 마음속에 이미 살의를 품고 있던 자들의 음모에 가담했다. 그는 제자들 사이를 몰래 빠져나와 대제사장에게 가서 물었다. "내가 예수를 너희에게 넘겨주리니 얼마나 주려느냐?"(26:15)

얼마나 충격적인 질문인가! 예수님의 입에서 흘러나온 신성한 말씀은 유다의 강퍅한 마음을 뚫지 못했다. 유다도 직접 참여했던, 예수님이 행하신 놀라운 기적들은 그의 양심에 흠집 하나 내지 못한 것 같았다. 그리스도의 신성의 빛에 노출되었을 때 더욱 굳어지기

만 하는 듯한 가짜 믿음과 배신자의 기질을 가진 유다는 은 삼십에 주님을 배신했다. 그리고 예루살렘의 조폭들에게서 돈을 받은 순간부터 그는 그들을 예수님께 인도할 적당한 기회를 찾기 시작했다.

적용: 마태복음 26:1-16

헌신적 경배, 이기적 배신

마태는 의도적으로 자기 잇속만 차리는 두 배신 장면 사이에 마리아가 왕에게 드린 헌신적인 경배 장면을 배치했다. 우연이 아니었다. 이 장면들은 심오한 진리를 보여주며 우리로 주 예수님과의 관계를 생각해보게 한다. 첫 번째 이기적인 배신자 일당-대제사장과 장로들-은 항상 예수와 멀리 떨어져 있었다. 그들은 처음부터 외부인, 비평가, 적이었다. 그들이 구세주의 입을 막고 싶어 했던 것은 인간의 관점에서는 그럴 만하다. 그들은 선지자들을 배신하고 자기들이 의와 진리로 이끌어야 할 백성을 저버린 이력이 있었다.

한편 유다는 열두 사도의 일원으로 예수님과 가깝고 친밀한 관계를 누렸다. 그는 외부 사람들은 볼 수 없는 것을 보았다. 내부자들만 들을 수 있는 것을 들었다. 그러나 그는 밤이나 낮이나 공격할 기회를 노리는 독사처럼 은밀히 움직였다. 그의 배신은 인간의 관점에서도 말이 안 된다. 그러나 "만물보다 거짓되고 심히 부패한 것은 마음"(렘 17:9)임을 알면 이해가 된다. 유다에게는 영적인 문제가 있었다. 하나님의 영이 깨우치시지 않고 거듭나지 않으면 하나님의 말씀을 아무리 잘 알고 그분의 백성과 아무리 가까이 있어도 우리는 모두 그와 크게 다르지 않을 것이다.

유다가 얼마나 음흉했는지 보라. 그는 가장 가까운 사람들에게도 자기 계획을 말하지 않았다. 이때쯤이면 그는 동료 제자들보다 그리스도의 적들과 훨씬 더 가까웠을 것 같다. 유다가 그리스도에 대해 누구보다도 잘 알고 있으면서도 이런 배신을 할 수 있었다는 것이 놀랍지 않은가? 그는 찬송을 알고 있었다. 기도를 알고 있었다. 절름발이가 치유되고 죽은 자가 살아났을 때의 상황을 당신에게 설명할 수 있었다. 그런데 이런 것들도 그의 마음을 감동시키지 못했다.

인생을 살다 보면 당신을 그리스도의 말씀으로 이끌거나 멀어지게 하는 일들이 일어난다. 모든 사람은 그리스도를 지지하거나 그리스도를 반대한다. 당신은 경배와 헌신의 표시로 일 년 치 임금에 해당하는 귀한 향유를 아낌없이 바친 마리아처럼 그분을 인정하는가? 그분께 말씀드린 적이 있는가? 그분께 보여드린 적이 있는가? 당신의 삶이 그것을 드러내고 있는가? 아니면 실제로는 전혀 아니면서 주변 사람들에게 그분의 제자인 양 행세하는가? 당신이 마리아의 "선한 일"-당신 삶의 주인으로 기름 부음 받으신 예수님께 새로이 헌신하는 것-을 하기를 바란다. 당신의 충성심을 앗아가려고 했던 모든 것을 그분 앞에 내려놓으라. 그리고 그분을 경배하라!

만찬 중에 깨달은 것(마태복음 26:17-30)

17무교절의 첫날에 제자들이 예수께 나아와서 이르되 유월절 음식 잡수실 것을 우리가 어디서 준비하기
를 원하시나이까 18이르시되 성안 아무에게 가서 이르되 선생님 말씀이 내 때가 가까이 왔으니 내 제자
들과 함께 유월절을 네 집에서 지키겠다 하시더라 하라 하시니 19제자들이 예수께서 시키신 대로 하여
유월절을 준비하였더라

20저물 때에 예수께서 열두 제자와 함께 앉으셨더니 21그들이 먹을 때에 이르시되 내가 진실로 너희
에게 이르노니 너희 중의 한 사람이 나를 팔리라 하시니 22그들이 몹시 근심하여 각각 여짜오되 주여 나
는 아니지요 23대답하여 이르시되 나와 함께 그릇에 손을 넣는 그가 나를 팔리라 24인자는 자기에 대하
여 기록된 대로 가거니와 인자를 파는 그 사람에게는 화가 있으리로다 그 사람은 차라리 태어나지 아니
하였더라면 제게 좋을 뻔하였느니라 25예수를 파는 유다가 대답하여 이르되 랍비여 나는 아니지요 대
답하시되 네가 말하였도다 하시니라

26그들이 먹을 때에 예수께서 떡을 가지사 축복하시고 떼어 제자들에게 주시며 이르시되 받아서 먹
으라 이것은 내 몸이니라 하시고 27또 잔을 가지사 감사 기도 하시고 그들에게 주시며 이르시되 너희가
다 이것을 마시라 28이것은 죄 사함을 얻게 하려고 많은 사람을 위하여 흘리는 바 나의 피 곧 언약의 피
니라 29그러나 너희에게 이르노니 내가 포도나무에서 난 것을 이제부터 내 아버지의 나라에서 새것으
로 너희와 함께 마시는 날까지 마시지 아니하리라 하시니라

30이에 그들이 찬미하고 감람 산으로 나아가니라

우리 가족은 가끔 어떤 중요한 역사적 사건들이 일어나던 순간에 우리가 그 자리에 있었다면 어땠을지 상상해보곤 한다. 예컨대 에디슨이 최초로 음성을 녹음한 실험실, 아이젠하워가 노르망디 침공을 명령한 전략 회의실, 인간이 최초로 달에 착륙하던 순간의 우주 관제

센터 같은 곳 말이다. 하나님의 구속 계획이 펼쳐지는 수많은 의미심장한 성경의 장면들 중에서 고르는 것은 쉽지 않지만, 그 중에서도 몇몇 사건은 그 상황을 몰래 지켜볼 수 있었다면 어땠을지 생각에 잠기게 한다. 내가 고른 장면들이다. 아담과 하와가 에덴 동산에서 쫓겨났을 때, 하나님이 홍해를 가르셨을 때, 마리아와 요셉이 처음 예수님의 얼굴을 들여다보았을 때. 그러나 내가 특히 몰래 함께하고 싶은 장소는 열두 사도와 그들의 스승이 함께 기대어 앉아 유월절 만찬을 즐기던 최후의 만찬 자리다.

마태복음의 이 시점부터 모든 것이 그리스도의 십자가 처형을 향해 치닫기 시작한다. 최후의 만찬은 폭풍 전야의 고요다. 몇 시간 안에 예수님은 유다에게 배신당하시고, 겟세마네에서 체포되어 유대인과 로마인들에게 부당한 재판을 연달아 받으시며, 심한 매질과 조롱을 당하시고, 무자비한 군인들의 손으로 십자가에 못 박히시고 서서히 고통스러운 죽음을 맞으실 것이다. 그러나 이 모든 일이 있기 전에 그분과 열두 제자는 유월절 만찬-그들이 함께하는 마지막 식사-을 위해 함께 식탁에 모였다.

마태는 이런 일들을 회상하고 기록하면서 그날의 만찬과 관련된 소소한 부분까지 꼼꼼히 정리했다. 느닷없는 예수님의 수수께끼 같은 말씀-"너희 중의 한 사람이 나를 팔리라"(26:21)-은 모두를 예민하게 만들었다. 공모자 가룟 유다는 위선의 벽 뒤에 숨어 조용히 어둠 속으로 빠져나갔지만, 세상의 빛이신 분의 예리한 통찰력을 피할 수 없었다. 유다도 구세주와 함께 식탁에 앉아 유월절 만찬을 함께했다. 그런 뻔뻔한 배신을 할 수 있다니 유다가 얼마나 속속들이 썩었는지 상상조차 할 수 없다. 그를 최악의 배신으로 끌고 간 타락한 인간의 심장이 우리 가슴속에도 고동치고 있다는 사실을 우리가 깨달을 때까지는.

—26:17-19—

유대인들은 애굽에서 탈출하기 전에 누룩을 넣지 않은 떡을 구웠던 것을 회상하며 무교절을 지켰다(출 12:39). 무교절은 유월절 양을 제물로 바치는 것으로 시작되었다. 이 특별한 식사는 니산월의 14일 목요일 낮에 미리 준비되었다. 사람들은 이날 오후에 양을 제물로 바치고 그날 저녁에 먹을 음식을 준비했다.[5] 이 식사를 유월절이라고 불렀다. 그 다음 날부터 무교절이 이레 동안 이어졌다.[6]

유월절 날이 밝아오자 제자들은 어디서 이 연례 만찬을 할 것인지 슬슬 걱정이 되기 시작했다. 유월절 만찬을 하지 않는 것은 매년 특별한 절기를 지키도록 되어 있는 율법을 범하는 일이었다(레 23장). 그들은 갈릴리 출신이었기 때문에 분명히 자기들의 랍비가 예루살렘 어딘가에 식사를 준비했을 거라고 예상했다. 제자들은 장소만 알면 만찬을 차릴 준비가 되어 있었다(마 26:17).

마태는 만찬 장소를 찾게 된 경위를 간단명료하게 제시한 반면에(26:18–19), 마가복음과 누가복음은 상세한 이야기를 부연한다(참조. 막 14:12–16, 눅 22:7–13). 예수님이 미리 예루살렘에 있는 몇몇 추종자에게 연락하신 것은 분명해 보인다. 일부 학자는 그들이 요한 마가의 가족이며, 장소는 제자들이 모여서 성령이 임하시기를 기다렸고 나중에 예루살렘 교회가

유월절과 무교절(26:17–19)

고대 유대력의 연례 절기 중 첫 번째이면서 가장 중요한 절기는 7일 동안 열리는 무교절 축제였다. 무교절은 유월절을 기념하는 것으로 시작되었다. 각 가정은 니산월 14일 오후에 흠 없는 어린 양을 성전에 바쳐야 했다. 오후 3–4시경 제사장들이 양뿔을 불면 각 가정의 대표자들이 양을 바치기 위해 성전에 모여들었다. 그리고 동물을 죽여 껍질을 벗기고 대야에 피를 받았다. 그런 다음 제사장이 속죄를 상징하는 행위로 제단 바닥에 그 피를 뿌렸다. 장기와 지방은 제단에서 불에 태웠고, 제물로 바친 양의 나머지 부분은 일몰 전에 집에 가져가 유월절 식사를 위해 구웠다. 유월절은 정확히 니산월 14일이 끝나는 일몰(15일의 시작이기도 한)부터 시작되었다.

현대의 유대인 유월절인 세더(*seder*)의 많은 관습은 AD 70년에 성전이 파괴된 이후로 수 세기에 걸쳐 발전해온 것이기는 하지만, 학자들은 여기서 1세기에 예수님과 제자들이 지켰던 축제의 기본 윤곽을 알아냈다.[7] 그 집의 가장(제자들의 경우에는 예수님)이 첫 번째 포도주 잔을 들고 일정한 형식을 갖춘 축복 기도를 읊었다. 그러고 나면 맛초(*matzah*, 누룩을 넣지 않은 떡), 마로르(*maror*, 쓴 나물, 떫은맛이 나는 상추 같은 잎채소), 하로셋(*haroset*, 과일 맛이 나는 걸쭉한 소스), 페사크(*pesach*, 구운 양고기)가 식사로 나왔다.

초기 랍비들은 여러 가지 방식으로 그 식사를 구성하는 음식의 의미를 설명했다. 결국에는 그것에 대한 문답을 적은 글–또는 전례문–이 세더 의식의 일부가 되었다. 쓴 나물은 어떤 사람들에 따르면 진흙처럼 걸쭉한 하로셋에 찍어 먹었다. 하로셋은 유대인들이 진흙으로 벽돌을 만들었던 애굽에서의 고된 노예생활을 상기시켜주었다. 또 하로셋의 붉은색은 바로의 압제 아래서 흘린 피를 상징하는 것으로 여겨졌다.

식사 중에 주인은 두 번째 잔을 채우고 히브리인들이 애굽의 속박에서 해방된 이야기를 들려주었다. 이 이야기 속에는 하나님이 애굽의 장자들을 치셨을 때 문설주에 피가 발려 있는 이스라엘 백성의 자녀는 그냥 지나가신 첫 번째 유월절 이야기도 포함되어 있다. 두 번째 축복 기도와 함께 들었던 붉은 포도주는 그들의 구원을 상징하는 희생양의 피를 생생하게 상기시켜주었다. 이 기념 식사 후에 세 번째 축복의 잔을 들고 일반적으로 유대인의 식사에 뒤따르는 감사 기도를 드렸다. 마지막 잔을 들면 주인이 폐회 기도와 노래를 인도하며 식사를 마쳤다.

계속 모였던(행 12:12), 사도행전의 앞부분에 기록된 그 다락방일 거라고 생각한다(행 1:13).[8] 하지만 확인된 바는 없다.

만약 제자들이 아는 사람의 집에서 유월절 만찬을 하기로 했다면 예수님은 왜 제자들에게 그냥 분명하게 말씀하시지 않았을까? 유다가 예수님을 배신하려는 음모가 이미 착수되었다는 것을 아셨기 때문에(마 26:16) 배신자가 모르게 유월절 만찬을 준비했어야 했을 거라는 일부의 주장도 있다.[9] 예수님이 머물고 계시던 베다니의 집에서 만찬을 하지 않으신 것도 그 이유 때문일 수 있다. 사람들이 유월절을 지키기 위해 집 안에 머무는 동안 도시의 거리는 대부분 텅 비어 있었을 것이므로 그곳은 체포하기에 확실한 장소였고, 만찬은 유다에게 절호의 기회였을 것이다. 하지만 예수님은 때가 이르기 전에 유다의 사악한 거미줄에 걸려들지 않으실 참이었다. 그분의 때가 "가까이" 오기는 했지만(26:18), 아직 체포당하실 때는 아니었다.

—26:20-25—

베드로와 요한이 준비를 마치고(참조. 눅 22:8) 유월절 만찬 시간이 되자 예수님과 제자들은 예비된 장소에 모였다. 나는 예수님과 다른 제자들이 사람들로 붐비는 예루살렘 거리를 헤치고 나아갈 때 그들이 어디로 가고 있는지 모르는 채 따라가는 유다를 상상한다. 그는 예수님의 비밀 여정을 유대인 당국자들에게 보고할 가장 좋은 순간을 찾기 위해 정신없이 머리를 굴리며 앞뒤를 살피는 모습이 눈에 선하다. 그러나 일행이 미리 준비된 방에 도착했을 때 당장 배신을 실행할 기회는 사라졌다. 그는 적당한 때를 기다려야 했다.

식탁과 식사가 준비되자 예수님과 열두 사도는 당시의 유대인 관습에 따라 지정된 자리에 둘러앉았다(마 26:20). 식사하는 내내 참석자들은 식탁 앞에 비스듬히 기대어 앉았을 것이다. 윌리엄 바클레이는 이렇게 설명한다. "식탁은 낮고 단단한 U자 모양의 판이었고, 식탁을 빙 둘러 긴 의자가 놓여 있었다. 주인의 자리는 한가운데였다. 사람들은 왼쪽 팔꿈치를 괴고 왼쪽으로 비스듬히 기대서 오른손으로 편하게 음식을 먹을 수 있었다."[10]

만찬을 시작하는 축복 기도와 포도주 첫 잔을 마신 후에 무교병, 구운 양고기, 쓴 나물, 달콤한 양념이 들어간 음식이 나왔다. 식사 중에 예수님은 애굽의 노예에서 해방된 히브리인들의 역사를 이야기하셨을 것이다. 예수님이 식사 자리에서 일어나 제자들의 발을 씻기시면서 자기를 낮추시고 희생적인 섬김의 본을 보이신 것도 이 전통적인 가르침 중간이었을 것이다. 이 일은 요한복음에만 기록되어 있다(요 13:3-20).

그러고 나서 다시 한번 전통 예배의 '절차에 없는' 행동을 하셨다. 예수님은 "내가 진실로 너희에게 이르노니 너희 중의 한 사람이 나를 팔리라"(마 26:21)고 선포하셨다. 이 충격적인 진술은 유월절의 구원을 회상하고 있던 그들에게 충격을 주었을 뿐 아니라 식탁에 있던 모든 사람을 당황하게 만들었다. 유다는 얼굴이 창백해지고 머리끝이 쭈뼛했을 것이다. 어쩌면 멍해져서 말을 더듬거리기 시작했을지도 모른다. 그는 들킨 것이 분명했다.

식탁에 있던 제자들이 모두 항변하자(26:22) 예수님은 자기와 함께 그릇에 손을 넣는 자가 자기를 배반할 자라고 대답하셨다(26:23). 마가복음에는 "나와 함께 먹는 자"라는 말이 들어 있다(막 14:18). 그릇에 "손을 넣는" 자라고 말씀하신 것은 식탁에서 손을 씻는다는 뜻이 아니었다. 유월절 식사의 일부로 나물이나 떡을 하로셋(소스)에 찍는 것을 말씀하신 것이었다. 또 시편 41편 9절을 암시하신 것이기도 했다. "내가 신뢰하여 내 떡을 나눠 먹던 나의 가까운 친구도 나를 대적하여 그의 발꿈치를 들었나이다." 식탁에 앉아 있던 사람들이 이때 유다를 지목했을 가능성은 거의 없다. 사실, 유월절 식사 중에는 모두가 예수님과 함께 하로셋에 손을 넣었다. 유다가 제일 마지막에 손을 넣었을 수도 있다. 다른 사람들은 눈치채지 못했어도 유다 자신은 알았을 것이다. 어쨌든 그 자리에 있던 두 사람은 예수님이 누구를 염두에 두고 계시는지 분명히 알았을 것이다.

예수님은 바로 이어서 유다의 가슴이 철렁 내려앉게 했을 엄중한 경고로 배신에 대한 수수께끼 같은 말씀을 하셨다. 예수님은 메시아가 성경에 예언된 대로 죽을 수밖에 없지만 자기를 배신할 자는 여전히 극악무도한 죄를 짓는 것이라고 말씀하셨다. 너무나 끔찍한 배신이었기에 사실 그 사람이 아예 태어나지 않았더라면 더 좋았을 거라고도 하셨다!(마 26:24)

예수님이 당신이 배신당하실 것이라고 말씀하실 때 제자들은 자기들이 절대 그분께 등을 돌리는 일은 없을 거라고 계속 주장했다. 그리고 다른 사람들처럼 유다도 물었다. "랍비여 나는 아니지요?"(26:25) 그러자 예수님은 이렇게 대답하셨다. "네가 말하였도다." 이때 예수님과 유다의 대화는 아마 은밀하게, 어쩌면 귓속말로 오갔을 것이다. 유다는 예수님의 왼쪽에 앉아 있었을 것이다(비교. 요 13:26).[11] 유다의 물음에 대한 예수님의 은밀하고 간접적인 대답은 요즘 말로 "바로 그거야!"거나 "딱 맞혔어!"와 비슷한 관용어였다.[12] 적어도 유다에게는 요지가 분명했다. "내가 말하고 있는 사람이 너고, 우리 둘 다 그걸 알고 있다."

유다는 침묵했다.

요한복음은 식탁 건너편에서 베드로가 예수님 바로 오른편에 기대어 있던 요한을 부추겨 귓속말로 물어보게 했다고 말한다. "말씀하신 자가 누구인지 말하라 하니"(요 13:24). 예수님은 다른 제자들에게 들리지 않게 혼잣말처럼 조용히 요한에게 말씀하셨다. "내가 떡 한 조각을 적셔다 주는 자가 그니라"(요 13:26). 요한복음에는 예수님이 즉시 떡 한 조각을 떼어 소스에 담갔다가 유다에게 건내신 것처럼 나온다. 그러나 다른 가능한 시나리오도 언급할 필요가 있다.

언뜻 보기에 요한복음은 성만찬의 관례를 의도적으로 생략한 것처럼 보인다. 하지만 예수님이 떡 조각을 나누셨다는 언급이 성만찬 자체를 암시하는 것일 수도 있다.[13] 그렇다면 예수님이 요한에게 귓속말을 하신 후에 바로 돌아서 유다에게 떡을 건네신 것이 아니라 예수님이 요한에게 귓속말을 하시고 나서 성만찬 절차를 이행하셨다고 상상할 수 있다. 이 시나리오대로라면 그 뜻깊은 의식을 진행하실 때 예수님은 다른 제자들뿐만 아니라 유다와도 함께 떡을 떼셨다(눅 22:19-21). 그러나 예수님이 떡 한 조각을 소스에 찍어 유다에게 건네신 것도 맞다. 그리고 그것이 요한에게 보내는, 유다가 예수님을 배신할 자라는 신호가 되었을 것이다. 이 일은 불손한 마음으로 성만찬에 참여할지도 모르는 사람들에 대한 예로도 쓰였을 것이다(고전 11:27).

—26:26-30—

이 구절은 성만찬 제정에 대한 마태의 기록이다. 이 일은 마태복음 26장 26-29절뿐 아니라 마가복음 14장 22-25절, 누가복음 22장 17-20절, 고린도전서 11장 23-26절에도 기록되어 있다. [내가 제시했듯이, 확실하지는 않아도, 요한이 예수님이 떡 조각을 소스에 찍어서 유다에게 건네셨다고 한 것은 성만찬을 간접적으로 언급한 것일 수도 있다(요 13:26).] 우리는 마태의 간략한 설명을 통해 예수님이 식사 도중에 식탁에서 떡을 가져와 그것을 축사하시고 떼어서 제자들에게 나눠주셨다는 것을 안다. 이때 예수님이 그 유명한 말씀을 하셨다. "받아서 먹으라 이것은 내 몸이니라"(마 26:26). 또 식탁에서 포도주 잔을 들어 올려 감사 기도를 드리고 말씀하셨다. "너희가 다 이것을 마시라 이것은 죄 사함을 얻게 하려고 많은 사람을 위하여 흘리는 바 나의 피 곧 언약의 피니라"(26:27–28). 이어 예수님의 말씀은 갑자기 그분이 영원히 다스리실 먼 미래로 방향이 바뀌었다. 예수님은 이 잔을 마지막으로 "내 아버지의 나라에서 새것으로 너희와 함께 마시는 날까지"(26:29) 포도주를 입에 대지 않으실 거라고 말씀하셨다.

옛 언약의 중심 의식인 유월절을 기념하시다가 예수님이 갑자기 떡과 포도주에 완전히 새로운 의미를 부여하셨다는 점에 유의하라. 그분이 그 떡을 "내 몸"이라고 하시고 포도주를 "나의 피"라고 말씀하신 것은 비유적으로 하신 것이다. 예수님의 말씀이 초자연적인 방법으로 떡과 포도주의 물리적 본질을 실제 예수님의 몸과 피로 바꾼 것이 아니다. 그러나 그분의 말씀은 그분이 진짜 육신을 가지셨으며(그분은 단순히 영적 존재 또는 천사 같은 존재가 아니셨다), 세상의 죄로 인해 그분의 실제 몸이 부서지고 실제 피가 흘려지게 될 것임을 확증했다.

요한복음은 만찬 중 바로 이때 사탄이 유다에게 들어가서 참된 구원이 없는 텅 빈 그릇을 차지했다고 알려준다(요 13:27). 그리고 그때 예수님이 유다에게 "네가 하는 일을 속히 하라"고 하셨다. 그 즉시 유다는 자리에서 일어나 어둠 속으로 사라졌다(요 13:30). 어리둥절하기는 했지만 제자들 대부분은 대수롭지 않게 생각했다. 그들은 유다가 재정을 관리하고 있었기 때문에 만찬 비용을 지불하거나 빈민들에게 구휼금을 주는 등의 재정적인 업무를 보러 간 거라고 생각했다(요 13:28–29).

마태는 성만찬으로 바뀐 유월절 만찬에 대한 기사를 당시 유대인들에게 친숙했을 관습–찬송가를 부르는 것–을 시사하는 짧은 요약문으로 마무리한다. '찬송가'라는 할렐 시편(찬양 시편) 중 하나–일반적으로 유월절 만찬 중에 낭송되었던 '대할렐'인 시편 136편–였을 것이다. 제자들이 어떤 노래를 불렀든 만찬은 끝이 났고, 그들은 성읍을 가로질러 기드론 골짜기를 지나 감람산으로 가는 짧은 여정에 올랐다(마 26:30). 그들도 앞서 유다가 슬그머니 사라졌던 그 밤의 어둠 속으로 걸어 들어갔다. 그리고 그들이 이스라엘이 고대하던 메시아 왕과 계속 교제를 나누며 언덕을 오르는 동안 유다는 하찮은 보상을 얻으려고 왕을 배신할 기회를 찾으면서 배신의 나락으로 떨어졌다.

적용: 마태복음 26:17-30

마음을 살피라

고린도전서 11장 27-28절에서 바울은 이렇게 썼다. "그러므로 누구든지 주의 떡이나 잔을 합당하지 않게 먹고 마시는 자는 주의 몸과 피에 대하여 죄를 짓는 것이니라 사람이 자기를 살피고 그 후에야 이 떡을 먹고 이 잔을 마실지니." 나는 바울이 이 말을 쓰면서 마음 한편에 가룟 유다를 떠올리지 않았는지 궁금하다. 유다는 유월절 만찬 때 성만찬에 참석하면서도 예수님의 언행이 그 굳은 마음을 뚫고 들어오는 것을 허용하지 않았다. 많은 사람이 유다와 비슷하다. 그들은 유다가 그랬듯, 구세주에게 반항한다.

주님의 식탁을 중심으로 동료 신도들과 모일 때 우리는 그분의 말씀으로 우리의 마음을 살펴야 한다. 우리가 살면서 저지르는 모든 사소한 잘못에 대해서 자책하라는 뜻이 아니다. 그런 태도는 우리를 향한 과분한 사랑 때문에 그리스도의 몸이 부서지고 우리 죄를 용서하시려고 그분이 피를 흘리셨다는 사실을 망각하는 것이다. 우리는 오직 믿음을 통해 오직 은혜로 그분이 베푸시는 구원의 관계로 초대받았듯이 은혜로 그 식탁에 초대받았음을 잊으면 안 된다. 우리는 자력으로 그 식탁에 자리를 얻은 것이 아니다. 하지만 그 식탁에 나아올 때 우리는 우리의 영혼을 살피고 삶을 돌아보아 성령이 우리 안에 있는 일말의 배반이나 배신, 위선을 쓸어내시게 해야 한다.

그런 의미에서 시편 139편 23-24절을 묵상하라. 지금 하라. 그리고 다음 성만찬에서 주님을 만날 준비를 할 때도 하라. 그분이 누구시며 당신과 나를 위해 무엇을 하셨는지 되새겨 보라! 늘 이 말씀과 같은 마음가짐으로 삶을 대하고 이 말씀이 절실한 기도가 되게 하라.

> 하나님이여 나를 살피사 내 마음을 아시며 나를 시험하사 내 뜻을 아옵소서
> 내게 무슨 악한 행위가 있나 보시고 나를 영원한 길로 인도하소서.

부인, 고뇌, 기만, 유기(마태복음 26:31-56)

31그 때에 예수께서 제자들에게 이르시되 오늘 밤에 너희가 다 나를 버리리라 기록된 바 내가 목자를 치

리니 양의 떼가 흩어지리라 하였느니라 32그러나 내가 살아난 후에 너희보다 먼저 갈릴리로 가리라 33
베드로가 대답하여 이르되 모두 주를 버릴지라도 나는 결코 버리지 않겠나이다 34예수께서 이르시되
내가 진실로 네게 이르노니 오늘 밤 닭 울기 전에 네가 세 번 나를 부인하리라 35베드로가 이르되 내가
주와 함께 죽을지언정 주를 부인하지 않겠나이다 하고 모든 제자도 그와 같이 말하니라

36이에 예수께서 제자들과 함께 겟세마네라 하는 곳에 이르러 제자들에게 이르시되 내가 저기 가서
기도할 동안에 너희는 여기 앉아 있으라 하시고 37베드로와 세베대의 두 아들을 데리고 가실새 고민하
고 슬퍼하사 38이에 말씀하시되 내 마음이 매우 고민하여 죽게 되었으니 너희는 여기 머물러 나와 함께
깨어 있으라 하시고

39조금 나아가사 얼굴을 땅에 대시고 엎드려 기도하여 이르시되 내 아버지여 만일 할 만하시거든
이 잔을 내게서 지나가게 하옵소서 그러나 나의 원대로 마시옵고 아버지의 원대로 하옵소서 하시고 40
제자들에게 오사 그 자는 것을 보시고 베드로에게 말씀하시되 너희가 나와 함께 한 시간도 이렇게 깨어
있을 수 없더냐 41시험에 들지 않게 깨어 기도하라 마음에는 원이로되 육신이 약하도다 하시고

42다시 두 번째 나아가 기도하여 이르시되 내 아버지여 만일 내가 마시지 않고는 이 잔이 내게서 지
나갈 수 없거든 아버지의 원대로 되기를 원하나이다 하시고 43다시 오사 보신즉 그들이 자니 이는 그들
의 눈이 피곤함일러라 44또 그들을 두시고 나아가 세 번째 같은 말씀으로 기도하신 후 45이에 제자들에
게 오사 이르시되 이제는 자고 쉬라 보라 때가 가까이 왔으니 인자가 죄인의 손에 팔리느니라 46일어나
라 함께 가자 보라 나를 파는 자가 가까이 왔느니라

47말씀하실 때에 열둘 중의 하나인 유다가 왔는데 대제사장들과 백성의 장로들에게서 파송된 큰 무
리가 칼과 몽치를 가지고 그와 함께 하였더라 48예수를 파는 자가 그들에게 군호를 짜 이르되 내가 입맞
추는 자가 그이니 그를 잡으라 한지라 49곧 예수께 나아와 랍비여 안녕하시옵니까 하고 입을 맞추니 50
예수께서 이르시되 친구여 네가 무엇을 하려고 왔는지 행하라 하신대 이에 그들이 나아와 예수께 손을
대어 잡는지라

51예수와 함께 있던 자 중의 하나가 손을 펴 칼을 빼어 대제사장의 종을 쳐 그 귀를 떨어뜨리니 52이
에 예수께서 이르시되 네 칼을 도로 칼집에 꽂으라 칼을 가지는 자는 다 칼로 망하느니라 53너는 내가
내 아버지께 구하여 지금 열두 군단 더 되는 천사를 보내시게 할 수 없는 줄로 아느냐 54내가 만일 그렇
게 하면 이런 일이 있으리라 한 성경이 어떻게 이루어지겠느냐 하시더라

55그 때에 예수께서 무리에게 말씀하시되 너희가 강도를 잡는 것 같이 칼과 몽치를 가지고 나를 잡으
러 나왔느냐 내가 날마다 성전에 앉아 가르쳤으되 너희가 나를 잡지 아니하였도다 56그러나 이렇게 된 것
은 다 선지자들의 글을 이루려 함이니라 하시더라 이에 제자들이 다 예수를 버리고 도망하니라

배움의 과정은 대개 시험으로 마무리된다. 대학교에서 학기말은 기말고사 주간이다. 박사

과정은 종합 시험과 학위 심사로 끝이 난다. 로스쿨은 진을 빼는 사법 시험을 치러야 한다. 목회자 교육은 보통 안수 위원회 앞에서 질문 공세를 받는 것으로 종결된다. 의대 이야기는 빼도록 하자!

오랜 기간의 강도 높은 훈련이 그 끝을 맞이하듯이 예수님의 지상 사역도 마무리되어

이것은 내 몸이요, 내 피라(마태복음 26:26-29)

주님의 만찬을 제정하신 예수님의 말씀을 놓고 많은 그리스도인이 양극단으로 갈렸다. 일부는 지나치게 문자 그대로 받아들여 예수님의 말씀이 초자연적으로 그리스도의 실제 몸과 피의 원소를 변형시켰다(그리고 계속 변형시킨다)고 믿는다. 또 어떤 이들은 정반대로 그 말씀은 상징에 불과하므로 성만찬 자체는 큰 의미가 없다고 믿는다. 이 표적의 본질, 그것이 상징하는 실체 그리고 그 의의를 제대로 이해해야 이런 극단적 해석을 방지할 수 있다.

첫 번째 극단적 해석에 대한 예를 하나 들어보겠다. 내 서재 책상 위에는 내가 가장 좋아하는 아내의 사진이 놓여 있다. 그 사진을 볼 때마다 나는 아내를 생각한다. 어떤 사람이 나를 만나러 와서 그 사진을 가리키며 "누구 사진인가요?"라고 물었다고 생각해보라. 나는 즉시 "제 아내입니다"라고 답했을 것이다. 그 손님은 내가 사진과 결혼했다고 생각하지 않을 것이다! 내가 "제 아내입니다"라고 말하면 그는 "이것은 제 아내 사진입니다"라는 뜻임을 알 것이다. 굳이 말할 필요가 없다. 성만찬의 떡과 포도주가 그리스도의 몸과 피를 상징하는 것도 마찬가지다. 떡과 포도주가 그것이 상징하는 것–"내 몸이니라", "나의…피니라"–의 이름을 취하더라도, 예수님은 그것이 그분의 몸과 피를 나타내는 상징이라는 뜻으로 말씀하셨다는 것은 분명하다.

또 이와 정반대의 해석에 대해서는, 성만찬의 떡과 포도주가 상징에 불과하다고 해서 그 의미를 경시하거나 감사와 합당한 경외심으로 성만찬을 지키지 않아도 된다는 뜻은 아니다.

오히려 그 상징의 대상을 흠모하기 때문에 우리는 그 상징을 소중히 여겨야 한다. 내 책상에 놓여 있는 아내의 사진으로 다시 돌아가보자. 나를 찾아온 손님이 그 사진을 가져가 부수었다고 생각해보라. 아니면 땅바닥에 내동댕이쳐서 발로 밟거나 내던지거나 침을 뱉었다고 생각해보라. 그 상황을 보며 내가 그냥 의자에 기대어 이렇게 말하지는 않을 것이다. "아, 맘대로 해요. 그건 그냥 사진이니까. 상징일 뿐이니 당신이 그걸 어떻게 하든 상관없어요. 불에 태우든 말든 내 알 바가 아니죠." 있을 수 없는 일이다! 나는 이 세상 누구보다도 내 아내를 소중히 여기기 때문에 아내의 사진은 내게 소중하다. 그 표상을 모욕하는 것은 그 실체를 모욕하는 것이다. 나를 비롯해 많은 사람이 국기를 짓밟거나 태우거나 함부로 취급하는 것을 참을 수 없는 것도 같은 이유다. 물론, 국기는 상징이다. 국기가 만들어진 빨간색, 파란색, 흰색 천에 무슨 마력이 있는 것이 아니다. 그러나 우리는 그 상징에 경의를 표함으로써 그 실체에 경의를 표한다. 마찬가지로 그 표상을 함부로 대하는 것은 그 실체를 업신여기는 것이다.

그렇다면 우리에게 성만찬은, 예수님이 누구시며 우리를 구원하기 위해 무엇을 하셨는지를 되새겨주는 성스러운 상징–엄숙하고 즐거운 기념 의식–이다. 그리고 예수님은 단순한 사진보다 한층 깊은, 우리가 보고, 만지고, 맛보고, 냄새 맡고, 들을 수 있는 상징을 우리에게 주셨다. 성만찬은 오감으로 복음을 고백하고 기념하는 의식이다. 주님이 우리에게 남겨주신 이 관습은 얼마나 강렬한가! 우리는 믿음 안에서 경건하고, 기뻐하며, 감사하는 마음으로 이 뜻깊은 성만찬에 참여함으로 그분을 기려야 한다.

가고 있었다. 여기서부터는 더 이상 긴 가르침이나, 강론, 강의나 설교, 설교의 실천, 문답식 가르침이 없을 것이다. 군중은 이제 주님의 말씀을 듣거나 그분의 놀라운 기적을 보려고 모이지 않을 것이다. 종교적 좌파 또는 우파와의 논쟁도, 정치적 열성분자들에 대한 도전도 더 이상 없을 것이다. 이런 일들은 끝났다. 마침내 메시아의 시간이 왔고, 돌이킬 수 없었다.

예수님은 잠시 시련과 고난을 당하실 것이다. 그분은 몇 시간 동안 고뇌에 찬 기도를 하신 뒤 잔혹한 매질을 당하실 것이다. 그런 다음 그분의 적들은 죄가 없는데도 불구하고 그분에게 부당하게 유죄 판결을 내리고, 아무 이유 없이 그분을 처형할 것이다. 한때 그분의 신실한 제자였던 자들은 그분을 배신하고, 부인하고, 버릴 것이다. 그들 중 단 한 명도 그 시험을 당할 때 상하지 않을 것이다.

—26:31-35—

최후의 만찬 후에 예수님과 열한 명의 신실한 제자는 자리에서 일어나 함께 찬양하고, 감람산 서쪽 경사면에 담이 둘러쳐진 아담한 숲으로 갔다. 누가는 그것이 예수님의 "습관"(눅 22:39)이었다고 기록한다. 또 그 감람나무 숲을 특정 장소-임의의 장소가 아닌-를 나타내는 "그 곳"(눅 22:40)이라고 일컬었다. 예수님과 제자들이 다른 사람의 감람나무 동산에 무단 침입하는 버릇이 있었을 리가 없으니 그 담이 둘린 숲이 예수님 또는 제자들과 연관된 누군가의 소유였음을 확신할 수 있다.

초기 기독교 전통은 예수님과 제자들이 유월절을 기념했던 집과 겟세마네 동산 모두 나중에 베드로의 측근이 되어 마가복음을 쓴 요한 마가의 집과 관련이 있다고 보았다.[14] 만약 그렇다면 마가복음이 예수님이 체포되시던 때 알몸으로 도망친 "젊은이"(마가 본인으로 추정되는)를 언급한 연유를 알 수 있다(막 14:51-52).[15] 겟세마네가 마가 가족의 소유지였다면 그는 열쇠를 가지고 제자들 사이에 있었을 수 있고, 혹은 유월절 축제 기간에 찾아온 가족의 손님 몇 명도 같이 있었을 수도 있다.

그날 밤 예수님과 제자들이 향한 곳이 알려진 장소였다는 사실을 언급할 필요가 있다. 요한은 "그 곳은 가끔 예수께서 제자들과 모이시는 곳"(요 18:2)이었다는 말까지 한다. 말하

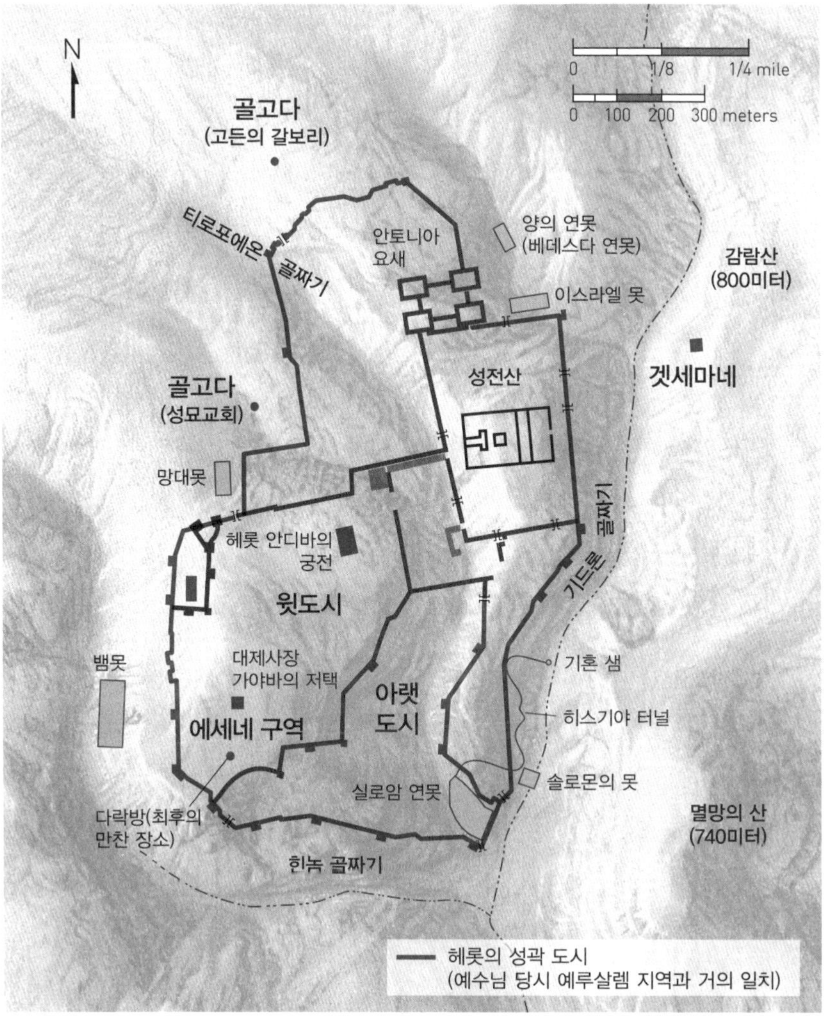

유월절 만찬 후 예수님과 제자들은 기드론 골짜기 건너편 감람산의 서쪽 비탈을 올라 평소에 즐겨 찾으시던 한적한 곳, 곧 겟세마네 동산으로 알려진 그들의 은거지로 올라갔다.

자면 그곳은 예수님이 예루살렘에 계시는 동안 그분의 은신처, 즉 비밀 기지였다. 지금처럼 1세기에도 감람산에는 담으로 둘린 수많은 동산이 나란히 있어서 그 문이나 입구를 찾기가 어려웠다. 예수님과 제자들이 일단 인적이 드문 그 은밀한 요새에 몸을 숨기면 그분을 추적할 수 있는 유일한 방법은 '내부 사정을 잘 아는' 누군가가 정보를 주어야 했다. 물론 그 누군가는 가룟 유다였다(요 18:2).

일행이 감람산을 향해 가고 있을 때 예수님은 앞으로 일어날 일 때문에 제자들 모두 한 사람도 예외 없이 그분을 "버리리라"고 담담히 말씀하셨다(마 26:31). 예수님은 스가랴 13장 7절을 인용해서 강조하기까지 하셨다. "목자를 치면 양이 흩어지려니와." 스가랴의 이 비유에서 예수님이 목자이시고 제자들이 흩어진 양인 것은 자명했을 것이다. 그러나 이 낙담스러운 말씀에 이어 예수님은 자신이 부활하실 거라는 희망찬 약속을 다시 하셨는데(마 26:32), 제자들은 자기들이 예수님을 버릴 거라는 예수님의 예언을 완강히 거부하느라 이 말씀은 귀에 들어오지 않았던 것 같다.

베드로는 직접 나서서-다른 제자들이 진심으로 동의하는 가운데-사람들이 모조리 떨어져 나가도 자기는 끝까지 충성을 지킬 거라고 우겼다(26:33). 헬라어 본문에서 베드로가 말한 "나"는 강세용법으로 표현되어 있다. 베드로가 그때 자기는 다른 동료들과 다르다고 큰소리로 말하며 가슴을 치는 극적인 모습이 상상이 된다. 베드로는 사실상 이렇게 말한 것이었다. "이 줏대 없는 패배자들이 죄다 꽁무니를 빼더라도 저만은 끝까지 당신 곁을 지킬 겁니다!"

예수님은 천천히 머리를 저으셨을 것이다. 그날 밤 두 사람의 의지가 충돌했다. 즉, 우리가 과거를 아는 것보다 훨씬 더 분명히 미래를 알고 계신 신인(God-man)의 주권적 의지와 자기의 연약함을 모르는 베드로의 주제넘고 충동적인 의지가 충돌한 것이다. 예수님은 베드로의 그 당돌한 말을 그냥 넘어가실 수 없어서 베드로에 대한 아주 구체적인 예언으로 추악한 진실을 알게 하셨다. 새벽에 수탉이 울기 전에 베드로는 한두 번도 아니고 세 번이나 주님을 부인할 것이다(26:34). 이 당혹스러운 예언을 들은 베드로는 설령 예수님과 함께 죽는 한이 있어도 자기는 주님을 배신하지 않을 거라는 약속으로 더 완강히 밀어붙였다(26:35). 그러자 베드로가 공을 다 차지할새라 다른 열 제자도 맞장구를 치며 이구동성으로 끝까지 예수님의 곁을 지키겠다고 용감하게 약속했다.

신인(God-man)의 말씀을 정면으로 반박하다니 얼마나 어리석은가! 그러나 열한 명의 성급하고 허황된 맹세에 예수님은 잠자코 계셨다. 무슨 말을 하신들 그들이 자기들의 나약함을 수긍할 수 있었을까? 이들이 자기 주님에게 등을 돌리고 어둠 속으로 도망칠 때까지 불과 몇 시간밖에 남아 있지 않았기 때문이 이 문제의 진위는 곧 분명히 드러날 것이었다. 동이 트기 전에 그들은 모두 무조건 독단적으로 우겼던 약속을 깨뜨릴 것이다. 그들은 "믿는 사람들은 군병 같으니"와 비슷한 1세기의 찬양을 흥얼거리며 충성스러운 형제단처럼 감람산을 행진하고 있었지만, 밤새도록 계속되지는 못할 것이다.

—26:36-46—

마침내 일행은 겟세마네에 도착했다. 겟세마네라는 말의 문자적 뜻은 '착유기'다. 이는 담장이 둘린 감람나무 숲이 일반적인 나무 군락지가 아니라 개발된 경작지였을 것이라는 뜻이다. 존 피터 랑게(John Peter Lange)는 그 지역이 아마도 "감람산 기슭에 착유기가 갖추어진 곳으로 주택이 있거나 적어도 일반적인 동산 누각이 있었을 것"이라고 말한다.[16] 이는 예수님과 제자들이 당국자들의 눈에는 띄지 않게 숨겨져 있지만 잘 알려진 장소로 물러났다는 사실을 더욱 확실하게 해준다. 아마도 그 감람나무 숲을 소유한 가족–요한 마가의 가족일 것이다–의 일꾼이나 친척이 침입자들에게서 그 소유지를 지키기 위해 그곳에 있었을 것이다. 그러나 예수님과 제자들은 잘 알려진 사람들이라 문제없이 출입문을 통과하고 영

© Todd Bolen/BiblePlaces.com

감람산 기슭에 있는 이 고대 감람나무 숲은 전통적으로 예수님과 제자들이 그 배신의 밤에 물러났던 겟세마네 자리다. 이곳이 원래 위치인지 확신할 수는 없지만, 겟세마네는 이 과수원과 비슷하게 생겼을 것이다.

묵상의 서재

그림에서 본 핏방울(마태복음 26:36-46)

어릴 적 우리 외갓집에는 어네스틴 이모가 그린 여러 점의 유화가 방마다 걸려 있었다. 이모는 정식 교육을 받지는 않았지만 뛰어난 예술가였다. 이모는 다년간의 훈련으로 다져진 순수한 재능을 가지고 있었다. 자라면서 나는 늘 이모의 예술 작품에 흥미를 느꼈지만, 내가 서너 살 무렵 거실에 있던 한 점의 그림이 특히 내 관심을 끌었다.

외갓집은 텍사스의 엘 캄포라는 작은 마을에 있었고, 우리 가족은 종종 그곳에서 휴가를 보냈다. 그 집 거실에 어네스틴 이모의 웅장한 그림 한 점이 걸려 있었다. 나는 벽난로 앞에 서서 한밤중 바깥 어딘가에서 커다란 바위에 팔을 얹고 두 손을 모은 채 무릎을 꿇고 기도하고 있는 그림 속 남자를 빤히 쳐다보던 기억이 난다. 그 남자는 은빛 달빛 속에서 시커먼 구름이 불길하게 걸려 있는 하늘을 올려다보고 있었다. 좀 더 자세히 보니 남자의 얼굴에서 커다란 핏방울이 흘러내리는 것이 보였다.

나는 그림을 좀 더 가까이에서 보려고 의자를 끌어당겼다. 그 사람의 이마에 묻어 있는 것은 영락없는 피였다! 나는 도통 이유를 알 수 없었다. 처음에는 숲속에서 길을 잃어 나가는 길을 찾으려다 낮게 드리워진 나뭇가지에 얼굴을 찔린 사람의 이야기일 거라고 생각했다. 아니면 그 사람의 적에게 맞았을지도 모른다. 하지만 그림 속 사람은 얼굴에서 피를 흘리면서 기도로 도움을 청하고 있었다.

그날 오후 나는 할아버지에게 물었다. "그림 속 저 남자는 누구예요?"

언제나 나에게 기꺼이 시간을 내주시던 할아버지는 나를 팔로 안아 그림 높이에 맞추시려고 어깨까지 들어올려 주셨다. 할아버지가 말했다. "이건 어네스트 이모가 겟세마네 동산에 계신 예수님을 그린 그림이란다. 이때가 예수님이 우리 죄를 위해 붙잡혀서 십자가에 못 박히시기 직전이야. 자, 너한테 보여주마." 그리고 우리는 소파에 앉았다. 할아버지는 손때가 반질반질한 성경책을 들어 누가복음 22장 44절을 펼치고 읽으셨다. "예수께서 힘쓰고 애써 더욱 간절히 기도하시니 땀이 땅에 떨어지는 핏방울 같이 되더라."

그러고 나서 할아버지는 최대한 정확히 알려주려고 이렇게 말씀하셨다. "그게 실제 피였는지 우리는 알 수 없단다. 성경은 그것이 핏방울 같았다고 말하거든." 그리고 또 말씀하셨다. "피를 흘리면 방울이 굵어지지. 작은 방울 같단다. 하지만 땀은 보통 더 물같이 흘러내리지. 그런데 그분의 땀은 피처럼 굵었단다."

내가 물었다. "왜요?"

할아버지는 참을성 있게 대답하셨다. "왜냐하면 예수님은 우리 죄를 지시고 우리를 위해 십자가에 못 박히실 때 그분 앞에 어떤 일이 닥칠지 아셨기 때문에 마음이 무척 괴로우셨거든."

내가 기억하기로는, 나는 울기 시작했다. 내가 이것저것 더 묻기 전에 할아버지가 지치신 바람에 나는 머릿속이 정리가 되지 않았고, 몇 가지 의문이 남았다. 나는 그림 속의 고통스러워하는 남자가 왜 나를 위해 그 모든 일을 겪었는지 도저히 납득이 안 되었다. 지금도 그렇다. 당신도 그럴 것이다. 나는 그 말의 의미는 이해한다. 당신처럼 복음서의 기사를 더듬어볼 수 있다. 하지만 예수님의 수난 장면에서 그분과 함께 그 신성한 길을 걸을 때마다 나는 밀려드는 경외감에 묵묵히 앉아 그 경이를 받아들이려고 애쓴다.

접을 받았을 것이다.

그들이 동산 안으로 들어가자 우리에게 너무나 익숙한 광경이 펼쳐졌다. 그리스도인이라면 누구나 이 기사를 몇 번이나 읽었거나 설교를 들었을 것이다. 우리는 예수님의 생애를 그린 그림과 영화에서 이 광경을 보았다. 그런 친숙함이 때로는 무관심으로 이어져서 그 일의 심오한 의미를 제대로 생각하지 못하게 된다. 사실 여기 겟세마네에서 예수님의 고뇌는 극에 달했다. 그리스도는 극심한 중압감에 짓눌려 인내심이 한계에 달해 있었다. 여기서 그분은 고뇌에 찬 몸부림 끝에 세상 죄를 대속하는 데 필요한 고난의 잔을 받아들이셨다. 여기서 하늘과 땅, 신성과 인성이 충돌했고, 신인(God-man)의 인간적 의지가 하나님의 의지에 무조건 복종했다.

예수님은 베드로, 야고보, 요한을 따로 데리고 감람나무 숲 한구석으로 기도하러 가셨다. 예수님이 함께 밤새워 기도하기 위해 이 특정 인물들을 뽑으신 데에는 분명 그럴 만한 이유가 있었다(615쪽 "세 증인" 참고). 그러나 이 기도는 소수의 친한 친구들과 하는 조용한 기도회가 아니었다. 기도를 시작하자마자 예수님은 "고민하고 슬퍼하사"(26:37), "죽게 [될]" 만큼 짓눌리셨다(26:38). 예수님은 땅에 엎드려 아버지께 애원하고, 씨름하고, 몸부림치고, 그리고 다음날 일어날 극한의 고통을 마음과 감정과 육신과 영혼으로 받아들이셨다.

예수님은 무릎을 꿇고 차분하고 평온한 어조로 조용히 하늘 아버지께 기도하신 것이 아니었다. 예수님은 일어섰다가 무릎을 꿇었다가 땅에 엎드리기를 반복하셨다. 그분을 지켜보던 세 제자는 공포에 사로잡힌 한 남자가 고뇌에 차서 하나님께 부르짖는 모습을 지켜보았을 것이다. A. T. 로벗슨은 이렇게 추측한다.

> 주님은 세상 죄를 위해 쓰디쓴 죽음의 잔을 들이키려 하신다…그분은 본능적으로 잔을 밀어내셨지만, 이내 아버지의 뜻을 따라 자신의 뜻을 꺾고 잔을 드셨다. 분명히 지금 사탄은 십자가를 지지 말라고 그리스도를 유혹했다. 여기서 예수님은 갈보리로 나아갈 수 있는 힘을 얻으셨다.[17]

이 놀라운 장면에서 예수님의 진정한 인성이 온전히 드러난다. 놀랍도록 강력하고 이해할 수 있는 생존 욕구-사탄의 공격으로 더 강화된-가 예수님의 인간적 마음과 생각을 사로잡아, 그 고통을 회피할 방법을 찾도록 그분의 인간적 의지를 부추겼다. 첫 번째 동산에서 아담에게 그랬듯이 뱀은 두 번째 아담인 예수님께 이른바 순종의 대안이자 영광에 이르는 가짜 지름길을 제시했다. 늘 그렇듯, 사탄은 자기희생보다 자기보존이 더 매력적으로 보이게 만들었다. 하지만 아담과 달리 예수님은 몇 시간에 걸친 치열하고 괴로운 영적 전쟁을 치르신 뒤 자신의 인간적 의지를 하나님의 의지에 굴복시키셨다(26:39). 너무나 괴로우셨던 나머지 예수님의 땀은 핏방울처럼 땅에 떨어졌다(눅 22:44).

예수님은 세 번이나 하나님의 자비에 의탁하셨다(마 26:39, 42, 44). 두 의지가 부딪치는 격렬한 싸움 중간중간에 예수님은 제자들이 부탁한 대로 당신과 함께 기도하고 있는지 보러 오셨다(26:40-41, 43, 45, 참조. 26:38). 그러나 제자들은 예수님과 함께 일어서서 또는 무릎을 꿇고 기도하기는커녕 쿨쿨 자고 있었다! 얼마나 실망스러운가. 하지만 또 얼마나 예측 가능한 일인가. 앞에서 그들은 죽기까지 무조건 충성하겠다는 용감하고 거창한 맹세를 했었다. 그런데 예수님이 이 땅에서 맞으신 가장 고통스러운 순간인 지금, 그들은 잠시도 견디지 못했다.

이렇게 극심한 고뇌 속에서 신인(God-man)이신 예수님이 하나님 아버지의 선하고 완전한 계획에 무조건 항복하시자 마침내 하나님의 뜻이 이겼다. "나의 원대로 마시옵고 아버지의 원대로 하옵소서"(26:39, 42). 예수님의 신적 의지와 인간적 의지가 완벽히 조율되었고, 예수님은 십자가로 가는 여정을 맞이할 결심을 하셨다. 그분은 준비가 되셨다. 그러나 제자들은 그렇지 않았다. 그분은 제자들에게 경고하셨다. "시험에 들지 않게 깨어 기도하라 마음에는 원이로되 육신이 약하도다"(26:41). 끝까지 충성하겠다는 그들의 열정을 육

세 증인(마태복음 26:37)

베드로, 야고보, 요한. 제자들 중에서 이 세 사람만 예수님이 야이로의 딸을 부활시키실 때 예수님과 함께 있었다(막 5:37, 눅 8:51). 이 세 사람만 산 위에서 예수님의 변모, 모세와 엘리야의 출현을 목도하고 구름 속에서 들린 하나님 아버지의 음성을 들었다(마 17:1–8, 막 9:2–8, 눅 9:28–36). 안드레와 함께 이 삼인조는 감람산에서 예수님께 예루살렘 파괴와 말세에 대해 개인적으로 질문했다(막 13:3–4). 그리고 예수님은 체포되시던 날 밤 겟세마네에서 함께 기도하자고 이 세 명을 부르셨다(마 26:37, 막 14:33).

왜 이 세 사람이었을까? 루킨 윌리엄스(Lukyn Williams)는 이 삼인조가 내부의 목격자로 뽑히게 된 이유를 제시한다.

> 베드로는 정력과 열정과 사랑 그리고 교회 설립에서 그가 담당해야 할 역할 때문에, 요한은 그리스도의 사랑을 받았고 하나님의 계시를 받을 자였기 때문에, 야고보는…곧 그리스도의 잔을 마시고 선한 전쟁을 할 것이기 때문이었다. 여기에 나오는 야고보는 세베대의 아들이며 요한의 형제로서 헤롯 아그립바에게 처형당했다(행 12장).[18]

나는 또 야고보가 교회 역사 초기에 죽었고(아마 AD 44년경), 베드로는 AD 67년경까지 살았으며, 요한은 1세기 말까지 생존했다는 사실이 흥미롭다. 따라서 사도 시대 내내 교회는 그리스도의 삶에서 일어난 이 뜻깊은 사건들과 가르침을 목격한 자들을 접할 수 있었다. 첫 두 사람은 그들의 증언을 순교로 봉인했다. 열두 사도 중 제일 먼저 순교당한 야고보는 아마도 유대인 지도자들의 선동으로 헤롯에게 고초를 당했을 것이다(행 12:1–3). 베드로는 두 편의 서신서(베드로전·후서)와 공관복음 중 하나(마가복음)의 정보원 역할을 한 뒤 로마에서 처형당했다. 그리고 요한은 독특한 네 번째 복음서, 세 편의 서신서 그리고 요한계시록을 쓰고 AD 98년경에 세상을 떠났는데, 아마도 원제자들 중에서 노령으로 죽은 유일한 인물일 것이다.

그런데 예수님이 베드로, 야고보, 요한을 그날 밤 감람나무 동산에서 다른 제자들과 따로 불러내신 직접적이고 실제적인 이유가 하나 더 있었다. 예수님은 몇 시간 안에 유다가 입구에 도착할 것이고, 동산지기가 그를 알기 때문에 그 사유지에 쉽게 들어올 수 있다는 것을 아셨다. 그러나 그는 혼자가 아니라 예수님을 체포하러 온 무장 군인들을 이끌고 올 것이다. 예수님 외에 누가 유다가 곧 배반할 것을 알았겠는가? 예수님은 요한에게는 직접적으로 그리고 베드로에게는 간접적으로 배신자가 유다임을 밝히셨다(요 13:23–26). 그리고 요한은 자기 형제 야고보에게 뭔가 위험한 일이 벌어지고 있음을 알렸을 가능성이 높다. 그 사실을 아는 이 세 증인이 나머지 제자들과 함께 동산 출입구 근처에 있었다면 유다가 들어오는 것을 막으려다가 예수님이 체포되시는 것을 지연시켰을 가능성이 있다. 그러나 예수님이 죄인들의 손에 넘어가실 때가 되었고, 하늘과 땅의 그 무엇도 그것을 막을 수 없었다(마 26:45–46).

신이 따라가지 못했다. 몇 분 안에 그들은 자기들이 절대 되지 않겠다고 큰소리쳤던 바로 그 이탈자와 배신자가 될 것이다.

기도하시며 마귀의 필사적인 공격을 물리치신 예수님은 일어나 비몽사몽 중에 있는 세 제자를 불러 말씀하셨다. "이제는 자고 쉬라 보라 때가 가까이 왔으니 인자가 죄인의 손에 팔리느니라 일어나라 함께 가자 보라 나를 파는 자가 가까이 왔느니라"(26:45-46).

—26:47-56—

예수님이 베드로, 야고보, 요한을 잠에서 깨우시자 곧 반역자 유다가 대제사장들과 장로들이 보낸 무장한 병사들을 이끌고 동산 출입문에 나타났다(26:47). 예수님을 체포하기 위해 얼마나 많은 병사가 현장에 왔는지는 확실히 알려진 바가 없다. 요한복음 18장 3절에 쓰인 "군대"는 최대 600명까지의 큰 숫자를 시사한다.[19] 검과 몽둥이로 무장한 무리가 예수님을 놓칠 리 없었다는 것은 분명하다. 만약 군대 전체가 왔다면 대략 50대 1로 저항을 제압할 준비가 되어 있었을 것이다!

군인들이 예수님과 제자들을 구별할 수 있도록 유다는 미리 신호를 짰다. 그가 입을 맞추는 자가 그들이 찾는 자였다(미 26:48). 유다는 출입구를 통해 슬그머니 들어와 재빨리 예수님을 찾아다녔고, 병사들은 어둠 속에서 그의 움직임을 지켜보고 있었을 것이다. 어쨌든 유다는 뱀처럼 교묘하고 잔인하게 예수님께 다가가 그분을 "랍비"라고 부르며 고대 근동 지역의 관례적인 인사로 입을 맞추었다(26:49). 만약 병사들이 정말로 멀찌감치 떨어져 있었다면 이때까지는 열한 제자가 아무 이상한 낌새를 채지 못했을 것이다.

물론 예수님은 그것을 꿰뚫어 보셨다. 누가는 예수님이 이렇게 대답하셨다고 말한다. "유다야 네가 입맞춤으로 인자를 파느냐?"(눅 22:48) 그러고 나서 자기 앞에 놓인 이 시련에 맞서기로 굳게 결심하시고 이렇게 말씀하셨다. "친구여 네가 무엇을 하려고 왔는지 행하라"(마 26:50). 이 말과 동시에 군사들이 어둠 속에서 나와 예수님을 붙잡았다.

소동이 일었다.

베드로가 충동적으로 검을 쥐고 앞에 나서서 무슨 일이 있어도 예수님 곁을 지키겠다는 약속을 지켰다(요 18:10, 참조. 마 26:33, 35). 그는 검을 휘둘러 대제사장의 종의 귀를 잘랐다

(26:51). 예수님은 즉시 베드로에게 "칼을 가지는 자는 다 칼로 망하느니라"(26:52)고 꾸짖으시며 칼을 치우라고 명하셨다. 이어 예수님은 제자들—그리고 그분을 체포하는 사람들—에게 자기가 눈 깜짝할 사이에 열두 군단이 넘는 천사들을 보내어 병사들에게 천벌을 내려달라고 하실 수 있음을 상기시키셨다(26:53). 열두 군단이면 7만 2천 명이 넘는다.[20] 체포조로 파견된 병사들의 수가 50대 1로 우세했듯이 예수님이 거느리신 천상의 군대는 120대 1로 그들을 능가할 수 있었을 것이다! 그러나 예수님은 그날 밤 군대를 소집하지 않으셨다. 오히려 상황을 수습하시고 성경 말씀을 성취하시려고 순순히 적들에게 항복하셨다(26:54-56).

예수님의 제자들은 자기들이 맹세했던 대로 자진해서 항복하시고 체포당하신 예수님과 함께 가기는커녕 "예수를 버리고 도망[쳤다]"(26:56). 단 한 명도 남지 않았다. 조금 전에 예수님을 위해 사람을 죽이려고 했던 베드로도 가버렸다. 병사들이 예수님을 결박해서 겟세마네 동산에서 끌어낼 때 그분을 추종하던 이들과 친구들은 그분을 버렸다.

적용: 마태복음 26:31-56
다른 사람의 모습에서 나를 보다

이렇게 성경의 한 구간을 쭉 걸어보면 그 드라마에서 벗어나 편안한 거리에서 행동을 관찰하기가 쉽다. 영화 관객이나 스포츠를 보려고 관중석에 앉아 있는 관중처럼 우리는 종종 너무 깊이 감정이 이입되지 않도록 마음을 지키면서 정신적인 객관성을 유지하고 싶어 한다. 그런데 우리가 그 장면으로 들어가 '이 모든 일 속에서 나는 어디에 있는가?'라는 질문을 곰곰이 생각해보면 굳은 신념과 변화의 가능성에 마음을 열게 된다.

당신은 이렇게 자신감에 차 있는 사람인가? 당신은 "나는 절대 그러지 않을 거야"라고 우겼던 제자들과 같은가? 당신은 당신이 절대 주님을 외면하거나 부인하지 않을 거라고 생각하는가? 때때로 자기 확신은 교만으로 변질된다. "남들이 다 떨어져 나가도 나는 아니야!" 바울의 말을 생각해보라. "그런즉 선 줄로 생각하는 자는 넘어질까 조심하라"(고전 10:12). 제자들의 맹세가 공수표로 곤두박질친 것을 보면 예수님과 가장 가까운 사람들조차도 위험이 닥치면 어느새 언덕으로 도망칠 수 있다는 사실을 일깨워준다.

아니면 당신은 예수님처럼 육신, 세상, 마귀와 대격전을 벌이고 있는 자신을 발견할 수도 있다. 당신은 하나님의 뜻을 알지만 유혹이 너무 커서 "나의 원대로 마시옵고 아버지의 원대로 하옵소서"라고 선포할 수 있을지 확신이 서지 않는다. 글쎄, 당신은 할 수 없다. 적어도 당신의 능력으로는. 오직 그리스도의 능력을 통해서, 성령의 내주하심으로 당신은 생의 시련과 유혹에 맞설 수 있기를 소망할 수 있다. 성령의 능력으로, 아들의 이름으로 아버지께 외치라. 예수님이 겟세마네에서 그분을 유혹한 손길에서 해방되셨듯이 그분은 당신을 구출하실 수 있다.

아니면 무관심과 수동성으로 꾸벅꾸벅 졸면서 비몽사몽 중에 있는 자신의 모습을 볼 수도 있을 것이다. 단순한 요구도 이행하지 못한 채, 기도 대신 깊은 잠에 빠져서, 사역 대신 호화로운 여가를 즐기며, 당신이 기대앉아 지켜보는 동안 다른 사람들이 모든 일을 하도록 두면서. 어쩌면 당신은 그리스도가 유혹에 빠지지 않도록 깨어서 정신을 바짝 차리고 있을 것을 제자들에게 요구하신다는 사실을 잊어버렸을 수도 있다. 그리고 위기가 닥치면 당신은 베드로처럼 무모하고, 충동적이며, 반항적으로 마구 대든다. 당신은 영적으로 준비되어 있지 않았기 때문에 주변 상황에 육신적으로 반응한다.

당신이 지금 어디에 있으며 어디에 있어야 하는지 곰곰이 생각하면서 이 기회를 빌어 회개하고 하나님께로 돌이키라. 그분만을 의지해서 그분과의 친밀한 교제를 회복하라. 관계에서 가장 중요한 것에 주의를 기울이지 않을 때 어떤 일이 일어나는지 우리는 보았다. 우리는 그 열한 명의 제자처럼 우리 뒤를 바짝 따르는 회한과 수치심만 남긴 채 어둠 속으로 도망칠 수 있다.

실제로 재판을 받고 있는 사람은 누구인가?(마태복음 26:57–75)

57예수를 잡은 자들이 그를 끌고 대제사장 가야바에게로 가니 거기 서기관과 장로들이 모여 있더라 58
베드로가 멀찍이 예수를 따라 대제사장의 집 뜰에까지 가서 그 결말을 보려고 안에 들어가 하인들과 함
께 앉아 있더라

59대제사장들과 온 공회가 예수를 죽이려고 그를 칠 거짓 증거를 찾으매 60거짓 증인이 많이 왔으
나 얻지 못하더니 후에 두 사람이 와서 61이르되 이 사람의 말이 내가 하나님의 성전을 헐고 사흘 동안
에 지을 수 있다 하더라 하니 62대제사장이 일어서서 예수께 묻되 아무 대답도 없느냐 이 사람들이 너를
치는 증거가 어떠하냐 하되 63예수께서 침묵하시거늘 대제사장이 이르되 내가 너로 살아 계신 하나님

께 맹세하게 하노니 네가 하나님의 아들 그리스도인지 우리에게 말하라 64예수께서 이르시되 네가 말
하였느니라 그러나 내가 너희에게 이르노니 이 후에 인자가 권능의 우편에 앉아 있는 것과 하늘 구름을
타고 오는 것을 너희가 보리라 하시니
65이에 대제사장이 자기 옷을 찢으며 이르되 그가 신성 모독 하는 말을 하였으니 어찌 더 증인을 요
구하리요 보라 너희가 지금 이 신성 모독 하는 말을 들었도다 66너희 생각은 어떠하냐 대답하여 이르되
그는 사형에 해당하니라 하고
67이에 예수의 얼굴에 침 뱉으며 주먹으로 치고 어떤 사람은 손바닥으로 때리며 68이르되 그리스도
야 우리에게 선지자 노릇을 하라 너를 친 자가 누구냐 하더라
69베드로가 바깥 뜰에 앉았더니 한 여종이 나아와 이르되 너도 갈릴리 사람 예수와 함께 있었도다
하거늘 70베드로가 모든 사람 앞에서 부인하여 이르되 나는 네가 무슨 말을 하는지 알지 못하겠노라 하
며 71앞문까지 나아가니 다른 여종이 그를 보고 거기 있는 사람들에게 말하되 이 사람은 나사렛 예수와
함께 있었도다 하매 72베드로가 맹세하고 또 부인하여 이르되 나는 그 사람을 알지 못하노라 하더라 73
조금 후에 곁에 섰던 사람들이 나아와 베드로에게 이르되 너도 진실로 그 도당이라 네 말소리가 너를
표명한다 하거늘 74그가 저주하며 맹세하여 이르되 나는 그 사람을 알지 못하노라 하니 곧 닭이 울더라
75이에 베드로가 예수의 말씀에 닭 울기 전에 네가 세 번 나를 부인하리라 하심이 생각나서 밖에 나가서
심히 통곡하니라

유대인 당국자들 입장에서 여우 사냥은 끝났다. 그들은 마침내 교활하고 비열한 측근 가룟 유다의 도움을 받아 나사렛 출신의 민중 선동가 랍비를 체포했다. 하지만 축하할 겨를이 없었다. 그들은 야음을 틈타 겟세마네 동산에서 비밀리에 예수님을 체포했다. 예루살렘의 유월절 순례자들은 축제가 끝난 후 잠들어 있었기 때문에 걸리적거리는 호기심 많은 구경꾼 무리는 없었다. 베드로가 대제사장의 종 말고를 공격한 것만 빼고는(요 18:10) 제자 중 누구도 싸움을 걸지 않았다. 오히려 모두 도망쳤다. 그리고 결국 말고도 영구적인 피해를 입지 않았다. 예수님이 그를 고치셨다(눅 22:51). 유다 덕분에 예수님은 별 문제없이 신원이 밝혀지시고, 대면하시고, 붙잡히셨다.

이제 필요한 것은 유대인 당국자들이 보기에 확실한 것을 공식화하기 위한 신속하고 조용한 법적 절차뿐이었다. 나사렛 예수는 거짓 메시아이며 말과 행동으로 많은 사람을 그릇된 길로 인도하는 사기꾼이었다. 그를 신속히 처리하지 않으면 그는 평민들을 선동해서 반란을 일으킬 수 있었다. 그렇게 되면 이스라엘 땅과 민족과, 그럴 리는 없겠지만, 제사장들

과 장로들이 편안하게 자리잡고 있는 이스라엘의 지도층이 로마의 노여움을 살 수 있었다.

이 최악의 상황을 방지하려면 만사가 신속하고 조용히 진행되어야 했다. 산헤드린은 유대인 율법에 따라 예수님이 신성 모독죄를 범했다는 사실을 밝혀내야 했다. 그러면 로마 당국은 거짓 선지자와 거짓 메시아의 불꽃을 단번에 꺼트리기 위해 사형 선고를 승인할 수밖에 없을 것이다. 물론 일부 절차는 생략하고 일부 혐의는 꾸며내야 할 것이다. 그러나 다수의 요구와 소수의 요구를 저울질해보았을 때 목적이 수단을 정당화했다.

이러한 추론은 억울한 누명을 뒤집어쓴 피고인을 죽이기 위한 일련의 부당하고 불법적인 재판으로 이어졌다. 예수님은 처음부터 끝까지 무고하셨지만–한 번도 어떤 것에 대해서도 유죄가 입증되거나 심지어 경고 처벌조차도 받으신 적이 없었다–서둘러 내려진 판결을 막을 길이 없었다. 권력에 굶주린 사제들과 부패한 공회보다 더 극악한 세력이 배후에서 움직이고 있었다.

한편, 예수님이 이러한 시련을 겪으시는 내내 '시험받고 있는' 또 한 사람에게도 계속 극적인 사건이 일어난다. 그것은 바로 필사적으로 약속을 지키는 것처럼 보이려고 발버둥치는 베드로–곤경에 빠진 '반석'–였다. 그러나 베드로의 필사적인 노력은 결국 그가 막겠다고 약속했던 바로 그 예언의 성취로 막을 내렸다.

—26:57–58—

마태, 마가, 누가는 모두 그 해의 대제사장이었던 가야바가 엉터리로 집행한 법 절차에 대한 이야기를 시작하지만, 누가복음은 더 자세히 예수님의 첫 번째 재판이 겟세마네에서 예수님이 체포되신 직후에 대제사장 가문의 '대부'인 안나스의 법정에서 열렸다고 말한다(요 18:12–24, 621쪽에 나오는 "예수님이 받으신 재판" 참조). 아마도 존경받는 안나스 앞에 자기들의 포획물을 보여주고 싶은 마음에 군대는 꼭두새벽에 그의 집으로 행진했을 것이다. 안나스는 예수님에게 그분의 가르침과 제자들에 대해서 물었다(요 18:19). 예수님이 그 자리에서 대답을 거부하시자 그분을 체포한 자들이 처음으로 그분을 때렸다(요 18:22).

한편 요한은 시몬 베드로가 겟세마네에서 달아난 후 되돌아왔다고 밝힌다(요 18:15). 대제사장 가족과 안면이 있는 다른 제자–아마 요한일 것이다–의 도움으로 베드로는 멀리서

예수님이 받으신 재판

재판	집행 당국자	성경 구절	고발	적법성	유형	결과
1	안나스, AD 6–15년 사이의 전임 대제사장	요 18:12–23	구체적인 죄목 없음	불법: • 재판권 없음 • 한밤의 재판 • 무혐의 • 증인 없음 • 재판 중 학대받음	유대 종교	불경죄로 가야바에게 보내짐
2	가야바, AD 18–36년 사이의 대제사장과 산헤드린	마 26:57–68 막 14:53–65 요 18:24	메시아, 하나님의 아들이라고 주장한 것을 신성 모독으로 간주함	불법: • 한밤의 재판 • 거짓 증인들 • 공식 죄목 없음 • 재판 중 학대받음	유대 종교	신성 모독죄로 유죄가 선고된 후 아침까지 형의 선고가 보류됨
3	산헤드린	막 15:1 눅 22:66–71	앞서 산헤드린 앞에서 받은 재판의 연속으로 기소 내용은 동일함	불법: • 죄목이 바뀜 • 증인 없음 • 변칙 투표	유대 종교	처형을 위해 로마인들에게 넘겨짐
4	빌라도, AD 26–36년 사이의 유대 총독	마 27:11–14 막 15:2–5 눅 23:1–7 요 18:28–38	로마에 대한 반역과 폭동 선동으로 기소됨	불법: • 무죄 판결을 받았 지만 감금됨 • 변론 없음 • 재판 중 학대받음	로마 민사	무죄가 선고되고 빠져나갈 길을 찾으려고 헤롯 안디바에게 떠넘겨짐
5	헤롯 안디바, BC 4–AD 39년 사이의 갈릴리 총독	눅 23:8–12	• 구체적인 죄목 없음 • 헤롯에게 상세한 질문을 받음	불법: • 재판권 없음 • 구체적인 죄목 없음 • 재판 중 학대받음	로마 민사	학대당하고, 조롱당하며, 부당한 비난을 받고 판결 없이 빌라도에게 돌려보내짐
6	빌라도	마 27:15–26 막 15:6–15 눅 23:13–25 요 18:39–19:16	앞서 빌라도 앞 에서 받은 재판 의 연속으로 동 일한 죄목	불법: • 무죄로 선고되었으나 사형 선고받음	로마 민사	• 무죄로 선고되었으나 성난 군중을 달래기 위해 십자가 처형이 선고됨 • 동시에 살인, 반역, 폭동, 선동의 죄를 지은 남자가 석방됨

예수님의 소송 절차를 지켜보기 위해 바깥 법정으로 들어갔다. 베드로가 예수님의 제자가 아니라고 부인한 것이 이때였다(요 18:17). 그러나 생각해보라. 만약 그가 사실을 인정했다면 정체가 드러나 다시 도망쳤을 것이다. 예수님과 함께하겠다는 약속을 멀리서라도 지키려면 그는 그분을 부인해야 했다. 이번 한 번만.

예수님께 실망해서 다시 자러 가고 싶었을(아마 새벽 3시경이었을 것이다) 안나스는 예수님을 가야바에게로 보냈다(요 18:24, 참조. 마 26:57). 예루살렘의 서기관들과 장로들은 이미 모여 있었는데, 아마도 예수님이 안나스의 집에 계실 때 자다가 일어나 이 긴급 회의에 불려 나왔을 것이다. 이제 예수님은 이스라엘에서 가장 큰 권세를 가진 자들 앞으로 끌려오셨다. 그러는 동안 베드로는 군중을 따라 뜰로 들어와 장교들 사이에 앉아서 판결을 지켜보았다(26:58). 베드로는 이목을 끌지 않으려고 멀찌감치 떨어져 있었지만, 예수님은 그가 끝까지 충성하겠다는 약속을 지키고 있다는 것을 알아차리실 만큼은 가까이 계셨다.

—26:59-68—

예수님이 대제사장 가야바와 산헤드린 앞에 서시자 그분을 고발한 자들은 근거 없는 비난을 마구 쏟아냈다. 그들의 유일한 목적은 처형 가능한 그럴듯한 죄목을 찾아내는 것이었다(26:59). 모든 '법적' 절차는 시종일관 불법이었다. 이 이스라엘의 통치자들은 산헤드린의 절차를 주관하는 유대인의 규정에 따른 수많은 요건을 대놓고 무시했다. 『미쉬나』에 따르면 밤이나 축제 기간에는 재판을 할 수 없었다(산헤드린 4:1). 재판은 비공개가 아니라 공개적으로 성전 안에 있는 관정에서 하도록 규정되어 있었다(산헤드린 1:6, 11:2). 강력 범죄의 경우에는 최소한 23명의 법관이 참여한 가운데 피고 측과 검찰 측의 치열한 공방을 거쳐야 했다(산헤드린 4:1). 오늘날의 사법 제도와 마찬가지로 피고인은 자신을 대변해줄 변호인이 있어야 했고, 자신에게 불리한 증언을 강요받지 않을 권리가 있었다(산헤드린 3:3-4). 유죄 판결에는 두세 명의 독립된 증인의 동의가 필요했는데, 그들은 개인적인 심리와 교차 심리를 받았다(산헤드린 3:6, 4:1, 참조. 신 17:6-7, 19:15-20). 상호 배치되는 증언은 효력이 없었다(산헤드린 5:2). 그리고 재판이 끝나면 산헤드린 의원들은 휴정하고 증거의 진위를 따지는 긴 토론을 거친 뒤 유죄 판결에 대한 찬반 투표를 최연소 의원부터 시작해서 최고령 의원

까지 질서 정연하게 진행하도록 되어 있었다(산헤드린 4:1-2).[21]

이 절차들은 전혀 지켜지지 않은 것이 분명하다. 예수님은 유월절 축제 기간 동안 야밤에 안나스, 가야바 그리고 아마 이미 그분에 대해 편견을 가지고 있는, 잠이 덜 깬 눈으로 뽑혀 나왔을 산헤드린 의원들 앞에서 재판을 받으셨다. 예수님은 공식적인 자격을 가진 대변인의 변호를 받지 못하셨고, 그분이 부당한 대우에 항변하시자 그들은 그분의 얼굴을 쳤다!(요 18:20-23)

증인들은 예수님에게 불리한 사건을 조작하기 위한 목적으로 수배되었다(마 26:59-60). 마침내 그들은 두 명의 증인을 찾아내 예수님의 말씀을 맥락을 무시하고 떼어내기로 공모했다. 그들은 예수님이 예루살렘 성전을 파괴한 뒤 사흘 안에 기적적으로 성전을 재건하겠다고 협박하는 말을 들었다고 증언했다(26:61). 요한복음은 예수님이 비유로 말씀하고 계셨음을 지적하면서 예수님의 이 말씀을 전후상황과 연결해 제시한다(요 2:13-22). "그러나 예수는 성전된 자기 육체를 가리켜 말씀하신 것이라"(요 2:21).

예수님이 이 불법 공회에서 벌어진 광기 어린 소동 앞에서 침묵하시자 대제사장은 그가 메시아인지 분명하게 대답하라고 다그쳤다(마 26:63). 마침내 침묵을 깨고 예수님은 당신이 그들이 고대하던 메시아이며 정당한 왕이심을 고백하셨다(26:64). 그분은 시편 110편 1절과 다니엘 7장 13절의 일부를 인용하셨는데, 유대인 랍비들은 이 두 구절을 메시아에 관한 예언으로 보았다. 이에 대제사장은 바로 그분을 신성 모독죄로 유죄 판결을 내렸다(마 26:65). 심의를 위한 휴정도 없었고, 피고인 측 증인은 아무도 세우지 않았으며, 증거를 제출하라는 요청도 없었다. 한 사람의 평결 선고만 있었다. 그런 다음 산헤드린도 질세라 서둘러 예수님께 즉결로 사형을 언도했다(26:66). 그 유죄 판결이 내려지자 그들은 기다렸다는듯이 그분을 학대하고 모욕했다(26:67-68).

그 재판은 시작부터 끝날 때까지 사기였다. 베드로는 피고 측 증인으로 나서서 위험을 자초할 마음은 없었기에 밖에서 전모를 지켜보았다.

—26:69-75—

마태는 화내고, 조롱하고, 폭력을 행사하는 사람들에게 공개적인 굴욕과 만행에 시달리시며 참혹한 고통을 당하시는 예수님에게서 카메라를 돌려 야유하고 환호하는 폭도들과 멀찌감치 떨어져 바깥뜰에 있는 베드로에게로 향한다. 우리는 그가 옷으로 최대한 얼굴을 가려 정체를 숨기려고 하는 모습이 상상이 된다. 그는 절대 들키고 싶지 않았다. 하지만 혹시, 다만 혹시라도, 예수님을 이 난장판에서 구출할 방법을 찾을 수 있을지도 몰랐다. 그런데 갑자기 한 이름 모를 여종이 다가와 그를 가리키며 큰 소리로 불렀다. 그녀는 그가 예수님과 함께 있는 것을 본 적이 있었다(26:69).

베드로의 정체가 갑자기 드러났다. 그는 어떻게 해야 할까? 벌떡 일어나 문 밖으로 도망칠 수 있었겠지만, 그러면 자기가 절대 하지 않겠다고 장담했던 행동—다른 제자들처럼 예수님을 버리는 것—을 하게 될 것이다. 그래서 그는 순간 머릿속에 떠오르는 대로 큰 소리로 또렷하게 예수님과의 관계를 부인했다. "나는 네가 무슨 말을 하는지 알지 못하겠노라"(26:70). 베드로는 출구 쪽으로 내달아야 할 경우를 대비해 소녀를 보면서 문 쪽으로 슬금슬금 뒷걸음질 쳤다(26:71). 하지만 베드로가 건물의 출입구에 가까이 있으려고 했던 것은 예수님을 시야에 두려는 이유도 있었던 것 같다. 그런데 또 다른 여종이 베드로를 알아보고 일러바쳤다. "이 사람은 나사렛 예수와 함께 있었도다"(26:71).

다시 한번 그 '반석'은 진퇴양난의 위기에 봉착했다. 도망칠 것인가(그러면 예수님께 한 약속을 어기게 된다), 아니면 거짓말을 하고 자리를 지킬 것인가(그러면 예수님께 한 약속을 어기게 된다)? 베드로는 자기가 떠벌린 약속을 지키려고 발버둥치다가 도리어 예수님의 예언대로 하고 말았다. 그러나 그가 달리 무엇을 할 수 있었겠는가? 그는 몇 번 부인했는가? 한 번? 두 번? 몇 번 부인했을 때 예수님의 말씀이 떠올랐을까? 아무 생각 없이 베드로가 불쑥 내뱉었다. 이번에는 맹세까지 하면서. "나는 그 사람을 알지 못하노라"(26:72). 또 다른 거짓말, 또 다른 부인이었다.

그는 바로 그 순간 수탉의 울음소리를 들었을 것이다. 그러나 그의 귀에는 쿵쾅거리며 금방이라도 터질 것 같은 자기 심장의 박동 소리밖에 들리지 않았을 것이다. 그리고 식은 땀을 줄줄 흘렸을 것이다. 베드로는 다른 일꾼들과 구경꾼들과 거리를 두고 비칠거리며 안뜰을 헤매다 예수님을 볼 수 있는 다른 지점을 찾아냈다. 누가복음을 보면 베드로는 마지막으로 부인한 뒤 약 한 시간가량 그곳에 머물 수 있었다(눅 22:59). 어쩌면 그는 용케 한고비 넘겼다고 생각하며 마음을 가라앉히기 시작했을지도 모른다. 몇몇 하인과 잡담도 나누면서 계속 정체를 속이려고 했을 것이다. 그러다가 어찌 됐든 자기는 다른 제자들처럼 주님을 버리지는 않았다는 것을 보여주기라도 하듯 예수님과 시선이 마주칠 수 있는 위치에 있게 되었을 것이다. 그런데 그 순간 또 다른 목소리가 들려왔다. "너도 진실로 그 도당이라 네 말소리가 너를 표명한다"(마 26:73).

베드로는 일고의 여지도 없이 저주하고 맹세하며 다시 단언했다. "나는 그 사람을 알지 못하노라"(26:74). 새벽 여명이 막 밝아오던 바로 그 순간, 베드로는 우렁차고 또렷한 수탉의 울음소리를 들었다(26:74). 이미 늦었다. 적들 사이에서 필사적으로 정체를 숨기려고 애쓰느라 베드로는 동이 트기 전에 예수님을 세 번이나 부인하면서 예수님께 한 약속을 저버렸다. 누가는 가슴 아픈 사실을 부연한다. "주께서 돌이켜 베드로를 보시니"(눅 22:61). 두 사람의 시선이 마주쳤다. 멍들고 피투성이가 된 예수님의 얼굴에 어린 깊은 슬픔을 본 순간 베드로는 무너져 내렸다. 그는 예수님의 예언을 떠올렸다. "닭 울기 전에 네가 세 번 나를 부인하리라"(마 26:75, 참조. 26:34).

견딜 수 없는 죄책감과 수치심이 베드로를 사로잡았다. 그는 절망했다. 이 장의 마지막 말은 쉽게 잊히지 않는다. "밖에 나가서 심히 통곡하니라"(26:75). A. T. 로벗슨이 이 장면과 그 의미를 아주 잘 묘사했다. "눈물은 쓰라렸고, 예수님이 그에게 보내신 이해한다는 듯한 연민의 시선 때문에 더 쓰렸다. 베드로의 피 흘리는 마음은 십자가로 인한 비극 중 하나다."[22]

적용: 마태복음 26:57-75

베드로의 재판

예수님이 재판받으시던 밤 베드로가 예수님을 부인하고 실패한 것에 대해 욕하고 힐난하기는 쉽다. 하지만 그렇다고 해서 그것이 무슨 소용인가. 하나님은 우리 세대에게 시몬 베드로를 재판하고 유죄 판결을 내릴 수 있는 근거를 주시려고 이 기사를 보존하신 것이 아니다. 그것은 바리새인들이 실족한 사람들에게 하는 짓이다. 나는 베드로의 이야기에서 주 예수님 앞에 선 우리의 모습을 보아야 한다고 생각한다. 당신이 만약 베드로의 입장이었다면, 솔직히 말해서, 어떻게 반응했을까?

감사하게도 베드로는 벼랑 끝까지 몰린 사람들의 슬픔과 양심의 가책에 시달리면서도 마음을 다잡았다. 두 가지 이유로 그는 자기 죄에 대해 말할 수 없는 슬픔을 느꼈다. 그가 부인하던 순간에 그는 예수님을 보았고, 예수님은 그를 못마땅한 시선으로 보거나 주먹질을 하지 않으셨다. 그저 베드로를 돌아보셨다. 그 순간 예수님의 예언이 이루어졌고, 예수님은 베드로가 다른 제자들—다른 인간들—처럼 구세주가 필요한 반항적인 죄인이라는 사실을 이해하셨다. 그는 용서와 힘뿐 아니라 회개와 회복도 필요했다.

베드로는 그 자리를 떠나 슬피 울었다. 그는 어쩌면 자신만만하게 뻐기면서 말했던 그 장소로 돌아갔을지도 모른다. 어쩌면 그는 바로 그 자리에 서서 자신이 말할 수 없이 나약한 존재임을 뼈저리게 느끼며 자기가 완전히 실패했음을 고백했을지도 모른다. 어쨌든 그는 자기 과시의 어리석음과 그보다 더 그의 마음을 잘 아시는 신인(God-man)의 권능과 섭리를 깊이 생각했을 것이다.

여기서 정작 재판을 받은 사람은 누구였을까? 예수님이 받으신 재판—아직 끝나지 않은—은 공정한 재판이라고 하기 어렵다. 사실 그분만이 정당한 재판관이시다. 한편 연이은 시험에서 낙제한 베드로는 유죄였다.

우리도 베드로처럼 어떤 의미에서 재판을 받고 있다. 자부심과 자신감, 자랑과 자기 과신, 비교 의식과 다른 사람들보다 자기가 더 낫다는 걸 보여주고 싶은 열망에 대한 이 이야기 속에는 우리 자신의 모습이 얽혀 있다. 솔직히 생각해보자. 우리에 대해 말할 것 같으면 우리도 너 나 할 것 없이 다 베드로처럼 부인했을 것이다. 사실, 우리 중 많은 사람은 이미 살면서 수없이 그렇게 했다. 잠시 그 일을 생각해보라. 당신의 나약함을 인정하라. 울어야 한다면 울어라. 이것이 온전한 회복에 꼭 필요한 첫 단계다. 그러지 않고 한 번만 더 부인하면 돌이킬 수 없는 나락으로 떨어질지도 모른다.

유죄 그러나 아무 죄가 없는(마태복음 27:1-26)

1새벽에 모든 대제사장과 백성의 장로들이 예수를 죽이려고 함께 의논하고 2결박하여 끌고 가서 총독
빌라도에게 넘겨 주니라

3그 때에 예수를 판 유다가 그의 정죄됨을 보고 스스로 뉘우쳐 그 은 삼십을 대제사장들과 장로들
에게 도로 갖다 주며 4이르되 내가 무죄한 피를 팔고 죄를 범하였도다 하니 그들이 이르되 그것이 우리
에게 무슨 상관이냐 네가 당하라 하거늘 5유다가 은을 성소에 던져 넣고 물러가서 스스로 목매어 죽은

지라 [6]대제사장들이 그 은을 거두며 이르되 이것은 핏값이라 성전고에 넣어 둠이 옳지 않다 하고 [7]의논
한 후 이것으로 토기장이의 밭을 사서 나그네의 묘지를 삼았으니 [8]그러므로 오늘날까지 그 밭을 피밭이
라 일컫느니라 [9]이에 선지자 예레미야를 통하여 하신 말씀이 이루어졌나니 일렀으되 그들이 그 가격 매
겨진 자 곧 이스라엘 자손 중에서 가격 매긴 자의 가격 곧 은 삼십을 가지고 [10]토기장이의 밭 값으로 주
었으니 이는 주께서 내게 명하신 바와 같으니라 하였더라

[11]예수께서 총독 앞에 섰으매 총독이 물어 이르되 네가 유대인의 왕이냐 예수께서 대답하시되 네 말
이 옳도다 하시고 [12]대제사장들과 장로들에게 고발을 당하되 아무 대답도 아니하시는지라 [13]이에 빌라
도가 이르되 그들이 너를 쳐서 얼마나 많은 것으로 증언하는지 듣지 못하느냐 하되 [14]한 마디도 대답하
지 아니하시니 총독이 크게 놀라워하더라

[15]명절이 되면 총독이 무리의 청원대로 죄수 한 사람을 놓아 주는 전례가 있더니 [16]그 때에 바라바
라 하는 유명한 죄수가 있는데 [17]그들이 모였을 때에 빌라도가 물어 이르되 너희는 내가 누구를 너희에
게 놓아 주기를 원하느냐 바라바냐 그리스도라 하는 예수냐 하니 [18]이는 그가 그들의 시기로 예수를 넘
겨 준 줄 앎이더라

[19]총독이 재판석에 앉았을 때에 그의 아내가 사람을 보내어 이르되 저 옳은 사람에게 아무 상관도
하지 마옵소서 오늘 꿈에 내가 그 사람으로 인하여 애를 많이 태웠나이다 하더라 [20]대제사장들과 장로
들이 무리를 권하여 바라바를 달라 하게 하고 예수를 죽이자 하게 하였더니 [21]총독이 대답하여 이르되
둘 중의 누구를 너희에게 놓아 주기를 원하느냐 이르되 바라바로소이다 [22]빌라도가 이르되 그러면 그
리스도라 하는 예수를 내가 어떻게 하랴 그들이 다 이르되 십자가에 못 박혀야 하겠나이다 [23]빌라도가
이르되 어찜이냐 무슨 악한 일을 하였느냐 그들이 더욱 소리 질러 이르되 십자가에 못 박혀야 하겠나이
다 하는지라

[24]빌라도가 아무 성과도 없이 도리어 민란이 나려는 것을 보고 물을 가져다가 무리 앞에서 손을 씻
으며 이르되 이 사람의 피에 대하여 나는 무죄하니 너희가 당하라 [25]백성이 다 대답하여 이르되 그 피를
우리와 우리 자손에게 돌릴지어다 하거늘 [26]이에 바라바는 그들에게 놓아 주고 예수는 채찍질하고 십
자가에 못 박히게 넘겨 주니라

박진감 있는 액션 장면이 갑자기 슬로 모션으로 바뀌는 영화처럼, 그리스도의 삶에 대한 마태의 기사는 마태가 다른 복음서 저자들과 마찬가지로 예수님 생애의 마지막 시간을 한 장면 한 장면 상세히 묘사하면서 느리게 진행된다. 나사렛 예수의 삶의 첫 30년은 달랑 두 장에 담겨 있다(마 1-2장). 3년간의 공생에는 열여덟 장에 걸쳐 기록되어 있다(마 3-20장). 사역의 마지막 한 주가 다섯 장을 채운다(마 21-25장). 그리고 마태는 약 24시간에 걸친 유

월절 만찬부터 십자가 처형까지를 분량이 긴 두 장에 담아낸다(마 26-27장). 마태는 내러티브의 속도를 늦추어 예수님의 마지막 24시간을 한 장면 한 장면 세밀하게 나누어 분석한다. 마태는 그리스도의 탄생과 생애 첫 30년을 다룬 기사의 분량과 동일한 양의 지면을 그리스도가 고난을 당하시고 돌아가시는 사건들에 할애한다. 이 마지막 시간이 마태가 예수님을 정당하지만 거부당한 왕, 이스라엘이 오랫동안 기다렸지만 무참히 멸시당한 메시아로 제시하는 데 무척 중요하다는 사실은 분명하다.

한밤중에 겟세마네 동산에서 예수님을 체포한 병사들은 그분을 안나스의 집으로 데려갔다가(요 18:12-23) 대제사장 가야바의 집으로 갔다(마 26:57-68). 거기서 베드로는 예수님이 예언하신 대로 그분을 세 번 부인했다. 이 마구잡이로 진행된 불법적인 심리 절차 중에 반쪽짜리 증인들이 예수님에 대한 반쪽짜리 진실로 예수님께 불리한 증언을 꾸며냈다. 대제사장과 소수의 사악하지만 강력한 유대인 통치자들이 선동하고 있는 극악무도한 집단사고에 아무도 맞서지 못했다. 메시아를 처형하고 그분의 메시지를 세상에서 지워버리려는 계획을 마무리하기 위해 이 진리의 적들은 로마 총독(처형을 허락할 수 있는 유일한 인물)과 유대인 대중(심한 불의를 느끼면 폭동을 일으킬 수 있는 자들) 앞에서 예수님의 명예를 손상시킬 치명적인 죄목을 생각해내야 했다.

그들이 '가짜 메시아'를 죽이려면 총독 본디오 빌라도의 허락이 필요했다. 그리고 그가 그렇게 하도록 설득할 수 있는 죄목이 필요했다.

—27:1-2—

그 금요일 아침 해가 뜨자 산헤드린-유대인 공회-은 전략을 짜기 위해 다시 모였다(27:1-2, 막 15:1, 눅 22:66-71). 몇 시간 전 한밤중에 있었던 불법적인 재판에서 미친 듯이 서둘러 내린 결정이 대낮의 빛 속에서 만난 일부 산헤드린 의원의 동의를 받아내지 못했던 것 같다. 그래서 그들은 다시 예수님을 심문했고, 이번에는 그분 입에서 직접 자기가 메시아라는 고백을 끌어냈다(눅 22:67-70). 그 순간 그들은 속으로 쾌재를 불렀다. 예수님의 대답은 의심하는 자들을 만족시켰고 예수님의 운명을 확고하게 했다.

겟세마네에서 골고다까지의 시간표

사건	성경 본문	추정 시간
겟세마네에서의 고뇌와 기도	마 26:36-46, 막 14:32-42, 눅 22:39-46, 요 18:1	새벽 1:00
유다의 배신과 예수님의 체포	마 26:47-56, 막 14:43-46, 눅 22:47-53, 요 18:2-12	새벽 1:30
안나스의 저택에서 벌어진 변칙적이고 비공식적인 심문	요 18:12-23	새벽 2:00
가야바의 저택에서 벌어진 불법적인 재판	마 26:57-68, 막 14:53-65, 눅 22:54, 63-65, 요 18:24	새벽 3:00
사형 선고를 확정하기 위한 산헤드린의 불법적인 공식 회의	막 15:1, 눅 22:66-71	오전 6:00
빌라도의 저택에서 열린 첫 번째 심문	마 27:1-2, 11-14, 막 15:1-5, 눅 23:1-7, 요 18:28-32	오전 6:30
헤롯 앞에서 열린 청문	눅 23:8-12	오전 7:00
빌라도가 내린 최후 판결	마 27:15-26, 막 15:6-15, 눅 23:13-25, 요 18:33-40	오전 7:30
총독 관저에서 채찍에 맞으시고, 군인들에게 희롱당하시며, 공개적으로 단죄되심	마 27:26-31, 막 15:15-20, 요 19:1-16	오전 8:00
골고다로 걸어가셔서 십자가에 못 박히심	마 27:32-35, 막 15:21-24, 눅 23:26-33, 요 19:17-18	오전 9:00
땅에 어둠이 내리고 십자가 위에서 일어난 사건들이 절정에 달함	마 27:36-45, 막 15:25-33, 눅 23:34-44, 요 19:19-27	오전 9:00-12:00
예수님의 마지막 말씀, 죽음, 지진	마 27:46-56, 막 15:34-41, 눅 23:45-49, 요 19:28-30	오후 3:00

그 잔인한 공모자 중에서 예수님이 자기가 메시아이며 하나님의 아들이라고 주장하셨을 때 그 말이 사실인지 생각해본 사람은 아무도 없었다. 그들은 자기들의 질문에 대한 답을 이미 예상하고 있었다. 그리고 그분의 대답은 그들에게 충분했다. “그들이 이르되 어찌 더 증거를 요구하리요 우리가 친히 그 입에서 들었노라”(눅 22:71).

피고인을 대신해 증인 몇 명을 불러 증언하게 하는 것은 어떨까? 예수님께 치유받은 자들은 어떨까? 아니면 죽었다가 살아난 나사로는? 불과 몇 시간 전에 귀가 잘렸다가 예수님의 손길로 금방 치유된 대제사장의 종 말고는 어디 있는가?

본디오 빌라도(마태복음 27:2)

유대인 역사가 알렉산드리아의 필로는 헤롯 아그립바가 쓴 본디오 빌라도에 관한 이야기를 전한다. 헤롯은 빌라도를 "성질이 매우 완고하고 고집이 몹시 센데다 아주 무자비한 사람"으로 기술했다.[23] 그러면서도 필로는 그가 가중되는 유대인 지도자들의 압력에 못 이겨 우물쭈물하다가 결정을 뒤집은 사례를 기록하기도 했다. AD 27년에 유대인들은 빌라도가 로마의 디베료 황제에게 경의를 표하기 위해 황제의 형상을 방패에 새긴 것에 항의했다. 필로는 다시 빌라도에 대해 쓴 아그립바의 글을 인용한다.

> [빌라도는] 그들이 황제에게 사절단을 보내 자신의 행정부와 관련한 문제들, 이를테면 부정부패와 오만한 행동, 수탈, 사람들을 업신여기는 습관, 잔혹성, 심리도 재판도 하지 않고 사람들을 계속 죽이고, 끝도 없고, 이유도 없고, 극악하기 이를 데 없는 비인간적인 행동과 관련해서 자신을 탄핵하지 않을까 두려워했다.[24]

유대인 지도자들은 빌라도가 두려움과 자기 보호를 바탕으로 정치하는 것을 보고 그것을 이용해서 그를 강하게 압박했다. 빌라도가 방패를 치운다면 자신의 백성과 관할하는 수민들에게 약한 모습을 드러내는 수모가 될 것이다. 그는 만만한 사람으로 알려질 것이다. 하지만 유대의 평화를 유지하는 것이 그의 가장 중요한 책무였다. 유대인 지도자들은 형상을 새긴 방패를 치울 때까지 예루살렘으로 돌아가지 않고 가이사랴에 있는 빌라도의 궁전에서 항의했다. 또 다른 유대인 역사가 요세푸스는 총독이 유대인 지도자들의 뒤통수를 쳐서 자기 뜻을 관철하려던 계획이 어떻게 실패했는지 기술했다.

> 그는 병사들에게 명하여 무기를 숨기게 하고 재판석에 와서 앉았다. 그 좌석은 시 전체가 한눈에 들어오는 훤히 트인 공간에 있으면서도 상대를 진압하려고 대기 중인 군대는 가려지도록 준비되었다. 유대인들이 다시 탄원하자 그는 병사들에게 그들을 에워싸라는 신호를 보냈고, 자기를 방해하는 일을 중단하고 집으로 돌아가지 않으면 즉각 처형으로 다스리겠다고 위협했다. 그러나 그들은 바닥에 드러누워 목을 내놓으며, 자기네 법이 정해놓은 지혜를 어기느니 차라리 죽음을 달게 받겠다고 말했다. 그러자 빌라도는 자신들의 법을 신성하게 수호하려는 결연한 의지에 깊이 감동하여, 황제의 형상들을 예루살렘에서 가이사랴로 회수하도록 즉시 명령했다.[25]

이 사건은 압력을 가하면 빌라도가 흔들릴 수 있다는 것을 유대인 지도자들에게 증명했다. 그의 고집과 결의는 다수의 사람들에게서 충분한 힘이 가해지면 뚫릴 수 있는 허울에 불과했다. 대제사장들과 산헤드린은 부당한 처형을 집행할 허가를 얻어내기 위해 예수님을 빌라도에게 데려갔을 때 그의 이런 면을 아주 잘 이용했다.

아무 잘못도 없는 예수님이 뼛속까지 죄인인 자들에게 둘러싸여 홀로 서 계셨다. 엉터리 재판에서 합의를 강요했던 대제사장과 산헤드린의 통치자들은 이제 처형 허가를 얻기 위해 예수님을 본디오 빌라도에게 데려가야 했다.

—27:3-10—

마태는 처음 몇 번의 심리 때 어둠 속에 숨어 있던 베드로 외에 열두 사도 중 또 한 명이 절차의 일부를 목격했다는 사실을 알려준다. 군중 사이를 뱀처럼 누비며 무슨 일이 일어나고 있는지 뭐라도 알아내려고 애쓰고 있는 사람은 다름 아닌 가룟 유다였다(27:3). 마태의 카메라가 그 반역자를 클로즈업하자 이러지도 저러지도 못하고 있는 그의 모습이 보인다. 예수님을 배신한 그는 지난 3년 동안 그의 가족이었던 친숙한 제자들에게로 돌아갈 수 없었다. 가룟 유다는 병사들을 예수님께 인도한 것으로 유대인 지도자들에게 필요한 도움을 다 주었기 때문에 그들은 그와 더는 얽히기를 원하지 않았다. 유다는 따돌림당하는 신세가 되었다. 엎친 데 덮친 격으로 예루살렘 위로 해가 떠오르자 갑자기 자기가 무슨 짓을 했는지 실감이 나기 시작했다. 그는 메시아를 죄인들의 손에 넘겨주었다. 한 해설자는 예수님이 짐승처럼 잡혀 끌려가는 광경은 "돈에 굶주린 마음, 저열한 영혼, 화인 맞은 양심도 감당할 수 없을 만큼 유다에게 큰 충격을 주었다. 그는 무거운 죄책감이 유발하는 강렬하고 극심한 고통을 느끼기 시작하면서 회한에 잠겼다."[26]

유다는 처음부터 예수님을 배반할 생각을 품고 제자가 된 것이 아니었다. 다른 열한 명과 똑같이 시작해서 그분과 함께 걷고, 가르침을 받고, 다른 사람들을 위엄과 겸손으로 대하시는 모습을 지켜보고, 그분이 정말로 이스라엘이 고대하던 메시아 왕이시라는 증거를 차례차례 목격했다. 하지만 그는 믿음으로 예수 그리스도께 오롯이 헌신하지 않았다. 유다는 다 알면서도 진정으로 변화되지 않았다. 예수님에 대한 그의 헌신은 상황에 따라 계속 변했고, 늘 조건적이었으며, 항상 다시 헤아리고 따져보았다.

이 장면에 나오는 유다의 행동은 완전한 자포자기, 한 줄기 희망도 없는 암흑 속에 있는 사람의 관점에서만 이해할 수 있다. 진리에 저항하고, 또한 신실하시고 은혜가 충만하신 구세주가 제공하신 용서, 구원, 새 삶을 거부함으로써 유다는 그 모든 것이 날조되었다는 확신이 점점 굳어졌을 것이다. 예수님이 유다와 다른 사람들이 생각하는 전사 왕 메시아로서 갖추어야 할 최소한의 요건을 충족시키지 못하시자 유다는 어쩌면 비판자들이 옳았을지도 모른다는 의구심이 들기 시작했을 것이다. 그분의 기적은 사기꾼이나 귀신 들린 자의 짓이지 하나님의 역사가 아니었다고 믿기 시작했을 것이다.

배신의 행위가 끝나자 분열, 혼란, 환멸, 죄책감의 먹구름이 그를 덮쳤다. 예수님의 사랑의 손길을 뿌리친 유다는 "처음부터 살인한 자"(요 8:44)인 사탄의 활짝 열린 품에 안겼다. 무관심하고 냉담한 제사장들과 장로들에게 핏값으로 받은 돈을 던지고 자기가 무고한 사람을 배반했음을 시인한(마 27:3–4) 유다는 "물러가서 스스로 목매어 죽[었다]"(27:5). 마태는 그 일을 상세히 기록하지 않았다. 그러나 유대인 지도자들이 그 은 30개로 "토기장이의 밭"을 사서 나그네를 위한 일종의 자선 매장지로 썼다고 언급한다(27:6–7). 이 장소는 공용 공동묘지였는데, "피밭"으로도 알려지게 되었다(27:8).

사도행전 1장에서 누가는 유다의 자살에 대해 몇 가지를 더 부연한다. 일부 주석가는 누가의 기사와 마태복음 27장 3–10절에 기록된 사실이 명백히 배치된다고 지적하지만, 이 둘을 상호 보완적인 것으로 보면 합리적인 설명이 가능하다. 모든 정보를 종합했을 때 나는 이 끔찍한 사건의 순서를 다음과 같이 제시한다.

유다는 양심의 가책을 견디지 못해 은 30개를 성전 바닥에 던지고 외딴 들판에서 목을 맸다(27:3–8). 그의 시신은 부패해서 부풀어 오를 때까지 나뭇가지에 매달린 채 있다가 결국 올가미에서 떨어졌다. 시신이 돌투성이 땅에 떨어지면서 터지는 바람에 장기가 땅에 쏟아졌다(행 1:18–19). 고대인들은 이 소름 끼치는 사건을 가장 수치스러운 죽음으로 생각했을 것이고, 몸이 그렇게 썩는 것을 상상도 할 수 없었을 것이다. 유대인들은 교수형을 당한 사람은 "하나님의 저주를 받았다"고 생각했으며, 그 시신이 같은 날 매장되지 않으면 그 땅이 더럽혀졌다고 생각했다(신 21:22–23). 게다가 유대인들은 무슨 수를 써서라도 시체를 피했다. 그곳은 저주받은 땅이었다.

제사장들은 그 돈을 원하지 않았고, 아무도 그 땅을 원하지 않았기 때문에 땅 주인은 손실을 보상받았으며, 그 땅은 "피밭"이라고 욕을 먹었다. 아이러니하게도 유다에게 지급된 돈이 그가 목을 맨 땅을 사는 데 쓰였다. 비극적인 삶인 남긴 비극적 유산이었다!

마태가 사용한 게제라 샤와(마태복음 27:9-10)

유다의 이야기를 마치기 전에 마지막으로 마태는 당대의 사건들과 구약성경 사이의 유사점을 끌어내는 유대인의 관습에 따라 구약 성경의 몇 소절을 추려낸다. 게제라 샤와(*Gezerah Shawah*)라고 하는 이 관습은 "유추에 따른 주장"으로, "동의어나 동음이의어를 포함하는 성경 구절은 아무리 다른 면이 많아도 동일하게 정의되고 적용된다."[27]

마태는 그의 복음서 곳곳에 동족 유대인 독자들이 알아챌 수 있는 수사적 장치 안에 중요한 신학적 진리를 심어 놓았다. 이는 마치 유대인들이 시간을 들여 주의 깊게 보고 곰곰이 생각하면 발견할 수 있도록 그의 내러티브 속에 숨겨 놓은 부활절 달걀과 같다. 마태는 구약성경에 나오는 패턴과 예언을 검토해서 예수님이 누구신지 생각해보도록 독자들을 내러티브의 이면으로 계속 불러들인다. 구약 본문을 풀어 쓴 27장 9-10절에서 마태는 예수님을 이스라엘이 고대하던 메시아 왕으로 받아들이지 않은 것에 대한 큰 대가를 지적한다.

마태가 여러 구절을 이어 붙여 풀어 쓴 것은 사실 대부분이 예레미야와 스가랴에 나오는 여러 단어, 상징, 개념을 아우른 것이다. 주의 깊게 살펴보면 마태가 독자에게 예레미야 18장 1-6절, 19장 1-11절, 32장 7-15절, 예레미야애가 4장 2절, 스가랴 11장 4-14절을 되짚어주고 있다는 것을 알게 될 것이다. 이 구절들의 주제가 계속 겹치면서 내는 효과를 잘 보라. 또한 이 단어와 상징들과 피밭으로 알려지게 될 토기장이의 밭에서 죽은 가룟 유다의 운명 사이의 놀라운 유사점에 대해 생각해보라.

예레미야 18:1-6. 예레미야는 토기장이의 집에 가서 질그릇을 만드는 과정을 지켜본다. 토기장이는 망친 그릇으로 다시 새 그릇을 만든다. 처음 그릇은 불성실함으로 곧 심판받게 될 이스라엘 백성을 나타낸다.

예레미야 19:1-11. 하나님이 예레미야에게 토기장이에게서 질그릇을 구입한 뒤 예루살렘의 지도자들을 힌놈 골짜기로 데려와 그릇을 바위에 던져 산산조각으로 부수어버리라고 지시하신다. 이것은 예루살렘이 사악하게 반역한 대가로 예루살렘에 닥칠 파괴를 예시한다.

예레미야 32:7-15. 하나님은 예레미야에게 액수를 구체적으로 알려주시면서 밭을 사라고 하신다. 그는 땅 문서를 토기에 담아 오랫동안 보관한다. 이것은 하나님이 장차 예루살렘을 심판하시고 다시 회복시키실 것을 나타낸다.

예레미야애가 4:2. 예레미아는 "순금에 비할 만큼 보배로운 시온의 아들들", 곧 예루살렘 주민들을 "토기장이가 만든 질항아리"로 묘사한다. 이것은 독자에게 토기장이 손에 있는 질그릇처럼 이스라엘 백성이 하나님의 손안에 있음을 일깨운다.

스가랴 11:4-14. 독자에게 예레미야의 상징을 다시 되짚어보게 하는 이 구절에서[28] 스가랴는 이스라엘 백성의 목자로서 상징적인 역할을 한다. 그는 임금으로 은 30개를 받는다. 그리고 그 돈을 주님의 집에서 "토기장이"(슥 11:13)에게 던지고 심판의 상징으로 지팡이를 부러뜨린다.

이렇게 관련된 상징을 줄줄이 엮는 것이 21세기 독자에게는 이상해 보일지 몰라도 1세기 유대인 독자에게는 성경을 깊이 상고하도록 자극했을 것이다. R. T. 프란스가 지적했듯이, "우리가 마태를 올바로 평가하려면 이것이 연결성이 없는 구약의 개념을 되는 대로 모아놓은 것이 아니며, 피상적인 언어의 '일치'뿐 아니라 기저에 깔려 있는 예언적 주제를 고려한, 신중하게 신학적으로 연구된 결과임을 알아야 한다."[29]

그렇다면 마태가 유다에 대해서 그리고 예레미야의 깨진 질그릇, 밭 그리고 다른 관련된 상징들 사이의 관계에 대해서 그 예리한 조사관에게 전달하려고 했던 것은 무엇이었을까? 구약성경 본문과 유다의 비극 사이의 유사성을 깊이 숙고하고 묵상한 뒤 전달하려고 한 메시지는 무엇이었을까? 간단히 말하면 유다가 메시아를 배신한 것은 유대인 지도자들이 예수님을 거부한 것의 예표였다는 것이다. 결국 심판을 초래한 예레미야 시대에 벌어진 그들의 불순종을 예수님에 대한 유다(그리고 유대인 지도자들)의 반역과 똑같다고 본 것이다. 구약성경에서 그랬듯이, AD 70년에 이 예언은 도시와 성전이 침략당해 파괴되면서 성취되었다.

—27:11-14—

예수님은 이미 그분을 체포한 자들에게 불법적으로 맞으시고 멍드신 상태로 본디오 빌라도 앞에 끌려가신 지(27:2, 11) 불과 몇 시간 안에 그분이 받으실 여섯 번의 재판 중 네 번째 재판을 받으셨다. 그분은 이미 안나스, 가야바, 산헤드린 앞에서 당신이 메시아시라는 사실을 말씀한 죄로 신성모독죄를 선고받으셨다. 빌라도는 피투성이가 되어 사면초가에 몰린 이 남자가 유대인 지도자들에게 미움을 받고 있다는 것을 분명히 보았을 것이다.

빌라도는 아침 일찍 일어났어야 해서 짜증이 났을 것이다. 그런데도 그는 대제사장과 장로들이 아침 내내 예수님께 했던 것과 비슷한 질문으로 형식적인 심리를 진행했다. 그래도 예수님이 직설적으로 대답하신 한 가지 눈에 띄는 질문에서는 선동과 반역의 냄새가 물씬 풍겼다. "네가 유대인의 왕이냐?" 이 직설적인 질문에 예수님도 직설적으로 답하셨다. "네 말이 옳도다"(27:11). 그때 유대인 지도자들이 끼어들어 여러 가지 죄목으로 예수님을 고발했고, 그것에 대해 예수님이 침묵으로 일관하신 것을 본 빌라도는 놀랐다(27:12-14).

물론 빌라도는 유대인 지도자들이 시기심 때문에 예수님을 체포해서 넘겼다는 것을 잘 알고 있었다(27:18). 그는 예수님을 기소한 것은 처음부터 편파적이었고, 예수님에게 사형을 선고할 만한 죄가 없다는 것을 알았다. 요한복음은 빌라도가 예수님이 왕이라는 주장을 더 면밀히 조사한 결과 예수님이 주장하신 나라가 "이 세상 나라가 아닌" 종교적 미신에 가까운 것으로 로마법상 사형당할 만한 범죄가 아님을 알게 되었다고 말한다(요 18:33-38). 그럼에도 불구하고 유대인 지도자들은 예수님이 자기들의 율법에 따라 신성모독죄로 처형되어야 한다고 강변했다(요 19:7). 그들은 빌라도가 조금이라도 예수님 편을 드는 기색이 있다면 가이사에 대한 불충을 암시하는 것이라며 더 강하게 압박했다. "이 사람을 놓으면 가이사의 충신이 아니니이다 무릇 자기를 왕이라 하는 자는 가이사를 반역하는 것이니이다"(요 19:12).

—27:15-18—

정치적으로 위태로운 상황에 처했음을 알게 된 빌라도는 유대인들의 율법과 로마법 모두 어기지 않으면서 유대인 지도자들이 날조한 예수님의 누명을 벗겨줄 방법을 찾고 있었다. 빌라도는 예수님이, 아마도 종교적 광기만 제외하고, 무고하다는 것을 알고 있었다. 그러나 예루살렘의 완고한 유대인 통치자들을 겪어본 빌라도는 그들이 예수님께 씌운 모든 혐의를 간단히 기각하는 것으로 만족하지 않을 것을 알았다. 그렇게 되면 폭동이 일어날 수도 있고, 더 나쁜 것은 빌라도가 이스라엘의 왕위 계승권을 주장하는 반역자들에게 피신처를 제공하고 있다는 보고가 가이사에게 들어갈 수 있었다.

혼자 어떻게 해야 할지 갈피를 잡지 못하던 빌라도는 정치적 난국을 타개할 수도 있는 연례 관행을 떠올렸다. 매년 유월절에 유대 총독은 무조건적인 자비와 관용의 표시로 유죄 판결을 받은 죄수 한 명을 백성에게 다시 풀어주곤 했다(27:15). 그날 아침 사형 집행을 기다리고 있던 사람 중에 민란과 살인죄를 지은 "유명한 죄수"(27:16)로 묘사된 바라바라는 남자가 있었다(눅 23:25). 빌라도는 군중에게 예수와 바라바 중에 누구를 놓아줄지 선택하라고 하면 군중의 정의감이 발동해 분명 예수를 석방시킬 것이라고 생각했다. 빌라도가 "그들의 시기로 예수를 넘겨 준 줄"(마 27:17-18) 파악했던 것으로 보아 그도 예수님의 인기를 알았던 것 같다.

—27:19-26—

바라바냐 예수님이냐를 놓고 유대인들이 갑론을박하고 있을 때-그리고 대제사장들과 장로들이 예수님 대신 바라바를 석방시키려고 대중의 지지를 얻기 위한 작업을 벌이고 있을 때(27:20)-마태는 한 가지 여담을 제공한다. 마태는 재판석에 앉아 있는 빌라도에게 초점을 맞추어 한 전령이 어둠 속에서 나타나 그의 아내가 보낸 쪽지를 슬쩍 건내주는 모습을 보여준다. 빌라도의 아내는 남편에게 지난 밤 예수님이 결백하다는 것을 보여주는 악몽을 꾸었으며, 남편이 "저 옳은 사람에게 아무 상관도 하지" 말아야 한다고 알렸다(27:19).

빌라도는 진퇴양난에 빠졌다! 한쪽에서는 종교 지도자들의 선동에 따라 "십자가에 매달라"고 수군대는 군중의 소리가 들리기 시작했고, 다른 한쪽에서는 그의 아내가 예수님에게 자비를 베풀라고 탄원하고 있었다. 양심과 공의의 법칙 그리고 아내의 충고를 따라 예수님을 풀어주어야 했을 때 부패한 정치가답게 빌라도는 중립을 택했다. 그는 흥분한 군중에게로 돌아서서 자기가 던진 질문에 대답하라고 했다. "둘 중의 누구를 너희에게 놓아 주기를 원하느냐?"(27:21)

빌라도는 그날 아침 폭도들을 물들인 끓어오르는 사악한 증오심을 과소평가한 것이 분명하다. 바라바와 예수님 중에서 선택하라고 하자 그들은 바라바를 택했다. 그러면 그리스도라 불렸던 예수님은 어떻게 해야 할까? 그들의 대답은 한결같이 단호했다. "십자가에 못 박혀야 하겠나이다"(27:22). 빌라도는 그들이 그런 극단적인 형벌에 대한 정당성을 뭐라도 제공하기를 바랐지만, 그들은 그저 법정 전체에 울려 퍼지는 구호로 응수했다. "십자가에 못 박혀야 하겠나이다"(27:23).

폭동으로 끓어오를 듯한, 이성을 잃은 분노에 움찔한 빌라도는 대접에 물을 떠오라고 지시했다. 그는 폭도들 앞에서 손을 씻으며 그 행위가 상징하는 바를 전달했다. "이 사람의 피에 대하여 나는 무죄하니 너희가 당하라"(27:24). 이에 백성은 다음과 같은 서약의 형태로 자신들에게로 저주를 돌렸다. "그 피를 우리와 우리 자손에게 돌릴지어다"(27:25).

군중이 격앙되자 빌라도는 어리석게도 바라바를 풀어주었다(27:26). 바라바를 위해 준비된 십자가는 예수님을 위해 쓰일 것이다. 살인을 저지른 죄인은 풀려나고 아무 죄도 없으신 주님은 그 살인자의 죄 그리고 지금 우리가 아는 바와 같이 온 세상의 죄를 위해 준비된 형벌을 받으실 것이다. '아버지의 아들'이라는 의미인 바라바라는 이름을 가진 남자는 풀려났고, 하나님 아버지의 진짜 아들이신 예수님이 그 사형수의 자리를 대신하셨다.

빌라도는 예수님을 채찍질하게 했다. 누가복음에 따르면 빌라도는 피에 굶주린 군중이 이 잔혹한 매질로 만족하면 예수님을 풀어줄 심산이었다(눅 23:16). 어쩌면 빌라도는 매질을 당하신 나사렛 예수가 제정신으로 돌아와 더는 유대인의 왕이라고 주장하지 않게 되기를 바랐을지도 모른다. 그래서 예수님은 성전과 인접한 안토니아 요새라는 로마 수비대로 끌려갔다. 한 병사가 그분을 낮은 기둥에 묶고 겉옷을 벗겼다. 더 깊은 상처를 내기 위해 채찍질 담당자인 릭토르는 보통 작은 추나 양의 뼛조각들이 달린 채찍을 사용했다. 이런 채찍은 너무 금방 신체를 훼손해서 피해자는 종종 몇 번의 채찍질만으로도 기절하거나 쇼크 상태에 빠졌다. 그러나 이렇게 잔인한 태형도 군중의 뜻을 꺾지 못했다. 빌라도는 "예수는 채찍질하고 십자가에 못 박히게 넘겨 주[었다]"(마 27:26).

적용: 마태복음 27:1–26

이상한 네 사람

본디오 빌라도의 재판 때 우리는 무대 위에서 아주 이상한 네 사람을 본다. 이 드라마에 나오는 인물들은 사뭇 다른 네 장면을 연출해서 예수님이 십자가에 못 박히시기 전 마지막 시간을 보여주는 이야기 속에서 우리 각자가 어느 위치에 있는지 네 가지 다른 성찰을 하게 한다. 그 장면에서 각각의 인물에 대한 설명을 보면서 우리가 지금 어느 지점에 서 있는지 생각해보라.

첫째, 무고하게 잡혀 계신 예수님. 재판을 받으실 때 예수님은 거의 침묵하시지만, 그분이 하시는 말씀은 모두 진실이다. 사람들이 좋아하지 않는 진실이다. 사람들은 그 진실을 믿지 않는다. 그들은 그것 때문에 예수님을 싫어한다. 그러나 예수님은 당신이 하시는 모든 말씀이 당신을 십자가로 더 다가가게 한다는 것을 아시면서도 주장을 굽히지 않으셨다. 그분의 행동은 핍박 앞에서도 그분 곁을 지키겠다고 맹세한 추종자들에게 어떤 반대에 부딪혀도 흔들리지 않고 진리 안에 굳건히 서야 한다는 것을 일깨워준다.

둘째, 우유부단한 재판관 빌라도. 그는 예수님에 대해 올바른 판단을 하지 못하고 미적거린다. 그러나 그 사안에는 애매한 점이 없다. 그것은 흑백의 문제다. 예수님은 결백하시다. 당연히 석방되셔야 한다. 그러나 군중에 대한 두려움 때문에 우리는 걸핏하면 어떤 상황에서는 옳은 일을 하는 것이 불가능하다고 믿는다. 우리는 이와 비슷한 딜레마에 직면했을 때 부도덕한 다수의 외침이 아니라 깨어 있는 양심의 뚜렷한 음성에 귀기울일 준비가 되어 있어

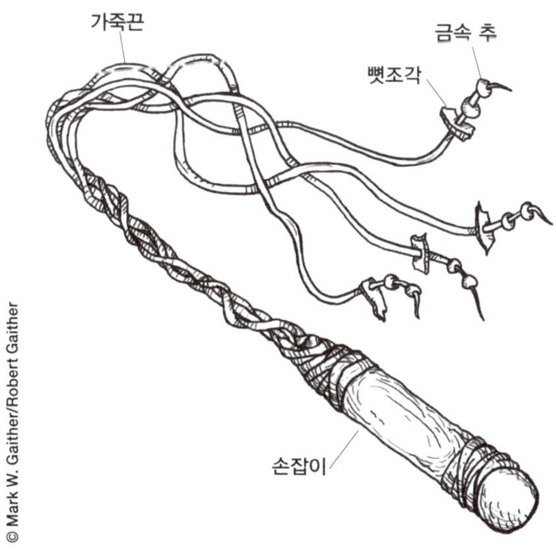

플라그룸. 로마의 고문 전문가들이 채찍질에 사용한 무지막지한 채찍.

야 한다.

셋째, 악명 높은 죄수 바라바. 그는 죄 없는 희생양이 아니라 범죄를 밥 먹듯이 저지르는 사람이다. 선동, 강도, 살인죄를 범한 바라바는 무고한 예수님과 정반대의 인물로 이 장면에 등장한다. 아마도 겉으로는 아무 대가 없이 풀려난 그 가증스러운 죄인과 우리 사이에 비슷한 점을 보지 못할 것이다. 하지만 곰곰이 생각해보면 바라바가 바로 우리 자신이라는 엄혹한 진리를 깨닫게 된다. 그리스도의 대속하신 죽음으로 죄와 죄의식에서 해방된 모든 사람은 바라바가 물리적으로 경험한 것을 영적으로 경험한다.

마지막으로 양심이 살아 있는 빌라도의 아내. 그녀는 나사렛 예수에 관한 꿈에 시달리며 밤새 뒤척였다. 초자연적인 직관으로 그녀는 예수님이 결백하시며 그녀의 남편이 그분의 죽음과 얽혀서는 안 된다는 것을 안다. 진실을 알고 있는 그녀는 남편에게 옳은 일을 하라고 당부한다. 마찬가지로 우리는 우리의 작은 목소리가 묵살될 때에도 '군중의 양심'이 되라는 부르심을 받았다.

마지막 끔찍한 순간들(마태복음 27:27-50)

27이에 총독의 군병들이 예수를 데리고 관정 안으로 들어가서 온 군대를 그에게로 모으고 28그의 옷을
벗기고 홍포를 입히며 29가시관을 엮어 그 머리에 씌우고 갈대를 그 오른손에 들리고 그 앞에서 무릎을
꿇고 희롱하여 이르되 유대인의 왕이여 평안할지어다 하며 30그에게 침 뱉고 갈대를 빼앗아 그의 머리
를 치더라 31희롱을 다 한 후 홍포를 벗기고 도로 그의 옷을 입혀 십자가에 못 박으려고 끌고 나가니라
32나가다가 시몬이란 구레네 사람을 만나매 그에게 예수의 십자가를 억지로 지워 가게 하였더라
33골고다 즉 해골의 곳이라는 곳에 이르러 34쓸개 탄 포도주를 예수께 주어 마시게 하려 하였더니
예수께서 맛보시고 마시고자 하지 아니하시더라
35그들이 예수를 십자가에 못 박은 후에 그 옷을 제비 뽑아 나누고 36거기 앉아 지키더라 37그 머리
위에 이는 유대인의 왕 예수라 쓴 죄패를 붙였더라
38이 때에 예수와 함께 강도 둘이 십자가에 못 박히니 하나는 우편에, 하나는 좌편에 있더라 39지나
가는 자들은 자기 머리를 흔들며 예수를 모욕하여 40이르되 성전을 헐고 사흘에 짓는 자여 네가 만일 하
나님의 아들이어든 자기를 구원하고 십자가에서 내려오라 하며 41그와 같이 대제사장들도 서기관들과
장로들과 함께 희롱하여 이르되 42그가 남은 구원하였으되 자기는 구원할 수 없도다 그가 이스라엘의
왕이로다 지금 십자가에서 내려올지어다 그리하면 우리가 믿겠노라 43그가 하나님을 신뢰하니 하나님
이 원하시면 이제 그를 구원하실지라 그의 말이 나는 하나님의 아들이라 하였도다 하며 44함께 십자가

에 못 박힌 강도들도 이와 같이 욕하더라
[45]제육시로부터 온 땅에 어둠이 임하여 제구시까지 계속되더니 [46]제구시쯤에 예수께서 크게 소리
질러 이르시되 엘리 엘리 라마 사박다니 하시니 이는 곧 나의 하나님, 나의 하나님, 어찌하여 나를 버리
셨나이까 하는 뜻이라 [47]거기 섰던 자 중 어떤 이들이 듣고 이르되 이 사람이 엘리야를 부른다 하고 [48]그
중의 한 사람이 곧 달려가서 해면을 가져다가 신 포도주에 적시어 갈대에 꿰어 마시게 하거늘 [49]그 남은
사람들이 이르되 가만 두라 엘리야가 와서 그를 구원하나 보자 하더라 [50]예수께서 다시 크게 소리 지르
시고 영혼이 떠나시니라

역사를 돌이켜보면 죄인이건 무고한 사람이건 가릴 것 없이 사람들에게 고통을 가하는 기술을 만들어낸 난폭한 정부들은 잔혹한 형벌과 처형 방법들을 많이 개발했다. 종종 사디스트, 소시오패스, 사이코패스들이 권력을 잡으면 정의의 수레바퀴가 고문의 도구로 변질된다. 근대사를 보아도 거의 항상 존재했던, 인간의 존엄성을 냉혹하게 무시하고, 심지어 은밀히 기뻐하면서 포로들에게 천천히 굴욕적인 고통을 가했던 군인, 비밀 경찰, 기타 공무원들과 관련한 이야기는 우리를 움찔하게 한다.

예수님의 생애 말기에 일어난 이런 사건들을 읽다 보면 수많은 그림과 조각에 묘사된 것처럼 고요하고 평화로운 장면을 상상하고 싶을 수 있다. 그러나 그러한 이미지들은 그릇된 정보를 제공하고 사실을 왜곡한다. 심지어 가장 사실적으로 묘사한 작품도 1세기에 집행된 십자가 처형의 실제에 조금도 근접하지 못한다. 부당한 재판에 내포된 무자비한 세부 사항들, 악랄한 조롱과 무지막지한 매질 그리고 마지막으로 예수님이 당하신 잔혹한 십자가 처형은 우리가 이해할 수 있는 한계를 초월한다. 그 고통스러운 시련은 너무나 끔찍하고 모욕적이어서 이런 극단적인 형태의 사형이 행해지던 시대에 살았던 대부분의 사람은 그것을 거론하거나 생각하는 것조차 거부했다. 로마의 웅변가이자 작가인 키케로는 이런 글을 썼다. "십자가는 생각만으로도 로마 시민의 신체에 절대 가까이 와서는 안 되며, 생각과 눈과 귀에 들어와서도 안 된다."[30]

1세기에 로마인들이 사용한 이 사형 방법은 살인자, 불온한 노예, 식민지에서 가장 악랄한 범죄를 저지른 자들을 처형하기 위한 것이었다. 거기에는 그런 범죄를 가볍게 다루지 않을 것이라는 분명한 메시지를 공개적으로 전달하려는 의도가 항상 담겨 있었다. 십자가형은 로마 시민들에게는 집행되지 않았다. 로마 시민에게는 죽음에 이르는 시간이 신속하

고, 상대적으로 자비로운 참수로 사형을 집행했다. 유대인들은 특별히 신명기 21장 22-23절의 금지 사항과 그것과 관련된 저주 때문에 공통적으로 십자가형을 혐오했다. "사람이 만일 죽을 죄를 범하므로 네가 그를 죽여 나무 위에 달거든 그 시체를 나무 위에 밤새도록 두지 말고 그 날에 장사하여 네 하나님 여호와께서 네게 기업으로 주시는 땅을 더럽히지 말라 나무에 달린 자는 하나님께 저주를 받았음이니라."

십자가형은 잔혹하기가 이를 데 없어서 일반적으로 말하기를 꺼려 했지만, 1세기 로마 세계에서는 너무나 친숙하기도 했기 때문에 사복음서는 십자가상에서 예수님이 당하신 고통과 죽음을 상세히 기술하는 데 많은 지면을 할애하지 않는다. 그 시대 사람들은 십자가형이 얼마나 공포스러운 것인지를 잘 알았기 때문에 가까이서 상세히 묘사할 필요도 없었고, 바라지도 않았다. 그래서 마태는 처형 자체를 상세히 설명하지 않고 십자가 주변에서 일어난 일들을 기록한다.

오늘날, 대부분의 그리스도인은 어린아이들도 볼 수 있는 주일학교 교재나 그리스도의 생애를 그린 13세 이상 관람가 영화에 나오는 미화된 십자가 처형 모습에 익숙하다. 예수님이 겪으신 고통의 깊이에 대한 이러한 잘못된 묘사를 바로잡으려면 예수님 시대에 살았던 유대인이나 이방인이 '십자가 처형'이라는 말을 들었을 때 무슨 생각을 했는지 더 상세히 설명할 필요가 있다. 하지만 그것 때문에 마태가 초점을 맞추고 있는 것들, 곧 우리의 믿음에 "가장 중요한 것"(고전 15:3, 현대인의 성경)을 놓치고 싶지 않다.

—27:27-31—

예수님은 채찍에 맞으신 뒤 십자가형을 집행할 군인들 손에 넘겨져 처형 장소로 행진하시기 전에 관정의 공개된 뜰로 끌려가셨다(27:27). 관정은 아마도 마가 안토니를 기리기 위해 명명된 안토니아 요새를 가리키는 것 같다. 안토니아 요새는 전략적으로 성전 단지의 북서쪽 모퉁이 바로 외곽에 있었는데, 요새의 높은 망루에서는 보초병들이 아래로 보이는 성전 뜰의 움직임과 성벽으로 둘러싸인 예루살렘 시를 막힌 데 없이 사방에서 조망할 수 있었다.[31] 로마 군대의 요충지인 그곳에 약 600명의 병사로 구성된 전 부대가 조롱 조로 유대인의 왕을 경배하는 시늉을 하며 행진을 벌였다.[32]

군인들은 방금 전 채찍을 맞아 깊은 상처에 들러붙어 있는 피에 찌든 예수님의 겉옷을 벗겼다. 그들은 예수님이 왕이라는 것을 조롱하는 표시로 자주색 겉옷을 입혔다(27:28). 누군가가 자주색 옷에 맞춰 유대 지역에서 자라는 가시나무를 꼬아 왕관 모양으로 만들어 5-8센티미터 길이의 가시를 피가 흥건한 예수님의 머리에 찔러 넣었다. 이 우스꽝스러운 모습을 완성하기 위해 그들은 권력과 권위를 조롱하는 표시로 그분의 오른손에 갈대를 쥐어주었다. 또 "유대인의 왕이여 평안할지어다"(27:29)라고 큰 소리로 빈정대며 과장된 몸짓으로 그분께 경의를 표하는 척했다. 로마 군인들은 야유를 퍼붓고, 침을 뱉고, 그분의 손에서 갈대를 낚아채서 그것으로 그분을 때리고 능멸했다(27:30).

그들은 유죄 판결을 받았지만 사실은 무고한 희생자에게서 실컷 '재미'를 본 뒤 겉옷을 벗기고 예수님의 옷을 돌려주었다. 때가 되었다. 준비는 이미 끝나 있었다. 끝날 것 같지 않아 보이는 조롱과 구타가 계속되는 동안 다른 사형수 두 명이 감방에서 끌려 나와 운반할 십자가의 가로대를 받았다. 석방된 바라바를 대신해 피투성이가 되신 나사렛 예수가 십자가 처형 장소로 향하는 행렬 속으로 끌려 나오셨다(27:31).

성전 단지 북서쪽 모퉁이에 인접해 있는 안토니아 요새의 모형. 중앙 뜰에서 그리스도가 로마 병사들에게 조롱과 구타를 당하셨을 것으로 추정된다.

—27:32-34—

안토니아 요새에서 골고다에 이르는 전통적인 경로는 오늘날 비아 돌로로사(Via Dolorosa)로 알려져 있다(643쪽의 지도 참조). 이 길은 인파로 북적거리는 시장통 사이로 구불구불 나 있는데, 나귀가 끄는 수레가 겨우 지나갈 정도로 비좁은 돌길이었다. 두세 사람이 양 옆에 늘어서면 가운데로 한 사람이 겨우 지나갈 수 있는 넓이였다. 1세기에도 이 길은 지금처럼 붐비고 혼잡했는데, 특히 무교절을 맞은 분주한 시기에는 더 심했다.

보통 사형수는 자기가 달릴 십자가의 가로대를 지고 갔다. 그러나 로마인들에게 당하신 잔혹한 매질과 무자비한 구타로 예수님은 당신의 십자가를 지고 가실 수 없었다. 마태는 군인들이 구레네-현재 리비아의 해안 도시-에서 온 시몬이라는 남자에게 예수님 대신 십자가를 지게 했다고 전한다(27:32). 마가복음은 시몬이 "알렉산더와 루포의 아버지"(막 15:21)라고 언급하는데, 이로써 시몬과 그의 가족이 마가복음을 읽는 그리스도인들에게 잘 알려져 있었음을 알 수 있다. 따라서 우리는 십자가 처형이 있은 지 얼마 후에 시몬과 그의 가족이 예수님을 주님이자 구세주로 믿게 되었다는 것을 확신할 수 있다.

병사들이 예수님과 다른 두 죄수를 구레네 시몬과 함께 정확히 어떤 경로로 성벽 밖의 십자가 처형 장소로 끌고 갔든, 행렬은 티로포에온 골짜기로 내려갔다가 서쪽 비탈로 다시 올라갔을 것이다. 그들은 성벽 문을 통과하기 전에 수많은 오르막과 내리막을 지나 가장 혼잡한 교차로에서 멈추어 섰을 것이다. 이 교차로의 중앙에 "골고다", "갈보리" 또는 "해골의 장소"라고 불리는 높은 노두가 있었다(마 27:33).

행렬이 현장에 도착하면 지나가던 군중은 병사들이 소름 끼치는 처형 절차를 하나하나 진행하는 것을 지켜보려고 걸음을 멈추었을 것이다. 예수님께 "쓸개 탄 포도주"(27:34)를 주려고 했던 자들은 아마 군인들이 아니라 십자가에 곧 달릴 사람들의 고통을 덜어주고 그들을 돕는 사역을 하던 여인들이었을 것이다.

A. T. 로벗슨은 이렇게 설명한다. "몰약은 신 포도주의 맛을 더 좋게 해주었고, 쓴 쓸개즙은 진통제와 마취제 효과를 냈다. 예수님이 맛보시고 마시기를 거절하셨던 음료에는 이 두 가지가 다 들어 있었을 것이다. 여인들은 통증을 덜 느끼게 하시려고 예수님께 이 음료를 제공했다."[33] R. V. G. 태스커는 예수님이 마시기를 거절하신 것은 "의식이 또렷하신

상태로 처형당하심으로써 자신이 최고의 희생 제물이 되기를 바라셨기 때문이다. 그분은 모든 기능이 온전하신 채로 자신을 완전히 바치셨다."[34]

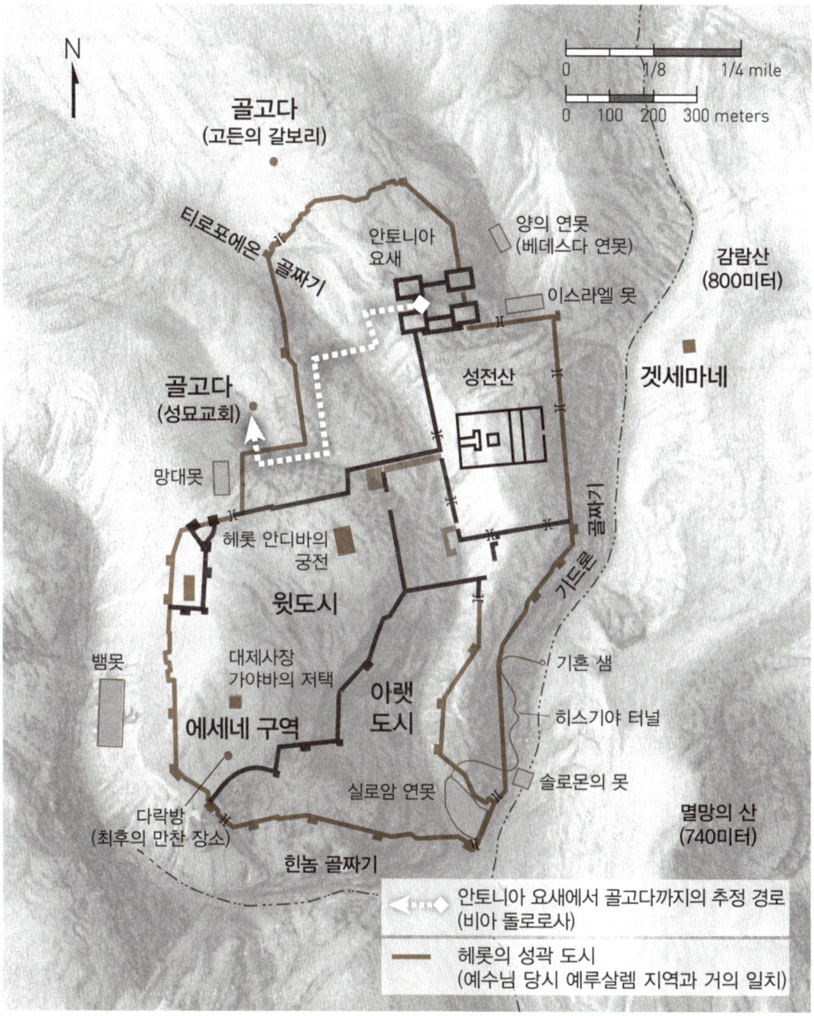

안토니아 요새에서 골고다까지의 실제 경로는 확실히 알려지지 않았기 때문에 이 지도에 표시된 경로는 추정한 것이다. 전통적으로 도시 안의 번잡한 지역을 통과해 오르막과 내리막이 이어지는 구불구불한 길이었을 것이다. 오늘날에는 이 길을 비아 돌로로사라는 이름으로 기념한다.

—27:35-49—

마태복음 27장 35절은 얼마나 간단한가. "그들이 예수를 십자가에 못 박[았다]." 그러나 윌리엄 윌슨(William Wilson)은 이렇게 썼다. "십자가는 가장 고통스러운 죽음일 뿐 아니라 가장 수치스러운 죽음으로 여겨졌다. 사형수는 발가벗겨진 채 괴로워하는 모습이 그대로 노출되었고, 로마인들은 종종 매장을 거부하고 희생자의 시신이 분해될 때까지 십자가에 매달아 놓았다."[35] 예수님은 고통을 경감시키는 영약을 드실 수 있었지만, 오히려 손과 발에 박힌 못의 고통을 고스란히 느끼셨다.

십자가에 못 박히신 그 고통스러운 장면을 그대로 정확히 묘사한 연극이나 영화, 예술가의 작품은 거의 없다. 십자가 처형을 담당한 군인들은 예수님을 눕히고 만신창이가 된 등의 살을 십자가의 거친 나무에 대고 눌렀다. 다른 사람들은 예수님의 팔을 가로대를 따라 벌리고 약 13센티미터 길이의 스파이크(못이 아니다)를 양 손바닥의 밑부분에서 각도를 안쪽으로 기울여 손목을 관통시켰다. 그리고 그분의 무릎을 구부리고, 발을 기둥에 납작하게 대고 각 발에 스파이크를 박았다. 그런 다음 십자가를 들어 올려 밑동을 '해골의 장소'라고 불리는 언덕 위의 구덩이에 박았다. 아침 9시 무렵 병사들은 십자가가 똑바로 서 있을 수 있도록 기둥과 구덩이 옆면에 쐐기를 박는 작업을 다 마쳤다. 그와 동시에 다른 병사 무리는 그날 예수님과 함께 십자가에 달릴 두 사람—예수님의 왼쪽과 오른쪽에서—에게도 똑같은 작업을 했다(27:38). 이 모든 일이 구경꾼들에게는 무서운 일이었지만, 그날 십자가 처형 절차를 하나하나 진행했던 로마 군인들에게는 일상적인 업무였다. 실제로 그들은 사형수들이 고통에 몸부림치는 것을 앉아서 지켜보기 전에 예수님의 피묻은 옷을 나누는 게임을 했다(27:35-36).

십자가 처형 때 범인의 이름과 죄목을 적은 티툴루스(titulus)라는 명패를 머리 위에 걸어 그 아래를 지나가는 사람은 모두 로마법을 심각하게 어기면 어떤 대가를 치르는지 볼 수 있었다. 살인, 해적질, 반란, 반역, 강도 같은 명패가 흔했을 것이다. 그러나 예수님 머리 위에 걸려 있는 히브리어, 라틴어, 헬라어로 쓰인 명패는 분명 행인들의 관심을 끌었을 것이다. 사복음서에서 얻은 정보를 모두 취합해보았을 때 예수님의 명패에는 이렇게 쓰여 있었다. "나사렛 예수, 유대인의 왕"(27:37, 참조. 막 15:26, 눅 23:38, 요 19:19). 대제사장들

십자가 처형(마태복음 27:35)

로마인들이 십자가 처형을 채택하기 전에도 고대 근동에는 다양한 형태의 십자가형이 존재했다. 로마인들은 이 공개 처형 방식을 이용해서 로마 속주민들의 반란을 저지했다. 십자가에 못 박힌 사람을 한 번이라도 본 사람은 황제와 그의 군대를 거역하는 어떤 종류의 반역에도 참여하기를 꺼릴 것이라고 생각한 것이다. 그래서 십자가형을 참혹한 고통을 전시하는 구경거리로 만들었고, 며칠 동안 그대로 방치하기도 했다.

사형수를 넘겨받으면 형 집행을 담당한 사형 집행인과 군인들은 파티불룸(*patibulum*)이라는 가로대를 그 사람의 어깨에 지웠다. 예수님이 갈보리로 행진하시는 모습을 그린 많은 그림과 달리 사형수들은 완성된 십자가를 나르지 않았다. 그런 무게는 감당할 수 없었을 것이다. 아마도 희생자에게 밧줄로 묶었을 가로대는 처형 장소까지 운반할 만한 무게였을 것이다.

죄수가 십자가에 달릴 장소에 도착하면 파티불룸(가로대)을 스티페스(*stipes*)라고 불리는 수직 기둥 꼭대기에 장부촉 이음 방식–목재의 옆면에 다른 목재의 장부촉을 끼워 맞추는 방식–으로 끼웠다. 이렇게 하면 십자가에 사용된 자재를 다음번 피해자에게 또 쓸 수 있었다. 보통 T자 모양을 이루는 기둥과 가로대가 교차하는 지점에 죄수를 눕히고 고통이 얼마나 지속되기를 원하는지에 따라 묶거나 못을 박았다. 대부분의 경우 죄수는 발가벗겨져 대중에게 공개적인 수모를 당했다. 사형수의 구체적인 죄목을 적은 명패를 십자가에 달아서 지나가는 사람들이 그가 무슨 죄로 처형당하는지 알 수 있게 했다. 피해자를 십자가에 묶고 나면 십자가를 세워서 피해자가 극심한 고통을 당하는 동안 수직으로 고정되어 있도록 깊이 판 구덩이에 박았다.

몸을 십자가에 고정시킨 스파이크의 통증은 차치하고라도 십자가에 매달린 사람은 빨뚝이 무감각해지고 어깨가 빠질 것 같은 견딜 수 없는 고통을 느꼈다. 얼얼한 느낌을 누그러뜨리려고 희생자들은 본능적으로 다리를 위로 밀어 올렸다. 그러다가 다리에 힘이 빠지고, 쥐가 나고, 경련이 일면 고통을 완화시키려고 등을 구부렸다. 이렇게 자세를 계속 바꾸어야 그나마 팔, 가슴, 등, 다리의 통증을 조금이라도 견딜 수 있었다.[36] 사형수들은 마침내 탈진과 탈수 그리고 또 한 번의 호흡을 할 기력조차 없어질 때까지 생존 본능에 따라 계속 고통 속에서 온몸을 비틀며 울부짖었다. 보통 사인은 과다 출혈이 아니라 질식이었다.

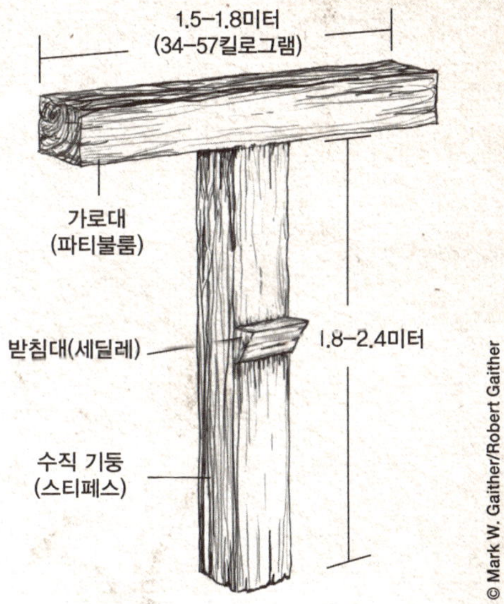

가로대(파티불룸)를 수직 기둥(스티페스) 꼭대기에 장부촉 이음 방식으로 끼웠다. 그러면 다음번 피해자에게 쓸 수 있도록 십자가를 철거하기가 더 쉬웠다. 죽음을 늦추고 피해자의 고통을 연장하기 위해 간혹 집행인이 피해자의 다리 사이에 받침대(세딜레)를 달기도 했다.

은 예수님을 공개적으로 유대인의 왕으로 칭한 것이 너무 거슬려서 빌라도에게 예수님이 자칭 유대인의 왕이었음을 분명히 밝혀달라고 요청했다. 이에 빌라도는 간단히 대답했다. "내가 쓸 것을 썼다"(요 19:21-22).

비록 조롱이기는 해도 예수님이 메시아라는 고백이 분명하게 쓰인 명패를 반박하기 위해 제사장들과 서기관들, 장로들 그리고 다른 예수님의 반대자들과 비판자들은 길에서 큰 소리로 비웃고 야유를 퍼부었다(마 27:39-43). 마태는 예수님을 조롱한 내용 중에는 재판 때 예수님께 불리하게 사용되었던 반쪽짜리 진실-예수님이 성전을 허물고 사흘 안에 다시 지을 것이라고 주장하신 것(27:40, 참조. 26:61, 요 2:18-19)-도 있었다고 말한다. 따라서 신성모독과 모욕적 언사를 퍼붓는 자들이 우연히 지나가는 평범한 백성이 아니었음을 알 수 있다. 조롱하고 괴롭히는 자들은 예수님을 모함하고 십자가에 못 박게 한 종교 엘리트들이었다. 그들은 자기들을 의인으로 만들고 예수님을 범죄자로 만드는 하나의 방법으로 십자가를 제시할 요량으로 끝까지 십자가 아래 남아 있었다.

조롱하는 자들은 또한 예수님께 스스로를 구원하고 십자가에서 내려와 모든 사람이 그분을 믿게 만들어보라고 도전했다(마 27:41-42). 이 독선적인 위선자들은 하나님이 기뻐하시는 자들을 구하러 오신다는 성경 구절을 인용하면서(시 22:8), 구조되지 않은 자들은 분명히 하나님께 버림받은 자들이라는 뜻을 은근히 내비쳤다(마 27:43). 자기들이 지은 죄로 정당한 고통을 받고 있는 두 강도까지도, 그 중 한 사람이 기적적으로 심경의 변화를 일으켜 예수님이 결백하시며 자기들이 받고 있는 벌을 받으실 필요가 없다는 것을 깨닫기 전까지는, 함께 조롱했다(27:44, 눅 23:39-43).

예수님은 세상 죄의 무게를 지심으로써 극도의 육체적 고통과 언어적 학대를 훨씬 넘어서는 더 깊고 심오한 고통을 당하셨다. 이 순간은 하나님 아버지가 자기 아들에게 등을 돌리시고 완전한 절망, 육체적 고통, 감정적 고뇌, 죽음의 심연 한가운데에 그분을 버리신, 그분의 생애에서 가장 어두운 순간이었다. 생각해보라. 세상이 생겨난 이래로 그 본성과 공로로 인해 구원과 교제, 무한한 하나님의 은혜를 받을 자격이 있으신 유일한 분이 그 모든 것을 우리의 죄, 죄책감, 형벌의 짐과 바꾸셨다. 그분은 하나님과의 교제 대신 고립을, 지지 대신 고통을, 구출 대신 죽음을 겪으셨다. 그렇게 깊고 어두운 고통의 심연에서 예수님은 모국어로 외치셨다. "엘리 엘리 라마 사박다니?" 이는 "나의 하나님, 나의 하나님, 어찌하여 나를 버리셨나이까?"(마 27:46)라는 뜻이었다.

십자가 아래 있던 사람들이 야유를 퍼붓고 있지 않았다면 예수님이 의식이 혼미해지셔서 엘리야를 부르시고 있다고 오해하지 않았을 것이다(27:47). 그리고 그 말씀이 시편 22편의 첫 행임을 알아챘을 것이다. 그리고 그들이 그 시편의 더 넓은 맥락을 떠올렸다면 예수님께 일어난 모든 일-조롱부터 십자가 처형까지-이 메시아에 대한 예언이었다는 사실을 깨달았을 것이다.

> 내 하나님이여 내 하나님이여 어찌 나를 버리셨나이까 어찌 나를 멀리 하여 돕지 아니하시오며 내 신음 소리를 듣지 아니하시나이까 내 하나님이여 내가 낮에도 부르짖고 밤에도 잠잠하지 아니하오나 응답하지 아니하시나이다…나를 보는 자는 다 나를 비웃으며 입술을 비쭉거리고 머리를 흔들며 말하되 그가 여호와께 의탁하니 구원하실 걸, 그를 기뻐하시니 건지실 걸 하나이다…나는 물 같이 쏟아졌으며 내 모든 뼈는 어그러졌으며 내 마음은 밀랍 같아서 내 속에서 녹았으며 내 힘이 말라 질그릇 조각 같고 내 혀가 입천장에 붙었나이다 주께서 또 나를 죽음의 진토 속에 두셨나이다 개들이 나를 에워쌌으며 악한 무리가 나를 둘러 내 수족을 찔렀나이다 내가 내 모든 뼈를 셀 수 있나이다 그들이 나를 주목하여 보고 내 겉옷을 나누며 속옷을 제비 뽑나이다(시 22:1-2, 7-8, 14-18).

역사상 가장 중요한 이 순간에 가장 실력 있는 성경 해석가들, 가장 학식이 높은 신학자들, 이스라엘에서 가장 존경받는 종교 지도자들은 눈이 멀었다. 그들은 이사야 53장의 고난받는 종과 시편 22편의 찔림당한 메시아를 알아보기는커녕 예수님이 의식이 혼미해져 헛소리를 한다며 예수님을 진정시키려고 막대기 끝에 달린 해면에 신 포도주를 적셔서 주려고 했다(마 27:48). 어떤 이들은 팔짱을 낀 채 계속 조롱했다. "가만 두라 엘리야가 와서 그를 구원하나 보자"(27:49). 군중 가운데서 예수님을 악질적인 사기꾼으로 믿는 사람들은 그분이 응당 받아야 할 벌을 받고 있다고 생각했다. 일부는 예수님이 착각에 빠진 미치광이어서 불쌍하다고 생각했다. 예수님은 이스라엘이 고대하던 메시아 왕이셨으나, 아무도 그분이 정말로 누구신지 알아보지 못했다.

—27:50—

온 땅이 3시간 동안 깜깜해졌다가 3시쯤 되었을 때(참조. 27:45), 예수님은 크게 소리 지르시고 운명하셨다(27:50). 마태와 마가는 예수님이 숨을 거두시며 하신 말씀을 알려주지 않는다. 그러나 누가와 요한은 자세한 이야기를 조금 보충한다. 예수님은 시편 31편 5절을 인용하셔서 "아버지 내 영혼을 아버지 손에 부탁하나이다"(눅 23:46)라고 하신 뒤 깊은 숨을 쉬시고 "다 이루었다"(요 19:30)라고 외치셨다. 이 말씀과 함께 예수님은 숨을 거두셨다. 그 순간 타락하고, 죄로 가득 차고, 부패한 인류에 대한 속죄가 이루어졌다.

예수님은 자신의 죄 때문에 죽지 않으셨다. 비록 고통받을 수 있는 필멸의 육신을 입으시고 타락하고 망가진 세상에 태어나셨지만, 그분은 아담의 원죄와 죄책감으로 얼룩지지 않으셨다. 그분은 사탄의 유혹을 받으셨고 사역하시는 내내 마귀의 집중적인 공격을 받으셨지만, 생각이나 행동으로 죄를 지으신 적이 없다. 그분은 당신의 죄 때문이 아니라 인류의 죄 때문에 죽으신 완전하고 흠 없는 어린 양이셨다(요 1:29, 고전 15:3).

교회는 그리스도의 고난, 십자가 처형, 죽음의 추악함을 부정하거나 축소하지 않고 수세기 동안 그날을 '성 금요일'로 기념해왔다. 패배로 보이던 것이 사실은 죄, 죽음, 악마에 대한 완전한 승리였다. 추하고 거친 십자가는 그 신인(God-man)을 상하게 했지만, 최후 승자는 되지 못했다. 이 세상의 눈에 보이는 힘과 그 보이지 않는 힘이 제공했을 가장 깊은 어둠 속에서 그 희생자는 승리자가 되었다. 그리고 형벌의 도구는 그 이후로 수많은 신자에게 구원의 상징이 되었다.

적용: 마태복음 27:27-50

예수님이 다 치르셨다

나사렛 예수의 고난, 십자가 처형, 죽음은 역사적 사실이다. 그날 오후 예수님은 죽으셨다. 이것은 널리 인정되는 사실이다. 그러나 그 죽음 뒤에 있는 그것이 성취한 심오한 신학적 진리를 보려면 믿음의 눈이 필요하다. 예수님이 십자가 위에서 죽으신 것은 아버지의 의로운 요구를 만족시켰다. "그리스도께서도 단번에 죄를 위하여 죽으사 의인으로서 불의한 자를 대신하셨으니 이는 우리를 하나님 앞으로 인도하려 하심이라"(벧전 3:18). 이것이 복음(기쁜 소식)이다. 그분이 십자가 위에서 우리를 위해 행하신 일이 없었다면 우리는 모두 우리의 헤아릴 수 없이 많은 죄 가운데서 멸망할 것이다. 우리의 미래는 절대적이고 완전한 절망으로 가득 차 있을 것이다. 우리가 지은 죄 가운데서 죽을 것이고, 용서나 영생의 기쁨을 결코 알지 못할 것이다.

자신의 죄 때문이 아니라 세상의 죄 때문에 그리스도가 당하신 죽음을 생각하면서 그분을 십자가로 보낼 때 우리가 맡았던 역할에 대해 생각해보자. 우리 중 누구도 결백하지 않다. 우리 중 누구도 생각과 마음과 의지의 죄가 없다면 그렇게까지 나가지 못한다. 이사야가 말했듯이, "우리는 다 양 같아서 그릇 행하여 각기 제 길로 갔거늘 여호와께서는 우리 모두의 죄악을 그에게 담당시키셨도다"(사 53:6). 잠시 당신의 죄를 돌아보라. 성자가 성육해서 천상에서 지상으로 오시게 하고, 그 성육하신 신인(God-man)을 지상에서 십자가에 못 박히게 한 당신의 죄를 생각해보라. 학대, 간음, 다투는 태도, 적개심, 폭행, 험담, 원한, 신성모독, 과시, 뇌물, 저열한 농담, 불평, 공격성, 탐욕, 기만, 사취, 가난한 자들을 거부하고 경멸하는 것, 노인을 공경하지 않는 것, 부모에게 함부로 하는 것, 시기, 악한 동기, 세금 문서 위조, 음행, 사기, 인색함, 전혀 베풀지 않는 것, 탐욕, 폭식, 뒷말, 거친 말, 증오, 원한을 품는 것, 위선, 우상숭배, 무례, 영적 무관심, 배은망덕, 실투, 함부로 말하는 것, 성냄, 욕정, 거짓말, 악의, 조작, 아동과 방어력이 없는 사람을 학대하는 것, 살의, 편파성, 기도하지 않는 것, 편견, 자만, 인종 차별, 분노, 강간, 권위에 대한 반항, 용서하지 않는 것, 성령을 거스르는 것, 모욕을 모욕으로 갚는 것, 이기심, 성적 변태, 중상, 나태, 도둑질, 음란물을 보는 것, 폭력, 속된 마음, 이웃을 사랑하지 않는 것, 배우자를 사랑하지 않는 것, 믿지 않는 자와 멍에를 같이하는 것 등등.

우리 대부분에게 아주 친숙한 이 목록 위에 우리는 크고 굵은 글씨를 쓸 수 있다. 예수님이 다 치르셨다. 이 진리에 대한 온당한 반응은 오직 하나밖에 없다. 감사하는 것이다. 채찍질을 견뎌주신 그분께 감사하라. 당신 대신 십자가에 달리신 그분께 감사하라. 당신의 과거, 현재, 미래의 죄에 대한 대가를 완전히 지불해주신 그분께 감사하라. 당신이 영원히 살 수 있도록 그날 죽으신 그분께 감사하라. 예수님이 다 치르셨다.

그다음에는 무슨 일이 있었나?(마태복음 27:51-66)

51이에 성소 휘장이 위로부터 아래까지 찢어져 둘이 되고 땅이 진동하며 바위가 터지고 52무덤들이 열리
며 자던 성도의 몸이 많이 일어나되 53예수의 부활 후에 그들이 무덤에서 나와서 거룩한 성에 들어가 많
은 사람에게 보이니라 54백부장과 및 함께 예수를 지키던 자들이 지진과 그 일어난 일들을 보고 심히 두
려워하여 이르되 이는 진실로 하나님의 아들이었도다 하더라
55예수를 섬기며 갈릴리에서부터 따라온 많은 여자가 거기 있어 멀리서 바라보고 있으니 56그 중에
는 막달라 마리아와 또 야고보와 요셉의 어머니 마리아와 또 세베대의 아들들의 어머니도 있더라
57저물었을 때에 아리마대의 부자 요셉이라 하는 사람이 왔으니 그도 예수의 제자라 58빌라도에게
가서 예수의 시체를 달라 하니 이에 빌라도가 내주라 명령하거늘 59요셉이 시체를 가져다가 깨끗한 세
마포로 싸서 60바위 속에 판 자기 새 무덤에 넣어 두고 큰 돌을 굴려 무덤 문에 놓고 가니 61거기 막달라
마리아와 다른 마리아가 무덤을 향하여 앉았더라
62그 이튿날은 준비일 다음 날이라 대제사장들과 바리새인들이 함께 빌라도에게 모여 이르되 63주여
저 속이던 자가 살아 있을 때에 말하되 내가 사흘 후에 다시 살아나리라 한 것을 우리가 기억하노니 64그
러므로 명령하여 그 무덤을 사흘까지 굳게 지키게 하소서 그의 제자들이 와서 시체를 도둑질하여 가고
백성에게 말하되 그가 죽은 자 가운데서 살아났다 하면 후의 속임이 전보다 더 클까 하나이다 하니 65빌
라도가 이르되 너희에게 경비병이 있으니 가서 힘대로 굳게 지키라 하거늘 66그들이 경비병과 함께 가서
돌을 인봉하고 무덤을 굳게 지키니라

결혼한 부부는 결혼식 날의 소소한 일들과 신혼여행의 애틋한 추억을 다 기억한다. 그러나 그 이후의 사소한 일상을 다 기억할 수 있을지는 의문이다. 인생의 반환점인 마흔 살 생일이나 결혼 25주년 기념일 같은 중요한 사건은 보통 마음속에 남는다. 사진과 동영상은 기억에 남는 사건들을 되새겨준다. 그러나 그 이후의 날들은? 있었던 일들에 대한 사진도 사소한 기억도 전혀 없을 것이다. 고등학교, 대학교, 또는 대학원 졸업식을 기억하지 못하는 사람은 없다. 그런 소중한 기억들은 절대 잊지 않는다. 하지만 그다음 날을 기억하는 사람이 있을까? 아마 없을 것이다.

마태복음의 여정을 따라 우리는 십자가의 결정적 순간—예수 그리스도가 받으신 고난—을 지나왔다. 겟세마네 동산에서 체포되신 순간부터 여섯 차례의 불법적 재판에서 유죄 판결을 받으시고 결국 잔혹한 매질과 십자가 처형, 죽음에 이르는 장면—믿음을 불어넣어 주고 영혼을 구원하는—들을 우리는 절대 잊을 수 없다. 그 금요일 오후 3시쯤에 예수님은

"다 이루었다"고 외치셨다. 그리고 고개를 떨구셨고 영혼이 떠나셨다. 그분은 죽음에 굴복하셨다. 모든 그리스도인-그리고 많은 비그리스도인-은 이 일들을 열거할 수 있을 것이다. 그런데 3시 30분에는 무슨 일이 있었을까? 4시에는? 대부분의 그리스도인을 포함한 대다수 사람은 그리스도의 죽음과 부활 사이에 일어난 일을 상세히 기억하지 못한다. "그게 뭐가 중요하지?"라고 의아해할 수도 있다.

마태는 그리스도의 죽음과 부활 사이에 몇 가지 중요한, 그리고 특이한 장면을 기록한다. 예수님의 매장에 관한 사복음서의 기사를 비교해보면 주일 아침에 일어난 그 극적이고 기적적인 부활의 전모를 알 수 있다. 그러니 십자가에서 빈 무덤으로 뛰어넘지 말고 잠시 멈추어 그다음에 무슨 일이 일어났는지 좀 더 자세히 살펴보기로 하자.

—27:51-53—

예수님의 마지막 순간을 기록한 뒤 사복음서 저자들은 모두 즉시 메시아의 죽음을 강조하는 초자연적인 사건들로 주의를 돌린다. 바위가 쪼개지고 성전 지성소의 장막이 위에서 아래로 찢어질 만큼 강력한 지진이 예루살렘을 덮쳤다. A. T. 로벗슨은 이 신성한 장막의 구조를 다음과 같이 묘사한다. "이 장막은 각각 24개의 실로 땋은 72개의 줄을 엮어 지극히 정교하게 짠 식물로 길이가 약 18미터, 너비가 약 9미터였다."[37] 관객과 무대를 분리하는 거대한 극장 커튼처럼 파란색, 보라색, 자주색의 이 장막은 하나님이 당신의 백성과 함께하시는 장소로 지정된 신성한 공간인 지성소와 예배자들을 분리했다. 성막과 최초의 성전에도 파란색, 보라색, 자주색의 장막으로 분리된 지성소에 언약궤가 안치되어 있었다(출 26:31-33). 오로지 대제사장만 일 년에 단 한 번, 속죄일에 그 장막을 넘어갈 수 있었다(레 16장, 히 9:6-7).

그리스도의 죽음으로 그 분리의 장막은 갈갈이 찢겼다. 눈에 보이지 않는 거대한 검에 베인 듯 장막은 둘로 갈라졌다(마 27:51). 마치 하나님이 생생한 예를 보여주시며 이렇게 선포하시는 것 같았다. "이제부터는 모든 사람이 내 앞에 아무 거칠 것 없이 직접 나아올 수 있다. 오라!" 히브리서 4장 16절도 이렇게 말한다. "그러므로 우리는 긍휼하심을 받고 때를 따라 돕는 은혜를 얻기 위하여 은혜의 보좌 앞에 담대히 나아갈 것이니라." 또한 장막이 찢어진 것은 자기들의 메시아를 십자가에 못 박을 음모를 꾸몄던 대제사장과 종교 엘리트들을 가리키는 징표이기도 했다. 그들의 시간은 끝났다. "장차 올 좋은 일의 그림자"에 불과한 옛 언약의 예식과 제사는 "나아오는 자들을 언제나 온전하게" 할 수 없었다(히 10:1).

골고다 주변에 있던 무리는 성전의 장막이 찢어진 사실을 몰랐을 것이다. 그러나 몇 시간 동안 하늘을 뒤덮은 오싹하고 짙은 어둠과 예수님이 숨을 거두시는 순간을 기다렸다는 듯이 지축을 뒤흔든 갑작스런 지진을 경험했을 것이다. 이 모든 사건은 무언의 설교처럼 유대인의 왕으로 십자가에 못 박히신 분이 사기꾼도 광인도 아님을 선포했다. 보는 눈이 있거나 들을 귀가 있는 사람이라면 누구나 아주 중대한 어떤 일이 방금 일어났다는 것을 눈치챘을 것이다.

그리스도가 죽으실 때 또 다른, 특이하고 난해한 큰 징조가 나타났다. 지진이 일어나고 바위가 갈라질 때 예루살렘 주변의 무덤들이 열렸다(마 27:51-52). 1세기의 무덤은 보통 산비탈에 있는 동굴로, 시신이 분해되어 유골함에 들어가거나 다른 가족이나 조상들의 유골과 함께 뼈무덤에 넣어질 때까지 그 동굴 안에 있는 평판에 안치되었다는 것을 기억해야 한다. 마태만 유일하게 지진이 예루살렘을 강타했을 때 그 지역의 무덤을 막고 있던 큰 돌들이 열려 그 동굴 안에 있던 시신들이 대낮의 빛에 노출되었다고 기록한다.

여기까지는 특별히 이상할 것이 없다. 지진으로 바위가 갈라질 수 있다. 그러나 무덤이 갑자기 열린 것보다도 더 기적적인 일이 일어났다. 이미 세상을 떠난 많은 "성도들"(또는 '성인들')의 시신이 지진으로 갈라진 무덤에서 부활했다! 예수님이 부활하신 뒤 그들은 무덤에서 나와 예루살렘의 많은 사람에게 나타났다(27:53). 그들은 누구였을까? 왜 살아났을까? 그후 그들은 어떻게 되었을까?

나는 이 질문의 답을 모른다. 만약 당신이 성경의 이 미스터리에 대한 확실한 답을 알고 싶어서 주해서를 찾아본다면 실망할 것이다. 그리고 나는 마침내 답을 찾았다고 생각하는 성경학자를 함부로 믿지 말라고 경고하고 싶다. 마태는 이 문제에 대해 단 한 문장만 남겼다. 마가, 누가, 요한은 부활은 고사하고 지진도 언급하지 않는다. 그래서 우리에게는 이 수수께끼 같은 구절에 대한 해답을 찾는 데 도움이 될 만한 자료가 별로 없다.

전형적인 해답과 조심스럽고 잠정적인 몇 가지 결론을 알려주려 한다. 나는 이것은 신화 또는 신학적 진리를 나타내기 위한 은유적 우화 같은 것이지 역사적 사실로 받아들여서는 안 된다는 견해를 일절 거부한다. 이것은 단순한 예시도 아니고 비유도 아니다. 마태의 의도는 상상 속의 우화가 아니라 실제 사건을 보고하는 것이었다. 어떤 사람들은 아주 기발하게 지어낸 이야기라고 일축함으로써 이 부활한 성도들의 미스터리를 묵살하려고 한다. 이 사건을 이런 식으로 접근할 때 가장 큰 문제는 그들의 부활이 예수님의 부활과 같은 문장에 언급되어 있다는 점이다. 그들의 부활이 신화라면 우리가 어떻게 예수님의 부활을 사실이라고 주장할 수 있는가? 그분의 부활이 사실이라면 어떻게 그들의 부활이 신화라고 주장할 수 있는가? 나는 받아들일 수 없다.

누가 부활한 것인지에 대한 그럴듯한 해석은 살아난 자들이 모두 죽은 성도들이 아니라 최근에 죽은 몇 사람이라는 것이다. 본문은 예루살렘의 많은 사람이 이 "성도들"을 알아보았다는 사실을 암시하고 있어서 그들이 오랫동안 잊힌 채 누구인지 알아볼 수 없는 옛 조상들이 아니었음을 알 수 있다. 이런 사실을 감안해볼 때 그들은 예수님의 추종자들로서 그분이 지상 사역을 하시던 동안 죽은 사람들이었을 수도 있다. 어쩌면 그들은 나사로처럼 죽었다가 회복된 몸으로 살아났을 것이다(요 11:43-44). 그런 만큼 그들은 결국 자신들이 미래에 영광스럽게 부활하리라는 소망을 품고 다시 죽었을 것이다.[38]

또 다른 가능한 해석은 예수님의 부활로 구약의 성도들 일부(또는 전부)가 (아마도 예수님이 사역하시던 최근에 죽은 사람들과 함께) 예수님처럼 영광스러운 부활의 몸으로 다시 살아났다는 것이다. 실제로 예수님은 그런 영화롭게 된 몸으로 부활하신 최초의 인물이라는 뜻에서 "첫 열매"이셨다(고전 15:23). 그 몸은 불멸이고, 썩지 않으며, 영원한 천상의 존재로 적합하다. 만일 그렇다면 그리스도는 재림 때 다른 사람들에게 일어날 부활 추수에 가장 먼저 참여할 자들로 영화롭게 된 몸으로 부활한 이 택함받은 성도 무리를 천국으로 데리고 가셨다고 볼 수 있다.[39] 이들 중 몇 명은 예수님의 부활 권능의 징표로 예루살렘 주민들에게 나타나는 것이 허락되었다.

이 두 가지가 누가 부활했고 그들에게 무슨 일이 일어났는지에 대한 일반적인 견해다. 나는 첫 번째 관점으로 조금 더 기울지만 확신할 수는 없다. 나는 주님이 재림하실 때까지 결론을 보류할 것 같다. 그리고 나와 입장을 같이하는 사람들이 많다. 내가 존경하는 성경 교수인 드와이트 펜테코스트(Dwight Pentecost)는 '그리스도의 삶'이라는 수업에서 이렇게 시인한 적이 있다. "나는 이 모든 걸 어떻게 받아들여야 할지 모르겠다." 만약 이 문제에 대해 교리적으로 확실한 관점을 갖는 것이 중요했다면 마태는 그것을 더 분명히 밝혔을 것이고, 마가와 누가, 요한도 더 상세한 정보를 주었을 것이다.

—27:54-56—

마태는 마가, 누가와 함께 그리스도의 죽음과 관련해 일어난 눈에 띄는 현상-하늘이 어두워지고 지축이 흔들린-에 대해 십자가 주변에 있던 사람들이 보인 반응을 상호 보완적으로 제공한다. 첫째, 예수님의 사형 집행을 담당한 군인들을 지휘하는 백부장은 "심히 두려워하여" 이렇게 외쳤다. "이는 진실로 하나님의 아들이었도다"(27:54). 그 남자는 예수님이 채찍에 맞으시고, 조롱당하시고, 구타당하시고, 못 박히시고, 고통당하시고, 죽으시는 과정을 일일이 감독했다. 그는 예수님이 부당한 대우를 받으시면서 하셨던 말씀, 의로운 행동, 거룩한 성품을 가까이서 지켜보았다. 그리고 이스라엘의 종교 엘리트들과는 반대로 그 백부장은 자기가 방금 의로운 사람을 십자가에 못 박았다는 결론을 내렸다(눅 23:47).

한편, 구경꾼 무리 가운데는 예수님을 따라다녔던 갈릴리 출신 여자들도 여럿 있었다(마 27:55-56). 마태는 특별히 막달라 마리아, 야고보와 요셉의 어머니 마리아, 세베대의 아들들의 어머니(살로메, 참조. 막 15:40)를 언급한다. 요한은 예수님의 어머니 마리아가 글로바의 아내 마리아["야고보와 요셉(또는 요세)의 어머니"인 마리아와 동일인일 수도 있다, 요 19:25, 참조. 마 27:56, 막 15:40]와 함께 현장에 있었다고 말한다.[40] 이 밖에도 마가는 예수님을 따라 예루살렘으로 온 "여자들이 많이 있었[다]"고 말한다(막 15:41).

예수님의 고난과 죽음, 하늘과 땅에 나타난 놀라운 표적들을 보면서 많은 추종자는 자기들의 주님이자 스승을 잃었다는 사실에 가슴을 치며 심히 슬퍼했다(참조. 눅 23:48).

—27:57-61—

이때 일어난 일련의 사건들에 대해서는 요한복음이 마태, 마가, 누가가 언급하지 않은 세부 사항을 채운다. 곧 해가 지면 안식일이 시작될 것이었기 때문에 율법을 엄격히 지키는 일부 유대인이 안식일이 시작되기 전에 시신을 매장할 수 있도록 골고다에서 십자가에 못 박힌 세 사람의 다리를 부러뜨려 죽음을 앞당겨달라고 요청했다. 빌라도는 동의했지만, 군인들은 예수님이 이미 숨을 거두신 것을 보고 다리를 꺾지 않고 대신 창 끝으로 옆구리를 찔러서 피와 묽은 채액이 흘러나오게 했다. 예수님이 십자가에서 정말로 죽으셨는지 조금이라도 의심이 있었다면 그 의혹은 이제 말끔히 해소되었다(요 19:31-37).

예수님의 죽음이 확인되었고 안식일이 곧 시작될 참이어서 십자가 아래 있던 몇 명의 여인은 예수님의 시신을 어떻게 할지 걱정했을 것이다. 예수님은 아버지 요셉이 묻혀 있을 가족 묘지가 있는 고향 나사렛에서 멀리 떨어진 곳에 계셨다. 그들이 해가 지기 전에 며칠이 걸려야 갈 수 있는 갈릴리에 도착할 수 없다는 것은 자명했다. 그렇다고 예루살렘에 있는 제자의 집에 만신창이가 되신 예수님의 시신을 그냥 뉘어 놓을 수도 없는 노릇이었다. 그러나 만약 시신을 인수하지 않으면 다른 범죄자들과 함께 공동묘지에 던져질 것이다. 누구라도, 특별히 존경받는 나사렛 예수님이시라면 더욱이, 그렇게 함부로 처리되어서는 안 될 일이었다.

여자들이 어찌할지 곰곰이 생각하고 있을 때 그때까지는 정체불명이었던 두 남자가 나서서 일을 처리했다. 마태는 부유한 산헤드린 의원이자 예수님의 비밀 제자였던 아리마대 요셉만 언급한다. 그는 본디오 빌라도에게 예수님의 시신을 가져가게 해달라고 요청했다(마 27:57-58, 요 19:38). 니고데모는 요셉이 자기 동료들인 예루살렘의 엘리트들 앞에서 예수님께 헌신했음을 기꺼이 밝히는 것을 보고 용기를 얻었다. 예수님이 사역하실 때 예수님을 만난 적이 있는 니고데모(요 3:1-21)도 바리새인이면서 산헤드린 의원이었지만, 그도 곧 자신의 정체를 드러내고, 해 지기 전에 임시 방편으로라도 서둘러 치러야 할 장례를 도왔다(요 19:39-40).

정상적인 장례였다면 향이 나는 송진에 담근 세마포로 정성스럽게 시신을 싸서 부패의 악취를 중화하는 긴 준비 과정을 거쳤을 것이다.[41] 보통 많은 가족이 여러 시간 동안 작업해야 했던 전체 과정을 예수님의 경우에는 소수의 하인들이 시간을 다투면서 해야 했을 것이다. 해가 지고 안식일이 시작되면 그런 일은 허용되지 않았다.

따라서 그 금요일 저녁에 치러진 예수님의 장례는 분명 임시 방편이었다. 그들은 안식일만 무사히 넘길 요량이었다. 십자가 주변에 있던 사람들은 시신을 북쪽 나사렛으로 운반할 준비를 하기 위해 시신을 싸고 향료를 바르는 작업을 주일 아침 일찍 재개해서 마무리할 계획을 의논했을 것이다. 어쨌든, 아무도 예수님이 자신의 부활을 여러 차례 예언하신 것을 떠올리거나 진지하게 받아들이지 않았던 것 같다.

시간이 늦었기 때문에, 니고데모가 마련해준 몰약과 침향을 섞어서 서둘러 시신에 바른 뒤(요 19:39-40), 아리마대 요셉이 절벽의 측면에 깎아서 만든 '그의 가족 무덤'에 임시로 안치했다(마 27:60). 요한은 아직 아무도 묻힌 적이 없는 이 새 무덤이 동산에 있었다고 말한다(요 19:41). "동산"으로 번역된 헬라어는 *kēpos*(2779)로 과수원이나 농장을 지칭할 수도 있다.[42] 이 용어는 겟세마네 "동산"을 지칭할 때에도 쓰였다(요 18:1). 고대에는 사유지일 뿐만 아니라 신성한 묘지임을 나타내기 위해서 그런 동산-특히 무덤이 있는-에는 필히 외벽이 둘러 있었을 것이다.

> 고대에는 동산 과수원이라고 하면 당연히 주변에 담이 둘러 있을 것으로 생각했다. 라틴어, 헬라어, 옛 이란어에 모두 이와 같은 개념의 용어가 있었다는 사실은 동일한 개념의 대상이 있었음을 나타낸다. 고대 지중해 세계에서 보호 울타리가 없는 경작된 동산이나 과수원은 상상할 수 없었다.[43]

아리마대 요셉의 동산은 조성된 지 얼마 되지 않았지만 제 기능을 다하는 곳이었다. 훗날 요한은 막달라 마리아가 예수님을 "동산지기", 즉 담장이 둘린 요셉의 동산에서 일하는 고용인으로 오인했다고 말한다(요 20:15). 이 동산은 AD 30년대에 건축된 것으로 알려진 도시 성벽 바로 밖에 있었다. 동산과 무덤이 있던 예루살렘 성벽의 북쪽 지역에 새로운 동산과 주택이 개발되고 있었다. 그후로 40년 동안 이 '신도시'를 둘러싸는 벽이 추가로 건설되었다(지도 참조).

우리는 흔히 예수님의 무덤이 인적이 드물고 숲이 우거진 외딴 곳에 있을 거라고 상상한다. 하지만 우리는 골고다가 보이는, 어쩌면 길 건너편일 수도 있는 곳을 생각해야 한다. 그곳은 담으로 둘러싸이고, 문이 있으며, 안에서 동산지기가 일하고 있는 동산일 수 있다. 실제로 요셉은 오후 내내 골고다에서 벌어지고 있는 일을 그 동산에서 지켜보았을지도 모른다. 그리고 자기가 나서서 나사렛 출신의 그 학대받는 랍비에 대한 헌신을 보여줄 때를 기다리고 있었을지도 모른다.

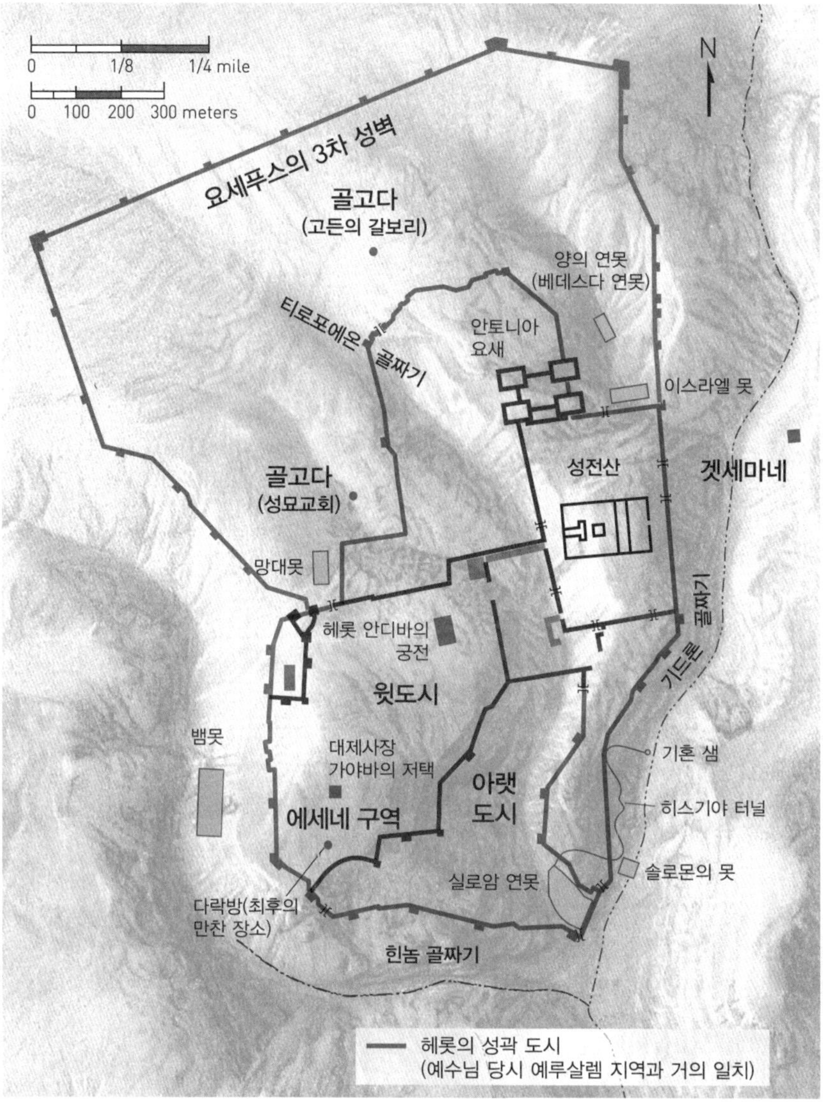

골고다와 요셉의 동산 무덤은 예수님 시대에는 예루살렘 성벽 밖에 있었다. 이후 요세푸스가 언급한 3차 '북쪽' 벽이 1세기에 확장 개발된 지역을 보호하기 위해 '신도시'를 중심으로 건축되었다.

어쨌든 예수님의 시신을 서둘러 수습하고 일몰이 빠르게 다가오자 요셉과 니고데모는 아마도 동산지기들의 도움을 받아, 무덤 앞에 돌을 굴려 놓고 떠났다(마 27:60). 십자가 처형 때 자리를 지켰던 적어도 두 명의 여인이 안식일이 끝난 주일 새벽 무렵에 그 장소에서 만나 정식으로 영구적인 매장을 할 요량으로(참조. 눅 23:55-56) 시신이 안치된 곳을 자세히 지켜보았다(27:61).

—27:62-66—

이 장의 마지막 다섯 구절은 마태의 기사에만 나온다. 장례 기사에 덧붙인 일종의 부록으로 마태는 다시 은밀히 음모와 음해를 꾀하고 있는 대제사장들과 바리새인들에게로 시선을 돌린다. 마태는 그들이 이 모든 것을 "그 이튿날…준비일 다음 날"(27:62)에 했다고 말한다. 즉, 그들은 이 모든 일을 유대인 율법이 금하고 있는 안식일에 하고 있었다. 예수님과 제자들이 안식일에 "일한다"고 비난했던 이 위선자들은 이제 자기들이 사기꾼이라고 비난했던 죽은 자에게 맞서 열심히 일하고 있었다!

예수님의 시신이 안치된 무덤은 담으로 둘러싸인 동산 안에 있었고 아리마대 요셉의 사유지였기 때문에 유대인들은 땅 주인의 허락이나 로마 정부의 영장 같은 것이 없이는 그곳에 접근할 수 없었을 것이다.[44] 아리마대 요셉이 허락해줄 리가 없었기 때문에 그들은 곧장 본디오 빌라도를 찾아갔다. 추측건대 빌라도는 집에 가서 아내에게 그녀가 꾼 악몽의 주인공이었던 남자를 십자가에 못 박으라고 내어주었다는 말을 해야 했기 때문에 기분이 언짢았을 것이다. 그런데 예수님을 그에게 데려왔던 유대인 지도자들이 바로 전날 그에게 예수님의 시신을 가져가게 해달라고 청했던 다른 유대인의 사유지를 지키기 위해 군사를 파견해달라고 요구하고 있었다. 그쯤 되면 빌라도는 자기가 아무 관심도 없는 유대인 파벌들이 벌이는 광란의 줄다리기 속의 밧줄 같다는 생각이 들었을 것이다.

유대인 지도자들은 빌라도를 접견해서 다음과 같이 자기들의 주장을 밝혔다. "예수는 사흘 후에 다시 살아나겠다고 말했다(27:63). 그의 제자들이 자신들의 스승이 부활했다고 선포하기 위해 야음을 틈타 시신을 훔쳐 도주할 것이다." 그들은 이런 논리를 대며 무덤을 지켜달라고 빌라도에게 청원했다(27:64). 지난 이틀간 유대인 지도자들의 쪼잔함에 질린 빌라도는 내뱉듯 말했다. "너희에게 경비병이 있으니 가서 힘대로 굳게 지키라"(27:65). 빌라도의 말은 "너희에게 성전 경비병들이 있으니 그들을 사용해라"가 아니라 "경비병을 데려가라"로 이해하는 것이 더 맞을 것이다. 다시 말해 로마 경비병을 세워달라는 그들의 청

부활 기사 총정리 1부-목요일부터 토요일까지

총 3부로 구성된 부록에서 우리는 겟세마네 동산에서 체포되신 순간부터 부활 그리고 그 이후까지 예수님과 추종자들의 행적을 추적할 것이다. 우리는 그리스도의 죽음, 매장, 부활 사건을 다룬 사복음서의 여러 기사와 신약성경의 몇몇 구절이 개연성 있는 조화를 이루는 것을 볼 수 있다. 성경의 사실들을 아우르려고 할 때, 신약성경의 저자들이 제각기 특정한 관점에서 자신의 이야기를 들려주기 때문에 관련된 여러 집단과 개인들이 어떤 위치에 있었는지를 확인하는 것이 중요하다. 그렇기 때문에 우리는 때때로 몇 가지 정보를 바탕으로 추측하고 예루살렘의 지리와 환경뿐 아니라 초기의 역사적 자료와 전통에 대한 지식을 활용해야 한다. 성경적 사실, 지도, 약간의 고고학과 역사, 그리고 상식을 바탕으로 우리는 여러 내러티브의 가닥들이 어떻게 일관되고 설득력 있는 기사로 엮일 수 있는지 보여줄 수 있다. (사건을 재구성한 이 이야기에 언급된 전통적인 위치는 666쪽에 나오는 예루살렘 지도를 참고하라.)

마태복음 26-27장

예수님이 육체로 부활하신 여러 이야기 속으로 뛰어들기('부활 기사 총정리 2부'에서 할 것이다) 전에 한 발짝 물러서서 현장을 조사하는 것이 중요하다. 그리스도가 체포되시던 날 저녁, 재판을 받으시던 아침, 십자가에 못 박히시던 날 많은 사람이 여러 방향으로 흩어졌다. 다른 신약성경 저자들이 기록한 부활 기사와 비교해서 마태의 부활 기사를 이해하려면 같은 관점에서 시작하고 있는지 확인할 필요가 있다. 그러려면 누가 어디에 그리고 언제 있었는지 되짚어 보아야 한다.[45]

목요일 저녁/금요일 아침-겟세마네

예수님이 겟세마네 동산에서 체포되실 때 현장에 있던 열한 제자와 다른 사람들은 모두 동산에서 빠져나갔다(26:56, 막 14:50-52). 그들은 모두 어디로 갔을까? 성경은 말해주지 않지만, 몇 가지 신빙성 있는 추론이 있다. 처음 그들은 겟세마네에서 '제각기' 도망쳤을 것이다. 다시 모이는 것은 너무 눈에 띄었을 것이다. 그리고 그들 대부분은 기드론 골짜기를 지나 다시 예루살렘으로 돌아가지 않았을 것이다. 기억하라. 횃불을 들고, 몽둥이를 휘두르며, 칼을 찬 병사들이 그곳에서 왔고, 그곳으로 갔다. 제자들은 당연히 예루살렘에서, 그 주 내내 머물렀던 베다니로 되돌아가는 경로를 택했을 것이다(참조. 마 21:17, 26:6).[46] 아마도 그들 중 몇몇은 같은 생각을 가지고 나사로, 마리아, 마르다의 집으로 갔을 것이다.

우리는 제자 중에서 베드로와 요한이 처음에 현장에서 도망쳤다가 되돌아왔다는 것을 안다. 두 사람 모두 눈에 띄지 않게 군인들, 하인들, 행인들 무리에 섞여 멀찌감치서 예수님을 따라갔다(요 18:15-16). 날이 새면서 연달아 열린 재판 중 언제 요한이 빠져나갔는지 확실하지 않지만, 그는 예루살렘 성안 혹은 인근에 있는 그의 집으로 돌아갔거나 아니면 새벽에 예수님의 어머니 마리아를 다시 찾아갔을 수도 있다.[47] 한편 베드로는 가야바의 집 뜰에서 예수님을 부인한 뒤 야음을 틈타 도망쳤다(마 26:74-75). 베드로는 예루살렘에 있는 그의 처소-아마도 최후의 만찬 장소였던 요한 마가의 부모 집이었을 것이다-로 몰래 도망쳤을 것으로 짐작된다(참조. 눅 24:12, 요 20:10).

따라서 예수님이 홀로 재판을 받고 계실 때 제자들 가운데 9명은 예수님이 체포되신 뒤 무슨 일이 벌어지고 있는지 모르는 채 베다니 또는 그 인근에 숨어 있었을 가능성이 크다. 베드로는 가야바의 재판 중에 아마 예루살렘 안에 있는 장소로 도망쳤을 것이므로 예수님의 궁극적인 운명을 잘 몰랐을 것이다. 대제사장의 가족과 안면이 있어서 법정에 접근할 수 있었던 요한이 가장 많은 정보를 얻었을 것이다(요 18:15).

금요일-골고다

예수님이 십자가에 못 박히실 때 요한은 열한 제자 중에서 예수님을 따라온 몇 명의 여인-마리아(예수님의 어머니), 살로메(마리아의 자매, 예수님의 이모, 세베대의 아내, 야고보와 요한의 어머니), 막달라 마리아, 또 다른 마리아[글로바의 아내, 아마 야고보와 요셉(요세)]의 어머니였을 것이다-과 다른 친구들과 추종자들(27:56, 막 15:40-41, 눅 23:49, 요 19:25)과 함께 현장에 있었던 유일한 제자였던 것 같다. 십자가 처형장에 있었던 이름 없는 여인들 중에는 요안나(헤롯의 청지기 구사의 아내)와 수산나(예수님의 부유한 후원자)가 있었을 것이다(참조. 눅 8:1-3, 24:10). 이 사람들 외에도 구레네 시몬 역시 적어도 십자가 처형이 시작될 때까지 그곳에 있었다(눅 23:26-27). 십자가 처형이 끝날 무렵 근처 어딘가에 아리마대 요셉(십자가 처형 장소가 보이는 곳에 담이 둘린 동산을 가지고 있던 산헤드린 의원)과 니고데모(산헤드린 의원)가 있었다.

예수님은 제9시경(오후 3시경)에 숨을 거두셨다. 예수님의 시신이 공동묘지에 유기되는 것을 막기 위해 아리마대 요셉과 니고데모는 본디오 빌라도의 허락을 받아 시신을 양도받았다(막 15:42-46, 요 19:38-42). 니고데모는 안식일이 시작되는 일몰 전에 서둘러 장례 절차를 마치기 위해 장례에 필요한 다량의 향료를 공급했다(눅 23:54). 요셉의 동산에서 일하는 일꾼들이 시신을 운구하고 수습하는 것을 도왔고, 막달라 마리아, 글로바의 아내 마리아, 그리고 아마 다른 몇 사람도 줄곧 함께 시신 수습 과정을 도왔을 것이다(마 27:61, 막 15:47, 눅 23:55-56). 장례 절차가 다 끝나지는 않았지만 안식일이 곧 시작되기 때문에 그들은 서둘러 천으로 싼 예수님의 시신을 요셉의 무덤에 안치하고 입구에 돌을 굴려 놓았다(마 27:59-60, 막 15:46, 눅 23:53, 요 19:41-42).

금요일 밤-안식일의 시작

성경은 이 문제에 대해 침묵하고 있지만 우리는 여인들이 안식일 후에 어떻게 매장 준비를 마저 마칠지 자기들끼리 의논했을 것이라고 짐작할 수 있다. 막달라 마리아와 글로바의 아내 마리아는 살로메 그리고 요안나와 수산나와도 상의했을 것이다. 그들은 도시의 여러 지역에 흩어져 살고 있었기 때문에 주일 새벽 아리마대 요셉의 동산 입구에서 함께 만나 예수님의 시신을 정식으로 영구 매장할 준비를 마치기로 했을 것이다.

이렇게 입을 맞춘 뒤 그들은 모두 안식일을 지키기 위해 처소로 돌아갔다. 막달라 마리아와 글로바의 아내 마리아는 도시의 남쪽에 있는 요한의 어머니 살로메의 집에서 예수님의 어머니 마리아와 다시 합류했다. 요안나와 수산나는 도심에 있는 하스모난 궁전 아니면 그 근처에 있는 숙소로 돌아가고, 요한은 자기 집에서 살로메와 함께 예수님의 어머니 마리아를 보살폈을 것이다. 그리고 베드로는 최후의 만찬이 있었던 장소였을 도시 남부의 요한의 집 근처에 있는 요한 마가의 집에 머물렀을 것이다.[48]

이때까지는 요한과 이 여인들만 예수님께 어떤 일이 일어났는지 그 자초지종을 알고 있었을 것이다. 그리고 낮에 일어난 일을 누군가가 베드로에게 알려주었을 가능성이 있다. 하지만 안식일 동안 베다니에 숨어 있었을 나머지 9명의 제자는 예수님이 체포되신 뒤 무슨 일이 있었는지 전혀 몰랐을 것이다. 안식일 동안에는 멀리 여행할 수 없었기 때문에 아무도 소식을 알거나 무덤을 찾아갈 수 없었을 것이다. 유대인 지도자들은 안식일에 무덤에 경비병을 배치하고 돌로 막으라는 빌라도의 허락을 받아냈기 때문에 예수님의 추종자들은 아무도 요셉의 동산 입구와 무덤에 경비병들이 배치되어 있다는 사실을 몰랐을 것이다(27:62-66).

원이 즉시 승인되었다는 뜻이다(참조. 28:14).[49] 그러나 이 경비병들은 적어도 처음에는 유대인 성전 경비병들의 도움을 받았다고 보는 것이 맞을 것이다(참조. 28:11). 그 나사렛 사람의 도당이 움직이기 전에 그들을 진압하기 위해 사소한 것까지 일일이 관여해야 직성이 풀리는 유대인 지도자들의 강박에 가까운 조바심을 감안할 때 그들은 당연히 성전 경비병들을 보냈을 것이다

유대인 지도자들의 요청에 따라 소수의 파견대가 큼지막한 돌로 무덤을 막고 로마의 인장으로 봉인했다. 크레이그 블롬버그는 이 과정을 이렇게 설명한다. "무덤을 지키기 위해 입구를 막는 돌에 부드러운 점토 같은 물질로 압인을 찍은 봉인을 밧줄이나 끈으로 돌에 부착했을 것이다."[50] 마치 예수님의 부활이 로마 제국의 공식 법령으로 좌절될 수 있다는 듯이 말이다! 얼마나 부질없는 짓인가!

적용: 마태복음 27:51-66

기억해야 할 잊기 쉬운 세 가지

우리는 예수님이 마지막 숨을 거두신 순간부터 새롭게 부활하셔서 첫 숨을 내쉬신 순간까지 일어난 상세한 이야기를 잊거나 간과하기 쉽다. 우리는 예수 그리스도가 이루신 구원 역사인 그분의 죽음과 부활에 대해 자주 이야기한다. 그리고 당연히 그래야 한다! 하지만 해가 지기 전 몇 시간 동안 급히 진행되었던 일들과 안식일 꼭두새벽에 유대인 지도자들이 예수님을 제거하려는 음모가 허사로 돌아가지 않게 하려고 정신없이 허둥대던 모습에서 배우고 깨달아야 할 것이 있다.

첫째, 모든 희망이 다 사라졌을 때 예수님이 돌아가신 직후에 일어난 일을 기억하라. 십자가에 달린 시신을 두고 가버린 사람들은 대부분 절망하며 그 자리를 떠났다. 우리는 그 죽음의 현장을 떠나면서 "그분은 부활하실 거야! 시간문제일 뿐이야. 그분은 돌아오실 거야!"라고 말한 사람을 성경에서 찾아볼 수 없다. 요한을 제외한 제자들은 모두 뿔뿔이 흩어져 공포에 떨며 숨어 있었다. 십자가 아래 있던 여인들은 비탄에 빠져 울고 있었다. 그리고 자기들의 메시아를 살해한 사악한 위정자들은 시신을 도둑맞을 것을 걱정하고 있었다. 아무도 부활을 기대하지 않았다.

인생을 살면서 하나님이 당신을 실망시키신 것 같을 때, 예수님이 죽으신 직후, 심지어 부활하시기 전에 하나님이 하신 일을 보라. 그분은 아리마대 요셉과 니고데모를 보내셔서 예수님이 공동묘지에 버려지지 않게 하셨다. 그분은 예수님이 안치된 곳을 기억하는 호기심 많은 여인을 보내셔서 빈 무덤의 목격자가 되게 하셨다. 그분은 당신의 뜻을 이루시기 위해 그분께 헌신한 자들이 아무것도 볼 수 없을 때에도 은밀히 역사하고 계셨다. 당신이 사랑하는 소중한 사람을 잃고 절망에 빠져 삶을 이어가기 힘들 때, 하나님의 사람은 죽어도 하나님께 속한 것은 아무것도 죽지 않는다는 사실을 기억하라. 당신이 사랑하는 사람이 사는 동안 강하셨던 하나님은 당신의 삶에서도 여전히 강한 하나님이시다. 그분은 지금도 당신이 믿고, 의지하고, 신뢰할 수 있도록 거기 계신다.

둘째, 당신이 아는 사람이 그리스도를 믿기에는 너무 멀리 갔다고 생각될 때 백부장을 기억하라. 그 강퍅하고 완고한 로마 병사가 진실을 알아볼 수 있었다면 당신이 사랑하는 그 잃어버린 사람도 그럴 수 있다. 그리고 유대인 사회에서 부유한 엘리트였고 예수님의 죽음에 책임이 있는 산헤드린 의원 아리마대 요셉과 니고데모를 기억하라. 하나님은 막후에서 그들의 마음을 움직이고 계셨다. 그리고 말과 행동으로 고백할 때가 되자 그들은 앞으로 나섰다. 당신이 '영원히 잃어버린 사람'의 명부에 올리고 싶은 유혹을 느끼는 사람에 대해 생각해보라. 그들은 대학 룸메이트, 당신의 아들이나 딸, 부모, 친한 친구, 심지어 배우자(또는 전 배우자)일 수 있다. 그들은 주님에게서 너무 떨어져 있고 복음에 눈곱만큼도 관심이 없는 것 같다. 시간을 내어 주님 앞에 그 사람을 올려드리라. 하나님이 그 백부장에게-그리고 그를 통해-말씀하실 수 있고, 요셉과 니고데모에게 다가가실 수 있다면, 당신이 사랑하는 사람에게도 다가가실 수 있다. 그들을 포기하지 말라.

셋째, 사람들이 하나님의 계획을 좌절시킬 계략을 꾸밀 때 부활을 기억하라. 예수님을 영원히 가두기 위해 무덤을 봉인한 병사들처럼 많은 사람이 온갖 인간의 간계로 하나님의 계획에 대항하려고 한다. 인간의 어리석은 논리, 과학적 지식, 재정이 충분히 뒷받침된 조직적인 운동으로 하나님의 손길을 물리칠 수 있다는 생각은 얼마나 어리석은가. 그분이 준비되어 행동을 취하시면 인간의 모든 행동을 능가하시고 모든 장벽을 뛰어넘으신다. 하나님은 성전 장막을 위에서 아래까지 둘로 가르실 수 있다. 그분은 이 땅에 지진을 일으키시거나 어둠의 장막으로 덮으실 수 있다. 그분은 사람들을 무덤에서 데리고 나오실 수 있다.

당신 삶의 모든 것이 당신을 넘어뜨리려 하고 그리스도를 믿는 믿음과 정반대로 불리하게 돌아가고 있다고 생각될 때 절대 항복하지 말라. 예수님의 추종자들은 예수님이 죽은 자들 가운데서 다시 살아나실 것이라는 그분의 예언을 진지하게 받아들이지 않았다. 그렇지 않았다면, 그들은 그 금요일과 주일 사이에 다르게 행동했을 것이다. 어려운 일을 당하고 있을 때 우리는 부활의 실제를 마음에 새겨야 한다. 한동안은 금요일에 모든 것이 끝난 것처럼 보일지 몰라도 부활의 주일이 다가오고 있다.

부활: 무슨 일이 일어났고 무슨 일이 일어나지 않았나?(마태복음 28:1-15)

1안식일이 다 지나고 안식 후 첫날이 되려는 새벽에 막달라 마리아와 다른 마리아가 무덤을 보려고 갔
더니 2큰 지진이 나며 주의 천사가 하늘로부터 내려와 돌을 굴려 내고 그 위에 앉았는데 3그 형상이 번
개 같고 그 옷은 눈 같이 희거늘 4지키던 자들이 그를 무서워하여 떨며 죽은 사람과 같이 되었더라 5천
사가 여자들에게 말하여 이르되 너희는 무서워하지 말라 십자가에 못 박히신 예수를 너희가 찾는 줄을
내가 아노라 6그가 여기 계시지 않고 그가 말씀 하시던 대로 살아나셨느니라 와서 그가 누우셨던 곳을
보라 7또 빨리 가서 그의 제자들에게 이르되 그가 죽은 자 가운데서 살아나셨고 너희보다 먼저 갈릴리
로 가시나니 거기서 너희가 뵈오리라 하라 보라 내가 너희에게 일렀느니라 하거늘

8그 여자들이 무서움과 큰 기쁨으로 빨리 무덤을 떠나 제자들에게 알리려고 달음질할새 9예수께서
그들을 만나 이르시되 평안하냐 하시거늘 여자들이 나아가 그 발을 붙잡고 경배하니 10이에 예수께서 이
르시되 무서워하지 말라 가서 내 형제들에게 갈릴리로 가라 하라 거기서 나를 보리라 하시니라

11여자들이 갈 때 경비병 중 몇이 성에 들어가 모든 된 일을 대제사장들에게 알리니 12그들이 장로들
과 함께 모여 의논하고 군인들에게 돈을 많이 주며 13이르되 너희는 말하기를 그의 제자들이 밤에 와서
우리가 잘 때에 그를 도둑질하여 갔다 하라 14만일 이 말이 총독에게 들리면 우리가 권하여 너희로 근심
하지 않게 하리라 하니 15군인들이 돈을 받고 가르친 대로 하였으니 이 말이 오늘날까지 유대인 가운데
두루 퍼지니라

묘지는 한때 활기가 넘쳤던 삶의 점점 희미해져가는 추억을 기리는 비석과 묘가 줄지어 있는 조용하고 침울한 장소다. 사람들은 보통 묘지를 방문하면 조용히 말하고 심지어 속삭이기까지 한다. 간간이 아이들의 웃음소리를 들을 수도 있지만, 대부분 경건하기를 바라는 어른들의 위협적인 "쉿" 소리에 잦아든다. 이름, 생년월일, 기일은 영구적인 것이므로 나무가 아닌 돌에 새겨져 있다. 고인에게 묘지로 가는 여행은 편도 여행이다.

나사렛 예수만 제외하고.

영구적인 매장을 위해 세마포에 단단히 싸여 계셨지만, 그분은 곧 거기서 빠져나와 그 천을 다시 두르지 않으실 것이다. 초자연적인 몸의 부활로 예수님은 봉인된 무덤에서 완전히 살아나 새로운 종류의 영광스러운 육신을 지니신 새로운 생명으로 다시 살아나셨다.

그러나 그분이 살아계실 때 그분의 죽음을 꾀했던 반대자들과 비판자들은 그분이 부활하신 후에도 그분이 죽기를 바랐다. 그들은 부활이라는 엄청난 소식을 무마하려고 가짜 뉴스를 날조했다. 그러고 나서 꾸며낸 이야기를 퍼트리기 위해 사람들을 매수했다. 지금도 많은 사람이 이와 똑같은 동기와 방법으로 똑같을 일을 행하고 있다. 그리스도의 영광스러운 부활로 입증된 그분의 온전한 신성에 대한 불가사의한 진리를 불식하기 위해 비판자들은 그것을 대체하는 다른 설명을 만들려고 온갖 노력을 계속하고 있으며, 자기들이 꾸며낸 이야기를 홍보하기 위해 그들의 선전 기관을 총가동한다. 결과적으로 일어난 일을 믿는 자들과 일어나지 않은 일을 믿는 자들은 늘 있을 것이다.

—28:1-4—

이틀 밤이 지났지만 막달라 마리아와 야고보의 어머니 미리아는 예수님의 축 늘어진 팔다리, 생명이 빠져나간 피투성이가 된 몸의 영상이 머리에서 떠나지 않았을 것이다. 아무리 많은 세마포와 몰약과 침향을 써도 무덤의 공기 속에는 죽음의 악취가 서려 있었을 것이다. 아마 그들은 아침 일찍 일어나 야고보와 요한의 어머니 살로메와 함께 무덤으로 향하면서 몇 번이고 그런 생각을 떠올렸을 것이다(막 16:1).

일행이 동틀 무렵 도시를 가로질러 북쪽으로 향할 때 발 밑의 땅이 흔들렸다. 그것은 이틀 전 예수님이 운명하시던 순간에 지축을 흔들던 큰 지진의 여진이었을 수도 있다. 그 지진에 동산과 무덤도 흔들렸을까? 일행이 무덤 안에 있을 때 또 지진이 일어나면 어떡할까? 그 안에 갇히게 될까? 분명히 이런 걱정이 들었을 것이다.

길을 조금 더 올라갔을 때 로마 병사 몇 명이 큰 소란을 피우며 반대 방향으로 그들을 지나쳐 가는 광경이 떠오른다. 그들의 눈에는 죽음의 공포가 서려 있고 얼굴은 창백했다. 그 병사들은 어디로 향하고 있었을까? 그들은 위험 속으로 돌진하는 것이 아니라 도망치고 있었다. 위험을 피해 달아나고 있는 로마 병사들이라니?

여인들이 성곽의 망대문을 지나면 예수님이 십자가에 못 박히셨던 골고다 언덕이 바로 나타났다. 아리마대 요셉의 동산에 가려면 그 길을 지나야 했다. 그곳을 피할 길이 없었다. 동산이 가까워지자 그들은 갑자기 현실적인 문제에 부딪혔다. 누가 그녀들을 위해 그 돌을 굴려줄까?(막 16:3) 어쩌면 요셉의 동산지기 몇 명을 구슬러 그녀들이 통과할 수 있을 만큼 무덤을 열게 할 수 있을 것이다.

안식일 다음 날 아침, 예수님의 무덤으로 향하는 여인들이 속으로 그런 생각을 하면서 이야기를 주고받는 동안 그들은 동산의 무덤에서 어떤 기적이 일어났는지 까맣게 몰랐다. 그녀들이 예루살렘 남쪽에 있었을 살로메의 집에서 북쪽 성곽 밖에 있는 요셉의 동산까지 걸어가는 동안 무덤에서는 천지개벽할 몇 가지 사건이 일어났다. 눈부신 천사가 하늘에서 내려와 무덤의 돌을 굴릴 때 지진이 일어났다(마 28:2-3). 무덤에 부착해두었던 로마의 봉인은 제자들이나 도굴꾼이 아닌 무시무시한 초자연적 존재에 의해 부서졌다. 그러고 나서 무장한 군사들에게 "무덤을 닫을 테면 닫아보라"라고 말하듯이 그 천사는 돌 위에 앉았다. 하늘이 그곳을 거룩한 땅으로 선포했다.

경비병들은 공포에 질려 벌벌 떨었다. 그들은 죽은 사람처럼 땅에 엎드렸다(28:4). 그러다가 기회를 틈타 몸을 일으켜 동산 문을 빠져나가 성읍 쪽으로 달아났고, 반대 방향으로 가고 있던 갈릴리의 평범한 여인들—두 명의 마리아와 살로메—을 마주쳤을 수도 있다.

여인들이 무덤을 살펴보러 조심스레 무덤에 다가가고 있을 때, 역사를 통틀어 어떤 인간도 목격하지 못했던 가장 놀라운 기적이 일어났다. 나사렛 예수가 기적적으로 부활하셔서 무덤에서 걸어 나오셨다. 부서지고 생명이 떠났던 그분의 시신은 신성한 권능으로 가득 찬, 완전한 영광으로 찬란히 빛나는 썩지 않는 불멸의 몸으로 변모되어 있었다.

—28:5-10—

충격과 경외심에 휩싸인 채 열려 있는 빈 무덤으로 다가간 여인들은 찬란하게 빛나는 두 천사가 지켜 서 있는 것을 보았다(참조. 눅 24:4). 무덤을 열어젖힌 천사가 즉시 그들의 두려움을 가라앉혔다(마 28:5). 천사는 그들에게 예수님이 십자가에 못 박히셨지만, 약속하신

부활 기사 총정리 2부-토요일 밤부터 주일 아침까지

마태복음 28장

토요일 밤-안식일의 끝

유대인들은 일몰을 하루의 끝이자 다음 날의 시작으로 보았다. 그래서 안식일은 금요일 일몰부터 시작되었다. 제자들은 예루살렘과 인근의 여러 곳에 삼삼오오 모여 있었기 때문에 서로 소통할 수 없었다. 흩어져 있던 제자들은 아무도 아리마대 요셉의 무덤 동산에 로마군이 배치된 사실을 몰랐을 것이다. 모두 숨어서 안식일을 지키며 이 위기를 무사히 넘기기를 바라고 있었다.

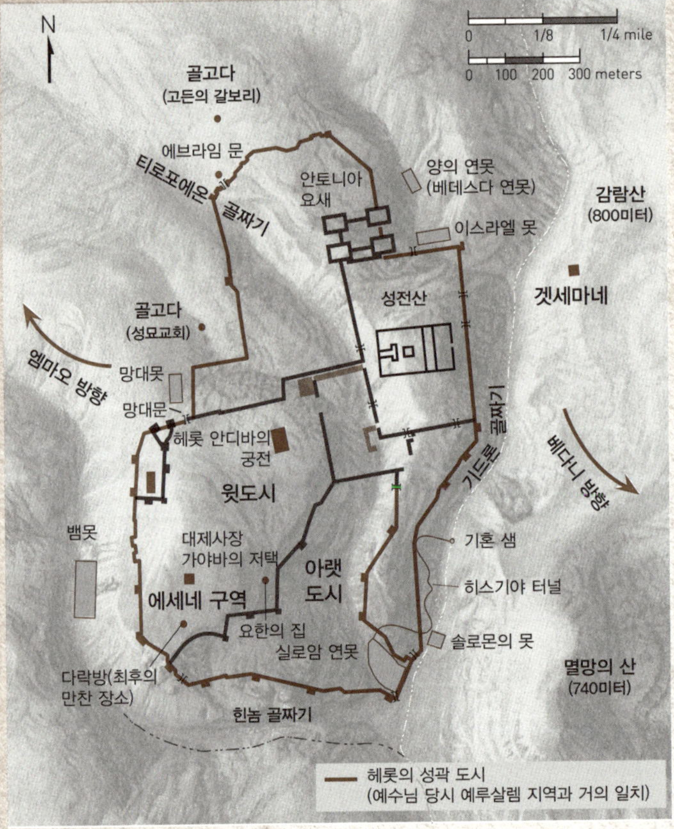

예수님의 십자가 처형과 부활 당시의 예루살렘 그리고 전승되는 주요 장소들.

예수님의 제자였던 여인들은 금요일 해가 지기 전 임시로 급히 시신을 매장하는 일을 도왔을 것이다. 여인들은 유대인 당국자들의 눈에 띄지 않게 움직일 수 있었기 때문에, 예수님의 시신이 임시로 안치되어 있는 요셉의 동산에 갈 준비를 했다. 꽤 부유했던 요안나와 수산나는 헤롯의 청지기인 요안나의 남편 구사가 일하는 하스모네 궁전에서 장례에 필요한 향신료를 조달할 수 있었을 것이다(눅 8:1-3).[51] 원래 갈릴리에 살았던 막달라 마리아, 글로바의 아내 마리아, 살로메는 그런 물품을 준비할 수 없어서 안식일이 끝나는 토요일 일몰 무렵 예루살렘의 상점들이 다시 문을 열었을 때 다음 날 아침 시신을 염하는 데 필요한 향신료를 구입했을 것이다.

추측하기로는 막달라 마리아, 글로바의 아내 마리아 그리고 남자 보호자로 따라나선 글로바 일행은 토요일 해질 무렵 예루살렘을 떠나 마리아, 마르다, 나사로를 만나기 위해 베다니로 갔을 가능성이 꽤 높다. 합리적으로 추정해볼 때 예수님이 체포되신 뒤 다른 9명의 제자는 베다니에 있었을 것이다. 이러한 사건의 재구성이 정확하다면 그 토요일 밤에 예수님의 추종자들이 어디에 모여 있었는지 사뭇 구체적인 틀이 드러난다. 막달라 마리아, 글로바의 아내 마리아, 글로바 그리고 최대 9명의 제자는 베다니에 있었을 것이다. 요한, 살로메, 아마도 세베대 그리고 예수님의 어머니 마리아는 요한의 집에 있었을 것이다. 베드로는, 만약 요한의 집에서 안식일을 지내지 않았다면, 이때쯤 그들과 합류한 것 같다(참조. 요 20:2). 그리고 요안나와 수산나는 하스모네 궁전이나 그 근처에 있었을 것이다.

그날 저녁 모두 잠자리에 든 뒤 막달라 마리아와 글로바의 아내 마리아는 꼭두새벽에 일어나 움직일 계획을 세웠을 것이다. 아마 글로바가 여인들을 데리고 살로메의 집(요한이 살고 있는)으로 가서 여인들이 모두 함께 동산이 있는 북쪽으로 이동해 요안나와 수산나를 만날 계획이었을 것이다. 이때까지도 제자들은 동산에 경비병들이 배치된 사실을 몰랐을 가능성이 높다.

주일 아침-부활

아직 날이 밝지 않은 주일 새벽에(요 20:1) 막달라 마리아, 글로바의 아내 마리아, 살로메는 예루살렘에서 만나 도심을 가로질러 북쪽으로 가서 성문을 지나(아마 망대문일 것이다) 아리마대 요셉의 동산으로 갔다(막 16:1). 그들은 도시의 다른 지역인 하스모네 궁전에서 오는 요안나와 수산나를 만날 계획이었을 것이다.

오전 6시경 여인들이 계속 걸어가고 있을 때 지진이 발생했고 예수님이 기적적으로 부활하셨다(마 28:2-3). 전날부터 무덤을 지키던 경비병들은 겁에 질려 동산을 뛰쳐나가 일어난 일을 보고하기 위해 대제사장들에게로 도망쳤다(28:11-15). 대제사장 가야바의 집은 도시의 남쪽에 있었기 때문에 병사들은 동산 무덤을 향해 북쪽으로 가고 있던 여인들을 지나쳤을 가능성이 높다. 그러나 여인들은 병사들이 왜 그렇게 급히 도망치는지 영문을 몰랐을 것이다.

해가 뜰 무렵 막달라 마리아, 살로메, 글로바의 아내 마리아는 성벽을 지나 아리마대 요셉의 동산으로 향했다(28:1, 막 16:2, 눅 24:1). 그들은 걸어가면서 어떻게 무덤의 커다란 돌을 옮기고 무덤에 들어갈 수 있을지 의논했다(막 16:3). 동산 가까이 왔을 때 그들은 군인들이 도망치면서 문을 활짝 열어놓는 바람에 무덤 앞의 돌이 옮겨져 있는 것을 멀리서 볼 수 있었을 것이다(막 16:4, 눅 24:2, 요 20:1).

여러 복음서의 기사를 수렴해보면 이 지점에서 여인들이 갈라졌다는 것을 짐작할 수 있다. 막달라 마리아는 병사들의 소동과 열려 있는 문, 열린 무덤을 연결해 누군가가 예수님의 시신을 가져간 것이라고 추측했다. 그녀는 요한의 집에 있는 요한, 베드로, 그리고 아마도 글로바에게 알리기 위해 황급히 돌아갔다(요 20:2). 그러는 사이 글로바의 아내 마리아와 살로메는 동산 문 밖에서 남자 제자들이 오기를 조심스럽게 기다리고 있었던 것으로 보인다.

마침내 요안나와 수산나가 염습에 필요한 향료를 가지고 동산 문에 도착했다(참조. 눅 24:10). 예루살렘의 부유층이어서 일단의 하인들을 거느리고 있었을 요안나는 수산나, 글로바의 아내 마리아, 살로메와 함께 제자들의 도착을 기다리지 않고 열린 무덤을 살펴보러 나섰다. 무덤에 들어갔을 때 그들은 시신을 찾지 못했다(눅 24:3). 대신에 밝게 빛나는 남자들-천사들-이 나타나 기쁜 소식을 전했다.

> "놀라지 말라 너희가 십자가에 못 박히신 나사렛 예수를 찾는구나 그가 살아나셨고 여기 계시지 아니하니라"(마 28:5, 막 16:6). "어찌하여 살아 있는 자를 죽은 자 가운데서 찾느냐"(눅 24:5). "그가 여기 계시지 않고 그가 말씀하시던 대로 살아나셨느니라 와서 그가 누우셨던 곳을 보라"(마 28:6, 막 16:6, 눅 24:6). "갈릴리에 계실 때에 너희에게 어떻게 말씀하셨는지를 기억하라 이르시기를 인자가 죄인의 손에 넘겨져 십자가에 못 박히고 제삼일에 다시 살아나야 하리라 하셨느니라"(눅 24:6-7). "또 빨리 가서 그의 제자들에게 이르되 그가 죽은 자 가운데서 살아나셨고 너희보다 먼저 갈릴리로 가시나니 거기서 너희가 뵈오리라 하라 보라 내가 너희에게 일렀느니라"(마 28:7, 막 16:7).[52]

네 여인은 놀라움과 기쁨에 들떠 예루살렘으로 황급히 돌아갔다(마 28:8). 이제 막 아침 장사로 북적거리기 시작한 도시의 거리를 헤치고 나아가면서 그녀들은 아무에게도 아무 말도 하지 않았다(막 16:8). 그녀들이 앞서 경비병들을 보았다면 이제 그들이 왜 반대 방향으로 뛰어갔는지 알게 되었을 것이고, 그래서 경비병들이 다시 무덤으로 돌아올 것을 염려했을 수도 있다. 그렇다면 그 때문에 여인들은 망대문으로 다시 돌아가지 않고 더 먼 동쪽 문(에브라임 문 같은)으로 돌아서 요한의 집으로 갔을 가능성이 크다.

한편 여인들은 무덤을 지키던 병사들이 자신들이 목격한 일을 대제사장들에게 보고하고 있다는 사실을 까맣게 몰랐다(마 28:11). 제사장들은 다른 유대인 지도자들과 상의한 뒤 경비병들이 잠 든 사이에 제자들이 예수님의 시신을 훔쳤다는 가짜 뉴스를 퍼뜨리려고 군인들을 매수했다(28:12-13). 그들은 총독 앞에서 병사들을 변호해주고 곤경에 빠지지 않게 해주겠다는 약속도 했다(28:14).

그 와중에 막달라 마리아는 도시 남쪽에 있는 요한의 집에 가서 요한, 베드로 그리고 함께 있는 다른 사람들에게 소식을 전했다(요 20:2). 그녀는 숨을 헐떡이며 누군가가 무덤에서 주님을 데리고 나갔다고 알렸고, 로마 군인들이 그 지역에서 급히 움직였으며, 동산의 문이 열려 있었고, 돌이 옮겨져 있었다는 소식도 전했을 것이다.

이 말을 들은 베드로와 요한이 무덤으로 달려갔는데(요 20:3-4), 이들은 망대문을 통해 곧장 북쪽으로 갔을 것이다. 한편, 동산 출입구에 있던 다른 여자들은 이미 다른 길로 출발한 것이 분명하다. 무덤에 도착한 베드로와 요한은 예수님의 시신을 감쌌던 세마포만 발견했다. 시신은 사라지고 없었다. 베드로와 요한은 영문을 모른 채 집으로 돌아왔다(요 20:5-10).

그날 아침 내내 왔다 갔다 하느라 기진맥진한 막달라 마리아는 베드로와 요한이 떠난 뒤에 다시 무덤에 도착했다. 그녀는 무덤 밖에서 혼자 울다가 무덤 안을 들여다보았고, 거기서 다른 여인들이 목격한 두 천사를 보았다(요 20:11-12). 한 천사가 물었다. "여자여 어찌하여 우느냐?" 마리아가 대답했다. "사람들이 내 주님을 옮겨다가 어디 두었는지 내가 알지 못함이니이다"(요 20:13). 그런 다음 자리를 뜨려고 돌아섰을 때 그녀 앞에 예수님이 서 계셨지만, 마리아는 그분을 그날 아침 일하러 온 동산지기로 착각했다(요 20:14-15). 그가 시신을 다른 곳으로 옮겼을지도 모른다는 생각에 그녀는 그 "동산지기"에게 시신이 있는 곳을 알려주면 자기가 알아서 처리하겠다고 말했다. 그러자 예수님이 "마리아야!"라고 대답하셨다. 그 순간 마리아의 눈과 귀가 뜨였다. 그녀는 "랍오니!"("선생님")라고 외치며 그분을 붙잡았다(요 20:16). 그러자 예수님이 말씀하셨다. "나를 붙들지 말라 내가 아직 아버지께로 올라가지 아니하였노라 너는 내 형제들에게 가서 이르되 내가 내 아버지 곧 너희 아버지, 내 하나님 곧 너희 하나님께로 올라간다 하라"(요 20:17). 마리아는 황급히 요한의 집으로 돌아가 자기가 본 것을 알렸다(요 20:18, 참조. 막 16:9-11).

대로 죽은 자 가운데서 살아나셨다고 알려주었다.

그런 후에 예수님이 묻히셨던 그 '성묘'의 최초 안내자-그곳이 순례자들을 상대로 장사하는 관광지가 되기 수 세기 전에-인 그 천사는 정말로 비어 있는 무덤을 보여주었다. 천사는 예수님의 시신이 안치되어 있던 곳을 가리켰다(28:6). 나는 놀라서 손으로 입을 가리고 똥그랗게 뜬 눈으로 알겠다고 고개를 끄덕이는 여인들의 모습이 눈에 선하다. 그들은 겨우 이틀 전에 그분의 시신이 천에 싸여 그곳에 누워 있는 것을 직접 보았다(27:61, 막 15:47, 눅 23:55). 그런데 시신이 사라졌다. 그분이 사라졌다. 의심의 여지없이 그들의 머릿속에서는 두려움과 흥분이 뒤섞인 질문들이 소용돌이쳤다. '저 천사가 예수님이 사라졌다고 말한 건가? 부활하셨다고 한 건가? 그게 무슨 뜻이지? 그분은 끌려가신 건가, 아니면 정말로 죽은 자 가운데서 살아나셨나? 잠깐, 저건 예수님을 싸맸던 세마포 아닌가? 누가 저걸 풀어줬나?'

이런 생각들이 머릿속을 어지럽히고 있을 때 그들은 천사의 말을 듣고 정신이 번쩍 들었다. 천사는 여인들에게 빨리 가서 제자들에게 예수님이 죽은 자들 가운에서 살아나셨다고 전하라고 했다. 그분이 부활하셨다! 장난이 아니다. 거짓말이 아니다. 종교적 은유가 아니다. 그분은 살아나셨고, 무덤에서 나오셨고, 움직이고 계셨다! 천사는 이어서 말했다. "너희보다 먼저 갈릴리로 가시나니 거기서 너희가 뵈오리라 하라"(마 28:7). 그분은 정말로 부활하셨다!

"가라"는 말이 떨어지기가 무섭게 여인들은 두려움과 기쁨으로 뒤범벅된 채 자기들이 보고 들은 것을 제자들에게 알리려고 무덤에서 나왔다(28:8). 마가와 누가, 요한의 복음서도 부활 아침 무덤에서 여인들이 겪은 이야기를 비슷하게 전한다. 몇 가지가 부연되기도 하고 생략되기도 하지만, 이 기사들을 끼워 맞추면 예수님의 기적적인 몸의 부활에 대한 통일된 내러티브가 완성된다. (부활 내러티브에 대해서는 "부활 기사 총정리" 부록 참조.)

마태의 기사에는 무덤에서 천사들을 만난 것에 이어 또 다른 뜻밖의 만남-이번에는 부활하신 예수님!-이 나온다! 마태의 복음서에 기록된 사건의 순서는 다른 복음서와 일치하지만, 다른 기사와 비교해보면 이 만남이 실제로는 그날 조금 더 늦게 일어났음을 알 수 있다. 예수님이 인사를 하시며 여인들을 맞이하셨을 때 그들은 즉시 그분의 발 앞에 엎드려 경배했다(28:9). 그들은 그분이 누구신지, 그분의 부활이 무엇을 의미하는지 분명히 알았다. 그분은 단순한 인간이 아니셨다. 이스라엘이 고대하던 메시아 왕뿐만도 아니셨다. 그분은 그 이상의 존재셨다. 그분은 신인(God-man)이셨고(그리고 지금도 그렇다), 영광과 존귀, 찬양과 경배를 받아 마땅하신 분이었다. 그들이 "그분의 발을 잡을 수" 있었다는 사실이 그분이 환영이나 유령이 아니었고, 그들이 집단 환각에 빠진 것도 아니었음을 증명했다. 그분은 육신을 가지고 무덤에서 부활하셨다!

—28:11-15—

마태는 예수님의 기적적인 부활에 대한 이야기를 잠시 멈추고 부활을 부인하는 거짓말로 시선을 돌린다. 무덤에서 여인들이 직접 목격한 사건과 천사들, 예수님을 만난 일까지 보여준 뒤 장면은 갑자기 그 기쁜 소식을 가짜 뉴스로 바꾸려고 하는 예수님의 반대자들에게로 넘어간다. 예수님을 비판하는 자들과 적들은 무덤을 지키던 병사들이 실제로 겪은 일에는 관심이 없었다. 병사들은 직접 목격한 일-지진, 하늘에서 내려온 천사, 무덤이 열린 것-을 대제사장에게 보고했다(28:11, 참조. 28:2-4).

이 깜작 놀랄 반전에 대처하기 위해 장로들은 긴급히 임시 회의를 열었다. 이 회의에는 아리마대 요셉과 니고데모까지 다 포함한 산헤드린 의원 전원이 모이지는 않았을 것이다. 대제사장들은 아마 '공회 안 소협의회'를 소집했을 것이다. 이 공모자들이 회합한 목적은 두 가지였다. 하나는 정당한 심의와 의사 결정을 하는 것처럼 보이기 위해서이고, 두 번째는 병사들의 입을 막을 충분한 자금을 예루살렘의 엘리트들에게서 모으기 위해서였다(28:12).

새 버전의 '진실'이 사실을 대체했다. "그의 제자들이 밤에 와서 우리가 잘 때에 그를 도둑질하여 갔다"(28:13). 경비병들은 주머니에 두둑한 현금과 함께 그들이 직무를 유기했음을 총독이 알게 되어도 위원회가 보호해주겠다는 약속까지 받았다(28:14). 병사들은 돈을 받고 이야기를 퍼트렸는데, 어쩌면 그것이 실제보다 더 신빙성 있게 들릴 거라고 생각했을 수도 있다. R. T. 프란스는 이렇게 설명한다.

대제사장들이 제시한 이야기는 병사들에게 불명예스러울 뿐 아니라 경비 근무 중

> 에 잠을 자는 것은 사형에 처해질 수도 있는 심각한 범죄라는 점에서 위험하기도 했다…그러나 그들이 잠들었다는 이야기를 뺀다 해도 어쨌든 경비에 실패했다는 사실을 고려해볼 때 그들을 설득하기는 어렵지 않았을 것이다. 어느 쪽이든 그들은 빌라도에게서 자비를 기대할 수 없었다.[53]

어쨌든 그 이야기의 선전 효과는 마태가 AD 65년경 복음서를 발표했을 때 믿지 않는 유대인들 사이에서 여전히 그 이야기가 회자되고 있었다는 사실로 입증된다(28:15).

대제사장들과 장로들의 밀회와 더불어 무덤에서 경비병들이 겪은 상세한 내용이 포함되면서 많은 비판적인 학자가 마태의 기사는 꾸며낸 것이라는 결론을 내리게 되었는데, 주로 이 문제 때문이다. 즉, 마태는 경비병들이 겪은 일과 비밀 회합을 어떻게 알았을까? 여기에 대해서 몇 가지 그럴듯한 답이 있다. 가장 간단한 설명은 성령이 마태에게 그것을 밝히셨거나, 예수님이 일어난 일을 직접 그에게 말씀하셨다는 것이다. 분명 부활하신 신인(God-man)은 아셨을 것이다. 그러나 이런 초자연적인 방법이 아니어도 더 평범한 정보원들이 지극히 합리적으로 이 정보를 전달할 수 있었을 것이다. 어쩌면 이 회의에 참석한 한두 명의 유대인 의원이, 훨씬 전에 아리마대 요셉과 니고데모가 그랬듯이, 나중에 회개하고 예수님을 믿게 되었을 수도 있다. 그들과 같은 지위에 있는 자들 중에서 한 사람만 개종해도 모든 음모를 폭로할 수 있었을 것이다. 또 다른 가능성은 무덤을 지키던 병사들 중 하나가 부활 사건이 발생한 지 30년 후에 그리스도께로 회심해서 무덤에서 있었던 일과 공회가 모여서 꾸민 계략을 모두 마태에게 알려주었다는 것이다.

적용: 마태복음 28:1-15

기쁜 뉴스 대 가짜 뉴스

당신은 예수님의 기적적인 부활에 관한 신약성경의 증언을 반박하는 이야기를 들어보았을 것이다. 당신이 존경하는 학식 높은 선생님이 부활 기사에는 해소할 수 없는 모순이 있다는 주장으로 당신을 설득했을 수도 있다. 또 어떤 이들은 모든 복음서는 더 나중에 쓰였으며, 그 내러티브는 신화나 전설 또는 종교적인 선전으로 분류되어야 한다고 주장했을 것이다. 당신은 심지어 대제사장들이 원래 짜 놓은 낡고 닳은 이야기–제자들이 예수님의 부활을 믿게 하려고 예수님의 시신을 훔쳤다는–를 들었을 수도 있다.

나는 이런 '대안들'은 그리스도의 부활에 관한 복음서의 기사가 보여주는 설득력 있는 단순성이 결여된, 억지스러운 설명만 만들어낼 뿐이라고 확신한다.

유대인 지도자들이 퍼트린 가짜 뉴스를 자세히 분석해보면 개연성이 떨어진다는 것을 알게 된다. 유대인 통치자들이 병사들에게 제공한 반론에 대해 다음과 같은 문제들을 생각해보라.

> 모든 제자가 겟세마네 동산에서 예수님을 버리고 달아났다. 그렇게 겁에 질려 갈팡질팡하는 상태에서 그들이 시신을 훔치는 과감한 행동을 했다는 것은 상상하기 힘들다.
>
> 제자들이 왜 담이 둘린 동산문을 지키는 경비병을 몰래 지나 시끄러운 소리를 내면서 열릴 것이 뻔한 봉인된 무덤으로 들어갔다가 다시 경비병들 몰래 빠져나가야 하는 계획을 시도했겠는가? 제정신인 사람이라면 누가 성공할 가망이 거의 없는 그런 일을 계획하겠는가?
>
> 백 번 양보해서 제자들이 그날 밤 어찌어찌해서 경비병들 몰래 들어가 무덤을 여는 은밀한 임무를 성공했다고 쳐도 왜 굳이 시간을 들여 염을 한 천을 풀었을까? 그들은 벌거벗은 피투성이 시신을 어디로 가져갔을까?
>
> 어떻게 제자들은 수십 년 동안 시신을 훔친 공모를 비밀로 할 수 있었을까? 그들 대부분(또는 모두)이 그 일에 가담했다면, 그리고 부활하신 예수님을 목격한 이야기까지 꾸며냈다면, 적어도 한 사람쯤은 체포, 투옥, 심문, 고문, 처형을 당하면서 사실을 실토하지 않았을까? 그런데 그들은 한결같이 기적적인 육체의 부활에 대한 증언을 끝까지 고수했다.

초자연적인 것을 믿지 못하는 인간의 성향을 배제할 수 있다면, 가장 간단한 설명이 최선의 설명이다. 즉, 제자들의 기대와 지금까지 역사상 존재했던 대부분 사람의 기대와 반대로 나사렛 예수는 그분의 약속과 성경의 예언대로 사흘째 되는 날 다시 살아나셨다(예. 사 53:10-12). 빈 무덤은 역사적 사실이다. 시신을 도난당했다는 유대인 지도자들의 주장은 예수님이 그곳에 계시지 않았다는 사실을 묵시적으로 인정하는 것이다. 부활하신 예수님을 만난 초기에 널리 퍼진 수많은 독립적인 목격자들의 이야기를 무시하는 것은 불가능하다(참조. 고전 15:1-8).

그러나 결국 예수님이 부활하신 기적의 진리를 받아들이는 것은 믿음의 행위다. 그리고 많은 사람이, 1세기의 제자들이 그랬던 것처럼 그것을 믿는다. 그후로 모든 세대의 그리스도인이 그래왔듯이 말이다.

이제 무엇을 해야 하는가?(마태복음 28:16-20)

16열한 제자가 갈릴리에 가서 예수께서 지시하신 산에 이르러 17예수를 뵈옵고 경배하나 아직도 의심하는 사람들이 있더라 18예수께서 나아와 말씀하여 이르시되 하늘과 땅의 모든 권세를 내게 주셨으니 19그러므로 너희는 가서 모든 민족을 제자로 삼아 아버지와 아들과 성령의 이름으로 세례를 베풀고 20내가 너희에게 분부한 모든 것을 가르쳐 지키게 하라 볼지어다 내가 세상 끝날까지 너희와 항상 함께 있으리라 하시니라

예수님은 부활하신 뒤 지상에서 주로 제자들과 40일을 보내셨다(행 1:3). 다시는 볼 수 없을 줄 알았던 부활하신 주님과 보낸 시간이 제자들에게는 놀라운 전환기였을 것이다. 예수님이 죽으신 뒤 그들은 분명히 이렇게 자문했을 것이다. 이제 어떻게 하지? 뭘 하지? 우리가 3년을 사기꾼에게 허비한 건가? 그렇게 눈이 멀었었나? 그렇게 멍청한가?

그러나 그리스도의 부활로 모든 희망, 확신, 헌신과 열심이 다시 차올랐다. 그들은 예수님이 이스라엘이 고대하던 메시아 왕일 수 있다는 믿음만 갖게 된 것이 아니었다. 이제는 그분의 영광스러운 부활이 그들에게 확신을 주었다! 그러나 예수님이 "확실한 많은 증거로" 자기가 살아계심을 나타내시고 "하나님 나라의 일"에 대해 말씀하실 때에도(행 1:3), 제자들은 여전히 비슷한 질문을 하고 있었다. 이제 어떻게 하지? 예수님은 지상에 그분의 나라를 세우실 건가? 우리는 그분과 함께 다스리게 되는 건가? 예수님은 이스라엘의 부패

한 지도자들을 쫓아내시고 로마인들의 압제에서 민족을 해방할까? 그분은 우리에게 구약 선지자들의 예언대로 메시아의 시대를 열어주실까?

예수님은 그들의 질문을 모른 척하지 않으셨다. 예수님은 부활하신 뒤 40일 동안, 지상에서 행하실 그분의 사명은 곧 끝날 것이지만, 구원과 하나님 나라가 임할 것이라는 메시지는 널리 전파되어야 한다는 점을 그들에게 분명히 밝히셨다. 실제로 그 임무는 그분의 추종자들이 이 세상에 남아 있는 동안 최우선으로 헌신해야 하는 사명이었다. 예수님은 지

부활 기사 총정리 3부-주일 그리고 그 후

마태복음 28장

늦은 주일

홀로 방황하던 베드로가 자신이 머물고 있던 곳으로 돌아온 그 부활의 아침(요 20:10)에 예수님이 나타나셨다(눅 24:33-34, 고전 15:3-5). 이 만남에 대한 자세한 내용은 나오지 않는다.

아침나절에 두 여인은 안식일 이후로 베다니에 있었을 제자들에게 소식을 전하려고 그곳으로 갔을 것이다. 도중에 예수님이 그들에게 나타나 인사하시고, 형제들에게 일러 당신을 만나러 갈릴리로 가게 하라고 지시하셨다(마 28:8-10). 그들은 다른 아홉 명의 제자를 찾아서(베드로와 요한은 이미 예루살렘에 있었다) 모두 모였다. 장소는 아마 예루살렘이었을 것이다. 이 모임에서 막달라 마리아, 요안나, 글로바의 아내 마리아를 포함한 몇 명의 여자가 그들이 본 것을 모두 보고했지만, 제자들은 믿지 않았다(눅 24:8-11).

얼마 후 글로바와 다른 남자 제자가 엠마오로 향했는데, 다른 예수님의 추종자들에게 예루살렘에서 일어난 일을 알리기 위해 가는 길이었을 것이다(눅 24:13). 그들이 떠난 뒤 베드로는 그때는 요한의 집에 모여 있었을 다른 제자들에게 자기의 경험을 전하기 위해 돌아왔다(참조. 눅 24:33-34).

엠마오로 가던 두 사람은 예수님을 만났지만 이상하게 그분을 알아보지 못했다. 예수님은 참을성 있게 당신과 관련한 구약의 예언들을 설명하시고 나서 그들이 요기를 하려고 앉았을 때 정체를 드러내셨다. 두 사람은 그 자리에서 예루살렘으로 돌아가 친구들에게 있었던 일을 말했다(눅 24:13-35, 참조. 막 16:12-13).

글로바와 다른 제자가 도착했을 때 모두는 그 일에 한껏 들떠 있었지만 긴가민가했다. 몇몇은 여전히 믿지 않았고, 어떤 연유에서인지 도마는 그 자리에 없었다. 저녁 식사 중에 예수님이 그곳에 친히 나타나셨다. 예수님은 의심하는 자들을 꾸짖으시고 당신이 유령이 아니신 것을 확신시키시려고 그들과 함께 음식을 드시고 그들을 당신의 대리인으로 임명하셨다(눅 24:36-49, 요 20:19-25, 참조. 16:14-18).

부활 후 일주일

예수님이 여러 명의 여인과 대부분의 제자에게 나타나신 지 여드레 후에 핵심 제자들이 다시 모였다. 이번에는 도마도 함께 있었다(요 20:26). 예수님은 그들에게 다시 나타나셔서 특별히 도마를 향해 그의 고집스러운 불신을 나무라셨다(요 20:27, 비교. 요 20:25). 도마는 "나의 주님이시요 나의 하나님이시니이다"(요 20:28)라고 대답했다. 예수님이 부활하신 지 일주일이 채 안 되어 열한 제자와 다른 수많은 사람이 모두 이렇게 부활하신 주님을 목격했다(고전 15:3-7).

상명령이라고 알려진 마태복음의 마지막 말씀에 나오는 이 사명을 선포하셨다. 예수님의 말씀을 들은 그들은 다시는 "이제 어떻게 하지?"라는 질문을 하지 않았을 것이다. 그들은 영원한 행군 명령을 받았고, 우리도 그렇다.

—28:16-17—

예수님은 부활하신 뒤 막달라 마리아(요 20:11-18), 베드로(눅 24:33-34, 고전 15:5)와 그의 형제 야고보(고전 15:7) 같은 사람들에게 나타나셨다. 어떤 경우에는 동시에 두세 명의 제자—무덤이 빈 것을 발견한 여인들(마 28:9-10), 글로바, 엠마오로 향하던 이름 모를 제자(눅 24:13-35, 비교. 막 16:12-13)—에게 나타나셨다. 그리고 은밀히 모여 있던 열한 사도 전부 또는 대부분에게 몇 차례 나타나셨다(눅 24:36-43, 요 20:19-31, 21:1-25, 고전 15:5, 비교. 막 16:14). 그러나 이때까지 예수님은, 수천 또는 수백 명에 달했을 갈릴리에 있는 더 큰 제자 무리에게는 아직 살아 계신 모습을 드러내지 않으셨던 것 같다.

예수님의 부활 직후에 제자들은 갈릴리로 가라는 지시를 받았고, 그곳에서 예수님은 그들과 만날 계획이셨다(마 28:7, 10, 막 16:7). 예수님은 갈릴리에서 열한 명보다 더 많은 제자를 만날 생각이셨던 것 같다. 만일 그렇다면, 예수님은 당신이 정말로 살아 있다는 것을 의심의 여지없이 확신시키시려고 열한 명에게 잠깐 나타나셨을 때 흩어진 제자들을 가능한 한 많이 모아 갈릴리의 한 산으로 보내라고 지시하셨을 것이다. 그곳에서 그분은 특별한 메시지를 전하시려고 그들에게 나타나셨다(마 28:16).

그들이 어느 산에서 만나기로 했는지 우리는 확실히 모른다. 본문은 아무런 실마리를 주지 않지만, 예수님이 엄숙한 지상 명령을 선포하시는 장소로 갈릴리 호수 서쪽의 아르벨 산을 선택하셨다는 추측이 나왔다. 웨인 스타일스(Wayne Stiles)는 조심스럽게 이렇게 설명한다.

> 나는 순전히 추측으로 예수님이 제자들에게 지상명령을 주시려고 데려가신 곳이 아르벨 산이 아닐까 생각한다(마 28:16). 그것이 정말 가능한 것은, 이 산에서는 예수님이 바람과 파도를 다스리셨던 갈릴리 호수와 가르침과 기적을 통해 당신이 소유하신

예수님이 지상명령을 주신 갈릴리의 후보지 중 하나인 장엄한 아르벨 산은 갈릴리 호수와 국제간선 도로를 한눈에 조망할 수 있는 위치에 있다. 이런 환경은 제자들을 "모든 민족"에게 파송하기에 아주 적합했을 것이다(28:19).

천상의 권위를 입증하셨던 가버나움이 보였다. 예수님이 그들을 제자로 부르신 곳도 보였다. 그리고 열국으로 뻗어 있는 대로도 살펴볼 수 있었다.[54]

이때 모인 사람은 500명이 넘었을 것으로 추정된다. 사도 바울이 "오백여 형제에게 일시에 보이셨[다]"(고전 15:6)고 말한 것을 기억하라. 바울이 여러 주에 걸쳐서 계획된 갈릴리 산에서의 모임을 이렇게 기록한 것으로 보인다. 만약 그렇다면, 이 지상명령은 열한 제자뿐만 아니라 더 큰 무리의 추종자를 향한 것이기도 하다는 뜻이다. 그리고 더 나아가 당신과 나를 향한 것이기도 하다.

무리가 모두 산에 모였을 때 예수님이 나타나셨다. 만약 더 큰 무리의 추종자들이 이 모임에 참여했다면 많은 사람이 이때 부활하신 주님을 처음 보았을 것이다. 마태는 제자들이 예수님을 "경배[했지만]" "아직도 의심하는 사람들이 [있었다]"고 말한다(마 28:17). 참으로 그들답지 않은가! 그들은 부활하신 주님을 경외하며 서 있으면서도 반신반의하는 감정 사이에서 갈팡질팡했다. 그분이 여기 계신다는 것이 무슨 의미일까? 그리고 이제 어떻게 해야 하는가? 그들은 그분이 죽었다고 생각했지만, 지금 그들의 눈앞에 그분이 계신 것이다! 그리고 그분이 아직 심판관과 왕으로서의 임무를 수행하실 준비가 되어 있지 않으신 것을 알게 되었을 때 그들은 더 혼란스러웠을 것이다. 이스라엘을 회복하시겠다는 약속은 폐지된 것이 아니라 지연되고 있었다(행 1:6-7). 그때까지 그분은 그들에게 할 일을 맡기셨다.

—28:18-20—

지상명령(The Great Commission)은 명료하다. 그리스도께 부여된 하늘과 땅의 절대적인 권세-즉, 모든 피조물에 대한-때문에 그분의 추종자들은 확신을 가지고 "모든 민족을 제자로 삼[기]"(28:18-19) 위해 나아갈 수 있었다. 그리고 그 사명과 함께 예수님 자신을 불어넣어 주시는 약속을 주셨다. "볼지어다 내가 세상 끝날까지 너희와 항상 함께 있으리라"(28:20). 우리는 성경의 다른 구절을 통해 그리스도의 권능과 임재가 오순절 때 예루살렘에서 성령의 세례를 통해 그들에게 임할 것을 알고 있다. "오직 성령이 너희에게 임하시면 너희가 권능을 받고 예루살렘과 온 유대와 사마리아와 땅 끝까지 이르러 내 증인이 되리라"(행 1:8).

예수님이 주신 사명을 보면 그것을 이행하는 데 필요한 계획이 그 안에 포함되어 있음을 알 수 있다. '위임하다'(Commission)의 주동사의 명령형 *mathēteuō*(3100)는 "제자로 삼다"(마 28:19)는 뜻이다. 여기서 "제자"란 단순히 무언가를 배운 사람이 아니라 끊임없이 배우는 사람을 뜻한다.[55] 그냥 한 집단의 일원이 아니라 활동적인 구성원을 말한다. 그렇다면 이런 의미에서 제자를 삼아 그리스도의 지상명령을 성취하려면 어떻게 해야 하는가? 주동사에 종속된 세 개의 분사가 제자를 만드는 방법을 설명한다. '가다', '세례를 주다', '가르치다'이다.

첫째, 제자를 삼으려면 가야 한다. 예수님이 우리의 죄를 위해 죽으시고 죽음을 이기고 부활하셨다는 기쁜 소식을 가슴에 와 닿게 전달해야 한다. 사람들은 구원을 얻기 위해 그들이 할 수 있는 것이 아무것도 없다는 사실을 알아야 한다. 구원은 오직 그리스도를 믿음으로 오직 은혜로 받는다. 그것이 지상명령을 위임받은 자들로서 우리가 선포해야 할 진리다. 그리고 우리는 그것을 가족, 이웃, 우리 나라 사람들에게뿐만 아니라 예수님이 말씀하신 대로 세상, 즉 열국으로 가져가야 한다. 제자를 만드는 우리의 사명에는 예외도, 국경도, 경계도 없다.

둘째, 제자를 삼으려면 세례를 주어야 한다. 다시 말해 세례란 삼위일체의 하나님, 즉 성부, 성자, 성령께 대한 의식적인 헌신의 출발점이다. 제자가 되는 첫 단계는 무에서 세상 만물을 창조하시고 우리를 조건 없이 사랑하시는 하나님 아버지께 새 신자를 소개하는 것이다. 여기에는 동정녀에게서 태어나시고 우리 죄를 위해 죽으셨다가 다시 살아나 승천하셨다가 재판관과 왕으로 다시 오실 성육하신 신인(God-man)에 대한 가르침도 포함된다. 또한 우리에게 새 생명을 주시고, 우리 안에 거하시며, 우리를 성화시키시고, 우리에게 그리스도를 섬길 힘을 주시며, 그리스도와 연합하게 하시고, 그리스도의 교회에서 사역에 필요한 은사를 주시는 성령에 대해서도 알려주어야 한다. 그것이 아버지와 아들과 성령의 이름으로 주는 세례다.

마지막으로 제자를 삼으려면 가르쳐야 한다. 즉, 어떻게 그리스도인으로 살아야 하는지에 대한 가르침으로 믿음의 기초를 쌓는 것을 뜻한다. 그리스도인의 삶은 구원을 얻기 위해서가 아니라 구원받았기 때문에 하게 되는 선행으로 가득 찬 삶임을 가르쳐야 한다. 또한 이기적인 악행과 죄로 가득 찬 삶에서 성령의 권능을 받고, 점점 더 성령의 열매가 많이 드러나는 삶으로 전환되는 삶임을 가르쳐야 한다(갈 5:22-23).

마태복음은 지상명령으로 끝나지만 다른 복음서들을 보면 예수님은 갈릴리에 있는 산에서 바로 승천하지 않으셨다. 예수님은 제자들과 계속 함께 계시다가 함께 베다니로 돌아가셨다(눅 24:44-53). 예수님은 베다니 인근에서 제자들에게 예루살렘에 남아 곧 그들에게 임하실 성령을 기다리라고 지시하신 뒤 작별을 고하셨다(행 1:4-5). 누가는 예수님의 승천에 대한 놀라운 기사와 하나님만 아시는 그 날, 그분이 다시 오셔서 이스라엘이 오랫동안 기다려온 메시아 왕으로서 지상 통치를 시작하실 것이라는 약속으로 내러티브를 끝낸다.

> 이 말씀을 마치시고 그들이 보는데 올려져 가시니 구름이 그를 가리어 보이지 않게 하더라 올라가실 때에 제자들이 자세히 하늘을 쳐다보고 있는데 흰 옷 입은 두 사람이 그들 곁에 서서 이르되 갈릴리 사람들아 어찌하여 서서 하늘을 쳐다보느냐 너희 가운데서 하늘로 올려지신 이 예수는 하늘로 가심을 본 그대로 오시리라 하였느니라 (행 1:9-11).

적용: 마태복음 28:16-20

지상명령, 우리의 사명

우리는 사도행전에 나오는 승천 기사를 가져와서 그리스도의 삶이 무엇인지에 대한 논의를 완성했지만, 마태가 갈릴리에서 주님이 지상명령을 선포하신 이야기로 자신의 복음서를 마무리한 데에는 이유가 있다. 그는 지상명령이 독자들의 가슴속에 끝까지 남아 고동치기를 원했다. 그는 예수님이 이스라엘이 고대하던 메시아 왕이심을 깨달은 자들이 모든 민족을 제자로 삼으라는 그분의 명령에 감화되고 동기를 부여받기를 바랐다. 마태의 지상명령 기사를 읽으면 나는 네 가지 중요하고 실제적인 생각이 떠오른다.

첫째, 예수님은 당신을 개인적으로 알고 있는 지극히 평범한 사람들에게 말씀하셨다. 그 산에 모인 사람들은 영성의 대가들이 아니라 그냥 보통 사람들이었다. 그들은 따져 물었고 의심과 씨름했다. 그들은 예수님 없이 어떻게 계속 나아갈 수 있을지, 그분이 세상을 떠나시면 무엇을 하게 될지 이해하지 못했다. 그들은 사용할 수 있는 '기적 세트'를 받지 못했다. 아무에게도 머리 위에 후광이 나타나지 않았다. 특별한 유니폼도 입지 않았고, 1세기의 명문 성경대학이나 신학교에 준하는 교육도 받지 못했을 것이다. 그들에게는 놀라운 능력도 없었다. 한마디로, 그들은 대부분의 그리스도인과 다를 것이 없었다.

둘째, 예수님은 계획을 제시하셨는데, 그 계획은 아주 간단명료했다. 그분은 침착하고 신중하게 말씀하셨다. 그분의 말씀은 따로 설명이 필요 없었다. 그분은 상상 가능한 모든 것에 대한 주권을 가지고 계심을 분명히 밝히신 뒤 명령의 형태로 계획을 진술하셨다. 그것은 그 자리에서 시작될 그들의 행군 명령이었다. 그들은 이제 "어떻게 하지?"라는 질문을 다시는 할 필요가 없을 것이다. '위임하다'(Commission)의 주동사가 이것을 분명히 말한다. "제자를 삼으라"(28:19). 이 명령의 범위에 대해서도 의심의 여지가 없었다. 그것은 "모든 민족"으로 확장되어야 했다.

셋째, 예수님은 사명에 대해서는 강경하셨지만, 방법에 대해서는 유연하셨다. "모두"를 반복적으로 사용하신 것은 모두를 아우르는 범위의 중요성을 나타낸다. 그분은 제자들이 적극적이고, 정열적이며, 신나게 이 사역에 참여하기를 바라셨다. 그리고 그들의 추종자들도 똑같이 하기를 바라셨다. 그리고 다음 세대도. 그리고 그 다음도 그리고 우리에게까지 이어지기를 바라셨다. 그리스도가 없으면 이 세상은 어둡고, 절망적이며, 위험하고, 적대적이며, 길을 잃는다. 어디로 가든 마찬가지다. 그러나 우리가 손을 내밀어 다른 민족과 문화를 만나 이 사명을 수행하려면 다른 방법을 사용해야 한다. 가서 세례를 주고 가르치는 것 외에 예수님은 자세한 설명을 하지 않으셨다는 사실에 유의하라. 모든 상황을 보편적으로 아우르는 1단계, 2단계, 3단계 식의 방법론을 말씀하지 않으셨다. 우리는 잃어버린 바 된 자들에게 다가가 제자로 훈련시키기 위해 여러 가지 방법을 사용해야 한다. 여러 방법으로 접근해야 하는 여러 종류의 사람을 생각해보라. 수준 높은 지식인들에게 다가가려면 중학생에게 하는 방식으로는 할 수 없다. 사형수들을 제자로 만들 때 사용하는 방법은 필리핀의 소수 부족 사람들에게 다가갈 때 사용하는 방법과 다를 것이다.

넷째, 예수님은 모든 추종자에게 순종적인 행동을 기대하셨다. 지상명령은 주일학교 아이들에게 암송할 구절을 또 하나 주려고 주어진 것이 아니다. 예수님은 우리의 선교 프로그램에 짧은 좌우명으로 쓰라고 이 말씀을 주시지 않았다. 또 이 명령은 성경학자들과 신학자들이 분석하고, 해부하고, 논의하고, 토론할 구절로 주어진 것도 아니다. 예수님은 우리가 이 명령을 수행하기를 바라신다! 그러므로 우리는 그리스도를 신뢰하고, 그분의 가르침을 따르며, 가깝든 멀든 모두 사람에게 그분의 구원 메시지를 전해야 한다. 모든 나라의 모든 사람이 성령의 능력으로 예수 그리스도로 말미암아 삶이 변화되려면 복음을 들어야 하고 믿어야 한다.

주

1. Tenney, *New Testament Times,* 94.
2. Barclay, *Gospel of Matthew,* 2:382.
3. John L. Leedy, "Plants", 출전: *New International Dictionary of the Bible,* 804.
4. 300데나리온은 일 년치 임금에 해당했을 것이다(마 20:2 참조).
5. Robert L. Thomas and Stanley N. Gundry, *A Harmony of the Gospels with Explanations and Essays*(San Francisco: HarperSanFrancisco, 1978), 206.
6. F. F. Bruce, *New Testament History,* 139-40, 336.
7. 1세기의 유월절 만찬에 대한 상세한 내용은 Joseph Tabory, *JPS Commentary on the Haggadah: Historical Introduction, Translation, and Commentary*(Philadelphia: The Jewish Publication Society,

2008), 6–10 참조.

8. Thomas C. Oden, *The African Memory of Mark: Reassessing Early Church Tradition*(Downers Grove, IL: InterVarsity Press, 2011), 91–98 참조.
9. Lange, *Matthew-Luke,* 468.
10. William Barclay, *The Gospel of John,* The New Daily Study Bible(Louisville: Westminster John Knox Press, 1975), 2:145.
11. D. A. Carson, *The Gospel according to John,* The Pillar New Testament Commentary(Grand Rapids: Eerdmans, 1991), 474.
12. France, *Matthew,* 367–68.
13. M. C. de Boer, *Johannine Perspectives on the Death of Jesus,* Contributions to Biblical Exegesis and Theology(Kampen, Netherlands: Kok Pharos, 1996), 17:288 참조.
14. Oden, *African Memory of Mark,* 83, 104–5 참조.
15. Charles R. Swindoll, *Mark,* Swindoll's Living Insights New Testament Commentary(Carol Stream, IL: Tyndale House Publishers, 2016), 362 참조.
16. Lange, *Matthew-Luke,* 478.
17. Robertson, *Word Pictures,* 212–13.
18. A. Lukyn Williams, "The Gospel according to St. Matthew: Exposition", 출전: H. D. M. Spence–Jones 편집, *St. Matthew,* The Pulpit Commentary, 신판(New York: Funk & Wagnalls, 1909), 171.
19. Thomas and Gundry, *Harmony of the Gospels,* 2:223 참조.
20. Barbieri, "Matthew", 84–85.
21. 예수님이 받으신 재판의 불법성에 대해서는 Laurna L. Berg, "The Illegalities of Jesus' Religious and Civil Trials", *Bibliotheca Sacra* 161.643(July–September 2004): 330–42, 참조. 그 외 Darrell L. Bock, "Jesus v. Sanhedrin: Why Jesus 'Lost' His Trial", *Christianity Today* 42.4(April 6, 1998): 49 참조.
22. Robertson, *Word Pictures,* 221.
23. Philo of Alexandria, *A Treatise on the Virtues and on the Office of Ambassadors* 38, 출전: *The Works of Philo Judaeus,* the Contemporary of Josephus, Charles Duke Yonge 번역(London: Henry G. Bohn, 1855), 4:165.
24. 같은 책.
25. Josephus, *Antiquities of the Jews* 18.3.1, 출전: *The Genuine Works of Flavius Josephus, the Jewish Historian*(London: S. Walker, 1821), 2:73.
26. John MacArthur, *Matthew 24-28,* The MacArthur New Testament Commentary(Chicago: Moody, 1989), 225.
27. Wilhelm Bacher and Jacob Zellel Lauterback, "Rules of Hillel, the Seven", 출전: *The Jewish Encyclopedia,* 제10권, *Philipson—Samosz*(New York: Funk & Wagnalls, 1909), 511.
28. France, *Matthew,* 387.
29. France, *Matthew,* 387–88.
30. Cicero, *Pro Rabirio* 5.16, as quoted in Walter Kasper, *Jesus the Christ,* 신판(London: T & T Clark, 2011), 101.

31. Josephus, *Jewish War* 5.5.8 참조.
32. France, *Matthew,* 393–94.
33. Robertson, *Word Pictures,* 231.
34. Tasker, *The Gospel According to St. Matthew,* 264.
35. William Riley Wilson, *The Execution of Jesus: A Judicial, Literary, and Historical Investigation*(New York: Scribner, 1970), 152.
36. 십자가 처형의 고통에 대한 더 자세한 논의는 Frederick T. Zugibe, *The Crucifixion of Jesus: A Forensic Inquiry,* 재판(New York: Evans, 2005)을 참조.
37. Robertson, *Word Pictures,* 235–36.
38. Barbieri, "Matthew", 90.
39. John F. Walvoord, *Matthew: Thy Kingdom Come*(Chicago: Moody, 1974), 236 참조.
40. John D. Freeman, "Mary", 출전: *New International Dictionary of the Bible,* 628.
41. 이에 대한 더 상세한 설명은 Charles R. Swindoll, *John,* Swindoll's Living Insights New Testament Commentary(Carol Stream, IL: Tyndale House Publishers, 2014), 377 참조. (『찰스 스윈돌의 신약 인사이트: 요한복음』 디모데 역간)
42. Henry George Liddell 외, *A Greek-English Lexicon*(Oxford: Clarendon Press, 1996), 947.
43. John Bodel, "Roman Tomb Gardens", 출전: *Gardens of the Roman Empire,* Wilhelmina F. Jashemski 외 편집(Cambridge: Cambridge University Press, 2018), 204.
44. W. W. Buckland and Arnold D. McNair, *Roman Law and Common Law: A Comparison in Outline,* 재판(Cambridge: Cambridge University Press, 1952), 102 참조.
45. 여기서 논의되었지만 성경에서 직접 다루지 않은 세부 사항에 대한 추가 설명은 John Wenham, *The Easter Enigma: Are the Resurrection Accounts in Conflict?*(Grand Rapids: Zondervan, 1984) 참조.
46. 같은 책, 57–61 참조.
47. 요한의 집이 예루살렘 인근에 있었다는 것은 요한복음 19장 27절에서 알 수 있다. 이 구절을 보면 예수님이 요한에게 어머니 마리아를 보살펴달라고 말씀하신 뒤 "그때부터 그 제자가 자기 집에 모[셨다]." 또 요한복음 20장 10절은 베드로와 요한이 빈 무덤을 살펴본 뒤 "자기들의 집"으로 돌아갔다고 말한다. 이것으로 두 사람 모두 예루살렘에 각자의 처소가 있었음을 알 수 있다.
48. 전통적으로 전해지는 마가의 집의 위치에 대해서는 Oden, *African Memory of Mark,* 91–98 참조.
49. France, *Matthew,* 404–5, Lange, *Matthew-Luke,* 537.
50. Blomberg, *Matthew,* 425.
51. 니고데모가 장례 용품을 금방 조달한 것으로 보아 그도 부유했음을 알 수 있다(요 19:39).
52. 여기에 사용된 말은 특정한 번역본에서 인용한 것이 아니라 여러 유사한 구절을 저자가 연결한 것이다.
53. France, *Matthew,* 410.
54. Wayne Stiles, *Walking in the Footsteps of Jesus: A Journey through the Lands and Lessons of Christ*(Ventura, CA: Regal, 2008), 164.
55. Tasker, *The Gospel According to St. Matthew, 277.*

찰스 스윈돌의 신약 인사이트 시리즈

마태복음

1쇄 발행 2021년 10월 28일

지은이 찰스 스윈돌
옮긴이 김희수
펴낸이 고종율

펴낸곳 주) 도서출판 디모데 〈파이디온 선교회 출판 사역 기관〉
등록 2005년 6월 16일 제 319 – 2005 – 24호
주소 서울특별시 서초구 서초대로 141–25(방배동, 세일빌딩 8층)
전화 마케팅실 070) 4018–4141
팩스 마케팅실 031) 902–7795
홈페이지 www.timothybook.com

값 55,000원
ISBN 978–89–388–1676–4 04230
ISBN 978–89–388–1499–9 (세트)